2014 鄭州年鑑

ZHENG ZHOU YEAR BOOK

郑州市人民政府主办
中州古籍出版社

郑州市政区图

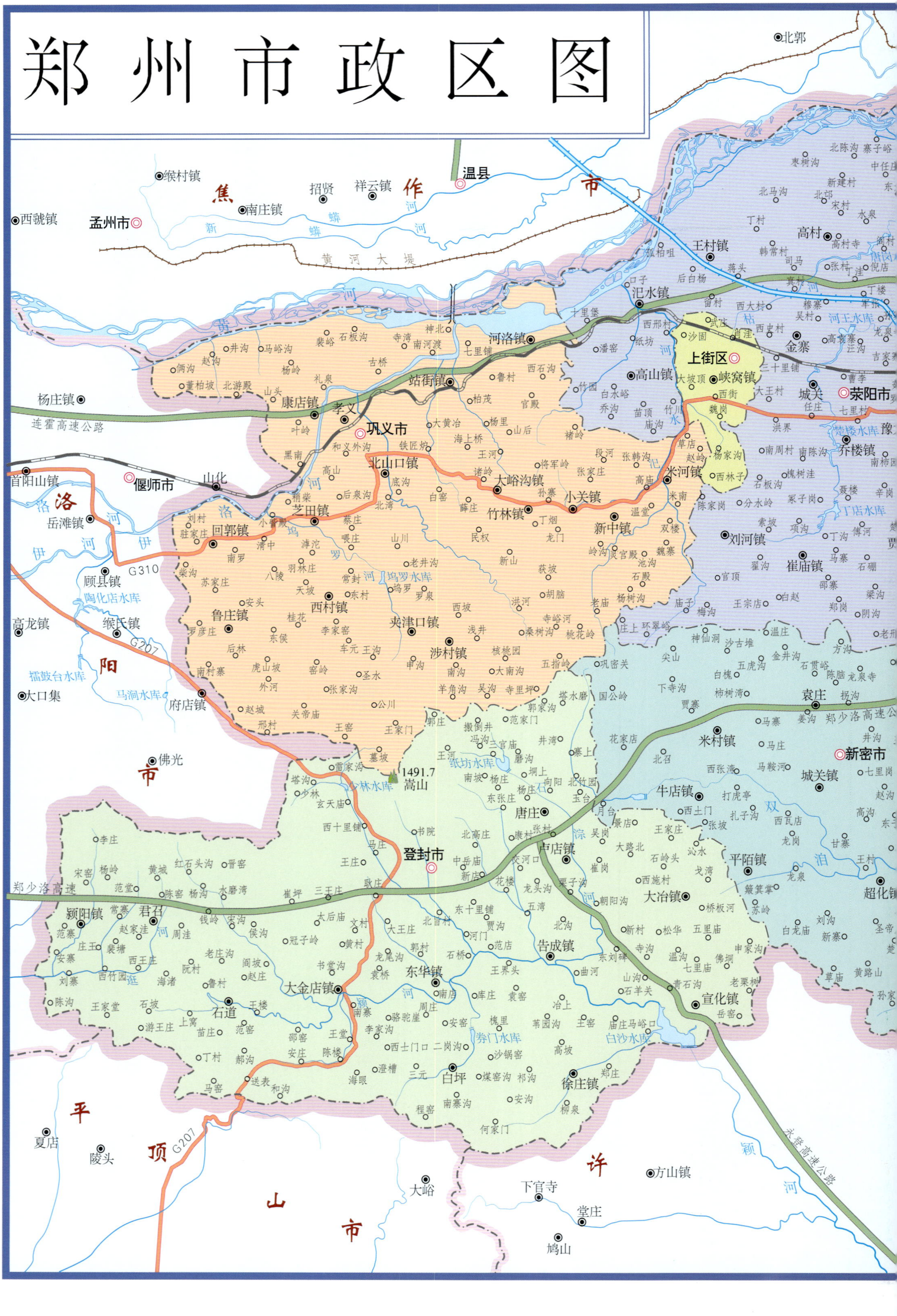
焦作市
温县
孟州市
偃师市
洛阳市
平顶山市
许昌市
巩义市
荥阳市
登封市
新密市
上街区
黄河大堤
连霍高速公路
郑少洛高速
永登高速公路
G310
G207
河洛镇
站街镇
康店镇
孝义
北山口镇
大峪沟镇
小关镇
米河镇
新中镇
竹林镇
芝田镇
回郭镇
鲁庄镇
西村镇
夹津口镇
涉村镇
汜水镇
高山镇
峡窝镇
王村镇
高村
金寨
城关
乔楼镇
刘河镇
崔庙镇
贾峪镇
袁庄
米村镇
牛店镇
城关镇
平陌镇
超化镇
唐庄
卢店镇
大冶镇
告成镇
宣化镇
徐庄镇
白坪
东华镇
大金店镇
石道
颍阳镇
君召
嵩山
1491.7
少林水库
纸坊水库
券门水库
白沙水库
河王水库
楚楼水库
丁店水库
坞罗水库
陶化店水库
马涧水库
擂鼓台水库
伊河
洛河
颍河
双洎河
汜水
新蟒河
蟒河
岳滩镇
首阳山镇
山化
顾县镇
缑氏镇
府店镇
高龙镇
大口集
佛光
杨庄镇
西虢镇
缑村镇
南庄镇
招贤
祥云镇
北郭
夏店
陵头
大峪
下官寺
方山镇
堂庄
鸠山

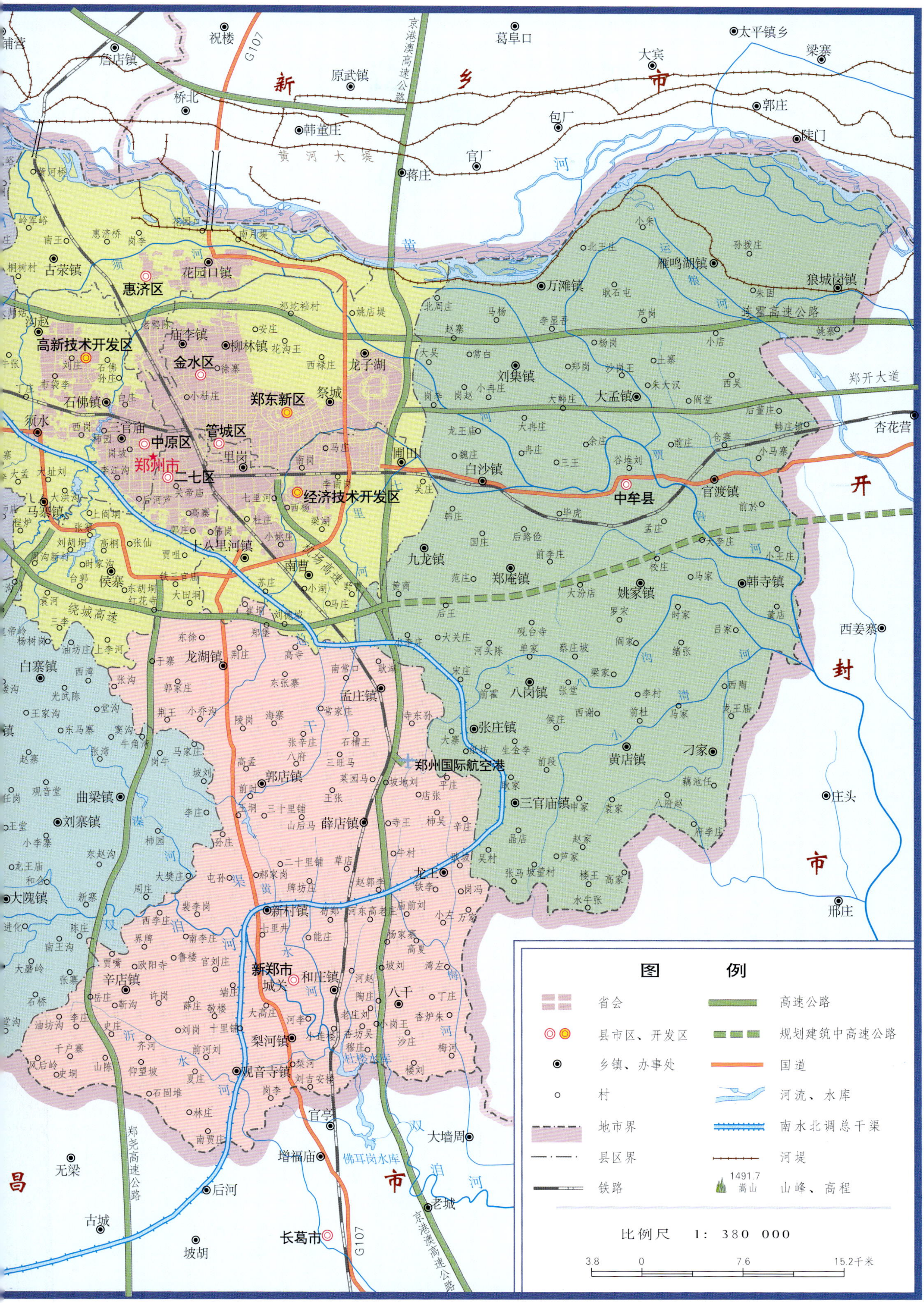
新
乡
市
开
封
市
昌
市
郑州市
中原区
二七区
管城区
金水区
惠济区
郑东新区
经济技术开发区
高新技术开发区
中牟县
新郑市
城关
长葛市
郑州国际航空港
古荥镇
花园口镇
庙李镇
柳林镇
龙子湖
祭城
石佛镇
须水
三官庙
二里岗
圃田
白沙镇
万滩镇
雁鸣湖镇
狼城岗镇
刘集镇
大孟镇
官渡镇
九龙镇
郑庵镇
姚家镇
韩寺镇
八岗镇
张庄镇
黄店镇
刁家
三官庙镇
马寨镇
侯寨
十八里河镇
南曹
龙湖镇
孟庄镇
郭店镇
薛店镇
龙王
新村镇
和庄镇
八千
辛店镇
梨河镇
观音寺镇
白寨镇
曲梁镇
刘寨镇
大隗镇
官亭
增福庙
佛耳岗水库
大墙周
老城
后河
古城
坡胡
无梁
杏花营
西姜寨
庄头
邢庄
祝楼
詹店镇
原武镇
葛皋口
太平镇乡
大宾
梁寨
郭庄
包厂
韩董庄
陡门
官厂
蒋庄
桥北
黄河大堤
黄河
京港澳高速公路
G107
连霍高速公路
郑开大道
绕城高速
机场高速
郑尧高速公路
贾鲁河
七里河
运粮河
双洎河
黄水河
梅河
溱河
丈八沟
图例
省会
县市区、开发区
乡镇、办事处
村
地市界
县区界
铁路
高速公路
规划建筑中高速公路
国道
河流、水库
南水北调总干渠
河堤
1491.7
嵩山
山峰、高程
比例尺 1：380 000
3.8
0
7.6
15.2千米

郑州市城区图

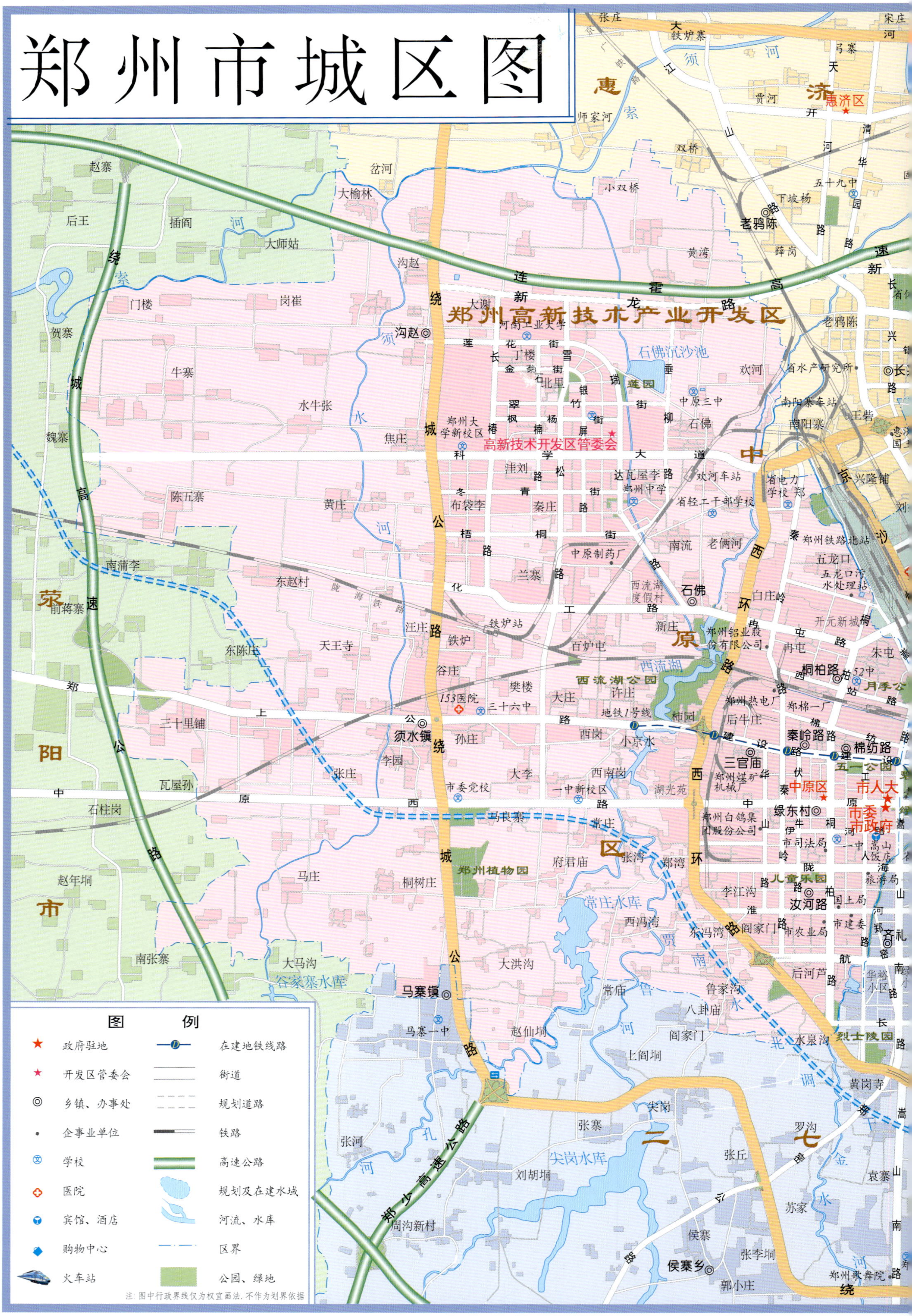

图例
政府驻地
开发区管委会
乡镇、办事处
企事业单位
学校
医院
宾馆、酒店
购物中心
火车站
在建地铁线路
街道
规划道路
铁路
高速公路
规划及在建水域
河流、水库
区界
公园、绿地
注：图中行政界线仅为权宜画法，不作为划界依据
郑州高新技术产业开发区
高新技术开发区管委会
惠济区
荥阳市
中原区
二七区
市人大
市委
市政府
连霍高速公路
绕城高速公路
西四环
中原西路
郑上路
郑少高速公路
须水镇
沟赵
石佛
马寨镇
侯寨乡
郑州植物园
西流湖公园
碧沙岗公园
五一公园
儿童乐园
烈士陵园
常庄水库
尖岗水库
谷家寨水库
石佛沉沙池
郑州大学新校区
河南工业大学
153医院
老鸦陈
须水河
索河
贾鲁河
金水河
南水北调

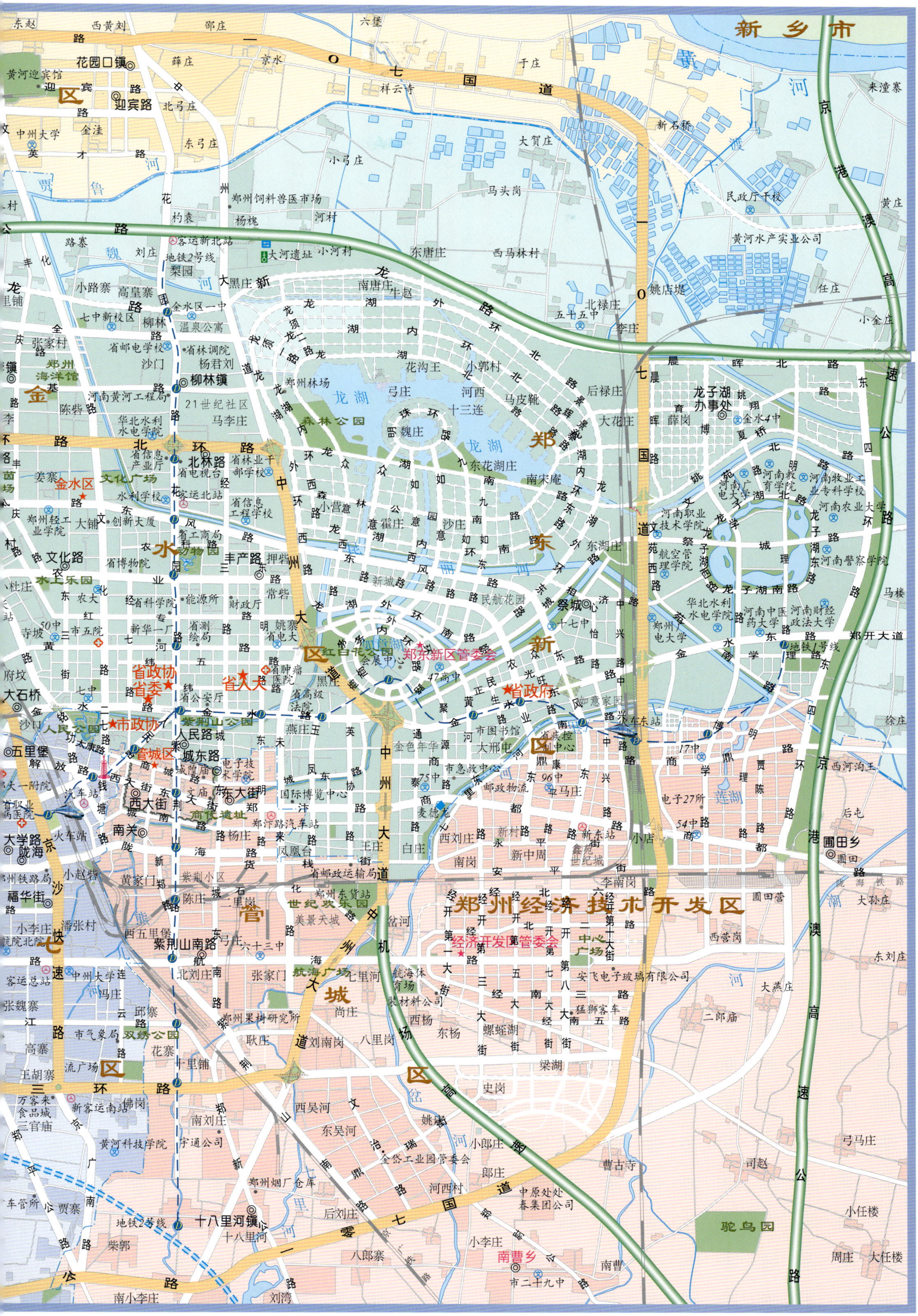

新乡市
一〇七国道
京港澳高速
黄河
花园口镇
黄河迎宾馆
迎宾路
中州大学
金水区
郑州饲料兽医市场
客运北站
柳林镇
河南黄河工程局
21世纪社区
龙湖
森林公园
郑州林场
龙子湖办事处
河南职业技术学院
河南农业大学
河南警察学院
河南财经政法大学
河南中医药大学
华北水利水电学院
郑州电大学
郑东新区
郑东新区管委会
文化广场
郑州海洋馆
水利学校
河南省政协
省政协
省委
省人大
省政府
紫荆山公园
人民公园
市政协
管城区
二七区
火车站
城东路
商代遗址
郑汴路汽车站
国际博览中心
会展中心
地铁1号线
地铁2号线
如意家园
火车东站
郑州经济技术开发区
经济开发区管委会
中心广场
世纪欢乐园
航海广场
航海体育场
双秀公园
黄河科技学院
金岱工业园管委会
中原处处春集团公司
十八里河镇
南曹乡
鸵鸟园
圃田乡
京港澳高速公路
管城区

郑州市交通图

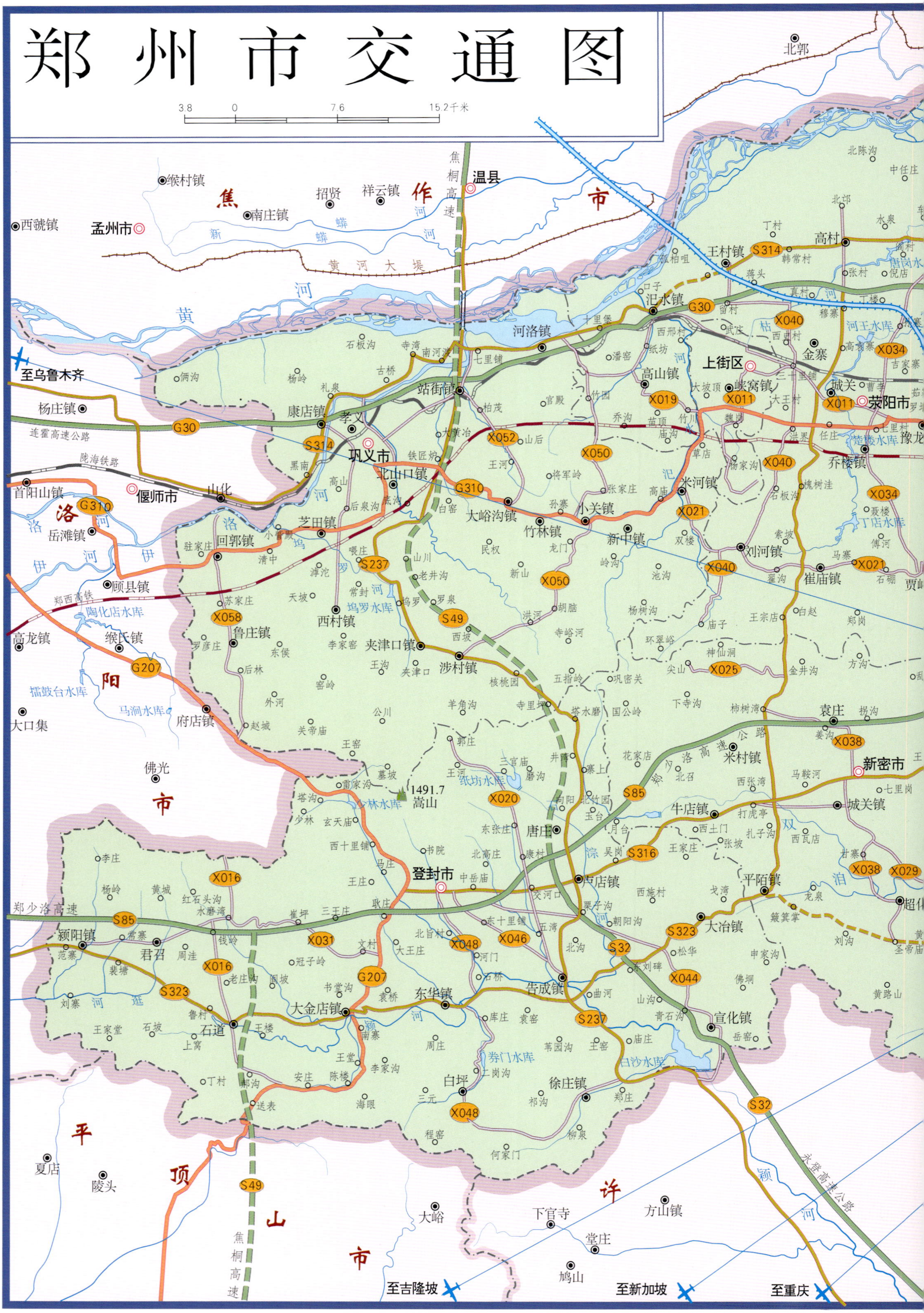
3.8 0 7.6 15.2千米
焦作市
温县
孟州市
西虢镇
缑村镇
南庄镇
招贤
祥云镇
焦桐高速
新蟒河
黄河大堤
黄河
北郭
北陈沟
中任庄
北邨
丁村
高村
水泉
王村镇
S314
韩常村
唐岗水库
蒋头
张村
倪店
汜水镇
G30
留村
X040
穆寨
河王水库
河洛镇
十里堡
西邢村
武庄
西史村
金寨
X034
吉家寨
石板沟
寺湾
南河渡
七里铺
潘窑
纸坊
上街区
高山镇
峡窝镇
三十里铺
城关
荥阳市
至乌鲁木齐
俩沟
杨岭
古桥
礼泉
站街镇
柏茂
官殿
竹园
大坡顶
X011
大王村
杨庄镇
康店镇
孝义
G30
连霍高速公路
巩义市
S314
大黄冶
X052
山后
乔沟
苗顶
庙沟
竹川
魏岗
洪坪
任庄
楚楼水库
豫龙
七里村
陇海铁路
首阳山镇
偃师市
山化
黑南
北山口镇
铁匠炉
王河
X050
将军岭
草店
杨家沟
X040
乔楼镇
G310
高山
后泉沟
底沟
G310
张家庄
高庙
米河镇
槐树洼
洛河
岳滩镇
白窑
大峪沟镇
孙寨
小关镇
石板沟
X034
聂楼
芝田镇
竹林镇
X021
丁店水库
回郭镇
驻家庄
小訾殿
清中
嘿庄
山川
民权
龙门
新中镇
双楼
索坡
傅河
伊河
顾县镇
S237
老井沟
新山
岭沟
刘河镇
马寨
X021
郑西高铁
淳沱
天坡
常封
坞罗水库
X050
池沟
X040
翟沟
崔庙镇
石硼
贾峪
陶化店水库
苏家庄
西村镇
坞罗
罗泉
胡脑
洪河
杨树沟
王宗店
白赵
郑岗
高龙镇
缑氏镇
X058
鲁庄镇
S49
西坡
寺峪河
庙子
罗彦庄
李家窑
夹津口镇
涉村镇
环翠峪
东侯
神仙洞
G207
后林
王沟
夹津口
核桃园
五指岭
巩密关
尖山
X025
金井沟
方沟
摇鼓台水库
洛阳市
窑岭
马涧水库
府店镇
外河
公川
羊角沟
寺里坪
塔水磨
国公岭
下寺沟
柿树湾
袁庄
拐沟
大口集
赵城
关帝庙
王窑
郭庄
姜沟
X038
郑少洛高速
米村镇
新密市
佛光
嵩坡
花家庄
三官庙
井湾
寨上
北召
马鞍河
雷家沟
王河
纸坊水库
磨沟
S85
西张湾
七里岗
1491.7
嵩山
X020
向阳
北竹园
牛店镇
打虎亭
城关镇
塔沟
少林水库
玉台
少林
玄天庙
东张庄
唐庄
西土门
扎子沟
西瓦店
双洎河
月台
西十里铺
书院
康村
吴岗
S316
王家庄
张坡
李庄
马庄
北高庄
苟寨
X038
X029
X016
杨岭
黄城
红石头沟
王庄
登封市
中岳庙
交河口
卢店镇
西施村
戈湾
平陌镇
龙泉
超化
郑少洛高速
水磨湾
崖坪
三王庄
耿庄
五渡河
栗子沟
箕箕掌
S85
东十里铺
朝阳沟
大冶镇
S323
黄
刘沟
圣帝庙
颍阳镇
范寨
芦寨
君召
钱岭
X031
文村
北首村
大王庄
X048
X046
五湾
北沟
S32
松华
申家沟
周连
冠子岭
河门
X016
老庄沟
凤坡
G207
石桥
许刘碑
X044
佛垌
裴塘
S323
书堂沟
告成镇
曲河
山沟
黄路山
刘寨
颍河
袁桥
东华镇
大金店镇
鲁村
石道
王家堂
石坂
王楼
南寨
庄庄
袁窑
S237
青石沟
宣化镇
上窝
周庄
王堂
券门水库
苇园沟
王窑
庙庄
岳窑
白沙水库
李家沟
丁村
郜沟
安庄
陈楼
白坪
上岗沟
徐庄镇
三元
祁沟
郑庄
S32
送表
海眼
X048
柳泉
平顶山市
程窑
何家门
夏店
陵头
S49
大峪
下官寺
许昌市
方山镇
永登高速公路
颍河
堂庄
焦桐高速
鸠山
至吉隆坡
至新加坡
至重庆

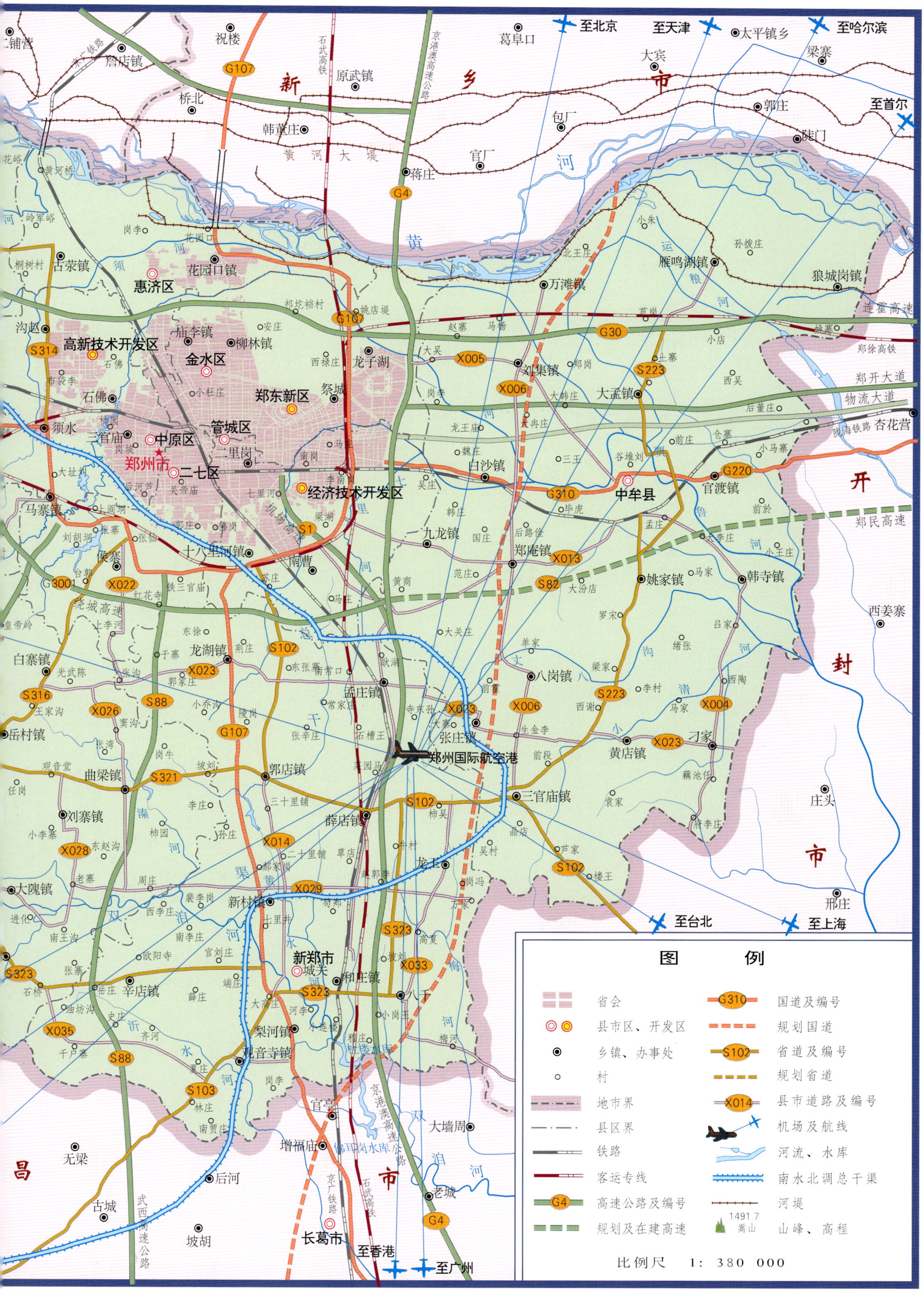

至北京
至天津
至哈尔滨
至首尔
至台北
至上海
至香港
至广州
新
乡
市
开
封
市
昌
市
黄河大堤
黄
河
郑州市
中原区
二七区
管城区
金水区
惠济区
高新技术开发区
郑东新区
经济技术开发区
中牟县
新郑市
郑州国际航空港
长葛市
G107
G4
G30
G310
G220
S1
S314
S223
S82
S102
S316
S88
S321
X005
X006
X013
X022
X023
X026
X004
X014
X028
X029
S323
X033
X035
S103
G3001
连霍高速
郑徐高铁
郑开大道
物流大道
陇海铁路
郑民高速
京港澳高速公路
石武高铁
京广铁路
武西高速公路
图例
省会
县市区、开发区
乡镇、办事处
村
地市界
县区界
铁路
客运专线
高速公路及编号
规划及在建高速
国道及编号
规划国道
省道及编号
规划省道
县市道路及编号
机场及航线
河流、水库
南水北调总干渠
河堤
山峰、高程
1491.7
嵩山
比例尺 1：380 000

郑州市地势图

焦作市
洛阳市
平顶山市
许
北郭
缑村镇
招贤
祥云镇
温县
西虢镇
孟州市
南庄镇
新蟒河
黄河大堤
黄河
王村镇
高村
唐岗水库
汜水镇
河洛镇
上街区
金寨
峡窝镇
高山镇
河王水库
荥阳市
城关
站街镇
康店镇
孝义
巩义市
杨庄镇
连霍高速公路
豫龙
楚楼水库
乔楼镇
首阳山镇
偃师市
山化
北山口镇
大峪沟镇
小关镇
米河镇
竹林镇
新中镇
洛河
芝田镇
岳滩镇
回郭镇
伊河
刘河镇
贾峪
崔庙镇
G310
顾县镇
西村镇
坞罗水库
陆浑水库
寇店水库
高龙镇
缑氏镇
鲁庄镇
大冶镇
涉村镇
G207
擂鼓台水库
马涧水库
府店镇
袁庄
大口集
郑少洛高速公路
米村镇
新密市
佛光
纸坊水库
1491.7
嵩山
少林水库
牛店镇
城关镇
唐庄
石
淙河
双洎河
登封市
卢店镇
平陌镇
超化
郑少洛高速
颍阳镇
君召
大冶镇
告成镇
东华镇
大金店镇
宣化镇
石道
颍河
券门水库
白沙水库
白坪
徐庄镇
永登高速公路
方山镇
大峪
下官寺
棠庄
鸠山
高程表（米）
1250
1000
700
500
300
200
150
100

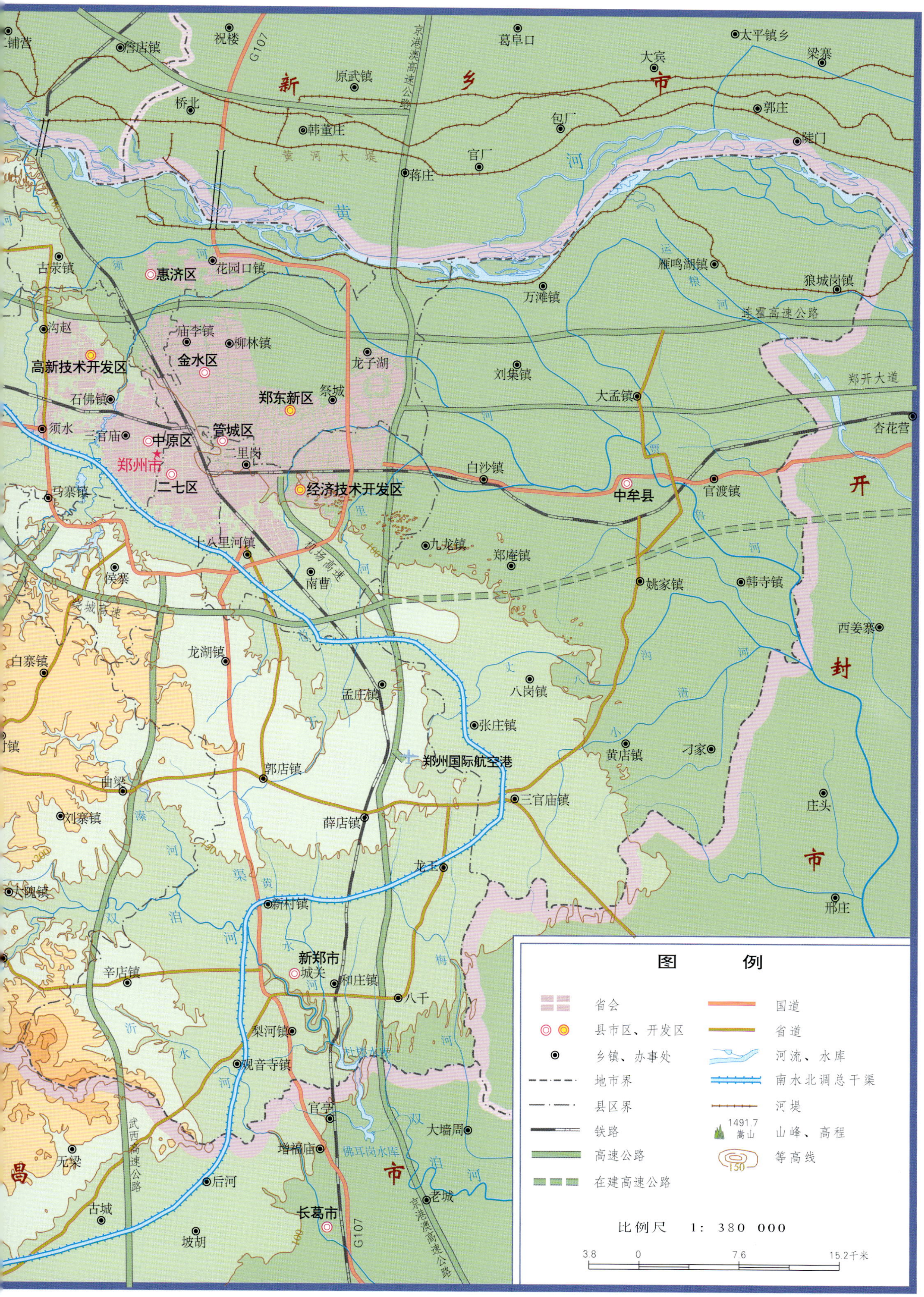

新
乡
市
开
封
市
昌
市
郑州市
惠济区
金水区
高新技术开发区
郑东新区
中原区
管城区
二七区
经济技术开发区
中牟县
新郑市
城关
长葛市
郑州国际航空港
黄河
黄河大堤
京港澳高速公路
连霍高速公路
郑开大道
机场高速
武西高速公路
G107
运粮河
贾鲁河
双洎河
潩河
梅河
丈八沟
小清河
须水河
杜楼水库
佛耳岗水库
祝楼
葛阜口
太平镇乡
梁寨
大宾
原武镇
桥北
韩董庄
包厂
郭庄
陡门
官厂
蒋庄
古荥镇
花园口镇
雁鸣湖镇
狼城岗镇
万滩镇
沟赵
庙李镇
柳林镇
龙子湖
刘集镇
大孟镇
石佛镇
祭城
杏花营
须水
三官庙
二里岗
白沙镇
官渡镇
马寨镇
十八里河镇
九龙镇
郑庵镇
侯寨
南曹
姚家镇
韩寺镇
西姜寨
白寨镇
龙湖镇
孟庄镇
八岗镇
张庄镇
黄店镇
刁家
郭店镇
曲梁
三官庙镇
庄头
刘寨镇
薛店镇
龙王
大隗镇
新村镇
邢庄
辛店镇
和庄镇
八千
梨河镇
观音寺镇
官亭
大墙周
增福庙
无梁
后河
老城
古城
坡胡
图例
省会
县市区、开发区
乡镇、办事处
地市界
县区界
铁路
高速公路
在建高速公路
国道
省道
河流、水库
南水北调总干渠
河堤
1491.7 嵩山
山峰、高程
等高线
比例尺 1：380 000
3.8 0 7.6 15.2千米

编辑说明

一、《郑州年鉴》是郑州市人民政府主办、郑州市地方史志办公室承办的地方综合年鉴。该鉴旨在按年度全面系统地记载郑州市经济社会发展的主要情况，为机关、企事业单位等组织及外来投资者和社会各界人士了解郑州、研究郑州、建设郑州提供丰富翔实的地情资料。

二、《郑州年鉴》是国内外公开发行的年刊，以出版年号为卷次名称，自1985年创刊以来，每年出版一卷，本卷年鉴是总第30卷。

三、《郑州年鉴》采取分类编辑法，按篇目、类目、分目、条目的结构组成内容体系。全书以不同字体、字号区别不同层次。条目标题均加【 】表示。为方便读者检索，《郑州年鉴》除在正文前设置中英文目录外，正文后设置了主题词索引，索引标目按汉语拼音声母音序分类排列。

四、《郑州年鉴》2014卷设有总述、特色郑州、政治、城乡建设与环境保护、经济、文化、社会、区域发展、附录等9个篇目。全书除文字内容外，还收录了反映领导活动、部门工作、行业发展、城乡新貌、重要成绩等方面的彩色图片。

五、《郑州年鉴》所辑录的内容由市直各部、委、办、局，各县(市)、区及部分驻郑单位组织提供，均经各供稿单位审核，资料真实可靠。“统计资料”由郑州市统计局提供，内文条目中的数据由各供稿单位提供，部分条目中的数据因统计口径等原因可能与统计资料中的数据不相符合，在引用本书的有关数据时，应以附录中的“统计资料”为准。

六、《郑州年鉴》在组稿、编撰、印刷、发行过程中得到各有关部门和领导的大力支持，资料收集和初稿撰写人员付出了艰辛努力，在此一并谢忱。本卷《郑州年鉴》中的疏漏和错误之处，敬请专家和读者批评指正。

郑州年鉴编纂委员会

名誉主任　　吴天君

主　　任　　马　懿

副 主 任　　王　璋　高建慧　孙金献　赵武安　刘　东　张建国

韩世联　王春山　张群保

委　　员　（以姓氏笔画为序）

万永生　郑州市统计局局长
文广轩　郑州市科学技术局局长
毛　杰　郑州市教育局局长
王鸿勋　郑州市中原区区长
王新亭　荥阳市市长
史占勇　郑州经济技术开发区党工委副书记、管委会常务副主任
乔　耸　登封市市长
刘　睿　郑州市财政局局长
刘建武　新郑市市长
严　波　郑州航空港经济综合实验区（郑州新郑综合保税区）党政办公室主任
余遂盈　郑州市商务局局长
吴福民　郑东新区党工委副书记、管委会常务副主任
宋　洁　郑州市上街区区长
张红伟　新密市市长
张春阳　巩义市市长
李书峰　郑州市发展和改革委员会主任
李建霞　郑州市人民政府副秘书长
陈　新　郑州市城乡建设委员会主任
陈红民　郑州市二七区区长
陈宏伟　郑州市金水区区长
周亚民　郑州市农业农村工作委员会主任
苗晋琦　郑州市工业和信息化委员会主任
虎　强　郑州市管城回族区区长
黄　钫　郑州市惠济区区长
翟晓宾　郑州高新技术产业开发区党委副书记、管委会常务副主任
潘开名　中牟县县长
戴春枝　郑州市人力资源和社会保障局局长

郑州年鉴编辑部

总 目

篇 目	目录页码	内文页码
总 述	1	1
特 载	1	2
市情概要	1	14
大事记	3	32
特色郑州	3	49
郑州航空港经济综合实验区（郑州新郑综合保税区）	3	50
“三大主体”工作	4	60
轨道交通	4	66
癸巳年黄帝故里拜祖大典	4	72
政 治	5	75
党政机构	5	76
人民团体和社会团体	9	140
法 制	11	153
人民武装	12	166
城乡建设与环境保护	13	171
建设行业管理	13	172
城乡规划与管理	13	175
市政建设与管理	14	180
火车站地区管理	14	186
园林绿化与公用事业	14	188
城乡环境保护	15	197
经 济	16	205
农业和农村工作	16	206
工业经济	18	228
服务业	19	243
交通运输业	23	278
民营经济	25	309
财政 税务	26	311
经济监督与管理	26	316
文 化	30	393
文化事业	30	394
新闻出版与传媒	31	405
科技 教育	31	410
社 会	32	427
卫生 体育	32	428
人民生活	33	432
民政与民族宗教事务	34	444
区域发展	34	449
开发区	34	450
县（市）区概况	35	457
附 录	37	489
荣誉榜	37	490
法 规	38	498
专 文	38	501
统计资料	38	513
重要文件目录	38	559
索 引	38	561

目录

总述

特载

抢抓改革发展机遇 突出“三大主体”工作 为夺取以航空港实验区为统揽的郑州都市区建设新胜利而努力奋斗
——在市委十届六次全体（扩大）会议上的讲话
市委书记 吴天君……2
政府工作报告
——在郑州市第十四届人民代表大会第一次会议上
市长 马懿……7

市情概要

自然环境

概况……14
地质地貌……14
山脉水系……14
矿产资源……14
气候气象……14
生物资源……14

行政区划

概况……14
建置沿革……14
区划调整……15
区划现状……15
附表：2013年郑州市行政区划情况……15

人口状况

概况……16
人口构成……16
附表：2013年年末郑州市人口基本情况……16
2013年年末郑州市人口自然变动情况……17

发展综述

经济总量及结构……17
农业与农村经济……17
附图：2009-2013年郑州市生产总值及增速……17
郑州市三次产业比例（%）……17
工业和建筑业……18
附图：2009-2013年郑州市规模以上工业增加值及增速……18
固定资产投资……18
附图：2009-2013年郑州市固定资产投资及增速……18
国内贸易……19

附图：2009-2013年郑州市社会消费品零售总额及增速……19
对外经济……19
附图：2009-2013年郑州市进出口总值及增速……19
交通、邮电和旅游……19
财政、金融证券和保险……19
附图：2009-2013年郑州市地方公共财政预算收入及增速……20
科学技术和教育……20
文化、卫生和体育……20
城市建设、环境保护和安全生产……20
人口、人民生活和社会保障……20
附图：2009-2013年郑州市城镇居民消费价格指数（%）……21
2009-2013年郑州市农村居民人均纯收入及增速……21
2009-2013年郑州市城镇居民人均可支配收入及增速……21

精神文明建设

综 述

概况……21
网络文明传播……21
改善人居环境工作……21
文明交通行动……22
信息宣传工作……22

公民思想道德建设

概况……22
公益广告宣传……22
道德模范评选与学习宣传……22
专项教育和治理……22
“道德讲堂”活动……23
“我们的节日”活动……23

精神文明创建

全国文明城市创建……23
文明城市（城区）创建……23
文明单位、社区和景区创建……23

志愿服务活动

志愿服务体制机制建设……23
“三关爱”志愿服务活动……23
“文明使者”志愿服务站建设工作……23

农村精神文明建设

农村“清洁家园行动”……24
“星级文明户”评选活动……24
文明单位结对帮扶农村精神文明创建……24
“三下乡”活动……24

未成年人思想道德建设

概况……24
“做一个有道德的人”主题教育活动……24
学校少年宫建设……24
未成年人心理健康教育……24
暑期文化市场治理……24

组织机构

中共郑州市委……25
纪律检查委员会……25
·市委工作部门·……25
·市委直属事业单位·……25
·部门管理机构·……25

· 办公厅领导的事业单位 · ……………………25
郑州市十三届人大常委会……………………25
· 市人大常委会工作机构 · ……………………25
郑州市人民政府……………………26
· 市政府工作部门 · ……………………26
· 市政府直属事业单位 · ……………………28
· 市政府派出机构 · ……………………28
· 其他 · ……………………29
· 市政府驻外办事机构 · ……………………29
· 省市双重管理机构 · ……………………29
政协郑州市第十二届委员会……………………29
· 市政协工作机构 · ……………………29
民主党派与工商联……………………30
郑州市中级人民法院……………………30
郑州市人民检察院……………………30
郑州市群众团体组织……………………30
驻郑部属及省属单位……………………30
· 交通通信机构 · ……………………30
· 金融机构 · ……………………31
· 保险机构 · ……………………31
· 其他单位 · ……………………31
中国人民解放军郑州警备区……………………31
中国人民武装警察部队郑州市支队……………………31

大事记

2013年郑州市大事记……………………32

特色郑州

郑州航空港经济综合实验区（郑州新郑综合保税区）

航空港实验区历史沿革……………………50
郑州新郑国际机场发展综述……………………50
新郑港区发展综述……………………51
郑州航空港区发展综述……………………51
郑州新郑综合保税区（郑州航空港区）发展综述……51
郑州航空港经济综合实验区获批建立……………………52
航空港实验区概况……………………52
航空港实验区机构设置……………………53
航空港实验区发展优势……………………53
航空港实验区规划编制……………………53
航空港实验区规划……………………54
航空港实验区发展政策保障……………………55
航空港实验区经济社会发展综述……………………55
三大主导产业综述……………………55
航空物流产业发展……………………56
高端制造业发展……………………57
现代服务业发展……………………57
招商引资……………………57
八大专业园区……………………57
航空物流产业园……………………57
航空制造维修产业园……………………57
电子信息产业园……………………57
智能终端产业园……………………57
精密机械产业园……………………58
生物医药产业园……………………58

电子商务产业园……58
商展贸易产业园……58
新型城镇化建设概况……58
基础设施建设……58
城市建设……58
生态文明建设……58
合村并城建设规划……59
合村并城征迁建设……59
机场二期工程建设规划……59
机场二期工程建设项目……59
机场二期项目征迁……59

“三大主体”工作

新型城镇化建设……60
产业集聚区发展概况……61
产业集聚区主要经济指标……62
产业集群发展……62
招商引资……62
重大项目建设……62
基础设施建设……62
公共服务平台建设……63
产城互动融合发展……63
现代工业体系构建……63
实施开放创新双驱动……64
项目投资……64
结构优化……64
完善体制机制……64
长效机制工作座谈会召开……64
长效机制工作推进大会召开……64
长效机制持续深化规范提升工作会议召开……64
长效机制工作理论研讨成果评审会召开……65
全市群众工作队工作会议召开……65
调研工作……65

轨道交通

概况……66
轨道交通线网规划……66
轨道交通线网规划修编……67
轨道交通建设……67
1号线一期工程建设……67
2号线一期工程建设……67
南四环至郑州南站城郊铁路工程建设……67
附图：郑州市城市轨道交通线网规划修编（2010－2020）……68
远景年中心城区线路轨道交通线网规划图……69
远景年都市区域线路轨道交通线网规划图……69
5号线、1号线二期工程建设……70
4号线龙湖段市政配套工程及新郑国际机场轨道交通市政配套工程建设……70
运营筹备和试运营……70
1号线试运营……70
质量安全管理……70
勘察设计……71
招标与造价管理……71
财务融资……71
科研创新……71

癸巳年黄帝故里拜祖大典

概况……72
大典仪程……72
大典《拜祖文》……73
黄帝文化国际论坛……73
2013中国郑州科技成果交易暨高科技人才交流会……73
专题文艺晚会……74
中原文化活动周……74

政　治

党政机构

中国共产党

综　述

概况……76
新型城镇化建设……76
现代产业体系构建……76
“坚持依靠群众、推进工作落实”长效机制建设……77
改革开放与招商引资……77
民主法治建设……77
城市软实力建设……77
美丽郑州建设……77
党的建设……78

市委重要会议

市委十届四次全体（扩大）会议……78
市委十届五次全体（扩大）会议……78
市委常委会议……79
全市领导干部会议……81
党务工作重要会议……82
新型城镇化建设重要会议……82
现代产业体系构建重要会议……84
郑州航空港经济综合实验区建设重要会议……85
其他重要会议……86

重要活动

概况……87
严隽琪到郑州调研……87
张平到郑州调研……88
万钢到郑州调研……88
吉炳轩到郑州调研……88
谢伏瞻到郑州调研……88
谢伏瞻到郑州考察……88
郭庚茂到郑州调研……88
湖北省党政考察团到郑州参观考察……89
石家庄市党政考察团到郑州考察……89
苏州市党政考察团到郑州考察……89
省市领导会见深圳企业家代表团……89
郑州市党政考察团赴西安、重庆、昆明考察学习……89
吴天君率团出访法国、比利时……89
吴天君率团到山东考察学习……89
吴天君会见重要来客……89
重要签约仪式……90
附表：2013年省委常委、市委书记吴天君重要调研考察活动……90

纪检监察工作

概况……91
服务保障中心工作……91
纠正“四风”……91
案件查办……91
专项整治……91
教育预防……91

组织工作

概况……91

"一学三促"活动……92
干部人事制度改革……92
干部教育培养……92
基层组织建设……92
优化人才发展环境……92

宣传工作

概况……92
理论学习与研究……92
新闻宣传……93
网络宣传与管理……93
对外宣传……93
市属媒体建设和管理……94
舆情信息工作……94
调查研究工作……94
社会主义核心价值体系建设……94
学雷锋志愿服务活动……94
未成年人思想道德建设……94
创建全国文明城市工作……95
公共文化服务体系建设……95
精品文艺创作生产……95
群众文化活动……95
文化志愿服务……95
文化体制改革……95
文化产业发展……95
文化遗产保护……96
文化环境整治……96
干部人才队伍建设……96
嵩山论坛2013年会……96
首届中国（郑州）国际街舞大赛……96

统战工作

概况……97
统战工作助推经济社会发展……97
推进多党合作事业发展……98
民族宗教工作……98
推动工商联工作……98
港澳台海外统战工作……99
深化统战网格化管理体系……99

编制管理

概况……99
推进产业集聚区机构套合……99
建立郑州航空港经济综合实验区管理体制……99
调整郑州新区机构编制人员……99
推进行政审批制度改革……99
深化城乡规划土地建设管理"六统一"制度……100
深化事业单位和行业体制改革……100
推动机构编制管理创新……100
提升编制管理规范化水平……100

老干部工作

概况……100
发挥老干部作用……101
落实老干部政策……101
丰富老干部文化生活……101
老干部工作网格化管理……102

党史工作

概况……102
党史资料征编研……102
党史工作宣传教育……102

党校工作

概况……103
干部教育培训……103
服务市委中心工作……103
科研工作……103

学校管理与建设……103
党校分校管理……104

人民代表大会

综 述

省委书记卢展工参加省十二届人大一次会议郑州代表团活动……104
代表议案和建议办理……104
主任接待代表日活动……104
人大代表培训……104

人大会议

人大全会……105
人大常委会会议……105
人大常委会主任会议……107
人大工作会议……108

监督工作

执法检查……108
调研及视察活动……108

人民政府

综 述

概况……110
经济发展……110
郑州航空港经济综合实验区建设……111
新型城镇化建设……111
重点领域和关键环节改革……111
民生保障和改善工作……111
政府信息编发和上报……111

市政府重要会议

全市新型工业化推进大会……112
全市生态建设工作动员大会……112
全市对外开放暨服务业发展大会……112
全市安全生产工作会议……112
全市食品安全工作会议……112
全市政府系统廉政工作电视电话会议……113
全市人口和计划生育工作会议……113
郑州航空港经济综合实验区建设领导小组全体会议……113
全市深化行政审批制度改革动员会……113
全市深化投融资体制改革动员会……113
全市民营经济表彰暨金融支持小微企业发展动员会……114
全市民生工作推进会……114
全市节约集约用地高效利用土地工作会议……114

重要活动

马懿陪同美国UPS客人参观郑东新区……114
国际民航组织理事会主席考察郑州航空港经济综合实验区……114
马懿带队进京拜访科研院所和知名企业……114
附表：2013年市长马懿重要调研考察活动……115

人力资源管理

概况……116
就业帮扶……116
毕业生就业工作……116
农村劳动力转移就业……116
人才培养和引进……116
人事人才服务……116
军转安置工作……117
人事制度改革……117

外事侨务工作

概况 ……117
因公出国（境）管理 ……117
涉外管理 ……117
重要团组来访接待 ……118
友好城市交流 ……118
为侨服务 ……118
海外华侨华人交往 ……118
重大涉外活动 ……119

对台工作

概况……119
郑台经贸合作……119
郑台交流交往……119
对台宣传教育……120
对台服务……120
台胞台属联谊……120
台资企业协会……120

信访工作

概况……121
联席会议制度落实……122
领导接访下访……122
矛盾纠纷排查化解……122
信访积案专项治理……122
信访渠道畅通……122
信访部门建设……122

机关事务工作

概况……123
重点项目建设……123
办公用房清理腾退……123
公务用车管理……123
房地产和基建管理……123
安全保卫工作……123
精神文明创建管理……123
公共机构节能管理……123
物业管理……123
机关服务保障……123

人民政协

综 述

履行政协职能……124
促进团结联谊……125
政协自身建设……125

政协全会

市政协十二届五次会议……126

政协常委会议

市政协十二届二十四次常委会议……126
市政协十二届二十五次常委会议……126
市政协十二届二十七次常委会议……127
市政协十二届二十八次常委会议……127
市政协十二届二十九次常委会议……127

民主党派和工商联

综 述

概况……128
多党合作和政治协商……128
民主党派自身建设……128
“同心”实践行动……129
党派工作创新……130
基础工作……130

民革郑州市委员会

思想建设……130
组织建设……130
参政议政……130
社会服务……131
促进祖国和平统一……131

民盟郑州市委员会

思想建设……131
组织建设……131
履行参政党职能……132
社会服务活动……132

民建郑州市委员会

思想建设……132
组织建设……132
参政议政和民主监督……133
社会服务工作……133

民进郑州市委员会

概况……133
思想建设……133
组织建设……133
参政议政……134
社会服务……134

农工党郑州市委员会

思想建设……134
组织建设……134
参政议政……135
社会服务工作……135

九三学社郑州市委员会

思想建设……136
组织建设……136
参政议政……136
社会服务工作……137

工商联

思想政治工作……138
参政议政……138
服务会员企业……138
经济服务工作……139
光彩事业……139
组织建设……139

人民团体和社会团体

工　会

概况……140
群众性建功立业活动……140
基层工会建设……140
职工合法权益维护和发展……140
职工帮扶服务……140
提升职工队伍整体素质……141
“三型”工会建设……141

共青团

概况……141
青少年思想引领……141
服务“三大主体”工作……142
团的基层组织建设……142
青年民生服务工程……142
维护青少年合法权益……142

推动共青团品牌提升……143

妇女联合会

概况……143
妇女教育培训……143
妇女建功立业……143
妇女就业创业……144
文明家庭创建……144
妇女儿童两规划推动实施……144
《郑州市妇女权益保障条例》立法调研……144
妇女维权和平安综治工作……144
为妇女儿童办实事……144
基层妇联组织建设……145

科学技术协会

高端人才和智力引进……145
建言献策……145
技术服务……145
学术交流活动……145
全民科学素质工作……145
社区科普大学建设……145
基层科普行动计划……145
青少年科普活动……145
社会化科普活动……145
科普资源开发和工作载体创新……146
优秀科技工作者宣传表彰……146
科协组织建设……146

社会科学界联合会

概况……146
重大课题调研……146
社科成果转化……146
社科优秀成果评奖……146
社科知识普及活动……147
社会科学学术年会……147
学术活动……147
《中州纵横》杂志……147

文学艺术界联合会

概况……147
文艺活动……147
艺术创作……147
“种文化到基层”活动……147
文艺家协会活动……148

慈善总会

概况……148
慈善劝募……148
慈善救助……148
慈善项目……149
慈善志愿者队伍建设……149
慈善氛围营造……149
第二届慈善大奖评选……149
培训活动……149

红十字会

概况……149
备灾、救灾工作……149
应急救护工作……149
人道救助工作……150
“三献”工作……150
志愿者服务工作……150
红十字精神传播……150

残疾人联合会

残疾人“两个体系”建设……150

残疾人康复工作……151
贫困残疾儿童抢救性康复工程……151
残疾人事业专项彩票公益金康复项目……151
低保家庭精神病患者医疗救助……151
关爱救助孤独症儿童……151
残疾人特殊教育……151
残疾人培训就业……151
残疾人文化体育活动……151
残疾人扶贫帮困……151
扶残助残活动……152
残疾人维权信访……152
残疾人组织建设……152

法制

地方立法工作

概况……153
地方性法规制定……153
行政审批法规专项清理……153
规范性文件备案审查……153

政府法制工作

概况……154
干部依法行政培训……154
政府立法……154
行政执法监督……154
政府行政安全……154
规范性文件监督管理……154
依法行政……154
行政复议……154

政法工作

概况……155
应急处置体制机制建设……155
社会管理创新……155
社会治安管控……155
政法队伍建设……156

公安工作

概况……156
维护社会政治稳定……156
打击违法犯罪活动……156
社会治安防控……157
交通安全管理……157
消防安全管理……158
信息化建设……158
执法规范化建设……158
公安队伍建设……158

检察工作

概况……158
服务经济社会发展大局……159
刑事检察工作……159
查办和预防职务犯罪……159
诉讼监督……159
参与打击非法集资和担保机构规范整顿工作……159
化解社会矛盾纠纷……159
融入网格化社会管理体系……159
基层基础建设……160
检察队伍建设……160

法院工作

概况……160
司法服务工作……160

保障民生工作……161
法院自身建设……161

司法行政工作

概况……161
平安郑州建设……161
法治郑州建设……162
人民调解……162
法律服务……162
法律援助……162
新闻宣传……162
长效机制建设……162

仲裁工作

概况……163
仲裁宣传推行……163
提升办案质量……163
仲裁调解……163
仲裁队伍建设……163

政法大事及典型案例

平安郑州建设……163
侦破 “2012.12.17”盗窃保险柜案……165
侦破公安部督办“2013.3.3”打拐专案……165

人民武装

郑州警备区

概况……166
思想政治建设……166
军事斗争准备……166
国防动员……166
兵员征集……166
基层建设……167
后勤保障……167
双拥共建……167
安全管理……167
参与济南军区联合防卫作战要素集成课目演练……167
保障济南军区“前卫—2013E”动员演练部队顺利过境……167
开展全市民兵应急队伍紧急拉动演练……167

武警郑州市支队

概况……167
思想政治建设……168
执勤处突与军事训练……168
部队正规化建设……168
现代化后勤建设……168
基层武警建设……169
党委班子建设……169

人民防空

概况……169
人防工程建设及地下空间开发……169
人防组织指挥建设……169
人防指挥通信……169
人防工程管理……170
人防行政执法……170
人防宣传教育……170
人防比武竞赛……170

城乡建设与环境保护

建设行业管理

综 述

概况……172
市政重点工程建设……172
房屋征迁……172
村镇建设……172

建筑业管理

概况……173
建筑市场规范管理……173
招投标监管……173
工程质量监管……173
建设安全监管……173
文明施工管理……173
违法建设查处……174
审批制度改革……174

建筑节能

概况……174
墙体材料革新……174
散装水泥、预拌混凝土、预拌砂浆“三位一体”发展模式……174

勘察设计业管理

概况……174
标准定额管理……174

城乡规划与管理

城乡规划编制

概况……175
《郑州都市区总体规划（2012–2030年）》……175
《惠济区古荥镇总体规划（2012–2030年）》……177
郑州市交通政策重点项目……177
郑州市107辅道快速路工程规划……177
郑州市中州大道快速路工程规划……177
郑州市南四环至郑州南站城郊铁路工程规划……177
郑州市轨道交通1号线沿线站点交通接驳规划……177
郑州市三环线快速公交（BRT）规划……177
文博广场地下空间控制性详细规划……177
国道310郑州段改线规划……177
东明路热源厂、政七街热源厂“煤改气”高压燃气选线规划……178
郑州市文化路以西地区城市设计规划……178
郑州市陇海路快速通道沿线城市设计规划……178
郑州城市三环快速路沿线（中原、惠济区段）城市设计规划……178

城乡规划管理

《郑州市城乡规划管理技术规定》出台……179
新体制运行和规划审批工作……179
批后管理……179
规划执法……179

信息化建设和城建档案工作……179

市政建设与管理

综 述

概况……180
网格化城市管理……180
市政建设……180
市政设施管理……180
环境卫生管理……181
城市管理整治提升活动……181
规范市区养犬管理……181
数字化城市管理……181
城乡管理综合考评……181

市政设施养护

概况……181
市政设施防汛……182
城市道路大修改造（复浇）……182
市政排水管网改造……182
城市照明设施……182
城区河道管理……183
环城快速公路管理……183
二七广场管理……183
郑开大道市政管理……183

市容环境卫生

市容管理……184
环境卫生管理……184
垃圾收集处理……184
改善环卫职工待遇……184

市区养犬管理

概况……184
顶层设计……184
自觉规范阶段……185
依法规范阶段……185
督察督导……185

数字化城市管理

概况……185
案件派遣……185
案件督办……185

火车站地区管理

概况……186
市政设施建设……187
文明创建……187
完善网格管理机制……187
平安建设……187

园林绿化与公用事业

园林绿化建设与管理

概况……188
公园绿地建设……188
郑州市主城区公园游园绿地建设……188
道路绿化建设……188
单位庭院及居住区绿化建设……189
县（市）园林绿化建设……189
园林绿化管理……189
园林绿化依法行政及执法监督工作……190
城区美化和节日氛围营造……190
园林绿化规划设计与监理……190
园林科研及植物病虫害防治……190
动物管养与繁育……191

城市供水

概况……191
供水安全……191
规范供用水市场秩序……191
供水工程建设……191
供水服务……191

城市燃气

概况……191
气源保障……192
燃气输配系统建设……192
安全供气……192
市场拓展……192
供气服务……192
精益管理……193
技术创新……193
岗位练兵及技术比武……193

集中供热

概况……193
主业发展……193
安全生产……193
供热调度……194
供热保障……194
站网调节……194
生产运行……194
热网维护……194
工程建设……194
科技创新……195
节能减排……195
“挖潜增效”竞赛……195
供热服务……195

污水处理

概况……195
工程建设……196
科技创新……196
行业管理……196
建设运营管理……196
安全生产……196

城市环境雕塑

概况……196
城市雕塑创作……196
第一届郑州雕塑艺术开放月活动……196
郑州市雕塑协会成立……196

城乡环境保护

环境保护

概况……197
大气污染防治……197
水污染防治……197
主要污染物减排……197
执行环境影响评价制度……198
农村环境保护……198
环境安全保障……198
环境监测……198
环境监察……198
环保法制建设……198
环保科研……198
环保宣传……199
环保行政审批制度改革……199

环保长效机制网格化管理……199

气象服务

概况……199
主要气象灾害……201
气候影响评价……201

地震监测

概况……202
震情跟踪和监测预报……203
震害防御基础建设……203
防震减灾宣传教育活动……203
地震应急救援……204

经 济

农业和农村工作

综 述

概况……206
农村财务管理……206
农村经济与农民收入……207
农村土地承包与流转管理……207
农业对外开放及创汇农业……207
农村劳动力“阳光工程”培训……208
万名科技人员包万村科技行动……208
基层农业技术推广服务区域中心站建设……208
农业信息化建设……208
农业科研成果……208

扶贫开发

概况……209
整村推进扶贫……209
易地搬迁扶贫……209
产业和科技扶贫……209
“雨露计划”培训……209
社会化扶贫……209

种植业

概况……209
夏粮生产……209
秋粮生产……209
花生生产……209
蔬菜生产……210
设施农业……210
水果生产……210
花卉生产……210
农作物病虫草害……210
农作物病虫草害防治……210
东亚飞蝗综合治理……211
植物检疫……211
培肥地力……211
测土配方施肥……212

农村能源环保……212
旱作农业……212

水产业

概况……212
水产品质量安全……212
渔政监督管理……212
水产良种繁育……212
黄河鲤种质资源保护……212
水产技术推广……212

畜牧业

概况……212
畜牧生产……213
畜产品质量安全监管……213
动物疫病防控……213
畜牧技术推广……213

林 业

概况……214
创建国家森林城市……214
集体林权制度改革……214
绿博园管理经营……214
森林资源保护……214
黄河湿地保护……214
林业产业……214

农业机械化

概况……215
“三夏”机收会战……216
“三秋”农机战役……217
玉米机械化收获……218
农机购置补贴……218
秸秆综合利用及禁烧……219
农机宣传……220
农机专业合作社建设……220
设施农业建设……221
科技创新与农机科普宣传……221
保护性耕作……221
平安农机……221
农机教育培训……221
农机新机具、新技术推广……222
农机安全监理……222
附表：2013年年末农业机械拥有量……223
2013年年末农业机械作业量……224

水利建设

概况……225
防汛抗旱……225
水生态文明建设……225
农村安全饮水工程……225
病险水库除险加固工程……225
中小河流综合治理……225
水土保持工作……225
引黄灌溉……226
南水北调和移民扶持工作……226
水资源管理……226

南水北调

南水北调干线工程率先贯通……226
南水北调配套工程建设……226
移民搬迁安置……226

黄河治理

概况……227

防汛工作……227
防汛工程建设与管理……227
水政水资源管理……227
科技创新……227
精神文明建设……227

工业经济

工业综述

概况……228
附表：全省省辖市2012年、2013年上半年及2013年规模以上工业增速情况……228
附图：2013年全省省辖市工业增速……229
附表：中部六省省会城市2012年及2013年规模以上工业增加值情况……229
附图：2013年中部六省省会城市规模以上工业增加值总量……229
2013年中部六省省会城市规模以上工业增加值增速……230
附表：35个大中城市2012年及2013年规模以上工业增加值情况……230
27个省会城市2012年及2013年规模以上工业增加值情况……231
附图：2013年全部工业占GDP比重……232
2013年单月规模以上工业增加值及增速……232
2012-2013年累计工业增加值及增速……232
工业增速态势……232
工业经济运行特点……232
工业用电……233
附图：2013年单月工业用电量增幅及单月工业增加值增幅……233
2013年累计工业用电量增幅及累计工业增加值增幅……233
附表：超百亿元企业2012年及2013年销售收入情况……234
大企业大集团培育……234
招商引资……234
工业项目投资……234
工业结构调整……234
县（市）区工业……234
附表：各县（市）区2012年及2013年规模以上工业增加值情况……235
附图：2013年各县（市）区规模以上工业增加值总量……235
附表：6个区2012年及2013年规模以上工业增加值情况……236
6个县（市）2012年及2013年规模以上工业增加值情况……236
3个开发区2012年及2013年规模以上工业增加值情况……236
各县（市）区2013年工业增速目标完成情况……236

七大主导产业

概况……237
附图：2012年七大主导产业增加值比重……237
2013年七大主导产业增加值比重……237
汽车及装备制造业……237
附图：2012年全市汽车企业产量比重……237
2013年全市汽车企业产量比重……237
电子信息产业……237
新材料产业……237
生物及医药产业……237
铝及铝精深加工产业……237
现代食品制造业……237
家居和品牌服装制造业……237
附表：2013年工业七大主导产业主要指标……238

电力工业

概况……238
电网建设与改造……238

电力供需完成情况……238
郑州市全社会用电量情况……238
电力营销和优质服务……238
附表：郑州市2013年全社会用电情况……238
农电工作……239
依法治企和规范管控……239
科技创新……239
安全生产……239

食品工业

概况……239
行业运行特点……239
宣传工作……239
食品诚信体系建设……240
重点项目建设……240

煤炭工业

概况……240
网格化管理……240
煤矿安全监管……240
瓦斯和水害治理……241
煤矿事故……241
采掘机械化、现代化工艺应用……241
安全质量标准化建设……241
从业人员教育培训……241
煤炭企业打非治违工作……241
煤炭行业行政审批改革……241
煤炭运销管理……241
应急救援体系建设……241

烟草工业

概况……242
专卖管理……242
企业管理……242
规范经营……242
队伍建设……242

服务业

商贸流通

商业贸易

概况……243
内贸流通业……243
开放带动战略实施……243
农产品网上购销对接会成交达亿元……244
8家企业获评省电子商务示范企业……244
违法回收报废车专项整治……244
单用途商业预付卡专项检查……244
老旧汽车报废更新补贴资金发放工作结束……244
郑州华南城与郑州泉州商会签约……244
全省新增数据库监测企业培训……245
商务部在郑举办应对贸易摩擦理论和实务研修班……245
省商务厅召开沐浴企业座谈会……245
大型商场和超市人感染H7N9禽流感防控……245
世界无烟日活动……245
屠宰企业安全生产大检查……245
河南省电子商务产业园举行授牌仪式……245
成品油市场秩序专项整治……245
典当行业发展形势调研……245
典当行业涉嫌非法集资排查清理……245
商务部中小商贸流通企业公共服务平台建设培训班在郑举办……246
商务部在郑召开小微商户店铺租金及经营状况座谈会……246
早餐示范店复检……246
参加省厅商务领域市场监管培训班……246

商贸课题研讨会召开……246
城市共同配送试点工作启动……246
酒类流通领域专项整治……246
国四车用乙醇汽油推广使用……246
黄标车提前淘汰补助资金联合服务……246
中小企业国际市场开拓资金培训会举办……247
大招商活动……247
引进域外境内资金统计工作会议召开……247
“丝绸之路经济带”国际交流会在郑举办……247
春节消费品市场……247
“十一”黄金周消费市场……247
第八届中博会在郑举办……248
中博会招商活动……248
标准化菜市场与社区便利店建设任务……248
周末蔬菜直销市场……248
万达文化旅游项目考察……249
组团参加第二届京交会……249
组团参加第二十四届哈洽会……249
夏季农产品网上购销对接会……249
组织参加第十届中国—东盟博览会……249
组织参加农洽会……249
参加第114届中国进出口商品交易会……250
组团参加河南省承接纺织服装鞋帽产业转移活动……250
组团参加第二十二届食博会……250
马懿视察春节前市场供应……250
邓永俭在郑调研港澳台侨资企业发展状况……250

供销合作

概况……250
新网工程……250
和谐稳定……251
企业改革……251
农村合作经济组织……251
创新发展……251

粮油购销

概况……251
保障粮食安全……251
粮食购销……252
项目建设……252
主食产业化……252
军粮供应……252
监督检查……252
行业建设……253

投资促进

概况……253
国内友好城市、友好合作城市交流与合作……253
驻郑单位联络服务……253
参加第四届中国西部国际物流产业博览会……253
中欧物流通道建设国际交流会在郑举行……253

会展业

概况……254
新展馆建设……254
郑州航空展会项目筹备工作……254
在郑举办国家级流动展会……254
本地展会做大做强……254
第十九届郑交会……254
会展协调服务……254
会展发展专项资金管理……255
会展业特点……255

旅游业

综 述

概况……255

旅游项目建设……255
旅游市场开发……255
行业监管……255
旅游惠民……256

旅游管理与服务

郑州市首批旅游标准化（试点）工作会议召开……256
《旅游法》综合素养提升专题研修班……256
《旅游法》培训讲座……256
旅游市场大检查活动……256
国庆节假日旅游工作电视电话会议召开……256

假日旅游

春节黄金周旅游……257
“十一”假日旅游……257

宣传营销

中原经济区城市旅游联盟工作……258
赴新加坡参加“春城洋溢华夏情”旅游展……258
赴鄂、湘、粤三省进行高铁旅游宣传促销……258
赴京、津、冀进行高铁旅游宣传促销……258
组团参加中国国内旅交会……259
组团参加第八届中博会旅游活动……259
赴榆林推介郑州航空旅游产品……259
参加“黄河千里风情线相约在西宁”活动……259
在津开展旅游推介及微营销活动……260
参加东北旅游推广活动……260
参加中国北方旅游交易会……260
郑州旅游走进重庆……260
参加2013海峡两岸台北旅展……260
参加中国国际旅交会……261
“三走进三郑州”活动首批游客启程……261

银行保险业

人民银行

概况……261
金融运行状况……261
存款情况……261
贷款情况……262
货币信贷管理……262
农村信用社改革……263
金融稳定……263
金融统计……263
支付清算……263
反洗钱……264
人民币管理……264
国库工作……264
信用体系建设……264
调查研究……264
外汇管理……264

工商银行

概况……265
新兴业务……265
经营结构优化……265
经营效率……265
管理品质提升……265
渠道建设……265
服务形象塑造……266

农业银行

概况……266
零售业务……266
对公业务……266
“三农”业务……266

机制建设……266
基础管理……267

建设银行

概况……267
业务经营……267
战略发展……267
客户、产品与项目……267
基础建设与合规服务……267

中国银行

概况……267
经营管理……268
信贷投放……268
企业扶持……268
风险管理……268
内控管理……268
网点建设……268

郑州银行

概况……268
金融改革……269
理财业务……269
中小企业贷款……269
私人业务……269
理财业务……269
金融创新……269
经营管理……269
信息科技……270

中国人寿保险

概况……270
业务发展……270
农网创星……270
经营效益……270
风险防范……270
资源整合……270
改革创新……271

泰康人寿保险

概况……271
经营管理……271
个险业务……271
内控建设……271
理赔业务……271

邮电通信业

邮 政

概况……272
电商小包业务……272
贺卡业务商业化转型……272
天天邮戏活动……272
百场红色集邮巡展……272
新邮发行……272
邮速联动加快代理速递发展……272
金融网点转型……272
硬件改造……272
适销对路银保产品开发……272
打造“示范方+合作社+村邮站”平台新模式……273
分销物流管理……273
电子商务化物流连锁配送体系……273
自邮一族业务……273
“百全”特色农产品形象店开业……273
中原福塔空中邮局开业……273
安全管理……273

基础能力建设……273
综合平台建设……273
信息技术支撑……274

移动通信

市场开拓……274
推动信息化发展……274
网络建设……274
客户服务……274
基础管理……274

联通通信

概况……275
移动通信业务……275
宽带业务……275
网络保障能力提升……275
服务新感知……275
高速交通干线网络优化……275
重要通信线路保障……276
智慧城市建设……276
互联网信息化云平台开发与建设……276

电信通信

概况……276
“数字企业”建设……277
“智慧校园”建设……277
翼支付……277
网络建设……277
数据中心建设……277
基础设施建设……277
客户服务……277

交通运输业

铁 路

综 述

概况……278
国务院副总理马凯到郑州铁路局调研……279
河南省委书记郭庚茂到郑州铁路局调研……279
铁路投融资调研座谈会……279
郑州铁路局与河南省旅游局签署战略合作协议……279
全国最大规模公铁合作项目建立……279
郑欧班列开行……279
中欧物流通道建设国际交流会召开……280
货运组织改革……280
“美好郑铁家园三年规划”出台……280
调图组织……280
救灾物资专列开行……281
假日运输……281
郑焦城际铁路黄河大桥主桥贯通……281
参加河南省五大产业链产销对接大会……281
校企共建……281
郑州铁路局首批技能大师工作室建立……282
党的群众路线教育实践活动……282
局机关亮点工作讲评……282
《中原铁道报》出版10000期……282
中部金属物流园启用……282
河南城际铁路有限公司获银团贷款93亿元……283

郑州车站

概况……283
主要技术设备……283
运输安全……283
附表：2013年郑州车站运输生产任务指标……283
运输生产任务……284

列车调图……284
货运组织改革……284
客运服务……284
路风建设……284
职工教育培训……284
民生建设……285

郑州东站

概况……285
主要技术设备……285
春运组织……285
高铁运营管理……285
货运组织改革……286
运输安全……286
营销管理……286
班组建设……286
民生建设……286

郑州北站

概况……287
主要技术设备……287
运输安全……287
运输生产任务……287
国务院副总理马凯到郑州北站调研……287
省委书记郭庚茂、国家发改委副主任徐宪平到郑州北站视察……287
货运体制改革……288
上行驼峰设备故障应急组织……288
编组站综合自动化改造项目启动……288
郑州铁路军事运输综合保障基地建成……288
职工培训……288
民生建设……288

郑州客运段

概况……288
主要技术设备……289
客运乘务……289
客运收入……289
安全管理……289
路风建设……289
卧具洗涤……289
餐车食品安全……289
职工培训……289
民生建设……290

公路运输业

综 述

概况……290
安全生产……291
交通信息化建设……291
交通战备工作……292
政风行风建设……292

交通基础设施建设

“畅通郑州”工程建设……292
高速公路建设……293
干线公路建设……293
农村公路建设……293
场站建设……294
工程质量管理……294

公路养护

干线公路养护……295
农村公路养护……295

道路运输生产

概况……295
道路运输市场监管……296

春运工作……296

城市公共交通

城市公交……296
出租汽车……297
轨道交通……298

交通行业管理

依法行政工作……299
道路运输市场管理……300
路政管理……300
超限超载治理……301
修配市场管理……301
海事管理……302

交通企业

郑州宇通客车股份有限公司……302
郑州交通运输集团有限责任公司……303
郑州交通建设投资有限公司……303
郑州市交通规划勘察设计研究院……304

航空运输业

河南省机场集团有限公司

概况……305
航空客运……305
航空货运……305
安全生产……305
河南机场集团化改制工作……305
服务质量管理……305
企业文化建设……306
自身建设……306

中国南方航空股份有限公司河南分公司

概况……306
市场营销……306
航延处置与保障能力……306
服务质量管理和重要航班保障任务……306
内部管理……306
基础设施建设……306
安全生产……307
党建和宣传工作……307

华南蓝天航空油料有限公司河南分公司

概况……307
安全生产……307
班组建设……307
经营管理……308
“四好班子”建设……308
落实员工关爱工程……308
宣传工作……308
开展合理化建议活动……308
保税油销售……308

民营经济

综 述

概况……309
民营经济集群化发展……309
民营经济存在的主要问题……309

民营经济管理

融资渠道建设……309
“种子基金”贷款和财政补贴贷款……310
小额贷款公司发展……310

融资性担保行业监管……310
郑州市中小企业参加第十届中国国际中小企业博览会……310
郑州市中小企业参加中南大学产学研活动……310
中小企业专家服务工作……310

财政 税务

财政管理

财政收支……311
收入征管……311
资金筹措……311
财政促进经济发展……311
新型城镇化建设财政保障……311
民生保障……312
财政管理……312
财政监督……312
一事一议财政奖补……313
财政推动美丽乡村建设试点……313

国税管理

概况……313
组织收入……313
深化改革……313
税制改革……314
依法治税……314
三个服务……314

地税管理

概况……314
依法行政……315
税收征管……315
流转税管理……315
所得税管理……315
纳税评估……315
纳税服务……315
税收宣传……315
信息管税……315
发票管理……315
税务稽查……315
内部督察审计……315

经济监督与管理

发展计划管理

郑州市经济社会发展情况……316
地区经济工作……318
服务业……319
服务业集聚区建设……319
中心城区市场外迁……319
口岸建设……319
健康服务业发展规划编制……320
服务业综合改革试点建设……320
快件物流中心建设……320
固定资产投资……320
固定资产投资运行特点……320
附图：2008年以来郑州市服务业固定资产投资增速…320
附表：2013年亿元以上重大投资建设项目……321
附图：2008年以来郑州市固定资产投资增速……363
设计审批管理……363
设计招标投标管理……363
设计变更和概算调整管理……364

国土资源管理

概况……364
改革创新……364
耕地保护……364
用地保障……364
土地储备……364
矿产资源管理……364

执法监察……364
权益维护……364
地质灾害预防和环境保护……364
信访稳定和平安建设……364

工商行政管理

概况……365
食品安全监管概况……365
食品安全监管机制……365
食品安全重点监管……366
食品安全应急机制……366
食品安全知识宣传……366
食品安全案件移交……366
中原红盾消费维权行动……366
重点领域消费维权……367
消费维权业务培训……367
商品质量监测……367
消费者协会维权工作……367
消费投诉网络建设……367
企业注册登记……367
注册企业行业分布……368
内资企业……368
私营企业……368
外商投资企业……368
个体工商户……368
农民专业合作社……369
农资市场专项执法行动……369
合同格式条款专项整治行动……369
电子商务诚信交易试点……369
“守合同重信用”企业公示……370
H7N9禽流感防控……370
中原红盾市场巡查集中行动……370
重要商品市场专项整治……370
无证无照经营查处……370
无照经营查处取缔专项行动……370
驰名著名商标申报……370
知识产权保护……371
广告监测……371
虚假违法广告专项整治……371
规范广告市场发布秩序……371
打击传销……371
直销监管……372
反垄断反不正当竞争执法……372
打击“傍名牌”专项执法……372
商业贿赂专项治理……372
服务企业发展……372
法制监督……372
规范行政处罚行为……372
服务型行政执法建设……372
规范性文件管理……372
违法违纪案件查处……372

审计监督

概况……373
预算执行审计……373
政府性债务审计……373
投资审计……373
专项资金审计和调查……373
经济责任审计……373
临时性审计任务……373
审计内部管理……373
审计科技建设……374
审计信息工作……374

物价管理

概况……374
价格总水平……374

价格管理……………………………………………374
附表：2013年1-12月居民消费价格指数对比（同比）…375
附图：2013年1-12月郑州市居民消费价格总指数走势（同比）……………………………………………375
2013年1-12月郑州市居民消费价格总指数走势（环比）……………………………………………375
价格改革……………………………………………375
附表：2013年郑州与全国八大类价格对比（累计）……376
收费整顿……………………………………………376
价格服务……………………………………………377
平价商店建设………………………………………377
价格网格化管理……………………………………377
依法行政……………………………………………377

质量技术监督管理

概况…………………………………………………378
全国质量强市示范城市创建………………………378
企业质量主体责任落实……………………………378
标准引领增强企业竞争实力………………………378
食品质量安全监管…………………………………378
特种设备安全监管…………………………………379
关系群众健康安全的重要消费品监管……………379
信息化平台建设……………………………………379
服务中心工作………………………………………379
服务项目建设………………………………………379
服务质量提升………………………………………379

安全生产监督管理

概况…………………………………………………379
安全生产责任制落实………………………………380
安全生产网格化管理………………………………380
安全郑州创建………………………………………380
安全专项整治………………………………………380
安全隐患排查治理…………………………………381
安全生产大检查活动………………………………381
安全生产“打非治违”……………………………381
安全生产标准化建设………………………………381
职业卫生监管………………………………………381
安全生产宣传培训…………………………………382
安全生产应急救援…………………………………382

国有资产监督管理

概况…………………………………………………382
企业发展战略规划审核监管………………………382
重大投资事项审核监管……………………………382
重点项目建设………………………………………383
与央企战略合作……………………………………383
参加中国中部贸易博览会…………………………383
国有资产统计和企业财务预算……………………383
市管企业目标管理…………………………………384
市管企业负责人经营业绩考核……………………384
市管企业财务动态监测……………………………384
市属投融资平台公司建设…………………………384
国有资本经营预算…………………………………384
国企工资分配管理…………………………………384
国企负责人薪酬管理………………………………384
职工福利保障调查统计……………………………384
政府专项工作………………………………………384
国企职教幼教退休教师补贴发放…………………384
事业资产监管………………………………………384
事业单位改制………………………………………385

郑州大酒店有限公司重组……385
白鸽磨料磨具公司重组……385
金阳电气重组搬迁……385
兰博尔公司与索凌电气合作……385
产权管理基础工作……385
国有企业融资担保审批……385
国有企业改制……385
郑州银行上市工作……385
规范行政审批流程……385
市盐业公司搬迁……385
市新华书店资产划转……386
国有企业改革……386
监事会工作……386
“六五”普法宣传和依法治理……386
国资系统法律事务工作……386
企业党建……386
信访稳定……387
安全生产……387
平安建设……387

食品药品监督管理

概况……387
网格化管理提升监管效能……387
餐饮业监管……387
保健食品、化妆品监管……388
药品生产环节监管……388
药品流通环节监管……388
医疗器械监管……388
药品不良反应监测……389
打假治劣……389
依法行政……389
监管基础建设……389

统计工作

概况……389
大型普查工作……390
常规调查与专项调查……390
统计监测评价……390
服务业统计……390
统计信息技术……390
统计“双基”建设……390
统计法制工作……390
统计政风行风建设……390

海关工作

概况……391
海关监管……391
海关税收征管……391
海关缉私……391
海关统计……391
口岸大通关……391
海关支持郑州航空港实验区建设……391
跨境贸易电子商务监管……391
海关特殊监管区建设……391
孙毅彪视察郑州海关……391
附表：2013年郑州海关主要业务统计指标……392

文 化

文化事业

社会文化

概况……394
公共文化服务体系建设……394
四级公共文化设施网络不断完善……394
文化惠民工程贴近基层、服务民生……394
群众性文化活动推陈出新……395
郑州图书馆新馆试运行……395
文艺精品创作……395
文化产业聚集发展粗具规模……395
文化品牌知名度持续提升……395
动漫创意产业……395
文化体制改革……395

文物管理

概况……395
“登封‘天地之中’历史建筑群”保护管理……396
大运河郑州段申遗……396
文物保护规划、方案编制及评审、报批……396
文物保护和环境整治工程项目……396
文物知识培训……396
文物资源基础工作……397
文物勘探和考古发掘……397
汴河遗址西岸河堤考古发掘……397
惠济桥考古发掘……397
新砦遗址勘探发掘……397
郑州新郑国际机场二期工程勘探发掘……397
中原西路西延项目（周古寺村北段）考古发掘……398
文物重点项目建设……398
文博公共服务……398
纪念京汉铁路工人运动90周年学术研讨会……398
文物依法行政和文物安全……398
附表：2013年博物馆、纪念馆免费开放情况……399
文博研究……400
郑州市考古研究院对外研究合作项目……400

档案事业

概况……400
郑州市数字档案馆建成……401
《郑州记忆》展览打造郑州城市名片……401
新型城镇化档案工作……401
档案资源建设……401
档案信息化建设……401
档案文化建设……401
加强宣传，依法治档……402
档案安全体系建设……402

地方史志

概况……402
努力提升年鉴编纂水平……402
服务经济社会工作态势良好……402
修志工作向纵深发展……403
史志工作领域拓宽……403

基础设施建设得到加强……403
第十届全国地方史志工作交流会在郑举行……403

图书发行

概况……403
重点图书和教材发行……403
图书营销活动……404
发行网点建设……404
文化综合体建设……404
管理体制变更……404

新闻出版与传媒

新闻出版

概况……405
扫黄打非……405
依法行政……405
绿城读书节……405

中原报业传媒集团

概况……405
承办、举办重要会议、重大活动……406
全媒体发展……406
多元化经营……406

郑州人民广播电台

概况……406
关注民生、服务群众……407
构建全媒体传播格局……407
发挥媒体舆论监督作用……407
加强策划、打造精品……407
对外宣传……407
完善经营模式……407
安全播出管理……408

郑州电视台

概况……408
重大活动、重大主题宣传报道……408
民生新闻首次登上央视《新闻联播》头条……408
加大直播力度……409
创优争先、成绩斐然……409
创新机制、锐意改革……409
配合央视录制“2013世界大力士中国争霸赛”……409
ZZTV手机客户端和“睛彩郑州”同时上线……409

科技 教育

科 技

概况……410
确立科技计划总体布局……410
大力扶持科技型企业发展……411
实施重大科技专项……411
大力发展战略性新兴产业……411
加强现代农业和民生领域科技创新……411
深化科技开放与合作……411
完善知识产权体系……411
附表：2013年度郑州市科技进步奖获奖项目名单……412
2013年度郑州市专利奖获奖项目名单……418

教 育

综 述

概况……420
经费投入……420
学校基本建设……420

基础教育

概况……420
中小学心理健康教育……421
“百园扶百园”工程……421
义务教育内涵提升工程……421
高中特色多样化发展……421
特色课程体系建设……421
教学方式改革……421
学业评价体系构建……422
体育教育……422
艺术教育……422

高等教育

概况……422
教育教学质量建设……423
高校升本与合作办学……423

民办教育

概况……423
管理体系……423
师资培训……423

师资队伍建设

人事制度改革……424
完善教师成长机制……424
专家型团队建设……424

中等职业教育和成人教育

中等职业教育……424
职业教育资源拓展……424
成人社区教育……425

教育管理

人才工作……425
优质化工程……425
治理教育乱收费……425
督导与评估……425
校园安全……425
对外交流与合作……426
课外校外教育……426

社 会

卫生 体育

卫 生

概况……428
疾病防控……428
新农合实施情况……428
城市社区卫生服务……428
医药卫生体制改革……429
医疗服务管理……429
中医药工作……429
科技兴医……429

卫生重大项目建设……430
卫生文化和行风建设……430

体 育

概况……430
市十一届运动会暨首届全民健身大会……430
各类群众体育活动……430
群众体育组织与队伍建设……431
国民体质监测……431
青少年业余训练……431
县（市）区业余训练……431
公共体育设施规划和建设……431

人民生活

人口和计划生育管理

概况……432
加强组织领导……432
坚持宣传倡导……432
强化服务关怀……432
提高人口素质……433
注重利益引导……433
加强流动人口服务管理……433
综合治理出生人口性别比偏高问题……433
坚持依法行政……433
推进基层群众自治……434
政风行风建设……434
长效机制建设……434

民生工程

2013年民生实事目标及完成情况……434
2014年民生实事目标……437

城乡居民生活

城镇居民收入……438
城镇居民消费……438
农村居民收入……439
农村居民消费……439
附表：2013年郑州市农村居民人均生活消费支出对比……439

社会保障

概况……439
五险合一……439
社保待遇……439
基金监督……440

爱国卫生运动

概况……440
城区卫生……440
农村卫生……440
病媒生物防治……441
健康教育……441

住房保障和房地产管理

概况……441
保障性住房建设……442
稳定住房价格……442
物业管理……442
房屋登记……442
规范房地产开发企业经营行为……443

网格化管理……443
政风行风建设……443

民政与民族宗教事务

民 政

综 述

概况……444
民政法制建设……444
机关自身建设……444

社会管理

概况……444
社会组织监管……444
城乡社区建设……444
专项社会事务……445

社会服务

概况……445
社会救助……445
减灾救灾……445
老龄工作……446
社会福利……446
双拥优抚安置……446

民族与宗教

概况……447
民族宗教政策法规宣传教育……447
民族团结进步创建活动……447
民族聚居地区经济社会快速发展……447
清真食品管理……448
创新少数民族流动人口服务管理体系……448
宗教事务管理……448
“和谐寺观教堂”创建工作……448
附表：全市五大宗教团体及办公地点分布情况……448

区域发展

开发区

郑州航空港经济综合实验区(郑州新郑综合保税区)

概况……450
郑州航空港经济综合实验区规划……450
新型城镇化建设……450
招商引资……450
富士康项目建设……451
网格化管理……451
航空枢纽建设……451
对外开放……451
城市管理……451
市容环境卫生管理……451
市政设施管养精细化……451
园林绿化养护管理……452
民生建设……452

政务服务……452

郑东新区

概况……452
城市建设……452
产业发展……452
城市管理……452
民生建设……453

郑州经济技术开发区

概况……453
郑州国际陆港建设……453
郑欧国际货运班列开通……453
跨境贸易电子商务服务……453
主导产业……453
招商引资……454
新型城镇化建设……454
民生事业……454
出口加工区概况……454
出口加工区重点项目建设……454
出口加工区招商引资……455

郑州高新技术产业开发区

概况……455
新型城镇化建设……455
构建现代产业体系……455
科技创新……455
民生建设……456
网格化管理……456
基层组织建设……456

县（市）区概况

巩义市

概况……457
机构与领导……457
农业与农村经济……458
工业经济……458
第三产业……458
项目建设与对外开放……458
社会事业……459
城市建设……459
人民生活……459
社会保障……459

新密市

概况……460
机构与领导……460
工业经济……461
农业与农村经济……461
第三产业……461
新型城镇化建设……461
生态建设……461
产业集聚（园）区建设……462
中心城区功能提升……463
社会管理……463
民生建设……463

登封市

概况……463
机构与领导……463
工业经济……464

现代农业……464
文化旅游产业……464
新型城镇化建设……464
社会事业……464
嵩山论坛……465
禅武医理论与实践研讨会……465

新郑市

概况……465
机构与领导……465
工业经济……466
农业与农村经济……466
第三产业……466
城乡建设和管理……466
社会管理……467
社会事业……467
成为全国最具农业投资价值县（市）……467
成为全国品牌农业示范县（市）……467
成为全国法治县（市、区）创建活动先进单位……467
成为全国义务教育发展基本均衡县（市）……467
成为全国基层中医药工作先进县（市）……467
新郑市政府网站获殊荣……468

荥阳市

概况……468
机构与领导……468
工业经济……469
现代农业……469
现代服务业……469
项目建设与对外开放……469
城乡建设……469
社会管理……470
社会事业……470
民生建设……470
成为中国象棋文化之乡、中国嫘祖文化之乡……470

中牟县

概况……471
机构与领导……471
新型城镇化建设……472
现代产业体系构建……472
改革开放……472
社会事业……472
政府职能转变……473
民生实事……473
成为全省唯一连续23年获“红旗渠精神杯”的先进县……474
成为全国绿化示范县……474

金水区

概况……474
机构与领导……474
现代产业体系构建……475
城市建设与管理……475
社会事业……475
社会管理……476
政府自身建设……476

二七区

概况……476
机构与领导……476
项目投资与招商……477
土地保障与资金运作……477
现代产业体系构建……477
新型城镇化建设……477
民生建设……478
政府自身建设……478

管城回族区

概况……478
机构与领导……478
新型城镇化建设……479
园区建设……480
网格化管理……480
政府自身建设……480
十大实事……480

中原区

概况……481
机构与领导……481
中原新区建设……481
常西湖新区建设……481
项目投资……482
现代产业体系构建……482
全域城市化建设……482
新型城镇化建设……483
社会事业……483
城市建设与管理……483
重点项目建设……484

惠济区

概况……484
机构与领导……484
四类社区建设……485
区域功能品位持续提升……485
三次产业结构逐步优化……485
改革开放……485
社会管理服务体系日臻完善……486
社会事业……486

上街区

概况……486
机构与领导……486
新型城镇化建设……487
现代产业体系构建……487
项目建设……487
社会事业……487
郑州通航试验区建设初见成效……488
啸鹰航空有限公司飞机组装试飞项目落户上街……488
开通“一刻钟社区服务圈”微信平台……488

附 录

荣誉榜

2013年全国“五一劳动奖章”获得者

马春新……490
王升建……490
王保军……491
李书转……491
范卫华……491

2013年全国“工人先锋号”获得集体

新郑市地方税务局城关税务分局……492
郑州日产汽车有限公司焊接车间X11M工段……492
郑州银行股份有限公司营业部……492

大商集团（郑州）商贸有限公司大商新玛特郑州总店男士服装业种……493
郑州市公共交通总公司104线路……493
2013年河南省“五一劳动奖章”获得者名单……493
2013年河南省“五一劳动奖状”获得单位名单……493
2013年河南省“工人先锋号”获得集体名单……493
2008-2013年郑州市劳动模范(先进工作者)名单……494

法 规

郑州市社会急救医疗条例……498

专 文

加快郑州航空都市区产业发展的思考与建议……501
国内主要“大通关”协作模式分析及借鉴……503
提升郑州国际化营商环境的对策建议……504
大交通：郑州与武汉上演中部“双城记”
——郑州武汉交通枢纽建设情况比较分析……506
郑州文化建设如何“突围”
——郑州武汉文化建设对比分析……509

统计资料

国民经济和社会发展总量及速度指标……513
年末人口基本情况……516
人口自然变动情况……517
农林牧渔业总产值……518
农村基本情况及从业人员……520
牧业主要产品产量……521
林业生产情况……522
邮电通信行业基本情况……523
规模以上工业总产值、增加值及销售产值……524
全社会固定资产投资……525
城市建设用地情况……526
市政设施及公共交通……526
城市供水、供电情况……527
城市燃气及供热……528
社会消费品零售总额……529
对外经济贸易……529
财政收入……530
财政支出……536
金融机构信贷收支……554
中资全国性四家行信贷收支……555
教育事业主要综合指标……556
卫生事业基本情况……557
全市及县（市）城镇居民家庭基本情况……558

重要文件目录

中共郑州市委文件……559
郑州市人大常委会文件……559
郑州市人民政府文件……560
索引……561

CONTENTS

Overview

Specialized Edition

Brief Introduction of Zhengzhou

Natural Environment······14
Administrative Division······14
Population Situation······16
Overview of Development······17
Spiritual Civilization Development······21
Summary······21
Citizen's Ideological Development······22
Building and Developing Spiritual Civilization······23
Activities on Volunteer Service······23
Rural Development on Spiritual Civilization······24
Adolescent's Ideological Development······24
Institutional Framwork······25

Chronicle of Events

Characteristics of Zhengzhou

Zhengzhou Airport Economy Zone (Xinzheng Comprehensive Bonded Zone)

Three Major Work

Rail Transit

Memorial Ceremony to Worship Ancestor Huandi at his Birthplace in 2013

Politics

CPC and Government Organizations

Communist Party of China……76

Summary……76

Important Meeting of CPC Zhengzhou Municipal Committee……78

Important Activites……87

Work of Discipline and Inspection……91

Organization Work……91

Public Information Work……92

United Front Work……97

Management on Authorized Size of Stuffing……99

Veteran Cadre Affairs……100

Party History Affairs……102

Party School Affairs……103

People's Congress……104

Summary……104

Meeting of people's Congress……105

Supervision Affairs……108

People's Government……110

Summary……110

Important Meeting of Municipal Government……112

Important Activities……114

Human Resource Management……116

Foreign and Overseas Chinese Affairs……117

Taiwan Affairs……119

Petition Solution……121

Office Affairs……123

CPPCC……124

Summary……124

Plenary session of CPPCC……126

Meeting of Standing Committee of CPPCC……126

Democratic Parties &Federation of Industry and Commerce……128

Summary……128

RCCK Zhengzhou Municipal Committee……130

Zhengzhou Municipal Committee of China Democratic League……131

Zhengzhou Municipal Committee of China National Democratic Construction Association……132

Zhengzhou Municipal Committee of China Association for Promotion Democracy……133

Zhengzhou Municipal Committee of China Peasants and Workers Democratic Party……134

Zhengzhou Municipal Committee of Jiu San(Sept. 3rd) Society……136

Federation of Industry and Commerce……138

People's Organizations and Social Groups

Union……140

Communist Youth League……141

Woman's Federation……143

Association of Science and Technology……145

Federation of Social Science Circles……146

Federation of Literature and Art……147

Charity Federation……148

Red Cross Society……149

Disabled Person's Federation……150

Legal System

Local Legislative Work······153
Government Legal Work······154
Political and Legal Work······155
Public Security Work······156
Procuratorial Work······158
Court Work······160
Judicial Administration Work······161
Arbitration Work······163
Events and Typical Case of Politics and Law······163

People's Armed Forces

Zhengzhou Garrison Control······166
Zhengzhou Branch of People's Armed Police······167
Civil Air Defence······169

Urban and Rural Construction and Environment Protection

Construction Industry Management

Summary······172
Construction Industry management······173
Building Energy Conservation······174
Survey and Design Management······174

Urban and Rural Planning and Management

Authorized Strength on Urban and Rural Planning······175
Urban and Rural Management······179

Municipal Construction and Management

Summary······180
Municipal Facilities Maintenance······181
City Environment and Health······184
Urban Management on Dog······184
Administration of Digital City······185

Administration of Railway Station Area

Garden Greening and Public Affairs

Construction and Management of Garden Greening······188
City Water Supply······191
City Gas······191
Centralized Heating······193
Sewage Management······195
Urban Environmental Sculpture······196

Urban and Rural Environmental Protection

Environmental Protection ······················197
Weather Service······································199
Seismic Surveillance·································202

Economy

Agriculture and Rural Work

Overview···206
Development-oriented Poverty Reduction ···209
Crop farming ···209
Aquaculture ···212
Animal Husbandry·································212
Forestry··214
Agricultural Mechanization·······················215
Water Conservancy·································225
Yellow River Management·························227

Industry Economy

Industry Summary ·································228
The Seven Leading Industries·················237
Electric Industry ···································238
Food Industry ·······································239
Coal Industry ·······································240
Tobacco Industry···································242

Service Industry

Commerce and Trade Circulation ···············243
Commerce and Trade ··································243
Supply and Marketing Cooperative ···················250
Purchase and Sale of Grain and Oil····················251
Investment Promotion ·································253
Convention and Exhibition Industry ·········254
Tourism Industry ···································255
Summary···255
Tourism Management and Service ·····················256
Holiday Tourism···257
Advertising and Marketing ····························258
Bank Insurance Industry ·························261
The People's Bank of China (PBC) ······················261
Industrial and Commercial Bank Of China (ICCB) ···265
Agricultural Bank Of China (ABC) ······················266
China Construction Bank (CCB) ·······················267
Bank Of China (BOC)·······································267
Zhengzhou Bank ··268
China Life Insurance ·······································270
Taikang Life Insurance······································271
Post and Communication Industry···········272
Postal Service ···272
Mobile Communications ·································274
Unicom Communications ·································275
Telecommunication·· 276

Transportation Industry

Railway ··· 278
Summary ··· 278
Zhengzhou Station ··· 283
Zhengzhou East Station ··· 285
Zhengzhou North Station ··· 287
Zhengzhou Passenger Service Section ··· 288
Road Transport ··· 290
Summary ··· 290
Traffic Infrastructure Construction ··· 292
Road Maintenance ··· 295
Road Transport Production ··· 295
Urban Public Transportation ··· 296
Transportation Industry Management ··· 299
Transport and Communication Enterprises ··· 302
Air Transport Industry ··· 305
Henan Airport Group Co. Ltd. ··· 305
Henan Branch of China Southern Airlines Co. Ltd. ··· 306
Henan Branch of South China Blue Sky Aviation Oil Co. Ltd. ··· 307

Private Economy

Summary ··· 309

Finance Tax Affairs

Fiscal Administration ··· 311
State Taxation Management ··· 313
Local Taxation Management ··· 314

Economic Supervision and Management

Development Planning Management ··· 316
Land and Resources Management ··· 364
Industrial and Commercial Administration ··· 365
Auditing Supervision ··· 373
Commodity Price Control ··· 374
Administration of Quality and Technology Supervision ··· 378
Administration of Work Safety ··· 379
State-owned Assets Supervision and Administration ··· 382
Food and Drug Administration ··· 387
Statistical Work ··· 389
Customs Work ··· 391

Culture

Culture Undertaking

Social Culture ··· 394
Administration of Culture Relics ··· 395
Archival Work ··· 400
Local Chronicles work ··· 402
Book Publishing ··· 403

Press and Publication Media

Press and Publications······405
Central Newspaper Media Group······405
Zhengzhou People's Broadcasting Station······406
Zhengzhou TV Station······408

Science and Education

Science &Technology······410
Education······420
Summary······420
Basic Education······420
Higher Education······422
Non-government Education······423
Teachers Cultivation······424
Secondary Vocational Education and Adult Education······424
Education Management······425

Society

Health and Sports

Health······428
Sports······430

People's Life

Population and Family Planning······432
Livelihood of Urban and Rural Resident······438
Social Security······439
Patriotic Health Campaign······440
Housing Security and Real Estate······441

Civil Administration and Ethnic Religious Affairs

Civil Administration······444
Summary······444
Social Management······444
Social Service······445
Ethnic and Religion······447

Regional Development

Development Zone

Zhengzhou Airport Economy Zone (Zhengzhou Xinzheng Comprehensive Bonded Zone) ……450
Zhengdong New District……452
Zhengzhou Economic and Technological Development Zone……453
Zhengzhou High & New Technology Industrial Development Zone……455

County(city) District Profile

Gongyi City ……457
Xinmi City ……460
Dengfeng City……463
Xinzheng City……465
Xingyang City……468
zhongmu City……471
Jinshui District……474
Erqi District……476
Guancheng Hui Autonomous District ……478
Zhongyuan District……481
Huiji District……484
Shangjie District……486

Appendix

Roll of Honour

National 'May 1' Labor Medals Winner in 2013 ……490
Group Winner of National Workers Pioneer in 2013 ……492
Winner List of Henan 'May 1' Labor Medals in 2013 ……493
Winner List of Henan 'May 1' Labor Certificate of Merit in 2013 ……493
Group Winner List of National Workers Pioneer in 2013 ……493
Name list of Model Workers (Advanced Workers) in Zhengzhou 2008-2013 ……494

Regulations

Special Article

Statistics

Important Document Catalogue

Index ……561

彩页目录

为民活动 美丽郑州

2 美丽郑州
10 国家及部委局办领导人为民活动图记
14 省领导人为民活动图记
16 市领导人为民活动图记
20 美丽郑州

区域新貌

22 郑州经济技术开发区管理委员会
24 郑州高新技术产业开发区管理委员会
26 河南郑州出口加工区管理委员会
28 中共巩义市委 巩义市人民政府
30 中共新密市委 新密市人民政府
32 登封市人民政府
34 新郑市人民政府
36 荥阳市人民政府
38 中牟县人民政府
40 郑州市金水区人民政府
42 郑州市二七区人民政府
44 郑州市管城回族区人民政府
46 郑州市中原区人民政府
48 郑州市惠济区人民政府
50 郑州市上街区人民政府
52 郑州市白沙园区管理委员会

部门亮点

54 郑州市城乡建设委员会
58 郑州市公安局
60 郑州市人民检察院
62 郑州市中级人民法院
63 郑州市司法局
64 郑州市城市管理局

66 郑州市地方税务局
68 郑州市人民政府国有资产监督管理委员会
70 郑州市人民防空办公室
72 郑州市地方史志办公室
74 郑州市南水北调工程建设管理领导小组办公室（郑州市移民局）
76 中共郑州市委党校
77 郑州市体育局
78 郑州市林业局
79 郑州市地震局
80 河南黄河河务局　郑州黄河河务局

企业新姿　基层风采

82 郑州市轨道交通有限公司
84 中国人寿财产保险股份有限公司郑州市中心支公司
86 中国电力技术装备有限公司郑州电力设计院
88 中国移动通信集团河南有限公司郑州分公司
90 新郑市薛店镇人民政府
92 新郑市孟庄镇人民政府
94 新郑市龙湖镇人民政府
96 郑东新区圃田乡人民政府
98 郑州经济技术开发区明湖办事处
100 郑州经济技术开发区九龙办事处
102 郑州高新技术产业开发区石佛办事处
104 郑州高新技术产业开发区梧桐办事处
106 郑州市管城回族区十八里河镇人民政府
108 郑州市二七区马寨镇人民政府
110 郑州航空港区管理委员会滨河办事处
111 郑州经济技术开发区潮河办事处
112 郑州市惠济区大河路街道办事处
113 郑州市上街区中心路街道办事处
114 郑州市上街区济源路街道办事处
115 河南省电力公司郑州供电公司
116 中国联合网络通信有限公司郑州市分公司
117 中国电信集团公司河南省郑州市电信分公司
118 郑州银行股份有限公司
119 郑州颐和医院
120 郑州澍青医学高等专科学校
121 郑州市第四十八中学
122 郑州市二七区黄岗寺小学

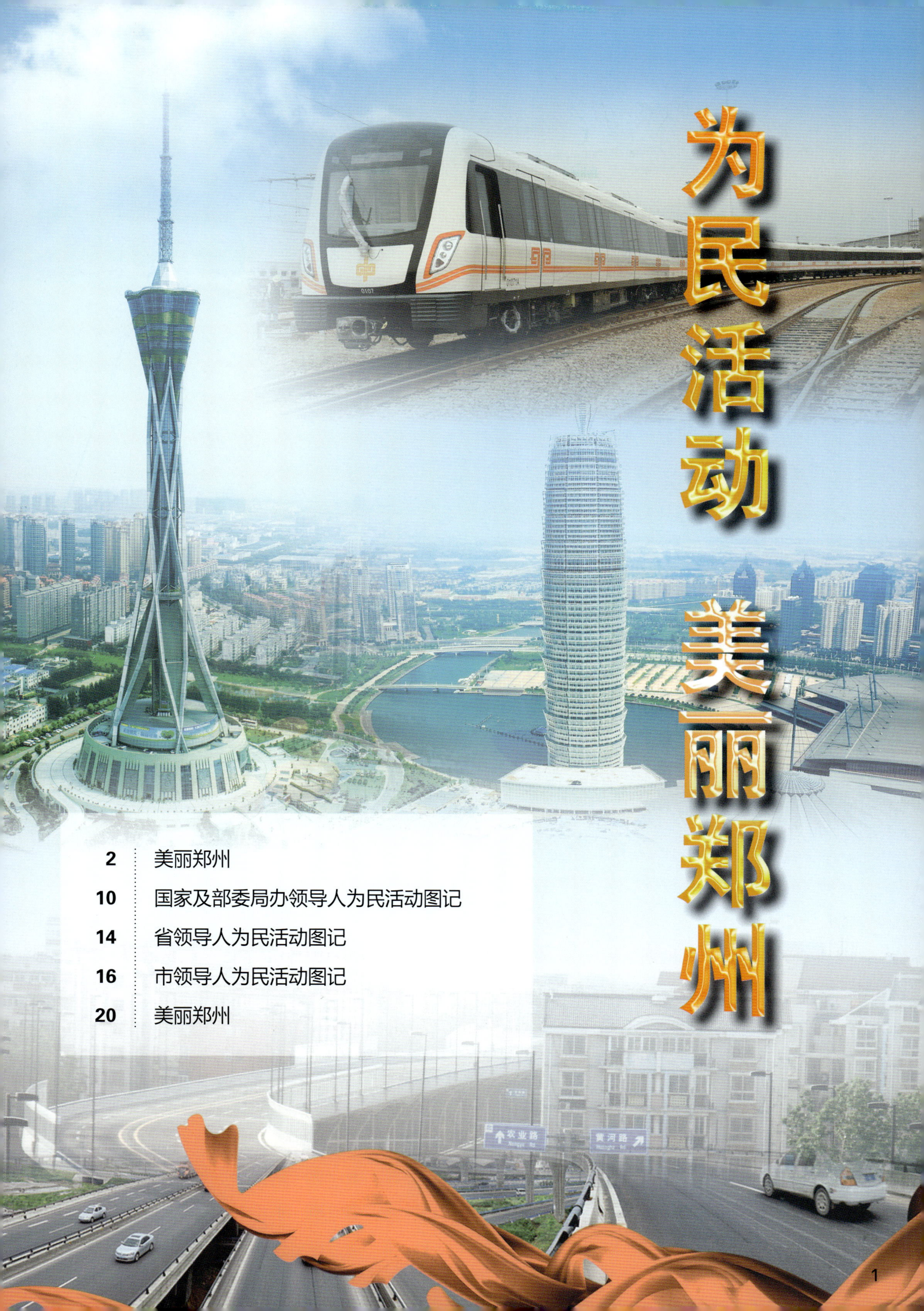

为民活动 美丽郑州

2 美丽郑州

10 国家及部委局办领导人为民活动图记

14 省领导人为民活动图记

16 市领导人为民活动图记

20 美丽郑州

美丽郑州
BEAUTIFUL ZHENGZHOU

郑东新区 水清湖美

郑东新区 CBD

新郑市郑新快速通道

三环快速化工程重要节点项目——西三环航海路立交工程

惠济区迎宾大道

郑州经济技术开发区南三环工业大道

郑州经济技术开发区——航海东路

1. 商住一体的锦艺城
2. 位于航空港试验区的台湾科技园
3. 新郑市龙湖镇高效农业示范基地
4. 中牟县弘亿草莓园
5. 位于二七区集住宿旅游为一体的金水河源新型农家乐
6. 巩义市林业生态村——民权村
7. 新郑市孟庄镇潮河新城新型社区
8. 惠济区社区建设
9. 改造后的孙八砦城中村

5

6

7

8

9

中牟县四牟园全景图

新郑市龙泊圣地

新郑市黄水河畔

解放军信息工程大学

郑开国际马拉松赛

二七区“梨园戏曲”主题樱桃园

郑州一中航空港实验区学校体育场

癸巳年黄帝故里拜祖大典

▶全国人大常委会副委员长、民进中央主席严隽琪莅临郑州航空港经济综合实验区调研

▶全国人大常委会副委员长吉炳轩莅临郑州航空港经济综合实验区及新郑市调研

◀全国人大常委会副委员长张平莅临郑州航空港经济综合实验区调研

◀全国人大常委会副委员长、中国民主同盟中央主席张宝文到新郑市好想你枣业股份有限公司视察

影像郑州
IMAGE ZHENGZHOU

国家及部委局办领导人为民活动图记

▲全国政协副主席、致公党中央主席、科技部部长万钢莅临郑州航空港经济综合实验区调研

▶全国政协副主席齐续春莅临郑州航空港经济综合实验区调研

▶十届全国人大常委会副委员长许嘉璐到巩义市视察传统文化建设

国家及部委局办领导人为民活动图记

▲公安部部长郭声琨到郑州市公安局视察

▲中央统战部副部长全哲洙到新郑市薛店镇雏鹰集团调研

▲文化部副部长、国家文物局局长励小捷到惠济区调研大运河申遗工作

▲科技部副部长张来武到郑州联通第二长途枢纽大楼视察

▲国土资源部副部长胡存智率队到上街区对棚户区改造项目进行督察

▲国家统计局局长马建堂到巩义市调研

▲国家卫生和计划生育委员会副主任孙志刚到管城回族区卫生所调研

▲国家卫生和计划生育委员会副主任王国强到登封市中医院调研

▲国家农业综合开发办公室主任王光坤调研新郑市农业综合开发工作及农业综合开发重点扶持项目工作推进情况

▲中国红十字会副会长王海京到新郑市龙湖镇泰山村走访慰问

影像郑州
IMAGE ZHENGZHOU

省领导人为民活动图记

▲省委书记、省人大常委会主任郭庚茂到高新区电子商务产业园调研

◀省委书记、省人大常委会主任郭庚茂在郑州经开区视察E贸易工作

◀省委书记、省人大常委会主任郭庚茂在郑州经开区宇通新能源生产车间调研

▶省长谢伏瞻到郑州高新区国家大学科技园调研

▶省长谢伏瞻宣布郑欧国际铁路货运班列开通

▶省长谢伏瞻在郑州东风日产生产车间视察

市领导人为民活动图记

▶市委书记吴天君到巩义市调研农业生产

▶市委书记吴天君在经开区宇通公司调研

◀市委书记吴天君到惠济区视察畅通郑州工程建设

▶市长马懿带队视察芙蓉花园保障住宅项目

◀市长马懿到上街区调研新型城镇化及通航试验区建设

▶市长马懿到荥阳市崔庙镇古城社区调研

市领导人为民活动图记

▲市人大常委会主任白红战到惠济区调研新型城镇化建设

◀市人大常委会主任白红战带领部分全国人大代表到上街区视察通航试验区建设

▶市人大常委会主任白红战到郑州市第六十四中学视察

◀市政协主席李秀奇率队检查黄河防汛工作

▶市政协主席李秀奇到新郑市经济界“委员之家”视察

◀市政协主席李秀奇在新密市餐厨废弃物处理中心视察

居民生活

郑州市轨道交通1号线一期试运行仪式

总述

ZONG SHU

◎特　载

◎市情概要

◎大事记

抢抓改革发展机遇 突出“三大主体”工作 为夺取以航空港实验区为统揽的郑州都市区建设新胜利而努力奋斗

——在市委十届六次全体（扩大）会议上的讲话

市委书记 吴天君

（2014年1月4日）

这次市委十届六次全体（扩大）会议，是在全面深化改革、抢抓历史机遇、加快推进以航空港实验区为统揽的郑州都市区建设的关键时期召开的一次重要会议。会议的主要任务是：深入学习贯彻党的十八大，十八届二中、三中全会和中央经济工作、中央城镇化工作会议，以及省委九届六次全会、省委经济工作会议精神，总结2013年工作，分析当前形势，安排部署今年各项工作，动员全市上下抢抓改革发展机遇，突出“三大主体”工作，努力夺取以航空港实验区为统揽的郑州都市区建设新胜利，为实现“三大一中”奠定基础，为建设“四个河南”、推进“两项建设”作出新的更大的贡献！

刚才，马懿同志代表市委作了一个很好的工作报告，对2013年的工作进行了系统梳理和总结，深入分析了当前形势，对今年的工作进行了全面的安排部署，目标任务明确，措施具体有力，工作重点突出，体现了中央和省委精神，符合郑州发展实际，希望大家深刻领会，抓好贯彻落实。

总体看，刚刚过去的一年，是全市上下提高站位、聚焦重点、凝心聚力、创新突破并取得丰硕成果的一年。一年来，全市上下紧紧围绕“三大一中”战略定位，抢抓历史机遇，突出“三大主体”工作，坚持开放创新“双驱动”，推进郑州都市区建设呈现出了大刀阔斧、势如破竹、全面突破的崭新局面，经济建设、政治建设、文化建设、社会建设、生态文明建设和党的建设得到全面加强，干成了一系列具有奠基性、战略性、标志性的大事要事。一是以“理顺体制、完善机制、配强班子”为核心，优化了航空港实验区、郑东新区、经开区和高新区的职能设置和组织架构，形成了“责任、有序、高效”的领导体制和运行机制，四个开发区呈现出了效率提升、项目集聚、发展提速的良好局面；二是以航空港实验区建设全面启动、郑欧班列常态化运行、E贸易试点实现突破、国际陆港建设强力推进为标志，构建多式联运、多功能支撑、内外集疏的国际化综合枢纽和国家级物流中心工作初见成效；三是以新型城镇化三年行动计划六个切入点工程80%以上启动、地铁1号线一期和三环快速路运行为标志，新型城镇化步入提速提质、全面推进的新阶段，为郑州未来的发展奠定了基础；四是以59个“三力”型项目落地开工建设、主导产业提速拉动为特征，现代产业体系构建呈现出传统产业新型化、新兴产业集群化的好趋势；五是以“六统一”改革、集聚区套合管理改革、行政审批改革、投融资改革、干部选拔使用制度改革等为突破，发展的内生动力明显增强；特别是通过“六统一”和网上招拍挂改革，推行“政府主导拆迁安置、市场化运作开发建设”模式，有利于保证群众权益、保证国有资产增值、保证城市建设可持续发展，是一项重要的奠基性工作；产业集聚区管理套合改革，初步建立起了“小政府、大服务”的运行机制；“三房合一”改革得到了住建部的肯定并在全国学习推广；以“五险一金”为基础、以住房和教育保障为重点的公共服务覆盖常住人口制度改革也走在了全国前头；六是以贯彻省委教育实践活动“上下联动”要求、推进10大民生实事和12项专项治理为载体，规范养犬管理、无主管楼院整治、变电站落地建设等一大批关系群众利益的突出问题得到有效解决；七是以“主战场选拔使用干部树导向、依托网格化管理强基础、落实八项规定转作风”为重点，队伍建设、基层建设、作风建设持续加强。这些成绩的取得，是省委、省政府正确领导的结果，是全市上下勇于探索、善于攻坚的结果。在此，我代表市委、市政府向受表彰的单位和个人表示热烈祝贺！向为郑州发展作出积极贡献的广大干部群众和关心支持郑州发展的各界朋友表示衷心的感谢！

关于今年工作，马懿同志已作了全面安排。贯彻中央“稳中求进、改革创新”和省委“调中求进、变中取胜、转中促好、改中激活”的总要求，具体到我市就是“抓改革、强投资、调结构、求提升”。“抓改革”，就是要把改革创新贯穿经济社会发展全过程、各领域，以先行先试争创体制机制优势，增强区域发展活力动力。“强投资”，就是要着眼于城市载体功能提升、群众生活环境改善和产业培育，坚持以投促拆、以投促建、以投促调、以投促转、以投促超，确保三年行动计划圆满完成。“调结构”，即调整城乡、产业、所有制三大结构，带动产品、投资、消费等结构的优化调整，促进发展方式转型升级。“求提升”，即提升质量、提升效益、提升位次，实现城乡统筹发展、综合交通枢纽建设、现代产业体系构建、城市形态风貌建设在全国大中城市中争先晋位，为建设“富强河南、文明河南、平安河南、美丽河南”作出郑州应有的贡献。我们强调的“争先晋位”不是指GDP，而是指城乡统筹发展、综合交通枢纽建设、现代产业体系构建和城市形态风貌建设，注重在发展质量、发展效益、发展态势、发展基础上“争先晋位”，与中央不简单以生产总值增长率论英雄、切实提高发展质量和效益的要求相一致。从目前的势头看，只要我们坚持不懈、保持3-5年，一定能够实现“争先晋位”的目标。

围绕这一总要求，根据常委会研究的意见，我讲4个问题。

一、深刻领会中央和省委会议精神，坚定加快推进以“三大主体”工作为主导的郑州都市区建设的信心和决心

近期以来，中央先后召开了十八届三中全会、经济工作会议和城镇化工作会议，提出了许多科学务实的新理念、新观点、新举措。上个月23-25日，省委召开经济工作会议和九届六次全会，对我省的贯彻落实工作进行了研究部署。学习领会中央和省委精神，审视我们郑州都市区建设的发展思路、目标任务和工作举措，符合中央的战略部署和省委的工作要求。

新型城镇化是中央和省委重点部署的带有全局性的重大举措。对照中央和省委精神，我市推进新型城镇化的理念、方法、路子与之相一致。主要表现在：一是指导思想、方向任务一致。中央和省委强调要推进以人为核心的城镇化，首要任务是解决常住人口市民化问题，稳步推进城镇公共服务常住人口全覆盖。我们坚持“一个主体两个载体”的“三位一体”统筹城乡发展理念，推进中心城市和县域组团现代化，增强其辐射带动和吸纳承载能力；依托城镇和产业集聚区布局新型农村社区，突出就业导向，推进公共服务均等化，核心就是要统筹推进农业人口有序市民化。二是空间布局优化方向一致。我们提出的“一主一城三区四组团26个新市镇50个产业集聚区56个市级风貌特色村和若干个县（市）区级风貌特色村及新型农村社区”的空间布局，引导70%以上的人口到中心城区和县城居住，30%左右的人口在具有公共服务设施的镇区、农村社区和特色村居住，这与中央和省委提出的“把城市群作为推进城镇化的主体形态，促进大中小城市和小城镇合理分工、功能互补、协同发展”的城镇化布局相一致。三是方法路径一致。中央和省委强调“推进农业转移人口市民化要坚持自愿、分类、有序”。我们坚持突出群众主体、维护四个权益，实行一票否决、四议两公开，“建不建房、在哪建房、建什么房”，尊重群众意愿，由群众决定。我们优先推进规划区及周边3公里内棚户区、城中村改造和合村并城，优先推进煤矿塌陷区和贫困山区易地社区建设，优先推进重大基础设施和产业项目涉及到的村庄社区建设，保护提升历史文化风貌特色村。同时，通过同步推进“双改”解决当地农民市民化，对稳定的进城务工人员实施以社保和住房为基础条件的户籍迁入政策，对暂时没有稳定下来的务工人员推行以就业为核心、以“五险一金”为基础、以住房和教育保障为重点的公共服务覆盖常住人口制度，与中央重点解决城市本地农民、外来务工农民、农村富余劳动力三类群体城镇化问题和省委“一基本两牵动”的要求完全吻合。四是空间集约利用指向一致。中央提出了“生产空间集约高效、生活空间宜居适度、生态空间山清水秀”的总体要求；省委提出了“四个河南”建设的发展目标。我们坚持新型城镇化不“化”出界，坚持“五规合一”“四集一转”，走集聚集约节约内涵式发展之路，建设自然之美、社会公正、城乡和谐的都市区，实现了粮食安全、生态安全与发展的内在统一。我们围绕建设集公交港湾、慢行道、人行道为一体的综合功能带推进生态廊道建设；着眼于完善基础设施、改善群众生活就业环境、提升产业业态推进低效利用土地拆迁改造；坚持把依托产业集聚区和城镇建设的新型农村社区作为城镇末端纳入城镇体系，建设城镇居民居住区，引导群众向城镇集中，推进城乡公共服务一体化；坚持把有历史文化风貌特色的村庄作为新农村建设的重点，实施保护提升工程，传承民风、乡韵和文化，这些实践及取得的成效充分证明我市的新型城镇化是符合上级精神、符合发展规律、符合群众利益的科学路子。拆迁工作是我市发展阶段必不可少的工作。关键是要围绕民生拆迁，依法依规维护群众权益。这两年我市的拆迁都是围绕解决交通拥堵问题、打通断头路，变电站、污水处理厂、热源厂等市政设施落地建设，解决棚户区、城中村群众居住安全问题，改善煤矿塌陷区和偏远贫困山区群众居住就业环境，规范建设行为、制止违章建设和非法建设，盘活土地存量、拓宽发展空间、促进项目落地的拆迁。这些拆迁和建设与中央支持城市市政设施建设、推进棚户区改造、提高土地集约利用率等精神是一致的，是对郑州长远发展负责、对历史负责、对群众负责的工作。对此，我们一定要正确认识，把握中央精神实质，坚持正确的工作方向，坚定不移地加以推进。

现代产业体系构建是中央和省委转方式调结构的重中之重。中央强调要“巩固农业基础，大力调整制造业，加快发展服务业，明年重点要化解产能过剩和实施创新驱动”。省委强调“调中求进”，按照竞争力最强、成长性最好、关联度最高的原则选择主导产业。郭庚茂书记对郑州提出了打造“大都市战略支撑产业”的明确要求。两年来，我们把能够做到无限大、祖祖辈辈可以持续做下去的产业作为主

导产业，明确了市级重点推进的四大战略支撑产业，按照“一区一主业”原则，确定了工业七大主导产业和“6+2”基地、服务业七大主导产业和“十中心”建设，以产业集聚区、商务中心区、特色商业街区为载体，实施开放创新“双驱动”战略，大力推进航空物流、电子商务、电子智能终端、汽车及零配件、现代金融等产业集群发展；围绕提高农业的粮食自给率和服务城市能力，推进高标准粮食生产功能区和现代农业示范区建设；围绕抢占信息化制高点，大力引进数据平台商、网商、服务商，推进“智慧城市”建设；围绕传统产业改造提升和大气污染治理，提出五年内将年原煤消耗量由现在的3500万吨降到2000万吨以下的目标。这些思路和举措都体现了中央、省委转型升级的内涵要求。

坚持依靠群众推进工作落实长效机制的探索实践与十八大、十八届三中全会的决策部署相一致。十八大突出强调了党的群众路线，决定在全党开展党的群众路线教育实践活动。十八届三中全会确定的改革总目标是推进国家治理体系和治理能力现代化，提出了“发展基层民主”“鼓励和支持社会各方面参与，实现政府治理和社会自我调节、居民自治良性互动”“以网格化管理、社会化服务为方向，健全基层综合服务管理平台”等要求。我们建立的依靠群众推进工作落实长效机制，以解决群众办事难、维护群众权益为落脚点，以强化政府职责在基层有效落实为着力点，探索构建以党组织为核心，政府公共服务、市场监管、社会管理、环境保护与群众自治有效衔接、互为支撑的基层治理结构，既强化了基层基础、提高了基层政府履职能力，又促进了作风转变、实现了党的群众路线制度化，体现了十八届三中全会的改革方向和教育实践活动的本质要求，是带有创新性、方向性的探索和实践。

两年来，我们推进“三大主体”工作的实践得到了上级肯定、各界好评和群众拥护。去年7月份郭庚茂书记在郑调研，给予了郑州“工作方向和重点更加明确，精神状态更加振奋，体制机制更加顺畅，经济社会发展效果显著，市委、市政府工作很得力、思路很清晰”的高度评价。谢伏瞻省长在省委经济工作会议分组讨论时指出“郑州各方面工作都取得很大进展，体现了一个省会城市应当发挥的作用”。因此，学习领会中央和省委精神，要把握实质、把握内涵，既不能断章取义、以偏概全，也不能不明就里、大而化之，必须将上级精神与我市实际相结合，在学习贯彻中坚定信心、持续提升，从工作实践中看到成效、鼓足干劲，从省委、省政府的肯定中认清责任、担当使命，坚定不移地加快推进以“三大主体”工作为主导的郑州都市区建设。

二、抢抓机遇，突出重点，推进郑州深化改革、加快转型、跨越发展

中央和省委会议精神的鲜明特点是改革创新，出台了一系列创新性举措。改革孕育新机遇。把握机遇，有的放矢，重点突破，是我们做好今年工作的遵循原则。学习中央和省委的决策部署，至少有六个方面的机遇需要我们认真把握。一是中央调控政策带来的机遇。中央继续实施积极的财政政策和稳健的货币政策，突出消费的基础作用、投资的关键作用、出口的支撑作用，特别是在引导投资方向上强调要加强水利、铁路、市政等基础设施建设，加大对新一代互联网技术、能源电力、节能环保、现代农业等投资力度，有利于我们加强基础设施建设、提升城市载体功能、加快产业结构调整。从我们目前谋划和推进的项目看，与中央的投资导向是一致的。我们一定要抓住机遇，继续落实好“强投资”的工作部署，充分发挥投资的关键作用，确保今年的经济增长保持在一个合理的区间。二是改革红利释放的机遇。新一轮改革的推进，有利于我们发挥后发优势，释放出比沿海发达地区更强的动力和活力。三是扩大开放的机遇。中央关于推进自贸区建设、丝绸之路经济带建设、内陆地区国际大通道建设、口岸放行试点、通关“三个一”试点等决策，对我们推进航空港、国际陆港建设十分有利。四是支持中西部发展的机遇。中央正在研究制定引导沿海地区产业向中西部转移的差别化经济政策，并明确要加大中西部地区综合交通体系、水利工程、民航、油气管道和输电通道等投入力度，为我们争取重大产业项目和基础设施项目提供了机遇。五是支持郑州中心城市建设的机遇。中央明确将中原城市群纳入国家城镇体系规划。省委提出要提升郑州国家区域性中心城市的地位，全力推进郑州航空港实验区建设。谢伏瞻省长在省委经济工作会议上部署今年十项重点工作时，一改过去把农业农村工作放在首位的惯例，首次把航空港实验区建设摆在了首位，充分体现了省委、省政府对航空港实验区建设的重视。随着中央和省委支持力度的不断加大，郑州的区位、交通、政策叠加优势将更加凸显。六是推进新型城镇化的机遇。国家支持棚户区改造、六项市政设施建设、鼓励民间资本参与、允许发行市政债券等举措，为我们加快推进新型城镇化创造了条件。这些政策既是机遇，更是工作导向。我们一定要从机遇中找准突破口和切入点，紧紧围绕“三大主体”工作格局，集中力量重点突破，以重点突破带动全局、支撑大局。

（一）突出重点区域发展。突出抓好航空港实验区、各类产业集聚区、中心城区和县域组团四大板块发展。航空港实验区要围绕规划引领、基础设施先行、营商环境构建、主导产业发展和管理体制创新，尽快形成重点突破、整体推进、势如破竹的开发建设新局面，切实担当起抢占区域发展战略制高点的重任。产业集聚区包括各类开发区、商务中心区、特色商业街区要坚持“五规合一”“四集一转”、产城互动，突出抓好规划修订、功能集合构建和主导产业发展，固定资产投资增速力争达到40%以上。中心城区要坚持以畅通郑州工程、安置房建设和四项重点工作为突破，带动“六旧九新”片区改造开发，加快“六城”建设，尽快形成双核驱动、产业带动、组团发展、功能复合、特色突出、生态低碳的现代城市形态。县域组团要围绕县域城镇化，以十字交叉景观道路及片区改造、组团新区起步区开发、新市镇改造为重点，全面推进开发建设；优先推进城区和产业集聚区规划区、煤矿塌陷区和贫困山区、重大基础设施和产业项目涉及区域的“四类社区”建设，保护提升历史文化风貌特色村，加快推进城乡公共服务均等化。

（二）突出重点领域改革。对十八届三中全会精神要全面准确把握，既要积极主动，又要把握时机、有序有效推进。对国家自上而下推进的改革如行政管理体制改革、政法体制改革、财税体制改革等，要加强调研，做好准备，按照上级部署有序推进；对国家明确属于地方推进的改革如文化体制改革、医疗体制改革等，要把握政

策，积极推进；对我们正在实施并已取得初步成效的改革要进一步深化提升，特别是对“六统一”改革、集聚区管理套合改革、行政审批制度改革、投融资体制改革、主战场选拔使用干部制度改革、“三房合一”改革、城市规划区内农村“双改”、公共服务覆盖常住人口制度改革等，要注重动态研究，推进改革不断走向深入，取得更大成效。

（三）突出重点产业培育。在持续推进工业七大主导产业和“6+2”基地、服务业七大主导产业和“十中心”建设的基础上，突出电子信息、汽车与装备制造、现代商贸物流、文化创意旅游四大战略支撑产业，坚持“引外”与“培内”并举，加快培育以航空物流为标志的物流快递产业集群，以互联网为平台的电子商务、数据服务、信息消费产业集群，以智能手机为代表的电子智能终端产业集群、以电动汽车为引领的新能源电池和汽车及零配件产业集群、以精密机械为代表的先进制造业产业集群、以绿色环保为特征的新型建筑材料产业集群，积极发展文化旅游和健康服务业，构建具有较强核心竞争力的现代产业体系。在四大战略支撑产业发展方面，汽车产业要围绕2017年形成150万辆产能的目标，加快推进东风日产、郑州日产、宇通、海马、少林等整车项目和零配件项目建设，奠定郑州在全国汽车产业格局中的地位；装备制造业要以友嘉集团、卡特彼勒、中铁盾构、迈瑞医疗等项目为带动，打好基础，形成先进制造业集聚规模；电子信息产业要继续抓好已落地的13家智能手机生产项目，进一步跟踪引进酷派等手机重点项目，用5-10年时间将郑州建设成为全球重要的智能终端（手机）生产研发基地，彻底改变郑州以煤电铝等资源能源产业为主的产业结构；现代商贸物流业要以电子商务为方向，依托京东商城、菜鸟网络吸引更多国内知名电商入驻，积极培育郑州本土电商，推动华南城实现“线上”“线下”同步发展，抢占新兴业态发展的制高点；文化创意旅游业要加快推进华强后续项目和梦工厂、澳门水舞涧等项目建设，积极推进富士康与和谐集团合作的高端服务业项目，支持金水区国家知识产权创意产业试点园区、登封市华夏历史文明传承创新示范工程建设，努力将文化创意旅游业打造成全市经济的重要增长点。

（四）突出重点项目建设。要坚持把以项目为载体的“强投资”作为经济工作的重要抓手，做到“六个确保”：一是确保全市的省重点项目个数、投资规模分别占到全省50%以上；二是确保实现“两个80%”的目标，即今年列入市级以上的新建重点项目春节前立项、报批、计划下达等前期手续完成80%以上，3月底前开工率达到80%以上；三是确保新型城镇化三年行动计划建设任务圆满完成；四是确保今年新签约主导产业“三力”型项目50个以上；五是确保2013年签约的产业项目今年80%以上开工建设；六是确保招商引资项目年内到位资金突破1800亿元。

（五）突出重点民生工程实施。以畅通郑州工程和生态环境建设为重点，落实好各项民生实事工程。畅通郑州工程和生态环境建设是当前最大的民生工程。我们要在前期谋划的基础上，集中力量加快实施，用3-5年时间打一个翻身仗。要继续加快推进“两环十七放射”、十条市域快速通道、“井字+环线”快速骨干路网、轨道交通网、断头路打通、路口渠化、绕城高速出入市口等工程建设，落实公共路权优先政策，强化交通组织管理，确保白皮书承诺如期兑现。突出“空气、水、绿”三大重点，坚持治理与发展相结合，长远治本与当前治标相结合，新能源、新材料应用与新产业培育相结合，大力实施大气污染治理、生态水系和森林城市建设，不以牺牲环境为代价换取经济增长，坚决打赢生态环境保护和建设这场硬仗。

三、对历史负责，担当“双重”责任，奠定郑州可持续发展的基础

分析郑州面临的形势，我们既处于“爬坡过坎、攻坚转型”期，还处于“抢抓机遇、奠定基础、确立地位”的关键期。“爬坡”，意味着弓身负重前行，不进则退、不上则下；“过坎”意味着风险，跨过去了就是平川坦途，跨不过去就会跌倒受挫。“抢抓机遇”，意味着机不可失、失不再来。如果我们能够抓住航空港实验区的建设先机，苦干三五年，把郑州打造成国际化、现代化立体综合交通枢纽，以大枢纽带动大物流、大产业，就可以实现郑州的跨越发展，为建设国家中心城市和国际化城市奠定基础，确立郑州未来在国内外的地位。如果我们“起个大早、赶个晚集”，让周边城市抢了先，那么我们就会错失良机，贻误的不仅是郑州的发展，而且还会直接影响到全省发展的大局。因此，“抢抓机遇、奠定基础、确立地位”是我们面临的当务之急、历史责任。

（一）坚持高位谋划、规划引领。要以国际化的视野、胸怀百年的气魄，进一步优化提升全域空间布局规划，编制中心城市建设纲要及配套规划。通过规划的编制和实施，达到三个目的：一是明确两个定位。即明确郑州在全国区域发展布局中的定位和在全球产业分工合作中的定位。二是明确方向路径。配套中心城市规划，完善都市区战略重点提升行动计划、综合交通枢纽规划、“六城”规划、四大战略支撑产业和产业集群发展规划等，提高谋划水平和建设标准。三是明确发展边界。科学划定生产、生活、生态空间，严格林地、耕地、园地保护，形成边界红线，为子孙后代可持续发展留足空间。

（二）加快建设国际化、现代化立体综合交通枢纽。建设“三大一中”，前提是确立枢纽城市地位。要围绕“一网两链四港一体”建设，全力争取国家和省重大交通项目的规划实施，加快推进以航空港和国际陆港为核心，以航空运输、“米”字形高铁、省域城际轨道、高速公路、快速路网、城市轨道等多种交通组织形式为支撑的网络化、节点状综合交通体系，尽快形成多式联运、快速分拨、内捷外畅的国际化客货集疏网络。目前，我们通过省市两级补贴政策吸引物流企业在郑集聚的目的是以物流集聚带动产业链的制造和研发板块在郑落地，实现产业结构的优化。航空港实验区和经开区当期要把促进重点物流企业的销售和结算中心向郑转移作为重点，逐步推进相关产业的制造和研发板块入驻。

（三）加快构建与国际接轨、具有国内领先水平的营商环境。突出问题导向、市场导向、需求导向，全面梳理政府管理要素平台、市场化的政府性平台、现代金融体系和鼓励新兴产业发展的政策体系，加快自由贸易试验区、进口药品、汽车口岸申报和各类进口口岸建设工作，抓好航线开辟、检测中心、金融结算、“三个一”通关等争取工作，大力推进郑欧班列拓展、E贸易试点、国际陆港建设、电子口岸建设，打造与国际接轨、具有国内领先水平的功能服务平台

和对外开放平台。

（四）加快打造有利于人才集聚、创新创业的发展环境。围绕依托产业聚集人才，创新机制成就人才，优化环境留住人才，加快推进以政府为主导、以企业为主体的产学研政相结合的创新体系建设，健全政府性科技创新研发和科研成果转化公共服务平台，完善政策资金、产业基金、风投基金、科技金融产品等多元化科技投融资体系。发挥在郑高校优势，研究支持高校利用搬迁后的老校区建设产业孵化器平台，鼓励教师学生就地创新创业。健全高层次人才引进、培养、任用、激励政策，大力培育崇尚科技、鼓励创新、支持创业的社会文化环境，努力把郑州打造成为创新创业的热土、人才聚集的高地，增强发展的内生动力。

（五）贯彻中央关于防控债务风险的部署要求，建立"低成本、高效益、可持续"的投融资体制。中央防控债务风险的核心是"修明渠、堵暗道"，坚决制止过度举债。我市虽然债务规模和风险并不大，但利用债务工具促进发展的水平不高，既表现在债务品种和融资渠道单一、融资成本高，也表现在已举债项目的长效偿还机制不完善、不规范，更表现在债务规模和使用效率与发展需要不相适应。当前，决定郑州未来地位的综合交通枢纽建设刻不容缓，解决群众反映强烈的交通拥堵和市政设施不配套问题箭在弦上，关系群众居住安全和生活环境的棚户区、城中村改造一刻也拖不得。这些工作现在不干，将来还必须干，而且难度更大、成本更高。像陇海路高架快速路，2008年就已谋划，如果当年实施，建设成本至少节约三分之一。同时，这些工作又都是中央支持的项目，通过适度举债加快建设，尽快见效，有序还债，也符合中央政策。因此，我们一定要正确认识我市的债务问题，把握好四个原则：一是有效举债。重点围绕国家支持的重大基础设施、市政设施、民生工程举债，不借没有实质意义、明确用途和偿还效益的债。二是创新渠道。研究国家政策，以政府性投融资平台为载体，加快建立以政府债券为主体的地方举债融资机制，构建层次合理、机制完善、运转高效、风险可控的投融资体系。三是压缩开支。千方百计压缩一般性财政开支，把有限的资金用到刀刃上。四是有序偿债。建立债务偿还长效机制，一个项目一个偿还方案，确保按期偿还、良性运转，不给后人留包袱。

（六）持续深化坚持依靠群众推进工作落实长效机制建设。坚持"条块融合、职责明确、联动负责、逐级问责、网格覆盖"，进一步健全以党组织为核心，政府公共服务、市场监管、社会管理、环境保护与群众自治有效衔接、互为支撑的基层治理结构，着力解决好条块深度融合、主动履职能力提升和依法行政与群众自治融合衔接等问题，不断扩大网格化管理成效，营造稳定、有序、和谐的发展环境和群众生活环境。

四、加强和改善党的领导，强化郑州都市区建设的组织保障

能否圆满完成今年各项改革发展任务，关键在党，核心在建设一支具有国际化视野、现代化领导素质、敢于担当、作风扎实的领导干部队伍。

（一）要加强学习，提高现代化领导能力。全市各级党组织要进一步完善学习制度，创新学习形式，提高学习针对性。要认真学习十八大，十八届二中、三中全会精神和习近平总书记系列讲话精神，坚持用中国特色社会主义理论武装头脑、指导实践；要跟踪学习现代经济社会发展知识、政策和范例，不断提高运用先进理念和科学方法推进经济发展、管理社会事务的能力。要深入学习省委、省政府实施三大国家战略规划和市委、市政府推进郑州都市区建设的决策部署，真正做到领会到位、谋划到位、落实到位。

（二）要强化领导，树立良好工作导向。坚持民主集中制原则，充分发挥八个市级工作领导小组的作用，持续"党委统一领导，政府分工负责，人大、政协通力协作"的良好工作局面。要分层面完善体现科学发展观和正确政绩观的干部考核评价制度，坚持主战场选拔使用干部，完善干部凭业绩自动生成机制，持续全市上下"风正、气顺、心齐、劲足"的良好氛围。对这次会议下发的三个考核办法和主战场选拔使用干部的意见要以县（市）区、市直部门为单位，逐一征求意见，认真研究修改，确保科学可行。同时，要提前研究明年表彰奖励办法，切实发挥好干部考核、使用、奖励的"指挥棒"作用。

（三）要转变作风，树立"务实、为民、清廉"形象。全市各级领导干部要以党的群众路线教育实践活动为契机，打牢思想根基，发挥表率作用。要强化担当意识，主动负责、勇于担责，在突破瓶颈、克服困难、开创局面上下工夫、求实效；要坚持群众路线，把解决群众办事难、维护群众权益作为工作的出发点，以服务群众的实际行动树立为民形象；要严守廉洁自律底线，带头反对"四风"，带头勤俭节约，带头接受监督，确保在每个人面前、每件事情上都有发言权。近期，中央围绕落实八项规定先后出台了一系列细化措施，各级领导干部要深刻理解中央八项规定，把八项规定倡导的执政理念和工作方式贯穿于各个环节，树立良好的风气和形象。

做好今年的工作意义重大，任务艰巨。让我们紧密团结在以习近平同志为总书记的党中央周围，在省委、省政府的坚强领导下，抢抓改革发展机遇，突出"三大主体"工作，以更加奋发有为的精神状态和扎实过硬的工作作风，努力夺取以航空港实验区为统揽的郑州都市区建设新胜利，为我省打造"四个河南"、推进"两项建设"，实现中原崛起、河南振兴作出省会城市应有的贡献！

政府工作报告

——在郑州市第十四届人民代表大会第一次会议上

市长　马懿

（2014年2月20日）

各位代表：

现在，我代表市人民政府向大会报告工作，请予审议，并请各位政协委员提出意见。

一、过去五年的工作回顾

过去五年，是郑州发展进程中很不平凡的五年。面对错综复杂的经济形势和激烈竞争的发展环境，我们在省委、省政府和市委的正确领导下，坚持以邓小平理论、“三个代表”重要思想、科学发展观为指导，高举中国特色社会主义伟大旗帜，紧紧依靠全市人民，一心一意谋发展，凝心聚力促转型，抢抓机遇求突破，完善机制抓落实，全面完成了市十三届人大一次会议确定的目标任务。

（一）着力促进经济社会持续健康快速发展，综合实力再上新台阶。五年来，面对国际金融危机的持续冲击和经济形势复杂多变的严峻挑战，我们扭住发展不放松，圆满完成“十一五”目标，顺利实施“十二五”规划。特别是近两年来，面对较大的经济下行压力，我们抢抓中原经济区和郑州航空港经济综合实验区上升为国家战略的重大历史机遇，突出“三大主体”工作，坚持开放创新双驱动，着力“保增长、调结构、促转型、惠民生”，加快推进郑州都市区建设，经济社会呈现持续健康快速发展的良好态势。2013年，全市地区生产总值完成6202亿元，年均增长12.1%，是2008年的1.8倍；地方财政总收入1116亿元，年均增长19.1%，是2008年的2.4倍；公共财政预算收入723.6亿元，年均增长22.7%，是2008年的2.8倍；固定资产投资4400亿元，年均增长23.8%，是2008年的2.9倍；进出口总额422亿美元，年均增长76.1%，是2008年的12.3倍，占全省总量70%以上；社会消费品零售总额2586亿元，年均增长15.8%；城镇居民人均可支配收入26615元，农民人均纯收入14009元，年均分别增长11.1%和13.2%，城乡居民收入比由2.1:1缩小到1.9:1。经济发展质量和效益明显提升，科技进步贡献率达到58%，单位生产总值能耗五年下降20.3%。先后被评为全国科技进步示范城市、国家创新型试点城市和全国文明城市。

（二）积极转变发展方式，结构调整迈出新步伐。大力实施“工业强市”战略，现代工业体系加快构建。五年累计完成工业项目投入5788.5亿元。2013年，规模以上工业增加值完成2857.7亿元，年均增长15.9%，占全市生产总值比重46%；着力打造“6+2”千亿级产业基地，工业七大主导产业销售收入达到8000亿元，占全市规模工业的比重达到67.6%，对工业增长贡献率达到80.4%，其中汽车及装备制造业销售收入达到2100亿元，电子信息产业销售收入超过2000亿元，新材料产业销售收入突破1500亿元。突出服务业优先发展，现代服务业提质增效。2013年服务业固定资产投资完成2964亿元，年均增长26.9%；产业增加值完成2584亿元，年均增长10.2%；全市新增金融机构69家，郑东新区金融业集聚效应初现；会展业快速健康发展，服务业综合改革、旅游综合改革试点城市建设和现代物流、电子商务示范城市建设扎实推进。大力发展现代都市农业，农业农村基础地位进一步巩固。全市粮食总产量稳定在165万吨，连续十年喜获丰收。“菜篮子”保障能力持续增强，现代都市农业示范区建设“136”工程成效明显，农业产业化、科技化水平稳步提升，市级以上农业产业化龙头企业达425家，加工型农业龙头企业销售收入突破500亿元。农产品质量安全监管体系不断完善，检测合格率位居全国前列。坚持“四集一转”，产业集聚区承载能力明显提升。2013年产业集聚区主导产业完成营业收入4600亿元，占集聚区全部营业收入的60%；航空港产业集聚区成为全省首个超千亿产业集聚区，高新区、经开区产业集聚集群水平明显提升；2个商务中心区和11个特色商业区规划建设全面启动。加快自主创新体系建设，科技创新能力进一步提高。2013年，市级以上研发中心1705家；高新技术企业346家，比2008年增加225家；专利授权量1.2万件，是2008年的3倍；国家技术转移郑州中心成功落地，国家专利审协河南中心建成运行；国家专利导航产业发展实验区试点工作有序推进，国家质检中心郑州综合检测基地开工建设；通过第二批国家级两化融合试验区验收，获评国家知识产权示范城市、下一代互联网和全国数字城市建设示范城市，成为电子商务、信息消费、智慧城市试点和国家互联网骨干直联点城市。加大节能减排力度，淘汰落后产能。关闭煤矿51家，淘汰落后煤炭产能729万吨，取缔污染严重企业412家，实施重点节能减排项目186个，资源型产业比重降低到45.8%，比2008年降低11个百分点。

（三）加快推进城乡一体化发展，城乡面貌发生新变化。全面实施新一轮城市总体规划。先后编制并获批郑汴新区空间发展战略规划、郑州都市区总体规划、航空港实验区总体规划等重要规划，现代城镇体系架构初步建立。加快都市区交通路网体系建设。域内畅通工程加快实施，“井字+环线”快速路网加快建设，京广快速路一期、三环快速化主线工程建成投用，陇海快速路、环城高速出入市口等工程快速推进，地铁1号线一期如期试运营，10条市域快速通道基本建成，打通城区断头路110条，综合整治道路237条，改造积水点53个，新增停车位14万个，新改建县域道路3408公里；域外枢纽工程扎实推进，郑西、石武高铁全线通车，郑徐高铁、郑开、郑焦及郑州至机场等城际铁路加快建设，郑州东站、火车站西广场建成投用，西绕城、郑云、郑民、巩登高速建成通车，机场二期工程快速推进，综合交通枢纽地位明显提升。着力提升中心城区和县城组团现代化建设水平。郑东新区顺利实现“十年建新城”预定目标；中心城区建成区面积由303平方公里扩大到346平方公里；全面启动生态廊道、县城十字景观大道建设，13个组团新区新增建成区27平方公里；三环以内完成87个整村拆迁和76个市场外迁；城镇化率达到67%。扎实推进“四类社区”建设。实施社区建设项目449个，开工安置房项目427个，回迁居民33.6万人。持续完善城市基础设施建设。一大批水、电、气、暖和污水、垃圾处理等市政工程建成投用，城市污水处理率、垃圾无害化处理率分别达到85%、93%，城市集中式饮用水源地水质达标率达到98%。努力改善城乡环境。启动国家森林城市和生态园林城市创建工作，完成植树造林95万亩，新增城市绿地4103万平方米，成功举办第二届全国绿博会，郑州绿博园、植物园等一批大型公园建成开放，惠济区成为我市首个国家级生态示范区；实施都市区生态水系建设，龙湖调蓄工程建成蓄水，我市被确定为全国水生态文明试点城市；南水北调中线郑州段提前完工，配套工程扎实推进；实施“蓝天”工程，开展PM2.5监测，加强重点污染源整治，拆改市区燃煤锅炉656台，淘汰黄标车5200辆，完成2家热源厂煤改气工程；实施城市精细化管理，城区环境整治成效明显。

（四）深化体制机制创新，改革开放实现新突破。大力推进重点领域和关键环节改革。推行城乡规划土地建设管理“六统一”改革，提高政府调控能力和资源配置效率；推进各类组团新区、产业集聚区管理机构与行政区域管理套合制度改革，构建了“小政府、大服务”的管理体制；全面推进行政审批制度改革，审批事项由363项削减至141项，削减64.2%，审批环节压缩61.2%，总承诺办结时限减少79.5%；深化投融资体制改革，整合组建政府八大投融资公司，初步建立了立项、融资、使用、管理、偿债“五位一体”的全产业链发展模式；深化金融体制改革，郑州银行、百瑞信托完成股份制改造，新建村镇银行6家；推进企业战略重组和改制上市，全市上市公司达37家，12家科技型中小企业成功登陆“新三板”；优化民营企业和中小企业发展环境，非公有制经济快速发展，占全市生产总值比重达61.1%；深化税制改革，稳步推进“营改增”试点工作；国有企业、事业单位等改革取得新进展；顺利完成“五险合一”市级统筹工作，社会保险管理服务水平全面提升。持续加强开放平台及招商机制建设。推动郑州航空港经济综合实验区上升为国家战略，全面启动郑州通航实验区建设，全力打造对外开放战略高地，航空港实验区建设实现良好开局；新郑综合保税区封关运行，郑欧班列顺利开通，肉类、药品进口口岸获批筹建，跨境贸易电子商务服务试点实施，电子口岸和国际陆港建设加快推进，明显提升了我市对外开放水平；建立招商引资工作新机制，承接产业转移取得显著成效，2013年实际到位域外资金1497亿元、是2008年的3.4倍，实际利用外资33.2亿美元、是2008年的2.4倍，来郑投资或设立机构的世界500强企业达83家、比2008年增加64家。

（五）着力保障和改善民生，各项社会事业取得新进步。始终坚持发展为了人民，切实让人民群众共享改革发展成果。持续加大民生投入，全市财政用于民生领域的支出五年累计达1856.9亿元，年均增长26.8%，省、市确定的民生“十大实事”全部完成。努力扩大就业，新增城镇就业人员69.2万人，城镇登记失业率控制在4%以内；发放小额担保贷款61.1亿元，拉动就业21.2万人；培训农村劳动力36.6万人，转移就业59.1万人。提高社会保障水平，社会保障实现制度全覆盖，标准和待遇逐年提高，企业退休人员人均养老金从每月1097元提高到1992元，城镇居民基本医保基金支付比例提高5个百分点，新型农村合作医疗人均筹资标准从90元提高到340元，城乡低保标准分别提高155元和130元，达到每人每月430元和240元；新建、改扩建敬老院38所，新建社会养老机构27家，新增床位6100张；积极推行保障性住房“三房合一”，开工建设各类保障房21万套，60余万人纳入住房保障范围；改造老旧小区1968个，受益群众28万户。优化教育资源配置，新建、改扩建幼儿园305所、市区中小学校143所，新增中小学学位15.8万个、幼儿园学位8.6万个；郑州师范学院成功升本，中州大学、旅游职业学院、职业技术学院等高校提升发展。文化惠民工程稳步实施，成功创建全国公共文化服务体系示范区，群众性文化活动不断丰富，“天地之中”历史建筑群成功申遗，拜祖大典、少林武术节、嵩山论坛等品牌效应不断扩大，舞剧《水月洛神》囊括四项国家级大奖，豫剧《斗笠县令》获中国戏剧节优秀剧目奖。全民健身运动蓬勃发展，竞技体育水平不断提高，我市运动员在伦敦奥运会上勇夺2枚金牌。医疗卫生服务水平持续提升，在全国率先实施“片医负责制”社区卫生服务模式，新农合经办机制改革“郑州模式”在全国推广，一批医疗卫生基础设施建成投用，扩增医疗床位2.8万张。农村生产生活条件持续改善，改造中低产田80万亩，解决300万农村人口饮水安全，完成易地扶贫搬迁1.5万户。群众出行环境不断优化，绕城高速免费通行，二级公路收费站全部撤销，普通干线公路回归公益；新增更新公交车3128台，新建公交场站、公交港湾235个，入选全国“公交都市”建设示范工程首批创建城市。慈善事业快速发展；社会救助帮扶体系进一步完善，市救助站被授予国家一级救助管理机构；低生育水平持续稳定，成为全国人口和计划生育综合改革示范市、全国流动人口均等化服务综合改革试点城市。

（六）加快政府职能转变，社会治理能力得到新提升。自觉接受人大、政协和社会各界监督，办理议案建议提案5492件，制定政府规章33件，办理行政复议案件3985件，向市人大提交地方性法规草案13件。健全重大决策公众参与、专家咨询论证评估等制度，完善政务和信息公开。审计监督、行政监察和行政层级监督不断强化。大力推进节约型机关建设，在“三公”经费保持零增长的基础上，2013年比2012年压减11.6%。建立健全以网格为载体坚持依靠群众推进工作落实长效机制，构建了“三级网格、四级平台、五级联动”的工作架构，形成了以党组织为核心，政府市场监管、社会管理和公共服务与群众自治有效衔接、互为支撑的基层治理结构，基层网格排查问题化解率保持在97%以上。创新社会治理机制，社区建设管理服务工作明显加强，城乡社区和基层自治组织服务功能进一步健全。加强法制宣传教育。扎实开展平安郑州建设，深入推进“四严一创”等专项行动，获评全国社会管理综合治理优秀市。强化安全生产、消防安全和食品药品安全监管，社会大局保持和谐稳定。

加强社会主义核心价值观教育，社会文明程度不断提高。国防教育和国防后备力量建设取得新成效，“中华神盾”郑州舰入列东海舰队，创建全国双拥模范城实现“六连冠”。圆满完成四川江油灾后援建、新疆哈密对口支援和南水北调丹江口库区移民搬迁安置任务。外事、侨务、对台工作不断加强，民族团结、宗教和谐局面持续巩固，统计工作服务科学决策、反映经济社会发展的能力明显增强，社会科学繁荣发展，档案管理和史志编纂质量逐年提高，防震减灾、气象服务和人防应急准备能力进一步提升。

各位代表！成绩令人鼓舞，经验弥足珍贵。五年来，我们始终坚持科学发展。紧紧结合郑州实际，全面贯彻落实科学发展观，坚持走好以“一个载体、三个体系”为支撑的“三化协调、四化同步”科学发展路子。始终坚持加快发展方式转变。紧紧围绕建设资源节约型和环境友好型社会，着力促进结构调整和经济转型，加快构建现代产业体系，不断提高城市核心竞争力。始终坚持统筹城乡发展。按照“统筹发展、协调发展、均衡发展”理念，制定完善提升郑州都市区建设规划，努力形成合理的城镇体系、合理的人口布局、合理的产业布局和合理的就业结构，促进基本公共服务均等化，加快推进城乡一体化。始终坚持关注民生。不断强化拓宽服务民生的理念和路子，着力在保障和改善上做文章，着力在服务质量和服务方式上求提升，以改善民生凝聚民心，以凝聚民心汇聚民力，以汇聚民力共促发展。始终坚持改革创新。突出问题导向、市场导向、需求导向，强力推进重点领域和关键环节改革，不断推动体制机制创新，持续增强发展的内生动力和活力。始终坚持党委领导。在党委统一领导下，全面履行政府职能，统筹各方力量，建立健全责任、有序、高效的工作推进机制，形成推动改革发展的强大合力。我们相信，只要我们坚持这些好思路、好机制、好举措不动摇，只要我们坚持一张蓝图绘到底、一届接着一届干，郑州都市区建设的美好愿景就一定能够实现！

各位代表！五年来，在外部经济环境持续影响、我市结构性矛盾凸显的情况下，取得这些成绩实属不易。虽然2013年的经济增速和部分指标低于年度预期，但仍处高速增长区间，不仅高于全国全省平均水平，而且结构、质量、效益等指标明显好于预期。这是省委、省政府和市委正确领导的结果，是市人大、市政协和社会各界大力支持的结果，是全市人民团结奋斗的结果。在此，我代表市人民政府，向辛勤工作在各行各业的广大干部群众，向驻郑解放军、武警官兵、公安民警以及社会各界人士，向关心支持郑州发展的港澳台同胞、海外侨胞和朋友们，表示崇高的敬意和衷心的感谢！

成绩面前，我们也清醒地认识到存在的问题和不足，主要表现在：生态环境污染尚未得到有效治理，雾霾等环境问题比较严重；城市基础设施建设滞后于城市发展，交通拥堵问题比较突出；科技创新能力不足，产业结构不尽合理，高新技术产业规模小，第三产业比重不高、现代服务业发展滞后；城乡二元结构和城市内部二元结构尚未得到有效改善，城镇居民和农民持续增收难度不断加大；就医、就学、就业条件与群众需求还有不小差距，安全生产、食品药品监管等还存在着薄弱环节；政府职能和作风转变还不到位，个别部门和工作人员依法行政观念和为民服务意识淡薄，行政效能和公共服务水平还需要进一步提高等。对于这些问题，我们将在今后工作中采取有效措施，尽快加以改进和解决。

二、今后五年的奋斗目标

今后五年，是我市紧紧围绕“三大一中”战略定位，全面完成“十二五”目标、谋划实施“十三五”规划的关键时期，是在全省率先全面建成小康社会的决定性阶段。我们既处于“爬坡过坎、攻坚转型”期，更处于“抢抓机遇、奠定基础、确立地位”的关键期。面对新形势、新任务、新要求，我们一定要紧紧抓住中原经济区和航空港实验区建设两大历史机遇，扭住结构调整、经济转型、产业升级不放松，全力打好郑州转型发展、跨越发展这场硬仗，着力奠定综合交通枢纽基础、现代产业基础、可持续发展的生态基础和良好的政务环境基础，初步建成自然之美、社会公正、城乡和谐的现代化都市区，初步确立以国际化、现代化立体综合交通枢纽为特征的国家中心城市地位。

今后五年政府工作的总体要求是：坚持以邓小平理论、“三个代表”重要思想、科学发展观为指导，认真贯彻落实党的十八大和十八届二中、三中全会精神以及中央、省委和市委的各项决策部署，牢牢把握主题主线，按照“三大一中”战略定位，围绕“一个载体、三个体系”建设，抢抓改革发展机遇，突出“三大主体”工作，坚持开放创新双驱动，着力提高经济发展的质量和效益，着力保障和改善民生，加快推进以航空港经济综合实验区为统揽的郑州都市区建设，全面推进经济、政治、社会、文化、生态文明建设，努力到2018年在全省率先全面建成小康社会，为建设“四个河南”、推进“两项建设”做出省会城市应有的贡献。

今后五年，努力实现以下主要目标：

——初步形成具有较强竞争优势的现代产业体系。综合经济实力显著增强，经济结构战略性调整取得明显成效。2018年全市地区生产总值突破1万亿元，人均地区生产总值突破10万元，地方公共财政预算收入突破1000亿元，大都市战略支撑产业体系基本确立。汽车及装备制造业核心竞争力凸显，建成全球最大的客车生产基地、新能源汽车研发和生产基地，年产汽车整车超过150万辆；电子信息产业集群发展，成为全球最大的智能终端基地、国内领先的电子信息产业基地；现代商贸物流业规模进一步壮大，以郑欧班列多元化运营和郑州国际陆港建设为支撑，全力打造中欧铁路运输中心节点城市和新丝绸之路经济带“桥头堡”，依托上街机场加快发展通用航空产业；着力构建集约化、专业化、组织化、社会化有机结合的新型农业产业化经营体系，全市农产品加工型龙头企业销售收入达到800亿元以上；文化创意旅游业快速发展，产业增加值及旅游总收入均突破1000亿元；高新技术产业占规模以上工业比重达到30%以上，研究与开发经费支出占生产总值比重达到3.5%以上。

——初步形成城乡一体化发展

格局。深入推进城乡统筹发展，加快实现城乡共同繁荣。中心城区功能完善，卫星城与中心城市协调发展，产业集聚区和专业园区融城发展，城市现代化水平明显提升，城镇化率达73.5%以上。城市基础设施和公共服务设施向农村延伸，城乡公共设施共享水平不断提高。新型农村社区建设取得明显成效，建成一批各具特色的“美丽乡村”。城乡居民收入大幅提高，中等收入群体持续扩大，人民群众过上殷实富裕的生活。基本公共服务均等化初步实现，全民受教育程度和创新人才培养水平明显提高，教育现代化基本实现；人人享有基本就业创业机会，人人享有基本社会保障，人人享有基本医疗卫生服务，公共文化服务体系和住房保障体系基本建立；每万人拥有医疗床位达70张以上，每千名老人拥有养老床位33张，人均体育场地面积达1.8平方米。

——初步形成国际化、现代化立体综合交通枢纽。构建连接世界的空中通道，新郑机场新开通国内外货运航线30条、客运航线50条，航空货邮吞吐量达到110万吨以上，客运吞吐量达到2300万人次以上，成为重要的航空枢纽；加快推进上街机场改扩建工程，加强产业布局和功能完善，争取建成中原经济区通用航空枢纽机场；“米”字形快速铁路网络骨架基本形成，郑州南站随郑万高铁建成运营，形成以郑州为中心、辐射省辖市的“1小时交通圈”和周边省会城市的“2小时交通圈”；以郑州为中心的“十字+半圆”城际铁路网加快建设，基本形成中原城市群核心区“半小时交通圈”；地铁轨道交通力争通车里程达130公里以上，“三横两纵一环”轨道线路覆盖城区；“畅通郑州”工程完成“井字+环线”快速路网建设和“两环三十一放射”改造提升，三环以内断头路全部打通，主城区实现15分钟上快速路、沿快速路15分钟上高速的“市区半小时交通圈”。

——初步形成重要的内陆开放高地。以航空港实验区为主平台，以发展航空货运为突破口，加快郑州国际空港、国际陆港建设，完成机场二期工程、新郑综保区三期工程和经开综保区申建工作，力争郑州自由贸易园区申建获批，航空港开放门户地位基本确立。郑欧班列、跨境贸易电子商务规模化运营，食品、药品、汽车整车等特种商品进口指定口岸功能不断完善，完成电子口岸平台建设，通关更加便利化。对内开放和对外开放并举共进，内外资、内外贸一体化运作，引进来与走出去融合发展，引资、引技、引智有机结合，集聚一批具有国际竞争力的知名品牌和优势企业，全方位、宽领域、多层次、内外融通、流通便捷的开放格局更加完善，开放型经济的带动力和贡献度显著提升。

——初步形成可持续发展的生态环境基础。以创建国家生态文明先行示范区为统揽，加强环境保护，加快生态建设，为人民群众创造良好的生产生活环境。开展国家森林城市和国家生态园林城市创建工作，实施林业生态市建设提升工程，城市建成区绿地率达到36.5%以上，绿化覆盖率达到42%以上，人均公园绿地面积11.5平方米以上，森林覆盖率达到34%以上。建设全国水生态文明试点城市，提升都市区生态水系规划建设水平，形成“一环、三源、六区、十八点”的生态水系总体格局，规划区水面面积达到115平方公里。着力改善大气环境质量，加快淘汰落后产能，推进清洁能源替代利用，大幅削减污染物排放量。强力推进“引热入郑”工程，开辟裕中热电、荥阳国电等外围热源，确保2015年完工投用，市区新增供热面积2500万平方米；强力推进“热电外迁”工程，今年实质性启动，力争2016年年底实现新力电厂5台20万千瓦燃煤机组从市区迁出；强力推进“煤改气”工程，加大市区现存156台燃煤锅炉拆改力度，确保2015年拆改任务大头落地，基本达到“直排为零”。完成上述三大工程，可累计新增供热面积3100万平方米，减少中心城区用煤839.5万吨，减排烟尘6817吨、二氧化硫2.7万吨、氮氧化物4.9万吨，2018年PM2.5平均浓度比2013年下降20%以上！

——初步形成公开、公平、公正的政务环境。以保障权利公平、机会公平、规则公平为核心，着力打造行为规范、运转协调、公正透明、廉洁高效的政务环境。健全政务公开制度，深化行政审批制度改革，强化网上审批、行政电子监察系统建设，增强政府工作透明度；加强行政效能建设，强化服务意识，改进管理方式，规范行政行为，提高工作效率和水平；坚持依法行政，严格行政执法监督，完善执法责任制和执法过错追究制；加快推进信用体系建设，营造诚实守信的社会环境；正确处理政府和市场的关系，使市场在资源配置中起决定性作用，资源配置效率和公平性明显提高。

各位代表！在全省率先全面建成小康社会，是人民群众的殷切期盼，是历史赋予的光荣使命！我们坚信，经过五年的不懈努力，一个更有实力、更具活力、更富魅力的郑州都市区必将展现在世人面前！

三、2014年的目标任务

今年经济社会发展的主要预期目标是：全年地区生产总值增长10%以上；规模以上工业增加值增长12%以上；固定资产投资增长23%以上；地方财政公共预算收入增长14%以上；社会消费品零售总额增长13%以上；进出口总额增长6%；实际利用外资增长5%；城镇居民人均可支配收入实际增长8%以上；农民人均纯收入实际增长8%以上；城镇新增就业13万人；居民消费价格指数控制在3.5%左右；节能减排完成省定目标。

我们重点做好以下工作：

（一）全面推进航空港经济综合实验区建设，着力打造中原经济区核心增长极。围绕“打造大枢纽、发展大物流、培育大产业、形成大都市”，以完善基础设施和招商项目落地为重点，力争地区生产总值增长30%以上，固定资产投资翻一番。加强基础设施建设。全力推进新郑机场二期及配套工程、与主城区连接的“四纵六横”快速路网、城际铁路及区域交通路网、水电气暖厂站、生态水系、学校、医院等基础设施建设，增强货物集疏和项目落地支撑能力。优化国际营商环境。加快综保区三期、河南电子口岸平台等项目建设；推进跨境贸易电子商务试点规模化运营，初步形成国际网购品集散分拨中心；推进汽车整车进口口岸申报，加快药品、肉类进口口岸建设；推动国家重点通信检测实验室和食品、药品、医疗器械检验检测中心建设。加快高端产业集聚发展。抓好航空设备制造维修、电子信息、生物医药重大项目集群式招商落地，重点推动菜鸟（中国）智能骨干网、手机产业园等建设，力争全年签约项目45个以上、开工30个以上。提升港区城市功能。以南区高端制造业集聚区为重点，完善市政配套设施，加快航空都市建设，构建绿色宜居生活环境和集约有序城市空间。推动郑州通航实验区加快建设。支持上街机场改造升级，完善基础设施建设，做好产业项目招商，促进通用航空产业发展。

（二）加快经济结构调整，着力构建现代产业体系。强化工业主导地位。实施工业主导产业提升规划，着力推进重点产业集聚、集群发展。打造以电动汽车为引领的新能源产业和汽车产业集群，力争汽车及装备制造业年销售收入达到2500亿元；打造以智能手机为代表的智能终端产业集群，力争电子信息产业年销售收入达到2800亿元；打造物联网、北斗导航等新兴产业集群，力争新材料、生物医药等战略新兴产业年销售收入突破2000亿元；实施战略性企业（集团）培育行动计划，力争全市年销售收入超百亿元企业达到12家；促进东风日产30万台整车项目等151个重点签约项目早开工，力争河南中烟易地技改等108个项目早达产；提升传统产业“两化”融合水平，加强工业质量品牌建设，全力化解过剩产能。促进服务业提质增速。加快建设全国重要的现代服务业基地，力争全市服务业增加值达到2900亿元以上、固定资产投资完成3700亿元以上；大力发展以电子商务为引领、以营造平台为核心的生产性服务业，以中心商务功能区和特色商业区为带动的生活性服务业；加快航空物流、铁路货运和公路物流基础设施建设，推进国际物流园区等物流项目建设；推进都市区商业中心建设，加快市场外迁，完成外迁市场54个；积极引进各类金融机构，加快金融集聚核心功能区发展；培育优势文化创意旅游产业，建设旅游集散中心和智慧旅游城市；大力发展高技术服务业，规划建设国家级会展中心，鼓励支持发展养老产业，积极推进国家服务业综合改革试点工作。加快发展现代都市农业。抓好高标准农田建设、“菜篮子”工程、现代都市农业示范区“136”工程、农业产业化集群培育四大工程，建成高标准农田20万亩，开发新菜田4万亩，新增设施农业5000亩，农业产业化集群达到20个；大力发展都市生态农业和休闲观光农业，发展新型农业经营主体，建设农产品质量安全追溯体系，建立现代农业产业技术体系。加快重大项目建设。力争今年列入省重点项目数量和总投资规模占全省比重均达到50%以上，新开工省、市重点项目240个以上，竣工90个以上，完成投资3300亿元以上。发挥政府性资金引导作用。集中使用产业发展专项资金，重点支持主导产业发展和重大项目建设；探索设立产业发展引导基金，建立以财政资金为引导、社会资金为主导的产业投资体系。

（三）坚持以人为本，着力提升新型城镇化发展质量。以人的城镇化为核心，提高新型城镇化的科学性和实效性。坚持规划引领。持续优化全域空间布局规划，提高规划水平和建设标准；严格林地、耕地、园地保护，形成边界红线，促进人口增长与产业发展、基础设施和生态环境承载能力相协调。有序推进农业转移人口市民化。加快户籍制度改革，全面放开建制镇和县城落户限制，推动城中村、城郊村和产业集聚区内村庄的农业人口成建制转为城镇户口；推行居住证管理制度，稳步推进城镇基本公共服务对常住人口全覆盖；建立健全农业人口转移促进机制，增强农民向城镇转移的动力。优化城市形态布局。坚持中心城市带动战略，统筹推进郑东新区开发建设，打造全省城乡一体化发展先行区；加快高新区、经开区等重点区域发展，提高产城融合水平；加快郑上新区规划建设，推动全市均衡发展；加快城市组团建设，各新城组团完成3至5平方公里起步区建设；做好县城中央商务区和十字景观大道建设，扎实推进“两环三十一放射”道路、生态廊道建设；实施老厂区、老居民区等城市重点片区改造，促进城市有机更新；探索各具特色的社区建设模式，在保护好历史文化风貌特色村前提下，启动项目70个、竣工40个；加快棚户区改造，建设安置房19.45万套。强化综合交通枢纽功能。加快构建“米”字形快速铁路网，配合建设郑徐高铁及郑开、郑焦、郑州至机场等城际铁路；加快推进国道107线郑州境东移、机场高速改扩建等干线公路和高速公路建设；加快“畅通郑州”工程建设，力争陇海路高架大学路以西段、京广快速化二期主体完工，开工建设金水路、花园路准快速和农业路快速路；全面实施中心城区188条支线路网打通工程，以地下管网和空间建设为重点升级改造一批城市道路，推进轨道交通5号线、2号线二期、1号线二期工程，争取3号线、南四环至郑州南站城郊铁路（2号线南延）早开工；新购新能源公交车500台，新增停车泊位3万个。提升城市综合承载能力。建成刘湾水厂、航空港第一水厂等项目，开工建设侯寨10万吨水厂、常庄20万吨水厂和邙山干渠复线工程等供水工程，争取南三环、马头岗二期等4个污水处理厂建成投用，推进坚强智能电网规划建设，开工建设北郊热源厂。提升城市管理水平。进一步发挥数字化城市管理平台作用，深入实施城市精细化管理；开展城市环境综合整治提升工程，确保机械化清扫率达到60%以上；强化城乡结合部、高速公路、铁路沿线、老旧小区、无主管楼院等环境综合整治。

（四）全面深化改革，着力增强发展内生动力。深化行政审批制度改革。持续简政放权，6月底前完成行政审批“两集中、两到位”改革；推动工商注册制度便利化，削减资质认定项目，把注册资本实缴登记制改为认缴登记制；建立市场主体准入负面清单制度，实行统一的市场准入；进一步放开公共服务市场准入，完善政府购买公共服务制度；在航空港实验区和经开区，探索试行“准入前国民待遇”和“负面清单”外资管理方式，放宽对外来投资的限制。深化土地管理、土地金融制度改革。深化城乡规划土地建设管理“六统一”改革，全面实施国有建设用地使用权网上交易招拍挂；力争年底前完成农村宅基地确权登记和颁证工作；开展农村集体土地进入市场流转试点工作，加快推进农村集体土地房屋登记；探索推行租让结合、分阶段出让的工业用地供应制度；建立健全国有土地资产经营制度和土地融资制度，探索土地使用权和承包经营权抵押融资制度。加快市属国有企业改革。深化市属国有企业公司股份制改革，完善国有资产管理体制，改革国有资本授权经营体制，探索国有企业重大信息公开，出台深化市管企业收入分配改革的指导意见。推进财税体制改革。实施全面规范、公开透明的预算制度，探索建立跨年度预算平衡机制，清理规范重点支出同财政收支增幅或生产总值挂钩事项，“三公”经费支出只减不增，继续深化国库管理制度改革，加强专项资金整合，全面落实“营改增”、资源税从价计征等改革政策。创新资金保障机制。鼓励具备条件的民间资本依法发起设立中小型银行等金融机构，研究建立城市基础设施、住宅政策性金融机构，做好永续债券、债贷结合等试点工作，推动设立中小微企业创新融资服务平台，力争全市小微企业贷款余额增速和全省占比均不低于35%。推进政府要素平台建设和资源性产品价格改革。做大做强郑州商品交易所，适时启动公共资源交易、产（股）权交易所等平台建设，稳妥推进城市供水、车用燃气、城市供热等资源性产品价格改革。全面深化农村综合改革。探索建立农村综合产权流转交易中心，创新农业投融资机制；鼓励农民专业合作社、农产品产地市场开展直供直销和电子商务等新模式；探索建立农村公共基础设施监管和"三资"管理运营新机制；继续深化集体林权制度改革，探索建立重点生态公益林管理和生态补偿机制。

（五）深入实施开放创新双驱动战略，着力提高对外开放水平和自主创新能力。全面实施开放驱动战略。加快开放平台建设，提升新郑综合保税区、出口加工区B区功能，完善提升铁路、航空一类口岸和综保区政策功能，积极申建经开综保区，以电子口岸为依托做好自贸区申报的前期准备工作，争取设立领事馆区和海外高层人才（专家）服务中心；拓宽开放领域，创新加工贸易模式，建设沿海加工贸易链条承接地；实施产业集群招商，围绕主导产业，瞄准国内外500强和行业前20强企业，聚焦战略支撑产业和新兴产业，大力引进行业龙头企业和配套企业，补链强链，提升业态，增强产业集群竞争力，力争在郑设立项目或机构的世界500强企业达到100家、谋划推动"三力"型项目100个、全年招商引资总规模突破1800亿元；提高经济外向度，优化进出口结构，培育竞争力强的外向型骨干企业，制定鼓励高附加值产品、服务产品和农产品出口政策，提高投资贸易便利化程度。大力实施创新驱动战略。进一步完善自主创新体系，加快建设国家重要的创新创业中心和创新型城市，争创国家促进科技和金融结合试点城市，科技进步对经济增长的贡献率达到59%；实施创新主体培育计划，重点培育1000家科技型企业，新建市级以上研发中心200家，力争在先进装备制造、电子信息等关键技术领域，取得一批具有自主知识产权的创新成果；大力发展高新技术产业，实施高新技术产业园区建设计划，积极培育新兴业态，争取高新技术产业年销售收入突破5600亿元；加快发展新型研发机构，支持组建一批产业技术创新联盟，建立一批产业技术创新研究机构；积极推进国家专利审协河南中心、国家技术转移郑州中心等创新载体平台建设；加快科技成果转化和产业化，建设一批科技公共服务机构，全年技术合同成交额达到110亿元；坚持人才强市战略，加大各类人才的引进和培育，实施创新人才引进计划，加大本土人才培育力度，引导激励科技人员创新创业。

（六）加强生态文明建设，着力改善生态环境。强化大气污染治理。加大燃煤锅炉拆改力度，年底完成市区燃煤锅炉拆改80台以上，减少市区用煤量28.8万吨，削减各类污染物排放量3168吨；加强黄标车治理，年底前淘汰全部公务黄标车，淘汰营运黄标车1000辆；强力推进扬尘治理，推广建筑工地扬尘污染防治技术，加强对渣土运输车辆监管；大力整治工业污染，加快电力、水泥等重点行业脱硫脱硝除尘改造，推动7家电力企业、15家水泥企业、4家水泥粉磨站实施脱硝和提标治理；加大对污染物排放不达标企业的执法力度，依照环保法规严格审批新建项目；深入推进"气化郑州"建设，大力推进节能减排项目，完成枣庄热源厂煤改气工程。扎实推进水生态文明建设。以建设全国水生态文明试点城市为契机，全面启动新一轮生态水系规划建设；加快花园口、赵口灌区等引黄、引水工程建设，发挥象湖、龙湖、圃田湖等平原水库调蓄作用，构筑郑州都市区生态水系循环利用系统；实施贾鲁河综合治理工程，全面完成潮河下游、枯河下游等河道综合治理，开工建设金水河、索须河、十八里河等重点区域水景观提升工程；加大截污治理力度，推动雨污水分流工程建设；全力推进南水北调配套工程建设，确保今年汛后与主体工程同步发挥作用。持续改善城乡环境。做好国家森林城市创建工作，力争今年通过考核验收；完成植树造林7.8万亩、森林抚育3.3万亩；续建树木花卉博览园、黄河国家湿地公园，完善提升10个森林公园，建设10个"走进森林"示范园；全面启动国家生态园林城市创建工作，建设一批以放射道路、铁路沿线、水系岸线为骨架的生态廊道、生态林带，新增绿地500万平方米；建成南环公园、西流湖公园，开工建设南水北调生态文化公园和27个区级综合性公园；编制生态农业建设规划，加大农业面源污染治理力度，启动农田资源智能监测系统建设；改善村庄人居环境，建设"美丽乡村"；严格生态环境源头保护，完善环境治理和生态修复制度。

（七）加快发展社会事业，着力保障和改善民生。继续加大财政投入，认真做好省、市"十大实事"等民生工作，力争全年民生投入占公共财政预算支出的比重达到70%以上。健全促进就业创业体制机制。加快推进公共就业和人才服务综合市场建设，突出做好高校毕业生就业和下岗职工再就业工作，重点抓好农村转移劳动力、城镇就业困难人员和退役军人就业工作，农村劳动力转移就业10万人，发放小额担保贷款10亿元。努力提高保障能力。实施以养老和医疗保险为重点的全民参保登记计划，扩大各项社会保险覆盖面，城乡低保、农村"五保"应保尽保；完善养老、优抚、助残、救孤、济困等制度，支持发展慈善事业；加强和改进价格调控监管，努力保持物价总水平基本稳定；完善住房保障制度，加大棚户区改造力度，加快以中小套型普通商品住房、公共租赁住房为主的住房建设，增强供给能力。优先发展教育。实施城乡基础教育一体化工程，新建、改扩建城乡幼儿园60所、市区中小学30所；推进义务教育质量综合评价改革，深入实施中小学课程改革；实施全民技能振兴和职业教育校企合作工程；做好郑州师范学院本科办学水平评估准备工作，推进旅游职业学院、职业技术学院新校区建设，扩建财税金融职业学院，做好中州大学升本和郑州卫校升专工作。提升健康水平。巩固新农合制度，持续推进新农合经办机制改革；丰富"片医"负责制社区卫生服务模式内涵，加强社区卫生服务中心建设；深入探索医疗集团建设，鼓励引导社会资本投资医疗服务市场，逐步组建1至3个区域医疗联合体；加强医疗基础设施建设，新增床位3000张。促进人口均衡发展。推进全国人口均衡型社会综合配套改革示范市建设，完善促进人口长期均衡发展政策，创新流动人口管理机制。促进文化繁荣。加快市民公共文化服务中心建设，推进公共文化服务体系提格升级；促进现代文化市场建设，提高文化产业创意能力和整体竞争力；组织文化精品创作生产，大力发展广播电视事业；办好嵩山论坛，建设华夏历史文明传承创新示范工程；扎实推进文化传承和"两园一中心"建设，做好大运河申遗工作。强化扶贫开发。全面实施贫困地区和革命老区扶贫规划，完成易地扶贫搬迁7293户26703人，安排整村推进20个，实施科技产业化扶贫项目45个，扶持新建贫困地区区域特色经济项目10个，帮助4.23万扶贫对象实现稳定脱贫。

（八）规范深化网格化管理，着力提升社会治理体系和治理能力现代化水平。以网格化管理、社会化服务为方向，强化社会公共管理信息平台应用，持续提升平台效能，促进政府职能在基层有效落实。加强城乡社区建设，强化基层自治服务功能。改革社会组织管理制度，激发社会组织活力。加强安全生产工作，严格落实领导分包制度，强化煤矿、非煤矿山、化工、消防等重点行业领域安全治理，坚决遏制重特大事故发生。强化食品药品安全监管，建立健全“黑名单”制度，实现全部药品和重要食品安全信息全过程可追溯。深入开展“六五”普法教育，做好法律援助工作。完善社会矛盾纠纷排查化解调处机制，健全信访工作制度，提高基层矛盾化解率。强力推进平安郑州建设，深化“四严一创”活动，维护社会和谐稳定。

加强国防动员和国防后备力量建设，完成基干民兵调整改革任务，加大人民防空建设力度，推动军民融合深度发展。支持驻郑解放军、武警部队建设，深化“双拥”共建工作。持续推进民族团结进步创建活动，促进宗教和谐和睦。全面做好统计、审计、外事侨务、对台事务、社科研究、档案管理、防震减灾、机关事务管理和地方志等工作。

四、加强政府自身建设

认真贯彻落实党中央、国务院关于地方政府职能转变和机构改革的精神和要求，深入推进“两转两提”，全面提升城市治理能力和政府工作水平。

（一）转变政府职能，建设高效服务型政府。进一步理顺政府、市场、社会的关系，推动政府职能加快向创造良好发展环境、提供优质公共服务、维护社会公平正义转变。理顺职责关系，优化机构设置，全面完成政府机构改革任务。严控机构编制，确保财政供养人员只减不增。落实统一的市场准入制度，试行负面清单管理模式。进一步深化行政审批制度改革，加强政务服务体系建设，切实提高行政服务效能。

（二）推进依法行政，建设法治政府。坚持依法治市，提高依法行政水平。严格按照法定权限和程序行使权力、履行职责。严格执行人大及其常委会的决议决定，自觉接受法律和工作监督，主动接受人民政协民主监督，虚心接受社会监督，强化权力运行制约，完善政务公开制度。完善行政复议制度，深化行政复议试点工作。坚持民主立法、科学立法，提高政府立法质量。推行服务型行政执法，严格落实行政执法过错责任追究制。

（三）改进工作作风，建设为民务实清廉政府。扎实开展党的群众路线教育实践活动，严格执行中央八项规定和省委、市委贯彻意见，健全改进作风常态化制度，持续提升政府执行力和公信力。完善重大事项集体决策、专家咨询、社会公示等制度，提高政府决策民主化、科学化水平。加强廉政建设，完善惩防体系，强化行政问责、审计监督和效能监察，坚决查处权力寻租、权钱交易和损害群众利益的行为。坚持厉行节约，反对铺张浪费，严格控制“三公”经费支出。

（四）提高公务员队伍素质，建设学习创新型政府。深入创建学习型机关，强化教育培训，倡导务实重干，增强公务员队伍的宗旨意识、责任意识和履职能力。鼓励公务员到基层一线锻炼成长。加强和改进公务员管理，完善录用聘用、交流轮岗、竞争上岗等制度，健全创先争优长效机制，建设高素质公务员队伍。

各位代表！郑州的发展已经站在了一个新的战略起点。改革发展的美好前景鼓舞着我们，人民群众过上更加美好生活的热切期盼鞭策着我们。让我们紧密团结在以习近平同志为总书记的党中央周围，在省委、省政府和市委的坚强领导下，解放思想，振奋精神，锐意改革，奋发进取，为在全省率先全面建成小康社会、夺取郑州都市区建设新胜利而努力奋斗！

市情概要

自然环境

【概况】 郑州市地处黄河中下游和伏牛山脉东北翼向黄淮平原过渡的交接地带，地理坐标为东经112° 42'–114° 14'、北纬34° 16'–34° 58'。郑州市是河南省省会，位居河南省中部偏北，东接开封，西依洛阳，北临黄河与新乡、焦作相望，南部与许昌、平顶山接壤，辖区东西长135–143公里，南北宽70–78公里，面积7446.2平方公里，占全省总面积的4.5%。

【地质地貌】 郑州地区地质构造复杂，西部为嵩山、箕山隆起区，东部为开封、大金店坳陷区。地壳发展的5个历史时期形成的地层单元在郑州地区均有出露，有“五世同堂”美称的中岳嵩山已被命名为世界地质公园。

郑州地区现代地貌结构的基本轮廓是西部多山地丘陵，占总面积的2/3弱；东部多平原，占总面积的1/3强。基本地势由西南向东北倾斜，呈阶梯状降低，山地、丘陵、平原分界明显。在总土地面积中，山地2377平方公里，占31.9%；丘陵2255平方公里，占30.3%；平原2815平方公里，占37.8%。

【山脉水系】 郑州市境内的山脉多分布在京广铁路线以西、交结于登封、巩义、荥阳、新密、新郑5市边界一带。主要山脉有嵩山、箕山、邙山、具茨山、五指山等；著名山峰有少室山主峰连天峰、太室山主峰峻极峰、箕山老婆寨、五指岭鸡鸣峰、始祖山风后岭等。

郑州市地跨黄河、淮河两大流域。黄河流域面积1830平方公里，占全市总面积的24.6%；淮河流域面积5616.2平方公里，占全市总面积的75.4%。境内有大小河流124条，流域面积较大的河流有29条，其中黄河流域6条，淮河流域23条。过境河流有黄河、伊洛河，其中黄河在郑州市境内河长160公里，堤防71.42公里。

【矿产资源】 郑州市矿产资源种类丰富，已发现各类矿产36种，占全省的1/3。探明储量的16个矿种分别为煤、铝土矿、铁矿、硫铁矿、熔剂灰岩、耐火黏土、冶金用石英岩、水泥配料用灰岩、水泥配料用砂岩、天然油石、锂、镓、陶瓷土、水泥配料用黏土、水泥配料用黄土、冶金用白云岩等。全市有大型矿床11处，中型矿床69处，小型矿床120处。全市矿产资源探明保有储量潜在价值为3010.64亿元，单位国土面积（每平方公里）矿产资源潜在价值为4043.19万元。

郑州市矿产资源储量巨大，煤矿累计探明储量55.26亿吨，保有储量50.66亿吨，探明储量位居全省第一。铝土矿累计探明储量14209.7万吨，保有储量12825.6万吨，储量位居全省第一。耐火黏土矿累计探明储量12080.1万吨，保有储量11504.1万吨，储量位居全省第一。溶剂用灰岩累计探明储量13429万吨，保有储量12168.9万吨。金属锂累计探明储量和保有储量均为5617吨；金属镓累计探明储量和保有储量均为6932吨。

【气候气象】 郑州市地处中原腹地，属北温带大陆性季风气候，冷暖气团交替频繁，春夏秋冬四季分明。冬季漫长而干冷，雨雪稀少；春季干燥少雨多春旱，冷暖多变大风多；夏季比较炎热，降水高度集中；秋季气候凉爽，时间短促。全年平均气温15.6℃；8月份最热，月平均气温25.9℃；1月份最冷，月平均气温2.15℃。全年平均降雨量542.15毫米，无霜期209天。全年日照时间约1869.7小时。

【生物资源】 郑州市植物资源十分丰富，主要包括农作物、林木、花草、药材和菌类植物等，约有184科、900属、1900多种，乔木、灌木、草本植物皆有，遍布于山区、丘陵、平原及河谷地带；植物区系划分上属于暖温带落叶阔叶林植被型。郑州地区动物区系属于华北动物区系。动物资源中西部山地丘陵区动物种类和数量较多，森林动物资源较丰富；东部平原地区以小型动物为主，饲养动物资源丰富，兽类较贫乏。鱼类资源中江河平原区鱼类占优势，以鲤科鱼类最多。

郑州市市花为月季（1983年3月确定），市树为法桐（2007年9月确定）；土特产主要有黄河鲤鱼、新郑大枣、中牟大蒜和西瓜、河阴石榴、荥阳柿子、新密金银花、嵩山芥片等。

（玉　生）

行政区划

【概况】 至2013年年底，郑州市共辖金水区、二七区、管城回族区、中原区、惠济区、上街区6个区和巩义市、新密市、登封市、新郑市、荥阳市、中牟县5市1县，总面积7446.2平方公里，人口919.1万人。

【建置沿革】 1948年10月郑州解放，人民政府实行市县分设政策，在郑县城区设立郑州市，下辖第一、第二、第三区，面积5.23平方公里，人口16.4万人。

1949年12月，郑县的104个自然村、3.6万人划归郑州市管辖，在原设三个区的基础上，郑州市新设第四、第五区。1950年4月，为统一领导四郊的工作，郑州市撤销第四、第五区，设立郊区。1953年1月，为贯彻民族区域自治政策，郑州市设立回族自治区；同年3月，为适应大规模城市建设需要，经政务院批准，原郑县大部和荥阳县、成皋县一部划归郑州市管辖。

1954年10月，河南省会由开封迁到郑州，郑州市遂成为全省政治、经济、文化中心。1955年10月，郑州市城区行政区划调整，将第一、第二、第三区分别更名为陇海区、二七区、建设区。1956年，郑州市将回族自治区更名为金水回族区。1958年4月，为大力发展工业，将荥阳县马固镇和巩县小关一带的河南铝业公司采矿区划归郑州市管辖，并在此处设立郑州市上街区；同年8月，郑州市将金水回族区与陇海区合并为管城区；同年12月，经国务院批准，开封专区西部的荥阳县、巩县、登封县、密县、新郑县划归郑州市管辖。1960年6月，郑州市撤销建设区，新设中原区、金水区。1961年12月，荥阳县、巩县、登封县、密县、新郑县复归开封专区管辖。1966年，郑州市管城区更名为向阳区。1971年11月，荥阳县划归郑州市管辖。至此，郑州市共辖6个区、1个县，即二七区、金水区、中原区、向阳区、郊区、上街区和荥阳县。

1981年11月，郑州市向阳区更名为向阳回族区。1982年1月，为解决城市蔬菜供应问题，郑州市设立金海区。1982年12月，为加强矿区开发与管理，郑州市在密县境内设立新密区。1983年7月，郑州市向阳回族区更名为管城回族区。1983年8月，为实行市带县体制，将开封地区所辖的巩县、登封县、密县、新郑县、中牟县划归郑州市。至此，郑州市共辖中原区、二七区、金水区、管城回族区、郊区、上街区、金海区、新密区8个区和荥阳县、巩县、登封县、密县、新郑县、中牟县6个县。

1987年2月，郑州市撤销郊区、金海区、新密区，新设邙山区。1991年6月，经国务院批准，撤销巩县，设立巩义市（县级）。1994年4月，经国务院批准，撤销荥阳县、密县，设立荥阳市（县级）、新密市（县级）。1994年5月，经国务院批准，撤销新郑县、登封县，设立新郑市（县级）、登封市（县级）。2004年5月，郑州市邙山区更名为惠济区。

（玉　生）

【区划调整】 2013年，郑州市未进行区划调整。

【区划现状】 截至2013年年底，郑州市共辖12个县（市）区，其中，县级市5个、县1个、市辖区6个；另有4个非行政区：郑州航空港经济综合实验区（已上升为国家战略），郑州高新技术产业开发区（国家级），郑州经济技术开发区（国家级），郑东新区（城市新区）。全市共有83个街道、74个镇、16个乡、673个社区、2261个村委会。2013年年底，各县（市）区所属乡、镇、街道办事处情况如下；

中原区共辖1个乡、1个镇、12个街道。分别是：沟赵乡，石佛镇，桐柏路街道、绿东村街道、棉纺路街道、三官庙街道、汝河路街道、秦岭路街道、林山寨街道、建设路街道、中原西路街道、航海西路街道、须水街道、西流湖街道。

二七区共辖1个乡、1个镇、13个街道。分别是：侯寨乡，马寨镇，五里堡街道、蜜蜂张街道、大学路街道、建中街街道、淮河路街道、福华街街道、一马路街道、铭功路街道、解放路街道、德化街街道、长江路街道、京广路街道、嵩山路街道。

管城回族区共辖2个乡、1个镇、9个街道。分别是：南曹乡、圃田乡，十八里河镇，北下街街道、南关街道、陇海马路街道、二里岗街道、城东路街道、西大街街道、东大街街道、紫荆山南路街道、航海东路街道。

金水区共辖19个街道。分别是：文化路街道、东风路街道、南阳新村街道、南阳路街道、大石桥街道、经八路街道、花园路街道、人民路街道、未来路街道、北林路街道、丰产路街道、杜岭街道、龙子湖街道、祭城路街道、凤凰台街道、兴达路街道、丰庆路街道、国基路街道、杨金路街道。

上街区共辖1个镇、5个街道。分别是：峡窝镇，济源路街道、新安路街道、中心路街道、工业路街道、矿山街道。

惠济区共辖2个镇、6个街道。分别是：花园口镇、古荥镇，刘寨街道、老鸦陈街道、长兴路街道、迎宾路街道、新城街道、大河路街道。

中牟县共辖1个乡、15个镇、3个街道。分别是：刁家乡，韩寺镇、白沙镇、官渡镇、狼城岗镇、万滩镇、张庄镇、大孟镇、九龙镇、黄店镇、郑庵镇、雁鸣湖镇、八岗镇、姚家镇、刘集镇、三官庙镇，东风路街道、青年路街道、广惠街街道。

巩义市共辖15个镇、5个街道。分别是：米河镇、新中镇、小关镇、竹林镇、大峪沟镇、站街镇、康店镇、北山口镇、西村镇、芝田镇、回郭镇、鲁庄镇、夹津口镇、涉村镇、河洛镇，新华路街道、孝义街道、永安路街道、杜甫路街道、紫荆路街道。

荥阳市共辖3个乡、9个镇、2个街道。分别是：城关乡、高村乡、金寨回族乡，乔楼镇、豫龙镇、广武镇、王村镇、汜水镇、高山镇、刘河镇、崔庙镇、贾峪镇，索河街道、京城路街道。

新密市共辖1个乡、12个镇、3个街道。分别是：袁庄乡，牛店镇、平陌镇、超化镇、大隗镇、苟堂镇、刘寨镇、白寨镇、岳村镇、来集镇、城关镇、米村镇、曲梁镇，西大街街道、青屏街街道、新华路街道。

新郑市共辖3个乡、9个镇、3个街道。分别是：城关乡、八千乡、龙王乡，辛店镇、观音寺镇、梨河镇、和庄镇、薛店镇、孟庄镇、龙湖镇、郭店镇、新村镇，新建路街道、新烟街道、新华路街道。

登封市共辖4个乡、8个镇、3个街道。分别是：君召乡、石道乡、白坪乡、唐庄乡，颍阳镇、大金店镇、卢店镇、告成镇、大冶镇、宣化镇、东华镇、徐庄镇，嵩阳街道、少林街道、中岳街道。

（张向军）

2013年郑州市行政区划情况

县（市）区	街道办事处	乡	镇	村委会	村民小组
中原区	12	1	1	85	447
二七区	13	1	1	14	88
管城回族区	9	2	1	39	199
金水区	19	0	0	57	300
上街区	5	0	1	28	176
惠济区	6	0	2	54	416
中牟县	3	1	15	443	2315
巩义市	5	0	15	283	2765
荥阳市	2	3	9	288	2304
新密市	3	1	12	311	3234
新郑市	3	3	9	357	2416
登封市	3	4	8	302	2462
合计	83	16	74	2261	17122

人口状况

【概况】 2013年，郑州市人口总量稳步增长，全市总人口（常住人口）919.1万人，比2012年增加16.0万人，增长1.8%，占全省比重为9.76%。

全市出生人口9.03万人，人口出生率为9.91‰，比2012的9.77‰上升0.14个千分点；死亡人口3.93万人，人口死亡率为4.31‰，比2012年的4.32‰下降0.01个千分点；自然增长人口5.1万人，比2012年增加0.23万人；人口自然增长率为5.60‰，比2012年的5.45‰上升了0.15个千分点。

【人口构成】 按性别分，2013年，郑州市男性人口473.9万人，占51.6%；女性人口445.3万人，占48.4%。人口性别比（女=100）为106.42，比2012年105.9上升了0.5个百分点。

按人口文化素质分，随着教育的蓬勃发展和政府教育投资总量的大幅度增加，全市人口文化素质得到显著提高。2013年年底，全市小学文化程度人口179.6万人，占六周岁以上人口的21.1%，比上年增加0.3个百分点；初中文化程度人口345.1万人，占40.6%，比上年下降1.9个百分点；高中文化程度人口180.3万人，占21.2%，比上年增加0.6个百分点；大学文化程度人口114.5万人，占13.5%，比上年增加0.6个百分点；研究生文化程度人口3.1万人，占0.4 %，比上年增加0.1个百分点。

按城乡分，2013年随着新型城镇化建设的进一步推进，全市城镇人口不断增加，城镇化水平不断提高。2013年年底，全市城镇人口达到616.6万人，比上年增加18.0万人；城镇化率达到67.1%，比2012年提高0.8个百分点。

按年龄分，全市人口老龄化进程加快。2013年年底，全市0–14岁人口为167.2万人，占总人口的18.2 %，比2012年提高0.2个百分点；15–64岁人口为670.9万人，占73.0%，比2012年降低0.6个百分点；65岁以上人口为81.1万人，占8.8%，比2013年提高0.4个百分点。

（黄 飞）

2013年年末郑州市人口基本情况

县（市）区	总户数（户）	总人口（人）				城镇化率（%）
		合 计	女 性	非农业人口	城镇人口	
郑州市	2731446	9191238	4452655	3668044	6165482	67.08
中原区	242454	732368	357426	585894	656055	89.58
二七区	256781	752369	368808	462556	665771	88.49
管城区	174301	526390	256563	267775	443062	84.17
金水区	488807	1415301	683643	863353	1281272	90.53
上街区	45220	135338	68980	85200	122508	90.52
惠济区	91587	278423	141511	66543	190330	68.36
中牟县	115284	466902	229529	76105	179290	38.40
巩义市	241512	816310	398359	155344	400482	49.06
荥阳市	174668	614986	277220	133280	295316	48.02
新密市	213672	799994	389917	225347	395277	49.41
新郑市	156219	638840	327711	153432	309646	48.47
登封市	177332	683405	332153	201372	327966	47.99
经开区	65495	184697	86623	60950	151525	82.04
高新区	79985	234852	108042	117062	190324	81.04
郑东新区	102280	402984	194876	130370	242193	60.10
航空港区	105849	508079	231294	83461	319074	62.80

2013年年末郑州市人口自然变动情况

县（市）区	年平均人口（人）	出生人口（人）	死亡人口（人）	出生率（‰）	死亡率（‰）	自然增长率（‰）
郑州市	9111164	90266	39271	9.91	4.31	5.60
中原区	727369	6622	2336	9.10	3.21	5.89
二七区	745499	7023	2632	9.42	3.53	5.89
管城区	524668	4766	1863	9.08	3.55	5.53
金水区	1408689	12572	3310	8.92	2.35	6.57
上街区	134943	1101	693	8.16	5.14	3.02
惠济区	276480	2984	1239	10.79	4.48	6.31
中牟县	588735	6479	3955	11.00	6.72	4.28
巩义市	814777	8078	4759	9.91	5.84	4.07
荥阳市	614766	5990	3324	9.74	5.41	4.33
新密市	799952	7755	4208	9.69	5.26	4.43
新郑市	663123	6621	3921	9.98	5.91	4.07
登封市	680504	7536	3464	11.07	5.09	5.98
经济开发区	153885	1450	462	9.42	3.00	6.42
高新开发区	229535	1998	464	8.70	2.02	6.68
郑东新区	347185	4601	216	13.25	0.62	12.63
航空港区	401057	4690	2425	11.69	6.05	5.64

（黄　飞）

发展综述

【经济总量及结构】 2013年，郑州市完成生产总值6201.9亿元，比上年增长10%；人均生产总值68070元，比上年增长7.9%。其中第一产业增加值147亿元，增长3.2%；第二产业增加值3470.5亿元，增长10.4%；第三产业增加值2584.4亿元，增长9.6%。其中，交通运输、仓储和邮政业增加值365.5亿元，增长5.5%；批发和零售业增加值457.8亿元，增长9.1%；住宿和餐饮业增加值193.9亿元，增长0.3%；金融业增加值487.4亿元，增长26.6%；房地产业增加值281.8亿元，增长6.9%；营利性服务业增加值312.6亿元，增长5.1%；非营利性服务业增加值485.2亿元，增长9.7%。三次产业结构由上年的2.6：56.4：41.0调整为2.4：56.0：41.6。非公有制经济完成增加值3790.1亿元，增长9.7%，占生产总值的比重为61.1%。年末全市城镇化率达到67.1%，比上年提高0.8个百分点。

【农业与农村经济】 2013年，郑州市

2009–2013年郑州市生产总值及增速

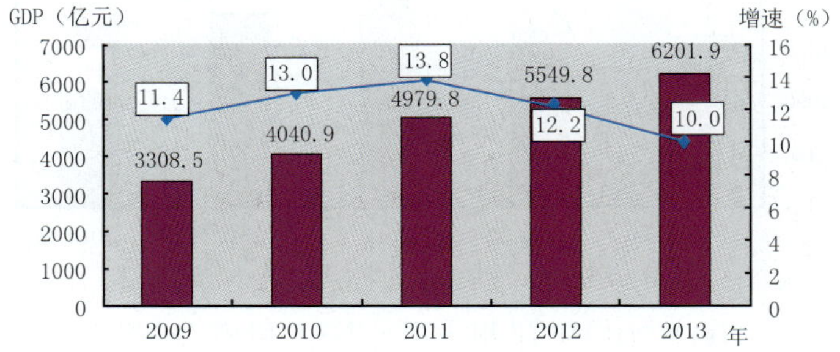

郑州市三次产业比例（%）

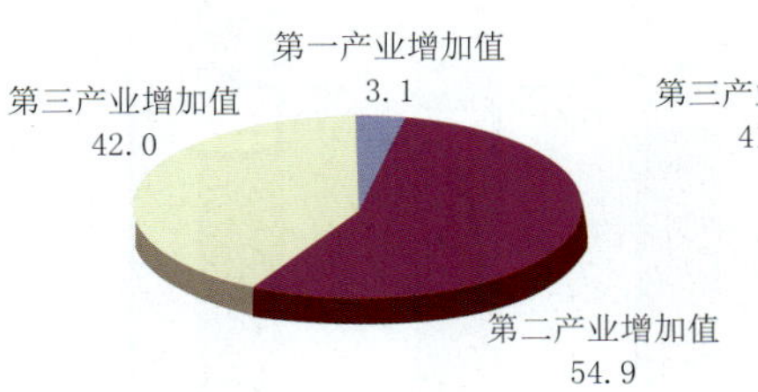

2008年

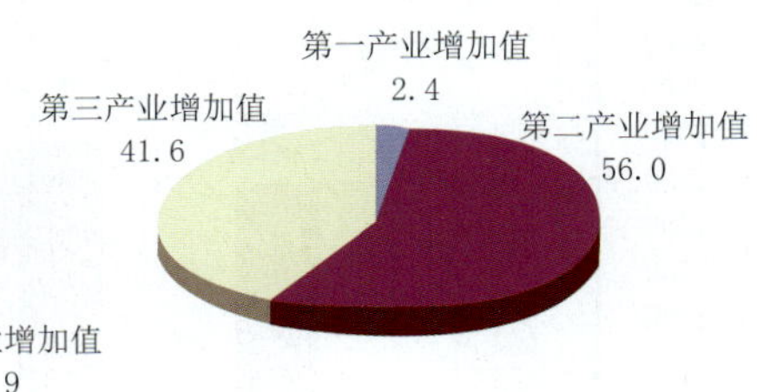

2013年

完成农林牧渔业增加值147亿元，比上年增长3.2%。粮食总产量168.3万吨，比上年下降0.7%。其中夏粮产量80.5万吨，下降0.3%；秋粮产量87.8万吨，下降1.1%。全年棉花产量0.2万吨，下降11.3%；油料产量17.4万吨，下降6.8%；蔬菜总产量301.2万吨，下降0.3%；水果总产量29.9万吨，下降3%。肉、蛋和水产品产量分别为26.2万吨、22.5万吨和15.5万吨，分别增长3.4%、1.3%和4.3%；奶产品产量49.9万吨，下降3.6%。

全年粮食作物种植面积363.4千公顷，比上年增长0.1%。其中小麦种植面积175.8千公顷，下降0.3%；蔬菜种植面积74.4千公顷，下降2.7%；油料种植面积50.3千公顷，下降2.2%；棉花种植面积2.1公顷，下降19.8%。

全年完成林业育苗面积2.8千公顷，比上年增长18.1%；中、幼林抚育面积38.9千公顷，增长56.9%；造林面积7.9千公顷，下降31.2%；四旁植树852.7万株，增长17.4%。义务植树355.4万人次；义务植树1272万株，下降2.3%。森林覆盖率26.7%；拥有森林公园19个，其中国家级森林公园3个。

全年农田新增有效灌溉面积5.5千公顷，比上年下降21.4%；新增节水灌溉面积14.1千公顷，增长53.5%；综合治理水土流失面积247.4千公顷，下降23.2%。年末全市农业机械总动力561.5万千瓦，比上年末增长2.6%。农用拖拉机13万台，比上年增长0.3%；农用运输车11.8万辆，下降0.7%。全年农村用电量37.7亿千瓦时，比上年下降5.6%。化肥施用量（折纯）23.4万吨，比上年下降2.6%。

【工业和建筑业】 2013年，郑州市全部工业企业完成增加值3101.4亿元，比上年增长10.3%。其中规模以上工业企业完成增加值2857.7亿元，增长11.3%；非公有制工业完成增加值2015.1亿元，增长12.7%；高技术业完成增加值310.6亿元，增长32%。分经济类型看，国有企业完成增加值674.3亿元，比上年增长7.8%；集体企业完成增加值31亿元，增长1%；股份制企业完成增加值1249.4亿元，增长9.4%；股份合作企业完成增加值6.6亿元，增长12.2%；外商及港澳台商投资企业完成增加值447.4亿元，增长24.1%；其他经济类型企业完成增加值449.2亿元，增长8.5%。分轻重工业看，轻工业完成增加值702.9亿元，增长5.5%；重工业完成增加值2154.9亿元，增长12.7%。七大主导产业完成增加值1932.1亿元，比上年增长13.6%；总量占规模以上工业增加值的67.6%，比上年提高3.7个百分点。其中汽车及装备制造业完成增加值492.7亿元，增长10.7%；电子信息业完成增加值320.8亿元，增长33.9%；新材料产业完成增加值411亿元，增长12.3%；铝及铝精深加工业完成增加值122.7亿元，增长9.9%；现代食品制造业完成增加值501.3亿元，增长8.1%；家居和品牌服装制造业完成增加值52.4亿元，下降3.5%；生物及医药产业完成增加值31.2亿元，下降0.5%。

主要工业产品产量多数快速增长，其中汽车产量46.1万辆，增长25.5%；发电量518亿千瓦时，增长15.5%；钢材产量525.6万吨，增长4.4%；速冻米面食品产量109.5万吨，增长11.1%；耐火材料制品产量2897.6万吨，增长10.7%；服装产量1.6亿件，增长3.7%；水泥产量2517.8万吨，增长8.7%；软饮料产量344.7万吨，增长34.7%；卷烟1713亿支，增长1.3%；铝材375.3万吨，增长15.7%；电力电缆40.1万千米，增长13.6%；移动通信手持机（手机）9645万台，增长40.9%。

全年规模以上工业企业完成主营业务收入10989.4亿元，比上年增长15.1%；实现利税1377.4亿元，增长6.2%；实现利润948.2亿元，增长7.3%；产销率达到98.4%，比上年提高0.4个百分点。

全市建筑业完成总产值2323.1亿元，比上年增长27.9%；完成增加值369.1亿元，比上年增长12%。建筑施工企业施工房屋面积14723.6万平方米，增长22.7%；竣工房屋面积3918.9万平方米，增长6.8%。

2009–2013年郑州市规模以上工业增加值及增速

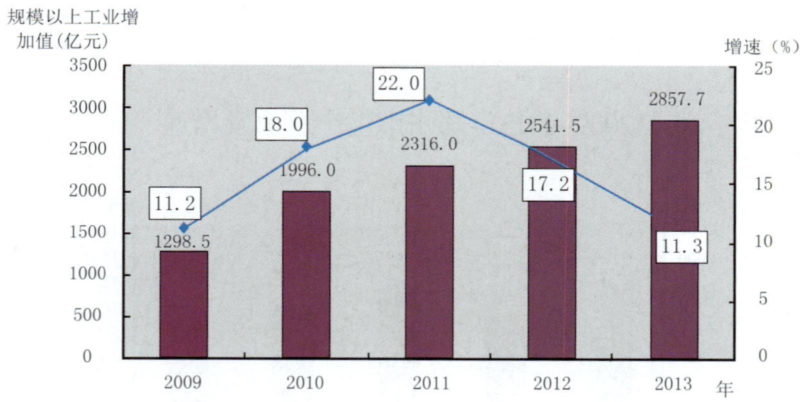

2009–2013年郑州市固定资产投资及增速

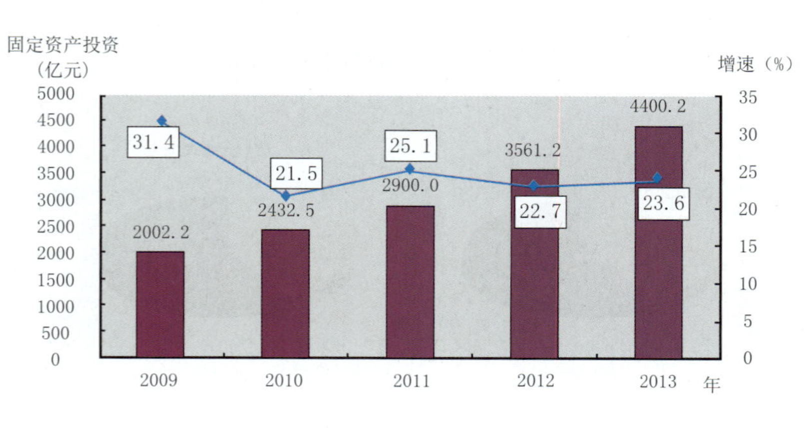

【固定资产投资】 2013年，郑州市全社会固定资产投资完成4509.3亿元，比上年增长22.9%。其中固定资产投资完成4400.2亿元，比上年增长23.6%。固定资产投资中，国有及国有控股单位完成投资1091.7亿元，增长41.1%；民间投资完成3165.4亿元，增长22.3%。分产业看，第一产业完成投资54.9亿元，下降25.7%；第二产业完成投资1380.9亿元，增长5%；工业投资完成1377.6亿元，增长5.1%；第三产业完成投资2964.4亿元，增长36.5%。

全年固定资产施工项目3206个，计划总投资9822.9亿元，比上年增长34.8%；新开工项目1957个，计划总投资4943.4亿元，比上年增长70.3%。重点项目建设998个，完成投资3300.1亿元，增长45.5%。基础设施投资完成973亿元，增长26%。

全年房地产开发投资完成1445.3亿元，比上年增长32%。其中住宅投资910.5亿元，增长34.8%。商品房屋施工面积9721.2万平方米，比上年增长17.8%。其中住宅施工面积6348.9万平方米，增长13.3%。商品房新开工面积2814.4万平方米，增长29.7%。其中住宅1976.5万平方米，增长45%。商品房屋竣工面积1137.5万平方米，下降21.5%；其中住宅760.6万平方米，下降27.1%。房屋实际销售面积1621.9万平方米，增长12.5%；销售金额1161.6亿元，增长28.8%。

【国内贸易】 2013年，郑州市完成社会消费品零售总额2586.4亿元，比上年增长13%。分城乡看，城镇消费品零售额2365亿元，增长12.7%；乡村消费品零售额221.4亿元，增长15.4%。分行业看，批发业零售额272.7亿元，增长13.3%；零售业零售额1910.2亿元，增长13.6%；住宿业零售额21.8亿元，下降10.6%；餐饮业零售额381.7亿元，增长11.3%。

全年限额以上批发和零售业零售额1309.3亿元，比上年增长10.8%。其中食品、饮料、烟酒类109.1亿元，增长10.4%；服装、鞋帽、针纺织品类138.2亿元，增长11.7%；金银珠宝类25.3亿元，增长17.7%；日用品类53.5亿元，增长9.8%；五金、电料类14.8亿元，增长20.6%；家具类7.9亿元，增长17.8%；石油及制品类120.1亿元，增长12.1%；汽车类606.3亿元，增长11.5%；煤炭及制品类2亿元，增长14.7%。

【对外经济】 2013年，郑州市直接进出口总额427.5亿美元，比上年增长19.3%。其中进口176.8亿美元，增长13.6%；出口250.7亿美元，增长23.7%。市属及以下企业直接进出口总额421.8亿美元，比上年增长19.5%。其中进口171.1亿美元，增长13.6%；出口250.6亿美元，增长23.6%。在出口总额中，一般贸易出口42.5亿美元，增长7%；加工贸易出口203.7亿美元，增长26.8%；机电产品出口219.7亿美元，增长25.5%；高新技术产品出口201.8亿美元，增长27.1%。出口美国91.9亿美元，增长57.4%；出口欧盟62.9亿美元，增长23.8%；出口韩国2.8亿美元，增长30.6%；出口俄罗斯2.6亿美元，增长72.3%。

全年新批外资企业60个，比上年减少12个，下降16.7%。合同利用外资额18.4亿美元，下降9.1%；实际利用外商直接投资33.2亿美元，下降3.1%。

全年国外经济合作合同额11.3亿美元，比上年下降18.1%；国外经济合作营业额16.4亿美元，增长12.7%。

【交通、邮电和旅游】 2013年，郑州市交通运输业各种运输方式完成货运周转量685.3亿吨公里，比上年增长8.6%。其中铁路217.2亿吨公里，增长0.3%；公路467.5亿吨公里，增长12.9%；航空5849.2万吨公里，增长6.8%。完成客运周转量372.7亿人公里，比上年增长6.9%。其中铁路128.0亿人公里，增长6.8%；公路188亿人公里，增长8.1%；航空26.6亿人公里，增长3.4%。

年末公路通车里程12209公里，与上年基本持平；其中高速公路通车里程450公里。

郑州新郑国际机场全年完成货邮吞吐量25.6万吨，比上年增长69.1%；旅客吞吐量1314万人次，增长12.6%。

全年完成邮电业务总量136.1亿元（按2010年不变价计算），比上年增长3.2%。其中邮政业务总量6.8亿元，增长9.6%；电信业务总量129.3亿元，增长2.8%。移动电话用户年末达到 1249.1 万户，增长22.2%。本地固定电话用户年末242.8 万户，比上年下降1.7%；其中城市192.1万户，下降2.5%；农村50.7万户，增长1.7%。年末互联网用户203.9 万户，新增8000户，增长0.4%。

年末全市民用车辆拥有量达到255.1万辆，比上年增长14.2%。在民用车辆拥有量中，汽车181.6万辆，增长20.8 %；其中个人拥有量157.2万辆，增长23.1 %。在汽车拥有量中，轿车94.4万辆，增长24.8 %；其中个人拥有量86.6万辆，增长26.7 %。

全年实现旅游总收入801亿元，比上年增长14.4%。其中国内旅游收入791亿元，增长14.6%；旅游外汇收入1.7亿美元，增长4.4%。来郑旅游人数7019.6万人次，比上年增长13.2%。其中国际旅游人数43.8万人次，增长3.9%；国内旅游人数6975.8万人次，增长13.3%。年末全市共有旅行社219家，星级酒店48个，A级旅游景区35个，4A级以上景区9个。

【财政、金融证券和保险】 2013年，郑州市完成地方财政总收入1116亿元，比上年增长14.5%；地方公共财政预算收入723.6亿元，增长19.3%。其中市本级收入295.7亿元，增长13.1%。在公共财政预算收入中，个人所得税20.3亿元，增长23.3%；企业所得税78.6亿元，增长16%；增值税45.7亿元，增长10.1%；营业税204.2亿元，增长19.4%；房产税13.6亿元，增长20.4%。全年地方公共财政预算支出815.7亿元，比上年增长16.4%。其中节能环保支出25.7亿元，增长82.4%；教育经费支出132.9亿元，增长7.2%；农林水事务支出60.4亿元，增长16%；医疗卫生支出58.2亿元，增长26.3%；一般公共服务支出82亿元，下降0.9%；社会保障与就业支出66.4亿元，增长19.1%；公共安全支出36.4亿元，增长1.5%。

年末全市金融机构各项存款余额12450.5亿元，比上年末增加1899亿元，增长18%；其中城乡居民储蓄存款

2009-2013年郑州市社会消费品零售总额及增速

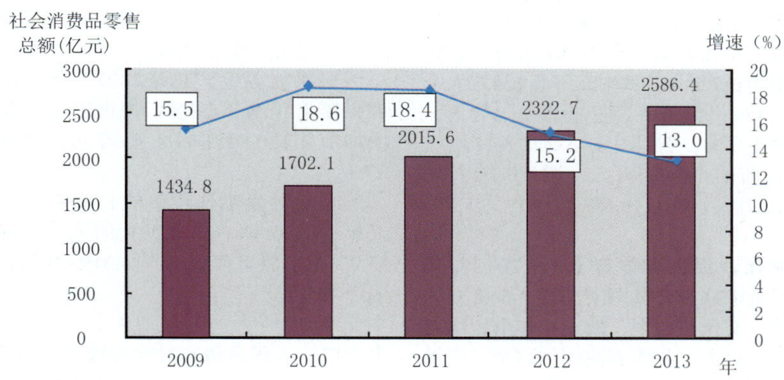

2009-2013年郑州市进出口总值及增速

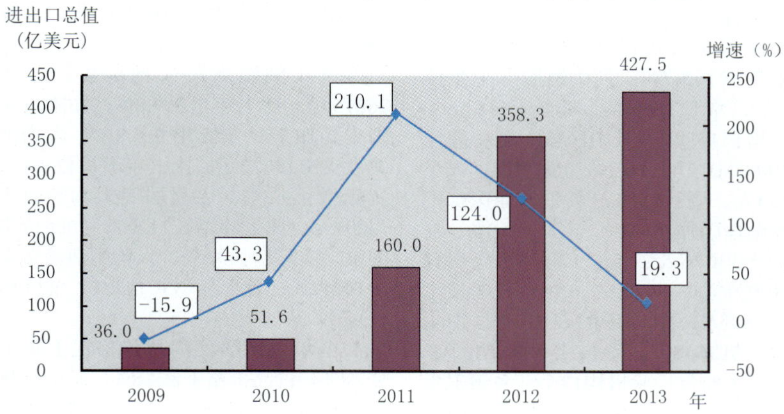

2009–2013年郑州市地方公共财政预算收入及增速

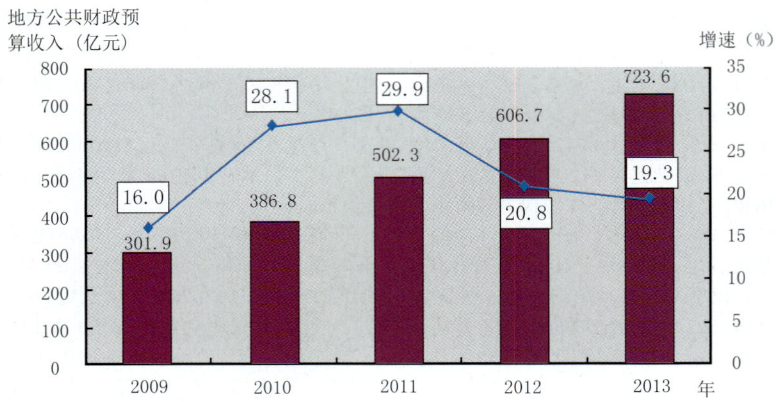

余额4475.3亿元，增加629.8亿元，增长16.4%。金融机构各项贷款余额9342.3亿元，增加965.8亿元，增长11.5%。其中短期贷款3385.7亿元，增加619.8亿元；中长期贷款5802.9亿元，增加519.5亿元；票据融资145.1亿元，减少71亿元。

全市1家企业在香港联交所主板挂牌上市，首发融资16亿元。全年首发融资和再融资募集资金37.5亿元，其中通过境内市场募集资金21.5亿元。截至2013年年底，全市已有37家境内外上市公司，发行股票 38只，其中境内发行股票 21只、境外 17只，首发融资和再融资募集资金443.7亿元。

全年全市保险公司保费收入222.1亿元，比上年增长24.5%。其中财产险收入79.7亿元，增长26%；寿险收入124.6亿元，增长22%；健康险和意外伤害险收入17.8亿元，增长37.4%。全年赔付额61.4亿元，比上年增长29.1%。其中财产险赔付额36.3亿元，增长16.7%；寿险赔付额20.3亿元，增长61.8%；健康险和意外伤害险赔付额4.9亿元，增长23.9%。

【科学技术和教育】 2013年，郑州市共组织实施科技项目1254项，比上年下降14.8%。其中省级以上项目200项，下降37.8%；市级项目1054项，下降8.3%。全年完成重大科技成果447项，增长44.2%。其中基础理论成果25项，增长92.3%；应用技术成果386项，增长37.9%；软科学成果36项，增长111.8%。全年专利申请量达到20259件，增长24.6%；授权量10372件，增长14.4%。全年共签订技术合同5083份，下降7.6%；技术合同成交金额达90.9亿元，增长39.6%。拥有国家级企业技术中心14个，比上年增长16.7%；省级企业技术中心287个，增长13%。获得国家科技进步奖4项；省级科技进步奖35项。

年末全市共有研究生培养单位11个，招生7013人，比上年增长3.9%；在校研究生19274人，增长3.6%；毕业6178人，增长5.7%。全市普通本专科学校56所，招生24.3万人，比上年增长9.4%；在校学生74.8万人，增长7.1%；毕业19.8万人，增长2%。中等职业技术教育学校134所，招生9.4万人，下降10.4%；在校学生24.1万人，下降13%；毕业9.7万人，下降1.7%。普通高中103所，招生6万人，增长1.3%；在校学生17.1万人，增长0.6%；毕业5.5万人，下降3.4%。普通初中268所，招生10.2万人，比上年增长2.1%；在校学生29万人，增长2.4%；毕业8.7万人，增长0.9%。普通小学980所，招生13.7万人，比上年增长6.4%；在校学生70.5万人，增长4.8%；毕业9.9万人，增长2%；小学适龄儿童入学率达100%。幼儿园在园幼儿33.3万人，比上年增长7.4%。全市共有专任教师13.7万人，比上年增长2.5 %；其中高等学校4万人，增长4 %；普通中等职业学校1.1万人，下降6.1 %；普通中学3.2万人，增长3%；普通小学3.5万人，增长0.7%；幼儿园2万人，增长13.6%。

【文化、卫生和体育】 至2013年年末，全市共有公共图书馆15个，群众艺术馆、文化馆12个，博物馆18个，综合档案馆14个，艺术表演团体17个。广播电台2座，电视台2座。全市广播人口覆盖率100%，电视人口覆盖率达100%，有线电视用户172.6万户。拥有全国重点文物保护单位74处，国家级非物质文化遗产名录5个。

年末全市共有卫生机构4026个，比上年增长5.7%。其中医院、卫生院317个，增长13.6%。拥有床位65863张，增长10.4%。其中医院、卫生院床位59043张，增长6.9%。卫生技术人员71793人，增长9.8%。其中执业医师、执业助理医师25864人，增长10.6%；注册护士33676人，增长12.4%。疾病预防控制中心、防疫站16个，卫生技术人员1085人；妇幼卫生机构14个，卫生技术人员3648人。专科疾病防治医院3个，卫生监督检验机构17个。乡镇卫生院101个，卫生技术人员4529人，床位4924张。

全年全市新增全民健身路径工程68条，新增村级农民体育健身工程380项。销售体育彩票14.4亿元，增长14.4%。

【城市建设、环境保护和安全生产】 至2013年年末，全市建成区面积382.7平方公里（含上街区26.6平方公里）。市区全年新铺设城市自来水供水管道54.3公里，新铺设城市排水管道173.2公里，新扩建城市道路73.7公里，面积271.6万平方米。全年全社会用电量504.9亿千瓦时，比上年增长5.3%。其中工业用电量342.3亿千瓦时，增长2.6%；城乡居民生活用电量72.9亿千瓦时，增长15.8%。供水总量达3.5亿立方米，日供水能力109.4万立方米。城市居民燃气化率达90.1%。

全年新开公交线路22条，更新、增加公交车辆873辆，年末实有公交车5745 辆，比上年增长3.6 %；城市公交客运量达10.3亿人次，增长5.1 %。

全年新增绿地面积666.1万平方米；建成区人均公共绿地12平方米，建成区绿化覆盖率38%。公园达到68 个，公园面积2082公顷，公厕963 座。

全市建成无燃煤区67个，比上年增长13.6%；面积71平方公里，增长23.3%。建成环境噪声达标区52个，达标区面积260.2平方公里。全年完成环境污染限期治理项目14个，污染源治理投资6.5亿元；限期治理污染企业11个，增长37.5%。市区环境空气质量达到一、二级天数为127天。

一次能源生产总量2822万吨标准煤，比上年增长4.9%；规模以上工业增加值能耗0.92吨标准煤/万元，下降5.7%。

全年共发生伤亡事故1240起，比上年下降20.3%；造成死亡91人，下降55.2%；事故直接财产损失3193万元，下降4.9%。

【人口、人民生活和社会保障】 2013年年末，郑州市总人口919.1万人，比上年增长1.8%。其中，女性人口445.3万人，增长1.5%；男性人口473.8万人，增长2%。城镇人口616.5万人，增长3%；乡村人口302.6万人，下降0.6%。

全年城镇居民人均可支配收入26615元，比上年增长9.8%，扣除价格因素，比上年实际增长6.8%；人均消费性支出18672元，比上年增长12.4%，实际增长9.3%。农村居民人均纯收入14009元，比上年增长11.8%，扣除价格因素，实际增长9.5%；人均生活消费支出10242元，比上年增长14.2%，实际增长11.9%。

全年城镇居民消费价格比上年上涨2.8%。食品价格上涨4.8%。其中肉禽及其制品类上涨5.5%，蛋类上涨4.9%，菜类上涨8.5%。居住价格上涨2.9%，家庭设备用品及维修服务价格上涨1.8%，烟酒及用品价格下降0.4%，医疗保健及个人用品价格上涨0.8%，娱乐教育文化用品及服务价格上涨3.7%，交通和通讯下降0.3%，衣着价格上涨1.9%。

年末全市从业人员497.5万人，比上年下降3.5%，其中城镇从业人员264.7万人，下降4.9%。全年城镇新增就业人员15.4万人，增长10.1%；农村劳动力转移就业人数10.5万人，下降11%。年末城镇登记失业率2.2%。

全市民生福利总指数为107.1%，比上年提高7.1个百分点，民生得到进一步改善。

全年发放城镇居民最低生活保障金1.3亿元，比上年增长5.9%；发放农村居民最低生活保障金2.7亿元，增长30.5%。城市居民最低生活保障人数3.3万人，下降9.6%；农村居民最低生活保障人数12.1万人，下降0.6%。全市参加失业保险133.1万人，比上年增长1.4%；年领取失业保险金者16624人。参加基本养老保险263.4万人，比上年增长17.2%。其中职工234.1万人，增长18.6%；离退休人员29.3万人，增长7.3%。城镇职工参加医疗保险总人数为159万人，比上年增长7.2%。其中职工129.6万人，增长8.0%；离退休人员29.4万人，增长3.8%。接受城乡医疗救助2万人次，比上年下降21.1%；发放城乡医疗救助金3710.9万元，增长29.7%。

年末全市各类福利院床位数1.9万张，比上年增长2.1%；各类收养性福利单位收养1.1万人，增长8.2%。建立各种城镇社区服务设施396处，其中社区服务中心40处。全年社会销售福利彩票14.7亿元，比上年增长6.8%。筹集社会福利资金1亿元，增长0.8%。

（统计公报）

2009–2013年郑州市城镇居民消费价格指数(%)

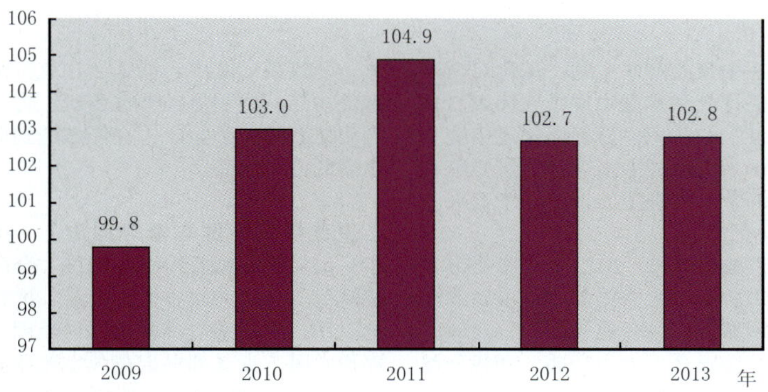

2009–2013年郑州市农村居民人均纯收入及增速

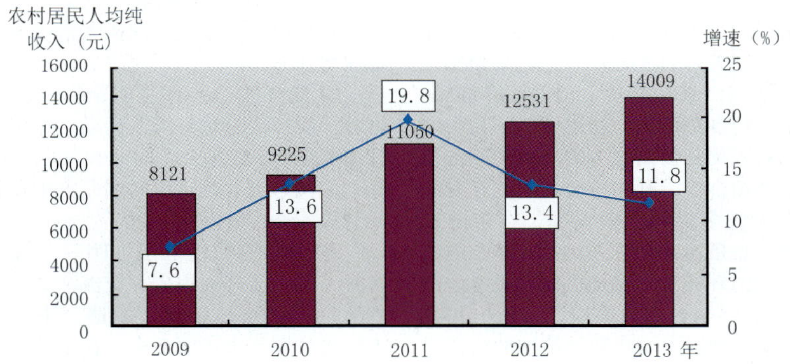

2009–2013年郑州市城镇居民人均可支配收入及增速

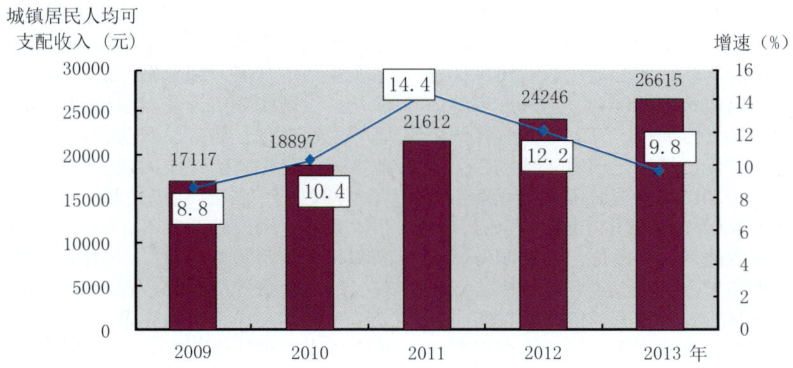

精神文明建设

综 述

【概况】 2013年，郑州市精神文明建设工作以深入学习宣传贯彻党的十八大、十八届三中全会精神为主线，按照务实宣传、创新求进的要求，围绕巩固提升全国文明城市创建成果，着力加强社会主义核心价值体系建设，大力培育良好社会道德风尚，不断深化群众性精神文明创建活动，广泛开展志愿服务活动，扎实推进未成年人思想道德教育，进一步提高了市民文明素质和城市文明程度。

【网络文明传播】 2013年，郑州市切实做好网络文明传播工作，扩大精神文明建设工作影响。

组织举办网络春晚，并获得第二届全国社区网络春晚最佳组织奖。积极组织各级文明办和文明单位广泛开展网络文明传播工作，批量认证官方微博500余家，发展网络文明传播志愿者2000余人。开展“好时好事好人好景”主题宣传教育活动，先后被中国文明网、新华网、人民网、凤凰网等20余家网站转载相关新闻，得到社会广泛关注和积极响应，郑州市被列为全国该项工作成效突出的10个城市之一。4–5月，在中央文明办举办的全国文明办主任培训班上，郑州市三次作“网络文明传播”典型发言，得到中央文明办的肯定。10月12日，中国文明网以《从“全城吃面”到“重阳黄手带”——网络照进现实温暖一座城》为题报道了郑州市网络文明传播的创新作法和现实意义，并配发评论员文章。郑州文明网在中国文明网联盟中的位次不断前移。

【改善人居环境工作】 2013年，郑州市扎实开展改善人居环境工作，巩固提高环境整治成果。组织召开2013年省会改善人居环境观摩会，坚持“抓两头、带中间”的工作思路，着重雪中送炭，兼顾锦上添花，在全面推进的同时，突出抓好三类小区、楼院的整治工作。制定《郑州市改善人居环境工作社区分类评定标准》和《郑州市三类小区、楼院基本标准》，对2012年计划改造的924个老旧小区的部分改造项目进行了督导检查。协调落实2010年改善人居环境奖补资金1021.85万元，为改善社区生活环境提供了资金保障，为进一步推动人居环境改善打下了坚实的基础。

【文明交通行动】 2013年，郑州市启动第二个“文明交通行动”计划，提升城乡交通文明程度。制定了《郑州市“文明交通行动计划”宣传教育方案》。运用报纸、广播、电视、网络、手机短信、微信等平台，表扬遵章守纪、乐于助人的文明出行行人和车辆，监督批评不遵守交通信号、乱停乱放等违章行为。举行了省会文明交通志愿服务活动启动仪式。协调省市两级文明单位派出交通引导员4000余名，在全市40个交通路口维护交通秩序，倡导文明出行。2013年全市干部职工和文明交通志愿者参加文明交通人数达10万人次以上，为文明交通的持续发展营造了浓厚氛围。开展了“文明的士之星评选”“最美的哥、的姐、公交车长评选”等系列活动，营造了平安畅通的道路交通环境。

【信息宣传工作】 2013年，郑州市扎实做好信息宣传工作，营造良好的舆论氛围。郑州文明网围绕重点工作，制作了“中华长歌行——我们的节日”“讲文明树新风公益广告”“中国梦 郑州梦 我的梦”“最美中国之郑州篇”“深入开展党的群众路线教育实践活动”等12个专题。编发《郑州市精神文明建设工作简报》106期，并创新推出了大量图文简报，得到中央文明办和省文明办的好评。2013年，中央文明办简报、中国文明网转发郑州市信息315篇，省文明办工作简报、河南文明网转发郑州市信息262篇，均位居前列。郑州文明网编发各县（市）区、各级文明单位信息3500余篇（条），较好地反映了郑州市精神文明建设工作总体情况。其中二七区、中原区、巩义市、新郑市、经开区上报信息时效性强、数量多、质量高，多次被中央文明办、省文明办转发，促进了全市精神文明建设信息宣传工作向纵深推进。

（张元魁）

公民思想道德建设

【概况】 2013年，郑州市坚持把社会主义核心价值体系建设融入精神文明建设全过程，深入推进公民思想道德建设。以创建文明城市、文明单位为载体，在全社会大力倡导和践行富强、民主、文明、和谐，自由、平等、公正、法治，爱国、敬业、诚信、友善的社会主义核心价值观。引导全市干部职工工学结合，进一步深刻理解党的十八大、

4月11日，省会文明交通志愿服务活动启动仪式举行

十八届三中全会鲜明主题，深化对全面建成小康社会和实现中华民族伟大复兴“中国梦”的认识，更好地把思想统一到党的十八大精神上来，把力量凝聚到落实党的十八大确定的各项任务上来。

【公益广告宣传】 2013年，郑州市文明办组织协调市直有关部门、市属各媒体，利用城市广场、建筑围挡、户外广告牌等社会媒介，大力刊播、刊载公益广告，形成浓厚的社会氛围。全年共完成报纸类232个整版、广播电视类1000个小时、建筑围挡近90000平方米的公益广告宣传。此外，还有中原报业阅报栏450座、灯杆幕旗5000幅、灯杆灯箱1600座、路名牌1650座、公交站牌400座、公交候车厅510座、公交车5000余台，游园广场1240块、LED大屏幕200余块。特别是借力“新媒体”，与中广传播有限集团公司旗下的河南中广传播有限公司合作，利用该公司研究开发的移动无线多媒体广播电视，在市内日均客运总量达70多万人次、穿越市内最繁华的二环线核心商圈的BRT快速公交站台安装144台播放终端，每天6：00–22：00滚动播出含有郑州精神的公益广告，全年受众人群达1300余万人次。郑州市公益广告宣传受到中央文明办领导和广大市民的一致好评。省委常委、省委宣传部部长赵素萍高度赞赏郑州市公益广告宣传做到了无缝隙、全覆盖、影响大，并要求在全省推广郑州经验。

市建委、市城市管理局、市园林局等单位严格落实公益广告宣传工作要求，利用建筑工地围挡、户外广告牌、公园广场宣传展板，开展形式多样的公益广告宣传，特别是建筑工地围挡公益广告，在2013年全国城市文明程度指数测评中取得优异成绩，走在了全省、乃至全国的前列，省内许昌、濮阳等城市派人来郑学习工作经验。经开区、郑东新区印制发放了带有“讲文明树新风”公益广告标识的雨伞、扇子、指甲剪套盒、牙签筒、湿巾、抽纸、扑克等文明宣传物品，并制作各类宣传册，将“讲文明树新风”公益广告宣传渗透到群众生活的方方面面。

【道德模范评选与学习宣传】 2013年，市文明办精心组织第四届“全国道德模范”和“河南省道德模范”推荐评选工作，中建七局一公司项目经理、驻郑州农民工党支部书记黄久生被评为第四届全国道德模范，金水区金达百货商店店主——“诚信鸡蛋哥”任庆河获得第四届全国道德模范提名奖，坚持30多年“授人以衣”的农村妇女李春风被评为第四届河南省道德模范，敬业奉献的交警杨华民获得第四届河南省道德模范提名奖。

继续开展“月评文明市民”“我推荐、我评议身边好人”活动。全年共评出文明市民120人。向中央文明办推荐“中国好人”候选人49名，其中10名候选人入选“中国好人榜”。

组织“道德模范报告团”，深入各县（市）区开展报告、交流活动。开展慰问道德模范活动，邀请“中国好人”参加郑州市重要节会，在全社会倡树了“学好人、当好人”的良好风尚。

【专项教育和治理】 2013年，郑州市道德领域突出问题专项教育和治理活动持续推进。在全市广泛开展“做谦恭有礼的郑州人”活动，在党政机关继续深化“做人民满意的公务员”活动，在食品企业集中开展“诚敬做产品”活动。深化“以诚实守信为荣、以见利忘义为耻”主题教育，培育以诚信为核心的企业文化。集中整治“中国式过马路”和驾车闯红灯、旅游乱扔垃圾、就餐铺张浪费、上网说脏话等不文明行为。不断深化“文明餐桌行动”，制作文明就餐、反对浪费等提示牌、提示标语10万余个（幅），在全市各宾馆、饭店及各种大中小型餐饮企业明显位置放置、张

7月12日，“保护山川河流，共建美丽郑州”志愿服务活动启动仪式举行

贴，取得良好的社会效果。上街区开展评比“文明餐桌行动示范店”活动，倡导典型引路，把文明餐桌行动不断引向深入。

【“道德讲堂”活动】 2013年，郑州市“道德讲堂”总堂开办14期，全市共开办“道德讲堂”8000余期，真正达到了“身边人讲述身边事、身边事教育身边人”的目的，做到了感化人、全覆盖。协助省委宣传部成功举办“道德讲堂”，得到省委常委、省委宣传部部长赵素萍的肯定，并收到省委宣传部发来的感谢信。承办了全省“道德讲堂”观摩会，通过讲述网友“水晶心”捐赠造血干细胞、“全城吃面”引发爱心热潮等感人故事，再一次诠释了道德的深刻内涵，使人们深刻感受到道德的力量，受到道德的洗礼和心灵的净化。

【“我们的节日”活动】 2013年，全市各县（市）区、各单位结合实际，在春节、元宵节、清明节、端午节、中秋节、重阳节等传统节日期间，精心设计活动载体，广泛开展丰富多彩、特色鲜明的群众性文化活动。全年共举办主题活动5000余场。二七区举办了“除夕夜走基层，饺子百家宴”活动，被多家新闻媒体报道。中原区举办了以“和谐世界，欢乐中原”为主题的“2013河南国际民间艺术表演”，组织志愿者开展了“环保丝网花清明祭亲人”活动。新郑市举办了清明文化节。碧沙岗公园充分发挥郑州市青少年爱国主义教育基地的优势，组织开展祭奠英烈活动，进行革命传统教育。金水区、管城区等地在未成年人中开展“网上祭英烈”“追寻将军足迹 颂扬革命传统 争做四好少年”主题队会、“国旗下演讲”及黑板报比赛、主题班会、红色电影展映等活动，倡导环保祭祀、文明祭祀、网络祭祀的新理念。上街区开展了包粽子比赛、缝香包现场展示等传统节日活动，并组织为社区空巢老人、残疾人家庭、留守儿童家庭送粽子。高新技术产业开发区举办了以“弘扬中华文化、欢度端午佳节”为主题的大型文艺汇演。新密市开展了“粽香悠悠话端午，纪念屈原迎‘七一’”主题教育活动和“比跳舞、赢粽子”广场舞比赛。中秋节期间，各地组织开展了以“感恩、团圆”为主题的中秋网上寄语活动，以及“与道德模范一起过中秋”系列志愿服务活动。重阳节期间，各地组织开展了“庆重阳·朝霞与晚霞同辉”系列文化活动。

（张元魁）

精神文明创建

【全国文明城市创建】 2013年，郑州市创建全国文明城市工作扎实推进。以《全国城市文明程度指数测评体系》为导向，查找薄弱环节，细化任务分工，加强督导检查，准确把握测评工作的重点和难点，公共环境上求整洁、公共秩序上求规范、公共关系上求和谐、公益活动上求突破、重点工作上求成效。在中央文明办组织的2013年度城市文明程度指数测评中，郑州市取得了全国省会（副省级）城市第10名的好成绩。

【文明城市（城区）创建】 2013年，郑州市文明城市（城区）创建成绩突出。在全省文明城市（城区）考评和复查中，二七区、金水区、管城区、惠济区、上街区和巩义市、荥阳市、登封市共8个县（市）区被命名为省级文明城市（城区）。

【文明单位、社区和景区创建】 2013年，郑州市以“突出思想道德内涵，提高创建水平”为目标，改进完善了文明单位评选管理办法。加强对全市各级文明单位的动态管理，积极引导全市各单位大力开展文明单位创建活动，全年共表彰命名117家市级文明单位，壮大了文明单位队伍和精神文明建设工作力量。围绕提升全市文明水平，在全市积极打造一批新型文明社区和文明景区。世纪欢乐园、康百万庄园、黄河风景名胜区等景区被评为省级文明景区。稳步推进文明细胞工程建设。

（张元魁）

志愿服务活动

【志愿服务体制机制建设】 2013年，郑州市志愿服务体制机制建设不断完善。调整了郑州市志愿服务领导小组成员，下发了《关于印发〈郑州市星级志愿者认证管理办法（试行）〉的通知》，对全市47个志愿者信息管理系统的一级管理机构相关负责人进行了系统培训，进一步加强 “志愿郑州”网站和管理服务平台建设，规范了“志愿郑州”微博的运行，逐步推行了“星级志愿者认证制度”，推动志愿服务工作常态化、长效化。

【“三关爱”志愿服务活动】 2013年，郑州市首次组织开展了志愿服务项目立项评审工作，实施了“圆梦2013，我在志愿路上——郑州市志愿服务项目援助工程”，为各级各类志愿服务组织提供扶持资金300余万元，扶持的金水区绿城社工服务站“311”类家庭关爱空巢老人志愿服务项目获得民政部优秀志愿服务项目一等奖。全面启动了向中国志愿服务基金会捐款活动，全市各级文明单位率先垂范，积极参与，共捐款426万元，为志愿服务活动的广泛开展提供了资金保障。新郑市各级文明单位共募捐资金410500元，捐款数额位居全市第一。举行了“保护山川河流，共建美丽郑州”志愿服务活动启动仪式，各地组织开展了“保护中岳嵩山”“保护城市水源”“呵护城市绿肺”“共建美丽家园”等主题活动，使“关爱自然”志愿服务的理念更加深入人心。向社会公开招募志愿者6名，走进四川大凉山麻风病康复村，开展跨海峡志愿服务项目——“绿城一叶走进大营盘”爱心支教活动，并成功组织了成果汇报会，在当地电视台滚动播出一周，受到各级媒体的广泛关注。组织开展了以“大爱中原，暖冬行动，文明郑州，志愿同行”为主题的大型捐衣送温暖活动，新投放街头捐物箱100个，捐赠各类衣物15000余件，向全社会倡导了“志愿服务，人人可为，时时可为，处处可为”的公益理念。组织开展了“汇聚绿城爱，情系农民工”春运期间关爱农民工志愿服务活动，确保农民工“走得了，走得好”。

【“文明使者”志愿服务站建设工作】 2013年，郑州市“文明使者”志愿服务站建设工作深入推进。在全省率先建成标准化示范站点5个，承办了全省窗口单位创建“文明使者”志愿服务站工作推进会，多个站点的便民利民志愿服务活动引发社会热议和媒体关注。特别是以火车站东广场南北出站口处设立的“文明使者”志愿服务站为代表的公共场所志愿服务站点，服务内容贴近实际、群众需求量大、服务效果好，成为郑州火车站地区的新地标，为窗口形象提升赢得了口碑，有效拓展了志愿服务活动的阵地。全年全市共建成“文明使者”志愿服务站点379个，郑州火车站东广场、人民公园、郑州大学第一附属医院、文博广场、绿城广场、红白花公园、巩义市宋陵公园7个志愿服务站被评为全省优秀“文明使者”志愿服务站，郑州火车站关工委“老年雷锋团”被命名为全省“‘文明使者’志愿服务之星”团队7人被命名为全省“‘文明使者’志愿服务之星”个人，被表彰数量居全省首位。

（张元魁）

农村精神文明建设

【农村“清洁家园行动”】 2013年，郑州市以美丽乡村建设为主题，以“文明村镇”“文明集市”“文明农户”创建为抓手，深入治理农村“五乱”，全市1/3集镇的镇容镇貌有了明显的改观，形成了老典型不丢、新样板不断的良好态势，促进了“清洁家园行动”的制度化、规范化、常态化。

【“星级文明户”评选活动】 2013年，郑州市“星级文明户”评选活动深入开展。先后组织全市各县（市）区文明办主任及相关工作人员赴平顶山郏县青龙湖社区和邱庄村学习考察，召开了全市“星级文明户”创评工作会议，制定了《关于在全市深入开展“星级文明户”创评活动的实施方案》（郑文明办〔2013〕55号）。全年全市共评选出星级文明户9456户，好婆婆、好媳妇2086人，文明家庭624户，文明卫生户11920户。在省文明办对郑州市省级文明村镇和“十星级”文明户评选抽查中，被抽检的巩义市、登封市、荥阳市受到检查组的充分肯定，顺利通过验收。

【文明单位结对帮扶农村精神文明创建】 2013年，郑州市结对帮扶城乡共建成效初显。制定了《郑州市第三轮文明单位结对帮扶农村精神文明创建工作方案》，组织849个文明单位结对帮扶郑州市辖区内的727个村庄、35个新型农村社区和33个拟建乡村学校少年宫。全年累计开展教育培训2163期（次），落实帮扶项目270个、帮扶资金4200余万元，帮建文化大院（室）249个，开展文艺演出397次，送图书148334册、文体器材4567套，有力改善了农村生活

2月5日，全市道德领域工作推进会召开

环境，提高了精神文明建设水平。

【“三下乡”活动】 2013年，全市各相关单位开展了戏曲演出、医疗义诊、书写春联、剪年画、科技大篷车、法律咨询、农业技术推广和农产品展示等惠民活动，市直有关部门还为群众送去了图书资料、电脑器材、电视机、资料柜、急救药品等物资，受众达百万人次。通过此项活动的开展，使利民、惠民力度不断加大，也使精神文明建设各项主题教育活动更加深入人心。

（张元魁）

未成年人思想道德建设

【概况】 2013年，郑州市坚持以社会主义核心价值体系学习教育为根本任务，推动社会各方面共同做好未成年人思想道德建设工作，大力提高未成年人思想道德素质。对照《全国未成年人思想道德建设工作测评体系》，确定目标任务、工作项目，提出落实措施，对测评工作进行精细化部署，郑州市取得了全国省会（副省级）第8名的好成绩。

【“做一个有道德的人”主题教育活动】 2013年，郑州市“做一个有道德的人”主题教育活动扎实开展。在全市中小学校普遍开展了“认星争优，做美德少年”活动，全市有3名学生荣获第五届“河南省美德少年”称号，1名学生获提名奖。全市评出了100名绿城美德少年。“认星争优，做美德少年”活动得到中央文明办和省文明办的充分肯定。广泛开展“童心向党”歌咏活动、“优秀童谣传唱”活动，以及清明、“六一”“十一”网上签名寄语活动和“洒扫应对”“日行一善”道德实践活动；组织开展了“郑州男孩、郑州女孩”评选活动，全市中小学生道德养成、待人接物能力明显提高。组织开展经典诵读活动，引导学生吟诵古代经典，丰厚学生的精神底蕴，激发了师生阅读经典的兴趣。

【学校少年宫建设】 2013年，郑州市学校少年宫建设持续推进。全年共争取中央和省福利彩票基金支持乡村学校少年宫建设项目25个；市文明办投入资金43万元，对乡村学校少年宫和心理辅导站进行奖补。截至年底，全市共建成乡村学校少年宫189个、城市学校少年宫35个、心理健康辅导中心13个，为全市未成年人健康成长和全面发展提供了广阔舞台，也为全社会关心、关爱未成年人营造了浓厚的氛围。惠济区将乡村学校少年宫建设与未成年人教育导师制活动相结合，活动开展得有声有色。

【未成年人心理健康教育】 2013年，郑州市未成年人心理健康教育不断加强。组织各县（市）区心理辅导站负责人赴南京观摩培训。组织专人对各县（市）心理健康辅导中心的建设、管理情况进行调研，并对财政划拨经费使用情况进行了督察。全市城区学校心理咨询室建设基本实现全覆盖，心理咨询师队伍不断扩大。依托心理健康辅导中心，有针对性地开展心理健康知识宣传教育活动。郑州市未成年人心理健康辅导站处置的4个经典案例被《大河报》《河南商报》、河南电视台等多家媒体报道。

【暑期文化市场治理】 2013年，郑州市不断强化暑期文化市场治理。始终保持对社会文化环境治理的高压态势，组织开展暑期文化市场专项整治行动。积极协调文广新局、公安局、工商局等单位加大检查力度，对都市村庄、城乡结合部、学校周围和县（市）城区、农村乡镇等重点部位，进行彻底排查。先后印发了《2013年郑州市净化社会文化环境工作实施方案》《关于在暑假期间开展社会文化环境治理的通知》，确保各种违法违规行为及时发现、查处，为未成年人健康成长创造了良好的社会文化环境。

（张元魁）

组织机构

中共郑州市委

书　记　吴天君
副书记　马　懿　王　璋
　　　　胡　荃（5月任）
常　委　吴天君　马　懿　王　璋
　　　　胡　荃　舒　庆
　　　　赵瑞东（4月免）
　　　　高建慧（女）
　　　　李公乐（5月任）　郭锝昌
　　　　孙金献　刘贵新　王　哲
　　　　薛云伟　王跃华　黄保卫
　　　　张建慧
秘书长　孙金献（6月免）
　　　　王　璋（6月任）
常务副秘书长　李玉辉（2月免）
　　　　　　　王福松
副秘书长　郑冠勤（6月免）
　　　　　刘旭光　吴志强　张志泉
　　　　　李晓雷　刘自斌　李伟革
　　　　　张管城　李建伟（1月任）

（曾厚宏）

纪律检查委员会

书　记　郭锝昌
副书记　姚芸来（1月免）
　　　　岳希荣（女）　李树生
　　　　葛震远（6月任）
秘书长　高希浩
纪委常委　高希浩　赵国锋　刘进国
　　　　　高建中　冯忠信

·市委工作部门·

办公厅

主　任　孙金献（6月免）
副主任　曹建伟　王广斌
　　　　张红军（12月任）
　　　　宋林杰（12月任）
　　　　屈海中（12月任）

组织部

部　长　高建慧（女）
常务副部长　张　亮（10月免）
　　　　　　李喜安（10月任）
副部长　白　云（女）
　　　　戴春枝（兼，女，10月任）
　　　　周春辉（10月免）
　　　　吴晓君（女，满族，10月免）
　　　　周　英　秦晓辉（10月免）

宣传部

部　长　王　哲
常务副部长　常绪东（1月任）
副部长　潘新红（女）　李宪敏
　　　　宋建国　李　平
　　　　徐西平（1月任）
　　　　董建山　李新军（8月免）
文明办主任　常绪东（1月免）
　　　　　　徐西平（1月任）
文明办副主任　邓智柏　薛士岭
　　　　　　　姬月莲（女）
　　　　　　　马　雷　尚　杰
　　　　　　　黄红雨（女）

统战部

部　长　王跃华
常务副部长　李俊超
副部长　李元中　王志坚（1月免）
　　　　白宇宙　王　丽（1月任）
台湾事务办公室主任　李元中（兼）
台湾事务办公室副主任
　　　　欧阳军　曹冬梅（女）
　　　　赵旭昌　唐国庆

政法委

书　记　黄保卫
常务副书记　孙桂林
副书记　李华云　司久贵

政策研究室

主　任　吴志强（1月免）
　　　　李建伟（1月任）
副主任　李洪太（1月免）
　　　　汤清典　左巧娈（女）
　　　　李书英（12月免）
　　　　高林照（2月任）
　　　　宋少丹（12月任）
　　　　王庆先（12月任）

机构编制委员会办公室

主　任　吴晓君（女，满族，1月免）
　　　　吴志强（1月任）
副主任　王学军　王晓燕（女）
　　　　王信军　王曙光

市直属机关工委

书　记　刘旭光
副书记　张铁军（12月免）
　　　　王永福　朱　光
委　员　王　东　牛宏浩（8月免）

·市委直属事业单位·

档案局

局　长　徐宏杰
副局长　贾欣营　李永强　靳林中

（郑继孝）

市委党校

校　长　王　璋（兼）
常务副校长　何建生（满族，2月免）
　　　　　　姚芸来（2月任）
副校长　裴保顺

（王宏伟）

中原报业传媒集团

董事长、郑州日报社社长
　　　　宋建国（1月免）
　　　　石大东（1月任）
郑州日报社、郑州晚报社总编辑
　　　　石大东
郑州日报总编辑　杨玉玺
副社长　王天亮（12月免）
　　　　张子明　张明俊
中原网总编辑　徐秀丽

·部门管理机构·

老干部局

局　长　周　英（兼）
副局长　蔡宗泽（6月免）
　　　　战文胜　邢万顺　卢国祥

机要局

局　长　陈　杰
副局长　朱培龙　魏来圈

保密委员会办公室（国家保密局）

主　任（局　长）　张淑娥（女）
副主任（副局长）　尹宏府　杜建强
　　　　李春鑫　郭　哲

·办公厅领导的事业单位·

党史研究室

主　任　薛稳定
副主任　王宗民　李红霞（女）
　　　　杨洪良　孙红旗　高　峰

（郑继孝）

郑州市十三届人大常委会

主　任　白红战
副主任　雷　志　刘全心　贾记鑫
　　　　王　平（女）　赵明恩
　　　　李元法　周长松
　　　　刘焕成（4月免）　赵武安
秘书长　范　强
副秘书长　任广林（2月免）
　　　　　李金鹏　张　辉
　　　　　张江涛（2月免）
　　　　　姜朝红（女）

市人大法制委员会

主任委员　刘金柱
副主任委员　吴卫平
　　　李　艳（女，回族）　罗　丽（女）
委　员　郭在州　王瑞新
　　　　刘桉银（兼）　郭锦艳（女）
　　　　任慧军（女）

·市人大常委会工作机构·

办公厅

主　任　李金鹏
副主任　李永茂　龚华章

内务司法工作委员会

主　任　许福亮（2月免）
　　　　樊少楠（2月任）
副主任　樊少楠（2月免）　王保仁

经济工作委员会

主　任　宋柏松
副主任　李永祥

教育科学文化卫生工作委员会

主　任　张义德
副主任　寇　仲

城乡建设环境保护工作委员会

主　任　邢建新
副主任　曹进元

选举任免代表联络工作委员会

主　任　柴国合
副主任　张国强　温润琴（2月任）

农村工作委员会

主　任　王瑞桐
副主任　刘　华（女）
　　　　任广林（2月任）

民族侨务外事工作委员会

主　任　岳德常（2月免）
　　　　沈丕黎（女，2月任）
副主任　沈丕黎（女，2月免）
　　　　王子勋（2月免）

预算工作委员会

主　任　张正平
副主任　贾庆贤　何绵忠
　　　　龙同胜（2月任）

高新技术产业开发区人大工作委员会

主　任　余　健
副主任　吴永昭（2月任）
　　　　宋旭光（2月任）
　　　　时连渠（2月任）

经济技术开发区人大工作委员会

主　任　陈军安
副主任　郑友军（2月任）

研究室

主　任　张江涛（2月免）
副主任　张国宏

法制室

主　任　李　艳（女，回族）

信访室

主　任　张文随

（胡凯林　郑　睿）

郑州市人民政府

市　长　马　懿
副市长　胡　荃（6月免）
　　　　李公乐（6月免）
　　　　孙金献（6月任）
　　　　薛云伟　张建慧
　　　　刘　东（女）　马　健
　　　　张学军　吴忠华
秘书长　吴忠华（1月免）
　　　　王春山（1月任）
常务副秘书长　李喜安（1月免）
　　　　李国强（1月任）
副秘书长　冯卫平　张　吉
　　　　商建东　李　杰
　　　　杨东方（9月免）
　　　　王霄鹏（女）　赵红军
　　　　王鸿勋（1月免）
　　　　李金勇（1月免）
　　　　翟晓宾（6月免）
　　　　王　微（兼）
　　　　宋书杰（兼）
　　　　潘开名（6月免）
　　　　周　铭（1月任）　潘　冰
　　　　翟　政（兼，8月任）
　　　　李庆忠（挂职，8月任）
　　　　赵向东（8月任）
　　　　袁聚平（9月任）

（曾厚宏）

·市政府工作部门·

办公厅

主　任　吴忠华（1月免）
　　　　王春山（1月任）
副主任　史根有　张晓英（女）
　　　　高林照（2月免）
　　　　高宏伟（12月免）
　　　　牛满仓（12月任）
　　　　张丽华（女，12月任）

发展和改革委员会

主　任　史占勇（6月免）
　　　　李书峰（6月任）
副主任　魏　东　于　雷
　　　　刘建武（1月免）　范建华
　　　　夏　扬　饶卫军　李福科
　　　　刘志敏　王庆玮（8月挂职）

（郑继孝）

教育局

局　长　毛　杰（女）
常务副局长　刘鹏利
副局长　葛　飞　田保华　张大龙
　　　　曾昭传　卢欣华（12月免）

科技局

局　长　苗晋琦（6月免）
　　文广轩（6月任）
副局长　乔英奎　石桂林（6月免）
　　　　任　灿　李大群

（王宏伟）

工业和信息化委员会

主　任　李书峰（6月免）
　　　　苗晋琦（6月任）
副主任　印　龙（12月免）
　　　　刘有群（12月免）
　　　　巫怀民　邢冬原　杜设亮
　　　　张士成　谷振风
　　　　焦义深（1月任）

民族事务委员会

主　任　杨郑安（回族，6月免）
副主任　马　军（回族，6月任）
　　　　刘佩伦（回族）
　　　　雷建生　符　维（8月免）
　　　　周建军

公安局

局　长　黄保卫（兼）
常务副局长　张书军
副局长　张　保（1月任）　钟志才
　　　　陈友军　罗永生　常志军
　　　　李奎业　周廷欣　张武清

监察局

局　长　姚芸来（1月免）
　　　　岳希荣（女，1月任）
副局长　李留宪

民政局

局　长　谢霜云
副局长　刘鲁豫　杨杭军　袁　杰
　　　　李淑萍（女）　张铁山
　　　　张国强

司法局

局　长　郑友军（1月免）
　　　　周顺杰（1月任）
副局长　席现军
　　　　乔　俐（女，6月免）
　　　　王东风（6月免）
　　　　申德礼　吴　勇（6月免）
　　　　刘国胜（12月免）
　　　　黄耀欣（12月任）

财政局

局　长　王春山（1月免）
　　　　刘　睿（1月任）
副局长　刘　健　石　歆　丁二勇
　　　　张予红（女）

人力资源和社会保障局

局　长　戴春枝（女）
副局长　崔　鸿（女，6月免）
　　　　徐翠萍（女，6月免）
　　　　娄渊胜　王翠玲（女）
　　　　张　伟　卞　薇（女）
　　　　王松亭

国土资源局

局　长　刘维德
副局长　李俊宇　邱应厚　崔留森
　　　　陈思格

安全生产监督管理局

局　长　李刚良
副局长　柴栓庆（1月免）　潘建华
　　　　王彦华　朱永红（女，6月免）
　　　　朱建勋　丁清卫　郭项峰
　　　　时富宗

城乡建设委员会

主　任　陈　新

副主任　苏建设（1月免）
张子亮（1月任）
潘开名（1月免）
王　凯（12月免）　王立新
梁远森　杨　琦　曲　标

住房保障和房地产管理局

局　长　王万鹏
副局长　宋建伟　高胜利　冯德平
贺明理（6月免）　王修安
周书臣（12月免）

城乡规划局

局　长　张京祖（女，9月免）
杨东方（9月任）
副局长　逯　军（12月免）
周定友　金建新
高　峰（6月免）　张　凯
许　振　李成祥
陈国清（6月任）

交通运输委员会

主　任　王顺生
副主任　曹培林　陆秀玲（女）
赵治业　施笃铮（9月免）
魏　予　姚明辉（6月免）
李　刚

城市管理局

局　长　葛震远（6月免）
赵新民（6月任）
副局长　刘光访　司同义　徐建军
李　峰　魏天亮　郭克河
翟月修

环境保护局

局　长　蔡玉奇
常务副局长　刘建武（1月免）
副局长　李　保（12月免）　李俊杰
杨照建（6月免）
翟巧枝（女）　李春德
王　利（女，6月免）　韩松涛

农业农村工作委员会

主　任　文广轩（6月免）
周亚民（6月任）
副主任　李新有　董　锐　马占军
吴　蒙　宋俊英（女）
曹东坡

水务局

局　长　陈松林
常务副局长　史传春
副局长　孙　黎（女）
胡文杰（1月任）　张中锋
孙书河　卢守富　高国振
刘德坡

林业局

局　长　崔正明
副局长　周　铭（1月免）
冯长有（12月免）
曹　萍（女，12月免）

贾体铭（12月免）
张卫东　宋万党
牛培玲（女）　李佳刚

商务局

局　长　朱河顺
副局长　张福清（1月免）　张海亮
林继民　刘天启

文化广电新闻出版局

局　长　李宪敏
常务副局长　许凤鸣
副局长　舒安娜（女，土家族）
朱晓东
丁春萍（女，12月免）
董　娣（女）　吴安德
宋庆海（12月免）　张文书
范守艾　宁凤丽（女）
李德专

卫生局

局　长　顾建钦
副局长　张文艳（女）　原学岭
许迎喜

食品药品监督管理局

局　长　李新章
副局长　李竖亚　张伟东　贺一峰
闻清涛　邹庆明　张松安
唐莉军（女）　孙景莉（女）

人口和计划生育委员会

主　任　王清芬（女）
常务副主任　宋书杰
副主任　兰维娜（女）　李长友
段新国　陈　勇

审计局

局　长　冯明杰
常务副局长　李忠仁
副局长　徐　平（女）　桑富强
于世营　乔德宁

体育局

局　长　李庆山
副局长　赵国强（12月免）
李伟建（12月免）
张国防　周朝晖　张家富

统计局

局　长　李德耀
副局长　韩彦北　赵广程（12月免）
祝遵刚　江　滨
郜东辉（8月免）

旅游局

局　长　龙同胜（1月免）
张杰锋（1月任）
常务副局长　张　杰
副局长　何宏波　方建华（12月免）
薛宝霞（女）　刘根成
李明伟　胡家安

粮食局

局　长　刘啸峰
副局长　郑伟业（12月免）
王　黎（女，12月免）
高　杰（12月免）　张旭东
董新河（12月免）　张世然
赵　凯（8月免）

信访局

局　长　周顺杰（1月免）
牛瑞华（1月任）
副局长　李应旺　冯　明
杨爱玲（女）　王随府
赵向东（8月免）　田书黎
金爱江

外事侨务办公室

主　任　李陶然
副主任　刘培林　张树忱
黄改玲（女）　吕　剑（女）

物价局

局　长　杨虎臣
常务副局长　朱巨亚
副局长　王文强（12月免）　王宏元
郑德邦　朱孝忠　王志昂
王为民　王丽英（女）
王新田

法制办公室

主　任　万建中（1月免）
张江涛（1月任）
常务副主任　李文德
副主任　吴运浦（12月免）　李庆伟
李建超（1月免）　李惟锋
牛承志（12月任）

人民防空办公室

主　任　李幸福（1月任）
副主任　于　明（1月免）　许晓常
项忠阳　石如善

文物局

局　长　闫铁成
常务副局长　任　伟
副局长　黄　静（女，12月免）
王　杰　汪文道　任晓红
闫凤岗

畜牧局

局　长　蔡仲友
副局长　李文波　郑保华　朱纯良
张军峰　徐宝龙

园林局

局　长　姜现钊
副局长　姚喜民　薛永卿　许学清
祖应军　张　强

国有资产监督管理委员会

主　任　余遂盈
副主任　李中正　黄名坤
曹苏菲（女，6月免）

岳启明　郭耀伟　刘学银
于东启

·市政府直属事业单位·

煤炭管理局

局　长　路红卫（1月免）
柴栓庆（1月任）
副局长　张信磊（6月免）　徐建林
王少宗　王国占　王志远
师志刚　黄保臣　丁振庆
（郑继孝）

住房公积金管理中心

主　任　朱蜀辽
副主任　薛佩玲（女）　罗　鸣
李力刚　刘帮成　史保金
（周遂鹏）

机关事务管理局

局　长　王　微
副局长　魏诗昌（12月免）　姚希岗
韩　勇　常　利
王敬安（12月免）　李洪建
王新涛

接待办公室

主　任　范建勋
副主任　彭起信　宋林杰（12月免）
陈培民　白建军
李建军（12月任）

供销合作社

主　任　郑福有
常务副主任　郭　良
副主任　贾耀刚　丁庆彪　常建青
杨燕青　苏现民　赵文生

地震局

局　长　王红梅（女）
副局长　高　峰（1月免）
于　明（1月任）　赵景尧
侯清卫　苏海敏　刘明强

地方史志办公室

主　任　马斐颖（女）
常务副主任　李志刚（12月免）
副主任　梁豫生　时春红（女）
王丹东
（郑继孝）

市场发展局

局　长　田跃平
副局长　唐文革　罗黎明
方广明（9月任）

仲裁委员会办公室

主　任　张灵芝（女，9月免）
副主任　梁立群　柴　青（女）
谷　青

建设投资总公司

董事长、总经理　陈　新（12月免）
副总经理　秦广远　沈建焜　付立文
（周遂鹏）

·市政府派出机构·

郑州航空港经济综合实验区（郑州新郑综合保税区）

党工委书记　胡　荃（兼，5月任）
党工委副书记、管委会主任
张延明（5月任）
党工委副书记　赵新中（5月任）
管委会副主任　张俊峰（5月任）
黄　卿（5月任）
法建强（5月任）
管委会主任助理　常继红（6月任）
王　鹏（6月任）
综保区管委会秘书长　张胜利

郑州新郑综合保税区（郑州航空港区）

（5月，郑州新郑综合保税区与郑州航空港经济综合实验区实行机构套合改革，郑州航空港区撤销）
党工委副书记、主任　张延明
管委会副主任　赵新中　张俊峰
黄　卿
管委会秘书长　张胜利

郑州新区

党工委书记　赵瑞东（兼，4月免）
党工委副书记、管委会主任
李公乐（兼，5月免）
管委会副主任　王广灿（5月免）
崔绍营（兼，5月免）
杨福平（兼，5月免）
法建强（5月免）

郑东新区

党工委书记、管委会主任
李公乐（5月任）
党工委副书记、管委会常务副主任
赵新民（6月免）
吴福民（5月任）
党委副书记　王竹强（1月任）
赵兴斌（12月免）
管委会副主任　张子亮（1月免）
胡文杰（1月免）
周定友　李华军（1月免）
席　挺（1月免）
张良才（1月免）
杨　光（1月免）
刘　健（1月任）
赵长根（1月任）
周军营（1月任）　孟祥岭
苏西刚（6月免）
管委会主任助理
魏宁娣（女）　李　晗（女）

经济技术开发区管委会

党工委书记、管委会主任
崔绍营（5月任管委会主任）
党工委副书记、管委会主任
王贵欣（5月免）
党工委副书记、管委会副主任
史占勇（5月任）
党工委副书记　李雪生（1月任）
党工委副书记、管委会副主任
李东明（1月免）
副主任　时云辉（1月免）
赵长根（1月免）
黄　楠（1月免）　王义民
孙　兵　李华军（1月任）
席　挺（1月任）　李国立
师淑君（1月任）
张春喜（6月任）

高新技术产业开发区

党工委书记、管委会主任
张建国（兼）
党工委副书记、管委会常务副主任
周春辉（兼，1月免）
樊福太（6月免）
翟晓宾（6月任）
管委会副主任　吴永昭（1月免）
穆　勇（回族，1月免）
张良才（1月任）
王　军（1月任）
姚五洲（1月任）　贾有林
杨　光（1月任）
阮　勇（1月任）　郝军峰
时连渠（1月免）
周军营（1月免）
宋旭光（1月免）

出口加工区管委会

常务副主任　赵长根（1月免）
副主任　师淑君（女，1月免）
任永桥（6月免）
张保成（6月免）　梁安东
翟华成（6月任）
徐建华（6月任）
孙　阅（6月任）

郑州国际物流园区

党委书记　崔绍营（兼，1月免）
党委副书记、管委会主任
潘开名（1月免）
管委会副主任　孟庆平
崔　巍（1月免）
陈平山　郭德华
郭连喜（6月任）

白沙园区

党委书记　杨福平（兼，6月免）
党委副书记、管委会主任
王竹强（兼）
管委会副主任　樊惠林（1月免）
王新宇　赵顺舟（1月免）
沈文波（6月免）
陈振宇（6月免）
魏玉坤（6月免）
周智敏（6月任）

火车站地区管委会

党委书记、管委会主任
刘国正（1月免）

许广佑（1月任）
党委副书记、管委会常务副主任
郝国军
管委会副主任　李国献（6月免）
冯现朝　韩道俊
李雪林（12月免）　王伟
侯哲峰　白清志
（王宏伟）

黄河生态旅游风景区

党工委书记、管委会主任　雒国栋
党工委副书记　李振兴
管委会副主任　马玉林　杜振宇
胡春　成才旺
李宗建
（周遂鹏）

·其他·

爱卫办

主任　侯保卫
副主任　许付华　张中建　吴孔宝
薛铁山　张士东
（郑继孝）

·市政府驻外办事机构·

市政府驻北京联络处

主任　张管城
副主任　张党权　常宏瑞

市政府驻广州办事处

主任　张泽宏（9月任）
副主任　刘刚　王忠文

市政府驻上海联络处

主任　王强
书记　阴建国（9月任）
（周遂鹏）

·省市双重管理机构·

工商行政管理局

局长　岳希忠
副局长　赵小林　王锡建（11月免）
王志勇（11月免）　张元龙
陈传建（11月任）
江洪（11月任）
刘勇（11月任）

国家税务局

局长　杨国政
副局长　周明山　马松伟　赵东
李巍　欧阳华民

地方税务局

局长　李新峰
副局长　王钢　裴国庆　孙武江

质量技术监督局

局长　何增涛
副局长　黄震峰（12月免）
职玉森（12月任）
韩冬生（12月免）　尚建国
王拥军

烟草专卖局（公司）

局长（经理）　赵建州
副经理　李新民　王茂欣　施鹏跃

邮政局

局长　张宗梁
副局长　李平（女）　王辉
许红亮（6月免）
范克洲（6月任）

供电公司

总经理　王政涛（12月免）
张中青（12月任）
副总经理　付迎拴（7月免）
杨好忠（7月任）　陈希正
刘发展　杜利民　李智敏
（范鹏飞　贾建英　刘恒）

政协郑州市第十二届委员会

主席　李秀奇
副主席　陈西川　朱专兴
舒安娜（女，土家族）
党普选　张冬平　李新有
张民服　何建生（2月任）
崔凡（2月任）
李玉辉（2月任）
党组副书记　王建平　张建国
秘书长　吴晓君（女，2月任）
副秘书长　谭哲　朱润生
汤燕（女）　李献峰
陈斌　王松涛　李海铁
常务委员
（113人，按姓氏笔画排）
马金营　马新海　文广轩
毛鸿雁（女）　牛培玲（女）
王志民　王志坚　王志昂
王秀荣（女）　王秀霞（女）
王进平　王明德　王杰民　王松涛
王济昌　王健　王锋　王源海
冯德平　史根周　白宇宙　石聚彬
刘五一　刘花明（女）
刘宝琦（回族）　刘林　刘炳辰
刘献志　孙东辉　孙黎（女）
朱建国　朱润生　汤燕（女）
纪东平（女）　闫玉明　吴予红（女）
吴爱芬（女）　吴营昌　宋丰强
张之鹏　张文定　张玉笋　张全利
张自福　张志华　张松正　张英
张艳华（女）　张铁秀　张慧云（女）
李大文　李发臣　李伟　李刚毅
李利英（女）　李国庆
李建云（女，回族）　李俊超
李宪召　李政军　李树生　李顺兴
李倩（女）　李海波　李海铁
李留宪　李祥钟　李素坤（女）
李富玲（女）　李琳　李献峰
李群　杨传文　杨郑安（回族）
杨保成　杨娜（女）　杨海平
杨惠岭（女）　陈观壤　陈斌
周可义　周晓光（女）　周雅洲
尚守道　虎云峰（回族）　郑金泉
胡华敏（女）　胡桂平（女）
赵文瑛（女）　钟波　倪启明
唐海　徐平（女）　徐鸿飞
袁小杰　高方斌　崔平（女）
康玛水　曹冬冰　曹建华　阎书刚
黄海碧　龚首鹏　傅建军　曾平
温荣丽（女）　谢建国　谢淑芳（女）
韩纪中　雷从芳　廖义芝（女）
翟明玉　谭哲

·市政协工作机构·

办公厅

主任　谭哲

调研室

主任　张英
副主任　邢进

提案委员会

主任　李素坤（女）
副主任　李建云（女）
张灵芝（女，9月任）
张沄龙
谢建国（兼）
李宪召（兼）
邢建新（兼）

经济委员会

主任　王济昌
副主任　朱庆　李杰（兼）
王源海（兼）
李刚（兼）
李福科（兼）
徐鸿飞（兼）

农业委员会

主任　杨传文
副主任　陈金城　史广敏（兼）
张建玉（女，兼）
栗进朝（兼）
贾莉（女，兼）

人口资源环境委员会

主任　吴爱芬（女）
副主任　高峰（1月任）　杨合法
兰维娜（女，兼）
吕安民（兼）
杨照建（兼）
秦文理（兼）

教科文卫体委员会

主任　刘炳辰
副主任　张德印（1月任）
刘艳秋（女）
文广轩（兼）
王霄鹏（女，兼）
赵学庆（兼）
吴予红（女，兼）
黄海碧（兼）

社会和法制委员会

主　任　周雅洲
副主任　王志坚（1月任）
　　侯艳芳（女）
　　李建云（女，兼）
　　王志民（兼）
　　崔　鸿（女，兼）
　　张艳华（女，兼）

民族和宗教委员会

主　任　郑金泉
副主任　杨国怀　刘佩伦（兼）
　　帖增敏（兼）
　　马培明（兼）

文史资料委员会

主　任　韩纪中
副主任　李洪太（1月任）
　　何　洁（女）
　　安惠萍（女，兼）
　　任　伟（兼）
　　张松林（兼）

港澳台侨和外事委员会

主　任　周晓光（女）
副主任　牛文广　李元中（兼）
　　杜雪萍（女，兼）
　　方建华（兼）

委员管理联络委员会

主　任　崔　平（女）
副主任　赵先玲（女）
　　王杰民（兼）
　　刘建峰（兼）
　　马新海（兼）

城市建设委员会

主　任　朱建国
副主任　刘国正（1月任）
　　张京祖（女，9月任）
　　王重建　赵亚峰（兼）
　　张　伟（兼）
　　张运通（兼）
　　李国庆（兼）

（李　峰　刘　恒）

民主党派与工商联

民革郑州市第十二届委员会

主任委员　刘　东（女，兼）
副主任委员　张自福　牛培玲（女）
　　刘五一　王巧荣
秘书长　张　路

民盟郑州市第十二届委员会

主任委员　朱专兴
副主任委员　王志昂　李蝴蝶（女）
　　郝　伟　张洛通
　　王新荣
秘书长　张洛通（兼）

民建郑州市第十四届委员会

主任委员　张冬平
副主任委员　孙　黎（女）
　　崔豫琳（女）
　　刘忠明　李政军
　　于　珊
秘书长　崔豫琳（女，兼）

民进郑州市第四届委员会

主任委员　张民服
副主任委员　徐　平（女）
　　赵学庆　汪德峰
　　张　强
秘书长　赵学庆（兼）

农工党郑州市第六届委员会

主任委员　李新有
副主任委员　吴予红（女）　李顺兴
　　孙中党　李凤芝　郑方燕
秘书长　纪东平（女）

九三学社郑州市第五届委员会

主任委员　舒安娜（女）
副主任委员　郑高飞　王秀霞（女）
　　李　琳　刘崇怀　李秋红
秘书长　郑高飞（兼）

（杨飞雁　石　林）

工商联

主　席　薛景霞（兼）
党组书记　白宇宙（兼）
驻会副主席　郭留章　李清四
　　王清祥
秘书长　王清祥（兼）

（郑继孝）

郑州市中级人民法院

院　长　王新生
常务副院长　谢红星
副院长　李广湖　王志民
　　刘玉华（女）　段占青
　　李保甫　赵永纯　石志军
院长助理　刘祖一

（张　巍）

郑州市人民检察院

检察长　杨祖伟
副检察长　朱专兴　尚清霞（女）
　　宋　楠（女）　赵光南
　　范　俊　宋　超　苏长明
　　孙　武
检察长助理　张惠云（女）

（刘　冰　李　丹）

郑州市群众团体组织

总工会

主　席　李元法
常务副主席　陈观壤
副主席　李建霞（女）　施　展
　　赵顺舟（1月任）
　　陈明洋（12月免）
　　张建涛　林增志　赵志新

共青团郑州市委员会

书　记　刘建武（1月免）
　　张艳华（女，2月任）
副书记　张艳华（女，2月免）
　　陈　定（8月免）　李　磊
　　任　莉（女）

妇女联合会

主　席　徐惠俐（女）
副主席　于素云（女）
　　侯淑玲（女）
　　刘　宇（女，8月免）

文学艺术界联合会

主　席　钟海涛
副主席　姜　阳（女，6月免）
　　马素芳（女）　杨少勇
　　程韬光　贾伟东（12月任）

归国华侨联合会

主　席　赵思群

残疾人联合会

理事长　杨惠春
常务副理事长　程广平
副理事长　周长信　陈　卓（女）
　　王军辉

社会科学界联合会

主　席　赵　君
副主席　宫银峰　许颖杰

科学技术协会

主　席　吴予红（女）
副主席　张福清（1月任）　马国明
　　崔光伟　王世珍（女）
　　霍梅旭（12月免）　曲海涛

红十字会

会　长　刘　东（兼）
常务副会长　张春香（女）
副会长　韩孝坤（女）　汤　震
　　杨　威（12月任）

（郑继孝）

驻郑部属及省属单位

·交通通信机构·

郑州车站

站　长　任保国
副站长　牛剑锋　杨海英　于佩离
　　杨　光　王予刚
　　赵立炜　彭　辉

郑州北车站

站　长　杨育生
副站长　刘　霆　李坤营　黄培源
　　麻克君　齐　悦　李庆华
　　王卫华

郑州东车站

站　长　余效月

副站长　刘治华　刘伟宇　荆宇鹏
郭守营　李兴新　杨延明

郑州客运段

段　长　剧凯锋（9月免）
邓　捷（9月任）

副段长　邓　捷（9月免）
童永强（9月任）　薛言琦
田　鹏　程　勇　马　强
张志超　李　斌
张春霞（女）

中国联合网络通信有限公司郑州市分公司

总经理　孙　颖（女，满族）

副总经理　耿保刚（1月免）
布鸣伟（1月任）　李　钢
朱建勇（1月免）　王跃武
刘匡虎（1月免）
司晓辉（2月任）
张卫华（女）　吴振魁
朱练忠（2月任）

·金融机构·

中国人民银行郑州中心支行

行　长　计承江（8月免）
金鹏辉（9月任）

副行长　邵延进　庞贞燕（女）
周　波　王深德　朱培玉

中国工商银行河南省分行营业部

总经理　夏宗福

副总经理　姜　林　雷晓峰　徐　斌
刘明辉（7月任）
石　果（7月任）
买艳芳（女）　刘建民

中国农业银行河南省分行营业部

总经理　周贵恒

副总经理　韩　进
李炳英（女，11月任）
王　军　王朝晖（9月任）
魏少华（女）

·保险机构·

中国人寿保险股份有限公司郑州市分公司

总经理　淡新虎

副总经理　李新生　刘浩燕（女）
王铭方

·其他单位·

郑州市黄河河务局

局　长　刘培中（5月免）

副局长　朱松立　申家全　蔡长治
秦金虎　贾志成

郑州银行

董事长　王天宇

行　长　申学清

监事长　范大路

副董事长　张荣顺

副行长　夏　华　乔均安
赵丽娟（女）　白效锋

行长助理　孙海刚　郭志彬　张文建

总会计师　毛月珍（女）

（范鹏飞　贾建英　刘　恒）

中国人民解放军郑州警备区

司令员　尚守道　大校

政　委　刘贵新　大校

副司令员　王金宇（4月免）　大校
韩世联　大校

副政委　司马武当（4月免）　大校
苏理明　大校

参谋长　李国记（10月免）　大校
董继锋（10月任）　大校

政治部主任　王家和　大校

后勤部部长　祁贵云　上校

（马　涛）

中国人民武装警察部队郑州市支队

支队长　李　斌　大校

第一政委　黄保卫（兼）

政　委　黄延平　大校

副支队长　张　明　上校
刘松林　上校
苑志明　上校

副政委　李　浩（3月免）　上校
都尚俭　上校

参谋长　张培杰（3月免）　上校
王弈勇（3月任）　中校

政治部主任　杨　威（3月免）　上校
陈黎平（3月任）　上校

后勤部部长　禹云魁　中校

（吴　君）

大事记

2013年郑州市大事记

1月

5日

△市委书记吴天君在郑州会见神舟九号航天员刘洋。市领导孙金献、王哲、刘东等一同会见。

△2012“感动郑州”十大年度人物颁奖盛典在郑州国际会展中心举行。市委书记吴天君，市委常委、宣传部部长王哲出席盛典。李博亚、杨华民、杨小周、李春风、牛志国、刘静、刘庭杰、王峥、谷殿明和仲胡周当选2012“感动郑州”十大年度人物，陇海大院获授爱心集体奖。

6日

△省委常委、副省长刘满仓到郑州市调研农业产业化龙头企业和林业生态建设及花卉产业发展。市领导王林贺等陪同。刘满仓先后到绿博大道、雁鸣大道生态廊道、中粮（郑州）产业园、河南万邦国际农产品物流股份有限公司、郑州陈砦花卉基地和郑州绿金园农业科技有限公司进行调研。

7日

△由司法部举办的“全国十佳法律援助单位”评选活动揭晓，郑州市法律援助中心被授予“全国十佳法律援助单位”荣誉称号。

8日

△随着一架空客A320客机在郑州新郑机场国际机场降落，港龙航空的郑州至香港返往航班正式开通，郑州成为该公司在内地的第21个通航城市。市委常委、副市长薛云伟出席航班开通仪式。

△市委书记吴天君带领市直有关部门负责人，调研督察畅通郑州工程建设情况。吴天君指出，要科学调度，加快进度，确保工程质量安全和施工安全，统筹做好务工人员生活保障工作。市领导孙金献、张建慧一同调研。

△市委副书记、市长马懿带领市直相关部门负责人先后到二七区临时救助站、东建材民工服务管理站、市救助管理站等地，调研郑州市对特殊困难群体帮扶救助工作。市领导姚待献、吴忠华等陪同调研。

9日

△即日起，郑州市社会公共管理信息平台正式上线运行。

△郑州铁路局对京广铁路因南水北调工程而改线的路段（薛店至新郑间）进行拨接施工，将京广铁路下行线由既有线段（老线）拨接至前期已经铺设好的改线段（新线），薛店至新郑间改线完工。至此，南水北调中线总干渠下穿京广铁路工程全部完成。

10日

△全国爱卫会对2012年国家卫生城市（区）、乡镇（县城）复审结果揭晓，郑州市豫龙镇、乔楼镇、广武镇、徐庄镇、金寨回族自治乡等5个乡镇被重新确认为国家卫生城镇。

△全国社会主义新农村建设档案工作示范县经验交流会在北京召开，全国75个县（市）荣获“新农村建设档案工作示范县”称号，新密市榜上有名，并在会上作典型发言。

△市委副书记、市长马懿带领市直相关部门负责人到位于高新区的郑州光力科技股份有限公司、河南省日立信电子有限公司、郑州威科姆科技股份有限公司、郑州新开普电子股份有限公司、河南新天科技股份有限公司、河南辉煌科技股份有限公司等地，对郑州市科技工作进行调研。市领导王跃华一同调研。

17日

△8时许，郑州市郑东新区钢铁物流园区内发生一起两辆客车相撞事故，截至中午已导致7人死亡20余人受伤。省委副书记、省长郭庚茂第一时间就“1·17”郑东新区交通事故处置和伤员救治工作提出具体要求。副省长张大卫和市委书记吴天君到郑州市第七人民医院看望慰问受伤人员，并就事故处置和伤员救治工作进行研究部署。市领导孙金献、薛云伟、黄保卫一同看望慰问。

18日

△由市委宣传部、中原报业传媒集团主办，中原网承办的“美丽郑州”2012中原网络传媒盛典在郑州总工会礼堂揭幕。市领导王哲、李元法、王薇出席活动。“中原网络十大草根英雄”“中原网络十大温情事件”“中原网络十大温暖瞬间”“中原网络十大公益组织”等奖项揭晓，同时揭晓的还有2012年度“十大慈善人物”“十大责任企业”等奖项。

△新郑郑韩故城遗址公园开工建设。郑韩故城是1961年国务院公布的首批全国重点文物保护单位和首批国家重点扶持保护的36处大遗址之一，也是20世纪全国100项重大考古发现之一。

23日

△市政府召开驻郑金融机构支持地方经济发展座谈会，邀请驻郑主要金融机构负责人，共同研究加大支持郑州“三大主体”工作和重大基础设施项目建设。市委常委、常务副市长胡荃，副市长、郑州新区管委会主任李公乐等出席会议。

△全市领导干部会议召开，传达学习十八届中纪委二次全会精神，并就做好贯彻落实工作进行安排部署。市委书记吴天君讲话，市委副书记、市长马懿主持会议。

△市委副书记、市长马懿会见中航工业中航机电系统有限公司总经理王坚等中航工业集团客人一行。市委常委、统战部部长王跃华，副市长马健，中航工业中航机电系统有限公司副总经理吕伟加等参加会见。

26日

△2013全国年货购物节暨郑州精品年货博览会在郑州国际会展中心开幕。该博览会由中国商业联合会、省商务厅、省贸促会共同主办，郑州晚报社为媒体主办单位。中国商业联合会党委副书记安惠民等出席开幕式。

27日

△市政府与中科招商投资管理集团有限公司签订战略合作协议。根据协议，双方将全面合作并实施创新创业工程。市领导吴天君、马懿等，中科招商集团董事长单祥双、总裁陈扬

富等出席签约仪式。

28日

△市长马懿主持召开第97次市政府常务会议，会议原则通过了《关于进一步加快工业项目投资的意见》《关于加快三环内工业企业外迁的实施意见》《郑州市新能源汽车发展行动计划（2013年-2015年）》《郑州工业经济“三年倍增五年超越”督导考核办法》《郑州市新型工业化推进大会筹备方案》。

△由市妇联组织开展的“暖心工程”项目正式启动，爱心企业家拿出275万元资助农村寄宿制小学，改善留守儿童生活学习条件。省慈善总会会长李志斌，市领导王璋、姚待献出席启动仪式。

29日

△郑州华南城招商中心正式揭幕。该项目位于郑新快速路与泰山路交叉口，规划总建筑面积1200万平方米，建成后将成为大中原最大的商贸物流市场群。

△2013年度“好书刊进基层”活动启动仪式在中牟县官渡镇官渡桥村举行，拉开了全国出版界春节期间开展此项活动的序幕。中宣部出版局副局长刘建生，国家新闻出版总署出版管理司副司长王然，省委宣传部副部长李庚香，省新闻出版局副局长杜国清，市委常委、宣传部部长王哲等出席启动仪式。

31日

△市委书记吴天君主持召开全市基层干部座谈会，寄语广大基层干部要珍惜组织提供的干事创业平台和机遇，在基层这个大熔炉中经受考验、贡献力量、创造业绩，为加快推进郑州都市区建设作出新的更大的贡献。市领导高建慧、孙金献、张学军等出席会议。

2月

1日

△市十三届人大常委会第三十三次会议结束。会议通过了郑州市政府关于2012年政府投资项目计划执行情况和2013年计划的报告，郑州市2013年政府投资项目计划的决议；关于接受许福亮、岳德常辞去市十三届人大常委会委员职务的决定。

△新华社河南分社郑州采访部正式挂牌运行。这是我国最权威的中央新闻媒体在郑州设立的首个专门采访机构。

△由《郑州日报》《郑州晚报》、中原网、郑州电视台、郑州人民广播电台等省会媒体爱心联盟共同举办的“爱心面卡”义卖活动举行，帮助身患骨癌的面馆老板李刚筹集医药费。此次活动在省会新闻界尚属首次。6000张面值10元的“爱心面卡”在一小时内被市民争相认领，销售一空。同日，中央电视台新闻联播头题以《一碗面温暖一座城》为题播出了郑州市民“全城吃面”的爱心故事。

△全市强投资工作汇报会召开。市委书记吴天君要求全市上下要切实把思想统一到市委、市政府“强投资、夯基础、调结构、求提升，促进新型城镇化引领‘三化’协调发展”的决策部署上来，努力开创以项目建设推进新型城镇化引领“三化”协调发展新局面。市长马懿主持会议。市领导王璋、李秀奇、胡荃等出席会议。

6日

△郑州市召开全市新型工业化推进大会。会议动员全市上下进一步加快实施工业经济“三年倍增、五年超越”计划，抢抓机遇，加快推进新型工业化进程。市委副书记、市长马懿出席会议并作重要讲话。

△全市质量工作大会召开。市委副书记、市长马懿出席会议并为获得2012年度郑州市市长质量奖的单位颁奖。

△市长马懿主持召开第98次市政府常务会议，会议原则通过了《郑州市易地扶贫搬迁三年行动计划》《郑州市农田水利现代化示范乡镇建设规划》《郑州市创建国家生态园林城市工作方案》。

16日

△郑州市召开2013年生态建设工作动员大会。市委书记吴天君主持会议并讲话，市长马懿就生态建设工作进行全面安排部署。市领导王璋、白红战、李秀奇等出席会议。

△市委书记吴天君、市长马懿带领市直有关单位负责人到陇海路快速通道建设现场，调研督察工程规划和建设情况。市领导孙金献、张建慧一同调研。

17日

△市政府办公厅印发通知，向社会公布《郑州市2013年生态水系建设实施方案》。

△郑州绿博园通过全国旅游景区质量等级评定委员会验收，被正式批准为国家4A级旅游景区。

18日

△市委书记吴天君、市长马懿带领市直有关部门负责人到郑州新郑综合保税区（航空港区），督察调研郑州航空港经济综合实验区规划建设工作推进情况。市领导胡荃等一同调研。

19-22日

△中国人民政治协商会议郑州市第十二届委员会第五次会议在市青少年宫举行。闭幕大会由市政协主席李秀奇主持。何建生、崔凡、李玉辉当选为政协郑州市第十二届委员会副主席，吴晓君当选为政协郑州市第十二届委员会秘书长。因年龄原因，岳喜忠、王薇、牛西岭不再担任市政协副主席职务。因工作需要，市政协党组副书记张建国不再兼任市政协秘书长职务。

20-23日

△郑州市第十三届人民代表大会第六次会议在市青少年宫举行。会议通过了郑州市第十三届人民代表大会第六次会议关于郑州市人民政府工作报告的决议、关于郑州市2012年国民经济和社会发展计划执行情况与2013年计划及其报告的决议、关于郑州市2012年财政预算执行情况和2013年财政预算的决议、关于郑州市人民代表大会常务委员会工作报告的决议、关于郑州市中级人民法院工作报告的决议、关于郑州市人民检察院工作报告的决议。

23日

△郑州都市区新型城镇化建设推进大会在市青少年宫召开。市委书记吴天君主持会议。市委副书记、市长马懿就做好新型城镇化工作进行全面安排部署。

28日

△市委、市政府召开组团新区产业集聚区建设工作会议。市委书记吴天君在会上要求，按照“一个载体、三个体系”和“四集一转”理念，进一步加快各类开发区建设和发展，全力打造全市“三大主体”工作的先行区和“三化”协调科学发展的示范区，为郑州都市区建设提供更加有力的战略支撑。市委副书记、市长马懿主持会议。市领导王璋、李秀奇、胡荃等出席会议。

△郑州强投资重大项目融资对接会举行，48家金融机构、投融资公司与郑州市进行了有效沟通、对接。省委常委、常务副省长李克主持会议。省委常委、市委书记吴天君，省政府副秘书长朱焕然，省政府金融办主任孙新雷，中国人民银行郑州中心支行副行长庞贞燕等出席会议。

3月

1日

△郑州市召开对外开放暨服务业发展大会。市委副书记、市长马懿出席会议并作重要讲话。市委副书记王璋主持会议，市领导胡荃、郭锝昌等出席会议。

2日

△全市生态廊道建设和畅通郑州工程现场观摩会召开。市领导吴天君、王璋、李秀奇等及部分副市级领导，各城区党政主要负责人，各开发区、市直有关部门主要负责人参加观摩。

△科技部火炬中心主任赵明鹏一行到郑州高新区调研指导工作。

4日

△市政府正式下发《2013年中心城区市场外迁工作方案》。

5日

△市委书记吴天君带领市直有关部门负责人到郑东新区和荥阳市，实地调研“三化”协调科学发展规划建设推进情况。市领导王璋、李公乐、孙金献、张建慧等陪同参与相关调研活动。

6日

△以国家煤矿安全监察局副局长黄玉治为组长的国务院安委办督导组一行在郑州市督察调研安全生产工作。

7日

△国务院正式批复《郑州航空港经济综合实验区发展规划（2013–2025年）》，要求“努力把实验区建设成为全国航空港经济发展先行区，为中原经济区乃至中西部地区开放发展提供强有力支撑。”这是国务院批准的首个以航空港经济为主题的实验区。

△郑州市召开新型城镇化建设现场观摩会。市委书记吴天君在会上强调，全市各级各部门要把握季节特点，统筹部署，突出重点，加快推进以交通道路和生态廊道为先导的新型城镇化各项建设。市领导王璋、李秀奇、舒庆、王林贺等参加观摩或出席会议。

△中国银行河南省分行与郑州新郑综合保税区（郑州航空港区）管委会签订全面战略合作协议。中国银行副行长陈四清，副市长、郑州新区管委会主任、郑州航空港经济综合试验区领导小组副组长李公乐出席签约仪式。

8日

△由郑州市妇联、郑州师范学院联合成立的郑州女子学院（郑州师范学院女子学院）正式揭牌成立。市委常委、组织部部长高建慧出席揭牌仪式。

△湖北省委副书记张昌尔、副省长郭有明率湖北省党政考察团莅郑，对郑州市新型城镇化建设进行考察。河南省委常委、省纪委书记尹晋华，省委常委、郑州市委书记吴天君等陪同考察。

9日

△市委副书记王璋到荥阳市调研，并召开座谈会，听取全市各县（市）区“坚持依靠群众推进工作落实”长效机制工作领导小组组长工作情况汇报。

12–14日

△市委书记吴天君带领有关部门负责人到浙江舟山群岛新区、广州南沙新区、福建平潭综合实验区进行考察学习。市领导胡荃、孙金献、张建慧、张延明等一同考察。

15日

△市委书记吴天君到经开区调研无水港建设、郑欧国际铁路货运班列开行、跨境贸易电子商务服务试点等工作。他指出，要充分发挥郑州的区位优势和交通基础优势，以郑州为主体，加快推进铁路、公路、航空三港联动，努力把郑州打造成国际化物流集疏中心。

16日

△市委书记吴天君带领市直有关单位负责人到郑州新郑综合保税区（航空港区），督察调研郑州航空港经济综合实验区规划建设工作推进情况。市领导胡荃、孙金献等一同调研。

17–18日

△郑州市召开考察学习长垣、临颍、长葛三县（市）“三化”协调发展观摩会。吴天君在会上强调，学习先进、创新理念、突出重点、全力突破，努力开创在加快信息化进程中“三化”协调发展新局面。市领导马懿、王璋、白红战、李秀奇等参加会议。

19日

△市领导吴天君、马懿、张建慧带领市直有关部门负责人，调研督察陇海路快速通道、市内部分断头路打通工程拆迁工作情况。吴天君指出，要科学调度，加快进度，强力推进城市路网建设，努力构建畅通便捷的交通体系。

20日

△市政协主席李秀奇到登封市调研新型农村社区建设情况，并协调解决新型农村社区发展中遇到的困难和问题。

△市委书记吴天君会见北京儿童医院院长倪鑫一行，双方就进一步深化合作事宜进行了深入交流和座谈。市领导孙金献、刘东参加会见。

25日

△中共中央政治局委员、国务院副总理马凯到郑州调研铁路工作。他强调，铁路系统干部职工要坚定信心，扎实工作，确保铁路改革顺利实施，确保铁路运营建设安全，努力实现体制转型平稳过渡，实现铁路事业持续健康发展。马凯一行乘坐高速铁路检测车检查了京广高铁北京至郑州段的运行情况，实地考察了铁路建设项目施工现场和郑州北编组站，随后召开座谈会听取郑州铁路局负责人和基层同志意见。

27日

△市委书记吴天君带领市直有关部门负责人调研督察生态廊道建设推进情况。市领导孙金献等一同调研。

28日

△郑州市召开全市食品安全工作会议。市委副书记、市长马懿出席会议并作重要讲话。

△国务院南水北调办公室副主任张野带领调研组检查指导南水北调中线工程郑州段干渠建设。国务院南水北调办公室移民征地司司长袁松龄、建设管理司副司长苏克敬，省南水北调办公室主任王小平，省移民办公室主任崔军等参加调研。

△国家文物局副局长童明康、文物保护与考古司副司长陆琼等一行检查郑州市大运河申遗各项工作开展情况。郑州市大运河水工遗存是中国大运河申遗的立即列入项目，主要位于郑州市惠济区，包括现存的索须河部分河段和掩埋于地下的惠济桥段。

4月

3日

△国务院新闻办公室举行新闻发布会，详细公布郑州航空港经济综合实验区规划内容，60余家媒体采访报道。河南省省长谢伏瞻，中国民航局局长李家祥，国家发改委地区经济司司长范恒山，河南省委常委、市委书记吴天君介绍规划相关情况并回答记者提问。

7–8日

△省委副书记、省长谢伏瞻到郑州调研经济社会发展情况。谢伏瞻指出，随着中原经济区建设上升为国家战略、郑州航空港经济综合实验区规划获批，郑州在全国的影响力持续提升，要发挥省会城市的作用，自我加压，勇于担当，努力为实现“中原梦”作出新的更大贡献。省委常委、郑州市委书记吴天君，省政协副主席、省发展和改革委员会主任张维宁，省政府秘书长郭洪昌，省政府副秘书长徐衣显等陪同调研。市领导马懿、王璋、白红战、李秀奇等陪同调研或参加汇报会。

9日

△我国首座跨黄河四线铁路特大桥——郑焦城际铁路黄河特大桥合龙贯通。该桥位于既有京广铁路郑州黄河大桥下游110–190米处，是郑焦城际铁路和改建京广铁路跨越黄河的共用四线铁路特大桥。大桥郑焦城际线部分全长9.63公里，设计时速为250公里；京广线部分全长11.28公里，设计时速为160公里；主桥为四线合建，全长2200米。该桥于2010年10月15日开工建设，是黄河上唯一一座四线铁路特大型桥梁。该桥建成后，上游既有京广铁路郑州黄河大桥将停止使用。

10日

△拜祖大典系列活动——2013中国郑州科技成果交易暨高科技人才交流会在郑州国际会展中心开幕。中国科学院纪检组长李志刚、科学技术部高新司副司长杨咸武、国家知识产权局专利管理司副司长雷筱云，清华大学副校长姜胜耀等出席开幕式。省委常委、市委书记吴天君宣布开幕。副省长徐济超，市领导王璋、白红战、李秀奇等出席开幕式。本届科交会由科学技术部、中国科学院、中国工程院、国家知识产权局、河南省人民政府共同主办，省科技厅、省科学院、省知识产权局和郑州市人民

政府承办。

△海马汽车M3量产仪式在经开区海马轿车第二工厂举行，标志着郑州汽车产业的档次和水平进一步提升，对于加快全市汽车及零部件产业发展，提升郑州汽车产业竞争力具有重要意义。

11日

△郑州市召开人感染H7N9禽流感防控部门联席会议，全面安排部署人感染H7N9禽流感防控工作。市委常委、宣传部部长王哲，副市长刘东出席会议。

△市人大常委会主任白红战到上街区峡窝镇调研网格化管理工作情况。

12日

△癸巳年黄帝故里拜祖大典在新郑市举行。来自海内外的各界嘉宾近8000人亲临现场，共拜人文始祖。癸巳年黄帝故里拜祖大典由河南省人民政府、政协河南省委员会、中共中央台湾工作办公室（国务院台湾事务办公室）、国务院侨务办公室、中华全国归国华侨联合会、中华全国台湾同胞联谊会、中华炎黄文化研究会联合主办，郑州市人民政府、政协郑州市委员会、新郑市人民政府承办。参加拜祖大典的主要领导和嘉宾有：全国政协副主席李海峰，十届全国人大常委会副委员长、中华炎黄文化研究会会长许嘉璐。中国国民党副主席蒋孝严及夫人蒋黄美伦。中共中央台湾工作办公室、国务院台湾事务办公室副主任孙亚夫，国务院侨务办公室副主任谭天星，中华全国台湾同胞联谊会会长汪毅夫，中华全国台湾同胞联谊会党组书记、副会长梁国扬，中华全国归国华侨联合会副主席李卓彬，中华炎黄文化研究会常务副会长赵德润等主办单位领导；中央统战部副部长林智敏、民革中央副主席郑建邦等中央和国家机关部委领导；来自美国、加拿大、意大利、澳大利亚等20多个国家和地区的数百位海外侨胞。中共河南省委书记、省人大常委会主任郭庚茂，省委副书记、省长谢伏瞻，省政协主席叶冬松等省四大班子领导；河南省委常委、郑州市委书记吴天君，郑州市人民政府市长马懿等郑州市四大班子领导及中共新郑市委书记、市长和社会各界代表。许嘉璐恭读拜祖文，汪毅夫主持，叶冬松、孙亚夫致辞。

△郑州海关与厦门海关在新郑国际机场正式签署《关于郑州—厦门—雅加达国际航线合作监管协议》，这是继2011年“郑州—厦门—新加坡”航线之后，两地海关的又一次合作。随后，“郑州—厦门—雅加达”航线将正式开通运行。

13日

△作为癸巳年黄帝故里拜祖大典系列活动之一，河南多元文化传媒有限公司联袂中国国际电视总公司北京辉煌动画公司共同创作、制作的大型系列动画片《黄帝史诗》在郑开机。

14日

△十届全国人大常委会副委员长、中华炎黄文化研究会会长许嘉璐一行到巩义市调研文化工作，重点了解孝道文化建设情况。省市领导蒋笃运、舒庆等陪同调研。

△市委书记吴天君会见中国龙工控股董事局主席李新炎一行，双方就进一步深化合作事宜进行了深入交流和座谈。市领导王跃华等参加会见。

16日

△第十五届全国肥料双交会暨第十届中原肥料双交会在郑州国际会展中心举行。本届双交会由全国农业技术推广服务中心、河南省农业厅、河南省供销总社、郑州市人民政府联合主办。国务院参事、农业部原副部长刘坚，农业部全国农业技术推广服务中心主任陈生斗，农业部种植业管理司副司长何才文，省农业厅厅长朱孟洲，副市长吴忠华等参加开幕式。

△“西电东输”重要项目——哈密南—郑州±800千伏特高压输电工程成功跨越黄河，整个标段全部完工。

△郑州航空港经济综合实验区专题报告会在郑举行。省委常委、宣传部部长赵素萍主持报告会。省人大常委会副主任张大卫作《郑州航空港经济综合实验区——经济全球化时代推动发展方式转变的探索与实践》专题报告，来自省宣传思想文化战线、省社科界及省会新闻媒体的300多人参加报告会。

17日

△市委、市政府召开新型城镇化建设专项督察会。市委书记吴天君在会上强调，要加快推进以基础设施和产业项目落地为重点的拆迁和群众安置社区建设，积极探索具有郑州特色的新型城镇化路子。市委常委、副市长张建慧主持会议。

△郑州市首例人感染H7N9禽流感疑似病例王某，经疾控部门复核确证为人感染H7N9禽流感病毒阳性。

18日

△郑州市召开大气污染综合治理动员会，部署燃煤污染治理、黄标车淘汰限行、控制扬尘污染等工作，并正式下发《郑州市控制扬尘污染工作方案》《郑州市黄标车限制通行工作方案》《郑州市燃煤污染治理工作方案》《郑州市黄标车淘汰工作方案》。

19日

△由创新人才教育研究会、中国民办教育协会中小学专业委员会、市教育学会联合举办的2013年（第四届）全国中小学校长论坛在郑州开幕。省市领导靳克文、刘东出席开幕式。

△全市召开重型货车道路交通安全工作推进会，安排部署综合整治工作。市领导王璋、郭锡昌、黄保卫、张建慧、张学军出席会议。副市长张学军宣读了市委、市政府《关于坚决遏制重型货车道路交通安全重大事故的工作部署》。

△广东发展银行郑州分行与市政府签订500亿元战略合作协议。市委书记吴天君，市委常委、常务副市长胡荃，市委常委、市委秘书长孙金献出席签约仪式。

20日

△郑州市百年老院郑州人民医院顺利通过评审，正式跻身全国三级甲等医院之列。这是河南省首批通过评审、也是全省首家晋级的省辖市医院。

23日

△市委、市政府举行向雅安地震灾区捐款仪式，市四大班子领导及郑州警备区领导、市直机关干部职工踊跃捐款。市委副书记王璋动员全市各级各部门迅速行动起来，积极伸出援助之手，帮助灾区人民夺取抗震救灾胜利。据统计，1000余人参加此次捐款，在不到20分钟的时间内共捐款148300元。

△由市委宣传部、市总工会、市红十字会、市文广新局主办的“爱在绿城 情系雅安”赈灾募捐义演活动在绿城广场举行。在近两个小时内，共募集资金近1300万元。市领导王哲、赵武安、刘东等到场参加捐助。

24日

△2013年全省重点项目暨产业集聚区建设观摩点评活动第二组到郑州市观摩。省委副书记、省长谢伏瞻带领观摩组成员，到新郑新港产业集聚区及重点项目建设工地，对郑州市重点项目建设和产业集聚区发展进行观摩点评。省委常委、省军区政委周和平，省委常委、统战部部长史济春，副省长陈雪枫，省政协副主席、省发改委主任张维宁，省政府秘书长郭洪昌和部分省辖市市长、省直有关部门主要负责人，郑州市领导王璋、胡荃、孙金献等参加观摩活动。

25日

△2013年全国侵权盗版及非法出版物集中销毁河南分会场活动在郑州举行，共销毁盗版、走私音像制品，盗版计算机软件及电子出版物，非法及盗版书报刊等475360件。省市领导赵素萍、王哲出席活动并讲话。

△由团市委主办的“郑州市万名青年志愿者下网格”示范活动在河南省农科院社区举行。市委副书记、市“坚持依靠群众推进工作落实”长效机制领导小组组长王璋出席活动并讲话。

△市委书记吴天君主持召开市委常委会，传达学习全省重点项目暨产业

集聚区建设工作会议精神，要求全市上下进一步增强责任感、紧迫感和使命感，为实现“中原梦”作出省会城市应有的贡献。市领导马懿、王璋、白红战、李秀奇等参加会议。

26日

△证券机构支持郑州及航空港经济发展融资项目对接会在航空港区召开，国内42家证券公司，郑州市及航空港区100多家企业、项目单位参会。市委常委、常务副市长胡荃，新郑综合保税区（郑州航空港区）管委会主任张延明出席会议。

△文化部党组成员、副部长杨志今一行莅临郑州，对郑州市公共文化服务体系建设工作进行调研。市领导马懿、王哲、刘东陪同。

△为期3天的中国沿黄区域名优商品博览会暨第十一届中国郑州糖酒食品交易会在郑州国际会展中心开幕。

27日

△郑州市举行动漫产业项目推介暨签约仪式，河南小樱桃动漫集团有限公司、河南麦草动漫科技有限公司、河南智睿动漫设计有限公司等9家动漫企业与法国和上海、福建、广东等海内外知名文化公司成功签约，金额达1.12亿元，涉及动画片制作、衍生品开发、海外版权代理等动漫产业链各个环节。省文化厅厅长杨丽萍，市委常委、宣传部部长王哲出席签约仪式。

△省政协副主席、省人口计生委主任高体健一行莅临郑州，对郑州市流动人口社会融合情况进行调研。市领导吴忠华、李新有陪同。

△郑州市召开强投资重点项目暨产业集聚区建设督察讲评会议，动员全市上下按照省委、省政府的决策部署，迅速掀起重点项目和产业集聚区建设热潮，确保经济持续健康快速发展。市领导吴天君、马懿、王璋、白红战、李秀奇等出席会议。

△在海南省五指山市举行的第五届中国绿色发展高层论坛上，经过自荐与推荐、网上投票、专家评选等环节，郑州市荣获2012年度“中国十佳绿色城市”称号。本届论坛由联合国环境规划署、联合国粮农组织、联合国开发计划署共同指导，中国林业经济学会、中国环境科学学会、中国领导科学研究会和中国华夏文化遗产基金会共同主办。

28日

△“走进森林、走进廊道、走进社区，认识郑州、热爱郑州、奉献郑州”主题活动在中原西路生态廊道、郑州树木园启动。同时，郑州绿博园、郑州黄河湿地公园和绿源山水也同步举行了丰富多彩的生态文化活动。市领导吴天君、白红战等参加启动仪式。

29日

△市委书记吴天君与卡萨达教授、曹允春教授举行工作会谈。两位航空经济专家介绍了“大枢纽、大产业、大都市”研究报告大纲和“临空经济”研究报告，双方就航空大都市、临空经济、航空港规划进行了深入交流和探讨，并签订合作协议。市领导马懿、胡荃等参加会谈。约翰·卡萨达（John Kasarda），美国北卡罗来纳大学柯南-弗拉格勒商学院教授，柯南民营企业研究所所长，航空商业研究中心负责人。曹允春，区域经济学博士、教授、硕士生导师，现任中国民航大学经济与管理学院副院长、临空经济研究所所长。

5月

3日

△郑州市青少年服务大厅正式开放，这是面向全市青少年开设的综合性多功能服务大厅，也是我国中西部地区首个青少年服务大厅。同时还成立了郑州共青团“雷锋超市”及希望书屋。市委常委、组织部部长高建慧，市人大常委会副主任周长松为青少年服务大厅揭牌；副市长吴忠华、市政协副主席李玉辉为郑州共青团“雷锋超市”揭牌。

△河南省机场集团有限公司成立揭牌仪式在新郑机场举行。这标志着郑州机场将以公司化方式运营，是郑州机场管理体制和运行机制的重大改革创新，机场发展方式的重大转变。

3–6日

△以国土资源部副部长胡存智为组长的国务院督察组到郑州市督察棚户区改造工作。督察组听取了河南省棚户区改造工作情况汇报，并到项目工地进行察看。省市领导陈雪枫、张建慧陪同。

5日

△市委副书记、市长马懿主持召开市政府第103次常务会议，会议原则通过了《关于“保增长、调结构、夯基础、促转型”的实施方案》。

7日

△民政部副部长窦玉沛率调研组一行，对郑州市社会工作开展情况、养老服务体系建设进行调研。市领导王璋、姚待献陪同。

8日

△郑州市国家级信息化和工业化融合试验区正式通过工信部验收。工信部信息化推进司副司长董宝青，市委常委、市工业经济科技和安全生产工作领导小组组长、统战部部长王跃华等出席验收会议。

△郑州人民医院宣布，该院成功实施了国内首例活体肝肾原位移植术。接受手术者是一对母子。母亲叫潘大想，来自新疆生产建设兵团农六师奇台农场。儿子陈凯，20岁，是新疆农业大学一名学生。在配型成功后，4月27日，历时12个小时，医生将母亲的半个肝、一个肾成功移植到儿子身上。经过10天治疗护理，母子两人恢复良好。

9日

△市委常委、宣传部部长王哲带领市发改委、市财政局等相关部门负责人，到荥阳市调研宜居健康园区“三院一校”项目和郑州市第三人民医院迁建项目建设进展情况。副市长刘东陪同。首批入驻宜居健康园区“三院一校”项目分别是郑州人民医院、市骨科医院、市妇幼保健院和市卫生学校。

△市政协委员捐建登封市宣化镇岳窑村小学教学楼奠基仪式举行，市政协主席李秀奇等参加活动。此次市政协拿出240万元委员捐款用于帮助岳窑村小学建设教学楼。

△全国政协人口资源环境委员会副主任张基尧带领调研组到郑州市，调研水源地保护及地下水污染防治工作。市领导吴忠华等陪同。

10日

△从今天开始，郑州新郑国际机场在全国首家推出一项“常旅客”奖励计划。凡年满12周岁并同意接受“常旅客会员”规则和条款的旅客，均可免费申请成为郑州机场的常旅客会员，积分达到一定数量后，即可通过扣减积分兑换从郑州始发的单程免费机票。

△市政府办公厅印发《郑州市人感染H7N9禽流感应急预案（试行）的通知》，郑州市将设置四级疫情预警，并要求发现疫情要确保在两小时内报告。

13日

△郑州市召开2013年“郑州环保世纪行”动员会，全面启动“环保世纪行”活动。市领导白红战、周长松、张学军等出席活动。

13–14日

△云南省副省长沈培平带领考察团莅临郑州市，考察现代农业产业集聚区和农业产业化企业发展情况。省政府副秘书长胡向阳、省农业厅厅长朱孟洲，副市长吴忠华等陪同。

14日

△全国人大常委会财经委副主任委员吕祖善一行莅郑，就城镇化建设情况进行调研。调研组先后到位于郑州新郑综合保税区的富士康生产车间、豫康新城社区进行了参观考察。市人大常委会主任白红战，郑州新郑综合保税区管委会主任张延明等陪同调研。

17日

△市委副书记、市长马懿在市政府会见到郑参加第八届中博会的微软中国有限公司首席技术官古普达一行，双方围绕中原经济区和郑州都市区建设，打造智慧城市等进行了交流。

△第九届中国（深圳）国际文化产业博览交易会在深圳开幕，郑州市组团携带《念书的孩子》《不是闹着玩的》等7部本土电影到深圳参展。

△华北水利水电大学揭牌，华北水利水电学院正式更名为华北水利水电大学。

18日

△市委书记吴天君会见到郑州参加第八届中国中部投资贸易博览会的部分中外嘉宾。市领导胡荃、李公乐、孙金献等参加会见。吴天君先后会见了香港金马凯旋集团董事长肖铠旋、渣打银行（中国）有限责任公司中国区总裁林清德、欧盟驻华代表团团长（大使）艾德和。

△湖北省委副书记、省长王国生率湖北省党政考察团对郑州市城市新区建设和新型城镇化建设工作进行参观考察。省市领导周和平、吴天君、王璋等陪同考察。

△中部发展金融论坛在国际会展中心举行。国内外著名专家学者、中部六省相关政府主管部门、各金融机构、投行代表等400位嘉宾参会。省政协主席叶冬松、副省长王艳玲参加会议。

△第八届中国中部投资贸易博览会在郑州国际会展中心开幕，来自90多个国家和地区的3万余名客商参会。中共中央政治局委员、国务院副总理汪洋宣布开幕并视察展馆。省委副书记、省长谢伏瞻主持开幕式并致辞；商务部国际贸易谈判代表兼商务部副部长钟山致辞。新西兰副议长埃里克·罗伊，山西省省长李小鹏，江西省省长鹿心社，安徽省代省长王学军，湖南省代省长杜家毫，湖北省省长王国生，国务院副秘书长毕井泉，中国工业经济联合会会长李毅中，国家旅游局局长邵琪伟，河南省政协主席叶冬松，智利塔拉帕卡大区行政长官米格尔·托雷斯，南非林波波省省长卡塞尔·马塔利，卢森堡可持续发展和基础产业部部长克劳德·维斯勒，南非总统府办公室主任克林斯·查巴尼，澳门特区政府经济财政司司长谭伯源，香港特区政府商务及经济发展局局长苏锦樑出席开幕式。

△第八届中博会郑州航空港经济综合实验区推介暨电子信息产业集群发展合作交流洽谈会在郑州国际会展中心轩辕堂举行。全球知名航空产业及电子信息产业巨头齐聚一堂，共话交流合作。省委副书记、省长谢伏瞻，国家工业和信息化部副部长杨学山出席会议。省委常委、常务副省长李克主持会议。省、市领导吴天君、秦玉海、张大卫、陈雪枫、张维宁、马懿等出席会议。

△以“持续转型、协调发展、促进崛起”为主题的第八届中国中部投资贸易博览会高峰论坛在郑州举行。河南省政府省长谢伏瞻、山西省政府省长李小鹏、江西省政府省长鹿心社、湖南省政府代省长杜家毫、安徽省政府代省长王学军、湖北省政府副省长王君正出席论坛并进行“六省对话”。

△十届全国政协副主席、全国人口福利基金会会长王忠禹率队到郑州市调研创建幸福家庭活动开展情况。国家卫生计生委副主任王国强、王培安，中国人口福利基金会理事长赵炳礼参加考察。省市领导王艳玲、靳绥东、高体健、李秀奇等陪同。

19日

△国家卫生和计划生育委员会副主任、国家中医药管理局局长王国强到新密市，调研妇幼保健和计划生育工作。省市领导高体健、王哲陪同。

△万豪国际集团与河南汇艺置业有限公司签署战略合作协议，宣布签约入驻河南文化产业大厦。双方将悉心打造专门服务高端商务人士的豪华商务标杆酒店——万怡酒店。这也是继2011年国际知名超五星级酒店JW万豪酒店宣布签约入驻郑州会展宾馆后，万豪国际集团再次与郑州牵手。

△市政协主席李秀奇，市委常委、常务副市长胡荃在郑会见参加中博会的中国平煤神马能源化工集团有限责任公司副总经理万善福。会见结束后，市政府和中国平煤神马集团签订了战略合作框架协议。

△第八届中博会重要专题活动——世界华商论坛在郑举行，知名专家学者和来自33个国家和地区的华商代表齐聚一堂，为中原经济腾飞献计献策。全国工商联副主席谢经荣出席论坛。省市领导史济春、梁静、王跃华等出席论坛。

21日

△省军区政治部副主任黄为忠带领省“双拥”工作检查考评组一行到郑州市，就创建省级“双拥”模范城工作进行考察验收。市党政军领导王璋、刘贵新、姚待献、尚守道等出席“双拥”工作汇报会。

△市委、市政府召开重点项目、畅通郑州工程建设现场观摩会。市委书记吴天君要求，全市上下要充分认识新型城镇化建设的重大意义，加快推进以重点项目和畅通郑州工程为主导的新型城镇化建设。市领导马懿、白红战、李秀奇等出席会议。

21-22日

△省人大常委会副主任秦玉海带领部分省人大常委会组成人员和全国、省人大代表到郑州，就新型城镇化建设工作进行调研。市领导吴天君、白红战等陪同调研。

23日

△市委、市政府召开“三力”（国际影响力、国内辐射力、国内外资源整合力）项目落地建设推进会。市委书记吴天君在会上强调，全市上下要充分认识“三力”型项目的战略性、奠基性、带动性作用，集中排查解决影响项目落地建设的突出问题，确保全年“强投资、夯基础、调结构、求提升”各项目标的圆满完成。市领导马懿、王璋、白红战、李秀奇等出席会议。

27日

△“印象河南·2013省外媒体中原行”活动在郑州启动，来自青海、甘肃、江苏、新疆的42名一线编辑、记者到郑州航空港经济综合实验区、经济技术开发区的企业生产车间、项目建设工地，实地感受郑州都市区大跨越、大发展。

△河北省委常委、石家庄市委书记孙瑞彬率石家庄市党政考察团对郑州市城市新区建设、产业集聚区和新型城镇化建设进行参观考察。市领导吴天君、马懿、王璋等陪同考察。

28日

△美国联合包裹公司（UPS）前任国际总裁丹尼尔·布鲁托和新任国际总裁吉姆·巴伯尔一行莅临郑州市，参观考察郑东新区。省市领导张大卫、马懿、张延明等陪同参观。

△市委书记吴天君带领相关部门负责人督察畅通郑州工作。吴天君强调，畅通郑州是郑州市的首位工程、民生工程，一定要提高精细化管理水平，在保证质量的前提下，加快建设进度。市领导孙金献、张建慧等一同督察。

△市政府办公厅印发通知，向社会公布《组建郑州人民医院医疗集团方案》。郑州市将以郑州人民医院宜居健康城医院和郑州人民医院颐和医院为东西两翼，整合市第九人民医院、市口腔医院和黄河东路社区卫生服务中心，组建医疗集团。这是郑州市首个医疗集团。

29日

△副省长陈雪枫带领省直相关部门负责人，先后到巩义市河南豫联能源集团有限责任公司、河南万达铝业有限公司、河南明泰铝业股份有限公司、河南泰邦铝业有限公司，对郑州市铝工业发展进行调研。省工信厅厅长王照平，市委副书记、市长马懿，市委常委、巩义市委书记舒庆，市委常委、统战部部长王跃华，副市长马健等陪同调研。

30日

△郑州市康复医院整体并入郑州大学附属郑州中心医院，康复医学部正式成立。这也是郑州大学附属郑州中心医院区域医疗联合体（以下简称“医联体”）第46个成员。

△在西安大唐西市举办的“挑战与希望——2013中国（西安）区域互联

网发展论坛”上，发布了“区域互联网商业能力综合指数排名”。全国共有30家区域互联网网站进入排名，中原报业传媒集团旗下的中原网排名全国第19名，在河南新闻媒体网站类位居第一。对区域互联网的商业能力进行深入研究和指数排名，这在中国还是第一次。

30–31日

△省政协主席叶冬松率领省政协常委视察团视察郑州航空港经济综合实验区建设情况。省政协副主席靳绥东、龚立群等一同视察。市领导吴天君、马懿、王璋、李秀奇等陪同视察。

31日

△全国深化平安中国建设工作会议在苏州召开，郑州市在会上被表彰为“2009-2012年度全国社会管理综合治理优秀市”。全国仅10家获此表彰，郑州市首次获此殊荣，也是本次全省唯一受表彰的单位。市委常委、政法委书记黄保卫到会领奖。

△郑州市市场发展投资有限公司正式揭牌。该公司是市委、市政府根据中原经济区和郑州都市区建设需要，为把郑州打造成为全国重要的商贸物流中心而决策组建的国有独资公司，也是河南省首个负责市场开发运作的国有独资公司。市委常委、副市长薛云伟出席揭牌仪式。

6月

1日

△郑州人民广播电台“都市广播”“音乐广播”两套节目正式在中原福塔进行发射。

3日

△中央统战部副部长，全国工商联党组书记、常务副主席全哲洙到郑州市调研非公有制经济人士理想信念教育实践活动开展情况。省、市领导梁静、王跃华陪同。

4日

△郑州市召开郑州航空港经济综合实验区（综保区）领导干部会议。市委书记吴天君在会上强调，要把思想和行动统一到省委的决策部署上来，迅速形成航空港实验区热火朝天、势如破竹的开发建设局面，为实现中原崛起、河南振兴、富民强省的中原梦作出新的更大贡献。市委副书记、市长马懿主持会议。市委副书记、航空港实验区（综保区）党工委书记胡荃，市委常委、组织部部长高建慧，航空港实验区（综保区）党工委副书记、管委会主任张延明等出席会议。

5日

△中国计划生育协会副会长勾清明一行到郑州市，调研人口和计划生育基层群众自治工作。省政协副主席、省人口计生委主任高体健，副市长吴忠华等陪同调研。

6日

△市委常委、市纪委书记郭锝昌带领市场发展局等部门有关负责人，到金马凯旋家居CBD、华中食品城等处就市场外迁工作推进情况进行调研。

△省纪委副书记李建社，市委常委、市纪委书记郭锝昌带领省、市纪检队伍，到郑州市廉政文化模范单位——市工商局，参观廉政文化建设情况，对该局的“红盾公务灶”大加赞赏。

△郑州市十三届人大常委会第三十六次会议召开。会议通过了关于接受胡荃、李公乐辞去郑州市人民政府副市长职务的决定，决定任命孙金献为郑州市人民政府副市长。

△郑州路港国际综合物流园区项目签约仪式在中牟县政府举行。该项目位于中牟县黄店镇沿S223、机场连接线相交区域，规划占地面积约66.67公顷，总投资约12亿元，计划打造以口岸作业区为主的“区域国际物流服务和结算中心、物流信息中心、区域分拨中心、区域配送中心”，主要建设公路口岸联检大楼、保税仓库及加工车间、普通仓库、城市配送中心、信息交易中心、进口商品展示厅、集装箱作业车间、停车场、堆场及辅助设施等。

7日

△建设银行河南省分行与郑州航空港实验区管委会联合举办项目与金融产品对接会。这是郑州航空港实验区管委会成立后首次与商业银行开展合作。郑州航空港实验区内100余家重点企业参加对接会。

△市委常委、副市长张建慧察看市轨道交通1号线车站装修工程进展情况，提出要以建“百年地铁”的意识，狠抓施工质量。

△市委书记吴天君会见红星美凯龙集团董事长车建新一行，双方就进一步深化合作事宜进行了交流座谈。市领导薛云伟参加会见。

△郑州市与省电力公司举行工作座谈会，双方就电网建设、电力保障等相关问题进行深入交流并达成共识。省电力公司总经理葛国平、党组书记张俊利及相关部门负责人，市领导吴天君、李公乐、王跃华等参加座谈。

8日

△省政协副主席、民建河南省委主委龚立群带领民建河南省委联合调研组，就新型城镇化进程中农村转移劳动力职业技术教育问题到郑州市调研。市领导王跃华、张冬平陪同。

9日

△郑州市人社局举行专业技术人员2013年继续教育启动暨继续教育基地授牌仪式，标志着郑州市专业技术人员继续教育工作全面启动。

△郑州市举行北斗系统应用及产业化高端论坛。市领导王跃华、刘全心等出席论坛。总参作战部测绘导航局副局长、中国卫星导航定位应用管理中心主任杨宝峰，中国工程院院士、国家卫星定位系统工程技术研究中心主任刘经南，北斗卫星导航系统工程副总设计师谭述森，解放军信息工程大学导航与空天目标工程学院院长李广云等参加论坛。

△省政府安委会和市政府安委会联合举办省会“安全生产月”宣传咨询日活动。副省长陈雪枫、省安监局局长刘宛康，市人大常委会副主任刘全心、副市长马健、市政协副主席崔凡等出席活动。

13日

△由市委宣传部、市文明办主办的郑州市“道德讲堂”总堂在市总工会揭牌并由市民身边的道德模范杨华民首讲。省文明办专职副主任郭守占，市委常委、宣传部部长王哲出席揭牌仪式并聆听讲座。

14日

△市中心城区总体城市设计方案在黄河饭店接受专家评审，方案由东南大学城市规划设计研究院和郑州市规划勘测设计研究院共同设计，中国工程院院士戴复东等7位知名专家对方案进行评审，市发改委、市财政局、市规划局等23个市政府相关部门与相关区政府参加会议。市委常委、副市长张建慧出席评审会。郑州市中心城区总体规划面积约980平方公里，北至黄河，南至绕城高速，东至京港澳高速，西至绕城高速。规划定位为古今文化交融之城、商贸汇聚活力之城、水绿宜居生态之城。方案中，规划空间结构中心城区为“两心、四轴、二十五节点”。

△省委副书记、省长谢伏瞻到郑州专题调研汽车产业。他指出，要增强汽车产业发展的前瞻性，以市场需求为导向，不断提升产业发展的质量和水平，壮大规模，提高效益。省委常委、郑州市委书记吴天君参加调研。

△省人大常委会副主任蒋笃运带领省人大常委会视察组一行莅郑，对郑州市法院刑事审判工作和检察院反贪污贿赂工作开展情况进行视察。市人大常委会副主任贾记鑫、市中级人民法院院长王新生、市人民检察院检察长杨祖伟等陪同视察。

15日

△市委书记吴天君带领市直有关单位负责人到新密市、高新区，调研产业集聚区、四类社区建设和城市功能提升等工作。

△市委副书记、市长马懿带领市直相关部门负责人到郑州航空港经济综合实验区，调研机场二期工程拆迁工

作。马懿强调，要确保和谐拆迁、安全拆迁、阳光拆迁，全力推动郑州机场二期工程建设。省交通厅副厅长李和平，市领导胡荃、张延明等陪同调研。

△加拿大多伦多市旅游局携北京环球行国际旅行社在郑举办赴加旅游技巧专题培训。这也是首个国外旅游城市在郑举行专题旅游培训。

16日

△市政府办公厅印发《关于进一步巩固完善县级公立医院综合改革的实施意见》，2013年郑州市将逐步把所有县级公立医院纳入试点范围，实现县级公立医院综合改革全覆盖。

17日

△"2013年郑州市食品安全宣传周暨放心主食工程活动"启动仪式在绿城广场举行。市委常委、常务副市长孙金献，市人大常委会副主任赵武安等出席启动仪式。

19日

△市委、市政府召开全市新型城镇化产业集聚区建设督察讲评会。市委书记吴天君在会上强调，全市上下要坚持"一个主体两个载体"的"三位一体"统筹城乡发展理念，把产业集聚区建设摆在突出位置，迅速掀起以航空港实验区为统揽、以"强投资"为核心、以产业集聚区为载体的集聚区功能构建、项目落地、招商引资和四类社区建设热潮，加快打造郑州经济的"升级版"。市领导马懿、王璋、胡荃、白红战等出席会议。

△郑州市召开专题会议，传达学习和贯彻落实中央党的群众路线教育实践活动工作会议精神和省委书记郭庚茂、省长谢伏瞻讲话精神。市委书记吴天君要求，全市各级党组织和广大党员要切实把思想和行动统一到中央、省委的决策部署上来，坚持开展教育实践活动与当前工作相结合，实现互促互进。市领导马懿、王璋、胡荃、白红战等出席会议。

△市委书记吴天君带领有关部门负责人到郑东新区、经开区，就新型城镇化建设和现代产业体系构建进行调研，并现场解决项目建设中遇到的有关问题。市领导王璋、李公乐一同调研。

20日

△中原信托有限公司与郑州航空港经济综合实验区达成战略合作协议，由中原信托发行信托计划募集资金，支持实验区道路交通、市政服务等基础设施建设，其中首次募集的10亿元资金已经到位。

△由深圳市委、市政府，郑州市委、市政府联合主办的"深圳市知名企业家河南（郑州）行活动"主题活动郑州及航空港经济综合实验区推介会暨郑深企业合作共赢洽谈会举行，来自深圳的百余名企业家齐聚郑州，与郑州的企业界代表交流互动，携手共谋发展。深圳市委常委、统战部部长张思平，深圳市工商联主席、海王集团董事长张思民，深圳市委两新组织工委书记、统战部副部长、工商联党组书记邱秋华等出席活动。省市领导史济春、吴天君、陈雪枫、马懿、王璋、胡荃等出席活动。

21日

△深圳市100多位知名企业家在郑州参观考察，了解郑州经济发展情况。深圳市委常委、统战部部长张思平参加考察。市委常委、统战部部长、市工业经济科技和安全生产工作领导小组组长王跃华，副市长马健陪同考察。

△郑州市十三届人大常委会第三十七次会议闭幕。会议通过了《郑州市科学技术投入条例（草案表决稿）》、市政府关于森林城市建设工作情况的报告、市政府关于《郑州市城市园林绿化条例》实施情况的报告。

△市委书记吴天君带领市直有关单位负责人到航空港实验区（综保区）、新郑市、荥阳市，调研产业集聚区、四类社区建设和城市功能提升等工作。市委副书记、市委秘书长王璋等一同调研。

24日

△中国民生银行与郑州市三大合作项目启动仪式在郑东新区金融后台服务园区举行。此次合作项目包括郑州市政府与中国民生银行签订政银共建和谐小区战略合作协议、中国民生银行郑州战略研发服务基地开工奠基、中国民生银行郑州交易中心揭牌。省市领导李克、吴天君、马懿等，中国民生银行董事长董文标等出席仪式。

25日

△市政府与招商银行郑州分行《金融支持科技创新战略合作协议》签约仪式和郑州市科技特色支行授牌仪式同时举行。根据协议，未来三年，招行郑州分行将为郑州市科技型企业提供至少150亿元的授信额度。市领导孙金献、王跃华、马健等参加仪式。

△河南省枣科学院士专家工作站在新郑市正式启动，这是河南省乃至全国第一家专业从事枣产业研究的院士工作站。该站由河南省科学技术协会批准成立，以新郑市红枣科学研究院为依托，并聘请中国工程院院士、原北京林业大学校长尹伟伦院士，中国工程院院士、副院长，原北京林业大学校长沈国舫等为进站特聘院士。

26日

△郑东新区龙湖金融中心首批项目——宇通金融大厦和百瑞国际金融大厦正式开工建设。市委常委、郑东新区党工委书记、管委会主任李公乐出席开工仪式。宇通金融大厦项目位于龙湖金融中心外环区域，规划占地约0.93公顷，建筑高度120米，总建筑面积约10万平方米，总投资约10亿元。

△国务院南水北调办主任鄂竟平、国家防汛抗旱督察专员田以堂一行到郑州市调研南水北调工程防汛工作，副市长吴忠华陪同。

27日

△市委、市政府召开全市新型城镇化建设工作督察讲评会，市委书记吴天君在会上强调，全市上下要进一步深化认识"一个主体两个载体"的"三位一体"统筹城乡发展理念，按照"内疏外控、基础提升、产业支撑、内涵持续"的要求，强化政策引导，创新体制机制，持续推进新型城镇化健康有序发展。市领导马懿、王璋、胡荃、李秀奇等出席会议。

△省委常委、政法委书记刘满仓到郑州市调研保安队伍建设工作。省委常委、郑州市委书记吴天君参加座谈会。刘满仓强调，要认真慎重、积极稳妥推进保安队伍的改制工作，公安机关要同原开办的保安服务公司彻底脱钩，尽快使保安公司走向市场化、社会化、常态化和法制化的轨道。

28日

△郑州居民赴台个人游通行证、签注受理工作正式启动，当天市公安局出入境管理处受理量为149人次。

△由市政协委员捐建的中牟县郑庵镇春晖社区小学奠基。市政协主席李秀奇等出席奠基仪式。

29日

△国际民航组织理事会主席罗伯托·科韦·冈萨雷斯、秘书长邦雅曼莅临郑州市，考察郑州航空港经济综合实验区建设。国家民航局副局长夏兴华，省委常委、常务副省长李克，副省长赵建才，市领导马懿、胡荃、薛云伟等陪同考察或参加有关活动。市委副书记、市长马懿向罗伯托·科韦·冈萨雷斯和邦雅曼颁发了郑州市荣誉市民证书。

△郑州人民医院颐和医院正式开诊，郑州市首个医疗集团——郑州人民医院医疗集团同时揭牌成立。这开创了郑州市医疗卫生民办公助的先河。省卫生厅巡视员夏祖昌，市领导王璋、李秀奇、李公乐等出席揭牌仪式。

7月

1日

△国家统计局局长马建堂一行到郑州市，就铝、煤炭等行业生产经营情况、存在问题及下半年分析预测情况展开调研。市领导马懿、舒庆、孙金献等陪同调研。

△即日起，展示郑州从人类文明起步至改革开放以来政治、经济、文化等领域发展进程的"郑州记忆"展览在

郑州市档案新馆正式开展。市委常委、统战部部长王跃华，副市长刘东出席开展仪式。

2日

△中兴通讯股份有限公司董事长侯为贵一行莅临郑州市考察。市委书记吴天君，市委副书记、市长马懿，市委副书记、郑州航空港经济综合实验区（郑州新郑综合保税区）党工委书记胡荃、管委会主任张延明等陪同考察。侯为贵一行先后到经开区中兴产业园、郑州航空港经济综合实验区等地，详细了解郑州航空港经济综合实验区规划发展情况。

△副省长王铁到位于新郑市的雏鹰农牧集团股份有限公司，就畜禽生产和食品安全等工作进行调研。省畜牧局局长宋虎振、副市长吴忠华陪同调研。

3日

△市委副书记、市委秘书长王璋到市公交总公司调研公交事业发展情况。市委常委、副市长张建慧一同调研。

4日

△全国人大常委会副委员长、民进中央主席严隽琪率民进中央调研组就"郑州航空港经济综合实验区建设"这一主题到郑州市进行调研。省委常委、统战部部长史济春，省人大常委会副主任李文慧，市委副书记王璋，市人大常委会主任白红战等陪同。

5日

△全市领导干部会议召开。市委书记吴天君在会上强调，全市上下要统一思想，以"学习精神、促作风转变、促科学发展、促民生改善"的"一学三促"为核心，坚持两手抓、两不误、两促进，为圆满完成各项目标任务提供强有力的思想保证、作风保证和组织保证。市领导马懿、王璋、胡荃、白红战、李秀奇等及在郑的副市级领导干部出席会议。市委副书记、市长马懿传达了全省党的群众路线教育实践活动工作会议精神。

△由中央电视台综合频道和郑州市委宣传部联合主办，郑州航空港经济综合实验区、郑东新区、郑州市黄河生态旅游风景区协办，《郑州日报》《郑州晚报》、郑州人民广播电台、郑州电视台、中原网共同承办的2013世界大力士中国争霸赛在郑东新区如意湖广场开幕。

6日

△全国人大常委会副委员长张平一行莅临郑州，就航空港经济综合实验区进行调研。全国人大财经委副主任委员彭森、全国人大财经委经济室主任李命志参加调研。省委常委、市委书记吴天君，省人大常委会副主任张大卫，市领导胡荃、白红战等陪同调研。

6–7日

△中国国民党荣誉主席吴伯雄率团到郑州市参观考察。省委常委、统战部部长史济春，市委常委、统战部部长王跃华陪同。6日，吴伯雄一行到郑东新区，参观了台资企业丹尼斯百货公司旗下的丹尼斯七天地。7日，赴登封少林寺、中岳庙、嵩阳书院等处参观，并观看了少林功夫表演。

8日

△省人大常委会副主任张大卫一行莅临郑州，对郑州市深化对外开放、建设国际化营商环境等情况开展专题调研。市领导胡荃、白红战、薛云伟等陪同调研。调研组一行到新郑机场UPS（联合包裹服务公司）运转中心，实地察看货物运载情况，并听取相关汇报。

△市政府与中信银行举行战略合作协议签字仪式。中信银行总行行长朱小黄、副行长张强、公司业务批发总监窦荣兴，市委书记吴天君，市委副书记、市长马懿，市委常委、常务副市长孙金献等出席签字仪式。孙金献、张强分别代表郑州市政府和中信银行在协议书上签字。

10日

△郑州航空港经济综合实验区开发建设动员大会召开。省委常委、常务副省长、省航空港实验区建设领导小组组长李克，省政府副省长、省航空港实验区建设领导小组副组长赵建才代表省委、省政府向航空港实验区党工委、管委会正式授牌。省委常委、市委书记吴天君主持动员大会。省政府党组成员、省长助理、省机场集团董事长、党委书记安惠元，省机场集团总经理杨献波等，市领导马懿、王璋、胡荃、白红战、李秀奇等出席会议。

12日

△市委书记吴天君带领市直有关部门负责人，调研督察畅通郑州工程建设工作。吴天君指出，要站在维护群众利益、改善群众生活环境、提高群众生活质量的高度，集中力量，强化措施，加快推进以畅通郑州工程为带动的城中村改造、撤村并城等工作。市领导张建慧一同调研。

△郑州市召开深化行政审批制度改革动员会。会议主要任务是贯彻落实国务院推进机构职能转变和经济体制改革精神，按照市委、市政府深化"四项改革"工作部署，全面启动新一轮行政审批制度改革，着力打造有利于招商引资、开放合作、创新发展和便民利民的政务环境。市委副书记、市长马懿出席会议并作重要讲话。市委副书记、市委秘书长王璋主持会议。市领导白红战、李秀奇等出席会议。

14–17日

△省委书记、省人大常委会主任郭庚茂到周口、郑州两市调研。在郑州调研期间，分别到郑州航空港经济综合实验区、郑州经济技术开发区、郑东新区、郑州北站、郑州高新技术产业开发区等地进行了察看。他强调，要结合当前开展的党的群众路线教育实践活动，加快经济结构战略性调整步伐，加快产业产品结构转型升级，加快转变经济发展方式，努力做到稳中有为、持续求进，保持河南经济社会发展好的局面。省委常委、秘书长刘春良，省委常委、郑州市委书记吴天君，省政协副主席、省发改委主任张维宁参加调研。

14–20日

△中央纪委常委、监察部副部长姚增科带领国务院第四安全生产综合督察组对郑州市安全生产暨大检查工作进行督察。副省长李亚、省安监局局长刘宛康、河南煤监局局长牛森营、省纪委常委张战伟，市长马懿、市纪委书记郭锝昌、副市长马健等参加活动。督察组先后到郑煤集团新郑煤电公司、三全食品公司新厂区进行了检查，并听取相关工作汇报。

15日

△郑州市召开全市深化投融资体制改革动员会。市委副书记、市长马懿出席会议并讲话。市领导白红战、李秀奇等出席会议。市委常委、常务副市长孙金献就郑州市深化投融资体制改革工作进行部署。

△中国舞蹈家协会副主席、分党组书记冯双白与郑州市委常委、宣传部部长王哲共同签署文化交流战略合作协议，承诺双方联合主办中国（郑州）国际街舞大赛。这项赛事将永久落户郑州。

17–21日

△省委常委、市委书记吴天君，市委副书记、市长马懿率领郑州市党政考察团赴西安、重庆、昆明三地学习考察，内容涉及现代产业体系构建、城市规划、投融资平台、交通枢纽和生态文明建设等。

18日

△上午10时46分，一列满载货物的国际班列从郑州经济技术开发区铁路集装箱中心站开出，约15天后，班列将直达德国汉堡。这标志着从郑州出发穿越亚欧大陆桥的郑州至欧洲的铁路国际货运班列正式开通。此举将对加强新亚欧大陆桥沿线各国之间与中原经济区之间的区域合作，构建中原经济对外开放新高地产生十分重要的意义。

△省政协副主席邓永俭带领调研组在郑州调研港澳台侨资企业发展情况。市政协副主席崔凡陪同。

19日

△中央电视台台长胡占凡分别到郑东新区、郑州航空港经济综合实验区

调研考察。省委常委、宣传部部长赵素萍，市委常委、宣传部部长王哲陪同。

21日

△由北京市电影家协会、河南省电影电视家协会联合主办的《与贼同屋》开机仪式在郑州举行。省政协副主席靳克文，中国电影家协会秘书长许柏林，北京电影家协会驻会副主席、秘书长马丛峰，省文化厅厅长杨丽萍等参加仪式。该电影剧本是2012年度北京第三届影协杯获奖作品。

22日

△全市领导干部会议召开。市委书记吴天君在会上强调，全市上下要把贯彻落实郭庚茂书记讲话精神与学习外地先进经验相结合，与“一学三促”活动相结合，持续开展“学讲话、比先进、找差距、强责任、抓重点、求提升”学习讨论活动，紧紧围绕“三大一中”战略实施，提升思想认识、提升工作站位、提升能力水平、提升发展成效，努力开创以郑州航空港实验区为统揽的郑州都市区建设新局面。市委副书记、市长马懿主持会议。市委副书记、市委秘书长王璋传达省委书记郭庚茂在郑州调研时的讲话精神。市委常委、常务副市长孙金献通报了外出考察情况。

23–24日

△省政协副主席靳绥东带队在郑州市开展党的群众路线教育实践活动专题调研，听取基层意见建议。市政协主席李秀奇等陪同。

25日

△国家信访局党组成员、副局长徐令义带领调研组到郑州市调研信访工作。副市长张学军陪同调研。

26日

△全省党的群众路线教育实践活动报告会暨全省党的十八大精神集中专题培训第四场学习报告会在郑州举行。马懿、王璋、胡荃、白红战、李秀奇等市四个班子领导在郑州分会场收听收看了报告会。

△市领导王哲、刘东及市创建办成员单位负责人到荥阳文博中心、豫龙镇槐西新型社区文化中心、高村乡综合文化站等地，检查指导荥阳创建国家公共文化服务体系示范区工作。

8月

1日

△马懿一行在汉堡市与德国信可公司全球国际货运公司董事会成员卡贝及高级副总裁丹尼尔·威兰德等进行会谈。德国信可公司是德国铁路集团旗下全资子公司，是全球第二大物流运输公司，其陆路货运和铁路货运均居欧洲首位、空运全球第二、海运全球第三。

6日

△市委书记吴天君带领市直相关部门负责人调研郑州市电动汽车产业发展工作。他指出，要抢抓国家支持新能源汽车发展的机遇，加快制定电动汽车发展规划，在政府主导下创新商业发展模式，建立汽车制造厂家、电池制造厂家、电池维护运营商和消费者四位一体的发展机制，促进郑州市电动汽车产业健康快速发展。

10–11日

△中国晚报新闻工作者协会2013年会长会议在登封举行，《北京晚报》《新民晚报》《羊城晚报》《今晚报》《扬子晚报》等23位晚报总编辑出席会议。河南省委常委、郑州市委书记吴天君与中国晚协会长、执行会长、副会长进行了交流。会上，郑州市委常委、宣传部部长王哲简要介绍了郑州市经济社会发展情况。

12日

△受市委副书记、市长马懿委托，市委常委、常务副市长孙金献主持召开市政府第109次常务会议，会议原则上通过了《郑州市推行车用燃气气瓶电子标签管理实施方案》。

14日

△郑州航空港经济综合实验区战略及产业发展研究报告汇报会在市政府综合楼举行。美国北卡罗来纳大学教授、柯南民营企业研究所所长、航空商业研究中心负责人卡萨达和中国民航大学经济管理学院副院长、教授、临空经济研究所所长曹允春就航空港经济综合实验区战略及产业发展研究作专题报告。市领导吴天君、马懿、王璋、李秀奇、张延明等参加汇报会。市委常委、副市长张建慧主持汇报会。

△郑州市召开招商引资工作会议。市委书记吴天君在会上强调，全市上下要围绕贯彻落实郭庚茂书记莅郑调研讲话精神，以航空港经济综合实验区为统揽，以新型城镇化为引领，积极主动地抓好招商引资工作和产业集群培育工作，做大做强郑州都市区的产业支撑，为实现中原崛起、河南振兴、富民强省作出更大贡献。市领导马懿、王璋、胡荃、李秀奇等出席会议。

15日

△市委在市委党校召开中心组理论学习报告会，邀请我国光纤传送网与宽带信息网技术专家、中国工程院院士邬贺铨教授作题为《大数据的机遇与挑战》专题辅导报告。市委书记吴天君主持报告会。市领导马懿、王璋、胡荃、李秀奇等参加学习。

17日

△MS760航空集团董事长爱德华·卡尔·福泰克一行到郑州考察。市委副书记、郑州航空港经济综合实验区（郑州新郑综合保税区）党工委书记胡荃等陪同考察。考察团对郑州航空港经济综合实验区的投资环境及未来发展前景给予充分肯定。

18日

△世界第一幕墙公司远大中国控股有限公司与河南康利达集团举行战略合作签字仪式。中国建筑装饰协会会长李秉仁，省政协副主席、省工商联主席梁静，市委常委、统战部部长王跃华等出席签字仪式。

20日

△市委常委、常务副市长孙金献会见香港华润金融控股有限公司首席执行官吴丁一行。市委常委、副市长张建慧参加会见。双方就重点意向合作领域和项目进行洽谈。华润集团被列为国有重点骨干企业，在全球企业500强中排名187位。华润金融控股有限公司是华润集团旗下专业开展金融服务的战略业务单元。

△市委、市政府在经开区召开国际陆港建设及E贸易试点工作督察会议。市委书记吴天君在会上强调，要加快国际陆港建设及E贸易试点工作，围绕“低成本、快速度”，推进海港、空港、铁路港、公路港“四港一体”“铁公机海”多式联运的综合交通枢纽建设，为郑州航空港经济综合实验区建设奠定坚实基础。市委副书记、市长马懿，郑州海关副关长郑平，省工商局副局长陶洪臻，省出入境检验检疫局纪检组长陈建良，河南省物资集团总经理赵文明，省邮政公司副总经理马俊林以及省国税、郑州铁路局、省口岸办有关负责人出席会议。

△全国政协副主席、民革中央常务副主席齐续春率民革中央调研组一行，就“因监护人涉罪失管未成年人权益保护”问题到郑州市调研。省、市领导李英杰、王璋、刘东等陪同。

21日

△市委副书记、市长马懿到郑州图书馆新馆，就郑州市公共文化示范区建设情况进行调研。马懿强调，公共文化设施建设和城市发展密不可分，要不断改善和完善公共文化服务，让市民群众共享文化建设成果。副市长刘东等参加调研。郑州图书馆新馆位于郑东新区客文一街10号，总建筑面积72450平方米，总投资概算近6.1亿元，是一所集文献典藏、信息交流、学术研究、文化创意、教育培训、休闲娱乐等功能为一体的综合性现代化大型文化场馆。

△副省长王铁带领省农业厅、省水利厅、省农科院负责人到新郑市调研抗旱保秋工作。副市长吴忠华陪同。

22日

△市政府与阿里巴巴（中国）网络技术有限公司联手打造的阿里巴

巴·河南（郑州）产业带平台项目，在位于高新区的河南省电子商务产业园正式签约。

23日

△中国证监会宣布，批准郑州商品交易所开展动力煤期货交易。

25日

△全市重大招商引资项目统筹协调推进领导小组第一次会议召开。市委书记吴天君在会上强调，要坚持“三大主体”工作格局，聚焦以航空港实验区为核心的重点工作提升，高位谋划，打造优势，招商引资，努力开创以航空港实验区为统揽的郑州都市区建设新局面。市委副书记、市长马懿主持会议。市领导王璋、胡荃、李秀奇等以及在郑的副市级领导干部出席会议。

26–27日

△省政协副主席龚立群率领调研组对郑州市“深化科技体制改革，加快自主创新体系建设”等相关工作进行调研。市政协主席李秀奇、副市长马健等陪同调研。

27日

△市委书记吴天君带领相关部门负责人，实地调研督察十大民生实事工程、十二项专项治理工作推进情况。吴天君强调，要强化责任，转变作风，切实解决群众反映的突出民生问题。市领导王璋、张建慧一同调研。

28–29日

△国家文化部副部长、国家文物局局长励小捷率领国家创建公共文化服务体系示范区检查验收组一行10人莅郑，对郑州市创建国家公共文化服务体系示范区工作进行检查验收。省市领导张广智、马懿、王哲、刘东陪同。励小捷还对郑州大遗址保护工作开展情况进行了调研。市领导马懿、王哲等陪同。他先后到商城遗址人民路广场地下城垣展示点、东大街商城遗址东南城墙等地，实地考察了商城遗址保护工作。

30日

△市委、市政府召开“畅通郑州”工程建设工作督察会。市委书记吴天君在会上要求，要切实把思想统一到市委、市政府构筑“域外枢纽、域内畅通”郑州都市区综合交通枢纽建设的决策部署上来，进一步增强加快“畅通郑州”工程建设的紧迫感、责任感和使命感，确保各项目标任务落到实处。市领导马懿、张建慧参加会议。

△为期两天的市十三届人大常委会第三十八次会议闭会。会议通过了《郑州市社会急救医疗条例》。

31日

△省政协副主席李英杰率领省政协驻港澳地区委员视察团到郑州市视察旅游产业和经济社会发展情况。市领导王跃华、何建生陪同。

9月

2日

△省委常委、统战部部长史济春到郑州市调研统战工作网格化服务情况。市委常委、统战部部长王跃华陪同。

3日

△市委书记吴天君会见比利时卢森堡省省长伯纳德·卡普拉斯一行，双方就进一步加强合作进行了深入交流。

4日

△交通运输部党组成员、驻部纪检组组长李建波率交通运输部安全生产综合督察组，到郑州市督察交通运输安全生产工作。市委常委、副市长张建慧陪同。

5日

△全省首届互联网大会在郑州召开，3000余名嘉宾参观展览并参加论坛。大会由省通信管理局、省互联网协会主办，主题为“信息编织美好中原经济区，网络构筑智慧郑州航空港”。

△省委副书记、省长谢伏瞻到巩义市调研。省委常委、郑州市委书记吴天君陪同调研。谢伏瞻先后到万达铝业、明泰铝业、鑫泰铝业、泰邦铝业、人民电缆和豫联能源等企业考察，了解产业发展状况，指导县域经济发展。郑州市领导马懿、王璋等陪同调研。

5–13日

△由中国国际文化交流中心、河南省华夏历史文明传承创新基金会、北京大学高等人文研究院联合主办，河南省环保联合会、郑州嵩山文明研究院、河南建业集团承办的嵩山论坛2013年会举行。来自美国、俄罗斯、德国、新加坡、港澳台等国家和地区的50余位著名专家学者，国内120余位专家学者，20余位国务院参事、两院院士和中央部委领导、80多位企业家，共计430多人参加了嵩山论坛2013年会。论坛组委会主任、河南省副省长张广智，组委会主任、北京大学高等人文学院院长杜维明，论坛主办方中国国际文化交流中心代表、中国国际文化交流中心常务副理事长陶大为，市委副书记、市长马懿等出席论坛开幕式、闭幕式。

6日

△市委、市政府在中牟县召开全市新型城镇化重大项目观摩会。市委书记吴天君在会上强调，要坚定信心，强化措施，努力开创新型城镇化科学发展、提速建设的新局面，为郑州长远可持续发展奠定坚实基础。市委副书记、市长马懿主持会议。会前，与会人员对中牟县的生态廊道、交通路网、产业集聚区、四类社区等重大项目进行了实地观摩。

8日

△为期4天的第十七届中国国际投资贸易洽谈会在厦门开幕，河南省政府在厦门举行郑州航空港经济综合实验区推介暨合作项目签约仪式。签约仪式上，共有101个项目集中签约，投资总额达589.6亿元。

9日

△市政府印发《关于加快建设智慧城市的实施意见》，郑州市将通过系列措施的实施，力争到2015年将郑州建设成国家智慧城市示范区。

10日

△中原经济区涉及的5省30个市在郑州举行中原经济区首届市长联席会议，各省省辖市市长签署了共同推进中原城市群建设战略合作框架协议。

12–19日

△应法国共产党和比利时法语社会党邀请，根据中联部安排，中共河南省委常委、郑州市委书记吴天君作为中共代表参加在巴黎举办的法共《人道报》节活动，并率中共友好代表团访问比利时。访法期间，吴天君分别会见了法共全国书记洛朗以及该党人道报社社长勒亚里克、国际部长萨玛巴克什、经济部长内格等；访比期间，吴天君分别会见了比利时联邦众议院议长弗拉奥、比利时法语社会党总书记马约以及瓦隆大区和法语语区副首席大臣马库等。吴天君代表中国共产党向法共和比法语社会党领导人转达了习近平总书记的亲切问候。

13日

△省政协委员视察团就职业教育和技能培训情况在郑州市视察调研。省政协主席叶冬松，副主席张亚忠、高体健参加视察调研。市政协主席李秀奇、副市长刘东等陪同。视察团一行先后到郑州职业技术学院、郑州市商业技师学院、郑州澍青医学高等专科学校进行了实地察看。

△全市民营经济表彰暨金融支持小微企业发展动员会召开。市委副书记、市长马懿出席会议并作重要讲话。

16日

△市委副书记、市长马懿带领郑州市考察团到上海考察。拜访香港嘉宏集团、中国东方航空股份有限公司等知名企业，商谈两家企业与郑州市合作项目规划及推进情况。市委常委、常务副市长孙金献，市委常委、副市长薛云伟等参加拜访活动。马懿一行还先后对上海浦东机场综合保税区、UPS国际航空转运中心、平安集团上海后援服务中心进行了参观考察。中国东方航空集团党组成员、东航股份有限公司副总经理唐兵等陪同考察。

△省人大常委会副主任蒋笃运带领省人大常委会执法检查组到郑州市检

查《中华人民共和国行政复议法》贯彻实施情况。检查组一行实地检查了郑州市行政复议中心、中原区政府法制办，并听取了相关工作汇报。

17日

△郑州市赴长三角地区第一批大招商项目签约仪式在浦东新区举行，36个签约项目计划总投资497亿元，其中计划投资10亿元以上的项目22个，总投资435亿元。市委副书记、市长马懿，市委副书记、郑州航空港经济综合实验区党工委书记胡荃，市委常委、常务副市长孙金献，市委常委、副市长薛云伟等出席签约仪式。

△中国国际广播电台与郑州市委宣传部在郑州共同启动"魅力郑州——郑州城市形象国际推广工程"，中国国际广播电台郑州节目制作室也于当天在郑州市人民广播电台正式挂牌。中国国际广播电台台长王庚年，河南省委宣传部副部长、省广电局局长赵景春，河南省委外宣办主任、省政府新闻办主任何彧，郑州市委常委、宣传部部长王哲等出席揭牌仪式。

△国机精工有限公司在郑州举行成立大会暨揭牌仪式。市委常委、统战部部长王跃华，副市长马健出席仪式。国机集团是中国机械工业覆盖面最广、业务链最完善、研发能力最强的大型中央企业集团。

18日

△应澳门民政总署邀请，郑州歌舞剧院舞剧《水月洛神》作为"濠江明月夜"大型中秋晚会专场，在首场"迎月夜"上演。此次演出由国家文化部和澳门民政总署主办，河南省文化厅协办，郑州市政府承办。澳门民政总署管理委员会代主席黄有力、中央人民政府驻澳门特别行政区联络办公室副主任李刚、文化部副部长项兆伦、外交部驻澳门特派员公署副特派员张金凤等观看演出。

19–21日

△"美丽郑州·炫舞世界"首届中国（郑州）国际街舞大赛在河南省体育馆开赛。此次大赛由中国舞蹈家协会、郑州市委宣传部、金水区委区政府共同主办，郑州电视台、金水区委宣传部、金水区文化旅游局和郑州思丹文化传媒有限公司承办。经过3天激烈角逐，单人斗舞、团体斗舞、团体齐舞3个竞赛大项、11个组别和城市精英邀请赛最终决出12个金奖、12个银奖、21个铜奖。郑州市选手成绩不俗：个人摘得3金3银8铜，团体获得3金1银2铜及青少年组最佳表演奖、最佳服装创意奖等5个"最佳"。中国舞蹈家协会分党组书记冯双白、秘书长罗斌，中国创意研究院院长陈放，中国舞蹈家协会街舞委员会常务副主任兼秘书长夏锐，郑州市委常委、宣传部部长王哲观看比赛并为选手颁奖。

22日

△郑州市召开全市重点民生实事督导推进大会，落实省市民生十大实事和与民生有关的"十二项专项治理"工作，现场观摩重点民生实事推进情况。市委副书记、市长马懿参加观摩并在会议上作重要讲话。市委常委、常务副市长孙金献主持会议，市委常委、副市长薛云伟，市委常委、副市长张建慧，副市长刘东等出席会议。

△市委书记吴天君带领市直有关单位负责人到荥阳市调研新型城镇化建设和扶贫开发工作。市领导王璋、吴忠华一同调研。

△全国人大常委会副委员长、民盟中央主席张宝文率民盟中央调研组到郑州市调研。省人大常委会副主任、民盟省委主委储亚平，市人大常委会主任白红战，市政协副主席、民盟市委主委朱专兴等陪同调研。

23日

△市委书记吴天君带领市直有关部门负责人到金水区、中原区调研新型城镇化建设、民生实事和十二项专项治理工作推进情况。市领导张建慧一同调研。

△全市选派年轻干部到基层任职锻炼培训会召开。市委常委、组织部部长高建慧在会上强调，年轻干部要尽快转变角色，积极主动开展工作，在新的岗位有新的作为。按照市委实施"双百工程"部署，此次共遴选100名年轻干部到基层任职锻炼。

24日

△郑州市召开全市节约集约用地高效利用土地工作会议。市委副书记、市长马懿在会上强调，全市各级各部门要充分利用好土地资源保障要素，优选节约集约高效型项目有序开工建设。

△在北京举行的2012年卫生计生先进典型推介暨2013–2014年度推选宣传活动启动仪式上，郑州人民医院获得"群众满意的医疗卫生机构"荣誉称号，成为全国唯一获此殊荣的地市级医院。

25日

△市委书记吴天君带领市直有关部门负责人到二七区、管城区调研新型城镇化建设、民生实事和十二项专项治理工作推进情况。

26日

△市委副书记、市长马懿带领郑州市工信委等部门负责人，赴北京拜访科研院所和知名企业，并会见了中国建筑材料科学研究总院党委书记、副院长王益民，卡特彼勒全球副总裁、卡特彼勒中国投资有限公司董事长陈其华，中国人寿保险股份有限公司执行董事、副总裁刘英齐。市委常委、常务副市长孙金献等一同会见。

△我国期货市场中规模最大的品种——动力煤期货在郑州商品交易所正式上线交易。

27日

△郑州市赴环渤海地区大招商活动集中签约仪式在北京河南大厦举行，27个项目现场签约，签约金额509亿元。市委副书记、市长马懿，市委常委、巩义市委书记舒庆，市委常委、常务副市长孙金献等出席签约仪式。

△随着副省长赵建才在嘉应观站为豫HD2075货车发放首张通行卡，位于郑州市西北方向的桃花峪黄河大桥宣告正式通车。该桥成为郑州境内第6座跨越黄河天堑的大桥。此桥的建成通车，打通了郑州的西北门户，使郑州到焦作的行车距离缩短30公里。市委常委、副市长张建慧出席开通仪式。

28日

△由中国南方航空股份有限公司和河南民航发展投资有限公司共同出资组建的中国南方航空河南航空有限公司在郑州航空港经济综合实验区揭牌。副省长赵建才，南航集团总经理、股份公司董事长司献民，民航中南管理局局长蒋怀宇，省长助理安惠元，市长马懿等出席揭牌仪式。

29日

△市委书记吴天君带领市直有关单位负责人到惠济区、经开区、新郑市及航空港实验区调研新型城镇化建设、民生实事和十二项专项治理工作推进情况。

10月

9日

△郑州优尼冲压有限公司在经开区正式批量生产。市委常委、市工业经济科技和安全生产工作领导小组组长、统战部部长王跃华，副市长马健到厂房实地察看，了解产品生产情况。日本优尼冲压集团是日本最大的汽车冲压件制造上市企业之一，世界汽车零部件百强企业。郑州优尼冲压有限公司是日本优尼集团在中国第3家、全球第11家工厂，占地面积10公顷，总投资5亿元。

11日

△第十届全国院前急救学术大会在郑州市开幕。来自国内外的百余名专家学者参加会议。国家卫计委卫生应急办公室主任张宗久、医政医管局副局长郭燕红，中国医院协会常务副会长兼秘书长李洪山，省卫生厅巡视员夏祖昌，副市长刘东出席会议。

△市委书记吴天君带领相关部门负责人调研畅通郑州工作。吴天君强调，畅通郑州工程既要保证质量与安全，也要保证如期完工、交付使用。市

领导张建慧一同调研。

△为期4天的第十九届郑州全国商品交易会暨日用消费品博览会在郑州国际会展中心开幕。本届郑交会由商务部、中国商业联合会重点支持，省政府主办，市政府、省商务厅承办，国际参展企业数量创历史之最，来自泰国、老挝、马来西亚、新加坡、越南、缅甸、印度尼西亚、阿联酋、印度等16个国家和台湾、香港、澳门地区代表团参会，展出面积比上年增加一倍多。中国商业联合会党委副书记安惠民，中国—东盟商务理事会中方秘书处常务副秘书长许宁宁，中国商业联合会副秘书长梁蓉，中国建筑装饰协会副秘书长刘原，东盟国际贸易投资商会副主席庄伟诚，中国泰国商会执行总监张静，马来西亚纳闽发展局首席执行官拿督纳斯里，老挝国家家具商会会长昆玛拉，中华两岸投资创业协会会长卢文杰等出席开幕式。省、市领导赵建才、马懿、薛云伟等出席开幕式。来自泰国、老挝、马来西亚、新加坡、阿联酋、印度、韩国等国家及台湾、香港、澳门地区的贵宾，以及27个省（市）、自治区的参展嘉宾参加开幕式。

△省人大常委会副主任储亚平带领省人大常委会调研组莅临郑州市，专题调研侨务工作。市人大常委会主任白红战、副主任李元法，副市长张学军等陪同调研。

12日

△中牟县总投资290亿元的38个重点项目在绿博文化产业园、汽车产业集聚区、官渡工业园、现代农业公园等产业园区集中开工。此次集中开工建设的项目呈现投资规模大、附加值高、业态先进、带动力强的特点，是郑州市大招商活动开展以来落地的第一批项目。

△以“孝行天下、关爱老人”为主题的2013年“郑州慈善日”暨庆祝“老年节”大型慈善公益活动在绿城广场举行。这也是郑州市第六个慈善日，当天募得善款9700万元，为郑州市“慈善日”设立以来募得善款最多的一次。省慈善总会会长李志斌、省慈善总会常务副会长杨德恭，市领导白红战、孙金献、刘贵新等出席活动。

12–13日

△市委书记吴天君带领有关部门负责人到山东德州、济南考察学习新能源产业发展和水生态文明建设工作。市领导王璋、王跃华等一同考察。

15日

△郑州市召开林业生态市建设提升工程规划评审会，《郑州林业生态市建设提升工程规划》通过评审。

△国家知识产权局与河南省人民政府知识产权合作会商第一次会议在郑州举行，国家知识产权局局长田力普与省长谢伏瞻共同签署《知识产权合作会商议定书》。此举标志着国家知识产权局与河南省的知识产权合作会商制度正式建立。

△全国人大常委会委员、全国人大教科文卫委员会副主任委员任茂东带领执法检查组对郑州市贯彻执行《义务教育法》情况进行检查。省人大常委会委员、教科文卫工委主任詹玉荣，市人大常委会副主任赵武安，副市长吴忠华陪同。

20日

△郑州航空港实验区首家商业综合体——沃金商业广场开业。沃金商业广场位于航空港实验区郑港四街南段，由河南坤和鑫宇建设发展有限公司投资12亿元建设，建筑面积共30万平方米，是郑州航空港经济综合实验区首个集商业、文化、娱乐、休闲、美食于一体的商业综合体。首期开业项目包括15000平方米大型生活超市、13000平方米嘉和服饰广场、8个影厅、1200个座位席欢乐影城。

22日

△市委常委、常务副市长孙金献带领市金融办、财政局、中小企业局等部门负责人，实地调研高新区部分小微企业经营情况，帮助小微企业解决贷款难、贷款贵等问题。

△市委书记吴天君，市委副书记、市长马懿带领市直有关单位负责人实地督察调研民生实事、十二项专项治理和新型城镇化重点工作推进情况。市领导张建慧一同调研。

23日

△郑汴一体化联席会议在郑州召开，郑州和开封两地党政领导就深化郑汴合作进行了深入洽谈。双方一致认为，要在省委、省政府的统一领导下，进一步加强基础设施、产业发展、生态环境建设等各个方面合作与开发，携手加快推进郑州航空港实验区建设，促进两地深度融合发展。郑州市委书记吴天君主持会议。开封市委书记祁金立，开封市领导吉炳伟、李艳萍、顾俊等出席会议。郑州市领导马懿、王璋、胡荃、白红战、李秀奇等出席会议。

△郑州航空港经济综合实验区、台湾友嘉实业集团暨合作企业签约仪式在郑州举行，一期投资10亿美元的“友嘉精密机械产业园”将在郑州航空港实验区建设。省委常委、市委书记吴天君，省发改委主任、省航空港实验区领导小组办公室主任孙延喜，市委副书记、市长马懿，市委副书记、航空港经济综合实验区党工委书记胡荃等，友嘉实业集团总裁朱志洋，友嘉实业集团董事长陈向荣，郑州日产总经理郭振甫等出席签约仪式。

△市委书记吴天君，市委副书记、市长马懿与日本野村综合研究所汽车部部长近野泰，海马集团董事长、湖南大学新能源汽车研究中心主任景柱一行举行会谈，双方就节能与新能源汽车产业发展进行了充分交流。

24日

△郑州市召开全市行政审批制度改革工作会议。市委副书记、市长马懿出席会议并作重要讲话。市委常委、市纪委书记郭锝昌主持会议。市委常委、常务副市长孙金献通报了第十轮行政审批制度改革的阶段性成果，并就下一步重点工作进行部署。

△市委书记吴天君带领市直相关部门负责人到登封察看抗旱种麦工作。他强调，各县（市）区要高度重视旱灾危害，按照全力抗旱、保麦播面积、保饮水安全、保受灾群众收入的“一抗三保”要求，依托网格化管理，抓好各项工作措施的落实，努力把旱灾造成的损失降到最低限度。

25日

△全国政协副主席、致公党中央主席、科技部部长万钢到郑州市调研科技创新驱动发展和郑州航空港经济综合实验区建设情况。全国政协常委、副秘书长、致公党中央常务副主席蒋作君，科技部党组成员、秘书长李萌一同调研。省、市领导叶冬松、吴天君、靳克文、王璋、李秀奇等陪同调研。万钢一行先后参观了郑州高新信息港、河南汉威电子股份有限公司、中铁隧道盾构及掘进技术实验室和宇通新能源汽车有限公司，详细了解郑州市公共服务平台建设、重点产业发展、重点实验室建设等情况。随后，万钢一行还到郑州航空港经济综合实验区，听取实验区基本情况汇报。

26日

△零时，随着省委副书记、省长谢伏瞻宣布：“郑州开封电信同城圆满成功”，郑汴电信宣告正式实现同城。郑汴电信同城启动仪式在郑州举行，省委常委、郑州市委书记吴天君，副省长张维宁，省政协副主席高体健，以及来自工信部、济南军区等单位代表出席启动仪式。

△第十届中国艺术节、第十四届“文华奖”评选活动在山东青岛闭幕。颁奖仪式上，郑州歌舞剧院原创大型舞剧《水月洛神》获得“文华奖”优秀剧目奖。编剧冯双白获得“文华剧作奖”、导演佟睿睿获得“文华导演奖”、舞美刘科栋获得“文华舞台美术奖”；该剧主演唐诗逸、汪子涵获得第十届中国艺术节优秀表演奖。

27日

△由郑州市委宣传部、郑州市记者协会举办的首届“郑州新闻奖”在京

揭晓。经过初评、定评，共评出特等奖3篇、一等奖14篇、二等奖30篇、三等奖42篇。

△2013年河南省暨郑州市全民终身学习活动周启动。省教育厅厅长朱清孟、副市长刘东等出席启动仪式。

28日

△第十届中国艺术节“群星奖”评选结果在山东威海揭晓。郑州市选送的舞蹈作品《手舞四季》、河洛大鼓《劝人要有好心态》荣获作品类“群星奖”，郑州市群众艺术馆副研究员馆员赵力民获评“群文之星”。曲艺类作品入选并获得全国“群星奖”，在郑州市尚属首次。

29日

△郑州市首届网络文化节正式启幕。市委常委、宣传部部长王哲与网友一起为活动开幕启动按钮。本届文化节以“同频共振中原梦，同心共聚郑能量”为主题，由市委宣传部、市互联网信息办公室主办，中原网承办。

△国家专利导航产业发展实验区授牌仪式在荥阳举行。国家知识产业局专利管理司司长马维野、副市长马健出席授牌仪式。

30日

△市委书记吴天君带领市直有关单位负责人到上街区、新密市，实地调研督察新型城镇化建设、现代产业体系构建和民生实事、十二项专项治理等重点工作推进情况。

△第十三届中国网络媒体论坛在郑州举行。本届论坛围绕“网聚正能量，共筑中国梦”主题，国内各网络媒体负责人共商中国互联网发展大计。国家互联网信息办公室主任鲁炜、专职副主任任贤良和省委常委、宣传部部长赵素萍，副省长张广智出席论坛开幕式，工业和信息化部、国家新闻出版广电总局、中国外文局、中国记协等有关部门负责人以及中央和地方新闻网站、知名商业网站、互联网企业、业内专家400余人参加论坛。

△国家互联网信息办公室专职副主任任贤良，中国记协书记处书记王冬梅，国家互联网信息办公室网络新闻宣传局副局长高剑云一行在省委常委、宣传部部长赵素萍，省委宣传部副部长、河南日报报业集团党委书记、董事长朱夏炎，市委常委、宣传部部长王哲陪同下，先后到郑州市记协、郑州日报、郑州晚报、中原网、中原手机报、报业集团全媒体微博、微信平台进行调研。

31日

△为期两天的郑州市十三届人大常委会第三十九次会议闭会。会议通过了市政府关于促进全市产业集聚区发展情况的报告、关于郑州市都市型现代农业示范区建设情况的报告，市人民检察院关于民事检察监督工作情况的报告。

△郑州航空港经济综合实验区管委会与河南日报报业集团战略合作签字仪式在河南日报报业集团举行。市委副书记、郑州航空港经济综合实验区管委会党工委书记胡荃，省委宣传部副部长、河南日报报业集团党委书记、董事长、社长朱夏炎等出席签约仪式。

△省委常委、市委书记吴天君在郑州会见以法国国民议会议员、国民议会可持续发展与国土整治委员会副主席克里斯多夫·布荣为团长的法国社会党青年干部考察团一行，并向客人简要介绍了河南和郑州的基本情况。中联部、省外事办有关负责人以及市领导王哲、张延明等参加会见。

△全省党员干部现代远程教育与“文化共享工程”资源整合暨“红色网络教育家园”建设推进会在上街区召开。中组部党员教育中心一处处长张克，省委组织部副部长朱是西，省文化厅厅长杨丽萍，市委常委、组织部部长高建慧参加会议。

11月

1日

△郑州市召开《郑州市居住证管理暂行办法》新闻发布会，新型IC卡居住证开始发放。新型IC卡居住证为双界面CPU金融IC借记卡，集居住登记和金融服务为一体，将替代过去的纸质居住证。

△具茨山与中华文明学术研讨会在北京召开。本次研讨会由中华炎黄文化研究会、中国岩画学会、河南省黄帝故里文化研究会等主办。位于新郑西南的具茨山是黄帝时期的圣山。分布在400至600平方公里的具茨山上的2000多幅岩画，发现于上世纪80年代。

4日

△全国政协常委、提案委员会副主任、九三学社中央副主席赖明带领调研组，对郑州市航空港经济综合实验区建设情况进行调研。省政协副主席、九三学社省委主委张亚忠，市政协副主席、九三学社市委主委舒安娜陪同调研。

4-6日

△市委副书记、市长马懿带领部分市直部门负责人，到登封、新密、荥阳、新郑、中牟、上街等县（市）区，调研扶贫开发、搬迁群众安置房建设等工作。

5日

△2013中国（河南）—日韩经贸合作交流洽谈会中原经济区产业集群发展和郑州航空港经济综合实验区推介会暨合作项目签约仪式在郑州举行，来自日、韩两国的商协会，企业负责人以及河南省各省辖市负责人和企业代表约600人出席仪式。省、市领导王艳玲、薛云伟、张延明出席仪式。此次洽谈会由省政府主办，省商务厅、省卫生厅、郑州市政府、郑州航空港经济综合实验区管委会、日本贸易投资振兴机构、大韩贸易投资振兴公社承办。

6日

△全省试行乡镇党代会年会制工作座谈会在郑州市召开。省委组织部副部长朱是西，市委常委、组织部部长高建慧出席会议。

△国家文化部、财政部在上海召开国家公共文化服务体系示范区创建工作会议，对第一批示范区创建工作进行总结表彰。郑州市作为河南省唯一示范区创建城市成功通过验收，被文化部、财政部授予“国家公共文化服务体系示范区”荣誉称号。

7日

△市委副书记、市长马懿在郑州会见中国人寿保险股份有限公司执行董事、副总裁刘英齐一行。市委常委、郑东新区党工委书记、管委会主任李公乐等参加会见。

△副省长王艳玲率领调研组莅临郑州市，实地调研郑州区域医疗联合体改革探索情况。副市长吴忠华等陪同。王艳玲一行先后到中原区绿东村社区卫生服务中心、市康复医院、市中心医院等医疗机构进行了调研。

8日

△位于经开区的尚岗杨遗址公园破土动工，这标志着郑州市继商城遗址公园后又一大型遗址公园的保护建设正式开始。

△市委副书记、市长马懿在郑州会见卡特彼勒全球副总裁、卡特彼勒（中国）投资有限公司董事长陈其华一行。副市长马健等参加会见。

8-9日

△江苏省委常委、苏州市委书记蒋宏坤率苏州市党政考察团莅郑考察。省委常委、市委书记吴天君，市委副书记、秘书长王璋，市委副书记、航空港经济综合实验区党工委书记胡荃，市委常委、郑东新区党工委书记、管委会主任李公乐等陪同考察。

10日

△2013年度国家级国际联合研究中心名单发布，全国共有38家单位入选，郑州大学申报的“微纳成型技术国际联合研究中心”榜上有名，这也是河南省首个获批的国家级国际联合研究中心。

10-11日

△郑州市产业集聚区、中央商务区和特色商业街区重点工作推进会召开。市委书记吴天君在会上强调，要突出安置房建设，促进基础设施完善提升、群众生活环境改善和产业培育，确保以新型城镇化为引领的郑州都市区三

年行动计划按照时间节点顺利实施，为郑州长远发展奠定基础。市领导马懿、王璋、胡荃、白红战、李秀奇等参加观摩或出席会议。

11日

△即日起，全市开始换发全国统一标准的社会保障卡，这标志着全市城乡居民社会保障进入“一人一卡一号”新时代。新版市社会保障卡是按照全国统一的卡面样式加隐形磁条，正面印有“中华人民共和国社会保障卡”字样，背面印有持卡人姓名、社会保障号码（郑州地区开头为A）、持卡人照片、发卡部门等。卡内记录了持卡人的社会保险信息、金融借记卡信息。

12日

△全省城市区统战工作现场会在郑州召开，省委常委、统战部长史济春带领与会人员参观了惠济区统战工作网格化工作开展情况，并对郑州市统战网格化工作给予充分肯定。市委副书记、市委秘书长王璋，市委常委、统战部部长王跃华陪同。

△首届“郑州优秀青少年——郑州男孩 郑州女孩”评选活动正式启动。市委常委、宣传部部长王哲出席启动仪式。该活动由市委宣传部、市文明办、团市委、市教育局、市环保局、市体育局等11家单位共同主办，郑州电视台承办。

13日

△市委、市政府召开航空港经济综合实验区工作会议。市委书记吴天君在会上强调，要认清责任，再接再厉，突出重点，努力实现航空港实验区大建设、大发展、大跨越目标。市领导马懿、王璋、胡荃、李公乐等参加会议。

14日

△市人大常委会主任白红战，市委常委、宣传部部长王哲带领市文物、财政、发改委等部门负责人，到新郑调研文物保护和文化项目建设情况。市领导一行先后实地察看了欧阳修陵园、乐天祠、白鍠墓的保护情况，并听取了白居易故里文化园规划设计情况汇报。

△市委副书记、市长马懿带领市直相关部门负责人，先后到二七区救助站及东明路煤改气项目、郑汴路中州大道立交桥下综合整治项目、管城区外国语小学东校区、二里岗变电站、正清和苑经适房等项目建设现场，对郑州市重点民生实事工作进行督导，要求一鼓作气完成年度目标任务。市领导孙金献、张建慧等陪同调研。

15日

△郑州市新材料产业园区院士工作站揭牌仪式暨中国科学院院士邹广田报告会在荥阳市文博中心举行。这是郑州市第一家产业园区院士工作站。市委常委、统战部部长王跃华参加报告会，并为工作站揭牌。

15–26日

△市政协组织部分驻郑的全国、省政协委员和市政协委员，兵分十路对2013年郑州市民生“十大实事”进展情况进行视察。市政协主席李秀奇等参加视察。

16日

△市政府办公厅印发通知，向社会公布《2013年郑州市商务中心区和特色商业区建设方案》。

△市委常委、副市长张建慧带领市规划局、建委、城管局、园林局、交警支队、轨道公司等单位相关负责人，察看部分畅通郑州工程建设情况，协调解决有关问题。

18日

△世界500强、全球最大的信息管理软件及服务供应商——甲骨文公司就甲骨文（河南）OAEP中心项目落户高新区与郑州高新区管委会签订备忘录。市委常委、市工业经济科技和安全生产工作领导小组组长王跃华，副市长马健出席签约仪式。甲骨文公司（Oracle）在40多个产品领域和行业领域占据全球第一的位置，是目前全球唯一可以提供整体解决方案的IT厂商，在全球145个国家或地区拥有40万客户。

19日

△市委、市政府举办金融机构支持棚户区改造项目对接会，与驻郑金融部门就加强棚户区改造项目融资合作达成广泛共识。市领导吴天君、马懿、孙金献、张建慧等出席会议。省豫资公司和驻郑国家开发银行、工商银行、建设银行、中国银行、交通银行、邮政储蓄、浦发银行、招商银行、兴业银行、中信银行、民生银行、农业银行等单位的有关负责人出席会议。

20日

△市委书记吴天君会见恒丰银行党委书记、董事长姜喜运一行，双方就深化金融合作进行深入洽谈，达成广泛共识。

△副省长赵建才带领省直相关部门负责人，到龙湖工程、三环快速化工程建设现场和轨道交通调度中心，乘坐正在调试运行的轨道交通1号线，对“畅通郑州”工程项目建设进行实地调研。市委常委、副市长张建慧等陪同调研。首届亚洲微电影艺术节“金海棠奖”颁奖典礼在云南临沧举行，1715部微电影参加角逐，郑州晚报社出品的微电影《父爱》获得一等奖。

22日

△经市委、市政府批准，郑州市社会保险局正式挂牌成立。这标志着全市养老、医疗、失业、工伤、生育等5项社保业务形成统一、完善的社保经办体系。该局由原市社保事业管理局、市医保中心、市失业保险中心3个机构合并组建而成。

23日

△中央宣讲团党的十八届三中全会精神报告会在省人民会堂举行。中央宣讲团成员、中央宣传部常务副部长、中央文明办主任雒树刚作宣讲报告，省委书记、省人大常委会主任郭庚茂主持报告会并讲话。

△市政府与金沙江创投基金签署全面合作战略框架协议。双方将成立郑州金沙江电动汽车和新能源产业园，投资50亿元，打造500亿元以上规模的新兴产业集群。市委常委、市工业经济科技和安全生产工作领导小组组长、统战部部长王跃华出席签约仪式。

25日

△市委书记吴天君主持召开市委常委会，传达学习省委常委班子专题民主生活会精神，研究部署郑州市贯彻落实全省党的群众路线教育实践活动第二批专项整改的工作措施。市领导马懿、王璋、胡荃等出席会议。

26日

△正威国际集团董事局主席王文银一行到郑州参观考察。市领导吴天君、马懿、胡荃、李公乐等陪同参观考察，双方就有关合作事项达成广泛共识。

27日

△省委宣讲团党的十八届三中全会精神宣讲报告会在市委党校举行。省委副秘书长、省直工委书记、省委宣讲团成员李恩东为全市领导干部作专题辅导报告。市委书记吴天君主持报告会并讲话。市领导王璋、胡荃、李秀奇等出席报告会。

△全省深化省直管县体制改革工作电视电话会议召开，会议指出，从2014年1月1日起，河南省将对巩义、兰考、邓州、固始、鹿邑、新蔡等10个省直管试点县市进行全面直管。

28日

△巩义青龙山慈云寺与北京大学考古文博学院正式签署建设考古实验基地协议。郑州市委常委、巩义市委书记舒庆出席签约仪式。位于巩义大峪沟镇的青龙山慈云寺距今已有1900多年历史，拥有“少林共祖，白马同乡”之美誉，该寺已被学术界公认为佛教传入中国的第一座民间寺院。

△全国人大常委会副委员长吉炳轩莅郑调研农业产业化、新型城镇化和航空港实验区建设工作。省委常委、市委书记吴天君，省人大常委会副主任王保存等，市领导马懿、胡荃、白红战等陪同调研。吉炳轩一行先后到新郑市孟庄镇鸡王社区、华南城项目工地、新郑农业综合开发高标准农田示范区、中国国际红枣综合产业园、雏鹰农牧股份

有限公司和航空港实验区进行了实地调研。

△由中国工程院、省科协、中国机械工程学会和郑州大学联合主办的中原经济区建设系列论坛在郑州大学举办。十一届全国人大常委会副委员长、中国科学院原院长、两院院士路甬祥，中国机械工程学会工业设计专业委员会主任、浙江大学教授孙守迁出席论坛并作报告，省人大常委会副主任蒋笃运出席论坛。

29日

△省十二届人大常委会第五次会议召开，正式表决通过了《郑州市社会急救医疗条例》。该《条例》将从2014年1月1日开始施行。这是河南省首部针对社会急救医疗内容的条例。

△华为公司基于郑州地铁的eLTE宽带移动通信平台全球发布仪式在郑州市举行。

△市委、市政府召开国际陆港建设与E贸易试点工作会议。市委书记吴天君在会上强调，要围绕“确立地位、健全机制、持续发展”谋划推进国际陆港建设、郑欧班列运行、E贸易试点、汽车产业发展等重点工作，积极营造大建设、大发展、大跨越的氛围和环境。市领导马懿、孙金献、薛云伟、马健等出席会议。郑州海关纪检组长甘为、郑州铁路局副总经济师尚书亭、省物资集团总经理赵文明和省出入境检验检疫局有关负责人出席会议。

12月

1日

△今天是第26个世界艾滋病日，河南省委书记、省人大常委会主任郭庚茂到省传染病医院（郑州市第六人民医院）参加世界艾滋病日活动。

2日

△市委副书记、市长马懿主持召开市政府第114次常务会议，会议原则上通过了《郑州市扶贫攻坚发展规划（2014–2020年）》。

△新修订的《郑州市房地产抵押管理办法》公布。办法自2014年1月1日起施行。

△省委常委、市委书记吴天君在郑州会见以比利时瓦隆州副主席兼经济部部长马尔古为团长的比利时瓦隆州代表团一行，双方就深化合作达成广泛共识。中联部八局副局长张建国、省外侨办副主任杨玮斌以及市领导张延明等参加会见。

3日

△为期两天的河南郑州2013服务外包大会在郑州举办。英国拉夫堡大学全球采购与外包研究中心负责人Oshri博士等全球行业权威专家，毕马威等世界知名服务机构，微软、惠普等世界500强企业高管，以及国内500强企业和中部地区服务外包行业的数百名代表参加会议。

△郑州市召开农民工工资支付情况专项检查工作电视电话会议。市委常委、常务副市长孙金献要求全市上下进一步增强责任感，全力确保郑州市农民工工资按时足额支付，切实维护好广大农民工的合法权益。

4日

△河南省技工院校“百校千企”校企合作推进大会在郑州召开，郑州市商业技师学院等40家重点技工院校与富士康、宇通等40家企业现场签约，校企合作培养技能型人才，让学生毕业即就业。副省长王艳玲、国家人力资源和社会保障部职业能力建设司副司长张斌出席会议，省人力资源和社会保障厅厅长杨盛道主持大会，市委常委、常务副市长孙金献致辞。

△市十二届政协五年工作成果展在郑州博物馆开幕。省政协副主席靳绥东，市委副书记、市委秘书长王璋，市政协主席李秀奇，市委常委、统战部部长王跃华等出席开幕式。

6日

△市委常委、副市长张建慧，副市长吴忠华带领市建委、园林局、南水北调办、市政府督察室等有关部门负责人，实地督导察看南水北调配套工程建设推进情况。

9日

△首届中国报业户外媒体年会在郑州举行。来自国家新闻出版广电总局、中国报业协会的有关负责人及全国100多家报业户外媒体运营精英出席会议。会上，中国报业协会户外媒体专业委员会正式揭牌成立；由中原报业传媒集团申报的项目被国家新闻出版广电总局授予“全国城乡公共阅报栏（屏）建设示范项目”，同时该集团党报阅报栏还被授予“技术创新奖”。

△市委书记吴天君会见东风汽车有限公司总裁中村公泰一行，双方就进一步深化合作，加快推进产能提升进行深入交流，并取得广泛共识。

10日

△市委副书记、市委秘书长王璋到上街区调研网格化管理长效机制运行情况。市委常委、郑州警备区政委刘贵新参加调研。

△省委常委、市委书记吴天君会见海关总署国际司司长陈小颖一行，双方就郑欧国际班列运行情况和下一步业务拓展充分交换了意见。

11日

△副省长张维宁带领省发改委、工业和信息化厅等有关部门负责人，对郑州市电解铝行业进行调研。副市长吴忠华陪同。张维宁先后到巩义中孚实业和位于上街的郑州轻金属研究院进行了调研。

△首届豫台机电信息产业高峰论坛暨郑州台湾软件园入园企业签约仪式在郑州举行。台达电子、三宝集团等12家台湾企业代表分别与郑州航空港经济综合实验区郑州台湾软件园现场签署入园协议。郑州航空港经济综合实验区台商企业联合会（筹）机械软件协会同时宣告成立。中国国民党荣誉主席连战发来贺信，并寄来题写“郑州台湾软件园”园名的墨宝。省、市领导史济春、赵建才、胡荃等出席论坛暨签约仪式。

△由市政府主办的“丝绸之路经济带”中欧物流通道建设国际交流会在郑州会展中心开幕，来自亚欧大陆桥沿线的俄罗斯等8个国家的海关、国内外铁路部门以及国内重要边境口岸城市的300多位代表和专家学者出席会议。中国铁路总公司总调度长余卓民，中国铁路总公司运输局副局长、营运部主任郭玉华，海关总署国际司司长陈小颖，国家质量监督检验检疫总局通关司副司长王冰，中铁集装箱运输有限责任公司总经理朱友文等有关国家部委负责人出席大会。省委常委、市委书记吴天君，省人大常委会副主任张大卫，副省长赵建才，郑州铁路局局长张军邦以及省直有关单位负责人等出席会议。市委常委、常务副市长孙金献主持会议，市委常委、副市长薛云伟在大会上发言。

12日

△《郑州航空大都市战略路线与规划引导》与《郑州航空港经济综合实验区产业发展战略研究报告》评审会在市政府综合楼第二会议室召开。市委常委、副市长张建慧等出席会议。

12–13日

△市委书记吴天君到市中级人民法院、市人民检察院和市公安局调研。吴天君一行先后到市人民检察院预防职务犯罪警示教育基地、侦查信息情报中心，市中级人民法院清风茶社、廉政亲情寄语展区、执行指挥中心，市公安局桐柏路分局、教育社区警务室等地进行了察看。

13日

△上海东方网、河南人民广播电台、郑州晚报社签署新媒体公共智能终端三方战略合作协议，联手在河南打造新媒体公共服务智能终端项目。这是国内首次跨地域、跨媒体、多媒体的合作探索，对提高主流媒体传播力和有效性、助力信息化和智慧城市建设具有重大意义。省委宣传部副部长、河南省广播电影电视局局长赵景春，东方网总裁、总编辑、东方网（上海）传媒有限公司董事长徐世平，郑州市委常委、宣传部部长王哲出席签约仪式。

△受市委副书记、市长马懿委

托，市委常委、常务副市长孙金献主持召开市政府第115次常务会议，会议原则上通过了《郑州市城市快速路管理暂行办法》。

20日

△河南省、郑州市先后与京东集团签署合作协议，中国最大自营网络零售商京东集团正式签约落户郑州高新区。郑州成为京东集团在全国布局的第八个一级电商运营中心，未来郑州市民有望享受网络下单1小时后就送货到家的服务。省市领导李克、吴天君、赵建才、马懿等出席签约仪式。京东集团联席董事长赵国庆、高级副总裁马健荣、副总裁黄东升等出席签约仪式。

△副省长王铁到南水北调中线工程郑州2段3标（金水河渠道倒虹吸工程）调研。省南水北调办主任王小平、副市长吴忠华等陪同。在南水北调中线工程郑州2段3标现场，王铁宣布南水北调中线河南境内干线工程渠道衬砌全线完成，主体工程基本完工。

21日

△市委书记吴天君，市委副书记、市长马懿带领相关单位负责人实地调研督察轨道交通1号线一期和三环快速化工程。吴天君一行先后察看了三环快速化南三环高架工地、轨道交通调度中心，并乘坐地铁察看了轨道交通1号线一期试运行情况。

22日

△荥阳市被中国民间文艺家协会授予“中国象棋文化之乡”“中国嫘祖文化之乡”和“中国嫘祖文化传承基地”称号。

△国家文物局组织开展第二批国家考古遗址公园评定工作，经专家综合评定，郑韩故城考古遗址公园等31处遗址成功入围“国家考古遗址公园立项名录”。

23日

△金水路西延工程正式破土动工。该工程是郑州市十大畅通工程之一，西起西三环，东至金水路金桥宾馆，全程5.75公里，总投资近18亿元。工程分为嵩山北路至金水路下穿隧道段和西站路（西三环辅道—西站北街）道路段两部分。

25日

△市政府下发通知，成立郑州市轨道交通航空港配套工程建设指挥部，主要负责郑州市轨道交通航空港配套工程规划建设组织、协调工作。2号线南延工程沿线各区已经开始征迁补偿工作。

△市政府印发通知，公布郑州市首批特色商业街区评审结果。农科路酒吧休闲一条街、天下收藏文化街、裕丰国际酒店用品特色街、西里路婚纱照材特色街、海龙餐饮特色街获命名，成为郑州市特色商业街区。

△为期一天半的郑州市十三届人大常委会第四十次会议闭幕。会议通过了市政府关于2013年财政收入预计完成情况及超收安排意见的报告、关于2012年度市本级预算执行审计工作报告中反映问题整改落实情况的报告、关于民生“十大实事”办理落实情况的报告、关于“畅通郑州”工程建设情况的报告。

26日

△上午10时，以郑州命名的新型导弹驱逐舰——“郑州舰”入列命名授旗仪式在浙江舟山某部军港举行，该舰正式加入人民海军战斗序列。河南省委常委、郑州市委书记吴天君应邀参加入列命名授旗仪式，市委常委、郑州警备区政委刘贵新，副市长张学军出席仪式。东海舰队政委王华勇为该舰授军旗并颁发命名证书。仪式上，“郑州舰”政委王春阳代表全舰官兵发言。

28日

△郑州地铁1号线正式载客开通试运营。上午9时，仪式在轨道交通1号线市体育中心站地下台层举行。省委常委、市委书记吴天君，副省长赵建才，省政协副主席邓永俭，十一届全国人大农业与农村委员会委员、十届河南省人大常委会常务副主任王明义，省十一届人大常委会副主任王文超，省直有关单位负责人以及市领导马懿、王璋、白红战、李秀奇等参加仪式。市委常委、副市长张建慧主持仪式。1号线是郑州市轨道交通线网一条重要的东西干线，也是郑州市城建历史上投资最大的工程，一期线路全长26.2公里，共设20座车站。

△上午9时，三环快速路主体高架桥通车。三环快速化工程长约32.5公里，主要由北三环、西三环、南三环、中州大道、西三环航海路立交、北三环下穿、京广路南三环互通立交等7个部分组成，总投资约110亿元。

△全国政协副主席、民革中央常务副主席齐续春率民革中央调研组到郑州，调研郑州航空港经济综合实验区建设情况。省政协副主席、民革省委主委李英杰，市委常委、统战部部长王跃华，副市长、民革市委主委刘东陪同。调研组一行先后参观了综保区申报大厅、富士康生产线、河南省进口物资公共保税中心有限公司等处，并听取了郑州航空港经济综合实验区建设情况汇报。

△省委常委、市委书记吴天君带领市直有关单位负责人调研督察畅通郑州和市区五项重点工作推进情况。市领导张建慧一同调研。

特色郑州

TE SE ZHENG ZHOU

◎郑州航空港经济综合实验区（郑州新郑综合保税区）

◎“三大主体”工作

◎轨道交通

◎癸巳年黄帝故里拜祖大典

郑州航空港经济综合实验区（郑州新郑综合保税区）

【航空港实验区历史沿革】 1956年，中国民航在黑庄与祭城之间（现中州大道与民航路东北角）建立民用航空站——郑州机场，为军民合用机场，距市中心二七纪念塔6公里。

1992年10月15日，经国务院、中央军委同意新建郑州薛店民用机场，地址在郑州市新郑薛店乡。郑州新郑国际机场于1994年6月正式动工建设，1997年8月28日建成通航，原郑州机场移交空军作为军用机场使用。

1997年8月28日，民航河南省管理局、中国南方航空有限公司河南分公司、中原航空公司和河南省航空油料有限公司等单位进驻新郑机场。民航河南省管理局对机场实施经营管理。

2003年12月29日，郑州新郑国际机场移交河南省人民政府管理，同时，河南省郑州新郑机场管理有限公司挂牌成立。

1997年2月18日，新郑市委、市政府设立郑州新郑港区建设管理委员会。

2000年2月22日，河南省人民政府正式批复河南省机构编制委员会《关于成立新郑航空港商贸区协调委员会办公室的批复》（豫编〔2000〕09号），同意设立郑州新郑航空港商贸区协调委员会办公室，规格副处级。

2002年2月1日，经郑州市人民政府台湾事务办公室和新郑市委、市政府批准成立郑州新郑台商投资区建设管理委员会。与郑州新郑港区建设管理委员会、郑州新郑航空港商贸区协调委员会办公室实行一个机构三块牌子，合署办公。

2004年3月，郑州市人民政府正式批复航空港区总体规划（2002-2020年）。

2007年10月，郑州市委、市政府正式将郑州新郑港区更名为郑州航空港区，批准设立郑州航空港区管理委员会（郑编〔2007〕57号），机构设置为正县级，为郑州市人民政府派出机构。辖2个办事处，代管原新郑市和中牟县的42个行政村，农村人口7.6万人，面积138平方公里。

2007年11月23日，河南省人民政府批复《郑州国际航空枢纽暨港区建设规划纲要》正式实施，进一步明确区域规划范围为京广铁路与南水北调主干渠合围部分，区域发展空间布局为“一核两片”。

2010年9月，市政府召开郑州航空城概念性总体规划及城市设计国际征集启动会

2010年10月24日，国务院正式批准设立郑州新郑综合保税区。根据国务院批复，郑州新郑综合保税区规划面积为5.073平方公里，东至规划的郑港七街，南至郑州新郑机场规划的第三跑道边界，西至振兴北路，北至登封—郑州—商丘高速公路。

2011年8月3日，郑州新郑综合保税区通过国家联合验收组正式验收。2011年11月4日，河南郑州新郑综合保税区封关运行。

2011年4月，根据中央编办批复精神，经河南省委、省政府批准设立郑州新郑综合保税区（郑州航空港区）管理委员会，实行一个机构、两块牌子、一套班子的管理体制，为省政府派出机构，规格正厅级。

2012年1月19日，郑州新郑综合保税区（郑州航空港区）管理委员会揭牌。规划面积189平方公里，辖4个办事处、42个行政村。

2012年7月4日，河南省人民政府和中国民航局联合向国务院提交《关于建立郑州航空经济综合实验区的请示》。

2013年3月7日，郑州航空港经济综合实验区发展规划获国务院正式批复。郑州航空港区成为我国唯一一个上升为国家战略的以航空经济为主体的特别规划区。

2013年7月10日，省委常委、常务副省长、省航空港实验区建设领导小组组长李克，省委常委、郑州市委书记吴天君，副省长、省航空港实验区建设领导小组副组长赵建才代表省委、省政府，向航空港实验区党工委、管委会正式授牌。

【郑州新郑国际机场发展综述】 1992年10月15日，国务院、中央军委同意新建郑州薛店民用机场，地址在郑州市新郑薛店乡，位于郑州市东南方向（东经113° 5'26"，北纬34° 31'09"），距郑州市区中心直线距离29.5公里，占地面积6902亩。

1994年6月，郑州新郑国际机场正式动工建设，1997年8月28日建成通航，原郑州机场移交空军作为军用机场使用。郑州新郑国际机场按照国际化标准设计，场道布局合理，飞行区技术等级为4E级，跑道一条，长3400米，宽45米，可满足B747—400型及其以下飞机全载起降要求。站坪11万平方米，有8个近机位和6个远机位。停机坪面积11.7万平方米，可停放24架大型飞机。

航站楼建筑面积4.59万平方米，可满足年旅客吞吐量380万人次的要求。

1997年8月28日，民航河南省管理局、中国南方航空有限公司河南分公司、中原航空公司和河南省航空油料有限公司等单位进驻新郑机场。民航河南省管理局对机场实施经营管理。

2003年12月29日，郑州新郑国际机场移交河南省人民政府管理，同时，河南省郑州新郑机场管理有限公司挂牌成立，下设10个处，10个二级机构，共有正式职工667人。

1997年，郑州新郑机场开通51条航线。2003年，开通70多条航线，其中机场始发航线58条，通达全国54个省会、沿海开放城市和重要旅游城市。每周有580个进出港航班。

2004年12月，郑州新郑机场新航站楼改扩建工程开工，总投资约13亿元，2007年年底工程经过国家验收投入使用。郑州新郑国际机场新航站楼总面积10.8万平方米，可以满足年旅客吞吐量1000万人次、年货邮吞吐量55万吨，飞机起降84394架次，高峰小时4146人次。

2008年，郑州新郑机场被中国民航局确定为全国八大区域性枢纽机场之一。

2011年，机场开通俄罗斯、卢森堡、阿姆斯特丹航线，年旅客吞吐量突破1000万人次、货邮吞吐量突破10万吨，标志着郑州新郑国际机场正式跻身国内大型空港和繁忙机场行列。开通航线90条（其中，国内航线84条，国际和地区航线6条），通航国内外67个城市地区，每天进出航班300多个，成为河南省空中门户、国内干线运输机场和国家一类航空口岸。

2012年，郑州新郑机场旅客吞吐量1167万人次，同比增长15.01%，增幅位居全国第三；货邮吞吐量突破15万吨，同比增长47.07%，增幅位居全国第一，总量位居中部六省第一。

2013年，郑州新郑机场共完成客运吞吐1314万人次，同比增长12.6%；货邮吞吐25.6万吨，同比增长69.1%，连续三年增速位居中国大型机场第一位。

【新郑港区发展综述】 1997年2月18日，新郑市委、市政府设立郑州新郑港区建设管理委员会。管委会主要职责是协调好周边单位和群众与机场有关部门的关系；管理好区内社会事务；维护河南对外开放第一窗口形象；发展新郑机场周边经济；搞好区域周边开发建设。

2000年2月22日，河南省人民政府正式批复河南省机构编制委员会《关于成立新郑航空港商贸区协调委员会办公室的批复》（豫编〔2000〕09号），同意设立郑州新郑航空港商贸区协调委员会办公室，规格副处级。

2002年初，新郑港区管委会在机场南部开发建设郑州新郑台商投资区。2月1日，郑州市人民政府台湾事务办公室和新郑市委、市政府批准成立郑州新郑台商投资区建设管理委员会。与郑州新郑港区建设管理委员会、郑州新郑航空港商贸区协调委员会办公室实行一个机构三块牌子，合署办公。

2004年3月，郑州市人民政府正式批复航空港区总体规划（2002-2020年），确立发展定位为：河南省及郑州市的航空门户区，地区的经济文化中心，发展以高新技术产业、现代加工制造业、现代物流业、商贸服务业为主的，集文化娱乐、旅游服务、会议博览、商务办公、居住于一体的，城市设施完备的现代化城区。至2006年，起步区开发建设面积16平方公里，初步形成台商投资园、航空产业园、科技创业园等一区多园的发展新格局。

2006年，新郑港区完成财政收入1.04亿元（包括机场），地区生产总值11.6亿元，主要工业增加值5.9亿元，全社会固定资产投入12.7亿元，实际利用外资1945万美元，累计达到5500万美元，出口创汇350万美元。

2013年4月3日，国务院新闻办公室在北京举行郑州航空港经济综合实验区发展规划新闻发布会，向中外媒体发布相关情况

【郑州航空港区发展综述】 2007年10月，郑州市委、市政府按照省委、省政府提出的加快大型航空枢纽建设要求，重点制定了围绕打造国际性空港都市目标，把航空港区着力打造成空港国际化、区域都市化、发展融合化、产业高端化的发展思路。正式将郑州新郑港区更名为郑州航空港区，批准设立郑州航空港区管理委员会（郑编〔2007〕57号），机构设置为正县级，为郑州市人民政府派出机构。辖2个办事处，代管原新郑市和中牟县的42个行政村，农村人口7.6万人，面积138平方公里。

2007年11月23日，河南省人民政府批复《郑州国际航空枢纽暨港区建设规划纲要》正式实施，进一步明确区域规划范围为京广铁路与南水北调主干渠合围部分，区域发展空间布局为“一核两片”。“一核”指机场核心区，面积约48平方公里，其中规划机场建设用地约36平方公里。“两片”指北部物流商贸区，面积约16平方公里；南部临空产业区，面积约26平方公里。

2007年，郑州航空港区主要经济指标继续保持稳步增长势头，地区生产总值和工业增加值（代管区域未纳入核算）分别完成12.8亿元、6.6亿元，同比分别增长10.3%、12.0%。园区基础设施建设取得突破进展，累计完成基础设施投资约2.6亿元，修建五纵十一横道路50公里，架设改造电力线路50公里、有线电视线路80公里、通信线路60公里，初步达到六通（道路、排水、供电、通讯、有线电视、宽带网）一平（土地平整），实现区域环境的绿亮净美。

【郑州新郑综合保税区（郑州航空港区）发展综述】 2010年7月，富士康项目签约入驻郑州。2011年3月14日，富士康郑州科技园正式投产。富士康项目入驻郑州后，高峰时期入驻员工达28万人，完成投资543亿元。布局手机生产线95条，生产手机6846万部。完成产值1210亿元，实现外贸进出口总额284.97亿美元，成为河南省首个单厂产值超千亿元企业。

2010年10月24日，国务院正式批准设立郑州新郑综合保税区。综合保税区规划面积5.073平方公里，东至规划的郑港七街，南至郑州新郑机场规划的第三跑道边界，西至振兴北路，北至登封—郑州—商丘高速公路；按照《国务院关于设立洋山保税港区的批复》的有关规定执行税收、外汇方面的优惠政策。

郑州新郑综合保税区是国家设立在内陆地区的具有保税港区功能的海关特殊监管区域，综合保税区的政策、功能、管理模式等均与保税港区相同。

2011年8月3日，郑州新郑综合保税区通过国家联合验收组的正式验收。在历经3个月严谨的系统调试之后，2011年11月4日，综合保税区封关运行，标志着河南外向型经济进入“综合保税区时代”。

2011年4月，根据中央编办批复精神，经河南省委、省政府批准设立郑州新郑综合保税区（郑州航空港区）管理委员会，实行一个机构、两块牌子、一套班子的管理体制，为省政府派出机构，规格正厅级。规划面积189平方公里，辖4个办事处，42个行政村。

2012年1月19日，郑州新郑综合保税区（郑州航空港区）管理委员会揭牌。

2012年，全区实现地区生产总值190.7亿元，同比增长77.6%；实现工业总产值1265亿元，同比增长168%；实现规模以上工业增加值169亿元，同比增长105.2%；实现地方财政收入26亿元，同比增长153.6%，其中地方财政公共预算收入7.3亿元，同比增长86.5%；实现全社会固定资产投资116.2亿元，同比增长44.0%；实现外贸进出口总值285亿美元，同比增长220.0%，占全市比重的78.2%，占全省比重的55.1%，其中出口总值156.5亿美元，同比增长214.8%。成为全省首个千亿级产业集聚区。郑州航空港区常住人口突破40万人。

2012年，富士康郑州科技园完成总投资543亿元，其中，郑州市投资220亿元（厂房30亿元、宿舍110亿元、配套富士康基础设施80亿元），富士康投资323亿元（设备263亿元、厂房60亿元）。园区基础设施投资80亿元。富士康郑州科技园布局手机生产线95条，生产手机6846万部，完成工业总产值1210亿元，工业增加值157亿元。富士康郑州产业园累计生产手机8846万部，为全球最大的智能手机生产基地之一；累计实现进出口总额285亿美元，进出口总额占全市比重82%，占全省比重55.1%；出口总额占全省外贸出口总额的52.7%，占郑州市外贸出口的77.5%。在富士康项目的带动下，全省进出口总额跃居全国第三，连续12个月居中部六省第一，河南省经济外向度由2010年的4.7%到2013年10.9%，郑州经济外向度由20.5%大幅飙升至近30%。

2012年，郑州新郑综合保税区进出口总值及进口、出口总值位居全国31个综合保税区第二名，跻身全国特殊监管区域业务第五位，被海关总署推举为全国综保区尤其是内陆地区综保区建设的标兵和示范，初步实现“小区推动大省”的作用，成为河南省对外开放的前沿和高地。综保区二期0.24平方公里基础设施和监管设施建设完成，并顺利通过海关总署等国家有关部门验收，综保区监管面积扩展到2.73平方公里。

2012年12月4日，海关总署正式批准综保区试点“自产内销货物返区维修业务”，成为全国10个试点之一。试行“返区维修”后，企业内销产品的维修、维护成本大幅降低，将吸引更多的企业在综保区设立研发、检测、维修中心，带动加工贸易产业转型升级，使郑州成为区域内重要的研发基地。

2011年11月，综保区封关运行

2013年5月14日，《河南省机构编制委员会关于印发〈郑州航空港经济综合实验区管理体制和机构设置方案〉的通知》（豫编〔2013〕16号）明确，郑州航空港经济综合实验区党工委、管委会与郑州新郑综合保税区党工委、管委会套合设置，实行一个机构、两块牌子。不再保留郑州新郑综合保税区管委会所挂的郑州航空港区管委会牌子。

【郑州航空港经济综合实验区获批建立】 2012年7月4日，河南省人民政府和中国民航局联合向国务院提交《关于建立郑州航空经济综合实验区的请示》，2013年3月7日，郑州航空港经济综合实验区发展规划获国务院正式批复。郑州航空港区成为我国目前唯一一个上升为国家战略的以航空经济为主体的特别规划区。

2013年7月10日，省委常委、常务副省长、省航空港实验区建设领导小组组长李克，省委常委、郑州市委书记吴天君，副省长、省航空港实验区建设领导小组副组长赵建才代表省委、省政府，向航空港实验区党工委、管委会正式授牌。郑州市委副书记胡荃兼任管委会党工委书记，张延明任管委会主任。

郑州航空港经济综合实验区规划面积415平方公里。截至2013年年底，代管384平方公里，12个办事处，156个行政村，规划涉及的开封尉氏65平方公里管理问题在研究推进。

【航空港实验区概况】 郑州航空港经济综合实验区位于郑州市中心城区东南25公里，是郑（州）汴（开封）一体化的核心组成部分，包括郑州航空港、综合保税区和周边产业园区，规划范围涉及中牟、新郑、尉氏3县（市）部分区域，全区规划面积415平方公里，区内有办事处12个，行政村156个，2013年末常住人口50.8万人。与2010年主要经济指标同比，2013年，航空港实验区地区生产总值由28亿元增长到323亿元，年均增速126%；财政预算收入由1.6亿元增长到15.1亿元，年均增速111%；财政总收入由4.5亿元增长到35亿元，年均增速98%；固定资产由52亿元增长到212亿元，年均增长60%；贸易进出口总值由1000万美元，增长到349亿美元，年均增长1417%。

作为国家批准的第一个以航空经济为引领的国家级新区与中原经济区的核心增长极，航空港实验区发展目标是通过政策创新、体制创新与模式创新，积极承接国内外产业转移，大力发展航

2013年7月10日，郑州航空港经济综合实验区揭牌仪式

航空港实验区与菜鸟网络科技有限公司正式签约

空物流、航空偏好型高端制造业和现代服务业，建设一座联通全球、生态宜居、智慧创新的现代航空大都市。

【航空港实验区机构设置】 根据省编委《郑州航空港经济综合实验区管理体制和机构设置方案》（豫编〔2013〕16号）和市编委《郑州航空港经济综合实验区管理体制和机构设置方案》（郑编〔2013〕53号），设立中共郑州航空港经济综合实验区工作委员会、郑州航空港经济综合实验区管理委员会，郑州航空港经济综合实验区党工委、管委会与郑州新郑综合保税区党工委、管委会套合设置，实行一个机构、两块牌子、一套班子，为省政府派出机构，正厅级规格，由郑州市委、市政府负责管理。

内设部门12个：党政办公室、纪律检查委员会（监察审计局）、经济发展局（安全生产监督管理局）、人力资源和社会保障局、财政局、规划与国土资源局、社会管理综合治理委员会办公室、市政建设环保局、社会事业局、综合执法局、口岸业务服务局、商务和物流业发展局。

派驻机构3个：郑州市驻航空港实验区（综保区）党群工作部；郑州市交通运输委员会航空港实验区（综保区）委员会；郑州市食品药品监督管理局航空港实验区（综保区）分局。

公、检、法机构3个：航空港实验区（综保区）公安分局；航空港实验区（综保区）人民检察院；航空港实验区（综保区）人民法院。

依据章程成立群众性组织1个：航空港实验区总工会。

办事处（社区服务中心）12+1个：郑港办事处、新港办事处、滨河办事处、银河办事处、张庄办事处、三官庙办事处、龙港办事处、八岗办事处、清河办事处、冯堂办事处、龙王办事处、明港办事处；IT产业园社区服务中心。

【航空港实验区发展优势】 （1）竞争力强的国际航空货运中心。郑州新郑国际机场是国内八大枢纽机场之一，一类航空口岸，规划建设5条跑道，年客运吞吐量7000万人次，货运量400万吨。2013年，郑州机场完成旅客吞吐量1314万人次，同比增长12.56%，总量位居全国第18位；货邮吞吐量25.57万吨，同比增长69.13%，增速位居全国首位，总量位居中部六省首位，全国第12位。2013年，郑州机场开通客货运航线144条，其中国际地区全货运航线20条，位居中国内陆地区第一，全货机航班平均每周80班，货运通航城市25个，基本形成覆盖全国及东南亚主要城市、连接欧美货运枢纽的航线网络，成为近年来国际国内最具成长力的机场之一。

2013年，航空港实验区启动“大枢纽”建设，郑州机场二期建设如火如荼，将于2015年年底投入运营，同步建设机场综合交通换乘中心，并将适时建设货运专用跑道，把郑州机场建成重要的国内航线中转换乘和货运集散区域性中心，通过建设机场货运枢纽、拓展优化航线网络、发展壮大航空货运货代企业、提升机场服务水平，形成竞争力强的国际航空货运枢纽。

（2）完善便捷的陆空联运综合交通枢纽。航空港实验区集航空、高铁、城际铁路、地铁、高速公路于一体，可实现“铁、公、机”无缝衔接的综合枢纽，辖区内有郑州新郑国际机场，京港澳高速、机场高速、商登高速、郑民高速等贯穿全区，构成便捷的交通网络，将建成全国重要客运中转换乘中心和全国重要的国际航空物流中心。

“三纵两横”高速公路网。建成登封至商丘、机场至周口等地方高速公路，与京港澳高速、机场高速和郑民高速共同构成高速公路网。

“五纵六横”干线公路网。升级改造G107相关路段和S102、S223、S221线，形成干线公路网。

“米”字形铁路网。建成郑州东站至郑州机场至许昌、郑州机场至登封至洛阳、郑州至焦作、郑州至开封等城际铁路，形成以郑州为中心铁路网。

（3）开放度高的郑州新郑综合保税区。郑州新郑综合保税区是我国开放层次最高、政策最优惠、功能最齐全的特定经济功能区域，正在积极实施区港联动、区区联动。综合保税区主要规划有保税加工、保税物流、口岸作业和综合服务等四大功能；重点发展保税加工、现代物流、服务贸易、保税研发、检测维修、保税展览、特色金融等产业；可以开展仓储物流、对外贸易（国际转口贸易）、国际采购、分销和配送、国际中转、检测和售后服务维修、商品展示、研发、加工、制造等业务。

（4）绿色智慧、环境优美、充满活力的现代航空大都市。优美生态文化环境。国家重点工程——南水北调大运河穿区而过，将形成一条长27公里、宽数百米的“水面+景观”城市生态带。14个城市级公园在规划建设，包括张庄森林公园、北湖公园和滨水健身公园等3个绿地公园，苑林古城、冯庄遗址和大寨遗址3个文化公园，以及智湖、东湖、南湖等8个滨水公园，将形成城市公园、社区公园和街头绿地三个层次的城市绿网。

绿色智慧航空都市。坚持集约、智能、绿色、低碳的新型城镇化发展理念，优化航空港实验区空间布局，以航兴区、以区促航、产城融合，建设高端商务商贸区，发展总部经济，打造智慧城市，建成具有高品位和国际化程度的城市综合服务区，形成空港、产业、居住、生态功能区共同支撑的航空都市。航空港实验区北部3平方公里核心区已全部动工，主要包括大型城市综合体、总部经济、金融会展、星级酒店、休闲娱乐、教育医疗、商业住宅等，2015年将全部建成投入使用。区内已建成较为完善的供电、通信、天然气、供排水、供暖、有线电视和宽带网络；医院、学校、银行、酒店、客运站等生活配套设施已基本到位。

【航空港实验区规划编制】 2013年年初，航空港实验区概念性规划编制工作启动，邀请国外5家设计单位、国内1家设计单位，按照国际化、高标准的要求编制规划，规划已编制完成报省政府批复。26项专项规划编制工作从2013年9月底正式开始，截至年底基本结束，控规全覆盖工作已经启动。已完成双鹤湖、会展城片区方案征集，其余5个片区的城市设计陆续启动。

（1）以发展规划为依据，高标准

编制航空港实验区概念性总体规划。按照市航空港实验区建设领导小组要求，在深化整合6家规划方案优点的基础上，紧紧围绕国务院批复的发展规划五大战略定位，编制航空港实验区总体规划方案，并要求规划达到国家规定的城市总体规划深度。（2）坚持专家顾问制度，保证规划的科学性、前瞻性。在规划编制过程中，坚持专家顾问制度，聘请有国际航空城（机场）规划经验的首席规划师、有国际先进航空城建设经验的专家和机场规划建设、临空经济（产业）、航空物流、综合交通、城市规划等方面的知名专家组成顾问团队，全程参与规划深化整合工作，保障规划的科学性、前瞻性、国际性和可操作性。组织专家顾问团队对规划涉及的机场核心区功能空间布局、空铁联运综合交通体系构建、多式联运平台建设、高铁郑州南站选址等重大问题进行深入讨论和研究，为省、市两级科学决策提供技术依据。（3）积极消化吸收航空经济专题研究报告内容，实现与航空港实验区两个专题研究成果的整合互动。在航空港实验区总体规划编制过程中，市航空港实验区建设领导小组又委托国际航空经济知名专家、美国柯南民营企业研究所所长约翰·卡萨达教授等专家，同步开展“郑州航空大都市战略路线与规划引领”“郑州航空港经济综合实验区产业发展战略研究报告”两个专题研究，实现两个专题研究成果与概念性总体规划的整合互动，有效保证航空港实验区产业发展与空间布局的协调统一。（4）同步开展26项专项规划编制，保证航空港实验区规划建设顺利进行。航空港实验区总体规划编制过程中，同步启动综合交通、供水、供电、雨污水收集处理、分布式能源、生态绿地系统、中小学、医疗卫生等26个专项规划编制。保证专项规划的编制与航空港实验区现状紧密结合，与机场和航空港实验区年度建设计划紧密结合，有力地支持航空港实验区年度基础设施建设和项目落地。

机场二期工程施工现场

【航空港实验区规划】 （1）规划区域范围：西至京港澳高速、北至双湖大道（郑民高速南侧约2公里），东至S223改线（新107国道线东侧约6公里）、南至炎黄大道。规划范围面积415平方公里，其中郑州市范围350平方公里，开封市尉氏县65平方公里。

（2）规划目标：建成富有生机活力、彰显竞争优势、具有国际影响力的实验区。重点包括以下四个方面：建设大枢纽、发展大物流、培育大产业、塑造大都市。

（3）主体定位：生态智慧航空大都市主体实验区。

（4）工作思路：把握一个“总要求”。即强投资、夯基础、上项目、求跨越，努力实现经济社会持续健康快速发展；做大“二个平台”，即大型航空枢纽平台和综合保税区平台；做强“三大产业”，即电子信息、生物医药和航空产业；推进“四大建设”，即机场二期建设、富士康项目建设、合村并城建设和基础支撑能力建设；实施“五化”战略，即空港枢纽化、经济临空化、产业高端化、城市国际化、社会和谐化；谋求“六个突破”，即在航空港实验区规划建设上实现突破、在推进重大项目建设上实现突破、在产业集聚发展上实现突破、在城市功能提升管理上实现突破、在健全网格化管理长效机制上实现突破、在转变工作作风打造高效行政机构上实现突破，为率先全面建成小康社会奠定坚实基础。

（5）发展目标：到2017年，航空港实验区基础设施、公共服务、产业体系初步形成，主要功能区开发建设初具规模，航空港经济发展初见成效。机场二期工程建成使用，国际航空货运能力大幅提升，连接航空港实验区内外的主要交通通道基本建成；航空偏好型高端制造业和现代服务业快速发展，集聚一批具有国际竞争力的知名品牌和优势企业；航空港开放门户地位基本确立；市政基础设施和公共服务设施支撑有力，航空都市框架基本形成。

到2025年，建成富有生机活力、彰显竞争优势、具有国际影响力的实验区。国际航空货运集散中心地位显著提升，航空货邮吞吐量达到300万吨左右，跻身全国前列；形成创新驱动、高端引领、国际合作的产业发展格局，与航空关联的高端制造业主营业务收入超过10000亿元；建成现代化航空都市，营商环境与国际全面接轨，进出口总额达到2000亿美元，成为引领中原经济区发展、服务全国、连通世界的开放高地。

（6）战略定位：依据国务院批复的发展规划，航空港实验区确定五大战略定位，即国际航空物流中心、以航空经济为引领的现代产业基地、内陆地区对外开放重要门户、现代航空都市、中原经济区核心增长极。

国际航空物流中心。建设郑州国际航空货运机场，进一步发展连接世界重要枢纽机场和主要经济体的航空物流通道，完善陆空衔接的现代综合运输体系，提升货运中转和集疏能力，逐步发展成为全国重要的国际航空物流中心。

以航空经济为引领的现代产业基地。发挥航空运输综合带动作用，强化创新驱动，吸引高端要素集聚，大力发展航空设备制造维修、航空物流等重点产业，培育壮大与航空关联的高端制造业和现代服务业集群，促进产业集群发展，形成全球生产和消费供应链重要节点。

内陆地区对外开放重要门户。提升航空港开放门户功能，推进综合保税区、保税物流中心发展和陆空口岸建设，完善国际化营商环境，提升参与国际产业分工层次，构建开放型经济体系，建设富有活力的开放新高地。

现代航空都市。树立生态文明理念，坚持集约、智能、绿色、低碳发展，优化实验区空间布局，以航兴区、以区促航、产城融合，建设具有较高品位和国际化程度的城市综合服务区，形成空港、产业、居住、生态功能区共同支撑的航空都市。

中原经济区核心增长极。强化产业集聚和综合服务功能，增强综合实力，延伸面向周边区域的产业和服务链，推动与郑州中心城区、郑汴新区联动发展，建设成为中原经济区最具发展活力和增长潜力的区域。

（7）航空港实验区空间布局：按照“生态宜居、智慧科技”的理念，优化功能分区，规范开发秩序，科学确定开发强度，规划“一核领三区、两廊系三心、两轴连三环”空间布局，构建

省委书记、省人大常委会主任郭庚茂深入航空港实验区调研

"三区两廊"空间发展格局。

"一核领三心"即以郑州新郑国际机场为核心，规划北部城市综合服务区、东部临港型商展交易区、南部高端制造区。

"两廊系三心"即在穿越实验区的南水北调干渠与小清河生态廊道间规划公共文化航空金融中心、生产性服务中心和航空会展交易中心三个中心。

"两轴连三环"即以穿越实验区东西南北的两条主干道为发展轴，将三条以机场为中心的环道连接起来。

航空港区。主要包括机场及其周边核心区域，建设空港服务区、综合保税区、航空物流区，建设陆空联运集疏中心等设施，重点布局发展航空运输、航空航材制造维修、航空物流、保税加工、展示交易等产业。

北部城市综合服务区。位于空港北侧，建设高端商务商贸区、科技研发区、高端居住功能区，围绕绿色廊道和生态水系进行布局，重点发展航空金融、服务外包、电子商务、文化创意、健康休闲等产业，建设生态、智慧、宜居新城区。

南部高端制造业集聚区。位于空港南侧，建设航空科技转化基地和航空关联产业发展区，重点布局发展通用航空设备制造、电子信息、生物医药、精密机械、新材料等产业。

沿南水北调干渠生态防护走廊。充分利用南水北调主干渠两侧宽防护林带设置生态防护走廊，遵循优先保护水质原则，按照干渠管理规定有序建设沿岸森林公园、水系景观、绿化廊道等，打造体现航空文化内涵、集生态保护和休闲游览于一体的景观带。

沿新107国道生态走廊。在航空港实验区新107国道两侧，规划建设防护林带，形成错落有致、纵贯南北的生态景观长廊。

（8）人口规模：2020年人口规模为90万人；2030年人口规模为190万人；2040年人口规模为260万人。

（9）用地规模：2040年用地规模达到286.87平方公里，人均城市建设用地110.3平方公里/人。

【航空港实验区发展政策保障】 航空港实验区实行"两级三层"管理体制，并被赋予省辖市级经济社会管理权限，实施"职能"与"区域"全覆盖的管理办法，坚持"市管为主、省级扶助"的领导体制。

2013年，河南省和郑州市分别出台支持航空港实验区发展有关政策文件，《河南省人民政府办公厅关于郑州航空港经济综合实验区与省直部门建立直通车制度的实施意见》（豫政办〔2013〕92号）于2013年11月实施，在266项事项方面实现省区直通。另外，《河南省人民政府办公厅关于支持郑州航空港经济综合实验区发展的意见》（豫政办〔2013〕93号）、《中共郑州市委 郑州市人民政府关于加快郑州航空港经济综合实验区建设的意见》（郑发〔2013〕16号）等相继出台，省直20多个单位也出台支持航空港实验区有关政策。

【航空港实验区经济社会发展综述】 航空港实验区根据总体规划确定五大战略定位，重点发展航空产业、高端制造和现代服务三大主导产业。

2013年，全区生产总值完成325.6亿元，同比增长25.4%；财政总收入35.2亿元，可比口径增长116%；公共财政预算收入完成15.1亿元，同比增长104.5%；规模以上工业增加值完成261.4亿元，同比增长36.3%；电子信息工业产值1722亿元，占全省的70.2%；固定资产投资完成209亿元，同比增长54.1%；外贸进出口总值完成348.8亿美元，同比增长24.7%，占全省进出口的58.2%；实际利用外资4.2亿美元，同比增长58.2%；社会消费品零售总额60.9亿元，同比增长16.3%。

2013年，郑州新郑综合保税区完成进出口总值357.9亿美元，位居全国37个综保区第二位，全国113个特殊监管区第四位。2013年进出口总值占全省的59.7%，对全省外贸增长的贡献率88.9%，使河南省经济外向度由2009年的4.37%上升至11.8%。

2013年，航空港实验区公共社会事业快速发展，教育、医疗卫生等各项社会事业总投入6.46亿元，同比增长104.2%。现有中小学86所，其中，初中10所、小学76所，在校生21696名，在职教师1722人；幼儿园32所，在校幼儿7890人。2家一级综合医院。

【三大主导产业综述】 航空港实验区依托航空货运网络，加强与原材料供应商、生产商、分销商、需求商的协同合作，充分利用全球资源和国际、国内两个市场，形成特色优势产业的生产供应链和消费供应链，带动高端制造业、现代服务业集聚发展，构建以航空物流为基础、航空关联产业为支撑的航空港经济产业体系。

航空物流。（1）特色产品物流。发挥产业基础和区域市场优势，大力发展电子信息、食品、药品、时装、花卉等特色产品物流，建设全球重要的产品交易展示中心和国内进出口货物集散中心。按照国家相关规定，研究设立特种商品指定入境口岸，增加进口货源，促进航空货运进出口双向均衡发展。整合应急物流资源，建设应急物资保障基地。（2）航空快递物流。推动快递龙头企业建设区域快递物流基地，构建规模化、网络化航空快递服务体系，建设全国重要的航空快递转运中心，实现国际快递72小时和国内快递24小时送达。推动快递与电子商务、供应链管理等新兴业务融合发展，鼓励快递企业进入制造业供应链服务领域。（3）国际中转物流。加强与国外枢纽机场口岸合作，建设空空联运体系，实现航运信息共享。建设国际中转货物监管设施，规范和简化转关手续，降低中转成本。支持境外航空公司、货代企业以郑州机场为基地，发展国际中转业务，建设国际航空货运枢纽。（4）航空物流配套服务。推进航空物流园建设，完善分拨转运、仓储配送、交易展示、加工、信息服务、研发设计等功能。积极引进国际知名商务服务企业设立机构、拓展业务，支持发展报关清关、金融保险、咨询评估、投资运营管理等商务服务，培育商贸功能区。建立公共信息平台，为供应链成员企业提供即时服务。建立航空保税燃油基地，增强保税油价格和服务竞争力。

高端制造业。（1）航空设备制造及维修。引进国内外航空制造维修企业，引导本地装备制造和电子电气企业向航空制造领域拓展，重点发展机载设备加工、航空电子仪器、机场专用设备以及航空设备维修等产业，建设国内重要的航空航材制造维修基地。（2）电子信息。发挥龙头企业带动作用，加强与全球领先的设计、研发及代工企业合作，吸引配套企业入驻，加快推进智能手机制造和电子部件全球采购、国际分拨中心建设，形成全球重要的智能手机生产基地。积极参与全球电子产品供应链的整合进程，重点发展智能终端、新型显示、计算机及网络设备、云计算、物联网、高端软件等新一代信息技术产业，打造国际电子信息产业基地。（3）生物医药。承接国内外行业龙头企业，加快建设郑州生物国家高技术产业基地，重点发展附加值、技术含量较高的生物技术药物、现代中药、化学创新药产业，积极引进高端医疗设备、新型医疗器械等生物医学工程技术和产品，形成全国重要的生物医药产业基地。（4）其他制造业。有重点地发展为航空制造业配套的新型合金材料、复合功能材料，建设以柔性化、智能化、轻型化为重点的精密机械产品生产基地，规模化发展珠宝饰品、高档服装、工艺美术制品等终端、高端产品。推动周边地区发展汽车电子、冷鲜食品、鲜切花等产业。

现代服务业。（1）专业会展。以专业化、品牌化、国际化为方向，高标准建设会展基础设施，加强与跨国制造商、贸易商和会展商的战略合作，创造条件筹办全球性的航材设备、机场装备、航空技术、通用航空等航空展会暨论坛，积极承办国际知名的电子信息、精密机械、高档服装等品牌产品发布会、博览会和展销会，打造具有国际影响力的高端航空及关联产业展会品牌。（2）电子商务。开展跨境贸易电子商务综合改革试点，在进出口通关服务、结售汇等方面先行先试，加强与国内外知名电商的战略合作，搭建安全便捷的商业交易应用服务平台，建设全国重要的电子商务中心，研究探索建设跨境网购物品集散分拨中心。以电子商务推动传统商业模式创新，实现实体购销渠道和网络购销渠道互动发展，推动名牌名店商业街区建设。条件成熟时，在郑州机场扩大出境免税店。（3）航空金融。重点发展与航空港经济密切相关的金融租赁、离岸结算、航运保险、贸易融资等业务。引进和培育一批规模大、影响力强的租赁企业，发展飞机和大型设备租赁业务。吸引跨国公司设立财务中心、结算中心，开展离岸结算等业务。支持金融机构围绕贸易融资需求开展金融创新，发展供应链融资和进出口贸易融资，拓展航空运输保险业务。（4）服务外包。根据国家产业布局和地区资源禀赋，积极发展航空物流信息服务、智能通信软件开发、生物医药研

市委书记吴天君深入航空港实验区检查指导工作

发、航空人才培训、航空商务咨询和认证评估等服务外包及相关服务业，培育国际知名的服务外包自主品牌，打造具有地区产业特色的服务外包基地。

【航空物流产业发展】 2013年，郑州机场完成旅客吞吐量1314万人次，同比增长12.56%，总量位居全国第十八位；累计货邮运输量25.57万吨，同比增长69.13%，增速位居全国首位，总量位居中部六省首位，全国第十二位，上升3个位次。郑州机场货运航班量、航班架次、通航城市均位于中部地区前列，国际航空货运枢纽地位进一步巩固。郑州机场入驻有UPS、俄罗斯空桥、南方航空、国泰航空、东方航空等20多家航空公司，是卢森堡航空公司全球第二大枢纽机场。引进敦豪（DHL）、中外运、丹马士、辛克、海程邦达、上海畅联、中汐物流、捷运国际等货代企业30余家。同时，为加快国际航空物流中心建设步伐，积极打造航空物流体系。

（1）建立区域通关机制。截至2013年年底，郑州海关与12个直属海关（北京、天津、满洲里、上海、南京、青岛、深圳、乌鲁木齐、广州、黄埔、太原、西安）开通区域通关业务，将这些关区的口岸通关功能延伸到郑州，涵盖河南企业进出口必经的绝大多数口岸海关。河南出入境检验检疫局与天津、山东、河北、连云港达成“检验检疫直通放行”的便利化通检协议，实现便捷的通检模式。

（2）快件监管中心获批。2013年3月26日，郑州海关快件监管中心在郑州新郑国际机场正式运行，新郑机场也成为能直接对国际航空快件分拣、交付和收运等业务处理的机场。

（3）国家级实验室落户综保区。2013年4月，经国家质检总局批复，中西部首个移动通信终端（手机）设备重点检测实验室落户郑州新郑综合保税区。

（4）郑州机场成为中部首家开展保税航油业务的机场。自2013年5月1日起，郑州机场可对国际航班提供保税油加注。在海关批准的保税仓库有效期内，将以不含增值税的价格向民航国际航班销售进口保税的航空燃油，全年可为在郑执飞国际航线的航空公司节省近5000万元的运营成本。

（5）郑欧班列的开通进一步拉伸丝绸之路。2013年7月18日，郑欧班列正式开通，经新疆阿拉山口岸出境，途经哈萨克斯坦、俄罗斯、白俄罗斯、波兰到达德国汉堡，全程10214公里，是中国中西部地区直达欧洲的陆上铁路货运大通道。

（6）“卡车航班”成为重要补充。2013年7月23日，“卡车航班”开通，已开通抵达北京、上海、天津、青岛、西安5个城市的“卡车航班”。国际货物运抵上述空港后，由卡车代替飞机航班将货物运至郑州，在新郑国际机场通关验放。

（7）保税货物结转试点获批，综保区功能进一步完善。2013年10月21日，实验区获批开展保税货物结转试点，可与淮安综合保税区、郑州出口加工区、北京天竺综合保税区、昆山综合保税区、苏州高新区综合保税区间开展保税货物结转。

（8）获得综合经济实验区海关国内地区代码。2013年11月29日，航空港实验区获得综合经济实验区海关国内地区代码，以独立的经济区划被纳入海关统计，区内进出口企业也拥有了自己独立的“身份”代码。

（9）获得通往13个国际城市的航空快件总包直封权。全国首批跨境贸易电子商务试点城市中，仅上海、郑州获批。2013年12月4日起，郑州出口纽约、旧金山、洛杉矶、莫斯科、新西伯利亚、伦敦、库里提巴、圣保罗、温哥

市长马懿实地调研机场二期拆迁工作

华、悉尼、马德里、巴黎、川崎13个国际城市的航空快件获批总包直封权，可实现“当日寄出、次日递达”。

（10）河南省电子口岸综合服务中心将按计划建成投入使用。该系统可以整合海关、检验检疫、国税、外汇、商务、工商等16个单位的申报电子平台，实现报关、报检、外汇核销、出口退税等的“一个门户入网、一次认证登陆、一站式服务”的口岸业务无纸化、电子化办公。

（11）“菜鸟网络”正式落户航空港实验区。2013年11月27日，《中国智能骨干网（郑州航空港实验区）项目投资合作协议》在郑州正式签署。

【高端制造业发展】 电子信息。2013年，富士康科技园生产手机9645万部，同比增长40.8%，实现电子信息产业产值1722亿元，同比增长42.3%，产值占全省70.2%，占全市81.9%。截至2013年年底，累计完成厂房、宿舍投资约290亿元，建成厂房200万平方米，宿舍527.6万平方米；综保区布局手机生产线115条（含维修线15条），员工总数最高超过30万人。

高端制造。2013年10月底，与全球排名前三位的精密机械制造企业台湾友嘉实业集团签订投资协议，项目一期投资约40亿美元。富士康精密机械园项目一期投资约50亿美元，建设方案已确定。此外，穆尼飞机零部件制造项目落户实验区。

生物医药。区内现有生物医药企业11家，其中规模以上企业9家。作为国家级生物医药产业基地先导区的郑州台湾科技园项目建成33栋楼，总建筑面积20万平方米，签约企业67家，其中院士项目2个，国家千人计划专家项目4个。

【现代服务业发展】 航空港实验区获批成为国家“自产内销货物返区维修业务”试点，内陆地区首个“国家移动通信设备检测重点实验室”建设启动，已获批筹建肉类进口口岸、药品进口口岸。已有富士康、中外运、海程邦达、上海畅联、中计进出口公司等15家企业入驻。河南电子口岸服务中心项目预计2014年年底投入使用。届时将可实现各口岸监管单位、货代企业与异地申报的“一个门户入网、一次认证登陆、一站式服务”。

【招商引资】 2013年，航空港实验区把招商作为建设发展的战略举措，按照“专业、专心、专职、专责”要求，建立班子主要成员挂帅的招商决策咨询、项目管理、领导分包、例会协调、项目评审等工作推进机制，初步确立“1+3+8+N”的招商工作思路。“1”是围绕“大枢纽、大物流、大产业、大都市”一条主线；“3”是“航空物流、高端制造、现代服务”三大主导产业；“8”是“智能终端、电子信息、精密机械、飞机制造维修、航空物流、生物医药、电子商务、商贸会展”八大产业园；“N”是围绕八大园区设定N个项目，全力推动。

2013年，航空港实验区领导班子成员齐上阵，南下北上，内引外联，走出去登门拜访，请进来实地考察，航空港实验区参与和举办了“中原之夜”“中博会”“厦洽会”“走进台湾”“拜祖大典”等一系列招商活动。全年新开工朝虹电子、中外运中部区域物流网络枢纽、中原国际医药物流创业园等产业项目11个，总投资171亿元；新签约落地菜鸟骨干网、友嘉精密机械产业园、普洛斯三菱商事物流产业园等项目48个，总投资1516亿元；在洽谈的项目79个，谋划与跟踪的项目46个。

【八大专业园区】 航空港实验区以重大产业项目为依托，加快园区连片开发步伐，推进8个临空特色鲜明的专业园区建设。即航空物流产业园、航空制造维修产业园、电子信息产业园、智能终端产业园、精密机械产业园、生物医药产业园、电子商务产业园、商展贸易产业园。

【航空物流产业园】 航空物流园建设是全区产业发展的龙头。航空物流园建设以菜鸟网络科技有限公司智能骨干网项目和富士康航空物流园项目为龙头，重点抓好中外运中部区域空港物流网络枢纽、TNT天地华宇集团中原陆运中转枢纽、平安物流产业园、鲜美来冷冻食品分装冷藏物流配送、贰仟家汽车物流中心、普洛斯三菱商事物流产业园、传化集团传化物流园等项目建设。UPS转运中心、ZARA分拨中心、微软分拨中心等项目将签约。圆通航空货运物流园、DHL快递分拨中心等项目取得实质性进展，内陆地区航空物流中心地位雏形显现。

【航空制造维修产业园】 航空港实验区重点发展的高端制造业之一，即航空制造与维修业，具有技术含量高、附加值大、产业链长、带动性强等特点。航空港实验区密切跟踪大飞机项目进展，积极推进飞机交付中心项目落地，带动航空港实验区飞机制造产业发展。推进大飞机项目落地，重点抓好穆尼通用飞机研发制造基地、华彬集团中国（郑州）应急救援、医疗救护核心枢纽基地和中原经济区通用航空核心枢纽基地、厦门太古飞机维修改装产业园、中汇华翼（中外友协合作）通航产业链、中美欧亚公务机改装及维修等航空制造类项目建设。强化航空制造与维修专业人才培养，探索建立与中国民航大学、北京航空航天大学、南京航空航天大学等院校和科研院所合作。

【电子信息产业园】 园区以半导体信息产业项目建设为契机，积极推进以大数据为支撑的国家级电子信息产业基地建设，重点抓好安久IT新应用产业园、朝虹电子科技园、台商软件园、云海科技园等项目建设。IBM郑州数据中心、西部数据中心、甲骨文等一批大项目引进前景良好。积极推动与中关村建立战略合作关系，设立区域共建产业园。

【智能终端产业园】 园区以富士康科技园智能手机生产规模的不断扩大为支撑，全面整合上下游产业链，推进智能手机生产基地建设，推动创维无线智能手机供应链平台、酷派、天宇、实验区智能终端生产、研发、总部基地等项目建设。酷派、天宇、创维、华世基等一批签约项目的建设与投产运营工作稳步进行；强化产业配套，深度谋划引进OPPO、步步高、金立、海派、华贝等一批智能终端品牌商、制造商、协力商、运营商和物流商入区，抓好北斗（河南）信息综合服务平台、北斗导航学院、北斗检定认证中心、北斗产品技术研究院、北斗产品生产基地等项目建设，尽快形成中部地区卫星导航产业发展新高地。

【精密机械产业园】 园区以台湾友嘉实业集团友嘉精密产业园建设为契机，引进友嘉集团在美、俄、德、意、日等地的配套工厂，形成精密机械产业链。重点抓好鸿富锦精密电子（郑州）有限公司精密电子机械产业园等项目建设。

【生物医药产业园】 园区以建设国家高技术生物医药自主创新产业基地为目标，以迈瑞医疗电子器械、锐珂医疗研发中心、远大疫苗生产基地、中原新药研发产业园、羚锐生产研发基地、生物医药先导区等项目为依托，大力发展生物医药、生物农业、生物贸易、生物制造、现代中药和生物创新服务等产业。

【电子商务产业园】 园区依托机场完善的航线网络与综保区的保税功能，充分发挥郑州跨境E贸易试点城市优势，加快进入“云时代”，尽快形成电子商务规模化运营，重点抓好顺丰电商产业园、TCL集团华中电子商务配送中心、杭州聚多云电子商务产业园、康佳区域运营总部暨电子商务物流园等项目建设。积极引进唯品会、苏宁易购等一批大项目。

【商展贸易产业园】 园区依托空港和综保区，建设高端的商贸会展产业园。以绿地会展城项目为龙头，做好中国（郑州）国际商品交易中心、中法进出口商品交易中心、河南时尚创意产业园等项目的规划建设，带动一批重大项目集聚发展，尽快形成几个品牌展会与产品交易展览中心。以举办中法葡萄酒文化节为契机，壮大航空港实验区现代服务业规模。重点推进广州信基集团郑州信基城，慧谷—河南时尚创意产业园等项目落地，抓好豫发大运城、中国进出口商品交易中心等项目建设。

【新型城镇化建设概况】 2013年，航空港实验区新型城镇化明显提速，按照“统一规划、适度超前、分步实施”的原则，分别成立3个工作组和9个指挥部，分头推进各项工作，各项建设工作全面启动，累计完成82个项目的征地放线，土地总面积2312.5公顷，拆迁总面积1063万平方米。

【基础设施建设】 2013年，建成道路总里程累计约69公里，在建道路总里程约79公里；18座跨南水北调干渠桥梁中4座变更桥梁建成通车，14座新增桥梁主体已完工。日供水能力10万吨的第一水厂一期工程投入使用，第一水厂改扩建工程正在加快建设；13公里长的南区调水工程及配套的10万吨/日供水泵站在施工。处理能力5万吨/日的第一污水处理厂、处理能力10万吨/日的第二污水处理厂一期建成投用，第三污水处理厂前期筹备工作启动。建成2座220千伏变电站，3座110千伏变电站；在建1座110千伏变电站。成立郑州供电公司实验区供电部，专门负责实验区内的报装和检修业务，改变原来由郑州、中牟、新郑三方管理的状况。15万立方米/小时的燃气门站建成，铺设燃气管道14.7公里。

重大项目集中开工仪式

【城市建设】 2013年，先期启动的北部3平方公里核心区建设方案确定，建设项目基本落实，主要包括大型城市综合体、总部经济、金融会展、星级酒店、休闲娱乐、教育医疗、商业住宅等，计划2015年全部建成投入使用。其中，总投资21亿元的裕鸿商业综合体项目中奥特莱斯购物中心基本建成。投资6亿元的沃金商业广场项目建成运营。总投资80亿元的正弘中央公园项目开工建设11万平方米。总投资6.7亿元的锦荣天街商业综合体项目进场施工。选址于机场东，占地面积约2平方公里的绿地会展城项目完成初步设计方案。长途汽车客运枢纽站、公交综合停车场和出租汽车服务区等项目在办理立项、环评、规划、土地等手续。建成投入使用2所小学1所中学，另外还有3所学校在建，完成投资2.73亿元。

【生态文明建设】 2013年，规划建设13个综合性公园（河西地区4个、河东地区9个），河东地区每个公园周边配建1所高中、1所初中、2所小学、4个幼儿园，再各配建占地5公顷、面

优美的人居环境

富士康厂区

【机场二期工程建设项目】 2012年12月19日，郑州机场二期工程开工奠基仪式举行。工程主要建设项目包括：（1）机场二期建设工程项目。飞行区工程：1条4F级跑道（3600米×60米）；2条3600米平行滑道。航站区工程：T2航站楼（地下2层，地上4层），建筑面积40万平方米；GTC综合交通换乘中心（地下4层，地上2层）建筑面积27.4万平方米；78个停机位。货运区工程：货机楼（4.1万平方米）；货机坪（4个停机位）。综合配套工程：工作区道路及管线、综合业务大楼、供电工程、给排水工程、综合管沟工程、生产辅助设施工程、办公及生活服务工程、停蓄车工程、环卫工程、工作区景观绿化工程。（2）机场二期外部相关工程项目。场外市政配套工程、供油工程、城铁工程、地铁区间工程、空管工程、迎宾路高架桥工程。

积12.5万平方米综合服务体一座。完成总长度约28.5公里的南水北调运河生态防护绿廊项目规划方案。南水北调干渠以西区域道路两侧生态廊道项目，按时间节点随道路建设一并推进。完成四港联动大道两侧生态廊道项目约60.5万平方米的建设任务，累计投入4.8亿元。四港联动中分绿化带及13条道路绿化工程绿化面积110万平方米，累计投资4.52亿元。兰河生态治理绿化面积23万平方米，完成投资2.8亿元，预计2014年“五一”前建成通水。梅河河道生态治理工程正在进行景观规划和前期立项和河道、跨河桥梁设计工作。

【合村并城建设规划】 合村并城建设目标。2013年，航空港实验区按照郑州都市区建设总体规划和新型城镇化建设要求，完成415平方公里全域合村并城建设工作谋划，以强基富民、安居乐业为目标，以实现居住环境城市化、公共服务城市化、就业结构城市化、消费方式城市化为标准，使农村变城市，农民变市民，实现全域城市化。

全区共规划27个居民安置区，一期规划18个安置区，共35个安置房项目，总占地面积242.3公顷，总建筑面积约622万平方米，总投资约222亿元，计划安置42个行政村；二期规划河东9个安置区，总建筑面积约1026万平方米，投资规模约330亿元，计划安置115个行政村。

【合村并城征迁建设】 2013年，根据项目建设需要，航空港实验区完成拆迁14个行政村，房屋面积1063万平方米。完成82个项目征地放线，土地总面积2312.5公顷。完成供应土地313.3公顷，成交价款29亿元。启动合村并城一期18个安置区项目，共35个地块，总占地面积约242.3公顷，总建筑面积约622万平方米。314栋楼完成封顶，主体结构建成面积达到260万平方米。合村并城二期包括南水北调运河以东、万三公路以西的9个安置区项目，总建筑面积约1026万平方米。前期选址及概念性规划方案已确定，正在进行设计单位招标和开发企业选定。

【机场二期工程建设规划】 郑州新郑国际机场位于郑州市东南27公里处，一期工程于1997年建成并投入使用，现有1条4E级跑道，1个航站楼，43个停机位及其他配套设施，占地475.5公顷。2012年11月，国务院批复的《中原经济区规划》明确指出，加快实施郑州机场二期工程，推进郑州国内大型航空枢纽建设。2012年12月，郑州机场二期可行性研究报告获得国家发改委批复，工程总投资164亿元，建设工期2.5年，预计2015年年底投入使用，主要包括1条4F级跑道、T2航站楼、综合换乘中心、货栈区等设施。该工程以2020年为目标年，设计年旅客吞吐量2900万人次、货邮吞吐量50万吨、飞机起降量23.6万架次。

【机场二期项目征迁】 机场二期工程项目总投资约234亿元，其中，工程建设投资164亿元，征迁补偿资金70亿元（征收建设用地572.5公顷，拆迁6个行政村、1个商贸市场及1个商业小区）。

截至2013年11月30日，机场二期项目征地拆迁工作已圆满完成，累计交付用地562.9公顷，全面完成6个村、1座市场共3255户170万平方米拆迁任务，同步完成项目内涉及的8.87万余株用材林采伐移植、6158座坟墓迁移、2.1万平方米文物发掘、10.76万平方米集体土地构筑物拆除和547个线杆、18.53公里高压线路、12.96公里低压线路拆除、32.7公里通讯光缆迁移以及140万立方米建筑垃圾清运工作，实现了场光地净，具备各项工作进场施工条件。

在资金使用方面，依照相关政策规定，科学制定资金拨付流程和财经纪律，并聘请有专业资质的第三方审计机构全程参与监督审计和指导，确保资金安全高效运转。2013年，机场二期工程累计拨付征迁资金24.004亿元，其中，征地资金4.294亿元，村庄拆迁资金7.975亿元，南市场拆迁资金11.177亿元，林木采伐移植资金2844.79万元，坟墓及基础设施迁移资金2741.464万元。后续工作约需资金50亿元，其中，安置房建设资金30亿元，配套设施建设资金20亿元。

（王明华）

“三大主体”工作

【新型城镇化建设】 2013年，是郑州市实施都市区新型城镇化建设三年行动计划承上启下的攻坚之年和关键之年。全市地区生产总值完成6202亿元，增长10%，公共财政预算收入完成723.6亿元，增长19.3%；固定资产投资完成4400亿元，增长23.6%；城镇居民人均可支配收入、农民人均纯收入分别完成26600元、13970元，分别实际增长6.7%、9.2%。全市城镇化率达到67.1%，较上年增长0.8个百分点。

（一）交通道路建设。

围绕解决城市交通拥堵问题，畅通郑州工程取得新进展。始终坚持交通先行，按照“域外枢纽、域内畅通”的目标，坚持“远近结合、疏堵结合、工程措施与管理措施相结合”的原则，开展一系列交通建设。

轨道交通建设，郑州地铁1号线一期工程于12月28日开通运营，郑州正式跨入地铁时代，成为中部六省第二个、全国第十九个开通地铁的城市；2号线一期实现所有车站的开工建设；5号线、1号线二期部分控制性工程实现开工建设；郑州市轨道交通航空港配套工程、3号线各项前期工作有序开展。三环快速化工程高架桥主线部分于12月28日正式贯通，道路部分及衔接配套综合整治提升工程加快实施。陇海快速路工程进场施工7个标段。京广快速路二期工程、红专路、纬四路、沈庄北路等3个下穿中州大道隧道工程，黄河路下穿铁路编组站工程同步推进；北三环下穿铁路编组站辅道工程于5月15日建成通车；188条支线路网打通工程开工105条、完工50条。10条市域快速通道有5条、129.1公里建成通车，其余5条、222.7公里加快建设。县域交通路网日趋完善，完成新改建县域路网548公里，占年度目标的109.6%。国、省道干线公路建设加快推进，开工建设177公里，完成建设212公里，分别为年度目标的173%、142%。加快构建“米”字形高铁路网和城际铁路、机场改扩建工程，郑徐客专掀起建设高潮，郑州至开封、至焦作、至机场城际铁路抓紧建设，郑万客专、郑州至新乡城际铁路开展前期工作。机场二期改扩建工程完成T2航站楼和GTC综合交通换乘中心工程试桩施工任务。

（二）生态廊道工程建设。

（1）生态廊道建设。2013年完成可实施道路绿化累计985万平方米，建成人行步道115公里，自行车道96公里，公交港湾74个，公建综合体86个，绿化广场54个，完成投资约180亿。完成新增14条（段）道路建设规划（起止点、长度、红线、绿线控制宽度）。

（2）林业生态廊道建设。全年实际实施林业建设长度708公里，累计完成绿化面积3300万平方米，培土2211万立方米，新建公交港湾89个，新铺设人行步道226公里，自行车道210公里，铺装广场21.2万平方米，建成管理房等86处，公交港湾89处，完成投资52.8亿元。新建成新郑G107，中牟物流通道、万洪公路，经开区南三环东延，管城区郑新快速通道，荥阳及中原的郑上路、中原西路，惠济区中州大道北延，高新区的科学大道、铁魏路等10多条景观丰富、功能多样的新型生态廊道，以及基本覆盖全市域、成网络状的国省道、水系和县乡通道生态廊道。

（3）27个区级综合性公园建设。依据郑州市绿地系统规划，遵循500米绿地服务半径和均衡性原则，坚持以交通为先导，以公园绿地为中心，布局城市公共服务等便民服务设施，增加市民活动空间。按照老城区每15平方公里建设一个占地面积10公顷左右的综合性公园、新城区每10平方公里建设一个占地面积10公顷左右的综合性公园的要求，结合郑州市总体规划、郑州市绿地系统规划、中心城区旧城改造、城中村改造、危旧区棚户区改造和企事业单位外迁、市场搬迁、新型社区建设等，依据主城区建成区面积及各城市区面积，规划建设区级综合性公园27个，总规划面积384.2公顷，新增公园绿地面积347.9公顷，4个区级综合性公园开工建设，分别是绿谷公园（高新区）、天健湖公园（高新区）、尚岗杨遗址公园（经开区）、兰河公园（航空港区），12个区级综合性公园完成设计方案。

（4）市域铁路沿线绿化工作。对西南绕城高速、郑新快速通道、S102、S223、黄河南岸围合范围内的铁路（含高铁）沿线绿线内的所有规划未绿化用地实施绿化。包括京广高铁、郑西高铁、京广铁路、陇海铁路、京广陇海连接线共5条铁路两侧绿化用地。铁路线全长203.75多公里，规划绿化总面积近2758.99万平方米。市域需绿化铁路线总长218.17公里，需绿化总面积2883.36万平方米，违法建设拆除及绿化整治工作在进行。

（三）城市基础设施建设。

（1）供水基础设施建设。“一户一表”改造完工50486户，完成全年任务的126.22%；供水能力40万吨/日的刘湾水厂工程完成建设进度及投资的60%，开工建设荥阳水厂、侯寨水厂；新建供水管网63.56公里，完成全年计划目标的211.87%；改建供水管网30.35公里，完成全年计划目标的101.17%。

（2）污水、垃圾处理基础设施建设。继续推进南三环污水处理厂、马头岗污水处理厂，新建郑州新区污水处理厂、马寨污水处理厂、双桥污水处理厂。城市生活污水集中处理率和垃圾无害化处理率分别达到88%和93%。

（3）集中供热基础设施建设。全年完成供热管网76.3公里。郑州市经开区工业锅炉房二期工程完成锅炉安装，新增工业供热能力150吨/小时。热力站节能改造工程，完成78座热力站整体改造，214项热力站二次网整修。

（4）燃气基础设施建设。完成15公里高压钢管、9公里中压钢管、一座中高压调压站建设。关庄门站建成投产、十八里河调压站建成投运、广武镇燃气工程全线完工，中原西路天然气工程修建中压干管将市区管网向西延伸，覆盖到西绕城公路，为推动气化郑州战略部署提供了有力保证。

（5）市政设施基础设施建设。2013年对36条道路进行大修，完工7条。

（四）社区建设。

按照“产业为基、就业为本”的思路，根据城区、镇区、产业集聚区及其周边三公里村庄，交通道路、生态廊道等基础设施及项目建设所涉及的拆迁补偿村庄，煤矿沉陷区范围内的村庄，贫困边远山区移民搬迁村庄，其他村庄（指无拆迁补偿）等五类村庄类型，因地制宜，分类指导，加快推进城中村改造、旧城改造、合村并城和新型农村社区建设的健康发展，逐步改善群众居住环境，使更多群众享受到更好的城市公共服务，推进城乡一体化进程。2013年以来，市内五区四类社区建设计划建设安置房项目71个、1900万平方米，已全部开工，开工面积共计1829万平方米；15个重点区域拆迁改造项目启动拆迁9个，其中3个拆迁完毕。四个管委会计划建设安置区56个，开工安置房项目53个、开工比例为95%，已开工安置房面积1509.2万平方米、开工比例为103%，主体结构建成面积650.7万平方米，在建项目53个，部分竣工项目13个，完成投资266.5亿元、完成投资比例为98%，安置区已回迁9个，回迁群众15759人。六县（市）、上街区累计启动建设项目292个，完成“三年行动计划”（352个）的83%，超额完成年度计划（270个）的108.1%；完成投资1137.9亿元；建设安置房面积3702.2万平方米，回迁群众30万人。

（五）保障房建设。

自2013年1月1日起，郑州市全面推行“三房合一”住房保障新机制，同时加快转变建设模式，以县（市）区为主推进保障性住房建设。截至2013年年底，全市完成开工建设保障性住房46298套（其中公租房24342套，经适房3786套，棚改房18170套），占省定年度目标任务的100.98%，基本建成保障性住房45733套（其中廉租房2394套、公租房19499套，经适房22171套，棚改房1669套），占省定年度目标任务的100.13%。2013年，省政府下达棚户区改造建设任务为开工建设5041套，实际完成开工棚户区改造项目33个，已拆迁13475户，拆迁面积402.21万平方米；开工建设棚户区安置住房27244套，面积304.68万平方米，完成投资91.75亿元，超额完成省政府所定的棚户区改造责任目标。

（六）组团新区建设。

（1）主要指标持续向好。2013年全市组团新区固定资产投资完成780亿元，增长27.8%；实现主营业务收入600亿元，增长20.6%；新增建成区面积40平方公里；从业人员26万人。亿元以上项目完成投资610亿元，其中新开工项目227个，竣工投产项目95个。

（2）支撑能力明显提升。2013年，全市组团新区按照产业布局和总体发展规划要求，结合自身优势，加大招商引资力度，积极培育和引进龙头型、基地型企业，优化产业结构，强化产业支撑，发展水平明显提升。在华强文化科技产业基地项目、中原国际宝石文化博览园项目、华南城、郑州CSD国际时尚商贸中心项目等一批重大项目的带动下，中牟新区、新郑龙湖教育园区、二七新区投资力度显著增强，完成投资近百亿元。

（3）基础设施和公共服务设施建设稳步推进。2013年，全市组团新区基础设施和公共服务设施完成投资179亿元。新建道路343公里；铺设供水管网498公里，新增供气管网258公里；新增供电管网333公里。新增行政审批服务中心15个；新增中小学幼儿园43个；新增乡镇级及乡镇以上医院7个；新增便民服务中心23个；新增各类游园37个，新增公园及绿地面积2067万平方米。

（4）要素保障工作成效突出。一是融资工作成效显现。通过整合资源、盘活存量、资金注入等方式积极构建各类投融资平台，并努力提升投融资平台公司运作能力，2013年，全市组团新区通过银行贷款、融资租赁、BT等模式累计融资超过190亿元，确保组团新区各项建设工作顺利开展。其中中牟新区、新郑教育园区、金水科教园区实现融资均在20亿元以上。二是用地保障能力增强。各组团新区以省重点项目为突破口，努力争取建设用地指标，全市组团新区土地整理平台累计批回建设用地2446公顷，实现供地1375.8公顷，确保基础设施、公共服务设施和重大招商引资项目的落地。

（七）产业集聚区建设。以机构套合改革为契机，突出新型城镇化为引领，加快现代产业体系构建，带动形成重点突破、整体推进的发展局面，产业集聚区（含工业专业园区，下同）保持持续健康快速发展的良好态势。

（1）主要指标较快增长。2013年，全市产业集聚区实现主营业务收入7200亿元，同比增长25%，比上年同期（21.5%）增长3.5个百分点。完成固定资产投资1750亿元，约占全市固定资产投资总量的39.8%；同比增长40.3%，比上年同期（24.2%）上升16.1个百分点。

（2）产业集群初具规模。2013年，全市产业集聚区主导产业主营业务收入占比达到65.7%，主导产业投资占比达到60.3%。全市产业集聚区已经形成主营业务收入超千亿元的电子信息产业集群1个，超500亿元的汽车及零部件、装备制造和铝及铝精深加工3个产业集群，超200亿元的食品加工和纺织服装2个产业集群。

（3）招商引资成效显著。2013年，全市产业集聚区以引进重大项目和承接产业转移为核心，积极开展大招商活动，招商引资成效显著。共签约项目340个，洽谈项目700多个，实际利用市外资金470亿元。其中，国际物流、航空港和新密市等产业集聚区签约项目超过10个，高新技术、经济技术和航空港等产业集聚区实际利用市外资金超过20亿元。

（4）重大项目持续推进。把项目建设作为加快产业集聚区发展的重要举措，积极推进符合主导产业的重大项目建设。2013年，全市产业集聚区在建亿元以上项目超过680个，完成投资1260亿元，同比增长43.6%。新开工亿元以上项目376个，竣工亿元以上项目165个。

（5）基础设施不断完善。2013年，共完成基础设施投资275.8亿元，同比增长33.5%，航空港、中牟、中牟汽车等产业集聚区完成投资超过10亿元。新建道路463公里、供水管网446公里、供气管网274公里、供电电网304公里，新增垃圾中转站36个。新建标准化厂房面积387万平方米，其中国际物流、航空港和经济技术等产业集聚区新建标准化厂房面积均超过10万平方米。

（李　伟）

【产业集聚区发展概况】 2013年，围绕“一个载体、三个体系”建设，坚持“四集一转”要求，全市省级产业集聚区以机构套合改革为契机，着力做大做强主导产业集群，着力促进功能集合构建，着力推动产城互动发展，着力提升可持续发展能力，全市产业集聚区形成重点突破、整体推进的局面，保持持续健康较快发展的良好态势，逐步成为“三大主体”工作的先行区、“四化”协调科学发展的示范区，载体效应日益凸显。

（一）理顺产业集聚区管理体制，创新机制抓落实。年初，全市组团新区产业集聚区工作推进会召开，市委、市政府下发《关于进一步规范和促进组团新区产业集聚区发展的意见》（郑发〔2013〕8号），推行机构套合制度改革，构建起“责任、有序、高效”的运行模式。在全市形成产业集聚区“建设发展优先、服务保障优先、干部使用优先”的良好氛围。

（二）出台产业集聚区政策措施，加快发展聚合力。制定年度建设任务，明确部门任务分工，增强责任意识和助推发展合力，在出台《2013年郑州市产业集聚区建设工作实施方案》（郑政办〔2013〕136号）的同时，研究制定《关于进一步加快产业集聚区功能集合构建的指导意见》（郑政〔2013〕24号）和《关于加强产业集聚区公共租赁住房建设工作的通知》（郑政文〔2013〕198号）。将产业集聚区打造成支撑郑州都市区建设和县域发展的重要增长极。

（三）加强产业集聚区督导力度，观摩点评促提升。2013年，市委、市政府先后组织一季度全市强投资重点项目暨产业集聚区建设观摩督察活动、上半年全市新型城镇化产业集聚区建设督察讲评活动、全市新型城镇化基础设施和产业升级重点项目建设推进会。围绕“周简报、月分析、季总结、年考评”的工作要求，每月汇总整理各类报表56套，监测重大项目600多个；撰写工作信息44篇，月度分析12篇，季度通报4篇；《中国改革报》《大公报》《河南日报》《郑州日报》等多家媒体对郑州市产业集聚区的发展进行专题报道。

（四）优化产业集聚区发展环

境，考核激励显成效。郑州市坚持把优化产业集聚区发展环境作为落实党的群众路线的有效抓手和载体，按照省政府优化产业集聚区发展环境专项监督检查要求，积极做好各项工作，不断优化产业集聚区发展环境。完善出台《郑州市组团新区产业集聚区（专业园区）考核评价试行办法》，用集聚区发展成效来衡量领导干部的工作实绩，强化考核激励的导向作用。

4月24日，省长谢伏瞻在新郑新港产业集聚区调研

【产业集聚区主要经济指标】 2013年，在面临经济运行下行和诸多复杂形势的情况下，全市产业集聚区建设持续推进，主要指标领跑全市，带动作用日益增强。全年完成固定资产投资1158亿元，同比增长43%，比2012年上升18.8个百分点，高出全市平均水平19.4个百分点。高新技术、航空港、经济技术等3个产业集聚区投资总量均在100亿元以上；马寨、巩义豫联、航空港等6个产业集聚区投资增速在50%以上。集聚区成为拉动全市固定资产投资增长的新引擎。

全市产业集聚区实现营业收入首次突破5000亿元，同比增长20%，比2012年增长0.5个百分点，高出全市平均水平1.8个百分点。其中航空港、经济技术、高新技术3个产业集聚区营业收入总量超过1000亿元，巩义市、新郑新港、中牟汽车、荥阳市、巩义豫联5个产业集聚区营业收入总量超过200亿元。国际物流、航空港、新密市、金岱4个产业集聚区营业收入增速在30%以上。全年实现税收收入突破100亿元，其中经济技术、高新技术、航空港3个产业集聚区实现税收收入在10亿元以上。

【产业集群发展】 2013年，围绕“四个一”产业集群培育工程，全市突出主导产业龙头带动作用，链式发展、完善配套、强化保障，各产业集聚区构建起特色鲜明的产业链。依托航空港和高新技术产业集聚区重点发展电子信息产业集群，依托经济技术、中牟汽车和国际物流产业集聚区重点发展汽车及零部件产业集群，依托经济技术、荥阳市和上街装备产业集聚区重点发展装备制造产业集群，依托巩义市和巩义豫联产业集聚区重点发展铝及铝精深加工产业集群，依托马寨、新郑新港和经济技术产业集聚区重点发展食品加工制造产业集群。

全年主导产业主营业务收入占比超过50%的产业集聚区有8家，其中航空港、上街装备等4家产业集聚区占比达70%以上；主导产业投资占比超过50%的产业集聚区有6家，其中国际物流产业集聚区占比达70%以上。全市产业集聚区初步形成主营业务收入超千亿元的电子信息产业集群1个，超500亿元的汽车及零部件、装备制造、铝及铝精深加工产业集群3个，超200亿元的食品加工和纺织服装产业集群2个。

【招商引资】 2013年，围绕主导产业和龙头企业上下游产业链，以产业集聚区为主平台，以引进重大项目和承接产业转移为核心，按照“五职招商”行动计划，积极引进“三力型”项目，招商引资成效显著。全年全市产业集聚区共洽谈项目514个，其中10亿元以上项目48个。共签约项目216个，其中国际物流、航空港、新密市、中牟汽车、马寨等9个产业集聚区签约项目分别超过10个。实际利用市外资金361亿元，同比增长36.1%，高出全市平均水平5.7个百分点。高新技术、经济技术、航空港、新郑新港、新密市和中牟汽车等8个产业集聚区实际利用市外资金超过20亿元。

【重大项目建设】 2013年，全市产业集聚区在建亿元以上项目481个，其中超10亿元项目78个；完成投资856亿元，同比增长41.6%。总投资42亿元的国际物流产业集聚区宇通重工整体搬迁项目、投资20.6亿元的人民电器（郑州）现代物流园项目、投资25亿元的中牟汽车产业集聚区国际汽车后市场产业园项目、投资16亿元的郑州日产汽车零部件智能配送中心建设项目、投资32.9亿元的经济技术产业集聚区东风汽车郑州工厂48万台乘用车发动机建设项目、投资9.3亿元的新密市产业集聚区酷派电子有限公司年产20万套广告数控设备项目、投资8亿元的郑州华特钢结构工程有限公司年产2000台（套）重工环保设备项目等重大项目加快推进。

2013年，全市产业集聚区新开工亿元以上项目245个，其中超10亿元项目32个；国际物流、中牟汽车、高新技术、巩义市和巩义豫联等5个产业集聚区新开工亿元以上项目超过20个。竣工宇通新能源客车基地、福耀集团汽车玻璃生产基地、康宁特脱硝设备项目、华泰特种电缆扩建项目和丰树物流、普洛斯物流等亿元以上项目101个，其中超10亿元项目11个。巩义市产业集聚区竣工投产亿元以上项目22个，国际物流产业集聚区竣工投产亿元以上项目11个。

【基础设施建设】 2013年，全市产业集聚区强投资夯基础，按照“统筹推进、适度超前”的原则，以大投入、大手笔强力推动以交通道路为带动的水电气暖等基础设施，以及与主导产业发展相匹配的标准化厂房建设，基础设施不断完善，配套服务全面跟进。各产业集聚区制定年度基础设施建设计划，列出重点推进工程名单，采取领导分包项目、联审联批等方式，加快项目手续办理，落实资金保障，推进项目顺利实施。全年共完成基础设施投资201.8亿元，同比增长33.5%，航空港、中牟、中牟汽车、经济技术、高新技术、国际物流和荥阳市7个产业集聚区完成投资超过10亿元。

全市产业集聚区建成区达到172平方公里，其中高新技术、经济技术和航空港区分别建成35、31.8、19.7平方公里，各产业集聚区按照城市建设标准，对已启动的道路项目，绿化、亮化设计同步跟进，确保道路、绿化、亮化建设一步到位。新建道路293.8公里；新建供水管网326.6公里，日增污水处理能力20万吨；新增垃圾中转站18座；共建成变电站17座。全年产业集聚区新建标准化厂房突破300万平方米，其中建设多层标准化厂房近200万平方米。加强集聚区节约集约发展，建立环保、循环的新型产业发展模式。

4月26日，市委书记吴天君、市长马懿调研马寨产业集聚区建设

【公共服务平台建设】 2013年，全市产业集聚区按照“政府主导、政企联动、共建共享、配套支撑”的要求，强化规划引领，积极建设投融资、土地整理、人力资源和科技创新等公共服务平台，破解资金、土地等要素制约，保障集聚区持续较快发展。全年通过融资平台完成融资突破百亿元，达到104.7亿元，航空港、中牟、中牟汽车、荥阳市4个产业集聚区融资额超过10亿元。结合城乡规划土地建设管理“六统一”制度改革，以产业集聚区内土地开发、整治和储备为重点，通过挖潜、用地指标倾斜和提高集约节约水平，缓解建设用地供需矛盾。全年共上报土地1993.33公顷，批回土地1893.33公顷，实现供地1053.33公顷。

围绕产业集聚区建设，建成省级及以上公共服务平台47家，建成省级及以上企业技术研发、孵化中心130多家，科研创新支撑能力进一步增强。高新技术产业集聚区建成无线宽带网服务平台、动漫公共技术服务平台、生物医药中试公共服务平台和大学生创业综合服务平台，经济技术产业集聚区建成河南省轻型汽车工程技术研究中心、河南省煤矿支护装备工程技术研究中心、河南省感应加热电源及控制系统工程技术研究中心和留学人员创业园、高新技术创业中心。上街装备产业集聚区建成国家承压阀门质量监督检验中心和泵阀电子商务平台。

【产城互动融合发展】 2013年，围绕“三化”同步、“四化”协调，坚持以产业为基、就业为本，以城镇公共服务覆盖常住人口为保障，促进人口向城镇转移，促进产业发展和城市建设互动融合发展。2013年，出台关于加强产业集聚区公共租赁住房建设工作的指导意见，进一步规范、促进集聚区公共租赁住房建设管理。全市产业集聚区全面推进172个村庄搬迁，累计新建安置房1679万平方米，新建公共租赁住房141万平方米。从业人员达40多万人，各产业集聚区不断完善功能配套的幼儿园、学校、医院、商业等生活设施，积极推动就业农民工及其随迁家属在城镇落户，保障农民工享有城镇各项基本公共服务。

（赵玉山）

【现代工业体系构建】 2013年，全市工业战线抢抓中原经济区和航空港实验区建设重大机遇，紧紧围绕“三大一中”都市区战略定位，按照“强投资、夯基础、调结构、求提升”的决策部署，坚持走新型工业化道路，强化运行稳增长，狠抓项目强投资，招大引强蓄后劲，克难攻坚调结构，积极推进构建现代工业体系进程，工业经济总体呈现缓中趋稳的态势。

郑州市新型工业化建设站位“全国找坐标，中部求超越，河南挑大梁”，在确立全市七大工业主导产业的基础上，把握产业前沿，深化智能终端、云计算、物联网、新能源汽车等新兴业态谋划，研究制定汽车与装备制造、电子信息两大战略支撑产业提升规划和新型耐材、超硬材料、智能终端、新能源汽车动力电池及其他关键零部件4个产业集群发展规划，形成“抢抓机遇、奠定基础、确立地位、引外与培内并举”等一系列新思路、新举措，为加快全市新型工业化进程指明方向。

工业总量持续提升。全部工业增加值完成3100亿元，占全市生产总值的比重达到50%。规模以上工业完成增加值2858亿元，居全国35个大中城市前列，中部六省省会城市第二位，为全市生产总值实现10%的增长提供有力支撑。

招大引强成果丰硕。通过开展大招商活动，全市共签约主导产业项目286个，其中，珠三角和环渤海两个招商工作组签约金额超过2000亿元，成功引进比克新能源新材料产业园、与东风日产深化合作等一批“三力”型重大项目。

工业结构明显优化。七大工业主导产业完成增加值1932亿元，增长13.6%，占全市工业的68.8%，比上年提高2.2个百分点，对工业增长的贡献率达到80.4%。资源型产业比重比上年下降1.7个百分点。

工业投资稳中有升。顶新扩大再投资等247个重点项目开工建设，宇通新能源客车等一批在建项目进展顺利，达利食品等一大批项目竣工达产。全年完成工业投资1378亿元，创历史新高。

企业实力显著增强。三全、好想你等37家企业入选省“双百”企业。销售收入超百亿元企业达到11家，富士康销售收入突破1700亿元，供电公司、登电集团和东风日产首次突破200亿元，格力电器首次突破百亿元。

信息化建设步入新阶段。数字城市、智慧城市建设加快推进，顺利通过国家“两化”融合试验区验收，圆满完成郑汴电信同城，入选国家级互联网骨干直联点城市和首批信息消费

11月18日，甲骨文股份有限公司签约高新技术产业集聚区

试点城市。

【实施开放创新双驱动】 积极实施开放带动战略，抢抓国内外产业加快向中西部战略性布局的重大机遇，积极开展珠三角、环渤海大招商活动，拜访对接了华为、卡特彼勒等国内外500强、行业20强企业360余家（次），成功举办深圳知名企业家郑州行、珠三角项目集中签约仪式、环渤海项目集中签约仪式等重要活动，引进一大批龙头型、基地型重大产业项目。在工业和信息化领域谋划和推进一批重大创新项目，成功举办2013中国郑州科交会，对接项目1200余个，交易额超过400亿元。宇通客车、辅仁药业创建为国家级技术创新示范企业，新增市级企业技术中心66家。全市高新技术产值达到5008.8亿元，增长33.4%，占全市规模以上工业产值的41.8%，工业创新能力大幅提升。

【项目投资】 郑州市把强化工业投资作为加快工业发展的关键举措，出台关于进一步加快工业项目投资的意见，大力开展工业项目建设年活动。2013年，全市新开建重点工业项目247个，实现数量翻番。中牟、新郑等县（市）区开展项目集中开工仪式，推动项目早开工、早建成、早达产；登封、经开等6个县（市）区、开发区投资总量均超过100亿元。工业投资结构更趋优化，全年七大工业主导产业完成投资1065亿元，占全市工业投资总量的77.3%，比上年提高6.1个百分点。

【结构优化】 郑州市把优化结构作为新型工业化的主攻方向，着力优化组织结构、布局结构和产能结构，研究制定加快培育战略性企业（集团）行动计划，坚持“一区一主业”，大力推进航空城、科技城、汽车城建设，加快打造“6+2”千亿级产业基地，七大工业主导产业实现销售收入8000亿元，现代食品制造业销售产值首次突破千亿元，成为第四个千亿级产业。加快新型工业化产业示范基地建设，全市国家级示范基地达到2个，省级达到5个。狠抓节能降耗，实施重点节能项目38个，淘汰落后产能5.5万吨。全年万元工业增加值能耗下降5.4个百分点。

【完善体制机制】 郑州市建立市领导分包“双百”企业、重点区域招商、工业经济督导考核等机制；深入开展百日攻坚行动，完善稳增长调结构监督保障机制；加大经济运行调节，强化煤电油运要素保障，启动1.5亿元工业经济运行调节资金，为迎峰度夏、度冬保电保暖提供有力保障。通过体制机制创新，形成发展合力，推动重点工作落实，促进全市工业经济发展。

（邢清选）

市委副书记王璋带领各县（市）区主要负责人到二七区观摩坚持依靠群众推进工作落实长效机制工作

【长效机制工作座谈会召开】 2月25日，郑州市“坚持依靠群众推进工作落实”长效机制工作座谈会召开，市委副书记王璋强调，2013年要围绕“深化、规范、提升”六字主题，从着力持续、着力完善、着力主动、着力长效、着力拓展、着力创新六个方面谋划，把握好十个方面的问题。要与群众路线教育实践活动紧密结合，坚持以党的十八大精神为指导推动新机制深化规范提升；要强化新机制触角向基层延伸，逐步实现新机制的全覆盖、全运用；要逐步把公共服务纳入网格化管理体系，使新机制更加惠及民生；要建立定期研判、会商机制，推进条块深度融合；要切实强化信息平台建设，真正提高处置效率；要准确把握新机制建设的发展趋势，有力推进重点工作；要科学调配工作队，强化主动履职；要建立健全考核机制，树立正确导向；要保证培训对象全面覆盖，提升能力素质；要深化理论研讨，强化理论支撑。

【长效机制工作推进大会召开】 5月8日，郑州市“坚持依靠群众推进工作落实”长效机制工作推进大会召开。市委常委、市委秘书长孙金献客观分析了长效机制建设中存在的“八个不到位”及六个方面的原因，并就如何“深化规范提升”提出明确要求。市委常委、组织部部长高建慧就如何在网格化管理中发挥好基层党组织政治核心作用和党员模范带动作用提出要求。

市委副书记、市长效机制工作领导小组组长王璋就贯彻落实会议精神，进一步推动长效机制工作不断深化规范提升提出三个方面的具体要求。一是要围绕一个主题。即围绕2013年长效机制建设“深化规范提升”的主题。二是要突出三大主旨。即密切联系群众，坚持群众路线；推进工作落实，切实把长效机制作为推进工作的载体和抓手；切实转变作风，形成“围着基层转，围着群众转，围着问题转”的良好导向。三是要牢记五个关键词。第一个关键词是“落实”，突出“狠”；第二个关键词是“创新”，突出“勇”；第三个关键词是“运用”，突出“全”；第四个关键词是“融合”，突出“深”；第五个关键词是“问责”，突出“严”。他强调，要去除浮躁、失信、麻木等不良思想倾向，持之以恒不松懈，求真务实促深化，完善机制求规范，创新思路谋提升，严格责任抓落实，把长效机制建设推向新的更高的台阶。

【长效机制持续深化规范提升工作会议召开】 11月29日，全市学习贯彻党的十八届三中全会精神、推进长效机制持续深化规范提升工作会议召开。市委副书记王璋出席会议并讲话。他要求，一要深入学习领会十八届三中全会新精神，进一步坚定推进长效机制建设的信心决心。要认真梳理、准确把握全会精神中与长效机制建设相关的新精神，运用好这一制度创新。二要全面贯彻落实十八届三中全会新部署，推进长效机制建设上台阶提水平。要努力实现“六个新提升”，即围绕国家治理体系和治理能力现代化，实现长效机制治理任务的新提升；围绕发动群众广泛参与，实现长效机制合力推进的新提升；围绕加快政府职能转变，实现长效机制全面运用的新提升；围绕坚持党的群众路线，实现长效机制推进落实的新提升；围绕法治中国建设，实现长效机制制度建设的新提升；围绕改进社会治理方式，实现长效机制规范固化的新提升。三要认真研究谋划贯彻落实新举措，推进长效机制持续深化规范提升各项工作

市委副书记王璋到荥阳市调研网格化管理工作

引向深入、落到实处。长效机制建设要牢牢把握六个方面主旨要义，即顺应时势这个动力、依靠群众这个主旨、推进工作这个目的、转变作风这个关键、网格管理这个载体、信息平台这个手段；做到“六突出、六重在”，即突出“学透”，重在把握精神；突出“谋略”，重在创新创造；突出“务实”，重在转变作风；突出“为民”，重在服务群众；突出“聚力”，重在形成合力；突出“督察”，重在逐级问责。

【长效机制工作理论研讨成果评审会召开】 6月26日，郑州市“坚持依靠群众推进工作落实”长效机制工作理论研讨成果评审会召开。市委副书记王璋、常务副市长孙金献出席会议。

孙金献指出，中央正在开展的群众路线主题教育实践活动为长效机制工作提供了现实的理论基础，长效机制工作要立足于为党的群众路线主题教育活动提供实践支撑，网格化管理要积极探索郑州特色。

王璋指出，开展理论研究，就是要为长效机制建设在理论中找依据、在实践中找规律、在创新中找出路。下一步要注重理论研究的针对性、创新性和实践性，切实抓好成果的转化和推广。他强调，下一步长效机制工作要突出三个重点。一是突出运用。二是注意拓宽。要紧紧抓住顺应时势、依靠群众、推进工作、网格载体、信息平台、长效运作这六个关键词，从顶层设计层面不断深化规范提升，在实践层面职责明确，处理好纲与目的关系。三要注意规范。针对出现的情况问题矛盾，创造规范有序的经验。

【全市群众工作队工作会议召开】 6月21日，全市群众工作队工作会议召开，对2012年群众工作队的整体情况进行总结，并安排部署开展群众工作队示范年活动。市委组织部部长高建慧出席会议，并在讲话中强调，要想清楚、干明白，勇于担责任；抓重点、促提升，干出好成绩；严要求、强保障，树立新形象。

在全市范围内开展的群众工作队示范年活动，将统筹抓好7个重点领域及城市管理提升13项工作问题的排查解决，并接受统一检查验收，形成职责明确、运转协调、制度健全、保障有力的群众工作新格局。

【调研工作】 4月20日，市委副书记王璋到市社会公共管理办公室，调研网格化管理工作。王璋指出，当前制约长效机制可持续发展的思想根源问题主要集中在六个方面：一是放松领导不明白；二是惯性思维欠谋略；三是思想麻木无志向；四是得过且过失责任；五是求稳怕乱不创新；六是甘于落后不上进。就如何进一步“深化规范提升”网格化管理长效机制，王璋强调，在思想认识上要做到“六不”：不松懈，看准路径走下去；不满足，贵在不断有进步；不守旧，用创新激发活力；不僵化，勇于发现问题；不怕事，敢于担当是美德；不盲目，用心谋略是智慧。在工作部署上，王璋要求把握“六个新机制”：一是要学习新机制；二是要建设新机制；三是要深化新机制；四是要规范新机制；五是要运用新机制；六是提升新机制。就加强社会公共管理信息平台建设，王璋明确了六项工作重点：一是重在明确职能；二是重在用心谋略；三是重在务实工作；四是重在发挥作用；五是重在完善机制；六是重在不断进步。

11月14日，市委副书记王璋到市社会公共管理办公室调研网格化管理长效机制工作。他指出，各级各部门要准确把握长效机制工作由探索创新阶段转入实践运行阶段、深化提升阶段面临的新任务和重点工作，把握实质要义，抓好顶层设计。长效机制建设的实质要义具体体现在三个关键词：“纲举目张”，要做好条块融合；“顶层设计”，不断完善制度保障；“失之毫厘谬以千里”，确保从部署到执行不偏离不走样。在长效机制实践中要做到“六个提升”：提升思想认识的高度，提升制度设计的精度，提升机制运行的广度，提升推动落实的力度，提升群众参与的热度，提升转变作风的强度。要重点把握“三个重在”：一是重在总结归纳，规范固化；二是重在不断提升，发展无止境；三是重在实践运用，反对形式主义、防止倒退、止步不前。从工作部署上要抓好“六项工作”：顶层设计抓完善，平台运行抓规范，问题处置抓实效，条块融合抓监督，工作方法抓创新，机制运用抓延伸。

12月10日，市委副书记王璋到上街区调研，并就如何以党的十八届三中全会精神为指导，推进全市长效机制持续深化规范提升提出三个方面的具体要求。一是乘着党的十八届三中全会的东风，把以网格为载体的长效机制建设坚持不懈地抓下去，全面提升长效机制建设上台阶提水平。要把长效机制建设与全会精神的学习贯彻结合起来、与郑州市即将开展的群众路线教育实践活动结合起来、与当前全市的工作实践结合起来、与正在进行的全面深化改革结合起来、与提升治理能力结合起来。二是根据工作进展情况，明确主要任务，突出工作重点，具体体现为“三个重在”。重在融入工作，推进工作落实，防“两张皮”；重在归纳总结，固化好的经验做法，防“自满”；重在深化提升，不断探索新境界，防“止步不前”。三是以党的十八届三中全会精神为指导，深刻理解和把握长效机制的内涵实质，关键是要牢牢把握“五个要点”。牢牢把握坚持依靠群众这个主旨、推动工作落实这个目的、信息平台这个手段、网格管理这个载体、建立机制体制这个最终效果，使长效机制建设不断丰富、发展、完善。

12月13日，市委副书记王璋深入新密市调研，并就进一步学习贯彻党的十八届三中全会精神，推动长效机制持续深化规范提升提出了五个方面要求。一要善于发现、总结、归纳、推广基层的创新经验。二要坚持依靠群众、广泛发动群众。三要强化社会公共管理信息平台建设。四要强化职能部门条块融合。五要用心谋略明年工作。

（辑 录）

轨道交通

【概况】 2008年2月22日，郑州市轨道交通有限公司经郑州市人民政府批准成立，为国有独资公司，公司注册资本金10亿元。经政府授权负责轨道交通项目的工程投资、建设、运营，轨道交通的广告、通信、周边的土地开发利用及其他特许经营权的经营、投融资业务等。

轨道公司设部门12个，分公司2个，子公司1个。截至2013年年底，公司有员工1850人，平均年龄27岁。本部员工260人，本科及以上学历234人，占90%；运营分公司员工1590人，大专及以上学历1557人，占98%。

郑州市轨道交通工程于2009年拉开建设序幕，是河南省有史以来投资规模最大的基础设施建设项目，建成后对改善群众出行结构、缓解省会交通压力、拉大城市框架、完善城市功能、支撑经济社会可持续发展发挥关键作用。历时5年，2013年12月28日，郑州市轨道交通工程1号线通车试运营，担负起缓解郑州市东西方向交通压力的重任。

【轨道交通线网规划】 2001年，郑州市在城市总体规划修编时，提出建设地铁的设想。2003年10月下旬，郑州轻轨1号线一期工程“预可行性研究方案”通过国内城市轨道交通专家论证，郑州市轨道交通建设正式提上日程。2006年年初，郑州市将原来设想的“轻轨线”调整为“地铁线”，规划郑州地铁“三横两纵一环”的框架性方案。随后两年，经过几十次技术专家论证会，修订完善的《郑州市城市快速轨道交通近期建设规划（2008-2015）》通过国家发改委、国家文物局、国家环保部等部委的审批。2008年年底，郑州市地铁规划经国家发改委、住房和城乡建设部联合会审，呈报至国务院。2009年2月6日，《郑州市城市快速轨道交通近期建设规划（2008-2015年）》获得国务院同意，郑州市轨道交通建设正式全面迈入实质推进、深入实施阶段。

根据《郑州市城市快速轨道交通近期建设规划（2008-2015年）》，郑州市中心城区由6条轨道交通线路组成，形成“三横两纵一环”的棋盘放射状线网结构，线网全长202.53公里。2015年年底前建成1号线一期工程和2号线一期工程，1、2号线在市中心紫荆山站换乘，初步构成郑州市轨道交通“十”字形基本骨架。

1号线为东西走向，西起郑州高新技术产业开发区，东至郑东新区龙子湖，全长41.6公里，共设车站30座，换乘车站8座。1号线建设分两期实施：一期工程西起西流湖站，东至市体育中心站，线路全长26.2公里，共设车站20座，设换乘车站6座，2009年6月开工建设，2013年12月28日建成试运营，总投资概算151.5亿元，经济指标为5.8亿元/公里。二期工程分东西两段，全长15.4公里，共设车站10座，西段线路起于河南工业大学站，止于一期工程起点西流湖站，全长9.9公里，共设车站7座，换乘车站1座；东段线路起于一期工程终点市体育中心站，止于连霍高速以南的河南大学站，全长5.5公里，共设车站3座，换乘车站1座。

2号线为南北走向，北起惠济区天山路站，南至南四环站，全长30.1公里，共设车站22座，2号线建设分两期实施：一期工程北起广播台站，南至南四环站，沿花园路与紫荆山路敷设，线路全长20.7公里，共设车站16座，设换乘车站7座，2010年12月开工建设，计划2015年年底建成，总投资概算约123亿元。二期工程北起天山路站，南至一期工程起点广播台站，线路全长9.4公里，共设车站6座。

3号线起于惠济区省体育中心的新柳路站，止于经济技术开发区，途经长兴路、南阳路、铭功路、解放路、西大街、东大街、郑汴路、商都路和经开第十七大街，全长31.3公里，共设车站25座。3号线建设分两期实施：一期工程为新柳路站至航海东路站段，线路长约25.2公里，设车站21座。二期工程为航海东路站至经南十五路站段，线路长约6.1公里，设车站4座。

4号线起于惠济人民医院，止于经济技术开发区，途经新柳路、文化路、国基路、龙济路、如意东路、中州大道、腾飞路、金岱路、经南八路、烘云路，止于经济技术开发区，全长30.1公里，共设车站24座，换乘车站11座。

5号线为环线，沿黄河路、黄河东路、龙湖外环路、盛和街、中兴路、经开第十大街、航海路、桐柏路和西站路布设，全长40.4公里，共设车站32座，换乘车站15座。

6号线起于中心城西南部外围的马

2012年12月28日，1号线一期工程实现正线轨通

寨，止于柳林镇冯湾，途经郑少高速、淮河路、大学南路、幸福路、操场街、货栈街、未来大道、众意路等，全长34.0公里，共设车站21座，换乘车站6座。

【轨道交通线网规划修编】 结合城市总体规划，对轨道交通线网进行修编。2012年6月完成《郑州市城市轨道交通线网规划修编（2010–2020年）》，明确轨道交通线网由6条增加到17条（展望至2050年），其中都市区快线7条，市区普线10条，总里程约636公里。加密中心城线网密度的同时，提出市域快线概念，加强对外围组团的快线联络，逐步形成服务于外围组团、相对独立的网络系统。

郑州市轨道交通网形成后，将承担城市核心地区公交客运量的60%以上，形成轨道交通的主体地位；在市区其他功能片区达30%以上，形成轨道交通的骨干地位。以郑州二七广场为中心，乘坐轨道交通出行30分钟可达各功能片区中心，40分钟可达近郊组团中心。

总体目标：2014年，在保证2号线一期工程推进的同时，全面开工建设南四环站至郑州南站城郊铁路工程、1号线二期、5号线，力争2015年年底建成2号线一期、2016年年底建成南四环站至郑州机场城郊铁路线、2017年年底建成1号线二期、2018年年底建成5号线。轨道交通1、2、5号线等中心城区线路建成投运营后，基本形成轨道交通初建期中心城区线网结构，形成以轨道交通为骨架的公共交通出行系统，有效缓解中心城区交通拥堵状况。

建设目标：2015年开通2号线一期工程，运营里程46公里；2020年前开通运营南四环至郑州南站城郊铁路工程、1号线二期工程、2号线二期工程、3号线一期工程、4号线、5号线，运营里程200公里，基本形成中心城区“两横、两纵、一环、一放射”的轨道交通线网结构，形成以轨道交通为骨架的公共交通出行系统。争取到2020年，郑州市区公共交通占机动化出行量比例达到60%以上，轨道交通占公共交通出行量比例达到25%以上。

【轨道交通建设】 轨道交通工程开工建设以来，轨道公司紧紧围绕“一年打基础，两年大起步，三年出精品，五年投运营”的建设思路，以建设“精品地铁、人文地铁、科技地铁、平安地铁、环保地铁”为工作目标，确保工程质量，确保施工安全，确保投资效益，确保按期完工，优质高效地完成建设和运营筹备及管理工作。截至2013年年年底，1号线一期工程通车试运营；2号线一期工程所有车站开工建设；5号线、1号线二期部分控制性工程开工建设；郑州市南四环至郑州南站城郊铁路工程、3号线各项前期工作有序推进。

2013年，郑州轨道交通工程完成投资50.17亿元，占年计划目标的106%，其中，1号线完成年度投资29.66亿元，占年计划的119%；2号线一期完成年度投资18.90亿元，占年计划的135%。

【1号线一期工程建设】 轨道交通1号线一期工程于2009年6月6日开工，先后经历了深基坑工程、盾构施工、暗挖工程、防汛度汛的严峻考验，成功处置区间穿越国铁站场、危旧房屋等重大风险源，成功渡过风险最不可控的土建施工阶段，于2011年“洞通”、2012年“轨通”、2013年3月底“电通”；2013年9月16日，比计划提前半个月开始试运行；2013年12月19日通过安全、消防等10项专项验收和试运营验收评估；2013年12月28日，行车系统稳定、试运行充分，以较高标准开通运营。

轨道公司按照“及早着手，以运营的标准审视规划设计、指导工程建设”的原则，抓实、抓牢运营筹备等工作，保证建设、运营管理工作的无缝对接。2009年6月，轨道公司成立1号线一期工程运营筹备组，2012年8月6日，成立郑州市轨道交通有限公司运营分公司。2013年，公司围绕“保开通”的工作核心，深入贯彻“精益求精促筹备，只争朝夕保开通”的运营筹备工作要求，以车辆调试、综合联调为核心，以票价制定、人员培训为抓手，以制度建设、后勤保障为依托，综合统筹、全面推进，运营筹备各项工作得到又好又快发展，实现1号线安全、优质、高效、精益运营。

1号线完成各项建设指标，实现如期开通，达到良好的开通效果，在国内同一批批复、同一批开工建设的城市线路中率先开通；质量安全形势有序可控，未发生较大及以上事故；总投资控制在批准概算之内，并略有节余；在招标、计量、支付等重大环节运行规范，未发生任何违规违纪现象；设备系统选用国内外一流产品、技术，实现与合理降低造价的较好结合，在确保可靠运行的前提下，采用多项行业领先的新技术，其中两项技术国内领先：一是制动电阻地面化技术（郑州市轨道交通有限公司与许继集团合作研发）；二是城市轨道交通车地无线（TD–LTE）技术（郑州市轨道交通有限公司与深圳华为公司合作研发）。

【2号线一期工程建设】 2号线一期工程于2010年12月底开工建设。截至2013年年底，全线16座车站全面开工建设。其中广播台站、东风路站、帆布厂街站、向阳路站、长江路站、南四环站6座车站主体结构完工；新龙路站、紫荆山站、陇海路站、航海东路站、南环路站5座车站进行主体结构施工；国基路站、北环路站、农业路站、黄河路站、东大街站5座车站进行围护结构施工；广播台站、长江路站、南环路站开始附属结构施工。15个区间实现南环路站—向阳路站、向阳路站—南四环站2个区间双线贯通；航海东路站—长江路站区间右线单线贯通；帆布厂街站—航海东路站区间明挖段左线主体结构封闭。

【南四环至郑州南站城郊铁路工程建设】 2013年10月，为落实省委、省政府关于构建郑州航空港经济综合实验区

2013年9月16日，郑州市轨道交通1号线一期试运行仪式

郑州市城市轨道交通线网规划修编（2010–2020）

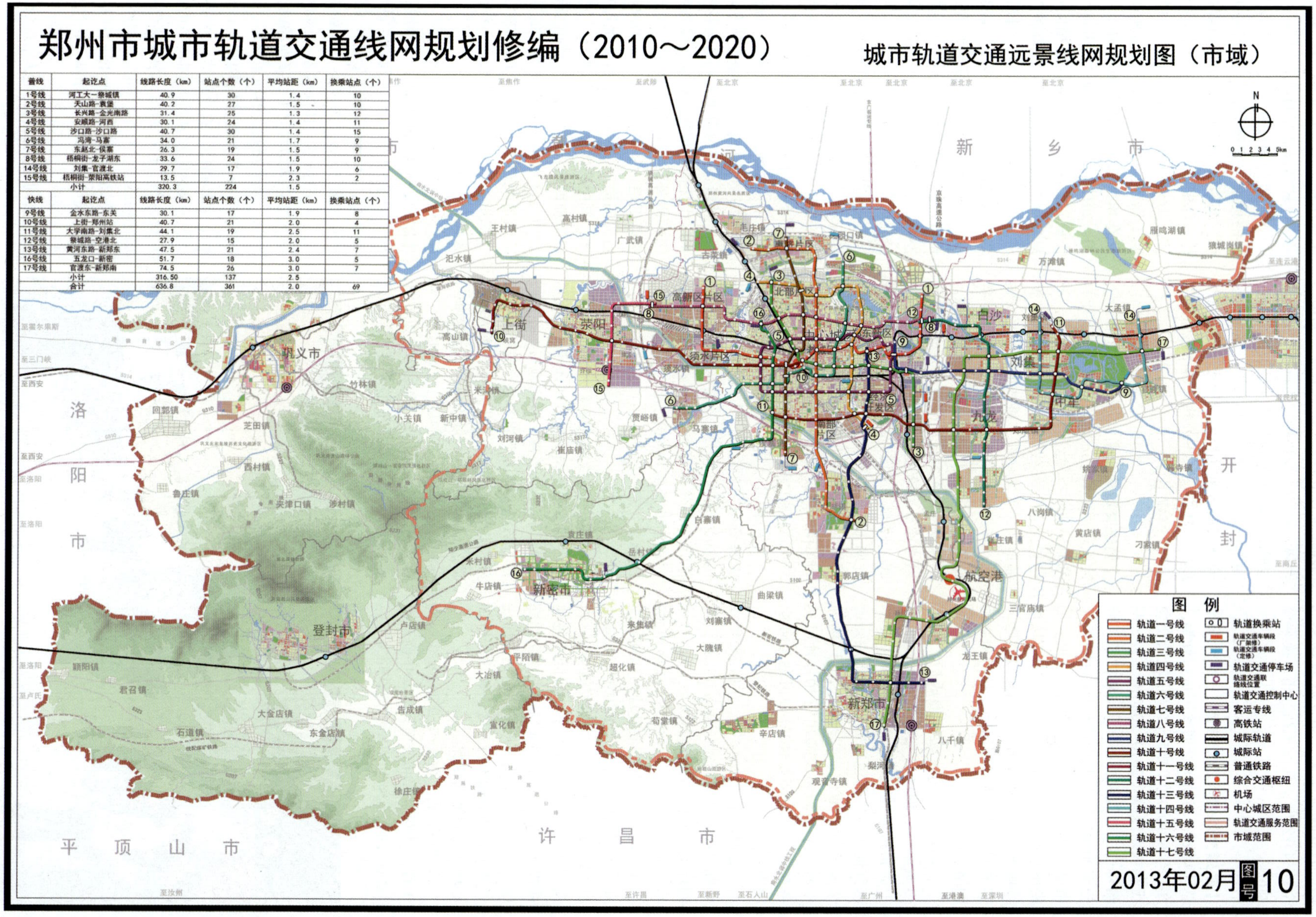

普线	起讫点	线路长度（km）	站点个数（个）	平均站距（km）	换乘站点（个）
1号线	河工大一黎城镇	40.9	30	1.4	10
2号线	天山路-袁堡	40.2	27	1.5	10
3号线	长兴路-金光南路	31.4	25	1.3	12
4号线	安顺路-河西	30.1	24	1.4	11
5号线	沙口路-沙口路	40.7	30	1.4	15
6号线	冯湾-马寨	34.0	21	1.7	9
7号线	东赵北-侯寨	26.3	19	1.5	9
8号线	梧桐街-龙子湖东	33.6	24	1.5	10
14号线	刘集-官渡北	29.7	17	1.9	6
15号线	梧桐街-荥阳高铁站	13.5	7	2.3	2
	小计	320.3	224	1.5	
快线	起讫点	线路长度（km）	站点个数（个）	平均站距（km）	换乘站点（个）
9号线	金水东路-东关	30.1	17	1.9	8
10号线	上街-郑州站	40.7	21	2.0	4
11号线	大学南路-刘集北	44.1	19	2.5	11
12号线	黎城路-空港北	27.9	15	2.0	5
13号线	黄河东路-新郑东	47.5	21	2.4	7
16号线	五龙口-新密	51.7	18	3.0	5
17号线	官渡东-新郑南	74.5	26	3.0	7
	小计	316.50	137	2.5	
	合计	636.8	361	2.0	69

远景年中心城区线路轨道交通线网规划图

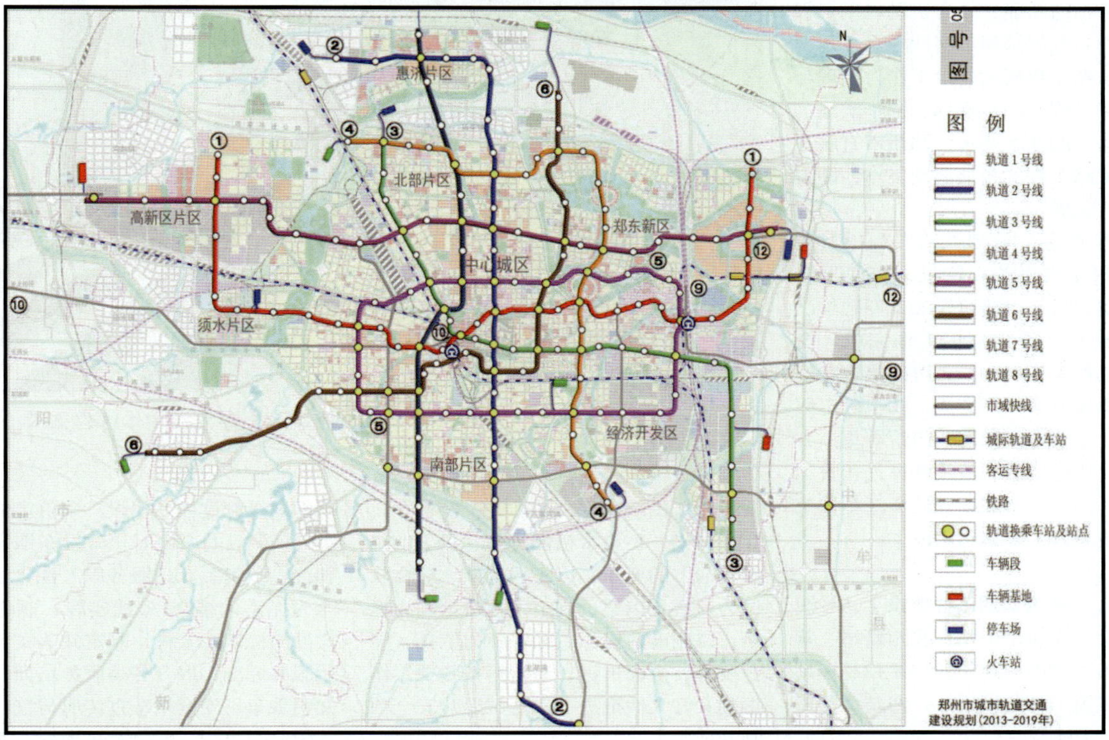

远景年都市区域线路轨道交通线网规划图

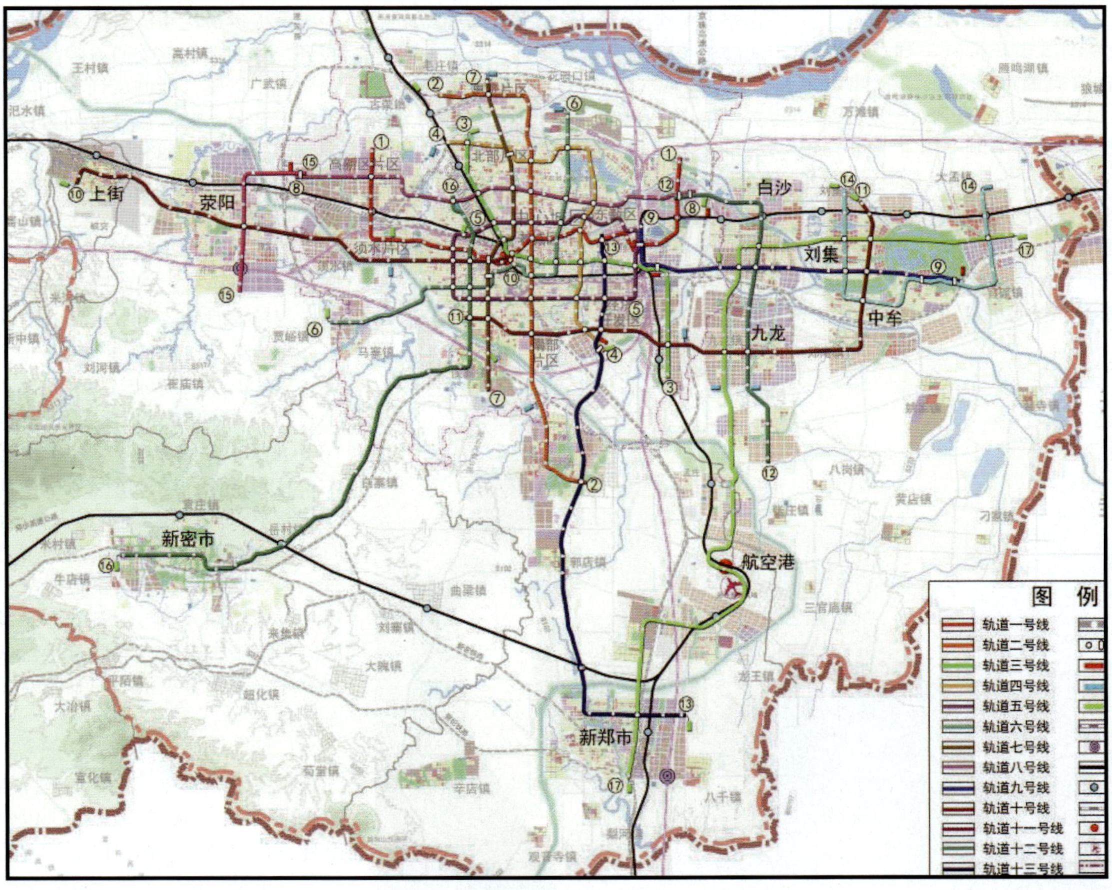

2014

郑州年鉴

特色郑州

轨道交通

“大枢纽、大产业、大物流、大都市”的要求，建设实验区航空、高铁、城际、轨道等多种方式联运的综合交通枢纽，提升枢纽功能，结合机场二期工程建设，同步开展郑州市南四环至郑州南站城郊铁路工程规划建设工作，实现与机场二期工程“同步规划、同步实施、同步运营”的基本要求，郑州市有序开展城郊铁路工程的各项前期工作，助力航空港区发展。

截至年底，城郊铁路工程项目建议书上报至省发改委待批，可研报告初稿编制完成，可研阶段20个专题均已委托；勘察、设计招标工作完成，全线地质勘察工作启动，工可勘察资料已开放，总体方案设计完成，初步确定线路方案、车辆选型及运营组织等重大方案；项目用地定界、放线和征迁普查工作完成，两区一市陆续开展征迁补偿工作；全线总体工筹编制完成。

郑州市轨道交通1号线一期工程20个车站全部完成主体结构施工

【5号线、1号线二期工程建设】 5号线市政配套工程西站街站、花园路站、紫荆山路站、陇海西路站2013年12月16日完成土建施工和监理招标，西站街站12月23日开工建设。

1号线二期市政配套工程完成土建施工和监理招标，河南工业大学站2013年12月23日开工建设。

【4号线龙湖段市政配套工程及新郑国际机场轨道交通市政配套工程建设】 2013年，4号线龙湖段市政配套工程完成龙湖岛站维护结构施工。根据2013年4月10日省长办公会议精神（〔2013〕27号），新郑国际机场轨道交通市政配套工程委托城际铁路公司代建同步实施。

【运营筹备和试运营】 2013年，运营筹备工作围绕“保开通”的工作核心，深入贯彻“精益求精促筹备、只争朝夕保开通”的要求，以车辆调试、综合联调为核心，以票价制定、人员培训为抓手，以制度建设、后勤保障为依托，综合统筹、全面推进，运营筹备各项工作得到又好又快推进，实现试运营安全顺利开展。

截至12月28日，运营人员到岗1612人，完成各类培训15600人次，关键生产岗位确保100%持证上岗。1号线共配备25列电客车，到段24列，其中17列完成静调、动调、信号调试，具备上线运行条件。试运行历经3个多月，投入运营车辆平均每列列车行驶里程约1.6万公里，达到并超过国家标准要求，试运行充分。建立“自主维护人员维保、质保期设备供应商保驾护航、引入委外维保单位维保”三者结合的维修维保体系。建章立制工作涵盖42项综合行政类、121项安全技术类、40项预案及248项部门级制度体系建设；票价定价工作进展顺利，11月26日正式发布地铁票价和优惠政策；车站服务以人性化服务理念为抓手，结合1号线实际，制作贴附式导向标识40余种，制定并落实各项客运服务标准，展开各类服务培训，制作文明乘车、安全乘车宣传册与宣传片，宣传文明出行、安全乘车理念，并在此基础上不断致力于提升客运服务水平。

【1号线试运营】 为确保1号线开通后为市民提供最优质、方便、快捷的出行服务，郑州市轨道交通有限公司依据相关规范，借鉴其他城市列车开行标准和做法，开通初期安排开行列车12列，备用2列，行车间隔8分52秒，首末班车发车时间分别为6:30、21:30，车辆到位与调试情况充分满足试运营需要。1号线开通后，依据客流增加情况，增加列车开行对数，缩减行车间隔，适度延长列车运行覆盖时间。

截至12月31日，1号线安全运营4天，安全运送乘客65.27万人次，开通首日客运量145838人次，日均客运量16万人次，最高日客运量20.18万人次（12月29日）。运营情况平稳，各设备系统运转良好，运营秩序及客运组织有序，针对大客流采取备用列车上线运营、大客流预案、公司全员分站包点、重要环节增加人员与设备、志愿者进站服务等措施，确保大客流日运营秩序平稳有序，为乘客提供了便利的引导与乘车服务。

开展防灾减灾宣传活动

【质量安全管理】 质量安全管理工作以建设“平安地铁”为核心，以质量安全标准化建设为目标，以第三方监测、第三方测量、第三方检测和安全咨询为手段，以质量安全应急救援体系建设为重点，以过程监督和建立长效机制为抓

开展企业文化培训

手，各项工作扎扎实实推进。全年，共组织质量安全专项检查25次，与政府部门联合检查8次，查出质量安全隐患600余例，全部按照定整改责任人、定整改时间、定整改措施的“三定”要求落实到位。组织应急救援演练106次。其中，市级1次，公司级28次，运营分公司级77次，全年质量安全形势有序可控。

【勘察设计】 1号线一期工程设计收口和设计变更工作圆满完成。2号线一期工程勘察设计工作保障有力，最大限度地避免“施工等设计图纸”现象。1号线二期工程完成初勘、详勘，总体设计通过专家评审，初步设计完成，开展施工图设计。5号线完成全线管线及建（构）筑物调查，进行初勘，总体设计方案通过专家评审，开展初步设计。

【招标与造价管理】 轨道交通招标、造价工作突出“围绕中心、服务大局”的工作理念，招标工作按照“加强制度建设、推行模块化管理、加强节点监控、确保结果公平”的原则，不断推陈出新、完善流程，确保招标工作规范化、合理化、透明化、公平化。2013年，轨道交通共完成招标比选项目70项，招标金额17.8亿元。按照“细筹划、严执行、重前提、明进度、用咨询、管施工”的原则，科学编制2号线一期工程招标规划。

造价管理全年完成概算审核129.9亿元，完成招标控制价编制7项，金额11亿元，完成工程计量审核190余批次，金额19亿元，完成1号线一期工程阶段性结算32亿元，解决合同争议单价200余项，同时做好1号线一期工程竣工结算审计准备工作。

【财务融资】 2013年，新增2号线一期工程银行授信48亿元，新增到位建设资金56.8亿元。其中，债务性资金31.3亿元，财政资本金25.5亿元，完成年度计划的120%，投资完成支付率达到90%。

推进PPN（私募债）的注册工作和可续期公司债券的申报工作，债券发行规模达40亿元，期限不低于5年，整体工作进展顺利。发行完成后，可有效解决后续线路前期建设资金需求问题。

【科研创新】 2013年3月，轨道公司的“基于关键链理论的城市轨道交通工程进度风险控制研究”“砂土中桩基础沉降机理宏细观研究”两项科研成果通过河南省科技厅鉴定，达到国内领先水平。2013年4月，与北京城建院合作完成的国家发改委课题“我国城市轨道交通技术发展战略研究”获得中咨公司组织的专家评审。2013年7月，科研项目“地下地铁车站地震响应及其与周围建筑的相互影响研究”获得省建筑科技进步一等奖。参与编写国家标准GB/T30013-2013《城市轨道交通试运营基本条件》。

省科技厅组织18家企业、高校和科研院所成立河南省轨道交通产业技术创新战略联盟，以郑州市轨道交通建设为依托申报科研项目。2013年完成两项科研项目，一是地铁能量再生回馈装置研究；二是轨道交通信息集成与网络化运营调度指挥系统。

（韩 冰 郭艳娜）

癸巳年黄帝故里拜祖大典

【概况】 癸巳年黄帝故里拜祖大典由河南省人民政府、政协河南省委员会、国务院台湾事务办公室、国务院侨务办公室、中华全国归国华侨联合会、中华全国台湾同胞联谊会、中华炎黄文化研究会联合主办，由郑州市人民政府、政协郑州市委员会、新郑市人民政府承办，于4月12日上午在新郑市黄帝故里景区举行，主题为“同根同祖同源，和平和睦和谐”。全国政协副主席李海峰、十届全国人大常委会副委员长许嘉璐出席大典。国务院台湾事务办公室副主任孙亚夫，国务院侨务办公室副主任谭天星，中华全国台湾同胞联谊会会长汪毅夫，中华全国台湾同胞联谊会党组书记、副会长梁国扬，中华全国归国华侨联合会副主席李卓彬，中华炎黄文化研究会常务副会长赵德润，中央统战部副部长林智敏，民革中央副主席郑建邦，外交部原副部长万永祥等出席大典。中国国民党副主席蒋孝严及夫人蒋黄美伦女士，香港铜锣湾集团有限公司总裁李济华，澳门世界华人商贸联谊总会会长林健生，中华两岸文经观光协会名誉理事长、台湾陆资来台投资服务协会理事许文彬，加拿大潮商会会长林少毅，美中国际商会主席兼会长王智文，美国“十万强”基金会发起人执行董事方李邦琴等应邀参加大典。河南省领导郭庚茂、谢伏瞻、叶冬松、邓凯、李克、刘春良、尹晋华、史济春、吴天君、赵素萍、秦玉海、蒋笃运、赵建才、靳绥东、邓永俭、李英杰、龚立群、梁静、张亚忠、高体健、靳克文、张维宁等参加大典。全国政协教科文卫体委员会副主任王全书也参加大典。省直各有关部门领导，郑州市四个班子领导，郑州市各县（市）区和市直各单位主要负责人，以及来自全国各地的各界群众代表近8000人参加拜祖大典。大典主司仪为全国台联会长汪毅夫，主拜人为许嘉璐。大典沿承九项仪程规制，即盛世礼炮、敬献花篮、净手上香、行施拜礼、恭读拜文、高唱颂歌、乐舞敬拜、祈福中华、天地人和。九项仪程前，省政协主席叶冬松和国台办副主任孙亚夫分别代表河南省和各主办单位致辞。

【大典仪程】 9时50分，大典主司仪、中华全国台湾同胞联谊会会长汪毅夫宣布癸巳年黄帝故里拜祖大典开始，全体肃立，鸣盛世礼炮21响。在庄严悦耳的乐声中，李海峰、许嘉璐、郭庚茂、谢伏瞻、谭天星、李卓彬、梁国扬、吴天君等向黄帝像敬献花篮。10时5分，净手上香仪式开始。蒋孝严及夫人蒋黄美伦，全国台湾同胞投资企业联谊会荣誉会长张汉文，香港铜锣湾集团有限公司总裁李济华，加拿大潮商会会长林少毅，美中国际商会主席兼会长王智文，中华民族团结进步协会副会长、新世纪成功集团董事长李玉玲，贵州茅台酒股份有限公司董事长袁仁国的代表吴程，中国公益事业促进会副会长、中华慈善大使周森先后走到台前，净手上香。接着，在主司仪的引导下，现场全体人员向黄帝像行施拜礼，深深三鞠躬，气氛庄严肃穆。然后，由许嘉璐恭读《拜祖文》。10时20分，恢弘的音乐响起，由著名歌唱家佟铁鑫、王莉领唱，成人合唱队、少儿合唱队跟随音乐齐声高唱《黄帝颂》，庄重悠扬的歌声唱出了亿万华人缅怀祖先、与祖国血脉相连的心声。在接下来的“乐舞敬拜”环节，和着悠扬的乐曲，舞蹈演员用灵动优美的舞姿，向轩辕黄帝表达炎黄子孙的景仰之情。10时30分，“祈福中华”开始，民革中央副主席郑建邦，吉林大学党委副书记刘晓民，机械科学研究总院院长李新亚，中国人民解放军总后勤部政治部创作室主任、作家周大新，中国广播电视协会副会长杨波，中国统一联盟主席纪欣，中华两岸文经观光协会名誉理事长、台湾陆资来台投资服务协会理事许文彬，香港文汇报社副社长冯瑛冰，澳门世界华人商贸联谊总会会长林健生，美国“十万强”基金会发起人执行董事方李邦琴，美国河南总商会会长翟金城，中华炎黄文化研究会太极文化专业委员会名誉会长、中华之光——传播中华文化年度人物陈小旺，启福置业股份有限公司董事长卢福明，五粮液股份有限公司董事长刘中国，湖南红太阳演艺集团董事长施杰，百家讲坛主讲人纪连海，“中国好人”提名奖获得者、郑州市公安局交通警察支队第五大队民警杨华民，江西省德兴市李宅乡宗儒村村民、全国道德模范陈美丽等18位优秀炎黄子孙代表，在祈福树上挂起祈福牌。接着，他们登上拜祖台，在《拜祖文》书法长卷

十届全国人大常委会副委员长、中华炎黄文化研究会会长许嘉璐恭读《拜祖文》

上，用书法、中国印等传统文化元素，表达对祖国民主、富强、文明、和谐及中华民族伟大复兴“中国梦”的深深祈福。最后，来自香港、澳门、台湾、郑州的4名儿童走上拜祖台，放飞了手中的彩色气球。在中华民族的复兴之路上，在炎黄子孙的人文始祖面前，他们放飞中华儿女对盛世昌平和世界和平的期盼。此时，拜祖广场上颂歌飞扬、礼花怒放、金龙吐水、彩球腾空，现场气氛达到了高潮，全场爆发出长时间的热烈掌声。10时40分，主司仪汪毅夫宣布，癸巳年黄帝故里拜祖大典告成！

高唱颂歌

【大典《拜祖文》】 维岁在癸巳三月初三，公元2013年4月12日，中华炎黄文化研究会会长许嘉璐，谨以天下炎黄子孙之名，恭以九献之礼，拜祀于我中华始祖轩辕黄帝像下。其文曰：

时维季春，谷风轻飏。
四海胄裔，齐聚古乡。
敬怀先祖，祈福告祥。
我祖我根，万古流芳。
具茨山麓，吾祖诞降。
筚路蓝缕，岩壁有像。
缫丝稼穑，民有糇粮。
建宫筑室，立姓分张。
仰观日月，历朔斯创。
造车指南，足达四方。
建制造字，文明始昌。
统一宇内，仁义显彰。
瓜瓞绵绵，薪火炽旺。
紫气连至，续写华章。
治国有典，德以为尚。
步履稳健，渐富渐强。
国门愈敞，新业未央。
民生尤重，成果共享。
百业俱兴，宇内安康。
无远不届，友朋满堂。
修我戈矛，卫我封疆。
涓涓海峡，路路坦荡。
两岸骨肉，携手奋扬。
伟哉中华，万世泱泱。
中原崛起，步履锵锵。
夙夜匪懈，怵惕自强。
举国瞩目，日见其昌。
五谷丰登，六畜兴旺。
济济多士，克勤于邦。
河洛子孙，增祖昭光。
黄河滔滔，嵩岳苍苍。
天地之中，万姓旧乡。
追远新郑，恭献馨香。
我祖其格，歆兮尚飨！

【黄帝文化国际论坛】 4月10-11日，第七届黄帝文化国际论坛在郑州大学西亚斯国际学院举行，论坛以“中国梦·梦想花开”为主题，来自国内外百余位专家学者，纵论黄帝文化，感悟中国梦想。本届论坛由河南省人民政府、政协河南省委员会、国务院台湾事务办公室、国务院侨务办公室、中华全国归国华侨联合会、中华全国台湾同胞联谊会、中华炎黄文化研究会主办，郑州市人民政府、政协郑州市委员会、新郑市人民政府、河南省黄帝故里文化研究会承办。中央电视台策划人朱海担任总策划，中央电视台主持人张绍刚担任主持，学者、作家余秋雨担纲论坛主席。中华炎黄文化研究会常务副会长赵德润致开幕词。郑州市副市长刘东代表市委、市政府对论坛的举办表示祝贺。全国政协常委、民革中央副主席郑建邦，省政协副主席、民革河南省委主委李英杰等致辞。论坛期间，北京大学考古文博学院教授、中国殷商文化学会副会长、夏商周断代工程首席科学家李伯谦，经济学家、中国人民大学农业与农村发展学院院长、博士生导师温铁军，中央党校哲学部副主任王杰，著名学者余秋雨，著名作家、编剧、第七届茅盾文学奖获得者麦家，著名电影人冯小宁，中国中医科学院中医学博士彭鑫等大家名家，从不同领域、不同学科、不同侧面，深刻阐释了“中国梦”的丰富内涵，全方位解读新的时代背景下，传承黄帝文化、实现中华民族伟大梦想的重大意义，就如何构建当代中国人的文化自信、增进民族团结、实现美好中国梦提出了种种设想和方案。徐涛和吴京安作主题诗朗诵。

【2013中国郑州科技成果交易暨高科技人才交流会】 4月10日，拜祖大典系列活动——2013中国郑州科技成果交易暨高科技人才交流会在郑州国际会展中心开幕。中国科学院纪检组组长李志刚、科学技术部高新司副司长杨咸武、国家知识产权局专利

2013中国郑州科技成果交易暨高科技人才交流会

中原文化活动周海内外华侨华人书画名家邀请展

2013中国郑州科技成果交易暨高科技人才交流会

管理司副司长雷筱云，清华大学副校长姜胜耀等嘉宾出席开幕式。省委常委、郑州市委书记吴天君宣布交流会开幕。副省长徐济超，省科技厅厅长贾跃，省知识产权局局长郭民生，省科学院院长郭新和、党委书记董金友，市领导王璋、白红战、李秀奇、孙金献、王跃华、马健、崔凡等出席开幕式。本届科交会由科学技术部、中国科学院、中国工程院、国家知识产权局、河南省人民政府共同主办，省科技厅、省科学院、省知识产权局和郑州市人民政府承办。主题为“加强科技合作、促进合作成果转化、引进科技人才、加强产业发展”，主要围绕战略性科技合作签约、授牌，科技成果展示、发布、推介、对接，战略论坛，高科技人才需求信息发布与洽谈，为河南、郑州与国内外高等院校、科研院所紧密合作搭建平台，在河南、郑州集聚创新资源，引进高端人才，加速科技成果转化及产业化，提升自主创新能力，促进产业结构调整和优化升级，提高经济社会发展质量和效益。本次科交会成功对接科技项目1200项，总交易额突破400亿元，涉及新一代信息技术、生物医药、新能源、新材料、高端装备制造、节能环保、新能源汽车、现代农业等产业领域。

【专题文艺晚会】 4月11日，拜祖大典专题文艺晚会在河南省艺术中心举行，演出剧目为郑州市豫剧院创作演出的新编历史剧《斗笠县令》。该剧曾在第十二届中国戏剧节上获得最高荣誉优秀剧目奖。

【中原文化活动周】 4月11日至17日，中原文化活动周在郑州举行，主要包括优秀剧目展演活动、海内外华侨华人百人书画名家邀请展、河南省精品图书展销活动等。“优秀剧目展演活动”由省委宣传部、省文化厅主办，河南省、郑州市的9个院团15台优秀剧目在省会郑州河南艺术中心等7个剧场连续演出7天，集中展示河南省近年来创作生产的舞台艺术新品力作和优秀舞台艺术成果。“海内外华侨华人书画名家邀请展”由癸巳年黄帝故里拜祖大典组委会主办，国务院侨办宣传司、省外侨办、省文联和省侨联承办，4月11日在郑州升达艺术馆开幕。来自新加坡、马来西亚、美国、韩国、中国台湾的30多位书画艺术家及中国内地40余位书画家应邀参展。国务院侨办副主任谭天星，河南省委常委、宣传部部长赵素萍为开幕式致辞。参加开幕式的有海内外70多名书画家及国内社会各界100多位嘉宾。由中原图书大厦组织的“河南省精品图书展销活动”，包括以“厚重河南 厚爱读者”为主题的豫版精品图书展销和以“相约新华 对话文明”为主题的店内展销，推出了对话历史、对话大师、对话旅游等上百个品种、几千册图书，并邀请著名儿童文学作家许友彬、常新港、沈石溪等举行讲座及签售活动。

（杨 晋 王永强 戴烁琪）

政治

ZHENG ZHI

◎党政机构

◎人民团体和社会团体

◎法　制

◎人民武装

党政机构

中国共产党

综 述

【概况】 2013年，中共郑州市委抢抓中原经济区和郑州航空港经济综合实验区上升为国家战略的重大历史机遇，以郑州都市区建设为载体，以新型城镇化引领、现代产业体系构建和以网格为载体的"坚持依靠群众、推进工作落实"长效机制建设"三大主体"工作为抓手，坚持开放创新双驱动，着力"保增长、调结构、促转型、惠民生"，统筹推进经济建设、政治建设、文化建设、社会建设、生态文明建设和党的建设，实现了经济社会又好又快发展。全年全市实现地区生产总值6202亿元，比上年增长11.8%；规模以上工业增加值完成2857.7亿元，比上年增长9.3%；全口径财政收入1858.9亿元，同比增长21.3%；公共财政预算收入723.6亿元，比上年增长19.3%；固定资产投资4400亿元，比上年增长23.6%；社会消费品零售总额2586亿元，比上年增长12.9%；城镇居民人均可支配收入26615元，比上年增长9.8%；农民人均纯收入14009元，比上年增长11.8%。郑州市被授予全国科技进步示范城市、全国社会管理综合治理优秀城市、国家创新型试点城市和全国文明城市等称号。入选全国水生态文明试点城市、全国人口和计划生育综合改革示范市、全国流动人口均等化服务综合改革试点城市、全国 "公交都市"建设示范工程首批创建城市；通过第二批国家级"两化"融合试验区验收，获评国家知识产权示范城市、下一代互联网和全国数字城市建设示范城市，成为电子商务、信息消费、智慧城市试点和国家互联网骨干直联点城市，城市知名度、美誉度进一步提升。

2013年，中共郑州市委认真落实省委、省政府关于加快推进中原经济区建设的决策部署，立足于"全国找坐标、中部求超越、河南挑大梁"，紧紧围绕"强投资、抓改革、调结构、求提升"这一总要求，始终"坚持一条路子"（即以"一个载体三个体系"为支撑的两不三新、"三化"协调、"四化"同步科学发展路子），抢抓两大机遇（即中原经济区和郑州航空港实验区两大机遇），突出"三大主体"工作，推进"四个郑州"（即富强郑州、文明郑州、平安郑州、美丽郑州）和"两项建设"（即社会主义民主政治建设、党的执政能力建设），深化改革，加快建设以郑州航空港经济综合实验区为统揽的自然之美、社会公正、城乡和谐的现代化都市区。

【新型城镇化建设】 2013年，郑州市坚持以新型城镇化为引领，科学推进具有中原特色的郑州大都市建设。坚持规划先行，确立了"一主、一城、三区、四组团、26个新市镇、50个产业集聚区、56个市级风貌特色村和若干个县（市）区级风貌特色村及新型农村社区"的空间布局，实现总体规划全覆盖，控制规划、专项规划、城市设计不断加强，五级城乡规划体系基本形成。坚持"双核"驱动、"六城"支撑和"一个主体两个载体"的"三位一体"统筹城乡发展理念，加快推进中心城区现代化和县域城镇化。以交通道路建设为先导，加快推进城乡路网一体化建设。地铁1号线一期如期运营；"畅通郑州"工程加快推进，主城区"井字+环字"快速骨干路网加快建设，三环快速化主干工程建成使用，京广快速二期、陇海快速路开工建设；"两环十七放射"、16个绕城高速出入市口、188条断头路、751个路口渠化等工程有序推进；县域路网新改建498公里；生态廊道建设新增绿化面积1520万平方米。以中央商务区、特色商务区、组团新区为重点，突出老区改造和新区开发，加快中心城区和县城组团现代化步伐。重点片区改造加快推进，三环以内完成78个整村拆迁、50个市场外迁。全面启动县城十字景观大道建设，13个组团新区新增建成区面积27平方公里。加快推进四类社区建设，建设社区项目449个，开工安置房项目435个，回迁居民39.4万人。

【现代产业体系构建】 2013年，郑州市坚持以现代产业体系构建为支撑，积极转变发展方式，结构调整迈出新步伐。

大力实施"工业强市"战略，现代工业体系加快构建。着力打造"62"千亿级产业基地，工业七大主导产业销售收入达到8000亿元，占全市规模工业

9月25日，省委常委、市委书记吴天君在二七区调研新型城镇化建设、民生实事和十二项专项治理工作

的比重达到67.6%，对工业增长的贡献率达到80.4%，其中，汽车及装备制造业销售收入达到2100亿元、电子信息产业销售收入超过2000亿元、新材料产业销售收入突破1500亿元。

突出服务业优先发展，现代服务业提质增效。服务业固定资产投资完成2964亿元，年均增长26.9%；产业增加值完成2584亿元，年均增长10.2%；全市新增金融机构69家，郑东新区金融业集聚效应初现。

大力发展现代都市农业，农业农村基础地位进一步巩固。全市粮食总产量稳定在165万吨，连续十年喜获丰收。“菜篮子”保障能力持续增强，现代都市农业示范区建设“136”工程成效明显，农业产业化、科技化水平稳步提升，市级以上农业产业化龙头企业达425家，加工型农业龙头企业销售收入突破500亿元。农产品质量安全监管体系不断完善，检测合格率位居全国前列。

坚持“四集一转”，产业集聚区承载能力明显提升。全年产业集聚区和专业园区营业收入完成7700亿元，增长27%；产业集聚区主导产业完成营业收入4600亿元，占集聚区全部营业收入的60%；航空港产业集聚区成为全省首个超千亿产业集聚区，高新区、经开区产业集聚集群水平明显提升；2个商务中心区和11个特色商业区规划建设全面启动。

宇通客车股份有限公司新能源车间

【“坚持依靠群众、推进工作落实”长效机制建设】 2013年，中共郑州市委坚持以“深化、规范、提升”为主题，着力常态化管理，深化条块融合，夯实基层基础，创新工作抓手，持续推进以网格为载体“坚持依靠群众、推进工作落实”长效机制建设，通过“条块融合、职责明确、联动负责、逐级问责、网格覆盖”，进一步完善了“三级网格、四级平台、五级联动”工作架构，建立健全以党组织为核心，政府公共服务、市场监管、社会管理、环境保护与群众自治有效衔接、互为支撑的基层治理结构，着力解决好条块深度融合、主动履职能力提升、依法行政与群众自治融合衔接等问题，确保了各项工作在基层的有效落实，促进了党的群众路线的制度化，基层网格排查问题化解率保持在97%以上，不断扩大网格化管理成效，营造稳定、有序、和谐的发展环境和群众生活环境。围绕国家治理体系和治理能力现代化，实现长效机制治理任务的新提升；围绕发动群众广泛参与，实现长效机制合力推进的新提升；围绕加快政府职能转变，实现长效机制全面运用的新提升；围绕坚持党的群众路线，实现长效机制推进落实的新提升；围绕法治中国建设，实现长效机制制度建设的新提升；围绕改进社会治理方式，实现长效机制规范固化的新提升，全面推进长效机制建设上台阶、提水平，使之真正成为推动各项工作落实的有效载体和重要抓手，为郑州都市区建设提供有力保障。

【改革开放与招商引资】 2013年，郑州市深化体制机制创新，坚定不移地实施开放创新双驱动战略，改革开放和招商引资实现新突破。大力推进重点领域和关键环节改革，深化城乡规划土地建设管理“六统一”改革，增强政府调控能力，提高资源配置效率；推进各类组团新区、产业集聚区管理机构与行政区域管理套合制度改革，构建了“小政府、大服务”的管理体制；全面推进行政审批制度改革，审批事项由363项削减至141项，削减64.2%，审批环节压缩61.2%，总承诺办结时限减少79.5%；深化投融资体制改革，整合组建政府八大投融资公司；积极推进“五险一金”制度创新。持续加强开放平台建设，推动郑州航空港经济综合实验区上升为国家战略，全面启动郑州航空港经济综合实验区建设；郑欧班列顺利开通，跨境贸易电子商务服务试点实施，电子口岸和国际陆港建设加快推进，明显提升了全市的对外开放水平。建立健全招商引资工作新机制，继续瞄准国内外500强和行业前20强企业，突出主导产业，坚持围绕主导产业谋划和推进招商，坚持实施产业集群招商和全链条招商，争取引进一个带动一批，全年共签约符合主导产业的亿元以上项目286个，签约总额4227亿元；开工亿元以上招商引资项目251个，拟投资总额3060亿元。

【民主法治建设】 2013年，中共郑州市委努力维护社会公平正义。支持市人大及其常委会依法行使立法权、监督权、任免权和对重大事项决定权。支持市政协围绕团结和民主两大主题，履行政治协商、民主监督、参政议政职能。做好新形势下的统一战线工作，外事、对台、侨务等工作不断加强，民族团结、宗教和谐局面持续巩固，深入推进依法治市，全面落实“六五”普法规划。支持工会、共青团、妇联等人民团体依照法律和各自章程开展工作。

【城市软实力建设】 2013年，郑州市大力发展繁荣文化体育事业，成功创建全国公共文化服务体系示范区，重点公共文化设施和文化惠民工程稳步实施，群众性文化活动不断丰富，“天地之中”历史建筑群、拜祖大典、少林武术节、嵩山论坛等品牌效应不断扩大，舞剧《水月洛神》囊括四项国家级大奖。

【美丽郑州建设】 2013年，郑州市紧紧围绕习近平总书记关于人民群众对“七个更”的期盼要求，按照“守住底线、突出重点、完善制度、引导舆论”和“保基本、可持续”的原则，制定行动计划，以实施实事工程为载体，持续抓好保障和改善民生工作。持续加大民生投入，全市财政用于民生领域的支出累计达501.7亿元，比上年增长18.2%，省市确定的民生“十大实事”全部完成。抓住群众反映强烈的突出问题，确定并实施了规范养犬管理、变电站建设等十二项专项治理，一大批群众关心的热点难点问题得到有效解决。优化教育资源配置，新建、改扩建幼儿园90所、市区中小学校31所，新增市区中小学学位3.4万个。7个区域性医疗中心共投入资金7.1亿元，新增优质医疗床位3300张，覆盖城乡的“片医”负责制得到了发展和完善。进一步健全城乡就业服务网络，全年新增城镇就业再就业15万人，农村劳动力转移就业10.5万人。深化经适房、廉租房、公租房“三房合一”制度改革，加大棚户区改造力度，全市老旧社区改造提前完成，新开工建设保障性住房4.6万多套，新建成保障性住房4.57万套，超额完成省政府下达的年度任务。加强生态环境保护，积极创建国家森林城市，全年植树造林9033余万平方米，城区新增绿地815万平方米；实施“蓝天”工程，强化PM2.5监测和防治，加强黄标车和建筑扬尘治理，拆改燃煤锅炉532台。南水北调、引黄调蓄等一批水源工程和生态水系工程进展顺利。

【党的建设】 2013年，中共郑州市委着力提高党的建设科学化水平。始终坚持“党要管党、从严治党”，全面加强党的思想建设、组织建设、作风建设、反腐倡廉建设，使全市各级党组织和党员队伍始终保持蓬勃生机和旺盛活力。坚持推进思想政治建设制度化、规范化，完善各级各类学习教育和培训制度，强化理论武装，夯实思想基础；认真贯彻落实民主集中制，坚持“党委统一领导、政府分工负责、人大、政协通力协作”的市级领导班子重点工作推进机制，营造“风正、气顺、心齐、劲足”的工作氛围；进一步改进干部考核办法，深化“责权相一致、管事与管人相统一、平时考核与年度考核相结合”的考核制度，在考核中发现干部，以考核促进工作；深化推进经济社会发展主战场选拔使用干部制度改革，形成优秀干部凭业绩自动生成机制，建立良好的用人导向；进一步完善加强基层党组织建设和党员教育管理的长效机制，健全党的基层组织体系，提升基层组织建设水平；认真贯彻落实中央八项规定和省委、省政府《贯彻落实中央关于改进工作作风、密切联系群众八项规定的若干意见》，建立改进作风的常态化制度；按照“加强教育、强化预防、及时警醒、查早查小，防止影响恶劣的腐败分子产生”的原则，建立健全权力运行监督制约机制，加强对权力运行的动态监督管理，促进公共权力规范运行。以党的群众路线教育实践活动为契机，强化担当意识，坚持群众路线，把解决群众办事难、维护群众权益作为工作出发点，以服务群众的实际行动树立为民形象，严守廉洁自律底线，带头反对“四风”，密切联系群众，带头接受监督，推动了全市工作作风的转变。

（刘跃亭　司现仓　郭　防　冯晓凯）

市委重要会议

【市委十届四次全体（扩大）会议】 2013年1月5日，市委十届四次全体（扩大）会议在嵩山饭店召开。市委常委吴天君、马懿、胡荃、舒庆、赵瑞东、高建慧、郭锝昌、孙金献、王哲、薛云伟、王跃华、黄保卫、张建慧出席会议。会议由市委书记吴天君主持。

会议的主要任务是深入学习和全面落实党的十八大、中央经济工作会议和省委九届五次全会、省委经济工作会议精神，总结2012年以来的经济工作，分析当前形势，安排部署2013年的经济工作。会议要求，全市上下要以党的十八大精神为指引，高举旗帜、抢抓机遇、乘势而上、持续求进，加快实施郑州都市区建设三年行动计划，奋力夺取郑州都市区建设新的更大的胜利。

市长马懿代表市委常委会向会议报告工作。他指出，做好2013年经济工作，要以加快转变经济发展方式为主线，以提高经济增长质量和效益为中心，以“强投资、夯基础、调结构、求提升，努力实现经济社会持续健康发展”为总要求，强化“三大主体”工作，创新三大机制，加快推进郑州都市区建设三年行动计划，全力加快建设郑州航空港经济综合实验区，为率先在全省全面建成小康社会奠定坚实基础。2013年经济发展要立足全局，着重抓好八项工作：一是强化新型城镇化引领，加快城乡发展一体化；二是加快构建现代产业体系，着力提升产业竞争力；三是坚持开放创新“双驱动”，培育开放型经济发展新优势；四是全力建设郑州航空港经济综合实验区，打造赶超跨越发展的核心增长板块；五是继续实施项目带动战略，增强基础支撑能力；六是深入推进重点领域改革，激发经济发展动力；七是加强生态文明建设，努力打造美丽郑州；八是切实保障和改善民生，加快构建和谐郑州。

省委常委、市委书记吴天君指出，贯彻中央主题主线主基调和省委“持续求进、加快转型、完善提升”的经济工作会议精神，关键是要结合全市市情和阶段特征，把握和落实好“强投资、夯基础、调结构、求提升，实现经济社会持续健康快速发展”的总要求。围绕这一总要求，要重点做好五个方面的工作：一要着眼于为“三年行动计划”2014年的圆满收官打基础，加快推进“三大主体”工作；二要着眼于破解发展瓶颈，坚定不移地实施开放创新双驱动战略；三要着眼于打造区域发展新优势，以国际化的视野和标准来规划建设郑州航空港经济综合实验区；四要着眼于为长远发展打基础，以项目为载体，全面掀起投资建设热潮；五要着眼于保障和改善民生，统筹推进各项社会事业发展。他强调，要深入学习贯彻党的十八大精神，为各项目标任务的圆满完成提供有力保障。学习好、贯彻好、落实好十八大精神是全市当前和今后一个时期首要的政治任务，全市上下要立足于学，着眼于做，不断把学习贯彻引向深入。一要坚持用党的十八大精神武装头脑、指导实践，确保在思想认识上不断提高、理论武装上持续加强、学用结合上富有成效；二要着力提高领导和驾驭经济工作的能力和水平；三要改进工作作风，密切联系群众，以过硬作风求超越发展；四要树立导向，营造氛围，引导各级干部深入一线、干事创业。

1月5日，市委十届四次全体（扩大）会议召开

【市委十届五次全体（扩大）会议】 2013年7月31日，市委十届五次全体（扩大）会议在市委党校召开。市委常委吴天君、马懿、王璋、胡荃、舒庆、高建慧、李公乐、郭锝昌、孙金献、刘贵新、王哲、薛云伟、王跃华、黄保卫、张建慧出席会议。会议由市委副书记、市委秘书长王璋主持。

会议的主要任务是深入学习贯彻落实省委书记郭庚茂莅郑调研讲话精神和全省经济运行电视电话会议精神，结合赴西安、重庆、昆明三市考察学习成果，全面总结评估郑州都市区建设三年行动计划实施一年半以来的工作和上半年工作情况，分析研判当前形势，安排部署阶段性重点工作。会议要求，全市上下要认清责任，勇于担当，聚焦重点，提升发展，围绕“三大一中”战略定位，坚持“三大主体”工作格局，聚焦以郑州航空港经济综合实验区为核心的重点工作，努力开创郑州都市区建设新局面。

市长马懿指出，下半年要重点抓好八项工作：一是抓谋划。突出抓好大枢纽、大产业、大都市的谋划。二是抓投资。要再开工一批、竣工一批、达产一批、谋划一批重大项目。三是抓招商。扎实有效地开展大招商活动，力争下半年取得更大、更好成效。四是抓调整。按照增量扩充和存量调整的思路，加快工业结构调整；不断调整服务业结构；加快发展都市型现代农业。五是抓运行。加强经济运行监测，强化扶持服务，强化要素保障。六是抓载体。强力推进郑州航空港经济综合实验区建设，统筹抓好产业集聚区、开发区等其他载体建设。七是抓创新。持续深化重点领域改革创新，加快政府管理服务平台建设，加快实施功能平台提升工程。八是抓民生。认真办好“十大民生实事”，重点在畅通郑州建设、大气环境治理、生态建设、公共服务、社会管理等方面抓出成绩。

省委常委、市委书记吴天君要求，贯彻省委书记郭庚茂莅郑调研讲话精神，必须突出重点提升，构建区域竞争新优势。要紧紧围绕“三大一中”战略定位，以建设郑州航空港经济综合实验区、服务中原经济区建设为战略方向，走以产业集聚区为支撑的“两不牺牲、三化协调、四化同步”科学发展路子，坚持“三大主体”工作格局，聚焦以郑州航空港经济综合实验区为核心的重点工作，加快郑州都市区建设步伐。一要全力以赴加快推进综合交通枢纽建设，打造“一网两链三港一体”的国际化综合交通枢纽体系。二要突出电子信息产业、汽车与装备制造业、现代商贸物流业、文化创意旅游业四大战略支撑产业，构建现代产业体系。三要坚持新型城镇化引领，推进中心城区现代化、县域城镇化，塑造具有中原特色的郑州大都市。四要构建政府要素平台，构建起接轨国际的营商环境和便民利民的政务环境，提升区域竞争优势。他强调，落实省委书记郭庚茂莅郑调研讲话精神，必须深化、规范、提升以网格为载体“坚持依靠群众、推进工作落实”长效机制建设。全市上下要深化认识、规范运用、持续提升新机制，在促进条块深度融合、提高担当履职能力、深化群众自治、解决实际问题和转变作风、促进党的群众路线制度化上下工夫。要以学习领会、贯彻落实省委书记郭庚茂莅郑调研讲话精神为动力，以开展党的群众路线教育实践活动为契机，切实加强组织领导，提高领导能力，聚焦工作重点，着力突破提升，确保全年目标任务圆满完成，确保三年行动计划顺利实施，努力在中原经济区建设中发挥好龙头作用、做出更大贡献。

7月31日，市委十届五次全体（扩大）会议召开

【市委常委会议】 2013年1月30日，省委常委、市委书记吴天君主持召开市委常委会，传达学习省十二届人大一次会议、省政协十一届一次会议和省委书记卢展工参加省十二届人大一次会议郑州代表团讨论时的重要讲话精神，要求全市上下要从省“两会”报告和省委书记卢展工重要讲话中看到期望、认清责任、找到力量，扎扎实实做好各项工作，切实把郑州的事情办好，努力在全省“挑大梁、走前头、作表率”，给省委、省政府和省会人民交上一份满意答卷。

2013年4月14日，省委常委、市委书记吴天君主持召开市委常委会，传达学习贯彻4月13日省委常委会和4月14日省委委员会议精神。吴天君指出，全市上下要把思想和行动统一到省委的决策部署上来，突出抓好八项工作，推动郑州航空港经济综合实验区迅速形成整体推进、全面建设、势如破竹的工作局面。一是加快E贸易试点工作和电子口岸建设进度。二是加快实验区规划的国际征集编制工作。三是全力支持和配合好机场二期建设。四是抓紧完善基础支撑能力和各项服务能力。五是加快构建国际化营商环境。六是强化招商引资和项目建设。七是尽快完善管理体制和机构设置。八是进一步做好政策研究和争取工作，不断巩固和扩大政策优势和平台优势。

2013年4月25日，省委常委、市委书记吴天君主持召开市委常委会，传达学习全省重点项目暨产业集聚区建设工作会议精神，并对贯彻落实工作提出要求。吴天君强调，全市上下要以贯彻落实省重点项目暨产业集聚区建设工作会议精神为动力，按照长短结合、重点突出的原则，坚持“一条路子”、抢抓“两大机遇”、突出“三大主体”、深化“四项改革”。会议要求，全市上下要准确把握省重点项目暨产业集聚区建设工作会议的精神实质，充分认识加快推进产业集聚区建设的重要意义。要保持清醒的头脑，认清差距，找准位置，切实增强加快发展的危机感和紧迫感，按照“三规合一”“四集一转”、产城融合的要求，深入研究省委、省政府关于加快产业集聚区建设的战略部署和考核办法，围绕全市的主导产业布局，进一步健全完善产业集聚区建设的体制机制，不断增强内生动力和外部竞争力，全力打造加快经济社会发展的新引擎。会议强调，全市各级各部门要突出投资、分类指导、强化服务，确保经济健康持续快速发展。要认真研究省委、省政府关于“保增长”的各项决策部署，坚持把“强投资”作为防止经济下滑的第一位措施，以工业“双百”企业和服务业百家优势企业为重点，加强经济运行调节，促进结构调整和战略重组，切实提高经济发展的质量和效益，确保年度各项目标任务的圆满完成。

2013年7月10日，省委常委、市委书记吴天君主持召开市委常委会，研究部署深化行政审批制度改革和投融资体制改革工作。关于深化行政审批制度改革工作，会议指出，各级各部门要提高站位，充分认识深化行政审批制度改革的可行性、必要性和紧迫性，统一思想和认识，结合党的群众路线教育实践活动，加快推进行政审批制度改革，着力打造有利于招商引资、开放合作、创新发展和便民利民的政务环境。要坚持长短结合、明确目标、把握重点，强力推进行政审批制度改革。工作推进中，要紧盯“两个目标”、把握“一个路径”、抓好“三个环节”、实现“三个转变”。关于深化投融资体制改革工作，会议指出，全市上下要站在遵循市场经济发展规律、提高现代经济领导水平的高度，充分认识深化投融资体制改

10月15日，省委常委、市委书记吴天君主持召开市委常委会

革对现阶段郑州发展的必要性和重要性，把投融资体系建设作为一项战略性、全局性、基础性工作，通过盘活存量、做活增量，理顺体制，规范机制，充分利用财政资金的标杆作用，引导投资，撬动发展。在推进过程中，既要突出重点，把握进度，积极稳妥，合法合规；又要坚持改革与工作两不误、两促进。各级各部门要服从服务于改革大局，加强组织领导，迅速行动，严明纪律，确保投融资体制改革工作顺利推进。

2013年7月29日，省委常委、市委书记吴天君主持召开市委常委（扩大）会议，深入学习贯彻落实省委书记郭庚茂莅郑调研讲话精神和全省经济运行电视电话会议精神，结合赴西安、重庆、昆明三市考察学习成果，总结研判郑州都市区建设三年行动计划实施一年半以来的工作和上半年经济运行情况，分析当前形势，安排部署重点工作。吴天君强调，市级重点工作领导小组和各县（市）区、各部门要把握战略和策略，围绕“三大一中”的战略定位，在坚持“三大主体”工作格局的基础上，聚焦以郑州航空港经济综合实验区为核心的重点工作，加快郑州都市区建设步伐。他同时要求，要加强领导，强化责任，形成合力。市级重点工作领导小组要切实负起领导责任，加大组织协调和督导力度，创新工作推进机制和方法，努力在全市形成上下联动、互促互进、共同负责、合力攻坚的良好工作局面。

2013年9月2日，市委召开常委会议，传达学习全省领导干部会议暨党的群众路线教育实践活动报告会精神，研究部署全市贯彻落实工作。省委常委、市委书记吴天君强调，全市上下要统一思想，上下联动，查摆整改，务求实效，以“学习精神，促作风转变、促科学发展、促民生改善”的“一学三促”为核心，扎实推进十大民生实事工程和十二项专项治理，把教育实践活动与当前中心工作相结合，实现“两促进、两不误”。

2013年9月30日，市委召开常委会议，传达学习全国党委秘书长会议和全省党委秘书长、办公厅（室）主任会议，以及全国、全省组织工作会议，全国、全省宣传思想工作会议精神，研究部署全市贯彻落实工作。省委常委、市委书记吴天君主持会议。会议指出，全市上下要把学习好、贯彻好习近平总书记系列重要讲话精神作为当前和今后一个时期的重要政治任务，切实增强自觉性、主动性，着力在深刻理解内涵、准确把握实质、推动实际工作上下工夫。会议强调，要做到真学真懂、真信真用、真抓真改，切实提高办公厅（室）工作、组织工作、宣传思想工作的科学化水平。要深入贯彻落实上级会议精神，研究制定富于操作性的工作意见，进一步统一认识，凝心聚力，按照市委十届五次全会的部署，紧紧围绕“三大一中”战略定位，以建设郑州航空港经济综合实验区、服务中原经济区为战略方向，坚持“三大主体”工作格局，聚焦以郑州航空港经济综合实验区为核心的重点工作，凝心聚力，克难攻坚，加快实施郑州都市区三年行动计划，努力开创各项工作的新局面。

2013年10月15日，省委常委、市委书记吴天君主持召开市委常委会，传达学习贯彻习近平总书记和省委书记郭庚茂、省长谢伏瞻关于安全生产重要指示、批示精神，研究部署全市安全生产和行政审批制度改革等工作。会议指出，要进一步增强安全生产的紧迫感、责任感和使命感，结合郑州实际，切实抓好贯彻落实工作。一要强化安全责任，坚持“一岗双责”，严格实行行业主管部门直接监管、安全监管部门综合监管、地方政府属地监管的安全生产责任制，建立安全生产的长效机制。二要肯定成绩，查找问题，完善措施，提升监管水平。三要发挥网格化管理作用，夯实安全生产基层基础。四要加强领导，严格督察。会议研究部署了第十轮行政审批制度改革工作。会议指出，全市上下要充分认识深化行政审批制度改革的重要性、必要性和紧迫性，坚定不移地深化推进，务求实效。要进一步固化审批事项清理优化成果，清理优化行政事项要向社会发布，促进改革制度化、公开化；要强化监督问责和队伍建设，切实提高审批服务效率；要着力深化提升，在并联审批、网上审批、电子监察系统建设等方面持续跟踪优化；要把行政审批制度改革与即将开展的第二批党的群众路线教育实践活动相结合，切实加强领导，完善机制，转变领导方式和工作作风，让人民群众和社会各界切实感受到改革带来的便利和实惠。

2013年11月25日，省委常委、市委书记吴天君主持召开市委常委会，传达学习省委常委班子专题民主生活会精神，研究部署全市贯彻落实全省党的群众路线教育实践活动第二批专项整改的工作措施。会议指出，要认真贯彻落实省委常委班子专题民主生活会的精神和要求，深入查找自身存在的问题，着力解决人民群众反映强烈的突出问题，确保教育实践活动取得实效。一要充分认识查摆“四风”问题、推进教育实践活动不断走向深入的紧迫性和重要性。二要对照反思，认真查找“四风”问题在郑州的具体表现，有针对性地抓好整改落实。三要坚持上下联动，按照第一批教育实践活动的整改要求，切实做好各项整改措施的落实；同时，根据省委统一部署，做好2014年初参加第二批教育实践活动的各项准备工作。会议研究部署了全市贯彻落实全省党的群众路线教育实践活动第二批专项整改的工作措施。会议要求，一要深化认识，准确把握会员卡专项清退、提倡节俭办晚会、规范国内公务及外事交往中礼品管理、规范评比达标表彰活动、清理具有审批性质管理事项、清理省定行政事业性收费项目等第二批6个专项整治工作的现实意义，按照新的标准和要求，切实整改到位。二要明确责任，不等不靠，主动对接，确保郑州的整改工作走在全省前头。三要坚持领导带头、率先垂范，带动整改工作不断向前，在郑州形成风清气正、清廉简朴的良好氛围，让干部不再为人情所累，更好地履职尽责。

2013年12月30日，市委召开常委会议，传达学习省委九届六次全会和省委经济工作会议精神，安排部署2014年工作。省委常委、市委书记吴天君主持会议并讲话。会议要求，全市上下要认真把握省委会议精神实质，进一步统一思想，认清形势，把握大局，结合实际抓好贯彻落实工作。会议强调，全市上下要准确把握省委对当前形势的科学判断，准确把握“调中求进、变中取胜、转中促好、改中激活”的总要求，准确把握明年经济工作的着力点和省委关于推进新型城镇化的重大决策部署，认清责任，深入谋划，加快推进以郑州航空港经济综合实验区为统揽的郑州都市区建设。要坚持“抓改革、强投资、调结构、求提升”，围绕“三大主体”工作，突出重点区域发展、重点产业培育、重点领域改革、重点项目建设、重点民生工程实施，努力开创郑州都市区建设新局面，为打造“四个河南”、推进“两项建设”做出省会城市应有的贡献。

【全市领导干部会议】 2013年1月23日，全市领导干部会议召开，传达学习十八届中纪委二次全会精神，就做好贯彻落实工作进行安排部署。省委常委、市委书记吴天君讲话，市长马懿主持会议。吴天君指出，全市各级领导干部要认真学习领会贯彻中纪委二次全会精神，深刻反思作风建设方面存在的突出问题，切实增强贯彻落实中央、省委要求的自觉性、主动性，从自身做起，从现在做起，厉行勤俭节约，改进工作作风，以党风带政风促民风树新风，努力在全省“挑大梁、走前头、作表率”。吴天君强调，要注重细节，严肃纪律，树立新风，切实做到“三个十”，即“十个严格”“十个不准”“十个深入”。各级领导干部要学明白、想明白、说明白、做明白，身体力行，说到做到。要认真履行领导职责，从严把关，率先垂范，带头落实。要突出重点领域，加大规范整治力度，推进反腐倡廉工作深入开展。要完善制度，把改进工作作风作为一项常规性的工作，常抓不懈，在各级领导干部中形成规范、习惯和自觉行为。要加强引导，营造氛围，使厉行节约、反对浪费在全社会蔚然成风。要严格督察，严肃纪律，确保改进工作作风、厉行勤俭节约取得实实在在的成效。

2013年7月5日，全市领导干部会议召开，传达学习全省党的群众路线教育实践活动工作会议精神。省委常委、市委书记吴天君讲话，市委副书记王璋主持会议。吴天君指出，全市各级党组织和广大党员要深刻认识开展教育实践活动的重大现实意义，切实把思想和行动统一到中央、省委的决策部署上来，把教育实践活动作为强化队伍建设、凝聚发展合力、促进科学发展的难得契机和重要载体，以高度的政治自觉、思想自觉和行动自觉，参与好、组织好、开展好教育实践活动。他要求，要按照中央和省委部署，坚持边学边改，以“一学三促”为核心，积极主动参与和融入到教育实践活动中来。郑州作为第二批参加活动的单位，要按照省委书记郭庚茂的讲话要求，不等不靠，借助当前全党已经形成的好氛围、好环境，提前着手，充分准备，积极参与，从反“四风”入手，从体制机制和制度建设着眼，让教育实践活动在全市提前见到成效。他强调，要加强领导，强化措施，营造氛围，注重调研，强化督察，确保以活动树正气、聚合力、促发展，为圆满完成各项目标任务提供强有力的思想保证、作风保证和组织保证。

2013年7月22日，全市领导干部会议召开，传达学习省委书记郭庚茂在郑州调研时的讲话精神，并通报了市党政考察团赴西安、重庆、昆明三市考察情况，就做好贯彻落实工作进行安排部署。省委常委、市委书记吴天君讲话，市长马懿主持会议。吴天君要求，全市上下要从省委书记郭庚茂对郑州的期望中认清责任、聚焦提升。要突出薄弱环节，聚焦重点工作、重点区域、重点要素、重点项目，集中精力、倾注全力、重点突破。要突出抓好十项工作：一是解放思想，高位谋划。在全面推进“三大主体”工作的基础上，紧紧围绕“三大一中”战略定位，突出重点，着眼提升。二是抢抓战略机遇，集全市之力加快推进郑州航空港经济综合实验区建设，迅速形成重点突破、整体推进、势如破竹的开发建设新局。三是坚持产城互动，加快推进“三规合一”规划修编、功能集合构建和主导产业发展，全面掀起产业集聚区建设和发展热潮。四是坚持以城带乡，加快实施畅通郑州工程、四类社区建设工程、城区功能提升工程、生态环保工程，着力推进新型城镇化科学发展。五是强化产业支撑，着力在培育龙头企业、中小企业扶持、集群发展和以信息化为平台的各类新型产业业态培育上下工夫，加快推进现代产业体系构建。六是坚持项目引资带动，加大政策争取和项目引进力度。七是深化改革创新，积极构建充满活力、富有动力的开放创新体制机制。八是深化规范提升以网格为载体坚持依靠群众推进工作落实长效机制，落实好“十大民生实事”和“十项专项治理”，促进各项工作有序开展。九是突出强投资、扩增量、缩减量，加强经济运行调节，确保圆满完成全年目标任务。十是加强素质建设，增强内生动力，不断提高领导和驾驭现代经济社会发展的能力和水平。吴天君强调，全市上下要把贯彻落实省委书记郭庚茂讲话精神与学习外地先进经验相结合，与“一学三促”活动相结合，与工作实际相结合，持续开展“学讲话、比先进、找差距、强责任、抓重点、求提升”学习讨论活动，紧紧围绕“三大一中”战略实施，以学习贯彻讲话精神为动力，以外出考察为契机，提升思想认识、工作站位、能力水平、发展成效，努力开创以郑州航空港经济综合实验区为统揽的郑州都市区建设新局面。

2013年11月18日，全市领导干部会议召开。会议传达了党的十八届三中全会精神和全省领导干部会议精神。省委常委、市委书记吴天君讲话，市长马懿主持会议。吴天君要求，全市上下要认真学习，深刻领会，切实把思想和行动统一到十八届三中全会精神上来。要认真落实，深入贯彻，把省委关于贯彻十八届三中全会精神的部署落到实处。具体到郑州，就是要按照省委、省政府打造“四个河南”、推进“两项建设”的决策部署，围绕“三大一中”战略定位，坚持以“一个载体、三个体系”为支撑的两不三新、三化协调、四化同步科学发展路子，抢抓中原经济区和郑州航空港经济综合实验区两大机遇，突出“三大主体”工作，围绕“富强郑州、文明郑州、平安郑州、美丽郑州”和社会主义民主政治建设、党的执政能力建设深化改革，加快建设以郑州航空港实验区为统揽的自然之美、社会公正、城乡和谐的现代化都市区。一是深化经济体制改革，着力打造“富强郑州”。二是深化文化体制改革，加快世界文化名

7月22日，全市领导干部会议召开

城建设，着力打造“文明郑州”。三是深化以群众为主体的社会治理体制创新和各项社会事业改革，着力打造“平安郑州”。四是深化生态文明制度创新，着力打造“美丽郑州”。五是深化民主政治制度建设改革，着力推进协商民主广泛多层制度化发展。六是深化党的执政能力制度建设改革，着力提高党的建设科学化水平。吴天君强调，要认清责任，扎实工作，推进郑州市各项工作走在全省前头。全市上下要强化“双重”责任，增强深化改革、打造“四个郑州”、推进“两项建设”的责任感和紧迫感，结合十八届三中全会精神的贯彻落实，以“强投资、抓改革、调结构、求提升”为总要求，精心谋划2014年工作，切实做好当前各项工作，确保2013年各项工作有圆满的收官，为2014年发展奠定扎实基础。重点要做好十项工作：一是迅速掀起学习贯彻十八届三中全会精神和全省领导干部会议精神热潮。二是加快推进各项规划编制工作。三是加快重大基础设施项目建设。四是强力推进“大招商”重点项目签约落地，确保年底前再签约落地一批重大项目。五是加快推进以功能平台为重点的国际营商环境建设。六是做好省市重点项目的申报立项报批等工作。七是加强经济运行的监测调节，确保经济健康发展。八是按照上下联动的要求，抓好第一批教育实践活动整改工作落实和十大民生实事、十二项专项治理扫尾工作。九是做好参加第二批教育实践活动前期筹备工作。十是切实做好市人大、市政府、市政协2014年换届前期工作。

【党务工作重要会议】 市委党务工作大会 2013年2月25日，市委党务工作大会召开。会议传达学习了习近平总书记在新进中央委员会委员、候补委员学习贯彻党的十八大精神研讨班上的重要讲话精神。省委常委、市委书记吴天君讲话，市委副书记王璋主持会议。吴天君要求，全市各级党务部门要围绕深化“三大主体”工作，全面推进中央和省委决策部署的贯彻落实。要深化作风建设，推进“三项改革”，为郑州都市区建设提供坚强的政治保障。一是城乡规划土地建设管理“六统一”改革。二是各类开发区、组团新区、产业集聚区（专业园区）管理机构与行政区域管理套合改革。三是在经济社会发展主战场选拔使用干部制度改革。

全市传达学习贯彻中央党的群众路线教育实践活动工作会议精神和省委省政府指示精神大会 2013年6月19日，郑州市召开专题会议，传达学习和贯彻落实中央党的群众路线教育实践活动工作会议精神和省委书记郭庚茂、省长谢伏瞻讲话精神。省委常委、市委书记吴天君在讲话中指出，全市各级党组织要把学习中央会议精神和省委、省政府的要求部署作为中心组学习的重要内容，站在推进中国特色社会主义伟大事业，实现“中国梦”“中原梦”的战略高度；站在坚持党要管党、从严治党，密切党同人民群众血肉联系，巩固党的执政基础和执政地位的政治高度；站在抢抓郑州航空港经济综合实验区机遇，加快推进郑州都市区建设、支撑中原经济区发展的全局高度，深刻认识开展教育实践活动的重大现实意义，增强开展好教育实践活动的自觉性和主动性。他强调，全市上下要结合实际，把握关键，抓好落实。要准确把握教育实践活动的主线主题、总体要求、主要任务和重点环节，立足实际，提前着手，认真查找本地本单位在“四风”问题上存在的突出问题，从现在做起，按照中央和省委要求，边学边改，立即整改。全市各级领导干部要发挥好带头作用，把开展教育实践活动作为一项重大政治任务谋划好、组织好、推进好，切实做到真学、真做、真改，确保活动取得实效。要做到开展教育实践活动与抓好当前各项工作互促互进，把开展教育实践活动与党员干部履职尽责结合起来，与深化、规范、提升以网格为载体“坚持依靠群众、推进工作落实”长效机制结合起来，与抢抓郑州航空港经济综合实验区机遇、推进郑州都市区三年行动计划顺利实施、实现上半年时间任务“双过半”结合起来，确保两手抓、两不误、两促进。

党的十八届三中全会精神宣讲报告会 2013年11月27日，省委宣讲团党的十八届三中全会精神宣讲报告会在市委党校举行，省委副秘书长、省直工委书记、省委宣讲团成员李恩东为全市领导干部作专题辅导报告。省委常委、市委书记吴天君主持报告会并讲话。李恩东紧紧围绕学习贯彻党的十八届三中全会精神，深刻阐明了全面深化改革的重大意义、基本原则、总体目标、重大任务和重大举措，对《中共中央关于全面深化改革若干重大问题的决定》公布后社会舆论的一些热点问题作了权威解读，并就省委贯彻十八届三中全会精神，加快打造“四个河南”、推进“两项建设”的决策部署进行了讲解。

全市学习贯彻党的十八届三中全会精神、推进长效机制持续深化规范提升工作会议 2013年11月29日，全市学习贯彻党的十八届三中全会精神、推进长效机制持续深化规范提升工作会议召开，深入学习贯彻党的十八届三中全会和全省、全市领导干部会议精神，进一步统一思想、坚定信心，坚持以党的十八届三中全会为统领，全面提升网格化管理长效机制运行水平，为中原经济区郑州都市区建设提供坚强保障。市委副书记、市委秘书长王璋从三个方面提出要求，一是要深入学习领会十八届三中全会新精神，进一步坚定推进长效机制建设的信心决心；二是要全面贯彻落实十八届三中全会新部署，全面推进长效机制建设上台阶提水平；三是要认真研究谋划贯彻落实新举措，推进长效机制持续深化规范提升各项工作引向深入、落到实处。

全市组织工作会议 2013年12月5日，全市组织工作会议在市委党校召开。省委常委、市委书记吴天君讲话，市委副书记、市委秘书长王璋主持会议。吴天君强调，要以党的十八大、十八届三中全会精神为统领，深入贯彻落实全国、全省组织工作会议精神，以改革创新精神，努力提高党的建设和组织工作科学化水平，为加快推进以郑州航空港经济综合实验区为统揽的自然之美、社会公正、城乡和谐的郑州都市区建设提供坚强的政治组织保证。

【新型城镇化建设重要会议】 郑州都市区新型城镇化建设推进大会 2013年2月23日，郑州都市区新型城镇化建设推进大会在市青少年宫召开。省委常

2月25日，市委党务工作大会召开

委、市委书记吴天君主持会议，市长马懿就做好新型城镇化工作进行全面安排部署。吴天君指出，各级各部门要站在“为全省作表率、为全国创经验”的高度，不空谈、不争论、不摇摆，坚定不移，紧盯目标，突出重点，强化措施，促进新型城镇化建设不断取得新突破，为郑州都市区建设打下坚实基础。马懿要求，要重点抓好三个方面工作：一是强力推进六个切入点工作；二是突出抓好重大项目投资；三是努力破解要素瓶颈制约。

新型城镇化现场观摩会、现场会　2013年3月7日，全市新型城镇化建设现场观摩会召开。省委常委、市委书记吴天君带领各县（市）区和市直有关部门负责人对6个县（市）和上街区的交通道路、生态廊道及新型城镇化建设相关工作进行了实地观摩。他强调，全市各级各部门要把握季节特点，统筹部署，突出重点，加快推进以交通道路和生态廊道为先导的新型城镇化各项建设。

2013年4月17日，市委、市政府召开新型城镇化建设专项督察会。省委常委、市委书记吴天君强调，推进新型城镇化建设，要坚持“一个主导两个载体”的“三位一体”城乡统筹发展理念，按照“政策引领、规划先行、产业为基、就业为本、群众自愿、有序推进”的原则，重点做好三项工作：一是突出重点，以点带面；二是同步推进“六个一体化”；三是创新体制机制，探索具有郑州特色的新型城镇化路子。他同时要求，要坚持原则，注重方法，强化督导，抓好落实。

2013年5月21日，市委、市政府召开重点项目、畅通郑州工程建设现场观摩会。省委常委、市委书记吴天君要求，全市上下要充分认识以重大项目、畅通郑州工程为主导的新型城镇化建设的重大意义，进一步统一思想，提高认识，坚定信心，加大力度，持续、健康、有序推进新型城镇化建设。关于下一阶段的工作，他强调，一要总结经验，创新方法；二要关注民生，落实政策；三要强化宣传，营造氛围；四要加强组织，务求实效。

2013年6月27日，市委、市政府召开全市新型城镇化建设工作督察讲评会。省委常委、市委书记吴天君强调，全市上下要按照“内疏外控、基础提升、产业支撑、内涵持续”的要求，把握方向，坚定信心，明确工作任务，强化政策引导，创新体制机制，持续推进新型城镇化健康有序发展。市长马懿要求，要围绕“有形”和“无形”这一城镇化的核心问题，加强政策研究，搞好制度设计，完善政策体系，建立考核制度，为新型城镇化健康持续发展提供保障。

2013年8月30日，市委、市政府召开“畅通郑州”工程建设工作督察会。省委常委、市委书记吴天君要求，全市

10月8日，全市新型城镇化建设重点工作推进会召开

各级各部门要切实把思想统一到市委、市政府构筑“域外枢纽、域内畅通”郑州都市区综合交通枢纽建设的决策部署上来，进一步增强加快“畅通郑州”工程建设的紧迫感、责任感和使命感，总结成绩，找准差距，坚定信心，乘胜前进，加快工程进度，确保各项目标任务落到实处。市长马懿要求各相关部门到现场研究解决问题，全力以赴，严格按照时间节点，确保各项畅通工程按时保质完成，把“畅通郑州”工程作为执政为民、造福群众的民心工程，狠抓落实。

2013年9月3日，市委、市政府在中牟县召开全市新型城镇化重大项目观摩会。省委常委、市委书记吴天君讲话，市长马懿主持会议。吴天君指出，全市上下要认清形势，坚定信心，克服小打小闹、小业即成的意识，以高度的责任感和使命感，紧紧抓住全国新一轮战略布局调整的机遇和郑州航空港经济综合实验区建设的机遇，牢记责任，担当使命，再鼓干劲，乘胜前进，坚定不移地加快实施新型城镇化三年行动计划。他强调，要明确目标，把握方向，突出重点；要统筹兼顾，关注民生，注重方法。关于当前工作，他要求，一要加大重大项目建设力度和投资强度，确保完成全年建设投资任务。二要及早做好2014年重点项目的谋划工作，争取更多项目纳入国家和省重点项目。三要把握季节特征，抓紧推进生态廊道秋冬绿化工作。四要全面开展好市域内高速公路出入市口的综合整治工作。马懿要求，各级各部门要以此次会议为契机，按照市委、市政府工作部署，敢于担当，勇于创新，善于谋划。一要进一步增强紧迫感，切实加强组织领导，明确时间节点，精心组织，加快推进，确保目标任务完成。二要典型示范，全面推进。三要突出项目，深入推进。

2013年10月8–9日，市委、市政府召开全市新型城镇化基础设施和产业升级重点项目建设推进会。省委常委、市委书记吴天君讲话，市长马懿主持会议。吴天君强调，要聚焦重点难点，加大推进力度，让人民群众切实感受到新型城镇化的建设成效。要围绕“克难攻坚、提升功能、改善环境、服务市民”，聚焦高速公路出入市口及连接道路环境综合整治、“两环十七放射”生态廊道建设和铁路沿线两侧综合整治、市民综合服务中心、难点片区改造四个重点，着力提升新型城镇化建设水平。要扎实推进民生实事工程和十二项专项治理工作，解决好人民群众关心的热点难点问题，让人民群众得到更多实惠。要坚持以人为本，高度重视和切实做好群众安置工作。要切实加强领导，强化督察，务求实效，确保新型城镇化三年行动计划的顺利实施，为郑州长远可持续发展奠定坚实基础。马懿要求，各级各部门一要按照新型城镇化重点工作时间节点和市委、市政府工作部署，切实加强组织领导，认真抓好落实，确保各项工作目标任务完成。二要在年底前统筹协调力量，突出工作重点，加快安置房建设进度。三要认真研究城镇化进程中的社保、就业、就学、户籍、“五险一金”覆盖等问题，加快推进人的城镇化。四要从大局和关心群众角度出发，切实做好各项民生实事。

2013年11月10–11日，全市产业集聚区、中央商务区和特色商业街区重点工作推进会召开。省委常委、市委书记吴天君强调，要准确把握国家和省委、省政府推进新型城镇化政策机遇和郑州市发展的阶段特征，着眼于改善群众居住环境、优化群众就业环境、增加群众财产性收入，把安置房建设摆在更加突出的位置，尽快启动城市区、产业集聚区、专业园区、中央商务区和特色商业街区、新市镇规划区及周边三公里内群众安置房建设，带动基础设施完善提升

和产业业态转型升级，让群众生活环境更好、居住更安全、就业更有保证。要完善政策，加强领导，充分发挥政府的主导作用和群众的主体作用，调动各级各部门和广大群众推进安置房建设的积极性和主动性，创新建设模式，形成推进合力，确保安置房建设有序推进，确保以新型城镇化为引领的郑州都市区建设取得新的更大的成效。

2013年12月3日，市委、市政府召开全市畅通郑州、棚户区改造和四项重点工作督察推进会。省委常委、市委书记吴天君强调，一要全力以赴确保三环快速化、地铁1号线一期12月26日如期开通。二要确保棚户区改造、安置房建设按照“三期”时间节点顺利启动。三要加快推进道路生态廊道建设及市域铁路沿线绿化、高速公路出入市口及连接道路综合整治、区级综合性公园及周边便民服务设施、重点片区改造等四项重点工作。四要坚定不移地推进民生十大实事和十二项专项治理，确保12月底前圆满收官。市长马懿要求，各县（市）区要认真抓好畅通郑州工程、棚户区改造和四项重点工作任务的推进落实。

2013年12月19日，市委、市政府召开全市畅通郑州、安置房建设和四项重点工作督察会。省委常委、市委书记吴天君强调，要突出安置房建设，加快推进道路生态廊道建设及市域铁路沿线绿化、高速公路出入市口及连接道路整治、区级综合性公园及周边便民服务设施建设、重点片区改造等工作，完善城市功能，改善群众居住和就业环境，推进居住环境城市化、就业结构城市化、公共服务城市化、消费方式城市化。围绕畅通郑州各项重点工程、民生十大实事和十二项专项治理工作，梳理排查重点冲刺突破的工作，圆满完成全年各项工作任务。市长马懿要求，一是一定要卡死2013年各项重点工程的竣工节点，保证如期完工和投入使用，做好与2014年开工项目的衔接工作。二是对工作推进中遇到的问题，要及时研究办法、认真解决，积极努力推进各项工程进展。三是抓紧时间拿出各项重点工程资金解决办法，尽快建成、完善投融资平台，提前做好各项重点工程的前期准备工作。

【现代产业体系构建重要会议】 全市强投资工作汇报会 2013年2月1日，全市强投资工作汇报会召开。省委常委、市委书记吴天君讲话，市长马懿主持会议。会议听取了各县（市）区、四大开发区2013年投资计划、重大项目谋划和推进情况。吴天君强调，要充分认识以项目为载体的“强投资”对现阶段郑州发展的重要意义，切实增强责任感和紧迫感，把以项目为载体的“强投资”摆在推进新型城镇化引领“三化”协调发展牵头抓总的位置，把“以投促拆、以投促建、以投促调、以投促转、以投促超”作为贯穿全年工作的指导思想，把工作的关注点和着力点集中到扩大投资和服务项目建设上来。要紧盯“一个目标”，力求“五个突破”，努力开创以项目为载体的“强投资”发展新局面，确保全年投资建设目标圆满完成，为郑州都市区三年行动计划顺利实施奠定基础。

组团新区产业集聚区建设工作会议 2013年2月28日，市委、市政府召开组团新区产业集聚区建设工作会议。省委常委、市委书记吴天君讲话，市长马懿主持会议。吴天君强调，全市上下要统一思想认识，理顺管理体制，创新运行机制，明确发展任务，按照“一个载体、三个体系”和“四集一转”理念，进一步加快各类开发区建设和发展，全力打造全市“三大主体”工作的先行区和“三化”协调科学发展的示范区，为郑州都市区建设提供更加有力的战略支撑。他要求，各组团新区、产业集聚区、专业园区要着力建设务实、廉洁、高效的领导班子，营造“风正、心齐、气顺、劲足”的工作氛围。

全市强投资重点项目暨产业集聚区建设督察讲评会议 2013年4月27日，全市强投资重点项目暨产业集聚区建设督察讲评会议召开。省委常委、市委书记吴天君要求，要着眼长远、立足当前，把握重点，力求突破。要坚持“一条路子”、抢抓“两大机遇”、突出“三大主体”工作、深化“四项改革”、抓好当前“五项工作”的“一二三四五”的工作思路和工作重点，努力开创以郑州航空港经济综合实验区为统揽的郑州都市区建设新局面。吴天君强调，全市上下要着眼于“挑大梁、走前头、作表率”，围绕全年经济指标和产业集聚区建设任务的圆满完成，切实加强组织领导，细化目标任务，加大工作推进力度；各级领导干部要强化学习，创新方式方法，提升领导能力和水平，不断提高各项工作的科学化水平；要严格落实工作责任，建立“责任、有序、高效”的工作推进机制，确保各项目标任务的圆满完成。市长马懿要求，要按照“三规合一”“四集一转”“产城互动”的基本要求，坚定不移地推进产业集群发展，围绕“项目集中布局，产业集群发展，资源集约利用，功能集合构建”的工作思路，以产业集聚区建设为主抓手，大力推进工业结构调整，推动工业结构优化升级，不断提升产业的关联度，努力实现全市产业集聚区向更大规模、更高水平、更好质量迈进，带动新型工业化、新型城镇化发展，促进“三化”协调、“四化”同步，在中原经济区郑州都市区和郑州航空港经济综合实验区建设中发挥更大的支撑引导作用。

全市招商引资项目推进工作督察讲评会 2013年5月12日，全市招商引资项目推进工作督察讲评会召开。省委常委、市委书记吴天君强调，要坚持“内涵”和“外延”并重，既要做好现有传统企业的改组、改制、改造，提升产业水平，实现产业升级；又要创新方式方法招商引资、招才引智，为全市产业发展打下坚实基础。要围绕主导产业发展，着力提高招商引资质量，量化“三力”型项目的标准、中心城区高端制造业和高端服务业的项目引进标准、县（市）先进制造业和现代服务业项目引进标准，进一步明确“五职”招商责任，创新招商引资项目推进机制，着力谋划、引进和实施一批“三力”型项目，带动产业转型和经济持续发展。市长马懿要求，必须坚定不移地完成年初确定的全年招商引资总规模突破1600亿元的目标。要以招商引资为核心，加快推进“四项改革”；要完善“五职”招商、“四个一”招商、“三位一体”项目推进等工作机制，强化责任落实；要打造最佳的营商环境，培育招商优势；

5月12日，全市招商引资项目推进工作督察讲评会召开

要加强组织领导，加大推进力度。要切实提高对招商引资工作的认识，明确招商引资工作目标，做好产业集聚区等招商引资平台建设，研究推进机制，提高工作效率，以加大开放招商力度和加快项目推进为突破口，带动“强投资”目标的顺利实施。

全市“三力”型项目落地建设推进会 2013年5月23日，市委、市政府召开“三力”（国际影响力、国内辐射力、国内外资源整合力）型项目落地建设推进会。省委常委、市委书记吴天君强调，全市上下要充分认识“三力”型项目的战略性、奠基性、带动性作用，立足当前，着眼长远，集中排查解决影响项目落地建设的突出问题，完善机制，强化措施，努力开创“三力”型项目引进落地建设新局面，确保全年“强投资、夯基础、调结构、求提升”各项目标的圆满完成。市长马懿要求，要重点做好三方面工作：一要深化“三位一体”项目推进机制。二要切实做好“三力”型项目要素保障工作。三要着力在强化服务上取得新突破。

全市招商引资工作会议 2013年8月14日，全市招商引资工作会议召开，对全市“大招商”活动阶段性工作进行督察讲评，并对下步全市招商引资和产业集群发展工作进行动员部署。省委常委、市委书记吴天君指出，招商引资工作要进一步解放思想、更新观念、聚焦重点、综合施策，着力打造区域竞争优势。一要着眼于创建人才集聚、勇于创新的创业环境。二要“引外”与“培内”并举，着力培育本土骨干企业，促进创新发展的中小企业做大做强。三要围绕主导产业，以产业集聚区为载体，集中人力、财力、物力，培育发展在全国有影响力的产业集群和产业基地。他强调，全市上下要围绕贯彻落实省委书记郭庚茂莅郑调研讲话精神，进一步解放思想，更新观念，完善措施，聚焦重点，以郑州航空港经济综合实验区为统揽，以新型城镇化为引领，积极主动地抓好招商引资工作和产业集群培育工作，加快现代产业体系建设，做大做强郑州都市区的产业支撑。市长马懿对下一阶段工作进行了安排部署。

全市招商引资暨年底前重点工作推进会议 2013年12月17日，市委、市政府召开招商引资暨年底前重点工作推进会议。省委常委、市委书记吴天君讲话，市长马懿主持会议。吴天君指出，要着重抓好六个方面的谋划：一是强调主导产业，坚持围绕主导产业谋划和推进招商。二是坚持实施产业集群招商和全链条招商。三是继续瞄准国内外500强和行业前20强企业，保证招商引资的质量。四是深入研究十八届三中全会关于积极发展混合所有制经济的改革措施，通过郑州市已有的优势企业与央企合作，吸引央企入驻。五是围绕发挥政府要素平台和现有龙头企业的作用，进一步做大做强优势产业，提升产业业态。六是继续谋划运用国家级要素平台、国际会议、跨国公司代办处、国际交流合作机构、企业孵化器及研发平台等载体，并争取在郑设立外国领事馆，推进郑州市全面对外开放。他强调，各级各部门要正确领会把握党的十八届三中全会、中央经济工作会议、全国城镇化工作会议的精神实质，认清国内外形势，正视所面临的挑战，进一步强化责任，抓紧抓好年底和春节前这段时间，确保再签约和落地开工一批重点项目，认真谋划好明年工作，全面提升全市对外开放水平。

【郑州航空港经济综合实验区建设重要会议】 郑州航空港经济综合实验区（综保区）领导干部会议 2013年6月4日，郑州航空港经济综合实验区（综保区）领导干部会议召开。省委常委、市委书记吴天君讲话，市长马懿主持会议。吴天君指出，要明确方向，把握重点，长短结合，迅速形成实验区热火朝天、势如破竹的开发建设局面，用实际行动和工作成效展示实验区的发展形象和干部队伍形象。在工作思路上，要牢牢把握“建设大枢纽、培育大产业、塑造大都市”这一主线，着力构建以航空港为核心的“一网、两链、三港一体”国际化综合交通枢纽，大力培育航空物流、高端制造业、航空服务业三大主导产业，塑造体现航空特色、集约智慧、绿色低碳、便捷高效、宜居宜业的现代化都市。在工作推进上，重点把握好六个方面：一是坚持规划引领；二是坚持基础设施先行；三是构建国际化的营商环境；四是以开放创新加快产业发展；五是推进生态文明建设；六是构建“小政府、大服务”的服务型管理体制，为航空港实验区的发展提供优良的政府性服务。他强调，要深刻把握建设航空港实验区的重大意义和面临的严峻考验，既要为能在全省、全市改革发展前沿阵地工作而感到光荣和自豪，更要牢记组织的信任和期望，牢记责任担当和历史使命，以时不我待的紧迫感、舍我其谁的责任感，以胸怀百年、勇立潮头的气魄，以苦干实干、分秒必争的干劲，给党和人民交上一份满意的答卷。

郑州航空港经济综合实验区开发建设动员大会 2013年7月10日，郑州航空港经济综合实验区开发建设动员大会隆重召开。省委常委、常务副省长、省航空港实验区建设领导小组组长李克，省政府副省长、省航空港实验区建设领导小组副组长赵建才代表省委、省政府向航空港实验区党工委、管委会正式授牌。省委常委、市委书记吴天君主持动员大会。李克指出，全国首个航空港经济综合实验区获批，对于中原经济区、河南省、郑州市的意义都非常重大。首先要认识重要性，强化使命感，突出一个“新”字；其次要认识艰巨性，强化责任感，突出一个“敢”字；再次要认识紧迫性，强化危机感，突出一个“快”字。市长、市航空港实验区建设领导小组组长马懿在会上作动员讲话，他提出，一要强化责任感，增强紧迫感，以背水一战的决心投身实验区建设；二要把握总体要求，明确目标任务，以只争朝夕的精神推进实验区建设；三要凝聚发展合力，提升工作效率，以雷厉风行的作风落实实验区建设各项任务。吴天君在主持会议时强调，全市上下要抢抓机遇，务实重做，尽快以“强投资”的持续突破树立起势如破竹、大干快上的发展形象，以主要指标的倍增发展树立起核心增长极形象，以基础设施和市容环境的全面提升树立起现代化新城区形象。

郑州航空港经济综合实验区工作会议 2013年11月13日上午，市委、市政府召开郑州港经济综合实验区工作会议。会议听取了航空港实验区党工委、

7月10日，郑州航空港经济综合实验区开发建设动员大会召开

管委会2013年以来工作推进情况和2014年工作计划安排情况汇报，就航空港实验区的建设和发展工作进行了研究部署。省委常委、市委书记吴天君强调，要突出以水电气暖路为标志的基础设施建设，以撤村并城和城市公共服务、社会化服务设施建设为核心的城市形态功能提升，以“三力”型项目引进落地为带动的现代产业体系构建，以自由贸易区申报为重点的政府要素平台建设等重点工作，解放思想，提高站位，科学谋划2014年工作，制定切实可行的工作目标和保障举措，确保航空港实验区发展实现新的更大的跨越。他要求，全市上下要认清责任，强化领导，完善提升航空港实验区建设推进机制，在完善提升推进机制、行政管理、政策措施等方面积极探索，先行先试，确保航空港实验区各项建设有序有效推进。

郑州航空港经济综合实验区建设督察例会　2013年4月9日，市委、市政府召开郑州航空港经济综合实验区督察例会。会议听取了航空港实验区建设领导小组各分管领导工作推进情况汇报，并就航空港实验区规划建设中存在的问题进行了现场协调解决。省委常委、市委书记吴天君指出，要充分发挥好主体作用，突出重点，统筹兼顾，有序、高效、整体推进航空港实验区建设。他强调，结合当前实际，要重点抓好规划编制、机场二期建设、基础设施建设，营商环境建设和招商引资等工作，努力开创航空港实验区开发建设的新局面。要进一步理顺体制，健全机构，建立“责任、高效、有序”的工作推进机制，按照“1+7”方案确定的目标任务，细化具体措施和工作方案，实施项目管理、台账督察和绩效考核，形成一个整体、主动、快速推进航空港实验区开发建设的氛围和态势。

2013年8月28日，市委、市政府召开郑州航空港经济综合实验区督察例会。会议听取了航空港实验区产业项目、重大基础设施项目、招商引资及营商环境建设情况等工作汇报，对航空港实验区下一步工作重点进行了梳理和部署。省委常委、市委书记吴天君指出，要聚焦重点、全力推进，实现航空港实验区建设的大突破。要围绕具有基础性、奠基性、带动性、标志性的工作和项目，集中人力物力财力，加快推进机场二期工程建设、以核心区起步区为重点的重大基础设施建设、标志性产业项目落地开工、以电子口岸建设和汽车整车进口口岸申报为标志的营商环境营造、投融资平台和政务环境建设、概念性总体规划和各项专项规划编制、与富士康深度战略合作、中央政策争取等八项重点工作，努力开创航空港实验区建设的新局面。他强调，要坚定信心，鼓足干劲，乘势而上，聚焦重点，全力推进航空港实验区更快更好发展，展示航空港实验区干部队伍会干事、能干事、能干成大事的良好形象，力争航空港实验区建设取得新的更大成绩。

国际陆港建设与E贸易试点工作会议　2013年11月29日，市委、市政府召开国际陆港建设与E贸易试点工作会议。会议听取了经开区关于国际陆港建设、E贸易试点、郑欧班列运行常态化等工作推进情况汇报，对工作推进中存在的问题和下一步的工作重点进行了研究。省委常委、市委书记吴天君强调，要围绕“确立地位、健全机制、持续发展”，谋划推进国际陆港建设、郑欧班列运行、E贸易试点、汽车产业发展等四项重点工作；要找准位置，明确定位，坚定做强经开区的信心和决心，发挥国际陆港、E贸易试点等功能优势，努力在全国同类经济技术开发区中脱颖而出，走在前列。市长马懿指出，要按照省委、省政府的工作部署，以及既定的发展思路和战略目标，进一步增强责任意识、发展意识和创新意识，紧扣工作主题，明确责任主体，围绕中心，不断开拓更大的改革发展空间。一要瞄准定位，认真谋划、筹备“新丝绸之路经济带”郑欧物流通道建设国际交流会；二要明确责任主体；三要在郑欧班列常态化运行的基础上，围绕重点产品、重点企业，积极探索货运专列科学可持续高效运行机制。

国际陆港建设及E贸易试点工作督察会议　2013年8月20日，市委、市政府在经开区召开国际陆港建设及E贸易试点工作督察会议。会议听取了《郑州市跨境贸易电子商务服务试点工作专案》（E贸易试点工作专案）、《郑州国际陆港规划建设工作专案》《郑欧国际铁路货运班列常态化开行工作专案》等工作汇报，对建设国际陆港和推进E贸易试点工作进行了研究。省委常委、市委书记吴天君强调，各级各部门要把握大势，抢抓机遇，明确任务，突出重点，完善机制，强化责任，加快国际陆港建设及E贸易试点工作，围绕“低成本、快速度”，推进海港、空港、铁路港、公路港“四港一体”“铁公机海”多式联运的综合交通枢纽建设，为郑州航空港经济综合实验区建设奠定坚实基础。市长马懿要求，各相关部门要强化对政策的研究，发挥比较优势，采取有效措施，加大扶持支持力度，强力推动工作高效开展，全力加快各类口岸建设。各级各部门要加强与上级部门沟通、衔接，创新工作理念，积极协调、解决陆港建设中遇到的困难和问题；相关部门要密切配合，积极运作，科学组织货源，更好地服务班列的运营，为推进郑欧班列常态化开行营造环境。

2013年9月3日，市委、市政府在经开区召开国际陆港建设及E贸易试点工作督察会议。会议听取了经开区关于国际陆港建设、E贸易试点、郑欧班列开行常态化等工作进展情况的汇报，对工作中存在的问题进行了研究，并部署了下一步工作措施。省委常委、市委书记吴天君强调，各级各部门要认清形势，找准位置，进一步增强紧迫感、责任感和使命感，围绕“一网两链”的目标任务，完善提升推进发展模式，扎实推进国际陆港建设及E贸易试点工作，着力打造全省对外开放的新平台，带动大物流，形成大产业，塑造大都市，为加快郑州航空港经济综合实验区建设、推动中原经济区和郑州都市区发展提供强有力的支撑。市长马懿要求，各相关部门要注意和上级部门沟通、衔接，制定工作方案，明确责任，创新服务理念和方式，简化程序，提升效率，降低成本，加快信息化平台和配套设施建设，积极推进E贸易试点申报工作；各有关部门要密切协作，上下联动，高度重视郑欧班列中转业务，全面深化与境外沿线国家的经贸合作关系，不断增加郑欧班列的货源量，为推进郑欧班列常态化开行营造环境，为树立郑州多式联运的综合交通枢纽地位奠定基础。

【其他重要会议】　郑州警备区召开党委全体（扩大）会议　2013年1月15日，郑州警备区召开党委全体（扩大）会议。省委常委、市委书记、郑州警备区党委第一书记吴天君作重要讲话。吴天君强调，要加强领导，将军民融合式发展战略思想贯穿到党管武装履职全过程。各级党委、政府和人武部门要牢固树立“军地一盘棋、共同谋发展”的思想观念，把融合式发展当做军地双方的共同责任和义务，切实加强领导，履职尽责，形成党政军民齐心协力谋融合、抓融合、促融合的良好局面，走出一条具有郑州特色、符合郑州实际的军民融合式发展路子，不断提高国防后备力量建设科学化水平。

市委中心组集体学习会议　2013年2月27日，市委举行中心组集体学习会议，传达学习贯彻省委书记卢展工在参加省十二届人大一次会议郑州代表团审议《政府工作报告》和在郑州看望慰问春节期间坚守岗位的基层工作人员时的重要讲话精神。省委常委、市委书记吴天君强调，要结合学习贯彻党的十八大精神，深入学习领会省委书记卢展工的重要讲话精神和省十二届人大一次会议精神，进一步统一思想，深化认识，认清责任，明确方向，鼓足干劲，更好地推进当前各项工作。市长马懿参加学习。

4月12日，市委召开中心组集体学习会议，传达学习和贯彻落实省长谢伏瞻莅郑调研时的重要讲话精神。省委常委、市委书记吴天君强调，全市上下要把省委、省政府对郑州的关心、重视和信任作为责任和动力，进一步增强紧迫感和使命感，全面加快郑州都市区建设，在中原经济区建设中发挥好龙头作用，在实现“中原梦”中作出更大贡献。市长马懿参加学习。下午，市委举行中心组理论学习专题报告会，省银监局局长李伏安作了题为“强化金融监管 维护金融稳定 服务实体经济”的专题报告。市委书记吴天君主持报告会，市长马懿参加学习。

6月14日，市委召开中心组集体学习会议，传达学习习近平总书记关于实现中华民族伟大复兴梦想的重要论述和省委书记郭庚茂在省十二届人大二次会议、宣传思想工作座谈会、政协和统战工作座谈会、政法及社会管理工作座谈会上的重要讲话精神。省委常委、市委书记吴天君强调，要以学习习近平总书记重要论述和省委书记郭庚茂讲话精神为契机，以“中国梦”“中原梦”统一思想，凝聚力量，加快推进以航空港实验区为统揽的郑州都市区各项建设任务的落实，努力开创各项工作新局面。市长马懿参加学习。

8月15日，市委在市委党校召开中心组理论学习报告会，传达学习习近平总书记在党的群众路线教育实践活动工作会议和中央政治局专门会议上的讲话精神；光纤传送网与宽带信息网技术专家、中国工程院院士邬贺铨教授作了题为《大数据的机遇与挑战》的专题辅导报告。省委常委、市委书记吴天君主持报告会，并就如何进一步深入学习、学以致用提出明确要求。市长马懿参加学习。

9月24日，市委召开中心组理论学习报告会，传达学习习近平总书记在中央政治局第二次集体学习和在广东省调研时的重要讲话精神；生物医学专家、中国工程院院士、清华大学教授程京作了题为《3P医学——一场由技术引发的医疗革命》的专题讲座。省委常委、市委书记吴天君强调，要以时不我待的紧迫感抢抓中原经济区和航空港实验区建设的战略机遇，加快培育对外开放新优势；要加快推进重点领域和关键环节改革，构建充满活力、富有动力的开放创新体制机制；要切实增强学习意识，不断更新、完善和提升执政为民的工作理念和工作方法，不断提高全市产业发展层次和人民群众的生活质量。市长马懿参加学习。

10月25日，市委中心组举行理论学习专题报告会，集中传达学习习近平总书记在全国宣传思想工作会议和在河北省参加省委常委班子党的群众路线教育实践活动专题民主生活会上的讲话主要精神；中央国债登记结算公司董事长、党委书记吕世蕴作专题辅导报告。市长马懿参加学习。

学习贯彻全国“两会”精神专题会议 2013年3月18日，市委、市政府召开专题会议，传达学习和贯彻落实全国“两会”精神。省委常委、市委书记吴天君作重要讲话，市长马懿出席会议。吴天君要求，全市上下要迅速掀起学习、宣传、贯彻全国“两会”精神的热潮，特别要深入学习《政府工作报告》、习近平总书记在人大闭幕会上的讲话精神和李克强总理参加河南代表团审议时的讲话精神，要以贯彻落实“两会”精神为动力，坚定不移地走好在加快信息化进程中推进“三化”协调科学发展的路子，以郑州航空港经济综合实验区建设为统揽，以“三大主体”工作为抓手，进一步振奋精神、鼓足干劲，全面加快郑州都市区建设，为中原经济区建设作出新的更大的贡献。

老干部和社会各界征求意见座谈会 2013年7月13日，市委书记吴天君分别主持召开老干部座谈会和由媒体代表、人大代表、政协委员、部分基层干部及群众代表参加的社会各界座谈会，围绕开展好党的群众路线教育实践活动广泛征求意见和建议。吴天君指出，将认真梳理发言中反映的现象、问题，以及从不同视角对郑州的发展和干部队伍作风建设提出的好看法、好建议。同时，对照教育实践活动要求，加强自身思想作风建设，提高党性修养，改进工作作风，从自身做起，促进全市干部作风转变、科学发展和民生改善。

党外人士座谈会 2013年12月30日，市委召开党外人士座谈会，通报郑州都市区建设有关情况，并就做好2014年的工作征求意见。省委常委、市委书记吴天君出席会议并讲话，市委副书记、市委秘书长王璋主持会议。吴天君强调，市委将认真贯彻落实党的十八大、十八届三中全会精神，进一步加强和改善中国共产党领导的多党合作和政治协商制度建设。希望广大党外人士继续发挥人才荟萃、智力密集的优势，积极参政议政，建言献策，为加快建设以郑州航空港经济综合实验区为统揽的郑州都市区建设作出新的更大贡献。

（刘跃亭　司现仓　郭　防　冯晓凯）

重要活动

【概况】 2013年，省委书记郭庚茂、省长谢伏瞻等莅郑视察调研；先后有文化部副部长杨志今一行，民政部副部长窦玉沛率领的调研组，国际民航组织理事会主席罗伯托·科韦·冈萨雷斯、秘书长邦雅曼一行，国家统计局局长马建堂一行，副省长王铁，十二届全国人大常委会副委员长、民进中央主席严隽琪率领的民进中央调研组，十二届全国人大常委会副委员长张平一行，中国国民党荣誉主席吴伯雄率领的考察团，中央纪委常委、监察部副部长姚增科带领的国务院第四安全生产综合督察组，国家信访局党组成员、副局长徐令义带领的调研组，国家知识产权局局长田力普一行，全国政协副主席、致公党中央主席、科技部部长万钢一行，全国人大常委会副委员长吉炳轩一行，比利时卢森堡省省长伯纳德·卡普拉斯一行，全球商报联盟理事长陈锡添一行，日本野村综合研究所汽车部部长近野泰及海马集团董事长、湖南大学新能源汽车研究中心主任景柱一行，恒丰银行党委书记、董事长姜喜运一行，正威国际集团董事局主席王文银一行，比利时瓦隆州副主席马尔古一行，东风汽车有限公司总裁中村公泰一行，海关总署国际司司长陈小颖一行等到郑州进行调研、考察。此外，还先后接待了吕梁市党政考察团、新乡市党政考察团、云南省考察团、湖北省党政考察团、石家庄市党政考察团、湖北恩施州党政代表考察团、深圳企业家代表团、苏州市党政考察团、法国社会党青年干部考察团、比利时瓦隆州代表考察团等到郑考察。

【严隽琪到郑州调研】 2013年7月4日，全国人大常委会副委员长、民进中央主席严隽琪率民进中央调研组就“郑

2月27日，市委举行中心组集体学习会议

州航空港经济综合实验区建设”这一主题莅郑调研。省委常委、统战部部长史济春，省人大常委会副主任李文慧，市委副书记王璋，市人大常委会主任白红战等陪同调研。

严隽琪一行先后到新郑机场二期工程施工现场、综合保税区申报大厅、富士康厂区及沃金商业广场进行实地察看，对郑州航空港经济综合实验区各方面建设成绩给予了充分肯定。

【张平到郑州调研】 2013年7月6日，全国人大常委会副委员长张平一行莅临郑州，就郑州航空港经济综合实验区建设情况进行调研。省委常委、市委书记吴天君，省人大常委会副主任张大卫等陪同调研。

调研组一行先后来到郑州新郑国际机场二期建设工程、新郑综合保税区申报大厅、富士康智能手机项目和裕鸿世界港项目等地，就航空港实验区建设内的航空枢纽、公共服务平台、产业和城市功能区建设等方面进行了实地调研并听取相关工作汇报。

【万钢到郑州调研】 2013年10月25日，全国政协副主席、致公党中央主席、科技部部长万钢莅郑调研科技创新驱动发展和郑州航空港经济综合实验区建设情况。省委常委、省政协主席叶冬松，省委常委、市委书记吴天君等陪同调研。

万钢一行先后参观了郑州高新信息港、河南汉威电子股份有限公司、中铁隧道盾构及掘进技术实验室和宇通新能源汽车有限公司，详细了解公共服务平台建设、重点产业发展、重点实验室建设等情况。随后，万钢一行到郑州航空港经济综合实验区，听取了实验区基本情况汇报。万钢对郑州航空港经济综合实验区的建设和发展成绩给予充分肯定，同时表示科技部将会在高新技术企业培育、新技术研发、高技术人才引进等方面给予大力支持，共同推动实验区建设。

【吉炳轩到郑州调研】 2013年11月28日，全国人大常委会副委员长吉炳轩莅郑调研农业产业化、新型城镇化和航空港实验区建设工作。省委常委、市委书记吴天君，省人大常委会副主任王保存，市长马懿等陪同调研。

吉炳轩一行先后深入新郑市孟庄镇鸡王社区、华南城项目工地、新郑农业综合开发高标准农田示范区、中国国际红枣综合产业园、雏鹰农牧股份有限公司和航空港实验区实地调研。吉炳轩强调，近年来，郑州发展快、变化大，各项事业都取得较大进步。希望郑州市抓住机遇，保持良好的精神状态，锐意进取、开拓创新，努力实现更快更好发展。要统筹考虑城乡规划、管理和服务布局，注重特色、美感和人文内涵，高度关注民生，加快推进城乡一体化，让群众生活更富裕，让绿城更美丽。

【谢伏瞻到郑州调研】 2013年4月7-8日，省长谢伏瞻先后到郑东新区会展中心和建设中的龙湖金融中心、东风日产车间、郑州新郑综合保税区、富士康科技园、新郑华南城商贸物流中心和新郑市薛店镇常刘社区进行实地察看调研，详细了解郑州城市建设、项目进度、企业发展和新型社区等经济社会发展情况。省委常委、郑州市委书记吴天君，省政协副主席、省发改委主任张维宁，省政府秘书长郭洪昌，市长马懿等陪同调研。谢伏瞻提出，今后郑州要在五个方面着力：在增强辐射带动能力上上台阶，在内陆开放高地建设上挑大梁，在改革创新上求先行，在提升河南形象上做“窗口”，在保障和改善民生上做好工作。同时，强调随着中原经济区建设上升为国家战略、郑州航空港经济综合实验区规划获批，郑州在全国的影响力持续提升，经济社会发展站上了一个新的战略起点，要倍加珍惜省会城市的龙头地位，发挥省会城市的作用，自我加压，勇于担当，砥砺奋进，努力为实现“中原梦”作出新的更大贡献。

6月14日，省长谢伏瞻先后到郑州宇通客车公司、东风日产郑州生产基地、海马轿车工厂和郑州日产公司，专题调研郑州市汽车产业。省委常委、郑州市委书记吴天君参加调研。谢伏瞻指出，要不断提高市场份额，增强价格主导权；要跟踪和参照世界最前沿最高端的客车制造标准，提高承造能力和装备水平，注重品牌宣传和价值提升，不断拓展市场发展空间；要组织人员认真研究市场，超前谋划，对未来的市场需求提早研判，加强研发。靠质量、品牌、信誉，不断求新求变，实现持续赢利。

9月5日，省长谢伏瞻到巩义市产业集聚区公共服务中心和位于巩义市的万达铝业、明泰铝业、鑫泰铝业、泰邦铝业、人民电缆和豫联能源等企业进行调研，了解产业发展状况，指导县域经济发展。省委常委、郑州市委书记吴天君等陪同调研。谢伏瞻指出，铝是河南省的传统支柱产业，要适应市场需求，延伸产业链条，实现全产业链发展，推进产业转型升级。同时，要一手抓研发，一手抓市场，放开思路，做大规模，更好地发挥带动作用，为地方经济发展作出更大贡献。希望巩义市在铝产业转型升级上做好表率，为全省铝产业整体脱困探索路子。

【谢伏瞻到郑州考察】 2013年4月24日，省长谢伏瞻带领重点项目暨产业集聚区建设观摩点评活动第二组成员，深入到新郑新港产业集聚区及重点项目建设工地，对郑州市重点项目建设和产业集聚区发展情况进行观摩点评。省委常委、省军区政委周和平，省委常委、统战部部长史济春，副省长陈雪枫，省政协副主席、省发改委主任张维宁，省政府秘书长郭洪昌等参加观摩活动，市委副书记、市委秘书长王璋等陪同考察。

谢伏瞻一行先后深入到河南达利食品有限公司、雏鹰农牧股份有限公司、新港产业集聚区综合功能服务区、华润雪花啤酒（河南）有限公司和郑州华南城等项目建设工地，详细了解企业项目建设、产业转型、市场前景等情况，充分肯定了郑州市重大项目建设和产业集聚区发展取得的成绩。谢伏瞻强调企业要强化食品安全意识，始终把食品安全放在第一位。企业必须严格按照质量标准生产，让安全贯穿每一个生产环节。

【郭庚茂到郑州调研】 2013年7月14-17日，省委书记、省人大常委会主任郭庚茂深入周口、郑州两市调研。其中，郭庚茂到郑州航空港经济综合实验区、郑州经济技术开发区、郑东新区、郑州北站、郑州高新技术产业开发区等

7月6日，全国人大常委会副委员长张平莅郑调研

地，对机场二期工程建设指挥部和项目建设工地、综合保税区航空物流基地、河南电子口岸综合服务中心等项目进行现场考察。省委常委、省委秘书长刘春良，省委常委、郑州市委书记吴天君，省政协副主席、省发改委主任张维宁参加调研。在郑调研期间，市长马懿等陪同调研。

郭庚茂强调要结合当前开展的党的群众路线教育实践活动，转作风、强责任，适应当前经济形势的变化，加快经济结构战略性调整步伐、产业产品结构转型升级和经济发展方式转变，努力做到稳中有为、持续求进，保持河南经济社会发展好的局面。郭庚茂要求，各级领导班子和领导干部要结合开展教育实践活动，强化历史责任感，把握正确的战略和策略，注重体制机制创新，推行采用先进手段和科学方法。各级各部门要认真开展好党的群众路线教育实践活动，切实改进领导班子和党员干部队伍的思想作风，提升干部的思想政治水平，整风肃纪、纯洁队伍、凝聚力量，真抓实做、苦干实干，更好地树正气、聚民心、促发展。

【湖北省党政考察团到郑州参观考察】 2013年5月18日，湖北省委副书记、省长王国生率湖北省党政考察团对郑州市城市新区建设和新型城镇化建设工作进行参观考察。省委常委、省军区政委周和平，省委常委、市委书记吴天君等陪同考察。考察团充分肯定了郑州市强力推进新型城镇化建设、加快中原经济区郑州都市区建设步伐取得的明显成效。希望今后进一步加强交流、深化合作，实现联动发展、合作共赢，共同为促进中部地区崛起做出新的更大贡献。

【石家庄市党政考察团到郑州考察】 2013年5月27日，河北省委常委、石家庄市委书记孙瑞彬率石家庄市党政考察团对郑州市城市新区建设、产业集聚区和新型城镇化建设进行参观考察。省委常委、市委书记吴天君，市长马懿等陪同考察。考察团一致认为，郑州在城市新区建设、产业集聚区和新型城镇化建设中树立了好的榜样，为石家庄市提供了很好的可借鉴经验。

【苏州市党政考察团到郑州考察】 2013年11月8-9日，江苏省委常委、苏州市委书记蒋宏坤率苏州市党政考察团莅郑考察。省委常委、市委书记吴天君，市委副书记、市委秘书长王璋等陪同考察。考察团充分肯定了郑州市新型城镇化建设中的经验做法，特别是郑东新区确立了以龙湖区域为重点强力推进新型城镇化建设、以金融集聚核心功能区建设为重点着力打造现代服务业中心的发展方式，值得苏州学习和借鉴。希望通过此次考察，进一步增进两市的交流与合作，促进共同发展。

【省市领导会见深圳企业家代表团】 2013年6月20日，省委常委、统战部部长史济春，省委常委、市委书记吴天君，省委常委、副省长陈雪枫等与出席郑州市及郑州航空港经济综合实验区推介会暨郑深企业合作共赢洽谈会的深圳市委常委、统战部部长张思平举行会晤，深圳市工商联主席、海王集团董事长张思民等深圳企业家代表，郑州市市长马懿等参加会晤。吴天君指出，郑州成立了专门的工作小组，着力建立以深圳为核心的珠三角地区的企业家联系对接制度，加强跟踪服务。诚挚欢迎深圳企业到郑州投资兴业，合作共赢。

【郑州市党政考察团赴西安、重庆、昆明考察学习】 2013年7月17-20日，省委常委、市委书记吴天君，市长马懿率领市党政考察团赴西安、重庆、昆明学习考察。通过学习省委书记郭庚茂讲话和对照先进地区的发展经验，反思郑州市在产业结构、发展空间、体制机制创新、公共服务等方面与省委、省政府的要求存在的差距，查找在发展态势、思路理念、工作力度等方面的不足，以更高的站位、更大的责任、更好的担当、更实的措施，聚焦工作重点，学习赶超先进。

吴天君指出，必须清醒地认识到省委书记郭庚茂对郑州的期望、重托和要求，以及郑州市与三市存在的差距和不足，进一步增强历史责任感，聚焦以航空港经济综合实验区为统揽的都市区建设。要围绕重点，加强运作，强化责任，在站位上、气魄上、重做上、求实上、创新上、求效上求提升，在群众路线教育实践活动和加强领导干部作风建设上求提升。

【吴天君率团出访法国、比利时】 2013年9月12-19日，应法国共产党和比利时法语社会党邀请，根据中联部安排，省委常委、市委书记吴天君作为中共代表参加在巴黎举办的法共《人道报》节活动，并率中共友好代表团访问比利时。访法期间，吴天君分别会见了法共全国书记洛朗以及该党《人道报》社社长勒亚里克、国际部长萨玛巴克什、经济部长内格等，转达了习近平总书记的亲切问候，积极宣传了党的十八大精神和"中国梦"的深刻内涵；访比期间，吴天君分别会见了比利时联邦众议院议长弗拉奥、比法语社会党总书记马约以及瓦隆大区和法语语区副首席大臣马库等，广泛宣传了河南省和郑州市的发展成就，推介了郑州航空港经济综合实验区。

吴天君表示，法国、德国、比利时等发达国家在以机场为核心的综合交通枢纽建设方面有很好的经验，在下一步工作中，郑州市要积极与之开展合作，加快推进郑州市综合交通枢纽建设。要深入研究法、比等国的优势产业，以中国驻外使领馆为桥梁，利用与瓦隆大区等已建立的友好省区关系，进一步扩大开放，吸引符合航空港经济发展需要的高端产业项目到郑州集聚。

【吴天君率团到山东考察学习】 2013年10月12-13日，省委常委、市委书记吴天君率团到山东济南、德州考察学习新能源产业发展和水生态文明建设工作。吴天君要求，要认真学习借鉴济南和德州的经验，抓住国家大力支持节能环保产业发展的政策机遇，着眼于提升发展层次、转变发展方式、优化生态环境、改善群众生活，把综合节能、生态环保作为郑州发展的战略方向，充分发挥以郑州为核心的市场优势，大力推进综合节能应用和新能源产业的规模化，带动经济结构的战略性调整。要做好规划，制定方案，完善政策，加大推广力度，确保全市综合节能应用和新能源产业尽快实现突破性进展。要按照"全域生态水系"的理念谋划水生态环境治理工作，突出水源地建设、水污染治理、城市防洪、重点区域水景观建设四个重点，进一步深化提升全市的水生态规划，以高起点的规划引领建设，全面提升郑州市水生态文明建设水平，打造水通、水清、水美和具有中原文化特色的水生态体系，优化生态环境，造福全市人民。

【吴天君会见重要来客】 2013年9月3日，省委常委、市委书记吴天君会见了比利时卢森堡省省长伯纳德·卡普拉斯一行，双方就进一步加强合作进行了深入交流、探讨；9月29日，省委常委、市委书记吴天君会见了全球商报联盟理事长、深圳报业集团和《香港商报》原总编辑、高级记者、《东方风来满眼春——邓小平同志在深圳纪实》作者陈锡添一行，双方就架起郑州与香港之间交流、招商和经贸合作的桥梁进行深入交流、探讨；10月23日，省委常委、市委书记吴天君，市长马懿与日本野村综合研究所汽车部部长近野泰，海马集团董事长、湖南大学新能源汽车研究中心主任景柱一行举行会谈，双方就节能与新能源汽车产业发展进行了充分交流；11月20日，省委常委、市委书记吴天君会见了恒丰银行党委书记、董事长姜喜运一行，双方就深化金融合作进行了深入洽谈达成了广泛共识；11月26日，省委常委、市委书记吴天君，市长马懿会见了正威国际集团董事局主席王文银一行，双方就有关合作事项达成广泛共识；12月2日，省委常委、市委书记吴天君会见了以比利时瓦隆州副主席兼经济部长马尔古为团长的比利时瓦隆州代表团一行，双方就深化合作进行了亲切会谈，达成广泛共识；12月9日，省委常委、市委书记吴天君会见了东风汽车有限公司总裁中村公泰一行，双方就进一步深化合作、加快推进产能提升进行了深入交流，并取得广泛共识。

【重要签约仪式】 2013年8月23日，省委常委、市委书记吴天君，市长马懿等出席郑州市大招商活动第二批项目集中签约仪式，深圳海王生物股份有限公司、广州恒大集团、香港贸易促进会等18家企业（高校）与郑州市政府、中牟县、郑州航空港经济综合实验区、新郑市、巩义市、中原区、惠济区及郑州市企业签约，签约金额达600亿元；10月23日，省委常委、市委书记吴天君，市长马懿等出席郑州航空港经济综合实验区、台湾友嘉实业集团暨合作企业签约仪式，一期投资10亿美元的“友嘉精密机械产业园”将在郑州航空港经济综合实验区开工建设；12月20日，省委常委、常务副省长李克，省委常委、市委书记吴天君，副省长赵建才，市长马懿等出席省、市与京东集团合作协议签约仪式，中国最大自营网络零售商京东集团正式签约落户郑州高新区，郑州成为京东集团在全国布局的第8个一级电商运营中心。

（刘跃亭　司现仓　郭　防　冯晓凯）

2013年省委常委、市委书记吴天君重要调研考察活动

时　间	调研考察内容
3月12-14日	到浙江舟山群岛新区、广州南沙新区、福建平潭综合实验区，围绕实验区主体作用的发挥、高标准高起点规划建设进行考察学习
3月15日	到经开区调研无水港建设、郑欧国际铁路货运班列开行、跨境贸易电子商务服务试点等工作，协调解决项目建设中存在的有关问题
7月11日	实地察看北环彩虹桥下穿隧道、黄河南裹头段、中原西路南水北调大李庄渡槽，调研全市防汛工作，提出督促整改要求
7月23-24日	走访专家学者、媒体记者、基层干部、老党员、市民群众等各界代表，广泛征求对开展党的群众路线教育实践活动、干部队伍建设和自身建设的意见和建议。
8月6日	调研全市电动汽车产业发展情况
8月23日	到金水区、中原区调研新型城镇化建设、民生实事和十二项专项治理工作推进情况
8月27日	实地调研督察十大民生实事工程、十二项专项治理工作推进情况
9月29日	到惠济区、经开区、新郑市及航空港实验区调研新型城镇化建设、民生实事和十二项专项治理工作推进情况
10月11日	调研畅通郑州工作
10月12-13日	到山东德州、济南考察学习新能源产业发展和水生态文明建设工作
10月22日	实地督察调研民生实事、十二项专项治理和新型城镇化重点工作推进情况
10月24日	到登封市察看抗旱种麦工作
10月30日	深入上街区、新密市，实地调研督察新型城镇化建设、现代产业体系构建和民生实事、十二项专项治理等重点工作推进情况
11月1日	调研督察全市综合交通枢纽重点项目建设推进情况
12月13日	到市中级人民法院、市人民检察院和市公安局调研
12月21日	实地调研督察轨道交通1号线一期和三环快速化工程
12月28日	调研督察畅通郑州和市区五项重点工作推进情况

（刘跃亭　司现仓　郭　防　冯晓凯）

纪检监察工作

【概况】 2013年，全市各级党委、政府和纪检监察机关按照中央、省委和市委关于反腐倡廉工作的系列部署，以服务发展为引领、以构建惩防体系为主线、以执纪监督为主导、以改革创新为动力、以队伍建设为保障，坚持日常工作抓规范、重点工作求突破，全市党风廉政建设和反腐败工作取得了新的进展和成效。全年全市纪检监察机关共受理群众信访举报4286件（次），立案1381件，党政纪处分1526人。

按照市委“一学三促”的总体要求，市纪委出台了纪检监察机关落实中央八项规定精神的实施意见，强化责任担当和表率作用，着力增强广大纪检监察干部的责任感和使命感。在全市纪检监察系统开展作风纪律专项督察，凡要求别人做到的，纪检监察干部必须首先做到。在全市率先开展会员卡专项清退活动，以实际行动做表率、树正气。坚持组织千名纪检监察干部下基层，开展“问苦扶贫、思廉求进”活动，深入街道、社区进行帮扶，树立了纪检监察干部为民务实清廉形象。积极创新基层纪检监察工作方式，将基层纪检监察工作融入网格，探索通过网格发现和解决问题的工作途径。

【服务保障中心工作】 2013年，全市各级纪检监察机关紧紧围绕郑州市“三大一中”战略和“三大主体”工作，特别是生态廊道建设、市场外迁、合村并城、城中村改造等中心工作，扎实开展专项效能监察，积极清除影响经济社会发展的消极因素，确保补偿、安置等惠民政策落实到位。加强对节能减排、环境保护和安全生产的监督检查，全年共问责处理18起安全生产责任事故。开展重大项目和产业集聚区发展环境的专项检查，促使一批重点项目顺利落地、投产。积极推进行政审批制度改革，将市本级363项审批事项削减为141项，并大幅压缩了审批环节和审批时限，提高了政府效能，方便了企业和群众。

【纠正“四风”】 2013年，根据中央八项规定和省委落实意见，结合郑州实际，中共郑州市委制定了20条规定，市委常委以身作则，以上带下，真抓实做，立行立改，着力解决“四风”方面存在的突出问题；各县（市）区和市直各单位联系实际，制定措施，突出重点，正风肃纪；各级纪检监察机关认真履行监督职责，抓住元旦、春节、“五一”、中秋、国庆等重要节点，加大明察暗访力度，狠刹公款购买赠送月饼、贺年卡、烟花爆竹、土特产等节礼年货，以及公款吃喝、公款旅游和铺张浪费等不正之风。全市全年共精简各类会议活动3480场（次），精简各类文件、简报125种。公车购置及运行费用同比下降13%，公务接待费用同比降低37%，因公出国（境）团组压减119人（次），同比压减19.6%。严肃查处违反八项规定案件54起，对70名顶风违纪的人员进行了问责，让人民群众感到了变化，增强了信心。

【案件查办】 2013年，全市各级纪检监察机关始终把查办案件放在突出位置，坚持“老虎”“苍蝇”一起打，做到有案必查、有贪必肃、有腐必惩，形成对腐败分子的高压态势。全年全市纪检监察机关共受理群众信访举报4286件（次），初核违纪线索1105件，立案1381件，党政纪处分1526人，彰显了严惩腐败的决心。市纪委直接查处了市农委原主任韩绍林、市规划局原局长张保科、市房管局原副局长李葆华、新密市委统战部原部长刘超峰等县处级干部34人。同时，注重解决发生在群众身边的腐败问题，查处乡科级以下党员干部违纪违法案件843件，处分违纪人员867人。坚持创新办案机制，注重发挥反腐败协调小组的作用，努力形成反腐败工作的整体合力。严格办案程序，加强案件监督管理，保证了依纪依法安全文明办案。注重发挥审理和复查复议环节的监督作用，确保了案件查办质量和处理结果公平公正。

6月6日，市委常委、市纪委书记郭锝昌就市场外迁工作推进情况进行调研

【专项整治】 2013年，全市各级纪检监察机关按照上级部署，结合郑州实际，对群众反映强烈的保障房、户籍管理、征地拆迁、教育乱收费和车辆审验中“黄牛党”等违规问题进行了专项整治。全年共核查89个保障房项目，取消了1344户违规申请保障房的资格。调查处理违法违规征地拆迁案件78起。查处纠正了121起涉教乱收费问题。认真纠正车辆审验中的不正之风，对违法乱纪的公职人员依纪依法作出处理。开展工程建设领域、围地圈地违规用地、水利资金管理使用、公职人员“吃空饷”等问题的专项治理，发现并纠正项目建设和资金使用问题92个，清理“吃空饷”人员1317人。认真组织开展农村基层干部执行财经纪律情况专项检查，整改违纪资金3680万元。开展基层侵害群众利益信访举报突出问题专项治理，解决突出问题346个，维护了人民群众的合法权益。

【教育预防】 2013年，全市各级纪检监察机关坚持深化完善具有郑州特色的“四会一课”廉政教育形式，持之以恒地对县处级以上领导干部和新任领导干部开展廉洁从政教育。有重点的对领导干部进行反腐倡廉知识测试，增强了党员干部的廉洁意识。深入推进廉政文化“六进”活动，开展了廉政歌曲征集和首届“绿城清风杯”廉政短片评选展播活动，在全市创新开展了“廉政亲情寄语”活动，组织“廉政亲情寄语背后的故事”巡回演讲19场，受教育党员干部近2万人。坚持抓早抓小，防微杜渐，以“清风茶社”为平台，对发现的苗头性问题及时谈话警示。全年全市共开展各类廉政谈话1254场（次），市“581”廉政账户收到上缴款项1042万余元。深入推进党务政务公开和行政权力公开透明运行，着力防控权力运行中的腐败风险、失职风险和渎职风险，努力构建廉政风险防控的长效机制。

（荣旭光）

组织工作

【概况】 2013年，全市组织系统围绕中心、服务大局，开拓创新、务实重做，圆满完成了年初目标任务，为全市经济社会发展提供了坚强组织保证。

郑州市委组织部认真开展全国、

全省组织工作会议精神专题学习，分5批选派组工干部赴浙江大学、井冈山等干部学院进行集中培训，提升组工干部的业务素质。带头落实中央八项规定，出台组织部门改进作风12项规定，在改进作风中当表率、树典范、做榜样。坚持虚功实做，确定“十件实事”，上下联动，集中攻坚，增强组织工作实效。在组织系统推行绩效考核，倡树崇尚实干的良好风气。

【“一学三促”活动】 2013年7月党的群众路线教育实践活动开展以来，市委组织部不等不靠，主动作为，在全市115家单位、45万余名党员干部中，深入开展以“学习精神，促作风转变、促科学发展、促民生改善”为主题的“一学三促”活动。积极出台实施意见，建立工作制度，加强督促指导，确保活动健康有序开展。全年共指导督导全市各成员单位组织集中学习520余次，举办专题报告会165场次，并利用简报、媒体、网络等形式广泛宣传，为活动开展营造浓厚氛围。坚持市级领导带头，在全市组织开展“五查五树立”活动，征求基层群众意见，集中治理“吃空饷”、办公用房超标、“双节”公款送礼等不正之风，党员干部的精神面貌、责任意识、纪律观念得到明显改观。采取分类核实、限期办理、现场督办、约谈相关责任人等方式，督促解决群众反映强烈、社会关注度高的突出问题，让人民群众感受到活动成效。

【干部人事制度改革】 2013年，郑州市深入推进干部人事制度改革。制定出台注重在经济社会发展主战场选拔使用干部的意见、市管领导班子和领导干部综合考核办法等，明晰了用人导向，规范了考核方式；推行干部谈心谈话制度，市委组织部班子成员和干部处室与1600多名县处级干部进行了谈心谈话，加强了干部日常考核和管理；推动竞争性选拔干部规范化，各县（市）区、市直单位根据实际需要，科学采用竞争方式选拔科级干部近1000名，从源头上遏制了选人用人上的不正之风。抓好干部调整配备，使一批埋头苦干、实绩突出、不跑不要的优秀干部走上领导岗位，优化了各级领导班子结构，倡树了重实绩、重实干、重基层的用人导向。积极推行产业集聚区管理体制改革，将产业集聚区和专业园区管理机构与所在乡镇（街道）进行套合，配备各类专业园区管委会领导班子，将一批政治素质高、业务能力强的干部调整到经济社会发展一线，进一步精简领导职数，优化干部配备，促进了产业集聚区的快速发展。

【干部教育培养】 2013年，郑州市切实加大干部教育培养力度。加强干部教育培训。把十八大精神作为重点内

10月31日，全省现代远程教育与“文化共享工程”资源整合暨“红色网络教育家园”建设推进会在上街区召开

容，邀请20多名专家、教授，组织41场报告会，举办8期县处级干部轮训班和1期科级干部研修班；积极开办“领导干部大讲堂”，全年共组织讲座151次，集中培训各级各类干部3100名；围绕服务“三大主体”工作，举办“现代产业体系构建与转型升级”等专题培训班3期。强化干部实践锻炼。实施党政干部领导水平提升“双百工程”，从市直单位遴选出30名40岁以下的副县级、70名33岁以下的科级干部，分配到乡镇、街道担任党政正、副职，使其在基层一线经受历练、砥砺品质、增长本领；选派100名优秀年轻干部到上级机关和沿海发达地区挂职锻炼，为郑州跨越发展培养骨干力量。加强后备干部管理，推动各级后备干部到“三大主体”工作一线锻炼成长。

【基层组织建设】 2013年，郑州市不断提升基层组织建设水平。扩大党的组织和工作覆盖，持续开展基层党组织晋位升级活动，培育514个基层党组织示范点；加强非公有制企业和社会组织党建工作，全年共新建党组织945个，选派党建指导员2686名；全市新建党建综合服务中心106个，90%以上的村（社区）组织活动场所达到标准化要求。推行基层党建网格化管理，组工干部全员下沉网格，巡查走访解决问题，建立上下联动、条块融合、责任明晰、跟踪考核的工作新机制。推行群众工作队规范管理，开展“群众工作队示范年”活动，建立动态管理考核体系，确保全市群众工作队“下得去、待得住、融得进、干得好”。加强驻村帮扶和困难救助，选派第一书记入驻贫困村、整顿村开展帮扶；建立困难党员专项帮扶基金，帮扶救助10000名困难党员、老党员。实施“红网工程”，全年共建设“红色网络教育家园”168家，开辟了党员教育新阵地，以党教带民教，社会效果良好；实行党代表任期制、乡镇党代会年会制，推动党内基层民主建设。省委组织部分别在上街区、新密市召开现场会，推广郑州市“红网工程”和乡镇党代会年会制建设的经验。

【优化人才发展环境】 2013年，郑州市着力优化人才发展环境。实施引进培育高层次创业创新人才行动计划，依托重大项目、重点工程等，建设院士工作站50个，柔性引进院士81名，引进各类创新创业人才4000余名。加大本土人才培养力度，资助培养科技创新团队96个、科技领军人才90名，取得了一大批科研成果。建立市领导直接联系高端人才制度，加大人才服务管理力度，设立人才发展专项资金，优化了人才发展环境。

（薛继东）

宣传工作

【概况】 2013年，郑州市宣传思想文化战线坚持以邓小平理论、“三个代表”重要思想、科学发展观为指导，以“学习宣传贯彻党的十八大、十八届三中全会精神”为主线，以“围绕中心、服务大局”为基本职责，以“务实宣传”为总基调，着力推进社会主义核心价值体系建设、巩固壮大主流思想舆论、丰富人民精神文化生活、增强文化整体实力和竞争力，充分发挥导向作用、凝聚作用、支撑作用，为加快推进以郑州航空港经济综合实验区为统揽的郑州都市区建设提供了强大的精神动力、思想保证、舆论支持和文化条件。

【理论学习与研究】 2013年，郑州市始终把坚持和发展中国特色社会主义作

为聚焦点、着力点、落脚点，大力推进理论武装工作。注重发挥党委中心组学习的龙头示范作用，不断完善学习理论、研究问题、推动工作的机制，邀请专家学者举办了8场市委中心组理论学习专题报告会，全市各级领导干部的理论素养、领导能力进一步提升。紧密结合郑州发展实际，采取专家辅导、座谈讨论、专题研讨等多种形式，在全市党员干部群众中掀起了深入学习党的十八大、十八届三中全会精神和习近平总书记系列重要讲话精神热潮，广大党员干部群众理想信念更加坚定。综合运用新闻宣传、文艺宣传、社会宣传等多种手段，针对农村、企业、高校不同群体，采取对象化、分众化、互动化的形式，分专题、“菜单式”开展理论宣讲，精心组织“深入学习贯彻党的十八大精神、促进郑州都市区发展”党员系列教育活动，使得中央方针政策和市委、市政府决策部署家喻户晓、深入人心。全年共安排省、市、县各级宣讲团集中宣讲1000余场，直接听众近20万人，市委宣传部和5个县（市）区委宣传部被评为全省党的十八大精神集中宣讲活动先进集体。

基层党校规范化建设进一步推进，全市共有2所基层党校获河南省示范基层党校称号，24所基层党校获河南省先进基层党校称号，获奖数量居全省第一。紧密围绕全市中心工作和发展重大问题，组织开展了“郑州航空都市建设问题研究”等9个重大课题研究，为市委、市政府科学决策提供了智力服务和理论支撑，其中多个课题获得市委、市政府领导批示并成功实现成果转化。市社科联（社科院）“思想库”“智囊团”作用不断强化，被评为全国城市优秀社科联（社科院）先进单位。

【新闻宣传】 2013年，郑州市坚持宏观指导与具体组织相结合，成功打造市委宣传部和市属新闻媒体两个层次的新闻策划平台，在正面宣传和舆论引导工作中大力倡导新闻策划理念，拓展了报道的广度和深度，增强了吸引力、感染力，在统一思想、凝聚力量、促进全市经济社会平稳较快发展中发挥了重要作用。

主题宣传浓墨重彩。先后成功开展了产业聚集区、“三走进三郑州”、郑州航空港经济综合实验区、“贯彻落实郭庚茂书记郑州调研讲话精神——郑州在行动”“畅通郑州”“‘三大主体’工作年终盘点”等与中心工作贴得紧、声势大、效果好的主题宣传活动，为全市经济社会发展营造了良好的舆论氛围。在市“两会”、癸巳年黄帝故里拜祖大典、中博会、嵩山论坛等重大会议、重大活动的宣传报道中，科学制定宣传方案，合理调配报道力量，创新报道形式方式，产生了良好的社会反响。

舆论引导水平持续提升。一是突发热点舆情的监测、研判、处置链条更加完善。先后制定了《郑州市社会舆情调查员管理办法》《舆情处置市县两级协调运行机制》《重大敏感舆情联合处置工作机制》等11项舆论引导和新闻策划工作机制（制度），进一步提高了舆论引导的规范化水平。在地铁工地坍塌、彩虹桥辅道开通又被挖断、卫生局摊派重症精神病人指标等多起突发舆情事件中，第一时间在权威媒体上发布事实真相，及时组织媒体深入报道，端正视听，解疑释惑，保持了全年舆情的平稳。二是重大热点敏感事件前置性舆论引导更加娴熟。提前介入全市性热点、敏感工作，在重大决策前进行舆情评估，提出舆论引导意见并组织媒体实施，做到“事前有氛围营造、事中有跟踪引导、事后有总结提升”，先后成功开展了“非法集资整治”“地铁票价”听证、“蓝天行动”环保治理、“稳定房价新政”等容易引发热点的重大工作的前置引导。全年共组织市直有关单位举行新闻发布会13场，及时回应了舆论关切。三是与上级媒体沟通更加密切。研究制定了与上级、省外媒体之间的联络、沟通、反馈机制，在市委宣传部新设立媒体联络协调办公室，及时将全市发展的思路、重点工作向各媒体通报，并就一些热点难点问题进行交流，增进了理解和共识。2013年，中央主要新闻媒体共播发正面宣传郑州市稿件500余篇，发稿数量、质量明显提高。《一碗面感动一座城》《中牟瓜农翻车市民献爱心》等报道好人好事的新闻得到了《新闻联播》《焦点访谈》重点报道。成功评选了“首届郑州新闻奖”，共有85篇来自中央驻郑、省直、市属媒体的优秀作品获奖，各级媒体同心协力、共同助推郑州发展的生动局面初步形成。

【网络宣传与管理】 2013年，郑州市各级互联网信息部门把网上舆论工作作为宣传思想工作的重中之重，着力打造清朗网络空间，网络掌控能力进一步加强。一是唱响了网上主旋律。围绕市委、市政府中心工作，先后策划组织网络重点宣传30余次，向全国重点新闻网站、重点商业网站推荐宣传郑州市的重要稿件450余篇，形成网上正面宣传郑州的舆论强势。进一步完善网络评论员选拔、管理、奖惩制度，将全市任职挂职年轻干部、重点岗位历练人员纳入网络评论员队伍，初步建立了一支全领域覆盖、专兼职结合的网络评论员队伍，掌握了网上舆论主动权。二是强化了网络舆情监控处置。坚持24小时网上信息监测，积极应对突发事件和网络热点，对网民情绪及时引导，对谣言和不实报道及时批驳，对重大不良信息及时封堵。全年共发现网络敏感信息9228条，通报核实7976条，累计处置2376条。坚持舆情处置与信息服务并重，累计报送《郑州市网上敏感信息日报》263期，《信息专报》39期，《涉市领导敏感信息》舆情周报18期，服务了领导决策，促进了问题解决。三是净化了网络环境。相继开展了网站违规转载新闻专项整治、网上政治类有害信息清理、网络谣言整治等专项行动，全年共关闭严重违规网站10家，删除网站类违法不良信息1025条，网络舆论生态发生积极变化。

【对外宣传】 2013年，郑州市各级外宣部门充分利用重大活动，紧密配合重点工作，积极组织协调境外知名媒体来郑采访报道，提高了郑州市在境外的知名度、影响力。在癸巳年黄帝故里拜祖大典的宣传中，成功组织中央电视台、台湾东森电视台、香港华娱卫视三家电视媒体，以及全球50多家华语电台对大典进行了全程直播，实现了多国家、多语种、多媒体联合报道。组织中部六省省会电台对第八届中博会进行大联播，

2月25日，全市宣传思想文化工作会议召开

开创了中博会报道的先例。坚持“走出去”与“请进来”相结合，全年共邀请、接待香港驻豫媒体联合采访团、乌克兰托尼斯电视台、凤凰卫视等12批次境外、港澳台地区及中央级主流权威媒体的100多名中外记者走进郑州、感知郑州、推介郑州。全年共在香港《大公报》《文汇报》《香港商报》等境外及港澳台地区主流华文媒体刊发郑州宣传信息400多篇（条），形成了海外媒体关注郑州、宣传郑州的热潮。大力推进城市外宣品牌建设，在原有的“采访线”基础上，对全市的对外宣传资源进行整理规范和归类，成功开展首批“百个对外宣传形象展示基地”与“百名外宣代言人”评选。各县（市）区围绕地域特色文化，做足城市形象宣传大文章，荥阳市被中国民协命名为“中国象棋文化之乡”“中国嫘祖文化之乡”，与中央电视台合作拍摄了反映荥阳历史文化的三集电视专题片；新密市的“超化吹歌”走出国门，获邀在莫斯科红场国际军乐节上演出。

【市属媒体建设和管理】 2013年，市委宣传部加强对市属媒体的指导和管理，新闻管理和市属媒体建设再上新台阶。出台《郑州市属媒体新闻宣传工作考核办法》，组织对全市所有新闻从业人员进行了马克思主义新闻观培训。市属媒体“宣传全媒体、发展多元化”的步伐更加稳健，市场竞争力进一步增强。中原报业传媒集团与南方报业传媒集团实施战略合作，实现了部分新闻资源共享。《郑州晚报》成功推出“社区报”，并覆盖7个县（市）区。郑州人民广播电台7套节目综合收听率稳居郑州广播市场第一，成功争取中国国际广播电台在郑设立节目制作室。郑州电视台大力推进新媒体化，实现了郑州网络电视台、ZZTV手机电视、ZZTV快拍手机客户端和“睛彩郑州”频道的上线播出，与中央电视台联合制作的“2013世界大力士中国争霸赛”特别节目，影响大、反响好。中原网“心通桥”栏目获得中国新闻奖一等奖，成为2013年唯一获此殊荣的地方网站。

【舆情信息工作】 2013年，市委宣传部组织成立了社会舆情调查员队伍，涵盖全市12个县（市）区、4个开发区，包括社科专家、一线工人、高校师生、工商界代表、文艺界人士、媒体编辑记者、民族宗教界人士等各界别干部群众共1700余人，并依托社会舆情调查员队伍，开展了主城区交通状况的社会舆情调研和报刊零售退路进店社会反映的舆情调研，市委主要领导对调研成果给予肯定并作了批示。加强对中宣部、国信办舆情信息报送工作，全年共向中宣部报送舆情信息4078条，被中宣部相关刊物综合采用228条，郑州市在国信办、中宣部舆情局召开的工作会议上分别作了典型发言，被中宣部评为舆情信息工作先进单位。

【调查研究工作】 2013年，市委宣传部围绕当前宣传思想文化工作的重点和难点，组织开展调查研究，共形成有价值的调研报告30余篇，市委宣传部获评全省宣传思想系统调研工作先进单位，《新型城镇化进程中要高度重视文化建设》被评为全省宣传思想文化系统优秀调研报告一等奖。

【社会主义核心价值体系建设】 2013年，郑州市把社会主义核心价值体系建设作为思想道德建设和精神文明创建的主线，采取多种方式、用好各种载体，传递了社会正能量，形成了团结拼搏、奋发有为的精神力量。印发《关于做好2013年度形势政策宣传教育工作的通知》，组织开展党的十八大精神知识竞赛活动，全市共有近20万人次参加竞赛，对推动深入学习宣传十八大精神、凝聚全市干群力量起到了积极作用。扎实开展“美丽人生——寻找最美劳动者”“最美笑脸”“身边好人”大型主题宣传活动，先后对民政、卫生、公安、教育等系统50余名基层典型进行了集中采访和宣传报道，在媒体和社会上引起强烈反响。利用春节、清明、中秋、重阳等传统节日，大力弘扬中华优秀传统文化，把“我们的节日”过成文化节、爱国节、仁爱节、传承节。道德讲堂建设深入推进，实现市级以上文明单位全覆盖，全年累计开办8000余期。高密度刊播“讲文明树新风”公益广告，全市累计完成报纸类136个整版、广播电视类800个小时、建筑工地围挡近8万平方米、公交车5000余台的刊播量，省委宣传部主要领导对郑州市公益广告刊播工作充分肯定，并要求在全省推广。精心组织道德模范评选表彰和学习宣传活动，各类道德模范大量涌现，10人入选“中国好人榜”，黄久生获评第四届全国道德模范，胡佩兰当选“感动中国”十大年度人物。

【学雷锋志愿服务活动】 2013年，郑州市把学雷锋志愿服务活动作为新时期培育和践行社会主义核心价值观的最有效途径、最佳工作载体，先后组织开展了“学雷锋见行动，‘三平’之中作贡献”“关爱他人、关爱社会、关爱自然”系列主题实践活动，我为人人、人人为我的良好风尚日渐浓郁。健全志愿服务工作组织领导机制，印发《星级志愿者认证管理办法（试行）》，全市志愿服务进一步规范化、制度化。跨海峡志愿服务项目——“绿城一叶走进四川大营盘”支教活动反响强烈。组织开展郑州市首次志愿服务项目立项评审工作，为各级各类志愿服务组织提供扶持资金300余万元，“311类家庭”关爱空巢老人志愿服务项目获民政部“全国优秀志愿服务项目一等奖”“安全保护伞”等项目获得联合国儿童基金会的技术和资源支持。二七区大力推进公民道德建设，社会救助“爱心超市”网点遍地开花。上街区组织开展“幸福上街”主题活动，提升了文明程度，助推了中心工作。

【未成年人思想道德建设】 2013年，郑州市广泛开展“洒扫应对”“认星争优、做美德少年”等实践活动，全市中小学生道德养成、待人接物能力等明显提高，全市共有3名学生荣登“河南省美德少年”榜。青少年课外活动场所和心理健康辅导中心建设进一步加快，全市共建成乡村学校少年宫189个、城市学校少年宫35个、学校道德讲堂100个、心理健康辅导中心13个。在全国未成年人思想道德建设工作测评中，郑州市获得省会、副省级城市第8名的好成

4月11日，省会文明交通志愿服务活动启动仪式举行

绩，比2012年晋升5位。

【创建全国文明城市工作】 2013年，郑州市以《全国城市文明程度指数测评体系》为导向，查找薄弱环节，细化任务分工，加强督导检查，努力在公共环境上求整洁、在公共秩序上求规范、在公共关系上求和谐，郑州市在中央文明办组织的城市文明指数测评中取得了全国省会、副省会级文明城市第10名的好成绩，为2014年全国文明城市届满重创奠定了良好基础。加强对全市各级文明单位的动态管理，积极引导全市各单位大力开展文明单位创建活动，新命名表彰了117家市级文明单位，壮大了文明单位队伍和精神文明建设工作力量。以村容整洁、乡风文明为目标，以“文明村镇”“文明集市”“十星级”文明户评选及农村清洁家园行动为抓手，大力推进农村精神文明建设，农村村容村貌明显改观、文明程度大幅提升。组织849个市级以上文明单位结对帮扶郑州市辖区内的727个村庄、35个新型农村社区，帮扶资金累计达4300余万元。

【公共文化服务体系建设】 2013年，郑州市坚持文化为民、文化惠民，着力完善服务设施、提升服务能力，成功创建成为全国首批公共文化服务体系示范区。截至年底，全市共建成乡镇（街道）综合文化站114个、社区文化活动中心560个、农家书屋2288个、公共电子阅览室787个、农村文化大院2100个，实现了四级公共文化设施全覆盖。总投资约6.1亿元、设计藏书量240万册的市图书馆新馆全面开放，成为新的文化地标；郑州美术馆、市群艺馆等市本级“五馆”全部达到国家一级馆标准；12个县（市）区的文化馆、图书馆全部达到国家三级馆以上标准。全年为基层免费演出优秀戏曲（剧目）1000场，全市205家图书馆、群艺馆、美术馆、文化站共开展讲座、培训、展览等活动1200多场次，受益群众110多万人次。

【精品文艺创作生产】 2013年，郑州歌舞剧院原创舞剧《水月洛神》获得第十四届“文华奖”优秀剧目奖，被评为“国家舞台艺术精品工程剧目”，实现了国家级文化奖项的“全覆盖”。市群众艺术馆选送的舞蹈《手舞四季》、河洛大鼓《劝人要有好心态》获得全国社会文化艺术最高政府奖“群星奖”。现代豫剧《都市阳光》、系列广播剧《大爱无疆》被列入全省“中原人文精神精品工程”2013年度重点项目。歌曲《不忘百姓》被中纪委作为优秀作品向全国推广。电影《念书的孩子Ⅱ》获得第十届美国圣地亚哥国际儿童电影节“最佳演员奖”。

【群众文化活动】 2013年，郑州市按照“打基础、抓导向、惠民生、建平台”的思路，以构建“党委、政府与社会各界共同推进，公共文化服务、文化志愿服务与群众自我服务相互结合”的群众文化新格局为目标，由市委宣传部统筹协调，市文联、市总工会、市文广新局、市旅游局、市体育局等市直委局积极参与，在全市深入开展了“繁荣群众文化活动、助推‘三大主体’工作”系列群众文化活动。该活动共包含郑州市文艺工作示范基地创建活动、“教你一招”系列群众文化培训活动、基层（社区、村）文艺互展互演活动、“大美郑州”文艺创作大赛、戏迷擂台赛、第十二届歌手大赛、第二届曲艺大赛、郑州市本土作品和文艺人才推介活动等10项子活动，前后举办活动数千场，参与人次近百万，是近年来郑州市组织开展的覆盖艺术门类最多、持续时间最长、群众参与人次最多的一次文化活动，不仅丰富了群众的精神文化生活，而且激发了全社会的文化创造活力。

【文化志愿服务】 2013年，郑州市大力推进文化志愿服务，成立市县两级文化志愿服务中心，全市共有文化志愿者3万人、队伍60多支，全年开展活动1000多场次，市文广新局被评为全国文化志愿服务组织工作优秀单位。新郑市以全民阅读活动为抓手，带动全市文化活动的繁荣，荣获全国青少年爱国主义读书教育活动优秀组织奖。登封市精心组织实施“天地之中美丽登封”品牌建设年活动，书画登封、诗意登封、音乐登封等群众文化活动品牌越擦越亮。惠济区大力培育民间文艺队伍、发掘基层文艺人才，截至年底，全区共活跃有118支规模较大的民间文艺团队。

【文化体制改革】 2013年，郑州市按照省文改办要求，认真开展了文化体制改革“回头看”等工作，不断创新体制机制，为文化繁荣发展提供了强大动力。对已转企改制的非时政类报刊出版单位，进一步完善有关手续、落实优惠政策，推动建立和完善现代企业制度，确保改革平稳过渡。指导郑州小小说文化传媒有限公司建立健全了董事会、监事会和编委会，与全体在职员工重新签订聘用合同，建立了岗位责任制；确立郑州市群艺馆为文化事业单位改革试点，并制订了改革方案。联合财政、地税、国税等部门，对第一批10家市属转制文化企业进行了认定，使其更好地享受税收优惠政策。积极推进郑州人民广播电台和郑州电视台合并工作，配合协调郑州市新华书店整体并入中原出版传媒集团公司上市公司“大地传媒”。将文化改革发展工作任务列入市政府对各县（市）区、开发区的目标考核体系，为提升县（市）区对文化改革发展的重视程度和推进力度奠定了基础。

【文化产业发展】 2013年，郑州市围绕环境营造、项目带动、园区集聚、品牌培育、市场构建、企业扶持等六个关键环节，大力促进文化产业快速发展。在环境营造上，学习借鉴其他地市好的经验做法，拟定了《关于加快文化产业发展的若干政策》，修订完善了市级文化产业发展专项资金管理办法。出台《郑州市文化产业“双优”工程实施方案》，扶持社会效益和经济效益双优的文化园区、企业、项目加快发展。强化文化产业统计工作，及时公布全市产业统计数据，编印《文化产业统计概览》。在项目带动上，一方面加大协调服务力度，加快推进项目建设进度，方特梦幻王国、郑州海洋生物博物馆（二期）、郑州国际珠宝玉石博览园等一批重点项目进展顺利。另一方面，以项目为载体，引导社会资金加大对文化产业的投入，全市38个文化产业项目共引导

8月13日，省委常委、市委书记吴天君到位于郑东新区的郑州图书馆新馆，调研指导公共文化服务体系示范区创建工作

新郑市元宵节民间文艺活动

撬动社会资金300多亿元。在园区集聚上，国家动漫产业基地（河南基地）、郑州动漫产业基地基本建成，国家基地入驻动漫企业87家，郑州基地入驻企业14家。积极谋划、加快推进了金水国家知识产权设计产业园、石佛艺术公社、白鸽文化创意产业园等一批理念新、前景好的产业园区。在品牌培育上，在郑州成功举办"本土电影展映月"和"本土电影进校园、进企业、进社区、进军营"活动；在深圳文博会举办了"老家河南·郑州本土电影深圳展映"活动，宣传推广了本土电影品牌。在市场构建上，大力培育文化消费市场，精心编印《郑州市文化消费地图》，在窗口单位免费发放。在企业扶持上，组织开展第二批文化产业示范基地评选活动，郑州华强文化科技有限公司等20家文化企业当选。6个项目申报了中央文化产业发展专项资金，15个项目申报了省级文化产业发展专项资金；郑州市文化产业发展专项资金对38个项目予以扶持。

各县（市）区的文化产业蓬勃发展。中牟县以重大项目为抓手，大力推动全县文化建设大跨越，潘安主题文化公园、四牟园开园迎宾，预算投资66亿元的大型实景演出"印象中原"和预算投资12亿元的中原文化博物馆苑正积极谋划。金水区大力推进创意文化产业园区建设，发展成效逐步显现，金蘑菇（郑州）动漫设计有限公司制作的《魄力熊猫》在加勒比地区最大的英文电视台播出。中原区编制出台《文化产业发展规划》和《公共文化设施专项规划》，实现了"三大区域"（老城区、常西湖新区、中原新区）的城市改造与文化建设统一规划、同步实施。

【文化遗产保护】 2013年，在国务院公布的第七批全国重点文物保护单位中，郑州市35处上榜，全市国保单位总数达74处80项，仅次于北京，位居全国城市第二位。大运河申报世界文化遗产工作有序进行，新密洪山庙、新密城隍庙、新郑水月寺、荥阳秦氏旧宅等多项维修工程通过竣工验收，郑州商城国家考古遗址公园、大河村考古遗址公园建设加快推进。郑韩故城入选国家考古遗址公园立项名单。

对全市非物质文化遗产进行了摸底排查，对有关非遗保护制度进行了进一步修改完善，全市入选非物质文化遗产国家级名录项目5个、省级项目40个、市级项目149个。管城区对非物质文化遗产进行深度开发，精心打造了"城隍庙会""列子文化艺术节"等群众民俗文化活动品牌，保护开发市级以上非遗项目14个，创造产值近亿元。

【文化环境整治】 2013年，郑州市坚持一手抓繁荣发展，一手抓管理服务，努力营造健康有序的文化市场环境，建设"统一、开放、竞争、有序"的文化市场运行体系。实行分级管理，制定了分包联系责任制，实行执法人员"全员执法、全天备勤"，确保日常检查的长效性。充分发挥网格化管理的优势，各级"扫黄打非"工作部门开展集中行动240多次，取缔违法出版物市场、摊点95个，查办案件46余起，收缴各类非法出版物20万张（盘、册），市文广新局被评为全国新闻出版（版权）依法行政工作先进单位。

【干部人才队伍建设】 2013年，市委宣传部坚持党管干部、党管人才原则，以思想政治建设、作风建设和能力建设为重点，切实加强全市宣传思想文化系统干部人才队伍建设，为做好宣传思想文化工作提供了可靠保障。大力加强教育培训，先后举办了全市宣传思想文化系统领导干部培训班、宣传干部素质拓展训练班、网管舆情新闻发言人培训班等各类培训学习活动。扎实做好人才工作，2人被确定为省"四个一批"人才，4人获省"四个一批"人才项目资助，市群艺馆赵利民在第十届中国艺术节上获评"全国群文之星"。

【嵩山论坛2013年会】 2013年9月5-13日，由中国国际文化交流中心、河南省华夏历史文明传承创新基金会、北京大学高等人文研究院联合主办，郑州嵩山文明研究院等单位承办的"嵩山论坛——华夏文明与世界文明"2013年会在登封举行。本届论坛以"人文精神与生态意识"为主题，设立总论坛和"人文精神与生态意识"（学术）论坛、"生态文明建设"论坛、"生态文明与企业家精神"（企业家）论坛。400多位中外政界、学界、企业界名流等以演讲、讨论、报告会等形式，进行了对话交流。省市领导张广智、马懿、王哲等出席开幕式。全国政协常委、中国国际交流中心顾问、中央党校前副校长李君如，北大高研院院长杜维明，新加坡国立大学特级教授兼东亚研究所主席王赓武，美国坦普尔大学对话学院院长、宗教系天主教思想与跨宗教专业教授列奥纳德·斯维德勒，俄罗斯哲学学会第一副主席、俄罗斯生态研究院院士亚历山大·丘马科夫，全国人大常委、人大教科文委副主任、中国科学院党委副书记方新，国务院参事刘燕华、徐锭明，中国工程院院士、副院长谢克昌，中国工程院院士金涌，国家发改委环资司副司长马荣等嘉宾发表演讲。

【首届中国（郑州）国际街舞大赛】 2013年7月15日，中国舞蹈家协会与中共郑州市委宣传部签订了中国（郑州）国际街舞大赛及文化交流战略合作协议书，确定中国国际街舞大赛永久落户郑州。9月19-21日，由中国舞蹈家协会、中共郑州市委宣传部和金水区委、区人民政府共同主办的首届中国（郑州）国际街舞大赛在河南省体育馆举办。中国舞蹈家协会分党组书记、驻会副主席冯双白，秘书长罗斌，中共郑州市委常委、市委宣传部部长王哲，金水区四大班子领导和现场2000多名观众观看了决赛暨颁奖仪式。大赛邀请了美国、俄罗斯、德国、加拿大、日本、韩国等国的11位国际街舞大师执裁，共有来自10个国家和地区的2000余名选手参赛，其中年龄最小的3岁、最长者70岁。经过角逐，大赛共决出嘻哈舞（Hiphop）、技巧舞（Breaking）、机械舞（Popping）、锁舞（Locking）等四个舞种、11个组别的11个金奖、11个银奖、20个铜奖。本届大赛创造了规模最大、舞种最全、国际化程度最高等多项国内街舞赛事之最，展现了古都郑州的新风尚。

（杨 晋 王永强 戴烁琪）

统战工作

【概况】 2013年，全市统一战线工作认真贯彻党的十八大和十八届二中、三中全会精神，紧紧围绕市委、市政府中心工作，深入开展“同心”实践行动，广泛凝聚统一战线力量，着力打造“同心”品牌，为加快建设郑州都市区做出了积极贡献。

深入开展“一学三促”活动。成立了全市统战系统“一学三促”活动领导小组，研究制定了学习计划和工作方案。通过活动，提升了统战干部的政治素质。标本兼治，坚决抵制“四风”，认真落实中央八项规定，形成了良好的工作氛围。

【统战工作助推经济社会发展】 2013年，全市统一战线彰显特色，同心同力助推经济社会发展。

（一）内引外联，加大招商引资力度。发挥统战部门联系广泛的优势，积极为郑州都市区建设引进资金和项目。（1）多方位开展经贸活动。组织300余家企业参加“第七届中国河南国际投资贸易洽谈会”“第八届中部投资贸易博览会”等20多个经贸活动，带领统战系统有关单位赴珠三角地区等地开展“大招商”活动，大力宣传郑州投资发展环境，进一步扩大了郑州的知名度、增强了郑州的吸引力。（2）多形式进行项目洽谈。在“癸巳年黄帝故里拜祖大典”和“第八届中国中部投资贸易洽谈会”等重要活动中，共邀请158家知名企业参加，签订投资意向达36亿元。举办“深圳市知名企业家河南（郑州）行活动”，138名深圳知名企业家来郑考察，共签约项目24个，签约金额346亿元。（3）多渠道推动郑台合作。组织招商小分队分赴重庆等地和台湾岛内推介招商，拜访当地台资企业协会，拜会知名台商，实地考察重点企业和重大在建项目。发挥台商产业园区集聚效应和现有企业示范带动作用，引导和鼓励现有台企增资扩股，由粗放型向集约型转变。全年新增台资企业12家，合同利用台资15.08亿美元，实际利用台资14.37亿美元。

（二）建言献策，推动科学谋划。发挥统一战线智力密集的优势，深入调研，为经济社会发展提供科学决策。（1）突出顶层设计。先后邀请农工党中央、致公党中央、民进中央、民革中央、民盟中央、九三学社中央及民建省委等的领导和专家学者，围绕郑州航空港经济综合实验区建设、新型城镇化建设等进行专题调研，进一步深化了党派中央、省委与郑州市的合作。（2）支持党派调研。各民主党派结合自身实际，深入到航空港实验区、产业集聚区等开展联合调研、专题调研和对口调研，撰写了21篇调研报告，对全市“三化”协调发展、金融集聚核心功能区建设等问题提出了很多合理化建议。（3）优化非公经济发展环境。赴高新区非公企业，深入直属商会等组织，就非公有制经济发展的现状、政策、环境等方面进行调研，撰写调研报告30余篇，为进一步改善全市非公有制经济发展环境提供了有价值的参考资料。省委常委、市委吴天君书记多次对调研报告进行批示，部分调研报告的意见建议充实到了市委、市政府的决策和有关文件中。

（三）扶危济困，促进民生改善。（1）“百千万”活动成效明显。在“百企帮百村”活动当中，有263家企业与185个村建立了帮扶关系，结成村企帮扶对子193对，实施建设项目203个，总投资约32亿元。在“帮扶千名贫困学子”活动中，82个非公有制企业帮扶1723名贫困学生，共投入帮扶资金360万元。在帮扶万人就业中，244个非公有制企业安排就业22441人。（2）助贫助困活动持续不断。深入开展“同心·光彩行动”，引导非公企业参与以“爱心捐助 情暖童心”为主题的社会慈善捐助活动，捐助210多万元用于改善孤残儿童及100所农村贫困寄宿制小学留守儿童的学习和生活条件。九三学社郑州市委、致公党郑州总支等组织开展“同心·助学”活动，对家庭贫困的学生资助30多万元。12个县（市）区统战系统共开展同心光彩、同心感恩、同心扶贫活动177次，参与非公有制企业314个，投入资金5642万元。（3）支援灾区积极主动。各民主党派成员向雅安地震灾区捐助300多万元，河南康利达集团、河南少林汽车股份有限公司等10余家非公有制企业在“情系芦山 同心共助”活动中累计捐款捐物达500余万元，体现了统战成员勇于担当、扶危济困的社会责任感和奉献精神。

（四）凝心聚力，全面实施“同心”实践行动。“同心”实践行动作为全市统一战线服务新型城镇化建设的重要载体，围绕政策支持、项目带动、人才培养、社会服务等目标，学习借鉴毕节、洛宁的经验，创新工作方法，举全市统一战线之力开展活动，取得了阶段性成果。截至年底，郑州市和各县（市）区，以及部分乡镇等都明确了“同心”实践基地。（1）建立三级联动机制。调整了全市统一战线助力“三化”协调科学发展“同心”实践行动工作领导小组，设立“同心”实践行动办公室。先后三次召开联席会议，汇报交流工作推进情况，协调解决相关问题，研究制定各成员单位和支持单位对“同心”实践基地登封市唐庄乡的帮扶措施和项目助推计划。完善工作机制，加大组织力量投入，选派2名统战系统干部到唐庄乡任职，选调1名唐庄乡干部到统战部挂职，形成了市、县、乡三级良性互动、有效对接。以市委、市政府办公厅文件形式下发了《关于在全市开展新型城镇化引领“三化”协调科学发展同心实践行动工作的通知》，得到省委常委、统战部部长史济春的批示，并在全省统战工作会议上进行了表扬。（2）力促项目落地。各民主党派、工商联、无党派人士及相关单位负责人500余人次到唐庄乡开展考察调研、项目推介、资金助推等一系列活动。结合唐庄乡实际，科学谋划产业发展，主动与省、市相关业务对口单位进行协调对接，帮助唐庄乡寻求项目发展平台。由无党派人士牵线搭桥的“智在国学院中国传统文化产业园”项目签订框架协议，签约资金10亿元；由市工信委牵头协调的金马凯旋家居产业集群项目正在

7月19日，市委常委、统战部部长王跃华带领全市统一战线调研组在“同心”实践基地登封市唐庄乡农民创业园调研

对接中。（3）实施民生助推。聚合统战成员人才、资金、技术等方面资源，以社会服务工作推动“同心”实践行动。民革市委在唐庄乡建立了“同心”法律服务站，长期开展法律咨询和普法教育，培训群众100余人；民建市委筹集50万元设立“同心工程”基金，资助唐庄乡贫困大学生27人5.4万元；民进市委组织优秀教师到唐庄乡开展送课下乡活动，并捐赠文体用品；农工党市委组织医疗专家到唐庄乡开展送医、送药活动；九三学社市委到唐庄乡开展送科技、送法律、送温暖活动，并向困难群众捐赠棉被100床；致公党郑州总支向唐庄乡贫困老人捐赠智能手机100部，价值10万余元；市工商联组织20多家民营企业捐赠资金1100万元，建设唐庄乡敬老院和幼儿园，帮助唐庄乡解决民生等实际问题。（4）“同心共建、企地共赢”活动稳步推进。在“同心共建、企地共赢”活动中，由河南中烟公司捐赠2000万元共建新郑市“同心·东方国际”社区，资金划拨到位，捐建项目正式动工建设。截至年底，全市参与“同心共建、企地共赢”活动及新型城镇化建设、新型农村社区建设的非公企业有120多家，为全市新型城镇化建设作出了突出贡献。

【推进多党合作事业发展】 2013年，郑州市进一步加强多党合作制度化、规范化、程序化建设。

（一）政治协商制度不断完善。市委、市政府以务虚会、恳谈会和征求意见会等形式，及时向党外人士通报工作，广泛征求党外人士的意见建议，协商的规格更高、范围更大、效果更直接。市委办公厅印发了《中共郑州市委同民主党派无党派人士2013年政治协商计划》（郑办〔2013〕14号），第一次以文件形式就协商的形式、内容等事项予以规范，为更好地发挥政治协商在民主决策和科学决策中的作用提供了坚强保障。

（二）民主党派自身建设不断加强。继续坚持“党委出题、党派调研、政府采纳、部门落实”机制，召开了各民主党派机关负责人联席会议和参政议政工作座谈会，各民主党派参政议政的能力和水平得到很大提高。开展坚持和发展中国特色社会主义学习实践活动，举办规格高、规模大、影响广、效果实的中心组学习活动等，加大对各民主党派新成员、党外骨干成员的培训，民主党派的思想建设得到了加强。建立了各民主党派新的后备干部队伍，成立了致公党郑州市总支及民盟市直郑东新区支部、总支，民盟二七总支和民建金水区基层委员会，对农工党6个支部和九三学社上街支社进行了换届，民主党派组织建设得到了加强。

（三）党外代表人士队伍建设不断提升。出台了《中共郑州市委关于加强新形势下党外代表人士队伍建设的实施意见》（郑发〔2013〕15号），召开了全市党外代表人士队伍建设工作会议。加大党外干部的培养、选拔、交流力度，2013年市药监局、市水务局领导班子各配备1名党外副职。印发了《关于贯彻〈2010−2020年党外代表人士教育培训改革和发展纲要〉的实施意见》（郑办〔2013〕21号），把党外代表人士教育培训工作纳入市委人才工作的重要组成部分。首次将新的社会阶层人士列入郑州市劳动模范（先进工作者）评选范围，15名新阶层人士被授予郑州市劳动模范称号。制定下发了《中共郑州市委统战部关于加强新的社会阶层人士统战工作的意见》（郑统〔2013〕47号），建立了由统战部门牵头、党政有关部门参加、社会有关团体参与的联席会议制度。举办了郑州市党外青年干部培训班、党外骨干成员培训班、新阶层代表人士培训班，共培训学员110人，进一步提高了党外代表人士的素质和能力。认真做好市十三届政协委员和市十四届人大代表中党外代表人士推荐提名工作，圆满完成了换届任务。

2月16日，2013郑州市生态建设工作动员大会召开

【民族宗教工作】 2013年，全市统一战线多措并举，维护了民族宗教领域的和谐稳定。

（一）顺利完成郑州天主教教区长选举工作。郑州天主教教区长选举工作作为全省首例并且是在省会城市举行，其影响和意义十分重大。2013年1月28日，在各级统战、宗教等相关部门的帮助指导下，由河南省天主教“两会”主持，按照选圣主教的有关规定，郑州教区民主选举产生了新的教区长。此次选举的成功，为今后做好天主教的各项工作提供了宝贵的经验。

（二）积极做好基督教私设聚会点依法治理试点工作。在省委统战部确定郑州市为全省开展基督教私设聚会点依法治理试点市后，深入各县（市）区进行了调研，并赴外地进行学习考察，确定将新密市、二七区作为全市的试点。制定了指导意见，建立了对私设聚会点的长效管理机制的工作目标。

（三）坚决抵御境外利用宗教进行渗透。充分发挥全市抵御境外利用宗教对高校进行渗透和防范校园传教工作专门协调机制作用，召开6次联席会，形成信息共享、情况互通、共同研判、反应迅速的良好运作机制。对市直各相关单位、各县（市）区、市属各地方高校有关负责人进行专题培训，进一步使参会人员了解掌握做好宗教工作的方针、政策、工作原则。

（四）深入开展民族政策宣传教育和创建活动。坚持开展“民族政策法规宣传月”活动，做到政策法规宣传“进企业、进学校、进村组、进社区、进家庭”，横向到边，纵向到底。坚持开展多种形式的民族团结创建活动，使全市民族团结氛围更加浓厚，平等团结互助和谐的民族关系更加巩固。

【推动工商联工作】 （一）积极开展理想信念教育活动。研究制定了《关于开展非公有制经济人士理想信念教育实践活动的实施意见》，并成立了领导小组。先后组织100多名企业家到河南陆军预备役高炮师开展“增三信、进军营、看军史、听军情、学军行”活动，组织50多家民营企业负责人到非公企业观摩学习，组织600多名非公有制经济人士观看了大型现代豫剧《春满太行》。成立了4个督导小组，对全市12个县（市）区分包督导，推进了活动的深入开展。全国、省工商联对郑州市的教育实践活动给予了充分肯定。

（二）搭建培训学习平台。先后组织1000余名非公经济人士参加“2013

年智慧城市建设暨新型城镇化与房地产未来发展高峰论坛”“新形势下中小企业的发展”等7期豫商课堂讲座和“整合之道”中原首届企业家跨界整合高峰论坛、“领导力决定一切”，全球第一领导力大师约翰·麦斯威尔首度对话中原、中国人民大学宏观经济形势总裁短期研修班等活动，增强了全市民营企业家对当前经济形势的认识，提高了企业家发展壮大企业的信心和管理水平。

（三）开展“五好商会”建设。印发《关于加强全市县级工商联建设的意见》（郑统〔2013〕29号），促进了县级工商联的组织建设。全市12个县级工商联机关均实现了独立办公和独立的财务账户。新郑市工商联、金水区工商联分别获得全国“五好”县级工商联建设示范点（全省仅有2家）和全省“五好”县级工商联建设示范点。

【港澳台海外统战工作】 2013年，郑州市利用贺卡、邮件、传真等形式，向海外联谊会成员及其他港澳台、海外友好人士发出800余封慰问信，提高郑州的影响力。利用拜祖大典、中博会等大型活动，邀请海外嘉宾到郑进行寻根和商务考察。持续开展大交流活动，深化郑台两地双向互动。2013年，郑州市赴台企业技术合作交流、科技文化交流、专业领域考察增多，经贸考察效果显著。充分发挥“黄河生态旅游风景区”和“郑氏文博院”两个对台交流基地作用，开展丰富多彩、群众喜闻乐见的交流活动。全年全市共进行了197个交流项目，直接参加人数达2798人。

【深化统战网格化管理体系】 2013年，郑州市统一战线深化网格化管理体系。各县（市）区结合实际，加大对网格长统战业务知识的培训，切实将统战工作纳入网格化管理中。全面收集辖区内统战数据信息，分类建立台账，完善了统一战线基础信息数据库。积极为统一战线成员开展各种服务活动，加强与统一战线成员的联系和沟通，得到了社会各界人士的好评。通过建立统战网格化管理体系，破解了基层统战部门发展难题，实现了服务统战成员“近距离”，有效促进了统一战线方针政策在基层的落实。郑州市的统战工作网格化管理体系创新做法，得到了省委统战部的高度重视和充分肯定。省委统战部领导多次到惠济区和金水区进行调研并给予了高度称赞。《河南统战工作》刊登了惠济区、金水区的经验做法，《河南统战信息》专刊介绍了郑州市统战网格化管理工作开展情况。2013年11月12日，全省城市（区）统战工作现场会在惠济区召开，郑州市的做法在全省进行了推广，为持续深化统战网格化管理工作提供了有力支持。

（胡晓林）

编制管理

【概况】 2013年，郑州市编办务实重做，尽职尽责，努力服务全市经济社会发展大局，较好地完成了全年各项工作任务，被评为“省机构编制管理先进单位”。

加强业务培训。联合上海复旦大学，举办了全市机构编制系统干部素质能力提升研修班，为市县两级编办51名工作人员讲解了政治体制改革与政府职能转变、领导干部的公关能力与媒体应对、制度设计与政策执行等方面的理论知识与具体案例，收到了良好的培训效果。积极组织人员参加中央编办、省编办及市直有关部门举办的各类培训，全面提高了机构编制干部的理论素质和业务水平。

加强信息宣传。紧紧围绕工作重心，在宣传政策、报道动态、传递信息、交流经验、服务决策和提升管理等方面发挥积极作用。截至年底，全市机构编制系统在省级以上机构编制媒体、工作简报上共计刊稿211篇，其中中国机构编制网124篇、《河南机构编制工作信息》5篇、省编办网站72篇、《改革与管理》10篇，在全系统营造出良好的工作氛围。

健全群众工作长效机制。按照市委、市政府关于长效机制的工作要求和部署，及时更换群众工作队人员，多次召开会议研究解决联系群众工作中遇到的问题，定期对荥阳市霸王城村、惠济区张定邦村、新郑市青岗庙村进行走访，深入了解帮扶点经济发展现状、农民增收渠道、资源优势和发展潜力等，并组织义诊活动，给贫困村民送去温暖。

【推进产业集聚区机构套合】 2013年，郑州市编办按照市委、市政府的工作部署，统筹经济开发区、产业集聚区、专业园区与当地产业布局、经济社会发展要求之间的关系，加强调查研究，与组织部门一起制定了全市产业集聚区和专业园区与所在地乡（镇）办套合意见，进一步明晰各类经济发展功能区域所在乡（镇）办的经济社会发展权限、社会管理责任、财权事权匹配和收益分配机制，将涉及到的58个各类产业集聚区、新城组团、特色园区管理机构，与47个乡（镇）办政府，进行行政套合设置，实行一套班子、两块牌子，优化了机构资源配置，提高了工作效率。

【建立郑州航空港经济综合实验区管理体制】 为贯彻落实省委省政府、市委市政府关于“将郑州航空港经济综合实验区作为中原经济区的战略突破口，为全省改革发展探索路子积累经验的有效平台，建立完善高效的管理运行机制，力求实现高速可持续发展”的总要求，2013年，郑州市编办按照“全职能、全覆盖”“小机构、大服务”的原则，代市委起草了《关于郑州航空港经济综合实验区管理体制和机构设置的请示》。5月14日，省编委批复了《郑州航空港经济综合实验区管理体制和机构设置方案》；5月29日，以市编委文件形式对各县（市）区和市直各单位正式印发《关于郑州航空港经济综合实验区管理体制和机构设置的通知》；6月7日，市编委会专题研究了航空港实验区的配套机构运行机制建设问题，及时为其搭建体制平台，保障航空港实验区各项工作迅速展开。

按照市委、市政府工作要求，分步推进航空港实验区托管区域人事移交和编制划转工作。向省编办申请跨层级调整行政编制301名，会同人社部门监督新郑市、中牟县、管城区向郑东新区、经济技术开发区、郑州航空港实验区移交人员4812人。

【调整郑州新区机构编制人员】 2013年3月28日，省委常委议事会议和市委43次常委会议决定，不再保留郑州新区党工委、管委会牌子，机构和人员调整充实到综保区、郑东新区和市发改委。根据会议精神，郑州市编办积极行动，全力推进机构编制人员及管理权限下沉工作。一是按照“人随岗走、编随人走、物随人走、职级待遇不变”的原则，主动与郑州新区管委会对接沟通，认真核对划转人员名单，制定了郑州新区机构编制人员划转方案。二是提请市编委会研究批准，对郑州新区所属机构及市直相关部门派驻郑州新区的机构进行更名，调整隶属关系，划转人员编制，确保了机构的稳定性和工作的连续性。

【推进行政审批制度改革】 为加快推进简政放权，推动政府职能转变，促进全市经济社会发展环境进一步优化，2013年，郑州市编办根据市行政审批领导小组的统一部署，具体承担行政审批项目清理任务和“两集中两到位”（审批职能向一个处室集中、审批处室向办事大厅集中；窗口授权到位、事项进驻到位）试点工作。为确保本轮改革取得实效，重点推进了审批职能部门、审批事项、审批环节、审批前置、审批时限的“五减少”，通过对市级行政审批事项的清理、规范和优化，市级审批职能部门由47个减少至40个；审批事项削减64.2%，由363项削减至141项；审批环节压缩61.2%，除法律、法规规定的现场踏勘、公示、听证等环节外，所有审批事项全部整合为受理、审核、办结3个环节，审批职能部门的内部循环环节由平均2.58个压缩至1个；审批时限缩减79.5%。

积极推进审批权限的下放，经与

市直有关职能部门沟通，向高新区、经开区、郑东新区下放与民生、社会和经济管理密切相关的审批事项15项，将下放至县（市）区的52项审批事项委托高新区实施31项、经开区实施52项、郑东新区实施30项，并依据开发区经济社会发展实际状况进行了动态调整。

按照市行政审批制度改革领导小组的要求，组织市规划局、市房管局等5个试点单位按照任务要求和时间节点推进了“两集中两到位”试点工作。

【深化城乡规划土地建设管理“六统一”制度】 2013年，郑州市编办全面落实《中共郑州市委 郑州市人民政府关于加强城乡规划土地建设管理和投融资工作的意见》文件精神，建立与“六统一”相适应的城乡规划土地建设管理体制，设立市土地管理委员会办公室和市规划委员会办公室，调整理顺了城乡规划和土地储备机构管理体制。

【深化事业单位和行业体制改革】 2013年，郑州市稳步开展事业单位分类。根据省事业单位分类指导精神，市编办印发了《郑州市事业单位分类工作实施方案》《关于报送事业单位分类意见的通知》，将市直事业单位按照功能属性、职能特征，划分为承担行政职能、从事生产经营活动和从事公益服务三个类别，并及时与省编办沟通衔接，以编委文件形式按要求上报，保证了全市事业单位分类任务按时完成。

统筹推进行业体制改革。围绕中小学教职工编制配备情况与经济社会事业发展需求，认真开展调查摸底，撰写了《郑州市中小学机构编制管理情况调研报告》，并积极向省编办汇报情况，争取支持；继续深化文化体制改革，完成电台、电视台两台合并，理顺了文化事业单位的管理体制；加快推进医药卫生体制改革，积极参与组建郑州人民医院医疗集团，为郑州人民医院增挂“郑州人民医院医疗管理中心”牌子，探索创新医院人事编制管理改革思路和方法。

在深化事业单位改革、推进行业体制改革工作中，统筹兼顾，将各类改革工作与即将进行的政府职能转变和机构改革工作综合考虑，积极为新一轮政府职能转变和机构改革做好准备。一是认真学习《国务院机构改革和职能转变方案》《中共中央 国务院关于地方职能转变和机构改革的意见》《国务院关于地方改革完善食品药品监督管理体制指导意见》，以及国务院总理李克强关于地方政府职能转变和机构改革的讲话精神，把握改革精神，为本次政府职能转变和机构改革奠定理论基础。二是注重深入实地调研，重点对食品药品、畜牧、卫生、计生等本次改革可能涉及的部门进行了摸底调研，听取了相关部门对本次职能转变和机构改革的意见。同时，对照机构编制核查数据、实名制数据库、机构编制管理台账等，逐一整理了各单位职能、机构、编制等情况，为2014年改革工作掌握第一手材料，做好相关准备。

【推动机构编制管理创新】 2013年，郑州市编办把握工作重点，优化资源配置，推动机构编制管理创新。

（一）坚持机构编制资源向民生领域倾斜。一是保障教育需求。为确保新建学校正常招生，及时批准设置了郑州实验中学和龙湖一中两所学校管理机构，核定了相应的教职工编制；根据区划调整，将原金水区管理的龙子湖第二小学和第十七中学整体移交郑东新区，将中牟县荟萃路学校更名为郑州市郑开学校；针对部分中等职业院校编制缺口较大问题，经过深入调研，制定了增编方案。二是加强社会救助力量。为提高公益性事业单位的社会服务保障能力，先后为郑州市社会福利院、儿童福利院、救助管理站和紧急医疗救援中心等社会救助机构增强了机构编制力量。三是维护食品药品安全。成立了郑州市食品药品监督管理局经开分局和郑东分局两个食品药品监督管理机构，强化两个城市新区的食品药品安全监管力度。四是推进公共服务体系建设，指导县（市）区整合电子政务、县（市）区长电话室、网管中心等机构，成立社会公共管理办公室，为社会公共管理服务提供了体制保障。

（二）探索实施事业单位机构编制总量控制。2013年6月，省编办下发了《关于郑州市事业单位机构和编制限额的通知》（豫编办〔2013〕150号）。为保证全市事业机构编制总量控制在限额内，对各县（市）区、市直各单位印发了《关于加强事业单位机构编制管理的通知》，依据2012年机构编制年报数据，正式下文明确了各县（市）区的事业单位机构编制限额，要求切实做到“两个不突破”（不突破限额设立事业单位、不突破限额核定事业编制）。同时，指导县（市）区积极撤销、整合职能弱化的事业单位。通过实施有效措施，全市事业单位机构和编制总量均控制在省编办下达的限额之内。

（三）完善政府购买专业技术服务岗位运行机制。2013年7月，市编办联合财政、教育等部门对政府购买专业技术岗位试运行一年的情况进行实地调研，听取了试点单位的意见和建议，分析了试行中存在的问题，并提出了相应对策和解决办法，形成调研报告上报市编委领导，得到编委领导的充分肯定。

【提升编制管理规范化水平】 2013年，郑州市编办加强日常管理，夯实基础工作，不断提升规范化管理水平。

（一）完善编制实名制管理工作机制。严格执行郑州市机关事业单位进人履行编制审核程序规定，对超编进人、违反规定进人和人员学历较低、结构不合理的请示坚决不收。及时更新全市机构编制信息数据，每月与市财政局进行数据核对，实现了对全市机构编制和财政供养人员的动态监管。加强县（市）区机关事业单位进人用编备案工作，落实好季度用人备案制度，建立了数据催报督报制度，确保了全市机构编制信息数据的及时更新。严把机关事业单位公开招聘和军转干部入编审核关口，全年完成市直100多家机关事业单位招聘用编审核，批准公开招录166名、公开遴选11名、公开招聘使用编制902名；办理了66家市直机关事业单位接收的174名军转干部的入编手续。同时，根据中央编办和省编办要求，按照机构编制信息化建设方案，设计开发了全市机构编制综合业务管理系统，积极推进信息化建设。

（二）强化机构编制监督检查。按照省编办统一部署，扎实开展机构编制专项核查，并针对核查中发现的问题，及时指导各单位开展了自查自纠。加强机构编制违规违纪行为预防教育，编制发放了机构编制法规政策汇编500册、知识竞赛试卷3200份，增强机构编制政策的宣传力度。通过与市委党校沟通协调，将机构编制法规政策学习纳入了党校课堂，重点作为县处班、青干班教育培训内容。

（三）认真做好事业单位登记管理工作。精心组织实施事业单位法人年检，严格规范年检程序，严把审验材料关，全面推行网上登记管理。全市584家事业法人单位全部参加了年检，572家年检合格，合格率达98%。

（张红振）

老干部工作

【概况】 2013年，全市老干部工作紧紧围绕中心开展工作，在服务大局中科学定位、努力作为，务实进取、创新实践，老干部业务工作和队伍建设均取得新成就，较好地完成各项任务。11月5日，中组部老干部局巡视员、副局长王维平到郑州调研后指出，郑州市老干部工作领导重视、围绕中心、服务大局，有好的工作理念、好的工作方法、过硬的工作队伍，充满创新精神，为老干部办了很多实实在在的事，老干部交口称赞，整体工作走在了全省前列。

按照市委“一学三促”活动要求，全市老干部工作部门主动融入到群众路线教育实践活动中。举办了庆祝建党92周年暨“中国梦·我的梦”演讲比赛，老干部工作队伍政治责任感得到增强。坚持以组工干部标准要求老干部工作者，注重锻炼干部的政策运用、组织协调、应对突发事件的能力。充分利用各种有效载体，认真参加各类学习培训会、专题报告会。10月，以“提升服务能力、提升服务水平、提升工作形象”为主题，在浙江大学分两批对全市老干部工作者进行了培训，提高了队伍整体素能。编发《工作简报》、制作老干部工作展板，编印老干部工作画册。市委老干部局网站全年累计审核发布各类信息稿件4162件，发挥了上传下达、广泛宣传、众所周知的作用，提高了老干部工作信息化、办公自动化水平，老干部工作影响力得到提升。

【发挥老干部作用】 2013年，郑州市通过加强老干部思想政治建设和党支部建设，使老干部深刻理解和支持中央和省委、市委决策部署，引导老干部服务市委中心工作，为推动科学发展凝聚正能量。一是以丰富的学习内容武装老干部头脑。省委常委、市委书记吴天君在向市级老领导通报工作时，与老干部共同学习党的十八大精神和省委九届五次全会精神，就如何把握好“强投资、夯基础、调结构、求提升”，推动郑州都市区建设“三大主体”工作深入交换意见。通过文艺演出、文体活动、成果展览、召开座谈会等形式，利用网站、简报等载体，向老干部广泛宣传党的十八大精神和推进郑州都市区建设的新成效。组织1922名离退休干部，历时20天，开展了“三走进三郑州”活动，老干部实地感受郑州发展成果，并积极建言献智。二是以有效的组织形式加强离退休干部党支部建设。市老干部局领导带头入户走访、召开座谈会，努力实现困难企业离退休干部党组织建设全覆盖。9月，举办了全市老干部党支部书记暨党员骨干培训班，通过集中学习、集中研讨的形式，激发基层组织建设活力，凝聚更多力量。市干休所和市直机关干休所采取寓教于乐的形式，把学习贯彻党的十八大精神融入老干部学习会、书法绘画展、诗词交流会和考察工农业生产当中，取得良好效果。三是以喜闻乐见的载体引导老干部为郑州建设作出新贡献。引导离退休干部走出家门、融入社会，在推动经济社会持续健康发展、加强和创新社会管理、关心教育下一代等方面献智出力。在“党群心连心，共筑中国梦”活动中，组织离退休干部学习了习近平总书记系列重要论述，广泛开展了“中国梦·郑州情”“老同志话当年”等征文活动。市级老领导在参观考察市卫生系统和新密市新农村建设情况后，提出了很好的意见建议。市关工委组织“五老”报告团，以雷锋精神、道德文化、主流价值观等为主题，深入基层为青少年作报告162场，参加听报告20万人次，推动了学雷锋活动常态化；在全市青少年中开展“中国梦·我的梦”教育活动，加强对青少年的社会主义核心价值观教育，引导广大青少年为实现“中国梦”发奋学习。

【落实老干部政策】 2013年，全市各涉老部门各司其职、协同配合、创新服务，积极整合社会资源，全面落实党的老干部政策，努力提高离退休干部的幸福指数，让老干部享受更多的改革开放和郑州经济社会发展成果。一是离休干部“三个机制”有效运转。郑州市克服经济下行压力加大、财政增速放缓的影响，在实现离休干部离休费社会化发放、全员纳入市医疗统筹、统筹金由财政兜底的基础上，确保“三个机制”有效运行。组织硬件设施好、医疗水平高的7家市级医院，高标准高质量为全市2893名离退休干部进行了健康检查。在机关、企事业单位、基层广泛开展老干部健康知识教育，共举办健康讲座9场，印发保健手册21200本。二是“四就近”服务工作有力推进。在全市社区中普遍开展了“四就近”服务工作，有84个社区达到郑州市“四有两好”示范社区标准，其中有7个社区达到省级示范点（试点）标准。对老干部工作部门开展“百万助老”工程（建立百个助老阵地、组织万名志愿者开展助老活动）进行了明确规范，帮助老干部解决实际困难。三是困难老干部帮扶工作得到加强。市企业离休干部服务管理中心根据老干部居住情况，依托二七区、中原区等四个工作站，经常性登门走访，定期组织政治学习、参观考察；利用“飞信”等现代技术，定时向离休干部手机发送政策解答、健康养生等知识，增强困难企业离休干部的归属感。四是联系老干部工作制度化。按照省委老干部局要求，市委老干部局建立了“三方协调”服务机制，走进长期卧床的老干部中，听生活困难，落实好亲情化服务；走进有特殊困难的老干部中，听实际需求，落实好帮扶措施；走进有才艺特长的老干部中，听兴趣爱好，落实好文化养老；走进乐于奉献的老干部中，听献智出力志愿，落实好发挥作用载体；走进市级老干部中，听对经济社会发展建议，落实好协调联系制度。

郑州市市直机关第二十五届老年人运动会举行

【丰富老干部文化生活】 2013年，中共郑州市委把建好老干部学习活动阵地、不断丰富老干部精神文化生活，作为提高服务老干部水平的重要抓手，要求各级确保财政支持。通过建强阵地、提升品位，大力推进老干部文化养老、时尚养老。一是高标准建设市老干部活动中心。截至年底，一期工程装修接近尾声，部分活动场馆具备使用条件。工程建成后，能满足每天6000人次活动需求。二是大力推进基层老干部学习活动阵地建设。各县（市）区老干部学习活动场所达到省定标准被列入中共郑州市委组织部2013年十件实事，市委老干部局明确任务分工，及时召开推进会，组织专门力量进行调研督导。截至年底，各县（市）区老干部学习活动阵地建设基本达到了省定标准。三是老干部教育事业健康发展。市老干部大学坚持“我学习、我健康、我快乐”的办学理念，按照“百班万人”发展思路，办学规模不断扩大。2013年共开设10个系，50个专业，214个教学班，成立10所老干部大学分校、26个教学点，全年在校学员15000人。成功举办市老干部大学建校25周年活动，市老干部大学“夕阳红”志愿者服务队开展了38次进广场、进社区、进学校等“六进”公益活动。市老干部大学艺术团参加央视世界华人春节联欢晚会和《舞蹈世界》栏目，获得“金菊奖”和“优秀组织奖”；参加中国舞蹈家协会主办的“金秋年华”邀请赛，获得金奖；参加河南省老年节健身活动获优秀组织奖，参加河南省老年协会舞蹈大赛获一等奖。四是老干部精神文化生活进一步丰富。市老干部活动中心不断创新形式、丰富内容，开展各项有益于老干部身心健康的活动。先后成立了合唱团、诗词、书法、戏曲等16个协会，发展会员6000余名，覆盖全市各机关、乡镇、街道、社区。连续举办了25届老年人运动会、26届门球锦标赛和元宵节游艺活动。市老干部活动中心荣获全国第一届“敬老文明号”荣誉称号。

【老干部工作网格化管理】 2013年，全市老干部工作部门强化责任、转变作风，老干部工作网格化管理得到加强。市老干部局班子成员担任总网格长或区域网格长，按照三个三分之一要求，下沉到联系社区，使问题发现在基层、解决在基层。局群众工作队建立《工作手册》《民情日记本》等“一册两本”开展工作。局老干部工作人员分包到村（社区）、责任到人，协调处理各类问题。成立了由老干部工作人员、公共单位负责人和老干部代表组成的网格化管理服务组，加强社区管理，全年共走访慰问老干部367户、困难群众51户。《中国老年报》头版头条以“郑州市以网格化管理促服务无缝隙”为题，刊登了郑州市老干部工作网格化管理新举措。

（马　帅）

党史工作

【概况】 2013年，郑州市党史部门认真贯彻落实党的十八大和十八届三中全会精神，紧紧围绕市委“三大主体”工作，科学谋划，服务大局，全力做好党史研究、资料征编、宣传教育和机关建设等重点工作，为推动郑州都市区建设和新型城镇化建设提供了动力和保障。

2013年3月，全市党史工作会议召开，对如何贯彻落实好十八大精神提出了要求。市委党史研究室下发了《关于全市党史系统深入学习贯彻宣传党的十八大精神的通知》，全市党史工作者创新载体，采取多种形式深化宣传，把党员干部的思想行动统一到十八大和十八届三中全会精神上来，聚合正能量，服务大局、服务中心。一是原原本本、扎扎实实学好党的十八大和十八届三中全会文件，全面准确把握党的十八大和十八届三中全会精神实质。二是与深入贯彻落实《中共中央关于加强和改进新形势下党史工作的意见》和全国党史工作会议精神相结合，以改革创新的精神，推动党史工作上台阶、上水平。三是按照十八大和十八届三中全会对意识形态工作提出的新部署、新任务、新要求，结合党史工作实际，突出重点，整体推进，常抓不懈。四是与市委中心工作和单位当前重点工作相结合，广泛开展调研，全面分析形势，积极呼应、主动融入，切实做到思考在前、安排在前，把握工作的主动权。

积极推进“人才工程”建设，为党史事业的持续健康发展储备人才。选派党史骨干到市委党校、省直高校、全国党史干部培训班等参加学习培训，到省外学习考察，开阔视野，提升素质。采用课题带动、项目带动、以老带新、典型引路等不同形式，有针对性地加强对优秀中青年党史人才的培养。着力营造研究人员乐于研究、勤于研究、善于研究的良好氛围，使有志于党史事业发展的各类人才各尽所能、建功立业。筹备郑州中共党史学会换届工作，整合社会各界科技力量，推动“三支队伍”建设，发挥各自优势，深化党史研究、不断提升党史工作的整体水平。健全和完善市直党史联络员工作机制，充分发挥联动作用，共同开创党史工作新局面。

【党史资料征编研】 2013年，郑州市各级党史部门以征为研、边征边研，进一步深化了党史研究，拓宽了研究领域，丰富了党史研究成果，全面夯实了党史工作基础。

（一）《中共郑州地方历史》（二卷）撰写工作扎实推进。市党史研究室集中财力物力，采取有效措施，组织集体攻关。每月召开一次专题会，汇报编写进度，研究解决工作中的问题和困难，提出下步主攻方向；室领导带领相关科室人员多次深入基层，座谈研究编写工作，帮助解决疑难问题，调动了各县（市）区积极性。截至年底，《中共郑州地方历史》（二卷）完成送审稿，约30万字。巩义、登封、新郑等县（市）的党史（二卷）出版发行。

（二）郑州党史大事记完成编写出版。本着细征、精编的原则，整理出版了《市委书记2012年工作大事记》《市长2012年工作大事记》《郑州党史2012年大事年编》《2012年郑州党委工作纪事》；完成了2013年市委书记、市长大事记的收集整理工作。郑州党史大事记做到了按月整理、按月上报，全年上报省委党史研究室近760条，采用215条，约45万字。

（三）全面启动《郑州改革开放实录》编写工作。市党史研究室通过组织课题研究编写，全面系统地收集郑州市改革开放各方面的资料，客观记述全市改革开放的重大事件和重大成就，科学总结规律性认识和可资借鉴的经验，分别形成系类性专题研究成果，为各级党委政府科学决策提供了借鉴和参考。截至年底，全市上报专题目录37个。

（四）出版发行《郑州党史纵览》杂志6期，发行12000册。为配合十八大和十八届三中全会精神的宣传贯彻，编辑出版《郑州党史纵览》专辑，刊载习近平总书记等中央领导同志重要讲话，对全市党员干部群众进行学习辅导。

【党史工作宣传教育】 2013年，郑州市进一步加大党史工作宣传教育力度，开辟了党史宣传教育的新境界。

（一）强化郑州党史网站建设。以郑州党史网站为阵地，发布党史信息168条、图片102幅，扩大了党史宣传教育的覆盖面。

（二）筹备开通“郑州网上数字党史纪念馆”。该纪念馆是采用3D虚拟数字技术，为网友提供仿真的虚拟现实环境，可进行模拟祭奠先烈的网上纪念平台。与此同时，陈列大量珍贵的历史照片、翔实的文字资料和精彩的影视资料，直观地展现给广大网友。该平台的开通，填补了郑州市网上党史纪念馆的空白。

（三）持续开展革命遗址普查工作。市党史研究室与市旅游局联合下发《关于报送郑州市红色旅游景区（景点）资料的通知》，在全市开展红色资源普查工作。从党史遗迹、场馆修建，资料征集，规划布展、讲解员培训等方面，进行现场指导和帮助。特别是对遗址、场馆的布展，从政治、史实、布局上进行认真审核、把关，确保了布展质量和展出效果。同时组织编撰《郑州市革命遗址通览》丛书，详细记录革命遗址96处、图片300余幅、介绍文字12万字，并以图文并茂的形式对遗址及周边其他自然、人文景点进行了介绍，为郑

4月7日，全市党史工作会议召开

州市发展红色旅游奠定了基础。

（四）扎实做好重要节庆纪念活动。在纪念毛泽东同志诞辰120周年、习仲勋同志诞辰100周年等重大活动中，全市各级党史部门根据当地党委的统一安排，主动作为、及早谋划，做好文献资料收集整理和研究工作，组织撰写发表高质量的纪念文章，主办或参与多种形式的研讨会、座谈会等，尽心尽力做好纪念活动各项相关工作。

（任 征）

党校工作

【概况】 2013年，中共郑州市委党校深入学习贯彻十八大、十八届二中全会、十八届三中全会和习近平总书记系列重要讲话精神，紧紧围绕郑州市“三大主体”工作，服务于中原经济区和郑州都市区建设，以党建工作统揽全局，强化政治意识、大局意识、纪律意识、服务意识，充分发挥了理论武装、科学研究的职能作用。全年共培训各级各类学员10339人，申报各级各类科研课题147项。顺利通过省级文明单位年审，文明创建工作档案被文明委作为示范档案推荐其他单位学习。

加强队伍建设，提升专业能力。为开阔视野、提高水平，8月25-31日，市委党校在国家行政学院举办了现代培训方法师资培训班，共有66名专业技术人员参加了此次培训。为检阅师资队伍、交流教学经验，9月4-10日，举办了郑州市党校系统第七届教学大赛，共有53名年轻教师参与竞赛。积极鼓励教研人员在职参加高层次学历教育，有1名博士进入清华大学博士后流动站、1名在职攻读中国社科院博士、1名攻读硕士。

【干部教育培训】 2013年，中共郑州市委党校紧紧围绕中原经济区和郑州都市区建设的需求，以“三大主体”工作、马克思主义基本理论、习近平总书记系列重要讲话、管理创新与依法行政、领导科学与能力提升等为主要内容，深化教学改革，扩大培训规模，提高培训质量。全年共培训各级各类学员10339人，是党校自迁建以来最大规模的培训，充分发挥了干部教育培训的主渠道、主阵地作用。其中，举办郑州市县处级领导干部十八大精神研讨班、县处级班、中青班、科级班、统战班、军转干部培训班、郑州市一级网格长培训班、新闻发言人培训班、马克思主义新闻观培训班、公务员初任任职班、重庆市优秀公务员培训班、新疆基层干部培训班等各类培训班45个，共培训各级干部6089人；社会培训共举办32期培训班，培训学员4250人。

郑州市县处级领导干部学习贯彻十八大精神研讨班在市委党校举行

【服务市委中心工作】 根据2013年2月市委办公厅印发的《中共郑州市委2013年工作要点责任分解》（郑办文〔2013〕4号）精神，中共郑州市委党校共承担了两项中的部分任务：“以坚持依靠群众推进工作落实长效机制为保障，深化规范提升网格化管理工作”中的部分任务，“切实加强思想建设”中的部分任务。在时间紧，任务重的情况下，市委党校积极配合有关部门，圆满完成了两项任务。一是圆满完成十八大精神研讨班工作。2013年3月25日至5月16日，成功举办8期郑州市县处级领导干部学习贯彻党的十八大精神研讨班，共培训学员2956名。此次研讨班时间长、规模大、层次高、效果好，达到了预期目的。受到市委主要领导的好评。二是高质量完成网格长培训任务。2013年7月9-17日，成功举办两期郑州市2013年一级网格长培训班，共培训学员418名，达到了预期目的，取得了显著成效。三是围绕“坚持依靠群众推进工作落实”开展理论研究。市委党校教师参与了《坚持依靠群众推进工作落实》一书的编写工作；市委党校主持的课题《郑州市网格化管理实地调研报告》获得市委副书记王璋的批示，并荣获2013年度全市“坚持依靠群众推进工作落实”长效机制理论研讨会一等奖。同时，为配合全市网格长培训工作，市委党校教师参与编写了《三级网格长应知应会工作手册》，撰写了仪态常识、沟通常识和礼仪常识部分。

【科研工作】 2013年，中共郑州市委党校不断强化市情调研，科研资政水平进一步提高。全年公开发表论文66篇，其中，核心期刊11篇、省级期刊26篇；公开出版教材著作3部；结项各级各类科研课题65项，其中，国家社科基金项目1项、河南省政府招标研究课题4项、河南省社科联课题12项；申报各级各类科研课题147项（立项85项），其中，国家行政学院科研合作课题中标1项；河南省社科规划项目中标1项。获得各级各类奖励35项。

资政研究进步明显。2013年共有围绕市委市政府中心工作的29项课题完成结项，并从中选出针对性较强、有一定实用价值的调研报告编辑成《市情研究》，推荐给市领导和有关职能部门，为市委、市政府决策提供参考。学报质量稳步提升。在学报编辑中，严格按照国家新闻出版总署和省市新闻出版局的要求，对所登稿件严格把关，在不断提高稿件质量的同时，确保不出政治问题。全年共刊发文章203篇，其中《破解中小企业工资集体协商难题的思考》《深化对党的十八大创新理论的研究》分别被人大报刊全文转载。

【学校管理与建设】 2013年，中共郑州市委党校加强内部管理，提高保障水平。制定、修改、完善了教学、科研、培训、行政等各项制度，使集体学习、教师培训、外出讲课、物品招标等工作有章可循，并对各项工作任务目标细化、量化，做到有落实、有检查、有成效；从完善制度、规范运作入手，加强财务管理，保障办学经费；加强学员管理，着力在健全管理制度、改进管理方式、提高管理效果上下工夫。

在提高服务学员、服务教学科研能力的同时，还积极服务于市委市政府及其各主要部门。在教学培训、会议举办等各个方面给予全面服务和保障。2013年，市委中心组学习扩大会、郑州市组团新区产业集聚区建设工作会、郑州市委十届五次全体（扩大）会议等重要会议在市委党校召开。

强化基础设施建设，绿化美化

校园环境。新建的图书馆、体育馆主体工程现已结顶，2014年即可投入使用；教学条件进一步改善，多媒体教学全部普及；图书信息保障得到加强。2013年1月，中共郑州市委党校被评为“郑州市级花园式单位”

【**党校分校管理**】 2013年，中共郑州市委党校加强分校管理，党校系统发展合力进一步增强。认真贯彻落实《党校工作条例》和省委《实施意见》，切实加强和改进分校管理，凝聚各方力量，共铸培训合力，形成了郑州市党员干部教育培训大平台、大格局，从5月22日起，常务副校长姚芸来带领党校相关部门同志，对全市12个分校进行了实地考察调研，在听取汇报、实地查看的基础上，与当地主要党政领导座谈交流、争取支持，较好地促进了各分校的建设。

（杨小明）

1月21日，省委书记卢展工参加省十二届人大一次会议郑州代表团审议

人民代表大会

综 述

【**省委书记卢展工参加省十二届人大一次会议郑州代表团活动**】 2013年1月21日上午，河南省第十二届人民代表大会第一次会议在省人民会堂隆重开幕。下午，省委书记卢展工到他所在的郑州代表团，与代表们一同审议《政府工作报告》。在听取代表们发言后，卢展工指出，郑州在全省发展中的地位非常重要、特殊和关键，郑州要在中原经济区建设中“挑大梁、走前头、作表率”。“挑大梁”，就是提高首位度，为全省发展多作贡献；“走前头”，就是要跳出河南，瞄准全国其他省会城市、瞄准沿海发达城市，找目标、找差距、找方向；“作表率”，就是以高层次、高质量、高水平的建设和发展为全省作表率。郑州把新型农村社区纳入城镇体系规划建设郑州都市区，一定要借助郑东新区开发建设的经验，在原有基础上，持续探索，持续提升，在完善城市功能、提升城市精细化建设和管理水平、发挥中心城市带动作用、推进城乡一体发展等方面作出表率，创造经验。

省委常委、市委书记吴天君指出，全市上下要认真学习领会和贯彻落实省委书记卢展工的重要讲话精神，充分认识郑州作为省会城市的责任担当，加快推进郑州都市区建设，发挥好省会城市的龙头作用、重心作用和示范带动作用，为中原经济区建设作出新的更大的贡献。

【**代表议案和建议办理**】 在市十三届人大六次会议上，代表共向大会提出议案124件，经大会议案审查委员会初审并提请大会主席团审议通过，有7件作为议案处理（21件合并7件），其余103件转作代表建议、批评和意见（以下简称建议）办理。会议期间代表对全市各方面的工作提出建议293件，作为代表建议处理的共计396件。其中，转交市人大常委会有关部门办理的代表建议2件；转交市人民政府办理的代表议案7件（21件合并7件）、建议381件；转交市中级人民法院办理的代表建议2件；转交党群社团办理的代表建议11件。

为做好代表议案和建议办理工作，市人大常委会召开了市十三届人大六次会议代表议案和建议交办工作会议，并组织代表视察建议办理的情况。各承办单位高度重视，主要负责人亲自抓，将办理工作纳入本单位重要议事日程，严格办理制度，规范办理程序，保证了代表建议的办理质量和实效。特别是对7件议案和20件重点建议，指定专人负责，责任分解到人，任务落实到位，及时征求代表意见，保证了办理效果。

加强对2012年度未办结代表建议的跟踪督办工作。针对2012年市十三届人大四次会议遗留未办结的275件代表建议（B类件），按照市人大常委会和市政府领导的要求，市政府办公厅组织各承办单位进行跟踪督办，开展“回头问效”，取得明显效果。截至2013年9月底，上年未办结的代表建议已落实90件。

【**主任接待代表日活动**】 2013年4月15日，市人大常委会副主任雷志主持主任接待代表日。就市人大代表李文献关于创新市民参与社会管理形式的建议，听取市社管办负责人关于建议办理情况的汇报。市社管办主任李国强现场答复，要以深化规划提升长效机制工作20项举措为保障，创新市民参与社会管理形式，强化信息平台建设应用，深化规范提升网格化管理长效机制。

5月15日，市人大常委会副主任刘全心主持主任接待代表日。就市人大代表巩玉梅提出的关于支持商业特色街建设，激发郑州都市区活力的建议，听取市政府及相关部门负责人关于建议办理情况的汇报，并提出了具体办理意见。

7月15日，市人大常委会副主任王平主持主任接待代表日。就市人大代表崔豫琳、王桂堂提出的关于加大政府对院前急救工作财政投入、关于进一步规范全市各类地方政府投融资平台的建议，听取有关部门负责人关于建议办理情况的汇报，并提出了具体办理意见。

9月16日，市人大常委会副主任李元法主持主任接待代表日。就市人大代表宋建利、崔豫琳等提出的关于加强沿黄旅游产业带基础设施建设的建议，听取有关部门负责人关于建议办理情况的汇报。代表们希望郑州市将沿黄旅游带的基础设施建设列入全市建设规划，加强多部门之间的协调，促进基础设施建设尽早完善，使沿黄旅游带成为全市旅游产业中的黄金带。

10月15日，市人大常委会副主任周长松主持主任接待代表日，就市人大代表韩丽华提出的关于市政府加快解决河南农业大学种鸡场外迁，改善人居环境的议案，听取有关部门负责人关于议案办理情况的汇报，并提出了具体办理要求。

11月15日，市人大常委会副主任赵武安主持主任接待代表日。就市人大代表谈俊红提出的关于加强市民急救知识培训的建议，听取有关部门负责人关于建议办理情况的汇报，并提出了具体办理要求。

【**人大代表培训**】 2013年1月16日，郑州市出席省第十二届人民代表大会的代表在市人大常委会机关开展集中培训，省人大常委会法制委员会主任委员毛引端就宪法、组织法、选举法、代表法等法律内容对代表们进行了深入浅出的辅导。郑州市新当选驻郑省十二届人大代表、市人大常委会组成人员、各县（市）区人大常委会主任、分管代表工作的副主任参加培训。

省委常委、市委书记吴天君出席培训会并讲话。他强调，人大代表要牢记使命，坚持党的领导与发扬民主的统一，始终以先进的标准要求自己，发挥好人大代表的模范带头作用，做政治坚定、勤奋学习、联系群众、推进发展、遵纪守法的模范。各级各部门要充分尊重代表的主体地位，切实做好人大代表履职的服务保障工作，优化代表的履职环境，拓展代表知情知政渠道，积极开展好闭会期间的代表活动，切实提高代表议案的办理水平。

市人大常委会主任白红战指出，驻郑各位省人大代表要以此次履职培训为契机，进一步熟悉和掌握代表法等法律的基本知识，明确代表职责、权利和义务，提高履行代表职责的能力，发挥好参与决策、监督协助、桥梁纽带和模范带头作用。

（胡凯林　李　娜）

人大会议

【人大全会】 市十三届人大六次会议　2013年2月20日，郑州市第十三届人民代表大会第六次会议开幕。大会共有代表533名，实到代表498名。会议听取了郑州市人民政府市长马懿作的《政府工作报告》，还书面审查了《关于郑州市2012年国民经济和社会发展计划执行情况与2013年国民经济和社会发展计划草案的报告（草案）》《关于郑州市2012年财政预算执行情况和2013年财政预算草案的报告（草案）》。

2月21日下午，郑州市第十三届人民代表大会第六次会议举行第二次全体会议。市人大常委会主任白红战作市人大常委会工作报告；市中级人民法院院长王新生作市中级人民法院工作报告，市人民检察院检察长杨祖伟作市人民检察院工作报告。

2月23日，郑州市第十三届人民代表大会第六次会议闭幕。大会以举手表决的方式，通过了郑州市第十三届人民代表大会第六次会议关于郑州市人民《政府工作报告》的决议、关于郑州市2012年国民经济和社会发展计划执行情况与2013年计划及其报告的决议、关于郑州市2012年财政预算执行情况和2013年财政预算的决议、关于郑州市人民代表大会常务委员会工作报告的决议、关于郑州市中级人民法院工作报告的决议、关于郑州市人民检察院工作报告的决议。

省委常委、市委书记吴天君在闭幕式上讲话。他指出，以人大、政协“两会”胜利闭幕为标志，郑州都市区建设新一年度的工作已经拉开序幕，各项目标任务已经明确。同时，就如何抓落实提出四点要求：一是必须准确把握形势，始终保持超越发展的责任感和紧迫感。二是必须突出重点，创新路径，把“强投资、夯基础、调结构、求提升”这一总要求贯穿始终。三是必须坚持群众路线、强化作风保障，以务实重做树立务实形象。四是需要人大代表切实履职尽责，在经济社会发展的主战场作出新贡献。

市人大常委会主任白红战在闭幕式上讲话。他指出，本次会议严格执行关于改进会风的十项具体措施，树立了简朴务实的会议新风。会议明确了新的一年郑州市经济社会发展的总体思路和部署，提出了一批体现全市人民意志和利益、高质量的议案和建议。各位代表要围绕中心抓落实，依法依规抓落实，敢于担当抓落实，尽职尽责抓落实，扎扎实实做好各项工作。

大会共收到代表议案124件，涉及社会保障、环境保护、城市建设、医疗卫生、交通治理、教育及农业等方面。

【人大常委会会议】 郑州市十三届人大常委会第三十三次会议　2013年2月1日，郑州市十三届人大常委会第三十三次会议举行，市人大常委会主任白红战主持会议。会议听取了有关人事任免案的说明，市政府关于2012年政府投资项目计划执行情况和2013年计划（草案）的报告，市十三届人民代表大会代表变动情况的代表资格审查报告，市十三届人大六次会议筹备工作情况的报告；传达了河南省第十二届人民代表大会第一次会议精神；书面听取了市人大常委会工作报告稿，市人大法制委员会工作报告稿，市人民《政府工作报告》稿，市政府2012年国民经济和社会发展计划执行情况与2013年国民经济和社会发展计划（草案）的报告稿，市政府2012年财政预算执行情况与2013年全市预算（草案）的报告稿，市中级人民法院工作报告稿，市人民检察院工作报告稿，市十三届人大六次会议议程（草案）和召开时间的决定（草案），市十三届人大六次会议主席团和秘书长名单（草案）、计划财政预算审查委员会名单（草案）、议案审查委员会名单（草案）、列席人员名单（草案），关于接受许福亮、岳德昌辞去市十三届人大常委会委员职务的决定（草案）。

郑州市十三届人大常委会第三十四次会议　3月25日，郑州市十三届人大常委会第三十四次会议举行，市人大常委会主任白红战主持会议。会议传达了十二届全国人大一次会议精神；听取了关于补选谢伏瞻为河南省第十二届人民代表大会代表的说明。会议经过投票选举，谢伏瞻全票当选为郑州市出席河南省第十二届人民代表大会代表。会议表决了人事任免案。

郑州市十三届人大常委会第三十五次会议　4月23-25日，郑州市十三届人大常委会第三十五次会议举行，市人大常委会主任白红战主持会议。会议听取了市政府关于2012年度市人大常委会有关决议、决定和审议意见落实情况的报告，关于农产品质量安全工作情况的报告，关于《郑州市科学技术投入条例（修订草案）》的说明，关于市十三届人民代表大会代表变动情况的代表资格审查报告；审议了有关人事任免案的说明。会议表决通过了市政府关于农产品质量安

2月20日，市十三届人大六次会议开幕

全工作情况的报告，市十三届人民代表大会代表变动情况的代表资格审查报告，通过了有关人事任免案。

郑州市十三届人大常委会第三十六次会议 6月6日，郑州市十三届人大常委会第三十六次会议举行，市人大常委会主任白红战主持会议。会议听取、审议并表决通过了关于接受胡荃、李公乐辞去郑州市人民政府副市长职务的决定，以及有关人事任免案。会议决定任命孙金献为郑州市人民政府副市长，李书峰为郑州市发展和改革委员会主任，文广轩为郑州市科学技术局局长，苗晋琦为郑州市工业和信息化委员会主任，赵新民为郑州市城市管理局局长，周亚民为郑州市农业农村工作委员会主任。

郑州市十三届人大常委会第三十七次会议 6月20-21日，郑州市十三届人大常委会第三十七次会议举行，市人大常委会主任白红战主持会议。会议听取了市政府关于《郑州市城市园林绿化条例》实施情况的报告、关于森林城市建设工作情况的报告，市法制办关于《郑州市社会急救医疗服务管理条例（草案）》的说明，市人大法制委员会关于《郑州市科学技术投入条例（修改草案）》审议修改情况的说明，市十三届人民代表大会代表变化情况的代表资格审查报告。

会议听取了市人大法制委员会作关于《郑州市科学技术投入条例（修改草案）》审议结果的报告，表决并通过了《郑州市科学技术投入条例（草案表决稿）》、市政府关于森林城市建设工作情况的报告、市政府关于《郑州市城市园林绿化条例》实施情况的报告、关于市十三届人民代表大会代表变化情况的代表资格审查报告。

会议传达学习了习近平总书记关于实现中华民族伟大复兴梦想的重要论述和省委书记郭庚茂在省十二届人大二次会议及宣传思想工作、政协统战工作、政法及社会管理工作三个座谈会上的重要讲话精神。

郑州市十三届人大常委会第三十八次会议 8月29-30日，郑州市十三届人大常委会第三十八次会议举行，市人大常委会主任白红战主持会议。会议听取了市政府副市长张建慧作的关于新型城镇化建设进展情况的报告，市人大法制委员会主任委员刘金柱作的关于《郑州市社会急救医疗条例（草案）》修改情况的说明，市政府副秘书长王霄鹏作的关于《郑州市城市中小学校幼儿园规划建设管理条例》《郑州市市区中小学布局规划》贯彻落实情况的报告，市发改委主任李书峰作的关于郑州市2013年上半年国民经济和社会发展计划执行情况的报告，市财政局局长刘睿作的关于郑州市2012年财政决算和2013年1-6月财政预算执行情况的报告，市审计局局长冯明杰作的关于2012年度市级预算执行及其他财政收支的审计工作报告，市中级人民法院院长王新生作的关于人事任免案的说明。

会议听取了市人大常委会法制委员会关于《郑州市社会急救医疗条例（草案）》审议结果的报告，表决通过了市政府关于2013年度上半年国民经济和社会发展计划执行情况的报告、关于2012年度财政决算和2013年度上半年财政预算执行情况的报告、关于2012年度市本级预算执行及其他财政收支的审计工作报告。

会议还表决通过了市中级人民法院关于诉讼调解化解社会矛盾工作情况的报告、关于批准2012年市级财政决算的决议和人事任免案。

郑州市十三届人大常委会第三十九次会议 10月30-31日，郑州市十三届人大常委会第三十九次会议举行，市人大常委会主任白红战主持会议。会议听取了市政府副市长吴忠华作的关于市十三届人大六次会议《关于加快推进郑州“天地之中”文化品牌研究推介工作》《关于修订〈郑州市大气污染防治条例〉，加大环境监控治理力度，提高郑州地区空气质量》《关于加快郑州绿色建筑实施与推进工作》《关于建设郑州市中小学数字教育云资源公共服务平台》《关于创办中原国际时装周，努力把郑州打造成为中国中部时尚之都》《关于制定〈郑州市社会急救医疗管理条例〉》《关于充分利用高校外迁后土地资源，优化区域经济社会发展布局》七项代表议案办理情况，以及市十三届人大六次会议以来代表建议、批评、意见办理工作情况的报告，市政府副秘书长翟政作的关于促进全市产业集聚区发展情况的报告，市政府副秘书长周铭作的关于郑州市都市型现代农业示范区建设情况的报告，市人民检察院检察长杨祖伟作的郑州市人民检察院2010年以来民事检察监督工作汇报，市人大常委会副主任刘全心作的关于市十三届人民代表大会个别代表的代表资格审查报告及有关人事任免案，市中级人民法院、市发展和改革委员会、市人力资源和社会保障局关于市十三届人大六次会议代表建议、批评和意见办理情况的汇报。

会议表决通过了市政府关于促进全市产业集聚区发展情况的报告、关于郑州市都市型现代农业示范区建设情况的报告，市人民检察院关于民事检察监督工作情况的报告；通过了市十三届人大六次会议七项代表议案办理情况的报告；通过了市政府关于市十三届人大六次会议以来代表建议、批评、意见办理工作情况的报告，市中级人民法院关于市十三届人大六次会议代表建议、批评和意见办理情况的报告；通过了市十三届人民代表大会个别代表资格审查报告及人事任免案。

郑州市十三届人大常委会第四十次会议 12月24-25日，郑州市十三届人大常委会第四十次会议举行，市人大常委会主任白红战主持会议。会议听取了市委常委、常务副市长孙金献作的关于2013年市政府民生十大实事办理落实情况的报告，市政府副秘书长袁聚平作的关于“畅通郑州”工程建设情况的报告，市财政局局长刘睿作的关于郑州市2013年财政收入预计完成情况及市本级超收安排意见的报告，市审计局局长冯明杰作的关于2012年度市级预算执行及其他财政收支审计工作报告中反映问题整改落实情况的报告，以及有关人事任免案的说明。

会议表决通过了市政府关于2013

10月30日，在市十三届人大常委会第三十九次会议上常委会组成人员表决相关报告

年财政收入预计完成情况及超收安排意见的报告、关于2012年度市本级预算执行审计工作报告中反映问题整改落实情况的报告、关于民生十大实事办理落实情况的报告、关于"畅通郑州"工程建设情况的报告和人事任免案。

【人大常委会主任会议】 郑州市十三届人大常委会主任会议第五十次会议 2013年1月17日，市人大常委会主任白红战主持召开市十三届人大常委会主任会议第五十次会议。会议听取了关于市本级2013年财政收支预算安排（草案）情况的报告，关于市本级2013年财政收支预算安排（草案）情况的报告的初审意见，关于郑州市2012年国民经济和社会发展计划执行情况与2013年国民经济和社会发展计划（草案）的报告，关于郑州市2012年国民经济和社会发展计划执行情况与2013年计划（草案）的初审报告，关于郑州市2012年政府投资项目计划执行情况和2013年计划草案的初审报告；关于郑州市人民代表大会常务委员会工作报告（草案）的起草说明，关于表彰市人大先进代表组和积极履职人大代表的决定（草案）。

郑州市十三届人大常委会主任会议第五十一次会议 1月31日，市人大常委会主任白红战主持召开市十三届人大常委会主任会议第五十一次会议。会议学习传达了河南省十二届人大一次会议精神。听取了关于市十三届人大六次会议各项名单草案的说明，市十三届人大六次会议议程（草案）、会议日程（草案）、会议召开的时间决定（草案），市人大常务委员会工作报告修改情况及市十三届人大六次会议其他各项工作报告的起草情况、市人大法制委员会工作报告起草情况，市十三届人民代表大会代表变动情况的代表资格审查报告，市十三届人大六次会议代表提出议案和审议处理规定（草案），关于接受许福亮、岳德常辞去市十三届人大常委会委员职务的决定（草案）。

郑州市十三届人大常委会主任会议第五十二次会议 3月20日，市人大常委会主任白红战主持召开市十三届人大常委会主任会议第五十二次会议。会议传达了十二届全国人大一次会议精神；研究了关于市人大常委会2013年工作要点，2013年市人大常委会会议、主任会议议题安排意见；听取了关于市人大常委会主任接待代表日安排意见，关于承办和督办市十三届人大六次会议代表议案及建议、批评和意见工作的说明，关于市十三届人大常委会第三十四次会议议题安排意见（草案）。

郑州市十三届人大常委会主任会议第五十四次会议 4月15日，市人大常委会主任白红战主持召开市十三届人大常委会主任会议第五十四次会议。会议传达了河南省委、省人大、郑州市委重要会议精神；听取了关于《郑州市科学技术投入条例（修正草案）》的初审报告，关于郑州市农产品质量安全工作情况的视察报告，关于市政府《2012年度常委会决议、决定和审议意见落实情况的报告》有关情况的汇报，有关人事任免案，市十三届人大常委会第三十五次会议日程（草案）、议程（草案）及出席和列席人员名单（草案）。

郑州市十三届人大常委会主任会议第五十五次会议 5月17日，市人大常委会主任白红战主持召开市十三届人大常委会主任会议第五十五次会议。会议听取了关于《郑州市医疗卫生设施规划建设管理条例》实施情况的报告、关于《郑州市医疗卫生设施规划建设管理条例》实施情况的执法检查报告、关于台资企业生产经营情况的调研报告；听取了市十三届人大常委会第三十六次会议议题安排意见（草案）。

郑州市十三届人大常委会主任会议第五十七次会议 6月13日，市人大常委会主任白红战主持召开市十三届人大常委会主任会议第五十七次会议。会议听取了市政府关于城市防汛准备工作情况、市人大常委会相关部门关于城市防汛准备工作情况的视察报告，市人大常委会城建工委关于《郑州市城市园林绿化条例》实施情况的执法检查报告，市人大常委会相关部门负责人关于《郑州市社会急救管理条例（草案）》的有关情况汇报、《关于修改〈郑州市科学技术投入条例〉的决定（草案）》审议修改工作情况、森林城市建设工作情况的报告，市十三届人民代表大会个别代表变动情况的报告和市政府"十二五"规划中期评审工作方案等。

郑州市十三届人大常委会主任会议第五十八次会议 7月16日，市人大常委会主任白红战主持召开市十三届人大常委会主任会议第五十八次会议。会议听取了关于《郑州市大气污染防治条例》实施情况的报告，关于《郑州市大气污染防治条例》实施情况的执法检查报告，关于环保世纪行活动开展情况的报告及环保世纪行活动开展情况的视察报告，关于郑州黄河国家湿地公园建设情况的调研报告。会议还听取了市十三届人大常委会第三十八次会议议题安排意见（草案），常委会上将听取并审议市政府关于2013年度上半年国民经济和社会发展计划执行情况的报告等。

郑州市十三届人大常委会主任会议第五十九次会议 8月27日，市人大常委会主任白红战主持召开市十三届人大常委会主任会议第五十九次会议。会议听取了市政府2013年度上半年国民经济和社会发展计划执行情况的初审报告，郑州市2012年市本级财政决算的初审报告，关于《郑州市城市中小学校幼儿园规划建设管理条例》实施情况的执法检查报告，关于《郑州市社会急救医疗服务管理条例（草案）》审议修改情况的报告。会议还听取了人事任免案，市十三届人大常委会第三十八次会议的议程（草案）、日程（草案）、出席和列席人员名单（草案）。

郑州市十三届人大常委会主任会议第六十次会议 9月23日，市人大常委会主任白红战主持召开市十三届人大常委会主任会议第六十次会议。会议听取了郑州市贯彻实施《郑州市劳动用工条例》情况的报告及就业工作情况汇报、关于《郑州市劳动用工条例》实施情况的执法检查报告及就业再就业工作情况的视察报告、关于《河南省供用电条例》贯彻实施情况的报告、关于《河南省供用电条例》执法检查情况的报告、市十三届人大常委会第三十九次会议的议题安排意见。

郑州市十三届人大常委会主任会议第六十一次会议 10月22日，市人大常委会主任白红战主持召开市十三届人大常委会主任会议第六十一次会议。会议听取了市政府关于三环以内批发市场外迁工作情况的报告和市人大常委会经济工委关于此项工作的视察报告，关于市十三届人大六次会议代表议案、建议办理情况的说明，关于市十三届人民代表大会个别代表的代表资格审查报告，关于促进全市产业集聚区发展情况的视察报告，关于都市型现代农业示范区建设情况的视察报告，关于民事检察监督工作的视察报告，人事任免案的说明和关于市十三届人大常委会第三十九次会议议程、日程和出席列席人员安排情况。

郑州市十三届人大常委会主任会议第六十二次会议 11月20日，市人大常委会主任白红战主持召开市十三届人大常委会主任会议第六十二次会议。会议听取了市政府关于促进全市现代服务业发展情况的报告和市人大常委会经济工作委员会关于此项工作的视察报告，市人大常委会信访室关于市人大常委会2013年度信访工作情况的报告，市人大常委会法制室关于《郑州市人大常委会2014年度地方立法计划（草案）》的说明，市十三届人大常委会第四十次会议议题安排意见（草案）。

郑州市十三届人大常委会主任会议第六十三次会议 12月18日，市人大常委会主任白红战主持召开市十三届人大常委会主任会议第六十三次会议。会议听取了市国税局、地税局关于国税和地税税收征管工作情况的报告和市人大常委会预算工委关于这两项工作的视察报告，市人大常委会关于市政府2013年民生十大实事落实情况的视察报告，市人大常委会预算工委关于《郑州市2013年财政收入预计完成情况及市本级超收安排意见的报告》的初审报告，关于《2012年度市本级预算执行审计工作报告中反映问题整改落实情况的报告》的初审报告，人事任免说明和市十三届人大常委会第四十次会议议程（草案）、日程（草案）、出席和列席人员名单等。

【人大工作会议】 2013年1月6日，市人常委会预算工委召开会议，对市直有关部门2013年部门预算（草案）进行初步审查。市人大常委会副主任王平出席会议。

1月10日，河南省2012年度省、市人大立法工作座谈会在郑州召开。会议就进一步加强新形势下省、市人大立法工作进行深入研讨。市人大常委会副主任贾记鑫出席会议。

1月10日，市人大常委会经济工委组织部分常委会组成人员和市人大代表，对郑州市2012年国民经济和社会发展计划执行情况与2013年国民经济和社会发展计划草案的报告进行初审。市人大常委会副主任刘全心出席会议。

1月11日，市人大常委会预算工委召开座谈会，召集财政部门负责人对市本级2013年财政预算安排情况的报告进行初审。市人大常委会副主任王平出席会议。

1月11日，市人大常委会召开座谈会，向部分省、市人大代表、县（市）区人大常委会负责人征求对市人大常委会工作报告初稿的意见建议。市人大常委会副主任雷志出席会议。

1月17日，市人大常委会民侨外工委召开对口联系部门负责人与专业组人大代表座谈会。市人大常委会副主任李元法出席会议。

3月6日，市人大常委会预算工委召开关于修改《河南省政府非税收入管理条例（草案）》征求意见建议座谈会。市人大常委会副主任王平出席会议。

3月26日，市人大常委会选工委召开市十三届人大六次会议代表议案、建议交办会。市人大常委会副主任刘全心、副市长吴忠华出席交办会。

4月17日，市人大常委会民侨外工委召开全市部分台资企业负责人座谈会。市人大常委会副主任李元法出席会议。

4月19日，市人大常委会预算工委召开对口联系部门工作座谈会。市人大常委会副主任王平出席会议。

4月22日，市人大常委会教科文卫工委组织召开《郑州市科学技术投入条例》修改征求意见座谈会。市人大常委会副主任赵武安、秘书长范强出席会议。

5月15日，市人大常委会预算工委组织召开市本级有关部门2012年部门决算草案初步审查工作会议。市人大常委会副主任王平出席会议。

6月18日，市人大常委会教科文卫工委组织召开《郑州市社会急救医疗服务管理条例（草案）》初审会。市人大常委会副主任赵武安出席会议。

8月7日，市人大常委预算工委组织召开2013年国民经济和社会发展计划执行情况的报告初审会。市人大常委会副主任刘全心出席会议。

9月23日，市人大常委会经济工委召开由该委督办的市十三届人大六次会议代表议案、建议办理工作座谈会。市人大常委会副主任刘全心出席会议。

9月27日，郑州市人大工作座谈会第二十一次会议在巩义市召开，部分全国、省、市、县（市）区人大代表及人大工作者围绕助推全市“三大主体”工作的实践和经验，以及人大工作面临的新情况、新问题等进行了深入探讨和交流。市人大常委会主任白红战出席座谈会。市人大常委会副主任雷志、刘全心、周长松，党组成员王贵欣，秘书长范强参加会议。

（胡凯林　李　娜）

监督工作

【执法检查】 2013年5月13日，市人大常委会副主任赵武安带领部分常委会组成人员及人大代表，对《郑州市医疗卫生设施规划建设管理条例》贯彻实施情况进行执法检查。

6月7日，市人大常委会主任白红战带领部分常委会组成人员和人大代表，对《郑州市城市园林绿化条例》贯彻执行情况进行执法检查。市人大常委会副主任周长松、秘书长范强参加检查。

7月10日，市人大常委会组织部分常委会组成人员和人大代表，对全市贯彻执行《中华人民共和国食品安全法》情况进行执法检查。市人大常委会主任白红战、副主任赵武安、秘书长范强参加检查。

8月8日，市人大常委会主任白红战带领部分常委会组成人员及人大代表，对《郑州市城市中小学幼儿园规划建设管理条例》《郑州市市区中小学布局规划》贯彻落实情况进行执法检查。

9月11日，市人大常委会主任白红战带领部分常委会组成人员和市人大代表，对《河南省供用电条例》在郑州的贯彻执行情况进行执法检查。市人大常委会副主任刘全心、党组成员王贵新参加执法检查，副市长马健陪同检查。

9月12日，省人大常委会检查组莅郑，对郑州市《中华人民共和国气象法》贯彻实施情况进行执法检查。市人大常委会副主任赵武安陪同检查。

9月16-17日，市人大常委会组织部分常委会组成人员和市人大代表，对郑州市贯彻实施《郑州市劳动用工条例》情况进行执法检查。市人大常委会副主任刘全心参加检查。

9月18日，省人大常委会副主任蒋笃运带领省人大常委会执法检查组一行，对郑州市贯彻实施《中华人民共和国行政复议法》情况进行执法检查。市人大常委会副主任贾记鑫、副市长张学军陪同检查。

10月15日，全国人大常委会委员、全国人大教科文卫委员会副主任委员任茂东带领执法检查组，对郑州市贯彻执行《中华人民共和国义务教育法》情况进行检查。市人大常委会副主任赵武安、副市长吴忠华陪同检查。

11月22日，市人大常委会执法检查组对郑州市贯彻实施《中华人民共和国残疾人保障法》情况进行执法检查。市人大常委会副主任贾记鑫参加检查。

【调研及视察活动】 2013年2月6日，市人大常委会主任白红战带领部分常委会组成人员，对郑州市烟花爆竹和加油站油气销售、储存、运输等环节进行视察。

3月14日，市人大常委会副主任赵

9月11日，市人大常委会对全市贯彻执行《河南省供用电条例》情况进行执法检查

武安对郑州市生态养殖业发展情况进行专题调研。

3月21日，全国人大常委会原副委员长成思危一行到登封市考察。市人大常委会副主任刘全心陪同考察。

3月26日，市人大常委会副主任李元法对中原新区纺织印染企业发展情况进行调研。

3月29日，市人大常委会主任白红战、秘书长范强到登封市，对城市综合体项目规划建设进展情况进行视察。

4月10日，市人大常委会副主任赵武安带领部分常委会组成人员及人大代表，对全市农产品质量安全情况进行视察。

4月11日，市人大常委会主任白红战到上街区峡窝镇，对网格化管理工作情况进行调研。

4月13-14日，全国人大常委会副委员长许嘉璐对郑州市文化工作进行视察。市人大常委会副主任赵武安陪同视察。

4月19日，市人大常委会农工委组织部分人大代表，对全市农产品质量安全工作情况进行视察。市人大常委会副主任赵武安参加视察。

5月3日，省人大常委会教科文卫工委主任詹玉荣一行对郑州市职业教育工作进行调研。市人大常委会副主任赵武安陪同调研。

5月9日，市人大常委会副主任李元法带领部分常委会组成人员和市人大代表，对全市台资企业生产经营情况进行调研。

5月14日，全国人大财经委副主任委员吕祖善一行对郑州市新型城镇化建设情况进行调研。市人大常委会主任白红战、副主任周长松、秘书长范强陪同调研。

5月15日，市人大常委会主任白红战、副主任赵武安、秘书长范强到新郑市，对文化遗产保护工作进行视察。

5月16日，十一届全国人大常委会副委员长顾秀莲到郑州外国语中学进行考察。市人大常委会副主任赵武安陪同考察。

5月21日，市人大常委会副主任赵武安带领部分常委会组成人员及人大代表，对全市森林城市建设情况进行视察。

6月4日，市人大常委会主任白红战、副主任周长松带领部分常委会组成人员和市人大代表，对全市城市防汛工作进行视察。副市长张建慧陪同视察。

6月14日，省人大常委会副主任蒋笃运带领视察组一行莅郑，对郑州市法院刑事审判工作和检察院反贪污贿赂工作开展情况进行视察。市人大常委会副主任贾记鑫陪同视察。

7月1日，省人大常委会秘书长张启生一行对郑州航空港经济综合实验区进行调研。市人大常委会副主任刘全心陪同调研。

7月2日，部分驻豫全国人大代表调研郑州航空港经济综合实验区建设情况

7月2-3日，市人大常委会主任白红战、副主任刘全心、秘书长范强陪同驻豫全国人大代表黄布毅、吉炳伟一行，对郑州航空港经济综合实验区、孤柏嘴南水北调工程及上街区通用航空产业基地进行专题调研。

7月3日，市人大常委会组织部分常委会组成人员和人大代表对《河南省高速公路条例》贯彻执行情况进行视察。市人大常委会副主任周长松参加视察。

7月4日，全国人大常委会副委员长、民进中央主席严隽琪一行到郑州航空港经济综合实验区及登封市文化产业园区进行视察。市人大常委会主任白红战陪同视察。

7月6日，全国人大常委会副委员长张平一行到郑州航空港经济综合实验区进行调研。省委常委、市委书记吴天君，省人大常委会副主任张大卫，市领导胡荃、白红战、刘全心，市人大常委会秘书长范强等陪同调研。

7月8日，市人大常委会副主任周长松带领部分常委会组成人员，对《郑州市大气污染防治条例》贯彻执行情况和郑州市环保世纪行活动开展情况进行视察。

7月9日，省人大常委会副主任张大卫一行对郑州市深化对外开放、建设国际化营商环境等情况开展专题调研。市领导胡荃、白红战、薛云伟、赵武安，市人大常委会秘书长范强陪同调研。

7月24日，市人大常委会副主任周长松带领部分人大代表和新闻媒体，对全市水污染防治情况进行视察。

8月5日，省人大常委会副主任王保存对郑州市人大换届和乡镇人大建设工作进行调研。市人大常委会主任白红战、副主任刘全心、秘书长范强陪同调研。

8月7日，市人大常委会组织部分常委会组成人员和人大代表，对“畅通郑州”工程施工建设情况进行视察。市人大常委会主任白红战、副主任周长松、秘书长范强参加视察，副市长张建慧陪同视察。

8月19日，省人大常委会调研组莅郑，就机动车排气污染检测问题进行立法调研。市人大常委会副主任贾记鑫陪同调研。

8月29-30日，省人大常委会农工委副主任李玉德一行对南水北调中线工程郑州段进行调研。市人大常委会副主任赵武安陪同调研。

9月10日，市人大常委会主任白红战，副主任雷志、刘全心、贾记鑫、周长松，秘书长范强一行到惠济区，对新型城镇化建设情况进行调研。

9月11日，市人大常委会副主任赵武安带领部分人大代表，先后到河南邦友农业生态循环发展有限公司、中牟·国家农业公园等地，对郑州市都市型现代农业示范区建设情况进行视察。

9月13日，全国人大代表、市人大常委会副主任赵明恩对巩义市农业现代化发展情况进行调研。

9月17日，市人大常委会组织部分常委会组成人员和部分全国、省、市三级人大代表，对郑州市检察机关民事检察监督工作情况进行视察。市人大常委会副主任贾记鑫参加视察。

9月22日，全国人大常委会副委员长、民盟中央主席张宝文一行对郑州航空港经济综合实验区规划建设情况进行调研。市人大常委会主任白红战、航空港实验区管委会主任张延明、市人大常委会副主任刘全心、市政协副主席朱专兴陪同调研。

10月11日，省人大常委会副主任储亚平带领省人大常委会调研组，对郑州市侨务工作进行专题调研。市人大常委会主任白红战、副主任李元法、副市长张学军、市人大常委会秘书长范强陪同调研。

10月14日，市人大常委会副主任刘全心带领部分常委会组成人员和市人大代表，对全市促进产业集聚区发展情况进行视察。

11月7日，市人大常委会组织部分全国、省、市、区人大代表，对金水区人大代表工作进行调研。市人大常委会主任白红战参加调研。

11月14日，市人大常委会组织部分常委会组成人员和人大代表，对全市促进现代服务业发展情况进行视察。市人大常委会副主任刘全心参加视察。

11月15日，省人大常委会调研组对郑州市社区矫正工作进行调研。市人大常委会副主任贾记鑫陪同调研。

11月28日，全国人大常委会副委员长吉炳轩对郑州市农业产业化、新型城镇化建设工作进行调研。省委常委、郑州市委书记吴天君，省人大常委会副主任王保存，市领导马懿、胡荃、白红战、张延明陪同调研。

12月10日，市人大常委会组织部分常委会委员，对郑州市2013年财政收入工作进行视察。市人大常委会主任白红战、副主任王平、秘书长范强参加视察。

12月11日，省人大常委会组织部分驻豫全国人大代表对郑州市地铁工程建设和河南保税物流中心工作情况进行集中视察。省人大常委会副主任张大卫参加视察，市人大常委会主任白红战、副市长张建慧、市人大常委会秘书长范强陪同视察。

12月11日，市人大常委会组织驻郑全国、省两级人大代表，对郑州市大气污染防治和地铁1号线、2号线工程建设情况进行集中视察。市人大常委会主任白红战、副主任刘全心、秘书长范强参加视察，副市长张学军、市政府秘书长王春山陪同视察。

12月12日，市人大常委会组织部分常委会组成人员和人大代表，对郑州市民生十大实事落实情况进行视察。市人大常委会副主任雷志、贾记鑫、王平、李元法、周长松参加视察。

12月20日，市人大常委会组织部分常委会组成人员，对“畅通郑州”工程建设情况进行视察。市人大常委会主任白红战，副主任周长松、赵武安，党组成员王贵欣参加视察，副市长张建慧陪同视察。

（胡凯林　李　娜）

人民政府

综　述

【概况】　2013年，郑州市政府紧紧围绕“一个载体、三个体系”建设，牢牢把握“三大一中”战略定位，抢抓中原经济区和郑州航空港经济综合实验区上升为国家战略的重大历史机遇，以“强投资、夯基础、调结构、求提升，努力实现经济社会持续健康快速发展”为总要求，强力推进新型城镇化引领、现代产业体系构建和以网格为载体坚持依靠群众推进工作落实长效机制“三大主体”工作，大力实施开放创新“双驱动”战略，加快推进中原经济区郑州都市区建设三年行动计划，较好地完成了市十三届人大六次会议确定的目标任务。

2013年，全市实现生产总值6202亿元，比上年增长10%；规模以上工业增加值完成2857.7亿元，增长11.3%；公共财政预算收入完成723.6亿元，增长19.3%；固定资产投资完成4400.2亿元，增长23.6%；社会消费品零售总额达到2586.4亿元，增长13%；居民消费价格指数涨幅为2.8%；城镇居民人均可支配收入达到26615元，增长9.5%；农民人均纯收入达到14009元，增长11.8%。

【经济发展】　2013年，郑州市紧紧围绕提高经济增长的质量和效益，把强投资作为总抓手，坚持以项目为载体，加快推进郑州都市区三年行动计划和现代产业体系构建，积极开展工业经济稳增长调结构百日攻坚行动等，全市经济呈现出“稳中有进、稳中有为、稳中提质、稳中向好”的良好局面。

稳中有进。结构调整取得基础性、明显性成效，三次产业结构由2012年年底的2.6：56.4：41调整为2013年的2.4：56：41.6，第三产业上升0.6个百分点。工业结构中，资源型工业比重持续下降；电子信息、汽车与装备制造等工业七大主导产业比重持续提高，完成规模以上工业增加值1950亿元，增长13.7%，对全市规模以上工业增长的贡献率达到78.7%。高新技术产业发展迈上新台阶，全年共完成产值1263.6亿元，增长24%。金融业、现代物流、电子商务等现代服务业迅猛发展，金融业成为全市第二大税源。现代都市农业稳步发展，“136”工程成效明显，粮食总产量超额完成年度目标任务。

稳中有为。优化投资结构，其中服务业投资完成2910亿元，增长37%，增速超过工业。积极搭建开放平台，出口加工区B区建设启动，肉类口岸获批筹建，汽车口岸、药品口岸申报取得重大进展。围绕主导产业培育产业集群、延长产业链条，产业集聚集群效应凸显，全市产业集聚区主导产业完成营业收入4600亿元，占比达到60%；固定资产投资完成1900亿元，增长40%以上。强化“五职”招商，加大“三力”型项目招商力度，全年签约主导产业项目286个，签约额达到4227亿元。实际利用外资占全省总额的1/4；进出口总值完成420亿美元，增长19%；引进市外境内资金1390亿元，增长26%。

稳中提质。税收占财政收入比重达到75.2%，同比提高0.6个百分点。人民生活水平进一步提高。万元生产总值能耗降低3.6%。科技自主创新能力不断增强。国家创新型城市、国家“十城千辆”新能源汽车和“十城万盏”半导体照明工程、国家专利导航产业发展实验区等试点工作有序推进，国家专利审查协作河南中心正式运行，国家技术转移郑州中心申建成功。数字城市、智慧城市建设加快推进，顺利通过国家第二批“两化”融合试验区建设验收，与开封实现电信同城，成为国家级互联网骨干直联点城市和信息消费试点城市。

稳中向好。2013年下半年以来，全市经济运行在逆境中实现逐步回

2月19日，市长马懿在市十三届人大六次会议上作《政府工作报告》

暖，规模以上工业增速为11.3%，比上半年提升0.5个百分点；工业用电量继续保持增长态势。郑欧班列开通运行、跨境E贸易试点实施、电子口岸建设和国际陆港建设的加速推进，为经济持续健康发展提供了新的平台。

【郑州航空港经济综合实验区建设】 2013年，郑州市坚持把航空港经济综合实验区建设摆在全市工作的首要位置，按照"理顺体制、统筹谋划、远近结合、分步实施、重点突破"的原则，集全市之力加快推进，形成了以要素集聚、项目集聚、功能集聚为标志的开发建设热潮，实现良好开局，区域发展优势开始显现。重点从理顺体制、健全机制入手，完成实验区总体规划并加快推进26个专项规划的编制工作，健全综合支撑体系，加快推进基础设施建设，加大招商引资力度，实验区建设整体步入顺利发展的轨道。新郑综合保税区三期工程、新郑机场二期工程进展顺利。新郑国际机场快件中心、国际快件出口总包直封权获得国家批准，郑州国家高技术生物产业基地获批建设。智能手机产量接近1亿部，占全球供货量的1/8，成为全球最重要的智能手机生产基地。与UPS、菜鸟科技、京东商城等一批知名企业的战略合作持续深化。实验区全年新开工项目17个，新签约项目45个，项目投资总额突破1500亿元；生产总值完成300亿元，固定资产投资完成220亿元，外贸进出口总值达到350亿美元，分别增长30%、57%和25%；新郑国际机场货物吞吐量突破25万吨，同比增长66%，增速在全国机场排名第一。

【新型城镇化建设】 2013年，郑州市坚持规划先行，确立郑州都市区空间布局，实现总体规划全覆盖，不断加强控制规划、专项规划和城市设计，五级城乡规划体系基本形成，"郑州市城乡规划信息系统"项目荣获2013年中国地理信息产业优秀工程金奖。以交通道路建设为先导，加快推进城乡路网一体化建设。地铁1号线一期如期试运营。畅通郑州工程加快推进，主城区"井字+环线"快速骨干路网加快建设，三环快速化主干工程建成投用，京广快速二期、陇海快速路开工建设；"两环十七放射"、16个绕城高速出入市口、188条断头路、751个路口渠化等工程有序推进；县域路网新改建498公里；生态廊道建设新增绿化面积1520万平方米。以中央商务区、特色商业区、组团新区为重点，突出老区改造和新区开发，加快中心城区和县城组团现代化建设步伐。重点片区改造加快推进，三环以内完成78个整村拆迁、50个市场外迁。全面启动县城十字景观大道建设，13个组团新区新增建成区面积27平方公里。加快推进四类社区建设，建设社区项目449个，开工安置房项目435个，回迁居民39.4万人。加强城市基础设施建设。一大批水、电、气、暖、垃圾和污水处理工程加快推进。一户一表改造完成5万户，新建、改造燃气管网85公里，新建供热主管网50公里。顺利完成年度煤改气和地下管线数字空间信息系统建设。

【重点领域和关键环节改革】 2013年，郑州市深化城乡规划土地建设管理"六统一"制度改革，政府调控能力切实增强，资源配置效率得到提高。积极推进各类组团新区和产业集聚区管理机构与行政区域管理套合制度改革，将98个产业集聚区和专业园区整合为45个，初步建立起"小政府、大服务"的管理体制。全面推进行政审批制度改革，审批事项由原来的363项削减至141项，削减64.2%；审批环节压缩61.2%，审批时限缩减79.5%。深化投融资体制改革，组建八大投融资集团，以企业为主体的法人治理结构基本健全，现代企业管理制度得到进一步完善，"立项、融资、使用、管理、偿债""五位一体"全产业链发展模式开始运行，初步构建了层次合理、机制完善、运转高效、风险可控的融资体系。积极推进企业战略重组和改制上市，中国和谐汽车控股集团有限公司在香港成功上市，全市上市公司达到37家，新三板试点园区新增后备企业13家。深化事业单位体制改革，郑州人民医院医疗集团正式成立。积极推进"五险一金"制度创新。

【民生保障和改善工作】 2013年，郑州市民生支出达到501.7亿元，增长18.2%。省市"民生十大实事"全面完成。确定并实施规范养犬管理、变电站建设等十二项专项治理，一大批群众关心的热点难点问题得到有效解决。开工新建和改扩建幼儿园90所、中小学31所，新增市区中小学优质学位3.4万个。七个区域性医疗中心共投入资金7.1亿元，新增优质医疗床位3300张，覆盖城乡的"片医"负责制得到发展和完善。进一步健全城乡就业服务网络，全年新增城镇就业再就业15万人，农村劳动力转移就业10.5万人。深化经适房、廉租房、公租房"三房合一"制度改革，加大棚户区改造力度，全市老旧社区改造提前完成，新开工建设保障性住房4.6万多套，新建成保障性住房4.57万套，超额完成省政府下达的年度任务。加强生态环境保护，积极创建国家森林城市，植树造林9033.33万余平方米，城区新增绿地815万平方米；实施"蓝天"工程，强化PM2.5监测和防治，加强黄标车和建筑扬尘治理，拆改燃煤锅炉532台。南水北调、引黄调蓄等一批水源工程和生态水系工程进展顺利。困难群体救助体系进一步完善，市救助管理站被评为"国家一级救助管理机构"。成功创建国家公共文化服务体系示范区。

（李林晓　李　波）

【政府信息编发和上报】 2013年，全市政务信息工作紧紧围绕政府工作中心，提升信息质量，强化目标责任，严格制度落实，以做好各级领导信息服务为目标，站位经济社会发展全局找准亮点，突出"三大主体"工作总结经验，紧盯深化改革开放开展交流，增强了主动服务和超前服务意识。全年共组织采编信息3608条，其中上报省政府信息857期（条），被省政府采用639条；编发《政府工作快报》471期、《政务要闻》244期、《专报信息》207期，政务信息工作名列全省前茅。2013年2月被评为2012年度河南省政务信息工作先进单位，11月被市委办公厅评为2012年度《郑州工作》宣传报道先进单位。

一是服务中心，聚焦大局。自觉围绕重点项目、改善民生、深化改革和推进"三大一中"战略，打造中原经济区核心增长区和全国重要的区域性中心城市、最佳人居环境城市等经济社会发展的重大主题搞好信息服务，组织汇编了《落实2013年政府工作报告部署做好全年工作专题约稿》《推进新型城镇化建设专题约稿》等专题快报160余期，结合政府阶段工作的重点反映各级贯彻落实情况。同时，加强与省政府办公厅、各县（市）区和市直局委的联系，通报信息上报重点，及时发现信息采编中存在的问题和需要改进的地方。

二是健全机制，不断创新。制定下发了《2013年度政务信息报送目标任务的通知》和《关于加强调查研究与政务信息工作的通知》，进一步落实专职信息员、工作交流和重大信息审计等制度，加强主渠道建设。完善信息工作培训机制，邀请有关专家，开展政务信息培训。全年全市各级采取培训班、以会代训和组织信息员到省信息处学习等不同形式，组织业务培训21次，培训信息员638人次。结合实际，创新了问题信息督察、领导批示信息反馈等制度，提升信息在沟通情况、解决问题中的作用，重点加强了反映安全生产、食品安全、拆迁安置、工程质量、节能减排、环境保护、创新和加强社会管理等信息的采编，加强了跟踪市直单位做好领导批示办理情况和后续落实情况的反馈。

三是贴近实际，反映真情。把领导时刻关注的、正在思考的、有待了解的问题作为信息工作重点，及时采编了《郑州航空港经济综合实验区建设工作动态》《探索农民就地就近转移的新型城镇化之路》《破解征迁难题》《推进第十轮行政审批制度改革》等信息。注重报送与群众生产生活息息相关的综合信息，对涉及居民和谐宜居、民生保障等社会关注的热点问题，及早调查、认真剖析。采编了《楼宇经济的情况及建议》《流浪乞讨人员冬季专项救助情况》《打击非法行医维护群众健康》《采取措施保障群众“菜篮子”》等信息。同时，健全经济社会发展数据指标信息网络，及时反映经济社会发展近况。针对建设区域中心城市的需求，发挥市政府驻北京、上海、广州办事处作用，及时提供国家部委政策最新动态、专家对经济社会发展的分析与预测，以及外省、市的发展经验和教训等多方面参阅信息，全年累计编发《政府工作快报》（外埠专栏）50期500余条信息。

（巩 煌）

市政府重要会议

【全市新型工业化推进大会】 2013年2月6日，全市新型工业化推进大会召开。会议总结2012年全市新型工业化工作，安排部署2013年新型工业化重点工作，动员全市上下进一步加快实施工业经济“三年倍增、五年超越”计划，抢抓机遇，加快推进新型工业化进程。市长马懿出席会议并讲话。

马懿强调，要把加快推进新型工业化放在经济工作的首位。实现2013年新型工业化的奋斗目标，必须突出重点：一要进一步强化工业项目投资，强力推进工业项目建设年活动，力争2013年全市工业项目投资总额达到1800亿元；二要进一步强化质量效益观念，重点在“调”“增”“减”“聚”上下工夫，优化区域发展布局，增加工业经济发展的质量和效益，淘汰落后产能，大力发展产业集聚区；三要进一步强化要素保障，积极破解土地、资金、人才瓶颈制约。

【全市生态建设工作动员大会】 2013年2月16日，郑州市召开2013年生态建设工作动员大会。会议的主要任务是贯彻落实党的十八大精神，安排部署生态建设工作，动员全市上下统一思想，提高认识，迅速行动，抢抓有利时机，全面掀起生态建设热潮，着力打造生态宜居郑州。省委常委、市委书记吴天君主持会议并讲话，市长马懿就生态建设工作进行全面安排部署。

马懿指出，要重点抓好六个方面的工作：一是迅速掀起全民义务植树和造林绿化高潮；二是强力推进生态廊道建设；三是加快生态水系建设；四是认真开展大气污染综合治理；五是大力发展循环经济；六是加强城乡环境综合整治。

【全市对外开放暨服务业发展大会】 2013年3月1日，郑州市召开对外开放暨服务业发展大会。会议总结2012年工作，查找问题和不足，分析形势，对2013年的工作进行安排部署。市长马懿出席会议并讲话。

马懿强调，2013年全市的对外开放工作要突出三个重点：一是郑州航空港经济综合实验区的对外开放和招商引资工作，积极谋划建设国际化航空货运枢纽。二是围绕市委、市政府确定的主导产业和产业布局，招大商、谋大局，培育新的经济增长点。三是公共服务和社会事业全面对外开放，充分借助外部力量，加速自身发展。全市的招商引资工作要突出四个重点环节：一要深度谋划。各县（市）区要确定自身发展方向和主导产业，首先做到“知己”；要明确招商引资对象的投资需求，做到“知彼”，在“知己知彼”的基础上找到契合点，深度谋划招商工作。二要积极对接。要盯紧招商项目，组织专门班子进行研究对接，确保取得实效。三要提供保障。做好项目落地的各种要素保障工作。四要搞好服务。

马懿指出，大力发展服务业，要突出抓好三个方面的工作：一要强化项目投资，把“强投资”作为总抓手，全力推动服务业重大项目建设。二要强化载体建设，加快推进全市30个服务业集聚区规划建设，培育龙头企业。三要加快支柱产业发展，构建现代服务业体系。

马懿强调，中心城区市场外迁是缓解交通拥堵、提升产业层次、拓展中心城区发展空间、提升省会城市形象的重大举措，必须采取有力措施，强力推进。要根据市场外迁三年行动计划，确保全年完成外迁市场50家，启动外迁市场30家；要加快外迁市场承接地建设进度；要进一步明确每个市场集聚区业态定位，引导外迁市场有序健康发展。

【全市安全生产工作会议】 2013年3月27日，全市安全生产工作会议召开。会议回顾总结2012年度全市安全生产工作，分析研究当前安全生产形势，安排部署2013年安全生产工作任务。市长马懿出席会议并讲话。

马懿强调，一要紧紧抓住科学发展、安全发展这个战略主题，把安全发展贯穿于经济社会发展的各方面、全过程；二要紧紧抓住遏制重特大事故这个首要任务，紧紧盯住重点行业、重点地区和重大隐患，加大监管巡查力度，深化隐患排查治理，切实防范和遏制重特大事故；三要紧紧抓住企业安全生产这个主体责任，全面提升企业特别是高危企业安全保障能力；四要紧紧抓住公共安全体系这个基础建设，让全市人民生命健康得到全方位、全过程的安全保护。

【全市食品安全工作会议】 2013年3月28日，全市食品安全工作会议召开。会议认真总结2012年全市食品安全工作，全面分析食品安全工作形势，安排部署2013年食品安全重点工作。市长马懿出席会议并讲话。

马懿强调，要突出重点，明确职责，加快提升食品安全管理整体工作水平。一要进一步落实地方政府“总牵头”的职责，把食品安全放在更加重要的位置，按照全市推行以网格化为载体依靠群众推进工作落实长效机制要求，工作重心向基层下沉，层层落实工作责任，确保全市食品安全整

12月30日，市委召开党外人士征求意见座谈会

体形势稳定。二要进一步落实部门工作责任，恪尽职守做好本职工作；继续实行食品安全网格化管理，严厉打击食品安全违法行为；进一步深化重点行业治理整顿工作，切实解决危害人民群众身体健康的突出问题。三要进一步落实企业主体责任，要利用科技手段，从过程行为上保障食品安全的可追溯性；要尽快建立完善企业信用档案，完善退出机制；要在全市开展食品企业主体责任人培训，提高企业落实主体责任的意识。四要进一步动员社会力量参与食品安全工作，通过宣传培训提高群众自我保护能力和维权意识；鼓励群众举报食品安全违法违规行为，在全社会营造人人关注食品安全、人人重视食品安全、人人参与食品安全的良好氛围。

【全市政府系统廉政工作电视电话会议】 2013年4月27日，全市政府系统廉政工作电视电话会议召开，贯彻落实省政府第一次廉政工作会议精神，安排部署全市政府系统廉政工作。市长马懿出席会议并讲话。

马懿要求，首先，要以改进作风为抓手，提升政府公信力。要深入开展反腐倡廉宣传教育，坚决贯彻改进作风相关规定，切实规范领导干部廉洁从政行为。其次，要以转变政府职能为重点，提高政府执行力。要进一步加快政府职能与角色转变，形成权责一致、管理科学、执行顺畅、监督有力的行政管理体制；要深化行政审批制度改革，把政府职能的重点切实转移到经济调节、市场监管、社会管理和公共服务上来；要创新行政管理方式，完善科学民主决策机制，深入推进依法行政，大力推行政府信息公开；要强化各类监督措施，拓宽群众参与监督渠道。再次，要以维护人民利益为根本，增强政府凝聚力。要强化监督检查，确保惠民政策落实到位，着力服务保障郑州都市区和航空港经济综合实验区建设；要提高行政效能，进一步优化经济发展环境；要维护人民利益，继续保持严惩腐败的高压态势。

【全市人口和计划生育工作会议】 2013年5月23日，全市人口和计划生育工作会议召开。会议对2012年全市人口和计划生育工作进行全面总结，对2013年的工作进行安排部署。市长马懿出席会议并讲话。

马懿要求，要突出重点，抓住关键，统筹推进人口与计生工作。一要强化责任落实，提升管理服务水平，继续坚持把稳定低生育水平作为首要任务，综合治理出生人口性别比偏高问题，加快流动人口“一盘棋”管理和均等化服务进程，全面落实利益导向政策，大力开展出生缺陷预防，促进人口素质全面提高。二要推进改革创新，积极破解发展难题，推动人口和计划生育综合改革，探索完善流动人口管理体制和农民进城落户后的计划生育服务管理方式，明确人口计生三级网格管理服务权责，全面提高计划生育管理服务水平。三要注重宣传引导，营造良好的舆论氛围，引导群众自觉实行计划生育。

【郑州航空港经济综合实验区建设领导小组全体会议】 2013年6月8日，郑州航空港经济综合实验区建设领导小组全体会议举行。会议根据实验区机构和人员调整情况，进一步细化实验区建设工作分工，完善工作推进机制，落实各级工作责任，明确下一步工作重点。市长、实验区建设领导小组组长马懿出席会议并作重要讲话。

马懿要求，实验区建设领导小组及全体成员单位一是认识要再提高。必须进一步统一思想，深化认识，抢抓机遇，以时不我待的紧迫感、背水一战的使命感、舍我其谁的责任感，全力以赴加快推进航空港实验区的规划和建设。二是责任要再明确。实验区领导小组要进一步明确目标，细化任务，完善制度，抓好组织协调、工作推动、任务落实。各分管领导要建立健全工作分包责任制，制定专项工作方案，实行专项跟踪推进，积极主动推进各项工作顺利开展。三是重点要再突出。实验区还处于起步阶段，明确的近期实验区15项重点工作是当前和今后一个时期实验区建设的重中之重。领导小组办公室要会同市委、市政府督察室，抓紧研究建立推进实验区建设的督导督察制度。四是效率要再提高。要紧紧围绕当前重点工作，加紧梳理、明确责任、分解任务，严格按照时间节点推进各项工作；市直有关部门和有关县（市）区要积极主动、协调配合、简化程序，尽快使实验区建设进入有序、高效的工作轨道。五是学习要再强化。不但要学习研究航空经济的内在发展规律，还要深入学习研究国内外的先进理念和成熟经验；同时，要积极引进高端人才，为实验区建设顺利推进提供强大的智力支撑。

【全市深化行政审批制度改革动员会】 2013年7月12日，郑州市召开深化行政审批制度改革动员会。会议的主要任务是全面启动新一轮行政审批制度改革，着力打造有利于招商引资、开放合作、创新发展和便民利民的政务环境。市长马懿出席会议并讲话。

马懿强调，要明确改革目标，把握重点难点，确保深化行政审批制度改革工作积极稳步有序推进。具体讲，就是要把握“一个路径”，紧盯“两大目标”，推动“三个转变”，抓好“四个关键”。“一个路径”：对照标杆、学习标杆、赶超标杆。“两大目标”：围绕群众办事更加便捷、服务质量更加优良、机关运转更加高效、社会管理更加有序的要求，当前要实现“三个50%”的目标，即通过取消一批、下放一批、上解一批、整合一批，实现行政审批事项削减50%以上、环节压缩50%以上、时限减少50%以上，打造中西部地区行政审批事项最少、流程最简、时限最短的区域发展新优势；远期实现政务环境达到长三角、珠三角先进城市水平的目标，即通过“两集中两到位”改革，持续推进制度化、规范化、标准化建设，形成具有郑州特色、国内领先、国际接轨、功能完善的审批服务体系。推动“三个转变”：推动政府管理方式由事前审批为主向集中、事后监管为主转变；推动行政审批过程由封闭式向开放式转变；推动公务人员由拥权自居、关门审批向视权为责、主动服务转变。抓好“四个关键”：抓好削减事项、优化流程、强化监管、健全机制。

【全市深化投融资体制改革动员会】 2013年7月15日，全市深化投融资体制改革动员会召开。会议的主要任务是部署全市投融资体制改革工作，加快构建层级合理、机制完善、主体明晰、运转高效的现代投融资体系，为郑州都市区建设提供有力的资金支撑。市长马懿出席会议并讲话。

马懿强调，要围绕“三大目标”、抓好“十个环节”，确保深化投融资体制改革稳妥有序推进。“三大目标”，即实现国有“四资”（资源、资产、资本、资金）效益最大化，最大限度地发挥“四资”的运营优势，实现增值发展和撬动社会资金的“双提升”；实现“融用管还”良性循环，依法依规实现自主经营、自负盈亏、自担风险；实现市场化运营管理，逐步形成“政府引导、市场运作、社会参与”的多元化投融资新格局。“十个环节”，一是澄清政府“四资”底数，为整合盘活、优化配置奠定基础；二是分批注入政府“四资”，切实把“四资”用活用好，实现增值发展和提升融资能力的互动互促；三是完善法人治理机构，逐步建立符合市场规则的运行管理制度；四是健全考核评价体系，增强公司做大做强的活力和动力；五是完善监管机制，推动投融资公司实现净资产与负债、投入与产出、现金流入量和现金流出量的“三个平衡”；六是创新融资理念，提升广大干部领导经济发展和驾驭市场经济的能力；七是加强项目的策划包装，促进产业的集群发展和产业结构的优化调整；八是拓展融资渠道，努力在发行债券、中期票据等方面取得实质性突破；九是创新经营模式，实现多元化经营和可持续发展；十是组建专业团队，提升投融资运作的能力和水平。

【全市民营经济表彰暨金融支持小微企业发展动员会】 2013年8月13日，全市民营经济表彰暨金融支持小微企业发展动员会召开，总结近年来全市民营经济发展取得的成效，重点安排金融支持小微企业工作，加快建立政府、银行、保险三方共同支持小微企业发展的长效机制，促进全市民营经济和小微企业健康持续发展。市长马懿出席会议并讲话。

马懿强调，要在分析研判中聚合力、破瓶颈、促创新，加快构建金融支持小微企业发展的新体制、新机制。要建好小微企业名录库，实行动态管理，推动形成批量育强、梯次推进、竞相发展的良好局面；要用好贷款风险补偿基金，调动银行和保险机构创新产品、服务小微企业的积极性；要运作好创业投资引导基金，引导撬动社会资本参与支持小微企业创业发展；要推进多元化直接融资，有效拓展小微企业直接融资渠道；要探索保险支持小微企业的新路径，争取各类保险服务创新业务在郑州市先行先试；要落实好各项考核奖励政策。

【全市民生工作推进会】 2013年8月26日，全市民生工作推进会召开。会议通报并安排省、市民生实事推进工作，部署城市建设管理"十项专项治理"工作。市长马懿出席会议并讲话。

马懿指出，要明确目标，强化责任，强力推动民生工作。项目前置审批部门要主动靠前服务，特事特办、急事急办，推行并联审批、前置审批、交叉审批。项目主办单位要发挥好牵头协调作用，财政部门和各融资平台要抓好资金筹措，各县（市）区要落实好主体责任，相关配合部门要树立大局意识，切实做到各司其职、密切配合，形成推进项目建设的强大合力。

马懿要求，要加强领导，完善机制，确保民生事项得到及时有效实施，高标准、高质量地完成省、市民生实事建设任务。各区承担的中小学建设任务要克服困难，保证在10月底前开工建设；十项专项治理工作要按照时间节点扎实推进，确保落实到位。要建立完善长效工作机制，以制度来保障民生工作的顺利推进和持续改善；要建立以民生工作办理情况为主要内容的效能监察、绩效考核和奖惩机制。

【全市节约集约用地高效利用土地工作会议】 2013年9月24日，全市节约集约用地高效利用土地工作会议召开。市长马懿出席会议并讲话。

马懿强调，全市各级各部门要充分利用好土地资源保障要素，优选节约集约高效型项目有序开工建设。一要坚定不移地节约集约利用土地。二要坚持"有限指标保重点、一般项目靠挖潜"的原则，将有限的年度土地利用计划指标，优先保障重要的基础设施项目、重大民生项目和"三力型"项目用地。三要科学合理利用土地，稳步推进城乡建设用地增减挂钩工作，优化农村建设用地布局，促进城乡统筹和"三化"协调发展。四要加强领导，明确责任。各县（市）区及开发区和市直相关部门要强化一把手责任制，全面提升全市节约集约高效利用土地水平，全力保障重大项目落地。

（李林晓　李　波）

重要活动

【马懿陪同美国UPS客人参观郑东新区】 2013年5月28日，市长马懿陪同美国联合包裹公司（UPS）前任国际总裁丹尼尔·布鲁托和新任国际总裁吉姆·巴伯尔一行，参观考察郑东新区。在郑东新区规划展览馆，UPS客人通过观看郑东新区和郑州航空港经济综合实验区宣传片、察看郑东新区沙盘、听取介绍，详细了解了中国区域及城市群分布、中原经济区区位及城市分布、郑州市城市总体规划，以及郑东新区和郑州航空港经济综合实验区决策、规划及建设情况。此外，UPS客人还对如意湖、郑东新区湿地公园和城市社区进行了实地考察。

【国际民航组织理事会主席考察郑州航空港经济综合实验区】 2013年6月29日，国际民航组织理事会主席罗伯托·科韦·冈萨雷斯、秘书长邦雅曼莅临郑州，考察郑州航空港经济综合实验区建设情况。市长马懿参加考察活动，并向罗伯托·科韦·冈萨雷斯和邦雅曼颁发了郑州荣誉市民证书。

罗伯托·科韦·冈萨雷斯一行深入富士康云端大学和智能手机生产线实地参观，认真听取郑州航空港经济综合实验区情况介绍，并就郑州航空业发展和航空港经济综合实验区建设与省、市领导座谈。罗伯托·科韦·冈萨雷斯对郑州航空港经济综合实验区的未来充满希望，并邀请郑州市参加2013年9月举办的国际民航组织大会，设立专门展台，宣传推介郑州航空港经济综合实验区。

【马懿带队进京拜访科研院所和知名企业】 2013年9月26日，市长马懿带领工信委等部门负责人，赴北京拜访科研院所和知名企业，并会见了中国建筑材料科学研究总院党委书记、副院长王益民，卡特彼勒全球副总裁、卡特彼勒中国投资有限公司董事长陈其华，中国人寿保险股份有限公司执行董事、副总裁刘英齐。

在会见王益民时，马懿表示，希望中国建材研究总院利用自身技术、人才优势，指导、帮助郑州耐材产业升级改造，并将最新、最尖端的科研成果在郑州进行成果转化，在更宽、更广领域加深合作。在听取陈其华关于卡特彼勒公司发展及郑州项目进展情况的介绍，并现场协调解决企业反映的实际困难和问题的同时，马懿表示，希望卡特彼勒公司进一步加大在郑投资，郑州市各级各部门将积极做好服务工作，支持卡特彼勒公司在郑项目做大做强。在会见刘英齐时，马懿表示，郑州市真诚欢迎中国人寿到郑投资兴业，希望双方及时协调解决项目推进过程中出现的问题，促进项目早日落地。

（李林晓　李　波）

7月11日，市长马懿视察地铁1号线建设情况

2013年市长马懿重要调研考察活动

时 间	调研考察内容
1月8日	调研全市对特殊困难群体帮扶救助工作
1月10日	到高新区调研科技工作
1月29日	深入超市、农贸市场和食品生产企业，察看春节市场供应及人员密集场所消防安全
1月30日	走访慰问部分困难企业、优抚对象、城市低保户和敬老院老人
2月4日	深入烟花爆竹经营公司仓库、大型商场、城市基础设施建设工地、长途汽车站等，慰问坚守一线的干部职工，实地检查安全生产工作
5月7日	深入部分市政重点项目建设现场，详细了解三环快速化及轨道交通工程施工进度和中博会道路交通保通情况
5月15日	深入主要交通道路、部分接待酒店、郑州东站、国际会展中心等地，实地检查第八届中博会郑州市筹备工作
5月30日	实地察看索须河与天河路断面、黄河南郭头断面、尖岗水库、南水北调与黄郭路断面、荥阳农机合作社，并深入到田间地头察看小麦生长及麦收准备情况
7月17-21日	赴西安、重庆、昆明学习考察
9月16日	带领郑州市考察团一行，深入上海浦东机场综合保税区、UPS国际航空转运中心、平安集团上海后援服务中心参观考察。在上海拜访香港嘉宏集团、中国东方航空股份有限公司，商谈两家企业与郑州市合作项目规划及推进情况
11月4-6日	到登封、新密、荥阳、新郑、中牟、上街等县（市）区，调研扶贫开发、搬迁群众安置房建设等工作
11月14日	到二七区救助站及东明路煤改气项目、郑汴路中州大道立交桥下综合整治项目、管城区外国语小学东校区、二里岗变电站、正清和苑经适房等项目建设现场，对郑州市重点民生实事工作进行督导

（李林晓 李 波）

人力资源管理

【概况】 2013年，郑州市人力资源管理工作坚持“民生为本、人才优先”工作主线，围绕党的十八大、《中原经济区规划》提出的新要求，瞄准“劳有所得、病有所医、老有所养”三个民生目标，突出就业创业、人事人才等方面重点工作，谋求“五个提升”，各项工作圆满完成，为郑州都市区建设做出了积极贡献。郑州市人社局被人社部表彰为优质服务窗口单位，被评为全省人民满意的公务员集体、郑州市平安建设先进集体。

2013年，全市新增城镇就业15.39万人，农村劳动力转移就业10.54万人；发放小额担保贷款16.78亿元；组织再就业培训3.79万人，创业培训1.13万人，农村劳动力职业技能培训6.8万人；城镇“零就业”家庭动态为零；城镇登记失业率控制在3%以内；接收9.72万名高校毕业生，已实现就业8.26万人，初次就业率85%。

认真贯彻落实中央、省、市有关规定，研究制定了《关于改进工作作风密切联系群众的二十条规定》，2013年共精简各类会议活动40次，减少发文30余件，公务费用降低12.6%。

加强依法行政和法制宣传教育，提高行政执法人员依法行政水平，不断提升行政服务效能。按照市委、市政府安排，认真开展行政审批制度改革，原有20项行政审批事项精简为3项，其余调整为日常业务工作或取消；同时减少了审批环节，压缩了审批时限。

在人力资源管理系统坚持德才素质和工作实绩用人，加大竞争上岗、公开选拔领导干部力度，树立了正确的用人导向。2013年共调整县处级干部32人、正科级干部67人、副科级干部72人，一大批年轻干部走上领导岗位，改善了干部队伍的年龄结构和知识层次，为干部队伍增添了活力。

【就业帮扶】 2013年，郑州市充分发挥就业专项资金促进就业的作用，将初始创业高校毕业生和就业困难人员的帮扶补贴由每人2000元提高到5000元。印发了《关于落实支持和促进就业税收优惠政策有关问题的通知》（郑人社就业〔2013〕10号），符合规定的自主创业个体经营人员和吸纳登记失业人员的企业3年内分别可享受最高8000元/户和4800元/人的税费减免。充分发挥创业孵化园和公共就业服务机构的职能作用，着力提高就业服务水平，大力推进全民创业，对就业困难群体实施援助，多渠道促进城镇下岗失业人员再就业，有力地促进了就业再就业工作开展。全年组织各类招聘会407场，参会单位1.6万家，进场求职择业26.6万人次。

【毕业生就业工作】 2013年10月，郑州市以市政府办公厅名义印发了《关于做好2013年普通高校毕业生就业工作的意见》（郑政办〔2013〕57号），承办了“2013年河南省产业集聚区企业与高校毕业生岗位对接暨民营企业招聘周活动”等多场大型专场招聘活动，开展了高校毕业生就业创业政策进校园活动，做好高校毕业生就业见习工作，促进高校毕业生就业。采取政策扶持、定向帮扶、公益岗位托底安置、鼓励企业吸纳等措施，确保全市困难家庭未就业高校毕业生尽快就业。

【农村劳动力转移就业】 2013年，郑州市大力开展“1+3”技能培训，在农民家门口开展培训，送技术、岗位到农民手中。积极开展“春风行动”等农民工就业援助活动及专项招聘会，为农村劳动力提供就业岗位和优质就业服务，促进了农村劳动力有序转移就业和增加收入。加强南水北调移民帮扶力度，促进其就业。

【人才培养和引进】 2013年，郑州市继续推进全民技能振兴工程，进一步健全面向全体城乡劳动者的职业培训制度和工作体系，就业技能培训、岗位技能提升培训等取得新发展。全年共启动全民技能振兴工程建设项目6个，开展新生劳动力技能培训7.3万人，企业职工岗位技能提升培训12.8万人，培养高技能人才1.64万人；技工院校招生3.1万人，招生人数居全省第一位；职业技能鉴定7.7万人。

全面启动郑州市人才知识更新工程，建立了21家专业技术人员继续教育基地，培训专业技术人员10万余人。制定《郑州市“231青年人才工程”选拔培养实施办法》，大力推动青年人才选拔培养工作，全年共引进各类人才2309人，其中高层次人才49人；博士后科研工作站、研发基地数量分别达到34家、16家，数量位列全省第一。

引进国外智力成果显著，执行引进国外人才项目68项，引进外国专家185人次；新批准外国文教专家聘请资格单位7家，市属中等以下教育机构中具有聘请外国专家单位资格的达91家。郑州机械研究所荣获国家级引智成果示范单位。

组织出国（境）培训7批123人。组织公务员各类特色培训290余场次，累计培训13万人次；公务员网络培训学院学习课件达490件，注册学员2.9万人，参加学习人员突破300万人次。

【人事人才服务】 2013年，郑州市进一步规范“三支一扶”高校毕业生管理，连续五年荣获河南省“三支一扶”工作先进单位。加强事业单位人事管理信息化建设，全市4237家事业单位安装使用全省统一的事业单位人事管理软件，对16万余人实行实名制管理。

创新评价办法，稳步推进中小学教师职称制度改革。2013年全市共申报中级职称评审近5280人，通过4620人；申报正高级职称评审216人、副高级职称评审1771人。开辟非公人才职称评价绿色通道，非公人才中有313人取得工程师资格、33人取得农民技师资格、11人取得中级艺术师资格。

加大人事管理政策宣传培训，认真落实退休政策，全年共办理退休、退职手续1300余人；组织开展机关事业单位医务鉴定工作，认真落实提高退休待遇有关政策，做好机关事业单位离休退休工作。

加强机关事业单位工勤人员技能培训和专业技能竞赛，提升工勤人员能力素质；开展机关事业单位工人技术等级考核，共报名1.03万人，通过7947人。组织各类人事考试26次，参

2月5日，全市人力资源和社会保障工作会议召开

考21万多人次。

【军转安置工作】 2013年，郑州市完成了242名营职以下及技术级军转干部安置和培训工作。按照“4+2”工作机制构建“网格到人、责任到人”的企业军转干部工作网格化管理体系，做好企业军转干部解困维稳工作。深入基层，采取多种形式，做好自主择业军转干部管理服务工作；通过创立实习基地、多渠道培训、向用人单位推荐等方式，促进自主择业军转干部就业；深入走访，掌握实情，帮助解决自主择业军转干部遇到的困难和问题。

【人事制度改革】 2013年，郑州市开展了2008-2013年度劳动模范（先进工作者）评选表彰，共表彰劳模459名。

深入开展争创“人民满意的公务员集体”和“人民满意的公务员”活动，制定《郑州市“人民满意公务员示范单位”和“人民满意公务员示范岗”考核办法》，为建设作风硬、素质高、能力强的公务员队伍提供支持。

坚持逢进必考，组织机关事业单位公开招录招聘2162人，其中，公务员177人、政法干警196人、市直事业单位444人、县（市）区事业单位283人，县（市）区教育系统招聘教师1062人。开展2013年市直机关公开遴选公务员工作，17家单位面向全省遴选44名公务员。

严格事业单位落实按岗聘用和竞聘上岗制度，全市共有4246家事业单位推行了聘用制，聘用合同签订率100%。启动事业单位三类岗位转岗竞聘和专业技术三级岗位评审工作，配合有关部门完成了部分文化事业单位转企改制工作，积极稳妥地处理了前期已改制单位的遗留问题。

落实“控制总量、空编进人、优化结构、工作需要、统筹兼顾”的原则，年度人事计划审批制度进一步健全完善。巩固深化义务教育学校绩效工资制度改革成果，公共卫生与基层医疗卫生事业单位实施绩效工资各项政策进一步落实；在其他事业单位实施绩效工资政策，市直345家其他事业单位、2.65万名工作人员实施了绩效工资。完成了公务员工资收入情况调查工作，开展了财政供养人员“吃空饷”问题专项治理。

（王汝立　邢江辉　高国纲）

外事侨务工作

省委常委、市委书记吴天君参加法国《人道报》节活动

【概况】 2013年，郑州市外侨办加强因公出国（境）管理，严格规范审批手续，至11月底，全市因公出国（境）共计461人次。有序进行涉外管理工作，为全市对外开放创造良好的涉外环境，全年共审核、审批邀请外国人来郑邀请函30批41人次。全年共接待境外来访团组53批2955人次，有力配合了国家总体外交的需要。不断创新友好城市工作机制，拓宽对外交往的领域和空间。认真落实各项侨务政策，积极做好为侨服务工作，全年共发放困难补助金15余万元。积极参与重大涉外活动，进一步提高了郑州市的国际知名度。

【因公出国（境）管理】 （一）做好因公出国（境）审批工作。严格按照中央八项规定精神和中办发16号文件的各项要求，在审批过程中对每一个出访团组实行计划管理，对出访任务的必要性、报批材料的真实性、行程安排的合理性都做到从严把关，并与市纪委、组织部等相关单位密切配合，加强对因公出国（境）工作的监督和检查。根据郑州市对外开放的需要，对出国（境）团组实行有保有压的原则，切实做到对党政干部出访、一般性考察团组和双跨团组从严审批。坚持“谁主抓谁负责，谁派出谁负责，谁审批谁负责，谁带队谁负责”的原则，加强责任落实。2013年，根据省委外事工作领导小组办公室批复的郑州市因公出国境团组计划（市厅级党政干部计划出访38批、县处级32批），科学制订全市因公临时出国计划，严格审核、把关，截至11月底，全市因公出国（境）共计461人次，其中自组团343人、随省直96人、随中央部委22人。与上年同期550人相比压缩了16%。因公出国（境）工作没有发生任何违反外事纪律的事件。

（二）围绕郑州航空港经济综合实验区建设，做好高层出访工作。紧紧围绕中原经济区建设、郑州航空港经济综合实验区建设和全市大招商活动三大主题，突出以扶持省市重点项目和寻求经济合作为重点，积极服务全市经济社会发展大局，做好高层领导出访工作。9月，省委常委、市委书记吴天君率团参加法共《人道报》节活动后，郑州航空港经济综合实验区积极与法国戴高乐机场取得联系，并达成了合作意向；市长马懿率团赴德国参加首列郑欧货运班列开通仪式，有效提升了郑欧国际铁路货运班列运行成效，郑欧货运班列由最初的每月一班发展为每周一班，郑州至哈萨克斯坦阿拉木图线路于11月份开通，实现了郑欧班列多线路、多目的地的开行格局；市委常委、副市长薛云伟率团赴德国、波兰、英国访问期间，促成了有关方面2014年在郑州举办航展事宜等。

（三）举办外事专办员培训。6月，为加强因公出国（境）管理，提高外事专办员素质，市外侨办举办了一期专办员培训班，有力促进了全市出国（境）管理工作健康、规范、有序开展。

（四）服务企业，办理APEC商务旅行卡。为方便企业人员出访，加大为企业服务的力度，认真做好APEC商务旅行卡的办理申请工作，帮助企业减轻出访成本、提高出访效率。全年共为宇通客车股份有限公司、华晶金刚石股份有限公司等企业申办了20个APEC商务旅行卡。

【涉外管理】 （一）组织领事保护教育培训，妥善处理涉外事件。全年共协调处理了巩义中方机械制造有限公司技术人员周万章、王小辉在孟加拉国护照被扣事件，韩国驻武汉总领事馆函告47中—韩国留学生尹水珍护照被韩国负责人李厚陈扣留事件等17起涉外事件。

（二）邀请外国人来郑工作审理有序。全年共审核、审批邀请外国人来郑邀请函30批41人次（其中市外侨办签发13批16人次），服务了郑州经济社会发展，受到社会各界和群众的好评。

（三）做好驻华使馆人员和外国媒体的接待工作。2013年，接待了波兰大使馆参赞易大明、二秘约瑟夫·帕弗沃夫斯基，促成郑州市代表团出访第一届中波地方合作论坛活动，增进了郑州市与外国驻中国使领馆的友谊。组织接待美国盖帝图像、日本中日新闻等5家媒体9名记者采访报道中博会，效果明显，扩大了郑州对外的影响力。

（四）正式启动引领工作。7月1日，省政府外侨办主任宋丽萍带领市政府和省、市政府外侨办相关领导赴外交部专题汇报了郑州市引进外国领事机构和国际组织机构的工作情况，郑州市引领工作正式启动。7月底，市外侨办组织相关人员赴重庆、广州、南宁、成都、沈阳和大连等地调研领事机构建设、管理情况。8月初，市外侨办制定了引领工作方案和工作目标，确保了引领工作的稳步推进。

（五）加强对在郑工作外国专家所在单位的管理与联系。配合相关单位对部分有聘请外籍教师资质单位进行了抽查，对7所有邀请外籍专家需求的幼儿园、中小学校进行了资质审查，按规定、按程序聘请、使用、管理外籍专家，有序的利用了国外教育资源。

（六）及时报送相关信息。2013年，市外侨办门户网站共对社会公开发布信息59条；向省外侨办报送并被采纳信息20条；向市政府报送并被采纳信息14条。通过信息常更新、网站常维护，保证了网站良好的运行状态，更好地服务于社会。

【重要团组来访接待】 （一）圆满完成礼宾接待工作。2013年，全市共接待境外来访团组53批2955人次。其中省部级以上团组4批，分别为南非西北省副省长代表团、南非共和国总统府部长代表团、南非共和国林波波省省长代表团、比利时卢森堡省省长代表团。重要商务团组有澳大利亚航空公司全球发展总裁代表团、UPS国际总裁代表团、郑州航空港经济综合实验区概念性总体规划评审会专家代表团、美国卡特彼勒公司全球副总裁代表团等。

（二）指导全市礼宾接待工作。2013年，市外侨办积极协助各县（市）区、市直各部门、大型企业开展礼宾接待工作。副主任张树忱的外事工作礼仪课程被选入郑州市公务员大讲堂，6月，为来自全市市直单位、高校和企业的外事工作人员260余人授课，受到欢迎和好评。

【友好城市交流】 （一）建立国际友城联络员工作机制。郑州市外侨办按照“增加数量，提高质量”的要求，将友城管理突破原有处室界限，充分发挥全办语言干部的主观能动性，实行“责任到人、归口管理”，建立了国际友好城市联络员工作机制。机制的建立，提升了友城、国际组织工作层次，使交往交流更加制度化、高效化、责任化，使联络沟通更具连续性、时效性。从制度上为郑州市深入开展友城工作、充分利用国际组织平台、增强友城间实质交往、增加友城数量提供了保障。

市长马懿赴德国参加首列郑欧国际货运班列开通仪式

（二）积极开展与国际友好城市的交流合作。2013年，成功接待了韩国晋州市公务员代表团来郑友好访问、罗马尼亚克鲁日·纳波卡市市长代表康斯坦丁先生来郑访问等。5月，第八届中国中部投资贸易博览会在郑召开，郑州市的国际友城白俄罗斯莫吉廖夫市、奥地利因斯布鲁克市分别派代表团前来参会。尤其是郑州市与白俄罗斯莫吉廖夫市交往密切，互访不断，莫市每年都会派团来郑参加会议或活动。两市的交往得到了白俄罗斯驻中国大使馆的表扬和关注。

（三）积极协助市直高校开展国际友好交流活动。市外侨办调动和挖掘各市直高校开展国际交流的热情和潜力，并为高校的对外交流牵线搭桥、构建平台。5月，奥地利因斯布鲁克市城市代表马丁·克鲁利斯先生同郑州旅游职业学院进行座谈，并转交斯布鲁克市维拉·布兰卡旅游学校发出的邀请函，商讨两校间未来的合作交流。

（四）积极推介郑州市特色产业，服务企业开展国际友好交流活动。在日常接待中，积极向外推介郑州市特色产业，为企业的“走出去”“引进来”出谋划策。年初外侨办领导赴二七区马寨镇产业聚集区调研，考察了新大方重工科技、三中收获实业、康师傅、好日子园艺4家民营企业，重点了解企业经营状况，以及开展贸易合作、引资引智和开拓国际市场等情况，并就如何发挥外事优势、更好地服务企业对外交往，听取了意见建议。在市外侨办的积极谋划下，南非西北省副省长代表团、白俄罗斯莫吉廖夫市代表团分别参观了二七区马寨工业园的多家企业、郑州纺织工业园以及河南花花牛乳品公司等。郑州产业发展之快、机遇之多给外宾留下了深刻印象。

（五）积极参加国际组织举办的活动。加强同世界历史都市联盟、世界城市和地方政府联合组织（UCLG）两个国际组织的联系和沟通，并积极参会，广泛宣传郑州。

【为侨服务】 （一）认真做好困难归侨补助金发放和归侨退休补贴申报工作。2013年共申报退休补贴7.32余万元，发放困难补助金15余万元。

（二）利用重大节假日走访慰问归侨侨眷代表和困难归侨侨眷。通过慰问部分归侨侨眷代表和困难归侨侨眷、看望侨界知名人士，树立了侨界旗帜性人物，团结了大多数侨界朋友，保证了侨界侨心稳定。

（三）认真落实惠侨政策。2013年认真做好归侨、侨眷考生的身份认证和归侨侨眷证的办理工作，全年共接待咨询350多人次，先后办理归侨证8个、侨眷证63个，为67名归侨侨眷考生办理了身份认证。

（四）大力开展社区侨务工作。经过认真筹备，在中原区绿东村办事处白鸽新苑社区设立侨法宣传角，国侨办和省外侨办为社区拨款共计1.5万元进行社区建设，完善归侨侨眷档案、归侨侨眷活动室等各种基础设施。

（五）做好侨务信访工作。2013年共接待6起涉侨信访，在处理信访件过程中，市外侨办多方联系有关部门及登封市、中牟县等外侨部门，积极沟通协调，切实依法维护归侨侨眷的合法权益。此外，经市外侨办与市司法局联合推荐，河南言东方律师事务所和河南文丰律师事务所成为郑州市的华侨法律维权服务中心。

【海外华侨华人交往】 （一）发挥侨力，服务经济建设。市外侨办以侨为桥，巧借侨力，把一大批政治上有影响、社会上有地位、经济上有实力的海外重要侨领和华商作为招商引资依靠的特殊资源。围绕全市经济建设和跨越式发展的工作目标，2013年有针对性地重点联系或邀请接待了香港马氏控股集团董事局主席马亚东、香港欧能德国际工业集团董事长张志伟、法国河南同乡会会长祝晓琳等海外重点华商、侨领和科技界人士等。其中，欧能德集团已签约，拟投资22亿元建设中国中部国家信息安全防护科技产业园；法国河南同乡会拟投资健身旅游项目。同时，通过相关活动和海外网站，向海外发布全市重点招商引资项目43个，充分调动了海外侨领、侨商与郑州市合作交流、投资的积极性。

（二）积极加强海外联谊工作。市外侨办定期向海外华侨华人重点人士寄送外宣资料和招商项目册，发送问候邮件，与海外广大华侨华人建立密切联系，扩大交往交流，对他们的来信来访悉心接待，认真服务；在元旦、春节、端午、中秋节等节日时，向海外寄发贺卡、信件及电子邮件共540多封（件），其中春节发送电子邮件310件，为海外侨胞送上节日的祝福。积极鼓励支持郑州市教师在泰国和菲律宾华人聚居区开展对外华文教学任务，与海外重点社团领袖人物和经济、科技界重要人士进一步加深了友谊，建立了更深的互信关系。

（三）大力涵养扩充郑州市国外侨务工作资源。经认真统计、整理，结合大型活动，建立相关档案资料，将海外重点华侨华人工作对象库扩充至500人，建立健全了背景资料库。同时，利用互联网资源，跟踪关注海外侨情的变化，有的放矢地开展国外侨务工作，努力实现侨务资源的可持续发展。

（四）着力推进海外侨胞捐资和上级扶持资金争取工作。高度重视利用华侨华人捐款助建华侨小学工作，通过电话及时向华侨华人介绍家乡的变化和政府的招商引资政策，搭建起合作交流的桥梁和纽带，争取海内外华侨华人对郑州市各项社会事业的支持。代国务院侨办发放全市海外华文教师生活补贴、学校代课补贴及艰苦地区补贴379500元，上报国务院侨办第三批重点华侨华人创业项目2个。

【重大涉外活动】 为提高郑州在国际上的知名度和美誉度，市外侨办积极参与在国内外举办的大型涉外涉侨活动，如参加法国法共《人道报》节活动、在北京举办的中国高层发展论坛“中原之夜”活动、在波兰举办的第一届中波地方合作论坛、在郑州举办的癸巳年黄帝故里拜祖大典和河南省第八届国际贸易投资洽谈会等。在活动中，积极邀请海外华人、华侨和国际友城代表前来参会，并多次承担礼宾接待和口译、笔译工作，在海外客人和社会各界面前树立了外侨办的良好形象，得到了上级部门和市委、市政府的肯定。

（柴少飞）

对台工作

【概况】 2013年，郑州市对台工作牢牢把握两岸关系和平发展主题，紧紧抓住中原经济区和郑州航空港经济综合实验区建设机遇，围绕市委、市政府“强投资、夯基础、调结构、求提升”的目标，找准定位，以“大招商、大交流、大宣传、大服务”为抓手，主动作为，全面深化郑台各领域交流与合作，增进郑台经贸融合与发展，努力推动全市对台工作整体水平再上新台阶。在郑州市对外开放暨服务业发展大会等会议上，市台办先后被授予“中国郑州承接产业转移系列对接活动先进单位”“郑州市对外开放工作先进单位”“黄帝故里拜祖大典先进集体”等荣誉称号。

【郑台经贸合作】 2013年，全市新增友嘉精密机械产业园、郑州富昱盛能源科技有限公司、河南中原融资租赁有限公司、巩义市青龙山国际生态园、郑州升达经贸管理学校登封校区等台资企业12家，合同利用台资15.08亿美元，实际利用14.37亿美元。

（一）主动出击，走出去邀商招商。市台办招商小分队先后赴重庆、昆明、深圳、武汉、福建等地和岛内推介招商，取得了阶段性成果。在重庆、昆明、深圳等地先后拜访当地台资企业协会，拜会知名台商，实地考察重点企业和重大在建项目，与台商座谈交流，广邀台商莅郑考察和投资创业，同时重点围绕意向企业进行项目对接和跟踪洽谈。在岛内，先后拜访台湾食品工业协会、台湾商业总会、台中市工业总会、台中市旅行商业同业公会等行业协会；实地考察了光宝科技股份有限公司总部、恒日光电股份有限公司、啟达系统股份有限公司等台湾高科技上市公司，以及育新开发有限公司高效农业与林业综合开发项目等。

（二）有的放矢，请进来考察投资。以癸巳年黄帝故里拜祖大典和第八届中国中部投资贸易博览会等节会为平台，精心准备，周密部署，做好邀商和接待工作。4月11-15日癸巳年黄帝故里拜祖大典活动期间，中国国民党副主席蒋孝严等台湾政要和台湾宏信集团、台湾恒康投资集团、台湾越洋集团、台湾SEAGATE科技公司等知名台企的30名高管莅郑参访。省市领导谢伏瞻、赵建才和马懿等会见了全国台企联副会长、台湾年代公司董事长黄锦勋一行。5月18-20日第八届中博会期间，台湾食品工业协会代表团、台湾电子信息、机械制造、物流观光等行业一行20人随招商组同机抵郑，参加了中博会开幕式、郑州航空港综合实验区推介暨电子信息产业集群发展合作交流洽谈会等活动。9月11-12日，“2013海外台商中原行”活动中，世界台商总会会长李芳信率百余名海外台商莅郑考察，全方位了解了郑州航空港经济综合实验区的投资环境。12月9-10日，台湾新竹县县长邱镜淳、议长陈见贤率议员70余人专程莅郑考察市容市貌、经济发展和城市建设情况，并与相关单位进行经贸合作洽谈与磋商。

在全市对台系统的努力下，对台招商引资一改过去分散、无目的、单打独斗来郑考察的形式，而变为同业公会、行业协会、大企业、大财团带着项目组团考察，目的明确、全面细致、一经落地、效果显著。台湾商业总会、台中市工业总会、台中市旅行商业同业公会、台南农会等纷纷组团，特别是台湾食品工业协会代表团就其拟占地33.33余公顷、投资30亿元人民币、引进150家企业的，集食品生产与观光为一体的郑州台湾食品工业园项目，先后进行了多次考察选址和投资论证。

（三）发挥产业园区集聚效应和现有企业示范带动作用，以商引商。按照“上规模、上台阶、促转型、保增长”的要求，巩固台商园区创建活动成果，持续加强经开区台商工业园区、航空港区台商投资区、新郑市新港产业集聚区和二七区马寨产业集聚区四个台商园区建设。持续发挥园区集聚效应和现有企业示范带动作用，引导和鼓励现有台企增资扩股，用足用好现有土地和厂房，由粗放型向集约型转变，促使企业向科技要效益、向品牌要效益。鸿富锦精密电子（郑州）有限公司、丹尼斯百货有限公司、郑州统一企业有限公司、郑州顶津食品有限公司被评为“2012年度河南省纳税百强企业”，有力地带动了行业和区域经济发展。为解决集团上下游产业链融资需求，富士康科技集团以鸿富锦精密电子（郑州）有限公司独资设立“河南中原融资租赁有限公司”，投资总额1.9亿元人民币。10月23日，台湾友嘉实业集团与航空港实验区正式签约建设“友嘉精密机械产业园”，一期投资10亿美元。12月11日，台达电子、三宝集团等12家台企签约入驻郑州台湾软件园。

【郑台交流交往】 2013年，郑州市共进行了202个交流项目，直接参加人数达2877人。其中，郑州市应邀赴台交流项目75个团（组）、329人；接待台湾交流团组127个、2548人。

（一）严把审核关，加强赴台交流管理。严格执行中央八项规定、省委若干意见和市委二十条规定，严格审核赴台团组任务的必要性、报批材料的真实性、参团人员的合理性；及时与台湾有关方面联系，审核邀请函的真实性和行程安排的科学性，从严控制团组人数和在外停留时间，坚决禁止无实质性内容的一般性考察和重复性考察，力求每个团在节俭务实的基础上确保效果，从而使赴台交流呈现出“三多一显著”的新局面。（1）企业技术合作交流增多。企业人员赴台交流内容集中在产品的售后服务、营运销售的洽商、项目合作的洽谈，以及参加会议和员工培训等方面。（2）科技文化交流增多。管城区启元实验小学、郑州旅游职业学院等院校及河南顺其势教育咨询有限公司与台湾相关机构进行科技文化交流，有力地推动了郑台两地科技文化领域的互补与合作。巩义石窟寺浮雕拓片在台湾高雄佛光山佛陀纪念馆正式展出，开辟了郑州乃至河南文物界与台湾宗教界合作交流的新途径。（3）专业领域考察增多。市金融办、市药学会、市农委、市教育学会先后组织专业团队赴台进行专项交流研讨，提升了交流层次，拓展了交流领域，为吸引台商来郑和推动郑台多领域合作创造了条件。（4）经贸考察效果显著。6月25日至7月2日，郑州航空港经济综合实验区在台湾举办了“郑州航空港·桃园航空城‘双城联手’共创未来推介会”和“郑州航空港经济综合实验区区情推介暨两岸高科技产业发展研讨会”，实地拜访和深入对接26家知名台企和高科技企业，成功引进了台湾友嘉精密机械园等项目。

（二）继续开展精品项目交流和“对台交流基地”创建活动。依托“拜祖大典”“少林文化”等精品项目交流，将其作为做台湾人民工作、争取台湾人民民心的重要手段。4月12日，中国国民党副主席蒋孝严偕夫人蒋黄美伦参加了癸巳年黄帝故里拜祖大典，并在黄帝故里祠前亲笔题词“寻根溯源、万流归宗”。中国国民党荣誉主席吴伯雄、中评会主席张荣恭、台中市市长胡志强等台湾政要也分别莅郑考察交流，实地感受中原文化的博大精深和郑州发展的历史剧变。充分发挥黄河生态旅游风景区和郑氏文博院两个对台交流基地作用，开展丰富多彩、群众喜闻乐见的交流活动。引导各县（市）区、开发区整合文化资源，挖掘对台工作优势，培育具有中原文化特色的交流品牌，争创郑州市“对台交流基地”。

【对台宣传教育】 2013年，郑州市继续以网络宣传为抓手，加强舆论引导，丰富宣传载体，放大宣传成效，营造良好的对台工作氛围，夯实对台工作基础。

（一）继续做好信息宣传工作。在初步建立畅通有效的信息渠道和奖惩考评机制的基础上，充分动员基层台办和基层统战员主动挖掘信息，积极开展信息收集、撰写和报送工作，以信息工作为抓手，推动各项对台工作全面开展。全年共采写信息296条，编辑《郑州市对台工作信息》16期，其中“豫台视窗”采用186条、《省对台工作信息》采用62条。

（二）借助台媒，扩大宣传。全年共接待台湾中天电视台、台湾中华电视、台湾八大电视台和《远见》杂志社等岛内主流媒体5批近35人采访。1月11日，台湾中天电视台记者李宗芳一行重点采访京广高铁开通对郑州旅游观光产业带来的积极影响。3月10–11日，台湾《远见》杂志社副主编邱莉燕、摄影总监陈之俊一行对大润发超市陇海路店和巩义市竹林镇进行新型城镇化建设及其对商业零售业、百姓生活影响的专题采访。5月10–15日，台湾中华电视公司《武与舞的科学》栏目组一行10人在登封对少林文化进行专题采访拍摄。6月18日，台湾八大电视台首次对郑州市特色饮食文化、少林文化及逸闻趣事等进行专题采访。9月12–13日，由台湾“中国时报”、台湾导报、新华社、人民网等岛内外主流媒体组成的“2013海外台商中原行采访团”一行15人对郑州航空港经济综合实验区和登封市进行了专访和报道。

（三）强化观念，务实调研。市台办制定下发了《关于进一步贯彻落实市委“一学三促”活动的意见》《关于强化群众观念、大兴调查研究之风的实施意见》，要求全市涉台干部牢固树立宗旨意识和群众观念，深入基层、群众和企业，扎实开展调查研究，把调查研究与工作作风转变、工作落实、创新发展相结合。全年共收集调研文章40余篇，并筛选具有全局性、倾向性、典型性的调研文章汇编成调研文集。

【对台服务】 2013年，郑州市牢固树立政府“以人为本、执政为民”和“亲商、安商、富商”的服务理念，继续开展“台资企业服务年”活动，着力为其营造和谐生活和干事创业的氛围。自2月份以来，市台办联合相关职能部门开展多项服务活动。

访民意，问卷调查。发放调查问卷数百份，就相关法律法规实施、政府职能部门为企业服务情况及意见建议等进行调查，进一步掌握了驻郑台资企业的基本情况。

听心声，促膝座谈。召开了代表不同领域的台资企业座谈会，倾听企业心声，了解企业诉求，就企业的生产经营发展及相关职能部门的服务管理情况广泛征求意见和建议。

走基层，实地调研。围绕产业集聚区发展现状、食品安全生产、消防安全隐患排查等主题，先后多次开展调研督导活动，全面了解企业外部环境、内部管理、安全生产、产品销售、员工生活等情况，帮助企业进一步厘清思路、增强信心。

重培训，提升管理。邀请台北市进出口商业同业公会、昆山汉邦企业管理顾问公司相关负责人与全市台资企业召开“大陆经贸实务研讨会”；联合相关部门在台企开展消防安全培训和演练活动，提升台资企业经营管理能力，增强安全生产意识。

强督导，纾难解困。市委、市人大、市政协等相关领导先后对台资企业进行调研，现场解决企业反映问题；同时，市台办对在郑台资企业反映的共性和个性问题进行梳理和归类，并通过不同渠道向相关职能委局和所在辖区发函督办，实实在在地解决了企业证照办理、优化交通设施和相关政策的落实等问题；持续开展“台商投诉无积案”活动，做好涉台矛盾和纠纷的调处工作，依法维护台商台企的合法权益，确保涉台大局的稳定。2013年，共受理台商投诉27起，其中国台办、海协会批转案件11起；协助有关部门妥善处理涉台突发事件3起。

【台胞台属联谊】 2013年，郑州市充分发挥台联职能，坚持台联理事例会制度、走访慰问制度和困难台胞台属定补制度，积极做好台胞台属联谊工作。一是开展“送关爱、送温暖、送真情”走访慰问活动。利用传统节日，走访慰问生活困难的台胞台属，为他们送去慰问金和慰问品，帮助他们解决实际难题，做到“知情、解难、暖心”。各县（市）区也同时开展了对辖区贫困台胞台属的走访慰问和结对帮扶工作。二是开展了“台胞台属看郑州”和“美丽郑州”征文等系列活动。先后组织各县（市）区台联组织负责人、台胞台属代表、台联理事到绿源山水、薰衣草庄园和黄河富景生态园、航空港区实地参访，感受郑州新发展、新变化。各县（市）区围绕此主题也组织开展了各种形式的活动，累计直接参与台胞台属近2万人次，上报各种题材文章200余篇，选取具有代表性的48篇汇集成《郑州市台胞台属优秀征文汇编》一书。三是积极参与市委开展的帮扶工作，杜玉岭等5位台联会长慷慨解囊，捐赠34100元为二七区福华街办事处小赵砦社区更新了办公设施，营造了良好的为民服务环境。

【台资企业协会】 2013年，市台资企业协会秉承“团结、协调、沟通、服务”的宗旨，在组织联谊、提供咨询、维护权益、排忧解难、服务地方经济等方面做了大量的工作，促进了郑台两地的经贸合作与交流。

（一）加强交流交往，提升台

协形象。广泛联系岛内及海外工商企业界台湾同胞，大力邀请岛内知名企业、行业协会、社团组织来郑参加拜祖大典、经贸洽谈等活动，为来郑考察投资的台商提供政策咨询、信息资讯、项目对接、寻找合作伙伴等服务；积极参加国台办和台企联组织的各项活动，积极参与友协的庆典活动和全国各地的经贸交流活动。2013年，协会相继参加了成都、杭州、昆山、东莞、武汉、湖州、厦门等台协换届和经贸活动，发贺电信函和赠送花篮等数十件，促进了协会间的交流交往，提升了协会的知名度。

（二）强化服务功能，维护台商权益。积极邀请市人社局和机场口岸的海关、边检、检验检疫等单位，为全市台资企业普及劳动保障和出入境货物的检验检疫、顺利通关等方面的政策法规，引导台企知法、守法，并善于用法来维护自身的合法权益；把颐和医院确定为台商在郑定点医院，为在郑台商开辟就医绿色通道，提供细致周到的医疗服务；积极帮助台商解决证照办理、子女入学、就业等问题。2013年，在教育部门的协调下，5名台商子女进入了理想的学校就学。

（三）开展联谊，活跃会员生活。坚持“三会一节”的活动，通过组织保龄球友谊赛、爬山比赛及各种培训座谈等活动，增强在郑台商及其眷属的联心联谊、交流交往，丰富其在郑生活，进一步增强协会的凝聚力和向心力。在协会组织的捐助“关爱之家”的爱心活动中，广大会员踊跃参加，共计捐助现金51200元，捐赠食品、湿巾、衣服等物资折合人民币数万元。

（四）加强自身建设，稳步发展会员。2013年，第四届台协成立了公共关系、交流接待、服务、活动联谊、财务事务、法律咨询六大功能委员会，并确立了每季度一次的理事会、每两个月一次的会长会议、每年一次的会员大会、不定期的与政府部门及合作单位的座谈会等制度，对协会的阶段性工作及时总结和通报，并通过强化服务功能，积极吸纳会员，壮大协会力量，为协会的健康发展提供了有效保障。截至2013年年底，协会共有会员143家，其中单位会员123家、个人会员30名。

（张　晖）

信访工作

【概况】 2013年，郑州市群众信访工作认真贯彻中央、省关于信访工作的决策部署和2月25日全市党务工作会议精神，围绕“控增量、减存量、降总量”的目标，通过强化信访联席会议、领导干部接访下访、重点案件领导包案、重大案件动态掌控、通报分析、督察问责等六项制度，扎实开展“四无”乡（镇、办）评选、“十佳”市直单位评选和十大精品案件评比等三项活动，积极畅通信访渠道，着力解决信访问题，一大批群众反映强烈的热点难点问题得到解决，信访形势呈现出“一个可控，三个有序、五个下降”态势，即全市信访形势总体平稳可控，信访案件办理、复查复核、办信工作有序开展，到省集访、到省重复集访、到省委省政府门口上访、来市集访、到市委市政府门口上访下降，降幅在20%左右，全市没有发生大规模群体性上访信访事项和极端恶性上访事件，有力维护了郑州社会大局稳定。新郑市、新密市、中牟县、上街区因工作突出，被省委省政府表彰为“2013年度信访工作先进县（市、区）”。

群众来信情况：全年共受理各类群众来信事项9976件（含致市委书记、市长信件），同比上升4.6%。其中，初信8475件，重信1501件，重信率为14%；立案1975件（含省、市交办和直接转送案件），按期结案1598件。

网电信访情况：全年共受理群众网络信访1993起。其中，受理国家、省级交办件1430起和立案件38起，本级受理519起；向国家、省级报结交办件1456起、立案件32起，本级结案521起，按期结案率93%。共受理群众电话信访105起。其中，受理国家、省级交办件35起和立案件2起，本级受理68起；向国家、省级报结交办件4起、立案件1起，本级结案60起，按期结案率95%。完成政府信息公开网站建设。建立电话信访受理办公室，健全了电话接访工作规范。

赴京上访情况：全年共发生赴京非访366人次，同比上升126%；共发生赴京集访32批210人，同比分别上升39.1%、6.6%；发生赴京个访314起388人，同比分别上升18.9%、16.9%。

到省上访情况：全年共发生到省集访616批12313人，同比分别下降18.6%、30.3%。其中，重访166批，重访率为26.9%，同比下降7%；到省委、省政府门口集访162批5817人，同比分别下降20.5%、33.5%。共发生到省个访2103起2655人，同比分别下降23.7%、16.2%。其中，重访783起，重访率48%，同比下降6%。

来市上访情况：全年共接待群众来市集访573批18659人，同比批数下降2.7%、人数上升33.4%。其中，重访195批，重访率34%，同比下降8.9%；到市委、市政府门口集访182批11996人，同比批数下降14.6%、人数上升49.8%。共接待来市个访2635起，协调解决突发疑难信访问题174起，立案交办862起，按期办结率95%。

信访案件办理情况：全年共办理各种信访案件1274起。国家信访局、省信访局交办重点案件64起（国家信访局交办39起，省信访局交办25起），到期应结53起，按期办结53起，办结率100%；承办省、市领导批示件26起，其中，省领导批示的案件12起、市领导批示的案件14起。承办省人大常委会办公厅信访办公室交办案件1起、省群众路线领导小组办公室交办案件4起。

案件复查复核情况：全年共接待申请复查复核信访事项583起，经审查受理137起。其中，复查10起，复核127起，已经复查复核结案98起。经审议，直接更正1起；事实不清，依据不充分，发回重新办理16起。另有446起经做解释工作息访或通过其他途径处理解决。

群众反映的问题主要集中在：一是建设规划、通风采光、延期交房、拆迁安置补偿、房产证办理、物业管

7月25日，国家信访局副局长徐令义莅郑检查指导工作

理等城市建设拆迁管理方面；二是拖欠农民工工资和拖欠工程款方面；三是投资担保公司违规经营、非法集资方面；四是企业改制和职工生活待遇方面；五是涉法涉诉方面；六是部分退役军人、“文革”“双开”人员、原云南工役制工人和青海支边人员、艾滋病患者、民师、农村电工、电影放映员等特殊利益群体方面。这几个方面的问题引发赴京到省来市集体上访，占全市集体上访总量的80%以上。

【联席会议制度落实】 2013年，郑州市在信访工作中坚持并完善处理信访突出问题及群体性事件联席会议，积极推进制度落实。一方面积极推动市本级落实好两个层面联席会议制度。按照“一岗双责”的工作要求，重点推动建立和完善了城建、工业企业、农业水利、商业、金融等行业系统联席会议制度，为及时研究解决本行业发生的信访问题提供了路径。另一方面量化细化县（市）区信访工作联席会议标准，加强对会议召开情况的督导检查，确保工作效果。全年，市、县两级共召开联席会议226次，解决疑难信访案件340起。

【领导接访下访】 2013年，郑州市在全市范围内积极推行登封市周五“书记大接访”制度，把疑难复杂，涉及面广、政策性强，以及苗头性、群体性信访事项作为领导干部下访接访的重点。继续落实联合接访、重点约访、带案下访等制度，到基层和一线贴近群众实地解决民生问题、化解矛盾，提高接访下访的针对性和时效性。采取明察暗访、重点检查、随机抽查等多种形式，加强督促检查，确保领导下访接访工作扎实有效开展。2013年，全市共有523位县级党政领导干部接访下访3027人次，共接待群众2658起21492人次，解决问题1482起；有23位市级党政领导接访下访，共接待群众37起81人次，解决信访突出问题20起。

【矛盾纠纷排查化解】 2013年，郑州市在完善“三级网格五级联动”机制的基础上，积极推进市、县信访干部下沉联系县（市）区、乡（镇）办、村（社区），以卡片形式公开下沉信访干部的姓名、职务、联系方式等内容，24小时受理群众来电来访。建立民情联络员按件计酬和选拔退出机制，有效调动其工作积极性。建立信访案件动态掌控制度，使全市信访工作呈现出以强化责任促进问题解决的良好局面。全年共排查矛盾纠纷733起，领导包案733起，化解722起，化解率为98.5%。其中，定期排查矛盾纠纷433起，领导包案433起，化解422起，化解率为97.5%；集中排查300起，领导包案300起，化解300起，化解率为100%。

【信访积案专项治理】 从2013年7月份开始，与郑州市开展的“十二项专项治理”活动相结合，在全市开展了为期3个月的疑难信访问题专项治理工作。工作中，一是加大信访工作的综合协调力度。发挥信访部门在处理信访矛盾中的组织协调功能，整合社会管理资源，调动各方力量，形成上下联动、协调高效的工作机制。探索建立“全市信访疑难问题化解专家库”，首批12名基层工作经验丰富、法律政策素养过硬、化解复杂问题本领较强的人员进入“专家库”，参与化解信访疑难问题的“会诊”。二是加大信访督察督办力度。建立健全信访督察长效工作机制，坚持月通报、季分析，及时研判全市的信访形势，分析社情民意及重点突出问题，为市委市政府当好参谋助手；积极联合多方力量，采取信息告知、约谈会诊、发函提醒、通报警告、党政纪处分等多种形式，强化督察督办工作，努力推进信访工作落实和信访突出问题解决。全年对信访问题突出的5个办事处实行为期3个月的重点督办，对6个乡（镇）办和1个局（委）给予通报批评，对3个办事处进行重点整治，对1个办事处实行重点管理。三是不断完善信访事项受理、交办、督办、回复和复查制度。专项治理活动中，凡是发生到市以上重复越级集体上访的，逐案甄别，分期分批交办，推动问题化解。市信访领导小组在积案化解活动中评出“十大精品案例”，通过评比推动责任单位化解了一批长期影响大局稳定的疑难案件。在3个月的专项治理工作中，全市集中办结疑难复杂案件363起，其中非访结案57起、集体访结案306起。

8月6日，省委副秘书长、省信访局局长蒋美兰在金水区调研群众信访工作

【信访渠道畅通】 一是强化“网上信访”工作投入。2013年，市委、市政府批准了网络信息处有关编制和人员的报告，出资600多万元购置了先进的网络设备，组建了集微信、网信、网电为一体的投诉受理中心，提高网上信访事项办理效率，开辟足不出户反映问题、低耗高效的信访渠道。二是通过在公共场所竖立标识牌、媒体公布等方式，公开县（市）区、市直部门信访接待场所地址、电话等信息，引导群众更多地以书信、电话等形式表达诉求。三是认真落实“人民来信绿色通道”的要求，本着方便群众反映情况、降低群众信访成本，及时妥善处理群众来信反映的问题。四是在市、县两级信访接待场所设立律师咨询台，为上访群众提供免费律师咨询服务，引导信访群众运用法律武器维护自己的合法权益。五是充分发挥群众工作队身处基层一线优势，靠前介入，及时反馈，积极化解矛盾。

【信访部门建设】 一是及时总结信访信息系统运行的新特点、新规律，进一步完善了信访信息系统基础建设，通过操作应用培训规范了信访工作流程。二是积极开展廉政教育，在各级信访接待场所设立“信访干部工作作风举报箱”，接受来访群众和基层干部的监督，进一步塑造了“热情、依法、负责、奉献”的信访干部队伍形象。三是加强信访干部业务培训。全年共举办5批282人次各类座谈会、培训，指导各县（市）区办班培训1021人次，有效提升了信访干部的业务素质。四是对在信访诉求中触犯法律法规构成违法行为的，配合公安部门及时固定证据，依法依规予以打击处理。五是完善考核办法，注重平时工作业绩考量，加大联席会议、领导接访等工作制度落实情况和调研成果加权比重，逐步打破了“唯量”简单考核模式。

（刘文石）

机关事务工作

【概况】 2013年，郑州市市直机关事务管理局坚持以固本强基、求进提升为根本，以扎实作为、深化职能为目标，以强化责任、落实具体为要求，狠抓工作进度，强化工作质量，较好地完成了各项工作任务，保证了党政机关高效有序运转。

加强机关事务工作交流与培训。参加了全国机关事务工作协会四届三次理事会暨贯彻《党政机关厉行节约反对浪费条例》工作座谈会；组织召开郑州市《机关事务管理条例》暨公共机构节约能源资源工作培训班，全市部分市直机关和各县（市）区事管局公共机构节能工作负责人140余人参加。

驻村帮扶工作有序开展。制定了2013年群众工作实施计划，轮换驻村工作队员，建立完善了“年定规划、季定方案、月定计划”工作筹划机制，协调资金45万元改造村水利基础设施，顺利开展村容村貌整治、三夏收储、两委建设、结对帮扶等工作。

【重点项目建设】 2013年，郑州西区建设有序推进。一是编制完成郑州西区远景330平方公里的梳理和城市区域规划、核心区6.1平方公里城市设计和控制性详细规划，并通过专家评审和联审联批。二是中原区启动拆迁安置及基础设施建设，完成核心区92.73余公顷工矿企业用地的拆迁任务，核心区宅基地拆迁有序推进，9条市政道路建设启动。三是初步确定郑州新广电中心、报业传媒大厦、郑州大剧院、郑州市民公共服务及文化中心等6个符合国家政策要求的公共文化项目，报市政府确认。

【办公用房清理腾退】 一是结合实际，专项治理，完成18家（21处）在外租赁宾馆、酒店等短期结算租金的临时性机构清理腾退目标，全年节约财政资金1000余万元。二是重点对全市93家市直单位和12个县（市）区党政机关人员编制及办公用房使用面积进行专项调查，完成1.1万平方米办公用房的清理腾退任务，得到中央、省督导组的高度评价。三是制定完善《市直机关租用临时办公用房管理办法》《市直机关非常设机构临时办公周转房管理办法》《市直机关办公用房使用标准》《市直机关办公用房修缮管理办法》等，进一步建章立制，固化成果。

【公务用车管理】 一是压缩全市一般公务用车，公务用车比上年减少14.36%。二是坚持“总量减少、费用降低、管理规范”原则，受理审批公务用车新购、登记及过户。三是研究制定《郑州市行政事业单位黄标车淘汰工作实施方案》和报废汽车回收拆解实施方案，全市党政机关共淘汰黄标车1106辆。四是加强局属车辆管理服务，全年完成保障用车6029台次，燃油、维修等费用均同比下降。五是落实省市部署开展的市级执法执勤车辆智能管理系统试点工作，与平安集团研究形成《郑州市应用平安集团公务车智能管理系统项目工作方案》，配合完成第一批9家单位的安装工作。

黄标车治理报废现场

【房地产和基建管理】 2013年，市市直机关事务管理局管理房地产和基建项目规范有序。全年共收回办公用房11018平方米、维修1902.27平方米，对16家单位的办公用房进行了调整。配合城市建设，协调拆迁补偿，上交财政资金约1100万元。市商务局、市粮油质量检测中心和市数字化城市管理监督中心配套场地整修建设积极推动。完成了伊河大厦整修改造的预算评审。

【安全保卫工作】 2013年，市市直机关事务管理局按照平安机关创建要求，贯彻落实“防消结合、以防为主”的工作方针。定期开展安全大检查和消防安全大排查，全年配备、更换消防器材、药品2126具。更新改造人大办公楼门禁系统19套。投入资金70余万元，全面升级改造人大办公楼地下停车场消防设施。

治安防范方面坚持24小时值班执勤，门卫管理严格正规；坚持网格化管理，日常巡查常态化；协调财政资金近50万元，加强武警班基础建设，执勤警力由16人调整为36人，加强了市领导驻地和市委南院安保力量。

维护院内交通秩序方面，对机关南北院停车位、行车线路重新画线，规范机关北院商务车和越野车停放区域，市人大办公楼前设置隔离锥，控制乱停乱放现象。全年完成82次各类会议期间车辆引导、停放工作。立体停车场加强引导，日均泊车300台左右，泊车率达90%以上。

全年完成60余人集体户口办理及400余人的户籍管理与服务。共协助接待群众集体上访740起21000人次、个体上访1260人次。

【精神文明创建管理】 2013年，市市直机关事务管理局坚持动态管理，发挥指导职能，积极开展各项群众性精神文明创建活动，完成市直21家新创省、市级文明单位的创建申请，以及规划的审核、受理、登记、推荐上报和考核验收，对市直在届48家省级文明单位、13家市级文明单位进行了年度复查。

【公共机构节能管理】 2013年，市市直机关事务管理局组织召开全市公共机构节能工作会议，修订《郑州市公共机构节能工作考核办法和评分标准》，规范了郑州市公共机构合同能源管理项目实施流程，完成了全市公共机构能源消耗数据的统计上报。市市直机关事务管理局创建国家级节约型公共机构示范单位工作通过考核，并指导4家县（市）区和市直单位完成省级节约型公共机构示范单位创建。

【物业管理】 2013年，市市直机关事务管理局坚持市场引导、健全制度、完善程序，按照市场模式，积极拓展服务渠道，主动竞标淮河路67号院、桐柏路18号院物业管理，提升了物业管理的水平和质量。

【机关服务保障】 2013年，市市直机关事务管理局服务保障水平不断提高。膳食服务围绕“卫生、可口、实惠、多样”目标，注重大众需求，机关干部用餐满意度不断提高，全年保障就餐78万余人次。通讯服务围绕“优质、文明、迅捷、畅通”目标，高标准完成了日常维护、机房扩容和装机等工作，年总装机量达到17314部。综合服务围绕“快速、热情、细致、周到”目标，坚持网格化管理，完成日常维修7200余次。会议服务围绕“规范、标准、精细、温馨”目标，落实《会议服务质量考核细则》，全年保障服务会议1604次，服务质量明显提升。

（张晶晶）

人民政协

综　述

【履行政协职能】 2013年，郑州市政协紧紧围绕市委、市政府的中心工作，牢固树立政协工作服从和服务于全市经济社会发展大局的思想意识，充分发挥人才荟萃、智力密集的优势，紧扣全市经济社会科学发展的全局性问题，认真履行三项职能，切实发挥协调关系、汇聚力量、建言献策、服务大局的作用，为加快郑州都市区和新型城镇化建设、持续推进全市经济社会跨越式发展作出了应有贡献。

（一）认真做好协商议政。2013年，郑州市政协通过召开政协全会和常委会议，扎实开展协商议政。市政协十二届五次会议期间，政协委员认真听取并审议了市政协常务委员会工作报告和提案工作报告，听取并讨论了《政府工作报告》、法检两院工作报告及其他工作报告，并就全市政治、经济和社会生活中的重要问题进行了协商，提出许多有价值的意见建议。市政协十二届二十七次常委会议学习传达了十二届全国人大一次会议和全国政协十二届一次会议精神，听取了郑州市副市长薛云伟通报的郑州航空港经济综合实验区建设与发展情况。政协常委们在认真讨论的基础上，形成了《关于郑州市政协十二届二十七次常委会议的情况报告》，呈送市委、市政府，得到市委、市政府领导和有关部门的高度重视。市政协十二届二十八次常委会议围绕构建现代产业体系进行专题议政，提出11个方面的意见建议报送市委、市政府主要领导，得到了充分肯定。市政协十二届二十九次常委会议围绕全市生态文明建设进行专题议政，市政协各有关专门委员会和各民主党派、工商联代表分别作大会发言，指出了当前全市生态文明建设亟需解决的问题，就进一步加快推进生态文明、建设美丽郑州提出了15个方面的意见与建议，得到市委主要领导的重视，批示将委员们的建议充实到工作中去。

（二）围绕全市重点工作开展视察调研。2013年，市政协各专委会结合本部门工作安排，就郑州航空港经济综合实验区建设、郑州市新兴产业投资和建设工作、服务业发展情况、高端产业体系建设情况、网格化管理工作、科技创新工作、产业集聚区发展情况、生态文明建设情况、农村土地流转情况、生态水系建设情况、防汛工作、地铁1号线建设情况等进行调研视察，在调研视察过程中适时协调解决问题，督促相关工作开展，同时还根据调研视察情况，形成有见地的调研视察报告，为党委、政府决策提供了有益参考。为进一步了解全市民生十大实事进展情况、加快推进各项惠民实事落实，11月下旬，市政协组织开展了三级政协委员视察民生十大实事活动，由政协主席、副主席带队，驻郑的全国、省政协委员和市政协委员参加的10个专题视察组采取听汇报、征求群众意见、实地察看、暗访等多种形式进行了视察。活动结束后，及时召开视察活动情况汇报会，总结经验，提出问题，并对更好地促进民生十大实事完成提出了意见建议，形成《关于对市政府2013年为民办理十大实事落实情况的视察报告》，及时报送市委、市政府。

（三）不断加强重点提案办理力度。市政协十二届五次会议以来，共收到提案568件，审查立案497件，围绕经济建设和社会热点难点等民生方面，筛选出18件提案作为2013年重点提案，由市政协领导、各民主党派和工商联领导、政协常委等分别进行重点督办。全年共开展重点提案督办活动6次，参加委员80余人次，召开座谈会6次，提出有针对性的意见和建议30余条。通过政协领导督办重点提案，推动整个提案办理的落实，达到了以点带面、整体推进提案办理工作的目的，使一些涉及群众利益的问题得到了很好的解决。

（四）积极参与全市中心工作。一是市政协领导分别分包全市重点工程项目，在工程建设过程中积极发挥作用，协助开展工作。二是抽调2名干部，积极参与黄帝故里拜祖大典筹备工作。三是根据市委的统一部署，抽调9名精干人员组成市政协群众工作队，深入到金水区杜岭街道西里路社区和彭公祠社区，积极帮扶解决困难和问题；选派2名干部组成市政协新农村建设驻村帮扶工作队，赴登封市宣化镇岳窑村进行驻村帮扶。四是按照市委统一部署，市政协领导对所分包联系的金融担保公司整顿工作定期进行指导、督察，同时抽调3名干部到金水区协助开展担保行业规范整顿工作。

（五）认真组织开展“政协委员看郑州”活动。5-6月，在全市各级政协组织和政协委员中开展了为期一个月的“政协委员看郑州”活动。市政协积极组织三级政协委员，先后对中心城区的道路网络、轨道交通、生态廊道、生态水系、园林绿化、城中村改造等进行实地察看，并于6月7日召开了座谈会；政协委员拍摄图片600余幅、创作赞美郑州的诗歌近200首，有力地展现和歌颂了郑州的新变化、新发展。为扩大活动影响，更大范围地宣传郑州，市政协在郑州电视台访谈节目《周末面对面》录制播出“政协委员看郑州”专题节目，在《郑州日报》《郑州晚报》策划推出专版，宣传郑州建设发展取得的成绩，树立了全市各级政协组织、广大政协委员热爱郑州、融入郑州、奉献郑州的良好

9月25日，市政协重点提案办理情况汇报会召开

形象。

【促进团结联谊】 2013年，市政协充分发挥包容性强、联系面广的优势，积极为郑州市构建和谐社会凝聚人心，汇聚力量。

（一）认真做好团结联谊工作。一是注重发挥各民主党派、工商联和无党派人士在政协中的重要作用，主动邀请各民主党派、工商联和无党派人士参与重要的调研视察活动，为其搭建知情明政、议政建言的平台；定期召开座谈会，通报工作，听取他们对政协工作的意见与建议。二是努力促进民族团结、宗教和睦。市政协注重加强同少数民族和宗教界代表人士的联系，坚持定期看望民族宗教界知名人士，了解并掌握他们的思想动态；积极宣传党和政府的民族宗教政策，认真听取他们的意见和要求，积极帮助他们解决实际困难。三是广泛开展海内外联谊。进一步加强同港澳台胞的联系，及时了解他们的困难，并发挥政协影响力，为台资企业发展解决难题。同时，不断加强纵向和横向交流，积极宣传郑州的对外开放政策、投资环境和经济合作意向，增进了相互了解。全年共接待全国政协，以及各省、自治区、直辖市和各地市政协来郑考察团78批、893人次，展示了郑州市的良好风貌和现代化建设成就。

（二）举办了迎"七一"·中国梦书画展和十二届政协五年工作成果展活动。在中国共产党建党92周年来临之时，市政协隆重举办迎"七一"·中国梦书画展活动，展出了全市政协系统、各民主党派、工商联的书画爱好者和省会著名书画家的130余幅作品，讴歌党的光辉业绩，促进全市社会各界的大团结、大联合，为全市经济社会发展营造团结民主、和衷共济、和谐融洽的氛围起到了积极作用。12月4–9日，市政协在郑州市博物馆举办"郑州市十二届政协五年工作成果展"，展现了十二届市政协围绕中心、服务社会、服务人民的光辉业绩，进一步提升了人民政协的社会认知度和影响力。

（三）切实关注社会民生工作。市政协领导利用节假日，分别带队走访慰问困难群众，详细了解他们的工作和家庭生活状况，并送去生活用品和慰问金；"六一"儿童节期间，到郑州师范学院附属小学、金水区新建幼儿园进行慰问，给孩子们送去了玩具、学习用品、体育用品；积极参与郑州"慈善日"等公益活动和雅安地震捐助活动，在郑州"慈善日"组织机关全体干部职工捐款3万多元；积极开展捐资助学活动，对登封市岳窑村小学和中牟县刘庄社区小学进行定点援建，两所小学新建教学楼分别

10月16日，"创、树"活动经验总结会召开

举行奠基仪式，预计2014年春季即可招生。

（四）积极反映社情民意。市政协通过政协例会、委员信箱、政协网站及"我为郑州发展献良策"专题广播节目等渠道，广泛征集社情民意，将更多具有前瞻性、警示性的问题，以及群众生活中的热点、难点问题，归纳整理后及时报送市委、市政府参考。2013年共编发《政协信息》28期，举办"我为郑州发展献良策"专题广播节目40期，就食品安全、养老保障、公用交通发展、地铁票价等热点问题进行了意见收集和反馈。

（五）认真做好文史资料工作。2013年市政协共征集到文史资料和稿件100余万字、图片700余幅，较好地充实和丰富了文史资料库存。《郑州市非物质文化遗产传承人讲述》完成了稿件的征集和整理，编辑出版了《老郑州印象（民俗卷）》《老郑州印象（铁路卷）》，进一步宣传了郑州的历史及现状。

【政协自身建设】 （一）加强各项学习。2013年，市政协按照武装头脑、指导实践、推动工作的要求，把学习摆在了更加突出的位置。一是定期组织理论中心组学习。市政协领导班子根据政协开展工作的需要，选取中央、省、市重要会议和主要领导讲话作为市政协理论中心组学习内容，不断提高政治素养和把握实践的能力，进一步改进了政协领导班子作风。二是切实抓好政协学习培训工作。先后组织市政协委员1批 76人赴全国政协北戴河培训中心学习培训，组织驻郑的新一届省政协委员1批29人次参加省政协的委员学习培训，组织12个县（市）区换届后未参加培训的政协领导班子成员赴全国政协北戴河培训中心学习培训，组织市政协常委赴南开大学进行为期一周的学习培训。通过有组织的培训，使广大政协常委，委员和政协机关人员深入学习了党和国家重大方针政策，以及中央关于新时期政协、统战工作的一系列重要理论，进一步提高了大家的知识理论水平，提升了履职能力。三是认真组织市政协学习报告会。邀请市委常委、常务副市长孙金献向政协委员通报郑州市上半年经济社会运行情况，邀请中国科学院、河南省委党校、郑州大学有关专家分别围绕"生态文明与新型城镇化建设""我省构建现代产业体系的若干思考"等进行专题辅导报告，为广大政协委员知情明政、履行职能创造了条件。

（二）狠抓落实，不断增强"创建委员之家、树立委员形象"活动（简称"创、树"活动）的实际效果。4月24日，市政协在二七区组织召开了"创、树"活动现场观摩会。各县（市）区政协就更好地推进"创、树"活动开展进行了深入探讨，总结经验，提出意见，为下一步更好地开展"创、树"活动奠定了坚实的基础。10月16日，市政协召开"创、树"活动经验总结会，各县（市）区政协就更好地推进"创、树"活动提出了建议，郑州市政协主席李秀奇对下一步开展"创、树"活动提出了要求。11月27–28日，河南省人民政协理论研讨会举行，市政协主席李秀奇在会上发言，介绍郑州市"创、树"活动的开展情况，推广郑州市委员之家建设经验。全省18个地市政协围绕"发挥委员之家作用，推进协商民主发展"这一主题进行了深入的探讨交流。

（三）加强政协理论研究。为贯彻落实十八大精神，深入推进全市人民政协事业的新发展，市政协理论研究会在全市政协系统开展了"政协工

作创新奖”评选活动。8月，市政协召开政协工作创新奖申报成果交流研讨会，总结交流全市各级政协组织、政协各参加单位在2012年度履行职能过程中探索形成的新方法、新途径、新经验。同时，对一批政协理论研究成果的作者进行了评奖和表彰，充分调动了广大政协工作者、研究会理事和热心政协理论研究的各界人士的积极性，营造了政协理论研究的良好氛围。

（四）认真组织开展政协委员届末履职考核工作。2013年下半年，市政协对本届政协委员五年的履职情况进行了考核，根据对政协委员五年来参加政协会议活动、所提提案建议、参加社会公益活动、遵章守纪等情况进行全面汇总统计，以及每位政协委员所做的述职报告，推选出优秀委员，为推荐新一届政协委员提供了参考。

（五）切实抓好政协宣传工作。2013年，市政协不断加大对外宣传和对外联系工作力度，及时报道政协的重要工作和活动，大力宣传政协委员的先进事迹。全年共在《人民政协报》等全国和省、市级新闻媒体发稿300余篇，其中，在中央和省级媒体刊登稿件15篇。创新编撰了《郑州政协年鉴》，全面准确地记载全市各级政协2012年的各项工作。不断提高《郑州政协》的办刊水平，在办刊形式、刊物质量等方面进行了积极探索和改进，全年共编辑出版《郑州政协》6期、增刊2期，得到了政协领导和广大委员的充分肯定。

（李峰 刘恒）

政协全会

【市政协十二届五次会议】 2013年2月19-22日，政协郑州市第十二届委员会第五次会议在郑州召开。

2月19日上午，中国人民政治协商会议郑州市第十二届委员会第五次会议在市青少年宫隆重开幕。大会由市政协副主席岳喜忠主持。大会审议通过了市政协十二届五次会议议程。市政协主席李秀奇代表政协郑州市第十二届委员会常务委员会向大会作工作报告，市政协副主席党普选作政协郑州市第十二届委员会常务委员会关于十二届四次会议以来提案工作情况的报告。

2月20日下午，市政协十二届五次会议在黄河饭店举行第二次全体会议。会议由市政协副主席李新有主持。出席市政协十二届五次会议的委员分组审议了政协常委会工作报告和提案工作报告。2月21日上午，出席市政协十二届五次会议的委员分组讨论了《政府工作报告》和计划、财政报告。2月22日下午，市政协十二届五次会议举行第三次全体会议，补选政协郑州市第十二届委员会副主席、秘书长。会议由市政协主席李秀奇主持。

2月22下午，中国人民政治协商会议郑州市第十二届委员会第五次会议胜利闭幕。闭幕大会由市政协主席李秀奇主持。大会公布了选举结果，何建生、崔凡、李玉辉当选为政协郑州市第十二届委员会副主席，吴晓君当选为政协郑州市第十二届委员会秘书长。因年龄原因，岳喜忠、王薇、牛西岭不再担任市政协副主席职务。因工作需要，市政协党组副书记张建国不再兼任市政协秘书长职务。大会通过了政协郑州市第十二届委员会第五次会议政治决议、政协郑州市第十二届委员会第五次会议关于常务委员会工作报告的决议、政协郑州市第十二届委员会第五次会议关于十二届四次会议以来提案工作情况报告的决议和提案委员会关于十二届五次会议提案审查情况的报告。

（李峰 刘恒）

10月12日，市政协主席李秀奇带领部分政协委员视察市轨道公司

政协常委会议

【市政协十二届二十四次常委会议】 2013年1月28日，市政协召开十二届二十四次常委会议，审议市政协十二届五次会议有关事宜。市政协主席李秀奇，副主席岳喜忠、王薇、朱专兴、舒安娜、牛西岭、陈西川、党普选、张冬平、李新有、张民服，党组副书记、秘书长张建国出席会议。

会议听取了市政协秘书长关于市政协十二届五次会议筹备情况的汇报，市委组织部关于有关人事情况的说明和市委统战部关于增补、撤销政协委员有关情况的说明，市政府关于《政府工作报告》起草情况的说明，市政协各专门委员会2012年工作情况报告。审议通过了关于召开市政协十二届五次会议的决定和市政协十二届五次会议议程（草案）、日程，政协郑州市第十二届委员会常务委员会工作报告和政协郑州市第十二届委员会常务委员会关于十二届四次会议以来提案工作情况的报告，政协郑州市第十二届委员会常务委员会关于推举常委会工作报告报告人的决定和政协郑州市第十二届委员会常务委员会关于推举提案工作情况报告报告人的决定，市政协十二届五次会议委员分组办法等有关事项，增补、撤销政协委员有关事项和有关人事任免事项；讨论了《政府工作报告》（征求意见稿）。

李秀奇希望全市各级政协组织、广大政协委员和政协机关干部要学习贯彻中央精神和省委、市委决策部署，明确建言献策的方向和重点；深入开展调查研究，提升议政建言的质量和水平；认真做好会务筹备，确保市政协十二届五次会议顺利召开；认真贯彻落实中央、省、市关于反腐倡廉和作风整顿方面的相关要求，进一步树立良好作风。

【市政协十二届二十五次常委会议】 2013年2月22日，市政协主席李秀奇主持召开十二届二十五次常委会议。市政协副主席岳喜忠、王薇、朱专兴、舒安娜、牛西岭、陈西川、党普选、张冬平、李新有、张民服，党组副书记王建平，党组副书记、秘书长张建国参加会议。市委副书记王璋应邀参加会议。

会议审议通过了市政协十二届二十五次常委会议议程；听取了大会秘书长关于委员小组讨论情况的汇报，市委关于补选政协郑州市第十二届委员会副主席、秘书长候选人情况的说明；审

3月26日，市政协十二届二十七次常委会召开

议通过了市政协十二届五次会议选举办法（草案），市政协十二届五次会议选举大会总监票人、副总监票人、监票人名单（草案）和总计票人、副总计票人、计票人名单，政协郑州市第十二届委员会常务委员会关于接受岳喜忠、王薇、牛西岭辞去政协郑州市第十二届委员会副主席职务的决定，政协郑州市第十二届委员会常务委员会关于接受张建国同志辞去政协郑州市第十二届委员会秘书长职务的决定，市政协十二届五次会议补选副主席候选人名单（草案）和秘书长候选人名单（草案），市政协十二届五次会议政治决议（草案），市政协十二届五次会议关于常务委员会工作报告的决议（草案）、关于十二届四次会议以来提案工作情况报告的决议（草案）和政协郑州市第十二届委员会提案委员会关于十二届五次会议提案审查情况的报告（草案）。

【市政协十二届二十七次常委会议】
2013年3月26日，市政协召开十二届二十七次常委会议，听取市政府关于郑州航空港经济综合实验区建设与发展情况的通报，传达学习全国“两会”精神。市政协主席李秀奇，副主席陈西川、党普选、朱专兴、舒安娜、张冬平、李新有、张民服、何建生、崔凡、李玉辉，党组副书记王建平、张建国，秘书长吴晓君出席会议。市委常委、副市长薛云伟应邀参加会议。

薛云伟通报了郑州航空港经济综合实验区建设与发展情况，全国政协委员、市政协副主席朱专兴和舒安娜传达了全国“两会”精神。李秀奇希望各位政协常委要学习好、贯彻好全国“两会”精神，把学习全国“两会”精神与学习十八大精神和中央经济工作会议精神、省市“两会”精神、中原经济区建设和郑州都市区建设要求结合起来，与政协履职结合起来，把学习成果转化为推动政协工作上来；要落实好、完成好2013年的各项工作任务，努力做到政治协商更有建设性、民主监督更有针对性、参政议政更有时效性、自身建设更具规范性，全面推动全市政协工作跃上新台阶；要保持好、发扬好积极进取、奋发有为的精神状态，进一步强化责任意识，在履行职能中奉献精华，充分发挥模范带头作用。

【市政协十二届二十八次常委会议】
2013年7月3–4日，市政协在荥阳市召开十二届二十八次常委会议，围绕构建现代产业体系进行专题议政。市政协主席李秀奇，市委常委、常务副市长孙金献，市政协副主席陈西川、朱专兴、舒安娜、张冬平、李新有、崔凡、李玉辉，市政协党组副书记王建平、张建国，市政协秘书长吴晓君出席会议。

会议审议通过了市政协十二届二十八次常委会议议程，听取了市政府关于全市现代产业体系构建情况的通报。围绕会议议题，市政协经济委员会、市政协港澳台侨和外事委员会、民盟郑州市委员会、市政协农业委员会、市政协人口资源环境委员会分别以《构建郑州市现代产业体系的调查与建议》《关于建设郑州航空港经济综合实验区高端产业体系的建议》《关于加快郑州市产业集聚区建设问题的对策与建议》《加快推进土地流转，构建新型农业经营体系的建议》《关于加强我市产业集聚区生态文明建设的调查与建议》为题作大会发言。市政协城市建设委员会、文史资料委员会、教科文卫体委员会和民革郑州市委、民建郑州市委、民进郑州市委、农工党郑州市委、市工商联等单位作书面发言。政协常委围绕全市现代产业体系构建展开深入讨论，并提出意见建议。

李秀奇在讲话中指出，在构建现代产业体系的过程中，要加强对产业创新、产业融合、产业集聚、产业开放和产业可持续发展等问题的研究。全市各级政协组织和广大政协委员要继续围绕构建现代产业体系建言献策、凝心聚力、贡献力量，努力为郑州都市区建设再立新功。

【市政协十二届二十九次常委会议】
2013年9月26–27日，市政协在上街区召开十二届二十九次常委会议，围绕全市生态文明建设进行专题议政。市政协主席李秀奇，副主席陈西川、朱专兴、舒安娜、张冬平、李新有、张民服、崔凡、李玉辉，党组副书记王建平，秘书长吴晓君出席会议。副市长张学军应邀参加会议。

会议审议通过了本次常委会议议程，听取了市委组织部有关人事情况的说明，市政府关于郑州市生态文明建设情况的通报。围绕会议议题，市政协人口资源环境委员会、经济委员会、农业委员会、教科文卫体委员会、社会和法制委员会、民族和宗教委员会、文史资料委员会、城市建设委员会分别作题为《进一步推进郑州市生态文明建设的调查与建议》《关于我市餐厨垃圾处理工程的调查与建议》《关于郑州市生态公益林效益补偿的调查与建议》《关于我市生态补偿机制建设的调查与建议》《关于我市节水型社会建设情况的调研报告》《关于我市生态水系建设情况的调查与建议》《关于我市园林绿化工作的调查与建议》《关于加快发展我市绿色建筑的调查与建议》的发言，民革郑州市委、民盟郑州市委、民建郑州市委、民进郑州市委、农工党郑州市委、九三学社郑州市委分别作题为《关于我市生态林业建设情况的调查与建议》《关于郑州市农村生态环境状况的调查与建议》《关于修建潮河湿地公园的建议》《关于进一步提升郑州市城市基础设施承载力的建议》《关于我市土壤污染状况的调查与建议》《关于郑州创建国家森林城市工作的建议》的发言，市工商联作题为《关于新型城镇化与生态文明建设有效融合的建议》的发言。政协常委围绕全市生态文明建设展开深入讨论，并提出意见建议。会议还通过了有关人事事项。

李秀奇希望全市各级政协组织和广大政协委员继续深入协商议政，为建设美丽郑州建言献策；继续倾情关注民生，为建设美丽郑州汇集民智；继续广泛增进共识，为建设美丽郑州凝聚合力，为早日建成自然之美、社会公正、城乡和谐的现代化都市区作出新贡献。

（李峰　刘恒）

民主党派和工商联

综 述

【概况】 2013年，郑州市多党合作事业始终坚持中国特色政治发展道路，加强多党合作制度化、规范化、程序化建设，紧紧围绕全市统战工作要点，结合全省统战工作综合评价体系安排部署全年工作，各项工作取得了新进展、迈上了新台阶。积极引导各民主党派深入学习贯彻中共十八大和十八届三中全会精神，开展专题调研、主题活动，举办培训班，推进干部队伍建设，各民主党派服务科学发展水平不断提高，自身建设不断加强。"同心"实践行动围绕政策支持、项目带动、人才培养、社会服务等方面，学习借鉴毕节经验，创新工作方法，举全市统一战线之力开展活动，取得了阶段性成果。

【多党合作和政治协商】 2013年，郑州市大力推进民主政治建设，不断加强多党合作和政治协商，运行机制进一步健全，制度效能进一步提升。

（一）市委召开务虚座谈会。12月31日，市委召开党外人士务虚座谈会。会议通报了市委2012年工作情况和2013年基本工作思路，听取了各民主党派、工商联、无党派代表人士对市委工作的意见建议。省委常委、市委书记吴天君主持会议，市人大、市政府、市政协主要领导和工会、共青团、妇联等人民团体负责人参加会议。以务虚会的形式进行政治协商活动，协商的规格更高、范围更大、效果更直接。

（二）市政府举办《政府工作报告》征求意见座谈会。1月31日，市政府召开郑州市各界人士关于《政府工作报告》征求意见座谈会。与会人员分别从报告的整体结构、标题的设置、段落之间的层次、各种数据的逻辑关系等不同角度提出了意见。同时，对拟定2013年郑州市民生"十件实事"，从科学道路规划设计、加强大气污染治理、加大幼儿园和小学建设投入、加大科技创新能力的投入、深入挖掘文化旅游产业资源、加大扶持小微企业力度等方面提出了建议。

（三）市委领导班子民主生活会前征集民主党派意见。中共郑州市委领导班子民主生活会召开前，市委专门征求各民主党派对市委领导班子在各个方面工作的意见和建议。2月，组织各民主党派相关人员，召开专题会议，本着实事求是、认真负责的态度，提出意见建议，涉及重视发挥民主党派和无党派干部的作用等方面。市委及时反馈了有关情况，并明确由相关部门对意见建议的办理落实情况跟踪督办。

（四）充分发挥民主党派的民主监督作用。为进一步拓宽民主监督渠道，完善民主监督形式，3月26日，组织各民主党派负责人参加国务院召开的第一次廉政工作电视电话会议；4月27日，组织各民主党派负责人参加省政府第一次廉政工作电视电话会。会后，各民主党派表示要加强民主政治监督，就法律法规实施情况、重要方针政策的贯彻执行情况、党员领导干部履行职责情况等提出意见和建议。

（五）赴武汉开展恳谈考察活动。9月12－14日，市委组织各民主党派、工商联负责人和无党派代表人士赴武汉开展恳谈考察活动。恳谈围绕学习中央、省委关于开展党的群众路线教育实践活动有关精神，就以"一学三促"为核心加强自身建设，征求党外代表人士意见建议；围绕市委、市政府中心工作，就如何进一步发挥多党合作和政治协商制度的重要作用，拓宽参政议政途径、提高参政议政质量等问题进行研讨交流。恳谈期间，与武汉市各民主党派、工商联、无党派人士座谈，学习武汉市开展政治协商活动好的经验和做法。

【民主党派自身建设】 2013年，市委统战部积极协助各民主党派履行职责、加强自身建设，共同思想政治基础更加牢固，优势作用发挥更加突出。

（一）搞好调查研究，提高各民主党派参政议政的能力和水平。

一是搞好重点课题的调研。继续坚持"党委出题、党派调研、政府采纳、部门落实"机制，4月16日，市委印发了《市委办公厅转发2013年各民主党派重点调研课题的通知》（郑办〔2013〕13号），为民主党派调研创造了良好的条件。9月16日，市委统战部组织召开各民主党派机关负责人联席会议，学习传达《国务院关于加快发展节能环保产业的意见》《国务院关于印发"宽带中国"战略及实施方案的通知》《国务院关于促进信息消费扩大内需的若干意见》文件精神，围绕当前中心工作，开展调查研究。共撰写调研报告21篇，提出许多有价值的意见建议，为市委、市政府科学决策提供了参考。

二是协助党派中央、省委调研。5月17日，农工党中央副主席何维一行莅郑，调研新型城镇化进程中流动人口服务管理和社会融合工作；6月8日，致公党中央常务副主席蒋作君莅郑调研党派组织建设工作及党员企业；7月4日，全国人大常委会副委员长、民进中央主席严隽琪率民进中央调研组莅郑，就郑州航空港经济综合实验区建设进行专题调研；8月20日，全国政协副主席、民革中央常务副主席齐续春率民革中央调研组，到中原区人民检察院就"因监护人涉罪失管未成年人权益保护"问题进行调研；8月31日，民进中央副主席王佐书到管城区，就民办教育发展情况进行调研，期间考察调研了台湾再兴教育在郑州的合作办学情况；9月22日，全国人大常委会副委员长、民盟中央主席张宝文率民盟中央调研组，到郑州航空港经济综合实验区、好想你枣业股份有限公司考察调研；10月25日，全国政协副主席、致公党中央主席、科技部部长万钢率致公党中央调研组，到郑州航空港经济综合实验区考察调研;11月4日,九三学社中央副主席赖明一行莅郑，就郑州航空港经济综合实验区建设情况进行调研。省政协副主席、民建河南省委主委龚立群分别于1月15日和6月8日，率专家学者和省直有关单位负责人，到郑州航空港经济综合实验区就"提高产业集聚区承接产业转移承载能力问题"进行专题调研；到郑州汇远电脑学校、郑州市科技中专、郑州三全食品有限责任公司，就"新型城镇化进程中农村转移劳动力职业技术教育问题"进行专题调研。通过这些调研活动，进一步深化了党派中央、省委与郑州市开展的合作项目。

三是协助各民主党派开展调察研究。民革郑州市委：4月2日举行新型城镇化调研考察活动，130余位民革党员到新乡辉县市，调研考察了辉县市新型城镇化引领"三化"协调发展情况；5月15日，到郑州航空港经济综合实验区调研现代职业教育发展情况，形成《加强我市现代职业教育发展助力郑州都市区建设》调研报告。民盟郑州市委：4月9日到经开区调研郑州市产业集聚区建设情况，并邀请有关专家学者召开郑州市产业集聚区建设课题研讨会；5月14日到郑东新区调研金融集聚核心功能区建设情况，并召开座谈会。民建郑州市委：8月13日，就建设潮河湿地公园有关问题进行专题调研。民进郑州市委：5月4－29日，分别到郑州市委研究室、郑州市工信委和河南西艾尔墙体科技有限公司等单位，围绕中原经济区、郑州都市区和郑州航空港经济综合实验区建设开展调研活动。同时，各民主党派还积极收集、反映社情民意。1月14日，九三学社郑州市委关于雅宝家具有限公司焚烧有毒工业垃圾的情况反映，受到市政府领导高度重视，副市长张学军作出批示。

（二）加强思想建设，增强对建设中国特色社会主义的共识。

一是举办联合中心组集中学习活动。3月22日、7月3日，先后举办各民主党派、工商联、无党派代表人士联合中心组第二十七次和第二十八次集中学习活动，传达学习全国两会精神，听取国家发改委国土开发与地区经济研究所所长肖金成作的关于促进"三化"协调"四化"同步发展的辅导报告，以及中共中央党校马克思主义中国化教研室主任、博士生导师贾建芳教授作的十八大精神专题辅导讲座。11月16日，与省各民主党派、工商联和无党派人士联合举办中心组集中学习活动，听取国务院发展研究中心原副主任、中国市场学会会长卢中原作的学习贯彻十八届三中全会精神的专题讲座。市委常委、统战部部长王跃华作了发言，省委常委、统战部部长史济春出席会议并讲话。通过学习，进一步提高了各民主党派领导班子成员的政治把握能力、参政议政能力、组织领导能力和合作共事能力。

二是引导各民主党派市委积极学习贯彻十八大、全国“两会”和十八届三中全会精神。各民主党派市委分别采取集中学习、座谈会、研讨会等形式进行学习，并围绕会议确定的重点内容，紧密结合中共郑州市委、市人民政府重大决策部署，对于全面推进郑州都市区建设中所担负的职责任务进行深入研究。通过座谈、研讨，进一步提高了各民主党派市委委员的政治素养、坚定了理想信念，提高了理论和政策水平，增强了运用科学理论认识问题、分析问题和解决问题的能力。

三是市委统战部组织举办学习培训活动。8月23日，市委统战部举办各民主党派新成员培训班，全市200余名新成员参加了培训；9月9日至10月9日，举办党外骨干成员培训班，40余名党派骨干成员参加了培训，期间，9月23日，组织“2013年全市统一战线主体培训班”110名党外学员赴“同心”实践基地——登封市唐庄乡开展践学活动。通过培训和践学活动，进一步提高了民主党派新成员和骨干成员的整体素质，增强了党派意识、责任感和使命感。

四是支持各民主党派外出学习培训。民革郑州市委：3月23-25日举办骨干党员培训班，骨干党员40人到武汉参加培训；10月25-27日举办基层支部负责人培训班，基层支部班子34人到西柏坡参加培训。民盟郑州市委：5月17-18日和10月26日，分别在登封市、开封市举办骨干盟员暨新盟员集中学习培训班，盟市委委员、基层支部负责人、盟内人大代表和政协委员、部分新盟员共计150余人次参加了培训。民建郑州市委：10月15-19日举办骨干会员培训班，骨干会员30人赴长沙参加培训。民进郑州市委：11月7-10日举办骨干会员培训班，骨干会员54人赴浙江、江苏参加培训。农工党郑州市委：10月24-27日，举办骨干党员培训班，骨干党员40人赴毕节参加培训。九三学社郑州市委：10月12-14日举办骨干社员培训班，骨干社员50人赴湖南韶山参加培训。致公党郑州总支：10月31日至11月3日举办学党史培训班，46名党员赴古田和汕尾参加培训。通过外出培训，开阔了眼界、启发了思路，对于传承民主党派与中国共产党亲密合作的优良传统，深化参政党地位、性质和历史使命有了更深刻的认识。

五是推荐民主党派成员参加省党外干部培训班。积极组织推荐全市10名民主党派成员，参加省委统战部举办的第12期、13期民主党派干部培训班，使民主党派成员接受更高层次的教育培训，全面提高综合素质。

（三）加强组织建设，后备干部队伍、基层组织领导班子结构得到明显改善。

一是协助各民主党派加强后备队伍建设。按照省委统战部要求，在党派市级组织换届一年以后，各民主党派要进行领导班子后备干部调整工作。在符合条件的562名党派成员中进行民主推荐和谈话推荐，投票推荐参加205名、谈话推荐参加113名。按照现任班子1:1比例，提出民主党派后备干部人选初步名单，经三方协商形成考察人选名单。6月18-19日，市委统战部组成联合考察组对民主党派后备干部考察人选进行组织考察，建立了各民主党派新的后备干部队伍。

二是协助各民主党派基层组织成立或换届。2013年，先后成立了民盟市直郑东新区支部、总支，民盟二七总支和民建金水区基层委员会。完成换届的基层支部有：农工党职业病防治所支部、儿童医院支部、金水支部、中原支部、中原二支部、中原三支部6个支部和九三学社上街支社。党派基层组织换届调整后，组织体系更加合理、领导班子更加具有活力。

三是协助致公党成立郑州总支。为了便于统一管理和协调致公党郑州5个支部的具体工作，经与致公党郑州支部和致公党省工委沟通，报市委主要领导同意后，确定了致公党郑州总支的规模和职数，对建议人选进行了组织考察。6月21日，召开中国致公党郑州总支部党员大会，选举产生了中国致公党郑州市总支部委员会第一届委员会主任委员、副主任委员和委员。

（四）开展社会服务活动，凝心聚力促进社会和谐。拓宽民主党派发挥作用的渠道，多种形式开展社会服务活动。民革郑州市委开展“八一”拥军活动，组织书画家为郑州警备区创作书画作品30余幅。民盟郑州市委开展送文化下乡及慰问活动，向新密市贫困户赠送慰问金、食用油和面粉等慰问品，并义写春联200多幅。民进郑州市委开展“六一”慰问活动，为经开区列子小学孩子们送上学习文具等节日礼品。农工党郑州市委组织党员医疗专家在二七区康桥华城社区中心广场举行第六届“中国环境与健康宣传周”慢性病防治进社区义诊活动宣传活动，向社区居民免费发放价值3000余元的常用药品，以及环保购物袋和宣传手册；组织郑州市儿科、眼科、口腔科、皮肤科、心理咨询等十余名医疗专家为巩义市北山口镇的280名留守儿童进行体检；举办“关爱母亲健康、促进家庭幸福”大型义诊咨询服务活动，30多位专家为500余名女性朋友进行健康咨询义诊服务。九三学社郑州市委组织开展“同心·助学”活动，对荥阳市被高等院校录取的150名品学兼优、家庭贫困的大学生进行资助，每人2000元，共计30万元。致公党郑州总支开展慰问贫困生活动，为登封市石道乡李窑村2名贫困小学生送去2000元现金、为50名幼儿园学生发放价值2500元的书包、文具等学习用品。各民主党派成员为雅安地震灾区累计捐助300多万元。

【“同心”实践行动】 2013年，郑州市精心打造统一战线“同心”品牌，“同心”实践行动初见成效。

（一）调整领导小组，建立三级联动机制。调整了全市统一战线助力“三化”协调科学发展“同心”实践行动工作领导小组，设立“同心”实践行动办公室。先后三次召开联席会议，汇报交流工作推进情况，协调解决相关问题，研究制定各成员单位和支持单位对唐庄乡的帮扶措施和项目助推计划。市委、市政府出台《关于在全市开展新型城镇化引领“三化”协调科学发展“同心”实践行动工作的通知》。完善工作机制，加大组织力量投入，选派2名统战系统干部到唐庄乡任职，选调1名唐庄乡干部到统战部挂职，形成了市、县、乡三级良性互动，有效对接。

（二）深入调查研究，力促项目落地。全年共有各民主党派、工商联、无党派人士及相关单位负责人500余人次到唐庄乡开展考察调研、项目推介、资金助推等一系列活动。结合唐庄乡实际，科学谋划产业发展，主动同省、市相关业务对口单位进行协调对接，帮助唐庄乡寻求项目发展平台。由无党派人士牵线搭桥的“智在国学院中国传统文化产业园”项目，已签订框架协议，签约资金10亿元；由市工信委牵头协调的高新区民营企业整合迁移项目和金马凯旋家居产业集群项目正在进一步对接中。

（三）聚合党外资源，实施民生助推。聚合党外人才、资金、技术等方面资源，以社会服务工作推动“同心”实践行动、深化“同心”实践内涵。民革郑州市委在唐庄乡建立了“同心”法律服务站，长期开展法律咨询和普法教育，培训群众100余人；民建市委筹集50万元设立“同心”工程基金，已资助唐庄乡贫困大学生27人5.4万元；民进市委组织优秀教师到唐庄乡开展送课下乡活动，并捐赠文体用品；农工党市委组织医疗专家到唐庄乡开展送医、送药活动；九三学社市委到唐庄乡开展送科技、送法律、送温暖活动，并向困难群众捐赠棉被100床；致公党郑州市总支向唐庄乡贫困老人捐赠智能手机100部，价值10万余元；全市非公经济人士捐赠资金1100万元，建设唐庄乡敬老院和幼儿园，帮助唐庄乡解决民生等实际问题。

【党派工作创新】（一）出台政治协商计划。4月16日，市委办公厅印发了《关于印发〈中共郑州市委同民主党派无党派人士2013年政治协商计划〉的通知》（郑办[2013]14号），第一次以文件形式就协商的形式、内容等事项予以规范，为更好地发挥政治协商在民主决策和科学决策中的作用提供了保障。

（二）召开2013年度参政议政工作座谈会。4月12日，召开2013年度参政议政工作座谈会。首次邀请市委、市政府研究室负责人为各民主党派讲解当前市委、市政府的中心工作。市政府研究室以“三大主体”工作为框架，结合市政府18个重点调研课题，讲解了政府对调研工作的总体要求；市委研究室着重强调了参政议政工作的实用性。各民主党派学习了调查研究的方式方法，抓住了调查研究的切入点和着力点，为提高参政议政质量打下了良好的基础。

（三）举办规格高、规模大、影响广、效果实的联合中心组学习活动。第27次、28次联合中心组集中学习活动分别邀请两位在全国有影响的专家学者作专题辅导报告，这是联合中心组集中学习举办以来，首次邀请高规格专家进行辅导。同时，这两次学习活动也首次扩大了学习范围，除各民主党派、工商联和无党派人士联合中心组成员参加外，全市统一战线助力新型城镇化引领“三化”协调科学发展“同心”实践行动工作联席会的14个成员单位和20个支持单位的负责人，郑州航空港实验区、郑东新区、经济技术开发区、高新技术产业开发区管委会的分管负责人，各县（市）区委统战部部长、联系民主党派和党外知识分子工作的副部长，以及市委统战部机关、市直统战系统各单位全体人员、各民主党派市委机关全体人员共计380余人次参加报告会。第29次联合中心组学习活动进一步创新学习形式，与各民主党派省委、省工商联和省无党派人士联合举办，加强了沟通联系，提高了联合中心组学习的质量和效果。

【基础工作】市委统战部党派处建立工作台账和有关数据库，全面更新各种数据，实行动态管理，为开展各项工作打下了良好的基础。建立完善《民主党派成员基本情况统计表》，及时采集变更信息，准确掌握党派成员基本情况，并上报省委统战部各类统计数据报表。认真调研民主党派工作，7月18-29日，市委统战部调研组分别到民革郑州市委、民盟郑州市委、九三学社郑州市委、农工党郑州市委、民进郑州市委、民建郑州市委、致公党郑州总支就民主党派组织建设、机关建设、参政议政、社会服务、统一战线“同心”实践行动等方面工作开展情况进行调研，召开座谈会，形成调研报告，上报市委；3月1-7日，配合省委统战部调研组，先后到中州大学、郑州师范学院统战部开展“民主党派组织建设工作”专题调研，统计汇总了郑州市经济发展指标情况、郑州市高校科研院所及党外中上层人士情况，形成并上报《关于我市民主党派组织建设工作情况的报告》；2月，经与发改委联系沟通，按照县（市）区、开发区的特色产业、特色工作和急需破解问题，谋划确定了3个民主党派调研基地。此外，还先后接待了许昌市委统战部、洛阳市委统战部、宜昌市委统战部等地市统战部调研组来郑调研考察，增进了了解、加深了友谊。完成上级交办任务，4月8-13日，协助省委统战部做好黄埔军校同学会邀请的台湾有关人士80余人来郑参加“癸巳年黄帝故里拜祖大典”活动工作，并负责安排在登封市参观访问的组织、协调、服务等；5月16-19日，协助省委统战部做好第八届中国中部投资贸易博览会“世界华商论坛”工作，负责省委统战部邀请嘉宾在郑活动的接待、组织、协调与服务工作；8月29日和11月20日，协助省委统战部考察调研组和各民主党派省委、省工商联、省侨联考察调研组共160余人，到郑州航空港经济综合实验区考察调研，并开展群众路线教育实践活动；10月13日，协助省委统战部第13期民主党派干部培训班赴新密市开展践学考察活动，考察调研新密市新型城镇化建设。

（杨飞雁　石　林）

民革郑州市委员会

【思想建设】2013年，民革郑州市委以坚持和发展中国特色社会主义学习实践行动为引领，继续加强思想建设工作。认真学习中共十八大、十八届三中全会和民革十二大会议精神，以及《中原经济区郑州都市区建设纲要》等经济社会发展的重大政策。3月7日民革郑州市委会同省委会在中牟县共同举办“迎‘三八’联谊会”活动；3月23-25日组织骨干成员40余人赴武汉学习考察，并与民革武汉市委会座谈交流；4月1日组织130余位民革党员考察新乡辉县市新型城镇化建设；4月27日主办“纪念中共中央发布‘五一口号’65周年暨郑州市中山书画院成立25周年书画展”。在“政协委员看郑州”活动中，民革党员有3首诗歌、6幅照片被刊登在《郑州日报》专版。11月16日，民革郑州市委会同省委会联合承办了省、市统一战线学习贯彻十八届三中全会精神座谈会暨各民主党派、工商联、无党派人士联合中心组集中学习活动。

各支部开展了丰富多彩的活动，加强自身建设。医务支部、商业支部联合到老界岭参观学习；金融支部组织党员到地铁施工现场调研；二七二支部组织党员到宇通公司参观调研客车行业发展现状；高新一支部组织党员同郑大民革党员联谊；管城一支部组织党员对管城区市政建设方面进行考察调研；管城二支部组织部分党员对管城区铁路沿线拆迁绿化和公园建设工作进行调研，并形成了调研报告，得到管城区委书记袁三军的批示；金水二支部组织党员到淮阳调研、参观地铁一号线、观看以讲诚信为主题的话剧《老汤》；上街支部组织党员参加“中国梦—我的梦”书画联展活动，开展义写春联活动，参观新建社区幼儿园；荥阳支部联合郑州铁道中等职业学校师生800余人举行义务植树活动；中原一支部组织党员到浚县进行调研等。

【组织建设】2013年，民革郑州市委会按照《民革河南省委关于2013年组织发展工作的意见》要求，审慎推进组织发展工作。全年发展党员24人，其中本科以上学历22人、中级以上职称9人，平均年龄37岁，进一步改善了郑州市民革党员的年龄结构和知识结构。组织基层支部主委一行30余人到西柏坡学习培训，讨论通过了支部工作量化考核办法。为加强市委会领导班子建设，民革郑州市委会召开十二届五次扩大会议，推荐产生了6名市委会领导班子后备干部。为加强对后备干部的培养，全年选送7名党员参加了省、市举办的不同层次的培训班，选送机关1人下乡挂职锻炼、2人参加市委党校任职培训班。市委会对代表人士队伍适时进行调整，不断更换新鲜血液。

【参政议政】2013年，民革郑州市委各专委会围绕市委、市政府中心工作积极展开调研。创新、调整调研形式。确定调研题目后，各专委会成立调研小组、列出调研提纲，由专委会主任亲自带队，联系相关单位，深入实地进行调研。文化和教育委员会成立中小学校安全教育调研组，到市教育局、新郑市开展调研；社会服务和法制委员会成立网格化调研组，到二七区开展调研；祖统和联谊委员会成立资源再生调研组，到洛阳进行调研；经济和环境委员会成立积极申报郑州自由贸易区调研组，到郑州航空港实验区进行调研。全年提交了《关于加强郑州市中小学校安全教育的建议》《关于凝聚共识、整合优势，积极申报郑州自由贸易区的建议》《关于我市生态林业建设情况的调查与建议》《加强我市现代职业教育发展，助力郑州都市区建设》和《关于在郑州经济技术开发区建设再生资源综合处理项目的建议》等7篇调研报告。其中《关于凝聚共识、整合优势，积极申报郑州自由贸易区的建议》和《关于在郑州经济技术开发区建设再生资源综合处理项目的建议》得到了中共郑州市委书记吴天君的批示。

2013年，市政协全会共审查立案提案459件，其中民革党员提案102件（集体提案5件、民革界别委员提案87件、其他界别民革党员提案10件），占全部提案的22%。市政协十二届五次会议对2012年以来优秀提案进行表彰，其中民革的集体提案《关于加强郑州现代工业遗产保护的建议》，以及民革党员侯秋平《关于解决郑州市区打车难的建议》、刘虹《建立和完善机制，解决蔬菜价位不稳问题》、赵国卿《关于加强大气环境监测和治理的建议》获评优秀提案；雷从芳《关于切实保护黄河湿地的建议》、钱正一《关于对郑州市地下水污染状况进行普查的建议》被评为主席督办提案；张自福领衔提交的建议案《关于加快郑州市公务用车改革的建议》得到中共郑州市委副书记王璋的批示。

在政协委员届末考核中，民革党员14人获得“优秀政协委员”称号；3人获得“创建委员之家、树立委员形象”先进个人称号。

2013年年底，市政协对十二届五次会议以来的优秀提案进行表彰，民革郑州市委会集体提案《关于围绕重点产业发展战略，促进我市招商引资工作的建议》，以及民革党员汪得勇《关于构建生态交通体系，打造生态郑州的建议》、雷从芳《关于切实保护黄河湿地的建议》、赵洁《关于郑州市城市建设施工扬尘治理的建议》、钱正一《关于对郑州市地下水污染状况进行普查的建议》被评为优秀提案。

【社会服务】 2013年，按照市统一战线助力新型城镇化引领“三化”协调科学发展“同心”实践行动工作的有关要求，民革郑州市委会在登封市唐庄乡成立唐庄法律服务工作站，对当地政府、人民群众及辖区各企事业单位免费进行法律帮助，并组织民革党员中的企业家到唐庄乡现场考察座谈，洽谈有关项目。

在四川雅安地震发生后，市委会积极组织党员为灾区捐款，共捐款32511元，其中，中原一支部的捐款活动被《郑州日报》报道。市委会与中共郑州市委宣传部等单位共同主办“雅安地震爱心捐赠单位答谢书画笔会”，组织13位书画家向雅安地震爱心捐赠单位捐赠作品。建军节期间，郑州中山书画院组织“八一”笔会，向驻郑部队捐赠书画作品。

根据民革中央《开展“伸出博爱之手”——民革基层组织牵手困难群众活动》的通知要求，各支部根据自身优势开展了社会服务工作。惠济一支部慰问一线驻村干部，邀请河南协和医院各科室专家、组织支部党员，到惠济区“同心”实践基地马庄村开展送医下基层活动；市直一支部组织“送戏下乡”活动；二联支部捐款捐物2000余元，对困难党员进行帮扶。

【促进祖国和平统一】 2013年，民革郑州市委继续致力于凝聚民族精神，加强两岸文化交流工作。市委会在黄帝故里拜祖大典期间邀请全国政协委员、民革中央副主席郑建邦，省政协副主席、民革省委主委李英杰出席第七届黄帝文化国际论坛开幕式并致辞。在黄帝文化论坛期间，市委会领导接待台湾独立学者陈哲雄一行，赴河南新郑具茨山岩画点考察。

（张路 郭存）

民盟郑州市委员会

【思想建设】 2013年，民盟郑州市委团结带领全市各级盟组织和广大盟员，认真学习中共十八大和十八届三中全会、省九次党代会、市十次党代会精神，以及民盟十一届一中全会精神，积极开展坚持和发展中国特色社会主义学习实践活动，深入贯彻多党合作“同心”思想，积极参与郑州航空港经济综合实验区建设，各项工作取得了阶段性的进展。

民盟郑州市委坚持用邓小平理论、“三个代表”重要思想和科学发展观武装广大盟员的头脑，通过主委会、市委全会、骨干盟员学习报告会、机关例会、支部盟员生活会、入盟积极分子暨新盟员培训班，以及举办辅导报告会、形势报告会、经验交流会和座谈会等形式组织广大盟员学习，提高政治理论水平和准确把握时代脉搏的能力。组织全市各级盟组织和广大盟员认真学习中共中央总书记习近平的讲话精神，始终做到在思想上同心同德、在目标上同心同向、在行动上同心同行，不断巩固与中国共产党共同的政治立场、奋斗目标和核心价值观念。3月27日，民盟郑州市委召开传达学习贯彻全国“两会”精神专题会议，学习中共中央总书记习近平在十二届全国人大一次会议闭幕会上的讲话、全国政协主席俞正声在全国政协十二届一次会议闭幕会上的讲话。全国政协委员、民盟郑州市委主委朱专兴传达了全国“两会”精神，激励广大盟员增强政治使命感，通过学习提高政治素养，坚定理想信念，认清形势，不断巩固民盟参政议政的优势和特色领域，增强履职能力，促进科学发展，为郑州都市区建设做出新的更大的贡献。5月17-18日，民盟郑州市委赴登封召开骨干盟员暨新盟员集中学习培训班，学习中共中央总书记习近平在十二届全国人大一次会议闭幕会上关于“中国梦”的论断、新修订的《中国民主同盟章程》，新郑总支介绍了支部开展活动的经验。民盟郑州市委主委朱专兴强调，在信息化时代要进行专题培训，提高盟员的自身素质；广大盟员要在政治上坚定，有责任心，有理性、有韧性；要树立人才兴盟，盟兴我荣的意识。10月26日，民盟郑州市委在开封举办骨干盟员暨新盟员集中学习培训班，学习中共中央总书记习近平关于“党的群众路线实践教育活动”的讲话精神，民盟开封市委副主委黄庆星介绍了民盟开封市委的光辉历史及发展现状。

【组织建设】 2013年，民盟郑州市委认真贯彻落实盟中央“人才兴盟、人才强盟”战略，把人才发展作为组织建设的第一要务，在注重政治素质、保证质量、优化结构的基础上，加大高层次、高素质人才的发展力度，全年新发展了44名政治素质好、业务能力强、有代表性的知识分子，其中高层次人才16名、研究生学历的9名、具有副高级职称的4名，为盟组织注入了新的活力。截至年底，民盟郑州市共有盟员1033人，有43个基层组织，其中7个总支、36个支部。

积极深入基层支部，推动基层支部建设。2013年，新组建了郑东新区总支和郑州市二七区总支。5月31日，民盟郑州市市直郑东新区总支成立大会召开。高度重视后备干部队伍建设，初高中、高校作为民盟后备干部重要来源的地位得到进一步加强。民盟郑州市委以干部队伍建设民主化、科学化、制度化为目标，逐步建立健全一套发现选拔、培养锻炼、管理考核、推荐使用、跟踪监督的良性工作机制；坚持走群众路线，从参政议政工作、机关和基层工作取得成绩的盟员中发现人才，切实建立起一支高素质的后备干部队伍，为民盟事业薪火相传提供充足的人才保证。4月25日，民盟郑州市委召开十二届三次全会，根据《民盟河南省委关于加强市级组织领导班子后备干部队伍建设的通知》要求，民主推荐了5名民盟郑州市委后备干部。

2013年民盟郑州市委被民盟中央授予“组织发展工作先进集体”荣誉称号；盟员中有7人获得省级以上荣誉，有25人次获得市级以上荣誉，其中张松正获全国百名优秀设计师，毛瑞君被评为全国第二届中小学外语教师名师，齐迎萍、贺效祖、余珏、刘昌东被评为郑州市第十一批专业技术拔尖人才，贺效祖独立完成的“研究物质性质的方法和程序”成果获得“全国基础教育化学新课程实施成果”教学设计类一等奖。民盟郑州市委进行了“先进支部”和“优秀盟员”评选活动，对管城支部等16 个先进支部和潘福彦等70名优秀盟员进行表彰。

把加强机关建设、提高专职工作人员综合素质作为重要内容来抓，以打造“和谐机关”“服务型机关”为目标，进一步建立健全岗位目标责任制、机关办公会议制度、机关学习制度、考勤制度、慰问老领导和离退休干部制度，以及为老盟员过生日制度等。全年共看望慰问家庭困难、住院盟员50余人次，给70岁以上老盟员过生日20余人。

【履行参政党职能】 2013年，民盟郑州市委坚持把履行参政党职能的重点放在中共郑州市委、市政府的工作大局之中，在事关全局和民生的重大问题上，提出具有综合性、全局性、前瞻性或者关键性的意见和建议，为促进经济平稳较快发展、维护社会和谐稳定作出了积极贡献。

盟员中的政协委员、人大代表恪尽职守，不辱使命，积极发挥参政议政和民主监督职能。全国政协委员、民盟郑州市委主委朱专兴在全国政协十二届一次会议上提交了《加快建立政协提案评价机制》《关于对烟花爆竹征收特别税的建议》等5项建议和提案，其中《加快建立政协提案评价机制》的提案，在5月22日《人民日报》上刊登，受到国家有关领导人的关注。

为落实民盟河南省委关于积极做好反映社情民意工作的指示精神，民盟郑州市委建立了社情民意协商座谈会制度，每月召开一次；制定了《民盟郑州市委社情民意及信息工作运行方案》。截至第三季度，民盟郑州市委上报民盟河南省委社情民意8篇，其中5篇被采纳。全年共向民盟河南省委报送9篇提案，其中关于《加快旅游产业大发展大繁荣的建议》被民盟河南省委作为重点提案。

紧紧围绕市委市政府的中心工作，积极参政议政，开展调研。提交7篇调研报告，其中，《关于郑州市产业集聚区建设中存在的问题与建议》和《我市农村生态文明建设中存在的问题与对策》分别在市政协十二届第28次、第29次常委会上作为大会发言，受到了有关领导的好评。向市政协报送提案、议案及建议35篇，其中提交市政协十二届五次会议的大会发言《加强农民利益保护，助推城镇化进程》受到领导好评，《规范我市交通监控设备 做到依法取证》的提案得到市政府的重视。

【社会服务活动】 2013年，民盟郑州市委团结带领全市广大盟员，努力服务社会和谐稳定大局，积极投身社会公益活动。

（一）发挥优势，送文化下乡。2月2日，民盟郑州市委组织十几名盟内著名书画家，赴新密市袁庄乡吴家沟村开展送文化下乡暨写春联活动。市政协副主席、民盟郑州市委主委朱专兴看望慰问了吴家沟村贫困户。

（二）拥军爱军，鱼水情深。7月29日，民盟郑州市委组织盟内著名书画家到郑州市警备区开展庆“八一”拥军活动。书画家们现场创作了300多幅书画作品赠送给官兵们，表达对人民子弟兵的深情厚谊。8月29日，民盟郑州市委与金水区人民检察院以“忠诚、为民、公正、廉洁”为主题，联合举办了廉政文化书画笔会。书画家们创作的书法艺术作品融教育和艺术于一体，使检察干警在享受艺术的同时，接受了一次深刻的廉政教育。“八一”建军节前，民盟郑东新区总支到驻登封某工程维护部队进行慰问，并赠送了慰问品，受到部队和广大官兵的热烈欢迎。

（三）奉献爱心，援建学校。为积极贯彻民盟中央和民盟河南省委关于烛光行动会议精神，5月17日，民盟郑州市委十二届七次主委会研究决定出资50万元，在新郑市援建薛店镇民盟烛光小学，改善农村贫困地区办学条件。11月22日，民盟郑州市委经济科技处与民盟河南省委经济科技处沟通，组成省、市民盟考察调研组到新郑市薛店镇调研。截至年底，薛店镇民盟烛光小学援建资金已拨付到位。

（四）热心慈善，帮贫扶困。在2013年的“慈善月”活动中，民盟荥阳支部动员盟员捐款3100元，救助社会弱势群体；盟员蔡雪贵、丁永林分别从各自设立的“爱心基金”中拿出10万元和3万元，帮助2013年考入大学的25名荥阳籍学生，得到社会各界的好评。民盟新郑总支在中秋节前到和庄敬老院进行送健康活动；10月10日，组织盟员到城关一初中开展心理健康教育进课堂活动，树立了民盟的良好社会形象。11月，民盟郑东新区总支带领盟员为南阳淅川的贫困孩子送去温暖，组织部分企业家和贫困学子结成帮扶对子，提高了郑州民盟在社会的美誉度。

（朱珊珊）

民建郑州市委员会

【思想建设】 2013年，民建郑州市委团结带领全市广大会员，以学习中共十八大、十八届三中全会精神，以及“同心”思想、纪念“五一口号”发布65周年为契机，采取多种形式，加强思想建设。

（一）认真学习中共十八大、十八届三中全会精神。8月6日，民建河南省委“弘扬优良传统、牢记使命责任、同心助力中国梦”专题报告会在郑州举行，省政协副主席、民建省委主委龚立群作报告，民建郑州市委组织100名会员聆听了报告。12月13日，民建郑州市委会召开十四届三次委员扩大会议，学习十八届三中全会精神。与会人员一致认为，要把学习十八大、十八届三中全会精神贯穿到工作中，不断增强政党意识、大局意识、责任意识，努力提高参政议政水平和能力。

（二）纪念“五一口号”发布65周年。4月，民建郑州市委会先后开展了一系列纪念“五一口号”发布65周年的活动：在新郑始祖山举办采风笔会活动；召开纪念“五一口号”发布65周年座谈会；组织广大会员积极参加征文活动，市委会共收到征文10余篇，其中2篇刊登在《河南民建》上。通过上述活动，在全市会员中掀起了宣传多党合作和政治协商制度的新高潮，进一步统一了广大会员的思想，坚定了在中国共产党领导下走中国特色社会主义道路的信念。

（三）理论研究工作有了新进展。5月14日，民建郑州市委召开理论研究工作委员会会议，总结2012年工作情况，表彰2012年度理论研究优秀成果，部署2013年重点理论研究课题。为进一步推动全市理论研究工作的开展，12月3日，民建郑州市委会理论研究工作委员会组织成员参观考察了郑州市生态廊道建设及郑州市马寨产业集聚区，民建会员对中共郑州市委、市政府的中心工作有了进一步的了解。理论工作委员会围绕“参政党自身建设”这一课题进行理论研究，共向民建省委报送理论成果11篇，其中，1篇被评为优秀成果二等奖，2篇被评为优秀成果三等奖，民建郑州市委荣获优秀组织奖。

（四）举办2013年新春联欢会。1月18日，文化工作委员会承办了民建郑州市委会2013年迎新春联欢会，来自民建各支部的会员，为大家献上了歌曲、器乐独奏、戏曲、舞蹈等精彩纷呈的节目。通过举办联欢会，既加强了沟通、丰富了文化生活，同时也让会员感受到了大家庭的温暖。

【组织建设】 2013年，民建郑州市委不断加强组织建设。

（一）加强后备干部队伍建设。4月23日，市委会召开十四届二次委员扩大会议，民主推荐市委会领导班子后备干部。

（二）加强基层组织建设工作。6-7月，民建省委领导、中共郑州市委统战部领导先后到民建郑州市委会调研基层组织建设等工作。9月4日，选派直属二支部代表市委会参加民建全国基层组织建设研讨会。10月15日，市委会召开基层组织负责人学习班，学习贯彻民建全国基层组织建设研讨会精神。10月20日，民建郑州市金水区基层委员会成立，对于更好地发挥民主党派参政议政、民主监督的职能具有十分重要的意义。

（三）会员培训工作。3月，市委会向民建中央推荐专委会人选，2名会员被确定为中央企业委员会委员。4月，选派1名会员参加由中共河南省委统战部举办的第12期民主党派干部培训班。8月，组织39名新会员参加由市委统战部举办的全市各民主党派新成员培训班。9月，选派5名会员参加2013年郑州市党外骨干成员培训班、1名会员参加2013年郑州市党外青年干部培训班。12月12日，市委会举办新会员学习班，系统学习了会章、会史及统战知识，近三年入会的新会员70余人参加了学习。

（四）会员发展工作。坚持“高学历、高职称、高职务、影响大、贡献大”的原则，全年发展新会员22人，其中本科学历的11人、硕士研究生以上学历的4人。截至年底，全市共有会员552人，其中男会员355人、女会员197人，平均年龄54岁；本科以上文化程度者297人，占全体会员的54%；具有中高级职称的319人，占全体会员的57.8%。

【参政议政和民主监督】 2013年，民建郑州市委进一步传承多党合作的优良传统，紧紧围绕市委、市政府的中心工作，结合自身特点，发挥自身优势，切实履行参政党职能，参政议政和民主监督工作稳步推进。

（一）开展专题调研。郑州市“两会”期间，以市委会名义提交集体提案2件。《关于进一步实施学校运动场馆对社会开放的建议》的提案得到了相关承办单位的高度重视，郑州市教育局、郑州市体育局相关负责人专门到市委会召开座谈会，对提案办理进行沟通交流。《关于创新小微企业金融支持模式，促进我市小微企业健康发展的建议》被列为2013年市政协主席重点督办提案。

市委会围绕市委、市政府的中心工作，确定了2个重点调研课题，分别组织调研委相关专家进行专题调研，形成题为《关于推进郑东新区金融集聚核心功能区建设的对策与建议》和《关于修建潮河湿地公园的建议》，其中《关于推进郑东新区金融集聚核心功能区建设的对策与建议》得到市委书记吴天君批示。

根据《国务院关于促进信息消费扩大内需的若干意见》文件精神，市委会开展了“加快网络信息平台建设，促进我市纺织服装业发展”的专题调研。主委张冬平带领调研组先后到郑州市娅丽达服饰有限公司等多个服装企业调研，撰写题为《加快电子商务平台建设，促进我市纺织服装业发展》的调研报告，得到市委书记吴天君的批示。

（二）组织、推动会员积极建言献策，反映社情民意。民建郑州市委会会员中的人大代表、政协委员积极参政议政，建言献策，分别就交通、城市建设与管理、政法与统战、环保、教育、文化、经济、卫生、社会保障、社会管理等方面提出建议、提案50余件，其中3件委员提案被评为优秀个人提案。12月26日，市政协召开2013年工作表彰大会，民建界别3名委员被市政协评为“创建委员之家，树立委员形象”活动先进个人，12名委员被评为“政协郑州市十二届委员会优秀委员”。

积极组织会员反映社情民意。全年共收到社情民意50余篇，其中，被民建省委采用6篇、被民建中央采用3篇、被省政协采用1篇。

（三）参与民建省委提案、发言征选工作，积极参与、配合民建河南省委重点专题调研。6月，民建省委开展关于推进新型城镇化问题发言征选工作，市委会根据会员的专业优势和以往的研究基础，选择1个重点题目开展调研，提交题为《进一步完善区域中心城市功能，提升郑州辐射带动力》的调研报告。6月8日，河南省政协副主席、民建河南省委主委龚立群率专家学者和省直有关单位负责人组成的联合调研组来郑，就新型城镇进程中农村转移劳动力职业技术教育问题进行专题调研，市委会积极联系相关政府部门召开座谈会，给予有力支持。

（四）举办参政议政信息工作学习班，提升参政议政能力。8月9日，市委会举办参政议政信息工作学习班，各在职支部负责人、支部信息员、调研委成员、机关人员等参加学习。市委会邀请民建河南省委、中共郑州市委统战部多年从事相关工作的3位领导及调研委2位专家给学员们授课。通过学习，使大家对参政议政的意义、要求有了较全面的了解，也初步掌握了参政议政的具体途径和基本方法。

（五）组织民建界别政协委员开展活动。5月7日，民建郑州市委召开“民建界别政协委员看郑州”活动动员会，将民建界别政协委员分为4个小组，由4位副主委担任组长，分别开展活动，以摄影、诗歌等形式赞美眼中的郑州，展望心中期待的郑州，向市政协提交摄影作品12幅、诗歌3篇。11月14日，民建郑州市委召开民建界别政协委员届末履职述职大会，对委员进行考核，根据量化评分、现场投票结果，结合考核领导小组意见，推荐出6名优秀委员。

【社会服务工作】 2013年，民建郑州市委注重实效，做好社会服务工作。

围绕“同心”实践基地建设，开展形式多样的社会服务活动。7月26日，市委会依托企工委组织21名企业家到“同心”实践基地——登封市唐庄乡考察调研，号召广大会员捐款近50万元设立“同心”工程基金，分期分批资助唐庄乡贫困大学生。8月21日，市委会在唐庄举行了“民建郑州市委‘同心’助学金”发放仪式，27名大学生每人受助2000元奖学金，共计5.4万元。

为会员企业服务。12月21日，企工委举办会员企业家2013岁末恳谈会，分享创业经验，进一步了解会员企业的经营情况，并帮助解决问题，让民建成为会员企业家的主心骨。12月28日，组织11名会员企业家参加题为“企业战略管理新思维”的讲座，引导、助推会员做大做强企业。

关心慰问老会员。1月10日，企工委开展慰问老会员活动，看望了8名原工商业者和5名老会员代表，给他们送去慰问金及新年祝福。

2013年，民建广大会员积极开展社会服务活动，投入扶贫资金26.47万元，向灾区捐献款物105.945万元，捐资助学347.97万元，开展三下乡活动21次，会员企业吸纳劳动力2024人，开展各种培训讲座1446人次。

（百金丽）

民进郑州市委员会

【概况】 2013年，民进郑州市委将学习贯彻中共十八大、十八届三中全会精神和全国、全省、全市“两会”精神，与学习贯彻民进第十一次全国代表大会精神结合起来，与郑州民进的工作实际结合起来，与干好本职工作结合起来。充分发挥主体界别优势，深入开展坚持和发展中国特色社会主义学习实践活动，紧紧围绕郑州市“三大主体”工作，主动服务郑州都市区建设，积极建言献策。

截至2013年年底，全市共有民进会员469人。其中，女会员271人；平均年龄52岁；大学以上文化程度的436人，占会员总数的93%；具有中高级职称的会员437人，占会员总数的93%；教育界别会员342人，占会员总数的73%。

【思想建设】 2013年，民进郑州市委将学习贯彻党的十八大精神当做头等大事来抓，通过召开主委会和市委扩大会等形式，进一步部署郑州市民进各基层组织深入学习贯彻十八大精神的各项工作。3月，组织女会员赴金水河源头开展生态建设考察调研；4月，召开纪念“五一口号”发布65周年座谈会；5月，“郑州市民进合唱团”正式成立；9月，组织全体教师会员赴黄河湿地公园参观考察，接待民进鞍山市委参政议政工作学习考察组；10月，组织全体退休会员到郑州市树木园参观考察。

【组织建设】 2013年，民进郑州市委以领导班子建设为重点，以人才队伍建设为根本，以基层组织建设为基础，有序推进会内民主，更好地履行参政党职能。全年共发展新会员30名，平均年龄38岁。其中，大学以上学历者30人，占100%；中、高级职称者23人，占76.7%。

1月、8月，分别举办两期支部主委和新会员培训班，共有80多位会员参加了培训；4月，召开民进郑州市委四届四次委员（扩大）会议，推选产生民进郑州市委领导班子后备干部6名，为党派工作再上新台阶奠定了坚实的组织基础。民进郑州市金水五支、郑东经开支分别获得“全省宣传思想工作先进集体”称号。会员蔡爱芬被郑州市委、市政府表彰为2012年度打击处置非法集资和规范整顿担保机构工作先进个人。

【参政议政】 2013年，民进郑州市委积极探索新形势下参政议政的规律和方法，完善工作机制，提高整体水平。一是进一步发挥了专委会在参政议政工作中的支柱作用，各位专委会成员展现才能、贡献智慧、履行职责。二是进一步完善了调研课题申报、立项制度，提高质量，扩大参与面，充分发挥市委委员、会员中的人大代表、政协委员和优秀会员在参政议政工作中的骨干作用。三是进一步整合了全市民进各基层组织和省民进专家学者的力量，更好地发挥了全会参政议政的整体优势。

在省、市“两会”上，民进郑州市委会提交集体提案1件，个人议案、提案52件，内容涉及城市发展、产业转型、社会保障、教育改革、医疗改革与关注弱势群体等民生事业问题。《关于对流浪乞讨人员加强救助管理的建议》得到市委、市政府主要领导的重要批示，在此基础上形成的集体提案《关于对我市生活无着的流浪乞讨人员加强救助管理的建议》获得郑州市第十二届政协五次会议优秀集体提案奖。该提案提出后，被市政协列为重点督办提案，同时也得到了市委、市政府的高度重视，市政府专门出台了《关于进一步强化城市流浪乞讨人员等特殊群体救助管理的实施意见》（郑政〔2013〕60号），建立了政府管牵头、民政管救助、部门管巡查、社区管地块、公安管应急、市政管场所、人社管零工、卫生管急救的“八位一体”长效工作机制。省、市“两会”期间，民进会员中人大代表、政协委员的参政议政情况被《河南日报》《郑州日报》《郑州晚报》、郑州电视台等主流媒体重点报道。

4月，在省民进参政议政工作会议上，民进郑州市委会的参政议政课题和信息分别获得1个一等奖、2个二等奖和1个三等奖；5月，由主委张民服带队，民进郑州市委参政议政课题组分别到市委研究室、市工信委和河南西艾尔墙体科技有限公司等单位，围绕中原经济区建设、郑州都市区建设和郑州航空港经济综合实验区建设开展调研活动，完成了《制约我市电子信息产业发展的主要瓶颈与对策研究》《关于进一步提升郑州市城市基础设施承载力的建议》和《进一步健全义务教育均衡发展经费保障机制》等一批高质量的调研报告，为郑州市统一战线“同心”实践大调研活动和市政协常委会的召开提供了研究成果，也为河南省民进的参政议政工作做出了贡献；11月，组织市委委员和各支部主委赴江苏，就“新型城镇化建设中的经验和问题”进行调研。

2013年，民进郑州市委被评为全省“参政议政工作先进单位”；6位民进界别政协委员分别荣获全市“优秀政协委员”“创、树先进个人”和“优秀提案奖”。

【社会服务】 2013年，民进郑州市委坚持“发挥优势、突出重点，创新内容、注重实效”的社会服务工作方针，更加关注人民群众最关心、最直接、最现实的利益问题，努力为人民群众多办好事、多做实事。4月，开展向雅安地震灾区献爱心捐款活动，共筹集捐款28680元。所有善款都由市委会直接汇至民进中央“开明慈善基金会·抗震救灾专项基金”，用于灾区重建及受灾群众安置等需要。副主委汪德峰通过多种渠道向雅安地震灾区献爱心，个人共捐款18万元，获得社会广泛赞誉。

5月，组织会员到郑州市列子小学开展“六一”慰问活动，观看“快乐六一、放飞梦想”大型文艺演出，并为孩子们送上了价值2000余元的学习文具等节日礼品；9月，携手团市委、市青联赴唐庄乡第三小学开展“同心”教育帮扶活动，捐赠平板电脑10台、文体用品和教学辅导专著一批，并与师生一起参加了少先队“庆祝教师节”主题队会。协助民进省委，在郑州师范学院举办“‘同心’助教——洛宁小学骨干教师培训班”，为提高河南省统一战线“同心”实践活动基地——洛宁县的基础教育水平做出了贡献。10月，组织开展重阳节慰问活动，到郑州市老年公寓探望老人；11月，组织会内基础教育专家赴“同心”实践基地唐庄乡开展“送课下乡”活动。在民进河南省委全会上，民进郑州市委荣获“社会服务工作先进单位”称号。

（戴　兰）

农工党郑州市委员会

【思想建设】 2013年，农工党郑州市委员会以深入学习贯彻中共十八大和十八届三中全会精神为重点，不断夯实思想政治基础。把学习贯彻中共十八大会议精神作为首要任务，深入开展学习贯彻中共十八大主题活动，通过多种形式，在全市农工党员中营造团结奋进、昂扬向上的浓厚学习氛围。市委领导班子带头撰写学习心得体会，市委主要负责人在农工党河南省六届二次全会上作了《科学理解，同心戮力推进生态文明建设》的十八大精神辅导报告，副主委吴予红的《以中共十八大精神为指引，着力提高公民科学素质》、副主委李顺兴的《深刻领会精神实质，求真务实学以致用》、副主委孙中党的《学习十八大精神体会》，副主委李凤芝的《发扬农工优良传统，做中国特色社会主义的忠实实践者》分别刊登在《郑州农工》上；各支部通过召开座谈会、学习会等，组织党员开展“认真学习十八大，深入领会‘两会精神’活动。

中共十八届三中全会召开后，市委会下发了《关于学习贯彻中共十八届三中全会精神的通知》，要求各级组织要采取多种形式组织广大党员认真学习，尤其是市委班子、专委会和支部班子要深入学习领会《决定》和习近平同志对《决定》稿的说明。市委会领导班子成员参加了11月农工党省委在中央社会主义学院举办的学习中共十八届三中全会精神培训班。

采用多种形式纪念“五一口号”发布65周年。4月25日，农工党市委召开纪念中共中央“五一口号”发布65周年座谈会，市委主要负责人作了《发扬传统，着眼大局，致力合作，为实现中华民族的伟大复兴而努力》的重要讲话，市委委员和支部主任代表也分别作了发言。市一院支部、市直四支部等支部纷纷召开纪念“五一口号”发布65周年座谈会，畅谈学习心得体会。市委副主委郑方燕撰写纪念文章《纪念“五一口号”传承历史、共创辉煌》在农工党省委纪念“五一口号”座谈会上交流。

全年出版《郑州农工》杂志4期，编发信息反映10期。各支部高度重视《前进论坛》的征订工作，在职党员订阅率达100%，市委荣获农工党中央2013年度《前进论坛》发行工作先进单位。

【组织建设】 2013年，农工党郑州市委员会继续推进政治交接，进一步加强组织建设。

加强领导班子建设。市委会领导班子坚持参加郑州市各民主党派、工商联、无党派代表人士联合中心组学习，提高班子思想水平、理论修养和履职能力。进一步加强市委对各基层组织的工作指导和联系，与基层组织所在单位、统战部门深入沟通，切实掌握好基层组织中干部和党员队伍状况，指导帮助基层开展组织活动，进一步凝聚全党力量，为履行好参政党职能奠定良好基础。

稳步推进基层组织建设。按照《中国农工民主党郑州市委员会关于基层组织换届工作的意见》，加强与基层组织所在单位的中共党委协商沟通，市委分两批集中对郑州市上街支部、市骨科医院支部、市第六人民医院支部、市疾病预防与控制中心支部、市儿童医院支部、金水支部、中原支部、中原二支部、中原三支部等9个支部进行了换届，成立市职防所支部委员会和市妇幼保健院支部，把一批具有政治把握能力、参政议政能力、组织领导能力、合作共事能力、包容性和合作精神强的优秀党员充实到领导岗位上来，构建市委满意、中共党委支持、全体党员公认的基层支部班子，顺利完成政治交接。通过加强、完善新班子的分工，着力构建团结、务实、高效、服务的领导班子，打造战斗力更强的农工党基层组织。

继续做好组织发展工作。根据在中国农工民主党十五次会议上通过的《关于中国农工民主党党章修正案的决议》，认真贯彻农工党中央《关于进一步做好组织发展工作的若干意见》，全年共发展党员15人。截至年底，全市共有党员541人，基层组织25个。

进一步做好代表性人士队伍建设。对现有党派代表人士队伍进行跟踪了解，做好服务工作。建立代表人士队伍数据库，实行动态管理，符合条件的进入，不再具有代表性的退出。坚持高标准，对发展有潜力的成员、预发展成员，根据“适度数量、优化结构、素质优良、作用突出”的原则，进入储备人才库。

不断加强后备干部队伍建设。召开农工党郑州市委四届四次委员（扩大）会议，推选产生农工党郑州市委领导班子后备干部6名，为党派工作再上新台阶奠定坚实的组织基础。全年共选送 7人到市社会主义学院进行培训，提高政治素质，坚定理想信念。加强对后备干部的管理，建立后备干部档案，充实和完善后备干部人才库，夯实建设高素质参政党的人才基础。

举办丰富多彩的活动。举办迎春茶话会，全体党员欢聚一堂，共庆佳节。春节期间，市委会领导慰问历届老主委、副主委，征求他们对市委会工作的意见和建议。3月7日，市委会举办庆“三八”趣味比赛活动，展现农工党女党员的精神面貌。重阳节组织离退休老党员到郑州植物园赏秋色、观美景，陶冶情操。基层支部多次举办调研、联谊活动，二七支部组织党员参观新郑黄帝故里，营造了团结和谐的氛围，增强了农工党郑州市委的凝聚力。

广大党员爱岗敬业取得新成绩。全市农工党员按照在党内做优秀党员、在单位争做优秀职工的要求，在各自岗位上认真履行职责，积极发挥作用，为郑州市都市区建设做出了积极贡献。全市农工党员中担任省、市各专业委员会的主任委员、副主任委员50余人；在国家、省部级核心期刊发表论文50余篇，取得科研成果4项；党员曹景隆出版诗集《曹景隆诗选》，李现杰被授予郑州市非物质文化遗产代表性传承人称号，刘建勋获《前进论坛》好文章奖。

【参政议政】 2013年，农工党郑州市委紧紧围绕中共郑州市委、市政府的重大决策和中心工作，把服务科学发展作为参政议政工作的着力点，把促进经济平稳较快发展和社会和谐稳定作为参政议政的首要任务，充分发挥优势，积极建言献策，参政议政成效显著。

5月17日，农工党中央副主席兼秘书长何维带领农工党中央调研组莅郑专题调研新型城镇化进程中流动人口服务管理和社会融合工作。农工党郑州市委积极准备，协助开展调研。

在“两会”上积极建言。在2013年市“两会”上，提出了《关于加强农村卫生人才队伍建设的建议》等7件集体提案和36件个人提案，提出人大议案、建议31件，《关于完善村卫生室，实施国家基本药物制度的建议》在市政协全会上做了大会发言，集体提案《关于加强我市农药使用管理的建议》、陈飞的《关于加强农产品质量安全监管的建议》、李顺兴的《关于完善审车制度执行，缓解“审车之难”的提案》、娄志光的《关于治理郑州市沙化土地的建议》、吴营昌的《关于规范我市批发市场搬迁的提案》等5件提案被确定为政协主席督办重点提案，占政协主席督办重点提案总数的27.7%。市委会2012年的集体提案《关于加快郑州市农村土地流转的建议》，张道库的《关于进一步治理城市拥堵，打造畅通郑州的建议》、陈飞的《关于加强土壤环境保护，保证人民身体健康的建议》、赵京辉的《关于在商场及菜市场建立食品安全快速检测体系的建议》等在2013年市政协全会上被评为优秀提案。

围绕市政协常委会，精心准备，认真调研，市委主要负责人带领市委课题调研组赴陕西省西咸新区进行调研，在市政协第二十八次常委会上提出了《发展都市型现代农业 服务郑州都市区建设》的建议，第三季度提出的《关于我市土壤污染状况的调查与建议》在市政协十二届二十九次常委会上做了大会发言。

十二届市政协对五年来的工作进行了表彰，市委集体提案《关于加强我市农药使用管理的建议》获优秀集体提案，吴营昌的《关于规范我市批发市场搬迁的建议》、李顺兴的《关于完善审车制度执行，缓解“审车之难”的建议》、娄志光的《关于治理郑州市沙化土地的建议》被评为优秀委员提案。 14名委员被评为十二届优秀政协委员，两名委员被评为“创建委员之家、树立委员形象”先进个人。

【社会服务工作】 2013年，农工党郑州市委始终坚持把群众受益作为社会服务工作的出发点和落脚点，充分发挥界别优势，不断提升社会服务水平。

继续实施百千万农村计划生育家庭健康“同心”行动计划。根据市委会《百千万农村计划生育家庭健康“同心”行动计划（2012.08-2017.08）》的实施方案，惠济支部、二七支部、市直二支部3个支部分别选取1个乡镇，8-9个新型农村社区开展农村计划生育健康家庭行动。对3个乡（镇）人口计生服务中心的技术人员、25个新型农村社区的村级人口计生宣传员开展计生优生、生殖健康、家庭保健科普知识培训，提高其为农村群众提供服务的能力。对3个乡（镇）、25个新型农村社区的300户以上计生家庭成员，在开展基本计生技术服务的基础上，免费开展健康教育、进行健康体检、建立健康档案、做好跟踪服务。

围绕“同心”实践行动开展活动。结合实际，按照《农工党郑州市委关于开展“同心”活动的实施方案》，精心谋划、倾力打造具有农工党特色的“同心”品牌。市委会组织医疗专家组到全市统一战线“同心”实践基地——登封市唐庄乡张庄村，举办第二十五届“中国国际科学与和平周”活动，为广大村民进行常见病、慢性病的咨询、初步筛查、诊断和一般治疗，普及医学常识和健康知识，倡导健康生活方式，引导群众合理用药、科学就医，并为前来义诊的村民免费发放了价值3000余元的常用药品。在做好百千万农村计划生育家庭健康“同心”行动计划品牌的同时，根据唐庄乡的实际情况，发挥党派优势，为唐庄乡发展献智出力。

为充分借鉴统一战线服务科学发展和建设多党合作示范区的先进经验，推进农工党郑州市委“同心”实践行动，10月24-27日，农工党郑州市委主委李新有带领市委委员和各基层支部负责人赴贵州省学习考察，与毕节市委统战部和农工党毕节市委负责人座谈交流，重点听取了毕节试验区成立25年来取得的主要成就及发展前景等情况介绍，以及统一战线参与支持毕节试验区建设所开展的“同心”工程、所创新的联系工作机制等一系列“毕节模式”“毕节经验”介绍。在农工党中央扶贫联系县大方县召开农工党郑州市委六届五次（扩大）会议，专题对学习毕节经验、深入开展“同心”实践行动进行安排部署。与会人员一致认为，统一战线参与毕节试验区建设的成功经验对农工党郑州市委进一步践行“同心”思想、助推科学发展具有重要借鉴意义。

围绕定点帮扶和专题活动开展社会服务。按照农工党中央和省委的要求，围绕专题开展多种形式的社会服务。5月11日，组织专家在“五一”公园中心广场参加第十七届“母亲节”暨幸福工程救助贫困母亲活动，为前来义诊的广大母亲和儿童提供健康咨询和免费医疗服务。6月1日，市委妇委会组织儿科、眼科、口腔科、皮肤科、心理咨询科等10余名医疗专家到巩义市北山口镇，为280名留守儿童进行体检，并结合体检情况对幼儿发育情况进行科学评价。6月8日，组织20多位医疗专家在二七区康桥华城社区中心广场举行第六届“中国环境与健康宣传周”慢性病防治进社区义诊活动和宣传活动，免费发放价值3000元的夏季常用药和500余册宣传册。12月6日，组织10余名医疗专家组到登封市卢店镇中心广场开展送医疗、送温暖活动，受益群众200余人。

为四川芦山地震灾区捐款。四川芦山地震发生后，市委会立即下发《关于积极支援四川芦山地震灾区抗震救灾工作的紧急通知》，向全市农工党员发出号召。很多农工党员在向单位捐款的同时，积极向农工党组织捐款，市委会共收到捐款40450元，其中党员张道库捐款2万元。

基层组织积极开展义诊和社会公益活动。各支部根据各自的实际情况，开展了形式多样的社会服务和社会公益活动。中原二支部春节前对荥阳市王村镇竹园村20户贫困户送去了食用油、大米和慰问金，并为特困户朱振兴送去棉被和炊具。二七支部到侯寨乡西胡垌村参加科技、文化、卫生“三下乡”活动，对乡镇居民进行人口计生政策宣传和免费义诊。惠济支部组织党员在植树节到黄河大堤开展义务植树活动。二院支部组织党员到巩义市孝义街道龙尾村开展“百千万农村计划生育家庭健康‘同心’行动”义诊活动。市直二支部在重阳节前夕，组织10多名医疗专家到中牟县狼城岗镇瓦坡村开展义诊活动。市直四支部在第二十三次“全国助残日”开展专家义诊活动，发放有关残疾人的法律法规汇编和宣传资料，免费为残疾人进行健康咨询、康复训练指导和中医体验等；在“全国爱牙日”“全国爱眼日”开展宣传义诊活动。市中心医院支部组织党员到荥阳市王村镇开展“防控高血压、预防心脑血管”义诊活动。市职防所支部组织党员到新登煤矿等地为一线煤矿工人开展职业健康体检工作，到富士康宣传职业病防治知识，在绿城广场开展“防治职业病、幸福千万家”宣传活动。市六院支部在中秋佳节到丰江红豆杉老年康乐园，陪同老人共度佳节，为老人送上月饼、米、面、食用油等生活用品。

（张亚平）

九三学社郑州市委员会

【思想建设】 2013年，九三学社郑州市委以思想建设为核心，深入贯彻落实科学发展观，认真学习贯彻中共十八大和九三学社十大精神，全市社员思想认识进一步提高、政治信念进一步坚定。

（一）抓好领导班子建设，努力提高各级组织负责人和骨干成员的综合素质。一是按照民主集中制要求，建立健全领导班子议事决策机制，制定了《九三学社郑州市委领导班子建设制度》，重要社务工作由主委会或市委会集体研究决定。二是通过组织市委委员、支社主委赴韶山开展“参观革命圣地，接受红色教育”主题教育活动，加强班子成员理论学习和思想交流，丰富自身内涵，努力提高领导班子和各级干部的政治把握能力、参政议政能力、组织协调能力和合作共事能力，牢固树立责任意识、服务意识，不断增强社组织的凝聚力和感召力。三是坚持社市委领导班子成员深入基层、联系社员制度。社市委领导带领机关和基层组织负责人先后走访近10家社员所在单位，主动争取单位领导的关心和支持，为部分社员在业务工作上的成长进步竭力做好推荐服务工作；全年走访看望老社员、生活困难和生病住院社员80余人次。

（二）开展专题教育活动，切实加强思想建设。一是开展“凝聚共识，弘扬传统，纪念‘五一口号’发布65周年”专题教育活动。社市委通过召开座谈会、撰写纪念文章等，使广大社员深刻认识到这一重要事件的历史和现实意义，了解九三学社老一代领导人的历史选择，继承和发扬他们与中国共产党风雨同舟、患难与共的优良传统，坚定坚持中国共产党领导、坚持走中国特色社会主义政治道路的信念，夯实共同思想基础。二是开展“学社章、讲同心、传承优良传统”专题教育活动。社市委组织部分中青年骨干社员30余人召开座谈会，巩固多党合作共同思想政治基础，始终保持与中国共产党思想上同心同德、目标上同心同向、行动上同心同行。

【组织建设】 为确保社组织健康稳步的发展，2013年社市委以组织建设为基础，继续推进人才强社战略，社员结构进一步优化、社组织的凝聚力进一步增强。着力在提高社员的整体素质、加强后备干部队伍建设、增强组织凝聚力等方面下工夫，为更好地履行参政议政、民主监督职能和健全内部管理机制提供组织保证。

严把入社关，组织发展不断添活力。制定了《九三学社郑州市委员会组织发展办法》，进一步完善、规范组织发展程序。全年召开入社积极分子培训2次，举办新社员座谈会1次。发展社员22名，平均年龄37岁。其中，高级职称者8人，占总数的36%；科技界7人，占32%；医药卫生界10人，占45%；高等教育界1人，占5%；其他界别4人，占18%。后备干部队伍不断优化。制定了《九三学社郑州市委后备干部建设制度》，建立后备干部的履行社内职责及遵守社章情况档案，完善民主党派领导干部人才库和优秀专家人才库，着力加强对后备干部的培养、管理和推荐、使用。召开委员扩大会议，推荐市委会领导班子后备干部。推荐20余人次到省、市社会主义学院进行学习培训，进一步提高后备干部的政治素质和参政议政水平。

围绕社务工作评价体系，加强机关执行能力建设。社市委制定了《九三学社郑州市委关于基层组织社务工作的评价办法（试行）》，下发了《基层组织社务工作评价细则》，进一步完善基层组织社务工作量化评价机制，优化主委工作、组织建设、参政议政、社会服务、思想宣传等方面的指标体系，并根据两年考评结果评选出了13个先进集体和98名优秀社员。

深化结对子活动，进一步增强基层组织活力。社市委与九三学社郑州大学委员会结为友好单位，共同开展了纪念“五一口号”发布65周年座谈会、第25届国际科学与和平周“送科技、送法律、送健康、送温暖进农村”活动。在此基础上，双方进一步深入合作，郑大委员会所属9个支社和郑州市委员会所属9个支社分别签订结对协议，结为友好单位，为双方加强社员间交流搭建了新平台，在做好参政议政和社会服务工作基础上寻求更广泛的社务工作领域。

社市委各专委会根据自身特色，开展了多种形式的活动，增强团结，凝聚人心。老龄工作委员会组织老社员到荥阳新田城参观农夫乐园、农耕文化馆，进行田间采摘体验，进一步丰富了离退休老社员的生活。宣传工作委员会积极配合社市委开展征文、书画展等活动。妇女工作委员会通过组织女社员观看电影，为女社员联谊搭建了平台。医药卫生委员会、老龄工作委员会、人口资源环境委员会联合开展了义诊活动。农业工作委员会、科技工作委员会多次开展科技下乡活动。

【参政议政】 2013年，社市委以《九三学社中央关于进一步加强参政议政工作的若干意见》精神为指导，紧紧围绕全市经济社会发展和中共郑州市委、市政府的中心工作，积极开展参政议政工作，进一步提高参政议政水平，为郑州都市区建言献策，贡献力量。

（一）建立完善工作机制，切实加强履职工作的组织领导。继续推行社市委领导班子成员分管专委会和领题调研制度，加强对选题、调研的指导和督导力度。加强对专委会规定课题的研究和指导力度，做到有计划、有过程、有结果、有质量。重点围绕增强参政议政能力、提高参政议政水平，多次召开参政议政工作会议，具体安排部署当年参政议政重点工作和任务。把参政议政工作纳入各基层组织年度考核主要指标，努力调动广大社员的参政议政热情和积极性，扩大社员参与度。安排调研专用经费，尽全力做好机构、人员和经费的保障工作。

（二）做好调查研究，提案议案出精品。中共郑州市委下发重点调研课题后，社市委围绕全市中心工作选准课题，成立了3个专题调研组，积极开展专题调研，形成3份调研报告，其中《关于促进我市节能环保产业发展的建议》《关于改善郑州空气质量的建议》获市委书记吴天君批示。

2013年，社市委提交市政协全会集体提案8件，全会和常委会大会发言材料3 件，个人提案和议案、建议42件。市政协全会期间，李琳代表社市委作《规范交通秩序 创造文明环境》的发言。在市政协18件重点提案中，社市委占4件，其中集体提案2件、委员提案2件，分别是社市委主委舒安娜执笔的《关于郑州新型城镇化的建议》、社市委副主委郑高飞执笔的《关于加强我市新型工业化建设的建议》、薛明月委员的提案《建议加大郑州市居家养老社区养老的步伐》、王淑勤委员的提案《关于加强对废旧电池的回收、利用和无害化处理的建议》。社市委集体提案《关于提高空气质量检测标准的建议》、王璐凡委员《关于解决小区停车难的建议》、王瑜委员《关于建立健全郑州市康复医学的建议》被评为市政协优秀提案。王璐凡、崔学晨被评为郑州市政协“创建委员之家、树立委员形象”活动先进个人。

在政协第十一届河南省委员会第一次会议上，社市委副主委兼秘书长郑高飞作为省政协常委，提交了《关于加强郑州市扶贫开发工作的建议》《关于加强郑州市新型工业化建设的建议》《关于加快我省新型城镇化建设的建议》等3篇建议，被省政协收录入大会发言材料汇编。

（三）领导领题调研，基层参政力度大。社市委继续推行领导班子成员分管专委会和领题调研制度，加强对专委会规定课题的研究和指导力度，召开参政议政工作座谈会，讨论确定各专委会和基层委员会重点调研课题，并以社市委文件下发。随后，各专委会和基层委员会围绕各自选题，纷纷开展调研活动，共形成调研报告22篇。

（四）注重发挥社情民意信息员作用，社情民意质量高。加强对信息员队伍培训，社情民意信息员报送的信息质量明显提高。《推进在职职工非因工死亡人员相关待遇的落实迫在眉睫》被社中央采用，《新型城镇化亟待社会保障一体化》被社省委定为重要课题。《关于雅宝家具有限公司焚烧有毒工业垃圾的情况反映》受到市领导高度重视。《建议加大打击“全能神教”力度，维护家庭和社会安定》等8条信息被社省委采用。

（五）搞好信息宣传，扩大社会影响。社市委将各基层委员会、专委会、支社的投稿情况纳入2013年社市委基层考核评价体系。全年编印《郑州九三社讯》2期，及时更新社市委网站信息，内容不断丰富，点击率不断提高。征集社员学习感想和心得体会等理论文章、重大活动纪念文章共40余篇。各级网站、期刊等采用理论文章和各种信息80多篇。九三学社在参政议政和社务工作方面具有突出表现，先后被中央、省、市多家媒体报道，如《人民政协报》刊发《九三学社郑州市委携手企业开展助学活动》《六年参政路　养老见成效——九三学社郑州市委建言献策“社区和居家养老”》等，进一步扩大了九三学社郑州市委的良好影响。

【社会服务工作】 2013年，社市委始终把做好社会服务工作作为履行参政党职能的重要方面，积极开拓社会服务新领域和新途径，创新社会服务工作方式，努力发挥郑州市社员智力优势，促使社会服务工作内容充实、方式多样、成效显著。

（一）开展“同心”系列活动。由社市委、荥阳市慈善总会和河南新田置业有限公司联合发起了“同心·助学”活动，荥阳市2013年被高等院校录取的150名品学兼优、家庭贫困的大学新生领取到助学金共计30万元。由社市委、河南科瑞科技有限公司、郑州阳光家政服务有限责任公司在管城区五里堡小学组织开展“同心·助教”教师节慰问活动，为该校教师送去价值2万余元的慰问品。重阳节前夕，社市委在荥阳市新田社区开展了“同心·助老”重阳节健康义诊活动。

（二）开展“送科技、送法律、送健康、送温暖进农村”活动。第二十五届“国际科学与和平周”期间，社市委组织了系列活动。送科技活动在唐庄乡农业科技试验示范基地进行，科技专家团在大棚内为30余名当地村民详细讲解番茄、辣椒等蔬菜的育苗、施肥、防病等种植技术，免费发放蔬菜种植科技书籍200余本；送法律活动在乡政府会议室进行，法律服务团为乡村20余名干部讲解了“如何强化依法行政提高执法能力”的法律课程；送健康活动在唐东村进行，来自全市各大医院的7名社员、医学专家为该村60余位村民现场体检，并对他们的医疗咨询一一做了详细的解答和医疗建议，发放健康知识资料200余份；送温暖活动在乡政府大院进行，向当地村民赠送了由河南东方建筑设计有限公司提供的100床价值2万余元的棉被。

（三）“九地合作”谱新篇。经社市委牵线搭桥，社员崔学晨创办的河南科瑞科技有限公司与西安交大保赛生物技术股份有限公司合作，就“‘十二五’国家战略性新兴产业发展专项”的科研项目——生物药及疫苗用分离介质的自动化控制工业生产项目、琼脂糖介质造球自动化生产线技术进行开发，委托方支付项目开发费用676万元。该项目实施后，将实现分离介质年生产规模百吨以上，生产过程实现自动化控制，彻底打破国外公司对该技术的长期垄断，满足国内生物医药企业的生产需求，降低生产成本，确保我国生物制药产业的安全。

（四）开展“抗震救灾爱心捐款”活动。四川雅安地震发生后，社市委发出号召，倡议全体社员积极行动起来向灾区捐款。广大社员积极响应社市委的号召，直接参与社市委组织的募捐活动的社员160余人，社市委共收到捐款22160元。

（五）引导基层组织，深化“百名专家进百村、进社区、进企业送科技送温暖”活动。管城基层委员会组织所属支社赴南曹乡开展“送科技送法律下乡”活动。金水基层委员会向金水区丰产路小学困难民工子弟和大石桥街道困难群众捐赠价值2.6万余元的棉靴260双。惠济一支社对江苏淮安华尔润化工企业的半水煤气脱硫现状进行实地调研，并提出了可提高脱硫效率、降低脱硫费用改进方案。市直二支社为巩义市回郭镇芦医庙村协调解决价值万余元的文化大院基础设施。惠济二支社在惠合园社区开展法律咨询。管城一支社开展2次送医下乡活动。二七一支社到荥阳市开展蔬菜种植专题讲座。

（六）立足本职，建功立业创佳绩。2013年，全市九三社员获得国家专利8项，获河南省科技进步二等奖1项、三等奖2项，获郑州市科技进步一等奖2项、二等奖2项。1人被评为社中央优秀组织工作干部，1 人被评为社中央参政议政先进个人，4人荣获河南省“三八”红旗手称号，4人荣获郑州市第十一批专业技术拔尖人才称号，1人荣获郑州市“肝胆杯”先进个人称号。荣获其他省部级荣获称号28项、市级荣誉称号34项。

（尚秋霞）

工商联

【思想政治工作】 2013年，郑州市工商联以深入开展理想信念教育实践活动为引领，全市非公有制经济人士"四信"（信念、信任、信心、信誉）意识、回报社会意识得到增强。通过活动的开展，使非公有制经济人士成长、非公有制企业的发展得到了党委政府的高度重视，部分非公有制企业在发展中存在的问题得到解决；同时，也使各级工商联的地位得到了提高，工作条件和工作环境得到了改善。自实践活动开展以来，全市各级工商联共组织参加活动的民营企业近9000个，开展政企对话活动67次；出台促进民营企业发展政策文件13个；组织"民营企业家与中国梦"主题讨论会、座谈会64次，开展针对非公经济人士的形势报告、政策宣讲、教育培训活动121次，近15000人参加；组织民营企业观摩考察活动78次，共2370人参加；为企业解决实际困难和问题987个；建立完善为企业服务的平台和载体72个。

（一）深刻领会学习贯彻理想信念教育实践活动精神，做好活动的宣传发动工作。5月初，市工商联组织人员收听收看了全国非公有制经济人士理想信念教育实践活动电视电话会议。根据中央、省委会议精神，由市委统战部牵头，成立了以市委常委、统战部部长王跃华为组长的领导小组。市委统战部和市工商联联合召开了各县（市）区委统战部长、工商联主席和书记、部分直属行业（异地）商会会长参加的理想信念教育实践活动动员大会，对全市理想信念教育实践活动的开展进行了具体安排部署，会后，下发了《关于开展非公有制经济人士理想信念教育实践活动的实施意见》。各县（市）区工商联均成立了理想信念教育实践活动领导小组。

（二）扎实开展教育实践活动，做到规定动作不走样、自选动作有特色。组织机关中层以上的干部参加了省工商联组织召开的"民营企业与中国梦专题报告会"。收听收看了全国非公有制经济人士理想信念教育实践活动报告会，深刻领会中央、省、市领导的讲话精神，激发了广大非公有制经济人士学习先进、争做典型的热情。与省工商联联合开展了非公有制经济人士理想信念教育实践企业观摩活动，组织50多位民营企业负责人到娅丽达服饰有限公司、河南广安集团、三全食品股份有限公司进行了观摩学习。通过教育实践活动的深入开展，引导非公有制经济人士自觉把实现"企业梦"与"中国梦"有机结合起来，与实现国家价值、社会价值、个人价值高度融合，引导和促进非公有制经济实现"两个健康"。

成立理想信念教育实践活动督察组，赴各县（市）区以查阅资料、座谈会的形式，对理想信念教育实践活动开展情况、信息宣传情况、活动材料汇总情况进行了督察。各县（市）区工商联高度重视，学习贯彻落实到位。其中，登封市工商联实施"九大活动"助推理想信念教育实践活动深入开展，被《中华工商时报》报道；新郑市工商联邀请市委书记王广国为全市非公有制经济人士授课，宣讲开展理想信念教育实践活动的重要意义；金水区工商联、中牟县工商联、管城区工商联、二七区工商联、钢贸商会等单位通过举办富有特色的活动，掀起了开展理想信念教育实践活动的热潮，坚定了非公有制经济人士对中国特色社会主义的信念、对党和政府的信任、对企业发展的信心和恪守信义。

【参政议政】 为更好地服务郑州市经济社会发展大局和落实省工商联提出"一个设立、五个确保"的目标任务，2013年，郑州市工商联充分发挥工商联系统和会员企业人才荟萃、智力密集的优势，深入开展调研，积极探索参政议政新途径。一是年初下发了《关于做好2013年度调研工作的通知》。二是结合全国工商联、省工商联调研活动，开展了"一个设立、五个确保"目标任务完成情况和非公有制企业党建情况的调研。先后有全国工商联副主席谢经荣，省政协副主席、省工商联主席梁静等领导莅郑，到高新区、荥阳市、上街区等县（市）区工商联及会员企业，就工商联在人员、设备、编制、办公经费、办公条件、非公有制企业党建等方面的情况进行调研，并召开座谈会。通过与当地主要领导沟通，协调解决了工商联存在的实际困难和问题。三是深入直属商会调研。根据年初制定的工作目标，对直属行业（异地）商会进行了全面调研，摸清了行业（异地）商会在开展工作中存在的问题，为下一步规范行业（异地）商会管理提供了依据。通过走访，全面掌握了第一手材料，反映了行业（异地）商会的愿望和诉求，提出了可行性的意见和建议。四是调研工作、参政议政工作取得实效。先后撰写了调研报告、提案和民企社情30余篇。其中，《关于我市民营企业诚信状况的调研报告》荣获省工商联优秀调研成果奖，《关于发挥工商联优势助推郑州新型城镇化建设的调研报告》在市政协常委会上进行了专题发言。调研活动的开展及调研成果、提案的转化运用，为进一步营造全市非公有制经济发展的良好环境发挥了积极的作用。

河南省工商联主席梁静考察河南少林汽车股份有限公司

【服务会员企业】 2013年，郑州市工商联积极创新载体，搭建平台，提高服务会员企业的水平。

一是创新培训载体，搭建教育培训平台。组织20余名企业家赴人民大学完成了"2013年市工商联宏观经济形势总裁短期研修班"培训。组织企业家副主席、副会长、各行业（异地）商会会长及各县（市）区工商联主席、党组书记200余人参加了由河南省工商联、河南日报报业集团主办，郑州市工商联、河南康利达集团雅宝地产有限公司承办的"领导力决定一切——全球第一领导力大师约翰·麦斯威尔首度对话中原"活动，省工商联主席梁静、中共郑州市委统战部部长王跃华等出席本次活动。组织参加了"2013年智慧城市建设暨新型城镇化与房地产未来发展高峰论坛"，著名经济学家成思危和著名经济学家

郑州市工商联组织会员企业参加“情系芦山·同心共助”捐赠仪式

厉无畏分别作了“智慧城市建设及未来发展”“创意产业与新型城镇化”的主旨演讲，为郑州市房地产企业突破发展瓶颈、助推新型城镇化建设提出了新思路、新方法。全年共组织会员及会员企业参加各类培训活动30余场，培训人员3000余人次。通过一系列教育培训，增强了企业家对国家经济政策及形势的分析能力、判断能力，以及对企业经营管理的能力。

二是拓宽宣传渠道，大力推介工商联。开通了市工商联网站，各县（市）区工商联、各行业（异地）商会加强信息员队伍管理，全年共发布各类信息近2000条。在《中华工商时报》等国家级媒体发表信息、文章6篇，在省级媒体发表信息、文章600多篇。各项宣传活动的开展，增强了工商联的影响力和凝聚力，郑州市工商联被省工商联授予2013年度“河南省工商联系统宣传阵地建设先进单位”荣誉称号。

【经济服务工作】 2013年，郑州市工商联积极发挥商会的优势、资源，主动走出去、请进来，以各类经贸活动为平台，以“会”邀商，经济服务工作迈上新台阶。一是以癸巳年黄帝故里拜祖大典为契机。邀请到广东长城集团股份有限公司董事长蔡廷祥等30余名企业家参加拜祖大典，30余家企业中，有全国500强企业2家、行业100强企业8家、上市公司3家，签订投资意向达20亿元。二是以友好商会招商。为顺利完成第八届中国中部投资贸易洽谈会的邀商任务，市工商联利用全国友好商会、异地商会进行邀商，走访了北京、深圳等城市，拜访了当地的商会组织和知名企业，此次活动共签订合作项目4个、框架协议6个，总投资额达15亿元。三是实施“走出去，请进来”战略，搭建邀商引资平台。先后2次组织总商会企业家赴云南红河州参加中国第十届城市友好商会会长理事会及会长会议；组织会员企业参加了由深圳市委、市政府，郑州市委、市政府联合主办，郑州市委统战部、郑州市工商联承办的“深圳市知名企业家河南（郑州）行”商务考察活动。省委统战部部长史济春和郑州市委书记吴天君、市长马懿、市委统战部部长王跃华等出席活动。本次活动共邀请到深圳市委常委、统战部部长张思平，深圳市工商联主席、深圳海王集团董事长张思民及深圳知名企业家130余人（受邀企业中有上市公司35家）参加活动，郑、深两市共签约项目24个，签约金额达346亿元。

2013年，市工商联先后接待了六盘水市、通化市等工商联和澳大利亚国际商会来郑，与市工商联及会员企业考察、座谈。其中，市工商联与六盘水市工商联签订了城市友好商会协议。

【光彩事业】 2013年，郑州市工商联积极推进光彩事业的开展，引导民营企业家致富思源、富而思进，履行社会责任，积极参与社会公益事业。一是组织“爱心捐助，情暖童心”活动。1月18日，组织总商会企业家代表赴郑州市儿童福利院，举行以“爱心捐助 情暖童心”为主题的社会慈善捐助活动。市工商联主席、河南康利达集团董事长薛景霞现场捐助200万元，用于改善孤残儿童及100所农村贫困寄宿制小学留守儿童的学习生活条件。市工商联部分会员企业为市儿童福利院捐赠了价值10万余元的生活用品和食品。省、市领导李志斌、韩建国、张学军等参加了此次捐助活动。二是开展助贫、助困活动。市工商联组织总商会副会长赴登封市颍阳镇贫困村宋爻村进行慰问，送去现金6万余元，用于改善宋爻村的基础设施。新密市工商联组织会员企业捐款15万余元，资助山区贫困学子完成学业；荥阳市工商联组织15家乡镇商会，走访慰问贫困户、困难党员、困难职工、老复员军人等。三是参加了“情系芦山，同心共助”活动。郑州市工商联组织会员企业十余家参加了在省委统战部举行的“情系芦山，同心共助”捐赠仪式。郑州市工商联主席企业河南康利达集团，河南少林汽车股份有限公司，钢铁贸易商会、莆田商会、娅丽达服饰有限公司、郑州长通实业有限公司、索凌电气有限公司、河南嵩基房地产有限公司、郑州福瑞堂制药有限公司、郑州佛光发电设备有限公司等会员企业累计捐款捐物达473万元。惠济区工商联、中原区工商联、高新区工商联分别组织本界别的政协委员及会员企业通过各种途径向芦山地震灾区捐款捐物30余万元。四是积极组织会员企业参加以“孝行天下、关爱老人”为主题的2013年“郑州慈善日”暨庆祝“老年节”大型慈善公益活动。活动当日，全市共募得善款9700万元，其中，市工商联主席企业河南康利达集团及市工商联23家会员企业共向慈善总会捐赠善款1100余万元。此次捐赠善款于10月29日捐赠到郑州市统一战线“同心”实践帮扶基地——登封市唐庄乡，用于支持新型城镇化建设。上街区工商联在重阳节期间组织女企业家商会的企业家，到上街区峡窝镇敬老院慰问。民营企业家积极主动向灾区和慈善总会捐款捐物，体现了广大民营企业家勇于担当、扶危济困、践行“同心”思想的社会责任感和奉献精神。

【组织建设】 2013年，郑州市工商联以创建“全国五好工商联”示范点为契机，不断夯实工商联组织基础。一是召开市工商联工作会议。会议安排布置了2013年的各项工作，市工商联主席薛景霞就加快组织建设步伐、推动各县（市）区级工商联建设“五好标准”示范点活动和做好“一个设立、五个确保”目标任务的贯彻落实作了讲话，有力地推动了工商联各项工作向纵深发展。二是健全机制，基层商会组织建设得到加强。年初，市工商联采取会议推动、制度推动、重点推动、示范推动、督办推动“五个推动”措施，积极推进县级工商联建设。新郑市工商联被评为“全国县级工商联建设示范点”，金水区工商联被评为“河南省县级工商联建设示范点”。三是加强商会组织建设，积极发展会员，壮大工商联队伍。截至年底，已成立的直属行业（异地）商会达43家，全市会员总数达27000个单位。

（高明灿）

人民团体和社会团体

工会

【概况】 2013年，全市各级工会组织以服务郑州都市区建设为中心，以发展和谐劳动关系为主线，着力抓好群众性建功立业劳动竞赛活动，切实维护职工合法权益，不断加强职工队伍建设，努力打造学习型、服务型、创新型工会，充分发挥组织职工、引导职工、服务职工和维护职工合法权益的作用。截至2013年年底，全市基层工会组织25547个，覆盖法人单位39462家，工会会员192.94万人，其中农民工会员72.06万人。

【群众性建功立业活动】 2013年，市总工会下发《关于在全市职工中广泛开展为加快推进郑州都市区建设建功立业活动的实施意见》，深入开展“五比一创”重点工程建设劳动竞赛，把新型城镇化建设项目、“三化”协调发展项目和民生工程纳入竞赛范畴，全市在建、续建的998家市级以上重点建设项目单位报名参赛；持续做好“三比两降”节能减排竞赛活动，全市参赛单位8713家，参赛职工71.5万人；继续组织开展以岗位练兵、技术培训、技能竞赛、提升技术等级为主要内容的郑州市第十届职工技术运动会，161项竞赛工种（项目）向企业发展急需、技术含量较高、提升社会公共服务水平和农民工密集型行业倾斜；继续组织开展以创建“工人先锋号”“五一文明岗”为载体的班组创先争优劳动竞赛，6828家单位57946个车间（班组）的55.9万名职工参加创建活动；以“安康杯”竞赛活动为载体，不断加强工会劳动保护工作，竞赛范围从建筑、煤矿、化工、机械加工等高危行业向非公中小企业、机关事业单位和社区拓展，“安康杯”竞赛参赛单位8949家，覆盖职工101.9万人。

【基层工会建设】 2013年，市总工会与市委组织部、市人社局、市工商局、市工商联联合下发《关于进一步加强和改进非公有制企业工会工作的实施意见》，成立领导小组，建立联席会议制度，切实加强组织领导和统筹协调。采取完善小三级组织网络、独立建会与联合建会相结合、建立区域性行业性工会联合会等举措，多形式、多层次、全方位抓好工会组建，顺利实现非公企业建会三年目标规划要求。全市新建会企业法人6511家，完成省总工会下达目标任务的102.05%；会员净增19.58万人，完成省总工会下达目标任务的119.03%。坚持建会与规范工作并重。完善职工之家建设工作管理办法，深入实施企业工会“六有”“双亮”工程，广泛开展“双爱双评”活动，充分发挥富士康郑州科技园工会强基建制活动的示范带动作用，提升非公有制企业工会工作建设水平。全年组织评选郑州市模范职工之家59家、郑州市模范职工小家42家、郑州市优秀工会之友5个。以“全国工会基层组织建设工作管理系统”优化升级为契机，加强企业基本信息和企业基层工会信息数据库登记审核工作，登记审核率达到95%。

12月6日，省人大常委会副主任、省总工会主席张大卫在富士康郑州科技园工会调研

【职工合法权益维护和发展】 2013年，郑州市把工资集体协商作为构建和谐劳动关系的重要内容，列入创建诚信守法企业评比条件，推动建立企业工资集体协商工作信用等级评价制度，构建工资集体协商长效机制。全市签订工资集体协商合同的企业8.1万多家，覆盖职工150多万人，完成省总工会下达目标任务的460%。坚持“五级联创”、区域性创建和企业创建相互促进格局，深入开展和谐劳动关系创建活动，全市企业参与面达95%，选树了100家和谐劳动关系创建活动示范单位。“厂务公开、职工代表大会”双建制专项活动和厂务公开民主管理工作竞赛深入开展，非公有制企业职代会制度建设形成特色。全市23571家企事业单位建立职工（代表）大会制度，建制率92.3%，涵盖职工188.59万人；23334家企事业单位建立厂务公开制度，建制率91.3%，涵盖职工186.95万人。组织职工参加法律法规学习宣传和知识竞赛活动，推进乡镇（街道）村（社区）工会维权服务站建设，建立健全劳动法律监督、劳动争议调解组织和法律援助机构，开展法律援助、法律咨询、劳动争议案件调处。全市工会系统共建立法律援助机构198个，成立职工维权服务站800多个，建立劳动法律监督组织3454个。完善领导干部定期接待群众来访工作机制，发挥“12351”职工维权热线作用，引导职工以理性合法的形式表达利益诉求。

【职工帮扶服务】 2013年，郑州市各级工会积极推动最低工资标准制度落实，主动参与社会保险基金监督工作，切实加强帮扶中心、帮扶站点建设，完善帮扶网络、丰富帮扶内容、增强服务实效，实现帮扶服务工作常态化、长效化。元旦春节期间，全市各级工会共筹集慰问款物总额1635万元，走访524家困难企业，慰问困难职工、劳动模范、农民工和节日期间坚守工作岗位的一线职工1.7万余人。送清凉活动中，各级工会筹集送清凉资金和物资折合人民币342万元，走访企业327家、工地127个，慰问职工10.91万人，其中农民工7.29万人，为职工提供健康体检9788人。全年为下岗失业人员提供免费培训2.27万人次，帮助11960人实现创业或就业。发放小额借款408万元，带动1652人实现创业和就业。金秋助学活动坚持助学与助业相结合，落实助学政策，加强感恩教育，关注成长成才。全市各级工会共筹集助学资金984万元，资助5564名困难学生顺利入学，帮助1801名困难职工家庭高校毕业生实现就业。各级工会发挥农民工维权联动协调机制作用，配合开展农民工工资支付情况专项检查，共计追讨补发农民工工资及赔偿金额3764万元。继续开展女职工“关爱行动”，共帮扶救助困难女职工2460人，为3.6万名女职工进行了“两癌”筛查。

【提升职工队伍整体素质】 2013年，郑州市各级工会深入开展“凝心聚力跟党走、建功立业绘蓝图”，学雷锋志愿服务，“美丽人生——寻找最美劳动者”主题宣传教育活动，做深做细职工思想政治工作。大力弘扬新时期工人阶级伟大品格和劳模精神，引导广大职工以实际行动奏响时代主旋律。459名先进个人被授予郑州市劳动模范（先进工作者）荣誉称号，117个先进单位和456名先进个人分别被授予郑州市“五一”劳动奖状、“五一”劳动奖章。深入开展“创建学习型组织、争当知识型职工”活动，抓好职工教育培训示范点和职工书屋建设。命名表彰市级职工书屋示范点40个，推荐上报全国、省级职工书屋示范点10个，省级职工素质教育示范点4个。深入实施女职工“提素建功”工程，组织女职工素质大讲堂80场，发放教育手册2.5万册，受益女职工3万人。广泛开展农民工素质提升主题活动，组织宣讲活动175次，选树在素质提升中成长的农民工典型50名，建立农民工业余学校57家，活动覆盖农民工26.13万人次。推进适应企业发展与职工精神文化需求的企业文化建设。市总工会先后投资250万元，为职工人数相对集中的企业工会购置高清数字电影机、移动舞台，以及新建篮球场、宣传橱窗等设施。各级工会广泛开展广播操比赛、广场赈灾义演、书画摄影展、球类比赛、登山比赛、谜语竞猜等丰富多彩的职工文体活动，参与职工25万余人。

【“三型”工会建设】 市总工会机关及全市各级工会组织深入开展以“学习精神、促作风转变、促科学发展、促民生改善”为主题的“一学三促”活动，着力打造学习型、创新型、服务型工会组织。市总工会健全完善规章制度，按照简约、俭朴的原则安排部署工作，严格控制“三公”费用支出，“三公”经费支出比上年度减少28.9%。进一步加强工会干部教育培训工作，创新教育培训方式，突出培训重点和层次，全年组织工会干部培训班33期，培训工会干部3310多人。进一步加强调查研究和服务基层工作。市总工会机关干部带头深入基层、企业和一线，联系30多家困难企业、基层工会和75名困难职工，推动了联系基层、联系职工长效机制的建立。市总工会把富士康郑州科技园工会作为加强调研协作、指导基层的示范点，出台指导意见，成立协调领导小组，形成工作合力。

（张昌付）

4月28日，市领导会见全市劳动模范和先进工作者

共青团

【概况】 2013年，郑州共青团组织以服务青年、服务中心、服务大局为核心，以“全国找坐标有位置、中部求超越有速度、河南挑大梁有力度、郑州都市区有作为”为目标，以“投身三大主体 青春建功郑州”为抓手，紧紧围绕党政中心工作，明确工作重点、发挥自身优势、着力创新提升，瞄准国内先进，创造性地开展各项工作。率先在全国成立郑州青少年新媒体中心、青少年一站式服务大厅、共青团爱心直饮水站，青年社会公益组织团建、非公团建、12355青少年维权、中职学校共青团工作等走在全团前列，三项工作为全国首创，两项工作为中部第一。全年建立网格团组织3042个，招募网格青年志愿者1万余人，团的工作被国家级媒体正面宣传报道19次，被省级媒体正面宣传报道65次。

【青少年思想引领】 2013年，郑州共青团以“我的中国梦”教育为主题，对不同年龄阶段青少年采取不同的教育方式，引导青少年对“中国梦”的理解认同，凝聚起郑州青少年正能量。一是深入学习贯彻党的十八大精神。在全市青少年中开展学习宣传党的十八大精神、“我的中国梦”读书学习交流活动，参与青少年5000余人；开展学习宣传十八大知识竞赛和主题征文，紧扣党的十八大精神主题，围绕“我的中国梦”和身边的巨大变化畅谈对十八大的切身感受，共征集稿件3000余篇；深入学习宣传十八届三中全会精神，组织全市青少年开展“感悟十八届三中全会”“青春好声音”“奋斗的青春最美丽”等系列活动。二是开展“中国梦”主题教育实践活动。通过座谈会、主题班会、主题团日活动交流讨论、入团宣誓等多种形式，组织团员青年深入学习理解“中国梦”的内涵。开展“我的中国梦”青春励志故事会系列活动，举办活动30余场，覆盖青年8000余人；深化成人主题教育，在中学生中广泛开展“与人生对话——我的中国梦”郑州市中学生14岁集体生日和征文演讲比赛等活动，举办“彩虹人生——我的中国梦”郑州市中职学生社团集中展示、观摩活动80余场。三是深入开展少年儿童思想意识教育。召开少先队工作现场会，观摩以“我的中国梦”为主题的少先队队课活动。在全市少先队组织中统一开展“放飞中国梦——红领巾向‘五四’献礼”主题教育活动；“六一”期间，全市少先队组织开展“红领巾相约中国梦”庆“六一”主题活动共计900场次，展示了少先队员勤奋学习、快乐生活、全面发展的精神面貌，省委副书记邓凯，市委书记吴天君等领导参加活动。四是运用新媒体吸引凝聚青年。积极探索运用新媒体手段吸引凝聚青年，主动做好新形势下的青年工作。通过新浪、腾讯微博晒工作、交流经验，全年共发新浪微博4952条、腾讯微博4852条，吸引粉丝2万余人；编发“郑州青年”手机报26期，覆盖各级党政领导、团系统、志愿服务团队、青联界别组、新闻媒体等青年2000余人；在团市委微信公众平台上发布团组织开展的各种活动50余期，采用微博、微信等新媒体进行会议直播，通过网络与全市青年朋友进行互动。

【服务“三大主体”工作】 2013年，郑州共青团积极发挥共青团组织优势，引领全市广大青年统一思想投身“三大主体”工作，以实际行动为实现郑州都市区建设作贡献。一是统一全市团组织参与服务“三大主体”工作的思想认识。通过各种宣传教育，引导全市青年融入到“三大主体”工作之中。年初，把服务“三大主体”工作写入团的工作报告，作为重点工作推进；制定郑州共青团《服务“三大主体”工作实施方案》《志愿服务年活动实施方案》和《服务青年民生十件实事》。召开“三大主体”工作推进会、优秀团员青年庆“五四”建功“三大主体”座谈会。二是组织全市青少年参与服务“三大主体”工作。开展“青春在网格中闪光”主题宣讲、志愿帮扶、义务宣传等活动，提升团员青年对网格化管理工作的认识；开展“三走进、三郑州”活动，让2万名青少年感受到美丽郑州建设成果，组织300余名青联委员和全市优秀青年代表走进“两环十七放射”生态廊道，实地参观体验建设成果；开展春季义务植树、黄河湿地保护、保护水源地等活动，组织3万名团员青年参与保护母亲河行动，植树7万余株。三是积极服务党政重点工作。以“文明养犬 共建美好家园”为主题，组织广大青年志愿者走进全市社区、公园、小游园、城市主干道等重点区域，开展文明养犬志愿宣传服务活动，参与活动的青年志愿者5万余人次，发放宣传册1万余份，覆盖群众30余万人；做好巩固提升全国文明城市创建工作，下发《2013年共青团郑州市委参与全国文明城市文明程度指数测评工作的通知》，圆满完成基层团组织建设、道德实践、加强未成年人思想道德教育、志愿者组织与活动等16项测评内容，顺利通过中央检查组的检查。四是全力参与网格化管理工作。要求专兼职团干部下沉二级或三级网格，组织青年文明号、企事业单位团干部就近下沉网格。开展“万名青年志愿者下网格”活动，达到每个三级网格有青年志愿者，二级网格有志愿者服务站，使网格志愿者成为网格化管理工作的宣传员、推动者、服务者。全年共下沉专业团干部321人、网格青年志愿者1万余人，建立网格团组织3042个，开展宣讲实践活动130余次，参与团员青年50余万人次。

【团的基层组织建设】 2013年，郑州共青团以团的基层组织建设为重点，做好各项工作，打牢团建基础。一是创新网格化团建加大对青年的覆盖。组织机关各部门深入基层开展网格化团建大调研13次，撰写文章11篇，明确工作方向；在全市三级网格内探索网格化团建新模式，力求使共青团工作与网格化管理工作合二为一、相互兼容、共同促进；整合全市各级网格内共青团工作资源，因地制宜、注重实效，以服务促建设，以服务求活跃，让每个基层团组织中的青年成为各个网格单元的组织者、参与者、决策者、受益者。二是推进产业集聚区非公团建加大对青年的覆盖。联合市委组织部出台《关于在全市产业集聚区中进一步加强团组织建设的意见》，举办2013年郑州市产业集聚区团组织负责人培训班，共培训50余人，组织80余名县（市）区产业集聚区团组织负责人参加全省示范点骨干团干部培训，全年共建立非公团组织820家，位居全省第一。三是实施乡镇实体化“大团委”加大对青年的覆盖。推进实体化“大团委”建设，创新性地将基层网格与乡镇实体化“大团委”建设工作相结合，全年全市共建立直属团组织2887个，覆盖团员4.9万余人、35岁以下青年11.4万余人，其中，直属团组织数据录入准确率达到98%。四是活跃青年公益组织加大对青年的覆盖。不断强化社会青年公益组织的服务引导，定期组织召开全市青年公益组织负责人座谈会，成立“青年公益组织之家”，向青年公益组织免费开放郑州市青少年服务大厅，为全市青年公益组织提供交流沟通、互助合作的平台；在青联成立“自组织界别”，将郑州爱心协会、和勤公益社、小蚂蚁志愿服务队、V5青年公益组织、炯炯族青年公益组织等30余个知名公益组织纳入市青联管理。五是围绕大型企业团建加大对青年的覆盖。在富士康郑州园区建立团建工作定期指导机制，同社区管理部门结合，派出有丰富青年工作经验的“团建指导员”，成立“社区团建工作站”。全年与富士康团委联合举办“致青春学堂”大型公开课活动8期，开展中秋联谊、心理咨询、结对互助等80余次，参与青年15万人次。2013年，郑州机电工业技工学校、郑州市国家安全局、郑州市工商行政管理局等单位团组织相继成立，全市共新建团组织300余家。六是加强驻外团工委建设加大对青年的覆盖。建市县两级驻外团工委15个，覆盖外出务工团员青年30余万人。全年开展集中活动9次，帮助500余名来自濮阳、周口、南阳等十地市在郑务工青年免费乘坐“爱心大巴”集中返乡，邀请600余名外来务工青年在河南省人民会堂免费观看豫剧演出，帮助处理各类工资纠纷、赔偿等维护权益事件30余起。

【青年民生服务工程】 2013年，郑州共青团把促进青年就业创业作为新形势下共青团服务党政工作大局、服务青年民生、支持基层工作的重要载体全力推进。一是多项举措服务青年就业。新建青少年创业就业见习基地36家，对接上岗见习青年362名。组织55家见习基地，在青少年服务大厅举办“迎五四 送岗位”青年就业创业大型招聘会，提供岗位3300余个，2600余名学生进行免费求职登记，帮助1000余名学生与企业达成就业意向。全年为全市农村青年提供小额贷款6800万元，帮助4200余名农村青年解决创业所需资金，带动就业7100余人。二是实施青年就业创业培训项目。开展阳光工程就业创业技能培训项目，落实培训资金120余万元、培训机构68家，共9600名农村青年接受培训，实现就业6000余人；通过网站和微博发布信息，举办“我的中国梦”郑州市青年企业家创业讲堂32场。三是开展志愿服务年活动。以“志愿青春 温暖郑州”为主题，坚持每月一次主题青年志愿服务活动，先后开展关爱老人、关爱残疾人、情系农民工等主题活动38次，服务困难人员1000余人；选拔200余名青年志愿者完成黄帝故里拜祖大典、世界华商领袖峰会、中博会志愿服务；开展郑州第四届“志愿服务高考 爱心助力学子”志愿服务活动，提供遮阳棚50顶，凉凳、文具、药品、饮用水等1万多份，服务逾5万人次。四是开展关爱进城务工人员子女活动。结合郑州进城务工人员子女实际情况，围绕学业辅导、亲情陪伴、感受城市、自护教育、爱心捐赠等方面广泛开展关爱行动，截至年底，结对进城务工人员子女小学336所，结对进城务工人员子女7万多名，开展七彩课堂活动1286次。五是推进希望工程公益项目持续开展。开展“温暖冬天·爱心大动员”活动，募集款物594万余元，受益贫困儿童2万余名。开展“希望工程圆梦行动”，全年累计筹资196万元，资助391名贫困大学生圆梦。开展“希望之星”救助活动，资助贫困学生85名。援建希望书屋23座，接受捐书7万余册，直接受益学生2万余人。

【维护青少年合法权益】 2013年，郑州共青团坚持依法有序维护青少年合法权益，注重法制化维权、组织化维权和社会化维权，不断提高服务青少年权益工作水平。一是推进12355青少年服务平台建设。全年郑州12355青少年维权中心接听相关热线咨询260个，接待来访171人次，回复网络在线咨询238个，直接服务青少年2万余人次。为社区群众开展“健康人生 美丽心情”“五四宝贝计划”等健康知识讲座88场，开展心理咨询92次，服务青年员工和社区青少年8200余人次。二是深化重点青少年群体帮扶工作。开展关爱流浪儿童新春大联欢活动，为流浪儿童和服刑人员未成年子女送去价值4万余元的图书、棉衣等物品。开展“青春红丝带”防艾宣传活动，组织青年志愿者走进校园、社区、工地普及艾滋病及其防治知识，发放、张贴防艾宣传手册及宣传画1万余份。三是突出法制宣传筑牢青少年预防犯罪思想防线。以宣传“两法一条例”为重点，开展“青春成长 法律护航”青少年法制宣传教育活动，聘请公安、法院等专业人员组成郑州市青少年维权服务专家顾问团，举办各类公益服务活动106次。全年共发放各类青少年法制宣传手册5万余份，举办模拟法庭、法制报告会等260余场，受教育青少年10万余人次，积极引导青少年学法、懂法、用法，预防和减少青少年违法犯罪。四是开展“面对面”活动畅通青少年利益诉求渠道。开展2013年“面对面”活动，走进郑州大学、郑州师范学院和郑州七中，收集青少年的意见建议，邀请市人大代表、政协委员和学生代表召开座谈会，针对解决青少年社会教育场所、新媒体开展社会教育情况等热点问题进行讨论交流，畅通青少年利益诉求表达渠道，《郑州市青年社会教育与发展状况研究》获团中央地市级二类报告奖。

【推动共青团品牌提升】 2013年，郑州共青团创新工作载体，不断提升服务青年民生的能力和水平，推动团的工作跃升发展。一是成立全国首家青少年新媒体中心。11月底，郑州共青团成立市青少年新媒体中心，开通郑州青年手机报、团市委微信公众平台、新浪和腾讯官方微博，组建郑州市青少年记者团，有效地扩大郑州共青团的声音，发挥了新媒体对共青团工作的舆论引导作用。二是投入运行全国首家共青团爱心直饮水站。受“送水哥”李老发坚持为农民工和路人送免费纯净水事迹启发，郑州共青团采取社会化运作和青年志愿者联动的公益模式，在市内公共场所建立郑州共青团爱心直饮水站146台，被《人民日报》和《河南新闻联播》报道。三是成立全国首家青年公益组织之家。在全国第一个成立新型青年公益组织之家，覆盖全市500余家青年公益组织、10万余名青少年，先后开展爱心早餐、消夏广场、希望书屋等公益活动180余次。四是建成中部首家一站式青少年服务大厅。大厅开设就业创业、爱心捐赠、志愿服务等8个窗口，全年接待咨询、求助1000余人次，是中部六省首家为青少年提供一站式便捷服务的窗口。五是创建中部首家实体化共青团雷锋超市。为使雷锋精神常态化，建立中部首家实体化共青团雷锋超市，开展多种公益服务。超市设立捐赠台账、物资发放台账、款物库存台账，全年共对接帮扶600余人。

（董克伟）

妇女联合会

【概况】 2013年，全市各级妇联组织围绕中心、服务大局，立足基层、服务妇女，充分发挥桥梁纽带作用，维护妇女儿童合法权益，优化妇女儿童发展环境，在服务郑州都市区建设中推动妇女儿童事业取得新发展。一是服务大局，积极助推航空港实验区建设。在实验区10家规模以上非公企业和富士康11个职工生活区全部建立妇女组织，实现全面融入；联合省妇联在富士康开展爱岗敬业、创先争优活动，积极选树妇女典型，激发广大女职工投身港区建设热情。二是加强培训，大力开发女性人力人才资源。以“巾帼科技星火工程”为抓手，抓好女性素质培训，举办各类技能培训500多期、培训班234期，培训妇女35万人。三是凝聚力量，引领妇女建功都市区。深化巾帼建功、双学双比活动，创建各类巾帼示范基地、巾帼文明岗294个；组织女性专场招聘会77场次，帮助近1万名妇女就业；发放小额担保贷款3亿多元，扶持3085名妇女创业。四是深化家庭创建，助推文明郑州建设。开展以“认识郑州、热爱郑州、奉献郑州——共建美丽家园”为主题的系列文明家庭创建活动，营造温馨和谐、健康向上的社会氛围。五是做好妇女维权，促进社会稳定和谐。处理信访案件1232起1391人次，结案率98%以上。深入开展《郑州市妇女权益保障条例》立法调研，举办郑州市第六届妇女发展论坛，积极推进妇女权益保障立法。扎实推进妇女儿童发展规划落实，优化妇女儿童生存发展环境。六是关注民生，努力为妇女儿童办实事。实施好“儿童之家”建设等政府民生实事，做好“暖心工程”等公益关爱项目，让发展成果惠及更多妇女儿童。全年完成“两癌”筛查30多万人，新建“儿童之家”100所，进行新生儿筛查6万多人，投入500多万元资助女高中生2000多名，投入300万元为50所农村寄宿制小学改善食堂和体育设施，为169所农村寄宿制小学安装饮用开水器764台，受益农村儿童达10万人。

2013年，市妇联先后获得全国巾帼文明岗、全国维护妇女儿童权益先进集体、河南省“双学双比”“巾帼建功”工作先进集体等荣誉称号。

【妇女教育培训】 2013年，全市妇联组织针对妇女教育培训重点抓好两个方面工作。一是抓好妇女岗位技能培训。实施“巾帼科技星火工程”，大力开展编织、养殖、家政等技能培训，提高广大妇女创业就业能力。二是抓好妇女综合素质培训。以流动课堂、培训班、报告会为载体，广泛开展法治精神、科学精神、“四自精神”培训，不断提升妇女综合素质，2013年共举办乡镇（街道）、村（社区）妇女培训班191期，女领导干部培训班43期，培训近26万人。

【妇女建功立业】 2013年，全市各级妇联组织在城乡妇女中深入开展巾帼建功、双学双比活动，评选表彰宣传女性典型，共创建巾帼示范村（社区）75个，各级各类巾帼示范基地23个，巾帼文明岗194个，发放扶持资金36万元；表彰“三八”红旗集体699个，

3月7日，郑州市各界妇女座谈会召开

“三八”红旗手1007人，推荐宣传优秀典型1068人次。组织召开“服务三大主体工作，尽展女性风采”座谈会；与市人社局、市总工会联合举办郑州市第六届家政服务技能竞赛，与市城建委联合在市政重点建设工程中开展“建畅通郑州、展巾帼风采”活动，与市卫生局联合在护士节对护理行业涌现出的先进集体和个人进行表彰，引领各行各业妇女做好本职工作、为郑州经济社会发展贡献力量。

【妇女就业创业】 2013年，全市各级妇联组织广泛开展以送政策、送岗位、送技能、送服务为重点的“春风行动”，举办各类女性专场招聘会77场，发布用工信息13万余条，提供就业岗位1万多个，3万多名妇女参加招聘活动，近6000名妇女成功就业。坚持实施妇女小额担保贷款项目，2013年全市共发放贷款3.01亿元，扶持3085名妇女创业发展。开展“导师团力推女大学生就业创业”活动，新命名16个郑州市女性（女大学生）就业创业实践基地，聘请41名企业家为郑州市“女性（女大学生）创业导师”，在郑州师范学院、黄河科技学院、郑州职业技术学院举办“创业女性进校园”励志报告会。在郑州电视台举办《周末面对面》特别节目——“巾帼展风采、助力都市区”、编辑女性创业故事集，激发广大女性创业积极性。

【文明家庭创建】 2013年，全市各级妇联组织以“认识郑州、热爱郑州、奉献郑州——共建美丽家园”为主题，先后开展“建美丽家园，享幸福人生”和谐家庭社区行、“践行节能低碳，建设美丽家园”家庭节能行动、“十百千美丽家庭”创建，以及“绿色家庭”“文明卫生家庭”“星级文明家庭”评选等丰富多彩的活动，评选表彰绿色家庭等各类模范家庭4800多户。

深入挖掘传统节日的文化内涵，充分利用节庆活动开展男女平等基本国策、儿童优先原则宣传教育。在“三八”节举办“美丽绿城·幸福郑州”——郑州市第六届百万妇女健身大赛和专题晚会，在母亲节召开“感恩母亲的节日·倾听母亲的声音”郑州市“十佳母亲”表彰暨座谈会，在“六一”节举办“放飞梦想”大型文艺晚会，营造温馨和谐、健康向上的社会氛围。全市各县（市）区、各基层妇联结合自身实际开展了丰富多彩、贴近群众的节庆活动。

【妇女儿童两规划推动实施】 2013年，市妇联按照国务院和省妇儿工委的要求，结合郑州实际制定《郑州市妇女发展规划（2011-2020年）监测指标体系》《郑州市儿童发展规划（2011-2020年）监测指标体系》，并对市县两级监测统计工作人员进行培训，明确

3月16日，“美丽绿城·幸福郑州”百万妇女健身活动成果展示专题晚会举行

目标任务和完成时限，圆满完成2011-2012年两规划监测评估工作。2013年，金水区被联合国儿基会确定为“县级儿童纲要实施项目”试点单位，中牟县和登封市、中原区分别被确定为国家和省级实施“两纲”示范县（市）区。

【《郑州市妇女权益保障条例》立法调研】 按照市人大2013年立法调研计划，在全市开展妇女权益保障情况调研，形成《〈郑州市妇女权益保障条例〉立法调研报告》。调研报告在充分肯定成绩的同时，用大量事例分析说明妇女在政治权利、文化教育权益、劳动和社会保障权益、财产权益、人身权利、婚姻家庭权益等方面存在的突出问题，并提出有针对性的对策建议。一是妇女参政议政水平较低，女干部、女人大代表总数偏少，女干部边缘化问题突出；二是妇女人身权利受侵害严重，女性遭受家庭暴力和性侵未成年人问题突出；三是农村妇女财产权益受侵害问题日益凸显，2010年全市涉及农村女性财产权益受损的来信来访案件163起247人，2011年177起291人，2012年185起319人，呈逐年上升趋势；四是劳动和社会保障权益保护有待加强，隐形就业性别歧视、大龄女性就业困难等问题仍然存在；五是婚姻家庭稳定性逐渐下降，传统家庭受到挑战，在婚姻家庭关系变动中，男方隐匿财产、制造假债务等现象普遍，女性的财产权益很难真正得到保障，市中级人民法院2012年受理的离婚案件中牵涉共同财产分割纠纷的案件占98%，存在男方隐匿财产现象的占50%；六是流动留守妇女、失独家庭等特殊女性群体的保障机制缺失。在广泛深入调研基础上，市妇联以“新时期妇女权益的维护与保障”为主题，举办第六届妇女发展论坛。报告及论坛所提问题引起各级领导和社会各界的广泛关注，市人大决定就郑州市妇女权益保障问题形成决议案。

【妇女维权和平安综治工作】 2013年，市县两级妇联组织共接待来信来访来电1232起1391人次，市妇联处理省妇联交办案件12起，处理典型信访个案13起，结案率98%以上；受理涉及妇女儿童权益援助案件17起，帮助受援人挽回经济损失600多万元。积极推动妇女信访代理工作，全市共登记妇女信访代理员183人，实现妇女信访代理工作全覆盖。进一步完善社会化维权格局，与市中级人民法院等部门联合出台《关于加强协作，共同维护妇女儿童合法权益的若干意见》，建立健全妇女儿童维权联动协作机制，形成维权合力。做好普法工作，充分利用网络、微博等媒介，抓好“三下乡”、法制宣传日等载体，广泛开展普法宣传教育，引导广大妇女学法、懂法、用法。扎实推进平安综治工作，深入开展“平安家庭”创建，召开全市维护妇女儿童权益暨“平安家庭”创建工作会，表彰维权先进集体、个人和岗位120多个，授予“平安家庭”示范户500户。积极参与“打拐”专项行动，开展好“禁毒流动课堂”活动。

【为妇女儿童办实事】 2013年，市妇联坚持“两条腿走路”，一方面积极主动争取党委政府政策支持，另一方面大力整合社会资源，在深入调研基础上推出一系列妇女儿童实事项目，让广大妇女儿童得实惠、普受惠、长受惠。一是妇女“两癌”免费筛查项目。在全市城乡35-64周岁妇女中开展“两癌”免费筛查，每年筛查30万名妇女，每3年对全市适龄妇女轮检一遍，对患病妇女积极提供医疗救助。2013年，共完成宫颈癌检查154048人，乳腺癌检查154327人，发放救助资金100多万元，救助“两癌”患者200多名。二是“儿童之家”建设项目。在“留守流动儿童之

家”建设的基础上，自2013年起，每年建设100所“儿童之家”，确保到2020年全市90%以上的城乡社区建有“儿童之家”，完成儿童发展规划的目标任务。三是新生儿三大疾病免费筛查项目。对全市新生儿免费开展先天性甲状腺功能低下、苯丙酮尿症和听力筛查，2013年共筛查6万多人，提高了新生儿先天性疾病的早诊早治率。近几年，以上项目先后连续列入郑州市政府民生工程十大实事，政府累计投入资金1亿多元。四是各类公益助学项目。市妇联联合郑州市民政局福彩中心实施福彩百名春蕾女童项目，每年为100名困难家庭优秀初中三年级女生发放助学金，直至其高中毕业。联合广东利海集团实施利海春雨助学行动，资助郑州市低保低收入家庭女高中生完成高中学业，做到应保尽保，截至2013年累计投入400多万元，共资助2000人。五是暖心工程项目。2013年，市妇联联合市女企业家协会，发起暖心工程行动计划，募集资金300万元，启动“让孩子更健康”和“我要喝热水”两个项目，为50所农村寄宿制小学改善食堂和体育设施，为169所农村寄宿制小学安装饮用开水器764台，受益农村儿童10万人。六是郑州市妇女儿童活动中心建设项目。2013年，活动中心正式对全市开放，先后开展了未成年人安全自救自护教育、暑期公益电影月等大型公益活动。

【基层妇联组织建设】 2013年，郑州市以村两委换届为契机，配齐配强妇女干部，全市2270个行政村共选出女村干部2775人，其中村委干部1783人、党组织女干部992人；全市660个社区共选出女社区干部3088人，占69.8%，基层女干部队伍逐渐壮大。坚持“党建带妇建”原则，推动在新型农村社区、“两新”组织等领域建立妇女组织，全市共建设村（社区）级妇联组织2930个，“两新”组织妇委会1900多个，市（县）直机关妇委会552个。做好对外联络工作，积极发展团体会员，拓宽妇联组织覆盖面。

（焦欣园）

科学技术协会

【高端人才和智力引进】 2013年，市科协以凝聚高端智力、增强郑州市科技自主创新能力、促进科技成果向现实生产力转化为目标，在大中型企业、县（市）区推进院士工作站建设和院士专家企业行活动，全市新成立4家院士专家工作站，市科协先后组织9个院士专家团队深入骨干企业开展工作，共达成合作意向十余项。

【建言献策】 2013年，科协系统发挥人才优势和桥梁纽带作用，反映广大科技工作者的意见建议，促进决策科学化、民主化。年初，市科协制定并下发《科技工作者建言献策活动方案》，全年形成专家建议20余篇。其中市老科协提交的《关于建设郑州市纺织博物馆的建议》得到市委书记吴天君的批示。市城市科学研究会撰写的《关于编制历史文化名城保护规划的调研报告》《关于发展绿色建筑的研究》《关于屋顶与立体绿化研究》等课题得到相关市领导的批示。

【技术服务】 一是围绕增强企业自主创新能力，在全市企业开展“三讲一比”群众性科技创新活动。全市153家企事业单位6万多名职工参加活动，提出合理化建议4143条，被企业采纳2810条，实现经济效益近10亿元。二是发挥科协桥梁纽带作用，搭建校企合作平台。组织华北水利水电大学与河南科达节能环保有限公司签订校企合作战略框架协议，并在河南科达节能环保有限公司建立华北水利水电大学教学科研实践基地；组织河南工业大学与郑州万达管件制造有限公司合作建立产学研示范基地。协调中国标准化研究院在河南勃达微波设备有限责任公司建立工业微波装备产品综合标准化研究基地；联合郑州市工信委举办太阳能在工业中应用专题培训，促进产学研用进一步结合。

【学术交流活动】 2013年，市科协系统把开展高质量、高层次的学术交流活动作为学会的首要任务来抓，围绕郑州市经济社会发展中的重点任务，开展学术交流活动。市科协举办了新材料产业发展趋势院士报告会；市机械工程学会组织承办了第二届全国超硬材料刀具精密制造技术与应用研讨会，中国机械工程学会、中国机械工业联合会及全国相关学科大专院校、科研院所等单位代表出席大会；邀请全国人大常委会原副委员长、中国科学院院长路甬祥来郑调研，为郑州市企业创新发展提出意见建议。2013年，全市各学会、协会、研究会共组织开展专业高层论坛、各项学术交流活动300余次，参加学术活动的科技工作者3.3万余人次，交流各类论文600余篇；举办各类业务培训班113期，培训科技人员6万余人次。

国际和地区间学术交流频繁。市软组织病研究会受泰国卫生部、泰国华侨医院邀请，到泰国进行学术交流。市医学会邀请美国哈佛大学医学院李少敏博士来郑开展新技术培训，提升郑州市医学科技工作者技能。

【全民科学素质工作】 2013年，全民科学素质纲要工作首次纳入市政府重点工作，市科协联合21个成员单位共同制定郑州市百项全民科学素质行动计划，顺利完成省素质办对郑州市《科学素质纲要》“十二五”中期实施情况的督导评估。参与对《郑州市科技投入条例》修改，为全市科普工作发展提供政策依据。联合市妇联、市农委等部门制订《郑州市2013年农村妇女科学素质专项行动工作方案》，并逐步落实。响应郑州市开展的“三走进三郑州”主题活动，市科协等3家单位依托郑州市22个科普教育基地开展“低碳行、科普游”活动，引导广大市民采取多种方式低碳出行，全市参加活动的市民达5000余人。

【社区科普大学建设】 社区科普大学建设连续两年纳入郑州市民生十大实事，2013年全市巩固提高社区科普大学示范点107个，进行系统科普知识培训3218个课时（次），培训社区居民12万余人次，完成年初预定任务的124%，比上年增长9%。累计发放社区科普大学系列科普教材1万套，为社区科普大学示范点订阅《营养生活》《漫画科普》等科普资料18万余份。

2013年，市科协以主课堂教学为基础，大胆创新，突出实践课程，巩固提高社区科普大学授课效果。通过厨艺展示、急救知识操作、模拟法庭等实践教学，活跃课堂氛围，开展实践课约2000节，其中广场健身操活动得到社会认可，在郑州市“全国科普日”启动仪式上，有300多名社区学员参加健身操集中展示。

【基层科普行动计划】 2013年，根据中国科协推出的“基层科普行动计划”，市科协联合市财政局共同实施“科普惠农兴村计划”和“社区科普益民计划”。全市有16个协会、基地和个人获得国家和省级科普惠农兴村计划表彰，2个社区获得“全国科普示范社区”荣誉称号，共计获得省级以上奖补资金204万元；全市有45个单位和个人获得郑州市科普惠农兴村计划表彰，获得市级奖补资金共计130万元。

【青少年科普活动】 2013年，市科协举办第十九届郑州市青少年科技创新大赛，全市10万多名中小学生参加大赛。推荐参加第二十七届河南省青少年科技创新大赛的118个项目全部获奖，获奖总数位居全省首位，被省科协评为省级优秀组织单位。在第二十八届全国青少年科技创新大赛上，郑州市获得一等奖3项、二等奖11项、三等奖6项，获得广东科学中心专项奖1项，市科协获基层赛事优秀组织单位奖。在河南省第十三届青少年机器人竞赛中，郑州市组织的62个代表队全部获奖。“六一”前夕，组织来自不同学校的70多名学生举办青少年多米诺骨牌展示活动，摆放骨牌近20万张，创河南省记录。

【社会化科普活动】 2013年，市属

各学会广泛开展内容丰富、形式新颖的科普教育活动，取得良好的社会效果。全市各级学会组织共开展科普活动300余场，参加人数近10万人次，发放科普资料5万余册；举办大型科普报告会45场，参加人数40万余人次。围绕“节约能源资源、保护生态环境、保障安全健康、促进创新创造”主题，举办2013年“全国科普日”活动。活动期间，全市共举办科普知识讲座、技术咨询、科普巡展等活动200余项。全年市科协向公众免费发送14万余条科普短信。郑州科技馆发挥科普教育主阵地作用，共接待观众32万余人次。

【科普资源开发和工作载体创新】一是开发科普挂图、科普图书、科普画廊、低碳生活科普扑克牌等一系列科普资源，改版科协杂志、科协网站。二是联合市委组织部制作科普宣传片《科技改变生活》，生动展示科技的魅力。该宣传片先后在全市近2000个行政村放映，观众达130万人次，并获得河南省科学技术普及成果一等奖。三是联合郑州人民广播电台在新闻综合频道开设大型科普栏目“科普之声”，每天分5个时段向广大市民普及科学知识。四是编排《疯狂婚礼》《迷途拯救》《“垃圾”风波》等科普戏剧，在全市巡演13场，观众近万人。

荥阳市科协编印发放优秀科普春联，并将手机科普短信汇编成册；新郑市科协编印《科学生活与妙招》系列丛书；登封市科协建成高标准科普画廊；新密市科协、中牟县科协提升科普期刊办刊质量；二七区科协编印《吃出来的科学》等科普书籍；上街区科协在社区科普大学教师和学员中征集科普春联。

全年各级科协组织累计发放科普资料50余万份。郑州市共有26项科普成果获河南省科普成果奖，郑州市社区科普大学系列科普读物分别获得河南省科普成果一等奖、第六届河南省社会科学普及优秀作品特等奖、河南省社会科学优秀成果三等奖。

【优秀科技工作者宣传表彰】2013年，郑州市进一步加大优秀科技工作者宣传表彰力度，完成郑州市“青年科技奖”、第八届郑州市自然科学优秀论文评选工作。完成河南省青年科技奖、河南省优秀学术成果奖、河南省科普成果奖的推荐工作。召开全市“三讲一比”活动表彰大会，对23个先进集体、44名科技标兵、20名优秀组织者进行表彰。利用各种媒体，大力宣传科技工作者，弘扬科学精神，营造尊重知识、尊重人才的社会氛围。

【科协组织建设】2013年，市科协指导协调全市66个自然科学学会完成年度审验工作，批复成立郑州市环境维护协会、郑州市癫痫病研究会。加强企事业科协建设力度，共建立企事业科协72家，企事业科协组织网络建设得到长足发展。成立郑州地方高校反邪教协会联盟，全市地方高校反邪教协会覆盖率达到100%。

（李俊峰）

社会科学界联合会

【概况】2013年度，市社科联（院）紧紧围绕市委、市政府中心工作，深入探求郑州市经济社会发展中遇到的重大理论和现实问题，深化理论学习，探索科研创新，努力把社科成果转化为推动“三大主体”工作、促进社会和谐的思路措施，充分发挥“思想库”“智囊团”作用，创造性地完成各项工作。市社科联（院）被评为全国城市优秀社科联单位、全国城市社科院先进单位、全省社科系统先进单位、郑州市“坚持依靠群众推进工作落实”长效机制工作先进单位等。

【重大课题调研】一是加强重点课题招投标工作。紧密围绕中心工作，破解郑州经济社会发展瓶颈，组织重大课题研究，调研成果进入领导决策，发挥了智囊作用。上半年，在广泛征求意见、专家论证分析基础上，拟定“郑州航空都市建设问题研究”等10项重点课题，面向社会公开招标；8月16日，召开2013年重点课题评标会，经专家评审，“文化助推经济社会发展问题研究”等9项课题中标，年底制作完毕。

二是积极组织省、市级课题申报。其中，中国老龄办部级课题《老龄农业的发展现状与价值分析》结项；申报的省计生委课题《河南省农村人口转移的现状、问题及其对策研究——新型城镇化背景下的人口转移问题分析》、省社科联课题《郑州东区高铁站网格化管理研究》、市科技局软课题《郑州市科技与文化融合发展战略研究》、市社科联调研课题《郑州市新型城镇化研究》均获得立项。

三是较好地完成市委、市政府领导交办的调研课题。参与市委副书记王璋主抓的《坚持“依靠群众，推进工作落实”长效机制研究》一书编写，初步成果在评审会上获得市委领导好评；参与调研和编写市委宣传部课题《郑州市“坚持依靠群众推进工作落实”长效机制深化规范提升调研报告》，制作完毕。

四是合作项目取得初步突破。与政研室合作，编写国务院发展研究中心课题《郑州市建设用地集约利用问题研究》，完成初稿，上报国务院发展研究中心；与省规划设计院合作，编写《中原食品工业园发展规划》；与郑州职业经贸学校合作，参与省社科联课题《郑州东区高铁站网格化管理研究》获得立项，进行编写。

【社科成果转化】2013年，市社科联（院）针对郑州市经济社会发展中遇到的热点、难点和亟待解决的问题，调研编印《我市网格化管理的阶段特征与提升方向思考》《“文化大郑州”发展战略研究》《崛起的“共享经济”给予郑州发展的启示》《紧抓“两大规划获批和高铁开通”机遇提升区域合作水平》《文化大郑州战略研究》《“曹妃甸”现象对我市城市建设的警示》等6期《社科内参》，把专家学者提出的新思路、新观点、新措施等，及时呈送市领导决策参考。

【社科优秀成果评奖】2013年4月，市社会科学优秀成果评奖委员会、市社科联对本年度公开招标社科调研课题立项920项；2012年度结项的772项课题经郑州市社会科学优秀成果评奖委员会评定，共有176项社科调研课题获奖。社科调研课题逐步呈现出针

8月29日，著名少儿文学作家尚晓娜主讲《青少年阅读习惯培养》

对性强、调研深入、理论水平高、可操作性强等特点，同时为郑州经济社会发展提供了可靠的理论支持和决策参考。

【社科知识普及活动】 社科知识大篷车活动。2013年7-11月，开展“河南省郑州市社科知识大篷车进基层”活动，邀请各类专家，举办讲座十多场次，听讲人数7900余人。其中，9月16日和11月14日，以“美国战略东移与中国安全问题”为题，邀请中国人民解放军信息工程大学肖占中教授分别为全市公务员和社区基层干部作两场军事专题报告。

中原大讲堂活动。为丰富市民精神生活，提高公众人文素质，2013年市社科联主办“中原大讲堂·郑州讲堂”系列公益讲座19场，直接参加群众3万余人。

【社会科学学术年会】 11月1日，由市社科联、中州大学联合举办的郑州市2013年社会科学学术年会在中州大学举行。年会的主题为“贯彻十八大精神 实现郑州新跨越”。与会专家围绕提高郑州市对航空港实验区的支撑作用，构建现代产业体系、节约集约用地研究，“文化大郑州”建设的思路与对策，郑州市网格化管理机制运行情况等，提出具有很强针对性的对策建议。年会期间对“贯彻十八大精神 实现郑州新跨越”学术论文评比获奖的50项成果颁奖。学术年会的召开，为省会社科界搭建了一个高层次、品牌化的学术交流平台，也为促进郑州学术交流与创新、打造郑州市学术品牌提供了舞台。

【学术活动】 2013年，市社科联指导各学会举办丰富多彩的学术活动。1月，市行为科学学会召开“2012年会暨首届研究生论坛”；10月，市逻辑学会召开2013年年会、市地方史志学会举办“第十届全国中心城市地方志工作交流会”；市法学会等其他各学会也相继开展一系列丰富多彩的学术活动，服务郑州市经济社会发展。

【《中州纵横》杂志】 2013年，《中州纵横》杂志开门办刊，以全新理念办好刊物。把握正确舆论导向，传递社会信息，发表理论观点，展示时代风貌，效果显著。将原有的“论坛”栏目调整为“学习、宣传、落实十八大精神”，全年围绕解读、宣讲十八大精神的主题共组织理论稿件20多篇；对原有的“前沿”“关注”栏目进行重点策划包装，突出其理论性、预见性和可读性，邀请相关领域专家围绕专题深入探讨、精心策划，走精品化道路；立足郑州，贴近郑州，新开辟“郑州名片”“时评”“新语”等栏目。2013年度获河南省社科联系统优秀内部资料称号。

（张丽新）

文学艺术界联合会

【概况】 2013年，郑州市文联努力发挥文艺工作引领群众、深入群众、面向群众、联系群众、依靠群众、服务群众的积极作用，通过组织艺术家下基层、进社区，开展近距离和群众面对面的交流、授课、辅导及文艺演出等活动，营造稳定、有序、和谐的发展环境和群众生活环境。围绕郑州厚重历史、人文景观，挖掘中原地方文化特色，树立地域文化品牌，着力打造文联工作亮点。

【文艺活动】 2013年，市文联和各文艺家协会紧紧围绕“坚持科学发展，构建和谐郑州”这一主题，广泛开展各类文艺活动。主要活动有：由郑州市文联、登封市委宣传部和荆浩艺术研究院联合主办的“天地之中”——全国著名画家走进中岳嵩山采风活动。全国20多位画家为登封绘制了美丽的画卷，用写意的形式展现“天地之中”文化，展示中岳大地文明。中国·伏羲山杏花节全国摄影大赛。来自全国各地的300余名影友参加开幕式，大赛除设有摄影人文、风景奖项外，还设置了视频奖项。由郑州市文联、长沙市文联主办，郑州市书协、长沙市书协承办的“美丽郑州”——长沙·郑州书法艺术联展。两个中部省会城市书协首次联手举办展览。由郑州市文联、青岛市文联与乌鲁木齐市文联、海口市文联共同主办的“美丽郑州”——郑州·青岛·乌鲁木齐·海口书法联展。通过举办联展，促进了协会间的精诚合作和事业上的共同进步、发展。在河南省戏剧家协会主办的第十届河南省少儿戏曲小梅花大赛暨第十八届“中国少儿戏曲小梅花荟萃”河南选拔赛中，郑州市剧协推荐报名参赛的8名小选手获得小探花1名、金奖2名、银奖3名、铜奖1名、优秀奖1名。由郑州慈善总会、郑州市电视台联合主办的“当代书画名家作品鉴赏及慈善义卖会”上，书法家钟海涛的两幅四尺书法作品以76500元价格竞拍出此次义卖的最高价，义卖所得善款全部捐献给登封市大金店镇桑楼村小学，改善学生的学习生活条件。10月，市文联主办“诗情墨韵”——岳修武书法作品展，全国政协常委、中国书协主席张海，市委副书记王璋及书法界数百人参加开幕活动。此外，还举办了“禅境犁痕”——罗治安山水画精品展；孙永茂扇面书法精品展；“丹青四味”——钟海涛、王一汀、刘佳、焦新帅书画作品展，海燕出版社出版发行《丹青四味》作品集。

【艺术创作】 2013年，郑州市文联精心谋划，推动发展，以“出作品，出人才”为工作重点，着力培养优秀文艺人才，不断推出文艺精品。市文联、市女子书画家协会联合主办的“庆‘三八’郑州市女子美术作品展毛鸿雁油画写生作品专场”在郑州市群众艺术馆举办。郑州市音协合唱团获首届河南省“金钟奖”合唱比赛金奖，并应邀参加在河南艺术中心音乐厅举办的“金钟之声”合唱暨颁奖音乐会。10月，作为“北京国际摄影周2013”主题展之一的“亦幻”——徐大庆摄影作品展在主会场中华世纪坛举办，12幅天鹅系列作品受到摄影界专家和观众们的好评。人民网、新华网、《大河报》《郑州日报》等多家媒体进行报道。中国书协会员、河南省书协理事、河南省书协草书委员会副主任、郑州市文联主席钟海涛书写章草长卷《河南大学赋》，该长卷长达20余米，由河南省诗词学会副会长、秘书长王国钦撰写赋文，作品捐赠给河南大学。《钟海涛章草道德经》一书由河南美术出版社出版发行。市文联书法家协会副主席、书法家王富强被特邀参加2013海峡两岸书画交流展暨两岸书画艺术发展论坛，向海峡两岸艺术家展示其作品。举办“美丽郑州 诗意生活”著名诗人中牟采风活动。举行郑州市第24届文学笔会暨黄帝故里诗歌散文创作启动仪式，来自郑州市以及新郑、新密、巩义、登封、中牟、上街等县（市）区的60余名作家参加此次笔会。

【“种文化到基层”活动】 2013年1月，由市文联、市书协、市美协主办的“送欢乐、下基层”文化活动在郑州市嵩山饭店启动。省会著名书画艺术家10余人参加笔会，创作、捐赠书画精品70余幅，义写春联200余幅。1月24日，由市文联、郑州老艺协组织的“送欢乐下基层”活动在郑州电力公司拉开帷幕。著名书画家10余人为郑州电力公司职工现场书写对联数百幅、创作书画作品近百件，全部无偿赠给电力公司职工。为庆祝建党92周年，郑州市文联与管城区航海东路办事处在映月路社区活动广场联合举办“唱支山歌给党听”广场文艺活动。演出节目包含观众喜闻乐见的舞蹈、戏曲、小品、相声、快板等。由市委宣传部、郑州市文联主办，郑州市音协承办的“走向复兴——郑州市庆祝中国共产党建党92周年合唱专场音乐会”在郑州大学西亚斯国际学院音乐厅举办。市剧协、市音协组织老艺术家深入航海东路街道办事处开展“种文化到基层”活动，特邀国家一级演员、国家非物质文化遗产传承人虎美玲，面对面向大家讲述有关戏曲舞台表演艺术的常识。市文联组织的“种文化到基层”系列活动之“音乐名家讲座”在管城区航海东路街道办事处举行。国家一级作曲、河南省音协副主席、郑州市音协主席朱金键用通俗易懂的语言、讲唱结合的方式，深入浅出地介绍音乐乐理、发声要领、合唱技巧等方面的知识。

落实中国文联关于在全国开展文艺志愿者服务的精神要求，市文联在二七区文化馆启动郑州市“中国书法驻万家”文艺志愿者服务活动暨“书法家之家”授牌仪式。对二七区文化馆、亚星社区等7个单位和荥阳电业局等5个单位进行“书法家之家”授牌。“中国书法驻万家”活动在全市各社区、村镇、机关、学校逐步展开，根据基层单位实际情况，按照要求统一指导、统一规划、统一安排、分批实施，并实行三级网格管理服务，对学员进行书法教学辅导，充分发挥文艺志愿者的专业优势，更好地为基层培养骨干、提升基层自身文化建设的能力。文联学雷锋文化志愿队赴新密市曲梁镇中心小学少年宫组织开展摄影与书法艺术欣赏和辅导活动，活动结束时，志愿队将展览的作品全部赠送给少年宫，并同时赠送书法和摄影知识的书籍、光盘，为开展相应活动创造条件。

【文艺家协会活动】 新密市民间文艺家协会获河南省民间文艺最高奖——金鼎奖的成就奖（集体奖），新密市民协高力升、登封市民协吴长军获民间文艺成就奖，郑州作家赵富海的《老郑州三部曲》获民间文艺学术著作奖，郑州作家吴小妮的《嵩山神话传说》获民间文学作品奖。郑州市民协秘书长赵昕炜获2012年民间文艺工作先进工作者。

5月，中国民间文艺家协会发文，正式命名荥阳市为“中国象棋文化之乡”“中国嫘祖文化之乡”，并建立“中国嫘祖文化传承基地”。

在纪念毛泽东《在延安文艺座谈会上的讲话》发表71周年之际，由郑州市文联、郑州老艺术家协会主办的“郑州老艺术家协会书画研究班书画汇报展”在市文联当代艺术馆开幕。

为庆祝第86个建军节，7月，市委宣传部与市文联到驻郑预备役高炮师部队，举行郑州本土电影入军营启动仪式，郑州市电影电视家协会相继组织8部优秀本土影片送进驻豫部队，在丰富部队官兵文化生活的同时，让官兵们对郑州及郑州的发展有更多的了解，进一步巩固同呼吸、共命运、心连心的军政军民关系。

（徐向阳 陈轶川）

慈善总会

【概况】 2013年，郑州慈善总会牢牢把握“十二五”发展主题和促进和谐郑州建设的大局，创新工作思路，加大慈善救助力度，全年共接收善款83730268.91元，举行各类募捐、救助活动百余次。在安老、抚孤、助学、济困、助医、助残、慈善文化建设等社会救助方面支出88688983.78元，救助困难群众50余万人次。郑州慈善总会获2012年度中国慈善政府推动奖、中华慈善奖和中国慈善透明榜样荣誉称号。

【慈善劝募】 2013年，郑州市慈善劝募再创历史新高。市领导带头捐赠。在中共郑州市委十届四次会议上，市委书记吴天君、市长马懿等领导在活动现场带头捐款，社会各界积极响应。活动所募集善款由郑州慈善总会按市委、市政府统一部署，用于开展冬季走访慰问帮扶困难群众活动。

加大“冠名基金”推广力度。一是成立郑州颐和医院医疗救助基金。河南盛润置业集团有限公司捐赠3000万元建立医疗救助基金，该基金专门用于郑州市贫困家庭各类疾病患者的救治与医疗。二是成立郑州慈善总会“祝福儿童血液病康复基金”。郑州祝福房地产开发有限公司捐赠1000万元成立“祝福儿童血液病康复基金”，该基金专门救助家庭贫困的血液病患儿。截至2013年年底，社会各界共在郑州慈善总会设立慈善“冠名基金”15个。

2013“郑州慈善日”活动。在第6个法定“慈善日”当天，慈善募捐善款高达9700万元，创造郑州市开展“慈善日”活动以来的新高峰。活动以“孝行天下、关爱老人”为主题，提出“关注老人，就是关注慈善”的理念，新闻媒体强力推介，得到全市各界的积极响应与高度参与。

【慈善救助】 2013年，郑州市慈善救助活动卓有成效。加大慈善助学力度。联合郑州日产汽车有限公司开展“牵手工程阳光助学”活动，救助贫困大学生300余人，共投入资金150万元。联合郑州玉安联合置业有限公司向郑州一中、郑州外国语学校1500名困难高中生捐赠助学金1993016元。与薛景霞教育基金联合为郑州市50所偏远农村学校捐赠200万元，改善学生生活环境。

开展慈善助医活动。联合郑州市多家医院为全市弱势群体免费体检和义诊。年度医疗基金共投入救助金494708元，救助贫困患者455人次。

开展“快乐做慈善 爱心满绿城”系列活动。策划并实施“我的大学梦”结对圆梦慈善公益活动、用心聆听爱的声音——关注盲聋儿童活动、“天使在行动”困境儿童圆梦活动等一系列活动，让他们时刻能感受到来自社会的关爱，在快乐中学习成长。

开展“善行天下 暖冬行动”系列活动。在2013年冬季，郑州慈善总会开展系列活动帮助困难群众温暖过冬。开展市直机关贫困职工、帮扶村困难群众救助活动，拿出1000余万元帮扶10万名困难群众。联合郑州广安中医院为环卫工人、交通协管员、贫困孤寡老人、残疾人、低保户等群体解决看病难的实际问题。开展“爱心

民政部社会福利和慈善事业促进司副司长徐建中为郑州市颁发“中国慈善透明榜样”奖

汇聚、共筑暖冬”2013牵手暖冬关爱农民工子弟活动，与郑州日产汽车有限公司一起向德全学校学生捐赠500份暖心包，并向学校捐赠10万元过冬费用，帮助农民工子弟温暖过冬。开展“爱心饺子 温暖全城”活动。组织全市社会各界500多名爱心人士和志愿者在寒冷的冬至，为困难群体送去1000公斤热饺子。

【慈善项目】 2013年，郑州慈善总会共设立40个慈善项目，涵盖安老、抚孤、助学、济困、助医、助残、心理援助、慈善文化建设等多个方面。累计救助各种困难群体30余万人次，使用慈善资金逾2000万元。“传递温暖 呵护夕阳”——大学生担任养老护理员慈善项目、“善行绿城”系列慈善项目、“关爱贫困学子 相伴健康成长”系列项目使面临困境的群体切实感受到慈善爱心的温暖，让社会民众更多的认识到慈善的存在。

为确保慈善资金的规范使用，使困难群体真正从慈善项目中受益。2013年11月，郑州慈善总会向社会各界征集2014年度新慈善项目，并多次组织监事会成员到项目申报单位进行实地调研。经多次项目论证会，对项目进行筛选、合并、整理，同时收集监事会论证意见，为2014年慈善项目发布打下基础。

【慈善志愿者队伍建设】 郑州慈善总会志愿者工作站相继成立。4月，以“以人为本，发扬人道主义精神，弘扬中华民族扶贫济困的优良传统”为宗旨的郑州慈善志愿者工作总站成立。此后，相继成立农科院慈善志愿者工作站、博物院慈善志愿者工作站等26家慈善志愿者工作站。志愿者工作站以便民为中心，广泛开展社区助老、爱幼、扶贫、济困、帮残、助残、社区救护、文体娱乐、社区服务等社区志愿服务活动，同时大力招募社区志愿者，积极倡导“奉献、友爱、互助、进步”的志愿者服务精神。截至年底，郑州慈善总会建立医疗、环保、助残、助学、助老、抗癌等服务队20余支，志愿者5万余人。2013年各慈善志愿者队伍共开展各类助医、助老及环保志愿活动260余次。

【慈善氛围营造】 运行“爱在郑州 情暖绿城”慈善文化建设项目。2013年，郑州慈善总会、郑州电视台共同举办的“爱在郑州 情暖绿城”慈善文化建设项目暨郑州电视台慈善公益栏目《爱满绿城》启动。“爱在郑州 情暖绿城”项目以《爱满绿城》慈善公益栏目为平台，通过讲述贫困者的真实故事、大力宣传企业家的爱心行动，呼唤更多爱心人士能够伸出温暖的双手，去帮助那些急需帮助的人。栏目自2013年元月25日开播，每周一期，通过对慈善文化的广泛传播使人们的慈善意识不断提高，使做善事、行善举的慈善理念深入千家万户。

深入开展“慈善周周行”活动。郑州慈善总会在2011年发起“慈善周周行”活动，总会及新闻媒体工作人员一起深入郑州贫困地区，寻找最困难的人，帮助他们解决面临的困难。在《郑州日报》《郑州晚报》、郑州人民广播电台、郑州电视台、《河南工人日报》、中原网等媒体每周同步发布走访信息。2013年“慈善周周行”活动成为郑州慈善的一张靓丽名片为广大市民所熟知。

创新宣传方式，策划各种有影响力的活动。一是与《郑州日报》《郑州晚报》、中原网、郑州电视台、郑州人民广播电台等省会5家媒体发起爱心联盟，策划“一碗面 温暖一座城”和“小鸭嘎嘎 为爱涂鸦”系列活动。“一碗爱心面”活动被中央电视台《新闻联播》采纳为头条新闻，社会影响广泛。“小鸭嘎嘎 为爱涂鸦”活动传播了黄金周期间让市民不仅可以旅游还可以做慈善的公益理念，被《光明日报》《中国社会报》等国家级媒体报道。二是与中原网联合拍摄郑州慈善微电影《志愿者》。微电影在网络平台和郑州电视台播出，通过对9个慈善志愿者服务各类弱势群体的刻画，表现出他们在精神上的高度和内心世界的高尚。

【第二届慈善大奖评选】 郑州市第二届慈善大奖评选活动由市委宣传部、市民政局、市精神文明建设指导委员会办公室、郑州慈善总会共同组织实施。通过征集、评选、公示和投票，最终评选出三项大奖，即“最具影响力的慈善项目”10个，提名奖5个；“最具影响力的爱心个人”10名，提名奖5名；“最具影响力的爱心单位”10个，提名奖5个。首次将“最具影响力的爱心个人”奖项颁发给为郑州慈善事业做出贡献的外国友人，首次由“送水哥”等全市著名爱心公益人士为获奖者颁奖。

【培训活动】 举行2014年郑州慈善项目培训会。总会特邀审计、财务、法律、宣传方面专家，对数十家项目合作单位的项目负责人进行培训，详细讲解与慈善项目日常运行管理有关的各方面知识，促使各项目单位与时俱进，密切关注社会的进步和时代的变革，挖掘自身潜力，将慈善项目工作推上一个新的台阶。

举行郑州市公益慈善组织能力建设培训会。继与中民慈善信息捐助中心联合开展“郑州市慈善信息透明行动”之后，2013年又联合举办郑州市公益慈善组织能力建设培训会，慈善公益专家针对慈善工作的各个方面向郑州市40多家公益组织授课。这是郑州市首次组织公益慈善培训会，进一步提升郑州市公益慈善组织能力，加强组织间的联系沟通，直接推动公益慈善事业发展。

（赵娅慧）

红十字会

【概况】 2003年6月，郑州市红十字会理顺管理体制，被市编委批准为正县级单位，由市政府领导联系，参照国家公务员管理。全会工作人员24名，机关下设办公室、赈济部和宣传部。增设中国造血干细胞捐献者资料库河南省分库郑州市工作站，事业全供，编制5人。

郑州市红十字会共有基层红十字会组织530个，市直团体会员单位43个，共有会员18万余人，其中青少年会员8万余人。郑州市所辖新郑市、登封市、金水区、管城区、二七区、惠济区、中原区红十字会理顺管理体制，从卫生局划出，独立设置。

2013年，全市红十字系统共争取和募集境内外救灾救助款物价值2002.37余万元人民币，惠及10余万名灾区群众和弱势群体；在募捐筹资、应急救护培训、人道救助、造血干细胞捐献等方面取得成绩。

【备灾、救灾工作】 一是扎实做好备灾工作。非紧急状态下，坚持在“备”字上下工夫。成立2支红十字应急救援队，建立1000平方米的备灾救灾仓库，并强化应急救灾人员技术和物资储备，积极开展应急演练。二是积极组织救灾工作。紧急状态下，在“快”字上做文章，在第一时间为灾区提供援助。雅安地震灾害发生后，市红十字会迅速行动，与市委宣传部等单位联合举办赈灾募捐义演，搭建爱心平台，募集救灾款物1375.12万元，并及时送达灾区，帮助灾区群众生活安置和灾后重建。郑州市红十字会系统雅安地震救灾募捐款物数量居全国省会城市红十字会之首，占全省红十字系统捐赠款物总量的63%。

【应急救护工作】 通过应急救护培训“五进”（进学校、进企业、进农村、进社区、进机关）活动，开展红十字应急救护知识和技能培训。全年共举办救护员培训班、应急救护知识普及讲座50期，培训救护员1351名，2万余名群众受益。一是师资培训。承办中国红十字会总会“应急救护核心项目”，培训项目师资66名。二是组织竞赛。举办“郑州市红十字应急救护大赛”，全市40所学校的学生参加比赛，在广大青少年学生中广泛传播应急救护知识。三是企业传播。为华润电力首阳山公司、神华国华孟电公司、河南省消防总队培训救护员，有效提高员工的防灾避险意识和自救互救能力。

【人道救助工作】 人道救助工作通过博爱送万家，博爱助学、助困、助残、助医“一送四助”活动，对郑州市弱势群体开展全方位救助，全年共发放救助物资价值约35.3万元，动员爱心企业、个人向社会定向捐赠款物价值约327.8万元。一是博爱送万家活动。为全市1605户贫困家庭发放米、面、油等慰问物资。二是助学活动。天明博爱助学项目深入开展，全年共发放天明博爱助学金545万元、天明博爱奖学金40万元，惠及贫困、优秀学生745人。通过宇通金秋助学活动，发放助学金50万元，资助100名贫困大学生。三是助困活动。协调上海明珠实业有限公司，定向救助白血病患者孔维真5万元；郑州广安中医院捐赠价值200万元的体检卡，发放给全市近万名出租车司机和交通协管员。四是助残活动。“六一”儿童节组织爱心医院和企业为儿童福利院送去慰问物资。五是助医活动。联合郑州华山医院的“华山博爱健康基金项目”向贫困患者发放博爱助医款近18万元；联合郑州市儿童医院开展救助项目，为390名患儿发放救助款90余万元；联合郑州市第六人民医院开展救助项目，为176名患者发放救助款近18万元；焦作福瑞堂药业集团捐赠价值36万余元的药品向贫困患者发放。

【“三献”工作】 造血干细胞捐献工作持续领先。全年共采集造血干细胞血样入库1536人份，成功捐献28例，捐献人数连续第9年位居全省第一，截至年底，郑州市的入库捐献志愿者达33129人，成功捐献者达到163人次。

无偿献血宣传工作成效显著。配合市卫生部门做好无偿献血的宣传和动员工作，为保障全市临床用血做出贡献。

遗体（器官）捐献工作持续加强。郑州市红十字医用组织库中心，全年累计共有34人申请志愿捐献遗体登记，已完成遗体捐献2例，眼角膜捐献2例。

【志愿者服务工作】 郑州市红十字会围绕文明城市创建工作，大力弘扬“奉献、友爱、互助、进步”的志愿服务精神，以制度建设、组织建设、志愿活动为抓手，开展红十字志愿服务活动，受到河南省红十字会、郑州市文明办的表彰。

开展独具特色的志愿服务活动。社区应急救护学雷锋志愿者培训工作是文明城市创建的一项重要内容，市红十字会联合市文明办，组织一期基层学雷锋志愿者骨干培训班，培训骨干志愿者50人，全年共开展社区应急救护学雷锋志愿者培训101场，培训志愿者累计达9541人。

向农民工等弱势群体传递爱心。围绕市委、市政府中心工作，参加郑州市文明办“2013‘汇聚绿城爱，情系农民工’春运关爱农民工志愿服务活动”，组织21名志愿者在郑州客运西站为农民工乘客提供车次咨询、导乘，供应茶水、针线、应急药品等服务，累计志愿服务时间500小时，服务乘客2000余人。

成立郑州市红十字志愿服务站。与郑州市双凤鞋业有限公司、金水周国平诊所联合，在金水周国平诊所成立郑州市红十字志愿服务站，广泛开展义诊义治等志愿服务活动。双凤公司首期捐赠80万元，租赁活动场所近500平方米，购买心电图仪器、康复医疗器械、血压计、血糖计等设备，免费为全市群众开展义诊义治志愿服务活动。每天购买100份盒饭，免费发放给生活困难的群众。截至年底，服务群众近1000人次，发放盒饭近3000份。

【红十字精神传播】 坚持正确的舆论引导，加强正面宣传，树立红十字会组织良好形象。以“5·8”世界红十字日、世界急救日等为契机，广泛开展宣传活动。在省级以上报刊、电视、广播、网络等媒体刊发宣传稿件102篇次。2013年“5·8”世界红十字日当天，在《郑州日报》刊发专版宣传，通过《郑州日报》将郑州市雅安地震救灾募捐工作情况向社会公布。全年报道先进典型企业300余家，先进典型人物1000余人。

参加河南省红十字会组织的红十字青少年“红十字杯”知识竞赛活动，郑州市两支参赛队，囊括大赛中学生组、大学生组两项一等奖。

（新 展）

副市长刘东为遗体捐献者亲属送慰问金和慰问品

残疾人联合会

【残疾人“两个体系”建设】 市委、市政府围绕残疾人生活保障、养老保险、医疗保险等，将残疾人社会保障体系和服务体系（即“两个体系”）建设纳入全市经济社会发展总体规划。在社会保障体系建设上力求广覆盖、低门槛，为残疾人提供政策倾斜，先后出台《关于做好重度残疾人生活救助工作的通知》《郑州市人民政府办公厅关于印发2013年郑州市贫困残疾儿童抢救性康复工程实施方案的通知》《郑州市残联关于进一步加强基层残疾人工作，努力创造残疾人幸福生活的实施意见》等一系列政策措施。在服务体系建设上，针对残疾人特殊情况和特殊需求，注重提高为残疾人服务的标准，使残疾人享受到更均等、更公平、更便利的公共服务。2013年，对28850名重度残疾人、重度残疾人家庭逐人逐户进行调查摸底，将符合救助条件的13505名重度残疾人全部纳入低保救助范围。召开郑州市推进“两个体系”建设相关责任单位职责分工会议，为2000例白内障患者实施免费复明手术；为1195名无劳动能力、无生活来源、无法定抚养人或赡养人的“三无”残疾人发放生活补贴；全年培训残疾人9416人；为残疾人提供职业指导和职业介绍服务2600余人次，通过按比例就业、集中就业和个体从业等形式安排残疾人就业8175人；市委、市政府将为全市所有新生儿免费开展听力和遗传代谢疾病筛查列入2013年度为民十大实事，全年筛查量达到10万余份，为改善患儿体格成长、智能发育，提高患儿生命质量，提高人口素质发挥积极作用。

【残疾人康复工作】 2013年，全市共培训社区康复协调员1396名，为710名低视力残疾人配发助视器，培训低视力儿童家长315名，盲人定向行走训练700名，聋儿听力语言训练363名（其中新收训聋儿264名），成人听力康复105名，精神病防治康复10359名，肢残（脑瘫）社区康复训练1052名，智残儿童社区康复训练479名，孤独症儿童训练105名，供应辅助器具9105件。

【贫困残疾儿童抢救性康复工程】 根据《河南省人民政府办公厅关于印发2013年河南省贫困残疾儿童抢救性康复工程实施方案的通知》文件精神，郑州市印发《郑州市人民政府办公厅关于印发2013年郑州市贫困残疾儿童抢救性康复工程实施方案的通知》，并在《郑州市人民政府公报》全文刊发，各县（市）区也陆续出台关爱救助孤独症儿童政策。截至年底，超额完成人工耳蜗项目筛查，26名儿童通过省初筛；符合救助条件的智力、脑瘫和孤独症儿童全部得到机构康复辅助训练；对需佩戴助听器和装配假肢、矫形器、助视器、轮椅、坐姿椅、站立架、助行器的残疾儿童进行筛查。

【残疾人事业专项彩票公益金康复项目】 4月，制定《郑州市残疾人事业专项彩票公益金康复实施方案》及配套《实施办法》，转发中残联《残疾人事业专项彩票公益金贫困智力残疾儿童康复救助项目定点康复训练机构准入标准（修订版）的通知》等文件，组织、规范实施彩票公益金各康复救助项目。对520名贫困精神病患者进行服药医疗救助，对130名贫困精神病患者进行住院医疗救助；对40名0-7岁的智力残疾儿童进行康复训练救助；为60名成年听力残疾人配发助听器；省、市专家赴各县（市）区，开展矫形器和助视器适配工作，共筛查肢体残疾人500余人，低视力残疾人841人，免费为肢体残疾人装配矫形器201例（其中彩金项目86例，七彩梦项目115例），为282名低视力残疾人配发285台助视器。

【低保家庭精神病患者医疗救助】 郑州市将全市低保家庭精神病患者医疗救助工作列入各级财政支出绩效考核目标试点项目。各级残联通过筛查、统计、救助申报、逐级审核层层把关，5月和10月分两批完成救助审批，上半年确定符合救助条件的低保家庭精神病患者共2554人，下半年符合救助条件的患者共2657人。市财政全年共落实救助资金311.47万元，全部拨付至各县（市）区财政部门。

【关爱救助孤独症儿童】 继续实施郑州市关爱救助孤独症儿童工作，全年共投入救助资金10余万元，为48名孤独症儿童提供康复救助。各类残疾儿童康复机构共收训孤独症儿童105名，超额完成省下达的任务指标。

【残疾人特殊教育】 郑州市各级政府将残疾少年儿童教育纳入普及义务教育总体规划，同步实施。进一步完善以随班就读和特教班为主体、特殊学校为骨干的特殊教育格局，形成学前教育、义务教育与高中阶段教育、职业技术教育和高等教育相互衔接的特殊教育体系。有学习能力的残疾儿童学前受教育率巩固在95%以上，义务教育阶段的残疾学生入学率在90%以上，职高以上阶段的有学习能力和愿意就读的残疾学生普遍得到受教育机会，每年过高招分数线的残疾考生都能够顺利入学就读。全市有特殊教育学校12所，特教高等教育机构3处，特教教职员工400多人，在校残疾学生1900多人。通过实施“长江新里程计划”“春雨行动”“专项彩票公益金助学”等扶残助学项目，为贫困残疾学生提供助学金256.2万元，资助残疾学生3500多人（次）完成学业。

7月30日，郑州市残疾人拥军服务队到部队慰问

【残疾人培训就业】 全市以市场需求为导向，以残疾人稳定就业为目标，依托市残疾人康复教育中心和各县（市）区残疾人职业技能培训基地，积极开发适合残疾人特点的培训项目。确立50多家社会培训机构为教学点，开设农副产品种植、养殖和加工，玉雕、泥塑、速录、电脑组装与维护、广告设计、面塑等多项免费培训专业，基本满足全市有培训愿望和就业能力的残疾人免费参加培训，每年培训的残疾人，半数以上获得职业资格证书。深入贯彻落实《郑州市人民政府关于按比例安排残疾人就业的意见》文件精神，以安置新生劳动力、缓解就业难点和提升残疾人就业层次为重点，采取按比例就业、公益性岗位、集中就业、个体从业和自愿组织灵活就业等多种形式和途径，累计安置残疾人就业35262人次，新增城镇残疾人就业18450名，集中扶持和组织集体创业残疾人1628名，扶持1566名残疾人个体经营，扶持220名重度残疾人从事简单家庭劳动。

【残疾人文化体育活动】 举办郑州市第七届残疾人文艺汇演，并选拔优秀节目参加全省残疾人艺术汇演，取得团体总分第一名，获2个表演特等奖、2个表演一等奖，并获优秀组织奖。10月，在洛阳举办的第三届河南省盲人象棋大赛中，郑州市盲人选手田赛然获得第一名；10月17日，举办庆祝第三十届国际盲人节象棋比赛活动。建设爱心书屋100个，3年来全市共建311个爱心书屋，并协调资金为书屋配备书籍。对全市70名热心为残疾人服务的残疾人健身指导员进行业务知识、理论学习培训，经过考核，颁发健身指导员结业证书。在国内外重大体育竞技比赛中，郑州市残疾人运动员获得金牌3枚、银牌5枚、铜牌3枚。

【残疾人扶贫帮困】 市委、市政府将残疾人扶贫解困纳入全市扶贫攻坚计划，统一部署，统一实施，以帮助解决贫困残疾人的基本生活、基本需求和基本保障为立足点和出发点，着力建立残疾人扶贫工作长效机制。完成4个省级、3个市级、13个县级、13个农村残疾人扶贫基地建设任务。对城镇有一技之长的残疾人，通过提供就业信息、职业培训、资金扶持、定向

10月30日，郑州市第七届残疾人文艺汇演举行

指导等服务，鼓励实现自主创业；通过技术指导、项目开发、小额信贷等方式，扶持农村残疾人发展种植业、养殖业、手工业、小型加工业和其他形式的生产劳动，扶持残疾人走向脱贫致富道路。动员党员干部、社会各界参与残疾人扶贫开发，通过“帮、包、带、扶”等多种形式，帮扶贫困残疾人及其家庭增加收入，摆脱贫困。全市1845名贫困残疾人得到有效扶持，383名贫困残疾人相继脱贫，200名特困残疾人得到特殊救助，辐射带动周边贫困残疾人1300余户。

【扶残助残活动】 按照政府主导、残联牵头、社会参与的原则开展多种形式的扶残助残活动。制定《郑州市残联扶残助残活动实施方案》（郑残联〔2013〕11号）。组织“追梦杯”第四届全国盲人歌手大赛郑州地区选拔赛和《宏村·阿菊》第三届“夏青杯”朗诵大赛郑州地区选拔赛；举办以“庆祝建党九十二周年，我为残疾人同步迈向小康社会作贡献”为主题的演讲比赛；在庆祝第四次全国“肢残人活动日”期间，组织100名农村贫困残疾人观看电影《周恩来的四个昼夜》，并赠送200册图书；利用第23个全国助残日，开展主题月活动。组织召开残疾人各专门协会迎中秋、庆国庆“我们的节日”活动；10月15日，组织150名优秀肢残人、盲人、聋人代表及其亲友、助残志愿者赴登封嵩山观看《禅宗少林·音乐大典》；12月3日国际残疾人日当天，为8对残疾人举办集体婚礼，省会多家媒体进行宣传报道。拓展农村残疾人扶贫开发，全市新建重建扩建13个农村残疾人扶贫基地，省级4个，市级3个，安置残疾人850人，全市11300余户贫困残疾人家庭得到扶持；继续开展“农村基层党组织助残扶贫工程”和“‘十二五’万村千乡市场工程助残扶贫项目”，其中，农村基层党组织助残扶贫工程240户，万村千乡市场工程助残扶贫项目安置残疾人50名；对符合托养标准的机构进行督察，做到符合一人补助一人，全市托养600名残疾人；对650名困难残疾人中小学生进行补助；协调市教育局从2013年起推动各县（市）区孤独症（自闭症）适龄儿童可在本辖区内随班入学就读，对37名贫困残疾大学生进行全额资助；利用“通向明天——交通银行残疾青少年助学计划”资助项目，对30名贫困残疾高中学生进行资助，对3个学前教育试点机构110名幼儿进行补助；投入资金438.07万元为5861名精神类残疾人进行医疗救助；投入资金200万元为2000名白内障患者提供免费复明手术；投入资金24万元为12万名残疾人发放创业服务手册；投入资金20.4万元为300名有需求的盲人免费发放掌上图书馆，投入资金25万元为50名有需求的肢体残疾人免费安装假肢，投入资金35万元为100户贫困残疾人家庭实施家庭无障碍改造工程。

【残疾人维权信访】 市残联利用全国助残日、法律宣传日和法律知识培训时机，宣传《残疾人保障法》《残疾人教育条例》《残疾人就业条例》等法律法规，不断增强残疾人维护合法权益意识和能力，确保残疾人平等享有合法权益。配合人大、政协开展残疾人事业法律法规的执法检查和视察工作，促进各项权益保障政策落实。推进残疾人法律援助工作，全市市县两级残联共成立13个“残疾人法律援助工作站”，新建50个法律援助受理点，全市法律援助受理点达到150个，实现市、县、乡残疾人法律援助全覆盖服务网，对残疾人遇到的“热点”“难点”问题，实施全方位的法律咨询服务和便捷的法律援助，解决贫困残疾人打官司难、费用高的问题。贯彻落实《信访条例》，建立健全信访制度，畅通信访渠道，热忱为残疾人服务，全年累计处理残疾人来信来访来电1500余人次（件），残疾人基本诉求得到及时处理，为残疾人提供法律服务和法律援助300多人次，免费办理法律援助案件11件，为残疾人挽回经济损失12万多元。

【残疾人组织建设】 根据《关于河南省各级残疾人联合会召开第六次代表大会的指导意见的通知》精神，召开全市残联换届工作动员大会，县乡两级残联全部完成换届工作。207个乡镇（办事处）残联均配备专职理事长，2458个村（社区）残协配齐残疾人专职委员。根据换届后工作需要，组织新上任残联理事长到北京大学进行为期7天的业务理论培训。进一步完善县（市）区、乡镇（街道）、村（社区）三级基层残疾人组织网络，基层组织基本达到“机构健全规范、队伍稳定实干、服务功能完善”的规范要求；助残志愿者队伍不断发展壮大，全市成立39个志愿助残服务机构，全年新增注册助残志愿者10200人，开展各类讲座8次，为残疾人提供志愿服务20万人次。残疾人各专门协会充分发挥桥梁和纽带作用，根据各类别残疾人自身特点，组织开展丰富多彩的协会活动，引导广大残疾人发扬自尊、自信、自强、自立精神，协会作用发挥明显。

（毛贻广）

法制

地方立法工作

【概况】 2013年，郑州市人大常委会紧紧围绕全市工作大局，认真履行宪法和法律赋予的职权，以《中华人民共和国立法法》和《郑州市地方立法条例》为依据，坚持以人为本、立法为民，科学立法、民主立法，重点做好两项地方立法工作，一是事关民生的《郑州市社会急救医疗条例》，二是服务科学发展的《郑州市科学技术投入条例》。截至2013年年底，《郑州市社会急救医疗条例》已得到省人大常委会批准，《郑州市科学技术投入条例》已报省人大常委会待批。

2013年12月30日，河南省人大常委会立法工作会议在郑州召开，总结回顾全省过去五年的立法工作，分析立法工作面临的新形势、新任务，并对今后一个时期的立法工作进行安排部署。省委书记、人大常委会主任郭庚茂出席会议并作重要讲话，要求以改革创新精神加强和改进地方立法工作，为推动中原崛起河南振兴富民强省提供坚实的法制保障。市人大常委会主任白红战在会上作典型发言，介绍了郑州市开展规范性文件备案审查工作的经验和做法。

【地方性法规制定】 2013年，在立法资源有限的情况下，市人大常委会确定了两项立法项目：制定《郑州市社会急救医疗条例》和修订《郑州市科学技术投入条例》。

2013年8月30日，郑州市第十三届人大会常委会第三十八次会议通过《郑州市社会急救医疗条例》；2013年11月29日，河南省第十二届人民代表大会常务委员会第五次会议批准该《条例》。《郑州市社会急救医疗条例》创制性地把全市社会急救医疗工作纳入了法制化轨道，针对社会急救医疗体系建设、服务管理、保障机制以及特殊群体紧急医疗救治作出了细化规定，为进一步规范全市社会急救医疗秩序、保障公民生命安全、促进急救医疗事业健康发展提供了有力的法制保障。《条例》自2014年1月1日起施行。

2013年6月20-21日，郑州市十三届人大常委会第三十七次会议表决通过了《郑州市科学技术投入条例（草案表决稿）》。修订后的《郑州市科学技术投入条例》结合郑州市实际情况，从科技投入的主体、科学技术资金的使用及管理等方面作出明确规定，为规范科学技术资金管理、提高科技投入使用效益、推动“国家创新型试点城市”建设、实现郑州市科技创新“三年翻番、五年跨越”发展目标提供了更加完善的制度支撑。截至年底，《条例》已报省人大常委会待批。

【行政审批法规专项清理】 2013年6月，根据国务院推进机构职能转变和经济体制改革精神，郑州市全面启动第十轮行政审批制度改革，着力打造有利于招商引资、开放合作、创新发展和便民利民的政务环境。郑州市人大常委会紧紧围绕全市工作大局，制定地方性法规清理工作方案，组织专人对全市现行有效的62件法规逐条进行认真审查，在广泛听取意见、反复研究论证的基础上，提出了清理意见，并将涉及取消、下放行政审批权限的《郑州市燃气管理条例》《郑州市城市市容和环境卫生管理条例》“打包”修改列入2014年度地方立法计划，为巩固行政审批制度改革成果制度保障。

【规范性文件备案审查】 2013年，郑州市人大常委会规范性文件备案审查工作稳步推进，提高了人大常委会法律监督工作实效。一是细化工作程序。对备案审查的报备程序做了进一步明确、补充和完善，对报送备案的文件格式进行了规范。二是积极启动审查。重点对广受群众关注的食品安全监督管理、易地扶贫搬迁扶持、住房保障制度完善、环卫工作管理规范等规范性文件的合法性进行了审查。三是加强监督指导。注重与市“一府两院”和各县（市）区人大常委会的沟通、联系，要求有关单位做到有案必报、及时报备。2013年，郑州市人大常委会共接收县（市）区人大常委会报备的决议、决定3件；郑州市政府报备的政府规章2件、规范性文件107件。此外，郑州市人大常委会还向河南省人大常委会报备2013年以来郑州市作出的决议、决定2件。

（胡凯林）

8月29日，市十三届人大常委会第三十八次会议表决通过了《郑州市社会急救医疗条例》

政府法制工作

【概况】 2013年，市政府法制办紧紧围绕全市中心工作，按照“持续、规范、提升”的要求，切实强化“六种意识”，认真履行综合协调、督促指导、政策研究和情况交流职能，全面推进依法行政、法治政府建设，较好地发挥了参谋、助手和法律顾问作用，为以航空港实验区为统揽的郑州都市区建设提供了优质高效的法制服务和保障。

政府法制宣传工作取得新进步。2013年，政府法制信息宣传工作进一步加强，为推进依法行政、建设法治政府创造了良好的舆论氛围。全年共向国务院法制办网站和省政府法制办网站报送信息305篇，通过市政府法制信息网编发法制信息582篇，编印《政府法制工作》12期，出版《郑州政府法制》3期。干部队伍建设呈现新气象。结合工作实际，按照“学习精神、调查研究、边学边改、做好准备”的要求，坚持理论与实践相结合，运用法治思维和法治方式推动“一学三促”活动开展，深入学习，查找不足，改进工作，自身建设不断得到加强。强化宗旨意识，密切联系群众，按照法制工作法治化的要求，组织专门人员制定了12项机关工作和管理制度，严明纪律，严格管理，工作作风明显改进；强化全市政府法制工作“一盘棋”理念，全市政府法制工作整体得到规范发展、全面推进。

【干部依法行政培训】 2013年，郑州市着力强化行政机关工作人员特别是领导干部运用法治思维和法治方式解决经济社会发展中突出矛盾和问题的能力。一是印发了《郑州市人民政府办公厅关于印发郑州市人民政府2013年度领导干部学法计划的通知》，安排本年度领导干部学法的内容和时限，确保市政府常务会议学法制度的落实。二是举办郑州市县处级干部依法行政高级研修班，重点学习党的十八大关于法治政府建设的要求，以及依法行政和法治政府建设的基本理论，切实增强了领导干部学法实效。三是组织全市15000余名行政执法人员进行法律知识培训和考试，据此完成了全市行政执法证件年度审验工作。组织市本级600余名行政执法人员进行行政执法资格认证培训，提升了行政执法队伍的执法质量和水平。四是组织郑州市政府法制系统干部能力提升培训班，对11个县（市）区、各开发区、新区、实验区的法制办公室主任，以及市直各委、局政策法规处处长，共68人进行了培训。这是首次开展法制办主任和政策法规处处长层面的培训活动，为下一步系统培训政府法制干部、提升政府法制干部综合素质打下了坚实的基础。

【政府立法】 2013年，郑州市政府法制办突出重点，拓宽立法途径，探索政府立法工作新模式。一是坚持开门立法、民主立法、科学立法，重点加强有关改善民生和发展社会事业方面的立法工作。全年完成地方性法规2件、政府规章2件。二是广泛征集立法建议，制定郑州市2014年度立法计划。三是经市政府批准，成立了由高等院校、科研机构、行政和司法机关、律师事务所等单位的20名法律专家组成的市政府法律专家咨询团，全年召开了3次专家论证会，取得良好的效果。四是办理人大代表议案、建议和政协委员提案11件，直接与人大代表、政协委员沟通联系20余人次，满意率为100%。五是召开郑州市政府立法工作推进会，明确立法方向，有力推动了政府立法工作的顺利推进。

【行政执法监督】 2013年，郑州市政府法制办创新监督理念，切实保障严格规范、公正文明执法。一是接待群众来信、来访、来电等350余人次，处理、回复投诉事项120余起。直接受理、办理行政执法投诉案件25起，协调处理行政执法事项2起。二是制定了《郑州市人民政府法制办公室行政执法投诉案件办理流程》和《郑州市人民政府法制办公室具体行政行为和重大具体行政行为备案工作流程》，进一步规范了行政执法投诉和具体行政行为备案程序。三是拟制了《关于市区机动三轮车、摩托车等违法营运行为行政执法职责界定的意见》，对相关行政执法机关查处违法营运行为的行政执法职责进行了依法界定。四是与航空港经济综合实验区建立了“区办共建”工作机制，从制度层面探索实验区实行相对集中行政执法权的若干问题，帮助实验区建立健全各项法制工作制度。积极帮助实验区做好与省直部门直通车事项的相关对接工作，确保工作有序推进。五是全面参与郑州市行政审批制度改革工作，如期完成了审改工作的顶层设计，有力地推进了审改工作的落实。

【政府行政安全】 2013年，郑州市政府法制办审慎把关，依法确保政府行政安全。一是参加市政府行政、民事诉讼案件30件，参加省政府受理行政复议案件21件。二是审核市政府具体行政行为112件、领导交办件183件、政府常务会议议题审核件18件、市政府重大项目合作协议71件，共提出法制审核意见526条，拟出书面报告及法制建议18份。抽查全市行政机关合同100份，并出具了详细的法制指导意见。三是针对23件全市行政机关败诉案件，向有关单位下发《行政诉讼案件败诉案件过错责任追究通知书》，追究过错责任。

【规范性文件监督管理】 2013年，郑州市政府法制办强化规范性文件监督管理，维护法制统一，确保政令畅通。一是审核市政府、市政府办公厅发布的规范性文件888件，出具法制审核意见978条，审结率100%，二是受理备案文件1399件，分别向省政府和市人大常委会报备198件。三是认真清理全市规范性文件10145件。四是办理公民投诉及省法制办规范性文件请予说明函3件。五是召开郑州市规范性文件法制审核工作研讨会，研究解决规范性文件监督管理中的共性疑难问题，搭建上下贯通、左右联动的交流协作平台。

【依法行政】 2013年，郑州市政府法制办统筹规划、科学指导，有力推动依法行政工作不断深入。一是印发了《郑州市2013年依法行政工作要点》和《郑州市2013年推进服务型行政执法建设工作实施方案》，对推进全市服务型行政执法建设进行了统一部署，召开了推进服务型行政执法建设动员大会，组织了“6·15”服务型行政执法广场集中宣传日活动。二是实施依法行政工作责任目标评议考核和行政执法机构执法绩效考核。对全市90个单位进行了依法行政工作责任目标评议考核；对42个市本级行政执法机构行政执法绩效情况进行了综合考核。三是印发了《关于进一步推进规范行政处罚裁量权工作的通知》，确定市直12个单位为规范行政处罚裁量权重点推进部门。四是积极推进新郑市开展相对集中行政处罚权审批工作，在省政府法制办的指导和协调下，省政府正式批复同意新郑市相对集中行政处罚权实施方案。五是印发了《关于组织开展依法行政示范单位创建工作的通知》，开展了第二批依法行政示范单位创建验收工作。

【行政复议】 2013年，郑州市政府法制办加强规范化建设，进一步发挥行政复议定纷止争、化解争议的职能作用。一是接待来信、来电、来访群众3200余人次，接受行政复议申请2431件。通过调解、和解处理951件，案前调解率达35%；立案1327件，审理1173件，审结965件，决定撤销、确认违法、责令履行法定职责386件，纠错率为43%。二是严格落实行政复议败诉案件过错责任追究制度，下发行政复议意见书12份，对11个败诉单位进行过错责任追究。三是严格督促行政复议决定履行。建立行政复议决定执行情况跟踪回访制度，全年共发出

《跟踪回访表》64份，收到反馈信息41个。认真处理群众关于不履行行政复议决定的投诉，下达《责令履行行政复议决定通知书》2份。四是印发《郑州市人民政府法制办公室关于进一步加强行政复议决定和行政复议数据备案工作的通知》，受理备案430件。五是认真迎接省人大常委会行政复议法实施情况检查，检查组对郑州市的行政复议工作，尤其是行政复议委员会试点工作取得的成绩，给予了充分肯定。

（刘汗青）

政法工作

【概况】 2013年，郑州市各级政法综治部门紧紧围绕全市中心工作，牢牢把握中国特色社会主义事业建设者捍卫者的职责使命，紧紧围绕郑州市“三大主体”工作和“强投资、夯基础、调结构、求提升”的主轴重心，全面融入网格化管理体系，以平安、法治、队伍“三大建设”为重点，着力打造忠诚政法、为民政法、务实政法、网格政法、廉洁政法，为中原经济区郑州都市区建设提供了有力保障，创造了良好社会环境。

2013年，郑州市未发生在全国、全省有重大影响的政治性案事件和暴力恐怖事件、群体性事件、集体上访事件和极端上访事件、刑事治安案事件和公共安全事件。全市刑事案件总量同比稳中有降，日均刑事类警情始终控制在70起左右，保持中部六省会最低，公众安全感和政法机关执法满意度持续保持全省前列。郑州市被中央综治委授予“全国社会管理综合治理优秀市”荣誉称号，标志着社会管理综合治理和平安建设工作进入全国先进行列。

【应急处置体制机制建设】 2013年，郑州市加强应急处置体制机制建设，全力维护国家安全和社会政治稳定。一是积极开展社会矛盾排查化解活动。全市共排查矛盾纠纷8000余件，化解7800余件，矛盾化解率达到98%。二是妥善处置不稳定问题。对多起不稳定问题先后开展督察30余次，封堵网上有害信息160余条，确保了全国“两会”“六四”等敏感时期社会大局稳定。省委常委、省委政法委书记刘满仓专门作出批示，予以肯定。三是扎实推进社会稳定风险评估工作。实施重大决策事项100余起，评估率达到100%。四是重视信息工作，构建和谐稳定屏障。全年共处理行动性信息500余条，获取各类不稳定信息近3000条，召开研判会20余次，形成研判报告近30篇。五是依法打击、取缔“法轮功”等邪教违法活动。全年共立案查处邪教违法活动46起，抓获132人，打掉团伙16个，捣毁窝点52处，查缴作案设备及工具44台（个），收缴反宣传品7万余份。对13名“法轮功”未转化人员进行了帮教。六是加强网络阵地控制。先后开展11次网上专项行动，共发帖6200多篇、制作反邪教宣传视频1部，多次受到中央、省委防范办表彰。七是完善“五级帮扶”“专项督察”工作机制，确保信访稳定。对全市122名可能发生重复访的上访人交县（市）区进行“网格帮扶”，帮扶人员实现零重访。5月，从市直政法部门抽调业务能力强的人员，组成联合督察组，全市172起疑难涉法涉诉案件得到彻底化解，136名上访老户得以息诉罢访。涉法涉诉上访量比上年同期下降56.7%。

市委常委、市委政法委书记黄保卫为委机关人员上党课

【社会管理创新】 2013年，郑州市紧紧围绕平安郑州建设总目标，扎实推进创新社会管理。一是不断深化“网格化”建设。全市共建立一级网格197个、二级网格2996个、三级网格18089个。严格按照“定人、定岗、定责、定奖惩”的原则，将45388名干部、20余万名群众自治力量定格到网格中。二是持续开展“细胞工程”创建活动。在全市全面开展15项“细胞工程”创建活动，成立了平安建设“细胞工程”领导小组，构筑自下而上、从小到大、层层创建、逐级推动的平安郑州创建体系。三是加强社会综治队伍建设。全市已登记注册志愿者达70万人，其中，青年志愿者35万余人、职工志愿者20万人、平安志愿者10万人、爱心志愿者5万人，在社会多个领域提供了近890万人次、超过3700万个小时的青年志愿服务，取得了显著的社会效果。四是着重夯实基层基础建设。市综治委各成员单位共下派1171名工作人员，各县（市）区将10588名乡（镇）办工作人员下沉到三级网格中，安排2346名乡（镇）办副科级干部担任社区（村）第一书记。对全市182个乡（镇）街道平安建设工作实行三级动态考评管理。五是注重开展基层调研工作。市委政法委成立了重点工作调查研究领导小组，由市委常委、市委政法委书记黄保卫带领相关人员对综治和平安建设工作进行调研，全年共编发政法信息、经验材料18篇。

【社会治安管控】 2013年，郑州市强化社会治安管控，巩固良好社会治安环境。一是常态化开展防范治理。全市巡防队共现场抓获并扭送违法犯罪嫌疑人及有劣迹人员390名，协助公安机关破获案件85起，调解民事纠纷6285件，发现火灾隐患1614处，处置各类险情104起，扑救初起火灾233起，做好人好事16714件。二是动态化管控重点人员。对流动人口相对集中的单位和企业，实行登门服务，主动上门采集信息；制定流动人口信息采集常量进度表，每天通过飞信平台传达给网格长和协管员，每天采集指定区域流动人口变更信息，每周、每月在社区警务动态信息管理软件上检查、统计，实现了对流动人口和重点人员的动态管控。三是严密构筑防范网络，加强技防设施建设。全年共建成监控平台6467个，主城区安装视频监控探头92725个，六县（市）及上街区安装视频监控探头48652个，全市城市视频监控等技防设施安装覆盖率达到95%，农户实用技防设施安装接入率达到90%。以管城区、金水区为试点，在全市范围内推进综治信息化建设。

【政法队伍建设】 2013年，郑州市政法系统深化公正廉洁执法，提高政法队伍亲和力和公信力。一是积极化解涉法涉诉信访案件。全年共交办涉法涉诉案件136起，息诉130起，息诉率95.6%。其中，交办公安系统52起，息诉50起，息诉率96.2%；交办检察系统3起，息诉3起，息诉率100%；交办法院系统81起，息诉77起，息诉率95.1%。办理中央、省、市领导批示交办案件15件，到期结案率100%。二是切实抓好案件评查工作。全年共评查案件102起，其中，瑕疵案件9件、有问题案件47件。法院系统纠正错误案件17件，审结2件，执结8件；公安系统整改15件；通过评查停访息诉12件。三是高度重视领导批示案件的督察督办。全年共办理领导批示件17件，已办结案件15件，其中省委政法委交办案件16件，已办结14件（未到期2件）。四是进一步抓好为民办实事活动。2013年上半年，市委政法委通过组织市法院、检察院、公安局、司法局四部门召开新闻发布会，通报2012年承诺事项落实情况，向社会公开发布2013年承诺事项，接受群众监督，确保各项承诺事项落到实处。五是把贯彻十八届三中全会精神与抓好政法队伍自身建设相结合。全市政法系统始终围绕贯彻落实十八届三中全会精神，按照中央、省、市要求，认真贯彻落实中共中央“八项规定”“六条禁令”和《干部教育培训工作条例（试行）》的有关规定，加大资金投入，创新培训方式，丰富培训内容。采取集中传达学习、个人自学、讨论交流、撰写心得体会、办学习园地等多种形式，培养政法干部队伍善于运用法治思维和法治方式谋划改革思路、落实改革措施、实现改革目标，引导广大政法干警进一步坚定理想信念、高举旗帜、听党指挥、忠诚使命。

（刘 茜）

公安工作

【概况】 2013年，郑州市公安工作以创造和谐稳定的社会环境为总目标，以深化“四严一创”为载体，以社会管理创新为手段，以执法为民为核心，以科技装备为支撑，以能力素质建设为动力，以实打实作风为保障，进一步巩固发展公安工作和队伍建设持续提升的好形势，为人民群众安居乐业和全市经济社会发展创造了良好的社会治安环境。在全国群体性事件多发的情况下，郑州市连续6年没有发生在全省、全国造成重大影响的群体性事件。日均刑事类警情大幅度下降，“双抢”案件零发案日达106天。郑州市被中央政法委评为“全国社会管理综合治理优秀市”。命案侦破率创造了郑州公安的历史最高水平，打掉黑社会性质组织数实现全省“八连冠”，打击“两抢一盗”综合绩效连续6年全省第一。在全国公安机关追逃“清网”行动和打击经济犯罪“亮剑”行动中，两次荣立集体一等功。金水路分局、郑东分局、二里岗分局、新密市局青屏派出所分别被公安部命名为“全国公安机关执法示范单位”。群众对公安机关的满意度跃升至全省第三，创造了郑州市公安局的历史最好成绩。

12月17日，国务院总理李克强亲切接见参加全国人民满意公务员表彰大会的郑州交警杨华民

【维护社会政治稳定】 2013年，郑州市各级公安机关严密防范，果断处置，主动进攻，打防并举，维稳能力实现突破，维护了全市社会大局稳定。一是维稳工作成效显著。全年共搜集各类情报信息10334条，排查化解不安定因素1000余起，破获各类现行案件157起，抓获嫌疑人479人，打掉非法活动团伙22个，捣毁各类窝点56处，收缴各类反动宣传品7万余份。成功化解郑州市原8023部队退役、企业军转、涉艾、投资担保等特殊利益群体上访活动565起4000余人次。突发事件妥善处置率达到100%。二是网上处置工作亮点纷呈。全年共及时处置网上违法信息166万余条，圆满完成全国一级互联信息监控等级化达标建设任务。郑州互联网信息监控工作连续7年保持全省第一，2013年再次被评为“全国十佳互联网监控情报信息优秀直报点”。侦破的“4·12系列网络盗窃机动车案”被评为全国网安精品案件。在“打击有组织制造传播谣言”专项行动中，共查办案件53起、抓获犯罪嫌疑人91名、检查整治网站597家、清理各类违法信息394336条。三是信访工作处置有序。按照“案结事了、息诉罢访、群众满意”的工作标准，认真落实三级接访和联合接访。全年全市公安机关共排查化解公安信访矛盾纠纷287起，化解率100%；接待受理群众来访270起，按期办结率256起，办结率94.8%，重访率5%，无涉法涉诉进京非正常上访。省公安厅先后分三批向郑州市公安局交办各类重点信访案件600起，按期办结率为97.6%。四是反恐工作稳步推进。全年共召开涉恐研判会20余次，会商评估涉恐动态信息180余条，核查涉恐线索200余条，建立了敏感人群登记通报机制、申办出国证照协查机制、涉恐动态信息落地调查机制。

【打击违法犯罪活动】 2013年，郑州市各级公安机关以“四严一创”活动为载体，不间断开展“夜鹰”“雷霆”等系列行动，把打击的锋芒对准严重暴力案件、刑事案件和人民群众关注的“两抢一盗”等多发性侵财案件，重点突破，整体推进，打击违法犯罪活动硕果累累。全年全市共破获各类案件10473起，打击处理违法犯罪嫌疑人12775 人。特别是“雷霆”行动开展以来，共刑拘“两抢一盗”犯罪嫌疑人2222人，行政拘留2128人，破获17起新发现行命案、2起积压的命案，打掉恶势力团伙55个。一是命案侦破水平进一步提高。2013年现行命案发103起，破100 起，破案率为97.09%；全市破获命案积案8起，协破外省命案28起。二是打黑除恶工作稳步推进。全年共办理涉黑组织13个，打掉恶势力团伙47个，抓获各类黑恶人员375名。三是打击多发性侵财犯罪成绩突出。全年共刑拘侵财犯罪嫌疑人10759人，比上年同期上升9.85%；打掉侵财犯罪团伙400余个。

四是追逃工作明显提升。全年共抓获网上逃犯2339名，其中，公安部A级逃犯1名、故意杀人逃犯12名、外省逃犯1024名、历年逃犯54名。五是打拐工作成效显著。全年共破拐卖案件63起，特别是成功侦破1起公安部组织指挥的涉拐全国性大案，共抓获涉拐犯罪嫌疑人92人，解救被拐妇女、儿童65人。六是全力打击处置非法集资。全年共立案85起案件，涉案金额840余亿元，涉及客户5万余户。共抓获犯罪嫌疑人447人，批准逮捕犯罪嫌疑人245人、起诉292人。挽回经济损失约41亿元。国务院处非办多次莅郑考察，并充分肯定了郑州市的做法和成效。七是强力推进打假专项行动。全年共立案538起，破案459起。以郑州为发起地，成功发起52起全国性打假集群战役，全省两个季度连续排名第一，收到公安部、省公安厅贺电9份。八是深入开展"打击食品犯罪、保卫餐桌安全"专项行动。全市共侦破食品犯罪案件407起，抓获违法犯罪嫌疑人1053人，打掉犯罪团伙81个，捣毁食品领域黑窝点、黑作坊96个，涉案金额4000余万元。九是禁毒工作成绩喜人。全年共破获毒品犯罪案件227起，抓获涉毒犯罪嫌疑人344名，缴获各类毒品共计90余千克，查获吸毒人员1650人次。"扫毒害保平安"严打整治行动成绩居全省第二名，"肃毒害创平安"工作成绩在全省保持领先。

【社会治安防控】 2013年，郑州市公安系统不断创新理念，完善机制，探索建立社会管理创新举措；突出重点，整体防控，社会治安防控能力不断增强。流动人口登记率达到85%；重点人口列管率达到97%，城镇特种行业监管率达到95%，治安乱点整治合格率达到100%，单位家属院物防、技防面达到100%。一是加大巡逻防控"五张网"建设。不断建立完善出入市口设卡、武装巡逻、交管巡防、内部防控、机关夜巡"五张网"建设，通过巡逻防控、武装震慑、清理清查、设卡盘查等方式，不断提高快速反应能力，提升社会治安防控水平。2013年先后开展了"打现行·降发案"清理清查行动、"破命案、促打击、降发案"集中行动等一批清理清查专项行动，切实维护了社会治安大局稳定。二是严格落实省公安厅二十二条便民利民措施。在户籍、交警、外管、监管、消防、控申等方面不断创新举措，简化程序，方便群众，省公安厅规定的措施已全部实现。全市所有值班室已悬挂宣传牌匾，全年共发放《接处警首问责任制明白卡》11万余张，经过对群众电话回访2738起，满意率达到99.6%。三是开展机关夜巡工作。10月份以来，市公安局机关全体民警分包街道、进入社区，认真开展巡逻盘查、清理清查、服务群众工作。全年共盘查4000余辆车辆，盘查2500余名可疑人员，上传6800余条警务信息，走访800余家商铺和2400余名群众，全面提高了街面见警率，打击震慑了违法犯罪活动。四是创建平安居民楼院。选取10个楼院开展集中整治活动，通过整治，案件发案率和上年同期相比大幅度下降。截至2013年年底，全市6458个楼院已经封闭看护6297个，比例达97.5%；实现"零发案"6009个楼院，比例达93%；安装视频监控探头3241个楼院，比例为50.2%。五是深入开展治安重点地区排查整治。对柳林镇、老鸦陈村、顺河路第一社区、富士康厂区、银基商贸城等38个案件高发地区和单位实行挂牌整治，发案情况得到了有效控制。六是进一步强化流动人口管理。全年共采集流动人口信息85万余条，注销流动人口信息50万余条，处置各类预警信息8000余条，抓获网上逃犯414名。开通流动人口信息平台建设，得到国家发改委、联合国人口基金会调研组的充分肯定和好评。推行IC卡居住证，于11月1日正式发行。七是强化重点人员管控。落实重点人员管控措施，逐人登记建档，及时掌握活动轨迹，切实做到底数清、情况明、不漏管、不失控。全年共排查出精神病人7360多人，其中重性精神病人全部录入公安部信息管理系统，并建立相关台账，落实管控，评估率达到100%。八是加强特种行业管理工作。严厉打击涉黄涉赌违法犯罪，全年共办理涉黄涉赌案件262起，行政拘留692人，刑事拘留195人，收缴赌博机3000余台。督促全市旅馆、留宿洗浴中心按照"四实"要求及时准确上传住宿人员信息，截至年底，共检查各类场所5860余家次，取缔无证旅馆970余家，拘留业主530余人，罚款420人，旅馆上传信息1740余万条，通过旅业系统成功抓获各类网上在逃人员723人。九是圆满完成大型节会安保工作任务。按照"有序、协调、安全、圆满"的总体目标，提前介入、超前谋划，做到了"有组织领导、确保指挥到位，有工作目标、确保落实到位，有实施方案、确保措施到位，有处置预案、确保应急到位"，圆满完成河南省十二届人大一次会议、政协河南省十一届一次会议、癸巳年黄帝故里拜祖大典、第八届中国中部投资贸易博览会、2013年中国足球甲级联赛河南赛区比赛、第十九届郑交会等大型活动的安全保卫工作。

【交通安全管理】 2013年，郑州市公安局不断强化科技管理，提升道路交通科技应用水平。继续推进车辆诱导系统建设，一阶段停车场数据采集系统建成32套；覆盖二七广场区域、火车站区域、市政府行政区域、紫荆山立交桥区域、花园路与农业路交叉口五个区域的地面三级停车诱导发布终端建成32处。大力开展交通秩序整治。相继开展了"城区违法行驶车辆治理活动""突出交通违法行为集中整治行动""违法停车集中专项整治活动""大排查、大教育、大整治整治货车违法行为专项行动""重型货车整治专项工作"等10项专项整治行动。截至年底，市区共查处交通违法63万余起，其中，查处两轮摩托车7223辆，机动、电动三轮车3722辆，酒驾286人，乱停乱放435598起，闯信号灯1000起，无证驾驶1721起，涉牌3862起。市区共发生交通事故226起，其中死亡24人、受伤251人，直接财产损失105.05万元。截至11月8日，全市共处理各类道路交通事故106025起，

8月9日，省长助理、省公安厅厅长王小洪到市公安局调研

6月28日，市公安局举行处置重特大案件实战演练

死亡394人、受伤3335人，直接经济损失1276.8万元，同比分别下降8.37%、19.92%、6.03%和27.7%。

【消防安全管理】 2013年，郑州市不断加强消防安全管理，落实“三级网格”消防管理人员备案登记制度，以及“网格定位、责任明晰、任务落实、运行高效”的消防管理机制，明确了154个网格分包指导人，定期开展蹲点指导。全年先后部署开展了“除火患、保平安”、大排查大整治等专项治理行动近20次，检查单位1.7万余个次，发现火灾隐患1.9万余处，督促整改火灾隐患1.8万余处，“三停”单位439家，临时查封166家，拘留176人，有效地震慑了违法行为。市、县两级政府挂牌督办的70处重大火灾隐患全部整改销案。2013年，全市消防共接警8087次，其中火灾2675起、抢险救援3071起，抢救被困人员980人，抢救财产价值11589余万元。

【信息化建设】 2013年，郑州市公安系统完善机制，创新举措，信息化建设亮点纷呈。一是积极推进视频监控建设。截至年底，已完成市级共享平台和联网平台的建设，实现市局至省厅视频联网平台图像资源的共享共用、互联互通，共推送至省厅视频监控资源8900余路，位居全省第一。二是大力开展智能卡口级联及整合。实现一期30个、三期40个卡口及高新区、航空港区等92个卡口整合至市局平台；实现智能卡口的车牌快速识别、自动报警、分析车辆行驶轨迹等多项功能。三是部署启用省市一体化警综平台。正式同步启用省市一体化警综平台执法办案和社区管理系统，完成与110接处警、电子签章、刑侦打综、警务地理信息（PGIS）、监所管理等系统的对接。截至11月底，平台共办理刑事案件40527起、行政案件35586起，新增嫌疑人37432人、各类治安业务信息88000余条。四是强化情报平台建设。不断广拓渠道，加强数据融合，丰富平台数据源，扩大社会管控面。全年通过大情报平台共下发预警信息573547条，其中红色预警3669条、橙色预警68695条、黄色预警171289条、蓝色预警3330008条。五是拓展新警务通系统功能。对警务办公、多方对讲、视频采集、PGIS定位子系统进行功能完善，开通手机网站及“警信”功能，提高实用性及使用范围。全年通过新警务通采集人员信息20余万条，车辆信息110余万条，访问量395万次。六是组建刑事犯罪信息研判合成作战队。在全省率先组建刑事犯罪信息研判合成作战队，综合利用视频监控、交通卡口、电子通讯、虚拟网络、客运票务、医院就医、商场会员等50多项公安内部和社会资源，集成刑事侦查、刑事技术、技术侦查、网络侦查、视频侦查、便衣侦查、禁毒侦查等7种专业手段，开展深度信息研判。截至年底，合成作战队共打掉犯罪团伙58个，抓获犯罪嫌疑人267名、查破案件398起。

【执法规范化建设】 2013年，郑州市公安局不断打牢执法为民思想根基，改进执法方式，整改突出问题，提高执法艺术，强化监督，加大培训，执法规范化建设成效突出。金水路分局、新密市公安局青屏派出所分别被公安部命名为全国公安执法示范单位；新郑市公安局、二里岗分局治安管理服务大队等7个单位被省公安厅命名为全省公安执法示范单位。在全省公安机关执法质量考评活动中，共有11个分县（市）局被评为全省执法质量优秀单位。在全市54个被考核行政执法单位中，市公安局连续三年被评为郑州市依法行政工作先进单位。一是加强依法行政工作。全面推行行政复议听证、调解、和解制度，稳步推进行政诉讼案件行政首长出庭应诉、办案民警庭审制度，全面提升依法行政水平。截至年底，共受理行政复议案件135起，审结123件，占受理案件总数的91%。二是大力加强执法监督。全年共评查案件1463起，发现各类执法问题1400余条，下发纠正执法问题通知书40份，通过日常网上执法巡查，审核调查刑事拘留案件1500余起，下发执法督办通知书71份。三是大力开展执法教育培训。全年共为一线民警开展现场执法指导800余次，组织法制大讲堂活动30场次，参训民警达5000余人，组织民警参加案件庭审活动16场次，参加民警1000余人次。不间断举行民警法律知识随机抽考活动，截至年底，共组织考试20场，抽考一线民警1800余人。

【公安队伍建设】 2013年，郑州市公安局坚持倡导真实、真诚、阳光、简单，从严治警，从优待警，公安形象持续提升。市公安局全年共有83个集体、237名个人荣获各级各类荣誉称号，18个集体、381名个人立功受奖，其中，集体三等功17个、集体嘉奖1个，个人一等功5人、二等功26人、三等功229人、嘉奖121人。一是不断加强教育整顿。在全市公安系统部署开展“务实、为民、清廉”教育、“大督察、大培训、大演练”纪律作风教育、“正风肃纪”专项整治教育等一系列活动。特别是在“正风肃纪”专项整治活动中，共排查整改各类问题844个，依法依纪查结处理民警违法违纪案件22起35人，清理辞退不合格人员67人，调整软弱涣散的领导班子11个。全年共组织开展“四会一课”廉政教育387场次，接受教育民警24000余人次，“四会一课”廉政教育率达到100%。二是不断加强从优待警。成立了民警读书、游泳、羽毛球、自行车、户外运动等10个文体分会，丰富民警业余文化活动。积极开展救助特困民警活动，为116名伤残、特困民警子女发放助学金95800元，对14名患重大疾病民警申请救助金24万元。组织民警进行健康体检，积极协调4家市级医院，对全局10988名民警、职工和退休人员进行了健康体检。三是大力加强宣传工作。全年共发稿14000余篇。以市公安局平安郑州微博为依托，组建了110人的网络评论员队伍，截至年底，共刊发微博5800多条，粉丝178万，粉丝量位居全省公安机关第一位。

（王 静）

检察工作

【概况】 2013年，全市检察机关积极

6月28日，市检察院反渎局与郑州电视台政法频道合作的“反渎进行时”系列节目正式开播

融入郑州市“三大主体”工作，紧紧围绕服务经济社会发展大局，坚持忠诚履职、务实重干，严格公正、文明理性执法，各项检察工作取得了新的进展。全年全市检察机关共批准和决定逮捕7277人，起诉12266人。

【服务经济社会发展大局】 2013年，全市检察机关围绕全市重大工程，尤其是南水北调、畅通工程、生态廊道等重点项目建设，推行招投标现场监督、工程建设廉洁准入等十项制度，不断优化发展环境；继续向郑州轨道公司派驻检察特派员，对地铁工程项目建设进行同步监督；郑州航空港经济综合实验区和郑东新区检察业务全面启动，为区域经济快速发展提供法治保障；持续开展“五进”千家行大走访活动，着力解决发生在群众身边的难事；开展涉农惠民领域、征地拆迁领域和城市绿化领域专项查案工作，取得较好的办案效果。

【刑事检察工作】 2013年，全市检察机关积极贯彻宽严相济刑事政策，坚持依法严厉打击危害国家安全犯罪、黑恶势力犯罪、严重暴力犯罪、多发性侵财犯罪和影响群众安全的刑事犯罪，对重特大案件适时介入侦查活动，引导侦查取证，依法快捕快诉。积极推行轻微刑事犯罪案件快速办理、刑事和解和非羁押诉讼制度，对主观恶性小、犯罪情节轻微的未成年人犯罪、过失犯罪、轻伤害犯罪，慎重适用逮捕、起诉。全年全市检察机关共批准和决定逮捕7277人；起诉12266人；对6696名轻微犯罪嫌疑人适用了非羁押诉讼，捕后、诉后轻刑判决率分别为16.6%和6.3%。积极推行不批捕、不起诉答疑说理制度，把化解社会矛盾融入执法办案全过程，尽量减少社会对抗，力促社会和谐稳定。

【查办和预防职务犯罪】 2013年，全市检察机关加大查办和预防职务犯罪力度，促进反腐倡廉建设。坚持惩治和预防两手抓、两手硬，做到既惩治犯罪，又注重教育保护挽救干部。始终把办案质量放在第一位，坚决查处影响经济发展、党委政府关注、群众反映强烈的案件，实现办案法律效果和社会效果相统一。全年共立案侦查职务犯罪案件217件330人，其中，贪污贿赂案件160件224人、渎职侵权案件57件106人，所办案件的大要案比例、有罪判决率、实刑判决率等质量指标位居全省前列。在惩治腐败的同时，积极开展职务犯罪预防，深化预防宣传、警示教育、行贿犯罪档案查询等工作。全面持续贯彻《郑州市检察机关服务中原经济区促进郑州都市区建设的意见》，深入推行招投标现场监督、工程建设廉洁准入、举报优先受理等举措，综合运用打击、预防、监督、保护等职能作用，为企业发展、重大项目建设服务，为经济社会发展营造良好的社会环境。

【诉讼监督】 2013年，全市检察机关全面加强诉讼监督，维护司法公正；着力解决人民群众反映强烈的问题，依法监督纠正各种执法不严、司法不公问题。全年依法监督立案65件，监督撤案35件，追捕156人，追诉147人，提出刑事抗诉85件、民行抗诉88件，监督纠正减刑、假释、暂予监外执行不当33人次。有力地维护了司法公正。

【参与打击非法集资和担保机构规范整顿工作】 2013年，根据市委、市政府指示精神，全市检察机关积极参与打击非法集资及担保机构规范整顿工作，截至11月底，全市检察机关共受理公安机关提请批准逮捕担保公司案件73案283人，审结73案283人，批捕230人，不捕53人；受理公安机关移送审查起诉担保公司案件44案262人，审结38案188人，提起公诉38案188人。在办案中，实施主动介入侦查、捕诉联动、两级院联动等办案机制，提高办案效率，确保办案质量。市检察院参与打击非法集资和担保机构规范整顿的做法和取得的成效，受到市委、市政府的充分肯定。

【化解社会矛盾纠纷】 2013年，全市检察机关将化解矛盾纠纷贯穿于检察工作的各个环节，完善机制，坚持公正、规范、文明执法，提高办案质量、加强源头治理，最大限度消除社会不稳定因素。一是畅通群众诉求渠道。坚持检察长接待日制度，重要信访案件由检察长或副检察长亲自接待处理，在13个基层院推行“点名接访制度”，为上访群众开通了一条便捷的“绿色通道”。全年两级检察院接待窗口共受理群众来访3250余人次，检察长接待来访群众81人次。二是实行涉检信访首办责任制。按照“依法受理，归口办理”“谁主办、谁负责”的原则，明确案件承办单位和办案人员首办责任、答复时间。对工作不负责任、办案质量不高、因人为因素造成越级上访的，依据目标责任书追究责任。全市检察机关共受理刑事申诉案件31件，办理省检察院、市委、市人大、市委政法委批办案件25件，基本达到了“案结事了、息诉罢访、群众满意”的目标。三是推行涉检信访风险评估制度。认真落实案件风险评估制度，所办理的每起案件，在每一个诉讼环节对是否存在信访可能性进行风险评估，并根据风险程度，设置预警级别，分类处置。两级检察院对受理的所有涉检信访案件全部实行了风险评估，及时有效地化解了社会矛盾。

【融入网格化社会管理体系】 2013年，全市检察机关主动作为，积极融入网格化社会管理体系，不断加大群众工作力度，充分发挥检察机关在网格化管理体系建设和运行中的职能作用。一是在落实网格化管理要求上下工夫、求实效。认真学习贯彻落实市委关于建立“坚持依靠群众推进工作落实”长效机制的重要决策部署，成立了两个驻村群众工作队，由两名班子成员任队长，抽调112名党性强、素质高、作风硬的干警，分别进驻巩义市新中镇峡峪村和新中村开展帮扶工作。积极协助镇、村理顺发展思路，制订发展规划，坚持蹲点在村、走访入户，及时掌握第一手信息，建立信访稳定、安全生产、社情民意等工作台账，扎实推进各项工作落实。两个驻村工作队共排查出126户困难群众，并进行重点帮扶；对辖区内的煤矿和民营企业进行走访排查，帮助解决村民饮水、用电等实际问题；建立长效机制，确保把这一关注民生、心系群众的民心工程部署到位、落实到位。二是在立足职能、服务群众上下工夫、求实效。深入开展大走访活动。坚持关口前移、重心下移，连续四年组织开展以检察干警进企业、进社区、进乡村、进机关、进学校为主要内容的“五进”千家行大走访活动，2013年共走访企业435家，帮助解决实际问题52件，走访群众3200户，调处矛盾纠纷156件。深化检务公开，率先在全省将检察人员职责、案件办理程序和起诉书在互联网上公开发布。三是在扩大宣传、营造平安和谐氛围上下工夫、求实效。市检察院通过与郑州电视台政法频道联合制作《反渎进行时》等节目、在《郑州日报》开辟检察专版，充分利用传统媒体，深度宣传检察工作开展情况。反贪局、反渎局、控申处、预防局等部门在人民网开通“郑州检察”微博，与网民互动，解疑释惑、回应关注，努力营造“人人参与，人人有责”的和谐社会氛围。

【基层基础建设】 2013年，郑州航空港区检察院、监所检察院获高检院批复。新密市、金水区、二七区和荥阳市4个检察院被评为“全省先进基层检察院”，新密市检察院被评为“全国先进基层检察院”，郑州市检察院被高检院授予“全国检察机关基层院建设组织奖”。郑州市检察院建成预防职务犯罪警示教育基地、侦查信息情报中心，完成“全国检察机关统一业务应用系统”配套工程、“两法衔接”信息共享平台建设，有8个控申接待室获评全国“文明接待示范窗口”和“文明接待室”。“检察文化建设年”活动扎实推进，中原区检察院、新密市检察院被评为“全省检察文化建设示范院”。

【检察队伍建设】 2013年，全市检察机关队伍建设成效明显。组织两级检察院860余人参加高检院、省检察院全员轮训、分类业务培训班，举办北大领导素能高端研修班；开设检察官大讲堂，组织新法知识考试、岗位练兵、技能竞赛等，2人获评全国检察业务标兵称号、7人获评全省检察业务“十佳”“优秀”称号。扎实落实中央八项规定，制定改进会风、厉行节约等硬性规定，严格“三公”经费支出；认真落实党风廉政建设责任制，严格自身监督制约。有10名干警被评为全市“十佳检察官”，1人被评为全省“人民满意的十佳检察官”。

（刘冰 李丹）

法院工作

【概况】 2013年，全市法院紧紧围绕习近平总书记提出的“努力让人民群众在每一个司法案件中都感受到公平正义”的目标，牢牢坚持服务大局、司法为民、公正司法，各项工作取得新进展。截至9月20日，全市法院共受理案件90879件，同比增加17.65%；审执结案件63126件，同比增加17.7%。其中，市中院共受理案件11950件，同比增加17.5%；审执结案件8745件，同比增加24.3%。

【司法服务工作】 2013年，全市两级法院持续强化服务意识，护航郑州都市区建设。

（一）着力服务郑州航空港经济综合实验区建设。明确辖区案件管辖，辖区内法律规定应由基层人民法院管辖的案件，暂由市中级人民法院指定部分基层法院管辖；辖区内法律规定应由市中级人民法院管辖的一审、二审案件，暂由市中级人民法院派驻航空港区综合审判庭办理；案件管辖发生争议的，报市中级人民法院确定管辖单位。市中级人民法院加强管辖和立案指导，促进各职能单位依照管辖权限办理实验区案件。严厉打击辖区刑事犯罪。有针对性地开展走私犯罪、金融诈骗犯罪、危害税收征管犯罪、侵害知识产权犯罪等专项打击活动，加强机场口岸、物流中心、工业园区等重点区域刑事案件的审理，加大职务犯罪、商业贿赂犯罪的惩罚力度，优化实验区发展环境。优化辖区交易环境。认真审理重点项目工程纠纷案件，对实验区建设中因重大工程项目引发的征地补偿、建设工程合同等纠纷，灵活运用法律政策，依法及时办结，防止因司法不当而影响工程建设和项目运转。加强司法应对国际经济贸易纠纷，平等保护中外当事人的合法权益，营造良好的投资环境。

（二）依法保障金融市场健康发展。继续严厉打击非法集资犯罪。在市委市政府的统一领导下，及时抽调精干审判力量，从严从快审结了一批非法集资犯罪案件，截至年底，全市法院共审结非法集资犯罪案件14件，涉案（投资）担保公司16家，涉案资金132亿余元，依法对64名犯罪分子判处刑罚。国务院处非办、省处非办及市委市政府对市中级人民法院工作的成效予以高度肯定，安阳、新乡等地政法机关专程到郑学习打击处置非法集资工作经验。审慎审理民间借贷纠纷。对普通的民间借贷纠纷，依法立案审理，平等保护借贷双方的合法权益；对涉担保公司的借贷纠纷，把住关口，慎重对待，最大限度地保护集资人的合法权益，遏制民间融资中的高利贷化和投机化倾向，规范和引导民间融资健康发展。截至年底，全市两级法院共审结担保公司为债权人的案件156件，保护债权总额近5.7亿元，保障了担保公司的兑付能力。

（三）积极推进法治郑州建设。以市人大出台《郑州市人民代表大会常务委员会关于加强全市审判机关行政审判工作的决议》和市政府出台《关于加强行政机关法定代表人行政诉讼出庭应诉工作的意见》为契机，大力倡导行政首长出庭应诉，规定辖区法院凡是行政首长应当出庭应诉的，均应以书面通知其出庭应诉；未

市中级人民法院2013年上半年绩效考核推进会召开

按要求出庭应诉的，应将有关情况报告同级人大、政府法制部门及上级法院，市中级人民法院定期汇总全市情况抄告市政府法制办，且可以就该问题发出司法建议，督促行政首长出庭应诉。4月4日，省委常委、郑州市委书记吴天君对市中级人民法院上报的《关于2012年度行政首长出庭应诉工作情况的报告》作出批示。

（四）深入推进“坚持依靠群众推进工作落实”长效机制建设。成立长效机制工作领导小组，下设办公室，办公室下设综合协调、督察、司法便民等5个工作组，切实抓好各项工作落实。以网格为载体，依靠群众力量，做好矛盾的排查、预防和信息的收集。充分发挥群众驻村工作队的作用，协助村“两委”化解村民纠纷，帮助群众解决实际困难。开展“大下访、大排查、大调处”活动，转变信访工作作风，对重点涉诉信访案件实行领导挂牌督办、带案下访，切实解决信访人员反映的问题。

【保障民生工作】 2013年，全市两级法院扎实开展“三项活动”，积极回应人民群众的关切。

（一）开展打击危害食品药品安全犯罪专项活动。严肃惩处乳制品、食用油、食品添加剂、基本药品等与群众生活息息相关的重点品种生产经营过程中发生的案件，对危害食品药品安全犯罪的累犯、惯犯，以及对人体健康造成严重危害、销售金额巨大的犯罪分子，依法重判重罚，并从严把握对危害食品药品安全犯罪分子及相关职务犯罪分子适用缓免刑的条件。活动开展以来共审理各类案件22件，依法对59名犯罪分子判处刑罚，其中判处三年以上有期徒刑37人，有效震慑了不法分子。同时，针对案件审理过程中发现的食品药品监管方面存在的漏洞和隐患，先后2次向有关部门提出司法建议，完善监管举措。

（二）开展打击拐卖妇女儿童犯罪专项活动。全市法院自4月1日起扎实开展了“打拐”专项活动，成立由主管刑事副院长为组长、刑庭庭长为成员的打击拐卖妇女儿童犯罪专项活动领导小组，挑选政治素质高、业务能力强、工作作风好的审判人员组成合议庭，集中审理拐卖妇女儿童案件；同时加强与检察、公安机关的沟通、协调，形成依法严惩拐卖妇女儿童犯罪的整体合力和强大声势。活动开展以来，共审结拐卖妇女儿童犯罪案件2件，对涉案的4名犯罪分子全部判处3年有期徒刑以上刑罚。

（三）开展依法严惩欠薪犯罪专项活动。为加强对农民工等弱势群体的劳动权益保护，在全社会形成打击恶意欠薪犯罪行为的高压态势，市中级人民法院与市人力资源和社会保障部门、检察机关、公安机关初步建立起欠薪案件联动工作机制，搭建线索移送、协助调查、快速办理“一条龙”绿色通道。2013年审结了1起拒不支付劳动报酬犯罪案件，案件审理过程面向社会公开，受到广大群众及社会媒体的一致好评。

【法院自身建设】 2013年，全市法院创新工作举措，提升法院整体工作水平。

（一）大力推行新型合议庭改革，提升审判质效。优化司法资源配置，突出主审法官核心地位，充分发挥主审法官业务骨干作用，调动其他成员工作积极性，形成整体合力。明确主审法官与合议庭成员的职责，明确院长、庭长的监督管理职责，实现对合议庭的有效监督，解决合议庭“合而不议”、责任不明的问题，真正发挥合议庭的功能。金水法院实行办案标兵小组、荥阳法院推行主审法官负责制、高新法院实行“法官工作室”，效果初步显现。

（二）切实提升社会法庭工作。在总结社会法庭工作经验的基础上，制定《关于开展“社会法庭工作示范法院”工作的意见》，围绕“两完善”“两提升”“三结合”的目标，进一步推进示范社会法庭、特色社会法庭建设，提升法庭调处纠纷的工作实效。邀请中原区须水社会法庭社会法官张永生、荥阳市王村镇社会法庭社会法官马红兵、巩义市站街镇社会法庭社会法官牛丙午，举办社会法官经验交流会，加强社会法官之间的经验交流，提升社会法官调处纠纷的能力与水平。同时，选取社会法庭调处成功的典型案例、调处不成功的案例及原因分析汇编成《社会法庭案例选》，印发社会法官学习。专业社会法庭进一步完善。4月14日，河南省古玩行业社会法庭成立；5月18日，河南省涉外商事社会法庭成立。全年全市社会法庭共调处矛盾纠纷2701件，较好地发挥了纠纷第一道防线的作用。

（三）积极推进信息化建设，提升管理水平。全市法院坚持以信息化建设为“龙头”，立足科学管理，推动整体工作开展。巩义法院在全省法院率先实现了所有普通程序案件庭审“三同步、两公开”。新郑法院在6个法庭建立远程立案、电子签章和远程监控系统，建立并全面运行集面部识别门禁、即时通讯、综合监控、电子卷宗管理、绩效评价、人事管理等为一体的桌面办公内网系统，实现“四联三通一同步”。金水法院建成3个标准化科技法庭，进一步升级改造了信息化建设系统。

（四）持续深化法院文化建设，提升队伍凝聚力。注重思想引导，深入学习贯彻党的十八大和习近平总书记关于法治建设的重要论述，进一步增强做好法院工作的责任感、荣誉感、使命感，始终保持法院工作的正确方向和法官良好的精神状态。加强法官业务培训，组织开展法官大讲坛19期，邀请国内外专家学者、身边的先进典型与大家研讨司法前沿、传授经验，不断增强法官运用法治思维和法治方式化解矛盾和维护稳定的能力。创新讲坛形式，将法官大讲坛延伸到基层，邀请专家学者、优秀干警到基层法院进行巡讲；组织各基层院、市中级人民法院各部门召开法官小沙龙、小讲堂活动50余期，营造浓厚的学习氛围。

（五）推行“廉政亲情寄语”，传递正能量。将传统的伦理文化融入法院廉政文化建设，在全市法院推行“廉政亲情寄语”，将全市2700多名干警亲属亲笔书写的亲情寄语制作成标牌，悬挂在干警眼前，用亲人朴实的话语时刻提醒干警爱岗敬业、廉洁司法。在此基础上，开展“品寄语、谈感悟”活动，把干警亲属写给干警的寄语和干警品寄语的感悟，汇编成册，编印《亲情寄语》一书，供全院干警相互学习借鉴。在全市法院征集“廉政亲情寄语背后的故事”，用感人故事教育干警、感化干警。2013年初，省纪委将郑州市法院廉政亲情寄语做法拍摄成廉政公益广告，在省电视台、网络媒体播放，向社会各界传递司法正能量。

（张 巍）

司法行政工作

【概况】 2013年，全市司法行政系统以服务平安郑州、法治郑州建设为重点，以服务经济社会发展、保障改善民生为着力点，夯基础，强管理，破难题，促提升，统筹推进各项建设，圆满完成省司法厅下达的年度目标任务，整体工作继续保持在全省的领先地位。

【平安郑州建设】 2013年，全市司法行政系统始终把维护监管场所安全稳定放在首要位置，切实加强“五项机制”和“四防一体化”建设，不断规范领导带班值班、风险排查及重点时段、重点部位、重点环节管理，有效杜绝了各类安全隐患，实现了监管场所安全“四无”目标。认真贯彻“首要标准”，切实加强罪犯心理咨询、个别矫治和职业技术培训，225名罪犯获得国家承认的技能等级证书，获证率超过89%。积极推进劳教制度改革，组织人员赴北京、内蒙古、广东及省第二劳教所等省内外兄弟单位学习，调研形成了局属劳教所职能转型工作报告；在规定时限内依法解教在册在所劳教人员，没有出现引发炒作的情况。开展“社区矫正执法质量年”活动，社区矫正更为规范、科学、有序运行，矫正对象再犯罪率保持在1‰以下。切实加强对安置帮教对象的衔接管控，服刑人员信息核查率达99%，重点帮教人员和一般帮教人员接送率达100%和70%，有效杜绝了脱管、漏管现象，减少了社会不稳定因素。

【法治郑州建设】 2013年，全市司法行政系统认真落实郑州市“六五”普法依法治理规划，大力推进“法律六进”和法治文化建设，着力增强全社会学法遵法守法用法意识。全年共开展党委（党组）中心组学法971次，开展机关干部、中小学生、“两委”干部、“法律明白人”、大学生村官和企业经营管理人员法律培训35万余人次，组织717名县处级以上领导干部、15932名公务员参加了学法用法无纸化考试；对全市1273个法制宣传电子屏幕、2816个法制宣传栏、96个法制宣传长廊、40个法制宣传广场（公园）及时进行维护、适时更新内容。登封市建成1000余块法治视讯平台；新密市创作的豫剧《儿行千里》，唱响了反腐倡廉、执政为民的主旋律；管城区法治文化建设经验在全省推广。

不断深化法治创建工作，新郑市被命名为“全国法治县（市）区创建活动先进单位”，23家单位被命名为省级“法治乡镇（街道）创建工作先进单位”“十佳民主法治村（社区）”，178家单位创建成市级“民主法治村（社区）”“依法治校示范学校”。法治郑州建设根基更加坚实。

【人民调解】 2013年，郑州市司法局学习推广“枫桥经验”，联合河南电视台公共频道开展了“人民调解进社区”活动，一大批矛盾纠纷得以及时就地化解。扎实推进人民调解规范化建设，全市60家村（社区）调委会被评为“郑州市示范化调委会”、14个调委会被省司法厅授予“十星人民调解委员会”称号。积极推动人民调解队伍专业化、职业化发展，探索建立了全省第一支“首席人民调解员”队伍。强化人民调解经费保障，专职人民调解员生活补贴、调解业务经费、补助经费全部纳入市、县（市）区、乡（镇）办三级财政预算。全年累计发放人民调解经费5800余万元；专职人民调解员生活补贴平均达到563元，其中，金水区、管城区、上街区、中原区均达到800元以上，有效调动了人民调解员的调解积极性。全年累计调处各类矛盾纠纷60058件，调成58933件，调成率达到98%以上。

【法律服务】 2013年，郑州市司法局推动律师深度融入经济社会发展大局，律师担任政府和企业法律顾问达2052家；多位知名律师受市委邀请，参加征地拆迁、国企改制、劳动争议引发的重大群体性事件的分析研判；积极组织律师参与涉法涉诉咨询，开展“企业法律体检”活动，律师在经济社会发展中的地位作用不断提升。全年共办理各类法律事务87975起，咨询和代写法律文书45294件，参与调解和仲裁3454起，参加社会公益活动12358人次；信访接待群众2180多人次，协助平息上访165件，防止民转刑34件；促成107家律师事务所和17个街道司法所的结对服务；圆满完成了市律师协会换届工作。

公证实现办证数和办证收费双增长，全年共办理各类公证13.8万件，办证数和收费分别增长10%，减收残疾人、老年人公证费用143.5万元。

3月31日，调解进社区现场

司法鉴定意见采信率稳步提升，首次达到99.8%；全年共办理鉴定业务7632件，办理司法鉴定减免案件2705件，减免费用71.36万元，1362份鉴定意见为息诉罢访和复杂矛盾化解起到关键作用。

始终把组织好国家司法考试作为选拔优秀法律人才的重要基础，首次成立由市领导任组长、市直相关部门参加的考试领导小组，强化对考试工作的组织实施；启动考生入场和资格审查指纹身份认证系统，有效防范了替考等舞弊行为。省司法厅领导对此予以高度评价。

【法律援助】 2013年，郑州市法律援助案件实现“量质同升”，全年共受理各类法律援助8016件，与上年同比增长30%；办理刑事法律援助1660件，与上年同比增长105%；提供服务咨询66303人次，与上年同比增长21%；为当事人挽回经济损失4900余万元；法律援助案件回访率达100%，抽查率达20%以上，4起案件分别入选“河南省法律援助十大精品案件”和“河南省法律援助十大优秀案件”。农民工、军人军属法律援助及法律援助常识普及不断加强，应援尽援目标基本实现。郑州法律援助工作引起司法部的高度关注，特别邀请郑州市法律援助中心参与起草《法律援助法》，并将郑州市确定为全国法律援助案件质量评估试点城市，授予市法律援助中心“全国十佳法律援助单位”。省委常委、市委书记吴天君对此作出批示。

【新闻宣传】 2013年，全市司法行政系统坚持高起点谋划、高标准推进，不断增强新闻宣传的针对性、实效性，一大批高质量、上档次、有分量的新闻作品频频出现在中央电视台、《法制日报》《河南日报》等主流新闻媒体上。《让大墙更平安 让灵魂得重塑》《法律援助绽放“和谐之花”》《郑州三级织网夯实平安基石》《郑州首个法治文化公园亮相》《热衷为女性维权的“律政佳人”》等，以不同的视角全方位地展示了司法行政系统服务改革发展的新作为、新风貌，树立了司法行政队伍为民、务实、清廉的良好形象。

【长效机制建设】 2013年，全市司法行政系统围绕“深化、规范、提升”主题要求，认真落实市委、市政府决策部署，局党委多次召开会议，进行专题研究，加强顶层设计，强化督导实施。在局领导包一县联一乡的基础上，组织局机关全体党员干部下沉全市12个县（市）区和4个开发区的198个乡（镇）办，与县（市）区司法行政网格实现了无缝对接，建立起“横到边、纵到底、全覆盖、无缝隙”的管理网络。进一步理顺网格工作机制，修订完善了网格工作考评办法，采取油补、餐补等经费保障措施，为每名下沉人员新建个人业绩档案、制作群众联系卡，加强双向评议和个人日常工作考核，确保了个人工作职责在基层的有效落实，促进了党的群众路线的制度化。

（新红帅）

仲裁工作

【概况】 2013年，根据市社会管理和信访稳定工作领导小组制定的五年规划、三年行动计划和2013年工作目标，郑州仲裁委牢牢把握“办理精品案件，提升仲裁公信力”这条主线，着力开展提高案件质量、仲裁宣传推广、仲裁队伍建设、创新社会管理“四项工程”，仲裁活动得到进一步规范，办案质量明显提升，发展环境日益改善，“仲裁”品牌效应逐渐凸显。2013年，共受理案件3079件，标的额14亿元，化解了大量民商事纠纷，为中原都市区建设的健康发展创造了良好的法治环境。

【仲裁宣传推行】 2013年，郑州仲裁委坚持“推行仲裁法律制度是根本，融入市场经济是关键”的基本工作方针，认真总结宣传推行工作的经验，采取灵活多样的方法，加强仲裁法律制度的宣传推广，拓展仲裁发展空间，努力提升郑州仲裁的认知度。一是出台了《郑州仲裁委员会2013年宣传推广仲裁法律制度实施方案》，确立了宣传重点，优化了宣传推行机制，保证了宣传推行工作的有效开展。二是在重点行业和领域大力推行仲裁法律制度。2013年重点在非公有制企业和金融、知识产权、建设与房地产、保险行业等领域宣传推行仲裁法律制度，通过交流、座谈、培训等方式，大大提升了仲裁在这些领域的影响力，全年受理的金融业仲裁纠纷案件明显增多。9月，郑州仲裁委建设工程争议评审委员会正式成立，标志着郑州仲裁委建设工程争议评审工作进入具体实施阶段。

【提升办案质量】 2013年，郑州仲裁委以案件质量求生存、谋发展，倾力打造郑州仲裁公正、廉洁、高效的良好形象，创立郑州仲裁新品牌。一是修订完善了《提高仲裁“三率”的工作意见》，以提高“三率”为重点，制作重大事项办理流程图，并对裁决书制作规范、鉴定工作规定、简易案件文书样本等进行了修订完善，并严格执行，确保案件仲裁程序明了、责任明确、当事人明白，案件仲裁的标准化、规范化水平进一步提高，为提高仲裁的和解率、自动履行率、快速结案率奠定了坚实基础。二是加强案件的程序管理，要求秘书认真制作案件工作笔记，并多次开展案件评查、组织秘书上报案件审理进度一览表，以督促秘书办案。三是清理积压案件，查找积压原因，厘清思路，做好结案计划，及时结案以保证仲裁当事人的利益。四是加强办公自动化，要求办案秘书采用庭审电子化记录，提高工作效率。五是优化处室结构，整合人员力量，成立仲裁二处，加强了办案力量。六是充分发挥专家咨询委员会的作用，对重大疑难案件及时提请专家咨询委员会研讨，为仲裁庭办案提供可靠依据。七是继续加强与法院的沟通联系，对集中存在的问题与法院通过座谈会的形式进行交流，加强法院对仲裁工作的支持与监督。

2013年，共受理案件3079件，标的额14亿元。已审结案件2894件，结案率为94%；调解和解案件2771件，调解和解率90%；自动履行案件2740件，自动履行率89%；重新仲裁案件28件，其中包含22件大上海集团案件，案件重裁率1%；没有被撤销和不予执行的案件。简易案件平均审结期限49天，普通案件平均审结期限88天，远低于仲裁规则规定的两个月和四个月的审限，充分体现了仲裁公平、公正、快捷、高效的优势。

【仲裁调解】 2013年，郑州仲裁委在公正仲裁的同时，坚持调解优先，注意引导双方当事人在仲裁活动中变对抗争讼为协商解决，努力为当事人继续合作创造条件，为构建和谐社会做出贡献。一是尝试实行开门调解、立案调解、庭前调解、执行调解，实现调解工作贯穿办案全过程，突显仲裁调解优势，积极营造和谐仲裁，倡导双赢的理念，尽力做到案结事了。二是主动介入社会矛盾的热点和难点部位，利用仲裁调解化解纠纷，为当事人排忧解难。针对大量的交通事故争议赔偿纠纷，5月，郑州仲裁委办公室在交警六大队成立了郑州仲裁委员会交通事故赔偿争议中心第六工作室，这是郑州仲裁委办公室针对交通事故赔偿争议纠纷设立的第5个仲裁调解工作室，中心工作人员配合所在交警大队民警处理了大量的交通事故赔偿纠纷，使交通事故赔偿争议纠纷案件上访率明显下降。2013年共处理交通事故赔偿争议调解案件2538件。三是与省工商联通力合作、密切配合，成立了河南省工商联民商事调解中心，利用仲裁调解为省内非公有制企业排忧解难，2013年调解中心共处理案件29件。与郑州市汽车流通行业协会合作成立了汽车流通业仲裁调解中心，将仲裁调解服务引入到汽车销售、汽车租赁等汽车流通领域，既稳定了市场，也彰显了仲裁优势。

【仲裁队伍建设】 2013年，郑州仲裁委不断加强仲裁员和工作人员的业务培训。一是定期开展案例评析讨论和仲裁法律讲座活动；二是组织骨干业务人员参加新修订法律的学习培训，及时掌握最新法律动态，及时指导仲裁实践，不断提升业务水平和服务水平；三是举办三期仲裁员沙龙，特邀刘凯湘、王闯等法学教授来郑作专题演讲，进一步提升仲裁队伍的实务处理水平和开拓应变能力。

（连　欢）

政法大事及典型案例

【平安郑州建设】 2013年，郑州市始终把平安建设放到全市发展大局中谋划和推进，走出了一条具有郑州特色的平安稳定之路。坚持以人为本、服务为先，把提升人民群众安全感和满意度作为根本出发点和落脚点；坚持党政主导、政法牵头、行业参与、社会协同，着力破解平安创建的体制性、机制性难题，形成了平安创建人人参与、平安成果人人共享的良好局面；坚持统筹协调、标本兼治，建立了源头治理、动态管理、应急处置相结合的运行模式；坚持“以打开路、以打促防”，建立和完善了立体化、全方位的治安防控体系；坚持依法管理、综合施策，统筹运用各种手段化解矛盾、解决问题，不断满足人民群众的新期待、新需求；坚持加强基层、夯实基础，以“网格化管理”为引领，以“细胞工程”创建为载体，着力把基层政法综治部门打造成平安建设的前沿阵地和坚强堡垒，以基层平安促进大局稳定，有力夯实了平安建设的根基。

（一）进一步强化源头治理、动态管理、应急处置相结合的维稳工作机制，实现社会大局持续稳定。（1）切实做好情报信息工作。全市整合国安、国保、技侦、网监、信访、民委等部门信息资源，建立完善情报信息收集汇总研判机制。各县（市）区和市直各部门对重大、敏感信息能够做到在20小时以内，紧急信息在2小时以内及时上报。对确认的苗头性、行动性线索，做到“三不”（安排部署不过夜、及时稳控不漏管、跟进处置不松懈）。全年共获取各类不稳定信息近6000条，及时报送处理行动性信息1000余条，形成分析报告50余篇，为决策处置提供了有力支撑。（2）扎实开展社会稳定风险评估。制定出台了《郑州市社会稳定风险评估实施细则》和《郑州市社会稳定风险评估工作责任追究办法》等文件，对社会稳定风险评估工作的组织领导、评估范围、实施步骤及责任追究等相关事项作出了明确规定。全年共对涉及广大群众切身利益、可能造成矛盾隐患的220项重大事项决策进行了事前评估，评估率达到100%。（3）深入推进社会矛盾排查化解。充分发挥三级网格作用，建立市、县（市）区、乡镇（街道）、社区（村）四级联动机制，坚持县（市）、区每月、乡镇（街道）每10天、社区（村）每日对辖区不安定因素进行排查，以事前预防减轻事后处置压力，确保小事不出村、大事不出乡、矛盾不上交。1-11月，全市共排查出各类矛盾纠纷12709件，调成12228件，调处率97.1%，大量矛盾纠纷化解稳定在基层。（4）妥善处置群体突发事件。全市各级均成立了应急处置指挥部，按照"一区一方案、一事一方案"，制定工作预案。市级层面组建了一支由500名公安特警、200名保安队员和800名巡防队员组成的特别行动大队，各县（市）区分别建立了一支由公安、消防、巡防、保安、卫生救护等部门1000多人组成的应急处置队伍。全年共处置化解特殊利益群体各类不稳定事件565起4000余人次。（5）不断加大反邪教工作力度。全市共破获"法轮功"案件100起，抓获违法犯罪人员267人，打掉团伙41个，端掉活动窝点78处，收缴反宣品9万余份、设备147台（部）。积极开展对"全能神"邪教专项整治，基本查清了其在郑州市的构架和活动情况，摧毁了上层组织体系，抓获了一批骨干分子，全市批准逮捕69人，移送起诉42人，抓获"小区"以上骨干18人，为全省依法打击"全能神"邪教做出了重大贡献，受到中央和省委防范办的充分肯定。

（二）进一步强化打击防范、重点整治、管理服务相结合的平安建设工作机制，实现群众安全感持续提升。（1）严厉打击各类违法犯罪。全市以"四严一创"活动为载体，不间断开展"夜莺""雷霆"等一系列专项行动，把打击的锋芒对准严重暴力案件、黑恶势力犯罪和人民群众关注的"两抢一盗"等多发性侵财案件。全年共破获各类案件10473起，打击处理违法犯罪嫌疑人12775人。（2）发展壮大群防群治队伍。全市共建立乡镇级专职巡防队伍182支7323人，每个城市社区配备9人，农村每个乡（镇）不少于20人。1-11月，全市治安巡防队员共抓获各类违法犯罪嫌疑人及有劣迹人员853人，协助公安机关破获案件218起；扑救初起火灾375起。全市积极推广金水区、上街区平安志愿者经验，各县（市）区普遍建立1万人、各成员单位建立一定规模的平安志愿者队伍。参照"网格化"管理模式，实行实名制管理，日常工作做到"四有"（有登记、有内容、有标准、有奖惩），切实发挥平安志愿者队伍情报信息员、治安管理员、法制宣传员、安全检查员、矛盾调解员、帮扶救助员的作用。（3）建好用好技防基础设施。全年全市新增150个路口、200所学校和幼儿园、100个公交站点、45个高清智能卡口、滨河公园视频监控设施，实现了四环以内市管道路交叉口全面覆盖。（4）持续开展重点排查整治。各级各部门紧紧围绕排查整治五项工作重点，依托社会管理治安防控网格化体系，严格落实社区（村）每周、乡镇每半月、县（市）区每月组织一次集中清理清查；同时，针对发现的问题，建立工作台账，落实工作责任，及时进行整治。全年全市共排查重点县（市）区3个，重点乡镇（办）164个，重点村（社区）601个，县级挂牌整治10个、市级挂牌整治21个，除个别地区和个别突出治安问题正在整治外，其余全部整治到位，有效扭转了少数区域社会治安混乱的局面。（5）深入开展平安细胞创建。按照整合资源、条块结合、整体推进、注重实效的原则，以行业、系统和最基层的社会细胞为基本元素，全市全面开展15项平安建设"细胞工程"创建活动，构筑自下而上、从小到大，层层创建、逐级推动的平安郑州创建体系。通过创建一批"平安社区（村、组）""平安企业""平安校园""平安医院""平安家庭"等，以一个个"细胞"的小平安累积郑州市的大平安、大和谐。截至年底，全市共创建平安社区372个、平安村939个，创建率为51.9%，357家部门、企业和基层单位达到平安建设先进标准，基层平安创建效果进一步显现。（6）着力提升服务管理能力。全市建立完善社会管理"网格化"体系，推动工作重心下移、服务职能下沉、执法权限下放，将45388名干部、20余万名群众自治力量定格到网格中，通过主体化维护社会稳定、常态化开展防范治理、动态化管控重点人员、专业化开展便民服务，将治安防控和社会管理的触角延伸到基层每个社区、每个单位、每个楼院、每个家庭。《中央综治委综治动态》（〔2013〕第9期）以《河南省郑州市坚持"三先"强基础，网格管理创平安》为题，推广了郑州市基层网格化管理经验。

（三）进一步强化组织领导、机构人员、经费投入相结合的长效工作机制，实现各项保障措施到位管用。（1）落实经费保障。全市各级财政部门不断加大对平安建设经费的保障力度，将应由政府承担的经费全部纳入同级财政预算，并随着经济的发展逐步增加投入。市财政安排平安郑州建设资金17.9亿元（政法工作保障经费15.7亿元、政法系统基建项目资金2.2亿元）；市县两级财政累计投资2.4亿元用于技防建设，每年拿出1.2亿元用于专职巡防队伍建设；2013年共对全市35家先进单位、42家基层示范单位发放奖励工资6500余万元。（2）创新工作机制。通过建立完善乡（镇）街道分级管理、先进单位考核复核、综治实绩档案分类运用等机制，行业参与、社会协同，充分调动社会各界参与平安建设的积极性、主动性、创造性。市综治委、市委维稳办全年共组织开展社会治安重点地区暗访、敏感时期维稳工作督察、平安建设"细胞工程"创建活动抽查、"十万群众助雷霆"集中清理清查督察等督导检

9月11日，公安部督办打击拐卖妇女儿童"3·3"案件全国统一行动

查活动49次，有力地推动了全市综平安建设工作的深入开展。

（刘 茜）

【侦破“2012.12.17”盗窃保险柜案】 2012年12月17日，郑州市公安局柳林分局案件侦办大队接到报案，花园北路与连霍高速交叉口郑州郑德宝汽车销售服务有限公司财务室保险柜被撬，845981元现金被盗。

案发后，市公安局副局长李奎业、刑侦支队长马会强亲临现场指挥，抽调刑侦大队骨干侦查员成立专案组，迅速开展受害人回访、高危人群查控及重点路口设卡盘查等工作。经过大量的侦查取证工作，通过调取现场及周边监控录像判定，嫌疑人数至少为3人；根据现场环境和相关电子信息，发现了嫌疑人活动的基本轨迹。专案组根据各方面汇集的资料和线索，针对重点地区和重点部门开展盘查、走访工作，发现在郑州市东明路美术宾馆内曾有3名可疑男子入住，并准确查出其中1名犯罪嫌疑人的登记信息，经过反复查证，进一步确定了3人的重大作案嫌疑。

2013年1月5日，侦查员辗转湖南张家界、广东东莞、湖南常德等地，行程1000多公里展开大追捕，终将涉案的5名嫌疑人全部抓获归案。

经初步讯问，该入室盗窃团伙一般为3人组合实施入室盗窃，作案前就地准备作案工具，作案后把作案工具随手丢弃，作案时蒙面戴手套。专案组确定了几名嫌疑人在全国的活动轨迹，对类似案件进行串并，成功打掉湖南湘西籍特大入室盗窃犯罪团伙，抓获团伙成员5人，破获郑州和浙江、河北等省发生的盗窃保险柜、入室盗窃案件十余起，涉案金额达150余万元。

【侦破公安部督办“2013.3.3”打拐专案】 2012年8月29日，郑州市公安局中牟县局接群众举报：有人在中牟县商业宾馆四楼一房间内贩卖3名婴儿。中牟警方迅速出警，经过2个多月的侦查，将常小学（男，39岁，中牟县人）、齐良围（男，43岁，中牟县人）两名嫌疑人抓获。经过审讯，常小学、齐良围二人供述“8·29”案件的婴儿多由另外4名云南籍犯罪嫌疑人贺永华、彭天芬、刘高田、杨光英提供。经过4个月的缜密侦查，警方发现贺永华等人多次到河南、河北、山东等地贩卖婴儿，一个涉及全国多省的重大贩卖妇女儿童犯罪团伙浮出水面。这一情况的发现，引起了郑州市公安局的高度重视，随即于2013年3月3日成立“3·3”打拐专案组，由郑州市公安局副局长李奎业任指挥长，刑侦支队支队长马会强、中牟县公安局局长牛健任副指挥长，抽调刑侦支队、中牟县公安局等多个部门精干警力30人成立专案组，开展专案侦破。

通过提审已到案的常小学、齐良围，运用多种侦查手段，4月15日凌晨，专案组在中牟县农机宾馆抓获了云南文山籍犯罪嫌疑人贺永华、张正美和中牟籍犯罪嫌疑人闫志发，当场解救被拐来的1名越南籍未成年少女，1对越南籍母婴。专案组乘胜追击，经过跟踪、守候，于4月26日晚在郑州火车站一举抓获正在进行贩婴交易的犯罪嫌疑人刘天福、谭永志、王啓兰、权友兴、罗庭辉，当场解救1名男婴。

经过分析研判信息10万余条，赶赴云南、广西等地行程5万多公里，专案组最终梳理出案件线索200余条，锁定犯罪嫌疑人190余名，发现该犯罪网络涉及越南和云南、四川、山东、广西、广东、福建、浙江等十余个省份。鉴于案情重大，专案组将案件情况逐级上报至河南省公安厅、公安部。2013年6月25日，公安部将该案列为全国“打拐”专项行动第430号督办案件，指导协调全国相关公安机关整体联动，全力侦破。

而通过对上述嫌疑人的审讯及各种信息的分析、研判，多轨并查、信息源之间相互印证，专案组又相继发现并抓获了中牟籍犯罪嫌疑人吴小堂、刘甲瑞、高丽红、李新国、张清顺、杨甲席。通过网上追逃，于2013年7月27日在云南文山抓获犯罪嫌疑人青方方，8月10日在云南文山抓获犯罪嫌疑人杨自华，8月13日在河北石家庄抓获犯罪嫌疑人彭天芬。按照公安部部署，9月11日晚22时，该案在全国11个省区开展了统一集中抓捕解救行动。

在本案侦破过程中，郑州市公安局中牟县局共抓获主要犯罪嫌疑人37名，解救被拐妇女、儿童31名，破获拐卖妇女、儿童案件27起，查扣涉案车辆2辆，查获赃款35000余元。在集中行动中，全国共抓获拐卖妇女、儿童犯罪嫌疑人301人，解救被拐卖儿童92人，解救被拐妇女2名。

（王 静）

人民武装

郑州警备区

【概况】 2013年，郑州警备区紧紧围绕强军目标，坚持务实创新、持续用力、完善提升，圆满完成了年度各项任务，全面建设呈现出整体提升、稳步推进的良好局面。全年先后参与完成济南军区联合防卫作战要素集成课目演练、“前卫－2013E”动员演练、承担“阳光理财”试点等多项任务。被济南军区表彰为“民兵武器装备仓库达标建设”先进单位，被济南军区国动委表彰为“国民经济动员成规模成系统规范化建设”先进单位，被省军区表彰为“军事训练先进师级单位”“新闻报道先进单位”“财务管理先进单位”。

【思想政治建设】 2013年，郑州警备区着眼学习贯彻党的十八大精神，注重理论灌输与典型引导相结合，扎实开展“坚定信念、铸牢军魂”主题教育。采取“3+1”和问题牵引模式，组织党委中心组和基层理论学习，深入开展“学习贯彻党章、弘扬优良作风”学习实践活动，制定加强自身作风建设措施、规定，党委机关和领导干部作风建设不断改进。警备区政治部被省军区表彰为“先进政治机关”。下发了《警备区帮抓团级党委班子建设方案》《关于加强干部队伍教育管理的意见》，扎实开展干部集中学习培训，探索实践“9+1”教育管理模式，干部教育管理规范化制度化水平进一步提高。参加军区师团职干部考核，党委委员全部合格，党委常委全部优秀。围绕中心工作和重大任务开展新闻报道成绩突出，被省军区表彰为“新闻报道先进单位”。

【军事斗争准备】 2013年，郑州警备区按照省军区《军事斗争准备五年规划》要求，突出战备建设和训练考核。投入140.7万元对市民兵训练基地进行大规模升级改造和配套完善，圆满完成了济南军区民兵装备管理集训保障任务。积极参与战区联合防卫作战要素集成课目演练、“前卫－2013E”动员演练，应急队伍和应急机动指挥控制平台经受了检验，组织指挥的信息化、实战化水平得到有效提升。圆满完成了保障大规模作战战役机动夜间联合支援保障试点任务，形成“四个一”试点成果。以迎接济南军区国防工程检查为契机，对全区399条国防工事逐条进行了摸排检查，共梳理出6大类40条问题工事，协同各管护单位进行了整改。配合许昌军分区调查处理了1010号、1005国防工事受损案件，协调处理地方项目涉及国防工程8起。制订了《关于加强训练落实的措施》，狠抓体能、射击、指挥技能常态训练，现役干部军事素质大幅提升。参加省军区团级单位主官“大考核、大比武、大排名”活动，团体综合成绩获第3名，个人综合成绩前15名中郑州警备区占7名。迎接济南军区年度军事训练工作检查考核成绩突出。被省军区表彰为“军事训练先进师级单位”。

【国防动员】 2013年，郑州警备区积极推进“十二五”基干民兵组织规划调整，认真开展各类队伍组织整顿工作，全市编建基干民兵队伍基本达到了布局合理、结构优化、编组科学、人员落实、装备配套、训练有素的目标要求，国防后备力量队伍建设质量有了提高。利用总部《现役部队预编预备役士兵信息管理系统》，对全市现役部队预编兵员任务进行了认真核实、核对，切实摸清预编任务底数，协助部队组织了海军预编预备役人员点验。完满完成省国动委首次赋予市经动办、科动办和信动办担负国防动员专业队伍编建任务，认真开展了新区（开发区）建立武装工作机构试点，试点做法得到上级认可。

【兵员征集】 2013年，郑州警备区科学应对兵员征集时间调整改革，高质量完成4000余名兵员征集任务，其中大学生占40.3%，居全省首位，兵员质量较往年提升明显。在全市设立382个固定兵役登记站，选派500余人深入全市200余所各级各类院校进行征兵政策解读，派出180余个流动登记组，入户上门逐一进行核实登记，全市新登适龄青年18.3万余人，发放兵役登记证30余万个，兵役登记率达到98.1%。采取各单位自查、警备区普查、随机抽查相结合的方式，在全区深入开展了廉洁征兵“三查”活动，共查找出16个问题、制定了22项整改措施，确保人人自查自纠，分级审查过关。坚持“城乡一体、同役同

6月17日，郑州警备区在郑州大学进行征兵政策解读

酬、逐年增长”机制，狠抓优抚政策落实，各县（市）区集中发放优待金1.32亿元，在济南军区地级市中标准最高、数量最大、发放最实。

【基层建设】 2013年，郑州警备区按照重点整顿、普遍帮抓、上下联动、贯穿全年的思路，认真开展“三个抓一遍”活动。采取分类试点、现场观摩、对照整改、检查验收的方法，较好地规范了人武部的“四个秩序”。狠抓“四部五员”建设，抬高了人武部建设标准。结合参加民主生活会、征兵检查等时机，对团级单位进行两轮“三查三考”活动，有力促进了帮抓工作落实。结合半年党委扩大会，开展“大亮相、大晾晒、大讲评”活动，对团级单位建设情况和机关科室工作进行全面分析讲评，进一步营造了创先争优的浓厚氛围。深入开展基层武装部规范化建设达标创先活动，取得良好成效，多个经验做法被省军区转发。

【后勤保障】 2013年，郑州警备区按照打仗型后勤要求，加强专业保障分队建设和后勤战备设施配套完善，应急应战保障能力有效提升。被济南军区国动委表彰为“国民经济动员成规模成系统规范化建设”先进单位。持续探索职工队伍“教、管、训、用”新模式，初步形成了创先争优氛围。严格组织新式军车号牌换发和公务用车整治，清理不合理用车19台。认真落实党委理财、审计监督等制度，年初对7名离职主官进行经济责任审计，年底对团级单位经费开支情况进行检查，经费使用管理更加规范有序。承担济南军区“阳光理财”试点任务，加大行政消耗性和接待费开支的审核力度，机关办公费、差旅费、接待费、水电费开支下降36%。被省军区表彰为“财务管理”先进单位。

【双拥共建】 2013年，郑州警备区按照省军区融合式发展“三进入”要求，以“双四”活动为载体，组织广大民兵积极参与郑州市“三大主体”工作，组织应急分队参与郑州市创新社会管理实践，赢得地方党委政府和人民群众广泛赞誉。发挥自身优势，协调市领导和相关局委现场办公，帮助军工企业解决科研、生产中遇到的实际困难。邀请信息工程大学教授作国防形势报告，强化地方领导的国防观念。成立郑州市拥军支前保障领导小组，周密制定保障方案计划，为过境部队机动提供有力保障，《解放军报》头版头条对郑州市军民保畅通进行报道。积极推动师职军休干部医疗待遇落实，为1212名师职军休干部发放了优诊卡，受到上级好评，新华社《国内动态清样》、济南军区《要讯》刊发了郑州市的经验做法。

【安全管理】 2013年，郑州警备区坚持教育领先、制度规范、技术保障、督导讲评的思路，通过专项整治，促进各项安全规定全面、经常落实。认真开展“五项整治”，突出抓好“人、车、枪、弹、密、酒、钱”管理。积极推进安全文化建设，将安全文化建设融入思想政治建设、文化生活、战备训练、重大任务和日常管理，不断提升安全建设层次。坚持“六项制度”，深入开展“六个一”和“六查六清”活动，严密组织隐患排查。民兵武器装备仓库管理安全无事故，接受四总部联合工作组检查，评价良好，被济南军区表彰为“民兵武器装备仓库达标建设”先进单位。认真组织报废弹药转运移交和销毁，分三批安全转运移交8类、237吨报废弹药，就地销毁引信51000枚，做到了安全顺利圆满完成。

5月10日，郑州警备区组织全市各县（市）区民兵应急分队进行拉动演练

【参与济南军区联合防卫作战要素集成课目演练】 2013年6月中旬，警备区出动1个民兵应急分队，参与了济南军区联合防卫作战要素集成课目演练。受领任务后，警备区迅速拟制了演练方案和脚本，组织民兵120人，冲锋舟、桥梁道路抢修器材等60余件，动用应急指挥车、卫星转播车、微波通信车等各类车辆10余台，冲锋舟6艘，在黄河公路大桥进行近两个月的强化训练和相关准备，先后组织实兵合练16次，迎接济南军区验收5次，受到上级的充分肯定。

【保障济南军区“前卫-2013E”动员演练部队顺利过境】 2013年10月31日上午，参加济南军区实兵检验性军事演练的驻豫某师多路途经郑州，向指定地域实施远程机动。郑州市党政军民紧急动员，迅速启动支前保障预案，3个小时内筹措各类物资、资金近百万元，出动警力150余人，集结民兵1600人，出动车辆及工程机械31台，开设24个医疗救护、油料补给、军粮供应、拥军服务站点，26支民兵应急分队按时抵达指定地点进行定点保障，圆满完成了道路交通、油料添加、车辆抢修、物资供给、现场警戒等参战支前保障任务，为演练部队顺利机动提供了有力保障。郑州市副市长张学军和郑州警备区司令员尚守道、政委刘贵新等冒雨到连霍高速郑州北服务区，对参演官兵进行了亲切慰问，并送上10万元慰问金和价值10万元的慰问品。

【开展全市民兵应急队伍紧急拉动演练】 2013年5月10日上午，郑州警备区组织对全市各县（市）区人武部民兵应急队伍进行紧急拉动，2000余名民兵认真参与每一项考核。此次考核利用一天时间，以多样化军事任务为背景，采取不打招呼、随机抽查、集中点验的方法，对各县（市）区人武部带一个民兵应急连进行指挥所出动演练。通过拉动点验，检验民兵组织整顿效果，进一步提升了民兵应急队伍规范化建设水平和遂行任务能力。

（马 涛）

武警郑州市支队

【概况】 2013年，武警郑州市支队认真贯彻总部党委重大决策指示，紧紧围绕总队党委“四个一流”目标和“三句话”要求，全面打基础、稳中求发展，部队建设取得长足进步。支队党委被武警部队表彰为先进党委。10项工作榜上有名，25名官兵受到总

10月13日，武警总部司令员王建平到武警郑州市支队视察

部、总队和地方党委政府的通报表彰。先后迎接武警总部司令员王建平，副司令员薛国强、戴洪生，副政委张瑞清等8位总部首长视察调研，对支队建设均给予了充分肯定。

【思想政治建设】 2013年，武警郑州市支队着眼举旗帜、铸警魂，大力加强思想政治建设。一是用理论武装固根本。以《两个学习读本》为教材，集中7天时间，组织读原著、听报告、谈体会，深刻学习理解十八大、十八届三中全会和习近平主席系列讲话精神，坚定了“三个自信”。举办《党章》知识竞赛、理论热点大家谈、学习“两本”展评，抓好经常性学习，提高了官兵政治素养。学《党章》知识竞赛活动获总部组织奖。二季度中心组理论学习做法被总队转发。12篇理论学习文章被军内外报刊网站刊登。二是用主题教育铸警魂。广泛开展“坚定信念、铸牢警魂”主题教育活动，举办“坚定信念听指挥、履行使命作贡献”主题征文、“增强战备观念、弘扬战斗精神”影视展评和“铸军魂、强斗志、谋打赢”歌咏比赛；收看芦山抗震报道、神十飞天实况、太空授课录像和《苏联亡党亡国20年祭》《金门战役检讨》，深化了教育效果，教育做法被总队转发。三中队指导员董旭辉被总队评为十佳“四会”优秀政治教员。三是用思想文化解难题。开展“珍爱生命”专题教育，下发谈心活动指导意见，邀请河南大学教授做心理辅导，严密组织“十二类人员”排查，通过电视会议系统同全体新战士集体谈心，为身体患病、家庭受灾、亲人涉法官兵提供经济和法律援助，稳定了官兵思想。开展“传统电影进课堂、英模故事大家讲、经典歌曲人人唱”群众性娱乐活动，做法被《解放军报》报道；参加总队“六项”文化活动比赛，名列前茅，拍摄的微电影《抉择》在全军业余DV短片创作比赛中荣获全军优秀奖、武警部队一等奖，与香港青少年开展文化交流，提升了河南武警形象。

【执勤处突与军事训练】 2013年，武警郑州市支队聚焦“能打仗、打胜仗”，全力抓好核心军事能力提升。一是在规范勤务中提升。协调召开警卫勤务处置情况研讨会、省政府和市委警卫工作联席会，完善了省政府和市委安保体系部署；开展3次执勤隐患拉网式排查，进行4次执勤分队网上业务培训，组织执勤带新，落实常态化网络和实地检查，稳步推进规定外执勤目标撤勤工作，执勤秩序更加规范。警卫分队成功处置群体性上访、外来车辆冲闯目标等事件。二是在真打实备中提升。按照“箭在弦上，引而待发”要求，完善各级处突预案，出台三级战备值班实施办法，多次组织野营拉练，加强情报收集，部队保持良好戒备。年初以来，圆满完成省市“两会”警卫、郑州退休职工企图堵塞陇海铁路事件备勤、黄帝故里拜祖大典现场安保、中甲联赛现场机动备勤、高考阅卷现场警戒、敏感时期现场情报侦察、“8·19”大规模群体性上访备勤处置、市公安局“保平安、创和谐”雷霆行动等临时勤务。支队真打实备的做法在《武警报》头版头条刊登。在总队中心工作网上法规知识竞赛中，武警郑州市支队取得第一名的好成绩。三是在大抓训练中提升。召开年度开训动员大会，落实训练奖励机制，重奖训练尖子。落实机关和直属队每日1小时军事训练，分3批组织营以下警官和执勤分队官兵集中轮训，新建8处训练馆棚，提升了训练质量。在总队特战百日大练兵活动综合考核中，武警郑州市支队取得第二名。聚力抓好新训工作，党委召开3次议新训会议，成立1名常委、2名部门副职和85名干部骨干组成的新训队伍；认真贯彻总部首长一封信精神和武警河南总队司令员沈涛检查新训大队作出的重要指示，开展了“十个一”送温暖和新兵“三查”活动，及时退换不合格兵员。

【部队正规化建设】 2013年，武警郑州市支队突出抓安全、保稳定，不断加大依法从严治警力度。一是坚持安全意识常强化。支队领导经常利用网络和下部队之际，问兵情、查险情、看实情，时时处处提醒事故预防。基层各单位认真开展安全形势分析、安全法规学习、安全文化熏陶、安全救护训练等活动，定期组织心理咨询和防火、防触电、防自然灾害、防训练伤等技能培训，提高了官兵安防意识和能力。二是坚持日常行为常规范。开展“条令法规学习月”活动，组织正规化管理观摩，两次完善《支队机关管理措施》，拍摄《基层一日生活制度规范》录像片，机关每月评比颁发卫生流动红旗和奖金，提升了支队正规化建设水平。武警郑州市支队在总队网上队列会操和条令知识竞赛中取得第一名。三是坚持安全隐患常治理。按照总队明确的10个方面70个问题，深入开展安全大检查活动，查出的142处问题全部得到整改。严密组织“两官”教育整顿，出台《加强兵员管理工作实施办法》，明确了兵员使用、调动权限、用兵程序。建立值班室手机信息平台，适时发布安全险情提示，制定《私家车管理规定》，坚持每月车辆违章抄告，严格手机、印章管理，提升了安防系数。

【现代化后勤建设】 2013年，武警郑州市支队坚持抓建设、保中心，扎实推进现代化后勤建设。一是应急保障能力持续增强。完善后勤应急保障预案，规范应急指挥机构编成，补充应急战备物资，开展后勤岗位练兵和业务技能竞赛，应急保障能力不断提升，在新兵野营拉练、“卫士”系列演习和敏感期战备等任务中得到检验。二是现代后勤建设持续推进。以现代后勤建设试点为契机，为机关新建了单身公寓，改造了干部、士官家属临时来队公寓；在机动大队完成了食堂和浴室改造，安装了空气能地热系统，实现了集中办伙；建成营区自助银行、超市，开通远程医疗系统，有效解决了基层官兵生活难题。三是服务保障效益持续增强。认真落实后勤管理12项规章，积极开展伙食指导、先进食堂和优秀炊事员评比竞赛活动，深入推广自助餐和小菜腌制，

武警郑州市支队紧贴任务抓训练

提升了伙食质量；充分发挥信息系统功能，严格车辆和枪弹管理，确保重点部位安全；积极做好H7N9禽流感预防，扎实抓好巡诊和官兵体检活动，确保了官兵身心健康。

【基层武警建设】 2013年，武警郑州市支队注重抓经常、打基础，全面提升基层建设层次。一是严格落实《纲要》。完善支队落实《纲要》考核评估机制，增加经常性、基础性工作的分值，引导大家干在平时、争在平时。按照分层次竞争、按比例升降的评比原则，坚持季度考核和双向讲评，严格每月优秀士兵评比实施办法，打破论资排辈和人为因素，激发了各个层面的争先创优热情。坚持落实好《总队经常性工作规范手册和画册》，逐中队过，督导组查，防止了问题反弹。支队按照“三句话”指导抓建做法在总队基层建设经验交流会上作了介绍。二是着力建强班子。年初新的支部班子调整后，进行岗前培训，每季度组织六个工作组集中帮建，半年对起色不大的班子重点帮建，“三个能力”得到提高。坚持逢会考党务知识、现场看会议演示、调阅支委会记录等办法，规范了党务工作。落实每季度常委上党课制度，利用网络查党日活动，在党支部、党员队伍中开展创先争优活动，促进了支部战斗堡垒和党员先锋模范作用的发挥。三中队党支部被总队评为“标兵党支部”。武警郑州市支队在总队廉政党课评比中获得一等奖。三是狠抓干部素质。针对营职、连职干部队伍动力不足实际，围绕“保持积极乐观心态、正确面对困难挫折”集中授课，开展“进退如何看、将来怎么干”讨论活动，积极为转业干部协调理想单位，有效激发了工作热情。深入开展“聚焦打胜仗、大练基本功”和“七小”活动，组织“四会”政治教员评选，进行网上执勤业务培训和军事动作会操，结合重大任务锤炼，能力素质不断提高。

【党委班子建设】 2013年，武警郑州市支队着力强班子、正风气，不断加强党委班子建设。一是把班子思想净化好。扎实开展“学习贯彻党章、弘扬优良作风”教育和“树立正确理念、明辨是非界限”学习讨论，围绕“四查四看”“五个想一想”，开展批评与自我批评，公开承诺表态，立说立改立行，作风得到根本好转。班子思想教育做法被《解放军画报》报道。二是把根本制度坚持好。坚持用民主集中制统一思想，规范工作，正确决策。严格按“十六字”方针议事，科学民主依法决策，党委在确立建设思路、干部转业调整、重大经费开支等敏感事项上，发扬民主、公开透明，支队没有发生过一例乱告状现象。三是把工作作风转变好。严格执行作风转变各项规定，3次组织领导和机关干部蹲连当兵，开展“强化法纪观念、反对拜金主义”教育，组织“会员卡”专项清理和“五超”问题治理。至年底，违规住房清退完毕，超标、超编车辆全部封存，调整16名机关超编干部到基层任职。支队住房清理工作做法被总队转发。

（吴　君）

人民防空

【概况】 2013年，郑州市人防工作在河南省人防办和郑州市委、市政府、郑州警备区的正确领导下，全市人防系统干部职工团结拼搏，真抓实干，人防综合指标始终位列全省首位，全市人防建设的基础结构进一步夯实，人民群众对人防工作的关注度、支持度进一步提升。郑州市人防办先后被表彰为“全国通讯报道先进单位”“济南军区人防训练比武竞赛优胜单位”“省政府管理人防建设责任目标考核优秀单位”“省人防系统责任目标考核优秀单位”，获得“全省人防工作综合奖”“全省人防训练比武竞赛活动优秀组织奖”。

按照军委主席习近平“能打仗、打胜仗”要求，严格落实平战应急一体的战备值班制度，狠抓机关“准军事化”训练，在日常训练的基础上，进行了封闭式拓展训练。进一步健全机构，新组建成立郑州市人防工程管理维护中心，各项工作逐步理顺；郑州市人防工程质量监督站独立开展工作，全程参与郑州轨道交通的工程质量监督和专项验收。通过省财政厅非税收入检查和市人大部门预算编制工作检查，及时足额上解省人防办经费，在市财政部门预算中安排80万元人防经费。

【人防工程建设及地下空间开发】 2013年，郑州市人防办坚持集体决策、严格把关、规范审批，依法强化人防工程建设和地下空间开发工作。市本级审批地下空间面积500万平方米（含人防工程），审批结建防空地下室面积120万平方米，竣工防空地下室面积29.49万平方米。持续推进秦岭路人防工程后续建设，工程建设范围的控规通过专家评审。新郑市中兴广场大型平战结合人防工程开工建设。二七区德化街地下人防工程采用逆作法施工，完成主体工程建设。人防工程建设全面超额完成河南省政府下达给郑州市政府的工程建设目标任务。

【人防组织指挥建设】 2013年，郑州市人防组织指挥建设着眼实际。一是在市级防空袭方案的基础上，完成县（市）区和乡（镇）办事处两级防空袭方案修订、评审、报批工作。二是在郑州警备区的直接领导下，对相关专业队伍进行了组织整顿。三是组织治安专业队200人进行为期两天的集中训练，并通过移动指挥平台参加全省观摩演练。四是依据郑州市防空袭方案，完成辖区内多个重要目标防护方案的编制修订工作，邀请南京陆军指挥学院教授，针对疏散方案和重要目标防护等方面内容进行专题培训。五是依据疏散安置方案，11月23日组织郑州市73中学与荥阳市乔楼中学进行临战疏散与安置模拟演练，并召开临战疏散安置研讨会，对疏散安置方案进一步完善。

【人防指挥通信】 2013年，郑州市人防信息保障体系建设进展顺利。一是新装部分电声警报，建成区警报音响覆盖率达99%，各县（市）建成区警报音响覆盖率达95%。二是超额完成户外多媒体多功能新型警报器的推广。第一批新型警报器主要安装在一些地标建筑、公共场所和政府机关，取得了良好的宣传效果。三是9月18日组织参加全省统一警报鸣放活动，鸣响率达100%，市本级和各县（市）区结合警报鸣放组织广场宣传活动，中牟县还在电子科技中专进行了防空应急疏散演习。四是完成人防指挥自动化系统软件数据库的录入工作，建立了完善的人防信息资源数据库。五是组织指挥通信专业技术人员开展岗位练兵和专业技术比武活动，落实训练计划，提高业务技能，并多次参加上级组织的演练拉练活动，移动指挥平台参加了济南军区“前卫-2013E”动员演练。

获得全国人防比武竞赛计算机标图第二名的刘琳琳在竞赛现场

【人防工程管理】 2013年，郑州市人防工程管理成效显著。一是进一步做好开放人防工程供群众纳凉工作。各纳凉点免费提供桌椅、纯净水、扑克、象棋、报纸、杂志和居民防空防灾应急手册等，让群众在纳凉、休闲的同时，增加防空防灾应急知识。《河南人防》刊发了金水区纳凉工作纪实，管城区南仓街纳凉点堪称精品样板。二是进行早期人防工程的维护和加固工作，对中原区国棉三厂、四厂和管城区新郑路、布厂街早期人防工程进行了重大隐患整治。三是抓好人防工程的防汛抢险和防汛演练工作。建立人防防汛工作分包督察制度，完善人防防汛指挥体系，确保防汛队伍能够拉得出、用得上、防大汛、抢大险。6月27日组织实施了近十年来全市首次人防工程防汛抢险实战演练，检验了队伍，提升了能力，增强了凝聚力，是郑州市城市防汛工作中的一次新突破，受到省人防办和市政府的充分肯定。四是抓好人防工程安全管理的督察工作。联合郑州市消防支队对全市人防工程进行了消防安全检查，把事故隐患消灭在萌芽状态。

【人防行政执法】 2013年，郑州市人防法制建设实现突破。一是组建政策法规（综合执法）处。二是坚持人防法律法规的学习和宣传。创新领导干部学法机制，采取“重学习效果，轻学习形式”的模式，提高了领导干部学习法律法规的积极性。三是建立健全行政执法责任目标内部考评机制，建立工作台账，按照规范性文件、行政合同、重大决策、行政审批、行政处罚等事项，对所属执法机构、处室及其执法人员进行了日常和年度考评，切实提高执法人员能力水平。四是初步建立行政审批权、质量监督权、工程使用权和行政处罚权“四权分离”机制，积极探索适合郑州市实际情况的人防工程使用权制度改革，并在调研学习的基础上拟定前期文本。五是按照上级要求进一步深化行政审批制度改革，经合并下放后，市本级仅保留3项审批事项。六是切实加强依法行政。严格按照重大行政决策规则，确保各项重大决策均符合程序和规则，市人防办再次被郑州市政府表彰为“依法行政工作先进单位”。

【人防宣传教育】 2013年，郑州市人防宣传教育突出实效。一是各县（市）区积极开展“五进”示范单位创建工作，至年底全部完成省级示范点建设任务并通过省人防办检查验收。二是开展人防教育优质课评比活动，创建人防教育优质课示范点，在省人防优质课教学评比中获得全省二、三等奖各一名。三是围绕人防中心工作，结合“防灾减灾日”“警报鸣放日”“法制宣传日”等组织大型广场活动，广泛宣传人防工作的新成果、新特点、新举措，营造了全社会关心支持人防建设的良好氛围。四是配合完成国家人防办“我身边的人防——法律的利刃”法制宣传片拍摄任务，讲述了郑州市人防办大力开展人防执法、维护《人防法》权威的事迹，在央视七套“和平年代”栏目播放，在全国引起较大反响。五是组织放映并为各县（市）区配发人防电影科教片《居安思危，备战人防》，完成在各级刊物上的文章发表任务。六是组织全体干部职工到北京大学进行集中学习轮训，为今后拉高标杆、提高站位谋划、开展工作打下坚实的基础。

【人防比武竞赛】 2013年，郑州市人防系统积极参加全国人防比武竞赛活动，全员训练、全员选拔，周密组织、严格施训，以练促训、优中选优。全人员、全专业、全要素参加省人防办组织的预赛，13人进入河南省集训队，5人代表河南省参加济南军区组织的对抗赛，2人参加国家人防办组织的汇报展演竞赛，指挥通信处刘琳琳获得比武竞赛全国单项第二名。通过此次比武竞赛，涌现出了一大批“六通”型领导干部、“六会”型机关干部和“六能”型技术骨干，全市有4人受到国家人防办表彰、10人次受到济南军区表彰、14人次受到河南省人防办表彰。各县（市）区涌现出一批先进典型，金水区人防办王一鸣被济南军区、省人防办分别通报表彰，并作为获奖代表参加了全省人防办主任会议。

（王 玮 马睿丰）

城乡建设与环境保护

CHENG XIANG JIAN SHE YU HUAN JING BAO HU

◎建设行业管理

◎城乡规划与管理

◎市政建设与管理

◎火车站地区管理

◎园林绿化与公用事业

◎城乡环境保护

建设行业管理

综 述

【概况】 2013年，郑州市城乡建设事业坚持以科学发展观为指导，全面贯彻落实党的十八大、十八届三中全会精神，紧紧围绕全市"三大主体"工作，全力推进"畅通郑州"工程建设，积极谋划建筑行业转型升级，努力推进监管体制改革创新，各项工作均取得较好成绩。其中，三环快速化工程高架主线南、西、北3个方向建成通车；京广快速路一期、107辅道下穿工程获得国家市政工程金杯示范奖，工程建设管理水平达到国内一流；建筑业产值突破千亿大关，经济支柱地位更为凸显；监管职权合理下放，市区两级管理体制更加科学高效；绿色建筑多项政策先后出台，建筑节能事业前景广阔；国内首部建设安全主题影片《生命无价》全国公映，开创业内先河。

【市政重点工程建设】 2013年，市建委按照"畅通郑州"三年行动计划，紧紧抓住全市新型城镇化建设提速提质、全面推进的历史机遇，坚持以"环形+井字"快速路网建设和188条支线路网打通为重点，加强组织领导，先后成立18个项目部，创新管理体制机制、注重绩效管理和效能督察，全面开展劳动竞赛、质量观摩和安全评比。中心城区市政道路建设顺利推进，全年累计完成投资152亿元（含拆迁），同比增长11%。三环快速化工程完成投资89亿元，占投资总额的81%，高架主线3个方向于2013年12月28日正式贯通，其中西三环航海路立交东西方向、北三环下穿铁路编组站辅道段先后于2013年4月8日、5月15日建成通车。陇海快速路主体工程建设与管线迁改同步展开全线推进，完成投资4亿元。京广快速路二期工程南北段同期开工，完成投资2.24亿元。黄河路下穿铁路编组站工程稳步推进，主体建设接近尾声，累计完成投资3.12亿元，占总投资额的78.8%。3个下穿中州大道隧道工程进入盾构掘进阶段，累计完成投资3.47亿元，占总投资额的23%。紫荆山路南延工程道路部分开工建设。188条支线路网打通工程征迁工作总体完成，开工105条、完工50条。市区13座跨南水北调主干渠桥梁工程进展顺利，6座基本竣工、7座主体基本完工，累计完成投资11亿元。金水路、花园路—紫荆山路准快速化、西三环北延、南三环东延等工程项目前期准备工作快速推进。县域路网新改建道路里程498公里，城十字景观大道建设全面启动。

2月27日，市建委召开郑州市城乡建设行业管理工作会议

【房屋征迁】 2013年，郑州市围绕解决交通拥堵、棚户区改造、拓宽城市发展空间等系列民生问题，坚持依法征迁、合理征迁，全年完成国有土地上征收总面积75.61万平方米，涉及5594户。完善征收条例配套政策，出台《郑州市国有土地上房屋征收补偿费用管理暂行办法》（郑征办〔2013〕27号）、《国有土地上房屋征收决定样本和征收国有土地上房屋征收与补偿协议样本（试行）》（郑征办〔2013〕98号）。加强征收补偿方案审核与备案，全年审核征收补偿方案12项，备案各区下发征收决定16个。加强征收补偿费用监管，全年监管费用4153万元，返还监管资金4301.2万元。积极参与市政重点工程房屋征收，认真完成京沙快速通道、支线路网打通、三环快速化、金水路西延、南水北调跨线桥、"一河两岸"提升工程、金水路下穿工程、陇海路快速通道工程等"十大工程"拆迁协调工作。

【村镇建设】 2013年，郑州市及时调整重点镇布局，按照突出新市镇、调整重点镇、提升其他（乡）镇的原则，出台了《郑州市人民政府关于以新型城镇化为引领协调推进小城镇建设发展的意见》（郑政文〔2013〕226号），将全市39个重点镇调整为27个（不含巩义6个），更加注重小城镇发展的质量和效益。加快村镇基础设施和重点项目建设，涉及27个重点镇的162项基础设施建设项目全部建成，完成投资20.3亿元。加强村镇垃圾收集处理体系建设，74个建制镇生活垃圾中转站、37辆后装式垃圾压缩车运行良好。加强农村危房改造，成立郑州市农村危房改造工作领导小组办公室，建立周汇报、月例会、季评比和现场督导等制度，积极争取上级奖补资金，努力提高乡镇积极性和群众思想认识，全年争取中央资金2325万元，完成农村危房改造3100户。

（陈恩军　朱书伟）

4月8日，三环快速化工程重要节点项目——西三环航海路立交工程郑少高速方向实现通车

建筑业管理

【概况】 2013年，全市完成建筑业产值1121亿元，同比增长14.8%。建筑业企业总数达到2027家，其中总承包企业509家、专业承包企业1251家、劳务分包企业267家；招标代理机构149家；装饰装修企业423家，占全省装饰企业总数60%以上。从业人数75万余人。累计施工工程2582个，竣工15061个；累计施工面积8943万平方米，竣工2262.75万平方米。

【建筑市场规范管理】 2013年，郑州市建设行政管理部门加大建筑市场管控力度，全市建筑市场秩序进一步规范。研发资质管理系统，加强动态考核。严格市场准入清出制度，全年清出不合格建筑施工企业306家。严把二级建造师初始、变更注册初审关，防止骨干队伍和一线技术工人无序流动，全年审核4071人。积极开展装饰装修行业依法施管与市场调节可行性研究，不断激发市场活力。提高预拌商品混凝土准入门槛，促进行业健康发展。规范建筑劳务市场，依托“郑州市建设劳务信息平台”，加强建筑劳务市场监管，严格落实建筑劳务用工实名制，取消不合格劳务企业5家。畅通投诉、处理渠道，全年解决拖欠民工工资和工程款投诉150起，涉及金额1.8亿元。

【招投标监管】 2013年，市建设工程交易中心累计交易工程2560项、同比增长46%，交易额突破500亿元、同比增长56%，通过招投标节约资金25.5亿元、资金节约率为5.1%。其中，市建委监管项目530项、同比增长32.5%，交易额160亿元、同比增长12.6%，节约资金8亿元，资金节约率为5%；高新区、经开区、市重点项目办、铁路局、水务局等部门监管项目2030项，交易额达到340亿元，节约资金17.5亿元、资金节约率为5.14%。郑州市建设行政主管部门积极完善电子评标系统，市建委监管的施工类招标项目已全部采用电子标书和计算机辅助评标系统。做好专家入库、抽取服务和动态管理等工作，全年新入库专家198名、专家库总人数达5510名；提供专家抽取服务1243项，出席6037人（次）；暂停半年评标资格专家7名，建议省住建厅取消评标资质1名。加强招投标代理机构管理，建立信用档案，规范招标代理行为，全年登记造册133家代理机构、1546名从业人员。

【工程质量监管】 2013年，郑州市深化建设工程质量监督模式改革，推进参建行为标准化建设，加强监测、监理行业管理。坚持精品引路，前移监督关口，开展质量通病防治，突出对省市重点工程、轨道工程、民生工程的监管。全年质量监督到位率、竣工工程合格率继续保持100%，监督工程新增768项，面积1404.8万平方米；监督竣工验收578项，面积786.9万平方米；市政监督工程新增43项，监督竣工验收56项。深入开展巡检工作，全年巡查市区在建重点工程125项，面积225.59万平方米。全面实施工程质量监督标准化建设，研究编制《建设工程质量监督检查标准化手册》，细化实体质量、主体行为、原材料、资料等监督内容。加快信息化建设，工程质量监督综合信息服务平台投入运行，实现全市“同城同网同平台”目标，提高了工程质量监督信息化、规范化程度。积极为重点工程保驾护航，加强对保障房、城中村改造、轨道交通工程、市政重点基础设施工程的质量监管。加大行政执法力度，执法提请率达到100%，结案率达到90%以上。加强精品工程培育，全年创鲁班奖1项，国家市政金杯奖3项，省“中州杯”奖53项，省“市政工程金杯”奖3项，省“市政公用优良工程”4项。

【建设安全监管】 2013年，市建委严格落实企业主体责任，加大隐患排查整治力度，深化应急救援，严防重特大事故，强化科技兴安，拓展安全生产信息化管理范围，提高企业自控能力。全年监督建设工程463项、单体962项，建筑面积1680万平方米。开展安全生产、文明施工大检查9次，安全生产专项整治5次。加强日常巡查检查，全年查处各类事故隐患及文明施工问题11659条，下发隐患整改通知书2658份，整改率达到100%。全年安全生产形势比较平稳，事故发生率、死亡率同比下降33.3%，未发生较大以上安全生产事故。建设工程安全生产、文明施工标准化建设不断创新，组织编写了《郑州市建设工程施工安全生产标准化管理实施指南》和《郑州市建设工程项目施工安全管理资料软件》，进一步提高了安全监管标准化、规范化水平。高度重视安全监督信息化建设，开发建筑起重机械安全监督管理系统和安全监督移动执法终端，达到国内领先水平，获河南省安监局安全生产科技成果二等奖，并在全省推广使用。积极推进安全生产监管立法工作，制定《郑州市建设工程安全生产文明施工监督管理规定》（草案），被市人大法制委、市政府法制办列入2014年立法保证项目。创新安全教育宣传模式，组织拍摄国内首部建设安全题材电影《生命无价》，受到有关部委及从业人员好评。扎实推进企业文化，创新推广“施工现场红色驿站”，充分发挥其网格管理、基层党建、依法维权作用。

【文明施工管理】 2013年，郑州市将扬尘污染综合整治与城市管理整治提升相结合，建立了全面、详细的整治标准和考评体系。同时，加强源头管控，将扬尘污染整治纳入开工前安全条件审查内容之一，要求工程开工前必须编制施工扬尘专项控制方案、必须有环保部门审批的环境影响评价文件、必须与市建委签定《郑州市“蓝天”工程建筑工地控制扬尘污染目标责任书》。2013年，市建委采取明查暗访、日常巡查、综合督察、月考评、季通报、年总评等方式，加强对全市房屋建筑、市政基础设施、轨道交通等工地的督察考评，全年查处问题3100余条，下发整改通知单490份、督察通报56期，整改率达到100%，有效降低了建筑工地扬尘对城市空气质量的影响，全年创省级文明工地66项，市级标准化工程125项。

按照中央文明委城市文明程度指

数测评和市文明办要求，市建委在全市开展了以环境卫生、工地围挡、公益广告整治为重点的建设工程专项整治工作，印发了《郑州市建设工程2013年度全国城市文明程度指数测评专项整治工作方案》（郑建文〔2013〕108号），与市文明办联合下发了《郑州市建设工程施工现场围墙公益广告、大门、出入口设置标准》（郑建文〔2013〕157号），深入推进建设工程环境卫生和文明施工管理，巩固提升全国文明城市创建成果。

【违法建设查处】 2013年，郑州市建设行政主管部门积极规范行政执法案件审理，全年立案行政处罚案卷261起，下达处罚决定298起，罚款金额2682.3万元。其中，通过坚持查管并举、协同执法、规范执法，发挥基层三级网格作用，发挥媒体舆论导向作用等举措，坚决制止违法建设行为，全年立案调查违法建设工程88项、涉案当事人205个，工程面积488万平方米、造价96亿元，下达处罚决定书125份、罚款2492万元。

【审批制度改革】 2013年，市建委按照郑州市第十轮行政审批制度改革要求，积极减政放权，将郑州市集体土地上及区政府投资主导的安置房建设项目的监管权限，主要包括工程报建、招标投标、合同备案、工程质量与安全生产监督、工程造价管理、建设活动执法等方面，下放到市内各区建设行政主管部门，并按照“传、帮、带、督、管”的原则，协助各区组建了相关机构和执法队伍。同时，积极简化行政审批程序，取消审批事项2项，将审批流程压缩为3个，办结时限最多被压缩至7个工作日以内，建设工程施工许可、竣工验收备案被纳入郑州市并联审批窗口，实行“一门受理、并联审批、即时或限时办结”制度，全年受理各类行政审批事项4746次，应办结事项办结率为100%。

（陈恩军　朱书伟）

建筑节能

【概况】 2013年，郑州市严格执行居住建筑节能设计标准，中心城区民用建筑节能标准执行率、实施率均为100%，新增节能建筑814.8万平方米、可再生能源建筑面积204.4万平方米、既有建筑节能改造8.4万平方米。统计上报了2374栋建筑基本信息及550栋建筑能耗信息。强化顶层设计，印发了《郑州市人民政府关于加快发展绿色建筑的意见》《郑州市可再生能源建筑应用推进方案》《关于推广应用复合钢筋混凝土剪力墙（简称CL体系）和混凝土保温幕墙建筑体系实施方案》，绿色建筑、可再生能源建筑应用及CL和混凝土保温幕墙结构体系推广顺利，20万平方米在建项目、90万平方米设计项目应用了CL和混凝土保温幕墙结构体系。加强示范项目管理，按期督导太阳能光电建筑应用示范项目、“光电惠豫”示范项目推进情况，及时拨付上级奖励资金1950万元。

【墙体材料革新】 2013年，郑州市新型墙材总产量达到58亿标砖，节约标煤36万吨、二氧化碳减排154万吨、废物利用566万吨、节约耕地638.07公顷。市区新型墙体材料专项基金征收资金1.27亿元，征收率为100%，其中返还0.29亿元，返还比率为84%；各县（市）和上街区征收率均达65%以上。加强新型墙材确认产品管理，对确认产品逐一进行动态考核，为72家企业安装了远程监控设备。整顿规范蒸压加气混凝土砌块行业，全年新增企业4家，新增产能4.5亿标砖。抓好新型墙材执法，检查在建项目412个，杜绝黏土砖使用。巩固城市“禁黏”乡镇“禁实”工作成果，新密大隗镇、新郑和庄镇、荥阳高山镇、中牟姚家镇通过省住建厅“禁实”验收，被命名为“郑州市禁实乡镇”。

【散装水泥、预拌混凝土、预拌砂浆“三位一体”发展模式】 2013年，郑州市建筑行业散装水泥、预拌混凝土、预拌砂浆“三位一体”发展模式良性推进，推广量分别达到1095万吨、1129万立方、75万吨，实现了城市建成区“禁现”90%以上的目标，为郑州市节约资源和保护环境创综合效益4.9亿元，节约标煤25.15万吨，减少粉尘污染11万吨，减少二氧化碳排放71.38万吨。散装水泥专项资金征收完成1600万元。巩义、荥阳通过省发展散装水泥第三批示范县（市）复验，郑州各县（市）、区均被省商务厅评为“河南省农村发展散装水泥示范县（市）”，农村各乡（镇）散装水泥网点供应覆盖率达80%以上。

（陈恩军　朱书伟）

勘察设计业管理

【概况】 2013年，郑州市建设行政主管部门积极发挥勘察设计和标准定额约束作用，进一步开放勘察设计市场，鼓励“引进来”“走出去”，提高施工图审查质量，严格执行建筑节能标准、抗震设防规范，大力推广高强钢筋。全年完成工程勘察合同、设计合同、营业收入分别为6.9亿元、32亿元、49亿元，增长10%、14%、11%。纳入郑州市属地化管理的勘察设计企业有280家，其中甲级资质80家、乙级163家、丙级37家。施工图设计文件审查机构6家，其中一类审查机构4家、二类2家；从业人员2.5万人，注册执业人员5000多人。

【标准定额管理】 积极开展计价制度改革。2013年，郑州市建设行政主管部门以《全国统一市政工程预算定额（GYD-304-1999）》（第四册隧道工程）为依据，开展隧道交通工程定额编制，已完成初稿编制和测算工作。持续开展建设劳保费专户管理工作，全年收缴建设劳保费用4.84亿元、增长63%，拨付3.79亿元。做好标准定额日常管理，完成定额缺项子目补充批复6项，累计公开发布4期工程造价指数和12期主材价格信息，积极为政府决策、行业发展等提供参考。加强造价员管理，全年完成职业资格初始注册4457名、变更注册2946名，发放年审证章15000人次，开展继续教育，培训人员4100名。

（陈恩军　朱书伟）

6月16日，市建委在绿城广场举行“建筑节能与墙材革新”户外宣传活动

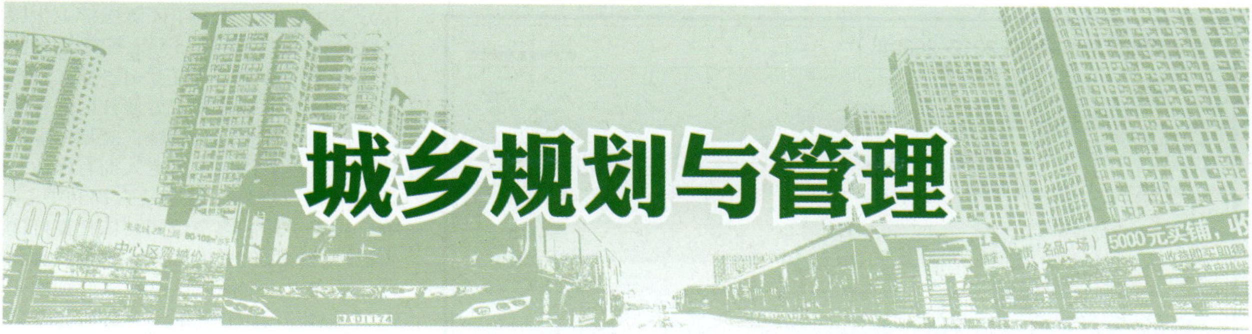

城乡规划与管理

城乡规划编制

【概况】 2013年，郑州市规划部门共报批规划95项，其中编制并经审批、审定的三化协调布局规划2项，总体规划3项，六线规划1项，片区控规2项，建设项目（街坊）控规近40项，城中村改造控规13个，合村并城控规9个，城市设计4项，重大交通规划18项，专项（市政）规划 3项。

【《郑州都市区总体规划（2012-2030年）》】 2013年9月，《郑州都市区总体规划2012-2030年》获得市政府审批。为进一步探索新型城镇化背景下的大都市发展模式，优化郑州都市区空间格局，深化完善《郑州都市区空间发展战略规划》，指导郑州都市区的规划建设，引导都市区功能分区、交通导向、产业布局、人口分布、生态环境保护等协调发展，2012年4月郑州市人民政府组织编制了《郑州都市区总体规划（2012-2030年）》。规划期限为2012-2030年，其中近期至2015年。规划范围：本次规划范围为郑州市行政辖区，总面积7446.2平方公里。职能定位：国家中心城市、国际航空大都市、世界历史文化旅游名城、中原经济区核心增长区。发展目标：构建田园都市、构建畅通都市 、构建宜业都市、构建宜居都市、构建魅力都市、构建创新都市。人口规模：至2030年，都市区常住人口规模控制在1300万人以内；近期至2015年，常住人口规模控制在950万人以内。城镇建设用地规模：至2030年，都市区建设用地规模控制在1400平方公里以内；近期至2015年，建设用地规模控制在1100平方公里以内；至2030年，都市区人均城镇建设用地控制在107.7平方米以内。空间形态：延续上位空间发展要求，遵循生态优先的原则，形成郑州都市区“一带两翼两轴”的开放空间形态。一带：沿黄文化旅游生态产业带。两翼：西南山地丘陵生态旅游区与东南平原现代农业示范区。两轴：沿连霍高速公路、陇海铁路等交通干线形成的东西向发展轴；沿京港澳高速公路、京广铁路等交通干线形成的南北向发展轴。空间结构：构建“一主、三区、四组团、26个新市镇”的多中心、组团式空间结构。一主，主城区；三区，东部、南部、西部三个新城区；四组团，巩义、登封、新密、新郑四个外围组团；26个新市镇，即回郭镇、竹林镇、小关镇、米河镇、西村镇、涉村镇、颍阳镇、大金店镇、告成镇、大冶镇、宣化镇、超化镇、大隗镇、刘寨镇、白寨镇、辛店镇、观音寺镇、梨河镇、高山镇、王村镇、广武镇、贾峪镇、万滩镇、雁鸣湖镇、姚家镇、黄店镇。空间管制：将都市区范围内用地划为禁止建设区、限制建设区和适宜建设区三个区域。

建设用地布局及规模：2030年，都市区居住用地约408平方公里，居住用地占建设用地的比例为30.4%，人均居住用地面积32.9平方米；规划公共管理与公共服务设施用地总面积156平方公里，占建设用地的比例为11.2%；工业用地总面积约196平方公里，占建设用地的比例为14.6%；仓储物流用地总面积约46平方公里，占建设用地的比例为3.4%；规划商业服务设施用地约85平方公里；绿地与广场用地总面积约187平方公里，占建设用地的比例为13.9%，人均用地面积15.2平方米。

非建设用地：都市区范围内非建设用地分为水源保护地、湿地、风景名胜区、森林公园、生态林地、生态廊道、旅游休闲用地、生态农业用地。在饮用水源周边200米-500米范围划定15处水源保护地控制边界，面积共计70平方公里；东至巩义西至中牟规划定黄河湿地，东部新城绿博组团以东郑汴中央公园人工湿地，面积共计约230平方公里；都市区划定15处风景名胜区边界，面积共计620平方公里；在城市功能区外围、自然山体周边、工矿开采区、煤炭开采区规划布局32处森林公园，面积共计540平方公里；在自然山体周边、江河源头区、水土保持区、滞洪区周边布局6处生态林地，面积共计1100平方公里；规划生态廊道包括组团间隔离廊道、交通廊道、市政设施廊道、生态水系廊道四类，面积共计1120平方公里；在城市功能区的外围近郊区，规划布局4处旅游休闲用地，面积共计60平方公里。

现代农业发展与布局：都市区现代农业分为都市农业、高效农业和休闲

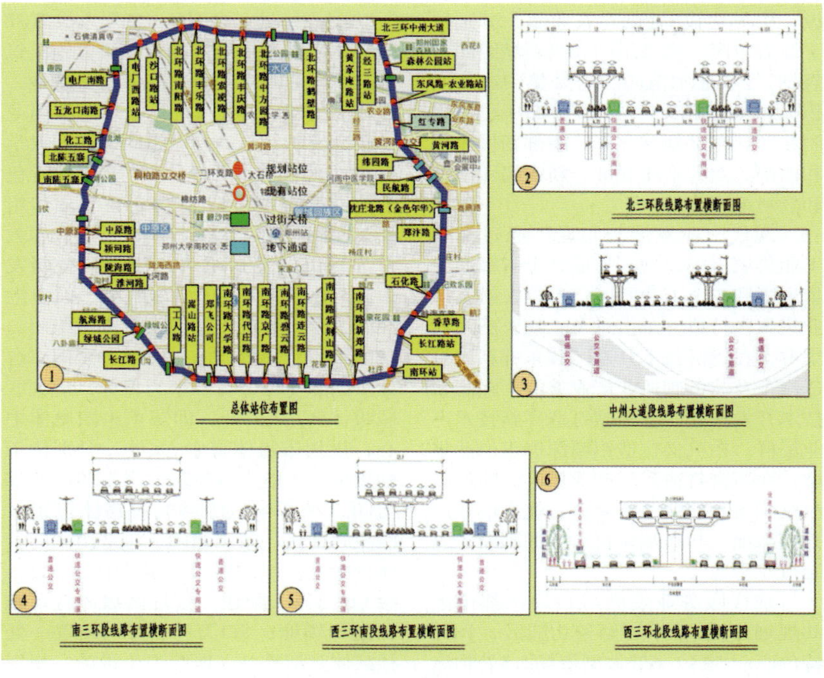

郑州市三环BRT快速公交规划示意图

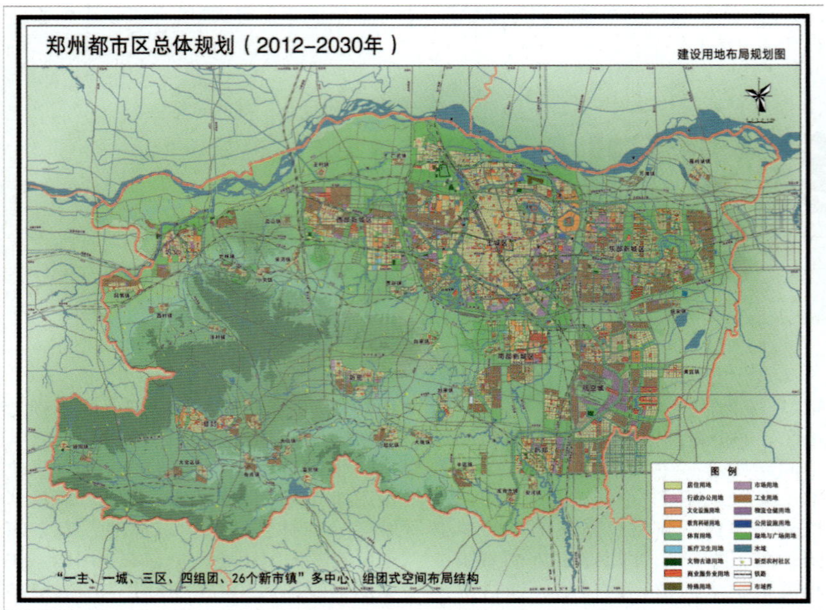

郑州都市区建设用地布局

观光农业三类，都市农业区主要分布在核心功能区、外围组团和新市镇各级城镇建设区周边，依托河流防护带及组团间的隔离带等生态廊道发展；高效农业区主要分布在核心功能区外围的南部新城东部、新密组团东南和登封组团东、西部；休闲观光农业区主要分布于北部沿黄地区、嵩山、具茨山等西南山地丘陵地区；规划9处品牌农业园，主要涉及蔬菜、花卉、水果、水产等，其中包括西部新城北部的河阴石榴、东部新城北部的大闸蟹、南部新城东部的西瓜和西部的大枣、城南组团的樱桃、巩义组团北部的黄河鲤鱼、新密组团东北部的金银花、登封组团西部的核桃等；规划5处循环农业园，分别位于东部新城北部、南部新城南部、登封组团南部和巩义组团东部；结合文化创意中心的建设，引导建设3处创意农业园，分别位于绿博组团、惠济组团和高新城组团；规划7处农业示范园，每处集中连片面积在2000公顷以上，主要分布于惠济组团北部、东部新城北部、南部新城东部和西部、西部新城北部、新密组团南部和登封组团北部。

现代工业发展与布局：通过引导工业集聚进园，规划形成15个省级产业集聚区和40个工业园区；重点在航空产业集聚区打造电子信息及生物医药产业集群，在经济技术开发区和东部新城打造汽车及装备制造业产业集群，在高新技术开发区和西部新城打造高新技术产业集群，在巩义打造铝精深加工产业集群，在新密打造耐材产业集群。建设以汽车装备制造业、新材料、航空产业、铝精深加工和高端耐材为主的国家先进制造业基地。

现代服务业发展与布局：都市区共规划建设8处中心商务功能区、18处特色商业街区、6处大型市场、5处物流园区、5处文化创意中心、3处旅游服务中心、3处游客集散中心和8条品牌旅游线路。

公共管理与公共服务设施：规划公共服务设施用地156平方公里，占城市建设用地的11.2%，人均12.2平方米。规划省级行政办公中心一处，位于东部新城白沙组团；规划市级行政办公中心一处，位于中心城区西部西流湖地区；规划县（市）区级行政办公中心16处；规划新市镇级行政办公中心26处。文化设施，规划区域级文化中心一处，位于东部新城白沙组团；完善与建设郑东新区河南省艺术中心、西流湖地区、航空港经济综合实验区文化中心、惠济荥阳故城、上街—荥阳四库—河地区、登封“天地之中”历史建筑群等为代表的6处市级文化中心；规划组团级文化中心25处；每3万-5万人设置片区文化活动中心一处，每1万-1.5万人设置社区文化活动站一处。教育科研设施，打造全国职业教育中心、高等教育基地，形成高等教育中心2处，即郑东组团龙子湖高校园区、高新城组团以郑州大学为中心的高校集中区；形成各具特色的职业教育中心4处，分别位于白沙组团、龙湖组团、上街组团以及以武术教育为特色的登封组团；规划科技研发中心5处，分别位于白沙组团、航空港经济综合实验区中部组团、老城组团、荥阳组团。体育设施，以承办全国综合性及国际专项体育赛事为目标，规划区域级体育中心1处，即郑东组团奥体中心；规划市级体育中心6处，分别位于刘集组团、航空港经济综合实验区北部组团、经开区组团的航海路体育馆、西流湖地区、荥阳组团、惠济组团的省体育中心；规划组团级体育中心25处；每3万-5万人配建一处片区级体育设施和健身场地；每1万-1.5万人设置一处社区体育活动站。医疗卫生设施，规划区域级医疗卫生中心3处，规划5处市级医疗卫生中心，规划组团级医疗卫生服务中心25处；每3万-5万人配建片区医疗卫生服务中心；每1万-1.5万人设置一处社区卫生服务站，方便社区居民的日常使用。社会福利设施，规划养老床位11万张，平均每千名老人拥有床位数达到35张；规划区域级社会福利中心1处，位于主城区惠济组团，依托良好的自然环境建设优质的养老、康体设施；规划市级社会福利中心3处，分别位于白沙组团、荥阳组团、西流湖地区；规划组团级社会福利中心25处，结合组团中心适当建设专业化的组团级养老护理机构；在有条件的基层社区建设托老所、老年活动室等老年活动设施，每3万-5万人设置一处养老院，每1万-1.5万人设置一处托老所。

文化特色与遗产保护：构建郑州商都、嵩山历史建筑群、古荥汉文化、黄帝故里、河洛文化5个历史文化片区的整体保护格局。

市政基础设施：都市核心区新建水厂17座，改扩建水厂3座，供水能力达到447万立方米/日；外围组团新建水厂5座，改扩建水厂1座，供水能力达到75万立方米/日。至2030年，都市核心区新建污水处理厂14座，改扩建污水处理厂4座，污水处理规模达到333万立方米/日；外围组团新建污水处理厂7座，改扩建污水处理厂1座，污水处理规模达到43万立方米/日。至2030年，在城市功能区河道下游修建8座雨水调蓄池，总容积达到133万立方米，雨水利用率达到30%左右，雨水利用量达到8000万立方米/年。新建新力、九龙、北郊、南郊、健康城、赵家寨、港区燃气及新郑8座电厂（热电厂），扩建郑东、泰祥、荥阳、豫联、新密、裕中及华润7座电厂（热电厂），规划期末电厂总装机容量达26729兆瓦；扩容郑州变、官渡变、嵩山变3座现状500千伏变电站，新建郑南变、郑北变、领航变、经纬变、黄店变、登封变、将军变及武周变8座500千伏变电站，总容量达44000兆伏安，容载比约为1.8；新建346座110千伏变电站，总容量达67373兆伏安，其中主城区新建147座110千伏变电站，总容量达34150兆伏安，容载比约为2.1。至2030年，都市区共建设3座长途通信枢纽及70座通信汇接局；建设中国联通中原数据基地及中国移动河南数据中心，作为全国区域性互联网数据运营中心、云计算中心。至2030年，都市区共建设4座邮件枢纽中心及75座邮政中心支局。至2030年，都市区集中热源项目达到55座，供热规模18343兆瓦；都市核心区在现状15座集中热源基础上，新建、扩建26座集中热源，总供热规模达到14858兆瓦（不包括调峰、企业热源）；外围组团在现状2座集中热源基础上，新建6座集中热源，总供热规模达到2633兆瓦；新市镇新建16座集中热源，总供热规模达到852兆瓦。

新建郑州南生活垃圾卫生填埋场（3000吨/日）、小桥沟垃圾填埋场（600吨/日）、刁家镇生活垃圾填埋场（1000吨/日）、牌坊庄、西土桥、曹庄垃圾填埋场（各600吨/日）、上街、巩义、新密、登封垃圾填埋场（分别为500、650、600、600吨/日）；新建新郑有机垃圾高温堆肥场（500吨/日）、刁家镇生活垃圾堆肥场（500吨/日），扩建八岗乡污泥处理厂（900吨/日），新建郭店静脉工业园、郑州南生活垃圾资源回收厂；新建韩寺垃圾燃烧发电厂（1000吨/日）。

【《惠济区古荥镇总体规划（2012–2030年）》】 《惠济区古荥镇总体规划（2012–2030年）》于2013年12月23日获郑州市政府批复。规划范围在古荥镇行政辖区内，总面积72.67平方公里；规划建设用地集中控制在黄河风景名胜区以南、索须河以北、京广铁路以西、镇界以东，北四环路和环城铁路两侧的范围内，面积21.93平方公里。城镇性质定位于国家历史文化名镇；沿黄文化旅游服务基地；郑州都市区汉文化特色休闲区。规划城镇规模至2015年，城镇人口规模为6万人左右；至2020年，城镇人口规模为10万人左右；至2030年，城镇人口规模为20万人左右。规划建设用地方面，至2030年，控制在21.93平方公里，人均建设用地109.63平方米。其中，规划至2015年期间，规划建设用地控制在7.28平方公里，人均建设用地121.32平方米；至2020年，规划建设用地控制在12.60平方公里，人均建设用地126平方米。规划结构方面，规划形成全镇域“两带、四轴、两心、四区”的布局结构。两带是沿枯河南岸的东西向沿黄生态景观带以及历史文化带。四轴是沿西四环路和北四环路的两条交通拓展轴；沿轨道交通18号线和沿安定路的两条功能发展轴线。两心即在绿达路、金樽路两轴线交汇地带形成镇域休闲服务中心；在古荥镇南部的安定路与红松路交汇地带形成旅游服务中心。四区是以枯河、北四环路和西四环路为分割，形成北部的黄河风景名胜区、中部的休闲居住区、西南部的旅游服务区和东南部的汉文化园区。

【郑州市交通政策重点项目】 郑州市交通政策重点项目于2013年4月24日获批复。为科学、顺利推进郑州市“畅通郑州”工作，市规划局按照市委、市政府要求，组织开展郑州市交通政策重点项目研究，包括综合交通整治研究、公交系统优化、交通资讯手机软件系统开发应用等3个子项目。综合交通整治研究提出并论证了金水路准快速化工程、花园路准快速化工程等一系列工程措施及交通信号系统优化、单行道系统设计等交通管理模式，系统性地给出了治堵策略和工作内容。公交系统优化结合地铁1号线、2号线的开通，统筹调整常规公交线路、站点布局，配合地铁线路配置公交干线以方便公交客流接驳换乘，最大限度提升公交体系的服务能力，增强公交吸引力，合理引导交通出行结构。交通资讯手机软件系统开发应用通过整合公交公司、交警支队、交运集团、停管中心等单位现有数据资源，开发出能够提供实时路况信息、公交运行动态信息、长途客运场站及班线、停车场分布等信息的手机软件应用系统，便于向市民发布实时交通信息，提高交通系统运行效率。

【郑州市107辅道快速路工程规划】 郑州市107辅道快速路工程规划于2013年11月5日获市政府批复。该规划结合城市快速路网布局，为城市东部南北向快速通道，北接公铁两用桥，南至绕城高速，向南延伸后接入新郑市，是南北向客运大通道。为了适应城市框架向东发展的需求，107辅道将作为城市三环快速路的东段，构成城区客运环线，分担部分中州大道交通压力。规划高架层为城市快速路，双向8车道；地面层为城市主干路，标准段双向8车道；高速公路出入口立交3座，互通立交6座，分离式立交2座；上下桥匝道8对；东西向隧道5处。

【郑州市中州大道快速路工程规划】 郑州市中州大道快速路工程规划按两个阶段实施，第一阶段为北三环中州大道立交南北延伸段高架工程优化方案，第二阶段为中州大道一标（航海路–通惠街）道路工程规划优化方案，两方案分别于2013年2月、11月获市政府批复。郑州市中州大道快速路工程规划结合中心城区快速路系统，通过新建立交及高架道路等形式强化其交通功能，以形成完善的快速路体系。该工程在现有道路基础上，规划新建丰产路至大河路段、陇海路至南三环段高架桥及中州大道北三环全互通立交，沿线设置上下桥匝道以实现与地面道路交通转换便捷通畅。

【郑州市南四环至郑州南站城郊铁路工程规划】 郑州市南四环至郑州南站城郊铁路工程规划于2013年月10月获市政府批复。该规划将郑州市南四环至郑州南站城郊铁路工程同地铁2号线一期工程终点南四环站连接，向南经过龙湖、华南城、港区起步区、机场等区域进入郑州南站，线路全长44.15公里，其中高架线长18.2公里，地下线长25.95公里，设车站19座，平均站间距为2.32公里。城郊铁路建成后，初期与2号线贯通运营，远期可分别向东、西两个方向延伸。工程初期设车辆段一座，占地面积约32公顷。线路由北向南先后串联了龙湖组团、华南城组团、航空港北部片区及机场、郑州南站。

【郑州市轨道交通1号线沿线站点交通接驳规划】 郑州市轨道交通1号线沿线站点交通接驳规划是轨道交通顺利运营的重要组成部分，规划于2013年8月5日获市政府批复。该规划有效加强了轨道交通与其他交通方式特别是常规公交的紧密结合，充分实现了城市轨道交通建设的综合效益，保障了城市轨道交通的可持续发展。市规划局在对轨道交通1号线一期工程沿线站点现场调研的基础上，主要针对沿线18个轨道交通站点周边接驳设施进行规划。共规划公交场站12个，其中近期实施公交场站为6个，现状保留公交场站1个，远期规划公交场站5个。规划小汽车接驳停车场4处，以截留外围地区进入中心城区的小汽车交通量，缓解中心城区的交通压力。同时结合轨道交通站点，规划新增或迁移部分公交停靠站，设置出租车停靠站等接驳设施，提高各种交通方式与轨道交通的换乘效率，建设便捷、安全、舒适、环境优美的接驳系统。

【郑州市三环线快速公交（BRT）规划】 郑州市三环线快速公交（BRT）规划于2013年7月获市政府批复。该规划在快速路设计方案的基础上经过系统研究对BRT公交专用道及站台、线路、运营车辆等进行了合理布局，规划内容包括设置BRT公交专用道45公里；设BRT站台83座；主运营线路1条，支线运营线路12条。主线运营车辆为180辆18米客车，支线运营车辆为310辆12米客车。

【文博广场地下空间控制性详细规划】 文博广场地下空间控制性详细规划于2013年5月获市政府批复。该规划依托河南博物院的文化历史和旅游资源，以文博广场地下空间开发为契机，发展文化交流、艺术品鉴赏及商业等设施，作为河南博物院文化展示的补充，丰富区域文化内涵，同时缓解地面交通压力，提升绿化景观品质，打造市级文化中心。通过广场地下空间的整体开发，方案结合公共服务设施布局，在广场中部与南部各规划预留一处下沉式广场，并预留向南过农业路人行通道，实现地上功能与地下空间的有机整合。

【国道310郑州段改线规划】 国道310郑州段改线规划于2013年7月获市政府批复。该规划项目起点位于中牟县与郑州市交界处，向西沿郑民高速南侧经过新郑市龙湖镇，在龙湖镇北侧接祥云路继续向西，在贾峪镇高河村南接X021线马米路，并沿马米路向西，在申庄东拐出X021线马米路，在荥阳市刘河镇小寨村西北到达项目的终点，接拟建国道310巩义境改建工程起点。路线全长51.25公里，采用一级公路建设标准，设计速度100公里/小

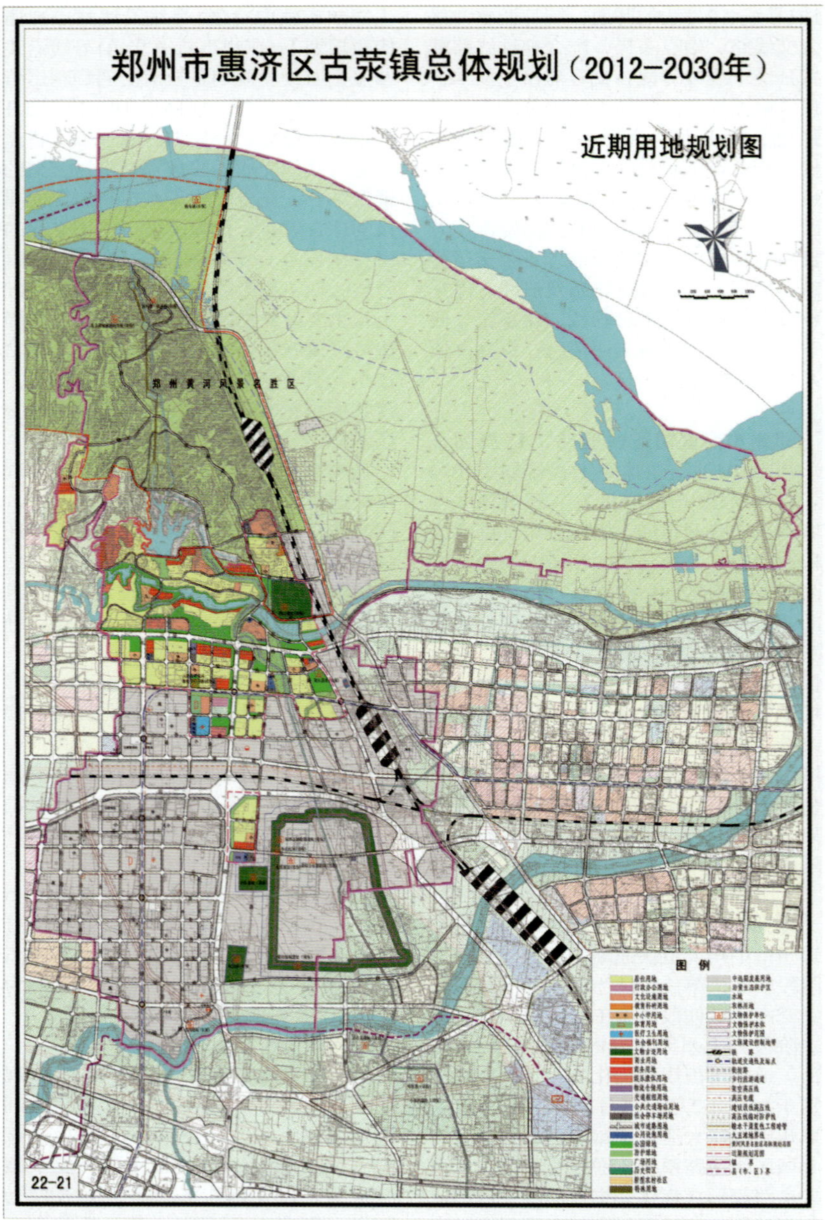

郑州市惠济区古荥镇总体规划（2012-2030年）近期用地规划图

时，双向6车道，路基宽度33.5米。

【东明路热源厂、政七街热源厂“煤改气”高压燃气选线规划】 东明路热源厂、政七街热源厂“煤改气”高压燃气选线规划于2013年8月经市政府规划联审联批会议通过。规划工程将北四环DN800高压燃气通过DN500高压燃气管道引入市区，经高中压调压站进行调压。管道敷设方面，自中州大道规划高中压调压站引出DN800中压燃气管道沿东风路向西敷设至东明路，折向南沿东明路敷设至丰产路后分为两路，其中一路向南沿东明路规划DN500中压燃气管道，穿越金水河至福元路，折向东沿福元路规划DN500中压燃气管道至东明路热源厂；另一路折向西沿丰产路敷设DN500中压燃气管道至政七街，折向南沿政七街敷设DN500中压燃气管道至政七街热源厂。

【郑州市文化路以西地区城市设计规划】 郑州市文化路以西地区城市设计方案于2013年8月经市规委会研究通过。规划范围包括北至北三环路、南至金水路、东至文化路、西至铁东路，用地面积约1739公顷。文化路以西片区由“教育科研、文化创意、体育休闲、商务商贸、居住配套”五大功能构成；规划更新策略为“空间重构升级，道路交通改善，宜居社区构建，功能更新激活，城市形象提升，容量平衡控制”；规划结构为“一核双心、三横两纵、十点辐射、三区协同”。一核双心就是结合基地中央大学和市场搬迁改造的契机，形成片区绿化景观核和商务办公核心区。结合科技市场、农大和工大、郑纺机形成3个更新驱动中心，即科技服务中心、创意服务中心和科研创智中心。三横两纵就是南北向沿南阳路、文化路形成公共景观轴线，东西向沿东风路、农业路和黄河路形成公共景观轴线。十点辐射就是沿轨道交通线站点周边，形成10个商业服务中心，结合轨道交通站点人流密集的特点，辐射周边地区，成为商业服务节点。三区协同就是围绕3条横向发展轴线，结合现状片区功能，形成3大宜居功能片区。西区结合工厂外迁的机遇，形成活力商居区。东区围绕高校外迁带来的转型机遇，形成科贸创智区。南区围绕未来中央公园的建设及对周边的辐射带动作用，形成活力商居区。

【郑州市陇海路快速通道沿线城市设计规划】 郑州市陇海路快速通道沿线城市设计规划方案于2013年5月经市规委会研究通过。规划范围为陇海路两侧各一个街坊用地，西至西三环，东至中州大道，总面积928公顷。规划将陇海路定位为“城市的交通动脉、城市的功能主轴、城市的景观廊道”。规划策略为“五大优化，三大转变”，五大优化指“功能布局优化，空间形态优化，交通组织优化，生态系统优化，历史文脉优化”；三大转变指“由交通组织混乱的城市干道向高效便捷的城市快速路转变，由景观风貌不佳的城市通道向优美有序的城市景观廊道转变，由功能混杂无序的城市带状用地向有机复合的城市功能主轴转变”。规划结构为“一轴、两契、五片区、五节点”，一轴指陇海路城市生活联系轴；两契指金水河滨水生态绿契、熊儿河滨水生态绿契；五片区指桐柏路—金水河生态居住区、郑州大学教育科研区、车站二七商贸特色区、紫荆陇海历史协调区、郑州东储物流簇群区；五节点指桐柏路节点、大学路节点、火车站东西广场节点、紫荆山路节点、未来路节点。

【郑州城市三环快速路沿线（中原、惠济区段）城市设计规划】 郑州城市三环快速路沿线（中原、惠济区段）城市设计规划于2013年8月经市规委会研究通过。规划范围沿西三环分布，北起金杯路，南至长江路，规划面积1010公顷。规划区按照功能定位划分为4段。北段，范围包括西三环—规划二路片区，定位于展现城市活力的商贸居住段，突出居住、商贸、物流等功能；中北段，范围包括建材路—陇海铁路片区，定位于展现湖景魅力的科研居住段，区域内有大学科技园，突出居住功能；中南段，范围包括陇海铁路—汝河路片区，定位于展现人居品质的都市形象段，突出居住、公共服务功能；南段，范围包括汝河路—陵园路片区，定位于展现自然风光的宜居生活段，突出居住、公共服务功能。

（李同现）

11月22日，市政协副主席李玉辉和全国三级驻郑政协委员视察热力工程建设

城乡规划管理

【《郑州市城乡规划管理技术规定》出台】 2013年8月20日，《郑州市城乡规划管理技术规定》正式出台。《规定》共6章26小节178条，涵盖选址用地、建设工程审批、公共服务设施配建、市政交通设施规划等全方位管理工作，尤其突出了义务教育、养老服务、体育设施等公共服务设施布局的均等化，严格了建筑退界和沿街商业设施控制、容积率计算等重要规划标准，同时强化了市政基础设施和防灾减灾内容，确保城市生命线工程。《郑州市城乡规划管理技术规定》的出台是预防解决郑州市各种大城市病、实现健康城市化的有效抓手。2013年9月，《郑州市城乡规划管理技术规定》以其科学严谨的条文编制和较好的实际操作性，获得河南省住建厅“2013年度中州城市科学二等奖”。

【新体制运行和规划审批工作】 2013年，郑州市规划局认真落实市委、市政府关于加强全市规划建设土地投融资工作“六统一”意见，加快规划新体制运行工作，加强规划统一管理，着力提高投资服务水平。加强规划编制和审批工作，明晰了市规划局与县（市）区的职责，强化了市规划局对全市重大规划、重要规划的审查权，从制度上确保了全市规划的“一盘棋”。机构调整工作进展顺利，对局机关处室进行了调整，规划会办公室挂牌成立，并开始发挥作用；四个开发区规划局完成了更名挂牌、新印章启用等工作，正式成为市规划局直属分局，并开始进行日常工作运转。按照“六统一”意见，将“出让用地项目和保障性住房项目的用地规划许可证、建筑规划许可证审批权全部下放至9个分局，下放率达100%。坚持做好政策支持制度，制定下发了《郑州市城乡规划管理技术规定》《关于郑州市建设项目有关规划事项的通知》《郑州市城乡规划局规划审批流程》等文件，为做好规划审批打下了较好基础。积极推进联审批工作，并制定配套政策措施。2013年，报批规划95项；其中，编制并经审批、审定的三化协调布局规划2项，总体规划3项，六线规划1项，片区控规2项，建设项目（街坊）控规近40项，城中村改造控规13项，合村并城控规9项，城市设计4项，重大交通规划18项，专项（市政）规划3项。核发“一书两证”628件。其中，建筑建设工程规划许可证审批178件，交通建设工程规划许可证91件，市政建设工程规划许可审批175件，建设项目用地规划许可证审批223件，建设项目选址意见书审批61件。

【批后管理】 2013年，市规划局公开招标3家甲级测绘资质测绘单位，承担郑州市建筑物的正负零验线测绘工作。全年共办理项目规划核实项目331项，其中，发验线报告236项，核发建设项目规划核实意见书95项。按照地下管线工程的验线程序和技术规程，完成了90项地下管线工程项目的验线工作。

【规划执法】 依据市人大《郑州市人民代表大会常务委员会关于违法建设查处工作的决议》（郑人常〔2012〕36号），持续开展违法建设查处工作。充分发挥市查违办作用，按照市委、市政府的统一安排，在深化巩固中心城区道路两侧违法建设整治的基础上，制订了《2013年郑州市违法建设查处工作实施方案》，重点对主次干道两侧的违法建设，城镇住宅小区内私搭乱建，占压高压走廊、铁路沿线和影响河道防汛泄洪等基础设施区内的违法建设，城中村及城郊村的违法建设进行专项治理。依托四级联网的社会公共管理信息平台，加强部门协作，市主流媒体监督，形成上下联动的治理违法建设合力，有效遏制了新增违法建设。2013年，市规划局在《郑州日报》共刊登《违法建设拆除通报》40期，涉及违法建设1688起；刊登《新增违法建设公告》20期，涉及违建行为386起，有力震慑了违法建设行为。截至2013年年底，市区共拆除违法建设2245起，拆除面积约130万平方米。开发“郑州市违法建设查处网络信息管理系统”，实现对查处违法建设工作的动态化管理。为增强基层一线工作人员业务素质，分别在郑州、广州开展了3期网格人员业务培训工作，共培训人员2764人次。充分发挥管理职能，加强违法建设认定和监督工作。下发了《郑州市城乡规划局下沉网格人员考评办法》《网格下沉人员考评评分细则》和《规划局下沉人员管理办法》，规划支队全部人员进入网格，对违法建设及时进行认定，提高了违法建设的发现率、查处率。全年共下达行政处罚告知书141份，责令改正通知书126份，行政处罚决定书30份，罚款处罚决定书118份，申请政府实施强制拆除60余项，审核并办结违法建设案卷80多件，共上缴罚没款约1.07亿元。

【信息化建设和城建档案工作】 2013年，市规划局积极参与郑州市“智慧城市”建设，启动了“规划一张图”信息化项目总体方案设计和郑州市历史规划编制成果数据收集整理工作。开展地下管线管理信息系统建设及地下管线普查工作和管线三维虚拟现实系统建设，已完成地下管线探测约23000公里，管线探测数据已基本成形，信息系统已进入试运行阶段。接收2012年规划管理档案、施工图4400余卷。全年接受规划编制、工作查考、群体上访、案件取证和新闻调查等档案查询9100余人次。搞好档案密集架、信息化数据库扫描项目的招标工作。积极参与全市重大工程档案验收审查工作，对新郑国际机场二期改造工程、陇海路改造工程、富士康建设项目等一批重大建设工程进行了跟踪服务和档案业务指导。参与了省档案局组织的郑州轨道交通一期项目档案预验收工作，圆满完成了预验收任务。完成2012年度郑州市城市建设区面积346.30平方公里的调查统计工作。

（李同现）

市政建设与管理

综 述

【概况】 2013年，郑州市城市管理工作紧紧围绕郑州都市区和航空港经济综合实验区建设这条主线，着眼于服务大局、改善民生和城市管理事业的长远发展，不断探索新的城市管理体系和运行机制，城市环境整体提升，项目建设顺利推进，长效机制逐步完善，各项工作保持了良好的发展态势，为全市经济社会的持续、快速、健康发展提供了有力保障。

加大城市供水保障力度，完成供水量3.03亿立方米，售水量2.53亿立方米，年度供水量首次突破3亿立方米，最高日供水量突破100万立方米，达到101.69万立方米。燃气供应销气量达到8.2亿方，同比增长14%；新增民用户14.7万户，用户数量达到136万户。集中供热全年新建供热主管网80.2公里，建成热力站56座，政七街、东明路热源厂“煤改气”项目正式启动供热，新增供热面积545万平方米。市政建设2013年承担省、市重点工程12项，各项工程建设有序推进。

市数字城管系统已覆盖四环以内567平方公里，共划分为707个责任网格和38515个单元网格，派遣协调案件的范围包括市内5区、4个管委会、13个市直局（委）及移动、联通、供电等33个市直专业部门、职能部门，形成了覆盖市、区、街道和各专业管理部门的分层多级管理网络。

市政设施养护维修方面，完成车行道大修54万平方米，人行道大修11.33万平方米；车行道零修零补10.94万平方米，人行道零修零补5.37万平方米，排水管道疏挖1277公里，窨井疏挖12.51万座，桥梁桥体清洗26.84万平方米，护栏维修410米。市政设施养护维修工作时效、维护及时率明显提高，城市道路主、次干道整体运行状况良好。

【网格化城市管理】 2013年，市城市管理局进一步深化规范“坚持依靠群众、推进工作落实”长效机制建设，实行局领导班子成员带领局属单位班子成员组成团队，分包一个县（市）区，机关科级干部、区城管局班子成员下沉到办事处，融入一级网格。局属单位、区城管局工作人员融入二级、三级网格，形成了包含市政、环卫、供水、供气、供暖、城管执法各行业在内的服务团队。一级网格人员每周召开一次城管工作联席会议，组织一次集中整治行动；二级网格人员协助网格长组织日常巡查；三级网格人员负责开展日常巡查，及时发现、处理和上报问题。进入网格人员无条件接受乡（镇）办和社区统一领导，形成了“条专到底，块统到位”的城市管理格局。针对城市管理问题对群众生活影响大、时限要求高等特点，构建了扁平化快速处置机制，在公用事业、市政设施、城市防汛等行业分别建立了24小时应急处置队伍，实行全天候应急值班制度。构建了严格的考核体系，每月对各区（管委会）网格化城市管理工作进行一次考核，结果纳入城乡管理考核成绩，形成了全程跟踪、全面监督、严格问责的效能监察体系。实施网格化管理后，平均每月发现问题21100个，解决问题19710个。

【市政建设】 2013年承担省、市重点工程12项，建立了领导班子成员分包重点项目责任制，强化项目运作，各项工程建设有序推进。马头岗污水处理厂二期工程已完成三大池土建，正在进行满水试验及污水深度处理区施工；南三环污水处理厂箱体土建完工，正在进行满水实验；马寨污水处理厂2013年9月全面开工建设，已完成三通一平、围墙砌筑，完成土建工程量50%；三环再生水利用管线工程已完成铺设18.5公里，新力电力中水管线工程已建成通水；郑州新区污水处理厂、双桥污水处理厂、马头岗污水处理厂一期一级A升级改造工程前期工作正在积极推进。江山路拓宽改造工程已经进场，跨东风渠徐寨路桥桩基施工已完成，东明路桥、文博东路桥、政七街桥正在进行临建拆除及围堰构筑。东、西两个餐厨垃圾处理厂已完成特许经营权招标，正在按计划推进。

【市政设施管理】 中原路、花园路、英才街、BRT车行道整修、地铁1号线道路恢复、三环快速化工程平交路口综合整治等65项大修复浇项目已完工，大修复浇道路98.7万平方米，铺装人行道66.8万平方米，养护维修车行道11.5万平方米、人行道5.96万平方米，疏挖排水管道1277公里，疏挖检查井

执法人员现场劝阻违章占道经营商贩

4.62万座、进水井7.89万座，清洗桥梁桥体26.84万平方米，安装和更换窨井防护网5000余套，加工窨井警示框2000余套。积极推进建设路、颍河路、交通路等雨污水工程，铺设雨污水管道11.2公里。维修路灯1.37万盏，设施整修2.19万处，综合明灯率达到98.01%以上。加强城区河道管理，对两河一渠重要景点进行升级改造，补植绿篱2.79万平方米，栽植时令草花5.98万盆株，改造草坪2.9万平方米；对沿河闸坝等防汛设施进行了全面检修，城区河道的防汛、休闲、生态功能进一步增强。加强城市雕塑管理，维护城市雕塑2万余座次，全面清洗养护雕塑80座。针对建设项目多、对排水管网扰动严重的实际情况，对三环快速化、轨道交通、南水北调工程周边排水设施受损状况进行了排查，制订了汛期应急排水方案。组建21支防汛应急抢险队伍，开展了移动泵车应急演练。进入汛期后，坚持24小时值班制度和领导带班制度，及时传达处置汛情信息，及时抢险排险，确保了城区安全度汛。

【环境卫生管理】 健全政策保障体系，对市、区环卫队伍现状进行深入调查，市政府出台了《郑州市人民政府关于规范环卫管理工作改善环卫职工待遇的通知》（郑政文〔2013〕205号），市城管局、人社局、财政局联合下发了《关于印发郑州市环卫职工工资标准的通知》，从规范管理体制、环卫作业模式和范围、加大经费投入、强化作业考评、提高环卫职工待遇等方面进行了规范，为实现长效管理提供了政策保障。认真落实延时保洁制度和分类管理标准，采取明查、暗查、互查等多种形式，开展综合检查评比，提高清扫保洁质量。加大有偿整改力度，有偿整改市容环境问题11250处，核减责任单位经费1924.3万元；有偿清运积存垃圾28075立方米，核减整改费用3021.9万元，有效解决了垃圾清运不及时、严重影响城市环境等问题。加大环卫设施建设，新建公厕50座、新建中转站18座。针对持续雾霾天气、PM2.5超标等问题，每天对主干道进行洒水降尘，141个路段实施了机械化冲洗清扫，机械化作业率达到50%，有效降低了扬尘污染。严格执行垃圾进场双向登记制度，共处理生活垃圾129.4万吨。

【城市管理整治提升活动】 健全监督考核奖惩体系，促进城市管理与网格化管理的有机融合，大力推进占道经营、户外广告整治工作。清理取缔占道经营、突出门店经营21万人次，劝导教育违章人员22.8万人次。拆除违章广告1180处13.8万平方米，治理门头牌匾1.9万处。围绕黄帝故里拜祖大典、第八届中博会等重大活动，对嵩山路、金水路和中州大道沿线进行了外立面整治，粉刷清洗建筑物立面10万余平方米；对190条支路和300条背街小巷环境卫生进行了综合治理；清理中州大道、机场高速沿线积存垃圾3万立方米。开展地铁1号线、高铁沿线、三环快速路沿线环境专项治理，对存在的环境卫生、违法建设、户外广告、建筑物立面、安全隐患等五大类问题进行了集中整治，进一步改善了城市环境。加大渣土运输治理力度，会同公安、交通和各区执法部门开展联合执法行动，对全市1700多台建筑垃圾清运车辆办理了核准文件和双向登记卡，安装了GPS定位系统，进行了密闭改装。

【规范市区养犬管理】 作为2013年郑州市十二项专项治理工作之一，市规范市区养犬管理工作开展以来，市城管局充分发挥牵头作用，以《郑州市城市养犬管理条例》为依据，依照自觉规范、依法规范、长效规范三个阶段的工作要求，坚持依托网格、限定范围、强化服务、规范管理、强力执法的原则，通过积极入户宣传规范养犬有关规定、采取优惠政策为犬只办理合法身份、加强对犬只注射狂犬疫苗、引导市民规范养犬行为以及开展联合执法行动，切实加大对违规遛犬、禁养犬、流浪犬和市民投诉案件的查处力度，使全市99.6%的犬只取得了合法身份并得到了规范，市内养犬无序、不文明遛犬行为等得到了有效遏制，市民依法养犬、科学养犬、文明养犬、和谐养犬的良好氛围正在逐步形成。截至2013年年底，在市建成区62个办事处中，查实犬只78033条，其中违规犬只6895条，已处置6869条，办证、年检累计67259条，自行处置3812条，收容流浪犬4255条，查处群众举报案件累计405件。

【数字化城市管理】 市数字城管系统已覆盖四环以内567平方公里，共划分为707个责任网格和38515个单元网格，派遣协调案件的范围包括市内5区、4个管委会、13个市直局（委）及移动、联通、供电等33个市直专业部门、职能部门，形成了覆盖市、区、街道（办事处）和各专业管理部门的分层多级管理网络。市数字化城市管理指挥中心依托指挥系统平台和网格化管理方式，按照信息收集、案卷建立、任务派遣、处理问题、处理结果反馈、核实结案和综合考评七个工作流程开展工作，2013年共接收城市管理类案件639442件，派遣率达到100%；有效派遣案件634054件，有效派遣率达到99.16%，在城市精细化管理中发挥了重要作用，提高了城市管理效能。

【城乡管理综合考评】 2013年，城乡管理综合考评工作围绕“改善民生、统筹城乡发展、提升城市品位、提高公共服务效能”的目标，采取明查暗访、随机抽查、每月排名的方式扎实推进。坚持每季度组织召开一次由各县（市）区主管领导、各相关职能部门负责人参加的座谈会，坚持每月对县（市）区城乡管理工作进行一次考评，并根据每月考评情况，综合各单位的成绩，对各县（市）区人民政府及乡（镇）办进行月排名；在每月考评的基础上，汇总各单位年度目标完成情况、城管经费投入情况、队伍建设情况、媒体曝光和市民反映问题处置情况等因素，排出季度名次。2013年共检查考评乡（镇）办220个（次），发现问题12900余处，下达《责令整改通知书》297份、《督察通报》5期，整改率达到98%，极大地增强了各级做好城市管理工作的紧迫感和责任感。

（秦永纪）

市政设施养护

【概况】 2013年，郑州市市政工程管理处以保证设施完好、提升管理水平为主题，以全面实施市政设施管养网格化管理为抓手，以全力完成市管道路大修工程中心任务为突破，进一步健全养护维修工作长效管理机制，市政设施管养总体工作水平得到了全面提升。2013年，共完成总产值2.58亿元。其中，养护工程产值7218.56万元，建安工程产值1.69亿元。

市政设施养护维修方面，完成车行道大修54万平方米，人行道大修11.33万平方米；车行道零修零补10.94万平方米，人行道零修零补5.37万平方米，排水管道疏挖1277公里，窨井疏挖12.51万座，桥梁桥体清洗26.84万平方米，护栏维修410米。市政设施养护维修工作时效、维护及时率明显提高，城市道路主、次干道整体运行状况良好。道路掘动管理方面，全年共计办理破路证 265 份，破路面积约 1.96万平方米，收取道路掘动费用588.6万元； 办理占道证993份，总面积 2.48万平方米，收取占道费33.4万元。窗口服务及为民服务方面，共受理社会各界来电、来访4028件，受理数字化管理中心转来案件2万余起，接收网格化案件台账220条、市长电话转办件201件、上级督办件及人大、政协建议351件，全部在规定时限内落实办理完毕，办结率100%。

郑州市轨道交通1号线站点区域道路修复工程于2013年10月5日开工，12月15日竣工。在轨道交通1号线沿线12个站点周边累计铺设沥青16.2万平方米，铺设人行道6.2万平方米。

紫荆山路整修效果图

【市政设施防汛】 2013年郑州市市政设施防汛工作继续实行以行政首长负责制为核心的各级防汛责任制，立足于防大汛、抢大险、抗大灾。为确保2013年市政设施安全度汛，做到提前着手、提早准备，汛期来临前，完成了对全市雨水管网的疏挖，共计疏挖雨水主管道710公里，雨水支管420公里，进水井3.5万座，检查井2.5万座；安装和更换窨井防护网5000余套，加工窨井警示框2000余套；储备了充足的抢险物资和应急装备，组织了500余人的防汛抢险突击队，并按照防汛预案的要求，合理安排防汛演练。在2013年6月30日、7月4日、8月1日、8月7日的几次较大降雨中，累计出动防汛人员1200余人（次），移动泵车26台（次），抢险机械设备310台（次），有力确保了市政设施安全度汛。

【城市道路大修改造（复浇）】 2013年，郑州市市政工程管理处对市区部分道路（路段）进行了大修复浇，累计完成沥青铣刨复浇26.34万平方米，稀浆封层4.5万平方米，人行道板铺设4.93万平方米。主要工程情况为：

BRT抢修工程（航海路、农业路、中州大道、桐柏路）。该工程于2013年1月10日开工，2013年6月29日竣工。共铺设沥青路面20818平方米。

郑花路道路大修工程（北三环—迎宾路）。该工程于2013年3月10日开工，2013年3月21日竣工。共铺设沥青路面79285平方米。

二环十七放射抢修工程（江山路、化工路、大学南路、嵩山南路三环—四环）。该工程于2013年3月15日开工，2013年4月15日竣工。共铺设沥青路面24751平方米，人行道940平方米。

江山路抢修工程（连霍高速—黄河游览区）。该工程于2013年3月15日开工，2013年3月22日竣工。共铺设沥青路面9846平方米。

英才街道路大修工程（文化路—花园路）。该工程于2013年5月3日开工，2013年6月3日竣工。共铺设沥青路面38394平方米。

经三路道路大修工程（金水路—北三环）。该工程于2013年10月1日开工，2013年12月26日竣工。共铺设沥青路面28000平方米，铺设青石道板5000平方米。

一马路人行道整修工程（陇海路—大同路）。该工程于2013年10月14日开工，2013年12月19日竣工。共铺设道板5863平方米。

菜市街人行道整修工程（乔家门里—南顺城街）。该工程于2013年11月30日开工，2013年12月19日竣工。共铺设道板1996平方米。

二环支路人行道整修工程（嵩山路—沙口路）该工程于2013年12月10日开工，2013年12月31日竣工。共铺设道板6736平方米。

鑫苑路大修改造整治工程（福彩路—中州大道）。该工程于2013年11月30日开工，2013年12月19日竣工。共铺设道板1996平方米。

33处积水点改造工程（郑州中心城区）。该工程于2013年6月8日开工，2013年12月31日竣工。共铺设雨污水管线792米，收水井123座，检查井9座，疏挖方涵17266米。

大石桥6处桥柱抢修工程。工程于2013年11月27日开工，2013年12月17日竣工。对大石桥6处桥柱进行维修加固。

【市政排水管网改造】 2013年，雨污管网建设的主要工作任务是郑州市城区雨水系统完善工程和污水管网配套工程。已完工的项目有：

郑州市红专路雨污水工程（经三路—东明路）。该工程2012年11月29日开工，2013年3月25日竣工。铺设D800–D900钢筋砼管雨水管涵463米，D700钢筋砼管污水管涵695米，完成工程投资389万元。

郑州市交通路雨污水工程（淮河路—政通路）。该工程2012年12月11日开工，2013年3月31日竣工。铺设D600–D700钢筋砼管雨水管涵463米，D500–D700钢筋砼承插管污水管涵695米，完成工程投资151万元。

郑州市工人路雨污水工程（友爱路—中原路）。该工程2012年12月19日开工，2013年4月31日竣工。铺设D600–D700钢筋砼管雨水管涵467米，di500PE管污水管涵445米，完成工程投资183万元。

郑州市长兴路污水工程（新村西街—三全路）。该工程2012年12月19日开工，2013年3月31日竣工。铺设D700钢筋砼管污水管涵307米，完成工程投资191.7万元。

郑州市颍河路雨水工程（华山路—桐柏路）。该工程2012年11月20日开工，2013年3月31日竣工。铺设D600–D900钢筋砼管雨水管涵1401米，完成工程投资287万元。

郑州市长虹路雨污水工程（银河路—国基路）。该工程2012年12月11日开工，2013年5月31日竣工。铺设D600–D700钢筋砼管雨水管涵635米，D500钢筋砼管污水管涵664.5米，完成工程投资236万元。

郑州市民主路雨污水工程（自由路—太康路）。该工程2013年3月6日开工，2013年5月31日竣工。铺设D600–D700钢筋砼管雨水管涵316米，D500钢筋砼管污水管涵293米，完成工程投资199万元。

郑州市西陈庄前街雨污水工程（煤场北拐—铭功路）。该工程2013年4月10日开工，2013年6月30日竣工。铺设D800–D900钢筋砼管雨水管涵346米，D500钢筋砼管污水管涵353米，完成工程投资138万元。

郑州市学前街雨污水工程（江山路—常青路）。该工程2013年4月10日开工，2013年6月20日竣工。铺设D600–D700钢筋砼管雨水管涵360米，D500钢筋砼管污水管涵353米，完成工程投资115万元。

郑州市建设路雨水系统完善工程（工人路—嵩山路）。该工程2013年10月16日开工，2013年12月10日竣工。铺设2×1000×800–2200×1200雨水涵385米，完成工程投资236万元。

【城市照明设施】 2013年，市城市照明灯饰管理处全年共维修路灯1.37万盏，整修设施2.19万项，处理故障1938处，处理高压故障82处，除垢刷新灯杆5315基、箱变166台，全市综合明灯率98%，设施完好率94%。

加大路灯设施巡视督察力度。严格执行《路灯设施管理养护检查考核办法》，定期不定期对各管理所路灯明灯率、养护情况、安全生产情况、突发事故处理情况等进行全面考核，并将考核结果进行通报。2013年共巡查道路2531条，路灯20万余盏，拆除依附灯杆各类违章广告及悬挂物1195余处。

做好重大活动保障工作。癸巳年黄帝故里拜祖大典和第八届中博会举行期间，成立4个路灯督察小组，加大对重点道路路灯巡查、检修密度，每晚对全市路灯进行不间断巡查，发现灭灯，及时处置。活动期间，共出动维修车辆378台次，巡查道路1578条，维修路灯3465盏，整治设施865处，处理故障79起，保证了路灯设施的正常运行。

积极推进城市照明设施建设。市区25条有路无灯道路路灯安装工程及39条路段路灯设施改造工程已全部完工。路灯设施完善改造工程已完成农业路、黄河路等两个路段的高压油浸电缆改造。2013年下达的第三批城建路灯改造工程已全部完工。

城市照明节能管理得到加强。认真落实城市照明节能调控措施，除重要节假日和重大活动期间外，公共设施景观灯、已纳入管理的社会楼体景观灯不再开启；加大路灯管理和设施监控力度，科学制定启闭灯时间，杜绝白天亮现象；大力推广使用节能新产品、新技术，优先选择通过节能认证的高效节能产品，确保了节能减排目标的完成。

【城区河道管理】 2013年，市城区河道管理处加强“两河一渠”科学化、精细化管理，园林绿化、河道防汛、河道打捞、河岸保洁和河区设施管养维修等各项管理水平持续提升。

加强河区园林绿化建设与管理。围绕园林景观的完善工作，进一步提高绿化管理水平，在两河一渠补栽苗木735株，补栽绿篱2.79万株，重大节假日和重要活动期间在滨河公园重点桥段、主要景点摆放、栽植时令草花5.98万盆株，改造草坪2.9万平方米，补植补栽斑秃9.39万平方米。积极做好草坪、苗木的日常养护管理工作，累计修剪草坪38.77万平方米、绿篱9万平方米、花木2.27万株。

1．城市防汛。金水河、东风渠、熊儿河是郑州市城区主要泄洪河道，直接关系到城市的安危和人民群众生命财产的安全。为扎实做好城市防汛工作，制定了城区河道防汛工作方案，组建了近200人的防汛抢险队伍；对沿河橡胶坝等防汛设施进行全面检修，落实橡胶坝操作、检修责任人，确保橡胶坝随时启闭自如，泄洪畅通；实行24小时值班制度，时刻监视汛情，确保了城区河道安全度汛。

2．环境卫生整治。坚持春、夏、秋三季早6:00，冬季早6:30前完成清扫工作，并进行全天候、全方位保洁；加强水面管理，及时打捞漂浮物，保持水面清洁，共清运垃圾27147.8立方，清理小广告11796处次，打捞河面漂浮物4417立方米，确保了滨河公园园容园貌整洁有序。

3．河区设施。进一步完善河区设施，实施东风渠照明设施改造，安装路灯92套、泛光灯460套、LED灯126套、庭院灯62套，敷设电缆3500米。全力做好园路、广场、护栏、照明设施维护保养工作，检修供水设施236处次，供电设施1583处次，橡胶坝等相关设施1045处次。开展金水河、熊儿河河道维修，共维修塌方27处，砌护坡190平方、铺设道板砖115平方、砼压顶10立方、河底190平方、回填140立方。实施东风渠、熊儿河河底清淤工程，清理淤泥8999立方，两河一渠的防汛泄洪能力得到进一步提高。

【环城快速公路管理】 2013年，市环城快速公路管理处以实现快速路道路整洁、路面平整、设施完善为目标，建立了网格化管理机制，严格落实责任追究，实现了横向到边、纵向到底的管理服务网格，道路网格化管理实施以来管理服务能力明显增强。

环卫保洁工作。新增16台洗扫车和20台高压清洗车，分配至各标段保洁公司，要求快车道作业必须使用机械清扫。环卫管理科和两个环卫队每天坚持道路全线巡查，不间断对快速路环卫保洁质量、机械化清扫率、管理状况和安全作业等进行检查督导，及时发现和督促整改各类问题。成立了基层养护管理所4个，对快速路采取分段管养模式进行管理，将现有人员、环卫机械分配至各所，发挥机械化作业优势，使快速路高架桥上、立交桥上和地面一层的车行道实现机械化清扫全覆盖，切实提高了环卫作业效率。

道桥及其设施维修养护。坚持道桥养护日巡查制度，及时发现并排除各种隐患。合理安排道桥维修养护工程，施工前做好详细调查精心组织，施工过程中全程参与跟踪监理，施工完成后按照质量标准严格验收，有效保障了工程质量。做好桥梁维护，设专人对各类桥梁进行专项巡查，特别是对重点部位的观察，发现异常及时处置并上报。加大对桥面的养护力度，保证桥面平整，减小车辆通行产生的震动，以减轻震动对桥梁的影响。对北三环彩虹桥实施“全天候”电子监测，辅助人工日常巡检，确保了彩虹桥加固大修前的安全。全年共完成路面坑槽修补2638平方米、道路沉陷修复103.5平方米、桥梁伸缩缝维修131米、人行道维修165.5平方米、维修校正限高门架104处次、吊运校正隔离墩97个、拆除受损废旧护网1914片。

市政设施行政执法工作。加强道路巡查，及时制止损坏、私拆人行道板砖，乱倒、遗撒垃圾，张贴、悬挂小广告等违规行为；依法查处擅自开挖道路、埋设架设管线、构筑建筑物等。强化施工路段管理。每天对三环路沿线各工地进行检查、督导，逐个签定施工现场管理协议书，规范施工单位安全设施和围挡设置，督促施工单位及时清理占道杂物，监督做好保通路清扫保洁及破损修复工作，发现安全隐患立即责令整改。全年完成施工现场安全隐患督促整改15起、制止路面遗撒及扬尘56起、处置道桥设施受损索赔5起、拆除软体广告条幅156处、清理立交桥下杂物堆放500余处、劝阻立交桥下滞留闲散人员2000余人次；及时发现并上报窨井塌陷52处、井盖缺失56处、较大坑槽69处。

【二七广场管理】 行政执法方面，坚持严格执法，文明执法理念，全年共清理广场周边各类占道经营流动商贩1200余人次，治理出店经营行为500余次，没收非法小广告300余次，劝离无业盲流、乞讨人员1600余人次。环卫工作方面，每日清扫面积47000平方米，冲刷面积15000平方米，擦拭城市家具面积5100平方米，内侧玻璃随脏随擦，城市家具等各项设施每日一擦，垃圾箱内胆每周清刷。地面保洁落实“3105”工作法（即主动外扩3米，5分钟保洁制度），全年共清扫保洁地面面积约16亿平方米，清运垃圾约1200余吨。绿化养护方面，坚持科学管理，按时施肥浇水，加大对广场内乔、灌木的养护、浇水、打药、修剪、锄草等工作，对枯枝进行剪除、对裸露土地进行平整和绿化，对缺株少苗的绿化带进行补栽。设施设备维护方面，对广场现存的四部电梯进行了大修，维修广场各类灯具28次，更换维修配电箱8处，更换喷泉水泵6个，安装维修草坪栅栏220米，安装隔离栏杆（柱）50个。

【郑开大道市政管理】 1．市政设施管理。依据市政道路养护管理规范细则，加强道路维修和应急抢修管理，强化作业现场管理，认真执行各项维护作业标准，提高养护作业质量。全年共完成挖补沥青砼路面872平方米；铣刨清理路面遗撒混凝土400余平方米；沥青路面灌缝9658米，更换、维修侧平石140米；安装、更换雨水箅子28套，维修、加固雨水箅6座。清除沿线桥梁、涵洞及侧石等处的违章广告和乱涂乱画320余处，粉刷桥涵护栏、墙壁及侧石183平方米。

2．路灯维护管养。坚持定期巡查和不定期检查相结合，对每次巡视巡查的结果进行分析归类，对发现的问题及时组织人员及设备进行维修、抢修。全年更换电缆2350米，维修路灯657座，更换灯泡528盏、镇流器207个、电容器186个、触发器269个、灯口189个、空气开关182个，排查低压线路36公里、高压线路32公里，处理低压故障点83处、高压故障点8处，处理交通撞杆事故等突发事件7次，维护保养变压器21台，检查灯杆906基，使设施完好率达到了98.5%以上，明灯率达到98%以上。

3．环卫保洁。对郑开大道沿线的1972座雨水井，每月疏挖一次，并进行抽查考核。针对雨后平交路口车辆带泥较多的现象，增加人员，集中清理，确保路面干净整洁。

（秦东凯　张莉莉　索建明
杨皓华　宋长城）

市容环境卫生

【市容管理】 2013年，市城市管理行政执法监察支队以广告、燃气执法和市容、养犬 、渣土督察等工作为重点，扎实开展执法工作。全年累计出动执法人员43900人次、车辆15300台次，督察各类违法问题38900余起，依法查处整改违法行为5400余起。

1．户外广告整治。全面加大执法督察力度，通过执法巡查、跟踪督办，狠抓违规整改，户外广告整治效果显著。全年共巡查发现广告问题2400余处，向辖区网格长交办400余处，督促整改390余处；直接查处2000余处，其中拆除各类广告500余处、47300余平方米，清理条幅1500余处，有效规范了广告管理秩序。8月，与二七区执法局联合拆除了郑尧高速与绕城高速互通区8处、1800平方米的新建广告塔，有效遏制了违章广告顶风新建的势头。11月，开展破损广告专项治理，依法拆除破损广告49处、22300平方米，提升了重点区域的城市形象。

2．燃气管理。坚持以“早发现，快查处，消隐患，保安全”的原则，严格落实执法巡查制度，坚持每半月对辖区站点巡查一遍，不断加大对有证出租车加气站、公交车加气站、大型液化气充装站和代客换气点的日常监管，依法查处大型燃气站无证经营违法行为。全年累计检查经营站点1800余次，督促签订安全生产保证书540份，查处违法行为为17起，下达责改通知书44份，燃气管理工作更加规范，较好地维护了燃气经营安全。

3．渣土清运管理。针对重点区域和路段违章清运行为，加大督察和治理力度。全年共督察建筑工地660余处、清运车辆1100余台，发现并向各区执法部门交办问题400起，开展集中专项检查39次，有效促进了渣土清运管理。

4．市容管理督察。扎实开展市容管理督察工作，进一步加大对早夜市和占道经营的督察，督察结果与各区、办事处月考成绩挂钩。全年共参与集中督察83次，累计督察违章占道经营31600余处、占道摊群3100余处、疏导点1200余处，印发督察通报69期，配合各区清理重点区域占道经营2700余起。

【环境卫生管理】 2013年，市环境卫生处着力于服务和改善民生，不断加大对全市道路、垃圾收集清运、公厕管理等环境卫生各方面管理的检查考评力度，全年检查市区道路10078条（段）、公厕6155座（次）、垃圾中转站1289座（次）；检查县（市）道路840条（段）、公厕504座（次）、垃圾中转站336座（次）、垃圾处理场60座（次）；完成重大活动线路巡查（拜祖大典、三环高架开通、地铁开通等）37次，共发现并督促整改问题9809处。

全力实施积存垃圾有偿清运和市容环境问题有偿整改。全年共对市区359处积存垃圾实行有偿清运5579车、28075立方，市财政核减责任单位清运经费3021.875万元。有偿整改市容环境问题11250处，核减责任单位经费1924.3万元。

加大环卫设施建设，新建公厕50座、新建中转站18座。针对持续雾霾天气、PM2.5超标等问题，每天对主干道进行洒水降尘，141个路段实施了机械化冲洗清扫，机械化作业率达到50%。

【垃圾收集处理】 坚持定时、上门收集沿街单位（门店）垃圾的同时，加强对生活垃圾源头的管理。各区与产生垃圾的单位签订目标责任书，督促生活垃圾全部进入中转站，统一实行全密闭运输转运，有效解决了私拉乱倒问题。对市区内中转站进行排查，分批将吊装式中转站进行压缩式改造。严格按照操作规范作业，无害化处理水平不断提高。市综合垃圾处理场和荥阳垃圾发电厂严格执行垃圾进场双向登记制度，登记率达到100%；积极组织黄土覆盖，保证了垃圾分层20-30厘米的黄土覆盖，及时做好垃圾日产日覆盖，黄土覆盖率85%，同时严格落实了消毒灭蝇、灭鼠和除臭制度。全年共处理生活垃圾129.39万吨。

【改善环卫职工待遇】 市政府出台了《关于规范环卫管理工作改善环卫职工待遇的通知》，市城管局、人社局、财政局联合下发了《关于印发郑州市环卫职工工资标准的通知》，制订了《环卫作业考评细则》《环卫作业标准》等配套文件。将环卫职工基础工资按照郑州市最低工资标准上浮15%，督促各区认真落实高温补贴、节日慰问、带薪休年假、加班工资等劳动保障制度，加快建设环卫职工集体宿舍和休息场所；保障环卫设备购置经费投入，利用三年时间使机械化清扫率达到70%。

（季松茂　潘春瑞）

市区养犬管理

【概况】 2013年7月，郑州市开展了规范市区养犬管理工作，市领导高度重视，多次深入一线调研，深入谋划顶层设计，养犬管理工作取得了突破性进展。市政府出台了《关于规范郑州市区养犬管理工作的通告》，市城管局与市监察局、公安局联合下发《郑州市规范养犬管理工作责任追究暂行办法》，与市公安局、文明办等部门联合下发了《关于对违规养犬行为依法查处的通告》。按照市委、市政府的统一部署，市城管局充分发挥牵头作用，以《郑州市城市养犬管理条例》为依据，依照自觉规范、依法规范、长效规范三个阶段的工作要求，坚持依托网格、限定范围、强化服务、规范管理、强力执法的原则，通过积极入户宣传规范养犬有关规定、采取优惠政策为犬只办理合法身份、加强对犬只注射狂犬疫苗、引导市民规范养犬行为以及开展联合执法行动，切实加大对违规遛犬、禁养犬、流浪犬和市民投诉案件的查处力度，使全市99.6%的犬只取得了合法身份并得到了规范，截至2013年年底，全市入户117.11万户，入户率99.95%；普查犬只78033条，其中违规犬只6895条，已处置6869条，处置率99.62%；办证、年检67259条，办证年检率由原来的28.38%提高到99.9%。市民文明养犬意识逐步提高，不文明遛犬现象明显减少。

【顶层设计】 市委、市政府高度重视养犬管理工作，将其作为全市十二项专项治理工作的重中之重，多次动员部署，深入谋划顶层设计。2013年7月26日，郑州市召开规范养犬管理工作动员会，全面启动了规范市区养犬管理各项工作，明确了开展此项工作的三个阶段、时间节点、目标任务和工作要求。8月25日，郑州市召开全市民生实事工作推进会，印发了《郑州市人民政府关于规范郑州市区养犬管理工作的通告》《郑州市规范市区养犬管理工作方案》。9月4日，市委、市政府召开规范养犬管理工作调研和推进会，启动了先行试验社区达标工作。10月18日，市委、市政府召开工作推进会，印发了《郑州市规范养犬管理工作责任追究暂行办法》《郑州市规范养犬管理工作检查考评办法》。11月5日，市城管局、公安局、文明办、财政局联合发布了《关于对违规养犬行为依法查处的通告》。11月8日，市政府召开新闻发布会，向省会媒体通报了《通告》的有关情况。11月27日，市委、市政府再次召开规范养犬管理工作推进会，对养犬管理工作从自觉规范阶段转入依法规范阶段作出部署，同时启动了自觉规范阶段检查考评工作，印发了《郑州市养犬管理工作自觉规范阶段检查考评方案》。12月1日，养犬管理工作正式转入依法规范阶段，全市联合执法行动随即展开。

【自觉规范阶段】 市区规范养犬管理工作第一阶段——自觉规范阶段，从2013年7月26日开始到2013年11月30日结束，历经4个多月的时间。4个多月以来，深入开展了以下工作：一是规范办证程序，明确了办理犬证的一系列程序。二是规范服务内容。从增设办证点、延长办证时间、提供入社区服务、提供上门服务、提供咨询服务和实施政府补贴六个方面对服务内容进行了规范。三是规范收容程序，明确了暂扣、移送、收容、认领和领养等一系列程序。四是规范遛犬行为，对遛犬时间、遛犬区域和遛犬方式等进行了明确规定。五是规范养犬种类，明确了在市区建成区内禁止饲养的34个品种的犬只。六是规范执法行为，明确了执法内容、执法程序和执法文书。

自觉规范阶段，全市发放、张贴规范养犬管理通告、文明养犬公开信等宣传品150余万份，普查了市建成区内的62个办事处、513个社区、4997个楼院、1171769住户，查实养犬户70968户，饲养犬只78033条，其中违规犬只数6895条，处置6869条，办证、年检累计67259条，自行处置3812条，暂扣收容犬只5464条。

【依法规范阶段】 郑州市区规范养犬管理工作第二阶段——依法规范阶段从2013年12月1日开始到2014年3月31日结束，用时4个月。本阶段主要以区（管委会）为单位组织相关职能部门和办事处按照各自职责开展工作，通过入社区（生活区）、广场、游园等场所检查和市、区联合执法行动，对在自觉规范阶段没有解决的问题依法进行查处；没收烈性犬，暂扣多养犬、无证犬，收容流浪犬；取缔交易场、饲养场、斗狗场；纠正不文明遛犬行为；查处投诉案件。依法规范阶段工作开展以来，全市共出动执法人员12万余人次，其中执法队员3万余人次，公安干警0.6万余人次，办事处和社区工作人员8.4万余人次，出动车辆1万余台次。没收烈性犬、大型犬53只，收容无证犬只累计449只，处罚饲养无证犬人累计5人，处罚违规遛犬人累计43人，收容流浪犬累计4255只，查处群众举报案件累计405件。

【督察督导】 市规范养犬管理工作紧紧抓住督察督导不放松，确保了各项工作扎实推进。2013年11月2日—7日，由城管局牵头、市直相关部门、市内五区（管委会）相关人员组成8个联合检查考评组，采取明查与暗访相结合的办法，对市内五区53个先行试验社区的规范养犬工作进行了督察检查评比。考评的结果是，53个社区全部达到《郑州市规范市区养犬管理工作检查考评办法》的标准，其中经八路办事处省委社区等37个社区的入户宣传率、普查登记率、办证率、违规犬只处置率达到了100%，违规遛犬率为0，五项指标全部得到满分。

12月11日至26日，由市城市管理局牵头，从市委、市政府两办督察室、市纪委、公安局、房管局、卫生局、畜牧局、监察支队抽调48名工作人员组成8个检查考评组，按照“暗访为主、随机抽样、末位再查、依规查究”的原则，对市内五区、郑东新区、高新区、经开区及所辖建成区62个办事处自觉规范阶段的工作情况进行了检查考评，考评的内容和标准为入户宣传率95%以上，普查登记率95%以上、办证率90%以上，违规留犬率20%以下、违规犬只处置率90%以上的为达标办事处；85%以上街道办事处达标、重点区域违规遛犬率小于10%的为达标区（管委会）。从考评结果来看，总体情况良好，8个区（管委会）全部达标，62个办事处也全部实现了达标。

（田　猛　宋长城）

数字化城市管理

【概况】 2013年，市数字化城市管理指挥中心依托指挥系统平台和网格化管理方式，严格按照信息收集、案卷建立、任务派遣、处理问题、处理结果反馈、核实结案和综合考评七个工作流程开展工作，在城市精细化管理中发挥了重要作用，提高了城市管理效能。全年共接收城市管理类案件639442件（其中事件618914件，部件20528件），派遣率达到100%；有效派遣案件634054件（其中事件615348件，部件18706件）有效派遣率达到99.16%。

认真做好存在安全隐患的数字化城市管理案件的上报工作，每天对系统中新发生的专业部门和相关单位回退的无主案件进行统计分类，针对每个案件的各自特点，逐一进行分析，对存在安全隐患的无主案件上报12319、应急处置中心或危险杆线轮值公司，并跟踪案件处置情况，保证市民的安全出行。

【案件派遣】 为了确保数字化城市管理案件的准确派遣和及时处置，市数字化城市管理指挥中心创新工作方法，采取多种方式，确保案件派遣到位、接受到位、处置到位。对部分没有数字化指挥终端的单位，通过电话沟通，确定权属后将案件信息以邮件形式发送至责任单位，并跟踪处置结果；对处置单位界定不清，造成各相关单位推诿扯皮的案件，依据城市管理的相关条例对案件进行甄别判断，确定权属单位并派遣；对因城市框架拉大和历史遗留问题等造成没有权属单位或权属单位的案件，依据相关依据进行重新认定；对架空线缆案件多次批转不能有效处置问题，每天进行汇总，通过传真和电子邮件的方式发各通讯单位再次进行确权，根据各单位的反馈信息，再协调轮值单位进行处置；对没有移交但已经投入使用的市政设施重新进行责任认定，提高了案件的有效派遣率。

【案件督办】 每天对未处置案件进行统计分类分析，加强与各区、各专业部门、监督中心的沟通，通过电话协调处理问题案件，减少系统内的案件积压数量，协调无主案件4006件，全面提升了全市的数字化城市管理水平。认真落实市领导督办、媒体关注、重大危险等案件的督办协调工作，根据案件的发生地点、问题描述等实际情况，指派工作人员在第一时间赶赴现场，并及时通知各区（管委会）指挥中心、市有关职能部门做好及时处置的准备工作。积极协调轮值公司对12319确定的无主危险杆线进行处置，全年处置危险线杆26处。

（张　勇）

火车站地区管理

【概况】 2013年，在市委、市政府的正确领导下，火车站地区管委会围绕“服务管理并重、持续统筹提升、强化日常管理、适时集中整治”总思路，以社会治安秩序挂牌整治为驱动，规范网格化管理机制，加大“四项秩序”综合整治，加快基础设施建设，不断提高城市管理实效，窗口面貌发生新的明显变化，顺利实现“‘四项秩序’更加规范、服务管理更加精细、站区面貌明显变化、群众满意度明显提升”的目标。

扎实开展挂牌整治工作，“四项秩序”更加规范。4月初，按照省综治办关于社会治安重点地区和突出治安问题挂牌整治要求，围绕通报的3个突出治安问题，以整治黑车非法营运为重点，启动了新一轮“四项秩序”综合整治。成立由许广佑主任任组长的领导小组和4个专项整治工作组，全区动员，共同努力，强力推进综合整治，取得明显成效。9月22日，经过省综治办验收，顺利摘掉了牌子。打黑车、治乱点，交通环境更加顺畅。以“五类”非法营运车辆（残疾人汽租、私家车、无证长途汽车、假借招工商务车、面包车和机动三轮车、摩的）整治为重点，开展交通秩序综合治理。成立非法营运专项整治组，由管委会2名副主任负责，整合公安、交警、客运、运管、城管等部门执法力量，开展联合执法，坚持平时、节假日、空档时段不间断高压治理，严厉打击违法车辆，对违法车辆从重处罚，取得明显成效。2013年，共查扣非法营运大巴车2辆、中小型机动车90辆；处罚违规出租车90辆，查扣摩的705辆、机动三轮车182辆；清理乱停乱放机动车4211辆、非机动车2780辆，站区非法营运整体情况得到有效控制，交通秩序明显好转。

扫黄毒、保平安，治安秩序更加平稳。以叫客拉客、旅栈业住宿实名登记、涉黄等为重点，组织站区公安部门扎实开展治安秩序专项整治，严厉打击“两抢一盗”等侵财犯罪和各类丑恶现象及违法行为，强化“鼠标巡逻、探头站岗、喇叭提醒”防控措施，严格日常管理，坚持“严打整治”工作常态化、经常化，保持了站区治安形势平稳。2013年，共摸排小旅馆、招待所50家（二七区解放路分局辖区29家），停业整顿6家；刑事拘留各类人员180人，行政拘留盗窃、叫客拉客人员421人，抓获吸毒人员40余人、网上逃犯15人，破获贩毒案件3起，打掉盗窃犯罪团伙1个，清理救助流浪人员651人。

市委常委、宣传部部长王哲视察站区文明志愿者服务亭

查伪劣、净市场，商业秩序更加规范。以食品安全监管和查处超范围经营为重点，组织工商、烟草稽查、卫生、物价等部门，深入开展商业秩序专项整治、“食品安全百日会战”等，开展拉网式大清查，严厉打击非法经营、出售假冒伪劣、欺诈消费者行为，约谈涉嫌违规经营商户，对多次违规者，一律关停并取缔经营资格。加强物价监管，严厉打击价格违法行为。深化公共场所卫生监督依法行政和疾病防控，维护了人民群众身体健康和生命安全。2013年，共开展联合执法11次、卫生监督执法2550次；摸排企业和商户2289家、小旅馆和招待所21家、小餐馆87家；捣毁销售伪劣食品、药品窝点3个；查处假烟1.6万盒、涉嫌侵权商品567件、假冒过期商品419件，处罚索票索证不全11户，约谈涉嫌超范围经营游戏机商户67家，勒令整改135家，停业整顿14家，警告处罚5家，站区商业经营秩序明显好转，消费投诉明显减少。

理体制、强管理，市容环境更加亮丽。推进市容环卫体制改革，组建站区市容环卫所，加大市容环卫管理，严格落实24小时清扫保洁制、门前管理责任制，深入开展“全员动手”大扫除活动、“环卫双竞赛”活动，环卫工作质量不断提升。积极开展爱国卫生运动，加强市容环境卫生督察、健康教育、禁烟控烟、病媒生物防治，积极推动卫生创建工作。持续加强占道经营、流动商贩治理，创新定岗定位与流动管理相结合执法模式，保持了违章经营“零态势”。强力推进户外广告、门头牌匾、违法建设整治，窗口城市环境持续改善。2013年，共清理小广告1198处、地板粘贴物3129处，清洗指示牌69块，清洗广场4.3万平方，清理树枝悬挂物621处，清运生活垃圾2395吨；更换地板砖525块、窨井盖6个、果皮箱131个，维修道肩23处、市管道路50处，补修东广场隔离桩19处；清理占道经营、突出门外经营3150起、流动商贩9230起，整改破损门头8家、夜景霓虹灯和LED广告623处，拆除违法建设7处2000余平方米，制止无证施工2处，上缴罚款29万元；督促整改“四害”防制问题95起，投放病媒药物500公斤，增设灭鼠、防蝇设施208个，健康教育培训1300余人，更新健康教育专栏68块。

【市政设施建设】 加强市政设施建设，启用了人行天桥步行系统。2013年，火车站地区管委会加快推进人行天桥建设，9月18日，兴隆街、大同路、一马路3座人行天桥步行系统提前启用，对于站区交通环境改善将发挥重要作用。截至年底，自动扶梯系统电梯基坑开挖和14部电梯制作正在紧张进行，即将投入使用。加快二马路精品街改造工程，完成了东侧沿街楼体立面涂刷；主干道人行道板铺设和空中线缆入地前期准备工作到位。积极运作西广场垃圾中转站和环卫之家项目，经上报市政府研究，已确定纳入西广场二期工程，并已列入2014年郑州市城建计划同步建设。

【文明创建】 在全国文明城市指数测评检查中，火车站地区作为必检区域，涉及10个样本点。6月初，全市动员会后，火车站地区管委会迅速行动，制订方案，成立了领导小组及6个指挥部、6个督导组，分别由管委会班子成员挂帅，明确分工，落实责任，倒排工期，倾斜力量，集全区之力，全面开展创建工作。（1）依托网格化管理机制，调动网格力量，开展横到底、纵到边全面排查，借力整改，共发现问题457项，整改431项，整改率达95%。（2）以“两站两场”为重点，突出抓好样本点整改，强化“四项秩序”综合整治、“五小门店”、文化环境、公共场所专项整治等，开展道德讲堂宣讲、“遵德守礼”宣传，全面优化窗口环境，被检查4个样本点均未发现问题。（3）扎实开展文明志愿服务，在公交港湾增加100名文明交通志愿者引导排队乘车，组织机关党员参与东广场2个志愿服务站服务工作，一直坚持至今，志愿者队伍达500余人，服务旅客达5万人次。（4）建立迎检应急机制，检查期间，实行早7晚10时工作模式，领导带队，全员深入一线督促、检查，顺利通过了全国文明城市指数测评检查，并得到了市委副书记王璋、市委宣传部部长王哲的充分肯定。2013年，郑州市顺利通过全国文明城市指数测评检查。

【完善网格管理机制】 深化规范网格工作机制，城市管理水平不断提升。按照市委“坚持依靠群众、推进工作落实”长效机制工作部署，以“深化、规范、提升”为目标，进一步完善网格管理机制，把辖区1平方公里划分6个一级网格、20个二级网格、43个三级网格，每个网格明确1名班子成员为分包领导，1名部门中层正职担任网格长，其他中层干部、机关人员和辖区职能部门相关负责人担任二级网格长、网格员，建立科学规范的三级网格负责制。着重网格管理工作常态化，建立网格员主动融入、参与巡查、发现解决问题的工作机制和社会管理信息平台，按照“上报、交办、办理、反馈、认定、办结”6个环节，对排查发现问题，及时录入社管平台，限时签收和限期办理，扎实推进网格化管理机制。2013年，共排查发现问题619项，解决527项，解决率达86%。通过网格化管理，干部作风明显转变，城市环境大幅改善，社会大局保持稳定发展。

【平安建设】 扎实推进平安建设，社会管理服务水平不断提升。2013年，以平安建设为抓手，加强和创新社会管理，加快推进依法行政，社会管理服务水平不断提升。（1）扎实推进平安站区建设，把平安建设纳入全区发展全局，与站区31家单位和管理部门签订平安建设工作目标责任书，构建“大平安”工作格局。深化平安建设宣传活动，广泛宣传法律法规和治安防范知识，保持了站区社会大局形势稳定。（2）加强安全生产监督管理工作，认真落实安全生产责任制，深入开展安全郑州创建2013年行动计划、安全生产月活动等，实施重大隐患挂牌督办制度，加强节日期间安保，全年共排查单位104户次，发现事故隐患125处，督促整改117处，整改率达94%，消除了一批火灾隐患，确保了站区安全生产形势持续稳定。（3）坚持做好社会矛盾化解工作，认真落实“领导接待日”制度、“领导同志处理信访问题”制度，及时排查调处矛盾纠纷，努力化解不稳定因素。全年处理信访案件27起，处置网上上访案件4起，接待来访人员63人次，没有发生越级集访、规模访、重访和赴京上访。（4）开展文化市场管理和扫黄打非工作，建立网格管理机制，成立互联网上网服务行业协会火车站地区分会，大力开展“扫黄打非”行动、“净网”行动、“闪电”系列行动，2013年共清查文化经营场所200余次，取缔无证经营场所2家、无证流动商贩2起，查扣光碟200余张、违规报刊200份，净化了文化市场秩序。（5）深化城市管理整治提升，开展春节、拜祖大典、中博会等专项整治，有效净化了城市窗口环境。

（李俊晓　高玉锋）

园林绿化与公用事业

园林绿化建设与管理

【**概况**】 2013年，郑州市园林绿化工作以创建国家生态园林城市为统揽，以两环十七放射生态廊道绿化、项目工程建设、园林绿化网格化管理三项主体工作为重点，大力推进公园绿地建设，抓好景观提升和精细化管理，全年市区（含上街区和航空港区）共新建绿地928.84万平方米，新植乔木64.7万株，新建区级公园7个、游园21个，完成立体绿化48万株、屋顶绿化5.15万平方米。市区建成区绿地率达到33.8%，绿化覆盖率达到38.2%，人均公园绿地面积为11.2平方米。全市新创建省级园林乡镇2个，园林单位、园林小区12个；新创市级园林单位、园林小区58个。

【**公园绿地建设**】 2013年，郑州市园林绿化工作坚持以项目为引领，大力推进园林绿化各项重点工程建设，做好西流湖生态公园、雕塑公园（二期）、南环公园、南水北调生态文化公园、27个区级综合性公园等项目建设及前期工作。（1）西流湖生态公园建设项目。该项目南区中原西路—郑上路段，路网全部贯通，湖西岸公园已建成55.33公顷并对游人开放，共完成拆除建筑物39.3万平方米，治理排污口18处，清理垃圾40万立方米，栽植乔木1.6万株、花灌木6.5万株、地被植物20.7万平方米，建设贾鲁广场、保吉广场、凯旋广场、羲和广场等休闲广场12个，修建亲水平台10个，铺设木栈道2218平方米，修建景观桥3座、橡胶坝1座。（2）雕塑公园（二期）建设项目。该项目土方工程全部完成，共挖填土方517761立方米；市政工程和绿化工程已完成总量的65%；雕塑艺术馆屋顶绿化和周边植物栽植工作全部完成，共栽植乔灌木3.4万株、地被及小灌木17730平方米。（3）南环公园建设项目。该项目已完成土方、给排水管线和道路铺装工程，西大门景观绿化、建筑和供配电工程已完成总工程量的35%。（4）犬只收容站建设项目。该项目已初步建成投入使用，共完成犬舍、道路及附属设施建设总计9200平方米，累计收容各类犬只5000余只。（5）南水北调生态文化公园建设项目。该项目由北京北林地景园林规划设计有限责任公司负规划设计，景观设计深化方案已通过专家评审，景观设计成果已交各相关区政府及开发区管委会进行施工图设计。各相关政府部门已完成干渠两侧200米范围内的地面附属物、动迁总量、费用估算、土地普查等工作，以及1000米示范段的选址工作。郑州市园林部门确定在嵩山南路、京广路、郑新路等3个节点，面积约72万平方米区域内进行示范园建设。航空港综合实验区项目段按照“国内领先”的要求高标准组织设计，并结合航空城的发展要求，将生态文化公园建设项目设计任务由原来的9.9公里调整为29公里，最终方案设计成果已通过评审，交航空港实验区进行施工图设计。（6）27个区级综合公园建设项目。该项目由郑州市园林部门牵头，依据《郑州市绿地系统规划》，按照老城区每15平方公里、新建城区每10平方公里建设一个10公顷左右综合公园的要求，在市区四环内选址规划27个区级综合公园，由各区负责建设并完善周边服务设施。截至2013年年底，27个区级综合公园的选址和规划设计审核工作已完成，累计完成拆迁面积172.8万平方米，占总拆迁量的83%。高新区绿谷公园、天健湖公园、经开区尚岗杨遗址公园和航空港综合实验区兰河公园已开工建设，其他公园正进行方案设计、拆迁和工程招标等前期工作。

【**郑州市主城区公园游园绿地建设**】 2013年，郑州市各区政府及开发区管委会按照郑州市园林绿化工作目标要求，加大资金投入，积极推进各绿化项目建设，共建成区级公园7个、游园21个，新建绿地928.84万平方米，新植乔木64.73万株，新植月季48.02万株，垂直绿化47.9万株，屋顶绿化5.15万平方米。其中，中原区新建绿地147.64万平方米，新植乔木7.7万株，新植月季3万株，完成垂直绿化3.2万株，屋顶绿化1.1万平方米，建成面积5000平方米以上游园2个；二七区新建绿地200.54万平方米，新植乔木8.2万株，完成垂直绿化4.3万株，屋顶绿化1.2万平方米，建成面积4000平方米以上游园2个；金水区新建绿地50万平方米，新植乔木5万株，新植月季5000株，完成垂直绿化3.2万株，屋顶绿化6793平方米，建成面积4000平方米以上游园1个；管城区新建绿地65.71万平方米，新植乔木7.5万株，新植月季5.2万株，完成垂直绿化3.1万株，屋顶绿化3000平方米，建成面积4000平方米以上游园2个；惠济区新建绿地85.92万平方米，新植乔木6.7万株，新植月季2.2万株，完成垂直绿化3.47万株，屋顶绿化3000平方米，建成5万平方米公园1个、6000平方米游园2个；上街区新建绿地51万平方米，新植乔木5.2万株，新植月季4万株，完成垂直绿化3万株，屋顶绿化3000平方米，建成5万平方米公园1个、2万平方米游园2个；郑东新区新建绿地90.43万平方米，新植乔木6万株，新植月季1.36万株，完成垂直绿化3.3万株，屋顶绿化3300平方米，建成面积6万平方米以上公园4个、1万平方米游园4个；高新区新建绿地79.6万平方米，新植乔木5.9万株，新植月季20万株，完成垂直绿化3万株，屋顶绿化4200平方米，建成10万平方米公园1个、2万平方米游园2个；经开区新建绿地96万平方米，新植乔木6万株，完成垂直绿化10万株，屋顶绿化3500平方米；航空港综合实验区（新郑综合保税区）新建绿地60万平方米，新植乔木5.4万株，新植月季10.94万株，建成游园4个。

【**道路绿化建设**】 2013年，市区两环十七放射生态廊道绿化建设共完成西四环（中原区段）、中原西路、北四环（惠济区段）、大学南路、嵩山南路、航海西路、南四环（二七区段）、郑新路（南四环以南）、商都路、金水东路、南三环（二七区段）、南四环（管城区段）等12条（段）项目工程，新建绿化面积760万平方米，建成公交设施综合体137个，公交港湾、人行步道、自行车道等工程建设全部完工。中原西路生态廊道绿化示范段工程，南侧绿化全线完工，北侧绿化基本完成，占总工程量

4月28日，市委书记吴天君视察中原路生态廊道

的96%，共栽植乔木1.38万株、花灌木370.8万株、草坪地被植物39.69万平方米。中州大道北段节点绿化项目，完成绿化面积16万平方米，栽植乔灌木4万株。嵩山路等6条道路景观提升工程进展顺利，栽植充实树状月季、百日红5700余株。市区立交桥下空间绿化建设项目共恢复绿地3300平方米。地铁1号线出入口景观绿化项目共完成18个站点70个出入口的绿化建设和恢复工作，栽植乔灌木2.5万株，新建恢复绿地11.5万平方米。铁路沿线绿化建设完成铁路沿线建筑物拆迁1027.42万平方米，占拆迁总任务量的64.15%。三环快速化道路绿化建设完成遗留拆迁14.4万平方米、清运垃圾1.65万立方米、培土1.74万立方米。

【单位庭院及居住区绿化建设】 2013年，郑州市单位庭院和居住区绿化美化工作水平不断提升。（1）全市新创建省级园林单位7个。郑州大学（新校区）、郑州高新技术产业开发区人民检察院、华北水利水电大学（龙子湖校区）、河南华泰特种电缆有限公司、新密市矿区办事处、中国移动通信集团河南有限公司郑州市上街分公司、荥阳市安全生产监督和煤炭管理局。（2）新创市级园林单位23个。郑州市娅丽达服饰有限公司、郑州市热力总公司、中国农科院郑州果树所、中国人民武装警察部队郑州市支队、郑州市惠济区实验幼儿园、河南郑州兴隆国家粮食储备库、河南省交通运输厅、河南省大学科技园发展有限公司、郑州市四环道路管理中心、郑州市第七人民医院、中牟县白沙镇白沙村村民委员会、巩义市食品药品监督管理局、巩义市人力资源和社会保障局、巩义市供电公司、郑州锦鹏生态酒店、郑州市磴槽集团有限公司、新密市京密联谊学校、荥阳市住房和城乡建设局、荥阳市交通运输局、新郑市国际庄园、新郑市龙湖镇人民政府、中国人民解放军河南陆军预备役高射炮兵师第一团、中国工商银行股份有限公司新郑支行。（3）新创省级园林小区5个。郑州正弘山小区、郑州柏林阳光小区、郑州非常国际小区、郑州九郡·弘别墅小区、郑州锦艺国际华都·欧尚小区。（4）新创市级园林小区35个。观澜小区、凯田花园小区、王府一号小区、小岗刘新城小区、康桥·金域上郡1号院、天擎花园小区、升龙世纪花园一区、测绘学院长城小区、黄委会水文局家属院、纬五路47号院小区、银基王朝小区（一二期）、银基王朝小区（四期）、阳光新城小区、新蓝钻小区A区、郑州市惠济区迎宾路3号小区、郑州市军队离退休干部第四休养所、永威·东棠小区、蓝天商务花园小区、中牟县金帝城小区、中牟县百利·未来铭郡小区、中牟县绿城百合小区、登封市嵩基·鸿润城小区、登封市锦鹏·观山悦小区、登封市东城花园小区、新密市中强御金湾小区、新密市金域华府小区、新密市荣域福湾小区、新密市来集镇翟坡社区、新密市来集镇桧树亭社区、荥阳市尚善若水小区、荥阳市嘉和芙蓉园小区、荥阳市龙德苑小区、荥阳市洞林湖·新田城小区、新郑市龙泊圣地小区、新郑市国瑞城·源墅小区。

【县（市）园林绿化建设】 2013年，各县（市）大力推进公园绿地建设，全年共新建公园3个、游园18个、社区游园8个，新增绿地799.57万平方米，新植乔木71.45万株，新植月季22.15万株。中牟县以创建省级园林城市为中心，以工程为带动，大力进行园林绿化建设，新建公共绿地130万平方米，新植乔木14万株、花灌木18万株、地被60万平方米。建成公园2个，四牟园一期建设工程，面积60万平方米；潘安园改造工程，面积6.8万平方米。建成游园2个，商都大街道路景观工程，绿化面积9.86万平方米；万洪公路、建设路南段绿化廊道建设工程，绿地面积100万平方米。巩义市以创建国家生态园林城市为目标，全年完成园林绿化投资2.36亿元，新增绿地123.57万平方米，新植乔木26万株，新建游园9个、社区游园2个，建成区绿化覆盖率达到42.6%、绿地率达到39.1%、人均公园绿地面积达到15.9平方米。登封市以城市园林绿化持续发展为中心，稳步推进重点工程建设，积极开展补植补种和市区亮化、美化工作，全年新建绿地39.4万平方米，新植乔木6万株、月季22.15万株。实施棋盘山公园建设项目，建成社区游园2个；商住区道路绿化工程完成绿化面积4.5万平方米；嵩阳公园东扩工程，已完成初步设计和地质勘查工作，二次结构开始施工，文化步行街已完成总工程量的70%；开展登封大道环境综合治理，栽植乔灌木约1.5万株，新增绿地面积11万平方米。新密市以绿化工程建设为重点，以精细化管理活动为引领，全年新建绿地41.24万平方米，栽植乔木5.2万株。实施周楼街、农业南路、新华路等道路绿化工程，共栽植行道树1326棵，绿化面积1.04万平方米；对市区9条主干道行道树及游园、苗木基地缺株断带进行补栽，共计补种乔木691棵，花灌木5万株。荥阳市不断加大园林绿化建设投入，进一步改善城市形象，全年完成绿化投资4.83亿元，新建绿地305.8万平方米，新植乔灌木25.44万株，新植模纹地被植物105.28万平方米，行道树栽植6491株，建成街头游园7个、社区游园2个。新郑市不断加大绿化建设、管理力度，全年新增绿地面积59.6万平方米，改造绿地2.3万平方米，新栽植乔木5.8万株，建成社区游园2个。完成了黄帝故里广场外围景观改造规划设计及扩建工程；郑国园、许衡园、韩非园、邓析园、乾坤园等街头游园景观的提升改建工程全部竣工；开展城区绿化缺株补栽工作，补栽行道树475棵，补栽绿篱4.2万株，补栽游园草坪2800平方米。

【园林绿化管理】 2013年，郑州市园林绿化管理工作按照“深化、规范、提升”的要求，把管理网格向社会公共单位和居住小区延伸，市区27个园林专业单位与491家公共单位和居住小区结对帮扶，开展技术指导和服务，扩大网格覆盖面，实现园林绿化管理网格与其他管理网格的深度套合叠加。

为迎接癸巳年拜祖大典、第八届中博会和“三走进、三郑州”等惠民活动，根据市政府安排，郑州市园林部门牵头对市区18条重点道路遗留拆迁、生态绿化、立面整治、市政设施完善、违规交通标示牌治理等工作进行综合整治。各责任单位共完成重点道路沥青路面铺设8.36万平方米，人行道板铺装5600平方米，沿街立面的清洗粉刷109.54万平方米。交通标牌设置4420平方米，交通标线设置12万平方米，整治控制信号灯控路口112个，整治非灯控路口78个。市区共栽植乔灌木11.01万株、地被植物1.87万平方米，修剪整形造型树、法桐等大型乔木、灌木2185株，修剪整形绿篱、花架、模纹等12.6万平方米，修剪草坪、麦冬等地被植物近17万平方米，修整树穴28552个，清理枯枝11642株。

郑州市园林部门深入开展园林绿化管护活动，以及以“月季花杯”竞赛为主的各项管理竞赛活动，建立长效化、动态化的管理机制，加强督察检察，全年共督察发现园林绿化管理问题1756个，下达督察整改通知单1233份，整改率达到96%以上。组织开展春季管护百日行动，共补植补栽各类乔灌木28万株、地被植物22万平方米，对市政设施有影响的1.6万株树木进行了修剪整形，基本消除了缺株断垄和黄土裸露现象，有效地提升了城区景观品位，改善了行人及车辆通行环境。积极开展十佳精品路段、十佳精品公园游园、十佳生态园林小区，即“三个十佳”创建活动，对107个管护区段进行检查评比，在全市培养和选树了30个精品管护先进典型。

【园林绿化依法行政及执法监督工作】 2013年，郑州市园林部门认真做好依法行政工作，组织人员对《郑州市园林绿化条例》（以下简称《条例》）实施细则进行修订，接受市人大对《条例》贯彻实施情况的执法检查，在市十三届人大常委会第三十七次会议上《条例》贯彻执行情况报告获得高票通过。在做好《条例》宣传贯彻的同时，加大园林绿化法律知识宣传力度，组织执法人员培训，开展服务型行政执法活动，加大对擅自砍伐、违法占用绿地等行为查处力度，全年共受理举报204起，查处案件101起，移送森林公安6起，挽回经济损失1800多万元。按照深化、提升、规范“三步走”的方法和“两集中、两到位”的要求，做好行政审批改革试点工作，组建行政审批办公室，规范审批程序，简化办事流程，实现了以事项削减50%，环节压缩50%，时限减少50%为主要内容的“3个50%”目标。全年共受理行政审批事项262件，办结率100%。加强园林绿化企业的监督管理，对2010年年底前取得三级资质的162家企业进行资质清理，延续换证103家，对61家三级企业进行资质审核颁证，协助省环保厅完成了对30家企业的动态考核。开展对全市园林产业的统计管理工作，加强对园林产业的指导和监管。对西流湖生态公园南区等3项市级重点工程实施了实体质量监督。开展郑州市园林工程评优活动，评出优良工程20项，优秀施工企业11家。完善施工企业诚信备案制度，对201家企业进行了诚信备案。出台《郑州市优秀园林绿化项目经理评选办法》，加强对园林绿化项目经理的管理。

【城区美化和节日氛围营造】 2013年，郑州市园林部门继续开展以市花月季为主的十大系列花展活动。在碧沙岗公园举办第五届海棠文化节，在紫荆山公园举办了2013紫荆花展和荷花展，在人民公园举办了第十六届郁金香展和金秋菊花展，在月季公园举办了郑州市第十九届月季花展，在绿城广场举办了第五届鸢尾花展，在植物园举办了迎新春花展和第四届牡丹、芍药展，在三苗圃举办了宿根花卉展，各类花展的举办，丰富了市民群众业余文化生活。做好节日期间氛围营造工作。在节日期间，按照节约节俭的原则，采取循环利用、借势造景等方法，制作景观小品，栽摆草花280万盆（株），美化了街景园景。

【园林绿化规划设计与监理】 2013年，郑州市园林部门按照国家生态园林城市标准和郑州都市区建设规划要求，编制完成了《郑州市城市绿地系统规划》和《航空港区绿地系统规划》，其中，《郑州市城市绿地系统规划》通过了专家评审。2013年，郑州市基本编制完成的园林绿化设计项目名单包括南环公园初步设计、一期施工图设计变更、西入口大门景观施工图，“八纵八横”道路绿化景观提升设计，青少年公园初步设计方案，紫辰公园设计方案，两环十七放射生态廊道新增四条路景观提升绿化设计，第九届（北京）园博会郑州展园施工现场服务、设计变更及工程监理，郑新立交绿化方案及施工图设计，五一公园改造方案设计及建设方案，第十届（武汉）园博会方案设计，第十一届北京菊花展郑州展区方案设计，碧沙岗海棠筱苑方案设计和施工图设计，人民公园欧风园改造方案设计和施工图设计，27个区级综合性公园各区公园选址图、总图修改，经开区集装箱中心站绿化CAD方案，西流湖生态公园中原路入口区域绿化种植设计修改、柳莺园景观提升施工图、牡丹园大门设计方案、湖西岸陡坎区域种植设计、凯旋路入口区域种植设计以及南区文化小品布置总图、郑上路段区域施工图修改及标识系统设计、临湖西路4.67公顷土地规划方案，雕塑公园景石规划方案设计、雕塑艺术馆屋顶绿化施工图、游路两侧行道树调整设计、雕塑公园入口区广玉兰移栽定位图，48个出入市口中现状10个立交改造方案、新建1个立交方案景观设计，郑州市主城区铁路主线、支线两侧景观绿化概念性方案，107辅道分车带绿化设计方案及效果图，四港联动大道分车带绿化设计方案及效果图，绕城十八里河收费站匝道外绿化景观设计方案及施工图，陇海路快速路（西三环-京港澳高速）道路绿化设计方案，郑上路西三环立交桥下绿化施工图、北三环南阳路桥下绿化施工图、郑上路西四环立交桥下绿化施工图，郑州市地铁1号线出站口景观方案设计与施工图，西四环郑少立交两侧绿化方案及施工图设计，北三环两侧绿化惠济区段施工图方案调整及施工图设计，南环公园施工一标段监理工作等规划设计项目。

【园林科研及植物病虫害防治】 2013年，郑州市园林科研工作取得新突

8月27日，省政协委员视察中原路生态廊道

破，有3个科研项目被列入城建资金资助计划，2项成果获得市科技进步奖二等奖，全年各园林科研专业单位共引进植物新品种115个。建成法桐、月季种质资源及园林科研基地，共栽植各类月季种苗27万株、速生优良品种法桐种苗4万株。开展园林生态监测和负氧离子监测研究工作，在市区建立10个负氧离子监测点，不间断监测市区负氧离子含量，并开展监测数据研究，取得了初步成果。加强园林植物保护和病虫害防治工作。郑州市园林部门下发做好病虫害防治通知，建立病虫害防治周报制度，建立和完善病虫害防控预测预报网络。每月初根据当月发生病虫害的种类和发生特点，做出翔实的安排，提出具体的防治办法和措施，有效控制病虫危害。

【动物管养与繁育】 2013年，郑州市园林部门不断提升动物园管养水平，加大野生动物饲养、繁育、引进、展出、防疫诊治工作力度。全年繁殖动物32个品种426头（只），其中，国家I级保护动物9种38头（只），II级保护动物12种56头（只）；引进动物7种23头（只），其中，国家I级保护动物2种2头（只），国家II级保护动物1种3头（只），非保护级别4种18头（只）；出售动物11种45头（只），其中，国家I级保护动物2种6头（只），国家II级保护动物6种27头（只），非保护级别2种12头（只）。全年未发生任何动物脱笼、逃逸、伤人等重大安全事故。

（张 泳）

白庙水厂清水池全景

城市供水

【概况】 2013年，郑州自来水投资控股有限公司针对供水形势紧张、生产经营和建设压力大等综合因素影响，以经营增效益，以建设促发展，努力推进生产经营和工程建设协调发展，全年完成售水量25371.48万立方米，完成供水量30288.14万立方米，新增供水管网48.64公里，累计供水管网长度达到2696公里，年度供水量首次突破3亿立方米，最高日供水量突破100万立方米，达到101.69万立方米。

【供水安全】 2013年，郑州自来水投资控股有限公司抓好供水生产运行基础管理，健全有关管理制度和技术标准，做好生产设施、设备的管理维护，提升运行效率和设备利用率，加强管网设施的重点监护和更新改造，全年完成抢修3348处，检修阀门3430台，普查整治消火栓6327台，修漏及时率为100%。把安全贯穿于生产管理、工程建设全过程，借助开展“安全生产月”、安全生产专项整治、安全应急演练、安全大检查“回头看”等活动，强化事故预警，增强事故处置能力。完善质量管理，密切关注原水水质变化，提高水质监测能力，加大水源地污染防控，开展水质专项检查，做好水质水样的监测分析，健全技术标准，把好供水质量关。根据水质季节性变化和高峰供水量变化情况，有针对性开展水质常规检测及预警监测，提高检测频次，做好原水预处理工作。结合深度处理改造，开展深度处理工艺调试和运行分析，做好出厂水和管网水余氯控制实验，提升出厂水水质。组织开展“我为60周年作贡献全员劳动竞赛”活动，从安全生产、工程建设、供水服务三大方面，把优化指标、降低生产成本、提高劳动生产率作为每月竞赛评比考核的重要内容。

【规范供用水市场秩序】 2013年，郑州自来水投资控股有限公司共受理新用户报装530项、综合验收293处。推广二次供水设施有偿委托服务，签订二次供水设备托管协议6份，涉及用户2422户，完成425只远传水表安装使用。加强二级计量小区漏控管理，采取多项措施使漏失率降至12%以下。改进新型抄表器推广应用，全年复核水表44563只。加强城市供水监察，重点做好打击偷盗水及损坏、破坏供水设施行为，规范都市村庄用水、污水处理费用追缴等工作，及时落实举报657起，追缴各类费用245万元，涉及盗用水违法分子4人被行政拘留。

【供水工程建设】 2013年，郑州自来水投资控股有限公司完善方案，系统规划，细化和完善了郑州市1100平方公里和航空港415平方公里供水专项规划。加强与市规划部门对接，对水源水厂配置、输配水系统进行综合规划，提出航空港综合实验区供水工程规划。加快推进供水工程建设，刘湾水厂已完成厂区土建工程施工，厂区设备安装已进场施工，正在积极推进出厂干管与市区管网连通工程，累计完成投资6.1亿元。柿园水厂和白庙水厂改造工程已投产运行，累计完成投资2.4亿元。自来水一户一表改造完工320项59455户，在建121项24027户，完成投资1.43亿元。结合市区陇海路高架、三环快速化等工程，积极推进供水管网迁改工程，累计完成91.5公里，完成投资1.396亿元。马寨工业园区供水工程、赵口给水工程、侯寨水厂、航空港试验区供水项目前期工作稳步推进。

【供水服务】 推进供水低压区二次供水设施建设、均衡区域供水压力、缩小低压范围，做好低压区供水服务宣传，处置有责投诉、媒体曝光事件。做好客户服务热线及大厅服务工作，落实市长电话交办事项1082件，办理督办件、“心通桥”舆情信息468件，办复率达100%。加强职业道德教育，进行服务理念创新，持续开展“供水服务、春暖万家”活动，使“供水营销直通车”“白师傅”义务服务队走进社区、走向用户，为用户提供方便、快捷的供水服务。

（朱 林）

城市燃气

【概况】 2013年，郑州华润燃气股份有限公司抓住郑州都市区建设、气化郑州、新型城镇化建设等历史性机遇，继续坚持外延式发展和内涵式增长的发展战略，坚决克服价格成本

11月14日，天然气关庄门站建成投运，成为郑州市第四个气源点

上升、气源制约等困难，以保障安全平稳供气为核心，以加速市场发展为重点，以前瞻布局输配系统、完善城市管网为支撑，以推行精益管理为抓手，着力加快发展速度、提高发展质量、提升服务水平、强化安全管理、提升组织能力，为“气化郑州”战略实施提供能源支持，为建设美丽郑州、生态郑州贡献力量。全年销售收入总额达到24亿元，同比增长2.5%；销气量达到8.2亿方，同比增长14%；新增民用户14.7万户，同比增长0.4%，用户数量达到136万户；新建市区燃气管网100公里，供气管网总长达到4774公里；百尊燃气具销量达到3万台，同比增长17.3%。

【气源保障】 2013年，郑州华润燃气股份有限公司气源保障工作坚持两手抓，一方面紧抓与现有气源供应方的协调，同中石油、中石化及省发改委积极接洽，加大西气东输及鄂尔多斯气源的供应量，争取到合同外气量指标2.3亿方，同时争取到西气东输二线项目在薛店设气源供应点，优化了郑州市整体气源格局。另一方面积极引入新气源通道，建成关庄门站，与河南省煤气集团签署供气协议，利用义马煤制气管道供气，协议规定2013年供气4000万方，2014年供气1亿方，以后每年增长幅度不低于20%，继中石油西气一线、西气二线、中石化鄂尔多斯气后，成功引入第四路管道气源。通过多方协调，与蓝天集团达成供气意向，规划未来通过博郑线提供气源，将有效增强气化郑州的保障能力。

【燃气输配系统建设】 2013年，郑州市燃气工程建设呈现出重点工程规模大，常规工程数量多的两大特征。东明路、政七街热源厂煤改气燃气管网专线工程于8月正式开工，该项目全长24公里，中间横穿2次高速，2次高铁，11处鱼塘，48次河流等，工程规模大、施工难度高、工期紧，必须在冬季供暖前完工投产。郑州华润燃气股份有限公司通过合理划分标段，全力以赴组织施工，确保了11月中旬全线贯通，用80天的时间完成了正常需要1年时间完成的工程，为冬季正常供暖提供了强有力的保障。2013年，紧跟城市发展步伐和发展需要，郑州华润燃气股份有限公司借助陇海路等多条道路改造工程启动契机，对道路管网进行升级改造，打通重要节点，优化了主干道的管网布局；建成十八里河调压站，为龙湖镇接通了管道天然气；建成登封凤凰岭输气门站，登封正式接通管道天然气，天然气清洁能源惠及了更多区域居民。

【安全供气】 2013年，郑州华润燃气股份有限公司以“强化安全基础，推动隐患整改”为管理主题，着力创新安全管理方式，积极做好自身本质安全。为提高管网隐患发现能力，建立了“0123”巡检管理体系，对管网进行分级管理，建立起路巡、日常巡检、泄漏性测量3条防线，购置了检测车、激光甲烷检漏仪、乙烷辨识仪等先进设备，成立专业泄露性测量队伍，大大提高了检测效率及精确度，管网泄漏自查率达到90.37%。针对郑州市多条主干道进行改造施工的状况，郑州华润燃气股份有限公司加强管网巡视与监控，有效控制了因外力破坏管网事故的发生。全年新发现违章燃气设施13处，其中8处进行了改造，5处被拆除，新违章整改率达到100%。积极关注用户安全，重点加强出租屋、小户型、危险热水器等薄弱环节管理，全年完成入户安检481612户，督促整改危险热水器14601台。

【市场拓展】 2013年，气化郑州政策获批实施，郑州市启动蓝天工程。按照市政府部署，郑州华润燃气股份有限公司及时研讨出台相应的煤锅炉改气优惠方案，调动用户改造积极性，逐个走访动员，开通绿色通道，加快改造进程，累计发展锅炉改气用户38户，总容量415吨。油改气方面，与公交公司实现战略合作，152辆公交车辆回流加气，全市CNG公交车日加气量达到1万方；积极发展社会车辆油改气，全年发展天然气汽车9000辆，车用气年销气总量达到1.5亿立方米，创历史新高；积极发展LNG业务，发展LNG公交车130辆，新增东风南路、经开区、金象花园路、宇通十八里河等4座LNG加气站和2台LNG燃料加注车，与宇通客车股份有限公司、河南鸿泰物流有限公司等客户签订了LNG供气合作协议，发展物流客运车辆约60辆，日均销售LNG燃料2.1万方。同时不断开发燃气服务新市场，先后进驻荥阳市广武镇、巩义小里河村，与新郑华南城、航空港综合保税区机场公司等用户签署供气协议，保障了郑州市重点项目的用气需求。

【供气服务】 2013年郑州华润燃气股份有限公司全面推行个性化安装服务，用户对户内燃气设施的设计和安装享有自主权，郑州华润燃气股份有限公司通过与客户的充分沟通，根据不同客户需要，实施个性化安装服务，满足客户个性化需求，从源头上消除户内隐患，实现增值服务。全年，共为8034户燃气用户提供了个性化安装服务。

统一规范服务标准。2013年，郑州华润燃气股份有限公司全面启动服务标准化建设工作，成功创建为华润燃气集团首家客户服务管理体系试点单位，以及国家级服务业标准化试点单位。并以两个体系作为服务标准化建设的主要依据，组织编修标准651个，从服务战略、指标、流程、行为、监控等全方位规范服务工作，将服务思维、客户至上的文化固化在日常行为中，提高服务的效率和质量，形成发展战略与服务联动机制。

加强服务监督，建立多方多渠道监督机制。以LNG业务和个性化安装业务为主题，先后开展两期市民看燃气活动，听取客户意见。整合投诉接收平台，将16个媒体及各渠道的投诉信息统一到服务督察部组织办理，简化了投诉处理流程节点，办理及时率和办结率均达到100%，实现了客户信息的统一管理。通过运用数据统计工具进行精确分析，及时识别前线窗口在服务管理、服务执行方面存在的问题，并有针对性地对管理进行改进。利用呼叫中心平台加大督察回访覆盖面及比例，全年呼叫中心接听电话

313367个，外呼电话68797个，百尊售后、个性化安装回访率均达到100%。

完善服务举措，提升客户满意。以工商业客户点对点服务为基础，建立工商业客户分级标准，实施重点用户服务管理办法。继续推广第三方充值收费业务，自助充值、缴费网点增加到282个，方便了用户交费。牛师傅服务队坚持开展社区服务活动，针对特困户、老红军、残疾人等用户群开展春节、"八一"等节假日服务活动，为用户办好事、做实事、解难事；结合省市电视媒体大民生、民生大参考等民生节目以及市长质量奖社区行活动开展社区服务107次，累计服务客户91211户，入户安检5832户，接待客户咨询14024人，发放宣传资料16938份。牛志国获得2012"感动郑州"十大人物荣誉称号，《人民日报》《中国质量报》先后刊发牛师傅服务文章，标志着牛师傅品牌已成为郑州华润燃气特色服务的一面旗帜。

平稳渡过"抢气风波"。3月下旬，网络疯传天然气涨价消息，大批市民排队抢购天然气，造成11个客户服务中心人满为患，购气队伍长达千米，一度影响道路交通。为此，客服部前台人员全部上岗，中午不休，增开窗口，增派现场疏导，分流客户，保持秩序井然。3月27日当天购气客户达到27000户，售气量达293万方，是日常售气量的5倍，抢购持续1周。郑州华润燃气股份有限公司，积极应对，最终平稳渡过"抢气风波"。

【精益管理】 2013年，郑州华润燃气股份有限公司以精益管理为突破，通过精益项目、内部对标和KAIZEN三大抓手，提升运营管理效率。运用精益管理工具，购销差下降到3.49%以内，再创历史新低；加气站综合千立方耗电量降低至197千瓦时，同比下降4.37%；工商业客户开发周期由95天缩短为64天；呼叫中心热线客户接通率提升了13.87%。

【技术创新】 2013年，郑州华润燃气股份有限公司技术创新工作取得多项突破。成立"郑州市燃气安全与保障工程技术研究中心"，并成功创建为市级技术中心，为技术创新打造了良好的平台；积极推广远传表设备应用，完成远传表安装65971户；针对客户差异需求，加强户内高低表位安装技术研究，已开始试点应用；开展场站建设标准化工作，编制完成《高压场站建设标准手册》，出台《郑州华润燃气调压（箱）柜配置标准化指导意见》（试行），规范场站建设，方便后期运营管理；在登封圆窑改造工程中进行的天然气鼓风式强旋流燃烧装置应用研究项目，通过省科技厅的成果鉴定，被认定达到国内领先水平。

【岗位练兵及技术比武】 郑州华润燃气股份有限公司积极创造条件，帮助员工成长，全年开展培训项目172个，培训9225人次、1736课时。开展岗位练兵和技能竞赛活动，在燃气具安装维修工、燃气管道调压工、抄表、检测、前台接待等工种开展技能竞赛，展示了精湛的技艺和娴熟的操作。2013年，有2人获得"河南省五一劳动奖章"，1人获得"河南省技术能手"，1人获得"郑州市五一劳动奖章"，1人获得郑州市"劳动模范"，8人获得郑州市技术标兵等荣誉称号。

（王英娜）

集中供热

【概况】 2013年，市热力总公司按照"气化郑州"和蓝天工程的统一部署，积极推进"煤改气"工程，加快供热主业的转型与升级，以多热源联网供热、能源管理、水质管理为重点，进一步提升供热质量与服务水平。全年完成供热量1041万吉焦，较上年同比增长13%，创历史最佳成绩；新增供热面积455万平方米，较上年同比增加20%，累计供热总面积达到3021万平方米；新建主干网80.2公里，较上年同比增长86.4%，建成热力站56座；室温合格率达到99.7%，设备完好率达到99.6%，抢修及时率达到100%，热线电话回复率、办结率均为100%，回访满意率为99.9%。中原环保股份有限公司进一步加大西区供热老旧管网及设施改造，采取统一供热参数、对用户进行分类、强化测温等措施对管网调控，保证总体供热运行稳定，供热面积达到860万平方米，较上年增加90万平方米。市热力总公司先后获得全省统计先进调查企业、省规范服务明星企业、省建设工会工作先进单位、省内保工作先进集体、省市政公用行业先进集体、市政府十大实事办理工作先进单位等荣誉。

【主业发展】 2013年，市热力总公司结合郑州都市区建设和"气化郑州"工程要求，积极打造全市统一的热源发展平台，引领供热主业实现持续、快速、健康的发展。《市区450平方公里集中供热规划》已获审批。《全市990平方公里供热规划（2013-2030）》编制工作基本完成。以高端超前为基本出发点加快《航空港经济综合实验区供热专项规划》的编制工作。市热力总公司主业继续保持快速稳定的发展势头，全年新增供热面积455万平方米，累计供热总面积达到3021万平方米，实现供热主营业务收入5.75亿元。工业热负荷发展再上新规模，经开区热源厂增加了中粮、雅士利等工业热用户，二期2台75吨蒸汽锅炉扩建工程已完工，可新增工业供热能力150吨/小时；航空港区热源厂继续完善厂区建设，加快发展区内供热市场，为富士康提供稳定高效的生产用汽。在经营收费上，采取多种便民收费措施，继续扩大收费到户工作的规模与覆盖范围，截至2013年年底，全市有26.71万户供热终端用户被纳入收费到户工作服务范围，涉及供热面积1638.56万平方米，占总面积的54%

【安全生产】 2013年，市热力总公司以创新理念推动供热生产管理模式的全新变革，紧紧围绕五大供热格局，以转型促升级，通过实施多热源联网供热、水质管理等新举措，广泛应用综合调度、信息化等新手段，使供热生产呈现安全、平稳态势，圆满完成

11月14日，市长马懿视察东明路热源厂煤改气工程

了年度各项供热生产任务。全年无大面积停热事故，无重大安全责任事故，无责任投诉和重大媒体曝光事件发生。

【供热调度】 2013年，市热力总公司通过多热源联网运行首开河南省多热源联网运行的先河。市热力总公司调度中心作为联网运行的指挥中枢，通过多次技术论证，从400多套备选方案中优中选优，制定了科学的多热源联网运行方案，综合考虑了热电厂、燃煤及燃气锅炉房的能力与特点，科学划定了5大联网及解列运行区域，对冷态运行、热网调节、水力平衡、流量分配等工作进行了统筹安排。供热运行期间，通过召开视频供热调度例会，及时反馈供热动态，提高了调度管理的时效性，并于11月14日顺利实现了新力三期与枣庄南线的联网运行，随后又成功实现了东电与东明路锅炉房的联网运行。各供热分公司作为供热系统承上启下的重要环节，严格按照调度方案，根据各自区域的供热特点进行了细化与延伸，显著增强了联网运行调度指令的执行力，实现了整体均衡供热，室温合格率达99.7%，供热质量稳中有升。

【供热保障】 2013年，市热力总公司加大设备技改工作力度，完成了52项锅炉辅机、79项1次网的技改工作，设备完好率达到99.6%。投资4800万元启动热力站、2次网的节能改造和远程监控系统改造升级等技改工程，提高了设备运行效率。在安全措施保障方面，继续开展“安全生产”竞赛活动，组织生产一线进行22次模拟演练，制订了《燃气锅炉房运行管理制度》等30项制度，并于供热季前组织燃气锅炉运行人员到乌鲁木齐进行了实操培训，有效确保了供热生产运行的安全稳定。煤炭供应方面，强化煤质管理，根据各热源厂的用煤计划，建立健全煤炭保障应急机制，在雨、雪等不利气候条件下，提前储备优质煤炭，全力保证供热生产用煤，全年购置与调拨煤炭20余万吨。管网维护方面，继续强化“大维护”的深度与广度，提升抢险队伍的软硬件配置，建立供热抢险备品备件库，确保了热网运行的安全性与稳定性。供热稽查管理方面，通过对报减用户采取跟踪稽查、联合稽查等方法，进一步规范稽查管理，达到了以查促管的目的。在员工技能培训方面，按照联网供热的新形势、新要求，继续加大对供热一线职工的专业知识培训与实际操作考核，举办了供热锅炉工技能竞赛，培养了一支过硬的技术骨干队伍。

【站网调节】 2013年，市热力总公司投资3600余万元用于292项热力站节能改造项目，其中，全改站项目78个，热力站二次网整修项目214个。7月，各供热分公司开始进行二次网调节、冲洗与排污工作；10月，大多数二次网已调节到位，供热主干网开始进行同步注水、带压冲洗、冷态调节等工作；10下旬，供热管网系统的各项消缺准备工作已基本完成，确保了供热的平稳起步。

11月22日，市政协副主席李玉辉和全国三级驻郑政协委员视察热力工程建设

【生产运行】 2013年，市热力总公司继续升级供热系统，提高供热质量，热源生产运行平稳。11月10日，南郊热源厂、枣庄热源厂陆续开始点火。12日，东、西两大热电厂开始提温，3天内整个大网已基本调平。15日，大部分终端用户温度已基本稳定。运行期内，根据天气状况和运行参数，重点对上年投诉率较高的小区进行精细化调节，有效消除了用户冷热不均等现象，确保了供热质量。水质管理是2013年供暖期的新举措与新亮点，兴隆铺热电厂北区热网补水站投入使用，补水能力达1000吨/小时，整个采暖季向一次网注入软化水约45万吨，软化水合格率超过了60%，有效促进了水质的提高与持续达标。

【热网维护】 继续强化“大维护”的深度与广度，显著提升主干热网应急排险能力。利用非采暖期完成一次支网的普查工作，对1410处检查井、3337台阀门进行了定期维修保养。新增了两台抢险工作车及应急抢险工具，编制了抢险应急预案，累计成功处置突发故障181起，均能在规定时间内及时到达事故现场控制险情，最大限度地保障管网不间断运行，抢修及时率达100%，确保了热网运行的安全性与稳定性。

【工程建设】 2013年，郑州市进一步扩大集中供热建设规模，郑州市首批“煤改气”工程——政七街热源厂、东明路热源厂建成并投入运营，标志着清洁能源正式登上郑州市集中供热的历史舞台；供热主管网建设速度空前，建成主管网80.2公里。

“煤改气”工程。2013年，郑州市首批热源厂“煤改气”改造项目按期完成。东明路热源厂“煤改气”工程。建设规模为5×58兆瓦，总投资14387万元，供热面积为500万平方米，年供热量1908647.1吉焦，年耗天然气量6165万标准立方。政七街热源厂“煤改气”工程。建设规模为3×58兆瓦，总投资9864万元，供热面积为312.1万平方米，年供热量1249027.7吉焦，年耗天然气量3662万标准立方。市热力总公司全力推进工程建设进度，4月15日原厂房开始拆除，5月项目备案、环评等手续基本办理完毕，6月锅炉拆除及现场清理工作全部完成，8月初取得工程建设规划许可证，10月29日，两大工程土建主体均已完成。在项目攻坚阶段，合理安排、科学组织，土建安装、设备进场等交叉作业，24小时不间断施工、紧赶工程进度，从正式开工到建成投运，仅用了50多天，创造了国内燃气锅炉建设的新纪录。11月14日、20日政七街、东明路两个“煤改气”项目正式成功点火，标志着清洁能源正式登上郑州市集中供热的历史舞台，并有效缓解了东、北区日益紧张的供需矛盾。

供热管网建设。2013年，市热力总公司抓抓三环快速路建设的机遇，根据实施联网供热的新要求，结合老旧供热管网改造规划的新任务，科学管理助推供热管网建设再上新台阶，全年新建主干网80.2公里，较上年同比增长86.4%。在现场管理上，进一步推进管网建设规范化，出台了《管网工程签证管理办法》等制度，首次应用工业机器人对管网内部进行视频管理，结合管道封口制的全面推行，成功破解了管网冲洗的难题。全面提升监理“三控两管一协调”的作用，进一步严格施工队伍的整体素质，继续推进整体弯头、阀体无损探伤等先进材料与工艺。首次将GPS技术应用于工程测定、材料核算。实行招标物资盘库制，库存占用资金同比上年下降79.34%。通过多种有效措施，新建工程未发生一起质量故障以及施工安全责任事故。

【科技创新】 2013年，市热力总公司加快实施科技兴企战略，对供热运行管理的各个环节进行了大量的科技投入和技术创新，形成了有热力特色的核心竞争力。

科研攻关。“煤改气”项目成功推动了供热主业能源结构的转型，市热力总公司加强了对天然气分布式能源冷、热、电三联供和吸收式热泵、换热站大温差换热应用等新技术的研究，完成了“大型供热管网调度系统开发研究及应用”等项目的申报手续，并储备了“带压开口堵漏技术在热网故障抢修中的应用”等8个科研项目。编制与完善了《技术进步发展规划》和《关于鼓励员工进行小发明、小创造、小革新、小改进活动的奖励制度》等，进一步活跃了职工的创新意识，浓厚了学术氛围。

供热计量。供热计量各项工作已基本实现常态化、规范化、标准化管理，全年完成了4个既有建筑分户计量改造项目，对3个小区进行了供热计量问卷调查，承接了6个公共建筑、4个新建居住建筑的供热计量项目，完成既有居住建筑供热计量及节能改造面积40.96万平方米，累计纳入市热力总公司供热计量收费管理系统面积近190.16万平方米。2013年8月，市热力总公司与河南省计量科学研究院联合组建的河南省热量表检测中心正式运营，标志着河南省已具备大批量检定热量表的能力，为河南省计量收费制度改革工作提供了技术支持和质量保障。

远程监控。2013年，市热力总公司加大监控设备投入，投资1200多万元用于无人值守站项目建设，完成了一次网电调阀、一次网热量表、各系统温度压力、水位测点安装、监控柜安装、综合布线及综合调试等无人值守站设备购进和安装工作，截至2013年年底，全市有802座热力站实现远程自动监控或监测，占热力站总数的82%，显著提高了整个供热系统的运行效率和供热系统的自动化与智能化水平。

新技术应用。2013年，市热力总公司首次应用工业机器人对管网内部进行视频管理，结合管道封口制的全面推行，成功破解了管网冲洗的难题。继续推进整体弯头、阀体无损探伤等先进材料与工艺。首次将GPS技术应用于工程量测定、材料核算。

【节能减排】 2013年，市热力总公司按照“气化郑州”和蓝天工程的统一部署，编制了市区6个燃煤热源厂“煤改气”的项目建议书，并成功实施了东明路、政七街热源厂两个“煤改气”项目。两个项目实施后每年可减少烟尘排放779.54吨，减少二氧化硫排放462.1吨，氮氧化物1014.74吨。同时，继续加大资金投入，实施现有燃煤锅炉的环保治理，完成了二马路、枣庄热源厂污染源自动监控设置的建设，以及7台燃煤锅炉的烟气排放环保监测等工作。

【“挖潜增效”竞赛】 2013年，市热力总公司深入开展“挖潜增效”竞赛活动，以考核评比促进节能降耗工作。进一步完善了节能管理机构，完成了河南省万家企业能源利用状况报告，聘请专业节能检测机构编制了能源审计报告及节能规划。在枣庄供热分公司尝试合同能源管理新模式，项目实施效果明显，锅炉煤单耗较上年同比下降了10%以上。将热力站节能纳入月度考核，调动了供热一线职工节能降耗的积极性与主动性。2013年供热综合能耗为137.35吨标煤/万平方米，外网热单耗为29.73吉焦/万平方米·天，较上年同比下降5.44%；电单耗下降了18.42%，水单耗下降了17.5%，各项指标已经达到或接近行业内先进水平。

【供热服务】 2013年，市热力总公司继续打造供热服务与行风建设新亮点，以“优质服务”竞赛活动为依托，树立先进的服务标杆与典范，“阳光服务”品牌焕发出新的活力。供热服务热线增加了二次客服工单审核、退单等新功能，结合信息化进班组范围的进一步扩大，“大客服”的服务领域已基本延伸到终端，显著提高了用户投诉的办结效率。全年共接听用户来电10万多个，受理上级转办件等近两千件，均能够按照首问负责制、限时办结制、回访反馈制的要求及时办理，热线回复率达到100%、办结率达到100%，回访满意率达到99.9%。继续加快收费到户工作进度，全市有376个小区26万户居民被纳入收费到户服务范围，为用户提供了方便快捷的缴费服务。加强专业化服务队伍建设，深入贯彻八项服务承诺、十五条服务规范，26支阳光服务小分队和198名阳光服务专管员结合“进社区、进万家”活动的开展，为用户提供缴费、咨询、检修等一站式服务。

（王力艰）

污水处理

【概况】 2013年，王新庄、马头岗、五龙口污水处理厂安全稳定运行，出水水质稳定达标，全年共处理城市污水3.97亿立方米，再生水利用5066万吨，八岗污泥处置厂全年处置污泥18.75万吨。2013年，郑州市污水净化有限公司被中华全国总工会评为“全国模范职工之家”，被河南省总工会评为“河南省重点工程建设竞赛先进单位”，被郑州市总工会授予“工人先锋号”；郑州市污水净化有限公司创作的电视宣传片《水精灵历险记》获得“郑州市第十四届文学艺术优秀成果奖”；在中华全总海员建设工会

10月16日，市委书记吴天君视察马头岗污水处理厂

全国委员会、中国城镇供排水协会共同组织的“全国城镇污水处理厂绩效达标竞赛”中，马头岗污水处理厂以95.2的高分从全国3501家城镇污水处理厂中脱颖而出，获得第一名。中原环保股份有限公司取得了河南省资源综合利用认定证书，被评为河南省城镇污水处理运营优秀单位、河南省市政公用行业先进集体；获得郑州最具文化影响力优秀企业称号。

【工程建设】 马头岗污水处理厂二期工程已完成三大池土建工程，满水试验及污水深度处理区施工进展顺利，全年完成投资32500万元。南三环污水处理厂箱体土建工程完工，满水实验工作进展顺利，完成投资7400万元。马寨污水处理厂2013年9月全面开工建设，已完成三通一平、围墙砌筑等工程，土建工程完成了总工程量的50%；郑州新区污水处理厂项目建设用地已通过县、市、省各级有关部门审查，并上报国务院待批，项目泵站至厂区段管线和厂区三大池土建等项目已完成招标，管线工程已开工建设。再生水利用三环管线工程完成铺设距离18.5公里，新力电力中水管线工程已建成通水。双桥污水处理厂项目已完成初步设计招标，马头岗污水处理厂一期一级A升级改造项目已完成立项、选址等前期工作。

【科技创新】 2013年，市污水净化有限公司以省、市工程技术中心为平台，持续推进“十二五水专项”和“城市污泥无害化好氧堆肥处理工艺及其产品的土地利用研究”课题研究。向郑州市科技局申报的“民生科技进步工程”和“科技创新团队”已通过审批。

【行业管理】 2013年，市污水净化有限公司积极参与行业法律、法规的制定及修订工作，为《城镇排水与污水处理条例》《城镇污水处理厂守法导则》《贾鲁河流域水污染物排放标准》《河南省环境污染防治设施监督管理办法》《河南省减少污染物排放条例》等行业法律法规提出修改、修订意见和建议。协助中国城镇供水排水协会和省住建设厅分别组织、实施、完成河南省“全国城镇污水处理厂节能减排绩效考核达标竞赛活动”的初评和复评及“2013河南省城镇污水处理厂绩效考核”工作。配合省市政公用协会完成了“污水处理厂安全运行与管理”培训和污水处理工、污泥处理工、污水化验监测工培训与技能鉴定工作。

【建设运营管理】 2013年，市污水净化有限公司编制下发《2013年质量、环境、职业健康安全管理体系工作方案》，增补环境管理和职业健康安全小组成员；八岗污泥处置厂顺利完成ISO9001质量管理体系贯标工作，整体提升公司“三标一体”管理水平。生产运行方面，五龙口污水处理厂通过曝气系统改造，节能降耗，全年节约生产费用130万元；马头岗污水处理厂通过工艺优化，实现冬季生产安全稳定在39万吨/日；八岗污泥处置厂通过技术改造、完善管理，大幅度提升污泥产量及质量，改善工作环境，创造了日产量730吨新高。

【安全生产】 2013年，市污水净化有限公司始终把安全生产工作摆在首位，坚持“党政同责、一岗双责”，通过责任落实，制度建设，保持安全生产良好态势。逐级分解安全、消防责任目标，层层落实。在原有安全管理制度的基础上，制定《安全文明施工管理办法》《车辆安全管理制度》。做到公司月检查，厂级周检查，班组日检查，建设项目重点检查，重大节假日全面检查。全年对95名新进员工进行“三级安全教育”，在公司开展消防讲座6次，累计教育职工580人次。完成65名特种作业人员、76名安全管理人员年检复审。完善应急预案，全年开展演练9次。积极参加“安全生产月”“消防周”和“安康杯”活动。6月9日，在绿城广场参加“安全生产宣传咨询日”活动，向公众展示污水管网窨井防跌落架、四合一气体检测仪、防毒面具等安全设备，得到省市领导和市民群众的高度评价。

（王鹤楠）

城市环境雕塑

【概况】 2013年，市环境雕塑建设研究所围绕管辖的91座城市雕塑，以癸巳年拜祖大典、第八届中博会活动保障工作和整治提升工作为重点，全力推进城市雕塑管理工作水平提升。全年维护城市雕塑2万余座次，全面清洗养护雕塑80座，及时维修城市雕塑20座，治理涂鸦、小广告300余处，雕塑局部整治60余处。

【城市雕塑创作】 2013年，市环境雕塑建设研究所以革命先烈、英雄楷模为主题，先后创作完成了焦裕禄、董存瑞、黄继光、邱少云、雷锋等9位英模的塑像创作。组织开展了“感动中原”楷模人物主题创作活动，通过塑造新中国成立60多年来在郑州市各行业涌现出的楷模人物形象，以雕塑为载体，积极弘扬时代正气、展现郑州人文精神，完成了常香玉、魏巍、邓亚萍、牛志国、朱和平等10位楷模人物雕塑小稿创作。在开展雕塑创作的同时，积极推进陶塑艺术的创作研究，筹集资金建设了专业的陶瓷窑炉并投入使用，组织人员进行陶瓷烧制工艺学习，在毛泽东诞辰120周年之际，创作了《毛泽东浮雕像》系列陶艺作品，全年完成陶艺作品30余件。

【第一届郑州雕塑艺术开放月活动】 2013年，市环境雕塑建设研究所积极推进雕塑艺术的宣传和普及工作，策划组织举办了“第一届郑州雕塑艺术开放月”“胡永江肖像雕塑展”等雕塑宣传活动，通过雕塑展览、雕塑创作观摩、陶塑制作演示、环境艺术展示等多个独立的展示板块，向观众多角度的展示雕塑艺术的魅力、宣传郑州雕塑成果、普及雕塑艺术知识。

【郑州市雕塑协会成立】 2013年，市环境雕塑建设研究所为进一步加强郑州市雕塑建设行业的管理，发起了郑州市雕塑协会的筹备工作，得到了郑州市雕塑企业、雕塑机构、大专院校和个人的支持和响应，2013年7月协会完成各项筹备程序，于7月19日召开会员大会，通过了协会章程，选举产生了第一届理事会。雕塑协会的成立为集聚全市雕塑行业各方力量，整合本土专业机构、人才优秀资源，加强行业交流、规范行业行为、推进郑州市城市雕塑建设、促进雕塑行业健康发展将发挥积极作用。

（周宏昶）

城乡环境保护

环境保护

【概况】2013年，郑州市环保工作坚持以科学发展观为指导，深入贯彻落实党的十八大和十八届三中全会精神，牢固树立生态文明理念，紧紧围绕省政府下达的年度目标任务，着力解决危害群众健康和影响可持续发展的突出环境问题，较好地完成了各项环保目标任务，全市环境质量得到了持续改善。按照空气质量指数（AQI）评价标准，郑州市市区环境空气质量优良天数达到127天，达标率为34.8%；黄河郑州花园口段和颍河登封白沙水库断面水质达标率均达到100%，双洎河新郑黄甫寨断面水质达标率为90.9%，贾鲁河水质达到近年来最好水平；全市集中式饮用水水源地水质达标率为98%。

【大气污染防治】2013年，郑州市强力推进大气污染防治工作。4月15日，发布了《“蓝天”工程白皮书（2013-2015）》，紧紧围绕燃煤、机动车和扬尘等3大污染源，强化工作措施，全面打响大气污染防治攻坚战。同时，在《郑州日报》开设了蓝天工程大气污染综合治理进度公示专栏，每月公布各辖区空气质量排名和治理工作进度。

强化煤烟污染治理。加快燃煤锅炉拆改工作进度，成立了市燃煤污染治理指挥部，实行周例会、网格分包督察等制度，组织召开了4次锅炉拆改现场会、推进会，现场协调解决问题，发放奖补资金1012万元。郑州市全部688台燃煤锅炉计划分两年拆改完成，2013年拆改532台，占目标任务的77.3%。其中，市区完成194台，各县（市）完成338台。推进热源厂和新力电力有限公司改造项目，市区2家热源厂完成“煤改气”工程。深化电力、水泥企业脱硝治理，完成7项电力行业和6家水泥企业脱硝工程。2013年，郑州市共建设无燃煤区13.4平方公里，全市无燃煤区面积累计达到70.98平方公里。

加强机动车污染治理。严格落实机动车环检、安检“两检合一”工作，年检车辆81.4万台次。严格查处道路超标车辆，道路抽检车辆4万余台，检测未达标并限期整改车辆2294台；查处冒黑、蓝烟车辆590台，治理568台，治理率达96%。外地转入的车辆严格执行国Ⅳ以上排放标准，杜绝高排放车辆的转入。开展黄标车限行工作，6月1日起，实施了黄标车第一阶段限行；8月1日起，联合公安部门对违限车辆开始处罚。加快推进黄标车淘汰，全市淘汰黄标车5100余辆；制定了社会黄标车提前淘汰补助细则，建立了一站式服务窗口，补助提前淘汰黄标车36辆，发放补助资金28万余元。

严格控制扬尘污染。制订了《郑州市扬尘污染治理工作考评方案》，加强对责任单位的监督考核。建立了郑州西三环快速化工程和郑州昌建誉峰房屋建设工程等2家施工工地标准化示范点，积极推广经验做法，突出典型引领作用。

【水污染防治】2013年，郑州市深入贯彻落实国家《重点流域水污染防治规划（2011-2015）》，以贾鲁河、双洎河流域为整治重点，强化监管、监测和预警应急管理，水环境质量得到持续改善。（1）加快整治工程建设。围绕贾鲁河、双洎河流域治理工程，建立了领导分包、周督察、月例会等制度，督促加快工程进度，加快推进工程建设。（2）加强沿岸工业企业监管。市控以上重点排水企业全部安装自动监控设施，实施24小时自动监控。对重点企业实施专人负责、驻厂监管。在重点河段实施“河段长”制度，明确责任到人。建立水质超标预警和紧急应对机制，发现水质超标立即启动响应程序，协调相关部门及时处置。郑州市排水企业污染防治设施正常运行率达到98%以上。（3）加强饮用水水源地专项整治。开展饮用水水源地环境保护专项整治工作“回头看”活动，严格排查整治违法建设项目。针对个别饮用水源地超标现象，及时致函相关政府，加快落实整改，切实保障人民群众饮水安全。（4）继续推进生态调水工作。建立日巡查制度，加大生态调水量，确保贾鲁河水质持续改善。

【主要污染物减排】2013年，郑州市深挖工程减排、结构减排、管理减排潜力，严格总量预算管理，倒逼企业深入开展污染减排，主要污染物排放总量基本得到控制。制定了《郑州市2013年主要污染物总量减排计划实施方案》，将减排目标层层分解到各县（市）区，并将总量预算指标纳入政府主要领导政绩考核评价体系。建立了污染减排月会审和联合核查工作制度，积极开展重点污

副市长张学军主持召开“六·五”世界环境日座谈会

染源监督性监测。城市污水处理厂、燃煤电厂等企业已建成脱硫脱硝设施，平均负荷率和综合效率均达到标准要求，圆满完成了省政府下达郑州市的年度减排目标。9个被列入国家、省重点减排目标责任书的项目全部完成。积极开展清洁生产审核，完成了对40家企业的清洁生产年审任务。

【执行环境影响评价制度】 2013年，郑州市严格执行建设项目环境管理和环保验收工作。审批项目1952个，全部执行“环评”制度。验收项目745个，全部执行“三同时”制度，污染物排放全部达标。推进省、市重大项目建设，采取环保服务分包责任制，完善内部联审联批制度，简化审批程序和内容，开通重大项目环评审批“绿色通道”，2013年开工的243个重点项目，对具备环评审批条件的全部做到应批尽批、快批。积极开展产业集聚区规划环评工作，实行规划环评与项目环评联动机制，督促全市产业集聚区加快园区集中供热、污水处理等环境保护基础设施建设，13个省级产业集聚区规划环评全部通过省环保厅审查。

【农村环境保护】 2013年，郑州市以生态创建为载体，积极开展农村环境综合整治工作。39个综合整治项目全部完工，完成率处于全省前列，受到省环保厅通报表扬。扎实推进生态创建，郑州市生态城市规划编制工作全面启动，新密市、登封市、荥阳市、金水区、二七区等5个县（市）区的生态市（区）规划已颁布实施，其余县（市）区生态规划全部编制完成。完成了8个省级生态乡镇、27个省级生态村和44个市级生态村的创建工作。严格控制农村面源污染，完成了27家规模化畜禽养殖企业面源治理任务。

【环境安全保障】 加强环境应急能力建设。市环保局发布《郑州市空气重污染日预警应急工作方案（试行）》，根据秋冬季节雾霾天气多发情况，适时报告市政府启动应急预案，严格落实应急措施，积极应对重污染天气。积极开展环境应急演练活动，落实企业环境安全主体责任，锻炼环境应急队伍。建立环保、安监和公安消防部门应急联动机制，提升综合应急能力。开展环境安全大检查和暑期汛期环境安全专项检查等活动，切实消除环境安全隐患。

提高危险废物和辐射安全监管水平。加强危险废物产生（经营）单位管理，处置医疗垃圾1.02万余吨、工业危险废物3.12余万吨，危险废物无害化处置率达到100%。加强辐射环境监管，收贮废旧放射源36枚、放射性废物3公斤，收贮率达到100%。检查危废产生（经营）单位870余家次，检查辐射工作单位800余家次，下达限期整改通知书60余份。全市未发生固废污染和辐射安全事故。

3月1日，省人大常委会副主任储亚平率部分驻豫全国人大代表在市环保局视察PM2.5监测工作

积极推进环境信访工作。以平安建设工作为主线，加强矛盾排查，强化责任追究，着力解决影响群众生产生活的突出环境信访问题，切实维护社会和谐稳定。市本级受理群众来信来访316件，办结率、按期回复率均为100%。

【环境监测】 2013年，（市环境保护监测中心站）按照“三个说得清”总体目标，狠抓环境监测能力建设，稳步提升环境监测工作的科学化、规范化和精准化水平，圆满完成年度各项监测任务。（1）提升空气质量监测水平。继续做好PM2.5各项监测发布工作，市区拟建5个空气自动监测子站，进一步优化监测点位。在各县（市）和上街区全面启动PM2.5监测，已完成监测设备安装和试运行工作。建成全省首家灰霾监测站，对灰霾成分监测项目达到100余项，为郑州市开展灰霾研究提供了重要技术支撑。（2）强化水环境监测能力。市环境保护监测中心站先后通过实验室资质认定和国家实验室认可复评审的现场评审，监测能力达到7大类218项，实现了对饮用水源地109个项目的全覆盖，在全省率先具备水质全分析能力。（3）做好监测服务保障。积极推进企业自行监测工作，企业自行监测率和公布率均达到90%以上。围绕环境管理需要，新增了《郑州市环境质量预警专报》等6种分析报告，供领导决策、研究。发布环境空气日报365期，编制各类水质通报、公报、专报、周报、环境空气月报及各类综合分析报告等共计262期，为郑州市环境管理决策提供了及时有效的服务保障。

【环境监察】 2013年，郑州市大力开展防止地下水污染、蓝天环保执法等17项环保执法专项行动，将排污企业“划区、分片”，纳入监察网格体系，实行分包责任制，不断加大环境执法力度，严厉查处各类环境违法行为，切实维护广大人民群众环境权益。郑州市各级环保执法部门全年出动执法人员1.5万余人次，检查排污单位6500余家次，立案查处环境违法案件134件，处罚金额360万元，环境违法案件的查处率、结案率均达到100%。市本级收缴排污费2477.6万元。12369环保热线接听来电1.99万个，限时办理2041件，受理率、查处率、回访率和结案率均为100%。加强环境自动监控系统运行管理，全市113个重点污染源自动监控基站，共采集有效监测数据350余万个，市环保局编发监控周报47期，办理转办函件41件。持续开展标准化建设工作，市本级、新密市、登封市、中牟县、上街区均已顺利通过省环保厅验收。

【环保法制建设】 2013年，郑州市环保部门加强环境立法和政策研究，不断推进环保依法行政。全面启动《郑州市大气污染防治条例》修订工作，为新形势下的大气污染防治工作提供法律保障。强化执法人员培训，组织开展领导学法、“两高司法解释”等培训活动，提高执法人员专业水平和业务素质。加强规范性文件管理，完善了规范性文件征求意见、合法性审查、集体决定、公布、清理、异议审查等监督管理制度，审查规范性文件44个，合法率为100%。推进行政效能电子监察建设，加强与市纪委的沟通，及时反映问题，提出科学建议。积极完成人大建议、政协提案办理工作，共办理建议、提案34件，满意率100%。

【环保科研】 2013年，郑州市积极推进环保科研项目申报立项工作，承担的涉豫两个子课题被纳入“十二五国家重大水专项”。组织完成了郑州市集中式饮用水水源保护区划分成果图册及说明的编制工作，建立了系统全面的水源保护区信息数据库。配合省环科院开展《贾鲁河流域水污染物排放标准》制定工作，为流域环境治理提供科学依据。建成“环境数据综合管理系统”以及“城市环境摄影系统”，首次将GIS技术融入综合分析工作，环境综合分析能力实现新跃升。研发了《流动风险源次生的突发环境事件环境污染及生态破坏损失价值评估技术与体系》，已完成结题报告并申报科技成果鉴定。市环保局课题“2000–2010年郑州市环境质量变化趋势及‘十二五’环境质量预测研究”获得河南省环保科技进步二等奖。

【环保宣传】 2013年，郑州市环保宣传工作坚持务实宣传、正面引导、开拓创新、公众参与的原则，通过多种形式的宣传引导，群众环保意识得到较大提高，社会共同参与的积极性明显增强。充分运用网络媒体新平台。开通“绿色郑州”环保微博和微信，与新浪河南和腾讯河南签署了“环境保护战略合作框架协议”，大力宣传环保知识，积极解决网民诉求，打造与群众良性互动的新模式，共编发微博1万余条，粉丝达21万余人，受理投诉、咨询850余件（次），编发舆情周报30期。“绿色郑州”环保微博被人民网和新浪网评为全国十大环保微博机构。大力巩固传统媒体主阵地。加强与媒体记者的沟通，建立了“记者之家”，确保媒体及时、准确、真实、客观地报道郑州市环保工作，主动引导社会舆论导向。围绕环保重点工作，深入开展“郑州环保世纪行”活动，宣传先进典型，曝光不法行为，促使一批热点、难点环境问题得到解决。在《郑州日报》等主流媒体开设环保专栏，全年共在国家、省、市各大新闻媒体刊发稿件400余篇。不断拓展群众参与新渠道。利用“6·5”世界环境日等重要节日大力开展环保宣传活动；组织环保志愿者深入学校、社区开展环保宣传活动；组织大学生参加青年环境友好使者培训；持续开展绿色学校、企业、社区、商场、公交、家庭创建，营造浓厚环保氛围；依托环境教案、环保征文、环保卫士评选等活动，在广大学校深入开展中小学环境教育工作。五龙口污水处理厂被授予首批全国中小学环境教育社会实践基地，郑州外国语学校和中牟县第一高级中学被授予国际生态学校荣誉称号。

【环保行政审批制度改革】 2013年，郑州市全力推进环保行政审批制度改革。建立健全了“一个窗口，两个统一，三个环节”的工作机制，将4个办事窗口整合为1个，9项行政许可事项清理为4项，办结时限缩减至6个工作日以内，总审批时间由138天压缩至14天，压缩比例达到90%，圆满完成了行政审批制度改革第一阶段任务，有效提升了环保系统的行政效能和服务质量。

【环保长效机制网格化管理】 2013年，市环保局围绕“坚持依靠群众推进工作落实”长效机制工作，将燃煤锅炉拆改、环境监察执法等重点工作纳入环保网格化管理，落实层层包分，深化条块融合，努力构建环境保护工作与网格化管理工作深入融合机制。以改善环境质量、保护群众健康为根本出发点，通过网格责任人的日常巡查和信息交流，全面掌握辖区环境动态，对容易引起热议的苗头性环境问题提前介入，研究应对措施，促进了通讯基站电磁辐射和废品站燃烧垃圾等一批热点、难点环保问题的圆满解决。2013年，市环保局领导下基层调研300余人次，196名网格下沉人员出勤1.17万余人次，下沉率为100%，积极参加周例会、例行巡查和联合执法，排查、协调等工作解决问题1200余件，处置率达到98%以上。市政府交办的社情台账、督察问责通知等18件工作，均按照要求和时限圆满解决。

（张　磊）

气象服务

【概况】 2013年，郑州地区年平均气温较常年偏高，各季节气温起伏较大，冬季气温偏低，夏季气温显著偏高或异常偏高。降水时空分布不均，降水量较常年偏少2–4成，春季降水正常或偏多，其他季节降水偏少或显著偏少。年内出现了大风、大雾、霾、沙尘暴、扬沙、高温、暴雨、干旱等灾害性天气，郑州市区全年灰霾天气达332天，创有气象记录以来之最，7月下旬–10月郑州地区出现干旱，其中最长连续无降水日数为34天。

气温　全市年平均气温为15.1–15.9℃，较常年偏高0.2–1.1℃。郑州地区2013年冬季平均气温除荥阳、郑州正常外，其他县（市）均偏低。季平均气温为0.9–1.4℃之间，较常年偏低0.9–1.8℃。季内2012年12月平均气温较常年显著偏低或异常偏低。月平均气温0.1–0.7℃，与常年同期相比偏低3.1–1.8℃。2013年1月平均气温正常，旬间平均气温变化平稳。1月平均气温–0.8–0.0℃，与常年同期相比，各县（市）偏低0.6–1.3℃。2月平均气温正常，月平均气温为2.8–3.5℃，与常年同期相比，各县（市）偏低0.1–0.9℃。春季平均气温巩义、荥阳、中牟较常年偏高，其他县（市）较常年正常。季平均气温为15.9–16.9℃，与常年同期均值的相比偏高0.8–1.6℃，其中荥阳偏高1.6℃。季内3月平均气温为10.5–11.8℃，与常年同期均值的误差在1.9–2.7℃，较常年偏高或显著偏高，但月内变化较大，上旬平均温度较历年同期偏高6.3–7.1℃，属异常偏高；中、下旬则出现由偏低0.7℃至偏高1.3℃之间的温度变化。4月平均气温为15.2–16.3℃，较常年同期偏低0.3–偏高0.4℃，属正常。4月内各旬气温变化平稳，属正常。5月月平均气温为22.0–22.9℃，较常年偏高0.3–1.5℃，属正常，但月内温度起伏变化较大，上、下旬正常，中旬显著偏高或异常偏高。夏季平均气温为27.1–28.7℃，与历年平均值相比属显著偏高或异常偏高。与历年同期相比，新密偏高1.3℃，属显著偏高，新郑、巩义、荥阳、郑州、登封、中牟分别偏高1.6℃、1.6℃、2.3℃、2.4℃、1.5℃、2.2℃，属异常偏高。季内6月平均气温为25.3–26.9℃，与常年同期相比正常或偏高。其中中牟比历年同期偏高1.1℃，属偏高，其余各县市正常。月

省政协副主席张亚忠视察花园口气象信息服务站

内上、中、下旬气温均正常。7月平均气温为27.5-29.1℃，与常年同期相比偏高或显著偏高。巩义、登封、新密分别偏高1.2℃、1.2℃、1.0℃，属偏高，新郑偏高1.4℃，属显著偏高，荥阳、郑州、中牟分别偏高1.8℃、1.7℃、1.7℃属异常偏高。7月上旬全市气温偏高或显著偏高，中旬气温正常，下旬全市气温正常或显著偏高。8月平均气温为28.6-30.2℃，与常年同期相比偏高3.2-4.4℃，均属异常偏高。8月上、中旬全市气温异常偏高，下旬气温登封、新密、新郑属显著偏高，郑州、巩义、荥阳、中牟属异常偏高。秋季平均气温荥阳、郑州和中牟显著偏高，巩义偏高，其余县（市）正常。季平均气温为15.8-17.0℃，季中温度变化平稳，无异常现象发生。季内9月平均温度为22.1-23.7℃，较常年同期荥阳、郑州异常偏高，中牟显著偏高，巩义、登封偏高，其余县（市）正常。其中9月上、下旬全市正常，9月中旬各县（市）显著偏高或异常偏高。季内10月平均气温为16.0-17.3℃，较常年除郑州、中牟偏高外，其他县（市）正常。月内中、下旬气温正常，上旬平均气温郑州异常偏高，荥阳、登封、中牟显著偏高，巩义、新郑偏高，新密正常。11月各县（市）平均气温为7.0-10.0℃，较常年正常。月内各旬均较常年正常。年内大于35.0℃的日数：巩义出现37天，荥阳33天，郑州33天、新密30天，中牟32天，新郑27天，登封15天。年内极端最高气温39.7℃，出现在巩义的8月16日；极端最低气温为-10.4℃，出现在新密的1月5日。

降水　2013年郑州市年降水量为340.8毫米-473.1毫米，较常年偏少21.9%-43.6%，降水时空分布不均。郑州地区2013年冬季降水量空间分布极为不均，较常年除偏多荥阳1成，巩义与常年持平外，其余县（市）偏少2-4成，属正常或偏少，季降水量为17.4毫米-35.0毫米，与常年同期相比，除荥阳偏多9.4%，其余各县（市）偏少29.9%-43%。季内2012年12月降水量为5.6毫米-10.1毫米，除登封偏少外，其余县（市）正常。2013年1月降水量为2.9毫米-9.0毫米，除巩义偏多、荥阳正常外，其余县（市）属偏少或异常偏少。2月降水量为7.1毫米-18.7毫米，除荥阳偏多、巩义正常外，其余县（市）属偏少。春季降水巩义、荥阳、郑州、中牟较常年正常，登封、新郑较常年偏多，新密较常年显著偏多。降水时空分布不均，季总降水量为123.4毫米-188.2毫米，较常年同期偏多4.0-68.0毫米。季内3月降水量为5.7-8.7毫米，较常年显著偏少。4月降水量为22.7毫米-35.0毫米，其中中牟较常年偏少，其余县（市）较常年正常。5月降水量为88.6毫米-154.9毫米，较常年偏多5成以上，其中新密、新郑偏多1倍以上。夏季降水时空分布不均，季总降水量为98.3毫米-243.3毫米，较常年偏少25.6%-74.3%，属偏少或显著偏少。季内降水主要集中在7月上、中旬，而其他时段降水以显著偏少或异常偏少为主。季内6月降水除巩义偏少外，其余县（市）显著偏少或异常偏少，且空间分布不均，累计降水量为10.4毫米-33.9毫米，较常年同期郑州、新郑、中牟均偏少7成以上，属异常偏少。7月降水量为45.1毫米-154.4毫米，降水空间分布不均，较常年比较巩义、登封偏多3.7%-11.5%，属正常，其余县（市）偏少21.3%-69.5%，属偏少或显著偏少，其中郑州、新郑较常年同期偏少102.6毫米-104毫米，偏少六成。7月降水主要集中在上、中旬。8月降水量为19.8毫米-63.9毫米，较常年同期偏少五成以下，属显著偏少或异常偏少，其中新郑偏少113.7毫米，偏少超过8成以上。秋季季降水量59.0毫米-100.2毫米，较常年登封、郑州显著偏少，其余县（市）偏少，降水时空分布不均。9月降水量为6.5毫米-12.7毫米，全市异常偏少。10月降水量为16.8毫米-36.1毫米，较常年同期除新密、荥阳正常外，其余县（市）偏少或显著偏少。11月降水量为32.5毫米-51.5毫米，较常年同期巩义正常，新郑、中牟异常偏多，荥阳、登封、新密显著偏多，郑州偏多。年内一日最大降水量98.7毫米，出现在新密的7月2日；最长连续降水日数为7天，出现巩义5月23-29日，降水量为76.8毫米；最长连续无降水日数为34天，出现在郑州的9月13日-10月10日。

郑州气象科普馆

日照　全区年日照时数正常。全年日照总时数为1766.2-2207.5小时，较常年同期偏少210.4-偏多145.5小时。郑州地区2013年冬季日照时数较常年显著偏少或异常偏少。季总日照时数为201.6-369.4小时，较常年同期偏少76.2-202.1小时。季内2012年12月日照时数为83.2-125.3小时，较常年偏少14.5-47.7小时。2013年1月日照时数为55.1-141.6小时，较常年同期偏少8.1-79.6小时。2月日照时数为53.7-102.5小时，较常年同期偏少39.1-76.2小时。春季日照时数除巩义较常年偏少外，其余县（市）较常年正常。季日照时数为488.9-610.2小时，较常年同期相对误差在-93.8-47小时。3月日照时数为136.1-178.8小时，较常年同期相对误差在-27.6-24.1小时，较常年正常。4月日照时数为192.9-236.8小时，较常年同期相对误差在-10.8-40.3小时，其中新密较常年显著偏多，新郑偏多，其他县（市）较常年正常。5月日照时数为159.9-204.8小时，较常年同期偏少17.2-55.4小时，其中巩义显著偏少，荥阳、郑州、中牟偏少，其余县（市）均为正常。夏季总日照时数为494.5-671.7小时，较常年同期正常或偏多。季内6月日照时数为160.8-211.9小时，较常年同期巩义、荥阳、郑州、新郑、中牟偏少18.9-41.3小时属偏少或显著偏少，其余县（市）均为正常。7月日照时数为96.9-193.2小时，较常年同期登封、新密偏多1.0-11.0小时，为正常，其余县（市）偏少26.8-71.6小时，属偏少或显著偏少。8月日照时数为236.8-275.8小时，较常年同期偏多69.8-101.9小时，属显著偏多或异常偏多。秋季日照总时为448.3-556.3小时，较常年同期新郑属显著偏多，新密偏多，其余县（市）正常。季中9月日照时数为107.9-168.6小时，较常年同期偏少46.9-偏多5.5小时之间，除荥阳外，其余县（市）均为正常。10月日照时数为162.1-207.0小时，较常年同期偏多4.8-54.8小时，新密显著偏多，新郑偏多，其余县（市）为正常。11月日照时数为155.9-187.2小时，较常年同期偏少0.2-偏多37.5小时，为正常。

【主要气象灾害】 暴雨　受高空低槽及中低空气旋和高低空急流的共同影响，5月25-26日出现全区性暴雨天气。5月25日，新密出现65.4毫米的暴雨日。5月26日，登封、郑州、新密、新郑和中牟分别出现了51.8毫米、57.9毫米、72.8毫米、75.7毫米、61.1毫米的暴雨日。7月2日，巩义、登封、新密出现暴雨天气，日降水量分别为73.0毫米、69.2毫米、98.7毫米。

大雾　1月10日，郑州、新密和中牟出现大雾天气，最小能见度为200米-600米。1月11日，郑州、新郑、中牟出现大雾天气，最小能见度为40米-600米。1月12日，郑州、中牟出现大雾天气，最小能见度分别为900米、和30米。1月14日，中牟出现大雾天气，最小能见度为40米。1月15日，郑州、登封出现大雾天气，最小能见度分别为500米和300米。1月16日，巩义、荥阳、郑州、新郑、中牟、新密出现大雾天气，最小能见度为100米-800米。1月20日，登封出现大雾天气，最小能见度为300米。1月21日，登封、巩义、新密出现大雾天气，最小能见度为300米-600米。1月22日，郑州、登封和新密出现大雾天气，最小能见度分别为700米、100米和800米。1月23日，郑州、新郑出现大雾天气，最小能见度为80米-350米。1月27日，巩义出现大雾天气，最小能见度为20米。1月28日，郑州、荥阳、新密、新郑、中牟出现大雾天气，最小能见度为10米-200米。1月29日，郑州、巩义、荥阳、登封、新密、新郑、中牟出现大雾天气，最小能见度为100米-700米。1月30日，荥阳、登封、新密出现大雾天气，最小能见度为50米-800米。1月31日，郑州、登封、新密出现大雾，最小能见度为100米-700米。2月1日，郑州、新密、荥阳、新郑、登封出现大雾天气，最小能见度为40米-800米。2月4日，登封、新密出现大雾天气，最小能见度为80米-800米。2月5日，登封出现大雾天气，最小能见度为350米。2月6日，郑州、巩义、荥阳、登封、新密出现大雾天气，最小能见度为300米-800米。2月10日，新密出现大雾天气，最小能见度为800米。2月16日，郑州、新郑、中牟、新密、登封出现大雾天气，最小能见度为100米-500米。2月21日，郑州出现大雾天气，最小能见度为100米。2月24日，郑州出现大雾天气，最小能见度为600米。2月26日，郑州、新密出现大雾天气，最小能见度为500米。2月27日，郑州、新郑、中牟出现大雾天气，最小能见度为30米-350米。2月28日，郑州、新密、新郑、中牟出现大雾天气，最小能见度为300米-700米。7月20日新密出现大雾天气，最小能见度为700米。7月31日中牟出现大雾天气，最小能见度为50米。9月10日，郑州、中牟出现大雾天气，最小能见度分别为900米和200米。10月5日，郑州出现大雾天气，最小能见度为700米。10月29日，郑州出现大雾天气，最小能见度为900米。11月1日，郑州出现大雾天气，最小能见度为600米。11月2日，郑州、荥阳、巩义、新郑、中牟出现大雾天气，最小能见度分别为40米、600米、60米、100米和80米。11月3日、4日、6日、10日、23日、24日，郑州相继出现大雾天气，最小能见度分别为500米、800米、500米、600米、400米和300米。

扬沙　3月9日，登封、新密、新郑出现扬沙天气并伴有大风。3月10日，登封、新密、新郑出现扬沙天气并伴有大风。4月18日，郑州、登封出现扬沙天气并伴有大风。6月12日，郑州出现了扬沙天气，伴有风速为11.1米/秒西西北风。8月1日，郑州出现了扬沙天气，伴有风速为13.4米/秒西风。8月11日，郑州出现了扬沙天气，伴有风速为12.0米/秒西风。10月10日，郑州出现扬沙天气，极大风速为西西北风12.8米/秒。11月16日，郑州出现扬沙天气，极大风速为西北风15.0米/秒。

大风　2月29日，登封、新密、新郑出现大风天气，风向偏北，最大风速为新郑的20.3米/秒。3月6日，新郑出现风速为19.4米/秒的西西北大风、登封出现风速为17.1米/秒的偏北大风。3月9日，郑州出现风速为17.0米/秒的北东北大风，新密出现风速为18.3米/秒的东北大风，新郑出现风速为19.0米/秒的北东北大风。3月10日，登封出现风速为19.8米/秒的东东北大风，新郑出现风速为18.3米/秒的东北大风。3月24日，登封出现风速为21.3米/秒的东东北大风。4月18日，巩义出现风速为18.4米/秒的偏东大风，登封出现风速为19.7米/秒的偏东大风，新密出现风速为17.9/秒的东东北大风，新郑出现风速为18.4米/秒的东北大风。4月29日，登封出现风速为17.9米/秒的北东北大风。6月26日巩义出现大风天气，极大风速为北风20.3米/秒。6月27日荥阳出现大风天气，极大风速为西北风19.3米/秒。8月1日登封出现大风天气，极大风速为北西北风17.5米/秒。9月23日，新郑出现大风天气，极大风速为东北东风17.0米/秒。11月16日，登封出现大风天气，极大风速为北西北风17.4米/秒。

高温　5月12日，巩义、荥阳、新密出现高温天气，最高温分别达到38.1℃、38.7℃、37.9℃。5月21日和6月7日，巩义出现高温天气，最高温分别达到38.7℃和38.3℃。7月30日，郑州、荥阳出现高温天气，最高温分别达到39.3℃、38.7℃。8月5日，郑州出现高温天气，最高温达到38℃。8月6日，郑州、荥阳出现了38℃以上的高温天气。8月7日，荥阳、郑州、巩义出现了38℃以上的高温天气。8月11日，除登封、新密外，其余县（市）出现了38℃以上的高温天气。8月14日，荥阳、中牟、新郑出现高温天气，最高温度超过38.0℃。8月15日，除登封、新密外，其余县（市）出现了38℃以上的高温天气。8月16日，全市出现了38℃以上的高温天气。8月17日，巩义出现了38.3℃的高温天气。

沙尘暴　3月9日，郑州出现沙尘暴天气，风速达到北东北风17.0米/秒。

【气候影响评价】 2013年，就光、温、水三要素对郑州市农业生产总体而言，温度、日照对各种作物各个生育期均较适宜，但冬、夏、秋季总的降水偏少，且降水时空分布不均，对冬小麦生长产生较为不利的影响。对其他行业的影响亦是利弊皆存。

气候与农业　2013年冬季的气候条件对农业生产总的来说弊大于利，整个冬季气温基本正常，没有出现对小麦生长造成严重影响的极端天气；日照

郑州首套城市自动观测站落户郑东新区

时数偏少，基本能满足小麦的生长；雾霾天数较多，对小麦生长造成一定影响。2012年12月，冬小麦处于分蘖期，播种较晚的旱地处于三叶期。本月日照时数正常，中下旬气温明显偏低，对冬小麦生长有一定影响。2013年1月，月内冬小麦处于越冬期，气温偏低，日照时数偏少，无有效降水，墒情较差。2月上中旬冬小麦处于越冬期，下旬陆续进入返青期，月内无有效降水，不利于小麦后期生长。春季，冬小麦自返青到扬花、灌浆，光、热条件较好，3月降水偏少，4月正常，5月偏多但主要集中在下旬，对冬小麦生长及玉米播种较为有利。3月上、中旬冬小麦处于返青、起身期，气温稳步回升，光照较为充足，对返青后小麦的快速生长比较有利。3月下旬，小麦陆续进入拔节期，旬内气温较高，光照充足，对进入拔节期小麦的快速生长有利。4月，冬小麦进入孕穗、抽穗和开花期。4月气温持续回升，光照稍偏少，下旬的降水有效地补充了土壤水分，对小麦开花、灌浆十分有利。5月，冬小麦处于灌浆、成熟期，5月28日，少量地块冬小麦完全成熟、已经开始收割。5月出现了2次干热风，对冬小麦灌浆十分不利。5月下旬降水明显偏多，对夏玉米播种有利。夏季气候条件对农业生产总的来说气温、光照比较有利。6月，有冬小麦的成熟收获期和玉米等秋作物的播种、出苗期，全市玉米基本处于七叶期。冬小麦收获期内，全市多晴好天气，有利于夏粮的收割、晾晒和安全入仓。7月，夏玉米经历了七叶期、拔节、抽雄期；花生、棉花处于分枝、开花期。月内出现了几次不同强度的降水过程，但雨量分布不均，主要集中在上旬，中、下旬降水偏少，加上气温偏高，土壤失墒较快，旱地旱情较重。8月，水浇地夏玉米处于灌浆期，旱地播种晚的玉米生长缓慢，七叶、拔节、抽雄等发育期明显晚于常年。本月降水量异常偏少，旱情有所发展，本月气温异常偏高、光照时数较多，对玉米生长造成不利影响。

秋季的气候对全市的农业生产有利有弊。9月，夏玉米等秋作物处于成熟收获和腾茬整地阶段。本月阴雨日数较少，日照时数正常，对秋作物的最后成熟及收获、晾晒较为有利。10月，农业生产处于秋粮收获，腾茬整地和冬小麦播种、出苗等阶段。至10月底全市冬小麦已基本播种完毕，多数地块处于出苗期，部分地块已进入三叶期。温、光正常，降水偏少，对冬小麦的播种造成一定影响。11月，冬小麦经历了播种、出苗、三叶和分蘖期。月内降水偏多，光照时数偏多，对大棚蔬菜生长有利，冬小麦生长正常。

气候与健康　冬季降水正常或偏少，空气干燥，雾霾日数较多，不利于户外运动。春季平均气温巩义、荥阳、中牟较常年偏高，其他县（市）较常年正常，对人们身体健康影响不大。夏季7月下旬和8月中旬持续的35℃以上高温天气，给人们的工作和生活带来不利影响。秋季气候基本没有对交通造成不利影响。

气候与交通运输及建筑业　冬季整体降水偏少，气温略偏低但起伏较小，对交通有利。夏季降水正常或偏少，对建筑施工和野外作业未造成影响，7月下旬和8月中旬持续的35℃以上高温天气，对室外作业造成不利影响。秋季温度正常，日照时数正常，有利于户外活动；郑州市区雾霾日数较多，不利于市民开展户外活动。

气候与旅游　元旦及春节黄金周期间，无雨雪天气，但温度较低，对人们的出游热情造成一定影响。清明、“五一”小长假期间，无降水，气候冷热适中，适合市民外出旅游。“十一”黄金周期间，基本无降水，利于人们外出旅游。

（张俊杰）

地震监测

【概况】 2013年，郑州市防震减灾工作在市委、市政府的正确领导下和省地震局的指导下，深入学习贯彻党的十八大、十八届三中全会精神和党的群众路线精神，紧紧围绕市委、市政府三大主体工作和中心工作，认真开展“一学三促”活动，以实施防震减灾“十二五”规划为关键，以落实防震减灾政府责任目标为重点，努力促进作风转变、科学发展、民生改善，扎实做好防震减灾工作，进一步提升防震减灾社会管理和公共服务综合能力，为加快推进中原经济区郑州都市区建设三年行动计划和全力建设郑州航空港经济综合实验区提供地震安全服务和保障。

深入学习贯彻十八大、十八届三中全会精神和党的群众路线精神，以落实防震减灾政府责任目标为重点，以“一学三促”活动为契机，促进各项目标任务的完成。全面落实党的十八大报告对防震减灾工作的新要求，加强防震减灾体系建设，提高地震灾害防御能力。认真学习贯彻2013年国务院防震减灾工作联席会议、河南省防震抗震指挥部（扩大）会议和全市新型城镇化建设工作大会精神，根据《河南省防震抗震指挥部办公室关于印发〈2013年度省辖市、直管试点县（市）政府防震减灾目标考核内容及分值〉的通知》（豫震指办〔2013〕1号），制定并下发了《2013年度县（市）区政府防震减灾目标考核内容及分值》和《2013年郑州市防震减灾工作要点》。为贯彻落实《河南省人民政府办公厅关于明确豫政〔2011〕89号文件重点工作责任单位的通知》（豫政办〔2012〕167号）的要求，以郑州市市政府办公厅文件形式下发了《关于进一步加强防震减灾工作的通知》（郑政办〔2013〕12号）。召开了2013年防震减灾工作建言献策座谈会、2013年防震减灾工作长效机制推进会和2013年度郑州市防震减灾工作目标会议，对全市防震减灾工作进行了科学谋划和安排部署，并与各县（市）区防震减灾工作部门的负责人签订了《2013年度郑州市防震减灾工作目标责任书》。以开展“一学三促”活动为契机，把参与党的群众路线教育实践活动与推进郑州市防震减灾事业科学发展和为推进郑州都市区建设提供地震安全服务保障紧密结合起来，对照防震减

郑州市防震减灾业务培训及地震应急演练

灾“十二五”规划重点项目建设、年度政府目标等防震减灾工作事关发展和民生大计的任务，围绕县（市）区地震台站、防震减灾科普教育基地和应急避难场所建设等重点项目，想办法、排难题，促进各项工作目标的推进和落实。

【震情跟踪和监测预报】 密切关注震情，加强震情短临跟踪。根据郑州市的震情形势，市地震局制定了《2013年郑州市震情短临跟踪方案》，对全年的监测工作和震情短临跟踪各项工作进行了安排部署。同时，下发了《郑州市防震抗震指挥部办公室关于对地震监测重点工作进行督察的通知》（郑震指办〔2013〕3号），加强对县（市）区的震情监测等工作的监督检查和技术指导。按照国家和河南省的要求，加强“两会”期间的震情短临跟踪工作，为“两会”的召开做好震情保障工作。

做好地震监测台站的管理和维护工作。2013年，市地震局完善监测台站的管理制度，加强网络巡视和设备运行维护工作，组织技术人员对尖山地震台、航海地震台、惠济地震台和各县（市）的前兆观测仪器进行了全面认真的检查和维护，对地震流动监测仪器进行了调试和维修，确保观测资料的连续性和可靠性。按照省地震局的要求，对全市地震监测工作和地震台站信息进行了普查、统计和评估，并形成报告上报省地震局。依法保护地震监测设施和地震观测环境。2013年，郑州市监测台站的监测设施运转正常、观测环境良好。

大力推进地震监测台站的建设工作。2013年，市地震局按照国家和河南省到2015年要实现“一县一台”的目标和到2013年要实现60%的县（市）建有地震台站的要求。积极推进县（市）区地震台站建设工作，召开了全市地震台站建设经验交流会，省地震局副局长卢国合出席会议并作了重要讲话。制定了《郑州市地震台网建设规划》，该规划已经河南省地震局审核批准，待市政府批准后实施。登封、新密、中牟、巩义完成了地震台选址工作。上街地震台和登封市、荥阳市、新郑市已经完成了地震监测仪器的安装的任务，并投入试运行。

做好群测群防工作。加强县（市）区宏观观测点的建设，2013年，全市新增宏观观测点60个，基本达到了每个乡、镇至少有1个宏观观测点的要求。各县（市）区地震工作部门均设有宏观观测信息处理岗位。市地震局对全市乡（镇）防震减灾助理员和宏观观测员进行了群测群防业务培训。

坚持周、月、季和紧急地震趋势会商制度。2013年，市地震局牢固树立震情第一的观念，制定了《郑州市地震局震情会商机制改革方案》（郑震文〔2013〕31号），进一步完善了震情会商工作机制和程序。按时召开了周、月和季度会商会，参加了河南省2013年度和2014年度地震趋势会商会，并提交了多篇综合和专题研究报告。其中，《郑州市及邻区2014年度地震趋势综合研究报告》获得河南省地震趋势研究报告评审二等奖，会商报告质量和震情趋势研判水平得到进一步提高。

市地震局参加“5·12”防灾减灾日大型宣传活动

【震害防御基础建设】 认真组织，全力做好航空港区防震减灾规划编制工作。按照市委、市政府的工作部署，市地震局高度重视，成立领导小组和技术保障组，明确责任，采取切实有力措施，广泛调研，吸纳先进防震减灾规划经验，认真组织做航空港区防震减灾规划编制工作。2013年12月20日，规划通过了初步的专家评审。

加大建设工程抗震设防要求管理和服务。2013年，郑州市做好建设工程抗震设防要求备案和审批工作，进一步提高全市建设工程的抗震设防能力。抗震设防要求审批工作已进入了全市12个县（市）区以及高新区、经开区、航空港区的行政审批大厅，纳入了审批程序。2013年公布的郑州市第十轮行政审批制度清理优化结果，将郑州市期限内建设工程抗震设防要求审批纳入了郑州市联审批服务大厅。市地震局切实加强办事大厅的规范化管理，以切实简化办事程序、规范服务、廉洁高效、提高办事大厅行政效能为主线，以严肃工作纪律、转变办事大厅工作作风为重点，按照行政职能分级负责制的原则，建立了“上下贯通”的岗位目标责任制，提高了办事大厅行政效能。2013年，全市共审批建设工程项目343项，完成地震安全性评价项目220项

进一步加大抗震设防执法检查力度。2013年，市地震局组织全市抗震设防行政执法人员进行了防震减灾法律知识学习和培训，参加了2013年度全市行政执法人员轮训考试暨行政执法资格审验考试，提高执法人员的业务素质和能力。集中开展了郑州市教育系统教育建设设施抗震设防执法检查活动，对全市各类新建、改建和扩建学校及幼儿园工程的抗震设防情况进行了集中检查，强化了全市学校校舍的抗震设防安全。2013年，全市抗震设防行政执法部门共检查建设工地207个，对10个有抗震安全隐患的建设单位下发了整改通知书，要求其进行了整改。

着力推进农村民居地震安全示范工程和地震安全示范社区创建工作。2013年，市地震局按照《关于推进农村民居地震安全工程的实施意见》（郑政文〔2012〕44号）的要求，结合新型农村社区建设，积极推进新型农村社区和合村并城地震安全工程建设。2013年，解放路社区等8个社区创建为市级地震安全示范社区，上街区江南小镇、二七区郑飞社区、金水区鑫苑社区创建为省级地震安全示范社区，二七区郑飞社区、金水区鑫苑社区创建为国家地震安全示范社区。

【防震减灾宣传教育活动】 以“5·12”防灾减灾日、唐山大地震纪念日和科技周等重大活动为契机，积极开展防震减灾知识集中宣传教育活动。2013年5月12日，市地震局利用我国第五个“防灾减灾日”和唐山大地震纪念日，紧紧围绕“识别灾害风险，掌握减灾技能”的宣传主题，在绿城广场举行了集中宣传教育活动。深入推进防震减灾知识进学校、进社区、进农村、进企业、进机关、进家庭的“六进”活

动。（1）“进学校”方面。全市各中小学校把科普知识和防震减灾宣传教育作为学生安全教育、素质教育的重要内容，纳入教学计划。积极组织学生开展地震科普课外兴趣活动，利用互联网、广播、报刊、宣传橱窗、第二课堂等形式，开展了内容广泛的地震科普活动，进一步增强了防震减灾宣传教育活动的实效性。在《防震减灾法》实施日、科普宣传周、“5·12”防灾减灾日、“7·28”唐山大地震纪念日、国际减灾日期间，市地震局通过组织学校开展防震减灾宣传系列活动，聘请有关专家到学校举办防震减灾科普知识讲座，组织学生参观地震科普展览等活动，使学生参与率达到100%；学校方面，结合防震减灾的宣传教育活动，召开一次应急避难主题班会，教授给学生1项逃生技能，举办一场应急疏散演练。按照国家地震局、河南省地震局的要求，结合郑州市实际，市地震局与市教育局、科技局联合下发了创建防震减灾科普教育学校的文件。2013年，经过由省、市地震、教育和科技等部门组成的联合验收组的分别验收和评审，中原区郑上路小学和二七区政通路小学被命名为河南省防震减灾科普示范学校，管城区第二实验小学等11所学校被命名为郑州市防震减灾科普示范学校。（2）“进社区”方面，重点面向公园广场、社区开展了防震减灾知识宣传和地震科普讲座，向市民发放光盘、图书、挂图、折页等宣传资料。市地震局邀请省地震局专家以及本系统专业技术人员，到办事处社区举办讲座和进行地震应急演练，强化防震减灾意识，普及地震应急知识，提高了社区居民防御地震灾害的能力。（3）“进农村”方面。开展防震减灾科普书籍进农家书屋活动。市地震局组织工作人员深入各乡（镇）办事处的村委会，向村委会农家书屋赠送《中华人民共和国防震减灾法》《河南省防震减灾条例》《农村民居抗震设防挂图》《地震科普宣传知识读本》和《防震避震手册》等书籍。让农村群众了解到了更多更全面的防震减灾科普知识。（4）“进企业”方面。重点向建设企业单位宣传防震减灾知识。为了提高建设企业从业人员的防震减灾意识，市地震局组织全市抗震设防行政执法人员，在行政执法的同时，走进建设企业和单位，积极向建设单位宣传防震减灾法律法规，发放抗震设防要求宣传资料3000余份。（5）“进机关方面”。大力开展防震减灾知识进机关活动。市地震局积极向市委组织部申请并联系协调市委党校将防震减灾法律知识纳入郑州市各级党校或行政学院培训计划。同时，利用政务短信平台向全市党政机关领导干部发送防震减灾知识宣传短信。（6）“进家庭”方面。利用影视媒体，面向千家万户宣传防震减灾知识。市地震局与河南省麦合盛文化传播有限公司联合，利用郑州火车站广场人员密集，流动性大的优势，在广场大屏幕上滚动播放防震减灾相关知识。在全市及各县（市）区，利用电视台、电影院、广场大屏幕和远程教育设施，播放《地震来了怎么办？》《地震解密》《应对地震灾害——公众自救互救常识》和《直面地震》等防震减灾科教片，让防震减灾知识走进千家万户。通过系列宣传活动，共展出宣传展板200余块，悬挂宣传条幅120余条，设置咨询台30余个，发放宣传知识手册2万余册、光盘5000张、宣传折页1万余张，宣传扑克1000余副，举办讲座100余场，播放地震科教片时长1000小时。

防震减灾科普教育基地建设。按照河南省到2015年各省辖市至少要建设1个防震减灾科普教育基地的要求，2013年，郑州市积极推进防震减灾科普教育基地的建设工作。该项目位于二七区长江路小学校内，市政府批准经费105万，二七区政府拟配套资金105万，已经完成了现场仪器设备和宣传所用的陈列展示设施的招标采购工作，正在进行建设。2013年，经过由省地震局、省教育厅和省科技厅组成的联合验收组的验收和评审，嵩山世界地质公园和郑州市中小学生生产实践教育基地被命名为河南省防震减灾科普教育基地。

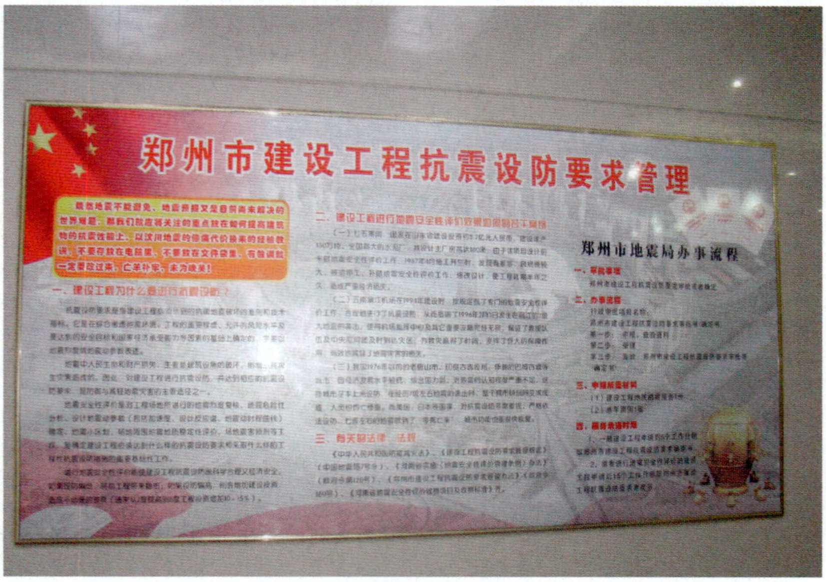

制定郑州市建设工程抗震设防要求管理

【地震应急救援】 地震应急工作体系进一步健全。2013年，市地震局根据国务院、省、市防震减灾工作会议精神和河南省地震应急工作方案的要求，制定了《2013年郑州市地震应急工作方案》。对地震应急队伍建设、演练、应急避难场所建设和科普宣传等年度地震应急工作提出具体措施。对全市各县（市）区地震主管部门的应急准备工作进行督导检查。抓好各级地震主管部门地震应急预案的修订工作。

地震应急队伍建设和演练不断加强。完成了全市防震减灾工作人员培训和演练。组织全市地震应急现场工作队员参加了中国地震学会举办的雅安地震应急与防震减灾培训班和演练。完成了局地震应急现场工作队员的培训和演练。完成了2013年度豫北地震应急联队商丘区演练活动。在人员变动的情况下，及时调整地震应急志愿者队伍，组织新上岗地震应急志愿者进行演练，了解地震应急救援工作内容，明确地震应急志愿者工作职责和任务。

应急避难场所建设不断推进。2013年，市地震局督促、协调、指导全市的应急避难场所建设。带领应急工作人员，先后到中牟、登封、荥阳、上街、二七等县（市）区进行调研、指导，帮助和协调应急避难场所建设。并紧密结合2014年全市公园建设计划，协调规划和园林部门，对正在规划建设的27个公园，按照同步规划、同步建设的要求，进行应急避难场所建设的指导。积极组织和协调，专门召开了全市应急避难场所建设协调会，加快推进郑州市西流湖公园城市避险避难场所建设工作，发改委已经下达了西流湖城市避险避难场所建设城建计划，并开始建设。

积极应对处置雅安地震对郑州市的影响。2013年4月20日，四川省雅安市芦山县发生7.0级地震。郑州市部分群众也感觉到了震感，并且很多市民通过各种媒体也了解到了此次地震，纷纷打来电话咨询，特别是咨询了解郑州市相关震情的情况。市地震局采取了加强监测与震情短临跟踪、加强行政和震情双岗值班、做好防震减灾知识宣传和维护社会稳定工作等一系列应对措施，妥善处置，及时有效应对雅安地震对全市的影响。

（陈启佳）

区域新貌

22 郑州经济技术开发区管理委员会
24 郑州高新技术产业开发区管理委员会
26 河南郑州出口加工区管理委员会
28 中共巩义市委　巩义市人民政府
30 中共新密市委　新密市人民政府
32 登封市人民政府
34 新郑市人民政府
36 荥阳市人民政府
38 中牟县人民政府
40 郑州市金水区人民政府
42 郑州市二七区人民政府
44 郑州市管城回族区人民政府
46 郑州市中原区人民政府
48 郑州市惠济区人民政府
50 郑州市上街区人民政府
52 郑州市白沙园区管理委员会

郑州经济技术开发区管理委员会

省委书记、省人大常委会主任郭庚茂在宇通新能源生产车间调研

省长谢伏瞻宣布郑欧国际铁路货运班列开通

省长谢伏瞻在郑州东风日产生产车间视察

市委书记吴天君在经开区召开E贸易调研会议

市委书记吴天君到宇通公司调研

江苏省副省长傅自应在郑州经开区考察E贸易工作流程

宇通新能源生产线

郑州经济技术开发区管理委员会

党工委书记崔绍营组织召开全区企业观摩会

“丝绸之路经济带”中欧物流通道建设国际交流会在郑州会展中心开幕

安置区项目现场督察

海马汽车M3量产仪式在经开区海马轿车第二工厂举行

河南郑州出口加工区综合办公楼

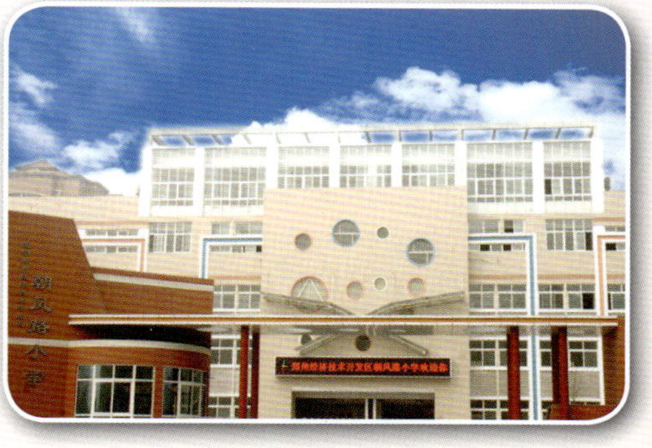

经开区朝凤路小学

开发区投资服务中心办事大厅

经开区建设效果图

廊道建设

区内南三环工业大道

区内主干道——航海东路

区内航海体育场

郑州高新技术产业开发区管理委员会

省委书记郭庚茂到高新区电子商务产业园调研

省长谢伏瞻到高新区国家大学科技园调研

京东集团签约落户郑州高新区

阿里巴巴产业带签约郑州高新区

爱因斯坦雕像

高新区管委会

高新区宽敞的道路

高新区生态廊道

高新区小区一角

格力生产车间

街区一角

合作共赢雕塑

郑州大学校区

中铁隧道国家实验室大楼

国家广告产业园

解放军信息工程大学校区

经开区、出口加工区党委书记崔绍营在企业调研

出口加工区党委副书记、管委会主任崔巍在企业调研

与中国贸促会在京签署合作协议，在区内建设中国中部（郑州）进出口商品交易中心

富士康项目外景

30万平方米新厂房建成投入使用

郑州经开综合保税区规划选址示意图

经开综合保税区规划方案确定，申报工作启动

蓝领公寓建设全面提速，近万名员工入住已建成公寓

实施环境提升工程，改建后的小游园成为企业员工休息的好去处

可容纳2000多人同时就餐的企业员工食堂

综合办公楼

中共巩义市委　巩义市人民政府

十届全国人大常委会副委员长许嘉璐莅巩调研传统文化

国家统计局局长马建堂莅巩调研

副省长陈雪枫莅巩调研

郑州市委书记吴天君莅巩调研农业生产

郑州市委常委、巩义市委书记
舒庆调研豫联工业园区

郑州市市长马懿莅巩调研

巩义豫联园区

郑州市委常委、巩义市委书记舒庆到鲁庄镇察看秋收情况

中共巩义市委　巩义市人民政府

巩义市委书记徐相锋调研中原路西延快速通道（韩门隧道）

巩义市委书记徐相锋调研中原路西延快速通道（七大路）

巩义市市长张春阳到小关调研

巩义市市长张春阳看望贫困户

巩义市耐火材料工业园区

康百万庄园

明泰铝业厂区

河南华西锂离子动力电池项目

林业生态村——民权村

慈云寺

中共新密市委　新密市人民政府

中央电视台一年四次报道新密经验

郑州市委书记吴天君在新密市调研

郑州市市长马懿在新密金凤路学校指导工作

新密10万农民入住农村新型社区，新密市委、市政府向入住的农民赠送电饭煲

餐厨垃圾综合处理车间

生活垃圾处理车间

国家大气污染防治装备专业会议在新密市召开

新密新建成的设施齐全的金凤路小学、初中

新密市保障性住房惠安小区一角

新密市新型城镇化建设——荣域福湾小区

来集镇祥和王堂社区

新密市工业项目集中开工

召开银企洽谈会

六冶科技重工有限公司

新密产业集聚区内宽敞的道路

登封市人民政府

国家卫计委副主任王国强到登封市中医院调研

举办第二届嵩山论坛

第八个文化遗产日登封市非物质文化遗产展演活动

第三届嵩山禅武医理论与实践研讨会

慧宝源项目开工奠基仪式

登封中岳办事处新店安置区一、二、三期基本竣工，四期在建

扶贫搬迁项目——登封市君召乡中心社区一期

建设中的登封新区阳城医院

生态廊道景观大道登封大道（G207）沿线风景

登封市产业集聚区全景

登封市产业集聚区标准化厂房A区

登封市产业集聚区——跃博电器有限公司工作车间

登封市产业集聚区——河南欣博矿山装备有限公司厂区一角

登封市循环工业园区河南三木循环农业示范园

登封新区污水处理厂

棋盘山公园建成并投入使用

新亚钢构生产车间

正在施工建设的郑登快速通道（登封段）西端大桥

新郑市人民政府

全国人大常委会副委员长吉炳轩到新郑市调研

全国人大常委会副委员长、中国民主同盟中央主席张宝文到好想你枣业股份有限公司视察

省长谢伏瞻在新郑市委书记王广国陪同下到华南城视察

中央统战部副部长全哲洙到新郑市调研

中国红十字会副会长王海京在新郑市代市长刘建武陪同下，到龙湖镇泰山村进行慰问

国家农业综合开发办公室主任王光坤在新郑市委书记王广国陪同下，调研农业综合开发工作及农业综合开发重点扶持项目工作推进情况

郑州市委书记吴天君察看癸巳年黄帝故里拜祖大典筹备工作进展情况

副省长王铁到雏鹰农牧集团股份有限公司，就畜禽生产和食品安全等工作进行调研

辛店镇阳光花园新型社区

省国土资源厅厅长盛国民在新郑市委书记王广国陪同下，先后到鸡王社区、华南城项目、农业示范园项目等处调研

省文化厅厅长杨丽萍在新郑市副市长刘五一陪同下，调研具茨山岩画研究保护工作

郑州市市长马懿到新郑市调研重大项目推进情况

新郑市委书记王广国到中储粮调研

新郑市市长张国宏到薛店镇敬老院慰问

癸巳年黄帝故里拜祖盛况

畅洁绿美的郑新快速通道

孟庄镇潮河新城新型社区

湿地公园一角

建设中的郑州华南城

天津药业生产场景

美丽的黄水河畔

华驰薄板生产线

荥阳市人民政府

郑州市市长马懿到荥阳市崔庙镇古城社区调研

郑州市委副书记王璋到荥阳市调研网格化管理工作

万山地质文化产业园合作建设项目签约

在建的郑西高铁郑州西站

五洲工业品博览城开工盛典

新建成的农村社区

荥阳市获得“中国象棋文化之乡”“中国嫘祖文化之乡”和“中国嫘祖文化传承基地”三张国字“文化牌”

环翠峪旅游大道夜景

贾峪镇道路生态廊道

三星级农家乐龙凤山庄

通往唐垌社区的道路

孤柏渡飞黄旅游区

中牟县人民政府

副省长王铁调研都市型农业示范区

市长马懿调研刁家社区扶贫项目

市委副书记王璋调研农业公园

市领导王林贺调研生态廊道建设

副市长吴忠华调研万邦物流

省国土资源厅党组成员、河南省土地总督察王西同在中牟调研

四牟园

绿博园

汽车产业集聚区鸟瞰图

弘亿草莓园

中牟新区鸟瞰图

中牟国家农业公园花卉企业

郑州日产生产车间

方特欢乐世界

翠明湖

万邦国际农产品市场

郑州市金水区人民政府

省长谢伏瞻到金水区视察防汛工作

市委书记吴天君到连霍高速与107辅道调研

市长马懿调研顺河路热力管线建设

市委副书记王璋到金水区科教新城调研

市人大常委会主任白红战到金水区调研基层人大工作

市政协主席李秀奇一行到经八路办事处调研

市委常委、宣传部部长王哲到农科院社区参加郑州晚报社区报揭牌仪式

市委常委、统战部部长王跃华到金水区调研网格化工作

省高级人民法院院长张立勇到金水区法院调研

区委书记郑灏东到绿城社区调研

印度考察团参加金水区科教新城推介会

金水区政府与保利地产签约刘庄、杓袁改造项目

改造后的琉璃寺村

改造后的西史赵村

聂庄改造奠基仪式

京广快速路

郑州市二七区人民政府

市四大班子领导观摩生态廊道建设和畅通郑州工程

市长马懿带队视察芙蓉花园保障住宅项目

市委副书记王璋带领各县（市）区主要负责人到二七区观摩“坚持依靠群众、推进工作落实”长效机制工作

市、区领导加入到市民健康竞走活动中，并视察树木园建设情况

市委常委、纪委书记郭锝昌视察二七区市场外迁工作

区委书记蔡红调研轻纺城商户经营情况

爱心超市一角

爱馨养老银龄之家

街道服务中心

郑州市二七区人民政府

改造后的孙八砦城中村

城中村改造后的小李庄安置小区

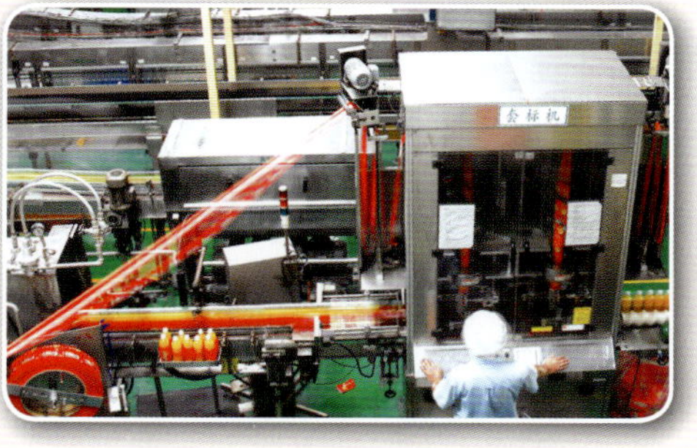

康师傅现代化果汁饮品生产线

河南网商园

新大方工业园

二七纪念堂

郑商瓷作品

郑州市树木园湖面宽阔碧波荡漾

二七德化步行街

马寨产业集聚区

集住宿旅游于一体的金水河源新型农家乐

郑州市管城回族区人民政府

国家卫生和计划生育委员会副主任孙志刚在管城回族区调研

省政协副主席靳克文一行视察北下街清真寺

省政协秘书长郭俊民、市政协主席李秀奇一行到代书胡同社区察看“委员之家”

国家卫生和计生委调研组在郑州市副市长刘东、管城回族区区长虎强的陪同下，调研基层计生工作

市委副书记王璋到管城区视察信访工作和网格化建设

市领导丁世显视察商城遗址

市委常委、政法委书记、公安局局长黄保卫调研管城区社会治安综合治理工作

副市长吴忠华调研管城区农业农村工作

区委书记袁三军到潮湖生态园调研

区委书记袁三军带队到荥阳市、二七区调研

区委书记袁三军、区长虎强到北大清真寺调研

区长虎强督察辖区创建工作

东西大街夜景

志愿者在社区开展植树活动

大上海城

群众秧歌表演

郑州市中原区人民政府

市委书记吴天君、市长马懿察看中原区拆迁工作

郑州市“三走进三郑州”活动在中原西路生态廊道启动

省政协副主席靳绥东视察中原区“委员之家”

市人大常委会主任白红战视察郑州市第六十四中学

区委书记赵书贤到须水街道调研

区委副书记、副区长王鸿勋调研朱屯城中村改造项目

区政府与中建七局签约

金马凯旋家具CBD粗具规模

建设中的锦艺国际轻纺城

建设中的中国中部纺织服装品牌中心

商住一体的锦艺城

中原区段南水北调工程全线贯通

西流湖生态公园一角

环境优美的中原西路

郑州市惠济区人民政府

中央纪委常委、监察部副部长姚增科视察三全公司食品安全工作

文化部副部长、国家文物局局长励小捷到惠济区调研大运河申遗工作

省委常委、统战部部长史济春到惠济区调研统战网格化管理工作

市委书记吴天君到惠济区视察畅通郑州工程建设

市委书记吴天君到惠济区调研防汛工作

市委书记吴天君视察木马安置房建设及金洼城中村改造工作

市委书记吴天君、市长马懿到惠济区视察重点区域村庄改造等工作

市人大常委会主任白红战到惠济区调研新型城镇化建设工作

省国土资源厅厅长盛国民一行到惠济区调研

区委书记王东亮督导道路交通建设工作

区委书记王东亮调研古荥镇岭军峪合村并城项目拆迁工作

区长黄钫察看江山路遗留拆迁工作及施工进场情况

区长黄钫视察防汛工作

国务院医改督察组到惠济区督察医药卫生体制改革工作

法国社会党考察团一行到惠济区参观考察

迎宾大道

惠济区信息产业园

惠济区北四环生态廊道

社区建设

社区建设

郑州市上街区人民政府

副省长张维宁调研通航试验区建设

国土资源部副部长胡存智率队到上街区对棚户区改造项目进行督察

市长马懿调研上街区新型城镇化、通航试验区建设等工作

市人大常委会主任白红战带领部分全国人大代表冒雨视察通航试验区建设

永翔通航杯2013年全国跳伞冠军赛在上街区举行

在亚星盛世广场开展“坚持依靠群众、推进工作落实”帮扶就业创业大型招聘会

1、郑州市啸鹰航空有限公司组装试飞项目开工典礼奠基仪式举行
2、中鹏航空俱乐部奠基仪式举行
3、上街区首届全民健身运动会在人民广场开幕
4、上街区新型城镇化建设方顶柏庙魏岗冯沟安置区项目开工典礼
5、长铝总医院移交上街区政府管理签约暨郑州市第十五人民医院揭牌仪式
6、建业集团联盟新城

郑州市白沙园区管理委员会

郑州市白沙园区2013年下半年工作推进会

郑州旅游职业学院建设工地

郑开大道北辅道生态廊道

豫兴大道施工现场

象湖开工仪式

郑开城际铁路郑信路站配套工程

前程路生态廊道

陇海铁路生态廊道建设拆迁

刘集02号安置小区A区建设

建成并已经招生的中原文化艺术学院

祭城路生态廊道

河南建设服务中心建设工程

象湖成湖工程土方施工

经济

JING JI

◎农业和农村工作

◎工业经济

◎服务业

◎交通运输业

◎民营经济

◎财政　税务

◎经济监督与管理

农业和农村工作

综 述

【概况】 2013年，全市各级农业部门按照“三化”协调、“四化同步”和“强投资、夯基础、调结构、求提升”的要求，以加快构建都市型现代农业产业体系为重点，以提高粮食自给率、提高农副产品自给率、提高农业对生态的保障力、促进农民持续增收为目标，创新机制，增加投入，开拓进取，狠抓落实，加快推进农业产业化、农村城镇化、农民职业化、城乡一体化，各项工作取得了新的进展。全市农林牧渔业完成增加值147亿元，同比增长3.2%。农民人均纯收入达到14009元，同比增长11.8%。粮食生产再获丰收，总产达168.3万吨，超额完成160万吨的目标任务。蔬菜、水果、水产品、畜产品产量稳定增长，省会“菜篮子”保障能力持续提升。蔬菜产量达300.86万吨，同比增长6%；水果产量达32.8万吨，同比增长1.0%；花卉苗木种植面积达到5.6千公顷，同比增长6.6%，累计完成盆栽花卉生产销售1126万盆、鲜切花1768万枝；水产养殖总面积达到9.6千公顷，水产品产量达到15.5万吨，同比增加4.7%。全市农业农村经济保持稳定发展态势，为郑州都市区建设提供了基础支撑。

都市型现代农业示范区建设方面。2013年，郑州市农委创新现代都市农业发展理念和举措，充分借鉴工业园区的建设模式，围绕郑州都市区的整体布局和功能定位，在全市规划建设10个面积万亩以上的现代农业示范区、30个面积3000亩以上的特色产业园和60个面积在500亩以上的特色产业项目，并将其作为全市农业领域的重心工作全力推进，成立了示范区建设领导小组，聘请中国农业大学、农业部规划设计院等全国一流农业规划设计单位高水平、高标准编制规划，积极整合农业项目资金，加强政策扶持和招商引资力度，创新管理、投融资及评价机制等，引领带动全市现代农业集聚集约发展。2013年，10大示范区完成投资52.9亿元。特色产业园和特色产业项目完成投资27.9亿元。中牟·国家农业公园等示范区形象初显，已成为代表郑州市现代都市农业发展水平的典范和标志。

农业产业化集群建设方面。2013年，郑州市大力培育农业产业化集群，不断完善农业发展的产业链、利益链、组织链、服务链，推动优势主导产业的整合优化和特色产业的规模壮大，有力地促进了全市农业增效和农民增收。以好想你、思念、雏鹰等企业为龙头的11个农业产业化集群通过省政府认定，农业龙头企业向示范区延伸，集群发展的效应初步显现。全市市级以上农业产业化经营重点龙头企业总数达到425家，较2012年增加7.3%，其中，国家级龙头企业13家，省级龙头企业56家，上市企业5家，国家级和省级龙头企业数量在全省排名居首。全市加工型农业龙头企业全年实现销售收入507亿元，较2012年增长7.9%。

农业科技与装备方面。2013年，以加快构建都市型现代农业产业体系为重点，提高科技、装备对农业生产的保障力，全市各涉农部门加强科研基础设施建设力度，扩大农业新技术、新装备的推广范围，强化农民培训和农业信息化建设，全市农业生产条件逐步改善。全面启动40个基层农业技术推广区域中心站建设。加强农业科技新品种、新技术的育繁推能力，推广研制、引进农业生产新技术30多项，推广面积200千公顷；推广农作物新品种150多个，推广面积600千公顷以上。测土配方施肥工作顺利完成，推广测土配方施肥面积366.7千公顷，施配方肥140千公顷。农作物病虫害防治工作成效显著，开展农作物专业化统防统治63千公顷。完成农村劳动力阳光工程培训17200人。扎实推进全市村级农民技术员管理工作，全市共选聘村级农民技术员1872名。加强农业信息化建设，共编发《郑州农业手机报》345期，拓展“12316三农热线”系统功能，共受理电话11300多个，办结率、落实率达100%。发送“三夏”“三秋”、技术、供求等方面短信350万余条，接收短信80万人次。全面提升中低产田改造标准，全市新建高标准农田13.3千公顷。新增农机具4796台（件），全市农业机械保有量大幅增长，小麦机收率达到97.1％，玉米机收率达到70%；全市农业耕种收综合机械化水平达到78%，高于全省均值3个百分点。

“菜篮子”工程建设方面。2013年，郑州市委、市政府高度重视“菜篮子”工程建设，把开发新菜田基础设施建设2.7千公顷、新增设施农业生产面积0.5千公顷列入市委、市政府为民办十件实事目标任务重点推进，通过加快发展集约化、设施化蔬菜基地和水产健康养殖基地建设等措施，切实提高主要“菜篮子”产品生产能力和产品发展水平，提高全市“菜篮子”产品自给率，保障市场需求。完成设施农业建设541公顷，超额完成全年533公顷目标任务；建成5个蔬菜标准园和5个集约化育苗点；全市新认定2个农业部水产健康养殖示范场，新开挖鱼塘3.3千公顷。

【农村财务管理】 2013年5月6日，市纪委、市农委、市财政局、市审计局联合下发了《全市农村基层干部执行财经纪律情况专项检查工作方案》（郑纪发〔2013〕16号），抽调人员组成专项检查工作组，于5月28日至11月30日对全市13个县（市）区开展了农村基层干部执行财政纪律和财务管理制度情况的检查工作。对随机抽取的24个乡（镇）办事处的财政所、“三资”中心和79个行政村（组）进行了专项检查。审计检查资金总额405817.8万元，查出违纪违规资金15648.8万元，占审计检查总金额的3.85%。其中，没有严格执行“四议两公开”程序的大额开支7953.3万元，占违纪违规资金总额的51.0%；乡（镇）、办事处财政所和“三资”代理服务中心截留、挪用、侵占村集体资金3281.5万元，占违纪违规资金总额的21.0%；白条列支2266.8万元，占违纪违规资金总额的14.5%；违反财务开支审批制度、程序支出715.5万元，占违纪违规资金总额的4.6%；加重农民负担，政府有关部门向村（组）集体乱摊派资金648万元，占违纪违规资金总额的4.2%；会计核算不规范466.7万元，占违纪资金总额的4.0%；坐收坐支115.1万元，占违纪违规资金总额的0.7%；其他违规资金161.9万元，占违纪违规资金总额的1.0%。

（宿志鹏）

【农村经济与农民收入】 2013年，郑州市各开发区及县（市）区共有163个乡（镇）办事处，2299个行政村，17117个村民组，113.8万农户，463.8万农业人口，269.6万个农村劳动力，247.9千公顷耕地。全市农村集体经济组织共有资产110.4亿元，负债36.6亿元，所有者权益73.8亿元。全年总收入41.3亿元，总支出29亿元，本年收益12.3亿元。全市农民共获得各项政府补贴6亿元。农户共上交集体各种款项1720万元，农业生产性收费4367万元，农民政策性负担进一步减轻，获得政府扶持力度加大。

（马　良）

市委农村工作会议召开

【农村土地承包与流转管理】 2013年，郑州市对7个重视土地流转工作、2012年当年本辖区新增集中连片规模经营面积达到133.3公顷以上的县（市）区政府，一次性分别奖励10万元。对69家利用流转土地进行集中连片规模经营的经营主体，全市共下拨奖补资金816.498万元。通过连续三年财政奖补激励政策的实施，郑州市土地流转面积从2011年的18.5千公顷增加到2013年的55.5千公顷，土地流转率由2011年的7.8%增加到2013年的24.52%，推动了农业的标准化、规模化、产业化和集约化，促进了全市农村土地承包经营权快速健康有序流转，全面推进了现代农业发展和社会主义新农村建设。

为规范全市农村土地承包经营权流转行为，强化农村土地承包经营权管理和服务，及时有效查处土地承包经营权流转过程中的一切违规行为，维护流转双方的合法权益，促进农村土地承包经营权流转市场建设。2013年，郑州市法制办将《郑州市土地承包经营权流转管理细则》（以下简称《细则》）列为2013年度政府规章制定计划的保证项目。郑州市农委专门成立了立法项目工作组，专职负责此项工作，确保“任务、时间、人员、责任”四落实。在认真填报立法保证项目实施计划申报表的基础上，按照时间安排逐项完成。同时组织专业人员多次对《细则》进行讨论，并征求了财政、林业、国土、纪委、组织等各相关单位、部门意见，对《细则》进行了修改完善，为《细则》的出台打下了坚实的基础。

为进一步促进全市土地快速有序流转，提高农业规模化经营水平，加强土地流转服务体系建设，提高其管理与服务水平，继续实施并修改完善土地承包经营权流转财政奖补激励政策，郑州市农委在学习信阳、漯河、商丘、济源等地加快土地流转，促进农业规模化经营的先进经验和做法的基础上，结合郑州市自身情况，起草了《关于进一步加快土地承包经营权流转促进农业规模化经营的意见》，主要包括家庭农场等新型经营主体扶持发展、土地流转模式创新、土地流转财政奖补、土地流转服务体系建设等内容。

为进一步发挥土地流转服务中心（站）在促进土地承包经营权有序流转、发展多种形式的适度规模经营，加快发展现代农业的作用，确保管理规范，服务到位，郑州市农委出台了《郑州市土地流转服务中心（站）示范中心（站）建设标准》。其主要内容包括示范中心（站）服务大厅建设、标准示范中心（站）队伍建设和示范中心（站）制度建设三个方面。

为贯彻落实2013年中央一号文件提出“用5年时间基本完成农村土地承包经营权确权登记颁证工作”的精神，健全郑州农村土地承包经营权登记制度，强化对农村土地承包经营权的物权保护，妥善解决农户承包地块面积不准、四至不清等问题，郑州市农委起草了《郑州市农村土地承包经营权确权登记颁证试点工作方案》。

为贯彻落实2013年中央一号文件精神，加快郑州市家庭农场的发展，按照工作部署和安排，3月，郑州市农委对武汉、宁波、上海等地家庭农场的发展情况进行了考察学习，考察结束后撰写《关于宁波上海武汉等地家庭农场发展情况的考察报告》，总结了外地发展家庭农场的做法和经验及存在的问题与不足，并结合实际提出了郑州市发展家庭农场的建议。全市符合河南省工商行政管理局制定的家庭农场注册登记条件的家庭农场共有471家，经营面积为1.9千公顷。截至2013年年底，全市已经在工商部门注册登记的家庭农场有9家（不包含巩义市），其中，中牟4家，共35.2公顷；登封3家，共90.1公顷；荥阳1家，6.9公顷；上街1家，13.3公顷。

截至2013年年底，全市家庭承包耕地流转面积达到55.5千公顷，占家庭承包耕地总面积226.5千公顷的24.5%。流转方式有出租、转包、转让、互换、股份合作等，其中出租43.6千公顷，占流转总面积的78.5%；转包7千公顷，占流转总面积的12.6%，其他流转方式4.9千公顷，占流转总面积的8.9%。全市流转土地共涉及农户数为13.7万户，占全市农户总数116.1万户的11.8%，共签订土地流转合同10.8万份，签订流转合同的耕地流转面积为41.4千公顷，占流转总面积的74.5%。

（栗晓飞）

【农业对外开放及创汇农业】 2013年，郑州市完成农产品出口创汇额21497万美元，同比增长0.1%。新增出口农产品生产基地152公顷，出口基地总面积达到1640公顷。在2013年全市对外开放工作大会上，郑州市农委被市委、市政府授予2012年全市招商引资工作先进单位和癸巳年黄帝故里拜祖大典经贸活动优秀组织单位荣誉称号。

精心筹划开展首次农业大招商活动。根据市政府统一部署，郑州市农委和相关县（市）区联合成立了12支招商小分队，立足主导产业，瞄准知名企业，赴长三角、珠三角、环渤海等地区“一对一”拜访目标企业，有力推动了大招商活动深入有序开展。拜访对接了一批知名农业龙头企业，初步达成了部分新的投资意向。郑州市市、县两级农业主管部门共联合走访企业53家，其中国内行业20强企业32家。主要有浙江森禾种业、深圳海吉星农产品物流、湖北天峡鲟业、昆明虹之华园艺、上海种业集团、广州陆仕水产等。应邀来郑州市回访的企业有7家，其中初步达成投资及合作意向的有3家。

组织参加第八届中国中部投资贸易博览会。郑州市农委按照市政府和省农业厅统一部署，积极做好有关参会组织工作，圆满完成各项工作任务。经过前期与北京、台湾等地商会（协会）多次沟通协商，邀请接待了英国老森商贸公司、台湾中华两岸交流协会、万向通联创投、深圳达晨创投等20个境内外客商前来参会洽谈。其中，万向通联创投和深圳达晨创投与郑州博大面业就开展注资重组合作、培育中原面业龙头等项目达成了初步合作意向；英国老森商贸公司与河南华益实业有限公司就蜂制品加工项目达成初步合作意向；江苏泰州兴化盛源食品有限公司、山东菏泽绿禾食品有限公司与郑州绿明食品有限公司就蔬菜深加工项目达成初步合作意向；重庆尊驯商贸有限公司与郑州中牟恒大实业有限公司就大蒜加工出口项目达成初步合作意向。

组织参加2013豫台农业项目合作恳谈会。2013豫台农业项目合作恳谈会是省政府确定的癸巳年黄帝故里拜祖大典重要经贸活动之一。2013年4月12日，郑州市农委组织各县（市）区农业部门负责人、郑州市部分项目企业负责人共25人参加恳谈会。各县（市）区结合全市及本地农业主导产业发展定位，共组织筛选100个重点推介项目，以《郑州市现代农业重点推介项目册》的形式在会上统一发布，向与会客商集中推介郑州市现代农业投资优势及重点项目。富景有机葡萄标准化栽培及新品种引种示范项目和白寨农业种植休闲生态园建设项目在会上签约。

（徐群堂）

【农村劳动力“阳光工程”培训】 2013年，郑州市农委承担全市“阳光工程”培训任务1.72万人，实际完成培训任务1.72万人。其中农业专项技术培训8200人，农业职业技能培训9000人。2013年“阳光工程”培训突出为产业发展服务，探索培育新型职业农民培训，加强项目对接按照郑州市现代都市“136”工程建设的有关要求，确定培训对象和分解培训任务。

【万名科技人员包万村科技行动】 2013年，郑州市农委组织市、县、乡三级农业科技人员770名实施“河南省万名科技人员包万村科技行动”，分包全市2147个行政村，继续开展包村服务进行夏秋粮生产科技服务活动。实施万名科技人员包万村科技行动取得了很好的成效。全市科技人员直接指导农户13万户，培训农民120万人次，发放技术明白纸120万张，先后举办各种类型、不同人员参与的培训班300多期，帮助农民解决粮食生产中的技术难题400多个，指导开展一喷三防156千公顷。科技服务为实现2013年夏、秋粮再夺丰收做出了新贡献。

【基层农业技术推广服务区域中心站建设】 2013年，郑州市规划建设的第一批15个基层农业技术推广服务区域中心站除新密的城关站、曲梁站正在进行仪器招标外，其他13个区域中心站已正式投入使用，分别是荥阳市的王村区域中心站、高村区域中心站、广武区域中心站、崔庙区域中心站、乔楼区域中心站，中牟县的大孟区域中心站、狼城岗区域中心站、姚家区域中心站、黄店区域中心站、韩寺区域中心站、官渡区域中心站，惠济区花园口区域中心站和上街区峡窝区域中心站。第二批建设的8个区域中心站有6个主体工程已竣工，分别是新郑市的辛店区域中心站、梨河区域中心站，登封市的东华区域中心站、大金店区域中心站、颍阳区域中心站和惠济区的古荥区域中心站。第三批建设的9个区域中心站已下达投资计划，分别是荥阳市的沿黄区域中心站、汜水区域中心站，新密市的大隗区域中心站、来集区域中心站、平陌区域中心站、超化区域中心站，新郑市的和庄区域中心站、郭店区域中心站、薛店区域中心站。

（贺全九）

【农业信息化建设】 2013年，郑州市农委不断创新农业信息服务理念、工作方式和服务手段，进一步推进全市农业信息化建设，完善了农业农村信息综合服务平台，构建了市、县（市）区、乡（镇）办和村（社区）农业信息网络体系，实现农业信息的标准应用与数据资源的共享最大化。对“商都农网”进行了升级，全年发布信息12000余条。继续推进中牟、新郑农业物联网示范基地建设，精准农业网联网技术已应用于农业生产中。全面升级“12316三农热线”系统，不断提高“12316三农热线”服务质量。建立农业科技服务团专家数据库，2013年，共受理咨询电话11300多个；组织蔬菜、花卉、小麦种植等方面农业专家深入田间开展了12次“12316三农热线”专家实地指导活动；编发《郑州农业手机报》365期。印发《郑州农业农村信息》65期，编发《郑州农业》刊物12期。

（陈 阳）

【农业科研成果】 2013年，郑州市各涉农单位共获得省、市科技成果奖10项。其中专利奖1项；河南省科学技术普及成果一等奖1项。“大果多抗高产茄子新品种郑茄2号”获河南省科技进步三等奖、河南省农科院科技成果一等奖、郑州市科技进步一等奖。“郑州地区几种主要蔬菜病虫害综合防治技术研究与示范”获河南省科技进步三等奖、河南省农科院科技成果一等奖、郑州市科技进步二等奖。“蔬菜无土栽培技术在中原地区观光农业中的应用”获河南省科技进步三等奖、河南省农科院科技成果二等奖、郑州市科技进步二等奖。“马铃薯雾喷栽培营养液及制备方法”获郑州市发明专利二等奖。“金粉早冠和粉达番茄的选育及应用研究”获河南省科学技术普及成果一等奖。

蔬菜优良品种引进和培育新品系方面。引进白菜、番茄、马铃薯、萝卜等优良品种180个。培育马铃薯、花椰菜、白菜、番茄等新品系10个。推荐4个辣椒新品种参加省区试，2个番茄品种参加省和国家区试，1个黄瓜品种参加省区试工作，6个萝卜品种参加省区试。推荐16个品种参加2013年北京国际现代农业科技城通州良种展示会。提供3个白菜品种参加在云南举办的全国十字花科会。

科研成果转化。（1）依托国家、省成果转化项目做好转化。“早熟优质辣椒新品种郑椒11号配套栽培技术研究与示范”项目。建立30亩标准化露地及保护地生产方3个，50亩生产方4个，并带动这些地区示范推广郑椒11号面积1000公顷。“胡萝卜新品种郑参丰收红中试与示范”项目，春季主要执行郑参丰收红的繁种工作。（2）通过省科普传播工程做好转化。承担河南省科普项目3项，组织科普下乡25次，举办培训班15场，培训农民900多人，发放技术资料3000册。（3）依托“河南省现代

农业物联网基地建设

农业大宗蔬菜产业技术体系建设”专项，在焦作市修武县和驻马店市汝南县建设33.3公顷以上示范基地2个。（4）依托国家试验站做好转化。在基地县新野、扶沟、荥阳、中牟、通许等蔬菜大区，示范推广新品种新技术，引领当地的蔬菜发展。（5）通过百亩示范点做好转化。建立新密市大隗镇孙沟村萝卜生产示范基地和惠济区黄河滩甘蓝、娃娃菜种植示范基地。（6）通过科技下乡做好转化。科技下乡200余人次，接听解答12316农民来电300余次，培训、技术指导农民万余人次，发放各类蔬菜种植栽培资料5.5万份。（7）通过开发科做好转化。立足郑州及周围地区，累计推广新技术新品种20个，推广面积约80千公顷，社会效益约80多亿元。

（王慧瑜）

扶贫开发

【概况】 2013年，郑州市累计投入各级财政扶贫资金35688.5万元，其中市本级财政投资22186万元，比2012年增加64%。通过实施整村推进扶贫、易地扶贫搬迁、科技产业化扶贫、雨露计划培训、劳动力转移就业扶贫以及加大社会化扶贫力度等，全年实现4万人脱贫，占全年目标任务的160.4%。

【整村推进扶贫】 2013年，郑州市共投入整村推进建设资金3992万元，在34个村实施了整村推进扶贫，超出目标任务的70%。同时，加强贫困地区基础设施建设，安排基础设施建设资金3378万元，实施项目111项。通过整村推进和基础设施建设，全面改善了贫困地区生产条件。

【易地搬迁扶贫】 2013年，郑州市坚持将易地扶贫搬迁作为助推新型城镇化、新型农村社区建设的载体和切入点来抓，持续加大扶贫搬迁力度，全年共投入财政易地扶贫搬迁资金26698.5万元，安置搬迁5933户22357人，资金投入总量和搬迁人数均创历年新高。下发易地扶贫搬迁后续扶持政策，对搬迁群众的土地流转进行补贴，对后续产业进行扶持。

【产业和科技扶贫】 2013年，郑州市持续加大科技和产业扶贫力度，着力培育贫困地区优势特点产业，带动贫困群众脱贫致富。全年共投入各级财政资金1683.5万元，完成科技和产业扶贫项目66个，辐射带动贫困人口7万余人。积极实施到户增收试点项目，投入到户增收项目资金207.5万元，扶持贫困户200户，受益772人。

【“雨露计划”培训】 2013年，郑州市坚持产业为基、就业为本，拓宽贫困群众就业、创业渠道，增强自我发展能力。全年共投入财政扶贫资金792万元，完成“雨露计划”职业技能培训7150人，占目标任务6473人的110%。

【社会化扶贫】 2013年7月，郑州市成立了扶贫开发协会，选举产生了郑州市扶贫开发协会第一届理事会理事、常务理事、秘书长、副会长、会长。加大行业、社会扶贫力度，不断壮大扶贫力量。明确103个市直机关、事业单位定点帮扶103个贫困村。截至2013年年底，全市定点扶贫单位直接投入资金和物资价值247200元，帮助引进各类资金748万元，项目30个，人才22人；举办培训班40期，培训各级干部、技术人员和农村劳动力3043人次。

（王建红）

种植业

【概况】 2013年，全市农作物播种总面积503.5千公顷，其中，粮食作物播种面积363.4千公顷，较上年增加0.3千公顷；全年粮食总产168.2万吨，较上年的169.4万吨减少0.71%，粮食总产量基本持平。其中，夏粮播种面积175.8千公顷，产量80.5万吨；秋粮播种面积187.6千公顷，产量87.8万吨。全年粮食平均亩产308.7公斤，较上年的311.1公斤减少0.78%。油料作物播种面积44.3千公顷，总产17.4万吨。棉花播种面积2.1千公顷，产量0.20万吨。蔬菜播种面积74.4千公顷，总产301.2万吨。

【夏粮生产】 2013年，全市夏粮播种面积为175.8千公顷，较上年减少0.5千公顷。总产为80.5万吨，较上年减少0.2万吨，总产基本持平。平均单产305.1公斤/亩，与上年持平。从产量构成因素看，全市各类型麦区平均亩成穗32.1万穗，与上年持平。其中，水浇地平均亩成穗35.1万穗，较上年增加0.3万穗；旱地平均亩成穗29.1万穗，较上年减少0.3万穗。全市平均穗粒数29.3粒，较上年减少0.5粒。其中，水浇地平均穗粒数32.3粒，较上年减少0.1粒；旱地平均穗粒数26.3粒，较上年减少0.9粒。小麦平均千粒重38.2克，较上年增加0.7克。

【秋粮生产】 2013年，全市秋季粮食作物播种面积187.6千公顷，平均单产312.0公斤/亩，总产87.8万吨。其中，玉米159.2千公顷，平均单产317.2公斤/亩，总产75.8万吨；薯类13.6千公顷，平均单产433.9公斤/亩，总产8.9万吨；豆类12.6千公顷，平均单产123.2公斤/亩，总产2.3万吨；水稻0.7千公顷，平均单产530.3公斤/亩，总产0.5万吨；谷子1.5千公顷，平均单产135.3公斤/亩，总产0.3万吨。

为进一步提高全市秋粮的综合生产能力，充分发挥良种在农业生产中的增产作用，郑州市在认真筛选本地优良品种的同时，加大了各作物的新品种引进和试验、示范与推广力度。引进筛选了农作物共135个新品种。其中，引进筛选了15个玉米品种，在新郑市梨河镇梨河村、荥阳市广武区域中心站分别安排了示范、展示田。引进选定红薯、谷子、红小豆、小黑豆、小豇豆、绿豆、黄豆共40个品种。在新密市平陌镇、米村镇、尖山乡曲梁镇分别安排了0.7公顷秦薯5号示范、展示田；在新密市尖山乡国公岭村安排了30公顷34个谷子、红小豆、小黑豆、绿豆、黄豆等共34个品种的小杂粮示范、展示田；在新密市平陌镇香山村安排了1.3公顷地谷子、红小豆、小黑豆、绿豆共5个品种的小杂粮示范、展示田。通过新品种示范、展示和对比，筛选出适合郑州市种植推广的优良品种，研究适合不同品种的栽培管理技术措施，为领导决策及大面积推广提供科学依据，同时引导群众使用良种，做到良种良法配套。

优质高产品种推广面积逐年加大，品种结构进一步优化。玉米“一密四改”技术推广以来，紧凑竖叶型品种推广面积逐年扩大，至2013年年底，基本已达到全覆盖，而且主导品种突出。2013年，郑州市玉米主导品种郑单958推广39.1千公顷，浚单20推广32.2千公顷，先玉335推广17.6千公顷，中科11推广7.3千公顷，4个主推品种占玉米播种面积的52.1%，高产创建万亩方基本以这4个主推品种为主。结合玉米高产创建，大力推广先进实用技术。玉米单粒精量播种125千公顷，种、肥异位同播46.1千公顷，机械收获98.5千公顷，玉米适时晚收推广92.3千公顷。

高产创建活动发挥了明显的示范作用。2013年，玉米优质高产创建活动按照每个示范点面积0.7公顷，21个展示品种的标准共完成12个万亩方，25个千亩方，2个玉米优质高产品种展示示范田，同时完成了38个玉米品种的品比试验。在高产创建活动中重点抓了以玉米“一增四改”技术为核心，以晚收增产技术为辅的实用技术推广，通过核心区的示范作用和高产创建方对周边地区的辐射带动作用，取得了良好的推广效果。

（赵郑华）

【花生生产】 2013年，全市花生种植面积39.9千公顷，平均单产264.4公斤/亩，总产15.8万吨。在花生高产创建项目区中，主推“一增四推”技术，即合理增加种植密度、推广配方施肥、推广机械化播种、推广地膜覆盖、推广病虫草害综合防治技术。采取了“五统一”措施，即统一种子、统一农膜、统一配方施肥、统一机防、统一病虫害防

蔬菜种植基地

治。根据花生高产创建万亩示范片实际，分别选择优质、抗病、丰产性状好的花育19、花育22、豫花15等品种为项目推广品种。项目实施过程中，农业部门及时组织了优质花生良种20多万公斤，在高产创建示范区内进行推广，淘汰了多年低产、劣质的本地老品种，使主导品种的利用率达到了80%以上。

（徐国强）

【蔬菜生产】 2013年，郑州市基本没有大的灾害天气发生，对蔬菜生产十分有利。全市拥有常年菜田21.2千公顷，季节性菜田37.7千公顷。全年共完成蔬菜生产81.3千公顷，完成蔬菜总产量300.86万吨。蔬菜生产面积较大的种类分别是大蒜21.3千公顷、番茄4.7千公顷、萝卜4.1千公顷、黄瓜4.1千公顷、大白菜4.0千公顷、小白菜3.1千公顷、大葱3.1千公顷、菠菜3.0千公顷、胡萝卜2.6千公顷、芹菜2.6千公顷、辣椒2.5千公顷、豇豆2.4千公顷。其中，大白菜、芹菜、菠菜、豇豆等生产面积与上年基本持平，萝卜、莲藕、辣椒、西葫芦等与上年相比略有增加，番茄、黄瓜、大葱等生产面积增加较多，面积减少的有胡萝卜、茄子、冬瓜、菜豆、小白菜等品种。大蒜种植在2012年面积激增，但由于受到价格下降、减产因素的双重影响，2013年生产面积逐步恢复到常年的21.3千公顷左右。全年蔬菜播种面积较大的区域仍集中在中牟、荥阳、新郑、惠济和新密，分别为38.3千公顷、14.8千公顷、9.5千公顷、8.3千公顷和5.4千公顷，占全市播种总面积的93.82%。近郊二七、中原、金水、管城、高新区菜田面积持续减少，年播种面积共1.6千公顷，仅占全市的1.96%。根据整乡推进原则，2013年2千公顷新菜田开发项目在荥阳市王村镇整建制实施。项目总投资6600 万元，计划到2014年3月底完工验收。截至2013年年底，项目水、电线路基础设施建设完成总工程量的80%，预流转土地1.4千公顷，已流转土地0.6千公顷，入驻生产企业8家。

【设施农业】 2013年，郑州市高度重视设施农业建设工作，再次把设施农业建设列入政府十大实事，予以支持发展。截至2013年年底，全市设施农业开工541.3公顷，已建成538.6公顷，分别占全年目标任务的101.5%和101.0%。各县（市）区中，开工面积较多的分别是中牟、荥阳和登封。其中，中牟县开工212.6公顷，荥阳市开工73.3公顷，登封市开工71.2公顷。

【水果生产】 2013年，全市水果生产总面积达到18.5千公顷总产量达到29.9万吨，分别比2012年增加1.9%、1.02%。其中，苹果2.0千公顷，总产4.4万吨；梨2.0千公顷，总产4.7万吨；桃5.1千公顷，总产5.6万吨；葡萄1.9千公顷，总产3.1万吨；杏1.9千公顷，总产3.5万吨；石榴2.7千公顷，总产4.4万吨；樱桃2.0千公顷，总产2.0万吨；草莓0.9千公顷，总产2.2万吨。全市水果产业稳步发展，樱桃、石榴等小杂果和设施草莓种植面积略有上升，石榴、梨种植面积迅速扩大，杏种植面积略减，苹果、桃、葡萄等其他水果种植面积保持稳定。受2月份雨雪和寒流天气影响，樱桃、葡萄等与去年相比大幅减产；晚熟果种没有受到影响，其中石榴增产明显。

（安冕）

【花卉生产】 2013年，全市花卉种植总面积达到5.6千公顷，同比增长6.7%；全年销售额达77548万元，同比增长8.4%。其中，鲜切花生产面积100公顷，年销售额3200万元；盆栽花卉生产面积300公顷，年销售额11800万元；观赏苗木生产面积3000公顷，年销售额53200万元；食用与药用花卉生产面积2200公顷，年销售额9100万元；草坪生产面积40公顷，年销售额240万元。全市花卉产业发展较为平稳，种植面积逐步扩大，产业素质得到提升，生产技术和产品质量不断改进和提高。从全年销售情况看，产品销量与上年整体持平，但销售价格呈现下落趋势。

（王峰）

【农作物病虫草害】 2013年，全市农作物主要病虫草害为中度发生年份，发生面积1060.2千公顷次，开展防治面积948.0千公顷次，占发生面积的89.4%，挽回粮食损失13552.9万公斤，挽回油料损失859.7万公斤，挽回棉花损失38.1万公斤，挽回蔬菜损失6372.9万公斤，挽回水果损失1107.4万公斤。

主要农作物病虫草害发生情况。（1）小麦病虫害为中度偏轻发生年份，轻于常年，发生面积495.31千公顷次，其中，麦穗蚜、小麦纹枯病中度发生，局部偏重；麦蜘蛛中度偏轻发生，局部中度，其他病虫害轻发生。（2）玉米病虫害中度偏轻发生，发生面积276.0千公顷次，其中，玉米螟、蓟马、棉铃虫、黏虫、玉米大小斑病、玉米褐斑病中偏轻发生，局部中度，其他病虫害轻发生。（3）花生病虫害中度发生，发生面积91.1千公顷次，其中，花生叶斑病中度发生，局部偏重；地下害虫、叶螨中度偏轻发生，局部中度，其他病虫害轻发生。（4）大豆病虫害轻发生，发生面积2.9千公顷次。（5）棉花病虫害轻发生，发生面积6.5千公顷次。（6）蔬菜病虫害中度发生，发生面积105.1千公顷次。病害方面，根结线虫病、保护地黄瓜霜霉病、露地番茄早疫病、晚疫病中度发生；露地黄瓜霜霉病、多种蔬菜病毒病、辣椒疫病、白菜霜霉病中偏轻发生，局部中度，其他病害偏轻发生。虫害方面，粉虱中度发生，局部偏重；菜青虫、小菜蛾、甜菜夜蛾、棉铃虫、蚜虫、叶螨中度偏轻发生，局部偏重，其他害虫轻发生。（7）果树病虫害中偏轻发生，发生面积15.7千公顷次。蚜虫中度发生，桃小食心虫、山楂叶螨、小绿叶蝉、蛀果类害虫、苹果斑点落叶病、苹果褐斑病、轮纹烂果病、炭疽病、腐烂病、梨黑星病、桃穿孔病、葡萄霜霉病、葡萄炭疽病中度偏轻发生，局部偏重，其他病虫轻发生。

【农作物病虫草害防治】 2013年，全市农作物病虫草害发生面积1060.2千公顷次，开展防治面积948.0千公顷次，占发生面积的89.42%，通过防治有效地控制了病虫危害。

领导重视，组织得力。2013年，小麦病虫害防治工作受到各级政府的高度重视，得到了有力支持。郑州市农委先后召开了春管及春耕备播电视电话会议、“三夏”生产工作会议，要求各地要增强使命感，加强麦田管理，高度重视小麦病虫害的防治，实行责任制，强化督察，狠抓落实，确保农作物病虫害防治顺利进行。

搞好技术宣传，普及防治技术。在农作物病虫草害防治关键时期，市植保站抽调技术骨干组成专家组先后到各县（市）区指导病虫害大面积防治。各级植保部门积极组织开展病虫草害防治技术培训，并通过新闻媒体，普及病虫害防治技术。全年利用广播、电视、报纸宣传40余次，举办县、乡、村各级培训70余次，印发技术资料31万余份。积极参与“万名科技人员包万村”活动，全市植保科技人员分包到村，开展技术服务，指导农民搞好病虫害防治。

落实惠农政策，认真组织实施“一喷三防”补贴。中央财政安排专项资金对小麦“一喷三防”给予补助，为把该政策落到实处，郑州市农委和郑州市财政局于4月17日联合下发了《关于印发郑州市小麦一喷三防技术补助资金实施方案的通知》（郑农财〔2013〕22号）。4月19日，郑州市农委召开各县（市）区主管领导、植保站长、土肥站长参加的“一喷三防”工作会议，传达了农业部、河南省农业厅有关“一喷三防”补贴政策的文件精神，对郑州市的“一喷三防”工作进行了全面部署。会后，各县（市）区积极行动，制定了本地“一喷三防”补贴工作实施方案和小麦“一喷三防”工作技术指导意见。

召开防治现场会，推动防治工作的开展。4月9日，市政府在新郑召开了春季麦田管理及病虫害防治现场会，现场展示了自走式喷雾机、烟雾机、机动迷雾机、多旋翼飞行器等大中型施药器械，展示了郑州市农药施药机械的进步，带动了小麦“一喷三防”工作的开展。各县（市）在农作物病虫害防治关键时期也积极召开防治现场会，引导农民开展农作物病虫害防治，全市共召开50余场次。

制定预案、科学防治。郑州市植保站根据农作物病虫害发生情况，及时制定防治方案，科学指导群众开展防治。根据地下害虫虫口密度和小麦根部病害的分布制定防治对策，大力推广种子包衣和药剂拌种技术，切实做好麦播期病虫害的防治，保证一播全苗。针对麦蜘蛛、麦穗蚜、黏虫、花生叶斑病在局部地区偏重发生的情况，及时制定了病虫防治对策，下乡指导农民适时开展防治，有效地控制了其为害。通过防治挽回粮食损失13552.9万公斤，挽回油料859.7万公斤，挽回棉花38.1万公斤，挽回蔬菜6372.9万公斤，挽回水果1107.4万公斤。

（胡　锐　邢彩云　李元杰）

【东亚飞蝗综合治理】 2013年，夏秋蝗中度发生，发生面积30.1千公顷，达到防治指标面积18.6千公顷，开展防治17.3千公顷。蝗虫防治工作措施：（1）进一步落实治蝗领导责任制。郑州市成立了以主管副市长为指挥长的蝗虫防治指挥部，根据各成员单位的职责，明确任务，责任到人，使治蝗工作有组织、有计划地开展。（2）强化蝗情监测。各蝗区县（市）区的12名蝗虫侦察员，系统开展了越冬蝗卵、蝗蝻出土情况、蝗蝻发育进度调查及蝗蝻“拉网”普查，准确掌握了全市蝗虫发生分布情况。市植保站及时发出治蝗简报，并根据蝗虫发生情况，制定了防控预案。（3）准备充分，防控到位。按照治蝗经费实行分级负担制的原则，积极筹措资金，确保治蝗经费及时到位，并加强资金管理，提高使用效率。（4）进行技术培训，做好蝗虫防治。全市共培训治蝗人员620人次，印发资料11000份，出动治蝗人员415人，出动车辆25部，出动机动弥雾机160部，使用农药15.8吨。组织开展飞机防治6千公顷，人工防治11.3千公顷，夏秋蝗防治面积共计17.3千公顷，占达标面积的92.85%，防治效果达80%以上，有效地控制了蝗虫为害，达到了“不起飞，不成灾”的目标。

（邢彩云　沙广乐）

【植物检疫】 广泛宣传植物检疫法规。为普及植物检疫知识，依法推进检疫监管、疫情防控等重点工作的落实，响应农业部开展“全国植物检疫宣传周”活动的号召，市植保站于9月23-29日举办了郑州市植物检疫宣传周活动。宣传周期间市植保站利用电台宣传73次、电视台宣传117次、报刊宣传46篇；发送手机短信10914条、张贴标语4941条；出动宣传车423台次，巡回宣传215次、培训44059人。各县（市）区根据实际情况，开展了多种形式的宣传活动，如科技下乡、印发检疫法律和法规宣传材料，向群众讲解有关检疫方面知识等，取得了良好的宣传效果。全市共进行集中咨询99次，发放植物检疫法规宣传页392406份。

认真开展产地检疫和调运检疫。全市开展小麦产地检疫面积11.6千公顷，占报检面积的100%，产检合格面积11.5千公顷，生产合格种子5688万公斤。下半年全市申报小麦制种田7.1千公顷，全部按要求采用有效药剂进行了除害处理。签发省间调运检疫证书2213批次，省内调运检疫证书2060批次，共调运检疫合格种子960.7万公斤，分别为小麦种278.3万公斤，玉米种682.0万公斤，其他作物种子0.4万公斤，调运检疫占报检的100%。通过检疫有效地防止了危险性病虫杂草的传播蔓延，保证了农业生产安全。

加强检疫执法，严格市场管理。根据农业部办公厅印发的《关于开展全国植物检疫联合执法检查活动的通知》和河南省农业厅办公室下发的《2013年河南省植物检疫联合执法检查活动方案》文件要求，郑州市各级植保植检站于4月20日-10月31日对全市农作物种子经营单位进行了检查，共检查种子市场25家，生产经营企业44个，对违规调运种子的商户依法进行了处理。

（柴　升　李丽霞）

【培肥地力】 通过大力推广麦秸麦糠覆盖、小麦留高茬、玉米秸秆还田等技术和有机质提升试点示范带动，提高耕地综合生产能力。2013年，全市共完成麦秸麦糠覆盖、小麦高留茬153.3千公顷，玉米秸秆还田113.3千公顷，有机肥积造1300万方。耕地理化性状得到改善，土壤肥力稳中有升，土壤有机质含量呈逐年递增趋势。

荥阳市小麦“一喷三防”现场会

【测土配方施肥】 2013年，全市推广测土配方施肥面积366.7千公顷。其中，玉米120千公顷，花生23.3千公顷，冬小麦170千公顷，大蒜18.7千公顷，蔬菜、瓜果等其他作物31.7千公顷。建立测土配方施肥万亩示范区14个、千亩示范片35个、百亩示范方70个。巩固整乡镇推进测土配方施肥乡镇12个，新增整建制推进配方肥试点乡（镇）3个，新增整建制推进配方肥示范村70个。设计小麦施肥配方15个、玉米施肥配方12个、大蒜配方1个，指导生产配方肥9.3万吨，配方肥施用面积140千公顷。采集土壤样品3520个，化验土样23000项次，分析植株样品300个。完成秋季作物田间试验35个、三区示范70个。通过实施测土配方施肥，粮食作物单产水平提高十分明显，经济效益可观。根据近7年试验，测土配方施肥项目区内小麦平均每亩增产21.5公斤，节约化肥1.52公斤（折纯），每亩可节本增效46元；玉米平均每亩增产26.2公斤，节肥1.6公斤（折纯），亩节本增效56元；花生平均每亩增产16.2公斤，节肥1.5公斤（折纯），亩节本增效70元左右。郑州市仅实施测土配方施肥一项就可为农民增加收入接近2亿元。测土配方施肥实施区采用了大量的“氮减磷稳钾增”类肥料，施肥结构得到进一步优化，氮磷钾比例趋于合理，避免和减轻因施肥不科学带来的肥料资源浪费和环境污染，有效地保护了生态环境，年减少化肥施用量6500余吨（折纯）。

（郭长江）

【农村能源环保】 农村能源环保工作在促进全市农业现代化和农村经济可持续发展中的作用持续增强。2013年，全市新建大中型沼气工程2处，建成村级服务网点35个；农产品重金属污染防治普查采集制备土壤样品902个；2个大中型沼气工程申报项目经国家批复正式进行立项实施；完成了3个美丽乡村试点村创建申报工作并已批复；建立了郑州市农业生态服务功能价值评估指标体系。

（牛河钧）

【旱作农业】 引进示范新品种10个。其中，引进示范浙紫1号、郑红22、紫072等甘薯新品种3个；清香、上宋6号核桃新品种2个；豫花15、豫花9327、花育19花生新品种3个；冀谷19、冀谷31旱地谷子新品种2个。

安排旱作集成技术示范及展示田6处。其中，中牟三官庙镇郝营花生新品种展示田，示范推广全覆膜滴灌技术；荥阳市高村乡宋村核桃展示田，示范推广薄皮核桃高产高效栽培技术；荥阳市王村镇司村彩色红薯展示田，示范推广彩色红薯优质高产高效栽培技术；登封唐庄乡南坡村金银花展示田，示范推广金银花规模化高产高效栽培技术；荥阳高山镇余顶村谷子展示田，示范推广优质谷子高产高效栽培技术；荥阳市高村乡官峪村旱地石榴展示田，示范推广石榴高产高效栽培技术。

打造旱作农业亮点，扶持发展旱作区特色作物千亩示范基地6个。包括荥阳市王村镇千亩甘薯生产示范基地、荥阳市高村乡千亩旱地石榴生产示范基地、荥阳市高山镇千亩旱地杂粮生产示范基地、荥阳市崔庙镇丘陵山区千亩小杂果生产示范基地、新密市五指岭千亩金银花生产示范基地、新郑市新村镇千亩薄皮核桃生产示范基地。

（王 清）

水产业

【概况】 2013年，郑州市水产品产量达到15.5万吨，比上年增加0.7万吨。全市水产养殖面积9.6千公顷，新增水产养殖面积333.4公顷，其中荥阳66.7公顷、惠济66.7公顷、新密66.7公顷、中牟133.3公顷。新认定农业部水产健康养殖示范场2个，水产品药物残留产地检测合格率达到100%，全年无渔业船舶重大事故发生。

【水产品质量安全】 搞好水产健康养殖基地建设，从源头上把好质量安全关，加强对水产品生产过程的执法监管，在农业部、河南省、郑州市组织的5产地抽检和4次市场抽检中，合格率均达到100%，水产品质量安全工作被评为全国先进和全省第一。

【渔政监督管理】 2013年，市水产办认真贯彻落实渔业安全生产法律法规和省、市关于进一步加强渔业安全生产工作的通知，层层建立渔业安全生产责任制，同省水产局签订了渔业安全生产协议书。下发禁渔通知，对全市天然水域实施了为期3个月的禁渔期。强化渔船、渔港安全监督管理，加强渔业船舶检验登记工作。下发2013年渔船年度检验通知，要求各县区渔船进行自检，填写渔船安全生产声明书；分批对全市63艘机动渔船进行了年度检验。按照农业部办公厅《开展清理整治违规渔具专项行动实施方案》要求，开展清理整治违规渔具专项行动。加强宣传，发放安全生产宣传资料，确保了郑州市全年没有渔业生产安全重大事故发生。

【水产良种繁育】 2013年，郑州市各级水产主管部门加强对水产苗种生产的监督管理，坚决杜绝无证生产经营，确保水产苗种质量，提高水产养殖良种覆盖率。加大扶持力度，对水产良种基地实施升级改造，创建高层次水产良种场。荥阳水产良种场实施了农业部下达的水产良种场建设项目，完善生产设施、更新良种亲鱼。康苑生态养殖有限公司、龙祥公司水产良种场两家单位申报了农业部水产良种建设项目，其中康源公司被推荐申报国家级水产良种场。市水产技术推广站良种繁育实验基地建设项目取得新进展，完成了各项审批程序，落实项目资金4800万元。

【黄河鲤种质资源保护】 做好黄河郑州段黄河鲤国家级水产种质资源保护区建设管理工作。初步完成了保护区总体规划编制工作，按照《农业部办公厅关于印发农业生物资源保护工程项目储备指南的通知》（农办计〔2011〕49号）文件规定的水产种质资源保护区建设标准，对原有方案进行逐项核实和修改，市发改委已初步同意基础设施建设规划和工程概算。积极贯彻落实《中国水生生物资源养护行动纲要》，恢复黄河水域天然渔业资源，保护黄河水生生物多样性和生态环境。配合省水产局开展了2013年河南省黄河鲤鱼亲本增殖放流活动，组织了农业部、河南省鱼类资源增殖放流联合行动，在荥阳市孤柏嘴举行了郑州市黄河鲤鱼增殖放流活动。

【水产技术推广】 2013年，全市设立水产养殖病害测报点8个，总面积960公顷。设立渔业生产信息采集点6个，总面积155.7公顷。推广标准化养殖等技术4项，举办渔民培训9期，建立水产专业合作社50家。打造“黄河谷”“龙祥”“孤柏嘴”“黄河金”“郑黄鲤”等黄河鲤鱼品牌5个和1个黄河甲鱼品牌“滋品源”。其中，“黄河谷”牌黄河鲤鱼知名度逐步提高，远销上海、天津、四川等省市，打入高端消费场所。

（郭江涛 赵 赫）

畜牧业

【概况】 2013年，郑州市畜牧部门紧紧围绕“三保三提三新”目标任务，扎实工作，锐意进取，积极应对H7N9禽流感对畜牧业发展的不利影响，全面完成了各项工作任务，全市畜牧业持续保持了健康发展的良好势头。

畜牧业发展水平持续提升。2013年，全市肉、蛋、奶产量分别达到26.2万吨、22.5万吨、50.0万吨。全市人均肉类占有量29公斤，禽蛋占有量24.94千克，牛奶占有量55.3公斤。农民人均纯收入12530.9元，其中，畜牧业收入1572.7元，占农民纯收入的12.6%。全市规模养殖场（区）达4296个，规模养殖率达到85%以上，现代奶业、生猪等五大畜牧产业集聚区初步形成，畜牧业产值完成109亿元，占农林牧渔业的

全市加强兽药生产监管暨法规知识培训专题会议

比重达到43%。奶类、禽蛋产量继续在中部省会城市保持领先地位，“菜篮子”保障能力持续提升。畜牧业投入品生产规模不断壮大。全市饲料生产企业有165家，占全省饲料生产企业的35%，饲料产量达到400万吨，产值200亿元，占全省产值的38%。兽药生产企业有101家，占全省的60%，郑州市成为全国最大的兽药、饲料集散地。产业化经营发展迅速。以畜牧龙头企业带动和各类畜牧合作组织为主体的产业化经营模式快速形成，产业化水平不断提高。全市市级以上畜牧产业化龙头企业达到131个，畜牧专业合作组织达到293家。畜牧生产科技含量明显提高。2013年，全市新建和升级改造标准化人工授精站点20家，奶牛养殖场机械挤奶普及率达到100%，秸秆青贮氨化技术在全市奶牛生产中全面普及，奶牛年平均单产已从2005年的5000公斤提高到2013年的6000公斤，比全国奶牛年平均单产5500公斤高出500公斤。畜牧业科技进步对全市畜牧业发展的贡献率达到62%，比全国平均水平高出10个百分点。疫病防控和畜产品质量安全监管成效显著。近年来，在动物疫情日趋复杂，“三鹿奶粉”“瘦肉精”等畜产品质量安全事件在其他省、市不断发生的情况下，郑州市无区域性重大动物疫情和畜产品质量安全事故发生。

（蔡仲友　张军峰　马朝阳）

【畜牧生产】 2013年，郑州市畜牧工作坚持都市型现代畜牧业发展方式，坚持生产与治污同步，经济效益与社会效益并重的原则，深入实施畜禽养殖标准化示范创建活动，大力推进现代生猪、现代奶业、现代家禽、现代肉牛、兽药饲料等五大畜牧产业优势集聚区和花花牛乳制品加工、雏鹰生猪生产两个畜牧产业化集群试点建设，全市畜牧业发展水平稳步提升，产业体系不断完善。2013年，全市规模养殖场（区）总数达到4296个，规模化率达到85%以上，现代奶业、生猪等五大畜牧产业集聚区初步形成，畜牧业产值达到109亿元，占农林牧渔业的比重为43%。全市肉、蛋、奶产量分别达到26.2万吨、22.5万吨、50.0万吨，其中，奶类、肉类总产量继续在中部省会城市保持领先地位，“菜篮子”保障能力持续提升。畜牧业投入品生产规模不断壮大，全市饲料生产企业165家，占全省饲料生产企业的35%，饲料产量达到400万吨，产值200亿元，占全省产值的38%；兽药生产企业101家，占全省的60%。全市市级以上畜牧产业化龙头企业131个，畜牧专业合作组织293家。

（李章群　杨　楠　刘宏亮）

【畜产品质量安全监管】 2013年，市畜牧局围绕落实畜产品质量安全责任目标，不断改进监管手段，组建法规处，挂牌畜牧兽医执法支队，成立兽药、饲料、外埠肉品监管等5个执法大队，坚持日常监管与重大节假日监督、定期巡查与专项整治相结合。全面推行“风险分级、量化监督、档案管理、等级公示”长效监管模式，按照检查结果，打分评定等次，由高到低依次划分为A、B、C三级并进行公示，分级实施动态监管。建立完善监管体系。为40个生鲜乳奶站安装视频监控系统，投资260万元升级改造市畜产品质量监测检验中心，新建西北部外埠入郑肉品查验点、3个县级畜产品质量监测检验中心、6个县级动物防检疫区域中心，监管体系基础设施建设进一步夯实。继续强化监管力度。全市累计出动执法人员15900人次，检查各类生产经营企业1.8万家次，抽检“瘦肉精”生鲜乳、兽药、饲料等各类样品96032批次，查处违法经营案件立案处理24起，查处违法经营动物产品4420公斤，查处违法经营动物诊疗机构11家，督促办理“动物诊疗许可证”14家；在外埠入郑畜产品查验点累计消毒车辆14332车次，复检生猪白条54万头、鲜品7800吨、冻品1.9万吨，瘦肉精检测7816批次。按照质量退出机制，先后有6家企业退出郑州市场，有力确保了全市无畜产品质量安全事件发生。

（马朝阳　耿　飞）

【动物疫病防控】 2013年，全市畜牧部门认真贯彻市委、市政府的决策部署，坚持预防为主，狠抓畜禽集中免疫，应免猪、牛、羊、禽免疫率均为100%，畜禽强制免疫抗体合格率均达到70%以上的国家标准。扎实开展高温季节查源灭源活动，全市组织发放高效消毒剂32吨，累计消毒面积5000多万平方米，基本达到应消尽消。认真落实病死猪无害化处理制度，对年出栏生猪50头以上规模养殖场进行统计备案，下拨55.5万元无害化处理补贴资金，处理病死猪4256头，及时有效地消除了病死动物传染源。推广使用郑州市重大动物疫病综合管理软件，实现了全市动物疫苗发放、防疫员管理、防控物资储备、疫病监测等各类信息的可查可控。积极做好H7N9亚型禽流感的防控工作，对禽类养殖场（户）、禽类交易市场等场所经常进行拉网式检查，先后采集血清学样品11421份、病原学样品12262份，进行流感疫情监测，严格活禽市场流通，严格检疫出证程序，严禁外来活禽入市和郑州市活禽调出，较好地确保了全市无重大动物疫情发生。

（马朝阳　李　健　梁庆周）

【畜牧技术推广】 大力实施科技兴牧战略，加强畜禽良种繁育体系建设，加大畜禽良种的引进、推广力度。2013年全市有标准化基层改良站点168个，引进推广种猪85头，奶牛冻精8万剂、肉牛冻精5万剂，完成奶牛DHI测定4000头，青贮农作物秸秆160万吨；新（扩）建100立方米以上（含100立方米）青贮池60个；生猪、奶牛、肉羊、家禽良种覆盖率分别达到95%、95%、90%和88%以上，奶牛养殖场机械挤奶普及率达到100%。畜禽人工授精、生态环保养猪、TMR日粮饲喂、秸秆青贮氨化等一大批先进养殖技术，在全市畜牧生产中全面普及推广，奶牛年平均单产已从2005年的5000公斤提高到2013年的6000公斤，比全国奶牛年平均单产5500公斤高出500公斤。畜牧业科技进步对全市畜牧业发展的贡献率达到62%，比全国平均水平高出10个百分点。

（宋云清　马朝阳）

黄河湿地（芦苇）

林 业

【概况】 2013年，全市共完成造林9.0千公顷，是目标任务8.2千公顷的109.3%；完成森林抚育和改造3740公顷，是目标任务3706.7公顷的100.9%。全市参加义务植树人数355.4万人次，植树1272万余株，义务植树尽责率达95%，建立各级义务植树基地100个。林业生态廊道建设共计572.9公里，完成培土2211万立方米，完成绿化面积3186.4万平方米，新建公交港湾89个，新铺设人行步道226公里，自行车道210公里，铺装广场21.2万平方米，建成管理房86处。新建、续建、改造提升森林公园14个，都市区森林公园体系进一步完善。实施花卉苗木产业发展规划，完成花卉苗木基地建设1.7千公顷，新建日光温室13.9万平方米、联栋温室35.5万平方米。

【创建国家森林城市】 2013年，市林业局多次召开会议对国家森林城市创建工作进行安排部署。制定出台了创森考核办法和细则，明确了考核内容、考核形式、奖惩措施等，深入各县（市）区对创森工作进行了督导，督促各地成立机构、抽调人员、编制方案、收集资料。围绕创建40项指标，初步确定了验收备选路线。通过发函、电话、实地调研等形式，到各县（市）区、有关单位广泛收集郑州市生态建设有关资料，并按五大类将资料进行了筛选、分类、整理，初步拟制了《郑州市创建国家森林城市资料汇编》。启动森林城市指标的认定工作。加强学习，先后前往成功创建国家森林城市的南京市、平顶山市进行了考察学习，借鉴了兄弟城市好的经验和做法。通过“三走进”活动、创森知识竞赛、书画摄影比赛、征文比赛、演讲比赛等形式多样宣传活动，提高了全市人民对创建工作的知晓率、支持率和参与率，营造了较为浓厚的创建氛围。创森工作取得了阶段性成效。

【集体林权制度改革】 2013年，市林业局通过召开全市林改会议和深化林改现场观摩会，不断加强对深化林改工作的领导，在日常工作中，采取加强培训、经常督导、适当奖补等措施，推动了全市集体林权制度深化改革稳步进行。全市新成立林业专业合作组织30家，新成立林权管理服务机构1家，流转林权面积1.7千公顷，流转金额3.9亿元。

【绿博园管理经营】 2013年，绿博园在做好各项日常工作的基础上，逐步实现了规范化、制度化、标准化管理，园区整体服务水平得到了较大提升，成功举办了冬季室内郁金香展、春季问花节、第三届蝴蝶兰展等大型花展及清明、端午、中秋等民俗节庆活动；成功创建国家4A级景区，并获得同程网“2013年最受网民好评”旅游景区的殊荣，整体上保持了较好地发展态势，得到了社会各界和广大民众的一致好评。全年共接待游客67万人次，实现门票收入1653万元，分别比2012年增长了27%和39%，取得了较好的社会效益和经济效益。

【森林资源保护】 2013年，市林业局结合全市林业工作实际，采取一系列有效措施，切实保护了全市森林资源安全。通过加强领导、认真培训、严格督导，圆满完成了第八次森林资源连续清查任务，得到国家林业局和省林业厅的充分肯定。以专项行动为抓手，严厉打击各类涉林违法犯罪活动，有效遏止了破坏森林及野生动、植物资源违法犯罪势头。市森林公安局共受理查处各类涉林案件497起，处理和教育违法人员920人次。以坚持县际联防制度为重点，突出抓好关键时期、重点部位森林防火工作，确保不发生大的森林火灾。全年共发生森林火情10起，过火面积6.23公顷，受害林地面积4.27公顷，无人员伤亡，受害率控制在0.1‰以下，远远低于省定1‰的目标。以监测、预报为重点，积极做好全市森林病虫害防治工作。全市共发生林业有害生物40.5千公顷，共防治林业有害生物37.9千公顷，防治率达到93.6%。其中无公害防治35.4千公顷，无公害防治率达到93.5%。采用固定检查与突击检查相结合的形式，积极开展木材运输检查工作。共检查木材运输过境车辆675台次，有力打击了非法木材运输现象，维护了木材运输正常流通秩序，无一起公路“三乱”现象发生。

【黄河湿地保护】 2013年，黄河湿地保护工作取得新成绩。市林业局加快湿地公园工程项目建设，编制了《郑州黄河国家湿地公园一期建设修建性详细规划》和《郑州黄河国家湿地公园2013年度建设实施方案》，并组织了实施方案的专家评审。通过举办黄河湿地文化节、配合“三走进”活动，湿地示范园累计接待游客60万人次。在日常工作中郑州市林管部门通过宣传、执法、普查相结合，扎实开展黄河湿地保护工作，黄河湿地保护已成为社会的共识。

【林业产业】 2013年，郑州市林业局通过召开组织编制产业规划、召开全市产业观摩会、加大招商力度、培养扶持龙头企业，促进了全市林业产业的持续发展。2013年，郑州市完成林业总产值33亿元，其中，第一产业产值17.82亿元，占54%；第二产业产值9.24亿元，占28%；第三产业产值5.94亿元，占18%。

（陈振武）

农业机械化

【概况】 2013年，郑州市农机工作按照市委"全国找坐标、中部求超越、河南挑大梁"的要求，紧紧围绕郑州都市区和中原经济区建设，坚持以促进农业持续增效、农民有效增收、农村加快发展为核心，积极落实农机购置补贴政策，精心组织重要农时季节机械化生产，切实加强农机专业合作社建设，大力推广农机化新技术，全力抓好秸秆综合利用和禁烧工作，不断提高农机化管理工作水平，圆满完成了全年各项任务，进一步巩固了农业机械化发展的好势头、好局面，为全市粮食丰产丰收做出了突出贡献。2013年，全市共落实各级财政购机补贴资金共8959万元，共补贴各类机具5214台（套），受益合作组织及农户3000多家，拉动农民投资农机化发展资金超过2.6亿元，有力地促进了郑州市农机装备整体水平的提升和优化。全市主要农作物耕、种、收综合机械化水平达到78%，做到了应耕尽耕。完成小麦机收面积171.4千公顷，机收率达到97.1%，小麦生产过程基本实现机械化，农业生产进入以机械作业为主的新时代。玉米机械化收获面积114.5千公顷，机收率达到70.62%，比上年增加近5个百分点。薄弱环节机械化取得重大突破，马铃薯、花生等根茎类作物机械化收获迅猛发展，机械收获面积20千公顷。农业机械化作业领域由粮食作物向经济作物、由大田农业向设施农业、由种植业向养殖业、农产品加工业全面拓展。全年机械化秸秆还田面积334.5千公顷，其中小麦秸秆机械化还田面积168.2千公顷，还田率达到95.3%，玉米秸秆机械还田162.3千公顷，还田率近88.27%，全年农作物秸秆机械化综合处置率达到93.85%。完成帮扶面积近6.7千公顷。全年完成农田机械节水灌溉面积59.8千公顷，比上年增加2.1千公顷。全市经工商注册的农机专业合作社达到219家，比上年增加16家。农机合作社作业服务总面积428.7千公顷，占农机作业总面积的90%左右；服务总收入31802.0万元。机械化保护性耕作实施面积达到59.9千公顷，比上年增加近13.3千公顷，增长28.53%。培训各类农机操作人员31697人次，完成农机"阳光工程"培训1140人次。农机安全生产保持较好形势，共检查拖拉机和联合收割机11780台次，查处纠正违章294起、事故隐患340起，农机违法违规行为得到有效遏制，全年无重特大农机安全生产责任事故，实现了全年农机安全生产。农业机械的效益发挥为发展现代农业、推进郑州都市区和中原经济区建设做出了积极贡献。

截至2013年年底，全市农业机械原值达到46.9亿元，比上年增加2亿元，增长4.5%。全市农业机械净值达35.7亿元，比上年增加1.6亿元，增长4.7%。全市农机总动力达561.5万千瓦，比上年增加14.3万千瓦，增长2.61%。其中柴油发动机动力441.4万千瓦，比上年增加13.3万千瓦，增长3.1%；汽油发动机动力4.4万千瓦，比上年增加0.1万千瓦，增长2.8%；电动机动力115.7万千瓦，比上年增长0.9万千瓦。各类农用拖拉机新增400台，拥有量近13万台。大中型拖拉机达12890台，比上年增加637台，增长5.2%，其中轮式拖拉机拥有量11708台，比上年增加561台，增长5.0%。小型拖拉机拥有量达117000台，与上年基本持平。拖拉机配套农具20.4万部。其中大中型拖拉机配套农具3.09万部，比上年增加0.2万部，增长6.2%，配套比1：2.4。小型拖拉机配套农具17.4万部，配套比1：1.5。耕整机比上年增加177台（套），达到2573台（套）。旋耕机10743台，比上年增加471台，增长4.59%。深松机比上年增加30台，达到638台，增长4.93%。播种机达26562台，比上年增加1000台，增长3.7%。其中，免耕播种机2162台增加334台，增长18.27%；精少量播种机24400台，增加666台，增长11.42%。农用运输车拥有量达到11.8万台，其中三轮汽车拥有量9.8万台，低速载货汽车拥有量2万台。收获机械化科技含量逐年提高，联合收获机趋向大型化发展速度加快，保有量达到7393台，比上年增加985台，增长14.5%。其中，自走式稻麦联合收割机5108台，玉米联合收获机2285台。割晒机4290台，机动脱粒机3.29万台，谷物烘干机28台，种子加工机械42台，保鲜储藏设备82台，秸秆粉碎还田机9225台，秸秆捡拾打捆机30台，花生收获机达1364台。其他收获机械也得到不同程度的发展，其中大豆收获机5台，油菜籽收获机27台，马铃薯收获机20台，青饲料收获机127台，牧草收获机34台。排灌动力机械达9.6万台，其中柴油机1.8万台，电动机7.8万台。农用水泵、节水灌溉机械分别为10万台、1.2万台（套）。设施农业设备有了新的发展且向系统化管理方向迈进，温室总面积达到6203.1万平方米，比上年增加519.4万平方米，增长9.1%。机动喷雾（粉）机达到1.1万台，田园管理机450台，滴灌机280台，控温湿机械93台，其他设施农业机械298台，形成了一条龙服务管理模式。农产品初加工作业机械、畜牧养殖机械、林果业机械、渔业机械都得到了迅猛发展，分别达到2.8万台（套）、1.2万台（套）、374台和1.6万台。

2013年，全市机耕面积186.7千公顷。其中，小麦机耕面积135.9千公顷，玉米机耕面积11.8千公顷，大豆机耕面积0.3千公顷，油菜机耕面积5.4千公顷，马铃薯机耕面积0.8千公顷，花生机耕面积31.0千公顷，棉花机耕面积1.5千公顷；全市机播面积340.36千公顷，其中小麦机播面积174.09千公顷，玉米机播面积139.91千公顷，花生机播面积22.44千公顷，水稻机械种植面积0.39千公顷，大豆机播面积2.08千公顷，油菜机播面积1.45千公顷；全市主要粮食作物机收面积307.04千公顷，其中小麦机收面积171.37千公顷，玉米机收面积114.47千公顷，花生机收面积19.89千公顷，水稻机收面积0.05千公顷，大豆机收面积0.54千公顷，油菜机收面积0.33千公顷，马铃薯机收面积0.39千公顷；机电灌溉面积236.8千公顷；机械植保面积152.8千公顷；机械脱粒粮食

"平安农机"宣传活动现场

市农机安全监理部门为新购机农户办理机车入户挂牌现场

129.8万吨。全年共完成机械深耕面积187.5千公顷，比上年增加10.3千公顷，增长5.81%；机械化免耕播种面积183.5千公顷，比上年增加7.4千公顷，增长4.23%；精少量播种面积208.7千公顷，比上年增加37.1千公顷，增长21.6%；保护性耕作面积59.9千公顷，比上年增加13.1千公顷；机械铺膜面积22.7千公顷，是上年的2.4倍；机械深施化肥面积99.9千公顷；机械化秸秆还田面积334.5千公顷；机械深松面积12.0千公顷。全年共完成农机跨区作业面积82.86千公顷，其中跨区机耕面积7.31千公顷，跨区机播面积2.45千公顷，跨区机收面积73.1千公顷。全年共完成免耕播种面积202.4千公顷，其中小麦免耕播种面积50.5千公顷，玉米免耕播种面积143.1千公顷。全市农机总收入19.57亿元，比上年增加6000万元，其中农机户总收入19.47亿元，占农机总收入的99.49%。农机田间作业收入6.7亿元，其中农机户田间作业收入6.68亿元，占农机田间作业收入的99.7%。跨区作业收入4487.09万元，其中农机户跨区作业收入4396.5万元，占跨区作业收入的98.0%。

【“三夏”机收会战】 2013年“三夏”，前期干旱、后期多雨，导致出现小麦集中成熟、机车无法进地等情况，给小麦收割造成严重影响，全市各级农机部门通力合作，积极应对不利天气，努力克服各种困难，创新农机服务措施，精心组织农机作业，机械供应充足，夏收、夏种平稳顺利，小麦适时收获率高，夏玉米播种同步跟进，“三夏”生产有序推进。全市小麦自5月31日开镰到6月13日全部结束，历时14天，“三夏”农机生产任务圆满完成。“三夏”期间，全市共投入各种农业机械25万余台（套），其中小麦联合收割机5600台，夏种主力机械玉米播种机2万余台。参与农机会战的农机专业合作社206家，农机技术人员近11万人，农机干部763人，签订农机作业合同15211份，帮扶农户1.3万户，帮扶面积4.7千公顷。全市共收割小麦176.5千公顷，机收面积171.4千公顷，机收率97.1%；小麦秸秆还田面积168.2千公顷，还田率95.3%；播种玉米166.2千公顷，其中机播139.9千公顷，机播率84.2%。2013年投入收割机总量、小麦机收率、小麦秸秆还田率、玉米机播率和“三夏”生产秩序均为历年最好水平，为郑州市全年粮食增收提供了有力支撑。参加跨区作业联合收割机共1325台，其中，出省497台。跨区作业面积64.3千公顷，其中省内40.2千公顷，省外24.1千公顷。“三夏”期间，全市农机生产没有发生重特大农机事故和农机火灾，“三夏”农机会战取得圆满成功。

落实购机补贴资金行动快、效果好。2013年，郑州市购机补贴试行“全价购机、县级结算、直补到卡（户）方式，补贴工作量与难度增大，责任与廉政风险增大。全市各级农机管理部门克服困难，创新服务，加强同本级财政部门的联署办公，较好地完成了贴补任务。上半年全市共落实各级农机购置补贴资金6530万元，引导农民投入农机化发展资金超2.1亿元，共补贴各类机具2724台（套），为“三夏”农机会战提供了新的装备支撑。

部门联动，打造农机绿色通道。围绕“三夏”生产，各相关部门履职尽责、强化服务，创造了良好的“三夏”生产环境。2013年，郑州市农机局共发放联合收割机跨区作业证1435张。各级农机部门加强同交通部门的协作，继续落实联合收割机过桥过路的免费通行，处理道路通行过程中的相关问题；加强同公安交警部门的协作，加大路面管控和巡逻力度，为参加跨区作业的联合收割机保驾护航，开辟绿色通道；加强同工商部门的配合，依法整顿农资市场，加大对销售假冒伪劣农机产品和零配件行为的查处、打击力度，确保农民权益不受侵犯；加强同中石化、中石油的协作，备足柴油货源，设立农机用油专供站，组建送油小分队，全市实行每公升优惠0.1元的优惠政策；加强同移动公司、气象部门的协作，搭建信息平台，及时发送机收进度、气象等“三夏”相关信息，提供免费信息服务。各部门尽职尽责，紧密协作，为“三夏”生产提供了有效的服务。

落实服务措施，打造服务品牌。“三夏”农机会战期间，郑州市农机局通过落实“十项”服务措施，打造服务品牌。（1）信息服务到位。“三夏”期间，郑州市农机局成立农机“110”指挥中心，制定应急预案，通过中国农机化信息网提前发布小麦种植、分布情况和需引进机车数量等信息。县（市）区成立农机“110”指挥分中心，有效引导外地机车进行作业支援，共引进联合收割机1000余台。为跨区作业机手提供信息服务、气象服务，合理调配机车，引导联合收割机合理有序流动，协调有关部门解决跨区作业过程中遇到的拦截机等问题。（2）检修服务到位。全市成立60个农机服务小分队，240人携维修工具深入乡村、农户、田间地头，对参加“三夏”作业的机具进行一次普遍检查、维修和保养，确保机械以良好的技术状态投入“三夏”生产。（3）培训服务到位。全市抽调200名农机教师深入乡镇、合作社对农机手进行集中培训，特别是强化对新机手的培训，让机手掌握联合收获机的维护保养、操作使用、故障排除等新知识、新技术，把实用的技术送到广大农民手中。（4）接待服务到位。市农机局在全市主要道路路口设立52个“三夏”服务站点，备有茶水、药品、维修工具、气象信息、县（区）当地的交通地图、当地小麦成熟期和机收需求信息等，免费提供作业信息、简单的维修及中介服务等。（5）零配件供应服务到位。市农机局提前对“三夏”生产期间农机作业用油、机械及配件需求进行调查，督促农机供修站点，积极筹备资金，及早购进“三夏”作业机具的易耗易损零配件及各类保障物资，以确保“三夏”农机零配件充足供应。（6）组织服务到位。市农机局充分发挥农机专业合作社、农机大户的组织带动作用，利用信息平台科学引导履带式收割机对倒伏小麦和土壤湿度大的急收小麦进行收割，科学引导联合收割机有序流动，减少机车空行程，做到人歇机不停。大力推广订单作业、承包服务、“一条龙服务”等服务模式，提高跨区作业服务效益。（7）农机帮扶服务到位。以农机专业合作社为依托，建立“三夏”助收队，对外出务工人员家庭、军烈属和困难户开展帮扶服务。全市共帮扶农户1.3万户，实现帮扶面积4.7千公顷，加快了收种进度。（8）安全服务到位。市农机局建立随机安全员制度，抽调100名监理员，成立30个安全监理督察小分队，深入生产一线，对机手进行安全生产教育和技术培训，严防火灾、人员伤亡和机械事故发生。每日实行农机事故“零报告”制度。（9）宣传服务到位。市农机局与新闻媒体密切合作，组织策划重要农时农机会战宣传报道，大力宣传农业机械化在提高农业综合生产能力和防灾抗灾能力方面的重要作用，宣传农机会战中出现的好经验和先进典型。（10）应急服务到位。“三夏”期间，市、县、区农机管理部门均设立服务热线电话，24小时值守，确保信息畅通，及时为机手提供咨询和帮助，对突发事件早汇报、早协调、早处置。“三夏”生产期间，全市共受理各类应急事件86起，确保了“三夏”农机作业顺利进行。

农机专业合作社引领农机会战。在“三夏”农机会战期间，以农机专业合作社为代表的新型农机服务组织发挥装备水平高、技术能力强、信息来源广等特点，准备充分、行动迅速、措施得力，成为了“三夏”农机会战的主力军。订单作业助抢收。农机专业合作社从4月起，在当地农机部门的指导下，积极与有关乡（镇）村及种粮大户签订作业合同，推行订单作业，既发挥了机械作用又提高了作业效率。全市农机专业合作社共签订作业合同15211份，涵盖作业面积125千公顷。“一体化”作业促进度。针对“三夏”农时紧迫的特点，农机专业合作社推广小麦机收、秸秆粉碎还田、玉米免耕直播一条龙作业，收种一次性完成，拉长了作业链条，提高了机械作业效率。农机帮扶显真情。“三夏”期间建立多种形式的“三夏助收队”，优先、优价对外出务工人员家属、军烈属和困难户开展帮扶服务。“三夏”期间，共帮扶1.3万多户，帮扶面积4.7千公顷。

秸秆综合利用。农作物秸秆是重要的生物质资源。加大农作物秸秆综合利用力度，可以提高秸秆综合利用率，有效减少秸秆焚烧，防止因焚烧秸秆而引起大气污染和水源污染，保护环境，有助于提高秸秆利用价值、发展循环经济。“三夏”期间，郑州市农机局充分发挥农业机械在秸秆综合利用方面的重要作用，以疏为主，堵、疏结合，用机械手段杜绝秸秆焚烧。全市小麦联合收割机95.3%都安装有秸秆粉碎还田装置，外地机车必须安装粉碎装置才能到郑州市作业。麦收期间，通过限制收割机割茬高度和推广小麦机收、秸秆还田、免耕播种玉米“一条龙”的作业模式，从源头上防止焚烧。采取秸秆打捆、秸秆压块等措施，为造纸厂和生物电厂提供原料，变废为宝，增加农民收入，从利益驱动上促进秸秆综合利用。

抓好宣传，塑造农机形象。“三夏”期间，郑州市农机局主动与新闻媒体密切合作，组织策划重要农时农机会战宣传报道，大力宣传农业机械化在提高农业综合生产能力和防灾抗灾能力方面的重要作用，宣传农机会战中出现的好的经验和典型做法，“三夏”期间各级新闻媒体共报道郑州市“三夏”农机生产新闻148条，其中省部级新闻播报23条，地市级新闻播报46条，县（区）级媒体新闻播报79条。

【“三秋”农机战役】 2013年“三秋”，全市各级农机部门成立农机服务小分队60个，共检修各类农业机械35万台（套），投入各类农业机械40万台（套），其中玉米联合收获机2685台，机收玉米114.5千公顷，玉米机收率70.62%；完成秋作物秸秆还田面积169.8千公顷，还田率74.04%，其中玉米秸秆还田面积162.2千公顷，还田率88.27%；完成小麦机播面积174.1千公顷，机播率98.47%。“三秋”期间，面对持续的旱情，全市各级农机部门充分发挥行业优势，结合本地实际，组织调动灌溉机械，利用可以利用的水源，积极开展抗旱浇灌秋作物和抗旱种麦。共投入抗旱农机具18万台（套），其中拖拉机4.42万台，排灌机具12万台。成立了24个农机抗旱工作组，抽调农机技术人员474名深入生产一线，检修抗旱机具，培训抗旱作业机手等，共完成抗旱灌溉面积139.3千公顷，拉运抗旱救灾物资40余万吨，为保障郑州市粮食生产丰产丰收做出了积极贡献。

为充分发挥农业机械在“三秋”生产中的主力军作用，确保“三秋”农机生产顺利进行，郑州市各级农机部门多措并举，做到了8个到位。（1）信息服务到位。“三秋”期间全市各级农机部门组织人员深入乡村，对机具保有量、技术状况、分布情况、当地农作物种植区域布局以及适宜机收、机播面积和作业时间等信息进行摸底调查，对各项作业信息进行全面整理汇总，建立了农机户电子档案，并通过农机110指挥中心信息发布平台将天气信息、作业信息等传递给农民机手，使他们少跑冤枉路，提高了机械使用率，增加了机手收入。“三秋”期间共发布信息5万多条，接受群众咨询2100人次。（2）确保物资供应到位。郑州市农机部门通过协调油料供应部门，“三秋”期间，备足油料，在县城郊区、农村设立了100多座“三秋农机供应站”，在辖区内所有供应站，张贴“农机专用”标识确保农机就近加油，敞开供应。全市16个农机生产商，139家农机经销商，1302个农机维修网点备好价值3000万元的各类农机易损零部件和整机，积极开展送机、送件到村、到户、到田头服务，方便农民需求。（3）确保农机技术服务到位。“三秋”前夕，全市各级农机部门抽调管理干部、组织技术人员深入到乡村农户，指导农民对参加“三秋”作业的机具状态进行了一次普遍检查、维修和保养，使机械以完好的状态投入“三秋”生产。通过集中辅导和分片定点相结合的方式对机手进行了技术培训。通过协调农机生产企业和销售供应商在搞好三包技术服务的基础上，开展上门修理、送修下乡和预约维修，备足常用易损维修配件，保证三包服务质量。“三秋”期间全市共检修各类农业机械35万台次，为完成“三秋”生产任务提供了装备保证。（4）确保农机帮扶措施到位。郑州市农机部门会同民政

“三夏”秸秆禁烧督察

部门以乡为单位对军、烈、孤、困、寡、务工缺少劳力家庭进行摸底调查，建立档案，并根据本地区困难扶助对象的情况，制定"三秋"农机帮扶措施，将农机帮扶任务落实到机、责任到人。"三秋"期间，共成立农机帮扶队30多个，农机帮扶12897户，帮扶面积达2千公顷。（5）指挥调度服务到位。全市各级农机部门根据区域内作业时间差做好机械小范围流动作业调度方案和机械流向图，调整机械余缺，保证机械合理运用，保障农机作业秩序和机手效益。（6）农机专业合作社的主力军作用发挥到位。农机合作社、农机大户等社会化服务组织是农业生产的重要力量，各县（市）区充分发挥他们的机具、技术力量、规模等优势，指导他们同周边村组和本村农户签订全程或单项作业协议21416份。鼓励开展玉米机收、秸秆还田、深耕深松、机播等一条龙作业和复式作业，提高作业效率，增加机手收入，减少农户支出，加快作业进度。（7）购机补贴政策落实到位。为使补贴政策尽快落到实处，全市各级农机部门严格程序、规范操作、精心组织，确保补贴机械投入"三秋"农机生产中。积极引导农机服务组织、农机大户及农民重点购置玉米收获机械，全市新增玉米收获机463台，保有量达2285台，强力提升了郑州市玉米机械化收获水平。（8）安全生产措施到位。深入开展"三秋"农机安全生产宣传及安全生产综合整治，是市委、市政府安全生产的工作要求，结合"三秋"农机生产特点，郑州市农机部门全面落实农机生产安全责任制，组织人员深入田间地头，排查事故隐患，纠正违章行为，消除农机作业事故隐患，并对机手进行安全生产教育，不搞疲劳驾驶，不违章作业，努力消除一切不安全因素，把机械故障率和机车事故率降到最低限度。全市共建立"三秋"农机安全生产服务站26个，出动"三秋"安全生产检查督察车30余部，出动农机安全监理人员695人（次），开展农机执法检查200余次，排查治理隐患113余起，纠正违章150余起，从源头上预防农机事故发生，确保了"三秋"农机生产安全、顺利进行。

【玉米机械化收获】 2013年，郑州市把加快推进玉米生产机械化作为一项重要任务。农机补贴将玉米联合收获机作为发展重点，在满足本地基础补贴的前提下，对玉米联合收获机进行累加补贴，全年新增玉米联合收获机463台，保有量达到2285台。采取行政组织推动、典型示范带动、农机农艺技术联动等措施提升玉米机收水平。坚持发展与引进并重，继续以玉米跨区机收为重点，带动跨区作业向机耕、机播领域拓展，继续把玉米收获全部机械化作为主攻目标。全市投入到秋作物生产的玉米联合收获机共2685台（含引进），玉米机收率达到了70.62%。引进各类机具1500余台，完成作业面积26.7千公顷。其中引进玉米收获机近400台，完成作业面积10千公顷。外出作业机车700余台（套），完成作业面积16.7千公顷。其中外出玉米收获机250台，完成作业面积7.3千公顷。

【农机购置补贴】 2013年，全市各级财政共安排购机补贴资金8959万元。其中，中央和省级资金6433万元，郑州市财政资金2000万元，县级财政资金526万元。共补贴各类农机具5214台（套），受益合作组织及农户3000多家，拉动农民投资农机化发展资金超2.6亿元，有力地促进了郑州市农机装备整体水平的提升和优化。

2013年，郑州市农机购置补贴工作采取了"全价购机、县级结算、直补到卡（户）"的新补贴操作方式。为确保补贴资金不折不扣地落实到位，市农机局采取了一系列有效措施和做法。（1）精心组织，迅速落实。省农机购置补贴工作会议后，郑州市农机局与市财政部门沟通并联合召开会议，制定下发了《郑州市2013年农业机械购置补贴实施方案》，对2013年的农机购置补贴工作做出了全面部署。成立了农机购置补贴实施工作领导小组，主要领导任组长，市农机局副局长及郑州市财政局农业处处长任副组长，纪委全程监督，具体实施操作有专人负责，层层把关。在全市农机系统实行责任目标管理，与各县（市）区及开发区农机管理部门签订了农机购置补贴工作责任书。各县（市）区及开发区分别成立了由政府牵头，人大、政协、纪检监察、财政、农机、工商等单位参加的农机购置补贴工作领导小组，共同研究制定本地补贴实施方案并根据工作实际，相继出台了一系列加大补贴宣传力度、保障补贴工作顺利实施的配套政策措施。（2）突出重点，提高政策实施成效。为加快推进郑州市农机化发展方式转变，优化农业机械结构布局，根据全市农业机械化发展的现状和工作重点，市本级补贴资金重点支持"玉米收获、根茎类收获、保护性耕作、秸秆综合利用"等四大类机械。市级补贴资金在满足基本补贴的基础上，将主要应用于对郑州市"重点支持机械"的累加补贴。力求统筹兼顾，突出重点，最大限度地提高资金使用效益。（3）强化制度，规范落实。继续认真落实"主要领导负总责、分管领导负全责、工作人员直接负责"的责任机制。坚持实行层层签订责任书的工作制度。进一步优化明晰了补贴工作流程，使程序更加精简、严谨、科学、规范。建立健全县级农机购置补贴工作机制和内部约束机制，重点加强对关键部位关键环节的廉政风险防控，完善落实廉政风险各项预防措施和责任倒查追究。（4）细化要求，加强监管。制定了《郑州市2013年农机购置补贴工作监督检查方案》《郑州市2013年度农机购置补贴政策落实延伸绩效管理工作实施方案》，细化要求，切实加强对农机购置补贴政策实施全过程的监管。邀请郑州市纪委领导在全市农机补贴工作会上做廉政警示教育报告，有力地促进了系统内廉政建设。各县（市）区农机部门针对容易发生问题的关键环节，自觉开展自查自纠，重点加强机制制约和工作监管。成立6个市级督导组，在农机购置补贴工作实施期间，由市农机局班子成员带队每周对各县（市）区农机购置补贴实施情况进行督导检查。在检查中，与延伸绩效考核管理工作相结

秋收现场

合，对照延伸绩效考核管理实施方案要求，发现问题及时反馈，督导解决，确保2013年农机购置补贴工作顺利进行。同时，坚持各级农机纪检部门参与农机购置补贴工作全过程，始终把购机补贴工作中的公正、廉洁和反商业贿赂作为监督检查的重点内容，公布各级举报、监督电话，自觉接受群众监督，严厉查处违规操作行为，切实维护农民权益，强化行风建设。（5）加大宣传力度，强化信息公开。市农机局加大农机补贴政策宣传力度，全力做好农机购置补贴政策政务公开，切实维护好农民群众的知情权、选择权和监督权。在《郑州日报》刊登了《郑州市农机局关于2013年农机购置补贴政策答记者问》，发放《郑州市农机局致农民朋友的一封公开信》，农机化信息网站开辟农机补贴信息专栏，及时公开农机购置补贴实施方案、农机购置补贴政策具体操作办法、操作流程和其他有关规范性文件、制度和办法等，不断丰富补贴政策信息公开内容。各县（市）区农机部门在办公地点、报名地点、乡（镇）、村、集市、农机经销点等处设立专门的公开栏，张贴有关农机补贴政策信息，并通过当地政府网，农机信息网，电视台、政务大厅电子信息屏、村委会大喇叭广播、乡（镇）公告栏、流动宣传车、简易明白纸、宣传挂图等进行信息公开。同时，每周公布一次补贴实施进度、资金使用情况、剩余情况等，随时公示受益农户名单及享受补贴情况，接受社会监督。（6）以民为本，服务到位。始终把让农民满意作为衡量农机购置补贴工作成效的标尺。各县（市）区推行财政、农机部门联合办公，对购机者实行申请、公示、确认等一站式服务，努力为农户购机创建一个便捷快速的购机环境。新密市农机局引导开展了银企联动活动，以担保抵押的方式，帮助农民解决全价购机筹资难的问题。同时在市农机化信息网上公布各县（市）区农机购置补贴政策咨询投诉电话、补贴机具质量投诉电话和电子邮箱，热情解答农民咨询，认真处理农民投诉，积极解决农民遇到的各种难题，做到了事事有回音，件件有着落，着力打造农民满意工程。

农机专业合作社车库

【秸秆综合利用及禁烧】 2013年，郑州市农作物秸秆禁烧和综合利用工作在市委、市政府的正确领导和高度重视下，坚持“以疏为主，疏堵结合，以堵促疏”的指导思想，坚持秸秆禁烧与综合利用相结合、全面防控与重点巡查相结合，充分发挥基层网格化管理作用，强化网格监管责任。早着手、早谋划、早准备、早部署，在高压严控的同时，以宣传发动为主导，以秸秆资源化利用为支撑，以秸秆利用政府补贴为拉动，以落实工作责任为手段，多措并举，紧紧围绕秸秆资源化利用、保护环境、发展农业循环经济，促进农业增效、农民增收，使秸秆资源化利用向市场化、产业化方向发展，农作物秸秆禁烧取得了良好成效，全市没有出现大面积秸秆焚烧现象和严重污染大气环境的事件，没有因大气污染造成机场、高速及国、省道主干线交通运行滞留和拥堵现象。秸秆综合利用方面。全市机械化秸秆还田面积334.5千公顷，其中小麦秸秆机械化还田面积168.2千公顷，还田率达到95.3%，玉米秸秆机械还田162.18千公顷，还田率近88.27%。全年农作物秸秆机械化综合处置率为93.85%，达到历史最好水平，为推进生态文明、大气污染治理、建设美丽郑州做出了积极贡献！

领导高度重视，营造出良好的禁烧环境。副市长吴忠华主持召开全市农作物秸秆禁烧和综合利用工作电视电话会议，着重强调了此项工作的重要性和必要性，要求全年农作物秸秆禁烧和综合利用工作要纳入网格化管理，要在秸秆综合利用上狠下工夫，以疏为主，以堵促疏；要站在讲政治、讲民生的高度把秸秆禁烧和综合利用工作部署好、组织好、落实好，最大限度地提高农作物秸秆机械化还田率和综合处置率；明确农作物秸秆综合处置率要达到100%的目标。郑州市成立了农作物秸秆禁烧和综合利用工作领导小组、巡视组和督察组，为全市农作物秸秆禁烧和资源化利用工作提供了政策依据和组织保障。各县（市）区按照“五不变”“三不减”“一确保”的要求，在人员、车辆、物资、资金、政策等方面都给予了大力支持，营造了良好的秸秆禁烧和综合利用工作环境。禁烧期间，副市长吴忠华带领禁烧工作巡视组、市禁烧办和市政府督察室等有关部门，多次对秸秆禁烧和综合利用工作进行明查暗访，对发现的问题在全市进行通报处理，要求发现问题的县（市）区及时拿出整改措施，做到了“有烟必查，有火必罚”。

建立强有力的网格化管理体系，层层落实责任。各县（市）区把农作物秸秆禁烧和综合利用工作列入网格化管理，明确乡（镇）办人民政府是秸秆综合利用和禁烧工作主体，乡（镇）办党政一把手对辖区内秸秆综合利用和禁烧工作负总责。市政府与各县（市）区、各县（市）区与乡（镇）办、乡（镇）办与行政村、村组与户逐级层层签订目标管理责任书；实行督察组包县（市）区、县（市）区领导包乡（镇）办、乡（镇）办干部包村组、村组干部包户制度，做到一级抓一级，层层抓落实，责任明确，分工到位，建立了从上到下横向到边纵向到底的网格化管理网络。新密市统筹安排禁烧工作人员，把下沉到每个村的1名乡领导和1名机关干部作为本村禁烧责任人，全市共计下沉人员694人，并将市、乡、村各级、各部门参与禁烧和综合利用工作人员的联系电话统一印制装订成册，分发到市禁烧领导小组、巡视组、督察组、网格人员、各乡（镇）办、行政村等，构建了覆盖全市的禁烧通讯网络。

以宣传教育为引导，大力营造禁烧氛围。为使禁烧工作切实收到实效，营造广泛参与、农民群众自觉行动的禁烧氛围，全市充分利用广播、电视等新闻媒体，采取召开专题会议、张贴政府通告、悬挂横幅标语、发放明白纸，出动宣传车等多种宣传形式，大力宣传秸秆禁烧的政策规定、秸秆资源化利用的途径、方法、好处和收益，通过农作物秸秆禁烧和资源化利用知识的普及教育，进行广角度、多层次、大容量的宣传，教育群众充分理解和主动参与禁烧工作，帮助群众转变传统习惯，增强群众对秸秆禁烧和资源化利用的主动意识。市禁烧办在《郑州日报》开辟专栏，刊登市巡视组、督察组现场督察情况日报表；高新区印制《致广大农民朋友的一封公开信》3万份，各行政村利用广播、《村情民意》小报、群众会议等渠道加大宣传力度；巩义市、新密市在电视台开辟禁烧专栏，报道各镇办禁烧和综合利用先进典型事迹，形成了强大的秸秆禁烧宣传舆论氛围；郑东新区编印发放了《致广大农机手的一封信》600份，在全区农机手中开展秸秆禁烧和综合利用专题教育，使广大机手成为禁烧工作的宣传员和监督员；登封市签订《秸秆禁烧和综合利用承诺书》3万余份；金水区印制3万本秸秆禁烧和综合利用宣传册分发给辖区居民，提高农民秸秆禁烧自觉性。禁烧期间，全市累计悬挂宣传条幅3万余条，刷写标语12万余条，印发通告2万余份，发放宣传材料100多万份，出动宣传督察车辆1000余台，巡视、督察、执勤人员9000多人，实现了农作物秸秆禁烧和综合利用宣传标语悬挂到村头、宣传车巡回到田间、媒体宣传到全民、秸秆资源化利用好处宣传到村户的“四个到位”。

加大资金投入力度、保障措施有力。加大对秸秆资源化利用机械的农机购置补贴力度，大幅度提高秸秆机械化综合处置率。在全市农机购置补贴方案中，郑州市农机局重点倾斜补贴购置秸秆综合利用机械，把玉米联合收割机、免耕播种机、保护性耕作机具、秸秆捡拾打捆机、秸秆揉丝机、秸秆生物质燃料加工机械、秸秆还田机械、饲料青贮机械等作为2013年的农机购置补贴的重点，增强了农民购置使用秸秆资源化利用机具的热情，为提高郑州市秸秆机械化综合处置水平提供了有力保障。新密市对投资10万元以上的农民自建秸秆收购加工点和青贮窖，给予3万元补贴；对收购加工农作物秸秆300吨-1000吨以上的项目予以1万-3万元奖励；对龙头企业年收购消化秸秆2万吨以上的，凭税务收购、加工、销售发票给予适当奖补；对农作物秸秆资源化利用项目获得科技成果奖的，每项奖励5万元。中牟县大力推广秸秆青贮、氨化、过腹还田、生产沼气、食用菌开发和生物反应堆肥等技术，激发广大农民综合利用秸秆的自觉性和主动性。实施秸秆还田、离田加工补贴，鼓励秸秆机械化直接粉碎还田。各县（市）区及开发区均出台多项政策鼓励引导农民实施秸秆直接还田。登封市秸秆还田每亩财政补贴10元；郑东新区对没发现焚烧的办事处，根据耕地面积大小，一次性奖补10万-15万元；金水区对实施秸秆还田的乡（办）按秸秆还田的实际面积每亩补助20元，对年度内无秸秆焚烧，秸秆综合处置率达到100%的乡（办），区财政给予5万元的奖励。

加大巡查、督察力度、确保成效。为实现以用促禁，禁烧期间，市政府从6个市直部门抽调30名人员组成6个督察组进行分片督察。设立举报电话，对有用线索给予奖励。每个督察组配备卫星定位导航仪、摄像机、照相机等调查取证设备，对郑州市周边区域，以机场为中心半径15公里，沿高速公路铁路两侧各2公里和国道、省道干线两侧1公里区域以及重点路段加大监督检查和管控力度。2个巡视组对各县（市）区不定期进行巡查。市禁烧办联合市委、市政府督察室、市级主要媒体组成机动组联合进行不定时暗访，实现了巡查、督察、检查全覆盖。市禁烧办实行24小时值班，设立举报电话，及时上传下达，随时处理举报问题。全市采取“一线督察、卫星引导、与媒体互动、与119联动、群众举报”五位一体模式严控焚烧。对禁烧控制不力出现的焚烧火点及时查处，督促整改，及时通过短信平台、工作简报予以全市通报。市禁烧办做到“有烟必查、有火必究、有焚必报、有报必罚”。

3月4日，全市农机管理工作会议召开

【农机宣传】 2013年，市农机局以宣传作为争取领导重视，赢得社会支持的有力抓手，进一步营造舆论氛围，树立了郑州农机的良好形象。在“三夏”“三秋”期间，全市各级农机部门积极同新闻媒体加强沟通和配合，以跨区机收作业、合作社建设、购机补贴落实、保护性耕作实施、新机具新技术推广演示会为主题展开宣传报道，取得了良好的效果。“三夏”“三秋”期间，各级新闻媒体共报道郑州市农机生产305次，其中省、部级新闻播报50条，地市级新闻播报86条，县（区）级新闻播报169条。市农机局编发农机简报122期，发送农机网络信息3600余条次。郑州农机的影响力进一步增强，在全社会赢得基层群众的美誉和社会各界的支持。

【农机专业合作社建设】 2013年，郑州市继续加大对农机合作社财政政策扶持力度，大力发展以农机专业合作社为代表的各类农机专业服务组织，培育发展了一批设施完备、功能齐全、特色鲜明的示范农机专业合作社，并鼓励农机合作社群体共同组建合作联社，增强农机的规模化服务能力和市场化竞争力。引导合作社在开展跨区作业、订单作业的基础上，广泛探索土地承包、土地托管、带地入社等规模化经营模式，大力拓展规模经营，建立稳固的农机作业市场，提高经济效益。截至2013年年底，全市经工商注册的农机专业合作社有219家，入社社员3066人，资产总额84292.9万元，服务农户20.3万户，服务总收入31802.0万元，规模经营土地71.7千公顷。“三夏”“三秋”期间，农机合作社共签订作业合同3.7万份，协议作业面积253.3千公顷；帮扶农户2.6万户，帮扶作业面积6.7千公顷。

各级政府和农机管理部门高度重视农机专业合作社建设。郑州市各级政府和农机管理部门相继出台了关于加快发展农机专业合作社的意见和扶持措施，制定了农机专业合作社发展实施方案和发展目标。各级农机部门积极争取政府财政资金，支持农机专业合作社场库棚建设、购置维修设备、改善信息化办公设施等。农机购置补贴政策资金重点向农机合作社倾斜，并且放开机具台（套）补贴限制，支持发展先进成套农机装备。有关农机化建设项目和新机具、新技术示范推广项目，能够由农机合作社承担的，优先予以安排。

农机专业合作社组建形式多样化。农机户联合型。主要是由具有丰富农机作业、市场经营、技术维修等经验的多家农机户联合牵头，吸收其他农机户参加，成立的农机专业合作社。或由农机专业大户发起，农机手等自愿带机或带资金按股份制原则入社成立的农机合作社。集体组织主导型。乡、村集体经济好的地方，机具由集体出资购买为主，成立的农机专业合作社。或者以村委班子成员牵头，组织农机户参加成立的农机合作社。农机企业依托型。主要是农机加工、维修、流通企业利用他们生产、加工、维修、营销、技术、市场、资金等优势，吸收农机户、农户参加，形成“龙头企业+农机合作社+农户”的农机服务产业化链条。社会资本带动型。由社会能人牵头，吸引民间资本投资成立的农机专业合作社。

农机专业合作社经营内容市场化。2013年，全市农机专业合作社经营服务项目达10余项，涉及机械制造、农机销售、农机维修、农田作业、运输、建筑、生物质燃料、农产品加工、园林绿化、养殖、种植等项目。除为农业生产服务外，大部分农机专业合作社不断拓宽服务领域，扩大服务内容，提高经营效益，增加农机专业合作社的生命力和发展活力。合作社在不断发展壮大的同时，还积极参与救灾抢险和扶贫济困等社会公益活动，提高农机专业合作社的社会影响力，打造“公益农机”品牌。

农机专业合作社服务模式社会化。开展跨区作业。跨区作业是合作社开展社会化服务的代表模式。跨区作业的范围正由小麦机收向玉米机收、小麦免耕播种拓展，跨区作业模式不断扩大，农机跨区作业品牌的影响力不断增强。实行订单作业。订单作业是合作社开展社会化服务的主要方式。合作社通过提前考察作业市场，与用机户签订作业协议或达成口头协议，按照协议开展机械作业服务。开展“一条龙”作业。合作社利用自己装备齐全的优势开展收获、整地、播种、运输“一条龙”作业，拉长服务链条，不但提高了作业效率，经济效益也明显增加。开展农机适度规模经营。合作社通过土地承包、土地流转等方式把分散的地块集中起来，统一供种供肥、统一作业、统一管理服务，实现区域化种植、标准化生产、规模化经营。有效地降低了作业成本，提高了土地产出率。

【设施农业建设】 2013年，郑州市开展了设施农业装备与技术示范单位创建工作，旨在通过培养一批示范典型，引导和促进设施改善、装备提升、技术普及和创新，加快设施农业的设施标准化、装备现代化、技术集成化、产业规模化进程，全面提升设施农业的经营管理水平，提高设施农业产品生产能力，为保障“菜篮子”供应做出积极贡献。河南绿色中原现代农业集团有限公司被农业部授予“全国设施农业装备与技术示范单位”，代表河南省在全国设施农业技术培训会上作了典型发言。河南绿色中原现代农业集团有限公司拥有温室4万平方米、钢架大棚4.75万平方米、网室1万平方米；拥有农科培训中心、组培快繁中心、农产品加工研发中心等农业科技配套设施；建有无公害蔬菜标准化示范基地80公顷，软籽石榴繁育示范基地100公顷，良种苗木、花卉繁育示范基地10公顷；建有年产9万吨豆芽产业化项目，为郑州市“农改超”，实现净菜上市起到了良好的示范带动作用。

【科技创新与农机科普宣传】 为促进新农村建设，积极做好农机科技创新、农机科普宣传工作，郑州市各级农机部门围绕农业生产粮食增收，大力推广保护性耕作技术、小麦玉米免耕播种技术、小麦玉米机械化收获技术、农作物植保技术、秸秆还田技术、红薯花生土豆机械化挖掘技术、机械化挖坑技术和设施农业技术。玉米机械收获实现重大突破，达到70.62%，小麦机收率达到97.1%。

针对保护性耕作，玉米机收重点项目，加强科普宣传和培训。采用各类电视、报刊和农机信息网宣传。印制保护性耕作知识培训教材、免耕播种机的使用与调整、知识问答、操作规程等书籍和宣传资料3万多份。针对项目区建设重点市农机局采取宣传和培训相结合，送教下乡与培训班相结合的模式。全年开办培训班28期，培训农民13000人次；科技人员送教下乡30余次，召开现场演示会29次。围绕“科技促进文化创新发展”“普及科学技术知识”“丰富群众科学文化生活”“送科技到基层农村”等活动主题，市农机局制作大型展板8块，发放宣传资料3000余份，通过普及科学知识，展示科技成就，宣传方针政策，展示了郑州市农机推广的新成果、新技术。郑州市农机局获得2013年度全国农机科普先进集体标兵荣誉称号。

【保护性耕作】 2013年，郑州市投入各级保护性耕作示范推广资金208余万元，其中部、省两级资金67.5万元。郑州市承担的保护性耕作项目有3个，保护性耕作示范推广面积达到59.9千公顷，较上年增加近13.3千公顷，增长28.53%。

建立组织，加强领导，确保保护性耕作项目顺利实施。郑州市农机局专门成立了保护性耕作项目领导小组，领导班子成员分片包干，对所有项目实施县进行检查督促。郑州市农机推广站科技人员深入一线，负责技术实施指导工作。郑州市农机局科教处组织项目实施县市的分管领导和科技单位负责人，参加省农机局保护性耕作技术培训会议，获得了丰富的业务知识和宝贵经验，从而更好地把握政策，切实保证项目较好的实施完成。

依托农机合作社开展保护性耕作专业培训。郑州市多个项目县依托农机合作社建设教育培训中心或利用比较理想的现有场所，结合农机阳光培训工程，开展保护性耕作专题培训。新密市农机局在洋林农机合作社建设了农机教育培训中心，以会代训办班，新密市农机推广站站长亲自授课。巩义市在项目重点乡（镇）专门下拨专项资金，用于宣传培训和机具演示，既密切了基层干群关系，又保证了项目的有利进行。

发挥农机合作社典型带动和技术示范作用。郑州市各项目县（市）以农机合作组织为依托，把技术示范推广作为重点，加强免耕播种技术指导服务，倡议社员优先示范新技术，从而保证了项目的顺利进展，推动项目区保护性耕作连片发展，整村推进作业。

加强保护性耕作宣传，营造良好氛围。为扎实推进保护性耕作在郑州市大面积实施，各县（市）区农机部门利用各类电视、报刊和农机信息网等媒体加强保护性耕作宣传。同时制作并发放保护性耕作知识培训教材、免耕播种机的使用与调整、知识问答、操作规程等书籍和宣传资料4万多份，光盘3400张。组织工程技术人员深入到县（市）、乡、村田间地头进行新机具的巡回展示，利用现场会、演示会等多种形式开展技术培训、推广宣传。

【平安农机】 2013年，全市各级农机管理部门进一步完善农业机械安全监督管理体系，鼓励支持农机安全互助组织有序发展，加强安全社区建设，提升社区安全保障能力和服务水平。推进“平安农机”“为民服务创先争优”示范窗口创建，倡导以人为本、关注安全、关爱生命的安全文化。全市在建省级“平安农机”示范乡镇9个，市级“平安农机”示范村54个，市级“平安农机”示范合作社17个，市级“平安农机”示范户460个。

【农机教育培训】 2013年，郑州市各级农机培训部门将春耕机具生产管理、维修和“三夏”“三秋”作业机具的检修，以及新购机农民培训作为重点，全面组织开展农机教育培训大行动活动。全年共培训各类农机技术人员27684人次，其中，农机管理人员培训961人次，农机技术人员培训3679人次，农机监理人员培训189人次，农机操作人员培训21715（含新购机农民3729人）人次，阳光工程培训1140人，全市农机化人才队伍素质进一步提高。

培训与国家农机补贴惠农政策实施相结合。随着农机购机补贴规模进一步扩大，全市农机部门把抓好新购机农民培训摆在了首要位置。积极开展送教下乡活动，把农机培训送到田间地头，既方便了农机手培训，又降低了培训成本，使培训形式更适合农民，培训内容更贴近农民，保证了农民在买得起的基础上，确保用得好，出效益。针对农机管理人员，重点开展了国家惠农政策、农机化法律法规、农机购置补贴政策等知识培训。培训与农机推广相结合。郑州市农机部门利用召开农机新技术、新机具现场演示会、发放农机宣传“明白纸”等形式，广泛开展玉米机收、免耕播种、保护性耕作、深松整地、根茎挖掘、设施农业等农机新技术培训。培训与重要农时生产相结合。为确保重要农时农机生产安全顺利高效进行，对农机大户、农机专业合作社社员和新购买农机具的农民，开展农机驾驶操作、维修保养、跨区作业、安全生产和经营管理知识培训，培训内容和培训方式既丰富多彩又扎实有效，增强了农机手的操作水平和安全意识，促进了农业增产和农民增收。培训与农机“阳光工程”培训相结合。“阳光工程”是国家实施农村劳动力转移的一项惠民工程，为切实把“阳光工程”惠农政策不折不扣地落到实处，把“阳光工程”农机培训打造成新的农机精品工程，全市农机部门结合实际，积极制定各项措施，主动与市阳光办结合，努力打造精品培训工程、廉政培训工程，严格开展“阳光工程”监管，确保农机阳光培训项目顺利完成。

【农机新机具、新技术推广】 2013年，郑州市农机推广部门紧紧围绕粮食增产、农业增效、农民增收的目标，结合郑州市农业生产的实际，充分利用购机补贴政策，重点做好玉米联合收获机、大型拖拉机、免耕播种、深松机和生物质燃料压块机的推广应用，积极引进、示范推广经济作物生产机械化技术，有力地促进了郑州市农机化事业的快速发展，全市农机装备总量不断增加，装备结构不断优化。

借现场演示会，推广农机新机具，实现郑州市农机增量新突破。现场会是展示、宣传农机新机具、新技术的重要载体，“三夏”“三秋”期间，郑州市农机推广部门组成技术服务小分队，深入乡村开展上门服务，共举办各类农机化新技术培训班、新机具现场演示会110期（次），参加人员11万人次、发放技术资料11万份。借助中央惠农政策的有利时机，大力宣传、推广适应本地主要作物的先进、适用、环保的新技术和新机械，加快农业机械化进程，改善农业基础设施，促进新农村建设。

重点农机化技术项目推广。组织实施机械化保护性耕作技术推广项目。2013年，郑州市承担的保护性耕作项目有3个，共投入各级保护性耕作示范推广项目资金208万余元，其中部、省两级资金67.5万元。保护性耕作示范推广面积达到59.9千公顷，较上年增加近13.3千公顷，增长28.53%。新增免耕播种机334台，保有量达到2162台；新增深松机30台，保有量达到638台；新增其他保护性耕作机具324台，总数达到3769台。项目实施中，郑州市农机局进一步完善了项目的实施方案，督促配套资金落实，完善作业技术规范、机具操作规程；明确项目负责人、技术负责人，确定任务目标，认真记录实施检测数据、及时建档入册；印发《保护性耕作技术专题巡回讲义》《保护性耕作技术培训教材》《保护性耕作技术问题解答》《保护性耕作技术要点》《保护性耕作机具操作规程》等宣传资料43000份，制作光盘3000张；组织技术人员深入到田间地头进行现场技术培训；建立示范基地，以点带面，确保项目顺利实施；加强保护性耕作对比示范点建设监督指导，认真做好测试对比，经对比保护性耕作减少作业费、节约化肥、增产粮食和减少油耗每亩平均增收节支145元，郑州市年净增收1.3亿元。

机械化设施农业技术取得突破。郑州市农机局采取示范和推广相结合的模式，有重点、有步骤地推广适合郑州市蔬菜生产且性能先进、功能适用和价格低廉的设施装备。2013年，全市新增微耕机151台，保有量达到1626台；新增卷帘机470台，保有量达到1309台，有力地推动了我市机械化设施农业技术发展。

以示范点为依托，稳步推进胡萝卜机械化生产试验基地建设项目。2013年，郑州市继续承担河南省农机推广站胡萝卜机械化生产试验基地建设项目，项目实施面积近20公顷。为扎实推进胡萝卜机械化生产试验基地建设项目实施，郑州市农机局加强了胡萝卜机械化生产试验基地建设项目领导，全面落实审定项目实施方案，督促配套资金落实，成立以技术骨干为成员的项目实施组，确保项目各项实施工作有序进行。积极引进和示范经济作物生产机械化技术。随着农业种植结构的调整，农机化作业由粮食作物向多种经济作物扩展，为进一步加大农机与农艺之间的融合，全面提升经济作物机械作业水平，郑州市农机推广部门大力推广花生收获、大蒜种植、红薯收获等机械化技术的宣传和示范。2013年，全市新增根茎收获机50台，总量达1680台，作业面积18.1千公顷。

【农机安全监理】 2013年，郑州市农机安全监理部门以创建“平安农机”和“为民服务创先争优”示范窗口为契机，坚持安全发展指导原则和“安全第一、预防为主、综合治理”的工作方针，以预防和减少农机事故为目标，以确保安全、促进农民增收为目的，围绕农机化中心工作，认真履行农机安全生产监管职责，结合郑州市农机安全监理工作特点，完善优质服务标准，规范服务行为，加强宣传教育，强化动态管理、源头监管，遏制了农机事故的发生，有力地促进了全市农机安全生产状况的持续稳定好转。2013年，共受理农业机械登记许可申请1762个，接受驾驶人考试申请456个，检验农业机械13020台次。各类农机专业合作社、协会等合作组织拖拉机和联合收割机挂牌率、年检率和驾驶员持证率均达到了100%，其他社会车辆“三率”高出全省平均值2个百分点。开展农机安全执法检查646次，出动监理人员6000余人次，检查拖拉机和联合收割机11780台次，查处、纠正违章294起，并当场责令整改到位，排除事故隐患340起，拖拉机无牌无证、超速超载、违章载客等现象得到有效遏制，确保了全年无重大农机安全事故发生，郑州市农机局获得2013年“郑州市安全生产先进单位”荣誉称号。

强化服务意识，努力做好农业机械年度检审验。年度检审验工作是从源头上保证农机安全生产的重要环节，也是集中体现为机手服务的重要载体。为保证2013年农机检审验工作的顺利开展，郑州市农机监理部门多措并举，抓早抓好。一是加强领导，成立组织。二是加大宣传力度，提高机手参审意识。采取发布检审通知、张贴检审通告、出动宣传车逐村逐户发放检审通知等措施进行宣传发动。三是检审形式多样，送检上门。在集中检审的基础上，农机监理员进村入户，在田间地头、农机合作社和施工场地为不能参加集中检审的农机户现场实行技术检测、调试、验证、发放检验合格标志。四是增强服务意识。在开展检审验工作的同时，农机监理人员主动帮助农机手做好农业机械的维修保养和故障排除等服务，得到了农机手的好评。2013年，全市各类农机专业合作社、协会等合作组织拖拉机和联合收割机“三率”全部达到100%。

深入开展农机安全生产大检查、安全隐患排查活动。组织农机监理人员，按照《农业机械安全监督管理条例》等法律、法规的规定，针对存在的突出问题和薄弱环节，深入田间地头、场院等农机作业场所开展安全生产大检查，纠正拖拉机违法载人、超速超载，无牌无证驾驶、疲劳驾驶等违法行为，及时排查事故隐患，保证安全生产工作不留死角。加强农机作业网点的安全检查，针对存在的隐患及时提出了整改方案督促其整改，进而消除了安全事故苗头。进一步规范牌证管理工作。把好新驾驶员考试关，严格考试程序和内容，严禁托人代考、凭关系免考等违规行为；把好拖拉机的检验关，严格按规定的项目和标准进行检验，强化源头管理，消除事故隐患。积极配合公安交通管理部门维护好农村道路交通秩序，加大对无证驾驶、无牌行驶和不按规定参加检验等违法行为的检查力度。严厉打击和查处拖拉机违法载客、超速超载、无证驾驶、酒后驾驶等严重违法行为，有效遏制了重特大农机事故的发生，确保了全市农机生产的安全。

（臧伟锋）

2013年年末农业机械拥有量

	农业机械总动力（万千瓦）				耕作机械						收获机械				收获后处理机械	
	合计	柴油发动机动力	汽油发动机动力	电动机动力	大中型拖拉机		其中：轮式拖拉机		小型拖拉机		联合收获机		割晒机		机动脱粒机	
					万台	万千瓦	万台	万千瓦	万台	万千瓦	万台	万千瓦	万台	万千瓦	万台	万千瓦
郑州市	561.4799	441.4065	4.4196	115.6538	1.2890	59.7555	1.1708	53.7239	11.7269	113.0551	0.7759	45.6470	0.4290	1.3570	3.2921	3.0220
中原区	2.5797	1.8609	0.0034	0.7154	0.0126	0.4745	0.0126	0.4745	0.0005	0.0062	0.0078	0.4107	0.0000	0.0000	0.0075	0.0300
二七区	8.8384	6.8979	0.2139	1.7266	0.0092	0.3918	0.0092	0.3918	0.0350	0.4122	0.0050	0.2449	0.0000	0.0000	0.0376	0.0000
管城区	6.7863	4.8863	0.0336	1.8664	0.0154	0.6012	0.0154	0.6012	0.0317	0.3487	0.0058	0.3770	0.0045	0.0495	0.0050	0.0000
金水区	5.2050	4.2000	0.0050	1.0000	0.0066	0.2647	0.0066	0.2647	0.0080	0.0560	0.0071	0.3875	0.0000	0.0000	0.0150	0.0750
上街区	3.9352	2.9552	0.0200	0.9600	0.0271	1.0434	0.0253	1.0064	0.0504	0.5742	0.0066	0.3584	0.0000	0.0000	0.0100	0.0000
惠济区	12.4190	8.4410	0.2980	3.6800	0.0292	1.4118	0.0260	1.3960	0.0120	0.1050	0.0152	0.9810	0.0000	0.0000	0.0022	0.0000
郑东新区	15.4986	14.5007	0.0161	0.9818	0.0419	1.8393	0.0300	1.4127	0.5714	5.1414	0.0159	0.7189	0.0203	0.0000	0.0334	0.2672
经开区	8.9324	8.0759	0.0096	0.8469	0.0280	1.2376	0.0242	0.9557	0.4268	3.8512	0.0071	0.3513	0.0154	0.0000	0.0109	0.1090
航空港区	24.6313	19.4367	0.0584	5.1362	0.0544	2.4259	0.0466	1.8481	0.9036	7.8716	0.0211	1.1168	0.0292	0.0000	0.0274	0.0610
高新区	2.7681	1.8590	0.0034	0.9057	0.0126	0.4745	0.0126	0.4745	0.0010	0.0101	0.0086	0.3501	0.0000	0.0000	0.0075	0.0300
中牟县	70.1718	63.5933	0.0552	6.5233	0.2304	9.8796	0.1673	6.7930	3.3342	30.0575	0.0661	4.0820	0.1212	0.0000	0.0780	0.0000
巩义市	58.3372	46.0853	0.2438	12.0081	0.1686	6.7134	0.1686	6.7134	1.3898	11.4705	0.0744	2.9977	0.0043	0.0448	1.0585	0.0000
荥阳市	79.9280	64.2195	0.5213	15.1872	0.1654	6.2018	0.1634	6.2018	0.3108	4.0139	0.1190	7.0710	0.0132	0.0664	0.3094	0.0000
新密市	98.8093	63.6635	0.4700	34.6758	0.1838	11.1639	0.1838	11.1639	0.7329	9.3625	0.1718	12.8189	0.0054	0.0663	0.4336	1.3008
新郑市	99.1391	82.6853	1.9305	14.5233	0.2167	11.0931	0.1928	9.7168	1.6135	14.2322	0.1673	9.1165	0.0332	0.0000	0.1155	1.1490
登封市	63.5005	48.0460	0.5374	14.9171	0.0871	4.5390	0.0864	4.3094	2.3053	25.5419	0.0771	4.2643	0.1823	1.1300	1.1406	0.0000

2013年年末农业机械作业量

	机耕面积	机播面积	机械植保面积	机收面积	其中：小麦机收面积	其中：玉米机收面积	机械化秸秆还田面积	机械脱粒粮食数量	机械初加工农产品数量	农机运输作业量
	万公顷	万公顷	万公顷	万公顷	万公顷	万公顷	万公顷	万吨	万吨	亿吨/公里
郑州市	26.7353	36.4087	15.2760	34.8281	17.1367	11.4473	33.4491	129.8032	197.3487	22.7025
中原区	0.3300	0.4047	0.2897	0.3351	0.1691	0.1010	0.2880	1.7600	0.0817	0.1810
二七区	0.0777	0.0800	0.2300	0.0850	0.0377	0.0270	0.0600	0.2200	1.4688	0.4000
管城区	0.1933	0.2400	0.2274	0.2387	0.1000	0.0400	0.1567	0.8000	0.8005	0.2040
金水区	0.1500	0.2200	0.0080	0.2167	0.1340	0.0800	0.2800	0.7000	0.0800	0.1500
上街区	0.1190	0.2362	0.4380	0.2223	0.1257	0.0966	0.2320	1.2400	1.5050	0.0240
惠济区	0.8670	0.5546	0.2520	0.5600	0.2300	0.1530	0.3000	2.2500	1.4850	1.6055
郑东新区	0.9570	0.8601	0.0680	0.8402	0.4859	0.3301	1.8623	1.6406	4.8675	1.1118
经开区	0.6185	0.6992	0.0100	0.6513	0.3470	0.1810	0.5972	1.3416	4.0212	0.8692
航空港区	1.5735	1.5047	0.7200	1.4327	0.6105	0.3482	0.9848	6.0000	5.2943	1.2842
高新区	0.3103	0.5805	0.0100	0.5535	0.3003	0.2432	0.5535	0.7000	0.0800	0.1500
中牟县	6.8972	5.6240	0.0000	6.7552	1.5229	1.4547	3.1515	9.6102	17.0622	2.0376
巩义市	2.8020	3.9350	1.4749	3.5973	2.1870	1.3860	3.8900	12.7700	12.4200	3.1650
荥阳市	3.4126	5.6890	2.3030	5.2080	3.0260	2.0530	5.5800	33.5708	90.6100	0.5900
新密市	1.9978	5.3819	2.4470	4.5293	2.7293	1.7000	4.9358	20.8600	19.0305	0.1887
新郑市	3.8070	6.1610	6.7320	5.6220	2.8430	1.9610	5.7040	28.9000	35.9820	4.8815
登封市	2.6224	4.2378	0.0660	3.9808	2.2883	1.2925	4.8733	7.4400	2.5600	5.8600

水利建设

【概况】 2013年，郑州市水务局以贯彻落实十八大精神为核心，以推进水生态文明建设为抓手，以改进工作作风为动力，按照紧紧围绕三大主体工作，构建制度体系，打造精品工程，实现三大突破的工作思路，突出中心，站位全局，找准着力点、切入点和结合点，加快推进三年行动计划水务重点工作，水务建设持续加强，组织建设有序开展，廉政建设深入推进，有力有效地促进了水务改革和发展。

郑州市水务局按照全市加快水利改革发展的工作部署，大力推进生态水系提升工程建设，顺利完成水生态文明建设试点城市创建工作，郑州市水生态文明建设全面展开。2013年，郑州市解决农村饮水安全人口29.52万人，占年度目标任务的109%；在3个乡镇启动了农田水利现代化示范乡镇创建工作，升级改造农田灌溉机井14938眼，建设小型水源工程5000个（含塘堰坝），实现新增有效灌溉面积6.3千公顷，新增节水灌溉面积14千公顷；29座小Ⅰ型、40座重点小Ⅱ型水库完成除险加固工程竣工验收，13座一般小Ⅱ型水库完成主体工程建设，全市水库除险加固工程进入扫尾阶段；年度坡耕地水土流失综合治理、重点水土保持建设项目全面完成，治理水土流失面积96平方公里，占目标任务的120%；完成中小河流治理项目建设任务8个，南水北调干线工程郑州段提前贯通，配套工程建设强力推进，水利体制改革不断深化，行业能力建设持续加强。

【防汛抗旱】 郑州市水务局按照全市防汛抗旱工作会议安排部署，全力做好全市防汛准备工作。落实了大中型水库和主要河道防汛责任人。组织12个检查组对全市防汛安全隐患进行了详细排查，共查出重点安全隐患56项，通过应急措施及时消除安全隐患41项，其余15项安全隐患按照分级管理、分级负责的原则重点督导，进一步落实了防汛责任制、度汛方案和抢险应急预案。组织了军民防汛抢险演练，进一步提高防汛抗洪水平和应急反应能力。

2013年，郑州市平均降水比常年偏少9成以上，郑州市农作物受旱面积最高达86.2千公顷，市防汛抗旱指挥部先后两次下发《关于切实做好当前抗旱工作的通知》，市领导多次对抗旱工作进行具体部署和安排，各县（市）区积极行动，安排抗旱浇麦。抗旱期间，郑州市单日最高投入抗旱劳力达129120人，共投入抗旱资金3879.1万元，抗旱设备机电井2.3万眼，泵站170处，机动抗旱设备1.4万台套，机动运水车0.7万辆，累计浇灌面积243.5千公顷，临时解决饮水困难6.2万人，牲畜1.8万头。

郑州市生态水系输水——十八里河分水口

【水生态文明建设】 2013年，郑州市被水利部确定为水生态文明建设试点市，市委、市政府将生态水系暨水生态文明建设作为全市五大重点工作之一，全力发展生态水系提升规划建设。研究确立了郑州市水生态体系建设的总体思路、基本原则和工作重点，即深化“一个认识”、树立“两个理念”、坚持“三大原则”、突出“四大重点”、做好“五项工作”。成立了郑州市生态水系暨水生态文明建设工作领导小组，召开了郑州市冬春水利现场会和多次领导小组会议，对生态水系建设工作进行安排部署。郑州都市区生态水系全面提升规划等方案已编制完成，部分水系景观示范段正式启动实施。

在河道运行管理中，郑州市水务局始终坚持以“调活水”为目标，按照“长流水、不断流，水体污染及时报告更换，断流干河及时报告加量”的调水思路，积极协调，科学调度，尽量延长河道清水过流时间，全年共下达调度令120次，换水6次，累计从黄河和尖岗水库调水9982万方。河道管养网格化管理机制运行顺利，全面实现了“三级网格、四级平台、五级联动”的河道管理养护新格局。在网格化管理过程中，明晰职责，强化落实，实现“全覆盖、无缝隙”的河道管理机制；在具体落实过程中，实行“定人、定岗、定责”三定岗位责任制，杜绝了河道管护漏洞。

【农村安全饮水工程】 2013年，郑州市农村饮水安全村村通工程完成总投资1452.2万元，解决农村饮水安全人口29.52万人（含2.1万农村师生），占年度目标任务的27万人的109%。2013年3月，郑州市完成中央下达郑州市2012年度第二批农村饮水安全指标7.86万人（含0.85万农村师生）配套工程建设任务，完成总投资3760万元。

【病险水库除险加固工程】 2013年，郑州市完成了常庄水库、尖岗水库除险加固工程竣工验收工作。29座小Ⅰ型病险水库除险加固工程全部完工，其中，完成竣工验收4座，主体工程投入使用验收25座。计划开展除险加固工程建设的66座小Ⅱ型病险水库中，40座已完工，25座正在施工，新郑桐树岗水库扩建工程暂不进行。

【中小河流综合治理】 2013年，郑州市按照省水利厅安排，进一步强化中小河流治理工程建设管理，积极争取配套资金，加快推进新密市双洎河超化西段、中牟县七里河、巩义汜水河、中牟丈八沟、新郑双洎河、荥阳索河、巩义坞罗河、荥阳枯河、上街汜水河治理工程等项目的施工和验收进度。列入《河南省中小河流治理规划（2013-2015）》的7个项目全部开工建设，其中，中牟运粮河和新密双洎河主体工程建设已完成。

【水土保持工作】 2013年，郑州市共争取国家和省级水土保持治理经费2150万元，治理水土流失面积96平方公里。完成了2012年度新密市大潭嘴和二七区贾鲁河河源项目区重点水土保持建设项目。生产建设项目水土保持“三同时”制度得到有效落实，水土保持方案审批、监督检查和验收更加规范。郑州市水务局全年共审批市级以上生产建设项目水土保持方案报告书26个，对66个生产建设项目水土保持情况开展监督检查，完成了7个生产建设项目的水土保持设施专项验收，生产建设项目水土保持方案编报率、实施率和水土保持设施验收率明显提高。以网络为平台水土保持国策宣传教育平台稳步搭建，水土保持工作的地位和形象逐年提升。

防洪演练

【引黄灌溉】 2013年，郑州市引用黄河生态水4.5亿立方米，完成了贾鲁河生态补源工作。市水务局完成了《郑州都市区引黄工程用水分析报告》《2020年引黄规划及三年行动计划》《黄河水资源开发利用与管理情况分析》《郑州市引黄灌区水价工作情况调研报告》《黄河下游滩区扶贫开发郑州区域调研和规划》等编制工作。郑州市引黄提灌大型泵站更新改造工程进展顺利。李村泵站土建工程完工，金属结构、水机、电气、信息自动化等设备安装完毕，具备运行条件；邙山泵站开始水泵更换；花园口及东大坝泵站已正常运行，正在安装信息自动化设备。中牟县杨桥灌区现代灌区示范区第二批道路整修工程全部竣工，完成投资714.56万元。

【南水北调和移民扶持工作】 2013年，南水北调总干渠郑州段河渠、倒虹吸、渡槽、左岸排水、公路铁路桥梁等236座交叉建筑物主体工程基本完成，渠道混凝土衬砌全部完工，总干渠郑州段全线贯通，提前完成年度目标任务。南水北调配套工程总投资约20亿元，2012年11月已开工建设，计划于2014年5月底竣工验收，2014年汛后与总干渠同步通水运行。项目施工进展顺利，工程质量合格率为100%、优良率为85%，质量总体处于受控状态，均达到合同要求。

根据市委、市政府《关于促进郑州市南水北调丹江口库区移民稳定发展的实施方案》文件精神，市、县两级财政按照1∶1的比例，对丹江口库区18735名移民按照每人每年2000元标准建立移民产业发展资金，连续扶持5年，计划总投入1.87亿元，通过实施项目、个人创业补助、职业教育补助、移民培训等措施，促进郑州市22个移民村生产发展，增加移民收入。截至2013年年底，移民村人均年纯收入从2011年4300元增加到8000元，移民安置区整体大局稳定，初步实现了“搬得出、稳得住、能发展、快致富”的目标。

【水资源管理】 2013年，郑州市水务局强化水资源管理工作，组织开展了全市河湖专项执法检查活动、地下水资源专项执法检查活动，联合公安部门开展了全市水生态保护与打击河道非法采砂专项整治行动，全年共受理各类水事举报线索103起，经查实属违法行为的46起，依法查处44起，有力地规范了水事秩序。完成了全市16个节水型社会建设示范工程项目、15家单位自备井的规范管理和用水性质标识工作、8家10个应急备用水源泵房改造工作。大力开展了节水型单位、企业、社区、灌区创建工作，在15所学校和中原区全部公厕免费更换安装节水型水龙头1000个，对30处水功能区定期进行水量、水质检测，对市场销售的两批60个用水器具型号的节水器具进行检测。2013年，郑州市新纳入计划用水单位109家，市区计划用水管理户达到2539家，计划用水管理率达到90%。

（陈 琢）

南水北调

【南水北调干线工程率先贯通】 郑州市于2011年完成郑州段工程建设用地的移交和征迁任务。此后主要开展工程设计变更新增建设用地移交和影响恢复、临时用地的返还等征迁收尾工作。一是妥善处理征迁后续问题，保持施工环境持续优良。2013年共解决征迁遗留问题100多项（次），现场处理施工影响矛盾36项（次）。二是做好工程影响和生产生活处理问题。全市南水北调干渠边角地影响现场调查工作全部结束，共排查出干渠开挖造成影响的边角地350块、288.67公顷，边角地影响处理方案已报省办批复；临时用地使用到期返还770.28公顷，占临时用地总数的37.1%，其中复垦402.65公顷，退还359.99公顷，并如期完成4.55公顷新增临时征地的迁移交任务；专项迁建验收工作逐步展开，5条市政污水廊道一次性通过验收，验收资料全部合格。三是做好跨渠桥梁建设的服务和协调工作。郑州市投资60亿元新建、扩建的46座跨渠桥梁，按干渠建设进度要求，全部移交工作面，其中有34座在省办组织的劳动竞赛中获奖，获奖资金1190万元。四是认真开展总干渠郑州段597.17平方公里保护区的环境保护工作，2013年共为保护区内143家企事业单位的行政确认提供了翔实依据，对明显不符合两岸保护要求的项目进行位置确认前否决，确保郑州段两岸保护区内环境和水质不受污染。五是总干渠郑州段河渠、倒虹吸、渡槽、左岸排水、公路铁路桥梁等236座交叉建筑物主体工程基本完成。优良的施工环境，有效地保障了工程建设的顺利实施。11月22日，渠道混凝土衬砌全部完成，总干渠郑州段提前40天全线贯通，收到省南水北调办的专题贺信。

【南水北调配套工程建设】 郑州市是南水北调中线工程第三个用水大市，也是全省建设任务最重、情况最复杂、开工后变更最多的市。省发改委对郑州配套工程初步设计批复后，郑州市配套工程2012年11月23日正式开工，截至2013年11月底，施工队伍全部进场施工，全市配套工程征迁任务基本完成，建设全面展开，工程质量安全始终受控。

征迁任务基本完成。截至2013年年底，郑州市累计移交配套工程建设用地503.47公顷（其中永久用地20.80公顷，临时用地482.67公顷），完成专项迁建918条，拨付征迁资金2.5亿元，征迁工作基本完成，施工企业全部进驻。工程建设取得阶段性成果，为2014年汛后通水打下基础。郑州市南水北调配套工程建设于2012年11月23日正式开工建设以来，紧紧围绕通水目标，精心组织，克难攻坚。截至2013年12月中旬，涉及的几处变更得到妥善解决，施工全面展开。全年共完成建设投资3亿元，完成土方开挖165.4万立方米、土方填筑53.89万立方米、混凝土浇筑3.13万立方米，管道安装18.96公里。

【移民搬迁安置】 一是丹江口库区移民正逐步融入郑州。郑州市安置丹江口库区移民4639户18735人；通过创新移民村社会管理，信访矛盾事件比2012年下降79%，移民矛盾和问题排查化解长效工作机制逐步建立和完善；通过土地流转、培训就业（共举办116期7041人次的技能培训和职业推荐，7924人完成就业和自主创业）和每人每年600元的直补资金，移民收入从2011年4300元增加到2013年8000元；全市丹江口库区移民产业发展基金已建立、五年发展规划已经制定。2013年确定移民村产业发展资金项目29个、总投资5998万元，初步实现“搬得出、稳得住、能发展、快致富”的目标。二是移民后期扶持工作逐步规范化、程序化。2013年，全市共核减各类不符合条件的移民人口561人，确定2014年度享受国家后扶政策的大中型水库农村移民84538人，发放直补资金5101.02万元；争取国家移民后期扶持资金4142.14万元，安排项目80个；组织验收移民后扶项目116个、涉及资金4924万元；结合郑州市新型城镇化建设，积极争取申报新密市、荥阳市17个移民村8579人纳入国家避险解困试点范围，涉及项目资金3.4亿元；累计实施各类移民培训224期、3万余人次。

（吴慧青）

黄河治理

【概况】 2013年，郑州黄河治理开发工作取得了显著成绩。郑州市政府牵头建立了防汛、河道管理、工程景区等方面的管理机制。总投资960多万元的2个项目被列入郑州市政府2013年度重点投资计划，并进入实施阶段。3个涉河项目通过市政府批复立项被列入2014年重点投资计划，总投资近1000万元。

【防汛工作】 （1）郑州市各级全面落实了以行政首长负责制为核心的各项防汛责任制，省长谢伏瞻、市委书记吴天君、市长马懿以及市人大、政协的领导分别亲临一线检查指导黄河防汛工作。（2）郑州黄河河务局防汛移动办公平台投入运行，提高了防汛信息化建设水平。（3）创新开展涉河安全宣传警示工作，郑州黄河河务局自主研发的“滩区防汛预警预报系统”建设完成，相关企业主动投资完成了3处站点的建设任务，与市气象局联合建设的大型户外显示屏投入使用。（4）强化防汛督察，防汛涉河安全管理机制实现常态化运行。（5）完成了“重复组装式移动桩坝”新技术试验任务，并参与了该技术在欧坦工程应急抢修中的实战应用，受到省局嘉奖。

郑州黄河河务局圆满完成了黄河汛期调水调沙运行任务。郑州市12处黄河防汛工程71道坝出险319次，巩义、中牟河务局完成了11次较大险情的抢护任务，确保了工程安全。

【防汛工程建设与管理】 2013年，郑州市黄河防洪工程建设5个标段7项工程全面完成，并通过交付使用验收。其中，三刘寨闸除险加固项目多次受到上级表扬。稳步实施神堤、桃花峪、花园口、赵口工程管理节点带动计划，突出生态、文化内涵，初步实现了“四点牵引、全线皆活”的目标。花园口重点堤段得到了有效整治，完成了记事广场北广场升级改造任务，景区整体面貌焕然一新。郑州黄河河务局系统各单位以完善“绩效工资”为突破口，全面激发一线队伍活力，工程管理水平得到大幅提高。

【水政水资源管理】 2013年，郑州黄河河务局累计开展黄河河道巡查340多次，依法查处各类水事违法案件129起，结案125起。河道内建设项目集中整治活动共排查违规建设项目34个，整改完成21个，依法拆除违规建筑1.2万平方米，做出行政处罚9.1万元。督促建设标准化采砂场7处，依法取缔非法采砂场43处。完成了“六五”普法相关任务。

强力推动河道弃渣专项整治活动，有效遏制了河道弃渣违法行为。郑州市政府在沿黄各地实施了河道内弃渣、重点违章项目清理属地政府负责制。加强黄河水资源管理，严格执行上级水调指令，强化取水许可监督，启动了黄河滩区建设项目取水许可工作，依法查处了1起擅自改变取水地点事件，完成了丰乐农庄取水许可证核验等工作。全年累计完成引水量8.9亿立方米。

【科技创新】 2013年，郑州黄河河务局获得省局科技进步奖3项、火花奖11项，申报黄委“三新”认定18项。加强网络值班，提高网络服务和维护能力。完成了网络安全、入侵防控设备的安装及电子政务系统的升级和数据调试工作，完成了花园口机务站至姚桥养护基地20公里通信光缆架设任务。

【精神文明建设】 2013年，郑州黄河河务局严格落实党风廉政建设责任制，加大反腐倡廉警示教育力度，开展了党风廉政宣传月、一把手讲廉政党课、廉政文化书画展、反腐倡廉理论征文等活动；廉政文化示范建设工作取得显著成绩，中牟河务局、水电公司被评为河南河务局“廉政文化示范”单位。

学习型党组织、学习型机关建设成效显著，获得了郑州市先进基层党组织、机关党建工作示范单位等荣誉称号。文明创建活动深入开展，“道德讲堂”、党员志愿者服务以及结对帮扶活动丰富多彩，局机关及4个局属单位顺利通过省级文明单位复验，督促巩义河务局通过了市级文明单位验收。

（吕志华）

工业经济

工业综述

【概况】 2013年，郑州市委、市政府在省委、省政府正确领导下，按照“三大一中”城市定位和“全国找坐标、中部求超越、河南挑大梁”的总体要求，围绕“上规模、调结构”两条主线，不断深化企业服务，全力稳增长、调结构，取得了明显成效。

2013年，郑州市全部工业增加值完成3100亿元，占全市生产总值的比重达到50%。规模以上工业增加值总量继续保持全省第一位，增速位于全省第15位，仅高于平顶山（7.1%）、洛阳（8.1%）、三门峡（10.4%），低于开封（17.2%）、周口（16.4%）、商丘（16.2%）、鹤壁（16.0%）、济源（15.7%）、濮阳（15.7%）、许昌（14.8%）、信阳（14.7%）、驻马店（14.7%）、焦作（14.2%）、安阳（12.4%）、新乡（12.0%）、漯河（11.9%）、南阳（11.8%）。郑州市在全省省辖市工业增速的排名比2012年回落了10位。

2013年，郑州市规模以上工业增

全省省辖市2012年、2013年上半年及2013年规模以上工业增速情况

城市	2012年		2013年上半年		2013年	
	增速	排名	增速	排名	增速	排名
全国	10%		9.3%		9.7%	
全省	14.6%		11.1%		11.8%	
郑州	17.2%	5	10.8%	13	11.3%	15
开封	17.8%	3	17.0%	2	17.2%	1
洛阳	12.9%	16	7.0%	17	8.1%	17
平顶山	8.1%	18	5.0%	18	7.1%	18
安阳	9.5%	17	10.8%	15	12.4%	11
鹤壁	13.0%	15	16.2%	4	16.0%	4
新乡	16.2%	10	10.9%	12	12.0%	12
焦作	14.2%	14	14.4%	8	14.2%	10
濮阳	17.2%	6	16.5%	3	15.7%	6
许昌	17.4%	4	14.7%	7	14.8%	7
漯河	16.0%	11	11.2%	11	11.9%	13
三门峡	15.0%	13	10.1%	16	10.4%	16
南阳	16.3%	9	10.8%	14	11.8%	14
商丘	17.1%	7	16.0%	6	16.2%	3
信阳	16.5%	8	13.4%	10	14.7%	8
周口	19.7%	1	17.1%	1	16.4%	2
驻马店	18.6%	2	14.4%	9	14.7%	9
济源	15.2%	12	16.2%	5	15.7%	5

2013年全省省辖市工业增速

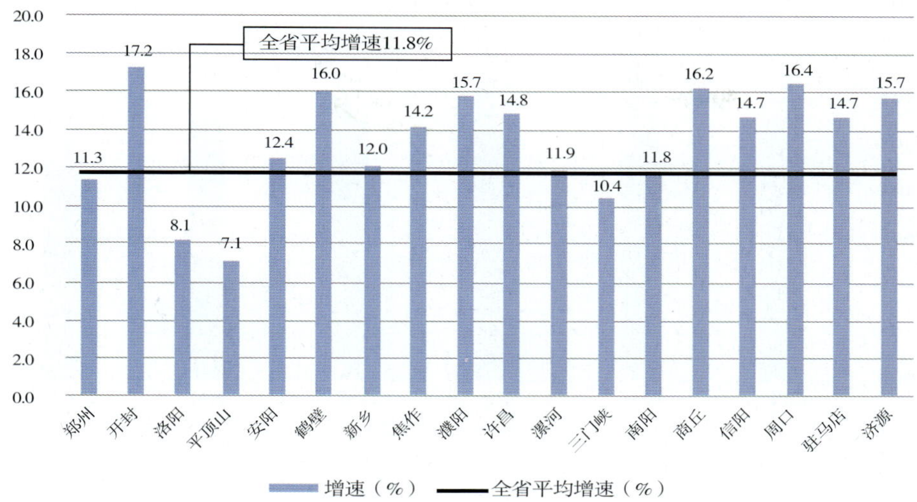

加值总量达到2857.7亿元，同比增长11.3%，增速高于全国平均水平，总量在中部六省省会城市中排第2位。虽然工业总量在中部六省省会城市中的排名与2012年相同，但与第一名武汉市的差距由2012年的97.7亿元拉大到了2013年的255.5亿元。

2013年，郑州市工业增速在中部六省省会城市中排第5位，低于合肥（14.4%）、长沙（14%）、南昌（12.9%）、武汉（11.7%）。在中部六省省会城市中的排名较2012年下降3个位次。

2013年，郑州市规模以上工业增加值总量在全国27个省会城市中排第5

中部六省省会城市2012年及2013年规模以上工业增加值情况

单位：亿元

城市	2012年				2013年			
	增加值总量	排序	增加值增速	排序	增加值总量	排序	增加值增速	排序
武汉	2711.5	1	15.2%	4	3113.2	1	11.7%	4
郑州	2613.8	2	17.2%	2	2857.7	2	11.3%	5
长沙	2309	3	16.8%	3	2593	3	14.0%	2
合肥	1653.5	4	17.4%	1	1907	4	14.4%	1
南昌	967.3	5	14.8%	5	1159.5	5	12.9%	3
太原	770	6	13.2%	6	771	6	10.1%	6

2013年中部六省省会城市规模以上工业增加值总量

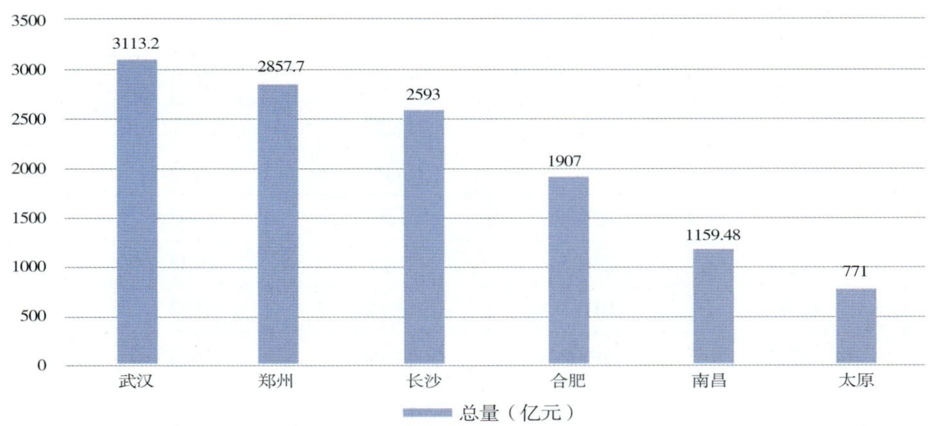

2013年中部六省省会城市规模以上工业增加值增速

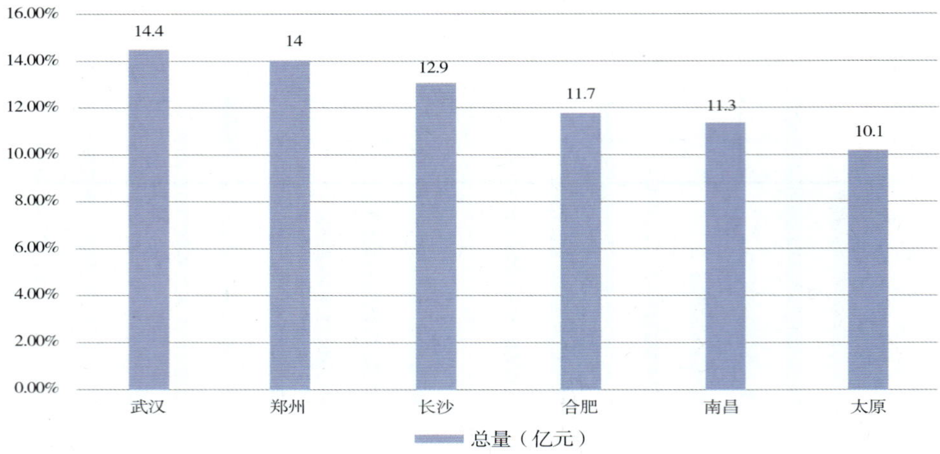

位，较2012年下降1位；在全国35个大中城市中排第12位，较2012年下降1位，均被成都市超过。

2012年，规模以上工业增加值总量紧跟郑州的4个城市是成都市（2589亿元）、南京市（2572亿元）、杭州市（2393.6亿元）和长沙市（2309亿元）。2013年，成都市规模以上工业增加值总量2917.6亿元，超过郑州市59.9亿元；南京市规模以上工业增加值总量2842.8亿元，与郑州市的差距由2012年的41.8亿元缩小到14.9亿元；杭州市规模以上工业增加值总量2523.9亿元，与郑州市的差距由2012年的220.2亿元扩大到333.8亿元；长沙市规模以上工业增加值总量2593亿元，与郑州市的差距由2012年的304.8亿元缩小到264.7亿元。

35个大中城市2012年及2013年规模以上工业增加值情况

单位：亿元

序号	城市	2013年		2012年	
		增加值	增速	增加值	增速
1	上海	6769.64	6.6%	6446.1	2.9%
2	天津	\	13.0%	\	16.1%
3	深圳	5695	9.6%	5091.4	7.3%
4	广州	4330.88	10.2%	4256.67	10.6%
5	重庆	\	13.6%	\	16.0%
6	北京	\	8.0%	\	8.3%
7	青岛	3534.9	11.4%	3200	11.6%
8	沈阳	3522.2	10.0%	3304.7	11.0%
9	大连	3243.5	10.2%	2822.2	11.0%
10	武汉	3113.2	11.7%	2711.5	15.2%
11	成都	2917.6	13.4%	2589	17.2%
12	郑州	2857.7	11.3%	2613.8	17.2%
13	南京	2842.8	11.2%	2572	11.1%
14	长沙	2593	14.0%	2309	16.8%
15	杭州	2523.88	8.0%	2393.6	10.9%
16	宁波	2291.2	8.0%	2132.5	5.0%
17	长春	2103.3	10.2%	1822.3	11.0%
18	合肥	1907	14.4%	1653.5	17.4%
19	石家庄	1750	11.0%	1800.2	13.5%

续表

20	福州	1665.4	13.7%	1436.4	15.1%
21	西安	1265.64	15.4%	1144.29	13.0%
22	南昌	1159.48	12.9%	967.3	14.8%
23	厦门	1141.69	12.1%	1072.57	12.5%
24	济南	\	11.3%	\	10.1%
25	南宁	777.5	16.6%	633.67	22.0%
26	太原	771	10.1%	770	13.2%
27	哈尔滨	767	11.1%	677.4	10.0%
28	乌鲁木齐	\	\	750	15.5%
29	兰州	575.1	14.2%	538.15	11.5%
30	贵阳	551	16.0%	480.23	22.1%
31	西宁	380.38	18.3%	323.14	15.1%
32	银川	192.16	12.4%	430	16.0%
33	海口	133.81	6.0%	126.47	9.3%
34	呼和浩特	\	18.1%	\	11.0%
35	昆明	\	11.0%	\	15.7%

注：部分城市不公布规模以上工业增加值总量。

27个省会城市2012年及2013年规模以上工业增加值情况

单位：亿元

序号	城市	2013年		2012年	
		增加值	增速	增加值	增速
1	广州	4330.88	10.2%	4256.67	10.6%
2	沈阳	3522.2	10.0%	3304.7	11.0%
3	武汉	3113.2	11.7%	2711.5	15.2%
4	成都	2917.6	13.4%	2589	17.2%
5	郑州	2857.7	11.3%	2613.8	17.2%
6	南京	2842.83	11.2%	2572	11.1%
7	长沙	2593	14.0%	2309	16.8%
8	杭州	2523.88	8.0%	2393.6	10.9%
9	长春	2103.3	10.2%	1822.3	11.0%
10	合肥	1907	14.4%	1653.5	17.4%
11	石家庄	1750	11.0%	1800.2	13.5%
12	福州	1665.4	13.7%	1436.4	15.1%
13	西安	1265.64	15.4%	1144.29	13.0%
14	南昌	1159.48	12.9%	967.3	14.8%
15	济南	\	11.3%	\	10.1%
16	南宁	777.5	16.6%	633.67	22.0%
17	太原	771	10.1%	770	13.2%
18	哈尔滨	767	11.1%	677.4	10.0%
19	乌鲁木齐	\	\	750	15.5%
20	兰州	575.1	14.2%	538.15	11.5%
21	贵阳	551	16.0%	480.23	22.1%
22	西宁	380.38	18.3%	323.14	15.1%
23	银川	192.16	12.4%	430	16.0%
24	海口	133.81	6.0%	126.47	9.3%
25	昆明	\	11.0%	\	15.7%
26	呼和浩特	\	18.1%	\	11.0%
27	拉萨	\	\	\	\

注：部分城市不公布规模以上工业增加值总量。

2013年全部工业占GDP比重

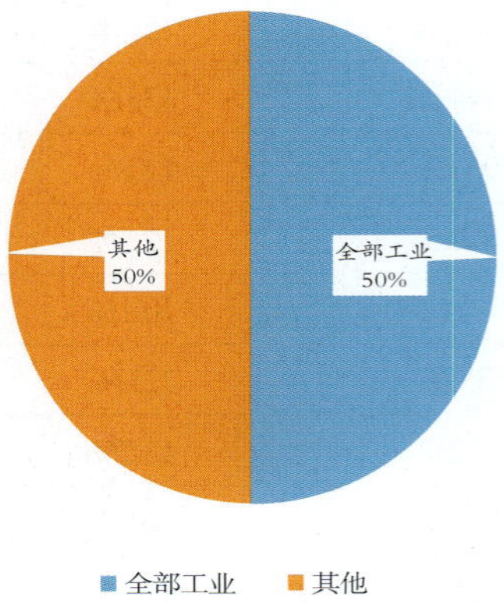

2013年，郑州市全部工业增加值达到3100亿元，占全市生产总值的50%，较2012年下降1.8个百分点。

2013年，全市规模以上工业完成增加值2857.7亿元，同比增长11.3%，高出全国平均增速（9.7%）1.6个百分点，低于全省平均增速（11.8%）0.5个百分点，低于全年增速17%的目标5.7个百分点。其中，12月规模以上工业增加值增速达到12.8%，为全年单月最高，高出全国平均增速（9.7%）3.1个百分点，高于全省平均增速（12%）0.8个百分点。

2013年，全市规模以上工业完成主营业务收入10989.35亿元，同比增长15.1%；规模以上工业企业实现利润948.2亿元，同比增长7.3%，与全年增长9%的目标差1.7个百分点。

【工业增速态势】 2013年，郑州市工业企稳回升特征明显，工业增速稳中有升。1-3月，受工业用电量下降明显、重点企业增速乏力、整体市场需求疲软等因素影响，全市工业经济呈现低速增长，增速仅为10.5%。4月以后，规模以上工业累计增速持续平稳保持在10.8%左右，直到9月开始回升；单月增速从6月以来持续回升，7月、8月均达到10.8%。进入9月，市工信委全力开展稳增长调结构百日攻坚行动，深入贯彻落实省、市两级工作部署，把稳定经济运行、促进工业经济平稳较快增长作为首要任务，紧紧抓住最后100天左右的时间，全力稳增长，着力调结构，强化措施，克难攻坚。在百日攻坚行动大力推动下，汽车等行业开始加速，累计增速逐步攀升，1-9月达到11%，1-10月为11.2%，1-11月为11.2%，1-12月为11.3%；单月增速也从9月的11.4%，逐步上升至12月的12.8%，为全年单月最高增速。

2013年单月规模以上工业增加值及增速

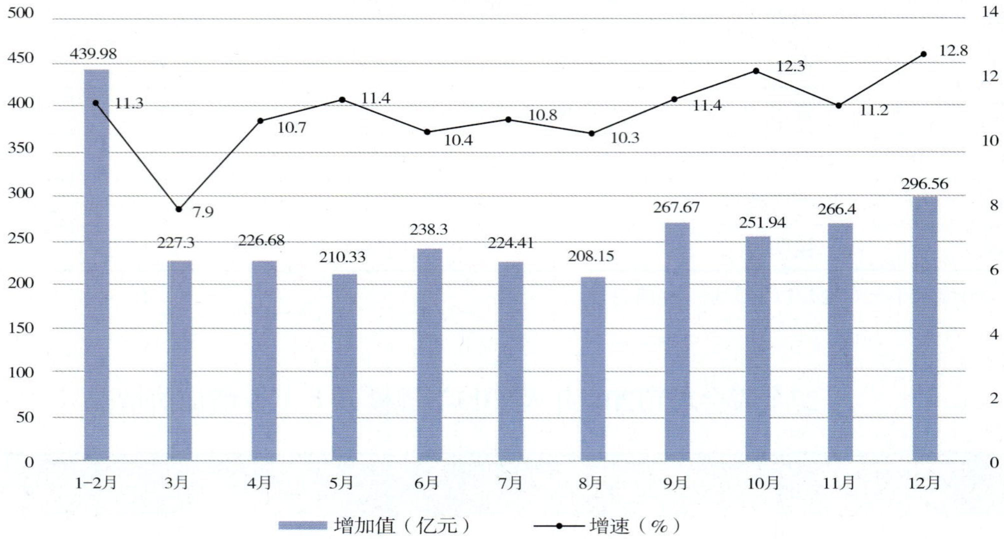

【工业经济运行特点】 工业经济稳中向好。2013年，郑州市工业经济增长相对平稳，并呈逐步向好之势。一季度工业经济累计增速仅为10.5%，为全年最低。此后的5月、6月、7月、8月，累计

2012-2013年累计工业增加值及增速

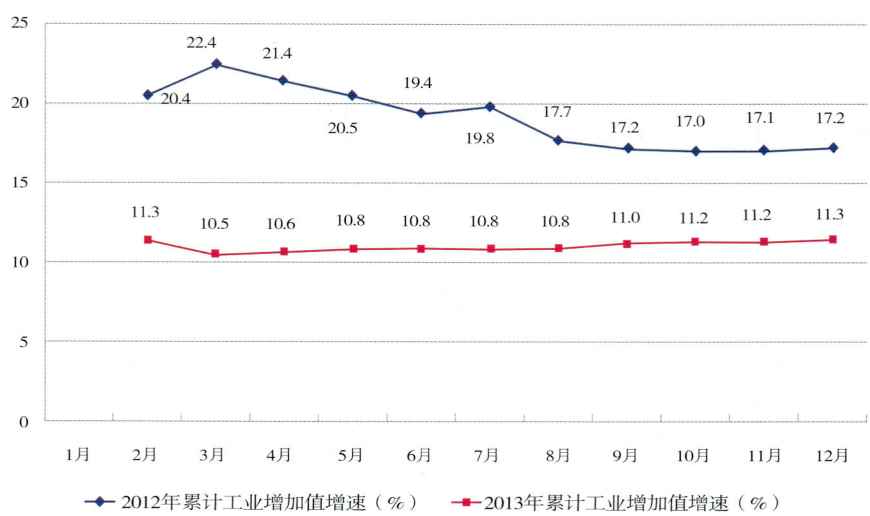

增速连续4个月平稳保持在10.8%，此后回升态势有所增强，特别是通过开展工业经济稳增长调结构百日攻坚行动，单月增速逐月回升，由8月的10.3%，逐步上升至12月的12.8%，累计增速也由1-8月的10.8%，逐步回升到1-12月的11.3%。

工业结构调整步伐加快。高技术产业比重提高。2013年全市高技术产业增加值占全市的比重为12.6%，比2012年提高2个百分点；六大高耗能行业比重下降。2013年，煤炭开采和洗选业、化学原料和化学制品制造业、非金属矿物制品业、黑色金属冶炼及压延加工业、有色金属冶炼及压延加工业、电力、热力生产和供应业等六大高耗能行业增加值占全市工业的比重为45.5%，比2012年下降1.7个百分点；工业七大主导产业比重稳步提高。2013年工业七大主导产业占全市工业的比重为67.6%，比2012年提高3.6个百分点。

企业效益回升明显。2013年初，受市场需求不足、企业成本费用与应收账款增多等因素影响，规模以上工业实现利润增速逐步下降至1-4月的-3.9%。但随着市委、市政府促有效投资和发展实体经济等一揽子政策效应逐步显现和工业经济稳增长调结构百日攻坚行动的大力推进，工业企业效益逐步回升，1-6月由负转正达到2.3%，1-8月为4.1%，1-9月为4.9%，1-10月为5.5%，全年上升到7.3%。

主导行业支撑作用增强。2013年，由于措施得力，工业主导行业发展迅速，对全市工业贡献进一步增强。全年七大工业主导产业完成规模以上工业增加值1932.11亿元，同比增长13.6%，高于全市平均增速2.3个百分点，对工业增长的贡献率达到80.4%，拉动工业增长9.1个百分点。

大企业培育效果显著。2013年，大中型企业完成规模以上工业增加值1922.68亿元，同比增长12.9%，高于全市平均增速1.6个百分点，占全市工业的67.3%，比2012年（63.9%）提高了3.4个百分点。其中，鸿富锦精密电子（郑州）有限公司销售收入突破1700亿元，郑州供电公司、登封电厂集团有限公司和广州风神汽车有限公司郑州分公司销售收入首次突破200亿元，格力电器（郑州）有限公司销售收入首次突破100亿元，有力推动了工业经济平稳健康发展。

工业发展后劲增强。2013年，面对经济下行压力增大的不利局面，全市上下在做好稳增的同时，把招商引资工作放在了更加突出位置，积极为工业发展储备力量。市工信委全年先后走访国内外500强企业、行业20强企业360余家（次），多次举办集中签约仪式活动，共签约项目107个，签约金额1819.87亿元，其中工业项目70个，签约金额1059.4亿元。

【工业用电】 2013年，全市完成发电量508.84亿千瓦时，同比增长14.35%，增幅比2012年的15.8%回落1.45个百分点；全社会用电量504.92亿千瓦时，同比增长5.3%，增幅比2012年的5.16%回升0.14个百分点；工业用电量342.32亿千瓦时，同比增长2.64%，增幅比2012年的2.32%回升0.32个百分点；工业用

2013年单月工业用电量增幅及单月工业增加值增幅

2013年累计工业用电量增幅及累计工业增加值增幅

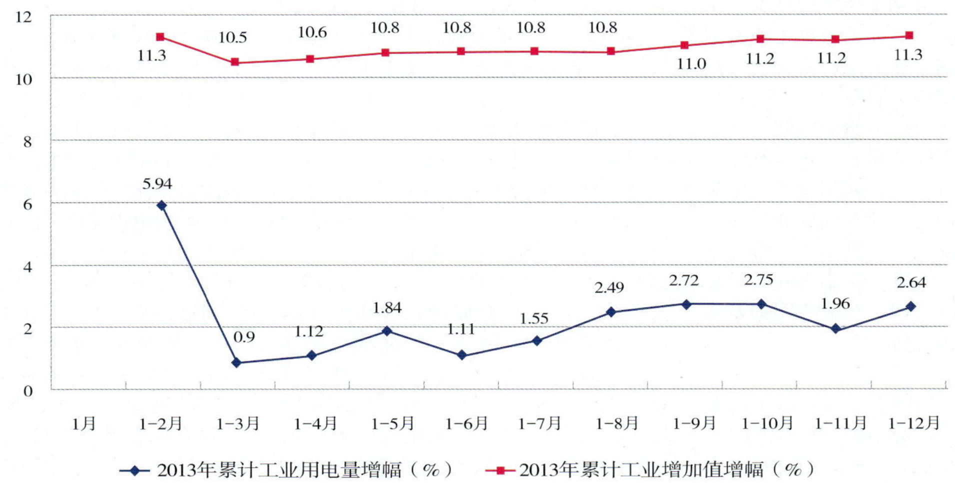

超百亿元企业2012年及2013年销售收入情况

序号	企业名称	销售收入（亿元）	
		2012年	2013年
1	鸿富锦精密电子（郑州）有限公司	1188	1712.4
2	河南中烟工业有限责任公司	395.3	430.08
3	郑州宇通集团有限公司	302	330.58
4	郑州煤炭工业（集团）有限责任公司	340	295
5	郑州供电公司	188	233.8
6	登封电厂集团有限公司	189	210
7	郑州日产汽车有限公司	87.8	109.3
8	广州风神汽车有限公司郑州分公司	171.3	205
9	郑州煤矿机械集团股份有限公司	102.95	85
10	华北石油局	131.84	135.94
11	格力电器（郑州）有限公司	30.16	103

电量占全社会用电量的比重为67.8%，比2012年的69.55%下降了1.75个百分点。

2013年，工业用电量一直维持较低增速。从3月开始，单月工业用电量出现正增长与负增长交替反复现象，3月、6月和11月3个月出现了负增长。3月后，累计工业用电量增速一直维持在不到3%的低位，低于全社会用电量增速，也低于工业增加值增速。工业用电量维持较低增速，对工业增速测算产生一定影响。

【大企业大集团培育】 2013年，郑州市的三全、好想你等37家企业入选省“双百”企业。格力电器（郑州）有限公司销售收入突破100亿，全市百亿企业达到11户（不含河南豫联能源集团有限责任公司）。分别是鸿富锦精密电子（郑州）有限公司、河南中烟工业有限责任公司、郑州宇通集团有限公司、郑州煤炭工业（集团）有限责任公司、郑州供电公司、登封电厂集团有限公司、郑州日产汽车有限公司、广州风神汽车有限公司郑州分公司、郑州煤矿机械集团股份有限公司、华北石油局和格力电器（郑州）有限公司。其中，鸿富锦精密电子（郑州）有限公司销售收入突破1700亿元，供电公司、登电集团和东风日产首次突破200亿元。

【招商引资】 2013年，郑州市工信委积极实施开放带动战略，抢抓国内外产业加快向中西部战略性布局的重大机遇，积极开展珠三角、环渤海大招商活动，拜访对接了华为、卡特彼勒等国内外500强、行业20强企业360余家（次），成功举办深圳知名企业家郑州行、珠三角项目集中签约仪式、环渤海项目集中签约仪式等重要活动，引进了一大批龙头型、基地型的重大产业项目。共签约主导产业项目286个，其中，珠三角和环渤海两个招商工作组签约金额超过2000亿元，成功引进比克新能源新材料产业园、与东风日产深化合作等一批“三力”型重大项目。大力实施创新驱动战略，在工业和信息化领域谋划和推进了一批重大创新项目，成功举办2013中国郑州科交会，对接项目1200余个，交易额超过400亿元。宇通客车、辅仁药业创建为国家级技术创新示范企业，新增市级企业技术中心66家。高新技术产值达到5008.8亿元，增长33.4%，占全市规模以上工业产值的41.8%，工业创新能力大幅提升。

【工业项目投资】 2013年，郑州市坚持把强化工业投资作为加快工业发展的关键举措，出台了关于进一步加快工业项目投资的意见，大力开展工业项目建设年活动。全年新开建重点工业项目247个，实现数量翻番。中牟、新郑等县（市）区积极开展项目集中开工仪式，推动项目早开工、早建成、早达产；登封、经开等6个县（市）区投资总量均超过100亿元。工业投资结构更趋优化，全年七大工业主导产业完成投资1065亿元，占全市工业投资总量的77.3%，比上年提高了6.1个百分点。

【工业结构调整】 2013年，郑州市坚持把优化结构作为新型工业化的主攻方向，着力优化组织结构、布局结构和产能结构，研究制定加快培育战略性企业（集团）行动计划，坚持“一区一主业”，大力推进航空城、科技城、汽车城建设，加快打造“6+2”千亿级产业基地，七大工业主导产业实现销售收入8000亿元，现代食品制造业销售产值首次突破千亿元，成为第4个千亿级产业。加快新型工业化产业示范基地建设，国家级示范基地达到2个，省级达到5个。狠抓节能降耗，实施重点节能项目38个，淘汰落后产能5.5万吨。全年万元工业增加值能耗下降5.4个百分点。

【县（市）区工业】 各县（市）区工业总量和增速排名情况。从总量看，2013年，巩义市规模以上工业增加值完成344.61亿元，工业总量在各县（市）区中保持第一。较上年的工业总量全市排名相比，上街区由第12位上升至11位，荥阳市由第5位上升至第4位，经开区由第9位上升至第7位，高新区由第11位上升至第10位；中原区由第10位下降到第12位，中牟县由第7位下降到第9位，登封市由第4位下降到第5位，其他县（市）区排名没有变化。

从增速看，2013年，综保区规模以上工业增加值增速为36.3%，工业增速在各县（市）区中保持第一。综保区、高新区、经开区、二七区和巩义市工业增速超过全市平均增速。较上年的工业增加值增速全市排名相比，二七区由第14位上升至第4位，金水区由第15位上升至第14位，中牟县由第11位上升至第10位，巩义市由第10位上升至第5位，登封市由第9位上升至第8位，经开区由第8位上升至第2位；中原区由第13位下降到第15位，管城区由第3位下降到第11位，上街区由第4位下降到第13位，惠济区由第11位下降到第12位，荥阳市由第5位下降到第8位，高新区由第2位下降到第3位。其他县（市）区排名没有变化。

各县（市）区2012年及2013年规模以上工业增加值情况

单位：亿元

县（市、区）	2012年				2013年			
	增加值	排序	增速	排序	增加值	排序	增速	排序
中原区	71.88	10	10.1%	13	57.19	12	3.5%	15
二七区	43.62	13	8.2%	14	47.42	13	12.7%	4
管城区	96.09	8	17.7%	3	97.81	8	8.8%	11
金水区	16.63	15	1.2%	15	15.45	15	5.9%	14
上街区	67.15	12	17.1%	4	69.01	11	6.6%	13
惠济区	21.89	14	13.0%	11	23.35	14	7.0%	12
中牟县	144.91	7	13.0%	11	90.71	9	10.0%	10
巩义市	320.10	1	13.4%	10	344.61	1	12.1%	5
荥阳市	275.84	5	14.6%	5	309.62	4	10.3%	8
新密市	303.34	2	13.9%	7	610.49	2	10.7%	7
新郑市	289.88	3	14.2%	6	309.92	3	11.0%	6
登封市	286.30	4	13.5%	9	277.00	5	10.3%	8
经开区	77.24	9	13.6%	8	166.55	7	15.8%	2
高新区	70.68	11	22.2%	2	78.80	10	15.5%	3
综保区	169.00	6	110%	1	261.40	6	36.3%	1

2013年各县（市）区规模以上工业增加值总量

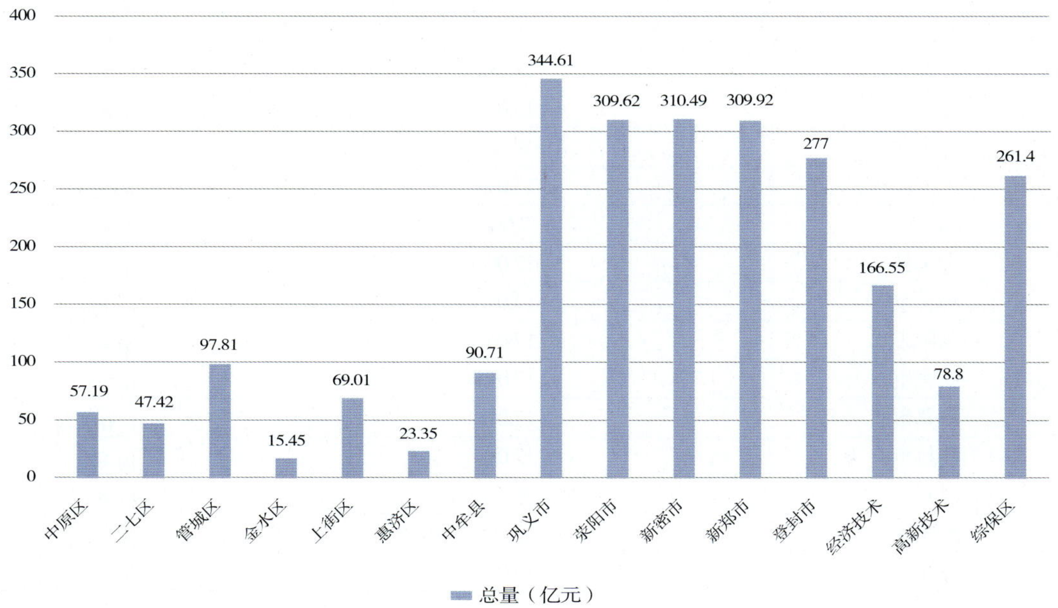

6个区2012年及2013年规模以上工业增加值情况

单位：亿元

县（市、区）	2012年				2013年			
	增加值	排序	增速	排序	增加值	排序	增速	排序
中原区	71.88	2	10.1%	4	57.19	3	3.5%	6
二七区	43.62	4	8.2%	5	47.42	4	12.7%	1
管城区	96.09	1	17.7%	1	97.81	1	8.8%	2
金水区	16.63	6	1.2%	6	15.45	6	5.9%	5
上街区	67.15	3	17.1%	2	69.01	2	6.6%	4
惠济区	21.89	5	13.0%	3	23.35	5	7.0%	3

6个县（市）2012年及2013年规模以上工业增加值情况

单位：亿元

县（市、区）	2012年				2013年			
	增加值	排序	增速	排序	增加值	排序	增速	排序
中牟县	144.91	6	13.0%	6	90.71	6	10.0%	6
巩义市	320.10	1	13.4%	5	344.61	1	12.1%	1
荥阳市	275.84	5	14.6%	1	309.62	4	10.3%	4
新密市	303.34	2	13.9%	3	310.49	2	10.7%	3
新郑市	289.88	3	14.2%	2	309.92	3	11.0%	2
登封市	286.30	4	13.5%	4	277.00	5	10.3%	4

3个开发区2012年及2013年规模以上工业增加值情况

单位：亿元

县（市、区）	2012年				2013年			
	增加值	排序	增速	排序	增加值	排序	增速	排序
经开区	77.24	2	13.6%	3	166.55	2	15.8%	2
高新区	70.68	3	22.2%	2	78.80	3	15.5%	3
综保区	169.00	1	110%	1	261.40	1	36.3%	1

各县（市）区2013年工业增速目标完成情况

县（市、区）	2013年目标	2013年增速
郑州市	17%	11.3%
中原区	7.0%	3.5%
二七区	11.0%	12.7%
管城区	15.0%	8.8%
金水区	持平	5.9%
上街区	13.0%	6.6%
惠济区	7.0%	7.0%
中牟县	17.0%	10.0%
巩义市	17.0%	12.1%
荥阳市	17.0%	10.3%
新密市	17.0%	10.7%
新郑市	17.0%	11.0%
登封市	17.0%	10.3%
经开区	20.0%	15.8%
高新区	22.0%	15.5%
综保区	35.0%	36.3%

（牛志永　屈本礼　邢清选　李　定　羊治勇）

七大主导产业

【概况】 2013年，七大工业主导产业完成规模以上工业增加值1932.11亿元，同比增长13.6%，高于全市平均增速2.3个百分点，占全市工业比重的68.8%，比上年提高了2.2个百分点，对全市工业增长的贡献率为80.4%，拉动全市工业增长9.1个百分点。

【汽车及装备制造业】 2013年，汽车及装备制造业完成工业增加值492.72亿元，同比增长10.7%，占全市工业的比重为17.2%，对全市工业增长的贡献率为18.5%，拉动全市工业增长2.1个百分点。2013年，全市汽车产量46.15万辆，同比增长25.5%，改装车产量2.22万辆，同比增长3.2%；全市矿山专用设备产量89.99万吨，同比下降15.1%；棉纺织设备产量13.92万吨，同比增长6.8%。

【电子信息产业】 2013年，电子信息产业完成工业增加值320.77亿元，同比增长33.9%，占全市工业的比重为11.2%，对全市工业增长的贡献率为32.6%，拉动全市工业增长3.7个百分点。2013年，全市手机产量9644.97万部，同比增长40.9%。

【新材料产业】 2013年，新材料产业完成工业增加值410.98亿元，同比增长12.3%，占全市工业的比重为14.4%，对全市工业增长的贡献率为17.6%，拉动全市工业增长2.0个百分点。2013年，全市耐火材料产量2897.58万吨，同比增长10.7%；磨具产量69.45万吨，同比增长18.0%。

【生物及医药产业】 2013年，生物及医药产业完成工业增加值31.17亿元，同比下降0.5%，占全市工业的比重为1.1%，对全市工业增长的贡献率为-0.1%，对工业的拉动点为0。

【铝及铝精深加工产业】 2013年，铝及铝精深加工产业完成工业增加值122.68亿元，同比增长9.9%，占全市工业的比重为4.3%，对全市工业增长的贡献率为4.5%，拉动全市工业增长0.5个百分点。2013年，全市氧化铝产量264.88万吨，同比增长4.7%；电解铝产量65.16万吨，同比下降6.6%；铝材产量375.31万吨，同比增长15.7%。

【现代食品制造业】 2013年，现代食品制造业完成工业增加值501.34亿元，同比增长8.1%，占全市工业的比重为17.54%，对全市工业增长的贡献率为7.9%，拉动全市工业增长0.9个百分点。2013年，全市卷烟产量1712.96亿支，同比增长1.3%；速冻米面食品产量109.48万吨，同比增长11.1%；方便面产量29.02万吨，同比下降3.1%；软饮料产量344.69万吨，同比增长34.7%。

【家居和品牌服装制造业】 2013年，家居和品牌服装制造业完成工业增加值52.45亿元，同比下降3.5%，占全市工业的比重为1.84%，对全市工业增长的贡献率为-0.8%，下拉全市工业增长0.1个百分点。2013年，全市服装产量1.56亿件，同比增长3.7%；纱产量5.28万吨，同比下降20.9%。

2012年七大主导产业增加值比重

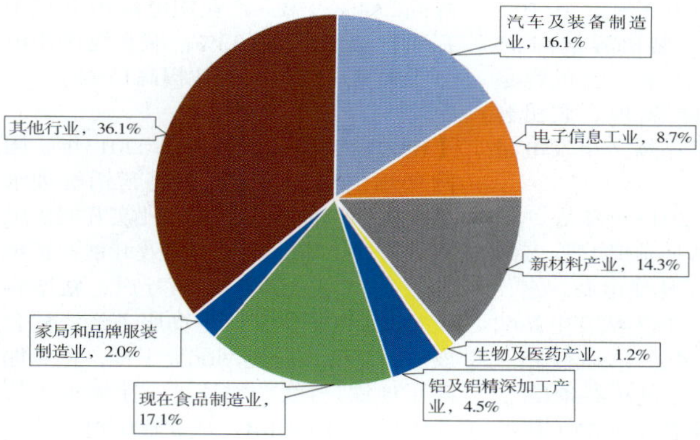

2013年七大主导产业增加值比重

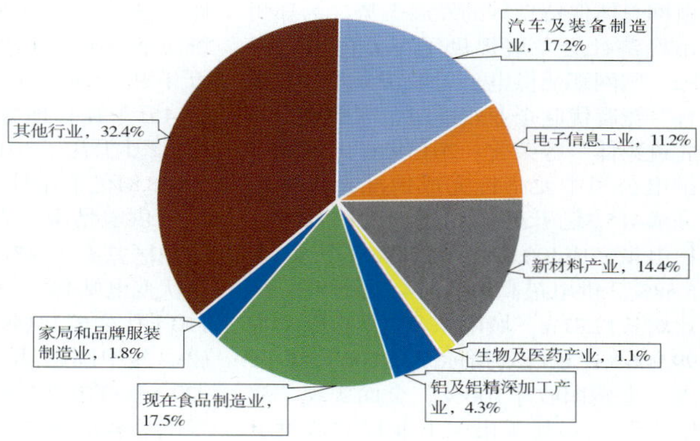

2012年全市汽车企业产量比重

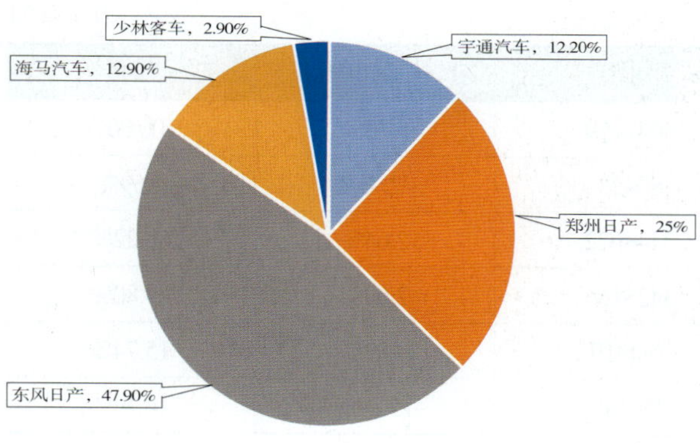

2013年全市汽车企业产量比重

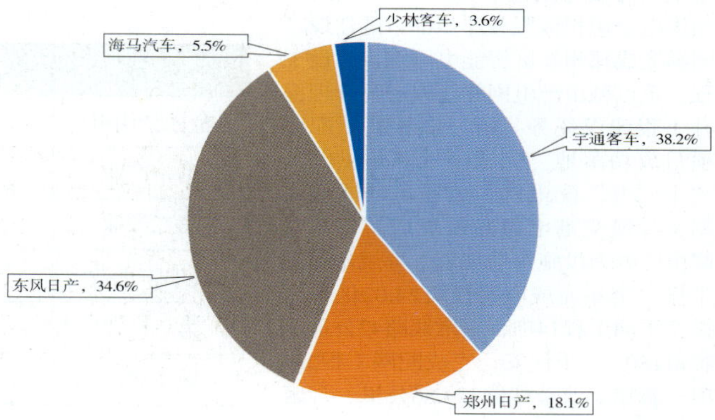

2013年工业七大主导产业主要指标

单位：亿元

七大主导产业名称	增加值总量	增加值增速	增加值比重	增加值贡献率	增加值拉动点	销售收入总量	销售收入增速
七大主导产业合计	1932.11	16.1%	67.6%	80.4%	9.1	7682.06	18.8%
汽车及装备制造业	492.72	10.7%	17.2%	18.5%	2.1	2111.77	16.5%
电子信息产业	320.77	33.9%	11.2%	32.6%	3.7	2017.91	36.8%
新材料产业	410.98	12.3%	14.4%	17.6%	2.0	1551.62	15.9%
生物及医药产业	31.17	–0.5%	1.1%	–0.1%	0.0	113.67	–1.0%
铝及铝精深加工产业	122.68	9.9%	4.3%	4.5%	0.5	865.77	10.3%
现代食品制造业	501.34	8.1%	17.54%	7.9%	0.9	810.30	11.6%
家居和品牌服装制造业	52.45	–3.5%	1.84%	–0.8%	–0.1	211.03	0.0%

（牛志永　屈本礼　邢清选　李　定　羊治勇）

电力工业

【概况】 2013年，国网郑州供电公司紧紧围绕市委、市政府“三大一中”战略定位及“三大主体”工作，紧盯安全生产、队伍稳定、优质服务核心目标，加快推进坚强智能电网建设，持续深化依法从严治企和规范管控，公司和电网总体保持良好的发展态势，为郑州市经济社会发展提供了可靠的电力保障。国网郑州供电公司荣获全国“安康杯”竞赛优胜企业八连冠、“中央企业先进集体”等荣誉。2013年，国网郑州供电公司主要指标完成情况：供电量完成415.3亿千瓦时，同比增长1.62%；售电量完成400.02亿千瓦时，同比增长5.58%。供电最高负荷814.2万千瓦，同比增长12.72%。城市综合电压合格率为99.966%，较计划指标提高0.063个百分点。电费回收率100%，全面实现“双结零”。六县（市）电业局完成供电量137.3亿千瓦时，同比增长5.15%；售电量129.96亿千瓦时，同比增长4.8%。2013年，国网郑州供电公司实现连续安全生产4580天。

【电网建设与改造】 2013年，国网郑州供电公司积极服务郑州都市区建设，圆满完成郑州新区智能电网综合建设工程、重点城市配电网建设改造与管理提升工程建设任务。哈－郑特高压配套项目成功落地。完成了《郑州供电区“十二五”配电网》《通信网滚动规划》《航空港电力专项规划》《郑州都市区电力设施布局规划》等规划编制工作。全年完成电网投资24.02亿元，投产主网工程14项，新增线路47公里、容量180.2万千伏安；完成配网工程236项，新建、改造线路324.56公里、台区382个，新增容量130.61万千伏安。完成1.5亿元大修技改任务。在市委市政府及有关部门的大力支持下，《改善民生、提升电力保障水平三年行动计划》有效落实，中心城区13座变电站落地取得突破性进展，其中10座变电站取得用地协议，部分变电站具备建设条件。

【电力供需完成情况】 发电情况。截至2013年年底，郑州地区共有发电厂16座，装机总容量766.1万千瓦。其中，统（省）调电厂9座，装机容量737.5万千瓦；地方小火电5座，装机容量21.4万千瓦；地方新能源2座，装机容量7.2万千瓦。2013年郑州全市发电量为508.84亿千瓦时。

供电情况。截至2013年年底，郑州地区共有±800千伏换流站1座、500千伏变电站4座、220千伏变电站28座、110千伏变电站149座、35千伏变电站62座。其中国网郑州供电公司运行35—220千伏变电站239座，主变压器469台，变电总容量2632.6万千伏安，35千伏及以上线路775条，长度5219.13公里。

用电负荷情况。2013年，郑州地区最大负荷814万千瓦，出现在8月7日，较上年最大负荷增长12.7%。全年呈现夏冬两季负荷增长迅速，春秋两季节负荷较低的特点，主要原因是郑州地区夏季降温和冬季取暖负荷较大。

【郑州市全社会用电量情况】 2013年，郑州市全社会用电量504.92亿千瓦时，同比提高5.3%。其中，第一产业用电量8.04亿千瓦时，同比降低2.75%；第二产业用电量344.47亿千瓦时，同比提高2.64%；第三产业用电量79.49亿千瓦时，同比提高9.32%；城乡居民用电量72.91亿千瓦时，同比提高15.84%。

【电力营销和优质服务】 2013年，国网郑州供电公司全面提高营销管理水平，各项指标顺利完成。扎实开展供电服务提升工程，规范、高效开展业扩报装服务，完成送电10.74万户，新增容量233.17万千伏安。主动服务经济社会发展，高效实施电网配套工程，重点保障了地铁1号线、物流港、宇通重工等一大批项目的用电。成立输配电线路迁建办公室，全力配合“畅通郑州”等各项民生实事工程建设，完成了郑开城市轻轨、三环快速路等55个项目的电力迁

郑州市2013年全社会用电情况

单位：万千瓦时

类别	用电量	同比增长	结构
全社会用电	5049159	5.30%	100.00%
第一产业	80423	–2.75%	1.59%
第二产业	3444672	2.64%	68.22%
其中：工业	3423165	2.64%	67.80%
第三产业	794919	9.32%	15.74%
城乡居民	729145	15.84%	14.44%

改任务。积极配合新能源汽车推广应用城市申报工作，编制了《充换电基础设施建设方案》，商都路、博学路换电站项目开工准备基本就绪。高效服务分布式电源发展，共受理分布式电源项目28项，已并网8户、容量6214千瓦，上网电量190万千瓦时。重新核定了143个重要用户名单，对机场、煤矿、医院、监狱等重要用户开展了隐患排查治理专项行动，有力保障了重要用户供电安全。营销服务方面，完善了稽查监控、明查暗访和第三方评价“三位一体”的供电服务核查机制，公司行风评议连续5年位居全市公共服务行业首位。

【农电工作】 2013年，郑州市6家县级供电企业国有产权无偿划转申报资料顺利通过国务院国资委审核，圆满完成划转任务，国网郑州供电公司对6家县级供电企业全部实行直管，为进一步理顺农电管理关系夯实了基础。国网郑州供电公司深入实施“新农村、新电力、新服务”战略，农电整体素质三年提升工程全面完成，农电综合管理水平稳步提升。完成2013年新一轮农网改造任务，新增110千伏变电站1座，10千伏线路379.2公里，新建改造台区125个。

【依法治企和规范管控】 2013年，国网郑州供电公司积极贯彻落实中央“八项规定”，制定了公司加强思想道德作风纪律建设的30条实施细则，主动整顿会风、文风，改进调查研究，厉行勤俭节约。开展了反腐倡廉教育月系列活动，启动了“百日整改”专项活动，全面加强廉政建设。深化降本增效，通过加大反窃电力度、加强工程管理、积极节能降耗、严控“三公”消费等措施，降本增效工作取得显著成效。

【科技创新】 2013年，国网郑州供电公司全面加强科技创新工作，全年获得省、部级科技进步奖2项，省公司科技进步奖6项，获得发明专利3项、外观专利2项、实用新型专利281项。积极开展QC活动，2项成果获国优称号，1个班组获“全国质量信得过班组”称号。开展技术创新和劳动竞赛，3人获郑州市技术状元、12人被评为技术标兵。

【安全生产】 2013年，国网郑州供电公司扎实开展“安全管理提升”活动，通过开展安全大检查、专项隐患排查治理、反违章纠察等活动，整改各类隐患38项，电力生产全过程安全风险防控力度不断加大。精心编制和落实度夏方案，强化协同联动，成功应对814.2万千瓦大负荷考验，确保了电网安全运行和电力可靠供应。《郑州市电力设施和电能保护办法》正式出台，为电力设施保护工作提供了有力支撑。

（施顺玉）

国网郑州供电公司全力服务郑州轨道交通1号线建设，全力助推“畅通郑州”工程

食品工业

【概况】 2013年，郑州市规模以上食品企业总数达到201家。全市规模以上食品工业完成增加值501.34亿元，同比增长8.1%，对全市工业增长的贡献率为7.9%，拉动全市工业增长0.9个百分点。全市规模以上食品工业实现主营业务收入810.3亿元，同比增长11.6%。实现利税总额191.39亿元，同比增长5.5%，其中实现利润总额80.81亿元，同比增长7.2%。

2013年，全市规模以上食品工业主要产品产量：精制食物植物油完成41.18万吨，同比增长33.2%；速冻米面食品完成109.48万吨，同比增长11.1%；方便面完成29.02万吨，同比下降3.1%；啤酒完成63.57万升，同比增长8.6%；小麦粉完成230.12万吨，同比增长17.7%；饲料完成266.54万吨，同比下降6.7%；软饮料完成344.69万吨，同比增长34.7%；卷烟完成1712.96亿支，同比增长1.3%。

【行业运行特点】 企业规模进一步扩大，行业集中度逐步提高。2013年，郑州市优势食品企业积极实施兼并重组战略，加快规模扩张的步伐。三全食品通过收购龙凤食品，完善了市场布局，增强了市场竞争力，进一步扩大了市场份额，在全国速冻食品市场占有率将超过30%，突显了中国速冻食品行业的“排头兵”与郑州市食品工业“领头羊”的地位。依托三全、思念、胖哥等知名速冻食品企业，郑州市已成为全国速冻食品最大的生产基地。白象集团开展多元化经营，积极进军饮品行业。充分利用方便面经销资源、经验和白象品牌的影响力，瞄准三到五线市场，谋划一二线市场，推出了长白山核桃露、山泉水、绿茶、冰糖雪梨等4种品类饮品。

项目建设进一步加快，行业优势不断提高。2013年，双汇食品工业园年屠宰200万头生猪项目、益海嘉里粮油加工项目、中粮郑州产业园项目等重点食品工业项目陆续完工、投产见效，进一步提升了郑州市面粉、油脂及肉制品加工业的优势。随着顶新国际集团扩大再投资项目、雅士利（郑州）工业园项目、河南中烟年产130万箱以上卷烟项目等重大项目的建成达产，将成为郑州市食品工业可持续发展的强有力支撑。

产业升级进一步加速，市场竞争力不断提高。2013年，郑州市食品工业不断加大产业结构调整力度，运用高新技术改造提升传统产业，着力拉长产业链，增加产品附加值，提高市场占有率，相续建设成了国际一流、国内领先的三全食品综合基地、思念新工业园等速冻食品加工生产基地。

品牌建设进一步加强，行业影响力持续提升。积极实施品牌战略，不断加大重点食品企业培育名牌和产品创新的力度，以优势促名牌，以名牌带优势。2013年，郑州市有“庆文”“真的常想你”等5个商标荣膺省著名商标，天地人面粉、博大面业、胖哥食品的饺子粉、春卷粉、荞麦面、芝麻球等共9个专用面粉、速冻食品产品成功通过国家A级绿色食品认定。好想你枣业、三全食品成功入选“2012我心中的郑州市十大城市品牌”，食品工业已经成为展示郑州工业形象的明星窗口。

【宣传工作】 2013年，郑州市工信委采取多种方式加大食品行业宣传力度，进一步提高品牌产品影响力。通过编纂和提供《2013年郑州农村发展报告》食品篇、《关于加快发展都市型现代农业进一步增强农村发展活力的实施意见》

农业产业化部分等材料，积极宣传郑州市食品工业发展情况。组织全市食品企业参加2013第四届中国威海国际食品博览会、2013第八届烟台东亚国际食品交易博览会、第二十二届中国（武汉）食品博览会；组织郑州市政府代表团参加齐齐哈尔第十三届中国绿色（有机）食品博览会及2013年豫台食品产业项目专题对接洽谈活动，不断提高郑州市食品企业品牌知名度。认真组织做好中博会客商、深圳企业家代表团、齐齐哈尔政府代表团、新疆建设兵团等兄弟省市来郑州市三全、思念、白象、好想你等著名食品企业的参观考察接待工作，进一步扩大郑州市食品工业的影响力。

【食品诚信体系建设】 2013年，市工信委继续加强食品诚信体系建设，进一步保障食品安全。一是根据省工信厅、市委、市政府要求，设置宣传展板与横幅，组织企业参加全省和全市2013年食品安全宣传周启动仪式。邀请专家并组织重点企业召开郑州市食品工业诚信管理体系建设推介座谈会。组织全市乳制品企业参加河南省乳制品企业质量安全诚信宣言活动，做好2013年食品安全宣传周系列活动。二是向企业发放诚信管理体系相关资料、书籍和光盘，积极联系食品工业诚信管理体系评价机构，筛选优秀食品企业，推进郑州市食品工业诚信管理体系试点建设工作。三是建立县（市）区及重点肉制品企业联络人名单制度，及时掌握疫情防控工作和生产经营情况，做好全市人感染H7N9禽流感疫情防控信息报送工作。四是配合省工信厅做好三鹿奶粉事件赔偿金发放情况汇总上报及信息台账的移交工作。

【重点项目建设】 2013年，郑州市工信委突出食品工业项目建设，着力增强行业发展后劲。建立郑州市食品工业34个上亿元重点项目台账，及时掌握和了解重点项目建设情况。加强调研督导，重点监测顶新国际集团扩大再投资、花花牛年产40万吨乳制品等重点项目建设进度，做好跟踪服务，争取签约项目早开工、已建项目早达产见效、洽谈项目早落地。

重点在建项目建设情况。（1）河南中烟新郑州卷烟厂技术改造项目：年产卷烟130万箱以上，计划投资41.8亿元。土建工程基本完成，联合工房室内公用配套安装工程基本完成，进入全面收尾阶段，制丝线及物流设备安装基本完成，进入质量试验和设备单机调试阶段，全年累计完成投资29亿元。（2）郑州双汇食品工业园项目：计划投资12.5亿元，一期年屠宰200万头生猪项目于2011年竣工投产，二期年产23万吨肉制品项目预计2014年2月完工。（3）河南花花牛生物科技有限公司年产40万吨乳制品项目：计划投资10.5亿元，分两期建设日加工能力1200吨的乳制品生产线。一期工程设计日加工鲜奶600吨，主要生产高端酸奶、配方奶粉；二期工程设计日加工鲜奶600吨，主要生产奶酪、功能性乳品以及生物技术食品。截至2013年年底，厂房及办公楼正在紧张建设中。（4）顶新国际集团扩大再投资项目：计划投资21亿元，全年累计完成投资5.4亿元。一期饮料生产项目已投产，二期方便面生产项目正在进行车间内部装修，计划2014年8月开始试生产。（5）光明乳业日产300吨酸奶项目：占地6.67公顷，计划投资3.5亿元，截至2013年年底，土地附属物补偿及清理已完成，正在开挖地基。

（康新 部峰）

煤炭工业

【概况】 2013年，郑州市煤炭行业以安全管理为龙头，以技术支撑为保障，以隐患排查治理为主线，以“打非治违”为手段，夯实基层基础，推进产业升级，提升安全水平，全市煤炭行业经济运行平稳，安全生产形势基本稳定。截至2013年年底，全市辖区内共有煤矿222家，设计生产能力6666万吨/年。其中省骨干煤炭企业直属煤矿41家，兼并重组煤矿122家，比照省骨干煤炭企业安全管理7家，地方保留煤矿52家。全市煤矿（含巩义市）共生产原煤4084万吨，同比增长4.94%，占全省煤炭产量的28.3%，煤炭产量位居全省产煤地市的前列。其中，省骨干企业生产原煤2070万吨，同比增长0.15%；兼并重组煤矿生产原煤1092万吨，同比增长0.99%；地方管理煤矿生产原煤922万吨，同比增长2.9%，实现产值45余亿元，同比基本持平，原煤产量占全省地方煤矿产量的85%以上，位居全省地方管理煤矿产量的首位。

【网格化管理】 2013年，市煤炭局坚持把网格化管理作为行业管理和安全监管的平台、作为重要的工作抓手，进行了深化探索和实践，创建了“一网四线”和“五双”的行业管理新模式。在块的管理上实行“一网”，即分包网和网格化两网合一，按县（市）区划分3个区域，由班子成员分包并任组长，全体工作人员下沉到乡镇办，联系到矿，把安全监管工作纳入到网格内，由网格长负第一责任，统领区域内安全监管。在条的运行上实行“四线”，由各业务处室根据各自职责，分别承担相应责任。经济运行线，负责行业管理；安全监管线，负责安全监管；打非治违线，负责安全生产秩序；后勤保障线，负责保障工作规范化运行。在考核机制上实行“五双”，即每人实行“双岗、双责、双覆盖、双考核、双问责”，要求在做好本岗位工作的同时，还要做好网格内煤炭行业监管工作，使全局干部职工人人管安全，人人有担子、人人有责任。“一网四线”和“五双”的网格化管理运行机制深化了全体干部职工的责任心，调动了工作主动性和积极性，大家心往基层想、人往煤矿走、问题在现场解决，各项工作落实有力，运行规范。2013年，市煤炭局网格化管理共下沉人员3000余人次，巡查、检查、验收煤矿1000多矿次，查处安全隐患7400多条，促进了煤矿安全生产形势持续稳定好转。

【煤矿安全监管】 2013年，市煤炭局集中开展了4次安全大检查，开展了“一通三防”、雨季“三防”及防治水、高突矿井、教育培训等专项检查，开展了隐患排查治理情况“回头看”活动，加强了矿井瓦斯、水害、火灾等自然灾害的治理，共查处安全隐患6000多条。引进并建立了风险预控体系。选取登封市向阳煤业和兴峪煤业作为风险预控体系建设示范矿井，在全市强力推进。截至2013年年底，全

副市长马健到煤矿检查指导工作

市60多家复工复产的煤矿已全部建立了风险预控体系，实现了源头预防、过程控制，有效提升了煤矿企业安全生产管理水平。创新推行隐患“双倒查”机制。就是对安全隐患产生的原因和责任两个方面进行倒查，深刻分析产生的原因，严厉追究相关责任人，发挥警示和教育作用。在四季度的复工复产验收中，落实隐患“双倒查”制度，共倒查隐患1200多条，600多名煤矿安全管理人员受到处罚。

【瓦斯和水害治理】 2013年，市煤炭局成立煤矿瓦斯防治领导小组办公室，加大高突矿井瓦斯、水害治理管理力度。指导矿井补充完善了《矿井瓦斯地质图》，对高突矿井逐个进行安全会诊，开展了2次全市煤矿瓦斯治理专项检查和1次矿井水害防治专项检查，提升了矿井防灾、抗灾能力。指导地方煤矿企业加强防治水工作，完成了全市地方煤矿《矿井水文地质类型划分》。指导新丰煤矿、陈楼一三煤矿编制完成了《矿井水害防治（带压开采）安全技术措施》。分别举办了瓦斯和水害防治专业技术培训班，培训专业技术人员260余名。

【煤矿事故】 2013年，郑州市地方煤矿发生死亡事故1起，死亡1人，死亡人数比市政府下达的控制指标低93个百分点；煤炭百万吨死亡率0.11，比市政府下达的控制指标低70个百分点。杜绝了3人以上较大事故，煤矿安全生产形势保持了稳定向好的态势。

【采掘机械化、现代化工艺应用】 2013年，全市有16家地方煤矿采用综采工艺，30家煤矿正在使用综掘工艺或已购置综掘设备，采用综采综掘的煤矿占全市52家地方煤矿的88%。地方煤矿全部淘汰单体柱放顶煤采煤工艺。积极引导地方煤矿对主提升绞车、空压机等主要设备进行变频技术改造，全年主要设备实现变频控制的煤矿数量新增15家，陈楼—3煤矿地面变电所实现了无人值守、自动控制。

【安全质量标准化建设】 2013年，市煤炭局认真贯彻落实国家煤炭局新颁布的安全质量标准化新标准，先后组织两次共20人参加国家局举办的煤矿安全质量标准化培训，组织71人分3期参加了省工信厅举办的煤矿安全质量标准化培训，编印《郑州市煤矿安全质量标准化工作手册》1100余册。全市地方煤矿企业累计投入5000多万元，对设备设施进行升级改造，安装全质量标准化信息管理系统软件45套，实现了省、市、县、企业联网运行，质量标准化建设取得了显著效果。经初步验收，全市符合生产条件的41家地方煤矿全部达到国家煤矿安全质量三级标准，其中申报一级标准的有8家，申报国家二级的有25家。登封市金岭煤业成为全省第一家、也是唯一一家获得一级“五优”矿井荣誉称号的地方煤矿，实现了“五优”矿井创建零突破。

煤矿应急救援演练

【从业人员教育培训】 2013年，全市地方煤矿共组织开展培训3万余人次，发放安全培训合格证2.6万余人；组织参加省煤炭局“五职”矿长任职资格培训66人次、年审考试129人；组织煤矿特种作业人员培训1831人；一线安全监督员培训1247人；与14家煤矿企业开展校企联合办班，培训4909人。6个地方主体煤炭企业和1家单独保留矿井建成培训实操基地。郑州市煤矿职业技能鉴定站顺利通过了国家人社部质量体系认证评审验收，成为全国第一家通过评审认证的地市级煤炭管理部门鉴定机构。

【煤炭企业打非治违工作】 2013年，市煤炭局积极宣传贯彻《保护矿工生命七条规定》，提高煤矿企业遵纪守法意识。部署开展“十个一”活动，发放宣传手册600余本。举办了以“守规尽责，保护生命”为主题的演讲比赛。成立市煤炭企业“打非治违”工作领导小组，制定《郑州市煤炭企业“打非治违”工作方案》，在春节、全国“两会”、清明、“五一”“十一”、停工停产整顿期间等重点时段，加强督察、夜查、暗访，共督察煤矿2000余矿次，对17家存在违法行为的煤矿实施了行政处罚，罚款33.9万元，有力打击了非法违法行为，安全生产秩序得到进一步规范。

【煤炭行业行政审批改革】 2013年，郑州市推行第十轮行政审批制度改革，根据法律法规和全市改革方案，取消了煤炭生产许可证和煤炭经营许可证行政审批事项，按规定上解了开办煤矿审批，并承诺对上解的事项，只登记，不做实质性审查，保证2个工作日内报送省有关部门，争取当天报送。

【煤炭运销管理】 2013年，市煤炭局加强煤炭运销管理，积极引导督促煤炭生产，确保全市煤炭供应。及时发布全市煤炭工业经济运行信息。根据全市煤炭产运销情况，每月按时发布全市煤炭产运销信息及煤炭市场形势预测，每季度对全市煤炭工业经济运行情况进行分析并及时发布，为煤炭工业发展提供决策依据。做好煤炭运输计划上报。按照先重点后一般，先满足市内需求、再满足省内需求，最后满足省外需求的原则，合理平衡电煤运输计划。全年共汇总上报煤炭铁路运输计划610万吨，其中，省内电煤运输计划330万吨，省外电煤运输计划280万吨，基本满足了省、市内电煤需求。在7-11月用煤高峰期，共为全市煤炭经营企业和电力企业协调电煤35万吨。

【应急救援体系建设】 2013年，郑州市紧急避难硐室建设全部完成。全市52家地方煤矿中生产矿井和联合试运转矿井井下紧急避险系统全部建设到位，共建设永久避难硐室48个，临时避难硐室4个，在全省省辖市中率先完成了紧急避难硐室建设任务。郑州市煤炭局强化应急救援体系建设。积极开展预防性安全检查，帮助煤矿企业排查安全隐患778条。加强煤矿应急预案管理，设立了应急调度室，实行24小时应急调度。举办了以“一切从实战出发，坚决保护矿工生命”为主题的模拟煤矿火灾事故应急救援实战演练，参与人员达400多人，通过演练进一步检验和锻炼了队伍，提升了应急救援队伍的实战能力。强力推进辅助救护队建设完善工作，在原有基础上增加人员、增加装备和规范管理，确保关键时刻拉得出、打得赢。

（李世伟）

烟草工业

【概况】 2013年，郑州市烟草系统提高营销水平，合理投放货源，卷烟销量持续增长，全年销售卷烟38.2万箱，同比增长2.67%。实施精准营销，着力培育品牌，销售结构进一步提升，一二类烟销售比重达到24.65%，同比提高2.07个百分点；三类烟销售比重达到63.49%，同比提高7.79个百分点；卷烟单箱销售收入（不含税）23657元，同比增长8.27%。开展网络营销，推进现代零售终端建设，网上订货率达到89.8%。优化烟田布局，严格落实合同，扎实开展"质量信誉年"活动，完成0.93千公顷种植计划，收购烟叶3.04万担，占计划的98.2%。

【专卖管理】 2013年，市烟草局积极推行"APCD"工作法，加强分类动态管理，提高市场日常监管水平。坚持同公安、工商、检察院和法院等执法部门的联合执法协作机制，形成了强大的打假合力；强力开展"春雷"专项行动，加大对网络案件的侦办力度，侦办网络案件8起，其中符合国家局网络案件标准的6起，符合省局网络案件标准的2起。全年共查处各类违法案件2794起，查获违法卷烟1786箱，依法拘留68人、逮捕36人、判刑23人。

【企业管理】 2013年，市烟草局从制度建设入手，修订完善了《郑州烟草制度汇编》共计20章136项制度，内部管理进一步趋于规范。认真研究分析经济运行工作，建立重点工作台账，经济运行质量和重点工作推进得到提升和落实。严格预算管理，控制重点费用，三项费用率同比下降0.76个百分点；认真贯彻落实中央八项规定，压缩可控费用，2013年业务招待费同比下降25.24%、会议费同比下降74.1%、差旅费同比下降51.66%、宣传费同比下降13.14%。加强机关管理，实行全员目标考核，营造了积极向上、干事创业的工作氛围。落实安全生产责任制，签订目标责任书，顺利通过安全生产标准化二级达标验收，全年安全生产经营无事故。严格落实信访稳定工作责任制，建立健全稳控工作机制和应急处置机制，及时化解不稳定因素，保持了企业和谐稳定。

查获假冒香烟

【规范经营】 2013年，市烟草局严格执行"六个严禁、一个严控"的工作纪律，认真开展自查自纠，卷烟经营行为进一步规范。健全内管、法规机构，落实内管责任，突出对"两烟"经营重点环节的监管，加强对属地工业企业的监管，有效杜绝不规范经营行为。加强审计监督，全年完成审计项目59个，促进增收节支104.8万元。坚持"真招实招，应招尽招"原则，完善招标采购管理办法，保证了物资（服务）采购、工程投资的规范开展。

【队伍建设】 2013年，市烟草局坚持把贯彻十八大精神作为首要政治任务，扎实开展学习活动。深入开展"改进作风年"暨"四个三"集中教育活动，队伍作风明显改善。根据工作需要，合并、优化、调整机关处室职能和人员，提升机关管理效率。严格落实"一岗双责"，开展"廉政亲情寄语"活动，做好廉政风险防控工作，全年开展警示教育3次，邀请专家授课1次。严格落实中央八项规定，强化"三重一大"事项的监督。深入开展企业文化建设，成立"星天使"文体俱乐部，丰富职工文体活动。高度重视政风行风评议工作，采取多种形式，广泛征求社会各界的意见和建议，公开服务承诺，主动接受社会各界的监督，树立行业的良好形象。

（马书伟）

服务业

商贸流通

商业贸易

【概况】 2013年，全市商贸流通业（含商贸业和物流业）完成增加值942亿元，占第三产业增加值的33.6%，对GDP贡献超过15%。社会消费品零售总额完成2586亿元，同比增长13%，完成额占全省1/5以上，居中部省会城市第三位。引资拉动作用增强，招商引资实际到位资金1700亿元，占全市固定资产投资的38.6%，同比增长29.3%，其中，实际利用外资33.2亿美元，占全省1/4以上，居中部省会城市第三位、全国省会城市第八位，引进市外境内资金1497.3亿元，同比增长36.2%。外贸进出口总额完成422亿美元，同比增长19.5%，外贸依存度达到41.5%，其中，出口250.6亿美元，占全省近2/3，继续位居中部省会城市第一位、全国省会城市第五位。外经营业额和境外投资分别完成16.4亿美元和7.5亿美元，同比各增长12.7%和16.9%。

开放平台建设取得新进展，综保区功能得到拓展和提升，经开综保区申报工作顺利开展，机场一类口岸、食品口岸、药品口岸、汽车口岸、电子口岸等各类口岸申建加速推进，跨境E贸易试点取得实质进展，郑欧班列实现常态化运行，陆、空两港加快建设，对外开放水平大幅提升。

【内贸流通业】 2013年，郑州市内贸流通业加速发展。以现代化商贸都市建设为引领，加快推进多层次商业中心建设，商贸流通业持续繁荣，集聚力、辐射力进一步增强。

商贸业规划引导。《郑州市商贸业空间发展布局规划》通过规委会评审，对城市商业中心、特色商业街、专业批发市场、四星级以上酒店、购物中心、百货商场、社区邻里中心等七大业态进行布局，明确商贸业发展方向。

多层级商业中心建设。大力推进二七商业中心建设，带动市级商业中心、区域商业中心加快形成。二七商业中心全年销售额800亿元，辖区内企业规模进一步壮大，丹尼斯实现全省销售额120亿元，大商突破100亿元，银基商贸城超过300亿元。郑东新区CBD商业中心全年销售额约150亿元；华南城商业中心建成后年销售额将达千亿元；大型商业企业加快入驻新形成的航空港区商业中心、高新商业中心。

商品交易市场体系完善。全市批发市场规模居中部领先位置，交易范围覆盖全国。一是以市场改造升级为重点，整合资源，优化布局，积极培育规模化、专业化、现代化商品交易市场集聚区，形成若干现代化市场集群。全市现有年交易额亿元以上大型批发市场63个，9家市场进入国内行业专业市场20强，多家市场为全国最大专业单体市场，万邦交易额超过300亿元，是批发业增长最快企业。二是加大农产品流通基础设施建设，完善农产品流通网络，创新农产品流通模式。全市有标准化菜市场42家、社区便利店近400家，基本形成以大型农产品批发市场为主体、农贸市场为节点、超市便利店为末梢的农产品流通网络，形成以“农批”对接为主体、“农超”对接为方向、直销直供为补充、网上交易为探索的农产品现代流通体系。三是完善农村流通市场体系，加大农村连锁超市新建和改造力度，推进商贸中心和配送中心建设，完成农家店信息化改造233家，促进农村商流、信息流、资金流融合，拉动了农村消费。

商贸业基础设施建设。根据商贸业空间发展布局，大型商业综合体、购物中心、零售商场建设得到推进，丹尼斯大卫城、华润万象城、二七时代广场、金博大城扩建等一批带动作用强的重大项目取得实质性进展。全市6000平方米以上大型零售商场和2000平方米以上大型专业店105家，大型零售网点营业面积超过210万平方米。特色商业街建设得到加强，新命名5条市级特色商业街，国香茶城被评为国家级特色商业街，德化步行街作为国家知名特色街通过复验，国家级商业街达到2条。

电子商务产业发展。电子商务发展规划编制工作启动，建设电子商务产业园区，引进和培育龙头企业，普及电子商务应用，开展人才培训，优化政策环境，促进电子商务快速发展。2013年，郑州市电子商务交易额完成2200亿元，占全省一半以上；网络零售额完成280亿元，超过社会消费品零售总额的一成。郑州市获得首批国家电子商务示范城市、全国唯一的跨境E贸易电子商务综合试点城市。郑东新区1个国家级电子商务示范基地，中华粮网、企汇网2个国家级电子商务示范企业加快发展。建成河南科技园1个省级电子商务示范基地，电子商务产业园、河南网商园2个电子商务园区。培育7家省级电子商务示范企业和52家市级示范企业。与阿里巴巴合作建设郑州产业带、淘宝河南特色馆，京东商城入驻高新区，菜鸟公司中国智能骨干网4个10亿元以上项目分别落户航空港区和经开区。

国家级试点项目建设。争取一大批中央、省、市专项资金，大力推进试点项目建设。肉菜流通追溯体系已通过商务部总体验收，中小商贸流通企业公共服务平台基本满足工作需要，城市共同配送试点正按要求全面推进，电子商务示范城市建设成效突出，集中连片推进农产品流通和农村市场体系建设试点城市项目已建立组织机制，正加快推进实施。

【开放带动战略实施】 2013年，郑州市抢抓全球经济调整和产业转移的契机，扩大对外开放，形成全方位、多层次、宽领域开放发展新格局，有效推进产业结构调整，开放带动能力进一步增强。

开展大招商活动。组织中博会、厦洽会、日韩、港澳等大型经贸交流活动，开展三季度定向招商，全年新签约亿元以上主导产业项目286个，签约总额4227亿元。

“三力”型项目推进。把推进“三力”型项目作为招商引资工作重点和“强投资”的重中之重，积极开展专项行动。下发《郑州市人民政府关于强力推进一批“三力”型项目招商工作的通知》，将147个谋划、在谈重大招商引资项目作为招商重点，通过主动对接、高层洽谈等形式，深入开展“四个一”定向招商，建立“三力”型项目台

郑州市长三角地区招商项目签约仪式

账，每周跟踪督察项目推进情况。截至年底，全市谋划的147个“三力”项目中，56个取得重大进展，其中，3个项目开业运营，总投资11亿元；10个项目开工，总投资额655亿元；12个项目签订正式合同，签约总额230亿元。

重大项目落地建设。2013年，全市共开工亿元以上招商引资项目251个，拟投资总额3060亿元，其中5亿元以上重大项目139个，拟投资总额2827亿元。一是深入贯彻“五职”招商责任制，签约并开工“五职”项目73个，拟投资总额1297亿元，固定资产投资约1108亿元，当年到位域外资金196亿元。二是深入开展项目落地月活动，6月，集中力量推进“三力”项目落地，排查化解36个进展缓慢项目存在的54项历史遗留问题，加快项目建设进度。三是创新机制，实施“重大招商引资项目统筹协调推进机制”，实行项目评估机制、项目分包机制、工作例会制度和跟踪督察机制，市级领导小组每月10号和25号召开工作例会，统筹协调项目引进落地过程中出现的重大问题。

外经贸水平全面提升。一是招大扶优，培育龙头，壮大外经贸主体，出口大户不断涌现，出口额超亿美元企业6家，合计出口211亿美元，占全市出口总额的84.2%。强化服务，推进每周7天24小时不间断通关。二是转变贸易方式，优化出口商品结构，高新技术产品出口201.8亿美元，占出口总额的80%以上，服务贸易进出口规模进一步扩大，服务外包示范城市申报工作顺利推进，综合评价数据已报商务部。三是注重创新，抢抓国家跨境贸易电子商务服务试点城市机遇，培育和认定一批跨境贸易电子商务企业，河南保税物流E贸易交易平台试运行，成为对外贸易新的增长点。四是开拓国际市场，全年组织600余家企业参加大型经贸活动，巩固传统市场，对美国的出口达到92亿美元，占36.7%；开拓新兴市场，有贸易往来的国家和地区越来越多，对非洲、拉美、东盟等新兴市场的出口份额进一步加大。五是走出去步伐进一步加快，境外投资和工程承包规模取得大的提升，有力促进郑州市过剩产业积极有序向境外转移。

平台建设取得新进展。实验区建设步入发展快车道，综保区三期、机场二期工程进展顺利，机场快件中心、国际快件出口总包直封权获批，全货运航线总数达到23条，货运通航城市76个。陆港建设有序推进，引进菜鸟科技中国智能骨干网等9家企业，基本建成铁路一类口岸，集装箱吞吐量8.6万箱，进出口货值18亿美元。郑欧班列开行14班，实现每周一班常态化运营，运输总货值4996万美元。跨境E贸易试点进展顺利，国际普邮直封直发权获批，完成海关备案企业100家，进出口货物总货值110万美元。肉类口岸获批筹建，汽车口岸、药品口岸申报取得重大进展。

【农产品网上购销对接会成交达亿元】 2012年12月24日至2013年1月24日，由商务部举办的全国2012年冬季农产品网上购销对接会举行。本次对接会，郑州市共发布购销信息370条，实际成交额1.43亿元，通过新农村商网成交9262.2万元，较上年同期成交额增加9011.8万元，信息发布量、成交额和增长幅度在全省位居前列，成交额位居全省第七位。

全市共11个县（市）区发布农产品购销信息，与上年同期相比，成交增加额都有显著增长。

【8家企业获评省电子商务示范企业】 根据商务厅《关于开展河南省电子商务示范企业创建活动的通知》（豫商电商〔2012〕11号）要求，经过企业申报、市级审核推荐，省级评审组实地考察、集体评审，郑州市的郑州华粮科技股份有限公司、河南锐之旗信息技术有限公司、河南九州计算机有限公司、河南银基电子商务有限公司、河南民众同传网络科技有限公司、河南中升华商业股份有限公司、河南企汇网信息技术有限公司和郑州阿里科技有限公司8家企业获评河南省电子商务示范企业。

【违法回收报废车专项整治】 根据国家及省相关部署，市商务局、工信委、公安局、交通委、工商局、质监局六部门联合成立郑州市报废汽车专项整治工作检查小组，在全市范围开展报废汽车专项整治工作。整治重点为依法查处非法回收拆解和倒卖报废汽车、利用报废汽车组成拼装车、驾驶报废汽车或拼装车上路行驶等违法行为，整顿违法违规的报废汽车回收拆解企业、二手车交易市场、汽车维修企业，曝光违法违规经营的企业和市场。对非法从事报废汽车回收拆解、拼装车、倒卖报废汽车和拼装车的“黑作坊”“黑窝点”及报废汽车、拼装车上路等违法行为进行拉网式排查。

【单用途商业预付卡专项检查】 1月下旬，郑州市商务局按照省商务厅《关于转发〈商务部办公厅关于做好春节前单用途商业预付卡管理工作的通知〉的通知》（豫商秩〔2013〕2号）和市商务局《关于春节前开展单用途商业预付卡专项检查的通知》（郑商〔2013〕17号）文件精神和工作部署，组织开展单用途商业预付卡专项检查活动。检查重点为金水区、管城区、二七区等大型零售企业分布较为集中地区。检查企业包括丹尼斯、大商郑州集团、家乐福、百盛、永辉超市等10余家大型零售企业总部或门店。针对部分受检企业存在公示信息不醒目，记录购卡信息不完整等问题，检查组向有关企业提出整改意见，督促企业务必严格按照管理办法有关规定开展发卡业务。

【老旧汽车报废更新补贴资金发放工作结束】 郑州市老旧汽车报废更新补贴资金发放工作自2012年7月15日开始，2013年1月31日结束，郑州市老旧汽车报废更新补贴资金联合服务窗口共为688辆报废车车主发放国家补贴资金1081.6万元。其中，农村客运车辆210辆，补贴资金231万元；城市公交车421辆，补贴资金748万元；重型货车57辆，补贴资金102.6万元。

【郑州华南城与郑州泉州商会签约】 4月24日，郑州华南城与郑州泉州商会签约仪式暨新闻发布会在郑州永和铂爵国际酒店举行。华南城控股有限公司执行董事兼行政总裁梁满林、郑州市商务局、郑州市市场发展局、郑州市会展办、新郑市商务局等相关领导出席会议。会上，郑州华南城常务副总经理温国辉与郑州泉州商会常务副会长王文欣正式签订入驻郑州华南城协议。

【全省新增数据库监测企业培训】 4月22-23日，省商务厅举办全省新增数据库监测企业培训班，培训主要对“产业安全预警统计报表制度”和数据库报送软件的使用及网上报送方法进行详解。郑州市5家企业被商务部确定为全国产业安全数据库监测企业，包括中国磨料磨具进出口公司、河南明泰铝业股份有限公司、新密市万力实业发展有限公司、河南方正博研实业有限公司和郑州日产汽车有限公司，5家企业财会或统计人员参加培训。

【商务部在郑举办应对贸易摩擦理论和实务研修班】 5月5-10日，商务部在郑州市举办商务人才应对贸易摩擦理论和实务高级研修班。商务部进出口公平贸易局的专家们就国际形势与我国对外贸易，欧美地区、亚非拉地区对华贸易救济调查，美337调查，贸易壁垒应对，如何运用贸易救济调查维护企业和行业利益等问题进行讲解；律师杨晨结合案例分析讲解“贸易摩擦应对法律实务”；律师翁新红结合新安化工遭遇的贸易摩擦调查，深入分析贸易摩擦对企业经营的影响。郑州市组织郑州宇通客车、郑州国基机械设备、郑州铝业、杜邦郑州蛋白4家外贸企业参加学习。

【省商务厅召开沐浴企业座谈会】 5月30日，省商务厅召开沐浴企业座谈会，贯彻落实《商务部关于“十二五”期间规范发展沐浴业的指导意见》，探索沐浴业发展新途径，维护沐浴行业经营者和消费者的合法权益。郑州市大浪淘沙、逸龙湾、天籁水汇、香水皇宫等部分大型沐浴企业参加座谈会。会议听取部分沐浴企业的基本情况、经营状况、存在困难和问题，以及企业对沐浴行业发展的建议等。省商务厅副厅长魏国庭要求省商务厅要进一步了解全省沐浴业发展情况，摸清家底，为成立省沐浴业协会做好准备。

【大型商场和超市人感染H7N9禽流感防控】 根据全市人感染H7N9禽流感应急防控指挥部工作部署，市商务局按照责任分工，对全市大型商场、超市继续落实预防消毒及卫生知识宣传工作作进一步明确。一是要求各大型商场超市要高度重视、专人负责。要明确领导和责任分工，有专人负责做好预防消毒及卫生知识宣传工作，预防消毒情况要有记录。二是要积极行动，加强防控。要求各商场超市要把有关文件精神和工作要求传达到位；同时，制定完善应急处置预案，如发现疑似H7N9禽流感情况，确保在2小时内报告市商务局。三是要加强宣传，提高认识。要求各商场超市利用各种形式积极开展卫生知识宣传教育，使公众更多地了解H7N9禽流感的传播和预防知识，减少传播渠道，确保打赢H7N9禽流感防控战役。

【世界无烟日活动】 2013年5月31日是世界卫生组织发起的第26个世界无烟日，主题是“全面禁止烟草广告、促销和赞助”。市商务局组织各大型商场、超市参与控烟履约工作，并提出具体工作要求。一是要求各大型商场、超市要采取多种形式向广大消费者宣传吸烟及被动吸烟对身体的危害，将吸烟有害健康的知识作为健康教育专栏的内容。二是推进公共场所全面禁烟，积极宣传和落实卫生部《公共场所卫生管理条例实施细则》，在商场、超市和工作场所开展吸烟劝阻活动，张贴禁烟标志和警示标志。三是开展拒绝烟草广告、促销和赞助的倡议行动，唤醒全社会对烟草广告、促销和赞助的正确认识，坚决抵制一切烟草广告、促销和赞助活动。四是开展好世界无烟日活动，在5月31日上午要求通过服务台向市民发放控烟宣传材料，通过广播、电子屏幕向顾客宣传烟草的危害。

【屠宰企业安全生产大检查】 6月4日，在吉林“6·3”火灾事故后，市商务局召开紧急会议，组织收看央视吉林“6·3”火灾事故相关报道，安排部署郑州市屠宰企业安全生产大检查工作。印发《郑州市商务局关于开展屠宰企业安全生产大检查的紧急通知》（郑商〔2013〕186号），要求各级商务部门立即行动起来，组织开展为期一周的安全生产大检查活动。

6月4日下午，市商务局、市安监局、市消防支队有关人员、安全生产专家组成联合检查组，到郑州双汇食品有限公司、郑州郑荣集团、郑州市东海屠宰厂对液氨和防火情况进行专项检查。检查组针对每个企业存在的问题，当场责令相关企业对管理问题和硬件问题立即整改，排除隐患；对存在的技术和专业问题提出整改方案，逐步整改到位。

6月17日，对3家企业整改问题的落实情况进行“回头看”。3家企业整改资金、人员都落实到位，6月30日前全部完成整改到位。

【河南省电子商务产业园举行授牌仪式】 6月19日，河南省电子商务产业园授牌仪式在郑州高新区举行。省商务厅厅长焦锦森、副厅长张雷明、省国税局巡视员梁建、高新区管委会主任张建国、市商务局副局长刘天启、农行郑州分行行长周贵恒、百度副总裁王湛等省、市、区有关部门领导及电商企业代表参加本次活动。

河南省电子商务产业园位于郑州高新区长椿路与冬青路交汇处，总投资20亿元，占地约6.7公顷，建筑面积20万平方米。园区包括互联网数据中心、移动互联网中心、教育培训中心、技术研发中心、产业孵化中心，为入驻企业及协会提供企业孵化平台、产业服务平台、技术支撑平台、人才服务平台、法律保障平台、科技金融平台等十大专业服务平台，弥补电商企业第三方服务缺失、行业信息不畅、办公仓储条件差、缺乏政策支持等问题。

至2015年，产业园一期项目建成后的“五个一”目标，即实现占地100亩（6.7公顷）、入驻企业100家、销售收入100亿元、税收10亿元、10大产业服务平台。

【成品油市场秩序专项整治】 8月1日，根据省商务厅、省发改委、省公安厅、省国土资源厅等11个部门《关于开展全省成品油市场秩序专项整治活动的通知》，全省开展成品油市场秩序专项整治活动，共半年时间，分四个阶段进行。

市商务局、市物价局、市公安局、市国土局等11个部门联合行文下发，要求各县（市）区相关部门组成联合小组，统一行动，各部门各司职责，密切配合。对查出的违法、违规经营行为，进行梳理分类，各相关部门依据部门职责，按规定进行处理，对整改情况进行检查，保证整改到位。活动实行旬报制，每2个月召开一次会议，沟通情况，研究解决存在的问题。

【典当行业发展形势调研】 8月28日至9月12日，市商务局对郑州市《典当行业监管规定》贯彻落实情况和当前典当行业发展形势进行调查研究。

截至2013年6月30日，郑州市共有典当行55户，分支机构4户。全行业资产总额8.1亿元，实收资本7.7亿元。上半年实现典当总额15.7亿元，同比增长32.5%；利息及综合服务费收入3113万元，同比增长35.7%；税后利润366万元，同比增长28%。从上半年的经营数据看，全市行业规模和典当总额稳步增长。典当行方便快捷的经营方式为满足中小微企业融资需求，方便城乡居民生活，特别是在推动民营经济发展方面发挥了积极作用，成为民营企业融资的重要渠道。

通过调查研究，总结了贯彻落实《规定》方面好的经验和做法，探索了在加强监管的同时如何更好地为企业发展提供服务，引导典当企业正确分析市场形势，积极开拓经营思路，创新经营方式，争取在市场竞争中取得主动，从而促进行业健康稳定发展。

【典当行业涉嫌非法集资排查清理】 为严厉打击典当企业利用广告资讯信息宣传造势从事非法集资活动，净化市场环境，从源头上防范非法集资，保护人民群众合法利益。8月15日至10月15日，根据省商务厅关于开展涉嫌非法集资广告资讯信息排查清理活动的通知精神，郑州市开展排查清理活动。

活动分两个阶段进行，第一阶段为企业自查自纠阶段，时间从8月15

日至9月15日；第二阶段为实地排查阶段，时间从9月16日至10月15日，排查工作小组对辖区内53户典当企业和4户分支机构进行现场检查。排查工作小组通过查看企业经营门店警示牌、证照牌和各种制度牌的悬挂情况、企业宣传资料、查阅企业资金往来明细账、其他负债明细账、典当物品登记簿等会计资料、约谈企业负责人和财务人员、走访典当企业周边居民等方式，对照涉嫌非法集资广告资讯信息的重点内容进行排查。经排查，未发现郑州市典当企业涉嫌非法集资广告资讯信息现象。

【商务部中小商贸流通企业公共服务平台建设培训班在郑举办】 10月30—31日，商务部第一期中小商贸流通企业公共服务平台建设培训班在郑州举办，各试点城市的中小商贸流通企业服务中心、其所在省级商务主管部门相关负责人约70人参加培训。

本次培训班围绕公共服务平台信息系统建设工作，重点对《中小商贸流通企业服务体系建设指南》《中小商贸流通企业公共服务平台信息系统建设规范》、平台信息系统数据资源开发利用进行讲解，长沙市、临沂市信息系统开发单位作经验交流。

【商务部在郑召开小微商户店铺租金及经营状况座谈会】 10月30日，商务部流通发展司副司长吴国华一行3人，就小微商户店铺租金及经营状况问题，召开2次座谈会，分别对正道思达和农科路酒吧一条街、国香茶城内的零售、餐饮、住宿、娱乐等小微型商户进行调研。

座谈会主要围绕近年来小微商户店铺租金上涨情况及特点，小微型商户发展中面临的主要问题及原因，促进小微型商户发展的政策措施和落实情况，以及缓解店铺租金压力，促进小微商户健康持续发展的政策建议等主题，进行沟通，展开讨论。

【早餐示范店复检】 2012年，市委、市政府把“早餐示范店”建设工作列入郑州市民生“十大实事”之一。经评审验收，认定22家早餐经营门店为郑州市“早餐示范店”，并拨付首年度补贴资金。2013年11月13日，对早餐示范店进行复检，管城区春光早餐店布厂街店、金水区杨孝业胡辣汤天明路店等18家早餐示范店符合早餐示范店建设要求。

【参加省厅商务领域市场监管培训班】 11月11—14日，省商务厅在省外贸学校举办全省商务领域市场监管分管局长培训班（第一期）。省商务厅厅长焦锦森出席开班典礼并讲话。市商务局局长朱河顺及各县（市）区分管商务领导约20人参加开班仪式和培训。

培训期间，来自商务部条法司、市场秩序司、省高校及省厅业务处室的授课教师就单用途预付卡、拍卖典当、成品油市场、零供关系、零售促销、再生资源回收、二手车交易、散装水泥、对外劳务合作、境外投资、外商投诉服务、12312商务举报投诉服务实务、商务领域市场监管实务等领域的现状和发展作详细解读剖析。

【商贸课题研讨会召开】 11月16日，郑州市商务局2013年度商贸课题研讨会召开。局长朱河顺、副局长林继民、郑州大学孙学敏教授、河南财经政法大学李新安教授、河南省商业经济研究所武安华博士，以及局机关相关处室人员参加了会议。

会议以郑州市商贸流通服务业发展研究为主题，围绕市商务局课题组所作的3个重点课题展开研讨，3位专家先后代表课题组作研究成果报告。

郑州大学企业研究中心主任、郑州大学系统经济学研究所所长孙学敏教授作《郑州市商贸流通服务业发展对郑州都市区建设的影响度分析》报告，河南财经政法大学中部经济所所长李新安教授作《郑州都市区建设中商圈发展与商业网点管理研究》报告，河南省商业经济研究所助理研究员武安华博士作《郑州电子商务发展研究及商贸业应对策略》报告，同时3个课题报市社科联申报结项。

【城市共同配送试点工作启动】 3月，国家财政部、商务部在现代服务业综合试点工作中启动城市共同配送试点工作。郑州市被确定为2013年全国15个试点城市之一。

根据商务部有关工作要求，结合郑州实际，试点工作将重点支持以下项目：一是公共服务平台建设项目。二是配送网络体系建设项目。三是现代先进技术应用项目。四是标准化设备应用项目。五是配送模式创新项目。在项目的具体组织上，围绕城市共同配送，鼓励“一对多”服务，依托专业化第三方物流或供应商为多个商贸企业、社区门店等共同配送；鼓励连锁企业集中采购，利用其物流为所属门店和社会企业统一配送；鼓励仓储集聚化发展，集中物资，集中配送；支持网络零售与物流配送一体化服务建设，鼓励电子商务企业和第三方物流企业协同，构建城市配送网络，鼓励配送企业、电子商务企业与社区便利店合作，开展“网订店取”，建设公共自助提货柜。

【酒类流通领域专项整治】 郑州市在全市开展酒类流通领域专项整治活动。活动按照“突出重点，专项整治”的方针，坚持专项整治与规范管理、日常监管与清理整顿相结合的方法，严厉查处酒类经营违法违规行为，规范酒类流通市场秩序，建立健全酒类流通管理法规体系，促进酒类流通行业统一、开放、竞争、有序发展，确保人民群众消费安全和身心健康。

整治内容包括：查处未备案登记，从事酒类经营行为；查处未使用《酒类流通随附单》的行为；查处伪造、涂改、出租、转让、买卖或骗取《酒类流通备案登记表》的行为；查处在使用《随附单》中，未按要求填制《随附单》的行为；查处未建立酒类购销台账、经营商品来源不明的行为；查处未按规定储运和销售散装酒的行为；查处在酒类经营备案登记和《随附单》发放中乱收费的行为；其他违法违规酒类经营行为。

活动从9月13日开始至12月31日结束。全市共出动769人（次），对大型商场超市、餐饮及名酒专卖店、酒类生产企业销售公司、大的批发商，特别是酒类商品来自总代理、总经销的批发企业、商户进行执法检查，着力整治未备案登记、未按要求填制索取《随附单》等违法行为。共检查销售单位1057家、餐饮单位367家，对检查中发现的274家未备案企业下发整改通知书。同时，对未使用或索取《随附单》的行为进行查处。

【国四车用乙醇汽油推广使用】 根据国务院2013年9月10日下发的《关于印发大气污染防治行动计划的通知》文件精神，为切实完成国务院下达给河南省的“十二五”主要污染物减排指标，建设生态河南，尽快实现碧水蓝天，同时根据省乙醇办《关于印发〈河南省推广使用国家第四阶段车用乙醇汽油方案〉的通知》文件精神和市长批示要求，市商务局制定了《郑州市推广使用国家第四阶段车用乙醇汽油方案》，市政府办公厅通过明传电报将《方案》下发至各县（市）区落实，于12月20日前将加油站汽油油品升级为国四标准车用乙醇汽油。油品没有升级置换到位或质量达不到标准要求的，不得执行优质优价政策；对多次违规、屡教不改的加油站从严查处，累计发现3次以上违规行为的，吊销营业执照和成品油经营许可证，列入黑名单。

【黄标车提前淘汰补助资金联合服务】 为改善郑州市大气污染状况，治理汽车尾气排放，根据《郑州市清洁空气行动计划》和《郑州市黄标车淘汰工作方案》精神，市政府拿出专门资金对提前淘汰的黄标车车主给予补助。由市商务局负责牵头建立补贴联合服务窗口，市商务局、市环保局、市公安局抽调专人联合办公，为市区车主申请办理黄标车提前淘汰补助资金提供“一站式”服务。

截至12月底，联合服务窗口商务部门审核受理符合补助条件车主提交的申请材料90份，经公安、环保部门审核合格后，为36辆车支付补助资金28.13万元。

【中小企业国际市场开拓资金培训会举办】 12月26日，郑州市2013年中小企业国际市场开拓资金培训会举办，各相关企业资金申报负责人约120人参加培训。

培训会上讲解了《河南省中小企业国际市场开拓资金管理实施办法》，演示了如何使用中小企业国际市场开拓资金网络管理系统，简要介绍了河南省各项外经贸促进资金政策，以及讲解跨境贸易人民币结算业务、出口信用保险实务等培训内容。

【大招商活动】 7–9月，郑州市开展三季度大招商活动。全市以工业、服务业各七大主导产业和航空领域"三力"项目为核心，面向长三角、珠三角和港澳台、环渤海、欧美、日韩五大区域，采取小分队走访、驻地接洽、高层互动、市情推介、集中签约等多种形式，开展大招商活动，促进已签约项目尽快开工建设，在谈和谋划项目尽快签约落地。

全市51个招商小分队历时3个月，共走访企业1053家，其中世界500强92家，中国500强146家，各行业20强共计233家。来郑回访企业307家，达成意向项目223个；签约项目171个，签约总额2186亿元。其中，合同项目70个，签约金额790亿元；协议项目101个，签约金额1396亿元。

【引进域外境内资金统计工作会议召开】 8月20日，郑州市引进域外境内资金统计工作暨培训会议召开，县（市）区、开发区商务部门主管副局长、统计工作人员参加会议。

会议结合郑州市引进内资统计工作存在的问题进行梳理、规范，结合典型案例进行讲解培训，根据各类统计报表的不同特点，进行系统、全面地分析，并就项目单位引进省（市）外资金月报表、引进省（市）外资金统计综合表、亿元以上项目统计表等各类报表的填报工作进行侧重讲解。会议还对河南省商务厅引进省外资金网上管理系统新增功能、平台使用方法和填报注意事项作详细介绍。

【"丝绸之路经济带"国际交流会在郑举办】 12月11日，"丝绸之路经济带"中欧物流通道建设国际交流会在郑举办。海关总署、国家质检总局、中国铁路总公司，德国、俄罗斯、哈萨克斯坦、白俄罗斯、波兰、荷兰、比利时、蒙古等国海关，俄罗斯铁路公司、乌兰巴托铁路局、哈萨克斯坦运输股份公司等境外铁路部门，以及阿拉山口、二连浩特、满洲里、凭祥等口岸城市、境内外知名企业等300余名代表，共商中欧物流通道建设合作机制，并共同发出

在郑举办的会展活动

"郑州倡议书"。

倡议提出，相关各方共同致力于构建畅达快捷的"丝绸之路经济带"，通过使用现代信息化技术，把边境口岸城市进出货功能与郑州市集疏货功能紧密结合起来，推动相关物流产业一体化发展，实现商品在口岸的快进快出；大力发展多式联运，积极探索国际邮件铁路运输、跨境贸易电子商务等前沿物流业务，为丝绸之路经济带沿线提供更加便捷的物流和更加丰富的商品。

【春节消费品市场】 2013年春节长假，郑州市消费品市场货源充足，品种丰富，繁荣活跃，销售热点突出。除夕至正月初六，全市11家大型商业企业共实现销售额4.28亿元，去掉门店增加因素，同比增长近15%。（1）生活必需品货源充裕，价格稳定。为繁荣节日市场，各商贸流通企业以生活必需品为重点，认真搞好市场供应，努力确保市场繁荣稳定。长假期间，生活必需品市场货源充裕，品种丰富，价格稳定。与节前相比，重点监测的60种生活必需品，有39种价格下降或持平，21种上涨。分大类看，猪肉、食用油、鸡蛋、食糖、奶制品价格微涨，涨幅为0.1%–0.7%；粮食、禽类、蔬菜、水产品、水果价格略有下降，降幅为0.1%–2%。（2）节日促销显成效。各商贸企业抓住春节旺销时机，开展丰富多彩、年味浓郁的促销活动，丹尼斯、大商、世纪联华、北京华联、中原万达等企业开展的赠送新年礼、优惠让利、现场抽奖、新年祈福等促销活动营造了节日气氛，吸引众多消费者参与。从时段看，除夕到初一，监测样本企业客流量较平时增加2–3倍，初二、初三，居民外出游玩人数增加，商场客流减少，初四以后各大商场客流回升，节日消费再度升温。（3）消费热点相对集中，消费结构升级提速。长假期间，市场消费热点相对集中。一是超市年货热销。无公害蔬菜、大枣、土鸡、黑猪肉等生态食品需求增加，休闲食品、烟酒、保健品、干货、糖果、奶制品、饮料等商品销售红火。二是服饰类商品受青睐。商家推出春季服饰新款，开展冬季服饰促销，消费者购买踊跃。丹尼斯百货、郑州百货大楼服装销售增幅超30%。三是珠宝首饰销售喜人。春节与西方"情人节"融合，各大百货商场的生肖首饰、贺岁金条等销量攀升。四是数码产品成新宠。数码相机、手机、平板电脑、单反相机等销售畅旺。郑州国美电器、河南永乐电器销量分别增长43.1%和23.8%。（4）勤俭节约成时尚，餐饮服务大提升。郑州市餐饮企业纷纷推出形式各异的节约活动。很多餐饮企业在继续推出经济实惠的新春家宴的同时，调整包桌标准，推出包桌分餐、小份、半份菜品、热菜拼盘、免费打包、就近送餐等服务，扩大餐饮消费。高档酒店未再现"一席难求"，上座率明显下降，大众餐饮消费稳中有升。郑州饮食公司、萧记烩面、阿五美食等中档餐饮企业、特色酒店生意兴隆。（5）休闲文化消费升温，消费方式健康多元。长假期间，各旅游景点游人如织，带动消费需求增长。郑州城隍庙、世纪欢乐园等活动异彩纷呈，吸引游客不断涌入。公园、茶社、棋牌室、图书馆等场所也成为节日人们放松休闲、交际会友、增长知识的好去处。一些装饰精美、品味高雅的酒吧、迪厅等娱乐场所顾客盈门，营业收入也有增长，市民休闲消费支出呈现扩大趋势。

【"十一"黄金周消费市场】 "十一"黄金周期间，在国家提倡节约、反对"四风"等新的要求下，郑州消费市场货丰价稳，繁荣活跃，大众消费成为黄金周中坚力量。商场销售额普遍下滑，餐饮消费走向平民化。10月1日至7日，全市13家重点监测零售和餐饮企业销售额5.86亿元，较2012年同期上涨1%，总体运行平稳。（1）商贸促销活动精彩

纷呈。“双节”期间，各大商场紧抓节日契机，精心制定营销策略，积极开展打折返券、降价抽奖、满额赠礼、积分换购等一系列促销活动，激发了消费者的购物热情。以丹尼斯、大商新玛特为首的6家主要大型百货商场实现销售额2.81亿元，同比下降2.36%。（2）家电市场促销力度大，配套服务成亮点。国美等4家家电零售企业实现销售额3.01亿元，同比上升4.38%。（3）旅游消费成时尚，地方特色餐饮企业唱主角。3家重点餐饮企业实现销售额432.21万元，同比下降1.78%。（4）生活必需品货丰价稳。黄金周期间，全市生活必需品市场供应充足，价格无异常波动。其中，蔬菜价格较节前上涨5.68%，猪肉、食用油和白条鸡分别上涨1.24%、0.36%和0.61%，鸡蛋和粮食价格较节前分别下降0.79%和0.18%。

【第八届中博会在郑举办】 5月18-20日，第八届中国中部投资贸易博览会在郑召开。来自90多个国家和地区的3万余名嘉宾参加中博会。《人民日报》、凤凰网、中央电视台、新华社等主流新闻媒体在对中博会组织筹备工作进行报道的同时，对郑州市各个领域进行集中报道。

本届中博会，郑州市承办或举办活动5项，参加活动27项，组织各县（市）区、开发区自主举办专题招商活动16项。

全力承办“郑州航空港经济综合实验区推介暨电子信息产业集群发展合作交流洽谈会”。作为省、市共同承办的重大活动，郑州市承担了演讲嘉宾和重要客商邀请、活动现场布置、实地考察组织等工作。郑州市邀请到UPS亚太区供应链和医疗保健服务高级副总裁福斯特、马士基集团空运产品总监颜查理、富士康集团幕僚长陈辉龙、《航空大都市》作者卡萨达到会发表主题演讲，邀请组织三星、华为、中兴等247名国内外电子信息、航空物流企业高管参会。会议以推进实验区建设为中心，以电子信息产业集群引进、国际航空物流发展研讨、推介、项目对接为主要内容，通过省、市领导的翔实推介和中外嘉宾的精彩演讲，向中外客商全面展现郑州航空港经济综合实验区的新机遇、新优势。

自主举办主导产业专题招商活动。会议期间，郑州市充分利用大会搭建的平台，组织各县（市）区、开发区围绕主导产业，自主举办郑州经济技术开发区汽车及零部件投资说明会、高新区电子信息投资推介会、新郑食品加工生物医药产业对接洽谈会、金水区招商大使聘请仪式暨金水区情推介会等16场专题招商活动，这些活动各具特色，以项目为核心，通过会前对接和会上洽谈，扩大了招商引资成果。

组织安排一系列领导会见活动。会议期间，吴天君、马懿、王璋、李秀奇、胡荃、薛云伟、王跃华等市领导分别会见了微软、渣打、西门子、UPS、马士基、三星、港中旅、南车、恒大、华为、中兴、欧盟驻华使团等知名企业和代表团，向国内外客商介绍郑州的发展优势和主导产业，进一步增强客商投资郑州的信心。

【中博会招商活动】 郑州市以项目为核心，加大对重点企业、重要客商的邀请力度，并积极对接洽谈合作意向，招商引资取得丰硕成果。

客商邀请方面。大会期间，全市共邀请参会客商3500人，超额完成省筹委会下达的3000名邀商任务。其中，境外企业、代表团与商协会493家（共768人）；境内企业2033家（共2732人）；世界500强企业105家（共188人），主要有通用汽车、西门子、俄罗斯空桥、联邦快递、UPS、普洛斯、三井物产、花旗银行、渣打银行、汇丰银行、摩根大通银行、沃尔玛、家乐福、欧尚等。国内500强企业189家（共312人），主要有华润、华南城、绿地集团、人民电器集团、中铁集团、中国南车、东风汽车、北汽集团、神州数码、网易、中兴通讯、盼盼集团等。

项目签约方面。通过会前对接洽谈，中博会期间全市共梳理签约项目126个，在河南省项目签约仪式上签约项目34个，签约投资总额1079.8亿元，外来投资金额1060.74亿元。其中，外资项目14个，签约投资总额140.9亿元；内资项目20个，签约投资总额938.9亿元人民币。

签约项目呈现以下特点：一是投资规模大，引领区域发展。10亿元人民币以上签约项目达到19个，主要有万科集团投资300亿元的中国公园商贸文化服务区一期项目，中铁七局投资90亿元的中央商务区一期项目，波司登股份有限公司投资90亿元的中原国际服装工业园项目。二是投资前景好，助力产业升级。围绕发展战略性新兴产业，引进啸鹰航空飞机组装试飞基地项目、清华控股郑州创新基地项目；围绕延伸电子信息产业链，引进信威宽带无线产业园项目、深圳伍基集团移动智慧港项目、佛山朝虹电子液晶电视及电脑显示器生产项目；围绕商贸物流业提质升级，引进塔博曼购物中心、华夏新世界城市综合体、传化物流公路港、普洛斯三菱商事物流产业园等项目。三是知名品牌多，带动效应强。投资方是国内外500强和行业龙头企业的签约项目20多个，主要有渣打银行郑州分行项目、平安金融中心项目、华润万象城君悦酒店项目、法国迪卡侬运动器材大卖场项目等。除正式签约的项目外，各县（市）区、开发区还与国内外客商达成92个合作意向，新增投资线索40多条，为下一步招商引资工作奠定良好基础。

【标准化菜市场与社区便利店建设任务】 2013年，新建、改建标准化菜市场5家和新建社区便利店50家被列入政府为民承诺的十大实事之一。截至11月20日，完成新建、改建标准化菜市场5家，社区便利店55个，通过项目建设，全市新增生鲜农产品营业面积49614平方米，直接带动就业1200余人，带动企业投资2346万元。

【周末蔬菜直销市场】 自5月25日起，郑州市启动周末蔬菜直销。全市在中原、二七、管城、金水、上街和郑东新区设置11个蔬菜直销点，方便居民购菜。每周六、周日7:00-14:00，由市、区商务局组织具有较大规模种植、生产能力的大型流通企业和农民专业合作社进行蔬菜销售。市政府给予一定的补贴，保障蔬菜供应数量和质量，要求企业每次销售蔬菜品种不能少于10种，而且菜价要比周边市场价格低。全年共开展33期直销，销售蔬菜132万公斤。部

举办中博会

市长马懿中博会期间会见恒大地产集团董事局主席许家印

分网点销售品种接近20种，价格比周边农贸市场优惠20%左右，个别品种优惠达到40%以上，切实给市民带来实惠，提供便利，同时对全市蔬菜市场价格起到引导作用。

【万达文化旅游项目考察】 1月8–14日，应万达集团的邀请，由市政府副秘书长李杰带队，市商务局牵头，惠济区、登封市参加，组成郑州市政府考察团赴万达西双版纳国际度假区、大连金石国际度假区、长白山国际度假区进行考察。

【组团参加第二届京交会】 第二届中国（北京）国际服务贸易交易会以"服务贸易：价值提升新引擎"为主题，于5月28日至6月1日在国家会议中心举行。京交会由商务部和北京市人民政府共同主办，获得世界贸易组织、联合国贸发会议、经合组织三大国际组织的永久支持，是全球唯一涵盖服务贸易12大领域的综合型服务贸易交易会。

第二届京交会按照高规格、国际化、实效性的办会要求，全面覆盖服务贸易12大领域，设立开幕式、高层论坛、推介洽谈、综合展示、主题日活动、权威发布六类活动。国家主席习近平会见了专程参加京交会的政要，国务院总理李克强出席峰会并作主旨演讲，国务院副总理汪洋到展区参观并指导工作，119位国内外政要、政府部长、相关国际组织负责人及驻华大使出席相关活动。本届京交会共有来自117个国家和地区的2.65万名注册客商及参会代表，参会国家和地区总数同比增长41%。会议期间，参会客商及代表累计达13.8万人次，同比增长35.3%。

郑州市部分县（市）区商务主管部门及10多家软件和服务外包企业组成40多人的代表团赴北京参加第二届京交会。借助京交会搭建的平台广泛地宣传郑州的投资环境以及郑州发展软件和服务外包产业的独特优势。河南省863软件孵化器有限公司、河南紫光容盾信息系统有限公司、郑州恒凯能源科技有限公司等企业与国内外客商广泛交流，初步达成一批合作意向。

【组团参加第二十四届哈洽会】 6月15–19日，第二十四届中国哈尔滨国际经济贸易洽谈会在哈尔滨国际会展体育中心举办，来自俄罗斯、日本、韩国、香港、台湾等80多个国家和地区的参展商和经贸团组参加展览和洽谈会。

郑州市组团参加本届哈洽会，市政府办公厅、市商务局、郑东新区、管城区、中牟县等单位和企业参加相关活动。大会期间推介了航空港经济综合实验区和重点投资项目，拜访了黑龙江省知名企业和黑龙江河南商会，邀请哈尔滨市组团参加第十九届郑州全国商品交易会，郑州市代表团还实地考察了哈尔滨华南城项目。

【夏季农产品网上购销对接会】 7月22日至8月22日，由商务部举办的全国2013年夏季农产品网上购销对接会举行。郑州市各县（市）区通过网上购销对接信息服务，不断扩大农产品销售渠道，促进农民增收。本次对接会郑州市共发布购销信息392条，实际成交额1.36亿元，意向成交额2215万元，总成交额1.58亿元，通过新农村商网审核成交额较上年增长4287%，增幅居全省前列。

【组织参加第十届中国—东盟博览会】 9月3–6日，由商务部和东盟十国经贸主管部门及东盟秘书处共同主办的第十届中国—东盟博览会暨中国—东盟商务与投资峰会、大地飞歌·2013—第15届南宁国际民歌艺术节在南宁举行。郑州市部分县（市）区商务局、22家外贸企业参加本届博览会。其中，郑州红宇专用汽车、黎明重工集团、郑州维科重工、郑州锦水实业和河南金水电缆等8家企业参展，参展产品涵盖汽车、工程机械、电子信息、纺织服装、节能设备和食品农产品等。郑州参展企业与客商进行深入的接触洽谈，共接待来自20多个国家和地区的采购商800余人次，分别与马来西亚、越南、缅甸和泰国等国家的客商初步达成出口和合作意向。

【组织参加农洽会】 9月6日–8日，2013年中国农产品加工业投资贸易洽谈会在驻马店会展中心举行。来自全国31个省、自治区、直辖市和国内外166个代表团的18000多名嘉宾客商参会。

郑州市组织丹尼斯百货、永辉超市、华润万家、万邦、信基等24家企业共32人代表团参加本届农洽会，会议期间成功签约"农超对接""农批零对接"直采和直供协议项目7个，协议签约金额7340万元。

市长马懿在UPS国际航空转运中心参观考察

市长马懿视察节日市场

【参加第114届中国进出口商品交易会】 10月15日至11月4日，郑州市组织企业参加第114届中国进出口商品交易会（简称2013年秋季广交会）。郑州市参加广交会参展企业95%为中小企业。与上届广交会相比，本届广交会境外采购商到会近19万人，减少6.5%，出口成交总额同比下降3.0%，境外采购商及出口成交“双降”。成交以中短单为主，其中3个月以内的短单占48.9%，3至6个月的中单占34.9%，6个月以上的长单占16.2%。

【组团参加河南省承接纺织服装鞋帽产业转移活动】 10月29–30日，由河南省人民政府、中国纺织工业联合会和中国服装协会主办，省商务厅、工信厅、工商联和郑州市政府承办的“河南省承接纺织服装鞋帽产业转移对接洽谈会”在郑州国际会展中心举行，来自国内外的500多家知名纺织服装企业700多人参加活动，副省长赵建才出席并致辞。郑州市由市商务局、工信委、工商联、各县（市）区、曲梁服装产业园和郑州纺织产业园组成代表团，并邀请到国内知名纺织服装鞋帽生产企业70多家近百名客商参加活动。

在河南省纺织服装鞋帽产业推介会上，全省共签约投资项目70多个，合同投资额共计385.2亿元；郑州市确定3个签约项目并代表郑州市上会签约，分别是：迅捷服装产业园32万平方米建设项目、年产80万套高档西服项目、同盈服装城27万平方米建设项目，项目投资总额达56亿元。

【组团参加第二十二届食博会】 12月12–18日，第二十二届中国食品博览会暨交易会在武汉市国际会展中心举办，郑州市商务局、工信委以及有关县（市）区、食品生产加工企业组成郑州市代表团参会。

本届食博会由商务部、工业和信息化部重点支持，中国食品工业协会、中国商业联合会、湖北省人民政府、武汉市人民政府共同主办，共设国际标准展位1200多个，重点举办三大主题活动：一是举办全国安全食品宣传周，按照粮油、肉类产品等八个专题展开。二是设置全国地理标志保护农产品展区，召开“全国地理标志保护农产品市场发展研讨会”“全国地理标志保护农产品推介会”“全国地理标志保护农产品合作开发洽谈会”。三是召开视频产业发展区域交流合作恳谈会，邀请国家食品产业主管部门、商会、协会及各地食品产业主管部门、社会团体领导和专家出席，进一步密切各地区的交流合作。

【马懿视察春节前市场供应】 1月29日，市长马懿在市商务局、物价局、工商局、食监局、农委、畜牧局等部门负责人陪同下对春节前市场供应情况进行视察。市委常委、副市长薛云伟陪同视察。

马懿来到卜蜂莲花超市紫荆山路店，实地察看超市节日市场商品的供应以及商品价格、质量等情况。马懿要求有关职能部门严格监管，采取有效措施，在搞好节日市场供应、准备充足货源的同时，还要保障商品质量和食品卫生安全。他指出，商场超市要加强从正规渠道进货，保证肉品质量安全，保障群众安全消费。

在金城街集贸市场，马懿指出，各职能部门要高度重视市民的菜篮子安全，想方设法组织货源，加强节日前市场储备，做好供应节点保障。

马懿强调，市商务、工商、农委等职能部门要切实采取有效措施，在保障好节日市场供应、准备充足货源的同时，还要保障商品质量和食品卫生安全。各单位要各司其职、各负其责，抓好各项工作的落实，确保市民过一个安全、愉快、祥和的春节。

【邓永俭在郑调研港澳台侨资企业发展状况】 7月18日，省政协副主席邓永俭一行，对郑州市港澳台侨资企业发展情况进行调研并座谈。

调研组考察了郑东新区枫华（郑州）置业有限公司，经开区河南龙工机械制造有限公司、格然林医药科技有限公司、中粮（郑州）粮油工业有限公司、郑州双汇食品有限公司和管城区郑州润瑞商业有限公司6家港澳台侨资企业，行业涉及房地产开发、生物医药、机械制造、食品加工以及商贸零售。调研组还听取了郑州市港澳台侨资企业改革开放以来的总体发展状况以及市政府为促进港澳台侨资企业发展出台的政策和措施等情况的汇报，并与参加座谈的10家港澳台侨资企业就发展过程中存在的问题和建议进行互动交流。

（倪永 马虹）

供销合作

【概况】 2013年，市供销社按照“政府引导、供销社承办、社会参与、市场化运作”的模式，以“巩固提升增效”为重点，改造整合原有经营网络，做大做强龙头企业，建设乡镇中心超市和村级综合服务社，强力推进工程建设。全年共完成商品销售总额324亿元，占年计划的112%，同比增长28.8%；实现利税2.95亿元，占年计划的112.3%，同比增长29.4%。全系统规范龙头企业14个、配送中心14个，改扩建再生资源回收站亭20个、分拣中心2个；建成乡镇超市123个，发展新型农村社区超市35个，在全市形成县区有配送中心、村镇有连锁超市、村有连锁店的经营服务网络。

【新网工程】 2013年，新网工程建设取得较好成效。一是新网工程营运质量实现新提升。经过大力整治和精心培育，市县两级龙头企业和配送中心实力不断壮大，辐射带动能力逐步增强，商品配送率和配送覆盖面大幅提高，逐步形成龙头带动、网络支撑、连锁配送、合作共赢的新格局，网络运行质量有了进一步提升。郑州供销超市总公司立足构建“供销大物流”，不仅拥有30多万平方米的仓储物流区、先进的信息平台，而且探索出“省内次日送达、市内两时送达、全省无物流盲点”的现代化物流运作模式，把物流、商流、资金流有机整合在一起，跻身全省物流企业十强。2013年，仅龙头企业的销售额就达24.2亿元，其中配送额达12.5亿元。二是系统实力实现新提升。随着新网工程建设的深入开展，系统实力大幅提升，资产总量和所有者权益连续5年保持30%以上的增幅，5年翻一番，实现资产由卖到买，所有者权益由负变正、由少到多的转变，截至年底，全系统资产总额、所有者权益分别为30亿元、7.7亿元，分别是2008年的2.6倍、2.4倍。

【和谐稳定】 市供销社始终把稳定作为开展各项工作的前提。在历史遗留问题多、稳定压力大的情况下，一是坚持把稳定工作摆在首要位置研究部署，发展、改革、稳定工作统筹兼顾，同布置、同考核、同奖惩。二是进一步完善信访制度，畅通信访渠道，坚持凡是职工来访都认真对待，凡是职工来信都认真梳理，凡是职工反映的问题都及时研究处理。三是定期深入基层和企业，变群众上访为领导下访，对不稳定因素做到早发现，早预案，早解决。同时，对已发生的一些信访事项，在深入企业的过程中，做好企业和职工的沟通协调，切实把问题解决在基层，消灭在萌芽状态。四是认真做好敏感时期的信访集中活动和领导干部大接访活动，较好地化解矛盾，维护系统稳定大局。2013年，实现到省到市群访越级访数量为零的目标，系统大局稳定。同时牢固树立安全经营无小事的观念，建立健全安全生产长效机制并狠抓落实，确保全系统生产经营安全无事故。

【企业改革】 稳妥推进社有企业改革，2013年，市卷闸门窗厂基本完成改制，三得利商场和调剂公司的改制报告已经市企改办批复，其他社属企业都按既定目标推进。各县（市）供销社社属企业的改革改制工作也在按当地政府的部署稳步推进。

【农村合作经济组织】 一是根据总社、省社专业合作社示范社标准，制定全市供销系统专业合作社示范社标准和建设方案，指导系统专业合作社工作。二是因地制宜，通过参股、领办等方式，组建各类农民专业合作社。通过业务指导，服务带动等措施，直接实现与龙头企业、农户的对接，服务农业生产。截至2013年年底，全系统共组建专业合作社336家，成员出资额23403万元，实际供销社参股金额4929.7万元，帮助农民实现收入25513万元。三是通过参加供销社系统示范社建设活动，培育标杆，通过典型引路，以点带面促进专业合作社健康发展。四是以基层社为依托，加强专业合作社之间的联合与合作，探索建立专业合作社联合社，形成规模优势，进一步增强竞争力、带动力和影响力。按照“基地+农户+联合社”的运行模式，中牟县丰利蔬菜专业合作社、中牟县白沙润田果菜专业合作社等联合出资200万元，成立中牟县万邦蔬菜专业合作社联合社。该联合社一头连接河南省万邦农产品物流园，一头连接蔬菜生产基地，提升了专业合作社的规模和市场竞争力。2013年，在河南省社系统“五有”示范社评比中，郑州市入选12家，占全省100家“五有”示范社的十分之一强。河南蜜乐源养蜂专业合作社继2012年被农业部评为全国农民专业合作社示范社后，2013年被评为全国供销合作社百佳标准化农产品品牌。

【创新发展】 一是招商引资取得新进展。2013年，全系统发挥优势，吸纳社会资本投入新网工程建设，全年招商引资签约额28亿元，实际到位6.2亿元。其中，登封市供销社牵头实施的1平方公里核心商务区建设项目一期工程引进域外资金18.5亿元，到位4.8亿元。二是主动融入郑州都市区建设促进自身发展取得新进展。按照郑州都市区建设的总体要求，全系统主动融入，不仅守住阵地、筑牢根基，而且扩大经营、提升档次，为供销合作事业健康发展奠定坚实基础。中牟、新郑供销社在部分基层供销社被整建制划出的情况下，积极协调，大力争取，不仅使一些久拖不决的历史问题得到妥善解决，而且确保了业务不断、人员不散、阵地不丢。新密市供销社根据当地生态廊道和新型农村社区建设的总体安排，积极协调，把“两店一站”（供销超市便利店、农资店、再生资源回收站）进新型农村社区纳入村镇建设规划，确保新型农村社区建到哪里，“两店一站”就跟进到哪里。三是职业教育提质增效取得新进展。郑州财经高级技工学校以国家中职教育改革发展示范校建设为契机，瞄准沿海先进地区示范校建设标准，全面推进示范校建设，进一步完善基础设施，深化校企合作，办学层次和办学质量大幅提升。该校年短期培训人员达4万人次，在校生规模突破1.2万人，就业率达到99%。

（邓德邻　郭云英）

粮油购销

【概况】 2013年，全市主要粮食工作目标完成情况是：全年全社会粮食收购量责任目标108000万公斤，完成294315.6万公斤，占全年任务的273%；国有粮食购销企业净资产收益率完成≥0的目标；主食工业化率达到21%，超目标3个百分点；主食产业化和粮油深加工项目投资额责任目标20000万元，完成35158万元，占全年任务的176%；粮油加工转化粮食消耗量责任目标200000万公斤，实现320000万公斤，占全年任务的160%；实现国外、省外招商引资项目9个，引进国外、省外资金总额39.6亿元；市县两级地方储备粮储存安全，“一符四无”粮油率达100%。确保全市粮油储备数量真实、质量完好、储存安全。在推进依法行政、粮食质量监管工作评估、信息报送、统计、执行粮食政策、军粮质量监管、党风廉政和政风行风建设、平安建设和信访稳定、遏制重特大安全事故等共性和定性目标方面，整体运行良好。全面超额完成省、市下达各项目标任务，未出现任何一票否决的情况，整体工作走在全省乃至全国前列。

【保障粮食安全】 2013年，食品价格的上涨推动粮食经营者的价格预期，群众对粮食质量安全更加关注。一是在保供稳价方面。市粮食局采取多项措施，加强对小麦、面粉等主要品种的监测，密切关注市场变化，加大主要粮食品种投放力度，保证春节前后及夏粮入市前的价格平稳。二是在粮食收购方面。为保证地方储备轮换的正常进行，也为掌握粮源充实库存，市粮食局组织和动员国有粮食购销企业到粮食主产区设点

国家粮食局副局长徐鸣到中原粮食储备库调研

收购，从而保持区域内有“粮权”的合理粮食储存数量，夯实粮食安全的基础。三是在粮食质量监管方面。除年度粮食库存检查、夏粮秋粮收购专项检查外，还开展粮食统计制度执行情况、粮食入库和粮食出库质量检验制度的检查，重点检查粮食收购、储存企业及其他粮食经营者是否按照国家粮食质量标准对出入库粮食进行质量检验，同时检查出入库粮食是否有粮食质量检验报告随货同行，督促企业做好每批次粮食的出库登记备案工作，明确记录出库粮食的流向及品种、等级等相关指标情况，从而保证入库出库粮食符合标准。2013年，共出动检查人员1520余人次，查处违法违规案件46例，其中，给予警告处分4例，责令改正40例，罚款2例，从而维护了正常流通秩序，杜绝了有问题粮食流向口粮市场，保证了粮食质量安全。

【粮食购销】 一是开展社会粮油供需平衡调查工作。市粮食局在全市城乡组织开展并圆满完成2012年全市社会粮油供需平衡调查，为加强和改善粮食调控提供了数据支持。经调查：2012年全市粮食总产为169.5万吨，其中夏粮产量80.7万吨，秋粮产量88.8万吨。粮食需求总量为415万吨，比2011年增长12.9%；粮食消费总量为359万吨，比2011年增长13.2%；粮食自给率为47.2%。二是扎实做好夏粮收购工作。5月31日，全省启动最低收购价进行夏粮收购，郑州市国有及国有控股粮食购销企业落实最低收购价政策，发挥主渠道作用，保障郑州市粮食安全。全市共收购小麦76万吨，平均价格为2.4元/公斤，增加农民收入2.3亿元。其中，按托市价收购0.5万吨，其余全部按市场价收购，托市收购量明显低于往年，粮食的市场属性更加突出。三是积极开展秋粮收购工作。郑州市改变过去“重夏轻秋”的思想，敞开收购农民手中余粮，防止农民出现“卖粮难”的情况，以2.14元/公斤的平均价格，共完成秋粮收购4.3万吨。

【项目建设】 落实市委、市政府“抓项目、强投资”的总要求，以项目为抓手，把强力推进项目建设作为2013年的工作重点，做好粮食流通基础设施和主食产业化项目建设。市粮食局特邀请国内知名专家就郑州与国家、省粮安工程协调问题进行研讨，编写完成《郑州市粮安工程规划纲要》。在省粮食局支持下，与国家粮食局的有关司就郑州市粮食项目建设进行有效对接，市粮食局积极谋划，提前动手，征集项目，经分析筛选，确定7个新上项目，明确每个项目的责任领导，并及时上报进入郑州市农业推进项目库。

【主食产业化】 一是重点推进主食产业化试点工作。制定《郑州市主食产业化推进工作试点实施方案》，按照“试点先行、以点带面、扎实推进”的思路，坚持政策引导、政府推动、企业主导、稳步推进、有序发展的方针，确定新密市作为县市推进主食产业化和粮油深加工的综合试点区域，选择河南兴泰科技实业有限公司，重点扶持其提高在全省、全国的核心和领导地位，选择白象集团，重点扶持其提高主食产品市场占有率。二是加快主食产业化项目建设。郑州市重点企业中主食产业化建设项目13个，总投资达到25亿元，实际完成投资4.8亿元，涉及面粉加工、食品加工、食品设备生产等方面，其中已竣工投产项目3个，在建或续建项目7个，新开工项目3个。河南兴泰年产500套智能化馒头生产线加工基地及其加工示范项目，总投资1.1亿元，于8月开工建设，预计2014年9月竣工投产；新密市河南溱河天地农业科技有限公司投资13.5亿元的新鲜主食项目，一期工程已竣工，二期基础设施在建设中。三是加大主食产业宣传力度。与中原网的中原焦点频道联合开办“郑州市推进主食产业化系列报道”，在河南省粮食科技周活动中，通过样品展示，产品进社区等形式宣传放心主食；与《大河健康报》合作，以健康消费为切入口，宣传主食产业和主食文化。在国家公布的第一批20家主食产业化示范企业中，郑州市兴泰科技、思念食品等5家企业获示范企业称号，占全国四分之一。郑州市主食产业化的理论研究、标准制定、设备制造、产品研发、市场占有率在全国处于领先和领导地位。

【军粮供应】 2013年，郑州市军粮供应管理中心严格执行军粮供应政策，狠抓军粮质量管理，坚持“以兵为本 综合保障”的服务宗旨，不断提升军粮综合保障能力，努力构建“平时供应、急时应急、战时应战”的全天候军粮供应保障体系。一是加强质量管理。坚持军粮供应站负责人为军粮质量第一责任人，严格执行军粮入库“一车一批一检”验收制度，对出入库管理，检验化验程序认真严谨，科学规范，确保军粮质量安全。二是开展军粮竞价采购资格审查工作。严格按照《河南省军粮统筹采购暂行规定》有关条例，对郑州、平顶山、许昌区域内的军供小麦粉和大米竞标加工供应厂家进行资格审查，通过听取汇报、座谈、查阅资料、实地查看等方式，最终确定2个厂家，给予军粮加工供应资格。三是落实军用购粮卡安全管理工作。郑州市军供中心落实《郑州市军用购粮卡系统设备使用管理规定》，与各军供网点签订责任目标保证书，军用购粮卡系统设备实行专人管理，严格手续交接和登记制度，确保军用购粮卡系统设备安全运行。四是组织开展“粮食服务进军营、餐桌节约促强军”活动。成立活动领导小组，组织人员深入部队，传授粮油安全保管知识、“放心粮油”鉴别方法，发放宣传页。通过开展活动，进一步提高部队官兵在节粮、爱粮、储粮等方面的业务技术水平。五是优化服务方式。坚持“全心全意为部队服务”的原则，落实电话预约、免费装卸、义务送粮、24小时全天候供应等服务措施，尽最大努力满足部队需求。六是定期走访慰问部队。每逢重大节日，市粮食局领导带队，走访慰问驻郑部队，虚心听取广大官兵的意见和建议，进一步密切军地关系，为共同搞好军粮保障工作打下基础。

【监督检查】 立足维护市场正常秩序，依法行政，扎实开展粮食流通行业监督检查工作。一是深入开展法制宣传。以《粮食流通管理条例实施》颁布

市粮食局召开群众路线教育实践活动动员大会

9周年为契机，宣传粮食行政管理部门的职责、粮食企业的社会责任；做好“六五普法”的各项工作，在社会上开展“进机关、进农村、进企业、进市场”的“四进活动”，从而提高全社会对粮食行政执法工作的认知度。二是严格按照程序办理《粮食收购许可证》和履行行政复议职责。对粮食收购资格申报者严格审核、严格把关，实行一次性告知，合格一家，办理一家；对不符合标准者，坚决不予审批。2013年共受理粮食收购许可22家，其中，到期换证14家，变更企业法人3家，变更地址2家，新办证3家。三是加强日常监管。及时组织对粮食出入库、统计制度执行情况、政策性粮食出库和供应等方面的检查监督，重点检查粮食收购、储存企业及其他粮食经营者是否按照国家粮食质量标准对出入库粮食进行质量检验，同时检查出入库粮食是否有粮食质量检验报告随货同行，督促企业做好每批次粮食的出库登记备案工作，明确记录出库粮食的流向及品种、等级等相关指标情况，从而保证入库出库粮食符合标准，确保各项政策制度的有效落实。四是精心做好年度粮食库存检查和夏粮收购专项检查。库存检查中，通过自查、普查，全市检查时点市县两级地方储备和国有粮食企业商品粮库存账实相符，质量符合国家标准；夏粮、秋粮收购专项检查，共出动专项检查772人次，对不符合规定的给予相应的行政处理。五是加大对涉粮案件的查处力度。设置专门电话和信箱，关注网络等媒体舆情，做好举报、投诉的受理和处理工作。

【行业建设】 市粮食局将管理和服务紧密结合，通过服务提高管理水平。一是加强粮食仓储管理。根据粮食储存季节性变化的特点，层层签订储粮安全责任书，严格保管员、化验员持证上岗制度；严格“一、三、七”粮情检测制度、粮情分析制度；积极推行“四项科学保粮技术”，积极探索绿色储粮，确保粮食储存安全。二是强化轮换管理。严格按照郑州市地方储备粮管理办法，市本级储备粮年初下达轮换计划，实行分仓审批制度，严格入仓验收，各县（市）区地方储备粮也顺利完成轮换计划。确保储备“一符三专四落实”，粮食常储常新。三是做好农户科学储粮工作。按照国家、省粮食局下达5万户的小粮仓计划，市粮食局至6月底全部完成5万套小粮仓发放工作，并指导农民开展科学储粮，使用小粮仓的农户粮食产后损失从8%降到2%以下。农户实施科学储粮，既保证粮食储存品质，又间接促进农户增产、增收。四是开展“节粮减损”专项活动。市粮食局和省粮食局共同举办以“科学节粮减损，保障粮食安全”为主题的粮食科技周活动，通过丰富多彩的表现形式和活动内容，向民众讲解我国粮食供给长期处于“紧平衡”的状态，倡导科学节粮减损、科学消费、爱粮节粮、反对浪费、保障粮食安全。

（吴　晓）

投资促进

【概况】 2013年，郑州市进一步加强陆桥沿线城市、国内友好城市交流与合作，驻郑单位联络服务，圆满完成投资促进和对外联络服务各项工作任务。

关注、收集和交流新亚欧大陆桥区域经济发展信息，做好与新亚欧大陆桥及陇兰经济促进会文件收发工作。参与陆桥沿线城市活动。每年按时参加全国人代会期间在北京举行的陆桥沿线城市领导联谊活动，围绕加强陆桥沿线城市经济合作、促进优势互补共同发展主题进行深入交流，并共同签署议案和建议提交全国人代会，请求国家和有关部委对陆桥经济带的发展给予高度关注和支持。参与陇海兰新经济促进会活动。9月，参加在新疆伊犁召开的陇海兰新经济促进会2013年主任会议，32个成员单位参加会议，参会代表就推动陇海兰新经济带各个城市间的合作与共赢进行广泛而深入的讨论。11月，参加在新疆乌鲁木齐召开的“丝绸之路经济带城市合作发展论坛”，来自经济带沿线的国内外24个城市的300多位代表和专家学者齐聚一堂，共谋“丝绸之路经济带”发展大计。此次论坛以“五通促发展、共建经济带”为主题，探讨和交流丝绸之路经济带城市合作发展之策，为各城市增进了解、凝聚共识、加深友谊、扩大合作搭建平台，与会城市达成《丝绸之路经济带城市合作发展乌鲁木齐共识》，并在科技、文化、教育、卫生及城市建设、货物通关等领域签署5个意向书。

【国内友好城市、友好合作城市交流与合作】 10月，郑州市领导参加在连云港举办的2013西游记文化节暨丝绸之路经济带（东中西区域）合作论坛，郑州市密切了与连云港市的友谊，学习了连云港市在城市建设和管理、对外开放和经济发展等方面的成功经验。

11月，宁波市人民政府学习考察团在郑参观考察高新区、经开区和新郑综合保税区，并召开座谈会，双方交流了在都市区建设、新区建设以及区域经济合作方面的经验，并就下一步双方在国内经济合作领域开展深入合作的可行性进行深入探讨。

11月，郑州市代表团走访友好城市海口市，通过走访，加强两市之间的联系，增进两市之间的友谊。

【驻郑单位联络服务】 日常业务咨询、人员接待、业务受理及证件办理工作。2013年，接受驻郑机构电话咨询5000多次，接待办证人员1200多人次，新备案登记外地驻郑办事机构136家，换证160家，注销证件11家，查询档案6家。截至年底，在郑州市备案登记的外地驻郑办事机构合计2117家，正常开展工作的有1200家，外地市、县级政府设立办事机构的有25家。在郑设立办事机构的企业包括500强企业16家，上市公司54家，三资企业146家，注册资金在亿元以上的企业有188家。涉及机械、生物医药、医疗器械、电子、通信、网络科技、纺织服装、烟酒副食、煤炭、建筑、物流、日化、印刷、汽车、化工、农产品、保健制品、投资管理、咨询、期货、担保等20多种行业。

外地驻郑办事机构及其总部的走访和邀商工作。8月，走访了华为数字技术有限公司驻郑州办事处、联想（深圳）电子有限公司驻郑州办事处、周口市人民政府驻郑州办事处等办事机构。11月，通过驻郑机构走访三一重工股份有限公司、海口琼港香料有限公司、海南南岛医药贸易有限公司。通过走访，进一步了解企业及驻郑机构的发展情况和需要解决的实际问题，主动牵线搭桥，多方协调，为驻郑机构及企业提供好服务。

规范管理，提升质量，主动协调、搞好服务。一是进一步规范驻郑机构档案管理，归档2012年、2013年办证及换证档案；二是输入和更新2009年以来驻郑机构电子档案库；三是主动协调涉及驻郑机构联络服务工作的省工商局、省商务厅、市组织机构代码办、市人社局、市税务局、市文明办、银行等部门，为驻郑机构提供好服务。

【参加第四届中国西部国际物流产业博览会】 5月，郑州市参加在西安举办的第四届中国西部国际物流产业博览会，布设72平方米的特装展位1个，宣传郑州航空港经济综合实验区建设情况，展示郑州形象，提高郑州在全国物流产业的行业优势和品牌知名度。

【中欧物流通道建设国际交流会在郑举行】 12月11日，“丝绸之路经济带”中欧物流通道建设国际交流会在郑州举行，来自俄罗斯、哈萨克斯坦、德国等8个国家的海关，中国铁路总公司、俄罗斯铁路公司、乌兰巴托铁路局等国内外铁路部门以及知名企业和国内重要边境口岸城市的300多位代表参加会议。会议期间举办了郑欧国际货运班列海关监管研讨会、中欧国际铁路货运班列快速通行研讨会、郑欧班列国际经贸交流会三项重要会议。探讨研究中欧物流通道建设合作机制，商议建立郑欧国际铁路货运班列境外通关合作机制、运行合作机制，与境内外企业加强经贸合作，进一步扩大郑欧班列的辐射带动力和国际影响力。

（陈　丹）

会展业

【概况】 2013年，郑州市举办展会192个，较上年增长21.52%，完成目标任务的112.94%；展览面积191.4万平方米，同比增长9.35%，完成目标任务的100.74%。举办3万平方米以上的大型展会12个，展览面积78.15万平方米；举办国家级流动展会5个，展览面积14.1万平方米；新创办展会8个，举办大型节庆活动21个，全市会展业实现经济社会效益约170亿元，同比增长13.33%。

【新展馆建设】 2013年，新会展中心选址建设取得重大进展。经过对多个选址地点调研论证，新会展中心选址确定在郑州航空港经济综合实验区。市商务局协助港区做好新会展中心的规划等工作，共同组织赴重庆等地学习考察外地大型展馆规划布局、投资建设、运营管理等方面的先进经验。2013年，会展城项目完成总体规划设计，由航空港区与绿地集团合作开发建设，编制会展城项目概念规划方案、征集设计方案等工作持续进行。

【郑州航空展会项目筹备工作】 2013年，郑州航空展会项目筹备工作顺利开展。借助郑州航空港经济综合实验区上升为国家战略的有利时机，郑州市谋划举办郑州航空展会项目，推动郑州航空经济发展，有关部门共同赴珠海、西安、迪拜等地考察调研，了解外地航展的运作模式。与中国航空器材集团、中航文化股份有限公司、英国塔苏斯集团等航展举办机构多次对接，积极开展航展项目的前期策划筹备工作。为提高国际影响力，11月在迪拜航展期间，郑州市举行推介会和招商拜访活动，推介会共邀请到数十家国际航空货运公司、航材制造企业等参加会议，郑州航空产业形象展台共接待美国、加拿大等国家客商近1000人次，效果良好。

会展活动现场

【在郑举办国家级流动展会】 2013年，郑州市持续稳定举办国家级流动展会。郑州市会展部门积极拜访全国制药机械装备行业协会、中国康复器具协会、中国造纸协会、中国副食品流通协会等流动展会主办方，开展流动展会申办工作。与全国农业机械展览会主办方建立合作关系，该展会从2013年起连续3年在郑州举办。圆满举办第十五届全国肥料产品交易及信息交流会、2013全国农业机械展览会、第八届中国中部投资贸易博览会、第二届中国小动物兽医师大会、2013年中华医院网络信息化展览会等5个流动展会，展览面积共计14.1万平方米。申办到春季全国农机产品订货交易会、中国国际康复器具博览会等国家级流动展会2014年在郑州举办。

会展活动现场

【本地展会做大做强】 2013年，郑州市会展部门积极引导本地企业与全国商协会合作办展，全年共有15个本地展会项目与国家级商协会联合举办，比上年增加2个，展会实力得到提升。对中国国际汽车用品及改装（郑州）博览会、中国国际时尚发制品及美发用品展览会、郑州国际汽车展览会等运作规范、发展迅速的自主品牌展会，申请市政府作为展会的主办或支持单位，指导展会快速发展。在多方支持下，自主品牌展会发展迅速，河南省农资交流会、郑州国际汽车展览会、中博电动汽车及新能源汽车展览会展览面积增幅超过50%；中国郑州国际家具博览会展览面积增幅超过35%；中国（郑州）国际汽车用品暨改装博览会、中国冷冻食品产业大会、中国中部（郑州）国际装备制造业博览会、中国（郑州）国际轿车、微车配件博览会、瑞城郑州全国糖酒食品交易会等展会规模稳步增长。

【第十九届郑交会】 第十九届郑交会被商务部确定为重点引导支持展会。筹委会办公室制定完善招商、接待、安全管理等制度，积极开展招展工作，加强与郑交会境外组展商联系，赴海洽会、哈洽会、东盟博览会、亚欧博览会、广交会等国际性展会，拜会相关国家行业协会及其中国办事机构和代理机构进行推介招商，效果显著。本届郑交会展览面积8万平方米，参展客商来自19个国家和地区以及国内27个省、市、自治区，参展企业1800余家，参会观众约20万人次。

【会展协调服务】 2013年，郑州市认真落实会展联席办公会议制度，督促展馆做好中小型展会的各项服务协调工作。3月、9月分别召开大型展会协调会，通报大型展会的规模、特点，要求各部门按照职责分工做好各项工作。会展部门协助主办方做好开幕式、论坛等活动的筹备工作，指导主办方制定展会各项紧急预案，引导企业规范办展。合理解决展会档期冲突和现场突发事件，及时处理会期矛盾纠纷。开展会展数据统计上报工作，及时掌握会展行业发展动态。

【会展发展专项资金管理】 2013年，会展部门严格按照《郑州市会展业发展专项资金使用管理办法》，做好展会的登记备案和资金申请受理审核工作。全年共受理32个资金申请项目，通过资料审查、项目跟踪、现场审核、会后抽查、整体评估等程序，对21个符合条件的展会给予资金奖励补贴，重点支持符合郑州市会展产业导向和市场优势的展会项目做大做强。

【会展业特点】 2013年会展业呈现的主要特点：一是会展业国际化水平得到提升。全年共举办郑州全国商品交易会、郑州磨料磨具磨削展览会、中国国际时尚发制品暨美发用品展览会、中国中部投资贸易博览会等国际性展会4个，展会国际化程度显著提高。郑交会吸引来自新加坡、阿联酋、印度、韩国等19个国家和地区企业参展，国际展位600多个，国际展览面积1.3万平方米，较上年增加一倍多。中国国际时尚发制品展览会来自美国、英国、德国、南非等19个国家和地区的国际专业观众500多位，比上年增加3倍多。郑州磨料磨具磨削展览会有来自美国、加拿大、英国、瑞士、日本等8个国家的20多家国际企业参展，国际展览面积较上届增加50%。

二是新创办展会起步高题材新。鼓励办展主体结合郑州产业优势和市场优势，积极创办新项目类型展会。2013年共有新展会项目8个，较上年增加2个，其中，中国（郑州）三轮摩托车、电动车及新能源汽车展览会，中原特色美食展，中国（河南）电子商务产业暨网络购物博览会首届展览面积均超过1万平方米。郑州科学仪器、化学试剂、玻璃仪器展览会，塑料产业博览会。皮革工业博览会等展会题材新颖，专业性强。

三是中小型展会发展迅速。3万平方米以上的大型展会12个，占全市展会总数的6.25%；展览总面积78.15万平方米，占全市展览总面积的40%。3万平方米以下的中小型展会发展迅速，展会数量180个，占全市展会总数的93.75%，同比增长23.29%；展览总面积113.25万平方米，占全市展览总面积60%，同比增长15.69%，展会涉及汽车、房产、教育、工业、农林牧渔等20多个行业。

（倪永 马虹）

旅游业

综 述

【概况】 2013年，郑州市旅游业以旅游产业转型升级为主线，以精品培育、品牌提升、标准规范、机制创新为重点，精心谋划，各项工作稳步有序顺利推进。2013年，全市共接待国内游客6975.8万人次，同比增长13.3%；国内旅游收入791.01亿元人民币，同比增长14.6%；外汇收入1.65亿美元，同比增长4.4%；旅游总收入800.99亿元人民币，同比增长14.41%。全市全年完成旅游投资近34亿元，高于上年同期；旅游招商引资60亿元，同比增长超过20%。

【旅游项目建设】 2013年郑州市旅游项目投资稳中有升。在建的重大旅游项目33个，项目投资总额176亿元，已累计完成投资61亿元；全市全年完成旅游投资近34亿元。争取上级补贴大幅增加。争取省旅游业发展专项资金400万元，支持嵩山爱诺丁极限运动休闲基地开发扩建、绿源山水生态农业观光园、雪花洞、樱桃沟和泰山村旅游基础设施项目建设。招商引资有新突破。在第八届中博会上，总投资60亿元的中华姓氏健康休闲文化产业园项目顺利签约。重点项目进展顺利。郑州市旅游集散咨询服务中心项目建设稳步推进。河南南水北调穿黄公园前期项目、香堤湾温泉酒店建成并试营业；丰乐农庄会议中心二期主体建筑、锦鹏生态园“温泉公寓”完工；世纪欢乐园高空飞翔4项大型游乐设施基础工程完工；浮戏山旅游综合开发项目游客服务中心进行主体施工；郑州华强文化科技产业基地第二阶段开工建设。抓好规划工作。编制完成《两环十七放射旅游交通标识牌设置工作方案》和《全市A级旅游景区游客中心提升工程方案》；配合规划编制单位，完成《大伏羲山旅游度假区整体开发方案》（草案），参与登封《世界历史文化旅游名城》规划的评审工作。加强旅游星级厕所动态管理。支持伏羲山大峡谷、绿源山水、新郑车马坑、普兰斯薰衣草等景区创A升级工作。旅游商品开发有新进展。政企联动高标准组织“黄河杯”旅游纪念品大赛，共征集作品1279件，是近年来省、市大赛征集作品最多的一次，黄河澄泥砚被评为实物类一等奖。组队参加2013中原旅游商品博览会，郑州市郑商瓷“华夏腾飞”获大赛银奖，郑州市旅游局获优秀组织奖。

【旅游市场开发】 2013年，郑州市抢抓机遇，有序拓展市场，创新宣传方式，大力提升形象，扩大影响力，旅游客源市场持续巩固。积极开发近程市场。年初，市旅游局联合郑东新区管委会开展“10万市民游新区”活动，在重大节日和旅游旺季，整合推出登山游、赏秋游、采摘游、农家游、民俗游等多条旅游线路和多项优惠措施，有效引导城乡休闲游。持续开发国内市场。市旅游局先后参加了省旅游局在武汉、长沙、广州、石家庄、北京、天津等城市“流动的河南”推介会；在石家庄、天津、成都、重庆、陕西榆林等地开展旅游推介。加强合作互动，中原经济区城市旅游联盟、郑汴旅游一体化区域联盟不断深化，郑州市顺利加入TPO（亚太城市旅游振兴机构）。大力拓展国外市场。市旅游局联合省旅游局组织2013“北美万人游河南”活动；围绕俄罗斯“中国旅游年”，在俄罗斯开展系列宣传促销活动；积极开拓东南亚地区、韩国等海外市场。不断创新推介方式。采取传统推介会与体验游相结合、传统媒体与自媒体相交互的形式开展宣传推介，更新制作《郑州自助游手册》《郑州旅游钢笔画》、郑州旅游宣传光盘等一批旅游宣传品，郑州旅游宣传片被评为“省优秀外宣品”。扩大郑州旅游主题形象影响力。完成全省组团在CCTV-4投放旅游形象广告相关工作。郑州市旅游形象标识和“功夫之都”口号通过初审，进入公示阶段，公示将于2014年1月20日结束。组织旅游企业参加中国国内旅游交易会、中国国际旅游交易会、2013海峡两岸台北旅展、第十七届重庆都市旅游节暨第五届中国重庆城际旅游交易会及2013中部六省旅游博览会。

【行业监管】 行业监管通过抓标准、抓服务、强监管、促提升，市场环境持续优化。标准化建设稳步推进。将36家旅游单位纳入全市首批旅游标准化试点，加强调研，定期指导，并进行中期评估验收。登封市、黄河生态风景旅游名胜区创建省级旅游标准化示范单位中期评估和终期总结验收完成。行业监管持续加强。完成全市38家旅游星级饭店和39家星级旅行社年度检查复核工作。受理审核新设立经营国内和入境旅游业务旅行社23家，申请注销国内旅行社12家，申请审核经营出境旅游业务社2家。受理审核四星级饭店1家，五星级饭店1家。完成全市1000多名注册导游员年审和IC卡刷卡工作。组织开展旅游业务、旅游法等各类培训2000余人次。持续做好旅游安全工作，加强行业安全教育，定期对300多家企业进行安全隐患排查。市场检查力度不断加大。全市全年共开展旅游市场检查行动269次，出动检查人员761人次，检查旅行社293家、导游人员396人次、旅游景区36家，共作出具体行政行为108件，对存在违规行为的33家旅行社、29名导游员实施行政处罚。受理旅游投诉19件，投诉人数59人次，旅游投诉结案率100%，全市无重大恶性旅游投诉发

石窟寺——一窟中心柱

生。游客满意度明显提升。将游客满意度工作纳入全市年度目标考核体系，层层进行目标分解，定期发布全市游客满意度调查结果，对重点县（市）区和景区满意度进行督察。2013年，郑州市游客满意度在全国排名稳步提升，位于全国60个旅游城市游客满意度排名第20位，较2012年度排名前移10个位次。

【旅游惠民】 加强乡村旅游建设，构建智慧旅游体系，提升公共服务水平，实施旅游便民惠民。乡村旅游健康发展。乡村旅游信息化示范村建设稳步推进，以信息化建设、专业协会组建、食品安全监管为重点，乡村旅游农家乐星级评定和旅游特色村创建工作全面启动。"智慧旅游"扎实起步。紧抓郑州入选"全国第二批智慧旅游试点城市"契机，深入调研，积极对接"智慧郑州"试点建设，并成功将智慧旅游体系建设纳入郑州"智慧城市"重点项目建设之中，《郑州市智慧旅游发展规划》《手机客户端系统建设方案》编制完成。"民生实事"办理持续推进。向郑州市98个市直窗口单位发放"郑州旅游图"中文版981200份、英文版331900份，展架104个。信息服务优质高效。全年，市旅游局官方网站共更新信息17868条；官方微博发布信息3103条，回复信息2078条；游客咨询中心现场接待游客2765人次，12301旅游服务热线共接到电话3089个。郑州市旅游局官方微博（腾讯）被腾讯网评为2012年度腾讯"最佳亲民微博"，官方网站荣获2012年度省辖市旅游官方网站评比第一名。

（代亚柠）

旅游管理与服务

【郑州市首批旅游标准化（试点）工作会议召开】 1月17日，郑州市首批旅游标准化（试点）工作会议在黄河饭店召开。各县（市）区分管旅游工作的主管领导、旅游行政管理部门负责人，全市首批旅游标准化试点景区、旅行社、星级饭店36家企业负责人，郑州市旅游协会旅行社分会、旅游景区分会、星级饭店分会的会长、副会长，市旅游局中层以上领导和新闻媒体等120人参加会议。

会上，省辖市市长级干部丁世显作了《认清形势，开拓创新，全面推进旅游标准化（试点）工作》的重要讲话。登封市、嵩山饭店、巩义康百万庄园、郑州市金辉旅行社分别代表郑州市首批旅游标准化试点单位作典型发言。

【《旅游法》综合素养提升专题研修班】 6月下旬至7月上旬，郑州市旅游局举办《旅游法》综合素养提升专题研修班，组织业务骨干分两批赴北京开展培训活动。

培训工作委托北京大学继续教育学院具体承办，培训地点在北京大学，每期集中学习5天（40学时）。学习内容分为"前沿形势专题""法制专题""素能提升专题"三大部分，涵盖政治、经济、军事、旅游等多方面内容，包括《十八大报告的主题、任务与执政党建设》《国际安全新形势解析》《新旅游法解读》《全民休闲纲要与旅游转型升级》《网络治理与网络公共事件的应对》等。授课老师来自中共中央统战部、中国人民解放军国防大学、中国社会科学院、全国人大财经委、北京大学等权威部门和著名学府。

【《旅游法》培训讲座】 9月17日，郑州市旅游局举办《旅游法》培训讲座，邀请国家旅游局信息中心副主任、经济学博士蔡家成专题解读《旅游法》，进一步增强全市旅游行政管理人员和旅游经营管理人员"依法兴旅、依法治旅"的水平，推动旅游从业人员学法、知法、用法，促进全市旅游业持续健康发展。郑州市旅游局班子成员、机关各处室、直属单位，县（市）区旅游主管部门及全市旅行社、三星级以上酒店、A级旅游景区主要负责人参加培训讲座。

蔡家成结合工作实际、实例和自身体会，围绕贯彻落实《旅游法》，从立法背景、法条内容、机制制度的建立及旅游监管、质监执法等方面，进行详细讲解。

【旅游市场大检查活动】 9月22日，郑州市宣传贯彻《旅游法》开展旅游市场大检查暨2013年第二次旅游市场检查周活动启动仪式在中原区文化旅游局举行，与此同时，全市各县（市）区同时启动此次活动，拉开为期两周的活动序幕。

按照国家旅游局和省旅游局统一部署和安排，本次活动自9月22日至10月7日。检查重点包括：无许可经营旅行社业务，或者出租、出借旅行社业务经营许可证，或者以其他形式非法转让旅行社业务经营许可的行为；以不合理的低价组织旅游活动，诱骗旅游者，并通过安排购物或者另行付费旅游项目获取回扣等不正当利益的行为；旅行社和旅游者未经协商一致指定购物场所，安排另行付费旅游项目以及未征得旅游者书面同意，委托其他旅行社履行包价旅游合同的行为；导游、领队私自承揽导游和领队业务，擅自变更旅游行程或者中止服务活动，向旅游者索取小费，诱导、欺骗、强迫或者变相强迫旅游者购物或者参加另行付费旅游项目的行为等10项内容。

【国庆节假日旅游工作电视电话会议召开】 9月26日，全市假日旅游电视电话会议在市政府会议室召开，市假日旅游协调领导小组各成员单位负责人，县（市）区、开发区分管领导、假日旅游协调机构成员单位负责人分别在主会场和各分会场收听收看会议。省辖市市

杜甫故里

长级干部丁世显在主会场出席会议并讲话，会议由市旅游局局长张杰锋主持。

在收听收看全省国庆假日旅游工作电视电话会议之后，丁世显对郑州市假日期间旅游工作进行安排部署。他指出，2013年国庆节是《旅游法》正式实施之日，“十一”黄金周也是《旅游法》实施后的第一个黄金周，全市假日旅游协调机构各成员单位和县（市）区、开发区要认清新形势，把握新要求，按照法定职责和法规要求，规范执法行为，强化联合监管，全力以赴做好假日旅游市场供给和服务提升工作，努力为广大市民游客营造一个规范有序的旅游环境。他要求，各级假日旅游协调机构要紧密结合实际，突出交通运输、大型特种设备、食品餐饮卫生、消防安全等重点领域的安全管理，加强热点景区、游客集散中心等客流控制和引导，有针对性地修订完善安全应急方案，深入排查各类安全隐患，落实节前旅游安全拉网式检查，确保国庆假日旅游的安全稳定。

（代亚柠）

假日旅游

【春节黄金周旅游】 2013年的春节黄金周天气晴好，国家继续实行高速公路小客车免费通行政策，市假日旅游协调机构和旅游经营单位扎实工作，实现“安全、秩序、质量、效益”四统一的目标。春节黄金周旅游市场情况及主要特点：（1）全市旅游接待人数稳中有升。据重点统计和抽样调查测算，春节黄金周期间郑州市共接待游客255.18万人次，同比增长9.3%；实现旅游收入14.27亿元人民币，同比增长12.6%。其中，嵩山少林景区接待游客8.42万人次，同比增长46.38%，门票收入694.77万元，同比增长36.6%；郑州黄河风景名胜区接待游客1.5万人次，同比增长19%，门票收入81.96万元，同比增长28.34%；康百万庄园接待游客5.55万人次，同比增长18.92%，门票收入102.63万元，同比增长20.46%；浮戏山雪花洞接待游客0.89万人次，同比增长20.4%，门票收入38万元，同比增长24.1%；郑州海洋馆接待游客2.33万人次，同比增长12.87%，门票收入216.87万元，同比增长14.44%。（2）“民俗文化游”异常火爆。景区针对春节旅游市场特点，纷纷推出丰富多彩的民俗文化活动，取得良好效果。巩义康百万庄园、杜甫故里和浮戏山雪花洞等景区推出“许愿墙上祈宏福”“猜谜游园”“祈福钟声迎新春”等系列旅游活动；绿博园举行第二届郁金香花展及春节系列活动；世纪欢乐园推出“异域风情游”等迎新活动；嵩山景区推出传统的少林武术迎宾式和舞龙等传统民俗表演；黄帝故里隆重举行除夕夜敬香祈福活动；金鹭鸵鸟园节前启动“春满中原”商都民俗庙会，开展春节拜典、民俗表演等活动；郑州城隍庙—文庙庙会新增四川变脸、龙狮舞、高跷方队、魔术杂技表演等。（3）都市旅游产品节日走俏。“郑州人游郑州”“郑州一日游”活动带动效应明显，郑东新区、茶城、古玩城、花木城、郑州植物园等游客如潮。尤其是郑东新区，节前启动“10万市民游东区”活动，开发包装了“便捷郑东”“水域郑东”“宜居郑东”“方向郑东”等四大主题旅游产品，广大市民畅游郑州高铁站、会展宾馆、湿地公园、河南地质博物馆等16个游览点，节日期间吸引了大量游客。河南博物院举办“滑县木版年画展”，河南省美术馆举办河南省书法楹联作品展，郑州博物馆推出“博物馆里过大年”系列趣味活动。二七广场—德化步行街、绿城广场等广场文化、街区文化、小型演艺等文化旅游产品走热。郑州人民公园、碧沙岗公园、紫荆山公园纷纷举办迎新春灯会、“情暖新春”群众文化系列活动。（4）自驾游、休闲健康游继续增长。春节期间，近郊游、短线游、自驾游继续增长，康体健身、休闲放松成为节日里市民的选择。嵩山少林、康百万庄园、商都庙会等区域车流如织。据抽样调查显示，游客短线自驾游的比重占全市接待总量的77%以上，与上年同期相比增加2个百分点。省内客源地前十位依次为郑州、开封、洛阳、许昌、新乡、安阳、漯河、焦作、南阳、平顶山。温泉、滑雪、赏花、品茶、康体、运动等成为广大游客的主要休闲方式。尤其是滑雪游、温泉游备受游客青睐。嵩山滑雪场、桃花峪滑雪场、丰乐园热带雨林水疗馆、香堤湾温泉酒店、江南春温泉酒店等吸引了大量市民和游客休闲度假，游客接待量再创新高。丰乐农庄游客接待量比上年增长近15%，江南春温泉游客接待量比上年增长20%。（5）旅游质量明显提高，市场环境安全有序。节前郑州市发布2012年第四季度和全年游客满意度模拟评价结果，郑州市游客满意度在全国60个旅游城市测评中排名第24位，年度排名第30位，满意度指数突破80分，连创三项历史最好记录。节前主要旅游经营单位对各种安全隐患进行排查，提前消除安全隐患，充分保障游客生命财产安全。春节期间，郑州市旅游安全形势平稳，旅游市场秩序井然，没有发生一起旅游安全事故。市旅游信息咨询服务中心“12301”旅游热线共接到各类咨询电话86个，市旅游质监所共接到旅游咨询电话90多个，及时调解旅游纠纷6起，无重大旅游服务质量投诉发生。

【“十一”假日旅游】 2013年“十一”假期是《旅游法》实施后的第一个旅游黄金周。郑州市假日旅游工作准备充分，组织严密，保障有力，顺利实现“安全、秩序、质量、效益”四统一目标。据重点统计和抽样调查测算，郑州市共接待游客995.36万人次，同比增长9.8%；旅游收入37.31亿元人民币，同比增长13.9%。主要特点：（1）重点景区接待量创新高。纳入全市统计信息预报的15个重点景区，黄金周期间共接待游客139.24万人次，同比增长14.4%；实现门票收入4194.4万元，同比增长23%。其中，嵩山少林景区接待游客23.38万人次，同比增长16.54%，门票收入1965.45万元，同比增长28.09%；嵩阳书院接待游客1.38万人次，同比增长33.65%，门票收入31.49万元，同比增长30.76%；中岳庙接待游客1.17万人次，同比增长22.72%，门票收入23.86万元，同比增长33.37%；黄河生态风景旅游区接待游客7.74万人次，同比增长28.08%，门票收入417.86万元，同比增长28.38%；康百万庄园接待游客8.2万人次，同比增长22.64%，门票收入173.02万元，同比增长21.37%；郑州海洋馆接待游客5.94万人次，同比增长66.44%，门票收入545.86万元，同比增长66.17%；河南金鹭鸵鸟园接待游客12.65万人次，同比增长4.37%，门票收入125.82万元，同比增长3.83%；绿博园接待游客11.06万人次，同比增长40.89%，门票收入232万元，同比增长100%；中原福塔接待游客2.91万人次，同比增长7.62%，门票收入187.2万元，同比增长28.15%。（2）假日旅游活动丰富多彩。各县（市）区和旅游经营单位，先后推出各具特色的主题节庆活动，活跃假日旅游市场。新郑市举办2013中华枣乡风情游暨“好想你”红枣文化节，吸引大批游客。金鹭鸵鸟游乐园举办航模展览和表演，郑州海洋馆组织青蛙王子和海的女儿等海底总动员大型表演活动。康百万庄园举办第四届民俗文化节，全新打造的“迎驾慈禧”“康家娶亲”等明清真人秀表演吸引众多游客。绿博园举办的第三届蝴蝶兰展，吸引众多游客前去赏花摄影。（3）自助自驾游持续升温。假日旅游市场，继续呈现随旅游团出游比例减少，自驾车旅游和自助游比例升高的态势，居民出游方式个性化和多样化趋势明显。据抽样调查，黄金周期间，郑州市游客自驾车比例占58%，自助游游客比例高达86%；合家出游的比例达到64%。一日游游客比例达到72%，省内游客比重占全市接待总量80%以上。在郑州市各大景区，省内客源地前五位依次为郑州、许昌、新乡、开封、平顶山。假日期间长线游客主要客源地集中在河北、山东、山西、湖北、安徽等周边省份及江苏、上海、北京等经济发达地区。（4）休闲游乡村游持续火爆。假日期间，郑州市推出的登山游、赏秋游、采摘游、农家游等多条特色旅游线路，受到游客青睐，拉动效应明显。许多市民到特色旅游村、乡村旅游经营单位休闲旅游，不少农民到市区休闲娱乐，假日旅游呈现出城乡互动的良好局面。碧沙岗公园举办的第十届郑州盆景展，孤柏渡飞黄旅游区滑沙滑草，新郑枣园打枣活动等都吸引了大批游客参与。花园口景区免收门票措施，方便了沿线农家乐、渔家乐的旅游经营，接待人数大幅增长。黄金周期间，黄河花园口接待游客20.95万人次，同比增长25.83%；丰乐农庄接待游客16.53万人次，同比增长20.48%；浮戏山雪花洞接待游客9.65万人次，同比增长26.52%。茶城、古玩城、花木城、郑州植物园等游憩场所客流量较以往都有明显增加。

黄金周期间，郑州市没有发生一起旅游安全事故，市旅游质监所共接到各类咨询电话110余个，处理旅游投诉7件，全市旅游秩序良好。

（代亚柠）

宣传营销

【中原经济区城市旅游联盟工作】 1月5日，郑州市旅游局副局长何宏波率联盟秘书处有关人员赴山西晋城，与山西省晋城市旅游文物局（联盟2013年度轮值主席单位）共同研究探讨联盟2013年度工作。晋城市旅游与文物局局长梁红兵，副局长韩楚、赵旭替，主要业务处室负责人以及皇城相府、凤凰欢乐谷等晋城主要旅游景区负责人出席会议。何宏波在会上就联盟秘书处非城市会员加入、联盟旅游线路设计编排等10个方面的基础性工作提出初步设想，得到晋城旅游局的认可。

梁红兵表示，2013年，联盟将推动各成员城市开展旅游进社区活动，晋城市将积极参与郑州旅游进社区活动。

【赴新加坡参加“春城洋溢华夏情”旅游展】 1月，郑州市代表赴新加坡参加第20届“春城洋溢华夏情”旅游展，并在新加坡莱芙士城参加省旅游局举办的河南旅游推广周活动。1月19日，河南旅游推广周开幕，中国驻新加坡大使馆参赞肖江华、新加坡金航旅游集团董事长、新加坡“春城洋溢华夏情”组委会主席林瑨利女士以及郑州、开封、洛阳、焦作等省辖市旅游局和景区负责人出席本次推广周开幕式。出席开幕式的嘉宾还有新加坡曾兄弟、康泰等国际旅行社的负责人和河南省旅游集团、中青旅及郑州海外国际旅行社的代表等。

本次旅游推广周，推出了以“世界文化遗产之旅”“东方寻根文化之旅”和“中原山水之旅”为主题的三大旅游精品线路，并分线路进行图片展示，介绍河南省和郑州市优秀的旅游资源，帮助新加坡市民更好地了解河南，了解郑州。为配合旅游推广周活动，郑州市还组织少林武术队员在新加坡进行为期10天的演出。开幕式当天，少林棍、童子功、双节棍及舞蹈“青衣·青花”等精彩演出，吸引众多新加坡市民和游客观看。

开幕式后，郑州市推介团成员回答了新加坡旅行商和市民的咨询，发放千余份旅游宣传资料，少林寺、嵩山世界地质公园、黄河风景名胜区等旅游产品受到关注。

【赴鄂、湘、粤三省进行高铁旅游宣传促销】 1月14-18日，河南省高铁旅游推介团分别在武汉、长沙、广州进行“流动的河南”高铁旅游推广活动。郑州市旅游局以及港中旅（登封）少林景区、《禅宗少林·音乐大典》以及郑州海外国际旅行社、南湖国旅旅行社负责人参加此次活动。

省旅游局组织河南京广高铁沿线城市旅游局、旅行社及景区同湖北、湖南、广东省旅游局、当地主流媒体和业界同行进行交流互动，共签《京广高铁诚信与品质旅游倡议书》。同时向三地旅游界推荐世界文化遗产游、古都文化游、华人寻根祭祖游、三国文化主题游、红色文化游、山水休闲度假游等6条河南高铁游特色旅游路线，并按线路进行图片展示，介绍河南省、郑州市优秀的旅游资源，帮助三地旅游界人士更好地了解河南，了解郑州。鄂、湘、粤高铁旅游推介活动中，郑州市共发放《中国郑州》画册、《郑州旅游》光盘和《郑州旅游》地图等各类宣传资料千余份。

【赴京、津、冀进行高铁旅游宣传促销】 2月26-28日，省旅游局组织赴京、津、冀三地开展高铁旅游宣传促销，郑州市旅游局以及港中旅（登封）少林文化旅游有限公司、郑州海外国际旅行社等郑州旅游企业参与本次活动。本次促销活动，重点向京津冀市场推出6条高铁旅游产品、3个旅游节庆活动、2个旅游演艺节目。其中，郑州市作为

绿博园

参加政风行风热线访谈节目

中国八大古都之一入列中华古都之旅，“天地之中”古建筑群入列世界文化遗产之旅，新郑黄帝故里入列根亲拜祖之旅，中国郑州国际少林武术节、《禅宗少林·音乐大典》则是重点推介的旅游节庆和旅游演艺产品。

活动期间，郑州市推介团分别与当地旅游业界人士进行深入交流，积极推广郑州市的旅游形象和旅游产品。推介会上，现场表演的少林养生功法、少林传统拳法、硬气功等少林绝技，康百万庄园、黄河风景名胜区等景区得到与会旅行商的关注。

【组团参加中国国内旅交会】 4月19–21日，郑州旅游展销团参加第20届中国（贵阳）国内旅游交易会。登封市、新郑市、金水区、经开区、郑东新区旅游部门，以及黄河风景名胜区、港中旅（登封）嵩山少林文化旅游有限公司、黄帝故里、中原福塔景区、河南亚泰国旅、河南东方国旅、河南长江国旅、中原铁道旅行社、旅游百事通河南分公司、郑州金辉旅行社、河南豫华旅行社等旅游经营单位随团参展。

郑州市以高铁之旅为主题，重点推出功夫之旅、山水之旅、世遗之旅、庄园之旅、中原文化之旅等旅游线路产品。全市参展人员采取不同形式与参展旅行商和市民游客开展咨询交流，接受各类咨询3万余人次，共发放各类宣传资料5万余份，让众多参会买家尤其是当地市民进一步认识郑州市“天地之中 功夫之都”的城市旅游形象和旅游产品。

展会期间，市旅游局局长张杰锋接受《中国旅游报》社长助理徐行的专访，从专业角度进一步整合推广郑州市旅游资源及产品；会见美国旅行作家、欧盟观览中国项目负责人Lisa Gay，深入探讨郑州市旅游境外宣传的路径选择；与西南地区最大的旅行商——重庆海外旅业（旅行社）集团有限公司总经理张力进行洽谈交流，就双边旅游营销合作达成共识。郑州市参展企业代表还与各地买家团开展深入地洽谈交流，达成多个合作意向。

【组团参加第八届中博会旅游活动】 5月19–21日，郑州市组团参加在三门峡举办的中部六省旅游投资洽谈会和中部六省旅游博览会等活动，登封市、新郑市、巩义市、荥阳市、金水区等县（市）区随团参会。

旅游博览会上，郑州市搭建了100平方米的特装展台，向参会嘉宾、境内外旅行商和当地民众，重点宣传推介“天地之中，功夫之都”城市旅游形象。少林景区、黄河风景名胜区、康百万庄园、中原福塔、海洋馆等11家景区、《禅宗少林·音乐大典》、好想你枣业及省会部分旅行商在会上推出各自的旅游产品，其中《禅宗少林·音乐大典》、海洋馆、康百万庄园、金鹭鸵鸟园、中原影视城等景区还现场发放代金券或免费门票，会上共发放各类旅游宣传品16000余份。会展期间，各景区主动与参会旅行商进行业务对接和工作交流，招徕吸引外地旅行商组团来郑旅游。旅游投资洽谈会上，郑州市共发布旅游招商引资项目6个，签约合同项目1个，签约资金总额60亿元人民币。

【赴榆林推介郑州航空旅游产品】 6月18日，河南省旅游局、河南省民航办、郑州市旅游局、南航河南分公司、新郑国际机场联合在陕西省榆林市举行榆林—郑州航线暨河南旅游产品推介会。郑州与榆林两市部分旅行社、机票销售代理及新闻媒体参加推介会。

会上，郑州市旅游局向榆林市旅游界和新闻界进行专题旅游推介，宣传郑州的旅游形象和旅游产品，重点介绍中岳嵩山、少林寺、黄帝故里、黄河风景名胜区、康百万庄园等经典景区及郑州市独有的“天地之中”历史建筑群、禅武文化、黄河文化、根源文化等特色旅游资源。南航河南分公司、郑州国际机场分别作航空产品推介。

【参加“黄河千里风情线相约在西宁”活动】 6月26–28日，应西宁市旅游局邀请，郑州市旅游局局长张杰锋率相关工作人员参加由西宁市政府主办、西宁市旅游局承办的“黄河千里风情线相约在西宁”活动。

在西宁市旅游局举行的“黄河千里风情线”沿线城市旅游局长恳谈会上，沿黄九省会旅游局长以及青海海东、海南、黄南、海北旅游部门及青海湖景区负责人共商如何依托“黄河”这一顶级旅游资源，共同实现大景区开发，共同营造黄河流域千里旅游带等。

召开半年工作会

开展“三走进三郑州”活动

【在津开展旅游推介及微营销活动】 7月1日，郑州市在天津举行“天地之中 功夫之都”郑州旅游推介会，并开展旅游微营销活动。天津当地旅行社、自驾游俱乐部、车友会、网络旅游达人、新闻媒体等近百名业界人士参加活动。

推介采用业界推介与微营销相结合的方式进行。在推介内容上，围绕旅游产业发展趋势，通过多媒体互动体验交流等全新旅游推介手段，将郑州市旅游资源分为“有工夫来郑州—真好玩、真休闲、真方便、真实惠”四个话题，辅以视频、音频、图片等形式，引导参会人员深度体验郑州之旅。在网络营销上，提前一周在腾讯天津网推出“有工夫来郑州”旅游“微”话题，共吸引8万多名网民和“驴友”阅读关注话题讨论；推介会现场的“津津乐道郑州之旅”微博话题互动环节，共发布549条微博，约3万人次在场外通过微博关注推介会。在新技术运用上，首次将局官方网站、旅游广告片、官方微博生成二维码，鼓励参会人员通过扫描二维码参与现场话题互动和抽奖活动，扩大了郑州旅游的关注度。

推介会期间，郑州市参会景区及中原国际旅行社、河南南湖国旅等多家旅行社与当地业界人士展开互动，以乘飞机或坐高铁为交通线路，推出多条“天津人游郑州”新线路。全市10家4A级以上景区还向天津市民及组团旅行社推出门票五折、赠送礼品等优惠政策，受到天津市民和媒体的关注。

【参加东北旅游推广活动】 8月12-13日，由河南省旅游局局长寇武江带队，河南主要旅游目的地城市郑州、开封、洛阳、焦作市旅游局，主要旅行社、重点旅游景区以及河南主流媒体等组成推介团，在大连、沈阳举行“流动的河南”（辽宁）旅游推广活动。

郑州市旅游局局长张杰锋率领由新郑市旅游文物局、嵩山少林景区、黄河风景名胜区、郑州海外旅游公司等单位组成的郑州旅游推介团，分别在大连、沈阳推广“天地之中 功夫之都”郑州旅游形象和重点旅游产品。在沈阳期间，推介团面向业界推出少林功夫表演，在体验区推介新郑大枣、少林寺素饼等独具特色的郑州旅游商品。在大连举行的河南旅游推介和业界座谈会上，郑州市旅游企业与当地旅游业界进行交流，就双边合作进行实质性洽谈。

【参加中国北方旅游交易会】 8月30日-9月1日，郑州市代表团赴石家庄参加由北京、天津、河北、山西、内蒙古、山东、河南、辽宁、吉林、黑龙江等十省（区、市）旅游局（委）和石家庄市人民政府共同主办的2013第十八届中国北方旅游交易会，嵩山少林、中原福塔、金鹭鸵鸟园、《禅宗少林·音乐大典》等主要旅游企业随团参会。

会展期间，郑州市重点推出功夫之旅、世遗之旅、庄园之旅、寻根之旅等旅游线路产品。参展人员和市民游客进行广泛交流，接受各类咨询2万余人次，共发放各类宣传资料1.5万余份，展示“天地之中 功夫之都”的城市旅游形象，加深旅游企业和石家庄市民对郑州市旅游产品的认知度。

【郑州旅游走进重庆】 9月6-8日，郑州市旅游局局长张杰锋率团参加第十七届重庆都市旅游节暨第五届中国重庆城际旅游交易会，在重庆市开展系列旅游促销活动。登封市、新郑市、中牟县等县（市）区旅游部门，以及港中旅嵩山少林景区、《禅宗少林·音乐大典》、河南南湖国际旅行社、河南百事通旅行社、河南中原国际旅行社、郑州春秋旅行社、南方航空河南分公司等单位随团参加促销活动。

在本次节会举办的国内国际旅游推介展示会上，郑州市以航空旅游产品为重点，向全国百强旅行商和重庆旅行社进行旅游推介，着重面向重庆市场推出嵩山少林功夫游、黄河文化游、寻根拜祖游等三大经典主题产品，并向与会者介绍以郑州为中心的中原古都游、文化山水游、大河风光游等中原旅游产品。

【参加2013海峡两岸台北旅展】 10月18-21日，郑州市旅游局组织重点旅游企业随省局组团参加2013海峡两岸台北旅展。展会由海峡两岸旅游交流协会与财团法人台湾观光协会共同主办，在台北世贸中心展览馆举行。本届展会大陆展区共设展位232个，参展面积3816平方米，大陆29个省区市和新疆生产建设兵团及相关旅游企业分别组团参加。

环翠峪之春

大陆展团总人数逾700人，是2013年两岸旅游交流活动中，大陆业界最大规模的团组。展会期间，郑州市推出精彩纷呈的旅游产品，发放各类宣传品3000余份，吸引现场观众咨询。

【参加中国国际旅交会】 10月24–27日，由国家旅游局、中国民用航空局和云南省人民政府共同主办的2013中国国际旅交会在昆明国际会展中心举行。郑州市参展团参加本次交易会。登封市旅游局、新郑市旅游和文物局等县（市）旅游主管部门以及港中旅（登封）嵩山少林文化旅游有限公司、黄帝故里景区、康百万庄园、郑州市天人文化旅游有限责任公司（《禅宗少林·音乐大典》）、河南省南湖国际旅行社、郑州金辉国际旅行社等单位随团参会。

展会期间，郑州市围绕郑州航空经济综合试验区建设和中原旅游中心城市的特点，组织开发航空旅游产品和高铁旅游产品，重点推出中原古都游、少林功夫游、世界遗产游、寻根拜祖游、黄河文化游等旅游线路，积极推广"天地之中 功夫之都"（KUNGFU KINGDOM ZHENGZHOU CHINA）的郑州旅游形象，并有针对性地拜访境内外主要客源地旅行商和卖家，就郑州旅游产品开发、客源市场推广和售后服务等方面进行实质性洽谈，进一步摸清客源市场特点，为开拓境内外客源市场奠定基础。全市各参展旅游企业结合各自旅游产品实际，积极主动与境内外买家开展合作交流，与多家旅行商达成合作意向。

【"三走进三郑州"活动首批游客启程】 5月21日，由市旅游局、市总工会、市妇联、团市委联办的"走进廊道、走进森林、走进社区，认识郑州、热爱郑州、奉献郑州"主题活动，分别在郑州植物园、郑东新区如意湖文化广场、新客运北站同时启动，首批来自基层的300名群众、优秀工作者代表分批沿西南、西北、东线快乐畅游，感受新型城镇化建设下的绿城嬗变。

此次参观线路中，西北线涉及惠济区、高新区、荥阳市、上街区、巩义市，主要参观点包括花园路生态廊道、西四环生态廊道、黄河国家湿地公园、郑州通航试验区、巩义永安路沿线生态廊道等。西南线涉及中原区、二七区、新密市、登封市，主要参观点包括郑州树木园、新密来集镇祥和王堂社区、中原西路生态廊道、登封大道生态廊道、唐庄乡中心社区等。东线涉及金水区、管城区、新郑市、航空港区、经开区、中牟县、郑东新区，主要参观点包括郑新快速通道生态廊道、华南城项目、富士康厂区、绿博园等。3条游览线路均涉及以生态廊道、森林公园、湿地公园为代表的生态建设景观；以新型社区为代表的宜居建设典范；以城市快速交通体系、现代化综合交通枢纽为代表的畅通郑州建设工程。

（代亚柠）

银行保险业

人民银行

【概况】 2013年，人民银行郑州中心支行坚持稳中求进的工作总基调，有效执行稳健的货币政策，全省货币信贷合理均衡增长，金融体系保持稳定，金融服务水平有效提升，外汇管理进一步改善，为河南经济社会发展提供了有力金融支撑，被人民银行总行授予五一劳动奖状，被河南省省政府评为年度责任目标考核优秀单位、全省企业服务工作先进单位、全省促进全民创业先进单位和河南省政风行风建设先进单位。

【金融运行状况】 2013年，郑州市金融系统认真贯彻执行稳健的货币政策，金融运行情况较为平稳，对地方经济的支持力度进一步增强。截至2013年12月末，金融机构本外币各项存款余额为12908亿元，同比增长20.7%（剔除国家开发银行统计口径调整因素后，同比增长18.7%，高出全省平均增速1.1个百分点）；较年初增加2105.6亿元，同比多增434.8亿元。其中，人民币各项存款余额为12450.5亿元，同比增长19.2%（剔除国家开发银行统计口径调整因素后，同比增长17.1%，与全省平均增速持平）；较年初增加1899亿元，同比多增415.6亿元；余额和新增额占全省的比重分别为33.6%和35%，较上年同期分别提高0.6和5.3个百分点。金融机构本外币各项贷款余额为9681.1亿元，同比增长39%（剔除国家开发银行统计口径调整因素后，同比增长13.8%）；较年初增加1090.5亿元，同比多增283.9亿元。其中，人民币各项贷款余额为9342.3亿元，同比增长37.5%（剔除国家开发银行统计口径调整因素后，同比增长12.2%）；较年初增加965.8亿元，同比多增284.4亿元；余额和新增额占全省的比重分别为40.4%和32.1%，较上年同期分别提高6.5和5.1个百分点。

【存款情况】 分项目看，单位存款和储蓄存款较年初分别新增998.5亿元和630.1亿元，合计增加1628.6亿元，占全市各项存款增量的85.8%，是推动各项存款增加的主要因素。

单位存款大量增加，对各项存款增长拉动作用明显。12月末，金融机构单位存款余额为7158.5亿元，同比增长18.2%；较年初增加998.5亿元，同比多增32.1亿元。分结构看，活期单位存款、定期单位存款、通知存款较年初分别增加453.6亿元、442亿元和46.5亿元，保证金存款较年初减少33.6亿元。单位存款大量增加的主要原因，一是当前宏观经济仍处于盘整期，企业投资渠道面临诸多不确定性因素，投资意愿不强，多余资金回流银行体系较多；二是伴随利率市场化的持续推进，存款资源的市场竞争性进一步增强，金融机构普遍加大了对公存款的营销考核力度；三是企业中长期贷款增加较多，相对于短期贷款而言，中长期贷款尤其是在建大型项目贷款在企业账户内的留存率更高，一定程度上促进了派生存款的增加。

储蓄存款增加较多。12月末，金融机构储蓄存款余额为4475.3亿元，同比增长16.4%；较年初增加630.1亿元，同比多增36.7亿元。分机构看，农村信用社、城市商业银行、建设银行、工商银行和中国银行储蓄存款增加较多，

人民银行郑州中心支行组织处级以上干部到兰考焦裕禄纪念馆参观

人民银行郑州中心支行联合省政府金融办等单位召开河南省农村金融创新示范县（市）授牌仪式暨农村金融创新工作推进会议

分别增加108.1亿元、98.1亿元、73.2亿元、67.9亿元和53亿元，合计增加400.3亿元，占全市储蓄存款增量的63.5%。

【贷款情况】 2013年郑州市金融机构贷款具有以下特点：

（一）短期贷款和中长期贷款均增加较多。12月末，金融机构短期贷款余额为3385.7亿元，同比增长22.4%；较年初增加516.8亿元，同比少增18.8亿元。中长期贷款余额为5802.9亿元，同比增长52.5%；较年初增加519.5亿元，同比多增381.1亿元。剔除国家开发银行统计口径调整因素后，短期贷款和中长期贷款分别增长18.2%和10.4%。票据融资余额为145.1亿元，同比下降32.9%；较年初减少71亿元，同比少增76.1亿元。

（二）个人贷款和单位贷款均增加较多。12月末，金融机构个人贷款及透支余额为2203.8亿元，同比增长28.3%；较年初增加442.7亿元，同比多增147亿元。单位经营贷款余额为3216亿元，同比增长12%；较年初增加267.5亿元，同比多增146.3亿元。单位固定资产贷款余额为2881.4亿元，同比增长89.8%，剔除国家开发银行统计口径调整因素后，同比增长13.1%；较年初增加208.5亿元，同比多增109.1亿元。

（三）新增贷款重点投向了批发零售业、水利环境公共设施管理业、制造业、房地产业和建筑业。2013年，上述5个行业新增贷款（不含票据贴现）占比分别为15.8%、11%、10.1%、9.7%和5.8%，合计占比52.4%。其中，水利环境公共设施管理业、房地产业和批发零售业占比较上年同期分别大幅提高9.3、7和2个百分点，制造业和建筑业占比较上年同期分别回落7.5和4.3个百分点。从承贷主体看，2013年，全市小微企业贷款合计新增282.3亿元，同比多增173.8亿元，占企业贷款增量的比重为43.2%。

（四）全国性大型银行贷款投放占比较大。2013年，全国性大型银行和全国性中小型银行贷款分别新增541.6亿元和261.7亿元，占全市各项贷款增量的比重分别为56.1%和27.1%。全国性大型银行中，国家开发银行、工商银行、建设银行和中国银行贷款增加较多，分别增加152.3亿元、113.4亿元、90.6亿元和76.4亿元，合计新增432.7亿元，占全市各项贷款增量的44.8%。区域性中小型银行和农村信用社贷款分别增加146.2亿元和65.1亿元，合计增加211.3亿元，占全市各项贷款增量的21.9%。

【货币信贷管理】 2013年，人民银行郑州中心支行继续坚持“监测、分析、引导、管理和服务”的工作思路，认真贯彻落实稳健的货币政策，结合中原经济区“三化”协调发展的总体要求，综合运用多种货币政策工具，引导货币信贷和社会融资规模合理适度增长，着力强化对实体经济，特别是粮食生产核心区和郑州航空港经济综合实验区的金融支持。

（一）贯彻稳健的货币政策，引导辖内货币信贷和社会融资总量合理适度增长，强化金融对实体经济的有效支持。一是定期召开河南省金融形势分析暨窗口指导会，不定期深入金融机构、重点企业开展现场调研，有针对性地传导货币信贷政策。引导金融机构把握好信贷投放的力度和节奏，注意盘活存量、用好增量，保持货币信贷和社会融资规模合理适度增长。二是联合省金融办、发改委等制定《关于金融支持经济结构调整和转型升级的实施意见》，被省政府办公厅转发。三是建立“金融支持‘三化’发展和郑州航空港经济综合实验区情况定期监测制度”，参与研究制定《郑州航空港经济综合实验区发展规划》，为金融机构加大对“三化”发展和郑州航空港经济综合实验区等重点领域建设搭建合作平台。四是加强对货币信贷政策及人民银行工作的宣传。向省委、省政府报送《关于2013年以来河南省货币信贷工作暨全省金融形势相关情况的报告》等。在《河南日报》《金融时报》等刊登专题宣传材料，宣传稳健货币政策和人民银行相关工作，引起社会较大反响。五是组织完成全省涉农、中小企业信贷政策导向效果评估工作，向省级银行业金融机构通报，并将评估结果纳入新设金融机构加入人民银行金融管理和服务体系、支农再贷款和再贴现额度使用的依据，进一步提升货币信贷政策的导向力。

截至2013年年末，全省本外币贷款余额增长15.8%，同比提高0.8个百分点，较年初新增3144.2亿元，同比多增493.4亿元。社会融资规模增长较快，2013年全省社会融资总量达到5691.1亿元，比2012年增846.6亿元，较好地支持了实体经济发展。

（二）综合采取多种措施，科学引导地方法人金融机构贷款投放。一是加强对法人金融机构贷款投放的动态监测，建立和完善调控工作预调、微调机制。每月初，组织各法人机构结合年度合意规划和自身发展需要，预测当月贷款新增额，经人民银行总体平衡后反馈给各机构执行。月中加强动态监测，对于超规划的，下发督导通知书，予以纠正。二是按照法人机构贷款投放总量、结构、节奏与调控要求的偏差程度，动态调整α参数，引导法人机构自我稳健经营。三是搭配运用窗口指导、再贷款、再贴现等多种货币政策工具，确保实现政策意图。先后约见省联社和部分法人机构负责人谈话，适度收回部分不符合宏观审慎要求的地市中心支行支农再贷款、再贴现限额，合理引导预期。四是加强政策宣传引导。及时将总行政策精神传达到各法人机构，编发《稳健货币政策知识问答》，就15个热点问题予以宣传解释，在全省营造有利于调控的舆论氛围。截至2013年年末，全省地方法人金融机构贷款较年初新增1125.1亿元，占全年合意规划的99.5%，较好地完成预期调控目标。

（三）加强货币政策工具管理，发挥好政策支持和导向作用。一是严格存款准备金管理，维护金融体系流动性平稳。对经总行核定达标机构执行较低的存款准备金率，对县域金融机构新增存款用于当地考核达标的法人机构执行较低的存款准备金率。探索建立有效的法人机构流动性监测机制，及时掌握全省法人机构流动性变化情况。组织开展全省存款准备金缴存管理情况交叉检查，对郑州市郊农信社欠缴准备金行为依法开展处罚。二是加强再贷款管理和宣传，提升再贷款使用效能。科学调配再贷款限额，全年7次召开审贷会，调剂下拨短期再贷款限额23.9亿元，支农再贷款限额132亿元和再贴现限额21亿元。制定《中国人民银行郑州中心支行头寸再贷款应急管理暂行办法》，发挥短期再贷款的流动性供给作用。探索完善支农再贷款管理监测考核指标体系，探索健全支农再贷款抵押担保机制。深入开展支农再贷款使用效果宣传，《金融时报》《河南日报》分别对河南省支农再贷款使用成效进行宣传报道。三是细化再贴现支持重点，引导优化贷款投向。进一步完善再贴现投向统计监测，开展再贴现管理使用情况检查。将再贴现支持的重点细化为“小巨人”等小微企业、科技型环保型企业、涉农企业等，将再贴现重点支持的区域细化为农村金融创新示范县、扶贫开发县等县域，引导金融机构优化贷款投向。四是贯彻落实各项利率政策，进一步夯实利率市场化微观基础。按季召开全省金融机构利率定价工作座谈会，通报全省金融机构存、贷款利率定价执行情况，为金融机构开展交流搭建平台。完善金融机构利率风险定价机制建设情况备案制度，探索开展金融机构利率定价能力评估。认真执行国家有关民贸民品优惠利率政策，强化政策指导和业务培训，2013年为民贸民品生产企业办理贷款贴息27553.3万元，同比多增8643.1万元。

（四）推动实施“五大民生金融工程”，普惠金融取得明显成效。一是启动实施金融支持扶贫开发工程。二是实施强农惠农农村金融创新工程。三是实施“小巨人”企业融资培育工程。四是继续开展创业富民金融服务工程。五是实施保障性住房融资支持工程。

（五）稳步推进跨境人民币业务工作。创新开展“一企一策”活动，推动目标企业使用人民币结算。提请省政府召开河南省跨境人民币业务联席会，协调解决推进过程中遇到的问题。配合商务厅筛选确定196家重点监管企业，了解外商直接投资业务情况，推动企业使用人民币投资。联合省工商银行开展跨境人民币业务有奖知识竞答活动，开展金融机构业务竞赛，进一步加大宣传培训力度。2013年全省金融机构累计办理跨境人民币业务425亿元，同比增长275%。

（六）金融市场业务规范、高效发展。完善金融债券发行及后续管理制度框架，开展银行间市场成员业务现场执法检查。加强商业银行国债柜台交易管理，建立银行业金融机构黄金市场业务备案、监测统计等制度。开展黄金投资者风险教育活动，在《大河报》开展主题宣传活动。深入推动“区域集优”模式融资，支持地市多批次开展“区域集优”票据融资，建立发债后备企业培育机制。编印《银行间债券市场融资知识手册》，就银行间债券市场、新型融资工具知识进行系统宣传。支持省内法人金融机构共发行58亿元金融债补充资金。组织对2011-2012年度银行间债券市场融资工作评比表彰，强化政策激励，会同财政厅、金融办审核发放引导激励资金1419.8万元。2013年全省银行间市场直接债务融资768.75亿元，比2012年实现翻番。其中非金融企业债务融资共计710.75亿元，金融债券58亿元。

国家外汇管理局副局长李超到郑州富士康厂区考察

【农村信用社改革】 加强专项票据兑付后续监测管理，促进农村信用社、村镇银行增强支农服务功能。一是组织对全省143家法人农村信用社（行）和符合总行考核条件的14家村镇银行进行监测考核，提出初步考核意见。经人民银行总行审定，全省达到一级标准的农村信用社88家；达到二级标准的农村信用社55家。二是切实落实农村信用社兑付后续考核激励约束措施。对考核同时达到将新增存款一定比例用于当地贷款考核和专项票据兑付后续监测考核标准的农村信用社、村镇银行，安排增加支农再贷款限额43.44亿元。三是切实加强全省农村信用社专项票据兑付后续监测考核工作。组织全省人民银行按每季10%的比例，对当地农村信用社实施现场监测考核。四是督促全省农村信用社对现场监测考核中发现的问题进行整改。向省农信联社反馈通报2012年度专项票据兑付后续监测考核结果及存在问题，要求省联社督促有关农村信用社对考核存在的问题限期整改到位；对在2013年现场监测考核中发现的问题，及时向有关机构下发整改意见，切实加强督促，确保整改到位。

【金融稳定】 人行郑州中心支行以地方法人金融机构风险监测为重点，强化风险监测分析预警，努力做到早发现、早报告、早处置。分别对全省城市商业银行、招商银行郑州分行、濮阳县农村信用合作社开展信贷资产质量、理财业务、金融稳健性现场评估，全面掌握被评估对象的风险状况。加强金融监管协调机制建设，与河南证监局签署监管合作备忘录，推动各市中心支行探索开展监管合作。密切关注辖区金融机构改革，重点督导农业银行“三农金融事业部”改革试点。组织全省人民银行系统开展2013年金融风险突发事件应急演练，进一步提高应急处置能力。“两管理、两综合、一保护”工作深入推进，探索省级层面“两管理、两综合”工作，下放开业管理审批权限；出台金融消费权益保护工作实施细则、考核办法和金融机构金融消费权益保护工作评估办法，推动全省全部设立金融消费权益保护中心，在全省开展个人金融信息保护专项检查，依法稳妥处置金融消费投诉，办结率达到98%。

【金融统计】 金融统计水平不断提升。作为全国首批试点省份，完成标准化存贷款综合抽样统计监测系统的测试上线，自主开发的标准化存贷款统计数据分类汇总统计辅助工具被人民银行总行在全国推广。人行郑州中心支行组织对辖内272家金融机构开展金融统计检查，对问题性质严重的金融机构给予处罚，金融统计数据质量进一步提高。完成《理财与资金信托监测报告》等28篇监测分析报告，上报河南省金融运行监测34期。有序组织制度性调查工作，完成新增32家微型监测企业档案整理及企业入库工作。下发《河南省金融机构银行家问卷调查工作考核评比办法》，有效杜绝数据差错。

【支付清算】 支付体系建设深入推进。成立支付机构工作委员会，全省支付结算与清算“监管、自律、内控”三位一体机制效果显著。协调并出台省级财政对农村支付环境建设的资金扶持政策，实现农村基础金融服务设施基本覆

中国人民银行总行向郑州中心支行授予人民银行“五一”劳动奖状

盖，农民工银行卡特色服务连续6年居全国首位，被人民银行总行评为“改善农村支付服务环境先进集体”。试点开展银行账户管理系统与同城清算系统账户信息比对，存量个人银行账户真实性核实工作居全国第二。配合人民银行总行开展“5·22”专案支付结算和银行账户调查，获得总行支付结算司表彰。组织做好二代支付系统上线前4轮模拟测试和3轮支付系统切换演练，顺利完成二代支付系统上线切换，支付清算系统稳定运行，未出现清算窗口开启现象。继续加强非现金支付工具推广与管理，支付结算服务环境进一步改善。

【反洗钱】 反洗钱监管不断深化。以风险评估和风险监管为重点，分行业制定了河南省银行业、保险业、证券期货业反洗钱风险评估标准（试行），对32家金融机构进行试评估，以评估结果为依据，有针对性地选择115家机构开展反洗钱现场检查，对8家金融机构进行处罚，罚款总额51.9万元。完成郑州辖区24家银行业金融机构和124家证券期货业金融机构的反洗钱工作评价。协助指导做好总行确定的工商银行大额和可疑交易报告改革试点，实现工商银行河南省分行全省反洗钱数据集中处理，可疑交易数据量大幅下降。配合侦查机关破获一批重特大涉嫌洗钱及其上游犯罪案件。

【人民币管理】 货币发行管理水平进一步提高。科学统筹，有效保证流通市场现金供应总量满足、结构合理。组织开展发行库全面交叉检查和抽查，不定期开展发行库非现场检查，严格落实库主任查库制度，进一步完善发行库物流化管理，积极培育代理发行库。强化对人民币流通市场和钱币市场管理，人民币流通质量进一步提高。筑牢反假货币“人防”“机防”防线，反假货币工作稳步推进。深入开展“库款零差错，操作零违规，会计核算业务零冲账，复点销毁前再抽查零差错”的货币金银业务“四零目标”竞赛和货币金银专业知识竞赛，全面提升货币金银履职水平。全省库房库款安全无事故，纪念币发行工作做到“零投诉”。

【国库工作】 现代化服务型国库建设进一步推进。继续实行国库风险管理目标责任制，严格履行重要事项审批，严格柜面监督，确保国库资金安全运行。通过开展业务培训、强化内外协调，组织开发国库会计数据集中系统（TCBS）推广的工具软件，切实抓好联调测试和模拟运行，确保辖区TCBS如期上线运行。全省财税库银横向联网系统电子业务量占比超过97%。举办全省国债反假防假知识培训班，指导辖区国库堵住多起国债诈骗事件，涉及伪造金额达1.28亿元。及时完成TBS、TCBS、TIPS中相应参数的维护及“营改增”税收收入入库、调库、退库等工作，确保“营改增”顺利推进。

【信用体系建设】 征信管理与服务不断加强。人行郑州中心支行履行省级社会信用体系建设联席会议牵头职责，印发《2013-2015年度河南省社会信用体系建设工作要点》，在事关全省发展和民生改善的信贷、食品安全、药品安全等重点行业率先建立失信惩戒机制，开展社会信用城市建设示范试点等工作。扎实开展基层信用环境建设考核，配合做好河南省金融生态环境建设评价工作。推动河南省动产融资权属登记业务发展，作为全国两个动产融资宣传推广的先进单位之一在总行会议上作先进经验交流发言。做好信用报告异议处理和征信维权工作，向总行上报专报材料，得到人民银行总行副行长潘功胜批示。严抓数据质量，继续推进小额贷款公司、村镇银行等小机构接入征信系统工作。中小企业和农村信用体系建设持续深化，中小企业汤阴试验区初步建立中小企业信用信息数据库系统、政银企服务平台以及金融稳定协调、信用环境投诉、金融失信披露等5项机制。截至2013年年末，全省纳入中小企业档案库中小企业9.7万户，办理贷款卡2.4万户；建立农户信用档案616万户，评定信用农户380万户。

【调查研究】 2013年，全省人民银行系统开展31项重点课题研究，为上级行、地方政府决策提供参考。向人民银行总行上报的行领导调研报告，有5篇得到总行领导的批示、肯定；研究成果《树立新型粮食安全观构建粮食安全新战略》得到人民银行总行行长周小川和副行长潘功胜批示。上报的《调查显示：涉农企业“三角债”问题日益凸显应予关注》等3篇信息被总行《送阅信息》采用，并得到总行领导批示；《日元持续贬值对我国经济的影响及应对措施》等5篇信息被总行《专报信息》采用，《新能源汽车产业发展成效显著研发及配套支持有待强化》被中办和国办采用。组织报送的75篇信息被省委、省政府办公厅信息采用，其中《大力发展融资租赁业助推中原经济区建设的建议》等5篇信息得到省政府领导批示。

【外汇管理】 2013年，外汇管理局河南省分局不断改进外汇管理和服务，支持河南涉外经济稳健发展。

一是加强管理，切实维护外汇市场秩序。出台《关于深入推进“三无安全局”建设 提高服务涉外经济发展能力的指导意见》，对外汇局各项具体业务操作明确具体措施和要求。开展“访银行、走企业、下基层”活动，及时了解涉外市场主体的需求，解决企业实际困难。建立完善外汇形势监测分析联动机制，对外汇指定银行及申报主体开展国际收支申报业务现场核查。制定《国际收支统计申报现场核查案件移交标准（试行）》，加大统计申报核查力度。严格银行结售汇业务监管，对外汇指定银行的结售汇统计业务和内控制度进行现场核查。完成对“河南众品”非法结汇案的查处工作，对外汇指定银行和相关企业开展专项检查，对7家银行及企业存在的违规问题进行立案处理。

二是加强贸易外汇资金流入管理。依据抓大放小的原则，筛选出155

家企业，扎实做好贸易外汇资金流入管理工作，对货物贸易外汇进行全方位综合管理。开发货物贸易外汇监测系统辅助软件，编写《货物贸易外汇业务操作指引》，发放风险提示函155份，对辖区2家存在融资套利嫌疑的企业进行现场核查。加强服务贸易外汇业务非现场监管，完善个人外汇业务管理，加强对经常项目外汇账户的监督管理，河南省贸易外汇资金整体上流入规模逐渐缩小，贸易外汇收支趋于平衡。

三是深入推进资本项目管理方式改革。出台《关于支持河南省涉外经济发展的指导意见》，助力中原经济区和郑州航空港区建设。加强资本项目统计监测分析，密切跟踪跨境资金流动，顺利完成资本项目信息系统在河南的推广上线工作。大幅简化外商直接投资、对外直接投资、企业外债、境外上市等外汇管理流程，有效地降低企业经营成本，促进贸易投资便利化。积极协调，开辟外汇服务绿色通道，为企业争取个案优惠，帮助企业解决融资难题，提高企业资金使用效率。

（蒋靖亚）

工行河南省分行营业部召开党的群众路线教育实践活动工作部署会

工商银行

【概况】 2013年，中国工商银行河南省分行营业部贯彻落实总行、省行战略部署，围绕转型发展，坚持整体联动，加快创新驱动，各项工作成效明显。截至2013年年末，营业部存贷款、中间业务和利润等主要业务指标保持同业第一，其中，储蓄存款新增102.18亿元，个人贷款新增45.53亿元，储蓄存款、个人贷款增量四大行市场占比达38%；实现中间业务收入16.26亿元，同比增加4.2亿元，中间业务收入总额连续6年保持同业第一。

【新兴业务】 2013年，营业部加快推进创新用新步伐，新业务持续快速发展，综合竞争力不断提升。全年销售各类理财产品1233.65亿元，其中，销售个人理财产品708.85亿元、公司理财产品524.8亿元，实现销售基金、代理保险等主要指标同业第一。实现黄金交易量105.9万公斤，同业第一；信用卡消费额达到256.6亿元，同比增加40亿元；累计办理国际结算业务271.3亿美元，同比增加140亿美元；结售汇业务19.6亿美元，同比增加11.3亿美元；国际贸易融资业务累放30.3亿美元，同比增加7.4亿美元。新增企业电子银行客户3435户，同比增加863户；新增个人电子银行客户44.05万户，同比增加1.8万户；实现电子银行交易额5.72万亿元，同比增加8485亿元，同业第一。

【经营结构优化】 2013年，营业部围绕转型发展，不断优化经营结构。截至年末，营业部小企业贷款余额占全部贷款的比重较全省工行系统平均水平高0.49个百分点；个人贷款余额占全部贷款的比重较年初提升0.53个百分点，较全省工行系统平均水平高1.32个百分点。活期存款占全部存款的56.65%，较全省工行系统平均水平高1.12个百分点。中间业务收入占营业净收入的28.39%，较上年提升3.66个百分点，较全省工行系统平均水平高1.97个百分点。

工行总行监事长赵林到河南省分行营业部指导工作

【经营效率】 2013年，营业部在强化经营管理，持续增强盈利能力的同时，注重人均、网均效率的提升，成效明显。截至年末，营业部人均存、贷款分别为3739万元和2694万元，同比分别增加258万元和263万元；网均存、贷款分别为93224万元和67169万元，同比分别增加14570万元和12242万元；人均拨备后利润90.51万元，同比增加13.42万元；人均中间业务收入43.91万元，网均中间业务收入1130.33万元，同比分别增加10.86万元和317.85万元。成本收入比22.98%。

【管理品质提升】 2013年，营业部扎实开展管理品质提升年活动，通过"五书一信"的形式，坚持"三必讲"制度，强化警示教育，增强全员风险防范意识。通过风险隐患专项治理和"6+5+2"重要风险点治理，至年末，风险率为0.28/10000、风险度6.58、风险暴露水平1.84/10000，同比分别下降65%、7.7%、62.3%，均控制在全省工行系统平均水平以下；实现连续九年"零发案"，内控评价保持工行总行"一级"水平。

【渠道建设】 2013年，营业部合理布设营业网点，持续加快自助设备、电子银行、银行卡等电子渠道建设，稳步扩大业务辐射面和覆盖率，不断满足客户多样化的金融服务需求。2013年，营业部新增、优化营业网点6家，分理处升格为二级支行3家。新增、更新自助设备270台，总量达到1123台；新增、改建自助银行19间，自助网点达到267

个、自助银行达到191间；全年新增信用卡消费POS机2200台，存量达到6758台。电子银行及自助渠道业务量同比增长38%；柜面业务可分流率26.3%，较上年末压降9.9个百分点。新增客户经理91名，总数达948名，占全行人数的25%，较年初提高1.45个百分点。

【服务形象塑造】 2013年，营业部全面加强金融服务管理，优化服务渠道，规范服务行为，改善服务环境，提高服务效率，塑造工商银行良好社会形象。深入开展客户排队和客户投诉“两项治理”，全年客户投诉量较上年下降77%；在第三方客户满意度市场调查中，保持郑州同业和全省工行系统第一。有3家网点被省政府授予群众满意的基层站所称号；在年度中原金融盛典活动中，营业部被授予最佳服务银行称号，3家支行获最佳服务支行称号。同时，持续加强企业文化建设和精神文明建设，辖属郑花支行荣获第八届工行总行精神文明建设工作先进单位称号、陇海路支行保持工行总行文明单位荣誉称号。

（宋慧静　席新权）

农业银行

【概况】 2013年，农业银行河南省分行营业部贯彻落实总、分行年度工作部署，紧紧围绕“提速、有效”发展主题，开展“三比”活动，强化客户建设，提升精细管理，从严防控风险，各项业务实现持续快速发展，经营效益稳步提升。

负债业务。截至年底各项存款余额650亿元，较年初净增69亿元，系统内贡献度17.1%，居全省首位；各项人民币日均存款余额676亿元，较年初净增113亿元，完成省行年度计划的209%，系统内贡献度25%，居全省首位。四大行时点存款增量市场份额占比9.49%，排名第四位，四大行日均存款增量市场份额占比17.97%，排名第四位。

资产业务。截至年底，各项贷款余额304亿元，较年初净增17亿元，系统内增量占比10%，全省第二位；四大行增量市场份额占比5%，排名第四位。

中间业务。2013年，实现中间业务收入3.6亿元，同比多收3875万元，完成省分行年度计划的101%，系统内贡献度17.1%，居全省首位；四大行市场份额占比，10.3%，排名第四位。

不良资产清收。2013年，共清收委托不良资产1.1亿元，完成省行年度计划的109.4%，清收处置绝对额居全省系统首位；清收自营不良贷款8070万元，完成省行年度计划的100%；核销不良呆账1996万元，完成省行年度计划的110%。

“三农”业务。2013年，涉农贷款净增4.9亿元，完成省行年度计划的102%，农户不良贷款率6.4%。

经营利润。2013年，实现拨备前利润14.7亿元，同比增盈1.6亿元，完成省分行年度计划的96.6%，系统内贡献度23.7%，居全省首位；实现拨备后利润14亿元，完成省行年度计划的99%，系统内贡献度25.7%，居全省首位。

内控管理。持续加强内控基础建设，努力提升精细化管理能力，不断强化风险控制，从严防控信用风险、操作风险、案件风险等各类风险，确保安全稳健运行。

【零售业务】 加快推进经营转型，提升零售业务竞争力。一是积极推进综合营销服务。扎实落实《公私联动营销指导意见》，整合资源，综合营销，挖掘潜能，为业务发展拓展全新的空间。2013年，营业部通过联动营销，分别与市公安局、社会保险事业管理局、卫生局等建立合作关系，相继推出金穗居住IC卡、居民社会保障卡和居民健康卡。尤其是承办郑州金穗居住IC卡，被中央及地方多家媒体报道，赢得良好的社会效应。二是持续加大贵宾客户管理。制定、完善《营业部贵宾客户分类管理意见》，构建分层服务营销体系，对金融资产达50万元及以上的客户实行名单制管理，为贵宾客户提供全方位、高品质、个性化服务；提升贵宾客户对营业部的贡献度。至12月底，营业部个人贵宾客户达10.6万户，较年初净增1.7万户，增幅19%。三是强力推进重点产品营销。开展“进市场、进社区、进企业”等营销活动，围绕不同层级客户，有针对性、有重点地营销产品，以产品营销挖掘储源，助推业务增长。四是加快推进网点转型。通过积极申请和精心运作，营业部18家营业网点通过郑州银监局审批，成功升格为二级支行。网点改造、调移力度进一步加大，2013年，营业部共上报立项60个，超过以往2年立项总量；完成建设项目36个，其中离行式自助银行16个，占建成自助银行总量的62%。同时，网点软转工作全面铺开，至年底顺利完成转型网点91个，全辖5家由总行授牌的实名理财室挂牌投入运营，有效提升了服务效率和服务品质，增强了协作营销能力。

【对公业务】 明确营销重点，细化工作措施，努力促进对公业务提速发展。一是强化管理，挖掘存量客户潜力。制定《营业部2013年重要法人客户营销维护指导意见》，建立重要法人客户目录，逐户成立营销团队，明确维护营销责任，建立考核激励制度，按时通报考核，有效提高客户经理维护、挖潜存量客户的积极性，促进对公存款的稳定增长。2013年年底，该部重点客户时点存款余额214亿元，较年初上升29亿元。二是明确重点，积极开展源头营销。严格落实《对公客户“源头营销”指导意见》，持续加强对地方财政、社保、公积金、公检法等政府机构类客户，以及烟草、军队等系统性、集团性客户的营销力度，努力扩大优质客户群体。通过强力攻坚，成功营销河南省军区、河南中烟、河南人寿等一批高等级客户，有效提高营业部综合竞争实力。三是强化措施，积极扩充优质客户。借鉴2012年经验，在全辖持续深入开展“客户营销储备竞赛活动”，督促各支行、各部门围绕《重点客户营销名录》，采取有效激励措施，调动一切积极因素，营销储备优质客户。一年来，营业部成功营销储备河南中烟、轨道交通、华辕煤业、河南城际铁路等优质法人资产客户49家。四是创新方式，拓宽业务发展路径。研究市场和客户需求，创新产品，实现国内信用证、理财通存、理财融资、融资租赁、黄金租赁、黄金远期等一系列新产品的落地。

【“三农”业务】 转变发展方式，促进“三农”业务稳定有效发展。一是围绕农业产业化龙头企业、县域纳税前30强优质企业和当地支柱产业，建立营销目录，细化营销措施，明确营销责任，成功营销中牟非税收入管理局、新郑恒基建筑等县域优质法人客户23个，县域4A级旅游景区2户，城镇化建设5户。二是在严控风险的情况下，重点开展新型农户贷款业务，优化信贷结构，提升农户贷款质量。三是加大惠农通助农取款点布设力度，在行政村布设助农取款服务点1027个，布设电话银行等电子机具5542个，行政村覆盖率达到85%以上。

【机制建设】 进一步完善经营机制，激发经营活力。一是完善综合绩效考核办法，加大对效益管理、风险评价、日均存款等指标的考核比重，增加对日均贷款增量、客户建设、网点转型等考核指标，激励支行转变方式，扎实做好基础工作，持续夯实发展基础。二是完善资源配置方式，围绕经营管理重心和综合绩效考核导向，在资源向日均存款、贷款、中间业务、重点产品倾斜的同时，加大对新产品、新业务的资源配置力度，鼓励支行创新思路，拓宽渠道，转型发展，增加发展潜力。三是完善考核管理体系，对出台的制度进一步补充、完善，构建覆盖各业务条线、各经营层面、各管理环节的精细化管理体系，使全行业务推进有抓手，考核奖惩有依据，员工业绩有衡量标准。四是持续细化业务经营分析，从业务经营、存款、贷款、收入、风险等五个方面，对业务进行全面、精细的分析，并要求各支行找出短板、分析原因、确定措施、明确目标，有针对性地在分析会上进行汇报，倒逼支行采取有效手段，加快解决问题，促进短板业务发展。

【基础管理】 进一步推进精细化管理，提升风险防控能力。一是强化不良贷款清收，严控信贷风险。坚持精细管理，从严治贷，对形成不良贷款的责任人，从严、从重追究责任，以高压态势，督促各级领导干部严格执行信贷制度，强化贷后管理，创新清收方式，主动防范风险。2013年，该部收回豫丰粮油等法人客户不良贷款本息9899万元，收回博林木业等小企业不良贷款608万元，提前收回金水支行4000万元质押贷款，有效化解贷款风险。至年底，营业部不良贷款余额0.9亿元，较年初下降2亿元，不良贷款率0.31%，在系统内、同业间均处于较低水平。二是强化基础管理，严控操作风险。强化“三大中心”精细化管理，持续完善前、后台业务流程，提高内部运营效率。开展“三化三铁”和“周周少、月月比”活动，落实运营风险分析例会制度，做好营业机构柜面业务违规操作专项治理工作，通过高频率检查、高密度通报、高强度处罚，有效提高柜面操作风险防控水平。三是强化费用管理，严控财务风险。落实中央八项规定和总行党委28条要求，出台《营业部关于加强机关费用管理的通知》，加大费用支出精细化管理力度，大力压缩机关开支，压缩一般性开支，较好地控制费用增长。2013年，营业部业务管理费同比减少376万元，其中，会议费同比下降16%，业务招待费同比下降37%，汽车修理费、印刷费、低值易耗品支出等降幅均超过10%。四是强化风险排查，杜绝案件风险。开展“三基”案件风险排查、重点领域及“五大”风险排查和“四无”县支行创建等活动，加大对重点业务、关键环节、重要工具、重要岗位以及员工行为排查力度，消除案件风险隐患。

（申爱洁　张俊涛）

建设银行

【概况】 2013年，建设银行郑州金水支行坚持“追标杆、找差距、补短板、挖潜力、强市场、上份额”总要求，狠抓“增存款、创收入、拓客户”三重点，着力推进网点“三综合”建设，紧扣党的群众路线教育实践活动，规模、质量和效益稳步提升，取得显著的发展业绩：经济增加值、考核利润、企业存款、个人存款、中间业务收入、客户账户新增、战略性业务等主要指标均超额完成省分行下达计划，实现无重大违规、无案件，创建平安年的目标。

【业务经营】 2013年，建设银行郑州金水支行实现考核利润9.7亿元，经济增加值5.3亿元；实现中间业务收入4.26亿元。

存款增长强劲，贷款增长平稳。一般性存款余额565.8亿元，时点新增76.6亿元，日均新增56.8亿元，其中企业存款余额290.5亿元，时点新增41.1亿元，日均新增29.3亿元；个人存款余额275.3亿元，时点新增35.5亿元，日均新增27.5亿元。各项贷款余额236亿元，新增12.6亿元。

【战略发展】 2013年，建设银行郑州金水支行战略性业务保持快速增长。电子银行业务实现收入2961万元，居四大行第一位。实现国际业务结售汇2.9亿美元，结算量11.2亿美元。信用卡客户净新增4万户;购车分期业务3.8亿元；商户1294户。投行业务实现收入8429万元，同比增长2429万元。养老金客户新增43户；受托资产规模新增1.4亿元；个人账户数新增8072人；托管资产规模新增1.5亿元。

【客户、产品与项目】 2013年，建设银行郑州金水支行根据中原经济区建设和郑州市“十二五”规划，跟踪重点区域、重点行业、重点项目，全年对公累计投放贷款72.5亿元。

拓展客户，夯实发展基础。坚持不懈抓好客户大营销活动。对公有效客户新增2265户。对公结算账户新增7522户，居四大行第一位。个人有效客户新增5.9万户。抓好工商验资客户。新开验资户8661户，其中非零余额验资户7601户，千万级验资户64户。攻坚机构客户。新开机构类客户96个，机构存款余额99.8亿元，较年初新增21.4亿元。成功营销解放军油库扩容建设项目，开立72495部队医院资金集中支付管理办公室一般账户。金融社保卡、居民健康卡取得重大进展，与郑州市人力资源和社保数据管理中心签订社保卡业务合作协议，成功发卡15万余张。举办“河南省居民健康卡推进工作座谈会暨郑州市居民健康卡发卡体验日”活动，成功发卡15万张。持续拓展小企业客户。小企业信贷户总计242户，其中信贷基本户144户。快速拓展电子银行活跃客户。企业网银活跃客户净新增3510户，个人网银活跃客户净新增9.7万户，手机银行活跃客户净新增7.3万户，短信客户新增19.3万户。

精耕细作，提升产品综合营销能力。理财产品：对公累计销售“乾元”开放式理财产品148亿元；累计销售对公保本理财61亿元。个人累计销售封闭型非保本理财产品70亿元；累计销售保本理财70亿元；理财产品余额31.8亿元。资金结算产品：单位结算卡新增7699张；支付密码及通存通兑客户新增7257户；对公一户通新增586户；电子回单柜收费客户新增3710户。投行业务：成功发行宇通集团4亿元中期票据，洛阳杜康2亿元信托计划；中建七局、中原环保等10.8亿元信贷资产入池产品；第一支区域集优票据8000万元及郑煤集团9亿元私募债获批，中建七局5亿元股权收益权理财获总行批复。产品创新：成功营销卡特彼勒（中国）对郑州四维机电设备有限公司15亿元人民币外债项目，不仅实现跨境人民币业务重大突破，还创造了河南省跨境人民币外债单笔金额的最高纪录。成功办理首笔出口应收账款业务、首笔福费廷专卖业务，短期出口信保项下买断、资金交易类产品中远期结售汇、单用途预付卡资金存管等多项业务均实现突破。

【基础建设与合规服务】 2013年，建设银行郑州金水支行扎实推进合规长效机制建设年活动。全员行动，大力宣传，深入推进合规管理体系、合规建设长效机制建设，员工合规操作意识明显增强，合规执行能力显著提高。会计基础综合管理考核情况排名全省第一位，违规积分管理考核结果为A档，全年整体稽核问题率为0.109/10000，优于2012年同期水平。

严格落实信贷资产、非信贷资产风险分类管理、区域风险监测评估、风险预警和风险事项督办等制度机制，加大重点行业和重点客户监控力度，努力降低不良贷款率、逾期贷款率，确保资产质量稳定。组织开展商业贿赂、操作风险、案件和员工行为、安全生产等全面排查活动和内部控制评价工作，开展“抓基层，强管理，防案件”专项治理，定期召开操作风险排查分析会，坚持举办案件防控座谈会和警示教育会，对发现的问题严格整改，并严肃处理。服务能力稳步提升。通过实施前后台业务分离项目，新一代核心系统上线，开展“提效率，增销售，降投诉”活动，加强网点建设和优化，全行服务能力得到有效提升。

（李甲子）

中国银行

【概况】 2013年，中国银行股份有限公司郑州城区各直属支行全面贯彻落实总、分行战略发展规划，按照总行“担当社会责任，做最好的银行”的战略要求，坚定落实内生动力机制，以省行党委提出的“目标、信心、实干、创新、绩效”十字方针为指引，坚持以效益为中心，大力推进业务上台阶、管理上水平，加大信贷投放，改善金融服务，全力支持郑州地区经济建设，各项业务发展取得良好成效。

负债业务：2013年，中国银行郑州各城区支行人民币各项存款余额932.88亿元，较上年末增加146.5亿元，增幅18.63%。其中储蓄存款余额326.61亿元，较上年末增加53.02亿元，增幅19.38%；公司存款余额606.27亿元，较上年末增加93.48亿元，增幅18.23%；人民币金融机构存款余额163.19亿元，较上年末减少76.25亿元，降幅

31.86%。

资产业务：2013年，中国银行郑州各城区支行人民币各项贷款余额703.5亿元，比上年末增加76.41亿元，增幅12.19%。其中人民币公司贷款余额463.46亿元，比上年末增加53.73亿元，增幅13.11%；人民币零售贷款余额199.95亿元，比上年末增38.79亿元，增幅24.07%；全年票据融资量40.09亿元，较上年末下降16.11亿元。

中间业务：2013年，中国银行郑州各城区支行实现非利息净收入8.04亿元，较2012年增加3.35亿元，增幅71.45%；对全辖贡献度29.18%，较上年末提升6.59个百分点；四大行占比20.95%，较上年末提升1.25个百分点。

【经营管理】 2013年，中国银行郑州各城区支行深入落实总分行内生动力机制，着力实现“自我平衡、自谋发展”，提升经营管理水平和业务发展能力。一是进一步完善激励约束机制。以经营效益为中心，突出持续发展和结构调整要求，建立简单清晰的绩效指标体系，积极转变经营理念，化“被动”为“主动”，变“要我干”为“我要干”。二是提高资产业务综合收益。大力推进贷款结构优化，加强授信客户选择和贷款定价管理。坚持数量与质量并重拓展客户，进一步加大对高质量中小微企业客户的拓展力度，提高对中型企业客户的综合服务水平，完善个人客户金融业务差异化服务体系，进一步扩大个人客户规模。坚持资本约束、覆盖成本的原则，密切关注市场和同业人民币贷款定价趋势，动态调整贷款定价策略。三是加快调整收入结构。以资本占用少、资产依赖低的业务为重点，加大产品创新力度，提高创新型业务收入占比。狠抓业务创新和产品创新，加快推进投行及新兴市场业务拓展。

【信贷投放】 2013年，中国银行郑州各城区支行加大对郑州地区企业及重点项目的信贷投入，全年本外币公司贷款余额473.9亿元，全年累计投放贷款574亿元，全年贷款新增153.6亿元，重点支持富士康、郑西铁路、河南中烟工业、郑州轨道交通等重点客户和项目。同时，积极创新拓展融资渠道，引入投行资金大力支持郑州经济发展，通过表外投融通、发债、融资租赁、表外理财累计为航空港区土地储备、郑州煤炭集团、郑州中心医院、生茂光电等企业和项目融资67亿元。

【企业扶持】 2013年，中国银行郑州各城区支行贯彻落实省委、省政府关于支持中小微企业发展的要求，主动承担保民生、助稳定、促和谐的社会责任，完善机制，创新服务，开展“双百双千”“小巨人”活动，加大小微企业支持力度。一是建机制，不断推进小微企业金融服务体系建设，以深化“六项机制”建设为核心，通过完善“四项管理机制”、推广“五种营销管理”模式，坚持把机制建设作为提升服务水平基础。二是抓下沉，通过延伸服务触角满足顾客多样化需求，在省、市、县建立小微企业专营服务机构，并将小微企业金融服务下沉延伸到全辖近500个网点。在全辖配备专兼职小微企业客户经理700余人，提升银行对顾客需求的敏感度。三是强基础，以绩效为导向引导基层支持小微企业发展。开展高密度、分层次、多样化的专业培训，通过提高案例式、交互式教学比重，强化培训效果，提升小微企业从业人员素质。四是创新开发“互助通宝”“双汇通宝”“创业通宝”等系列特色金融产品，有效破解小微企业融资难、担保难瓶颈。五是强化风险管理手段。发挥情景分析、尽责审查、预警、放款审核、反欺诈“五位一体”风险管理效能，实施差异化、批量化、智慧化的贷后管理模式。2013年，中国银行郑州各城区支行小微企业贷款余额81.7亿元，较年初新增18.48亿元，增幅达29.23%；小微企业客户621户，较年初新增177户，增幅达39.86%。

【风险管理】 2013年，中国银行郑州各城区支行着力提高风险管理的前瞻性、主动性和有效性，优化资产结构，稳定资产质量，降低风险成本，促进授信业务持续健康较快发展。一是强化政策引导。按照“一行一策”风险管理指引，明确新增授信投向、存量授信增持减退策略及风险管控目标等，提高风险管理有效性。二是强化主动风险管理，有效遏制资产质量下迁。进一步完善以资产质量稳定为核心，以拨备稳定为重点，以“六位一体”风险管控体系为依托的资产质量稳定机制。制定信贷资产质量“一行一策”管控方案，逐行明确管控目标，按月跟踪落实情况，推动目标按时完成。三是优化授信结构，促进授信业务良性发展。以促进风险、资本、收益相匹配、有效扩大客户基础为原则，将风险管理的基本原则与省情、行情相结合，着力推动授信行业、客户、风险缓释结构调整。四是不断提高审批质效，提升金融服务效率。积极优化授信审批流程，建立中型客户预评审随报随评制度，推行初审、尽责报告格式化、标准化，在有效控制风险的同时全力支持业务发展。五是不断增强风险管理工作力度。深入开展地区风险、担保链、公立医院举债、投行理财业务、中小企业操作风险等深入研究，制定风险管理工作措施，有效开展风险管理工作。

【内控管理】 2013年，中国银行郑州各城区支行紧紧围绕省行业务发展和风险管理战略，创新思路，完善机制，实现全年无案件、无监管处罚事件发生，有力保障各项业务健康快速发展。一是深入开展“合规长效机制建设年”活动，从组织领导、宣传发动、活动方案及内容、信息交流、督导检查等方面进行具体推进，逐步形成符合实际的合规管理架构和内控操作框架。二是组织开展代销业务风险排查、理财业务风险排查、民间融资和非法集资风险排查、“三基”（基层网点、基层员工、基层机构负责人）案件风险排查、重点领域风险排查和“五大风险”排查等系列专项风险排查活动。对重点业务、重点地区的风险排查覆盖面达到100%，风险问题整改率100%。三是积极运用总行开发的G-MAP平台，提升操作风险管控质量和效率。一方面利用G-MAP开展预警核查、风险提示、整改督办、整改验证的全流程管理，缩短高风险事件的潜伏期，充分揭示和消除风险隐患，促进操作风险管控能力持续提升。另一方面努力实现G-MAP增值。按月通报G-MAP监控分析结果，扩大核查发现问题参照整改的广度和深度。同时，深入分析问题成因和风险驱动因素，寻找流程控制缺陷，推动、参与相关业务条线管理部门流程优化，提升内控质量和效率，改善客户体验，助推营业机构提升市场竞争能力。

【网点建设】 2013年，中国银行郑州各城区支行推行网点业绩排序机制，充分挖潜内生动力，加快网点综合转型，全面提升网点效能。一是加强网点功能整合，优化服务流程，提升自助渠道交易量和电子渠道迁移率，进一步解放人力资源，增强网点营销力量。二是加强队伍建设。落实定编、定岗、定人、定责等工作。按业务量配置柜员，按发展要求配置营销人员。进一步打造“管家式”服务模式，以客户为中心，建立完善分层分类营销体系。加强网点负责人队伍建设，提升网点负责人履职能力。三是加快产品下沉，推动网点服务能力提升。着力加大中小企业授信业务下沉，大力推动个贷和卡户分期产品下沉，推进结算、交易类产品下沉。四是加大网点的动态管理和差异化指导，进一步激发网点做大做强，提升网点贡献度。

（刘京新）

郑州银行

【概况】 截至2013年年底，郑州银行资产规模达1489亿元，较年初增长449亿元，增幅43%；一般性存款突破1000亿元，达到1021亿元（不含同业存款142亿元），较年初增长274亿元，增幅37%，超过全省银行业平均增速19.3个百分点；贷款余额630亿元，较年初增长133亿元，增幅27%，超过全省银行业平均增速11.56个百分点；实现拨备

中小微企业对话郑州银行

前利润28.7亿元，较上年增长6亿元，增幅27%。在郑州市银行系统中，存、贷款较上年同期增量均列第一位，存款规模由第六位上升到第五位，贷款规模保持第六位；存款市场份额由年初的7%升至8.09%，贷款市场份额由年初的7.06%升至7.66%；在全省城商行系统中，郑州银行资产规模增量占比45%，存款增量占比40%，贷款增量占比33%，市场份额明显提升。截至年末，郑州银行资本充足率12.25%，不良贷款率0.53%，拨备覆盖率425.15%，主要监管指标均达到监管要求，保持较好水平。

【金融改革】 2013年，郑州银行进一步完善公司治理，有序推进引进“战役”，基本完成小股权清理整合工作，完成五年战略发展规划中期修订；总行成立合规部、信用卡部，在支行增设零售部、办公室；持续修订对总行部门、分支机构、客户经理和理财经理队伍等考核办法，增加总行部门副职、支行副行长、零售部经理、技术序列和培训序列考核办法，考核实现岗位全覆盖；增设支行零售副行长、零售部经理、办公室主任岗位，补充分支行队伍；建立信息科技和内部培训师的专业技术序列，队伍序列更加健全。考核指标均衡、目标清晰，重点突出，考核推动全行工作作用更加显现。

【理财业务】 2013年，郑州银行“金梧桐鼎诚”和“金梧桐稳健”系列理财产品以持续的定价优势和良好的信誉保障，市场影响力进一步提升。全年共发行自营理财产品19支，发行规模46.7亿元（含稳健15号）；兑付理财产品21支，兑付规模35.58亿元；实现中间业务收入1675.37万元。

【中小企业贷款】 截至2013年年底，郑州银行小微贷款余额304.67亿元，较2012年年底增长95.01亿元，增幅45.32%；占全部贷款额的48.34%，较2012年多增31.62亿元，高于全部贷款增速18.68个百分点，圆满完成“两个高于”目标，增速高于全省银行业小微贷款平均增速15.46个百分点。50亿元小微企业金融债成功发行并在年内完成投放。零售专营支行扩大至10家，微贷分中心增至9家，开发小微金融售后服务系统，推出联保贷、流量贷等新产品，小微业务管理手段、产品体系更加丰富。

【私人业务】 2013年，郑州银行以“做大做强个人客户基础”为导向，以“新业务、新产品”为支撑，以有效客户的持续新增和新业务、新产品的创新实现私人业务的稳步增长。截至年末，郑州银行个人客户总数287.15万户，较上年年底增加24.37万户，增幅9.27%；同时继续加大发展个人贷款业务的步伐，截至年底，郑州银行个人贷款余额151.76亿元，较上年年底增加49.89亿元，增幅48.97%。

【理财业务】 2013年，郑州银行“金梧桐”系列理财产品依然保持良好的发展势头，取得良好的销售业绩。全年共发行自营理财产品39支，发行规模107.11亿元，兑付理财产品37支，兑付100.31亿元，实现中间业务收入2359.57万元。

【金融创新】 2013年，郑州银行大力开展科技创新和产品创新，完成大中型项目上线43项，其中大型项目30项，中型项目13项，上线定活盈、贴现、商票保贴、保理、理财质押贷款、民生联名信用卡、信用评级、国内信用证、IC卡受理等系统，业务发展的科技支撑能力进一步增强。同时创新落地一批新业务、新产品，开发出国际业务、国内信用证、郑州市物业维修基金系统、工行柜面通等67个产品和项目，其中重大项目22个、推广应用项目28个、技术开发项目17个，基本涵盖所有业务和管理领域。

【经营管理】 2013年，郑州银行持续推进精细化、科学化经营管理。一是在考核方面。持续修订对总行部门、分支机构、客户经理和理财经理队伍等考核办法，增加总行部门副职、支行副行长、零售部经理、技术序列和培训序列考核办法，考核实现岗位全覆盖。二是在财务管理方面。通过加强对各主要指标的预测、监测，定期召开经营形势分析例会和资产负债管理例会，开展同业交流合作等工作，及时调整工作重点，合理安排调度资金，科学调配资产负债结构，使资产负债管理水平不断提升，各项主要指标持续优化。三是在机构建设方面。总行成立合规部、信用卡部，

郑州银行国际业务启动仪式

郑州银行五里堡支行走进富田丽景社区

在支行增设零售部、办公室；新设洛阳分行，筹建安阳分行，新增9家支行，搬迁、改扩建10家支行，机构布局更加优化，网点形象进一步改善。

【信息科技】 2013年，郑州银行持续加强科技信息建设，强化科技支撑。设立研发中心、开发中心及运营中心；组建运维团队、测试团队；成立规划与外包管理科，修订《郑州银行信息科技风险管理政策》，制订《外包合同管理办法》《外包服务管理制度》等，保证外包风险可控；完成国际业务、贴现、商票保贴、保理、理财质押贷款、民生联名信用卡、信用评级、国内信用证、IC卡受理等43项大中型项目的开发；完成服务器虚拟化、系统性能及可用性监控、文件安全传输、加密平台等安全体系的建设工作；完善应急管理体系，基本建成主要设备及关键部件、供电、通讯和关键技术人员的冗余备份机制；规划实施科技部内部信息系统监控、运维、批处理及整体备份等解决方案；完成支行专线的提速、离行式ATM监控网络建设等工作。

（甄鹏举 杨永朋）

中国人寿保险

【概况】 2013年，中国人寿保险股份有限公司郑州市分公司严格按照总基调、总目标、总战略和总任务，深入落实省公司“三大一强”的总体要求，紧紧围绕“凝神聚力、改革创新”的发展思路，努力克服预算达成、费用管控、市场竞争等方面的困难，经受了满期给付、人力资源改革、风险防范等多方面压力，实现业务开拓、队伍建设、经营管理等工作全面发展，多项工作处在全省领先位次。全年共实现总保费26.6亿元，长险首年保费9.44亿元，同比增长6.91%，其中长险首年期交3.24亿元，同比增长6.96%，短险业务1.16亿元，同比增长9.07%。

【业务发展】 个险渠道提前103天达成省公司下达的年度目标计划。全年共实现首年期交2.77亿元，达成比例为124.59%，同比增长46%，其中十年期保费1.61亿元，达成比例为110.48%，同比增长59.4%，创历史新高。团险渠道累计实现短险保费收入9208.13万元，同比增长15%，其中小额贷款同比增长43.33%，学平险同比增长25.77%，建工险同比增长25.35%。银保业务顶住满返压力，通过积极调整，稳居市场第一位次。

【农网创星】 农网创星工作取得实质性突破，全年考核保费、十年期两项指标达成一星级以上网点47个，占全市网点总数的57%，较上年增幅68%，考核保费一项指标达成一星级以上网点54个，占全市网点总数的65%。

【经营效益】 个险渠道十年期业务实现1.6亿元，同比增长59.4%，业务结构调整初显效果，内涵价值大幅提升；团险渠道意外险占比75%，高出省公司要求5个百分点，旅游险、建工险等效益性较好的险种得到快速发展，综合赔付率在可控范围之内。公司在全省年度考核中被评定为一类A级公司，得分排名第一。全年共获得省公司绩效奖励600万元，人均工资增幅达15%。

【风险防范】 一是市公司通过集资诈骗案件专项治理及重点风险排查工作，针对四大类31项重大风险点采取突击检查、条线自查等方式，对21家基层单位进行全方位、多角度的检查，宣导教育、自查复查、整改覆盖面均达到100%，有效提高了全员的风险防范意识，及时消除了风险隐患。二是扎实推进销售督察预警查处工作，2013年全市共预警、调查销售人员涉嫌违规件315件，最终认定为代签名、截留保费、销售误导等违规行为的98件，全部给予违规人员相应处罚。

【资源整合】 一是个险渠道客户资源得到有效利用，销售模式深受欢迎，财富升级项目运作20天，实现保费1.22亿元，934个业务员实现月收入过万元；各基层单位通过批量转账升级报告会、车险对对碰、积分对对碰、新农合大病理赔兑现会等销售模式，实现业务的平稳发展，逐步摸索出适合自身的发展之路。登封公司创新银保渠道参与转账报告会新模式，探索银保期交业务发展新方法。二是团险渠道项目运作模式逐步成熟，全市资源有效整合，推动团险业务持续发展。登封环卫工人意外险、中牟教职工意外险、医护人员意外险、巩

中国人寿郑州市分公司与郑州市卫生局联合召开农村大病保险工作会

中国人寿郑州市分公司年度工作会议召开

义养老院意外险、出入境人员意外险等均有所突破，荥阳奥帕拉拉水上乐园景点意外险业务4个月保费突破30万元。乘意险业务打破太平洋保险公司的垄断局面，争取到郑州交运集团40%左右的乘意险市场，年保费规模近1000万元。三是银保渠道运作“我爱三千三”“财富升级”等项目，逐步摸索推动银保期交业务发展的有效模式。

【改革创新】 一是通过减员增效改革，解决长期困扰公司发展的人员超编问题，进一步改进人力资源管理模式，实现员工队伍的结构优化，为建立更加科学、规范、竞争、择优的人力资源管理体系奠定基础。二是创新荣誉激励机制，强化精英团建设，激发精英人员永争第一的工作激情，以精英带动销售队伍走出去、动起来，市公司精英俱乐部在2013年收取新单考核保费1亿元，用5%的人力创造全市62%的业绩。三是创新新农合服务专员增员模式，加大县域增员力度，激活农村销售队伍，2013年县域增员达1593人。四是探索银保客户经理队伍建设新思路，以提升客户经理的“四种能力”为抓手，让每个客户经理都能找到适合自己的展业方式，逐步形成稳队伍上业务的良好局面。

（申　森）

泰康人寿保险

【概况】 2013年，泰康人寿保险股份有限公司郑州分公司坚持“稳健经营，开拓创新”的发展方针，致力于提供专业化、高品质的寿险服务。全年实现保费收入7.13亿元，其中，个险保费0.9亿元，银行保险规模保费收入3.4亿元；续期保费收入2.59亿元。2013年，泰康人寿郑州分公司市场份额6.4%，市场第五。

【经营管理】 2013年，泰康人寿郑州分公司坚定以价值为核心的发展战略，实现公司健康、稳健的发展。一是稳健成长，保持业务平台。稳定公司业务平台。个险业务完成总公司年度计划任务，人力实现正增长；养老社区挂钩产品“幸福有约终身养老计划”销售初步成功。二是价值转型，初见成效。各系列大个险业务全面实现正增长。新单价值平台实现稳定发展，高价值产品占比提升。三是基础夯实，队伍经营指标提升。核心人力实现两位数增长，人均产能、件均标保等关键指标较2012年都有提升。四是业务品质持续提升。个险年度13个月继续率创下新高；运营服务客户能力增强，承保满意度99.5%、客服满意度98.9%，大分公司排名第一，理赔满意度98.21%。五是费用效率提升，费差、投产比持续优化。

【个险业务】 2013年，泰康人寿郑州分公司个险业务稳步发展、组织建设再上台阶、服务行销惠及全市。一是业务规模不断增长，业务品质不断提升，个险年度13个月继续率连续三年攀升。二是队伍专业经营，个险销售队伍同比净增长218人，在组织规模扩大的同时，重视销售队伍反洗钱知识的普及和持续教育，定期加强职业素质培训，提升业务专业技能，坚决杜绝销售误导行为的发生。三是行销服务创新。2013年下半年，泰康人寿河南分公司陆续推出“重大疾病就医绿色通道”和“电话私人医生”等高端、高附加值的寿险服务。获得“绿通”服务资格和开通“私人电话医生”的客户，客户足不出户即可电话咨询专属私人医生的医疗建议。

【内控建设】 2013年，泰康人寿郑州分公司秉承“合规第一、业务第二”的发展理念，以提供专业化的保险服务，积极防范合规风险，稳健开拓公司业务发展为目标，实现业务和价值的全面提升。一是合规培训逐见成效。建立较为完备的合规培训体系，形成日渐浓厚的合规文化，保障合规培训的覆盖面和持续性。二是反洗钱管理工作持续提升。反洗钱宣传形式多样。在5月和6月开展形式多样的宣传活动，通过发放宣传折页、制作展板和宣传条幅、印制大量反洗钱宣传海报、设立“反洗钱咨询台”等，普及反洗钱知识，取得了较好的宣传效果。反洗钱培训积极推进。全年，郑州公司开展反洗钱培训5场次，培训学员约150人。客户身份识别严格落实。全年保存客户身份资料57468套。各中心支公司配备“第二代身份证真伪识别仪”开展识别工作，保证了投保人身份证件的真实性。大额交易和可疑交易及时报告。共产生可疑交易101件，均进行有效识别分析。

【理赔业务】 2013年，泰康人寿郑州

泰康人寿郑州分公司开门红业务启动大会召开

分公司致力于打造“以客户服务为中心”的服务理念、树立公司“服务好”品牌，在不断提升服务水平的同时，创新服务模式，在业内开创出多种特色理赔服务。一是积极推进“健保通”直付式理赔。健保通理赔实现保险公司系统与医院系统对接，在客户出险时在医院直接拿到理赔款。2013年健保通理赔客户1300件。二是推出“易理赔”服务，业内首家实现全流程线上理赔。客户借助电脑、手机自助申请理赔，通过理赔资料的拍照上传和电子传输，实现“足不出户”完成理赔的全流程服务，极大缩短办理理赔的时间和精力。三是推进全国“重疾绿通”、开创省内“就医绿通”，为客户解决就医难的问题。公司安排国内知名专家为客户提供全面详尽的诊断和治疗意见。四是上线小额件实时支付功能，2000元以下的赔付案件在工行、农行、中行、建行、邮政储蓄银行实现实时支付理赔到账。

（张玲玲）

邮电通信业

邮 政

【概况】 郑州市邮政局下辖15个县（市）、区局，内设7个职能部室、8个专业公司（局）、5个服务支撑部门。全市共有邮政网点231个（储蓄加邮政），其中储蓄网点117个。信箱信筒604个，自动取款机164台，存取款一体机49台，邮政车459辆（包含汽车、电动车、自行车、邮运车辆等）。邮路118条，邮路总长度7238公里；城市投递段道741条，农村投递路线总长度（单程）16990公里。截至年底，在岗员工4469人。

2013年，全区实现业务收入8.3亿元，收入规模居全省首位，较上年收入增幅11.73%。分销物流专业、函件专业、集邮专业、报刊发行、报刊零售专业、电子商务专业实现收入均居全省第一位。代理金融专业全年累计净增余额居全省第六位，实现收入居全省第四位。代理保险专业全年累计实现保费增幅85.6%，实现收入居全省第六位。全年代理速递累计业务量与增幅、资费收入与增幅四项指标均排名全省第一。机要通信保持质量全红。市局荣获2013年度全国实施用户满意工程先进单位称号，成功创建省级文明单位，建设路投递员马娟被中华全国总工会授予全国五一巾帼标兵称号，函件局曹园被集团公司评为全国营销创优劳动竞赛优秀营销员。

【电商小包业务】 2012年11月，郑州局正式开办电商小包业务，全市共设置派驻点3处，增加中心局交接邮路5条，建立2处仓储，日均发寄1500票。开展专项检查活动，全区电商小包信息反馈上网率100%，首日投递率提升至99.68%，投递服务质量显著提升。全区电商小包累计发展签约客户959户，实现揽收190.57万票，收寄量列全国开办业务城市第九位。

【贺卡业务商业化转型】 封片卡业务以产品创新、服务模式创新、营销渠道创新为抓手，逐步向功能化、商务化、日常化转型发展，先后开发《刮开富贵》《福禄寿禧》《蟹趣》等封片产品。不断增强个性化贺卡、功能型贺卡产品开发力度。管城区局在中原福塔开办“中原福塔空中邮局”，金水区局在奥斯卡新建文影城开办“电影驿站主题邮局”。在落实省公司DIY明信片营销活动中，中原区局与飞鹤奶粉河南总经销达成DIY促销礼品项目，巩义局与市委宣传部、教体局联合发文，在中小学校和幼儿园开展画信大赛。郑东区局、惠济区局、中牟局分别与当地公益机构和企业合作，通过第三方赞助形式进行DIY明信片礼盒实物捐赠。

【天天邮戏活动】 2013年，郑州市邮政局开展“天天邮戏”文化惠民活动，全年举办“纪念邓丽君演唱会”“民乐也时尚”“畅享中原”“儿童嘉年华”“京剧名家名段”等30余场演出活动，共运作“天天邮戏”44场，累计报批和招商共计293.95万元。

【百场红色集邮巡展】 郑州市邮政局探索集邮转型发展新路，以《毛泽东同志诞生一百二十周年》纪念邮票发行为抓手，以进高校、进社区、进机关、进企业为切入点，举办百场红邮巡展，探索“深入市场、深入百姓、为集邮文化扎根、为业务转型铺路”的新路子。截至2013年年底，红色集邮巡展开展百余场，共10万余人次的高校师生、群众参与活动。

【新邮发行】 集邮专业以节日营销、社会热点和新邮发行为契机，创新拓展集邮市场。全年举办《壬辰年》《福禄寿喜》《宋词》《中国共产党第十八次全国代表大会》《毛泽东同志诞生一百二十周年》纪念邮票等15场新邮首发仪式。

【邮速联动加快代理速递发展】 2013年，市邮政局制定加快代理速递业务发展的“六项二十四条”措施，建立邮速联动、共拓市场工作机制，努力解决制约代理速递发展的根本问题。通过开展机关、专业、区县局人员共同参与的市场大排查活动，累计走访客户3872户，累计业务量达到134.74万件。

【金融网点转型】 郑州市邮政局将金融发展定位成以客户为中心，以服务和产品为抓手，坚定不移地走商业化、市场化增长道路，深入推进金融发展理念转型、规定动作执行、分配制度改革和核心能力建设。全年新增余额全省第六，实现变中有进、稳中有升；理财业务销量翻番，销售收入规模、保有量全省第一，在全国省会城市中，理财销量第一，邮银占比第三，基金销量第三、国债销量第二；网上银行新增客户、交易量全省第一；5万元以上大客户占比、贡献余额占比均居全省第一。

【硬件改造】 加强网点氛围营造，改进网点布局和功能分区，提升客户满意度。全年共装修改造金融网点37个，仍在装修改造网点14个，新增、改造VIP服务区34个，配备网银终端53台、笔记本电脑43台。

【适销对路银保产品开发】 代理保险

在中原福塔开设空中邮局

专业根据客户个性化的需求，相继推出投保期限较短的金满仓E款两全保险、新华惠福宝两全保险等一系列收益较为稳健的新产品，在产品期限和收益两方面同时满足客户的需求，为客户提供多元化的不同梯次和种类的理财产品服务。全年累计推出保险新产品共13款，银保市场占有率39.97%，居郑州银保渠道第一位。

【打造“示范方+合作社+村邮站”平台新模式】 郑州市邮政局在全区开展村邮站优化重建、规范提升工作，对原有村邮站进行筛选淘汰，补建重建，对新建村邮站进行规范管理，优化提升。截至2013年年底，全区累计建成村邮站1987个，其中补建村邮站603个，淘汰无效村邮站100个，实现平原、山区村村邮站全覆盖，大的行政村建成2-3个村邮站。各县（市）局在创建示范方的基础上，成立“百全农民种植专业合作社”。通过为农户提供质优价廉的农资产品和细心周到的农技服务，吸引农户加入合作社。2013年全区累计发展百全社员6.16万户，百全会员2.13万户。

【分销物流管理】 2013年，分销物流从提升专业队伍素质入手，加大培训力度，加大考核力度。同时，加强内部管控，优化流程，提升管理水平和工作效率。积极开展“双清”工作，加大压库清欠力度，始终将库存、欠费控制在合理范围。严格执行每月盘点制度、每月会审制度，及时发现经营管理中存在的问题和不足，规避经营风险，促进企业健康发展，专业管理水平不断提升。

【电子商务化物流连锁配送体系】 分销物流业务借助电子商务平台，针对村邮站等平台，开通邮乐网加盟店集采系统，提高商品配送的目的性和准确性，降低配送成本。探索电子商务平台和电子商务化的物流连锁经营体系，实现邮乐网集采专区与线下渠道的融合发展，为打造“线上下单、线下配送”的“OTO”模式打下基础。截至年底，辖区50%以上村邮站通过邮乐网实现在线下单。

旗舰店营业员在为顾客介绍“豫地”生态原粮系列产品

【自邮一族业务】 “自邮一族”业务以“整合资源，强力推进”为着力点，以提供优质会员服务为切入点，为会员提供车辆年检、交通违章短信提醒、车辆保险优惠、加油优惠、商旅增值等超值服务项目。2013年新增会员1.99万户，新增违章短信5.92万笔，业务量与实现收入均居全省首位，在集团“百城联动”业务通报中，郑州局排名全国第六位。

【“百全”特色农产品形象店开业】 2013年，郑州市邮政局率先建成玉凤路、花园路、百花路3家邮政“百全”特色农产品形象展示店，标志着河南邮政“特色农产品生产基地—仓储物流中心—产品展示销售”农产品物流产业链条的形成，省、市十余家新闻媒体对河南邮政网络销售特色农产品进行报道。

【中原福塔空中邮局开业】 9月29日，郑州中原福塔“空中邮局”正式成立，标志着河南首家主题邮局诞生，也是全省海拔最高的邮局。当天成立仪式上，同时举办《中国梦——国家富强》特种邮票首发仪式。

【安全管理】 市邮政局在全系统建立安全责任明确、规章制度完善、检查标准统一、考评办法健全的安全管理体系。新建、改建金融网点安防工程，完善枪支弹药和业务库守护押运规章制度，规范操作规程，确保全区邮政枪支弹药、业务库的安全和稳定，有效防范金融风险。全区安全生产无重大事故、治安消防无案件。

【基础能力建设】 市邮政局紧紧抓住郑州都市区建设、旧城改造的机遇，加大对农村支局所、城市金融网点、物流仓储配送中心、村邮站和经营能力建设。新征建设用地16处，4处综合生产楼建成或在建，新郑、中牟物流仓储配送中心工程完成施工。装修、改造金融网点34处，新建和改造农村支局所16处，完成空白乡镇补建12处，建成百全精品店、直营店32处，完成市区职工午休区建设15个，新增信报箱40320户，建成大型品牌媒体22处，服务能力大大提升。

【综合平台建设】 2013年夏、秋季，市邮政系统累计创建示范方19740公顷，其中秋季示范方15560公顷，占小麦播种面积的10.14%，是全省唯一覆盖率超过10%的市局，比上年增长近两

毛泽东诞辰120周年邮票首发

倍，被省公司评为示范方创建先进单位。累计建成村邮站1987个，实现行政村全覆盖；累计建成百全加盟店753个，居全省第一位，提前超额完成省公司下达的建设目标；累计发展百全社员60768名、会员15887名。

【信息技术支撑】 2013年，市邮政系统完成河南邮政实物资产管理系统和河南省函件媒体资源管理系统开发与上线运行，当当网包裹寄递、零售教辅期刊管理系统、河南省中邮人寿单证管理系统、农电代收等5个项目开发及应用；完成金融网点业绩积分管理程序、电商小包客户信息处理程序、速递单据批量打印处理程序等十余个软件项目；在全省范围内率先开展数据分析工作，完成“郑州市代理金融网点ATM和CRS效益分析”“基金、理财、国债客户特征分析”两个项目，实现对全辖区所有自助设备盈亏情况的全面掌握、对现有理财业务客户特征的归纳和总结，为网点资源优化和潜在客户挖掘提供了可靠的数据支撑。

（贺 琳 邢月雯）

移动通信

【市场开拓】 2013年度，中国移动通信集团河南有限公司郑州分公司以体系改革深化转型，以模式创新重塑优势，深入贯彻落实“战略转型、改革创新、廉洁健康”三篇文章，围绕“一个中心”、稳定“两个份额”、提升“三项能力”、聚焦“四项重点”，坚定不移地加快全方位转型的步伐，以新思路、新策略、新举措开创企业高效运营新局面。

深入开拓市场，提升企业综合能力。郑州移动以发展模式的改革有力推动业务发展的创新，深入实施“用户深耕、服务提升、渠道转型”三大工程，坚持智慧经营，加强存量保有和增量拓展，坚持高效低成本运营，加强资源整合与科学配置，调整运营收入结构，聚焦集团业务发展重点，聚焦全业务发展关键环节进行融合营销，通过整合资源、优化流程、产品整合等措施全力推进全业务规模发展。在大力拓展客户规模促进收入增长的同时，持续加大数据业务营销、信息化业务开发和流量业务推广，挖掘新的收入增长点，圆满完成各项生产经营任务，实现企业运营效益的持续增长，全年运营收入近60亿元，企业综合实力进一步增强。

【推动信息化发展】 郑州移动聚焦发展核心，积极推动全市信息化发展。加快精细化运营转型，在大众市场重点推广数据流量业务，深入拓展传统短信业务，收入型增值业务稳步发展。随着4G应用的到来和全业务牌照的发放，

为社会大型活动提供通信保障

郑州移动以智慧城市、信息消费为核心，按照“全面参与、逐个突破、重点跟进”的建设思路，重点围绕28项重点项目拓展新的领域和应用。同时聚焦行业特性，对行业产品进行梳理优化，着力提升行业信息化个人用户的规模拓展和深度应用，加强行业产品的客户活跃度，增强产品粘性，促进行业用户量质同步发展，以构建行业、重要、中小集团三层服务体系为抓手，高度关注政府、金融、卫生、税务、工商等重点行业和重点项目，智慧竞争、精准拓展，市政务外网、新农合、地税专网和固话等项目实现新突破，全业务运营取得成效。

【网络建设】 郑州移动加大资源投入，网络比较优势得到巩固。4G建设创造了河南基站建设“郑州速度”，在集团通报中无线建设进度排名第二。传输网工程完成综合业务接入区建设，实现郑州综合业务区规划范围内的全覆盖，进度居集团第一。积极推进TD六期一阶段、二阶段和三批乡镇TD工程建设，重点加强数据热点区域深度覆盖的同时实现乡镇TD网络连续覆盖。着力推进“四网”协同发展，以精品网络领先工程为抓手，认真开展“工兵行动”“深耕行动”，加速提升TD“质”“量”，专项整治WLAN网络问题，夯实领先优势基础，有效解决影响客户感知的热点问题和影响网络质量领先的短板问题。深入开展网络提升工作和专项优化，加快解决网络质量突出问题，网络质量有效提升，语音质量明显改善，集团自动路测指标全部达标，掉话率、接通率和呼叫全程成功率均领先于行业，郑州本地网线路故障次数、故障历时同比下降显著。围绕市场发展和客户需求，加快工程建设进度，提前完成各项重点工程建设目标。

【客户服务】 郑州移动秉承“客户为根、服务为本”的理念，持续夯实基础管理，不断改进服务工作，客户满意度持续提升。围绕关键客户群体，从落实分包、系统优化、提升能力、管理监控等方面开展工作，初步建立中高端客户营销服务体系。同时加强投诉精细化管理，完善系统支撑手段，优化工作流程手段，全年投诉量显著下降。同时积极开展“新型营业厅我行我塑”活动，从市场发展和客户需求角度入手，主动推进服务体系转型，营业厅集中化管理新模式受到省公司和集团公司好评。探索满意度过程管理，强化满意度指导支撑能力。强化职能部门支撑，开展区域调研，下发满意度通报，尝试运营指标关联，实施满意度透明化过程管理，全面推动企业各项满意度考核指标达到目标值。着力提升现场管理驱动能力、运营支撑能力、人员服务能力，窗口服务质量关键点的闭环管理机制更加完善，整体服务水平得到提升，投诉处理能力得到增强，客户满意度有效提升。

【基础管理】 郑州移动围绕转型改革创新，支撑部门优化督办管理制度和流程，开发综合管理系统平台，上下沟通机制更加畅通。做好法律支撑和纠纷案件处理，保障企业发展利益。有效整合资源做好内外部宣传，营造良好的内外部经营环境。持续做好SOX内控管理、财务集中核算、经济责任审计、工程审计等内部审计和普华永道等外部审计，在此基础上，全力推进财务“新达标”工作。重点推进全面预算标杆化管理，优化资源配置，有效提升财务分析的决策支撑能力。优化组织机构，加强队伍建设，积极推进基层单元达标，“区域化+专业化”的全覆盖责任制运营模式初步建立。深化廉洁文化教育，有效推进党风廉政制度建设，强化关键环节监督，全面开展“三横N纵”廉洁风险防

确保地铁4G信号畅通

控体系建设。深入开展行风建设，有5个营业厅荣获河南省“群众满意基层站所”称号。强化集中管理，发挥专项管理优势，打造规范高效的供应链管理体系。扎实开展安全生产管理和检查，认真做好后勤服务等各项工作，保障一线生产顺利开展。引导全体员工开展创新活动，共申报创新提案229项，申报创新成果15项，创新推广28项，荣获省公司创新组织奖。

（丁广慧　关媛媛）

联通通信

【概况】 2013年，郑州市联通公司坚持创新变革，强化精细管理，注重落地执行，圆满完成各项任务，规模效益迈上新台阶。全年主营收入规模迈入北十省本地网四强、市级本地网两强，收入同比增长15%；市场份额较上年有一定提升，利润同比增长17%以上，综合业务（KPI）考核跃居全省第一。

公司3G业务初步实现爆发式增长，全年出账用户超过前四年的发展总量；突出市场拓展和客户感知导向，完成地铁3G精品网络以及郑东新区、航空港区LTE试验网建设；围绕热点难点问题，开展浅表性问题专项整治等主题活动，服务KPI考核全省第一。公司经营业绩、市场地位、员工收入持续攀升，公司的体制机制、营销策略、作业模式不断成熟，网络资源、成本资源等支撑服务能力明显增强。

2013年，公司成功创建为省级精神文明单位，获全国通信行业质量管理先进单位、河南联通先进单位、河南联通业务技能大赛组织奖等荣誉称号，公司新郑机场“VIP贵宾厅”获全国青年文明号荣誉称号。

【移动通信业务】 2013年，郑州市联通公司紧扣市场需求主题，围绕体验营销和流量经营，抓实渠道、终端、应用、融合四个拉动，强化应用推介与辅导，转变终端供货模式，创新新媒体营销模式，开展专项营销活动，建立维系责任体系，3G业务实现爆发式增长，全年出账用户净增超过前四年的发展总量，收入完成同比增长61%，新增收入贡献120%；户均流量提升50%以上，移动互联网数据经营显现快速增长态势。2G业务推进营销模式转型，聚焦返乡返城和流动市场，强化末梢渠道支撑服务，开展常态化营销活动，全年发展用户与业务收入增长良好。

【宽带业务】 2013年，郑州市联通公司实施差异化分类营销策略，完善驻地网承包责任制，探索推进适应市场需求的作业模式，加快光改转化和目标小区拓展，强化到期维系和沉默用户激活，扎实稳步推进数据宽带业务。全年新增出账用户稳步增长；收入增长9%。IDC业务加大招商力度，与百度、搜狐等互联网企业签署业务合作协议，收入增长36%。

【网络保障能力提升】 2013年，郑州市联通公司通信网络质量与通信能力在市场需求牵引下有较大提升，公司突出市场拓展和客户感知导向，3G网新建基站大幅增长，开通热点投诉基站163个，县城区以上基站全部升级，东区精品网良好覆盖率达到98%；完成地铁3G精品网络及郑东新区、航空港区LTE试验网建设。宽带网推进光网建设和升级改造，新增FTTH端口与改造FTTH端口上万个，高速端口占比达到33%；光网覆盖小区创纪录。

【服务新感知】 2013年，郑州市联通公司创新服务，建立客户感知管理体系，修订业务规程65个，推进大服务体系落地，围绕热点难点问题，开展浅表性问题专项整治等主题活动，营业类、装维类、客服热线不满意提及率分别下降44%、48%和6%。公司强化VIP顾问式服务，全省考核第一。服务KPI指标考核全省第一。加强代维管理，完善移网投诉处理责任体系，2G、3G用户万人投诉率分别降至1.4例、8.2例。“480”服务装移修及时率等四项指标排名全省前三。

【高速交通干线网络优化】 2013年，郑州市联通公司对区域内京港澳、连霍高速，京广、郑西高铁等主要高速交通干线的移动网络覆盖进行集中优化，对网络覆盖中涉及的工程、维护和优化类等198项问题进行集中梳理、优化解决。通过新建基站、RRU拉远小区等措施明显改善了京港澳高速、连霍高速WCDMA网络覆盖不足问题；经过独立解调多RRU共小区、多载波扩容、异频专网覆盖等方式有效解决了京广高铁、

中国联合网络通信集团有限公司董事长常小兵到郑州市分公司视察

郑州市联通公司与海马轿车有限公司签订信息化战略合作协议

郑西高铁由于车速较高、车体损耗较大导致的网络信号切换不及时问题。

【重要通信线路保障】 2013年，郑州市联通公司先后完成多项重要通信线路保障工作。3月，郑开国际马拉松赛事转播保障历时48小时，公司承担赛事转播的19条电路的保障任务，确保了赛事的全程顺利直播。5月，第八届中国中部投资贸易博览会期间，公司对会议11个活动场馆、13个代表驻地宾馆的固话、宽带、专线及WCDMA、GSM网络进行优化扩容与设备巡检，开通首长专线2部、升级改造WCDMA网络基站102个，会议期间实施24小时全天候监控，网络运行平稳，实现全程零故障。在省、市“两会”期间确保通信畅通；对郑州市防汛、高招等通信保障工作涉及重要保障线路77条，“重保”总历时达23.3万小时；银行、航空类重要保障电路达497条，“重保”总历时近10万小时。

【智慧城市建设】 1月30日，郑州市住房保障和房地产管理局与郑州市联通公司签订“智慧房产”战略合作协议。郑州市联通公司与郑州市房管系统、各类房地产企业以及房地产行业相关部门合作，围绕房地产政务管理平台、房地产企业综合管理与服务平台、房地产公共服务平台和房地产信息共享平台的开发建设，运用移动办公、电子商务、物联网等行业应用，推进郑州市住房保障和房地产业开发、建设、管理、服务“智慧化”。

4月，公司与郑州市卫生局签订“智慧医疗”战略合作协议。协议将实现区域内卫生信息共享、药品配送、双向转诊等多项基于3G技术的行业信息化应用，助力郑州市卫生行业信息化水平的进一步提升。

11月，郑州市联通公司正式启动“智慧郑州”重点项目“阳光厨房”。公司充分依托3G网络与云平台技术，在政府监管部门、餐饮服务企业、从业人员与广大消费者之间搭建起快捷的沟通桥梁，构筑食品安全立体监管模式，提高监管效能。

公司自行开发的“晚晴社区居家养老系统综合管理平台”正式上线运行。该平台主要包括客服中心系统、管理中心系统、老人机终端和老人家属手机客户端四部分，可实现老人、护工、志愿者和老人家属的资料综合管理与配置。

公司面向中小企业客户推出“手机建站”客户端，专为中小企业客户量身定制专业的App服务。该客户端可通过多应用集成形式在客户手机上展现中小企业产品介绍、最新促销与咨询信息管理、企业定位、在线客服沟通等多种服务内容，同时支持企业通讯录、员工签到、员工日志、客户管理、产品内部预订与资费政策等企业日常办公需要。

【互联网信息化云平台开发与建设】 2013年，由郑州市联通公司自主研发的“信息化云平台”正式上线，标志着公司实现各类行业信息化应用开发与维护平台的统一。“信息化云平台”可容纳多个信息化行业应用项目同时运转，可支撑数十万部3G智能终端同时启用行业应用程序。该平台使行业信息化项目开发的硬件投资成本节约超过80%，信息化项目的建设审批时间缩短三分之二，同时提升日常数据备份、宕机备份及防火墙管理等方面性能，系统可实现故障即时自动恢复，大大增加了系统安全性与稳定性。

（曹兴建）

电信通信

【概况】 2013年，中国电信郑州分公司贯彻落实集团公司、省公司发展战略和部署要求，以“加快发展、规模发展、创新发展”为中心，全面实施划小和经营承包战略，积极推动企业转型，进一步创新发展模式，优化资源配置，挖掘网格潜力。

2013年，郑州电信持续推动规模发展，竞争实力不断增强。截至12月，业务收入完成较上年增长22.83%，其中，“固网”同比增幅11.76%，“移网”同比增幅31.5%。一是用户规模不断扩大。全年“移网”用户较上年增长9.5万户，同比增幅18%；“移网”出账用户较上年增长19.4万户，同比增幅24.2%。全年宽带用户较上年增长2.4万户，同比增幅17.6%；宽带出账用户较上年同期增长5.5万户，同比增幅16.7%。二是行业份额持续提升。截至年底，郑州电信市场收入份额较上年提升1.14个百分点；全业务增量收入份额同比增幅24.4%；移动收入份额较上年提升1.07个百分点；“移网”用户份额

郑州电信公司天翼志愿者服务队参加省会文明交通志愿服务活动启动仪式

2013年郑州与开封实现电信同城

较上年增长0.07个百分点；宽带用户份额较上年提升1.78个百分点。

【"数字企业"建设】 2013年，郑州电信持续推进"数字企业"建设，指导中小企业从网络接入、管理应用和提升发展等三个层次提高信息化建设的硬实力，多形式、多渠道向中小企业普及信息化知识，有效提升中小企业信息化认识、操作和应用等软实力水平。

郑州电信利用建立固定的中小企业培训基地，定期组织中小企业信息化培训，不断提升中小企业管理者对信息化的理念认识水平、提高中小企业从业人员信息化操作应用能力。全年完成重点中小企业上门培训推广368场次，辐射中小微企业上万家。

【"智慧校园"建设】 郑州电信以信息化应用助力教育信息化发展。根据教育部下发的"三通两平台"（宽带网络校校通、教学资源班班通、网络学习人人通，打造教育资源公共服务平台，建设教育管理公共服务平台）建设要求，郑州电信按照学校层次、规模和个性化需求，打造"智慧校园"六个一解决方案：即一条光纤宽带，高速网络覆盖至每个教室；一套视频监控系统，360度展现教学场景；一套网络教学系统，实现校内信息实时通达；一个校园教育频道，高标准展现校园文化；一套翼校通应用，足不出户接收平安短信；一项电子书包应用，海量教育资源免费提供，结合教育云计算、移动互联网技术应用、智能终端等新技术，打造智慧校园。

"智慧校园"可为每个学生配备"电子学生证"，不仅用于个人身份识别，还可以实现多重增值功能。学生家长可通过智能手机随时查看孩子在餐厅、操场、公共关键区域的情况。教师通过智能机可随时进行远程家庭课程辅导。学生可登陆中国电信集团与华中师大、黄冈中学共建教育资源云平台进行课程预习和复习。校园内布设定制WIFI，学校将最新通知等内容以文字、图片、链接方式内置进定制WIFI，学生家长进校即可免费使用WIFI服务。

【翼支付】 "翼支付"是中国电信旗下的一只创新型产品，集成校企一卡通、公交卡、行业卡、银行卡等多项应用，以手机替代传统的银行卡进行消费，为用户提供方便、快捷、全方位的移动支付服务。"翼支付"业务通过整合行业应用、商户及用户端，发挥运营商自身的号码、网点、品牌等资源优势，形成消费链条闭环的一站式服务平台，依托中国电信遍布全球的销售服务网络为客户提供第三方支付服务。

【网络建设】 2013年，郑州电信持续加大宽带网络建设规模，建设模式全部转向FTTH光纤到户方式。在网OBD端口总数达到62.12万线，其中2012年以后新增35.30万线。同时，对于老旧小区，适时进行光进铜退改造，将电缆小区升级为FTTX小区，使郑州市民享受高带宽、高清视频。

郑州电信以各种技术方式累计覆盖小区达到8696个，投放各类网络端口200.17万线，可达20M以上宽带端口达到84.79万线，占总覆盖网络容量的42.36%。

自2012年以来，分批次为2M及以下带宽的宽带用户，无须申请免费升级到4M。截至2013年年底，郑州电信累计为25万用户进行免费宽带提速。同时，郑州电信还推出3G手机用户根据不同的话费套餐享受6M-20M宽带免费使用的优惠政策，为用户节省大量的通信费用支出，为郑州市民提前享受到高速优质的光网创造优惠条件。

【数据中心建设】 随着大数据时代、IT虚拟化时代的到来，郑州电信投入巨资构建IDC数据中心，助力郑州企业提高数据安全性、降低能源消耗、提升信息化综合竞争能力。数据中心位于郑州市国家高新技术产业开发区内，抗震烈度为7度，总建筑面积17422平方米，计划2014年初步形成生产能力，2016年年底前全部投入使用。建成后将提供柴油发电机、UPS不间断电源、压缩式冷冻水机组等高等级基础设施，保障数据中心安全稳定运行。同时，3000余架综合机柜提供大量服务器和存储阵列机位，光缆直连各大核心通信机房，能够为入驻企业提供超高计算密度、超高接入带宽、全业务类型的优质服务。

【基础设施建设】 2013年，郑州电信移动网络建设以打造移动精品网为目标，全力提升用户网络感知，并贯彻落实政府倡导的基础设施共享共建和节能减排工作。全年共新建3G基站227个，新建室内分布系统110套，通过新建和扩容等多种措施，不断提升3G精品网络质量。

同时，全力推进4G网络建设工作。2013年共新建4G基站926个，新建4G室内分布系统12套，基本实现市区和各下辖县城区、重要风景区等重点场所4G网络连续覆盖，市区广覆盖达到95%。

【客户服务】 2013年，为全面贯彻落实集团公司"创新和服务双领先"战略，郑州电信以"提升服务能力"为目标，夯实基础服务，重点以装维服务质量，降低用户投诉率为主要工作抓手，提升用户满意度。积极转变工作观念，创新工作思路，推进公司各项服务工作的全面开展，配合公司前后端各部门疏通基础管理流程、以全方位的沟通方式提高公司整体服务水平、以服务监管的力度提升员工的服务意识，通过差异化的维系活动为以后的服务工作开展提供良好的基础和保障。一是以提高用户满意度为基础，进一步做好基础管理工作。二是加强部门联动，完善投诉处理流程。三是正面宣传企业形象，大力开展政风行风建设工作。四是创新机制，逐步建设完善客户维系队伍。

（张雨薇）

交通运输业

铁路

综述

【概况】 郑州铁路局地处中原，位于全国路网中心。管辖线路横跨河南、山西、山东、陕西、湖北5省，通过15个分界口，与北京、西安、武汉、太原、上海、济南铁路局相邻，所辖京广、京九、焦柳、陇海、侯月、宁西铁路及京广、郑西高铁等营业线路和郑州、洛阳、商丘、新乡、月山、南阳等铁路枢纽纵横交织成网，构成东达沿海、南通两湖、西连秦晋、北接京津的铁路网络，在国民经济发展中有着举足轻重的地位，被誉为“中国铁路心脏”。

管辖范围：京广线北于柏庄、安阳间485.800公里处与北京局分界，南于小商桥、孟庙间807.000公里处与武汉局分界；陇海线东于虞城县、张阁庄间354.000公里处与上海局分界，西于太要、潼关间935.500公里处与西安局分界；焦柳线南于耿坡、部营间474.099公里处与武汉局分界；新兖线东于算王庄、菏泽南间148.000公里处与济南局分界；京九线北于曹县、梁堤头间650.273公里处与济南局分界，南于木兰、王楼间718.300公里处与上海局分界；太焦线北于夏店、大平间190.682公里处与太原局分界；邯长线东于长治北、北舍间215.491公里处与北京局分界；侯月线北于嘉峰、端氏间147.273公里处与太原局分界；宁西线西于商南、富水间248.285公里处与西安局分界，东于李家湾、小林间563.600公里处与武汉局分界；孟宝线东于平顶山西、余官营间98.000公里处于武汉局分界；郑西高铁西于灵宝西、华山北间950.627公里处与西安局分界；京广高铁北于安阳东站510.330公里处与北京局分界，南于许昌东站780.712公里处与武汉局分界。其他线路都在局管范围内。

全局运营线路正线及联络线65条，运营线路营业长度2385.1公里，总延展长6955.391公里。其中正线延展长4456.664公里，比2012年增加0.132公里；站段岔特线延展长2498.727公里，比2012年增加4.616公里。正线60型钢轨4307.546公里，占正线总延展的96.7%；正线无缝线路延展长3912.591公里，占正线总延展的87.8%。道岔8568组，其中正线道岔3243组。正线曲线3012条1294.128公里。道口216处，其中有人看守道口20处。

运营线路有桥梁3079座197026米，其中特大桥47座，大桥244座；隧道156座100746米，其中3公里以上的长隧道5座；涵渠6870座181442米。桥隧总换算长227786米。

全局合资线路正线及联络线11条，分别为新密、安李、石林、郑西高铁、郑西高铁郑州联络线、京广高铁、郑州东西南联络线、郑州东西北疏解线、郑州东站北联络线、郑州东动车走行1线、郑州东动车走行2线。线路营业里程798.7公里。线路总延展长1569.206公里，其中正线延展长1390.945公里，站段岔特线延展长178.261公里。道口58处，其中有人看守道口11处。

截至2013年年底，郑州铁路局有行政职能机构29个，其他机构2个，部管附属机构37个，局管附属机构18个。有运输站段33个，运输辅助等单位20个，非运输企业11个。有车站237个。职工总数114557人，其中女职工20152人。

2013年，郑州铁路局把握“坚定不移、稳中求进”的工作基调，全力以赴保安全、增效益、促改革、惠民生，在创一流、建家园道路上实现了进中求变、变中求好、好中求快，各项工作都取得新的进步与发展。以党的群众路线教育实践活动为契机，以实现“领导机关清明、领导人员清正”为目标，持续加强领导干部和机关作风建设，深入开展廉洁从业教育和突出问题自查自纠，营造风清气正的创业氛围。出台共建美好郑铁家园“三年规划”，明确阶段性任务目标和推进路线图。结合铁路实现政企分开、实施货运组织改革的新形势，加强分析论证，制定关于“实货制”运输、“门到门”运输、规范货运收费、整合物流资源，以及专业运输公司职能优化调整等一系列配套文件，为适应新体制、新要求提供制度依据。以实施“安全风险管理年”为契机，推进安全风险研判、信息管理、评估考核、挂牌督办、安全预警等机制建设，增强安全风险管理的实效性。坚持“高铁高标准”，打造高铁品牌，加强高铁商业开发，推动高铁全面融入市场，赢

3月25日，中共中央政治局委员、国务院副总理马凯一行到郑州铁路局调研

7月18日，郑欧国际铁路货运班列顺利开通

得经济效益和社会效益。成立郑州铁路局货运营销中心，构建"前店后厂"货运新模式，大力开展货运营销。构建运输业和非运输业"两翼齐飞"的经营格局，大力拓展客货运输核心业务，培育新的经济增长点，经营工作实现历史性突破。全年完成运输总收入287.1亿元、旅客发送量9000.2万人、货物发送量17060.3万吨、换算周转量2596.1亿吨公里，同比分别增长23.41%、13.86%、0.74%和2.22%。运输总收入、旅客票价收入、货物运费收入同比增幅均为全路第一。完成铁路建设投资204.47亿元，其中，郑州铁路局投资的4个客专项目完成102.57亿元，郑州铁路局负责承建的9个项目完成101.9亿元。截至2013年10月3日18时，实现连续安全生产300天。

【国务院副总理马凯到郑州铁路局调研】 3月25日，中央政治局委员、国务院副总理马凯在交通运输部部长杨传堂、副部长、国家铁路局局长陆东福，中国铁路总公司总经理盛光祖、副总经理胡亚东、王志国，河南省副省长赵建才，郑州铁局局长张军邦等领导陪同下，实地考察郑开城际建设项目施工现场和郑州北站。调研过程中马凯强调，安全是铁路运输的生命线。确保铁路安全稳定，是改革顺利推进的根本前提，也是衡量改革成效乃至成败的一个重要标准。铁路总公司和各铁路局要肩负起安全主体责任，牢固树立"安全第一"的思想，始终把安全放在各项工作的首位，做到守土有责，确保一方平安，坚决杜绝发生重特大铁路交通事故，特别要抓好高铁安全，确保高铁安全万无一失，为铁路改革创造良好环境。同时马凯要求，铁路系统要继续坚持一手抓改革、一手抓发展，确保改革发展两不误；一手抓业务、一手抓队伍，确保业务队伍双加强。要尽快实现中国铁路总公司组建和正常运转，继续加快铁路建设步伐，进一步提升铁路运输服务质量，不断加强铁路系统干部队伍建设。

【河南省委书记郭庚茂到郑州铁路局调研】 7月16–17日，河南省委书记、省人大常委会主任郭庚茂带领有关人员，在郑州铁路局局长张军邦、党委书记杨建祥等局领导班子成员陪同下，到路局郑州集装箱中心站、中部金属材料交易中心、郑州北站等单位调研。郭庚茂指出，多年来郑州铁路局为河南省建设做出了重大历史性贡献。作为市场主体，郑州铁路局自主权大了，承担的责任也大了。要借着中原经济区和航空港经济区的建设，打造河南航空、铁路、公路综合现代交通运输系统，发展现场物流业。铁路要善于发掘独特的优势因素，把区位优势发掘出来，与时俱进，改革创新，与河南省一道创造新的辉煌。

【铁路投融资调研座谈会】 2013年11月10–11日，由郑州、哈尔滨、沈阳、北京、太原、呼和浩特、济南、西安、兰州等9个铁路局和河南省发改委、财政厅、国土资源厅等部门参加的铁路投融资调研座谈会在郑州铁路局举行。国家发改委副主任徐宪平出席了会议。座谈会紧密围绕如何深入贯彻国发33号文件精神和推进铁路管理体制改革，包括坚持路网完整统一、集中调度指挥、深化客货运输改革、推进分类建设、吸引社会资本、国家对铁路建设和运营政策支持等方面进行研讨。会议中徐宪平指出，针对当前铁路投融资来源比较单一、铁路负债较高的实际，要本着"稳中有进、稳中有为"的推进原则，建立多元化、控风险、可持续的投融资体制机制，积极稳妥推进改革，确保完成国家铁路发展战略目标。各铁路局要围绕中心，确保实现国家"十二五"规划战略目标。国家发改委将继续加强与财政部、国土资源部等部委的沟通联系，加强一线调研，广泛征求意见，科学谋划"十三五"战略规划，适时制定、出台贯彻国务院33号文件的实施方案和细则，不断改进完善，争取尽快制定下发具有可操作性的文件，保证铁路持续健康发展。在郑州期间，徐宪平一行在铁路总公司副总经理彭开宙、河南省副省长赵建才、郑州铁路局局长张军邦、局党委书记杨建祥等领导陪同下分别到郑州东站、郑州北站实地调研。徐宪平充分肯定了铁路系统近年来为国民经济、社会发展做出的贡献。

【郑州铁路局与河南省旅游局签署战略合作协议】 8月9日，郑州铁路局与河南省旅游局战略合作框架协议签字仪式在郑州举行。郑州铁路局局长张军邦和河南省旅游局局长寇武江分别代表双方签订战略合作框架协议，标志着河南省旅游局与郑州铁路局结成全方位、深层次的战略合作同盟关系。郑州铁路局党委书记杨建祥、副局长杨伟军，河南省政府副秘书长万旭等领导出席签字仪式。根据协议，双方将进一步加强和支持旅游企业与铁路企业合作开发铁路及旅游的组合产品，特别是高铁旅游产品，并联合对铁路旅游产品进行策划、宣传和推广；指导、监督旅游企业强化服务意识，提高服务质量，营造宾至如归的温馨氛围，给旅客提供便捷、周到、规范的服务；加强铁路旅游宣传推广、旅游专列、铁路客运等信息的交流，加强对铁路旅游特别是高铁旅游的研究，互相交流研究成果。

【全国最大规模公铁合作项目建立】 8月29日，郑州铁路局货运营销中心代表郑州铁路局与郑州交通运输集团签订物流合作框架协议，标志着全国最大规模公（路）铁（路）合作项目在郑州建立。根据协议，双方将在货运物流领域进一步开展全面深度合作，内容包括物流联运、城市配送、网络建设、快件运输等7个方面的业务。范围覆盖郑州铁路局管辖范围内所有铁路货运站点。协议规定，双方将采取整车、零担、集装箱、配送、拼车、专列快运等物流形式，联合开展"门到站""站到门""门到门"等物流服务。货主通过12306网站、电话、营业厅、客服人员上门服务等方式提出发货需求，将享受到"一票到底"的全程物流服务，实现"人坐家中，货达八方"。

【郑欧班列开行】 7月18日10时51分，郑州至欧洲国际集装箱班列首趟列车80601次在郑州铁路集装箱中心站开出。河南省委副书记、省长谢伏瞻，省委常委、副省长李克，副省长赵建才，省政协副主席、发改委主任张维宁，国家海关总署、质检总局相关领导以及铁路总公司运输局副局长郭玉华，郑州铁路局局长张军邦等参加了开通仪式。首趟班列编组41辆，装载了来自河南、浙江、福建、江西等省生产的汽车配件、高档鞋帽和服装等货物。7月21日23时21分，郑欧班列通过阿拉山口铁路口岸入境哈萨克斯坦，国内段运输时间比图定时刻表缩短近17个小时。出境后途经哈萨克斯坦、俄罗斯、白俄罗斯、波兰，完成总行程10214公里抵达终点站德国汉堡。

郑欧国际铁路货运班列按照“一带三”的模式，即一条郑州到汉堡线，带动郑州到阿拉木图、莫斯科、克莱佩达等三条线路，从郑州到德国汉堡，铁路运输比海运节约行程20多天，比航空节约资金80%，与公路比每个集装箱节省2000元-3000元。班列的开行既方便了国内引进欧洲机电产品、汽车整车及零配件等高附加值产品，同时也为河南省增强出口能力以及整个中部地区的对外经贸合作提供了有力支撑，对加强新亚欧大陆桥沿线各国与中原经济区之间的区域合作，构建中原经济区对外开放高地具有重要意义。首趟郑欧班列的运行，开创了河南省直达欧洲的铁路运输模式，标志着中国内陆地区又多了一条直达欧洲的铁路货运大通道，拉开了郑州铁路局最远距离的货物运输序幕。11月2日，在首班开行3个月后，郑欧班列由月开行改为每周开行。目的地也由原先的波兰马拉舍维奇、德国汉堡、德国杜伊斯堡3个站点，陆续增加德国莱比锡站、纽伦堡站等11个站点。11月21日，郑欧班列实现多线路、多目的地开行。截至2013年年底，郑欧国际集装箱班列开行13列，集装箱发送量达1124TEU。

郑欧班列开行期间，郑州铁路局联合《大河报》开展“郑欧国际班列全程跟车采访万里行”活动，《河南日报》《大河报》等省内多家媒体通过整版解读、专家访谈、动态跟踪等形式进行连续报道，省内18个地市级媒体同步刊发报道，平面媒体共刊发专版36版，单篇报道累计430余篇。

【中欧物流通道建设国际交流会召开】 12月11日，“丝绸之路经济带”中欧物流通道建设国际交流会在郑州召开，来自亚欧大陆桥沿线8个国家的铁路、海关、国检、企业界的300余名代表和专家学者参加了会议。省、市地方政府领导吴天君、张大卫、赵建才，铁路总公司总调度长余卓民、运输局副局长兼营运部主任郭玉华，郑州铁路局局长张军邦、副局长陆彦彬和中铁集装箱公司有关领导等出席会议。此次会议由郑州市政府、郑州铁路局和中铁集装箱公司联合主办。会议采取“1+3”模式，由主旨大会和铁路、海关、经贸3个专题会议组成，目的是通过信息交流、项目推介、合作洽谈、专题研讨，探讨中欧物流通道建设合作机制，商议建立郑欧国际铁路货运班列境外通关、运行合作机制，进一步扩大郑欧班列的辐射带动力和国际影响力。会议通过《“丝绸之路经济带”中欧物流通道建设国际交流会郑州倡议书》。郑州铁路局参与组织召开了铁路会议。按计划，郑欧班列在保持郑州至汉堡线路常态化开行的同时，将实现郑州至阿拉木图、郑州至莫斯科线路的常态化开行。

【货运组织改革】 按照《中国铁路总公司关于进一步推进货运组织改革的意见》要求，郑州铁路局成立了路局及站段货运营销机构。郑州铁路局货运营销中心为局机关行政职能管理机构，对内称“货运营销处”，实行一个机构两块牌子；货运服务中心为局机关行政附属机构，由局货运营销中心（货运营销处）归口管理；站段货运营销中心为站段行政职能管理机构，对内称“货运营销科”，实行一个机构两块牌子。新成立的郑州铁路局货运营销中心主要职责是：负责受理和处理货运需求，抓好客户延伸服务；负责货运电子商务管理，加强营销队伍建设，完善营销管理体系；负责全局货运营销计划的制定，科学编制月度计划、旬计划、旬日历装车方案和技术计划工作；负责日班计划的编制、调整和落实工作，确保重点运输，做好运力衔接；负责装卸管理工作；负责全局物流业务规划，组织站段开展接取送达业务；负责全局货运营销工作策划和营销宣传，组织开展货运市场调查，抓好营销分析和考核；负责运输条件、运价及货票系统管理，建立货运一口价体系；负责货运咨询、客户投诉工作，及时发布营销信息，提高货运服务质量。

6月15日，全路货运组织改革正式实施。货运组织改革以网上受理、“实货制”运输和全程物流服务为重点，进行流程再造、资源重组、系统重构，建立“满足式受理，风格化营销，实货制运输，一口价销售，物流化服务”的全新货运组织方式。重点实现三个目标。一是对大宗稳定货物以协议运输方式给予运力保障，改进和提高服务质量，巩固大宗货物运输市场。二是对其他非协议运输的货物，以最方便、最快捷的方式敞开受理，随到随办。三是规范运输服务和收费管理，发挥铁路运输价格优势，提高铁路货运市场竞争能力，努力开创“社会认可、客户满意、运量增长、效益提高”的货运工作新局面。货运改革实施后，货主可通过拨打各铁路货运站的货运受理电话，在中国铁路客户服务中心网站上点击“我要发货”，拨打中国铁路客户服务中心客服电话，到铁路货运营业场所直接办理发货，铁路营销员直接上门服务受理货物等5种方式联系郑州铁路局办理发货业务。

货运改革实施期间，郑州铁路局以“铁路走向市场”大讨论活动为契机，开展“一个主题宣传、十大课题研讨、百场宣讲报告、千人走访观摩、万人座谈讨论”系列活动，围绕观念、市场、管理、效益、合力等十大关键词，确立20个研讨课题，进行座谈讨论1396场，征集合理化建议5大类1251条。7月10日，局党委书记杨建祥在中国铁路总公司召开的电视电话会议上作题为《全员大讨论，征集“金点子”，为货运组织改革汇聚民智》的经验发言，介绍路局在“铁路走向市场”大讨论活动中的经验做法和取得的显著成果。

货运改革实施至年末，郑州铁路局货物发送量达到9580.2万吨，同比增加5.93%，较货改前增加5.74%；日均装车7454车，同比增加5.53%，较货改前增加5.58%；日均卸车5628车，同比增加5.54%，较货改前增加4.55%；货物运费收入755896万元，同比增加27.25%，货改前后对比增加14.09%。

【“美好郑铁家园三年规划”出台】 8月22-23日，郑州铁路局召开全局领导干部会暨创一流建家园工作推进会，总结6年来“建精品、创一流”工作经验，提出“深化一流创建、共建美好家园”的新目标。会后，郑州铁路局发文公布《郑州铁路局共建美好郑铁家园三年规划》。郑州铁路局三年规划从2013年到2015年，将以更高、更严、更细的标准，坚持均衡发展，注重持续协调，突出特色品牌，全面提升全局管理水平、队伍素质、设备质量、整体形象和幸福指数，努力建成“安宁、文明、殷实、和谐”的美好郑铁家园。规划明确了共建美好郑铁家园的具体实施方案，决定以生产安全、队伍安定、职工安心为目标，不断深化、升华“严格管理+人文关怀”的治局理念，实现全局管理、工作、生产秩序良好，职工队伍思想稳定、心平气顺、安居乐业；围绕物质文明、精神文明、生态文明建设，持续推进“建精品、创一流”工作，培育、选树更多更实的亮点和品牌，为全局发展创造良好的经济、人文、自然环境；深化和谐发展的理念，凝聚企业内外各方共识和力量，全面构建内和、外顺的发展环境。规划分三个阶段，2013年为第一阶段，各系统、各单位制定工作目标、推进计划、保障措施和评定标准，形成具有系统性、可操作性的实施方案；2014年为第二阶段，由各系统、各单位针对所取得的经验和存在的问题，加强指导，完善措施，提高工作质量和管理水平；2015年为第三阶段，进一步巩固前期工作成果，补强薄弱点，深入推进、持续扩大家园建设，形成具有郑局特色的理论和实践发展道路。

【调图组织】 7月1日零时，全路调整列车运行图。郑州铁路局新增直通旅客列车5对，改变运行区段5.5对，改变列车始发终到站2对，调整列车车次9.5对，停运列车4对。其中，新增直通客车5对：郑州（郑州东）—北京西G564/G561次高速动车组1对，西安北—北京西G660/G663次高速动车组1对，南宁—北京西T286/5次特快旅客列车1对，昆明—北京西T240/39次特快旅客列车1对，温州—石家庄北K1396/7、K1395/8次旅客列车1对。

12月28日零时起，再次调整列车运行图。此次列车运行图调整最大特点是直通客车大量增开，全路增开动车组列车103对、普速客车8对，其中郑州铁路局增开普速客车4对、动车组列车7对。在安排新增运力的基础上，对既有直通客车大幅优化调整，涉及郑州局的有：郑州至北京G564次延长至洛阳龙门站始发，车次改为G562，安阳东至北京西G570/69次延长为新乡东至北京西间开行；北京西至郑州东G561次终到站改为郑州车站，北京西至郑州G565次终到站改为郑州东站，郑州东至北京西D2022次始发站改为郑州车站；对郑州东动车所4组确认列车的开行方案和套跑关系进行调整；优化郑州至湛江K457/6、K458/5次，压缩旅行时分1小时52分。

【救灾物资专列开行】 4月20日22时23分，在四川雅安7.0级地震12小时后，铁路首列救灾物资专列“抢1次”满载60辆油罐车、3000余吨航空煤油，从郑州铁路局龙门车务段留庄车站发出，开往四川皂角铺车站和公兴车站，为成都双流机场和绵阳机场救灾提供储备航空煤油。震后由于救灾抢险需要，两大机场用油激增，为了做好救灾物资运输，郑州铁路局立即启动紧急运输预案，安排抗震救灾物资装车地点、装车品名和装车数量。从20日21时郑州铁路局接到铁路总公司下达运输命令到“抢1次”专列开出，调度运输部门仅用1个多小时。4月22日，救灾专列“抢47J次”装载2464吨柴油从小李庄车站发往灾区。

【假日运输】 春运自1月26日至3月6日，为期40天，郑州铁路局累计开行始发临客1681列，节前开行临客514列，节后开行临客1167列。全局发送旅客1025.30万人，同比多发送旅客133.23万人，增长14.9%。自2月15日（正月初六）起连续18天旅客发送量超过30万人，3月2日，单日旅客发送375809人，创郑州铁路局春运单日旅客发送历史新高。期间，路局开展“开往春天的列车”系列新闻宣传、春运重要节点集中宣传、“媒体看春运”体验、“温暖回家路”网络宣传、“联博报春运”微博宣传等活动，在路内外叫响“美丽春运•与您同行”春运主题，使广大旅客切实感受到郑铁春运的平安之美、文明之美、时代之美、和谐之美。2月15日，铁道部下发电报对郑州铁路局春节假日运输工作给予嘉奖。

“五一”假期由4月28日至5月1日，郑州铁路局旅客发送量达140.5万人，同比增长9.2%；客运收入9086万元，同比增长25%；货运收入10688万元，同比增长22.68%，创历史同期新高。4月29日，郑州铁路局发送旅客40.5万人，创路局历史单日旅客发送量新高。期间，郑州铁路局在局客流增幅明显的地区，采取加挂车辆等措施，增加运输能力，加开重点车站发往重点地区的直通和管内临客列车。同时加大“白货”物资和远运距货物运输组织力度，提高石油等高附加值货物装车比重，实现运输质量不断提高。“五一”期间，实现货车日均接入527.7列、交出530列，日均装车7235车。

“十一”长假由10月1至10月7日，郑州铁路局旅客发送量达254.8万人，同比多发送49.3万人，增长24%；日均装车7570车，同比多装904车，增长13.6%；日均卸空车5817车，同比多卸285车，增长5.2%。

7月17日，郑州铁路局在河南五大产业链对接大会上开展货运营销

【郑焦城际铁路黄河大桥主桥贯通】 4月9日，郑焦城际铁路黄河特大桥主桥贯通，标志该桥技术难度最大的主体工程基本完成，进入加快建设的新阶段。河南省人大常委会副主任张大卫出席贯通仪式。郑（州）焦（作）城际铁路黄河大桥是郑焦城际铁路和改建京广铁路跨越黄河的四线并行共用桥梁，是全线控制性工作，也是黄河上唯一一座四线铁路特大型桥梁。其中，城际铁路一侧全长9.63公里，设计时速200公里，按照时速250公里预留；京广铁路一侧全长11.28公里，设计时速160公里；主桥为四线合建，全长2200米。郑焦城际铁路客运专线是2009-2020年中原城市群城际轨道交通网规划的重要组成部分，将成为豫西北、晋东南地区与郑州枢纽间的便捷客运通道。建成后，将拉近中原城市群主轴线上城市间的时空距离，加快河南省中心城市与周边城市“半小时经济圈”目标的实现，对推进中原经济区建设具有重要意义。

【参加河南省五大产业链产销对接大会】 2013年，郑州铁路局派团参加河南省五大产业链产销对接大会，向来自全省的600多家企业推介门到门货物运输新品牌，并向与会代表演示铁路货物运输简便快捷的流程。期间，郑州铁路局签订与中海运集团660组集装箱32000吨运输协议、与南阳石油二机厂200车国际联运运输协议，与安阳闽源特钢、南阳淅铝集团等多家企业达成运输意向，共签约成功263个项目。

【校企共建】 5月23日，河南省教育厅、郑州铁路局合作共建郑州铁路职业技术学院签约仪式在郑州举行。省委高校工委书记、省教育厅厅长朱清孟，省教育厅副厅长訾新建，郑州铁路局局长张军邦、局党委书记杨建祥、副局长李学章、郑州铁路职业技术学院党委书记穆瑞杰，校长苏东民出席仪式。根据双方协议，河南省教育厅把郑州铁路职业技术学院列入省属重点建设的高职院校，在政策、资金、项目等方面加大倾斜力度，支持学校利用郑州铁路局黄河南岸及工务培训基地现有条件，组建学院二级教学单位。郑州铁路局支持郑州铁路职业技术学院作为铁路行业重要人才培训和科技创新基地，支持学院开展铁路行业在职人员培训与继续教育，优先考虑接收学校优秀毕业生，支持学院将郑州铁路局综合性培训基地打造成国家级示范性轨道类培训基地与教学基地，支持在学院共建铁路文化主题公园，共建科技合作协同创新平台。

6月5日，郑州铁路局、郑州铁路职业技术学院“2+0.5+0.5”模式订单培养2014届高职毕业生签约仪式在郑州铁路职业技术学院举行。通过“2+0.5+0.5”模式订单培训高职毕业生，将传统的学院单方教学、企业单方选人，拓展为学院教学、校企联合专业培训、企业实习实训三个阶段，既为企业提供了高技能专门人才，又提高了毕业生的质量，实现了学生与岗位零距离就业、毕业生与企业无缝对接，是学院、企业双方互利双赢、共同发展的创新之举。

5月23日，河南省教育厅、郑州铁路局合作共建郑州铁路职业技术学院签约仪式举行

【郑州铁路局首批技能大师工作室建立】 2013年元月，郑州铁路局命名首批7个首席技师工作室，每个首席技师工作室获郑州铁路局1次性补助经费10万元。在此基础上，按照铁路总公司铁路技能大师工作室建设计划进度，6月14日，郑州铁路局发文建立“徐鹏铁路探伤工铁路技能大师工作室”“琚中超动车组司机铁路技能大师工作室”和“李向前内燃机车钳工铁路技能大师工作室”，提前两年完成首批铁路技能大师工作室建设要求。

首批铁路技能大师工作室是建立在铁路基层单位，依托全路首席技师开展培训、研修、攻关、交流等活动的工作平台，是实现技术技能创新成果和绝活绝技推广传承的重要工作机制。首批13个铁路技能大师工作室分别建在哈尔滨、北京、呼和浩特、郑州、武汉、南宁、昆明铁路局和广州铁路（集团）公司的基层站段，将重点培养专业技能骨干人才。郑州铁路局首批3个铁路技能大师工作室的负责人徐鹏、琚中超、李向前均为局首席技师，分属郑州桥工段、郑州机务段、洛阳机务段。根据《铁路技能大师工作室建设项目实施办法》，每个工作室分别获得1次性补助10万元，及郑州铁路局颁发的铭牌和证书。郑州铁路局每年对铁路技能大师工作室工作情况进行一次考核，铁路总公司每两年对各铁路技能大师工作室项目进行1次评估检查。路局考核评估结果分为优秀、合格、不合格3个档次，年度考核为优秀的，将优先推荐参评国家重点支持的技能大师工作室。对不合格工作室，铁路总公司或郑州铁路局将根据审批权限，由铁路总公司或郑州铁路局会同有关部门审核后，撤销工作室设置并收回铭牌和证书。按计划到2020年，郑州铁路局将申报建立4至5个铁路技能大师工作室。

【党的群众路线教育实践活动】 2013年9月11日，郑州铁路局召开全局群众路线教育实践活动动员大会，部署活动方案及步骤要求。教育实践活动计划分两批开展，第一批为局机关及附属机构、各学会和协会，自9月至2013年末基本完成，第二批为局管各单位，含多元办及集经处下属企业，计划从2014年春运结束后开始，至2014年7月基本完成。局机关活动2013年9月12日启动，共有23个党总支、139个党支部、2443名在岗党员参加活动。活动分3个环节进行。一是学习教育、听取意见。成立局机关教育实践活动领导小组及办公室，制定下发《开展党的群众路线教育实践活动的实施方案》，组织各类培训会。各党（总）支部集中学习讨论204次，撰写发言材料946篇；召开学习交流51次；到基层单位调研听取意见809人次；组织召开座谈会217次，参加座谈3472人；征求意见建议5241条。二是查摆问题、开展批评。制定了《教育实践活动“查摆问题、开展批评”环节指导方案》《关于召开班子专题民主生活会和专题组织生活会的说明》《个人对照检查材料、审核流程、生活会流程的说明》等活动文件。查摆期间，深入开展谈心交心活动，沟通思想，听取和交换意见；形成个人对照检查材料216份，修改1944次；生活会前谈心1146人次；召开班子专题民主生活会47个，召开专题组织生活会344个，局领导参加部门班子民主生活会41个，局领导参加组织生活会13个。三是整改落实、建章立制。针对查摆出的问题制定整改方案，明确整改内容、整改措施、整改时限、责任部门和责任人，并公示整改措施，主动接受群众监督。围绕改进机关作风、联系服务基层和职工群众等工作，修订完善规章制度和长效机制。各党（总）支部形成整改方案47个，制定整改措施1224条，确定“四风”整改问题307个。

【局机关亮点工作讲评】 4月19日，郑州铁路局党委召开局机关党群部门亮点工作讲评会，12个部门（单位）展示了2012年的54个亮点工作。郑州铁路局局党委书记杨建祥、党委副书记杨修昌等领导，局机关党群部门干部及郑州地区35个有关单位主要负责同志参加会议。从2008年起，郑州铁路局机关连续6年组织党群部门亮点工作讲评会，机关党群各部门围绕中心、服务大局，把握时代脉搏，构建工作格局；着力创新载体，拓宽工作领域；精心策划主题活动，打造工作精品，建立了“述、展、评、议”于一体的亮点工作考评机制，形成了学有榜样、比有标杆、超有目标的工作格局。评选通过局机关党群部门展示亮点、党群部门主要负责人讲述亮点、局机关相关处部室和郑州地区各站段评比亮点等多个环节，使评选公平、公正、公开。5月10日评选结果揭晓，局党委组织部《铆住结合点，持续深入，双标共建成为全路党建创新的“旗帜”》等17个亮点工作被评为局机关党群亮点工作，局纪委《擦亮反腐剑，积极创新和改进查办案件工作》等10个亮点工作获年度亮点工作鼓励奖。

【《中原铁道报》出版10000期】 6月18日，《中原铁道报》第10000期出版。该报是郑州铁路局党委的机关报，创刊于1949年2月28日，是全路创刊最早的报纸之一。报纸创刊名为《人民铁路》，此后经历次改版先后更名为《人民铁路报》《红卫新闻》《抓革命促生产战报》《火车头》《二七铁路工人》《二七铁路报》《郑铁工人报》《二七铁路周刊》《铁路工人》《中原铁道》，1994年3月1日定名为《中原铁道报》至今。创刊64年来，该报坚持正确的政治立场和舆论导向，宣传党的路线政策和全路、路局重大决策部署，在企业与职工间搭建了一座学习、交流、沟通的桥梁，成为宣传、教育、鼓劲的阵地。

【中部金属物流园启用】 10月18日，中部金属物流有限公司与宝钢、武钢等企业签订合作协议，标志着由郑州铁路局联合其他企业携手打造的中部金属物流园正式启用。中部金属物流园是由郑州铁路局、河南物资集团和安钢集团联合打造的金属材料综合物流服务示范园区。园区位于国家郑州经济技术开发区的国际物流区中心地带，2011年7月开工奠基，占地37.87公顷，规划总投资7亿元，设计铁路专用线5条，建成投用后，将形成500万吨年吞吐能力，并成为郑州市区钢铁市场外迁的承接地。项目全部建成后，将有露天钢材堆放区10万平方米，标准精品库14万平方米，交易大厅4万平方米，商务大厦2万平方米，可容纳600户商家入驻，将是中原地区现代化程度最高且最大的综合钢铁物流园区。作为航空港区建设的重点工程，计划2—3年内实现电子商务平台交易模式。截至2013年年底，园区建成铁路专用线3条，建成50吨及20吨龙门吊各2台、行吊12台均投入使用，园区内有标准化货位700个，一次性可装卸货物120车，货物存储量达到30万吨。

【河南城际铁路有限公司获银团贷款93亿元】 12月19日，河南城际铁路有限公司与国家开发银行河南省分行、建设银行、工商银行、农业银行、交通银行、昆仑银行等6家金融机构组成的银团签订了93亿元的银团贷款合同。这是2013年省内单笔合同额度最大、涉及金融机构最多的银团贷款。其中首批银团贷款20亿元已发放。河南城际铁路首期包括郑州至开封、郑州至焦作、郑州至新郑机场等3个项目，是连接中原城市群、逐步形成城际线网的重要通道，是河南综合交通枢纽的重要组成部分。

（张 蕾）

郑州车站

【概况】 郑州车站中心里程为京广线K676+153，按技术性质分类为区段站，按业务性质分类为客运站。管辖郑州客站、京广高铁许昌东站和郑州南至小商桥11个中间站，管辖里程126.456公里。按车站等级分类，有特等站1个，即郑州客站；一等站2个，即许昌站、许昌东站；二等站1个，即新郑站；三等站5个，即长葛站、临颍站、小李庄站、薛店站、郑州南站；四等站4个，即谢庄站、苏桥站、官亭站、小商桥站。按照业务性质分类，有货运营业站4个，即郑州南站、小李庄站、薛店站、新郑站；客货运兼办营业站3个，即临颍站、许昌站、长葛站。机关位于郑州市二马路82号，邮政编码450000。

2013年，车站设行政科室15个，即办公室、计财科、劳人科（党委干部科）、技术科、安全科、教育科、收入科、客运科、货运科、经管办、路风办、综治办、电算站、服务中心、离退办。有生产车间6个，即客运车间、运转车间、售票车间、供水车间、行包车间、设备车间。另有经营实体1个，生产班组44个。党群组织设党委、纪委、工会、团委，下设党群工作办公室。党委下属党（总）支部20个，班组党支部57个，党小组104个。工会下属车间工会17个，工会小组99个。团委下属团总支1个，团支部12个。

2013年末，郑州车站拥有职工3445人。其中，女职工1154人，干部361名；共产党员1543人，共青团员110人。按文化程度分，拥有研究生学历7人，本科学历292人，专科学历653人，中专学历251人，高中及以下学历2242人。按干部技术职务分，拥有高级职称13人，中级职称47人，初级职称108人。工人技术等级中，技师77人，高级工387人，中级工955人，初级工587人。

【主要技术设备】 郑州客站有客车到发线13条，道岔223组，零星车存车线5条，机车走行线2条。1-12道设48个双头上水栓，13道设24个单头上水栓。制冷机房面积为1920平方米，有电制冷机4台、溴化锂制冷机3台、400千瓦变压器6台、热交换器8台、热力交换泵11台、风柜43台、水泵38台，以及水、热力管网系统。郑州客站有候车厅13个。其中，普通候车厅8个，软席母婴军人候车厅1个，贵宾候车厅1个，豪华休息厅1个，旅行休闲厅2个。1—8厅每厅实用候车面积1550平方米，每厅候车能力1291人。拥有站台7座，1—6台每台面积6780平方米，7台面积5932.5平方米。拥有“三品”检查仪22台。其中东进口6台，西进口4台，贵宾厅3台，1楼旅行休闲厅1台，行包房3台，许昌3台，临颍1台，长葛1台。有售票大厅2个，东售票大厅面积1920平方米，西售票大厅面积1540平方米。有售票窗口72个，其中东站房40个窗口，西站房32个窗口。有客票代售点136处，其中市内82个，郊县26个，中原铁道旅游集团28个（属车站托管）。郑州客整所场区（一场）有到发线11条，道岔29组。

【运输安全】 加强安全风险管理。2013年，郑州车站按照郑州铁路局“安全风险管理年”活动要求，牢固树立“三二二”安全风险理念，即正常情况标准办，非常情况慎重办，风险未控不能办；立即汇报，立即停止作业；加强应急处置，加强预前防范处置。修订完善郑州车站《安全风险管理实施办法》《客运系统安全风险控制细化措施和运用管理办法（试行）》《货装安全风险管理实施办法》，完善了8个风险控制重点，实现了对“危险源、隐患源、伤害源”的源头控制。突出预前防范处置，制定了《郑州车站登乘车顶处置突发事件应急预案》等46项应急预案。加大现场作业“两违”考核力度，制定并下发《安全风险源违章违纪管理考核办法》《现场作业环节安全风险控制（高压线）重点》等文件，增强了职工安全风险意识和遵章守纪自觉性。

深化安全专项检查整治。制定《高铁安全专项整治推进计划》及《高铁（动车）和客车安全专项分析制度》，每月分析高铁安全问题。制定《调车作业指导书》《调车作业补充办法》等标准，对调车安全环境以及设备安全运行工作进行集中整治，全站轨道电路分路不良区段由整治前的279处减至243处。10月，开展了路外安全专项检查活动，对站车清理站内社会车辆及闲杂人员等情况进行重点检查。开展“天窗”修及营业线施工管理专项检

2013年郑州车站运输生产任务指标

项目	年计划	实际完成	完成计划%	计划超欠	同比增减	增减幅度
运输总收入（万元）	424379	438122.4	103.24%	13743.4	46597.2	11.90%
旅客发送量（万人）	3572	3573.9	100.05%	1.9	53	1.51%
货物发送量（万吨）	600	551.7	91.95%	–48.3	5.4	0.99%
装车量（车）	98185	88933	90.58%	–9252	–452	–0.51%
净载重（吨）	61.1	62.4	102.13%	1.3	1.3	2.13%
卸车数（车）		87972				
停时（小时）	35	30.2	115.98%	–4.8	4.2	12.21%
中时（小时）	11	11.1	99.10%	0.1	0.1	0.89%

查，落实双人审核、传达制度和三级施工技术负责人盯控制度，确保施工作业的绝对安全。

加强日常管理。各级检查组对重点作业时间、重点岗位、重点人员进行全程追踪监测，每日将发现的安全隐患发布在车站局域网上。对严重问题实行对话制度，每月由车站主要领导与责任部门负责人进行安全对话，全面督促落实、整改问题。全年召开安全对话会9次，解决问题121件。按照车站、车间（中间站）、班组3个层次，实行日常动态检查、月度专项检查、季度评估检查等制度。研发“干部考核管理系统”，将车站管理干部每日履职及发现问题情况等信息在车站局域网上进行公布，实现干部管理考核公开化。

【运输生产任务】 2013年春运（1月26日—3月6日）期间，发送旅客387万人，同比增加3.3%。客票收入3.9亿元，同比增加32%。接待媒体记者1200余人次，发布、回复微博信息5600余条。通过互联网和电话订票的客票预售量约占总预售量的50%。客票代售点售票量约占车站总售票数的40%。清明小长假（4月3日—4月6日）期间，发送旅客51万人，日均发送近13万人，同比增长8%。4月4日，单日发送旅客17.2万人，是2013年第一个单日客流量突破17万人次的高峰日。“五一”小长假（4月28日—5月1日）期间，全站发送旅客17.1万人，郑州客站发送旅客15.9万人，高峰日为4月29日，日均发送1.7万人。暑运（7月1日至8月31日）期间，发送旅客618.9万人，日均发送10万人。完成客运收入72681.7万元，同比增长13.03%。“十一”黄金周（9月28日—10月7日）期间，发送旅客134.6万人，日均发送13.5万人。高峰日为10月1日，全站旅客发送17.9万人，郑州客站发送16.5万人。全年，车站发送旅客3573.9万人，实现客票收入41.4亿元，同比分别增长1.51%和11.6%。

【列车调图】 2013年5月21日，新的铁路运行图实施后，郑州车站日均开行152.5对（郑州—郑州东动车所0G2008次计0.5对）305列。其中，白班办理140列，减少8列；夜班165列，减少1列。列车总数减少4.5对9列。7月1日，列车运行图调整，郑州车站日均办理图定列车156.5对（郑州—郑州东动车所0G2008次计0.5对）313列。其中，白班149列，增加9列；夜班164列，减少1列。日均办理动车组65列（含回空动车及动检车），增加4列。调整运行时刻及新增列车78列。12月28日，列车运行图调整，调图后，郑州车站日均办理图定列车162对324列。其中，白班163列，增加13列；夜班161列，减少4列。

【货运组织改革】 2013年6月15日，全国铁路系统开始实施货运组织改革。此次改革包括郑州车站货运、行包两大部分，郑州、许昌两大区域，装卸、郑州物流、许昌物流三大公司，许昌集经、郑州集经两个集经和行包车间及下辖货运中间站，直接涉及人员626名。其中回归人员400余名、集经职工226人。

主要措施。（1）健全机构。整合货运营销科、物流分公司、装卸管理所等单位，组建货运营销中心（货运营销科）。由主管货运副站长为主任，货运营销科科长为常务副主任。根据“实货制”运输需要，调整货运、装卸、物流岗位。建立客户经理制，健全客户经理网络和相应的营销管理机制，根据不同种类物资、不同客户和业务量，明确服务重点和营销对象，做到点面结合、“网络化”营销。（2）培训人员。注重客户经理素质的提高，组织参加郑州铁路局客户经理培训2期，培训15人。举办电子商务系统培训2期，培训57人；货运一口价培训1期，培训140人。（3）完善制度。下发郑州车站《“实货制”运输工作细则》《货运营销考核办法》《货运电子商务系统内部用户管理办法》《铁路货运服务质量投诉处理细则》等制度，梳理货主信息、货源档案、装卸机具、人力资源等情况，对涉及的资产、台账、报表等基础数据汇总整理，并对货运组织改革后的全部纸质资料、数据、档案进行整理归档，电子台账由专用电脑保存。（4）强化营销。设立车站货运营销中心和许昌车站货运营销分中心，对外公布客服电话，设立客户接待室、大客户档案室。在货运营业厅设立营销服务窗口，安排专人负责客户服务工作，宣传铁路运输优势和货运组织改革后的运输便利。2013年，新增白货货源12家。

【客运服务】 2013年，郑州车站进一步加强客运安全管理工作。在全站客运系统9个岗位设置高压线揭示牌79块，实现了客运岗位安全风险“一卡、一书、一牌”的全覆盖。制定《关于强化郑州站接发列车过程中站台各作业部门联系制度的通知》等安全制度，筑牢客运安全屏障。抽调16人组成动车队，负责高铁动车旅客乘降的宣传引导、安全防护。完善《列车正晚点信息预报办法》，在信号楼设立专职信息员，根据阶段计划、TDCS站场显示系统、STC接发列车安全控制记录系统等平台反映的信息，对列车晚点信息进行核对、确认，利用直通电话通知客运广播员向现场播报。推行“三二二”安全管理模式。整合、精简各项安全管理规章，涵盖车站进口堵塞、大面积停电等14种非常情况及主要处置程序。加大对13：00–14：00列车密集到发时段及G93、G2001、D294、D1001候车厅放行乘降组织等安全关键的盯控力度，采用在侧廊设置不同列车停靠站台牌，加强侧廊引导宣传。

强化服务质量管理方面。针对同一岗位接发不同列车的情况，重新明确作业标准和作业程序。发展特色服务，树立客运品牌形象。供水车间“三卡一平台”服务发放“服务承诺卡”1200份，发放并回收“质量监督卡”600份，“站车给水短信平台”收到列车信息、来电186次。一季度车站上水率连续4个月达到95%以上。值班站长室每天接待旅客300多人次。东售票大厅“李克售票服务台”，每天解答旅客问询5000多人次，帮助旅客解决出行困扰，被中国铁路总公司政治部命名为全路党内优质品牌。进站口“迎宾第一岗”为重点旅客填写“温馨服务接力卡”，形成由“进口服务台—候车厅—站台—出站口”一条龙服务传递程序，实现对重点旅客的全方位、全过程服务，被评为郑州铁路局党内优质品牌。

【路风建设】 2013年，郑州车站围绕客票发售、经营收费等重点工作，开展警示教育，加强监察监督，不断健全完善路风工作机制，提升客货服务质量。采取日常检查与定期检查相结合的方式，组织人员对代售点进行明查暗访，全年检查客票代售点340个（次），针对棉农流开展票源调查近300张，对违规代售点发放《路风监察通知书》29份。3—4月，对实总公司和许昌站豪华休闲厅收费及服务情况进行暗访，5月重点检查了候车厅、站台售货（厅）的车商品售价情况。公布服务质量监督电话，在安全监控应急指挥中心设值班室，调查旅客批评投诉，形成全方位、快捷式的投诉处理应急机制。开展2013年度民主评议行风活动，通过在站区设置意见投放箱和上门发放征求意见表等形式，征求旅客货主意见和建议，回收调查问卷2987份。同时，加强与新闻媒体的沟通与交流，强化对涉站网络舆情的搜索监看。

【职工教育培训】 2013年，郑州车站在车站办公网发布培训方案，采取“统一部署集中学、多种途径补强学、改进方法互动学”的方式开展职工教育培训工作。全年组织各类培训40期，累计培训职工17149人次。行车主要工种送外培训428人，成人高等教育在学37人，参加成人高等学历教育报名16人。培训鉴定“三新”人员109人。抓好高铁培训多媒体教学课件开发工作。成立课件开发小组，编写多部课件，其中《解决许昌东站高铁非正常情况应急演练需求》课件，获郑州铁路局多媒体教学课件展评一等奖。做好《郑州车站作业指导书教材》编写工作。出版发行了郑州车站《行车组织作业指导书》《客运作业指导书》《货运作业指导书》等指导书教材。举办“专家讲堂”系列报告会，邀请《河南日报》副总编辑、郑州

当选“感动中原”人物的车站退休干部左春秀在春运中为旅客开展咨询服务

铁路局安监室主任、河南财经政法大学法学院副院长等专家进行讲座培训，提升了干部队伍安全风险预前防护处置能力。针对货改新增“门到门一口价”业务，开展了货运制票核算员、货运主任专项脱产培训。

【民生建设】 2013年，郑州车站开展“服务职工在基层”主题活动，13个基层活动小组走访职工3000人次，解决各类问题128件。发放“七彩连心卡”3000张，车站职工覆盖范围达到86.5%。全年“三不让”赔付107.8万元，受益职工891人次。其中救助困难职工424人次，累计41.7万元；助学金资助91人次，累计6.02万元；助医救治376人次，累计60.08万元。节日慰问特、重困、一般建档困难职工223人次，发放慰问金14.72万元。办理图书、杂志借阅3446人次，接待活动职工6621人次。开展流动图书到小站活动，更换流动图书2120册，丰富了职工文化生活。车站职工活动中心被全国总工会命名为全国“职工书屋”示范点。

（杨 瑛）

郑州东站

【概况】 郑州东站是国家规划“四纵四横”高速铁路客运网中京广客运专线和徐兰客运专线十字交会枢纽处的高铁枢纽站。高铁客运站中心里程为K689+000。按技术性质分类为地区性编组站，按业务性质分类为货运站。管辖跨度47.8公里，其中提速区段33公里，高速区段14.8公里。普速区段管辖的中间站有4个，即圃田西站、圃田站、占杨站、中牟站。管辖高速站区1站3所。1站，即郑州东站，包括高铁京广场、徐兰场、城际场；3所包括郑州东动车所、二郎庙线路所、疏解区线路所。圃田西站是全路综合型特等货运站和国家内陆一类口岸。郑州东站机关位于管城区圃田乡圃田站，邮政编码450000。

2013年，车站设行政科室10个，即办公室、安全科、客运科、货运营销科、计财科、收入科、技术设备科、劳动人事科（党委干部科）、职工教育科、电算站；生产车间5个，即高铁运转车间、客运车间、上水车间、货装车间、运转车间；经营实体1个，即劳动服务公司；中间站4个，即圃田西（特等站）、圃田车站（二等站）、中牟车站（三等站）、占杨车站（四等站）。有生产班组163个。党群组织设党委、纪委、工会、团委，下设党群工作办公室。有党总支4个，党支部26个，党小组62个；工支会11个，工会小组58个；团支部8个。

2013年末，郑州东站拥有职工总数1561人。其中，女职工428人，干部227人；共产党员725人，共青团员98人。按文化程度分，拥有大专及以上学历586人，中专学历253人，高中及以下学历722人。干部技术职务中，高级7人，中级42人，初级104人。工人技术等级中，技师59人，高级工242人，中级工496人，初级工81人。

【主要技术设备】 郑州东站分为高铁站区和普速区段。高铁客站站区包括京广场、动车所、二郎庙线路所、疏解区线路所。京广场有股道16条，到发线14条，道岔59组（全部装有融雪装置）；动车所有股道26条，到发线23条，道岔90组（39组为融雪道岔）。上水设备分布在京广场1-8道和13-16道，有98个遥控上水单元。

高铁郑州东站候车层有进站口6个，VIP贵宾候车厅2个，重点旅客候车区、母婴候车区、商务旅客候车区各1个，售票厅4个，售票窗口24个，自动售票机24台，检票口30个，查询机60台，候车座椅3312个，安检仪16台；站台层有进站口2个，贵宾厅6个，候车座椅1752个；出站层有出站口32个，补票口6 个，出站闸机60台，售票厅4个，候车座椅336个。有微机自动化办公系统、售票系统、电话问讯订票系统、互联网订票系统、安全监控系统、客运导向系统、引导揭示系统、信息查询系统、客运广播系统、客车到发管理系统、消防控制系统各1套。安全监控系统，分为行车和客运安全监控系统，综控室由435个摄像头、30个25英寸拼接屏组成，对全站各个候车区、售票处、进出站口、站台和各旅客通道实施全天候监控。行车监控系统分布于高铁郑州东站和普速区段管辖的4个中间站，监控8个行车岗点和圃田西咽喉区域。

普速区段有股道50条（包括中间站）。其中，到发线19条，调车线16条，专用线15条。拥有旅客候车室1个，售票厅1个，旅客站台2个，地下通道1个，货场4个，货物仓库16个，货物雨棚4座，货运营业大厅3个。

【春运组织】 为保障郑州东站投运后的首个春运平稳有序，车站先后制定并出台《春运客运组织方案》《突发大客流及动车组列车大面积晚点应急处置预案》《春运期间机关人员帮班方案》等指导性文件，强化春运组织保障工作。建立每日交班会制度，动态解决有关问题，对涉及电梯、空调、闸机、POS机、信息屏、信号干扰等119个问题，分类纳入问题库，春运前彻底解决。建立站区交班制度，协调解决各类问题60余件，抽调各类人员130余人，充实到帮班、执勤、咨询、应急等岗位，为春运提供坚强的人力保障。在候车层地面、支柱、检票口，出站层地面、墙壁和乘车站台等地点，完善、增设标识300余处；在高架进站口、电梯口、停车场通道口等关键场所，放置引导图板30余块，方便旅客乘车。制定“一查、二传、三排、四联、五开、六调、七卡、八引、九收”大客流组织工作“九字法”，即通过提前查询预售信息、广泛传达重点车次、预先组织验证排队、加强站车沟通联系、提前开放进站闸机、调整补充验证力量、卡控防止踩踏拥挤、引导旅客按号上车、收岗之前防止漏乘等措施，确保始发列车单趟上车千余人的安全有序。针对实名验证难点，细化重点列车验证流程，制定“一隔、二开、三引、四验、五巡、六防”的重点列车验证工作“六字法”，即通过隔离候车区域、开辟专门通道、引导按区候车、逐人验证把关、巡视避免误乘、防止翻越隔离等措施，落实重点列车验证规定。春运40天，全站累计发送旅客51.09万人，日均1.27万人，实现客票收入9982万元。

【高铁运营管理】 2013年，郑州东站

郑州东站组织"你说·我说·话安全"访谈活动

强化高铁运营管理工作，先后出台了《安全生产标准化建设实施办法》《客运系统安全生产标准化建设实施方案》等指导性文件，并根据文件要求编制规章制度、作业标准、岗位责任制、作业流程和应急处置预案。编发客运作业指导书，将岗位责任、服务流程、服务标准、服务用语等模块化、程式化。完善"梓馨服务台""温馨之家"和"风霞值班窗口"服务品牌创建活动，结合候车层布局，优化便民服务台和重点旅客候车区，明确服务内容和责任分工。为确保非常情况下作业人员的按章操作，郑州东站将135个规章制度和43种故障处理流程存入触屏一体机，方便作业人员查询。建立郑州东站官方微博，及时发布铁路信息，受理公众意见和建议，有效回应社会关注的各类问题。让旅客最大限度感受"新东站、星标准、心服务、馨感受"的服务理念。2013年，郑州东站微博获省政务微博"飞跃"奖。

【货运组织改革】 2013年，郑州东站启动货运组织改革工作。6月，成立郑州东站货运营销中心，将货运、装卸车间和物流公司合并成立货装车间，统一开展货装业务；快运班列回归主业，整体划入圃田站管理。明确了《货运营销服务用语和行为标准》《铁路货运门到门运输实施办法》《客户经理管理办法》《客户经理量化考核办法》等行为标准和实施细则18项。规范业务流程，先后出台了货运装卸组织、客户经理机制、接取送达开展、前店后厂衔接、售后服务处理等工作的规范性指导性文件21份。其中《停限装系统自动审核及危险货物品名库》等流程在全路推广。

【运输安全】 2013年，郑州东站坚持制度规范化、管理标准化的导向，完善车站《安全风险管理实施办法》《安全风险管理保障体系》等13项安全风险管理配套机制，基本形成了以"源头防范、过程控制、应急处置、闭环管理"等内容为核心的安全风险管理体系。强化"高压线"意识，设置每个工种"高压线"20条，作为日常防控关键，重点提醒和把关。紧扣标准化建设，先后制定《安全生产标准化建设实施办法》《客运系统安全生产标准化建设实施方案》《货装系统安全生产标准化建设及实施方案》等文件，为车站安全科、技术科、值班室、调车组标准化创建提供了指导。制定《督察督办工作细则》和《安全生产问题挂牌督办办法》，明确立项、督办、反馈、销号、复查等各环节责任部门和工作流程，要求各科室每月督察督办问题不少于50件。建立安全管理难题、久拖不决事项、规章制度缺陷等重点问题对话制度，全年解决问题30余件，集中解决安全生产中的疑难杂症，促进政令畅通和工作落实。截至2013年年底，郑州东站实现连续安全生产2501天。

【营销管理】 2013年，郑州东站开展"内部+外部、优势+劣势、机会+威胁"营销战略分析，使客运营销有的放矢。制定《郑州东站旅客运输挖潜提效考核办法》，将异地客票销售和直通旅客列车能力利用分开考核，根据任务完成情况，对客运营销、售票、计划等相关人员和管理人员按照85%和15%的比例进行奖罚，实现"全员收入挂营销，客运收入挂发送，售票收入挂进款"的营销目标。以高铁方便、快捷为切入点，通过新闻媒体、互联网、流动宣传车、发放出行攻略等方式，加大宣传力度，扩大高铁认知度。推介郑州东到北京、广州、西安北的G90、G541、G543、D1005次等始发车，培植商务、政务市场。全年发送旅客557.7万人，客票收入10.2亿元。

货运营销方面。2013年，郑州东站在圃田西站货三线移交、取消军事运输业务、圃田集装箱中心站发送量下滑等综合因素的影响下，创新营销模式，积极开拓市场，货运业务超额完成了年度各项目标任务。推进集装箱快运班列品牌建设。与中海集装箱公司深度合作，签订陆海联运物流合作协议，设计《海陆联运产品策划方案》，使集装箱班列业务得到大幅提升。2013年，集装箱班列装车11969车，收入3605.2万元。利用混装货物运输运价优势，设计《拉萨西混装产品策划方案》。对混装货物实行定点集结，车辆优先挂运，有效缩短运到期限，小批量货源增量显著，成为货运业务新的业绩增长点。2013年，混装货物装车484车，收入1164.1万元。郑州东站提前54天完成2013年运输收入任务，实现运输收入16.36亿元，增收10.51亿元，增幅179.7%，运输收入增幅创郑州铁路局系统第一。

【班组建设】 2013年，郑州东站针对高铁运营和货运组织改革带来的专业整合、队伍扩编等新情况，按照"强化专业协作、落实责任分工"的原则，在自然班组建制不变的基础上，将同一作业流程上的自然班组整合为大班组，配强"一长三员"（班组长、安全员、记工员、学习员）班组指挥系统，将自然班组长的职责调整为单纯落实岗位互控，构建"边界清晰、各司其职、上下联动"的班组管理控制链。推行郑州东站《自控型班组一体化考评办法》《安全风险控制体系建设和运用管理实施办法》《行车岗位区域管理制度》《工人技师和高级工评聘制度》等10余项制度办法，增强班组建设工作的可操作性和针对性。集中清理安全、技术台账以外的基础管理台账，编制包含出勤表、考核表、零星假登记表、学习记录、会议记录等在内的"一本通"班组台账。完善《自控型班组一体化考评办法》，明确自控型班组考核标准6项36条和自控型岗位考核标准5项38条，每月评出自控型班组139个，失格班组35个。全年累计发放自控型班组奖励280万余元，处罚失格班组罚金近60万元。

【民生建设】 2013年，郑州东站强化民生建设，积极改善职工生产生活条件。筹资90万元完成圃田综合生产楼监控室项目和运转车间西区生产房室内整修、电线路改造及备品更新建设；筹资12.6万元完成中牟车站标准化调车组建设及货场装卸间休息室改造；建成小伙食团12个；筹资20万元完成高铁新东站职工浴室及动车所职工生活间优化升级工程；筹资20万元建成高铁新东站星级综合活动室；筹资200万元完成圃田站区环境整治，建成徽派风格花园式一流示范站区；筹资75350元为全站职工统一缴纳医疗互助合作保障金；投资19.1万元为全站在岗职工提供暑期午餐补助及春节长假就餐补助；为全站159名调车组及关键岗位购买人身意外伤害和医疗保险；投资268.1万元完成高铁职工通勤车辆免费停车场建设项目。落实“三不让”承诺，救助慰问137人次，发放慰问金132334元；助医补助796人次，发放医疗补助金377972.6元；“金秋助学”活动资助56人次，发放助学金51400元。

（卢　光）

郑州北站

【概况】 郑州北站位于京广、陇海两大干线的交会处，是贯通我国北方、华东、华南、西北和西南的主要铁路交通枢纽之一，是郑州铁路局管内唯一路网性编组站。郑州北编组站站区南北长6.63公里，东西宽0.8公里，下行驼峰位于京广线K669＋526以西0.71公里，陇海线（陇客高线）K574＋625以北2.4公里。车站按技术性质分类为编组站，按业务性质分类为货运站，按业务量分类为特等站。站型为双向纵列式三级八场，有各种线路228条。其中，到发线61条、调车线91条、联络线及段管线76条，线路总延长390公里。主要担负着南北京广、东西陇海4个方向行包、军用和货物列车的中转及货运检查作业，各专用线、段管线的取送和装卸作业，检修车的取送作业，机械保温车的加油作业，超限货物车辆的复检作业，以及货物的整理换装作业。以点多、线长、面大、调度指挥集中、车场分工明确、进路布置灵活、解编流水作业、有调比重大、折角车流多及综合自动化程度高等为其主要特点。机关位于郑州市金水区沙口路44号，邮政编码450053。

2013年，车站设行政科室9个，即办公室、技术科、货运科、收入统计科、劳人科、计财科、安全科、教育科、信息科。下辖中间站9个。其中，三等站5个，即郑州西、海棠寺、南阳寨、铁炉、广武车站；四等站3个，即东双桥、马寨、黄河南岸车站；五等站1个，即欢河车站。按业务性质分类，郑州西、海棠寺、南阳寨、铁炉和广武车站等5个车站为货运站。东双桥和欢河车站分别担当西北环线不经郑州车站运行的直特快客车接发任务。编组站区有生产车间5个，即上行运转车间、下行运转车间、调度车间、货运车间、货检车间；设备管理车间1个，即信息设备车间。全站有生产班组79个。党群组织设党委、纪委、工会、团委，下设党群工作办公室。党委下属有党总支10个，车间党支部9个，班组（科室）党支部49个，党小组105个；工会下属工支会18个，工会小组79个；团委下属团支部13个。

2013年末，郑州北站有在职职工2349人（含非运输企业）。其中，女职工318人，干部225人（含多元经营管理中心）；共产党员992人，共青团员62人。按文化程度分，有大专及以上学历642人，中专及技校学历420人，高中及以下学历1287人。干部技术职务中，高级7人，中级56人，初级86人。工人技术等级中，高级技师3人，技师155人，高级工421人，中级工696人，初级工424人。主要工种中，调度员41人，车站值班员135人，调车区长（含助理调度员）75人，调车长172人，连接员264人，货检员242人，货运员167人。

【主要技术设备】 截至2013年年底，郑州北站拥有计算机服务器10台、生产微机328台、自动化驼峰2座、非机械化驼峰1座、内燃调车机14台、道岔1026组、信号机835架、TDJ-302减速顶12076台、无能源液压停车器201台、挡车器11台、站场工业电视监视系统4套；各种线路228条，总长约390公里。

【运输安全】 （1）强化安全风险责任落实。依托自控型班组建设平台，落实安全风险管理责任到个人、到岗位、到设备、到作业环节，按月进行自评和综合评价，实现安全风险管理的全员参与。（2）强化安全风险基础管理。每月全面评价基础管理、设备管理、人员素质、作业标准落实和班组长管理能力，针对通报的问题分析思考，查找安全隐患，制定整改措施加以整改。（3）加强安全风险过程控制。把“管理规范、作业标准”作为实现安全风险全过程控制的基本思路，着眼于规章制度、岗位作业指导书的完整性、有效性和可执行性，从专业技术角度把好风险辨识、风险分析和风险评价3个环节，分系统确定安全风险控制点和防范措施，对部门的风险源控制和管理效果形成专业评价，从而确保现场作业的标准化。至2013年末，郑州北站实现连续安全生产2375天。

【运输生产任务】 2013年，郑州北站日均装车99车，完成年计划的74.7%，全年亏欠12243车。静载重完成60.2吨/车，超年计划0.5吨/车。日均卸空109车，完成年计划的64.2%，全年亏欠22196车。货物发送218.64万吨，完成年计划的75.4%，亏欠71.36万吨。运输收入45012.44万元，完成年计划的89.3%，亏欠5381.56万元。全年日均到达225.8列，出发229.4列；日均编组162.4列，解体159.1列，日均办理23834辆；日均有调作业16324辆，有调比为70.5%。开行远程技术直达列车10034列，组织编开计划外列车1649列，直达列车补轴6298列86469辆。中时完成7.7小时，较计划压缩0.1小时，停时31.7小时，较计划压缩3.3小时。

【国务院副总理马凯到郑州北站调研】 3月25日，中共中央政治局委员、国务院副总理马凯在交通运输部部长杨传堂，副部长、国家铁路局局长陆东福，中国铁路总公司总经理盛光祖，河南省副省长赵建才，郑州铁路局局长张军邦等领导的陪同下，到郑州北站调研铁路工作。马凯参观了调度指挥中心、站场沙盘模型，并召开座谈会听取汇报。马凯指出，铁路体制改革，是党中央、国务院着眼党和国家工作大局和铁路自身长远发展作出的重大决策，有利于稳步推进“大部制”改革，加快构建便捷、通畅、高效、安全的综合运输体系；有利于解决长期以来制约铁路发展的体制机制弊端，确立铁路运输企业市场主体地位，完善内部治理结构，提高运行效益和服务质量，形成适应社会主义市场经济要求的管理体制和运行机制。通过这次改革，一定能够为铁路事业发展提供更广空间、更大机遇和更强动力，推进铁路事业持续健康发展。马凯强调，安全是铁路运输的生命线。确保铁路安全稳定，是改革顺利推进的根本前提，也是衡量改革成效乃至成败的一个重要标准。铁路总公司和各铁路局要肩负起安全主体责任，牢固树立“安全第一”的思想，始终把安全放在各项工作的首位，做到守土有责，确保一方平安，坚决杜绝发生重特大铁路交通事故，特别要抓好高铁安全，确保高铁安全万无一失，为铁路改革创造良好环境。马凯要求，铁路系统要继续坚持一手抓改革、一手抓发展，确保改革发展两不误；一手抓业务、一手抓队伍，确保业务队伍双加强。当前要尽快实现中国铁路总公司组建和正常运转，继续加快铁路建设步伐，进一步提升铁路运输服务质量，不断加强铁路系统干部队伍建设。

【省委书记郭庚茂、国家发改委副主任徐宪平到郑州北站视察】 7月17日，河南省委书记、省人大常委会主任郭庚茂，省委常委、省委秘书长刘春良，省委常委、郑州市委书记吴天君一行在郑州铁路局局长张军邦、党委书记杨建祥等陪同下到郑州北站视察。郭庚茂指出，郑州北站有着光荣的历史，为河南、为中国社会主义建设、改革开放发展作出了重大的历史性贡献。随着铁路建设的加快和铁路网的完善，需要认清发展趋势，调整经营模式，适应改革发展需要。郑州作为欧亚大陆桥陆路的桥头堡，铁路要善于发掘独特的优势因素，与时俱进，改革创新，借助中原经济区的建设、航空港经济区的建设，为打造河南航空、铁路、公路三位一体的综合交通体系和现代物流业作出贡献，并在其中提升实力、形成品牌、做大做强。

11月10日，国家发展和改革委员会副主任徐宪平在铁路总公司党组成员、副总经理彭开宙，河南省副省长赵建才，郑州铁路局局长张军邦、党委书记杨建祥等陪同下到郑州北站视察工作。站长杨育生汇报了郑州北站具有“编组站教科书”之称的双向纵列式三级八场站型和车站作业流程。徐宪平了解了郑州北站的发展历程和郑州北站作为“科技试验田”几十年来在推动全路编组站设备升级、科技进步方面做出的贡献。并实地察看了郑州北站解体溜放作业，在详细了解了郑州北站各项运输办理数据指标后，对郑州北站创下的单日办理31722辆的数据给予了充分肯定。

【货运体制改革】 2013年，郑州北站启动货运体制改革工作。撤销原货运科，成立货运营销科。撤销郑州北物流分公司、装卸分公司，按照“对口分流，不让一名职工下岗”的原则，把110名职工重新安置到货运车间、广武车站、铁炉车站、海棠寺车站，同时撤销物流分公司、装卸分公司党支部。建立客户信息库和定期走访制度，稳固合作关系。组织货运营销科、营业站等营销部门，走访了管内15家重点客户，在31家企业进行了问卷调查，并召开大客户座谈会，倾听客户的需要和想法，现场答疑释惑。发展新客户，扩大“白货”运输市场份额。深入郑州周边地区，向潜在客户宣传北站在空车配送、货车周转、压缩运输时间等优势，提高客户信任度和认同感，吸引周边客户特别是“白货”货源。

【上行驼峰设备故障应急组织】 8月7日，雷电击穿避雷设施，造成上行驼峰三部位减速器故障，自动化系统全部停用。上行驼峰解体能力从每日70列骤减到每日25列。郑州北站第一时间启动应急预案，驼峰解体作业加强车机联控，将机车推峰速度控制在时速3公里范围内。按照“一人排、二人核对、长大车辆禁入计划”编制作业计划，遇计划变更时，坚持停车传达、反复确认。制定室外人员设备抢修、提钩等18项安全卡控措施，指派值班干部24小时盯控上行驼峰作业楼，根据过渡期间设备故障突发性强、共性问题突出等特点，编制设备故障《信息简报》在郑州铁路局每日运输交班会上重点分析，明确责任部门和包保干部。按照“以老带新、相互促进”的原则，重新组合上驼信号楼班组人员，调派技术骨干对7024设备使用流程进行集中培训、模拟演练，迅速提升业务技能。同时，调度部门核对列车预确报，发挥下行系统接发、解编能力，合理调整部分上行列车接入下行到达场；上行到达场接车充分考虑解体情况，安排东、西峰股道交替接车，最大限度方便上行驼峰解体作业，通过调整两场分工，最大限度发挥了作业效能，有效缓解了自动化设备故障对编组作业的影响。

【编组站综合自动化改造项目启动】 2013年11月，总投资达3.8亿元的“郑州北编组站综合自动化改造工程”项目获得铁路总公司批准，郑州北站建站以来最大规模的综合自动化改造项目启动。此次改造将整个编组站的调度指挥置于一个系统控制之下，取消分场设置传统模式，实现全场到、解、集、编、发作业的集中指挥，将会对车站岗位设置、作业流程、作业模式、规章制度和管理方式等带来深远影响。12月6日，郑州铁路局对通信信号设计院初步设计中的设计范围、设计原则、设计内容和采用标准进行了函复，上行驼峰三部位减速器换装施工开始进行。

【郑州铁路军事运输综合保障基地建成】 2013年，由郑州铁路局和总后军交部共同投资的郑州北站辅助调车场改造工程全部竣工并投入使用。此次工程将辅助调车场原有的8条股道进行改扩建，建成3层2700平方米军事运输保障楼，可满足1次装运军列3列的要求，成为全军首家自动化程度最高、装运列数最大的军事运输综合保障基地，7月30日，驻郑州铁路局军代处在保障基地举行了包括技能培训、应急装载、军供保障等内容的“应急投送—2013”郑州铁路军事运输综合保障基地检验性演练。郑州北站以此为契机，对辅助调车场、车站中干道等设施进行了改造，硬化站台3000平方米，清运垃圾320立方米，回填垃圾2000立方米，带动了上、下行整装线、中干道附近工作环境的改善。

【职工培训】 2013年，郑州北站以职业技能大赛、季度擂台赛、星级岗位、首席岗位评选为平台，加大人才培养力度。2013年职业技能大赛中，52个调车组、54个行车组、16个货检组、8个调度组、5个信息系统组共523人进行了团体标准化模拟演练竞赛；全站5大工种、21个职名560余人参加了个人角逐，创造5个调车组稳妥连挂9钩的成绩。全年，车站开展新设备应用、劳动安全、军运及郑西客运专线人员等各类适应性培训19期，培训9809人次。

【民生建设】 投入资金52.4万元，落实“三不让”承诺。其中，助困244人次，助医85人次，助学80人。筹资110万元，解决了集体合同十件实事、职工代表巡视检查发现问题等民生实事236件；对下行车间、郑州西站浴池，上行车站篮球场、欢河车站道路等设施进行了整修。为部分车间安装空调，配备电磁炉、电视、消毒柜。争取郑州铁路局资金，新建东双桥办公生产用房1处；对铁炉货场，上发货检房、交换场信号楼、海棠寺货运楼等28个现场作业点进行了整修。

（张怡晨　谢雨歆）

郑州客运段

【概况】 郑州客运段是担当客运乘务和运转乘务的综合段。担当东到上海、厦门、福州、宁波、温州、青岛，西至乌鲁木齐、成都、重庆、银川、太原，北抵北京、哈尔滨，南达广州、深圳、湛江、昆明等方向的46.5对特快、快速各等级旅客列车及郑州至北京西、上海虹桥、西安北、太原、济南、广州、深圳等方向22.5对高铁动车组的乘务工作任务。乘务区段纵横28个省、市、自治区，固定乘务里程99879公里，年运输能力约5855.5万人，运转乘务里程3753万公里，旅客运输规模和能力居全路前列。机关位于郑州市二马路80号，下属各客运车队分别在郑州市五里堡客整场（邮政编码450000）、洛阳市西工区史家屯客技站（邮政编码471000）和新乡市卫滨区铁西路14号（邮政编码453000）。

2013年1月，成立厦门车队。5月，撤销动车车队，成立高铁一队、高铁二队；撤销沪宁车队，成立杭宁车队；深圳车队易名深青车队，沪杭车队易名上海二队，上海车队易名上海一队，乌鲁木齐车队易名乌快车队。截至2013年末，郑州客运段设行政科室10个，即办公室、安全科、乘务科、路风监察科、职工教育科、信息技术科、收入统计科、财务科、劳动人事科（党委干部科）、武装保卫科。下属客运车队25个，即高铁一队、高铁二队、北京一队、北京二队、北京三队、京九车队、上海一队、上海二队、广州一队、广州二队、昆明车队、哈尔滨车队、湛江车队、乌特车队、乌快车队、成都车队、深青车队、厦门车队、成银车队、福州车队、温州车队、太原车队、杭宁车队、杭合车队、重庆车队；车间5个，即郑州运转车间、洛阳运转车间、后勤供应车间、旅行服务车间、洗涤车间；公司1个，即劳动服务公司（集体经济管理办公室）。设班组288个，其中客运乘务班组228个，运转乘务班组21个，车下班组39个。党群组织设党委、纪委、工会、团委，下设党群工作办公室。党委下属党总支30个，党支部215个，值乘党支部179个。工会下属工支会33个，工会小组264个。团委下属团总支5个，团支部15个。

2012年年末，郑州客运段拥有职工总数7578人。其中，女职工2516人，管理人员452人，列车长428人；共产党员2862人，共青团员99人。按文化程度分，拥有研究生学历9人，本科学历360人，大专学历1562人，中专和技校学历927人，高中及以下学历4720人。干部技术职务中，高级6人，中级47人，初级138人。工人技术等级中，高级技师1人，技师32人，高级工806人，中级工4004人，初级工2283人。年末，另有其

货运技术人员深入厂矿，研究制定货物装载加固方案

他从业人员（集体工）1040人。

【主要技术设备】 2013年，郑州客运段拥有各类机械设备127台，电气设备580台。机械设备包括剪冲设备2台、锅炉4台、装载机2台、洗涤设备70台、客货电梯7部、汽车42辆。截至2013年年底，固定资产总额达到12585.3万元。

【客运乘务】 2013年，郑州客运段继续落实好七项基本服务，在高质量完成春运、暑运、小长假等旅客运输任务的基础上，从完善制度入手，不断强化车容车貌日常状态的维护和保持。同时，围绕行李员回归、三无看车推行等新情况、新问题，认真分析，积极调研，确保了各项乘务工作的稳步推进。（1）建立深度保洁机制。确立“保洁做大面，乘务做细节”的列车卫生保洁工作思路，建立旬深度保洁机制，制定列车卫生深度保洁旬安排和推进方案，量化列车旬保洁重点部位及标准。（2）完成行包交接工作。6月15日，行李车运输回归。郑州客运段明确规定将行李员纳入各车队管理范畴，不再单独设置专门管理部门。各车队党政正职亲自与所属行李员逐人谈话，了解职工想法，解除思想顾虑，确保交接过程中队伍稳定，工作有序。（3）做好普速旅客列车整治。制定并下发专项整治活动重点任务责任分工及推进计划，成立3个包保组，蹲点盯控三地车队、车间卫生突击和业务练兵情况。同时，克服人员紧张、普速列车超员严重、冬季严寒夏季高温等不利因素，完成春运、暑运、“两会”代表运输、棉农往返运输、旅游专列运输、军运等重点运输任务。

【客运收入】 2013年，面对旅客实名制购票、车站封闭式管理、列车剩余卧铺回收等综合因素影响，郑州客运段将票补任务下沉至各车队，并严格月度考核。同时，通过合理安排休息铺位，最大限度挖掘剩余铺位；采取增加途中重点区段验票次数、班组增配电子秤等办法堵塞收入漏洞；充分利用卧代散、席位复用等方式增运增收；争取政策支持，增加旅游专列、棉农专列等临客列车开行数量，努力完成运输指标。全年全段完成运输收入21572万元。

餐饮经营方面。郑州客运段将餐料加工业务外包，对所有高铁、动车组列车以及4对既有车的餐车实行委外经营的同时，加大对旅服经营餐车的管理，重新规范餐饭、茶座经营项目和价格，根据不同旅客、不同线路、不同季节特点变更经营策略，丰富经营品种和内容，实现列车餐饮质量与效益双赢。

【安全管理】 2013年，郑州客运段强化安全风险管理，制定完善了各类规章制度、作业指导书和作业标准。针对各工种分层控制的重点风险，修订完善安全生产责任制，印制《岗位重点安全风险控制卡》，明确了各级管理干部分层控制的风险重点，形成全段齐抓共管、全面覆盖的安全风险控制体系。同时，开展列车防火、职工劳动安全、暑期旅客安全、惯性“两违”、食品安全等专项整治活动。期间下发安全大检查活动通报13期，专题检查通报2期；解决“三查”方面问题36件，现场问题362件；班子成员与班组长谈心311人次，下发周谈心问题汇总及落实情况通报7期，解决谈心反映问题128件，上报路局解决16件。截至2013年末，全段实现连续安全生产2439天，获得郑州铁路局“安全优质标杆单位”称号。

【路风建设】 2013年，郑州客运段强化路风教育，以劳务派遣工、临乘人员为重点，建立路风逐级包保责任制。开展师徒“一帮一”活动。在春运、暑运等路风问题高发期，组织车队干部对重点岗位人员实行“一对一”谈话，从思想上筑牢路风防线。围绕“卡控三客”“规范经营”两大关键问题，加强对临客列车、旅游列车以及“卧代散”列车盯控。各车队干部添乘参与验票、参与清铺，严格落实列车剩余卧铺公开出售、登记、回访制度，防止以票谋私、压铺不售、长乘短补、私带无票、收钱不补票等路风问题的发生。加强对列车经营活动的监管，通过加强对列车销售人员仪容着装、营销行为、产品质量、生产厂家资质等方面的动态检查，有效防止了超时经营、强买强卖、销售“三无”产品、伪劣产品等违规经营行为的发生。同时加大路风考核。对现场发生路风问题的班组，处理责任人且连带追究车队管理者责任；设置委屈奖，对面对旅客无理纠缠打不还手、骂不还口的职工给予奖励；每年举办“服务明星”评比，并给予宣传奖励。截至2013年年底，全段实现无路风事件3322天，并获得郑州铁路局“路风工作先进单位”称号。

【卧具洗涤】 郑州客运段洗涤车间下辖郑州洗涤厂、洛阳洗涤厂、新乡洗涤厂，三地厂房总面积3800平方米。2013年，郑州客运段从基础工作入手，外看工作差距、内查自身实际，分析影响洗涤质量的原因，从细微起步找不足、细化标准促整改，确保卧具干燥清洁。根据不同洗衣机型号核定卧具投放量，按标投放。制定卧具分类洗涤流程，根据不同卧具种类、品质制定卧具洗涤时间、温度，按时长控温洗涤。严格卧具洗涤投料标准及漂洗遍数，并在每台洗衣机旁张贴流程标准，督促职工按标洗涤。同时，采取挑送去污，制定去污卧具返洗制度，对去污后卧具指定专人返洗，保证服务质量。全年，洗涤卧具4028万件（标准件）。

【餐车食品安全】 2013年，郑州客运段卡控食品源头安全，严格食品仓库、加工厂索证制度，把好食品、餐料的进货、验收、储存、发放安全关，确保食品、餐料上车前的安全。餐车日常经营中，餐料、食品生熟分开存放，避免交叉污染，严禁销售变质、隔夜饭菜，严禁餐车班组私上餐料；严查餐具备品卫生，做到餐具洁净卫生，消毒合格，生熟用具分开存放、定位放置，剩余餐料销毁及时；定期对全段所有餐车进行检查，盯死关键线路、关键列车、关键环节、关键岗位、关键人员，查找安全隐患，确保段餐车安全工作不出现任何问题。对旅客使用的硬质包装食品、饮品及时登记、回收，登记台账每月29日前上报车间检查。

【职工培训】 严格“三卡死”制度，对“新职、转岗、晋升”人员实施先培训、后上岗制度，培训率达到100%。

全年举办“三卡死”培训班50期，培训110人。结合不同时期工作重点，及时做好各类适应性培训。先后开展了春运临乘人员培训、《客规》《细则》培训、劳动安全培训、安全风险管理知识培训、运转车长雨季行车办法培训、客运防洪防汛培训、电气化铁路安全知识培训、行车主要工种持证上岗培训、客车采暖培训、运转雾天行车办法培训等。建立列车长、主列业务轮训制度。每季度以案例教学为主，采取集中讲授的方式对列车长、主列岗位轮训一遍。2013年，郑州客运段举办脱产培训561期，培训16513人次；举办业余培训1801期，培训56655人次。

【民生建设】 2013年，郑州客运段坚持收入分配倾斜一线的既有政策，给绿皮车职工支付艰苦岗位奖，发放暑期专项补贴，努力提高一线职工收入水平。争取保障住房230套，改善了郑州地区职工的居住条件。多方筹集资金对机关综合楼、机关办公食堂、五里堡旅服配送中心、五里堡教育综合楼、食堂浴池楼等设施进行了改造，职工生产环境明显改善。实施“三不让”承诺，完成助医669人、助困1176人、助学626人。

（史媛媛）

公路运输业

综 述

【概况】 2013年，郑州交通运输工作以“三大主体工作”为引领，以构建“域外枢纽、域内畅通”的都市区交通路网体系为目标，综合施策，克难攻坚，着力强投资、夯基础、调结构、求提升，圆满完成了年度各项目标任务。

交通设施建设。2013年，郑州市交通运输固定资产投资完成350.4亿元，同比增长33.3%。其中国家项目完成100亿元，省管项目完成16.2亿元；市管项目完成234.2亿元，同比增长60.3%，创历史新高。积极拓宽融资渠道，完成融资85亿元，为项目建设提供了有力保障。花园路与连霍高速出入口、中原路西延快速通道郑州至上街段、郑少高速航海路连接线、跨南水北调干渠桥梁、接驳地铁1号线公交场站等25个项目建成，环城高速出入口、市域快速通道、客运北站等一批在建项目加快推进。S323改建工程等9个项目按时开工。新建、改建新型城镇化县域路网548公里，为年度目标的109.6%。严格工程质量安全责任制，工程项目合格率达100%，干线公路优良率达93%以上，新型城镇化县域路网优良率达90%以上。

交通运输经济平稳增长。2013年，郑州市加快转变运输发展方式，传统道路运输业向现代物流业转型发展步伐加快，城乡客运一体化发展稳步推进。全市道路运输经营业户达到7.5万余户，从业人员17.3万余人，客货营运车辆13.8万辆，客货船舶800余艘，运输市场发展不断壮大。乡镇通班车率达100%，建制村通班车率达97%，城乡客运持续协调发展，农村出行环境不断改善。加强组织协调，科学调配运力，圆满完成春节、“十一”等重要节假日以及重要物资的运输保障任务。全年完成公路客运量3.44亿人次，客运周转量188亿人公里，同比分别增长8.02%、8.05%；完成公路货运量2.6亿吨，货运周转量467.5亿吨公里，同比分别增长11.2%、12.9%；水路客运量、货运量分别完成8.6万人次、11万吨。公路运输在全市综合运输体系中的主导地位持续提升。

“公交都市”创建加快推进。2013年，郑州市把“公交都市”创建与“畅通郑州”建设融合推进，“公交都市”创建方案通过交通运输部评审，创建工作积极推进。公交分担率、站点覆盖率、空调车比例、智能化水平稳步提高，候车、乘车环境明显改善。地铁1号线一期如期开通，标志着郑州正式迈入轨道交通时代。农业路快速公交西延工程基本建成，三环快速公交启动建设，陇海路快速公交前期准备工作积极推进。新增新能源公交车600台，新开和优化线路53条，建成公交枢纽站、首末站7个，新改建公交港湾169座，城市公交覆盖面进一步扩大。出租车和谐劳动关系创建活动扎实推进，服务质量不断提升。城市公交、出租车全年完成客运量13亿人次，公交出行分担率达到28%，城市公交在服务“畅通郑州”建设、促进节能减排上发挥了重要作用。

行业规范管理持续加强。2013年，郑州市交运系统以网格化管理为抓手，深入开展“规范管理年”活动。积极推进行政审批制度改革，取消下放了部分行政审批事项，精简审批程序和环节，缩短审批时间。完成部、省执法评议考核工作。完善道路运输市场准入和退出机制，从业人员和企业市场准入门槛进一步提高。行业监管不断强化，全年排查运输企业和客货运站场3000余家、重型货车7000余辆，查处违规营运客货车、出租车5300余台，督促整改和停业处罚企业200余家。路政管理不断加强，超载治理持续强化，拆解非法改装车辆9000余台，列入“黑名单”车辆800余台，处理超载驾驶员500余名，治理超限车辆1.4万余台，超载率始终控制在4%以下。加强公路养护管理，文明示范路创建不断推进，高速出入口及道路连接线综合整治扎实开展。开展维修服务品牌创建活动，维修企业质量信誉考核规范有序。指导交通企业深化内部改革，健全完善管理机制，企业发展活力不断增强。

平安交通建设深入开展。2013年，郑州市交通委以“平安交通”创建为载体，“平安公路”“平安车船”“平安工地”等各领域创建活动扎实开展。深入开展“道路客运安全年”活动，安全生产两个主体责任进一步落实。以道路和水上交通、工程建设为重点的“打非治违”专项行动持续开展，安全生产标准化强力推进。开展安全生产大检查、安全隐患大排查，排查安全隐患3100余个，整改率达到100%。扎实推进“工程质量安全年”活动，工程质量安全管理制度有效落实。认真办理来信来访、网络舆情和群众诉求回复，开展社会稳定风险评估，强化矛盾纠纷排查化解工作，维护了行业和谐稳定大局。

科技支撑作用持续深化。信息化建设方面，郑州市交通委积极推进行业信息资源整合开发利用，交通公共信息服务系统不断完善。积极争取部、省、

交通运输部党组成员、纪检组组长李建波一行，莅郑督察交通运输安全生产工作

郑州公交GPS调度指挥中心

市政策和资金支持，郑州市出租车服务管理信息系统、城市公交智能化应用示范、行业信息资源整合与服务、公路水路安全畅通和应急处置、科技治超等5项信息化工程加快推进。节能减排方面，突出行业节能减排重点，加快淘汰老旧营运车辆，全年淘汰黄标车3239台，为市政府下达目标的107.9%。教育培训方面，全年开展行业各类培训160期，累计培训人员1.8万余人次，干部职工队伍素质得到提升。

【安全生产】 2013年，郑州市交运系统认真贯彻落实郑州市委、市政府和省交通运输厅安全生产应急工作会议要求，以“安全郑州交通运输创建2013年行动”为主线，落实责任，强化监管，深化安全专项整治，交通运输安全生产保持良好态势。

完善制度，认真落实安全生产责任制。2013年，郑州市交通委积极落实规范管理年活动要求，修订完善了《安全生产教育培训制度》《安全生产检查制度》《安全生产约谈办法》等15项安全生产和应急管理工作制度，下发了《安全生产“一岗双责”制度实施办法》，及时调整本系统安全生产领导组成员，强化管行业必须管安全、管业务必须管安全、管生产经营必须管安全原则，建立了交运系统安全生产责任体系。全系统层层签订安全生产和消防目标责任书，明确各单位、部门的安全责任。

强化培训，推进安全生产标准化建设。2013年，郑州市交通委为进一步落实企业主体责任，提升企业安全生产管理水平，在全系统交通运输企业组织开展安全生产达标创建活动，要求全市“两客一危”企业2013年年底达标，其他企业2015年年底达标。印发了《关于加快推进交通运输企业安全生产标准化达标考评工作的通知》和《关于明确全市交通运输企业安全生产标准化建设责任分工的通知》，明确责任领导、责任人、完成时限等，建立健全主要领导、分管领导、职能部门、交通运输企业的“四位一体”责任机制，全面推进交通运输企业安全生产标准化建设工作。组织了3期安全生产标准化专题培训班，全市“两客一危”和部分货运企业安全管理人员400人参加培训。下发了《关于公布交通运输企业安全生产标准化三级考评机构的通知》，认定修管协会、物流协会、公路学会3家三级考评机构，承担“道路运输、城市客运”企业安全标准化达标考评等两项考评工作。6月18日，郑州市交通委协助省交通运输厅安监处在郑州市公交总公司成功举办了全省交通运输企业安全生产标准化建设现场会。全市具备条件的90余家道路、城市客运企业申报考评。其中，市交运集团一公司、长途汽车中心站、南站和二马路汽车站、七里河汽车站、公交总公司一至五公司和BRT快速公交公司等37家经营实体通过考评。

开展专项整治活动，遏制交通运输事故发生。2013年，郑州市交通委组织开展了隐患排查、打非治违、道路运输和重型货车安全专项整治、安全生产大检查和“平安交通”创建等活动，印发了《全市道路运输车辆专项整治活动方案》《关于贯彻落实〈市委市政府关于坚决遏制重型货车道路交通安全重大事故的工作部署〉的通知》《关于开展全市交通运输安全生产专项督察的通知》《关于在全市交通运输系统开展安全隐患大排查工作的紧急通知》《关于交通运输系统集中开展安全生产大检查实施方案》等文件。联合安监、公安等部门开展“危险爆炸物品安全整治”活动，打击非法运输危险物品行为，累计排查安全隐患3011处，全部进行了整改。全系统开展联合执法321次，查处无证或证照不全从事建设、生产、经营的21起；不按规定进行安全培训或无证上岗的70起；其他非法违法建设、生产、经营的215起。

开展安全生产月活动。印发了《关于开展2013年安全生产月活动的通知》，组织市公路局、交运集团等13家单位在绿城广场开展了“安全生产月”安全宣传咨询日活动；开展了全系统“安全河南杯”书画摄影比赛活动；协调运管局、海事局、公路局、交运集团、公交总公司等单位开展各项应急演练，全系统举行应急演练20场，参与演练人员近1500余人，投入演练车辆76台。郑州市交通委被评为全市“安全生产月”活动先进单位和应急救援演练先进单位。

交通运输安全度汛。2013年汛期前，郑州市交通委印发《关于认真做好2013年全市交通运输系统防汛工作的通知》，制订《郑州市交通运输系统2013年防汛工作预案》，对全系统21个防汛指挥机构、4支防汛抢险队伍、56辆防汛抢险车辆、10余万件抢险物资等进行全面统计。针对四港联动大道黄商村口、大孟庄、港区下穿桥、京港澳高速桥4个积水点的突出问题，把积水点划分到4个行动小组，明确责任人，落实防汛设备，制定了积水点发生水情的应急处置办法，保证了四港联动大道各积水点能快速有效地排除积水，保障公路安全畅通。

【交通信息化建设】 2013年，郑州市交通信息化建设工作以部、省试点项目为抓手，以提高行业运行决策与服务水平为目标，加快信息技术的开发与应用步伐；加强科技项目研究，积极推广交通科技先进适用技术，不断推进全市交通运输事业快速、高效、安全、绿色发展。

出租汽车试点工程建设。按照交通运输部建设方案和总体业务要求，郑州市交通委完成了监控指挥中心、数据资源中心和电召服务中心“三个中心”的建设，完成了出租汽车服务管理软件开发和车载终端设备的招标工作。

城市公共交通智能化应用示范工程进展顺利。2013年3月，郑州市交通委委托招标代理公司，对“郑州市城市公共交通智能化应用示范工程初步设计”项目进行了公开招标，确立了试点工程《初步设计》。6月，省交通运输厅完成了对《初步设计》的审查，同意按照《初步设计》的内容和规模建设。同时，在该项目实施的过程中，向河南省质量技术监督局申报了《城市公共交通监管与服务信息系统》和《城市公交智能调度系统》两项地方标准。

加快推进交通运输信息资源整合试点工程。该项目是省交通运输厅试点工程，整合工程以现有信息化系统为基础，以提高交通运输协同管理与源头监管能力、提升宏观决策和综合信息服务水平为宗旨，围绕“资源整合、协同应用”这一业务主线，通过郑州市交通运输信息资源整合，实现相关数据在市级交通数据中心的汇聚；在此基础上实现信息交换共享，支撑各部门的协同应用，提高行业管理效能；实现对客运站、综合性能检测站等业务过程的监督，强化源头安全监管；并通过加强各类信息资源深度挖掘分析并及时公示，进一步提高行业决策能力与公众服务水平。

电子政务建设。按照郑州市信息化工作领导小组办公室的要求，制定了《关于开展2013年度信息系统安全检查工作的通知》，组织开展了2013年度交通运输系统信息安全检查工作。对郑州市交通委信息安全组织机构、日常信息安全管理、等级保护与风险评估、技术防护手段建设、应急管理工作开展情况进行了初步检查和评测。委托技术支持单位进行信息安全检测，针对检测发现的主要问题，采取了多种方式逐步消除了信息安全隐患。为加强机关正版化软件的使用及管理，根据郑州市推进使用正版软件工作领导小组办公室《关于印发〈关于在市县两级党政群等机关开展软件正版化检查整改工作的实施方案〉的通知》精神，成立了软件正版化工作领导小组。制定下发了郑州市交通运输委员会《关于开展软件正版化检查整改工作的实施方案》，结合机关实际，研究制定了《计算机软件正版化工作管理制度》《计算机软件资产管理办法》《办公软件经费管理制度》等制度。对机关工作人员办公软件的使用进行了培训，为政府机关软件正版化工作打下了基础。

【交通战备工作】 2013年，郑州市交通战备工作在上级部门的正确领导下，按照济南军区、河南省交通战备办公室的部署和要求，深入贯彻军民融合式发展重大战略思想，以应急作战交通保障需求为牵引，全力做好部队应急作战和突发事件交通保障的各项工作，始终树立“抓好一支队伍、强化一种意识、注重一个实效”的理念，大力加强交通战备正规化建设，努力提高快速反应、快速抢修、快速机动的能力，圆满完成了各项工作任务。2013年，共完成各种交通保障任务30次，出动警车190台次、其他保障车辆192台次，出动交警及路政人员1910人次，确保了部队近7800名官兵、1785台车辆装备的安全通行。完成投资473万元，为省军区、郑州警备区、一五三医院等部队修（改）建了12条进出口道路，建设里程总计18.92公里。郑州市交通战备办公室被国家交通战备办公室评为“十一五”全国交通战备工作先进单位，被河南省交通战备办公室评为河南省国防交通基础设施建设先进单位，被郑州市委、市人民政府、郑州警备区评为拥军优属模范单位。

【政风行风建设】 扎实开展“三风”建设活动。2013年，郑州市交通委按照省交通运输厅规范管理年活动总体部署，结合“扬正气、树形象”活动制定下发了《郑州市交通运输系统政风行风作风建设活动实施方案》，通过抓管理、提效能，强素质、促规范，讲纪律、重实干，努力达到机关工作作风明显改进，行政执法文明规范，行业服务水平显著提升，行风评议位次明显前移，树立交通运输行业良好形象，为推动全市交通运输事业科学发展提供坚强保证。

继续加大治理公路“三乱”力度。2013年，郑州市交通委按照上级治理公路“三乱”工作的具体要求，牵头起草了《2013年郑州市治理公路“三乱”工作实施意见》。每月坚持领导干部带队检查、明查暗访和专项检查，加大对全系统交通行政执法单位和服务窗口的督察力度。全年共深入交通执法一线督察51次，共出动车辆65台次，行程6950公里，对易发多发违规上路查车的重点路段、重点单位进行重点治理，始终保持治理公路“三乱”的高压态势，确保了全市公路基本无“三乱”问题发生。严格落实举报投诉电话24小时值班制度，对群众反映的问题快速反应、及时反馈。对各单位电话值班、公交热线和出租车服务热线进行了52次抽查，对存在问题的单位及时进行通报，限期整改。

深入开展民主评议政风行风活动。2013年，郑州市交通委结合“扬正气、树形象”活动和网格化管理工作，制定下发了《2013年民主评议政风行风工作任务分解办法》，充分发挥具有郑州市交通运输特色的网格化管理优势，认真解决交通运输方面涉及群众根本利益的突出问题，共同做好民主评议政风行风工作。组织向全市4975家行政机关企事业单位和2692个人大代表、政协委员及不同服务对象群体发放感谢信、征求意见卡1万余份。按照市纠风办的统一安排，组织委机关有关处（室）和委属相关单位68人，参加了郑州广播电台的“政风行风在线访谈”现场直播，收到了良好的社会效益。坚持每季度对全系统行风和行政效能检查情况进行通报，对好的单位及时进行表扬，对工作中存在的问题进行通报并限期整改，提高了全系统政风行风建设水平。

（宋立新　闫从明　陈振坤）

交通基础设施建设

【“畅通郑州”工程建设】 2013年，郑州市完工交通项目25个，其中，环城高速出入口项目4个，市域快速通道部分路段及连接线项目5个，国省干线公路改造项目3个，跨南水北调桥项目6个，下穿铁路项目1个，高速公路连接线项目1个，与地铁1号线接驳公交场站项目5个。作为构筑“域外枢纽、域内畅通”的郑州都市区交通体系的重要组成部分，这些市域快速通道和环城高速互通式立交等交通重点工程项目全部建成投入使用后，“畅通郑州”将取得重大进展。届时，郑州市的环城高速出入口数量将达到24个，郑州都市区骨干路网里程将达到430公里，这些项目结合三环快速路、京广快速路等畅通郑州重大措施，将有效缓解城区交通拥堵的现状，实现主城区内15分钟上快速路、快速路15分钟出城上高速的30分钟市区交通圈目标。

（一）市域快速通道项目。市交通委承担的市域快速通道项目中，2013年在建的有5个，共222.7公里。（1）陇海路西延快速通道西南绕城高速至S232段。计划总投资59060万元，于2012年11月开工。2013年完成投资47900万元，全线7道涵洞正在进行台背回填施工，桥梁完工96%，立柱完工25%，已完成挖方96%，填方76%。（2）科学大道西延快速通道西南绕城高速至上街区安阳路段。计划总投资40001万元。该项目路线全长13.1公里，扣除上高路跨南水北调总干渠桥梁及引线500米，实际建设里程12.604公里，双向6车道一级公路，于2012年11月开工。2013年，完成投资32445万元，已完成清表373282平方米，挖方174130立方米，填方185584立方米，基桩147根，承台5个，墩柱42根，箱梁预制110片，涵洞基础2个，圆管涵2个，路面底基层231287平方米，路面基层353342平方米。（3）中原路西延快速通道上街辘把坡至巩义S237段。路线全长24.551公里，计划总投资231121万元，于2013年3月开工。截至2013年年底，完成投资159000万元，完成路基建设5%，桥梁桩基建设30%，隧道建设30%。（4）郑州至登封快速通道。路线全长73.616公里，计划总投资429069万元，于2012年11月开工。2013年，完成投资338759万元，完成清表93%，挖方88%，填方88%，边沟34%，基桩89%，墩柱51%，盖梁46%，梁板33%，涵洞基础76%，圆管涵86%，成型涵洞70%，路面底基层15%，路面基层18%，路面面层2%。（5）沿黄快速通道。路线全长57.233公里，计划总投资238172万元，于2013年3月开工。截至2013年年底，完成投资178178万元。完成土方6376500立方米，占总量的65%；完成涵洞51道2408.16米，占总数的69%；桥梁完成1座，占桥梁总数的10%；分离式立体交叉完成一处，占分离式立体交叉的25%；完成桩基564根，占总量的81%；完成桥墩93个，占总量的25%；完成桥台18个，占总量的35%；完成盖梁29片，占总量的25%；预制梁板343片，占总量的37%。

建成通车的郑汴物流通道

（二）环城高速互通式立交项目。（1）中原西路与西南绕城高速互通式立交。项目计划总投资13539万元，于2011年9月开工。1号桥已完成100%，2号桥完成70%，3号桥完成80%，路基工程完成75%，路面工程水稳层完成70%。累计完成投资1.24亿元，占总投资的92.1%。（2）南三环东段与京港澳高速互通式立交。项目计划总投资14665万元，于2011年6月开工。桩基完成93%，承台完成100%，墩柱完成90%，桥梁上部结构完成50%，下部立柱、盖梁完成90%，路基完成80%。已累计完成投资1.54亿元，占总投资的105.4%。（3）G107辅道与连霍高速互通式立交。项目计划总投资17668万元，于2011年6月开工。基桩完成96%，承台系梁完成93%，墩柱完成89%，盖梁完成78%。累计完成投资1.43亿元，占总投资的81.23%。（4）科学大道与西南绕城高速互通式立交。项目计划总投资19602万元，于2012年10月开工。挖方完成79.80%，填方完成57.82%，桩基完成76.24%，墩柱完成67.92%，桥面铺装完成43.94%，沥青混凝土路面完成70.81%。累计完成投资1.83亿元，占总投资的93.77%。（5）大学南路与西南绕城高速互通式立交。项目计划总投资23916万元，于2012年10月开工。路基挖方段完成挖方65万立方米，填方完成3万方，桩基完成64根，立柱完成30根，盖梁完成11道，空心板梁完成124片。累计完成投资1.99亿元，占总投资的83.53%。（6）陇海西路与西南绕城高速公路互通式立交。项目计划总投资25109万元，于2012年10月开工。挖土方完成98%，填土方完成49%，基桩完成62%，立柱完成51%，盖梁完成38%，系梁完成48%，梁板完成77%，梁板安装完成24%。累计完成投资2.03亿元，占总投资的81.19%。（7）107辅道南延线与西南绕城高速互通式立交。项目计划总投资19530万元，于2012年10月开工。清表已全部完成，土方挖填完成40%，二灰土底基层完成75%，水泥稳定碎石底基层完成6.7%，C20片石混凝土挡墙完成25%，墩柱盖梁完成29.4%，台帽完成18.7%，承台完成50%，桥面铺装完成19%，保通工程路基填方完成56.3%。累计完成投资1.26亿元，占总投资的64.87%。（8）西三环北延与连霍高速公路互通式立交。项目计划总投资29757万元，于2012年3月开工。累计完成投资0.91亿元，占总投资的30.58%。

【高速公路建设】 2013年，郑州市高速公路建设工作在市委、市政府和省交通运输厅的正确指导下，整合资源，克难攻坚，认真做好服务协调工作，各项工程快速推进。

机场高速公路改扩建工程。项目业主为中原高速，起点位于航空港区南侧开封和郑州交界处，接商登高速公路开封市境段终点并向西延伸，终点止于登封市，全长约70公里。起点至港区枢纽立交段采用120公里/小时的设计速度，路基宽度为34.5米；前草岗枢纽互通至终点段采用100公里/小时的设计速度，路基宽度为26米。可研已评审，正在按专家意见修编，计划于2014年开工。

商登高速公路郑州段项目。项目业主为中原高速，沿现有机场高速原线扩建至双向8车道，路基宽度42米，设计速度120公里/小时。可研已批复，初步设计已上报，计划于2014年开工。

机场至西华高速项目（二期）。项目业主为河南省收费还贷高速公路管理中心，该项目起点位于连霍高速，终点止于商登高速，全长约45公里，采用双向6车道高速公路标准建设，路基宽度34.5米，设计速度120公里/小时。可研已评审，正在按专家意见修编，计划于2014年开工。

【干线公路建设】 2013年，郑州市干线公路建设贯彻“三个紧紧依靠”思想，强化项目推进机制，努力破解征迁协调难度大、资金“瓶颈”严重制约的难题，确保项目建设顺利推进，圆满完成年度目标任务。顺利实现S314、S323、S321、科技治超、大学路南延、中原路西延、S102等8个项目开工建设，完成了G107线东四环段利用大修工程、S223线中牟贺岗至三官庙改建项目、南水北调南四环桥共3个项目通车任务。全年在建、续建、新建项目达12个，是2012年的2倍多；国省市三级在干线公路建设项目上累计完成投资106.7亿元，占年度计划的101%；开工建设177条公路，完成建设44公里，路基成型130公里，均比同期有较大增长。实现了工程质量“零缺陷”、安全“零事故”、廉政“零违纪”。

科技支撑能力得到增强。郑州市公路局将新规划的新建、改扩建和大中修道路信息全部纳入综合信息系统，稳步推进干线公路路网监控工作。机关公文基本实现了在线流转，建成运行了建管中心0A模块和手机网页版本的0A系统，0A系统向系统各单位推广，系统办公自动化工作水平得到逐步提升。有序开展公路工程工序质量节点图像管理信息系统在S323线改建及其他项目的推广工作，初步实现了对工程施工节点的形象、直观监督，信息化建设取得重要进展。

依法治路水平得到新提升。郑州市公路局以“三基”建设为切入点，扎实开展“规范活动年”活动，试点单位初步实现了“基层站所标准化、基层管理规范化、基层队伍职业化”。编制《郑州市干线公路路政治超执法手册》，加强执法教育培训，执法人员素质得到进一步提升。开展全市干线公路重型货车专项整治以及违章广告牌的专项清理行动，取得了显著成效，受到了市政府的表扬。开展四环及黄河浮桥超限超载专项整治活动，强力遏制非法超限超载运输车辆上路过桥，确保了辖区内公路安全畅通。科技治超项目顺利开标，进入全面施工阶段。2013年，全市干线公路共检测超限超载车辆13.9万台，卸载总重5.7万吨，超限超载率约为1.2%。

【农村公路建设】 2013年，河南省向郑州市下达的农村公路建设计划共506.2公里，同时，新改建新型城镇化县域道路500公里也是郑州市为民承诺的“十大实事”之一。2013年，全市共完工新型城镇化县域道路548公里，全面提升了郑州市新型城镇化交通综合水平。

促开工、抓进度，进一步加强对全市农村公路建设项目的督导。市地方公路管理处在保证安全、质量的前提下，以稳中求快、快中求进为原则，督促指导各县（市）区加快工程进度，确保工程质量。采取“掌握全面情况和具体抽查落实相结合，听取情况汇报和实地查看分析相结合”的方式，监督建设项目严格按照公路工程建设的有关法规、技术标准和施工规范进行施工，对建设项目的各种手续和内业资料进行检查。

积极开展“三比一创”劳动竞赛活动。市地方公路管理处紧紧围绕农村公路年度建设目标，在全市范围内开展了“比质量、比进度、比安全，争创精品工程”的“三比一创”劳动竞赛活动，迅速掀起农村公路建设高潮。为确保活动顺利开展，向各县（市）区下发了活动通知，要求各单位成立劳动竞赛领导小组，设立相应的工作机构，明确责任部门，建立健全劳动竞赛活动的工作机制、激励机制和考核机制。同时，还明确了此次竞赛活动的时间和竞赛目标，并从建设程序、施工管理、工程进度、质量监管、安全生产、督导检查、奖惩措施等方面提出了具体要求。

强化安全生产监管工作。市地方公路管理处为强化农村公路建设项目安全生产监管，认真贯彻落实上级有关安全生产工作的要求，督促各县（市）区成立安全机构，完善各项安全制度，并深入施工现场落实安全措施，就工地用电、人员着装、专业操作人员持证上岗、施工现场各类警示标志的设置等多项内容进行安全检查，彻底查处各类安全隐患及事故苗头，杜绝安全生产事故的发生。

认真开展农村公路建设领域守信激励和失信惩戒制度建设工作。市地方公路管理处为贯彻落实市治工办关于《郑州市工程建设领域守信激励和失信惩戒制度建设试点工作方案》的通知精神，开展了农村公路工程建设领域守信激励和失信惩戒制度建设工作。成立了农村公路工程建设领域守信激励和失信惩戒制度建设工作领导小组，下发工作方案至各县地管所，要求各单位对省市下达的农村公路建设计划项目涉及的从业单位和从业人员的有关信用信息进行认真、翔实、准确的收集和填报。在收到各县地管所填报的信用信息后，通过核对、检查，未发现参与郑州市农村公路工程建设的从业单位和从业人员有不良信用记录。

【场站建设】 2013年，郑州市交通委按照“畅通郑州”工作要求，多措并举，加快推进各类交通场站建设。完成23个公交场站建设专项任务。23个公交场站已完成交地工作18处；完成了航空港、龙子湖、郑州东站3个公交场站建设；积极推进新能源公交车辆充电站建设，新建4个公交充电站；继续推进公交港湾的建设，结合轨道交通一号线接驳建设和“两环十七放射”绿色廊道建设新（改）建并启用公交港湾89个，到2014年年底，主干道公交港湾设置率将达到30%以上；按照公交都市实施方案，积极推进新建场站的征地、拆迁工作；积极探索综合开发、联合建设等多种场站建设模式。加快推进长途客运站建设。客运北站、港区客运站、巩义客运站建设迅速推进，客运西北站已投入使用。同步推进客运东站、客运西站、客运西南站、金象物流园区等用地置换、预征工作和京广站、陇海站、二马路站、城东路31号院、货运中心土地开发工作。稳步推进出租车服务区建设。西三环、北四环出租汽车服务区已建成使用，管城区南五里堡服务区已开始施工建设，航空港区服务区、郑少高速航海路连接线服务区、花园路连霍高速服务区、中原区郑上路孙庄服务区、惠济区兴隆铺路服务区也在稳步推进。

重点项目实施情况。（1）郑州客运北站。项目总建筑面积约3.8万平方米，计划总投资28896万元，于2012年11月开工。截至2013年年底，完成投资13896万元，站房一层梁板混凝土浇筑完成80%，高架平台梁板混凝土浇筑完成50%。（2）郑州航空港区综合枢纽长途客运站。项目总建筑面积2万平方米，计划总投资31221万元，于2013年开工。截至2013年年底，完成投资2930万元，核准材料已上报市发改委待批，围墙和场地平整完成。（3）航空港区公交综合停车场。项目总建筑面积6.8万平方米，计划总投资10800万元，于2013年开工。截至2013年年底完成投资2051万元，已经取得《选址意见书》及规划设计条件；工可报告现按照审批要求变更为《项目核准报告书》修改完毕准备呈报；环评报告基本完成；入区协议已签订；项目林业手续已办理完毕，围墙圈建完成90%。（4）高客站公交综合枢纽站。项目总建筑面积约6万平方米，计划总投资60304万元，于2013年开工。截至2013年年底，完成投资1800万元，土地预审文本编制已完成；工可已转报至市发改委；设计方案文稿已出，环评工作已结束。（5）龙子湖明理路公交停车场。项目总建筑面积7350平方米，计划总投资28896万元，于2013年开工。截至2013年年底，完成投资954万元，土地预审报告已批复，待土地勘测中心出图；项目节能评审报告已编制完成，上报市发改委并已组织专家评审；围墙圈建已完成。

郑州电厂路公交场站

【工程质量管理】 2013年，郑州市交通委按照国家、省、市有关要求，结合全市交通重点工程建设实际，以完善制度措施为重点，查找漏洞，完善工作机制，推动交通工程质量管理工作再上新台阶。

完善机制，规范项目管理。一是按照行业管理有关要求，结合郑州市重点工程建设实际，对照工作职责，对规章制度进行了认真梳理，制定完善了《工程质量监督管理制度》《造价审核制度》《郑州市交通建设领域守信激励和失信惩戒制度建设工作方案》《郑州市交通建设优秀监理单位及优秀监理工程师评选办法》《郑州市交通建设优秀实验检测机构评选办法》《公路工程分包管理规定》《BT项目工程质量管理办法》《BT项目工程设计变更管理办法》《郑州交通重点工程文明施工现场管理办法》《征迁与施工环境问题实施细则》等10项制度措施。通过弥补管理漏洞，强化制约监督，提高工作水平。二是加强交通重点工程建设市场监管，建立了企业信息动态管理资料库，强化参建单位的信誉管理，为公路建设市场科学、规范发展提供保障，进一步规范了公路建设市场秩序。三是认真开展公路建设领域守信激励和失信惩戒制度建设工作。制定印发了《郑州市交通工程建设领域守信激励和失信惩戒制度建设工作方案》，要求各单位对公路建设计划项目涉及的从业单位和从业人员的有关信用信息进行收集、填报。四是进一步完善公路建设项目专家库信息，配合省交通运输厅对专家库进行动态跟踪管理，及时更新，为郑州市交通重点工程建设提供有力支持。

强化监管，确保优质工程。一是认真开展干线公路、交通重点工程项目质量、安全监督工作。6月下旬对全市重点项目的监理单位进行了集中整顿，查找存在问题，限期整改，对人员、设备、试验室进行全面检查，通过现场人员名单固化，取得了良好效果。督促指导质监站认真落实监督工作计划，积极组织开展了工程质量安全监督检查，对郑州市大学南路与西南绕城高速公路互通式立交工程项目、郑州市陇海西路与西南绕城高速公路互通式立交工程项目、郑州至上街快速通道新建工程项目、中牟县S223线（姚家至三官庙）社区道路改建工程项目等17个新建工程和G107线郑州段改建工程—郑汴路互通式立交新建工程、航海东路与京港澳高速互通式立交新建工程、107辅道与连霍高速公路互通式立交等16个在建工程共33个工程项目进行质量安全生产综合检查2次，专项检查3次，随机抽查多次，查出相关参建单位存在的安全生产隐患问题共计95项，及时消除了质量、安全问题和隐患。同时加强工地临时试验室的管理工作，完成了G107辅道与连霍高速互通式立交、S314南水北调桥、郑登快速通道、G107郑州境改线项目等17个工地试验室的备案审查工作。二是为了进一步完善计量支付管理工作，除了加大力度进行项目零号清单的审核工作以外，还针对需要上网公示的实际情况，联合山谷网络开发公司，对以后需要公示的37个子目相关模块的内容和密码进行了更新。三是及时办理重点工程项目等施工许可9份。及时为郑州市大学南路与西南绕城高速公路互通式立交工程项目、郑州市陇海西路与西南绕城高速公路互通式立交工程项目、郑州至上街快速通道新建工程项目、中牟县S223线（姚家至三官庙）社区道路改建工程项目等17个新建重点项目办理了13份《监督工作计划》，确保了工程质量监督的正常开展及施工许可的办理，为施工企业提供了有力保障。

（宋立新　闫从明　陈振坤）

公路养护

【干线公路养护】 2013年，郑州市干线公路养护工作按照交通运输部“畅通主导、服务为本、安全至上、创新引领”的工作方针，积极推行“四化”养护，着力打造“畅、安、舒、美”的路容路貌。2013年，共完成G310线上街区段等5项大修工程，S323新郑境新庄至郑尧高速路口段等3项中修工程，G310线上街境竹川桥等6项危桥改造工程，完成投资1.9亿元，工程质量合格率100%。干线公路优良路率达85.1%。

日常养护坚持小修保养的经常性、季节性、预防性、前瞻性、科学性和时效性，开展“每月抽查、季度检查、半年初评、年终总评”，日常养护基本实现了“路面平整清洁、路基坚固顺适、标志齐全醒目、绿化协调美观、行车安全畅通、服务全面提升”的目标。

继续推进大中修工程市场化。按照《招标投标法》以及省、市有关规定，严格组织养护工程招投标，养护公司积极参与市场竞争，建立“统一开放、公平竞争、公开透明”的市场秩序，确保程序规范、质量优良。

“美丽公路”典范化。按照《郑州市域快速通道管理办法》及“十二五”精品路实施方案，启动四港联动大道、郑新快速通道、G107线等精品示范路建设，形成乔灌结合、花草点缀的优美环境，使之成为省会郑州一道亮丽的风景。

应急保障规范化。建立应急抢险队，完善突发事件应急预案，定期开展应急演练，进一步提高应急处置能力。特别是针对春节期间出现了大范围连续降雪降温的恶劣天气，交通系统各单位提早谋划，积极行动，第一时间保障了公路畅通有序。

路产路权维护工作。运用《公路法》《公路安全保护条例》等法律武器，出实招，求实效，坚决捍卫路产路权。从永城“11·14”事件中汲取深刻教训，按照半军事化管理的要求，组织教育培训，开展技能竞赛，努力打造一支“政治合格、业务精湛、纪律严明、作风良好”的执法“铁军”。成立了超限站管理中心，以“规范管理年”活动为契机，积极开展“三基”建设，争创全省超限站标杆，使试点单位初步实现了“基层站所标准化、基层管理规范化、基层队伍职业化”。在治超实效巩固上，扎实开展重型货车、四环及黄河浮桥附近治超专项整治行动，严厉打击逃避检查、蓄意堵路、恶性闯岗等行为，保持治超高压态势。在强化路政管理方面，争取相关部门的支持，集中治理公路两侧违章广告牌、违章搭建、埋设非公路标志、乱堆乱放等侵占路产路权的行为，成效明显。

【农村公路养护】 2013年，全市县道小修保养累计完成投资1996万元。整修路肩边坡306.51万平方米，疏通边沟199.30万公里，处理坑槽3.95万平方米，处理翻浆3.12万平方米，处理沉陷4.98万平方米，巡路保洁4.99万公里。重点对宜林路段缺株少苗进行了补植、补栽，种植乔木19万株、灌木48万株，累计完成投资1680万元。修复水毁354处，累计投资达965万元。完善道路标志、标线投资370万元。完成农村公路大中修工程项目146个，投资5486万元。其中，省补助1790资金万元，完成157.3公里；市补助资金1866万元，完成521公里。

开展“管养年”活动。为加强农村公路管理养护工作，进一步提升农村公路的管养水平，促进“管养年”活动扎实开展，郑州市交通委在全市农村公路系统开展创建“文明示范路”和“安保工程”以及创建“文明道班”和“文明养护站”的活动。2013年，郑州市农村公路系统创建文明示范路260公里、安保工程77公里；农村公路列养率达100%，县道优良路率达85%。

加强农村公路路政管理。全年路政人员上路巡查2765人次，巡查公路33万余公里。出动宣传车辆1000余台，印发宣传材料10000多份，组织有线广播15次，宣传展板5块，书写安全知识黑板报6期。清理违章标牌（非公路标志）120多块。制止在公路打场晒粮及违章占道3200余处，清理加水点120余处，制止违章建筑25处。对全市1268块限高、限宽、限吨标志以及危桥、险桥警示标志进行检查。按照巡查制度的要求，坚持上路巡查，巡查次数、里程符合要求，并及时发现和处理损坏路产案件。路政案件查处率达95%以上，索赔率达到100%，没有发生公路“三乱”现象。

（宋立新　闫从明　陈振坤）

道路运输生产

【概况】 2013年，全市道路运输生产工作以创造安全有序的道路运输经营环境为总目标，以转变发展方式、提高道路运输保障能力为主线，以运管体制改革为契机，以“规范管理年”和“扬正气、树形象”活动为载体，创新发展举措，狠抓工作落实，责任目标扎实推进，执法理念大为改观，行业管理得到增强，安全生产保持平稳，服务水平明显提升，为实现全年道路运输工作目标任务打下了坚实基础。全年道路运输共完成客运量3.32亿人次，比上年增长4.38%；客运周转量185.16亿人公里，比上年增长6.39%；完成货运量2.64万吨，比上年增长12.21%；货运周转量471.72亿吨公里，比上年增长13.9%。

稳步推进运管体制改革。2013年，郑州市交通委依据省政府办公厅《关于道路运输管理体制改革的意见》实施运管体制改革。为进一步理顺运管体制，建立职能明确、运转高效、统一规范、监管有力的道路运输管理体制和运行机制，分别到全国运管体制改革较早的武汉、深圳、上海等地运管部门进行考察、调研，完成了对20家省会或中心城市的运管机构调研和问卷调查工作，全面掌握了外省市运管机构设置情况。对全省18个地市的运管机构也进行

市委副书记王璋视察春运工作

了调研，为梳顺职责，依法定责，以责定编，以编定岗，减少内设部门，增强一线执法力量，彻底改变职能交叉、效率低下的现状做好了铺垫，为运管体制改革顺利推进做好了充分准备。

城乡一体化建设取得新成绩。为向公众提供更加方便、快捷、经济的运输服务，郑州市交通委不断加快郑州市城乡公交的推进工作。截至2013年年底，全市已开通郑州至荥阳、上街、中牟、新郑、新密、巩义、登封等6县1区城际公交，推动了6县1区的客运资源整合。郑州金象公交有限公司与郑州市上街金象城乡公交有限公司、荥阳金象城乡公交有限公司就成立郑州金象有限公司上街分公司，以及对郑州至上街公交线路进行公司化改造的实施方案达成了一致。新密客运资源整合涉及3家客运公司的各项工作于2013年年底完成。新郑、中牟两县（市）客运资源整合工作正在运作中。

【道路运输市场监管】 为做好道路运输市场监管工作，市运管局充分利用发挥城市管理提升和网络化管理资源，重点把握好4个节点。（1）抓好重大节日的市场监管。针对节日期间点多、面广、监管难度大的特点，及时制定预案，全员上岗，坚持早七点晚七点工作制度，坚守岗位，有效维护了市场秩序。（2）做好投诉和查处工作。对于群众来信来访和投诉，能及时安排专人负责，对投诉案件进行调查，达到投诉一起，受理一起，回复一起。全年共受理投诉举报32起，结案率100%，做到了件件有记录，事事有回复，受到群众的赞誉。（3）抓好火车站地区及出入市口运输市场治理工作。火车站地区人多车多社情复杂，为做好客运市场监管工作，市运管局联合车站管委会、交警三大队、市交运集团、火车站派出所、站区执法局、监察队等多家部门集中对火车站地区客运市场秩序进行了综合整治。经过治理，打掉了长期盘踞在世贸商城西北角由郑州发往平顶山的非法营运团伙，查处涉案客车30多辆；取缔并查处了银基地下停车场等非法站点和银基商贸城南门由郑州发往焦作的涉嫌非法营运车辆，该地区客运市场秩序明显好转。（4）做好摸底排查。针对市场特点和群众及媒体关注的焦点，及时走访企业、深入群众了解情况，制定了《非法长途客运汽车停靠点治理工作方案》，并联合公安部门、运输企业联合执法，建立起长效监管机制。

【春运工作】 2013年春运工作自1月26日开始，至3月6日结束，为期40天。春运期间，全市共发送旅客1988.3万人次，同比增长6.5%。其中，公路发送旅客1500.3万人次，增长1%；铁路发送旅客433.5万人次，增长15.6%。郑州公交运送乘客9548.5万人次；全市出租车客运量为3306.94万人次。

（宋立新　闰从明　陈振坤）

城市公共交通

【城市公交】 2013年，郑州公交以提高公交吸引力为中心，以“方便乘坐、完善基础、提升服务、强化管理”为总要求，积极推进线网优化和管理创新，努力为市民提供更加方便、快捷、优质的出行服务。全年共完成运营里程2.83亿公里，同比增长6.39%。完成客运总量10.32亿人次，同比增长4.77%。实现运营收入7.54亿元，同比增长3.01%。车厢服务合格率为99.82%，车辆卫生整洁合格率为98.75%，车辆完好率达到100%，各项指标均达到目标要求。行车责任事故频率为0.54次/百万公里，安全生产无重大责任事故发生。

优化公交线网布局，扩大服务范围，提高服务能力。2013年，市公交总公司以国际化的视野，站在国际化大都市的高度，吸收借鉴国际先进建设和管理理念，科学组织、周密部署、灵活作业，针对道路运营环境复杂、道路拥堵、行车困难等不利因素，千方百计提高运营保障能力，优化运力安排，挖掘车辆潜力，增加运营能力。按照“公交都市”示范城市创建方案和《畅通郑州》白皮书的要求及“一环减负、二环组网、三环搭桥、四环发展”的优化原则，打造“六横六纵”主干线网，加快发展微型公交，提高与地铁接驳换乘效率，新开线路22条，优化调整线路30条。截至2013年年底，郑州市公交车辆总数达到6618台，其中空调车辆4831台，占73%。公交车辆整体状况得到进一步改善，车辆结构更趋合理，乘坐舒适度有较大提升。

“公交都市”示范城市创建工作。2013年，郑州市注重把“公交都市”示范城市创建工作与“畅通郑州”建设融合推进，发布了《“畅通郑州”白皮书》，建立了政府主导、部门联动、齐抓共管的创建工作机制，并从规划引领、优先通行、网络建设、枢纽支撑、智能交通、低碳交通、运能提升、需求管理等方面，将创建任务分解落实到具体部门，形成了创建工作合力；郑州市“公交都市”示范城市创建实施方案通过交通运输部评审，“公交都市”建设加快推进。在快速公交建设上：投资8.9亿元、长44公里的三环快速公交系统计划2014年初开工建设，2014年4月底建成；陇海路快速公交系统前期工作已启动；在365公里“两环十七放射”生态廊道上新建公交港湾151座；建成与地铁1号线接驳的7个公交场站，对与地铁1号线接驳的163条公交线路进行调整优化。在低碳公交建设上：投资5.2亿元，新增新型清洁能源公交车600台，郑州市绿色环保公交车总数达到2799辆，占公交车总数的48.7%。在智能公交建设上：城市公交综合信息服务系统试点工程、出租车服务管理信息系统试点工程加快推进，以客流为导向的智能交通调度体系不断完善，全方位、多手段、一体化的出行信息服务体系正在形成。地铁1号线一期工程于2013年12月26日试运营，地铁2号线16个站点全部开工，城市支线路网、三环快速化、陇海路高架等项目加快推进，中心城区路网系统不断完善。城市公共交通在保障城市经济社会发展、满足市民出行和促进节能减排等方面发挥了重要作用。

强化服务管理，努力提高公交服务水平和质量，安全事故率不断下降。2013年，市公交公司针对在运营、服务、安全、文明行车、车容车貌等方面存在的突出问题，进行认真分析，积极开展全面检查、重点督导、专项治理。强化服务管理，实施超前管理、现场管理，高峰期深入各线路、各高峰站点和客流集散地调度指挥，疏导交通，维持秩序。对违章集中高发路段实行分片包干，每月定期进行检查、抽查。深入开展"星级服务""精品线路""品牌车组""三无线路"等主题活动，积极推行服务程序化、规范化、标准化。1-11月，市公交公司累计有93个车队实现了全月零违章。公交四公司、快速公交两家单位实现了连续30天无违章。市公交公司交通事故率较2012年下降25.73%，违章率下降70.98%。开展各种创先争优活动，着力进行品牌建设，郑州公交系统评出精品线路27条，品牌车组49个，精品站台8个。市公交总公司客服中心不断拓宽服务领域，多渠道传递公交声音，积极增进和外界的沟通和交流。截至2013年11月底，客服中心共受理来电1141087件，接收市长热线、网络咨询287件，市交通委来电、传真73件，电台投诉425件，办结率达100%。

完善制度建设，夯实基础管理。市公交总公司对原有的规章制度、工作流程及标准等，进行修订完善，并修编成册。强化企业基础管理，深入开展规范管理年活动，管理流程、信息工作流程等进一步规范，管理效率得以提高。注重管理培训，管理能力进一步提升。全年举办各级各类技能培训班12期，培训各类技术人员973人；管理干部45人走进延安，参加"弘扬延安精神，传承优良传统"干部培训班；100名管理干部参加了"郑州公交管理干部卓越团队建设拓展"户外拓展训练，提升了团队团结协作的战斗力和凝聚力。企业安全生产标准达标工作，公交四公司、快速公交两单位率先通过标准化二级达标要求，在全省公交系统中走出了具有自身特色的安全生产标准化建设新路子。平安建设工作以第一名成绩获得国资委系统平安建设优秀单位称号。快速公交系统开发的清洁发展机制项目（CDM）第一笔收益91.07万欧元已经到账。

【出租汽车】 2013年，郑州市城市公共交通客运管理处以构建和谐稳定出租汽车行业为目标，以提升工作效能和服务群众为核心，努力提升行业服务质量，着力提高从业人员素质，促进郑州市出租汽车行业健康稳定发展。全年我市出租汽车共完成客运量2.967亿人次，同比增长2.1%。

"扬正气、树形象"活动。2013年，郑州市城市公共交通客运管理处在全市出租汽车行业持续开展了"扬正气、树形象"活动，以行业健康稳定发展为重点，以"扬争先创优之正气，树行业良好之形象；扬爱岗敬业之正气，树文明服务之形象；扬雷厉风行之正气，树纪律严明之形象；扬明月清风之正气，树廉洁执法之形象"的"四扬四树"活动为抓手，不断深化活动内容，持续求进，整体提升，进一步树立"管理就是服务"的理念，强化内部监管，强化组织纪律，不断推进出租汽车行业"扬正气，树形象"活动向纵深发展。制定了《郑州市客运管理处2013年度"扬正气、树形象"活动方案》，并开展了一系列活动。（1）认真开展"扬正气、树形象"领导干部讲评活动。通过这种形式，既促进了同事之间的团结，又增进了相互之间的友谊；既是推动干部队伍建设的一种好形式，同时也是激励先进、鞭策后进的好办法。（2）积极开展廉政教育活动。作为行政执法单位，廉政建设至关重要，在落实好各项廉政措施的同时，结合"扬正气、树形象"活动安排，每周举行一次廉政承诺宣誓活动。此项活动的开展，旨在使每位执法人员的思想得到净化，受到启发，促使执法队伍自身纯洁，促进依法行政，文明执法。（3）开展政风行风大讨论活动。认真查摆自身存在的问题，找出解决办法，提高自身认识，明确工作目标，通过真抓实干，提升服务水平。（4）在行业内积极开展"三扬三树"活动，以提高出租汽车驾驶员整体素质，提高行业文明意识，增强集体荣誉感和归属感，充分调动积极性。

依法行政工作。（1）开展行政执法人员培训。按照《郑州市2013年依法行政工作要点》和《郑州市2013年推进服务型行政执法建设工作实施方案》文件要求，结合年度行政执法人员培训计划，于7月15日至26日分两期对客运管理行政执法人员进行封闭教育培训，聘请了法律专家、知名学者进行授课，在增长法律知识的同时，开拓了视野，进一步提升了整体素质，达到了学有所获、学有所用的目的。（2）规范执法卷宗文书工作。根据上级要求，对所有处罚案件的卷宗进行了规范，完善手续，统一制式标准，对手续不全、内容不符合规定的案卷不准入档，退回重新制作，所有入档卷宗达到了件件符合规定的要求。（3）明确执法责任。每位执法队员都签订了《郑州市交通行政执法人员不作为、慢作为、乱作为、滥作为和不文明执法行为整治承诺书》，确立依法行政理念，忠实履行岗位职责，净化环境，纯洁队伍。（4）简化办事程序，提高办事效率。要求客运管理部门人员树立服务思想，变"管理型"理念转变为"服务型"理念，开展优质服务。在日常业务办理中坚持使用文明用语，做到微笑服务，贴心服务。想经营人员之所想，急业务人员之所急，耐心听取不同意见，认真做好政策的宣传和解释工作，使各项工作能够在第一时间得到妥善解决，真正把"管理就是服务"落实到日常工作当中。简化办事程序，提高办事效率，在落实好首问责任制的基础上，开展了"一站式"服务，第一个接待的工作人员必须全程办理完毕，不得以各种借口推诿，不得让办事人员多跑趟数。还推出了限时办结，要求每天的业务在当天全部办理完毕。2013年，郑州市城市公共交通客运管理处共办理业务手续31597份，办理经营权类业务6564件，收取并上交经营权有偿使用费2306.4万元，发放各类行政许可证件27894个，接收、保管各类档案31639份。审验车辆9722台，合格9033台。检查退役车辆1211台，合格1211台；检查更新车辆1182台，合格1182台。

执法队伍建设。（1）狠抓执法队作风纪律建设，开展执法人员纪律教育整顿工作，进一步强化执法队伍纪律作风意识，严肃执法纪律，规范执法行为，自觉做到文明执法、公正执法、廉洁执法，严格遵守执法人员各项规定，使执法行为始终在"阳光"下运行。（2）狠抓行政执法责任制制度建设。大力开展文明执法严格执法专项整治活动，制定实施方案，完善各类制度。组织行政执法人员集中学习《郑州市行政

1月30日，交通部副部长冯正霖在郑视察客运中心站、南站

执法人员文明执法若干规定》及《交通行政执法五个规范》，全面履行法律、法规赋予的行政执法职责。开展依法履行职责大讨论，整治“五种违法执法行为”，始终将廉政执法的理念贯穿于整个执法过程，净化行政执法目的，切实提高行政执法素养和能力。全年共上缴廉政金3700元，对5名有违纪现象的执法人员予以清或退调离执法岗位的处理。

第二届“文明的士之星”评选活动。第二届“文明的士之星”评选活动仪式于2013年6月1日在中原福塔举行，通过季评、年评等过程，共评选出“文明的士”“文明的士之星”“文明的士之星标兵”“文明的士之星金杯奖”等4类奖项，并给予不同的物质奖励。活动的开展，旨在大力营造规范经营、文明服务的良好氛围，在行业内形成创先争优、勇争一流的热潮，全面提升出租汽车行业的文明程度和从业人员的文明素质，真正做到扬行业正能量、树行业新形象。

“以奖代增”和拟发展电召服务专用出租汽车相关工作。为贯彻落实《畅通郑州白皮书》关于出租汽车行业“以奖代增”3年规划，进一步规范出租汽车企业经营行为，提高企业的经济实力，提升企业服务水平，落实企业应当承担的社会责任，逐步实施企业规模化、集约化、品牌化经营的战略，促进企业健康发展。郑州市城市公共交通客运管理处按照上级要求和统一安排，在全行业开展出租汽车“以奖代增”调研工作，征集出租汽车公司、驾驶员的意见，并根据调研情况，制定了《郑州市市区出租汽车以奖代增实施意见》（代拟稿）及《实施细则》。2013年3月，根据市政府指示精神，为推进市区新增电召专用出租汽车工作，广泛收集各方信息，借鉴外地经验撰写了《关于郑州市新增电召专用出租汽车的汇报提纲》及《关于我市市区发展电召专用出租汽车工作情况汇报》，在此基础上制定了《郑州市市区发展电召专用出租汽车实施方案》（代拟稿），并组织召开由市纪委、检察院、法院、市法制办、维稳办、出租汽车公司等多方代表参加的“关于我市市区新增电召专用出租汽车专题座谈会”，广泛收集意见，对实施方案进行反复修订。

出租汽车企业、驾驶员服务质量信誉考核、企业等级评定工作。郑州市城市公共交通客运管理处根据交通部、省交通运输厅的工作安排，结合郑州市的实际情况，科学合理地制定了《郑州市客运管理处关于开展2012年度服务质量信誉考核工作实施方案》。制定统一考核标准，成立4个考核小组，对54家公司（含郊县9家）同时进行了考核。根据考核小组考核结果对企业进行等级评定，并将考核结果在网络上进行了公示。共有4家出租汽车公司被评为AAA级，50家（含郊县9家）被评为AA级，一家被评为B级。100名“文明的士之星”驾驶员被评为AAA级，22640名驾驶员被评为AA级，754名驾驶员为A级，238名驾驶员被评为B级。

从业人员培训工作。为进一步提升出租汽车驾驶员队伍的整体素质，激发企业培训的积极性，按照市委、市政府关于开展好在岗出租汽车驾驶员培训工作的指示精神，郑州市城市公共交通客运管理处制定并完善了“以奖代补”有关政策，将人员培训经费以奖励形式下拨到各出租汽车公司，发挥企业自主培训的主动性，提高他们培训积极性。全年累计培训在岗驾驶员2.2万余人次，完成岗前培训21期，培训人员5655名。

畅通信访投诉渠道，及时处理投诉案件。以作风效能建设为契机，把做好群众来电来访作为主线来抓，坚持“群众利益无小事”的工作原则，积极推行首问负责制和责任追究制度，认真受理群众的来电来访。全年共调解各类纠纷30余起，接听热线来电128743个，受理信访投诉案件6036件，办结5419件，结案率达90%以上。接受失物查询1500余次，收到出租汽车驾驶员上交的失物136件，已返还81件。

保障重大活动和节日市民的出行需求。2013年，郑州市城市公共交通客运管理处充分发挥网格化管理优势，成功地完成了春节、国庆及中博会交通保障任务。一是为缓解春节、国庆等节日用车高峰，提前谋划制定应急方案，组织优秀司机和车辆到火车站、高铁站及各长途汽车站客流聚集较多的地方进行服务，做到了快速疏散乘客的目的。全年共调派车辆4600余台次，保障了春节、国庆等节日市民的出行需求，得到了社会各界的一致好评。二是圆满完成了各类会议的保障任务。拜祖大典、文明城市指数测评、中博会等重要活动相继在郑州市举行，为确保圆满完成保障任务，市客运管理部门统筹安排，积极行动，以高度负责的工作态度，在时间紧、任务重的情况下，按照市委、市政府对出租汽车行业提出具体要求，做好车辆调派和服务保障工作，并充分做好主会场、会议代表入住宾馆的运力调派以及出租车车容车貌检查工作。由于统筹协调工作得力，使主会场、代表入住宾馆等地的出租车营运秩序良好，车容车貌卫生干净，受到了与会代表的赞许，圆满完成了会议保障任务。

郑州市出租汽车行业第九届爱心送考活动。2013年5月30日、6月1日、6月5日爱心送考活动启动仪式现场，2000余台出租车集体张贴“爱心送考”车贴，在倒车镜上系上象征金榜题名的金丝带、绿丝带，高考期间，凡持有准考证的考生均可免费乘坐爱心送考车辆。6月5日，郑州市出租汽车行业济方诚信、大河、宏光、万发、金海、心达、银河等7家公司与河南省人民广播电台FM99.9广播在郑州市秦岭路北段联办“爱心送考”活动，共有443台车500余人参与现场活动，弘扬了行业正气，树立了行业形象。

加强行业管理，促进行业健康发展。2013年，郑州市城市公共交通客运管理处先后开展了春雷行动、秋风行动等专项整治活动，抽调有执法证的内勤人员配合稽查队员对火车站、长途汽车站等重点区域的违章出租汽车进行查处和治理，重点是拒载、议价、甩客、宰客等违规违章行为，并对违章车辆给予严厉处罚，对经媒体曝光且情节严重者坚决清理出行业队伍，净化营运市场，营运环境进一步改善。全年共查处各种违章车辆2679台，其中非法营运1272台次，因严重违章等原因，注销驾驶员服务资格证26个。

【轨道交通】 2013年，郑州市轨道交通有限公司在市委、市政府的正确领导下，坚持以党的十八大与十八届三中全会精神为指导，切实转变工作作风，艰苦奋斗，扎实工作，坚持1号线年底通车试运营的目标不动摇，积极组织开展“百天会战”活动，各项工作稳中求进，好中求快，得到了全面发展。1号线如期实现了开通试运营；2号线一期实现了所有车站的开工建设；5号线、1号线二期部分控制性工程实现了开工建设；郑州市轨道交通航空港配套工程、3号线各项前期工作正在有序开展。

地铁1号线顺利实现通车试运营。2013年，为确保地铁1号线按期实现通车试运营，郑州市轨道交通有限公司围绕剩余附属结构施工、机电安装与调试、主变电站建设、装饰装修工作、综合联调联试、试运行、试运营验收等工作，开展了“战百天保安全保开通”活动。在保证工程建设质量、安全的前提下，根据地铁1号线通车节点要求，倒排工期，以“抢着赶，巧着赶，科学安排合理干”的工作态势，与时间比速度、要效率。并制定进度保证措施，与各参建单位签订了目标责任书，明确奖惩机制，确保各参建单位工作主次分明、重点突出、紧紧围绕节点工期进行施工，着力破解工程建设中存在的困难和问题，经过各方努力如期完成了地铁1号线各项建设与运营筹备工作。地铁1号线自2009年6月开工以来，顺利实现了2010年13台盾构机全部下井、2011年“洞通”、2012年“轨通”、2013年3月底“电通”、2013年7月实现全线接触网热滑，车通全线；2013年9月16日比计划提前半个月实现试运行；供电、通信、信号、综合监控、风水电（给排水、通风空调系统）、电梯、屏蔽门、自动售检票、消防等系统安装与单项调试进展顺利，2013年12月5日完成综合联调联试；12月中旬完成所有装修任务。车辆段、停车场、调度中心建成并投入使用；运营筹备工作开展顺利，试

9月16日，郑州地铁试运行

运行历时3个多月完成，确保了各系统运转平稳、安全、可靠，充分达到了《城市轨道交通试运营基本条件》国家标准要求；通过了安全、消防等10项专项验收和试运营评审。《郑州市城市轨道交通运营管理办法》于2013年12月24日公布施行。地铁1号线在保证质量和安全的前提下，实现了投资额在批准概算之内，于12月28日正式开通试运营，在国内同一批批复、同一批开工建设的城市线路中率先开通。

试运营有序开展。为确保地铁1号线开通后为市民提供最优质、方便、快捷的出行服务，市轨道交通有限公司依据相关规范，借鉴其他城市列车开行标准和做法，开通初期安排开行列车12列，备用2列，行车间隔8分52秒，首末班车发车时间为6:30、21:30，车辆到位与调试情况能充分满足试运营需要。地铁1号线开通后，市轨道交通有限公司依据客流增加情况，增加列车开行对数，缩减行车间隔，适度延长列车运行覆盖时间。试运营期间，开通首日客运量145838人次，日均客运量189083人次，累计客运量945413人次。各行车系统及车站机电设备运转情况良好，运营秩序及客运组织有序，针对大客流采取了备用列车上线运营、大客流预案、市轨道交通有限公司全员分站包点、重要环节增加人员与设备、志愿者进站服务等措施，确保了大客流日运营秩序平稳有序，为乘客提供了便利的引导与乘车服务，运营服务工作得到乘客的肯定。

（宋立新　闰从明　陈振坤）

交通行业管理

【依法行政工作】 2013年，郑州市交通运输依法行政工作按照郑州市政府和上级部门执法评议工作要求，细化分工，落实到人，落实时间节点，落实责任，圆满完成了各项年度目标任务。

健全制度，完善机制。坚持把建立健全各项制度作为依法行政工作的长久支撑和根本保障，突出“制度创新”，大力推进交通运输依法行政工作科学化、制度化、规范化，重新修订完善了《交通运输行政处罚事前提示制度》《交通运输行政处罚事中指导制度》《交通运输行政处罚事后回访制度》等一系列制度规定，为各项工作落到实处提供有力保障。同时，根据《关于深入推进规范行政处罚裁量权工作的通知》精神，突出抓好自由裁量权配套制度的完善工作。加强了对郑州市交通委系统各执法单位作出的重大行政处罚决定、减轻处罚决定以及免予处罚决定案件的审查工作。针对一般程序处罚案件，要求在《交通违法行为处罚决定书》中详细表明违法的事实和法律依据，以及行政处罚裁量权标准。进一步规范重大案件集体研究制度，杜绝了执法人员因个人感情因素影响行政执法。

严格管理，规范执法。规范执法行为。在交通执法过程中，严格按照《行政强制法》《行政处罚法》《交通行政执法规范》等有关法律、法规，规范郑州市交通运输行政执法队伍执法行为。规范执法文书。加大规范性文件审查备案管理工作的力度，较好地实现了审核率、备案率和及时率均达到100%的目标。建立行政合同审核报备制度，严格按照《郑州市行政机关合同管理办法》报备市交通委签订的行政合同目录及履行情况，法制审核率达到100%。规范执法程序。制定和完善案件处理工作规则和流程，对执法案件的调查取证、采取强制措施、结案等环节提出明确要求。加强监督。不断加大明查暗访力度，每月对郑州市交通委系统各治超站点管理、公路“三乱”、交通行政执法等情况进行随机检查，帮助解决问题，督促问题整改。及时受理群众投诉，限时办理投诉案件，不断提升便民服务效率。

加强培训，提高素质。2013年，郑州市交通委坚持以提高执法人员综合整体素质为总目标，不间断抓好培训工作。制定年度教育培训工作计划，完善培训考核与管理制度，建立执法人员培训台账。加强法律知识培训，按时参加上级组织的7次培训，同时积极组织本系统执法人员坚持每月进行两次培训，系统学习《河南省公路安全保护条例》《中华人民共和国道路运输条例》《行政处罚法》等相关法律法规，提高了执法人员整体法律水平。加强业务培训，邀请专业人士举办文书制作、行政执法案件办理、案件讲评等业务知识讲座6场；举办法制管理干部培训班2期，进一步提高了领导干部依法行政的综合素质；组织交通行政执法人员培训5期，培训执法人员1210人次，通过培训提高了执法队伍素质，保持了交通行政执法队伍的良好形象。

拓展渠道，外树形象。2013年6月15日，按照省、市法制办的要求，郑州市交通委组织相关单位到绿城广场参加了集中宣传活动，郑州市道路运输管理局代表省交通运输厅参加了省政府组织的集中宣传活动。在集中宣传活动期间，郑州市交通委共制作展版8块，发放各类宣传品5万余份，在郑州市交通委网站、市政府法制信息网发表信息36篇，在《郑州政府法制》《郑州法制》等刊物发表文章7篇。郑州市交通委及郑州市公路局、郑州市城市公共交通客运管理处、郑州市地方海事局等部门都在门户网站上制作了集中宣传活动游动宣传图标进行信息链接，并设立征求意见专栏，对社会公开征求交通运输系统推进服务型行政执法建设的意见和建议。郑州市交通委所属各执法单位在本单位电子显示屏和高速公路上的电子屏上滚动宣传服务型行政执法的内容，树立了郑州交通运输系统良好的社会形象。

加大基层建设投入，初显成效。根据省交通运输厅《关于印发河南省交通运输厅规范基层执法站所建设指导方案的通知》的要求，及时下发《关于印发全市交通运输系统基层基础基本功建设实施方案的通知》，要求各县（市）区交通运输局强力推进“三基三化”建设工作，确保按时完成基层执法站所建设任务，并在新密市交通路政大队进行了标准试点。通过试点，以点带面地提升了郑州市执法人员生活质量，塑造了郑州交通服务型执法队伍的新形象，为全省乃至全国交通运输系统做出了榜样。

行政审批改革，扎实推进。为全面深入推进郑州市交通运输行政审批制度改革，确保各项工作稳步有序推进，按照郑州市行政审批制度改革领导小组的统一部署，郑州市交通委及时成立领导小组，组织相关业务人员赴标杆城市石家庄开展“三比”活动，按照“事项最少、流程最简、时限最短”的原则，对原有的27项审批事项进行了全面清理、规范和优化。改革后，共保留行政审批事项12项，日常监管事项3项，上解省交通运输厅2项，下放县（市）区交通运输局4项，审批环节由原来的131压缩为45个环节，压缩率为65.65%；审批时限由原来的540个工作日压缩为56个工作日和2个即办事项，压缩率为89.63%，实现了预期目标。

【道路运输市场管理】 2013年，为创造安全有序的道路运输经营环境，根据省交通运输厅《关于印发全省交通运输系统规范管理年活动基层基础基本功建设等五个实施方案的通知》的要求，郑州市运管局制定下发了《“三基”建设活动方案》《“三风”建设活动方案》及《道路运输客运市场、货运及物流市场、驾培市场和从业人员等治理整顿方案》。

“三基”建设取得新突破。（1）按照省交通运输厅统一基层站所单位的称谓、外观，统一标志标识，统一执法证件，统一服务标准，统一工作流程，统一文书档案的“六统一”标准，加强硬件设施建设，完善办公设备和“五小工程”改造工作。为执法队员配齐车载电台、手提电脑、摄像机、打印机、执法记录仪、政务通、反光背心等取证及安全防护设备。（2）定制度。以健全完善岗位责任制、责任追究制、档案管理制、信息公开制、监督奖惩制、学习考核制为主要内容的“六项制度”为重点，扎实推进规章制度规范建设。修订完善了《行政处罚事前提示制度》《行政处罚事中指导制度》《行政处罚事后回访制度》《重大行政执法案件集体研究制度》等一系列制度规定，为各项工作落到实处提供有力保障。（3）搞培训。以交通运输基层职工应知的基本知识、应懂的基本法律法规、应会的基本业务技能、应有的基本服务意识为内容，聘请专业人士举办文书制作、执法规范、行政执法案件办理、案件讲评等业务知识讲座，有效提高了执法人员的业务素质和执法水平。全年共组织120人次参加了上级组织的执法培训4次，提高了执法队伍素质。

“三风”建设取得新进展。为建设一支为民、务实、清廉、高效的运管队伍，郑州市运管局以治理“慵懒散奢”为突破口，组织开展了“讲纪律、抓管理、强素质、树形象”活动。强化行政效能建设，建立和完善了以首问负责制、限时办结制、责任追究制为主要内容的行政效能制度，增强了行政公信力。强化执法队伍建设，规范执法行为，对出现问题的人和事予以严查。实施执法义务监督员制度，及时纠正运政执法中不作为乱作为行为。加强作风建设，严肃政治纪律、组织纪律，确保政令畅通，令行禁止，促进了运管队伍风更正、气更顺，凝聚力和向心力得到进一步增强。

市场治理整顿取得新成绩。2013年，郑州市运管局在全市范围内先后开展了客运市场、货运及物流市场和驾驶员培训市场的清理整顿活动。全年共出动稽查人员1.2万人次，出动稽查车辆3200台次，检查各类车辆5万多辆，查处违规违章车辆1500台次，有效地规范了运输市场秩序。客运方面。开展了客运市场专项治理整顿和包车客运市场专项治理整顿等活动。在包车客运专项治理中，市运管局与郑州市公安局交通警察支队联合下文对全市道路包车客运市场进行整治。对全市29家客运企业、2976台客车进行了摸底核查，共查扣非法车辆40余台。对排查发现的24项问题逐一下达了整改通知书。对经许可的29家正规公司在《郑州晚报》上进行了公告，接受群众监督。同时，积极对外省及本市公安部门抄告的310余台违章车辆进行了通报和处理，起到很好的警示作用和社会效果。货运及物流方面。开展了货运及物流专项治理、危险品运输专项治理和重型货车专项整治等工作。对全市货运及物流企业进行了排查，清理整顿了“无车空户”货运企业，查处违规货运、物流企业390余家，对126家违规企业下达责令整改通知书。对道路危险化学品运输业、专用罐车分别进行了全面的专项检查。重新审查从事道路危货物运输经营业户的经营资质、危货运输车辆和设备技术状况、从业人员资格等情况。强化了对重型货车超限超载治理工作，吊销了13辆违法货运车辆的道路运输资格证。同时要求所有重型货车年底前全部安装GPS卫星动态监控系统，有效遏制了重型货车道路交通安全重大事故的发生。驾驶员培训方面。扎实推行IC卡学时记录仪、多媒体教学设备及教学软件的应用，提升了学员的训练水平。在《郑州晚报》及其他报刊、市交通委网站和运管信息网上，对全市各合法驾校地址、联系电话及信用等级进行公示，为社会提供了良好的监督平台。加大监管力度，打击非教练车培训、恶性竞争、挂靠经营和异地招生培训等现象。共查处违规分校6所，非法培训点23处，查扣教练车6辆，责令关停拆除教学设施17处。

【路政管理】 2013年，路政管理工作努力践行“以人为本、一车为本、一路为本”的管理理念，强管理、重服务、保畅通，公路路政执法和道路运输管理工作再上台阶。

制定下发《郑州市公路应急保通实施细则》。为切实加强郑州市公路应急保通工作，建立健全公路应急管理体制机制，2013年8月，根据省交通运输厅通知要求，结合郑州市公路应急保通工作实际，郑州市交通委制定下发了《郑州市公路应急保通实施细则》。有效增强预警预防和应急处置能力，最大限度减少因公路突发事件造成的人员伤亡和财产损失。

认真开展公路沿线综合整治工作。2013年3月，为做好黄帝故里拜祖大典活动期间公路路容、路貌综合整治提升工作，进一步展示省会郑州的良好形象，根据市委、市政府工作安排部署，郑州市交通委研究制定了郑州市高速、干线、农村公路违章广告建筑专项治理实施方案，对高速、干线、农村公路路容、路貌进行了全面排查治理，尤其对绕城高速和机场高速公路进行了重点排查治理。2013年，干线公路共排查出违章广告建筑182处，已拆除182处；高速公路共排查出违章广告建筑126处，已拆除118处；四环道路共排查出违章广告建筑104处，已拆除104处。

持续推进工程项目路政许可报批工作。2013年，路政管理处采取“规范资料、专人报批、分级沟通、观摩学习、模拟评审”的五步工作法，持续推进项目路政许可报批工作，收到了良好效果。先后协调批复了大学南路与西南绕城高速公路立交、国道107辅道与连霍高速公路立交、国道107郑州境改扩建孟庄至龙湖连接线、国道107辅道南延与西南绕城高速公路立交以及郑州至登封快速通道改建工程等12个项目许可文件。

扎实做好工程项目保通协调工作。郑州市交通委组织路政支队、项目代表部和施工单位，协调省交通运输厅高管局、公路管理机构、高速交警等部门做好南三环东延下穿京港澳高速工程、航海东路与京港澳高速互通立交工程、郑新快速通道与西南绕城高速互通立交工程等重点工程的保通工作。尤其是郑新快速通道与西南绕城高速立交工程在时间紧、任务重、天气恶劣等困难情况下，圆满完成了郑新快速通道与西南绕城高速互通立交工程西南绕城高速公路段的施工保通工作，确保该项目施工4月12日前具备高速公路通车条件。持续推进中原西路与西南绕城互通立交、陇海西路与西南绕城互通立交、国道107郑州境改扩建孟庄至龙湖连接线、国道107辅道南延与西南绕城高速公路立交、大学南路与西南绕城高速公路立交等项目保通养护、机电设施以及押金等相关协议的协调签订工作。

认真落实重大节假日小型客车免收通行费工作。按照《河南省重大节假日免收小型客车通行费具体实施方案》要求，路政管理处及时制定了2013年春节、清明节和“五一”劳动节等3个重大节假日小型客车免费通行工作方案和应急预案，成立组织，提前做好各项准备工作，确保了郑州市小型客车免收通行费工作落到实处。节假日期间，市交通路政管理支队到绕城高速公路各个出入市口进行保通，通过省市联动，节假日期间绕城高速通行秩序井然。

【超限超载治理】 2013年，超限超载治理工作坚持政府主导、部门联动、源头治理的原则，保持治超高压态势，对7000台非法改装车辆进行拆解，对400余名超限超载驾驶员做记6分处理，对15.23万余台车辆进行了检测，治理超限车辆1.37万余台，累计卸货9.9万余吨，超限超载率始终控制在4%以下。

认真开展"规范管理年"活动。结合重型货车道路交通安全整治行动和全省治超专项治理活动，多措并举，规范管理，不断巩固和扩大治超成果。（1）完善制度，严明工作职责。实施联席会议制、信息抄告制、首查责任制和倒查责任制，严格落实工作职责，实行交通、公安、纠风、安监、工商、质监等多部门联合执法，齐抓共管、协同作战，始终保持治超高压态势。（2）规范执法，强化路面治理。全市6个固定站点强化内部管理，依法治超，规范执法。（3）严把"五关"，加强源头治理。在荥阳、新密、登封等重点货源地和车源地，严把货运场站装载关、货运车辆入户关、非法改装车辆拆解关、营运资格审核关、驾驶员记分关，源头治理工作成效明显。（4）精心组织，开展专项行动。1-3月，为认真贯彻落实省政府车辆超限超载专项治理工作会议精神，按照《河南省车辆超限超载专项治理实施方案》的具体要求，开展了全省车辆超限超载专项治理行动。4至5月，开展了全市联合治超专项行动。5月29日至6月14日，从全市抽调治超人员80名，在花园口黄河浮桥，分三班连续开展24小时不间断执法行动，未让一辆超限超载车辆经由黄河浮桥进入郑州市区。（5）加强培训，杜绝违规执法行为。建立健全市、县治超队伍二级教育培训体系，严格持证上岗制度，严禁随意上路查车。坚持文明执法，规范执法，杜绝以罚代管、以罚代卸、乱罚乱管、粗暴执法、双向拦车以及以各种形式办理"月票"等违规行为。

大力开展治超专项整治活动。郑州市召开全市车辆超限超载专项治理专题会议，对全市车辆超限超载专项治理工作进行安排部署。郑州市政府制定《郑州市贯彻落实河南省车辆超限超载专项治理工作提升实施方案》《郑州市车辆超限超载专项治理督导方案》，并按要求组织相关单位成立领导小组，定期、不定期对全市车辆超限超载专项治理活动开展情况进行督导检查。为营造出良好的治超舆论氛围，郑州市交通委采取了多种形式深入开展宣传活动，在全市干线公路共发放宣传单37000余份，悬挂宣传条幅230余幅，张贴宣传公告4500余份。《河南商报》、郑州电视台、《郑州日报》等多家省会新闻媒体对治超活动的开展进行了宣传报道。郑州人民广播电台每日早上7时至7时30分在新闻广播和交通广播《治超专栏》节目中，积极报道治超工作的进展情况以及相关部门治超工作的做法和经验，每天4个频道滚动播出。认真做好专项整治活动的督察工作。市治超督察室对各县市治超办、超限站和路政大队进行了50多次的明查暗访，对各单位专项整治活动进行全面督导检查，及时发现问题，解决问题。

认真落实信息抄告处理工作。根据省交通运输厅《关于认真做好实施〈河南省货运车辆超限超载信息抄告处理办法〉有关工作的通知》，市治超办高度重视，及时与省治超办和各县（市）治超成员单位分别建立了QQ群，并及时督促各治超成员单位要采取专人负责，专机专用的办法严格落实，保证了信息抄告处理工作有效实施。全年共完成车辆信息录入1327台次。

实施经济挂钩工作。2013年上半年，对2012年第四季度42辆符合经济挂钩工作要求的超限超载车辆进行了认定，划转各县（市）区财政资金126万元。下半年，对2013年1-6月符合经济挂钩工作要求的59辆超限超载车辆进行了认定，划转各县（市）区财政资金177万元。

【修配市场管理】 2013年，郑州市机动车修配市场管理工作以促进本行业科学、健康、可持续发展为目标，紧紧围绕省、市交通运输工作部署，牢固树立全心全意为全市车主和维修业户提供优质服务的理念，克难攻坚，圆满完成各项年度目标。2013年，共受理新开业户申请820家，其中合格509家；办理变更、换证业户272家。全市维修业户总数达到5272家，其中，一类201家、二类672家、三类4177家、其他业户215家。集中力量组织开展维修企业质量信誉考核工作，共确定AAA级企业46家、AA级164家、A级120家，新办28家。受理各类维修质量纠纷17起，调处率为100%；累计出动执法人员896人（次），执法车辆235台（次）；查处无证经营业户126家，对74家无证业户的设备进行了证据保存，取证物品85件。处理投诉举报93起，结案率为100%。办理营运车辆共评定备案33048台次，维护备案69667台次，新车入户备案9677台。完成客车类型等级复核3512台次，其中高级车2806台次，中级车674台次，普通车32台次。共完成技术负责人、质量检验员、机修、电器、钣金、涂漆、汽车美容装饰等工种从业人员培训28期，培训各类技术人员2542人。

以规范管理为抓手，认真履行行业管理职责。2013年，按照省交通运输厅和市交通委"规范管理年"活动部署，市机动车修配管理处结合自身实际，加强组织领导，认真梳理各项职责，完善工作机制，狠抓规范管理。先后修订完善各项业务流程和规章制度40余项，召开维修企业座谈会13次，广泛听取业户意见建议，促进管理水平和服务能力的双提升。（1）严格实施维修行业行政许可制度。对维修业户开业申请，坚持实行"服务大厅受理、执法人员现场勘验、业务科长初审、处领导审批、业务传递单监督"的五级行政许可责任制，严格执行国家有关法规、技术标准，不合格的一律要求先整改，整改不合格的坚决不予许可，从源头上严把了维修市场准入关，净化了维修市场环境。（2）狠抓维修质量日常监管。以质量信誉考核为抓手，对优秀企业进行大力表彰和宣传，对不合格企业限期督促整改，并把考核结果与市级政府招标相挂钩，充分发挥质量信誉考核的激励作用，引导企业自觉提高维修质量，诚信守法经营。充分发挥维修企业网络视频监控平台作用，加强对维修企业作业质量的监督。截至2013年年底，全部二维企业已纳入维修企业监控网络。积极开展维修质量纠纷调解工作，积极调处承、托修双方矛盾，保护双方的合法权益。大力开展二维企业整治提升工作。先后发布了《关于加强营运车辆二级维护管理工作的实施意见》《进一步加强二维企业管理的通知》等文件，《实施了机打竣工合格证制度》《检测前照片核对制度》《维修企业申领合格证配额制度》《送检人员统一着装挂牌上岗制度》等多项制度，进一步规范了道路运输车辆维护工作秩序，提高了维护作业质量。（3）积极开展维修从业人员培训。2013年，市机动车修配管理处通过多项举措，使维修企业和从业人员持证上岗率有了显著提高，行业从业人员素质得到进一步提升。积极与大中专院校及维修企业等机构进行合作，搭建培训平台，扩展培训渠道，增加各类培训人员300余人。根据市场状况主动与其他职能部门协调，增设二手车评估等新的培训工种，满足了市场需求。强化了培训师资建设。依托行业管理优势，广泛吸收行业内有理论、实践经验的维修专家充实到培训队伍中，形成了一支多工种、高水平、稳定的师资队伍，确保了培训工作扎实有效。截至2013年年底，累计完成二类以上企业持证人员再教育培训3200余人次；建设各类工种培训点12个，开办上门培训19期。（4）扎实抓好车辆技术管理。2013年，市机动车修配管理处落实运输企业主体责任，先后3次召开车辆技术安全专题会议，督促企业建立和完善车辆技术安全管理机制，提高安全责任意识，开展安全隐患专项治理活动，杜绝安全事故隐患的发生。对违规营运车辆坚持实行通报制度。定期利用管理系统排查到期或违规营运车辆名单，及时上报给上级主管部门并通报给相关企业，形成上下齐抓共管的良好局面。加强重要时段的安全检查。在“五一”“十一”、春节等重大节日，对客运、旅游、危险品运输企业进行拉网式排查，做到早检查、早处理、早预防。加强对汽车综合性能检测站的指导和监督，主管领导带领相关部门负责人每半年至少进行1次巡查，发现问题及时督促整改。（5）2013年，市机动车修配管理处多措并举大力加强安全生产监督工作。组织开展了道路交通安全综合整治专项行动和重型货车道路交通安全整治活动，进一步规范了道路运输企业、机动车维修企业的安全管理工作，为创建安全、畅通、有序的交通运输环境提供了有力保障。积极参与安全宣传活动。在郑州市交通委举办的“防灾减灾日”宣传活动和“安全生产咨询日”活动中，制作条幅1幅、展板4块，向广大市民发放宣传资料1500余份、宣传手册300余份。积极推进安全生产标准化建设工作。根据省交通运输厅道路运输管理局要求，组织了安全评价专家报名工作。上报安全评价专家23名，全部纳入专家库，为下一步安全评价工作顺利开展奠定了基础。

【海事管理】 2013年，郑州市地方海事局认真贯彻落实全国和省、市交通运输、海事航务工作会议精神，以“扬正气、树形象”活动为载体，坚持以网格化管理推进各项工作落实，克难攻坚，务实重干，创新发展，较好完成了海事航务各项工作。

水路运输市场平稳有序。所辖长航货船完成水路货运量11万吨，周转量3780万吨公里，继续保持稳定势态；辖区水路客运量8.6万人，旅客周转量151.6万人公里，同比增长12%。

水上交通安全形势保持持续稳定。全市辖区水域没有发生一起水上交通亡人事故，各项安全措施扎实有效，安全监管到位，继续保持我市水上交通安全形势稳定。

辖区水域航行秩序良好。坚持日常水上交通安全巡查、重点时段现场监管，查处水上交通违规违章行为，维护水上交通秩序；进一步规范水上大型群众性活动审核许可流程；认真落实汛期、黄河调水调沙等特殊时期交通管制和恶劣天气预警预报制度，及时发布航行通告和预警信息。

海事行政执法能力和水平得到进一步提升。执法形象建设不断加强，执法能力不断提高，执法行为不断规范，规范性文件审查、备案工作有力有序，行政许可各项制度、流程不断完善。

“扬正气、树形象”活动效果显著。市海事局把“扬正气、树形象”活动与中心任务、日常工作和本职岗位紧密结合，激发了干部职工干事创业的激情、热情，活动取得了良好效果。连续3年获得全市依法行政工作先进单位；连续3年获得全市交通系统先进单位；市海事局被交通运输部确定为全国交通系统水上搜救先进集体；市海事局局长曾利民获全国海事工作先进个人荣誉称号；市海事局夏国荣获郑州市“三八”红旗手荣誉称号；市海事局经省海事局检查、考核，被列为“四型海事”好形象好品牌单位，拟上报国家海事局审批，这是河南海事系统唯一1家。

坚持以网格化管理的模式，建立水上交通安全监管长效机制。（1）严格落实安全生产责任制。2013年初，专门召开全市海事工作会，与各县（市）区海事机构签订水上交通安全目标责任书，市海事局班子成员划分承包辖区水域，中层骨干下沉到网格，一般工作人员直接具体承办。通过以网格化的管理模式，建立起了岗位明确、任务明确、责任明确、一级抓一级、层层抓落实、横到边竖到底的安全监管格局。（2）坚持“三关一排查”“四个重点”检查制度，及时发现水上安全隐患，及时进行整治。突出抓好库区、重点水域在春节、清明、“五一”“十一”以及旅游旺季等重点时段的水上交通安全工作，实现水上交通安全监管工作从突击式、运动式向常态化、制度化转变，充分发挥“条”和“块”两个方面的积极性，确保辖区水上交通安全。（3）深入开展“打非治非”活动，坚决制止违法违规行为。黄河花园口水域，一些“三无”船舶违法营运、非法载客现象严重。市海事局高度重视，积极行动，召集惠济区交通运输局、海事处和当地乡镇政府召开专题会议，联合组织海事执法力量对黄河花园口近10公里水域违规经营快艇进行严厉打击，对该水域水路运输旅游市场开展清理整顿行动。行动中，共下达行政强制文书9份，暂扣快艇油箱9个，对涉嫌非法营运行为起到了震慑作用，有效遏制了水上安全隐患上升势头，规范了水路运输秩序，净化了水路运输市场。截至2013年年底，全市海事执法部门累计派出督导检查人员132人次，出动执法车辆110辆次，检查船舶382艘次，排查水上安全隐患43处，下发隐患整改通知书35份。

加强海事航务行政执法，不断提升履职服务能力和行政管理水平。（1）在行政审批工作中，进一步完善各项业务办理制度和流程，确保行政审批依法、守规、高效、便民。全年办理船舶登记25艘，船员考试发证104人，船舶签证208艘次。在行政执法过程中，无错案发生。（2）进一步加强片区船舶检验工作，确保片区船舶检验任务顺利完成。全年共完成船舶检验260艘，其中郑州市76艘，片区184艘。船检工作完成率达100%，合格率达95%以上。（3）组织人员进一步完善规范性文件审核、行政合同备案和重大决策集体研究等相关法制监督制度，组织开展《行政许可法》《河南省水路交通管理办法》《国内水路运输管理条例》的宣传贯彻工作。根据2012年全市依法行政工作考核中发现的问题，认真研究并进行整改，查漏补缺，市海事局依法行政工作顺利通过市法制办的检查、考核。

主动参与，热情服务，为郑州市水上大型群众性活动保驾护航。2013年6月10日，“第二届中华轩辕龙舟大赛”在郑东新区如意湖隆重开幕。市海事局依法对赛事各项水上安保条件实施了评估和许可审批，精心制定应急救援预案，周密部署大赛保障工作，加强现场监管，圆满完成了护航工作，受到了省、市相关领导及大赛组委会高度赞扬。7月5日，2013世界大力士中国争霸赛在郑州东区如意湖隆重开幕，此次活动由中央电视台综合频道、中共郑州市委宣传部共同主办，来自30多个国家的大力士冠军以及中国选手共32人参赛。为保障开幕式和水上拔河项目顺利进行，市海事局精心准备，制定水上应急救援预案，进行应急搜救演练和船舶驾驶训练。开幕式当天，调集巡逻艇、救援橡皮艇、水上摩托艇等装备，在水面进行巡逻警戒，维护开幕式秩序，保证了开幕式水上表演和水上比赛项目安全顺利举行。

继续加强海事宣传，不断扩大海事影响。通过网站、微博、画册、宣传品等多种方式，加大海事工作宣传力度，先后开展和积极参加了《河南省水路交通管理办法》的宣传贯彻、“五一”“十一”、防灾减灾、安全生产月、安全生产宣传日等多场宣传咨询活动。共制作宣传展板15块，悬挂横幅55幅，张贴标语、发放宣传单1280条，制作画册800余本。

（宋立新　闫从明　陈振坤）

交通企业

【郑州宇通客车股份有限公司】 2013年，面对国际经济持续低迷、国内经济增长放缓等不利环境，郑州宇通客车股份有限公司，克难攻坚，集团经营业绩逆势增长，销量、销售额再创新高，全年实现客车、工程机械销量6.001万台，较2012年增长8.2%。集团整体营业额达到330.58亿元，较2012年增长27.70亿元，增幅9.1%。各项战略全面推进，产业布局稳步落地，继续保持平稳健康的发展态势。

客车板块。2013年，集团客车板块整体业务增长高于本行业平均增速、高于主要竞争对手增速，实现了“双高于”的目标，巩固了客车行业第一的优势。郑州宇通客车股份有限公司根据既定“五条主线”战略规划要求，组织推进战略宣传贯彻、分解和落地工作，各项举措均已进入实施阶段。（1）文化主线。完善了文化闭环管理体系，建立了体系亚文化暨基于价值观的行为标准建设规范，并纳入了员工绩效考核，通过文化座谈会充分暴露问题、统一认识，公司整体文化氛围得到一定改善。（2）营销主线。顾问式营销和铁三角协同机制开始运作，订单分类运营指标得到明显提升；CRM系统一期已上线试运行；优化了市场研究组织职能，根据市场反馈对产品进行持续改进；初步搭建了一站式服务体系。（3）研发主线。PLM管理平台完成了产品开发流程梳理及系统选型，全3D设计已在部分产品上开始应用；模块化项目进入模块设计阶段，新能源产品获得较好的市场反应；高端产品研发项目仍处于调研策划阶段。（4）制造能力提升主线。已按照项目规划，启动了非标与标准产品的制造优化工作；搭建了直通率管控机制并开始发挥作用；生产能力提升项目进入落地阶段。（5）配置器管理主线。已初步建立配置管理机制和平台管理流程，区域配置已进入配置器，订单分类指标有明显提升，对公司内部的研发、生产、采购等工作的拉动作用是下一步发展重点。

房地产板块。2013年，绿都地产整体收入、合同额、净利润、回款率等指标全面达成目标，土地运作重点项目取得实质突破，队伍的文化风气有较大提升。全年按照调整后的战略规划，围绕“价值链盈利管理体系”和“四条管理主线”开展工作，重点完善责任管理和绩效管理，强调以能力提升支撑目标实现，按照既定的方针和要求，扎实、高标准做好战略举措落地工作，为集团整体实力的提升做出了自身应有的贡献。

工程机械板块。2013年，宇通重工顺利完成整体搬迁工作，全面入驻新工业园。新工业园位于郑州新区九龙组团范围内，规划占地面积133.33公顷，配备大型立卧式加工中心、焊接机器人、零部件面漆化涂装、集成式焊烟除尘系统等设备。与原厂区相比，新厂区工艺布局更加科学合理、生产加工能力大幅提升、办公接待条件和企业形象明显改善，将为宇通重工未来实现跨越式发展提供有力保障。宇通重工在顺利搬迁、投产过程中保持了队伍的稳定、凝聚。销量、销售额均实现同比增长，运营效率与上年相比有较大提升；干部文化氛围有较明显的转变，状态不断向好。相关负责人完善了责任目标管理，理顺和明确了对产品和市场及运营指标的管理责任，做深做透了运营管理，以客车为标杆，全面提升了运营效益，产品竞争力有了进一步提升。

金融板块。金融板块整体实现了目标，为集团提供了新的利润增长点。担保租赁业务积极适应了市场变化，在合理控制风险的基础上，创新金融工具和风险管理方法，业务开展顺利，主要指标完成较好，有力地支持了主业销售；财务公司积极开源节流，充分利用外部资源做大做强，收入、利润全面完成目标，超出了预期。2013年，宇通集团启动了宇通金融大厦项目。项目位于龙湖金融中心外环区域，规划占地0.93公顷，建筑高度120米，总建筑面积10万平方米，总投资近10亿元，计划2015年12月竣工。项目建成后，宇通集团财务公司以及与集团合作紧密的内外资银行、投资公司等国内外知名金融机构将陆续进驻，共同推动金融集聚核心功能区建设。该项目的开工建设，对提升集团品牌形象、完善金融业态、壮大金融产业实力、带动龙湖金融中心建设、提升郑东新区城市形象等具有重要意义。

【郑州交通运输集团有限责任公司】 2013年，郑州交通运输集团有限责任公司紧紧围绕服务中原经济区、郑州都市区建设大局，立足交通“三个先行”，坚持以科学发展观为统领，以集团公司5年发展规划为指导，以生产经营为中心，以加快发展方式转变为主线，以强化安全管理为保障，以深化改革创新为动力，以提升服务质量为保证，攻坚克难，加快发展，深化改革，全面完成2013年各项目标任务，推动了集团公司跨越式发展。2013年，实现收入21.58亿元，为年度目标的102.76%；实现利润3300万元，为年度目标的103.13%；实现税金9492万元。完成客运量2838万人次、客运周转量44亿人公里，分别为年度目标的94.6%和95.65%。完成货运量308万吨、货运周转量4.9亿吨公里，分别为年度目标的93.3%和102.1%。每百万车公里责任事故率0.14次，责任亡人率0.02人，责任受伤率0.13人，经济损失率0.61万元，均低于上级考核指标。消防安全、劳动安全等方面保持稳定局面。

加快推进客运发展，经营质量实现新提升。（1）加强市场营销，进一步扩大网络、邮政、自助、联网等售票业务范围，适时开通手机购票，稳步推进客车电子门禁系统应用，极大地方便了旅客出行。积极开展自助售票进厂区、联网售票进社区活动，在全市4000个便利店设立了售票点，可购买郑州市10个汽车站的客票。（2）加快推进结构调整，加大线路公司化改造、公车实载率提升和城乡公交发展等工作力度，着力提升经营质量。推进了郑州至通许、郑州至南阳、郑州至长垣等线路公司化改造，开通了郑州至中牟孟庄的公交线路，以及郑新、郑许、郑焦3条商务快巴线路和郑州至济源线路延伸服务车。（3）深化内外部资源整合，科学开展客运站资源、营运线路调整工作。积极推进南阳、洛阳、濮阳3地公交长途客运市场资源整合和各县（市）区绿城巴士公司资源整合工作，提高了资源效率，扩大了市场份额。（4）强化客运市场治理，结合城际快巴开通，持续强化郑州至焦作、新乡、许昌、平顶山、南阳等线路专项治理，成效明显。（5）加强服务管理创新和品牌建设，深入开展服务质量年和“精品客运班线”“文明规范汽车站”创建活动。成功举办中国交协地客委六届一次会议。

强化安全管理，安全生产实现平稳有序。加强安全标准化建设和车站例检规范、安全源头化管理。2013年，二马路汽车站、中心站、客运一公司等3个单位通过了安全标准化建设一级考评。其中，二马路汽车站是全省首家通过安全标准化等级认证的汽车站。持续深化高速公路上下客报警系统、驾驶员在线疲劳驾驶监测系统、车辆防碰撞报警系统、酒精测试仪和指纹报班等设备的推广运用工作，积极推广安装货车GPS系统，提高了科技安全管理水平。深入开展道路客运安全年、安全生产月和“三超一疲”“安全带—生命带”专项治理及“爱车红旗竞赛”、公车驾驶员节油评比等活动。积极响应国家节能减排号召，着力强化车辆技术管理和燃料结构调整工作。重点结合政府“黄标车”治理，大力推进燃气车更新改造，全年更新燃气车213台，节能减排成果显著。出资设立了河南金象汽车保险销售有限责任公司全资子公司，为化解经营风险提供了有力保障。

深化改革创新，科学管理迈出新步伐。深化机构改革。科学调整集团组织机构，进一步优化资源配置，减少管理层次，提高管理效率。深化人事制度改革。根据国家最新用工政策，按照依法、科学、从严的原则，科学统筹集团用工方式方法和调配，提高人力资源管理效率。深化公务用车改革。继续深化公务用车改革，科学制定了机关公务用车管理实施办法，进一步降低成本费用，提高管理效率。深化基础管理创新。着力深化内部管理、成本控制和信息化建设，积极从内部挖潜、向管理要效益，取得了在集团整体收入增幅较小的情况下，利润增幅加大的明显效果。

【郑州交通建设投资有限公司】 2013年，在市委、市政府、市交通委的正确领导下，郑州交通建设投资有限公司以“全国找坐标，中部求超越，河南挑大梁，资金当先行”为统领，全力以赴开展了交通项目投融资、郑州交通基础设施建设、交通相关资源经营开发等工作，为郑州市新型城镇化建设做出了贡献。截至2013年年底，公司资产总额达到242亿元，净资产总额为161亿元，资产负债率为33%。

融资创新方面。面对新形势和任务，郑州交通建设投资有限公司按照市政府和交通部门的安排，积极研究拓宽新的融资渠道，全力推进债券融资、私募债券融资工作，取得了阶段性成果。贷款融资。已落实银行贷款9.8亿元，其中，平安银行落实贷款50000万元，中信银行落实贷款8000万元，交通银行落实贷款40000万元。债券融资。成功发行18亿元企业债券，利率为6.3，年限为7年。非公开定向债务融资工具

郑尧高速公路侯寨收费站连接线改扩建项目通车

（私募债）融资。由光大银行作为主承销商，发行10亿元的非公开定向债务融资工具（私募债），于11月取得银行间协会正式批文；由民生银行作为主承销商，拟发行10亿元的非公开定向债务融资工具（私募债），正在申报过程中。短期融资券融资。平安银行10亿元短期融资券已获得其总行批复，待上报中国银行间市场交易商协会。其他项目融资。积极与市财政、国有投资机构对接社会停车场项目的财政补助、再融资方案拟订和业务洽谈工作。已取得中国银行间市场交易商协会会员资格，为公司开拓银行间市场融资打开了更广泛的融资渠道。

项目建设方面。主要负责建设郑州汽车站、社会停车场续建工程后期决算工作，以及东广场新建工程的前期工作。郑州汽车站项目。完成了设备调试、消防验收工作，项目竣工验收及决算工作有序推进，已具备交工使用条件。社会停车场项目。该项目已交付郑州市停车管理中心使用。设备用房、管理用房已建成。东广场项目。已完成项目建议书、工可报告的审批工作，初步设计工作已启动；完成了东广场项目对地铁1号线盾构区间隧道影响专题评估报告的编制及评审工作；完成了项目交通影响分析评价报告和环评报告的编制、评审工作。

经营开发方面。为了实现企业战略转型，推进可持续发展，郑州交通建设投资有限公司按照市政府要求，积极研究相关产业政策，加强战略合作，推进交通相关资源的经营开发，以增加公司经营性资产和现金流。通信弱电管线开发。配合“两环十七放射”市域道路建设和拜祖大典活动，完成了郑上路、南四环、万洪公路、南三环东段等4条道路共计42公里的通信管线施工，以及中原路西延、万洪公路通信管线建设规划许可证办理工作。广告经营开发。社会停车场、郑州东站公铁换乘区围栏广告灯箱已投入正常运营。四港联动大道港区4.6公里用于公益广告宣传的100面道旗制作安装完成。加油加气站建设项目。启动了中牟万洪公路、荥阳中原路西延道路沿线加油加气站选址工作。二七区马寨镇撤村并城项目开发。拟与马寨镇合作开发马寨镇产业聚集区垃上社区，已草拟框架合作协议，并将相关材料上报市国资委审批。停车场资本运作。利用自身资源积极拓展融资渠道，拟在社会停车场项目上与华润城交展开经营权合作，通过双方共同出资成立新的项目公司的方式开展合作。

多措并举抓安全生产工作。郑州交通建设投资有限公司在坚持安全生产“党政同责”“一岗双责”的基础上，采取两手抓的工作方式，加大安全教育、制度建设取得了明显的效果。落实安全应急机制，完善规章制度，定期开展安全知识讲座，并利用快到期的灭火器进行消防演练，营造“人人注意安全，人人参与安全”的良好安全生产氛围；利用手机、网络等平台，向每位员工发送安全条例及安全小知识增强了安全生产意识。

【郑州市交通规划勘察设计研究院】 2013年，市交通规划勘察设计研究院克服宏观经济趋紧、市场竞争加剧的困难，以科学发展为主题，以“扬正气、树形象”活动为主线，以技术升级和管理创新为支撑，超额完成了年度各项目标任务。综合实力大幅提升，经济指标再创新高，服务保障持续升级，自身建设不断加强，文化建设亮点频现。

经济指标在平稳较快增长中再攀新高度。全年实现经营开发合同额1.23亿元，占年度经营目标1.2亿元的102.5%，连续3年过亿元；实现营业收入6600.37万元，占年度营业收入目标6000万元的110%；11月，提前完成900万元的全年净利润目标。3项经济指标同比分别增长10.5%、13.12%和2.85%，均达到建院以来的最高水平。实现利税1100万元，被省建设厅评为全省建筑业百强骨干单位。

技术服务能力在持续提升中迈上新台阶。全年上挂、委派、借调了21名技术骨干参与交通规划、重点工程管理和技术服务等工作。向施工一线派驻28名设计代表及时进行技术跟踪服务。直接服务于全市交通运输大局的人员占到了全院职工总数的22.79%。为推进郑登快速通道、沿黄快速通道等重点工程建设，成立了主管副院长、设计所长、副总工程师和核心骨干组成的设计代表组，定期开展技术服务。设计院在服务全市交通运输发展中树立了优质服务的良好形象，得到了市交通委和施工单位的好评，在郑州交通重点工程“百日会战”中夺得设计服务优质奖第一名。

人才强院战略在稳步推进中激发新活力。围绕服务全市交通运输发展的需要，全年引进高端人才和市政资质升级急需的注册类专业人才17名。全院职工总数达到215人。中高级职称比例为73%，本科及以上学历人员比例达到86%。在做好人才引进的同时，继续坚持尊贤容众、人尽其才的理念，加强学习型组织建设。（1）持续加大教育培训力度，采取“请进来、送出去”和内部交流相结合的方式，投入经费60多万元，完成了46批1137人次的培训工作。（2）持续开展“传帮带”活动，组织老专家和技术骨干带领年轻同志实地观摩上海卢浦大桥、杭州湾跨海大桥、桃花峪黄河大桥和龙湖中环路跨北引水渠桥，学习先进的设计理念，快速提升技术水平。（3）加大与省内知名院校合作，成立郑州大学本科专业实践教学基地和研究生创新实践基地，为联合培养高素质人才创造了条件。（4）完善考试激励措施，出台《论著、论文奖励暂行办法》和《执业资格管理暂行办法》，提高奖励标准。截至2013年年底，全院有1人通过教授级高工评审，2人通过高工评审，13人通过中级职称评审。70人次报名参加了专业技术执业资格考试，占职工总数的32.56%，形成了积极向上的学习氛围。

市场经营开发在合作共赢中实现新突破。复杂多变的经济形势增加了经营风险，日益激烈的竞争环境加大了经营难度。市交通规划勘察设计研究院结合郑州地区新建项目减少、竞争日趋激烈的实际，调整经营策略，进一步加大外部市场开发力度。全年合同总额、外部市场合同额和外部市场自主开发合同额3项指标均达到建院以来的最高水平。5月，首家外部分支机构昆明分院正式挂牌成立，全年完成合同额2252万元。在深入总结昆明分院成功经验的基础上，进一步创新合作模式，积极探索在新疆、广西、四川等地设立分院的可行性。为了调动全院职工参与市场经营的积极性，修订完善了《推荐引进勘察设计项目奖励办法》，加大了全员经营奖励力度，对成功引进郑州万科美景龙堂景观桥梁设计等项目的人员给予了奖励。

技术升级在创新发展中提升新高度。科技创新与进步是企业发展的根本动力。2013年，市交通规划勘察设计研究院不断加大科研投入，技术能力持续提升。朝阳沟水库特大桥实现了双塔波形钢腹板PC部分斜拉桥主跨世界第一的目标，郑登快速通道、陇海路西延快速通道项目获得河南省优秀工程咨询成果一等奖，省道321线新郑郭店至新密岳村段改造工程获得河南省优质测绘工程一等奖，祥云寺互通立交优化方案获得河南省工程建设优秀QC成果一等奖，嵩山南路与南四环立交等4个项目获得郑州市优秀市政工程设计一等奖，郑新快速通道项目获得河南省优秀工程勘察设计二等奖。市交通规划勘察设计研究院被中国勘察设计协会评为“全国勘察设计行业创优型企业”。市交通规划勘察设计研究院在质量管理方面强调制度化，质量管理始终与行业先进水平同步。2013年，完成了质量管理体系、环境管理体系和职业健康安全管理体系的更新换版工作。完善了设计文件质量考评和施工图外业验收办法，组织总工办专家赴郑登快速通道、沿黄快速通道等10个项目现场进行技术指导。全年召开了25次专题技术研讨会，对疑难问题和重大技术方案进行研讨会审，从源头上优化了方案，控制了质量。通过严格贯彻“三体系”标准，工程咨询、勘察、设计和服务水平不断提升，持续改进机制基本建立。

资质管理在重点推进中取得新成效。经过深入分析郑州都市区和航空港区交通建设的新形势，市交通规划勘察设计研究院将市政甲级资质申报和公路甲级资质重新认定作为资质管理工作的重中之重。2013年，顺利通过了工程勘察（工程测量、水文地质、岩土工程）甲级资质、公路行业（公路、特大桥梁）设计甲级资质、公路行业（交通工程）乙级资质、市政行业（道路、桥梁、给水、排水）设计乙级资质年度考核，圆满完成了测绘资质年度注册。按照《工程勘察资质新标准》要求，组织28人赴成都参加了工程勘察技术人员专业培训。成立了资质管理工作领导小组，下发了推荐引进市政甲级资质所需人员奖励办法，集中全院力量重点加强市政甲级资质申报工作，所需人员已基本到位，申报材料计划于2014年7月份上报。

企业管理在制度创新中呈现新局面。2013年，市交通规划勘察设计研究院新组建了生产管理部，并完善了工作职责，健全了工作机制，强化了对业务生产的集中统一管理；积极响应各级政府关于“厉行勤俭节约、反对铺张浪费”的相关要求，下发了《差旅费报销制度》和《业务接待管理办法》，为规范差旅费管理和接待管理提供了制度依据；完善了《财务管理办法》《财务报销制度》《会计核算办法》和《分院财务管理办法》，并据此对昆明分院进行了财务审计；在完善项目经理负责制的基础上，下发了《绩效考核办法》，并酝酿出台员工分级管理制度；为加强安全生产制度建设，形成长效机制，修编完善了《安全生产制度汇编》；抽调精干力量组成战略发展规划编制、办公楼装饰装修、高新技术企业认定3个工作领导小组，集中统一开展工作，使内部管理形式更加灵活多样。

（宋立新　闫从明　陈振坤）

航空运输业

河南省机场集团有限公司

【概况】 2013年，河南省机场集团有限公司正式成立并启动运营，在省委、省政府正确领导下，集团上下围绕构建国际航空货运枢纽、国内大型航空枢纽的建设目标，认真实施“货运为先、国际为先”发展战略和“主业做大、辅业做强”工作方针，进一步解放思想，改革创新，拼搏奋进，各项工作都取得了显著成绩。截至2013年年底，在郑州机场运营的客运航空公司有23家，比上年新增4家；货运航空公司有14家，比上年新增7家；通航城市达到83个，比上年新增20个；开通客、货航线143条，其中国内客运航线105条，国际地区客运航线15条，国内货运航线4条，国际地区货运航线19条。

【航空客运】 2013年，针对航空市场低迷、京广高铁冲击、本地客源匮乏等不利因素的影响，河南省机场集团有限公司积极引进运力，拓展航线，有效扩大了运输规模，航空客运业务呈现出稳步增长的态势，达到了“增量保位”要求。截至2013年年底，航空客运业务增速达到12.56%，高于全国平均增速，行业排名保住了第18位；经停和中转航班明显上升，经停旅客量达到181.96万人次，占旅客吞吐量的13.85%，增长19.54%；国际地区业务增长迅猛，国际地区旅客吞吐量达到62.37万人次，占旅客吞吐量的4.75%，增长47.15%，增速高出全部旅客吞吐量34.59%。

【航空货运】 2013年，河南省机场集团有限公司货运业务呈现出跨越发展的态势，实现了“增量晋位”目标。货运增量在全国大型机场中位居第一，实现了69.13%的增速，高于国内全行业货邮增量2%的平均值。国际地区货邮业务增长迅猛，国际地区货邮吞吐量达到11.28万吨，占货邮总量的44.10%，增长144.46%。全货机规模效应更加凸显，运量达到14.23万吨，占货邮总量的55.66%，增长154.52%。航空物流网络初步形成。新引进港航、南航、中货航、中华航、长荣航、阿塞拜疆（丝绸之路西部航）、阿特拉斯等7家货运航空公司，新开辟货运航线14条，新增通航城市8个，周航班量达到78班，入驻郑州机场的国际、国内物流企业达到40家，空空中转、空陆联运业务不断扩大，国际和国内航线互转、航空和公路运输衔接的航空物流网络初步形成。

【安全生产】 河南机场集团有限公司严格落实安全主体责任，推动安全体系建设，安全管理水平明显提升。修编完成了安全管理体系和航空安保体系手册，进一步健全完善了安全管理长效机制。开展安全生产模拟审计工作，依据行业安全审计标准，组成审计小组，审计安全项目473项，对63项隐患问题进行了集中整治。强化了安全教育及突发事件应急演练活动，全年累计开展业务培训300余次，参训员工达12000余人次；组织开展应急救援综合演练和多种专项应急演练活动，提高了突发事件的处置能力。2013年，河南机场集团有限公司事故征候万架次率为0，各项运行指标达到行业管控标准，航空货运安保工作得到美国运输安全局（TSA）专家组的高度评价，集团公司被民航中南局授予“2013年度航空安全责任考核先进单位”称号。

【河南机场集团化改制工作】 2013年，河南机场集团化改制工作顺利完成，各项管理制度进一步规范。制定党委会、董事会、经理层议事规则，完善了领导班子会议和决策制度。出台《母子公司暨股东代表职责权限暂行规定》，加强和改进了集团公司对成员企业的管理；完善年度工作目标管理及所属企业经营绩效考核办法，建立了工效挂钩的激励机制；完善财务管理制度，规范了专项资金审批程序；研究出台机场公司组建方案，明确了资产配置和加强运营管理问题；完成相关子公司的改制工作，优化了企业股权配置，完善了法人治理结构。

【服务质量管理】 2013年，河南机场集团有限公司以“抓服务、创品牌、重规范、树形象”活动为抓手，巩固扩大“省长质量奖”成果，促进服务质量上台阶，保障能力大提升。规范服务质量管理，制定了《郑州机场服务规范》《航班延误旅客服务手册》《服务质量差错标准》等制度，进一步完善了服务标准体系和质量监测体系。开展服务理念教育活动，加大“双语”培训力度，提升员工服务技能。规范员工着装、办公秩序以及服务流程，争创服务品牌，树立窗口形象，员工服务水平明显提升。加强社会监督，成立机场旅客服务品质提升委员会，公开9项12条服务承诺，聘请10名社会监督员进行服务质量监督。2013年，郑州机场地面服务、航线维修、安全运行等方面先后被UPS、港龙、厦航、天津航、山东航、海航、深航等7家航空公司评定为最佳或优秀地面代理单位；在民航资源网《2013年第三季度机场服务评测报告》中，郑州机场不正常航班服务保障工作获得全行业第一名。

【企业文化建设】 2013年，河南机场集团有限公司加强企业文化建设研究，积极推广企业核心价值理念。设计并确定了集团公司形象标识；概括提炼了集团公司的使命、愿景、企业精神、核心价值观以及安全、服务、管理、经营、团队、学习、廉政、人才等理念文化；设计制作了94个视觉识别系统的集团公司形象宣传册、宣传片；启动了标准型企业品牌网站建设，实现了集团公司文化建设的新突破。

【自身建设】 2013年，河南机场集团有限公司紧紧围绕集团中心工作，学习贯彻党的十八大和十八届三中全会精神，以"创先争优""下基层、解难题"等活动为载体，加强和改进党员教育管理，注重在生产工作一线发展党员，充分发挥基层党组织的战斗堡垒和共产党员的先锋模范作用。认真贯彻落实中央《八项规定》和省委省政府、省国资委相关文件精神，研究制定《集团公司改进工作作风密切联系群众的22条规定》，开展多种形式廉洁教育，加强专项监督检查，深化源头治理预防，党风廉政建设得到进一步加强。大力推进和谐企业建设，深入开展"安康杯"竞赛、"五小"创新、"英语角""双语竞赛""青年文明号""青年志愿者"等主题活动。认真落实职代会、职工代表巡视制度，坚持企务公开，切实保障职工民主权利。大力实施"暖心工程"，开展"金秋助学""扶贫帮困"等活动，关爱一线及困难员工。不断强化文明创建工作，顺利通过文明创建复核验收。履行国企社会责任，认真开展扶贫帮困工作。2013年，河南机场集团有限公司先后获得"全国民航厂务公开先进单位""全国民航五四红旗团委"等荣誉称号。通过党建工作的加强，集团公司的凝聚力和员工的向心力进一步增强。

（郭智杰）

中国南方航空股份有限公司河南分公司

【概况】 2013年，面对航空客源增速放缓、高铁冲击客源、外航竞争等综合因素的影响，中国南方航空股份有限公司河南分公司加强安全管理，及时遏制局部滑坡，安全形势基本稳定可控；积极应对市场变化，抢抓机遇，实现了较好的经营结果；重点提高航延处置与保障能力，运行总体平稳有序；坚持理念创新，不断进取，服务水平稳步提高；创新管理，深化改革，全面提升核心竞争力；加大基础设施建设，实现可持续发展。截至2013年年底，公司完成安全飞行3.8万架次，共计7.7万小时，保证安全行车142万公里，实现了第21个安全年；共完成运输总周转量5.59亿吨公里，旅客运输量417万人次，货邮运输量4.26万吨；完成运输收入35.4亿元，实现利润0.73亿元。

【市场营销】 2013年，中国南方航空股份有限公司河南分公司市场营销工作取得新成绩。公司大客户开发销售工作稳步推进，大客户销售额占到了全年销售总量的10%，确保了公司的整体收益。国际营销成绩凸显，百人伦敦冬令营团队顺利成行，夏令营国际长航线持续火热，温哥华、阿姆斯特丹等航线取得零突破。抓住郑州新郑综合保税区建设及新郑机场货运枢纽建设契机，大力开展货机经营。货机运输总量达到1517.3吨；完成收入3738.2万元；实现指标完成率135.69%，在南航所有货机经营单位静态指标完成率中排名第一。

【航延处置与保障能力】 2013年，中国南方航空股份有限公司河南分公司通过加强航班现场的组织协调和监管工作，全面优化了机组运行、空勤资源使用以及服务保障等方面工作。始发航班、重要航班、快速过站航班关舱门正常率得到了提高；南航河南分公司突发应急快速反应、航班快速恢复、恶性延误控制等能力得到了增强，整体运行平稳有序。但受恶劣极端天气较多及中原地区航空管制严格的影响，2013年航班正常率为56.49%，恶性延误率为2.41%。在减少自身原因造成航班延误、努力提高航班正常率的基础上，南航河南分公司将工作重点放在了航班延误的处置与保障上，从考核、流程、协调以及决策机制等方面入手，全面提升航班延误时的运行保障能力。南航河南分公司各单位的职责及处置程序更加明确，航班调整更加科学有效，航班对经营效益及后续服务所产生的影响逐步减少。

【服务质量管理和重要航班保障任务】 2013年，中国南方航空股份有限公司河南分公司紧紧围绕"国际品牌服务提升年"活动，不断提升服务质量管理能力，持续改进薄弱环节，完善服务流程，注重服务创新，服务管理水平和服务质量得到进一步提升。全年未发生因服务质量导致的"两舱"旅客有效投诉，未发生因航班延误导致的重大群体性事件。同时，圆满完成了十八届三中全会代表、省委、省政府考察团包机、维和包机等多个重要航班的服务保障任务，受到省、市领导的多次表扬。

【内部管理】 全面提升公司运行效率。建立了周例会制度，增强了领导对各部门工作运行状况与效果的整体掌控，加强了信息的横向交流与纵向反馈，提高了工作安排、计划制定与经营决策的效率。同时，全面加强了重点工作的督办力度，全年共完成督办工作106项，较上年增长了近6倍，并做到了件件有落实、事事有反馈，有力地促进了领导决策的贯彻落实，提高了公司的执行力。加大了信息技术支持力度，先后完成了400兆无线数字对讲机系统建设、地空甚高频电台网络联网改造、售票处客户管理系统、人事考勤管理系统、飞行员动态监控系统、值班签到系统等项目的建设工作，提高了公司的运行效率。

深入开展全面预算管理工作。完成了成本费用总控制目标，基本完成百元收入销售费用控制目标，完成可利用吨公里成本费用水平目标，降本增效取得了明显成效，为公司全年盈利提供了必要的支持。

规范执行人事政策，优化人力资源配置。严格执行管理人员聘用政策，不断优化管理人员队伍建设。完成了机务类技术职位改革，以及信息、航务及营销等部门职务调整，拓宽了员工职业发展通道，提高了员工自我完善的积极性。

全力落实好"三服务"工作。在机组住宿餐饮、机组车服务、办公设施、航前协作等方面做好相关工作，优化了飞行运行环境和后勤保障环境，为安全生产提供了有力的支持。

为企业发展营造良好的外部环境。2013年，中国南方航空股份有限公司河南分公司通过加强日常沟通交流，与各级政府、相关民航管理部门间的关系处于历史最好时期。以中国南方航空股份有限公司河南分公司为基础组建的南航河南航空有限公司正式揭牌，正在全力推进筹建工作。在相关监管部门及河南机场集团有限公司的支持下，新郑机场中国南方航空股份有限公司河南分公司专用安检门——3号门正式开放使用，大幅提高了公司生产运行效率。2013年，在各级政府的支持下，南航河南分公司飞行人员的税收问题取得实质性进展，有望在2014年得到解决。

【基础设施建设】 2013年，中国南方航空股份有限公司河南分公司完成了生产基地所用土地的招、拍、挂工作，生产基地项目进入全面实施阶段。完成了食品厂特车库、航材库外墙保温等一系列工程，为广大员工创造了良好的工作条件，为公司的持续发展奠定了基础。

【安全生产】 2013年，中国南方航空股份有限公司河南分公司加大安全整顿力度，重点对责任落实、风险管控和队伍管理等方面采取了多种措施，遏制了安全下滑的势头，安全形势逐渐好转。飞行、机务队伍安全意识和工作作风明显提高，SMS建设及应用进展顺利，安全关口有效前移，整体闭环管理能力、风险管控能力以及飞行品质得到了提升。

【党建和宣传工作】 一是深入推进党的群众路线教育实践活动。通过座谈、意见箱、电子邮箱、企业论坛等多种途径，广泛听取意见，并坚持立行立改，确保取得实效。教育实践活动开展以来，领导干部的群众观念显著增强，工作作风明显转变，问题整改迅速有效。二是扎实开展廉政教育和反腐倡廉工作。严格落实党风廉政责任制，按照“八项规定”精神，认真监督检查，强化内部风险管控，认真开展机供品专项治理活动。三是抓好宣传工作，营造良好的发展环境。抓住春运、新开国际货运航线和新公司揭牌等重要时间节点，积极策划专题宣传稿件，突出宣传南航社会责任，树立南航在地方经济建设中的良好形象。在2013世界大力士中国争霸赛中，积极抓住“双人拉飞机”比赛项目的契机，投入大量公司资源开展宣传活动，增强了南航的品牌影响力。

（刘海英）

华南蓝天航空油料有限公司河南分公司

【概况】 2013年，华南蓝天航空油料有限公司河南分公司安全态势持续平稳，经营业绩进一步提升，全年共保障航班64106架次，加注航煤39.686万吨，比上年同期分别增长33.6%和16.69%，在同类机场中业务量增幅最大。实现利润总额9925.83万元，吨油期间可控费用65.93元/吨。机场二期扩建供油工程有序开展，实现了业务量高速增长下的安全供油。顺利开展了保税油业务，通过了危化企业安全标准化二级达标。

2013年，华南蓝天航空油料有限公司河南分公司获得航油公司2012年度飞机加油车运行效率达标综合排名第一名和航油公司分机场达标四类机场综合排名第三名；连续三年获河南省总工会和河南省安全生产监督管理局授予的“河南省安康杯竞赛优胜单位”荣誉称号；获得了河南民航发展建设委员会颁发的“民航发展突出贡献奖”；获得郑州新郑综合保税区颁发的“优秀企业奖”。

【安全生产】 2013年，面对业务量远远超出预期的迅猛增长，华南蓝天航空油料有限公司河南分公司牢固树立持续安全的目标，在人员、设备相对紧张的状况下，安全管理上主动作为，积极开展安全风险评估与管控、隐患排查与治理、推行设备完整性管理、强化应急管理等工作，全面夯实安全管理基础。

以隐患治理与风险管控为抓手，落实安全责任强化过程管理。逐级签订安全业绩合同，量化过程安全控制考核指标，细化落实主体安全责任，增强员工持续安全意识。重新修订了《河南分公司安全生产隐患管理办法》。开展隐患评选活动，鼓励员工主动上报各类安全隐患或不安全事件，全年接主动上报安全隐患81条，隐患整改完成率、管控率分别达到94%和100%。其中8条被评为华南蓝天航空油料有限公司河南分公司“最具价值安全隐患”建议，3条被评为“隐患最佳整改奖”，2条入选蓝天公司“最具价值安全隐患建议”；对2012年评估出的213项风险进行再评估，确认消除风险30项，并重新识别新增风险72项，编制了《河南分公司2013年量化风险评估控制表》。

以关键设备的完整性管理为核心，进一步夯实设备基础管理。编制并完成了《油库配电系统设备完整性管理手册》《输油管线完整性管理手册》。采取搜集完善基础数据、检讨测试维护要求落实、实战检验完善输油管线应急预案、召开管线联防座谈会、补充完善管线应急抢修器材等方式，确保分公司输油管线等关键设备的安全运行。2013年，华南蓝天航空油料有限公司河南分公司成功干预了包括港区检察院盖房离管线间距不够等管线风险。

加强应急管理，提升应急处置能力。先后修订完善了43个现场处置预案和公司总体应急预案，针对2013年业务量高增长，而人员、设备相对紧张的现状，重点完善了航班大面积延误保障、春运应急保障、暑运高峰人员应急补充保障、卸油站集中来油接卸、恶劣天气应对、输油管线泄漏抢修等应急处置预案，并进行了针对性的实战演练，有效提升应急处置能力；完成了加油车刹车紧急解除、平台防撞紧急熄火、地井胶管防撞警示等装置的升级改造，提升了设备应急水平。

圆满完成危化品二级达标，推动安全管理上台阶。利用有限资源，充分调动员工积极性，对照达标12项要素标准，逐条、逐项收集资料，完善各项制度、预案、标识，采取标准化自评、邀请专家现场指导的方式，对存在的问题及时整改；完成了各现场可燃气体报警仪的安装及防爆检定认证；完成了使用油库油罐区重大危险源备案工作，顺利通过了危化品标准化二级企业验收，进一步促进了华南蓝天航空油料有限公司河南分公司安全管理再上新台阶。

【班组建设】 抓重点，促使班组长素质的提高。制定了“老带新并轨运行过渡”的方案，即由原来的班组长帮带新班组长，限定期限考核合格后再行“放单”。吸收班组长参加各基层单位的周讲评会、月例会，以会代训，使各位班组长的素质在日常工作中得到提升。对班组长进行集中培训，全面提高班组长的实际工作能力及一些必要的工作方法和技巧，同时通过开展班组工作互查，相互取长补短。

鼓励倡导班组特色管理，促进班组管理创新。各班组制作了《班组建设园地》，展示各班组的工作成果及组员的工作格言、绩效考评等内容，营造出浓浓的“家”的氛围，激发组员比学赶帮超的热情。航空加油站“榔头”班组的“台账建设”“大家讲课”等工作在全公司进行了推广。使用油库自控班组的“网格化”管理手段，将责任、设

航空加油站班组建设园地

备、场地、标准、检查等全部纳入网格，避免责任缺失和管理疏漏，强化责任落实。卸油班组的“量化绩效考评法”在实际工作中取得了较好的效果。

【经营管理】 2013年，华南蓝天航空油料有限公司河南分公司强化企业内部管理。机关各部门以精细化管理为着力点，全面梳理，编制了部门重要工作流程图。同时以“四查五看”为契机，加强机关作风建设。建立机关部门碰头会制度，各部门定期开展工作沟通交流，增强了相互间的理解及督促。持续开展7S管理活动，深入推进五型机关创建活动。制定机关作风建设考评表，从考勤、会风、文风抓起，培养机关员工雷厉风行的工作作风。

航空加油站开展了“做最美航油人，我为自己代言”暨“寻找站里最美航油代言人”活动。其中心内容是“六个我”，即“我规范、我标准、我严谨、我安全、我健康、我快乐”。根据6个方面的考核标准综合评出月、季、年度“最美航油代言人”。此项活动的持续深入开展，使员工牢固树立“合规是安全之本，违规是风险之源”的安全理念；使全站员工在日常的生产作业中都能严格遵守各项规章制度，远离“三违”，以“零三违、零差错”实现“零事故、零伤害、零污染、零延误、零投诉”的“五零”目标，有效保障站内年度安全、效益、稳定等目标的实现。进一步扎实推进“航油铁军”“7S管理”“班组建设”等活动的持续改进和不断提升，促进航空加油站的管理的整体提升，进而在行业内外树立窗口服务单位的良好形象，为建设“美丽航油”提供强大的精神力量。航空加油站结合每季度的工作重点分别开展了主题为“开好头，起好步，走好新年头一步；春运来，加油忙，严、高、细、实来服务”“合规是安全之本，违规是风险之源”“安全始于每一细节，提升源于不断学习”“苦干实干科学干，完美越过三十万”的“四季四题”安康杯劳动红旗竞赛活动和加油车出车前检查技术比武活动。通过适时明确目标、鼓励员工、提振士气，确保企业员工以良好的精神状态投入工作。

使用油库开展卸油安全里程碑活动。修订完善了2013年活动章程，将评先推优活动与卸油安全里程碑活动挂钩，以每10万吨作为一个阶段性节点，把卸油数量、合理化建议、隐患上报数量及宣传报道篇数等信息综合进行评比，选出卸油之星，进行公示和奖励。通过活动开展，推动员工以积极的工作态度、熟练的业务技能、良好的精神风貌、扎实的工作作风来保证年度安全目标的实现，也促进了现场安全管理水平的提高。使用油库借鉴航空加油站铁军建设经验，编制了《卸油作业六步工作法》，并拍摄制作了《卸油六步工作法》视频在全体员工中进行宣传和培训。同时，使用油库各现场还修订完善了“7S”管理标准和检查表，制作了“员工行为规范”，并严格按照计划推进检查反馈、动态调整、总结评比等工作，铁军建设取得了阶段性效果。

【“四好班子”建设】 2013年，华南蓝天航空油料有限公司河南分公司党委始终把“四好班子”建设作为主线。坚持每月1次党委中心组学习和每周1次的班子碰头会；发挥党委班子成员带头和示范作用，带头落实党员公开承诺，带头落实安全生产10项责任。同时，落实党风廉政建设责任制，践行廉洁文化。坚持员工谈心制度，注重倾听员工心声，及时疏导员工情绪，确保员工以最佳状态投入工作。2013年，通过党的群众路线实践活动，共收集意见12条，华南蓝天航空油料有限公司河南分公司党委召开开党委会，对梳理的12条意见和建议进行研究、回复，已全部解决或沟通反馈。坚持联系点制度，公司领导通过参与库站周例会，值班期间深入作业现场巡视检查等形式，及时了解、反馈、关注解决安全生产、日常运行保障方面的问题，就库站排班模式优化、人员合理调配、关键设备管理、班组运行建设、员工工作干劲等方面给予了较大的支持和帮助，鼓舞了员工的士气，增强了团队凝聚力。

【落实员工关爱工程】 2013年，华南蓝天航空油料有限公司河南分公司持续改善员工办公、就餐、值班环境，坚持开展夏送清凉，冬送温暖，节访病探，重要节假日慰问等活动，为员工办实事、解难事，解决员工后顾之忧。2013年，解决了班车线路及食堂饭菜问题，得到了员工的一致好评。

【宣传工作】 2013年，华南蓝天航空油料有限公司河南分公司采取以会代训、稿件点评、主题策划、适时表彰、分解任务等方式，立足基层，形成了以骨干力量为核心，广大员工积极参与的关注正面宣传、典型引领、正能量传播的良好氛围。全年在民航网、中国航油信息平台、《中国航油报》、蓝天快车等媒体发稿累计分值927分，以两倍的成绩超额完成总公司下达的宣传报道任务。

【开展合理化建议活动】 2013年，华南蓝天航空油料有限公司河南分公司重新修订完善了合理化建议管理办法，建立合理化建议的分级审核制度，缩短了合理化建议从提出到实施落实的时间，从而及时鼓励了员工的积极性。建立了合理化建议每月一上报，每季度一公布，每半年一评比奖励、向上级推荐的合理化建议管理长效机制。2013年，对已被采纳实施并产生效果的27条上半年合理化建议给予了奖励，并向上级部门推荐3条。

【保税油销售】 2013年，华南蓝天航空油料有限公司河南分公司保税油销售业务得到国家财政部、税务总局批准，并从5月1日零时开始启动经营业务。全年共销售保税油3.7万吨，取得保税油销售政府补贴1100万元。为确保保税油业务正常有序运行，公司成立机构，指定专人，在保税油业务运营期间，积极与海关、总公司运营部协调沟通，梳理了外航及国内保税油油单使用及判断流程，确定临时航班处理程序；制定了“现场开单—业务审单—海关备案”的核销模式，理顺了监管核销过程中各业务单位的疑虑，为后期的保税油转一般贸易油、提请保税油补贴等工作打下了良好的基础。

为顺利取得政府补贴，公司积极与河南省民航办协调沟通，向省、市财政部门申请，成功争取到首批补贴款134万元。

（马晓祎）

民营经济

综　述

【概况】 2013年，郑州市民营经济、中小企业工作按照全市经济发展的总体部署，以贯彻市委经济工作会议精神为动力，以转变发展方式、优化产业结构为主线，认真落实“稳增长、调结构、促转型”的各项措施，大力发展中小微企业，全市中小企业发展总体保持了持续健康较快发展态势。

2013年，郑州市民营经济完成增加值4481亿元，同比增长12.2%，约占GDP比重为72%。其中，第一产业完成增加值42亿元，同比增长5%；第二产业完成增加值2602亿元，同比增长12.8%；第三产业完成增加值1837亿元，同比增长11.9%。规模以上工业完成增加值2303亿元，同比增长13.4%。累计完成税收556亿元，同比增长19.1%。民间投资完成3090亿元，同比增长21.7%。社会消费品零售额完成2173亿元，同比增长14.3%。民营企业总数达8.5万家左右，从业人员190万人。中小企业完成增加值4018亿元，同比增长11.9%。民营经济、中小企业的平稳健康快速发展，是郑州市安置就业、增加居民收入和维护稳定的主渠道，是增加财政收入、扩大投资、拉动消费和活跃市场的活力、动力所在，对全市经济、社会、稳定健康发展起着越来越重要的作用。

（刘　林）

【民营经济集群化发展】 积极推进中小企业公共服务平台和小企业创业基地建设。是引导中小微企业集聚式发展的重要载体。市中小企业服务局积极组织符合条件的单位和企业启动国家和省中小企业公共服务平台和小企业创业基地创建工作。郑州市中小企业信息服务中心（郑州市窗口服务平台）、荥阳市五龙产业集聚区窗口服务平台、登封市磨料磨具产业集聚区窗口服务平台、郑州市智能电网产业集聚窗口服务平台等4家单位，获批“2012年国家级中小企业公共服务平台网络建设项目”；登封市高温元件产业集群公共服务平台、郑州软件及信息外包服务公共技术平台、河南省手性药物研究开发公共服务平台、河南省企业电子商务公共服务平台等4家单位，获批“2013年度河南省中小企业公共服务平台”；郑州金水文化创意园、中牟汽车产业集聚区小企业创业基地等2家单位，获批“2013年度河南省小企业创业基地”。郑州市中小企业综合服务平台、郑州大学中小微企业发展公共服务平台等6家单位，已上报省工信厅申报省级第三批中小企业公共服务示范平台。

（郭松涛）

【民营经济存在的主要问题】 2013年，郑州市民营经济保持了持续健康较快的发展态势，但仍存在着一些问题。（1）对中小企业政策支持力度还有待加强。政府部门出台的一些政策在税收、土地及其他方面的具体支持措施和操作细节，还缺少强制性和可操作性，各部门之间协调不够紧，部分措施得不到很好落实。（2）民营企业核心竞争力还不够强。民营经济总量还不够多，规模以上企业总量偏少。中小企业资源优势不明显，投资项目单一，结构不合理，大多从事低附加值产品的加工生产，处于整个产业链的底端。产业整体层次不高，经营管理水平较低，创新能力不强，人力资源方面相对匮乏，严重制约企业发展，在经济转型过程中抗风险能力还不强。（3）中小企业融资难问题依然突出。专项资金、种子贷等财政资金总量还比较少，能够服务的中小企业在总量上还不够多；在加强银企沟通，协调关系方面，力度还不够，银企合作不多。中小企业由于信用额度低，信息不畅，再加上银行贷款门槛高，导致企业成本大，郑州市80%以上中小微企业在发展中都存在抵押难、担保难、融资难、融资贵的问题。（4）综合服务层次质量还有待进一步提高。在服务平台建设方面，还缺乏一个完善的、综合性的服务平台。在服务的内容上，还主要是停留在选送人员入校培训，培训人员多是管理人才，其他财务、法律、技术等方面的人员培训还比较少。

（赵建钢）

民营经济管理

【融资渠道建设】 2013年，市中小企业服务局积极探索郑州市民间融资规范化、阳光化的途径。起草完成了《关于搭建郑州市中小微企业综合服务平台的请示》和《郑州市中小微企业服务平台建设材料汇编及其平台建设实施方案的意见》。规划预备先期成立民间借贷登记中心，旨在规范和引导民间借贷行为，为民间资本提供合法、规范、诚信、透明的交易平台，引导民间资本规范化、阳光化、合法化，最大限度避免高利贷和非法集资现象，促使民间借贷健康有序发展。

搭建银行、担保机构和中小微企业合作交流平台，缓解中小微企业融资难问题。征集并筛选出60多家民营企业中小微企业贷款项目，推荐给银企洽谈会和中小企业贷款需求项目推介会，并向驻豫金融机构推荐企业和项目，通过政府搭建银企洽谈平台，使金融机构和企业找到更多结合点，得到更多发展良机，起到缓解企业融资难的作用。7月，根据省中小企业局文件精神，市中小企业局下发了《关于转发〈河南省工业和信息化厅中国银行业监督管理委员会河南监管局关于组织全省金融机构与中小微企业贷款项目银企对接活动的通知〉的通知》（郑中小企〔2013〕141号），并积极组织、指导县（市）区申报贷款项目，共组织了50家中小微企业参加全省金融机构与中小微企业贷款项目银企对接活动，申请贷款金额134450万元。经过对接、考察、评定等一系列工作，市中小企业局推荐的50家中小微企业中有25家获得贷款支持，占申请企业总数的50%。获得发放贷款135590万元，占企业申请金额的100.85%。

创新中小微企业融资模式。市中小企业服务局与安信证券、浙商证券等公司多次接洽，就郑州市中小微企业新三板上市达成合作意向；与远东国际租赁有限公司沟通合作服务事宜，有意将租赁这种新型融资模式引入郑州市。下发了《关于报送我市创投和股权投资拟投企业推荐名单的通知》（郑中小企〔2013〕88号），旨在推动郑州市中小微企业与股权、创业投资企业股权融资对接工作。

（武健霞）

【“种子基金”贷款和财政补贴贷款】2013年，为缓解中小微企业贷款难问题，按照市政府有关工作部署，由市中小企业服务局牵头，与中信银行、郑州银行、中国银行郑州陇西支行等有关银行以及相关担保公司合作，通过“种子基金”贷款和财政补贴贷款两种模式支持小型、微型企业贷款融资。“种子基金”贷款和财政补贴贷款工作的启动，收到了良好成效，共有34家企业获得贷款，额度为15710万元，行业涉及IT、电力、服装、食品、新材料、节能环保等多个行业。通过两种贷款帮助，授信企业在经济形势严峻的情况下，实现了不同程度的发展。

（杨　峰）

【小额贷款公司发展】2013年，郑州市小额贷款公司试点工作稳步推进，稳健发展，在支持、促进“三农”和小微企业发展方面发挥了积极的作用。截至2013年年底，郑州市经省工信厅批准设立的小额贷款公司总数有51家。其中，注册资金1.5亿元的有2家，注册资金1亿元的有47家，注册资金在5千万以下的有2家。郑州市小额贷款公司注册资金总额达到51.3亿元，运营资金56.1亿元，从银行融入资金3.05亿元，其他资金1.77亿元，从业人数951人。全市小额贷款公司为3299户企业或个人发放贷款3903笔，累计贷款金额85.2亿元，比上年同期贷户增加1053户，贷款额增加39.7亿元。

（康银萍）

【融资性担保行业监管】2013年，郑州市融资性担保行业监管工作按照省工信厅和市政府的安排部署，以开展“巩固提升年”活动为抓手，着力巩固规范整顿工作成效，认真落实融资性担保机构各项制度，不断加大清理、监管力度，有效提升行业主营业务，逐步实现行业规范健康发展。

行业整体发展情况。2013年，担保业务总体大幅增长，在保余额307亿元，较上年同期增加155亿元，同比增长102%。新增担保业务中，融资性担保业务增加额281亿元，占90%；兼营业务中，诉讼保全担保增加额24亿元，占比8%；工程履约担保增加额5亿元，占比2%。

服务对象以中小微企业为主。按单笔担保金额划分，800万元以下贷款担保占比63%，800万-1500万元占比30%，1500万元以上占比7%。按受保企业类型划分，主要以中小微企业为主，占92%，大型企业占2%，为下岗职工创业贷款担保占比为0.2%，其他个人等非企业担保业务占5.8%。

行业风险防范情况。82家公司各项准备金提取充足，共提取未到期责任准备金4亿元，达到并超过行业规定标准50%；担保赔偿准备金5.2亿元，达到并超过行业规定标准1%；一般风险准备金5226万元，达到并超过行业规定标准10%。各项准备金合计9.7亿元，拨备覆盖率为746%，准备金充足符合政策要求。12月末代偿余额为1.3亿元，全年累计发生代偿额9340万元，代偿笔数42笔，担保代偿率0.5%。代偿回收额为4193万元，代偿回收率为32%。

行业资产状况。截至2013年年底，融资性担保行业资产总额达到137亿元。其中货币资金77亿元，存出保证金42亿元，短期投资1亿元，长期投资0.5亿元，固定资产3亿元，应收款8.9亿元。实收资本110亿元。以上数据说明货币资金基本在位，符合有关规定。

行业营利情况。2013年，郑州市82家融资性担保公司实现收入7.3亿元，较上年增加3.1亿元；实现净利润1.85亿元，较上年增加1.4亿元；缴纳各项税款1.2亿元，较上年增长0.84亿元。

扶持行业发展情况。2013年，郑州市13家融资性担保公司获得国家补助资金1850万元，19家融资性担保公司获得省涉农补助资金942.93万元。郑州市修改完善郑州市中小企业信用担保专项资金管理办法，合理使用财政专项资金，对合法开展银保业务的29家担保公司补助资金2449万元，对71家通过担保公司银保业务融资的中小企业给予资金补助1090万元，鼓励支持担保行业健康发展。2013年，获得国家和省资金补助的22家担保公司共为3213家企业提供担保7030笔，担保余额187.52亿元，新增担保额141.44亿元。

（杨建威）

【郑州市中小企业参加第十届中国国际中小企业博览会】2013年9月25-28日，第十届中国国际中小企业博览会在广州国际会议展览中心举办。郑州市人民政府副市长马健，郑州市人民政府副秘书长、郑州市中小企业服务局局长翟政带领郑州市3家绿色食品类企业、6家项目签约意向企业参会。本届中博会由中华人民共和国工业和信息化部、国家发展和改革委员会、财政部、国家工商行政管理总局、国家质量监督检验检疫总局、中国银行业监督管理委员会、广东省人民政府和印度尼西亚中小企业与合作社国务部、联合国南南合作办公室联合主办。展会共有展示面积10万平方米，其中境内展区有2410家企业参展；境外展区有来自36个国家、组织和地区的442家企业和机构参展。中共中央政治局委员、广东省委书记胡春华到会参观中外展馆。河南省副省长张维宁到河南省展位做了参观视察，郑州市政府副市长马健等领导陪同张维宁参观郑州市展位。25日，副市长马健代表郑州市政府和相关企业、合作商参加豫粤“家居、建材”产业对接洽谈会、豫粤产业合作洽谈会。副省长张维宁参加会议并作了重要讲话，副市长马健在会上发言。中博会期间举行了豫粤产业合作项目签约仪式，郑州市与金马凯旋集团、深圳市凯利华电子有限公司等2家企业签约，项目金额达32亿元人民币。另有超过10亿元人民币的4个项目达成意向。

（李卫锋）

【郑州市中小企业参加中南大学产学研活动】为提高河南省中小企业技术创新水平，推进产学研结合，加速科技成果转化，加强企业与高校的合作力度，解决企业技术难题，促进中小企业健康发展，2013年11月11-12日，省工业和信息化厅中小企业服务局在中南大学举办产学研对接会，郑州市共组织河南鸿马实业有限公司、郑州赛克超硬材料有限公司等5家企业参加。活动期间，各企业负责人根据自身存在的技术难题，有针对性的与相关学院、课题研究组进行了深入对接交流，企业家们表示在本次活动中开阔了眼界、取得了收获，将与中南大学建立长期对接关系，活动取得良好效果。

（聂晶焱）

【中小企业专家服务工作】2013年，市中小企业服务局继续加大中小企业专家服务工作力度，下发了《关于建立专家服务日制度的通知》（郑中小企〔2013〕2号）《关于开通郑州市中小企业专家网上咨询平台的通知》（郑中小企〔2013〕3号）和《郑州市中小企业专家服务团2013年度工作要点》（郑中小企〔2013〕41号）等文件，印制《郑州市中小企业专家服务指南》书籍5000册免费发放给有服务需求的中小企业。每月5日定时举办专家服务日活动，分别对郑州市装备制造业、新材料、食品产业、电子信息等7个主导产业开展专家专场服务活动，全年已累计邀请35名专家为全市348家企业负责人进行了现场辅导。“郑州市中小企业网上信息服务平台”上的“专家在线咨询”栏目已经开通，30名专家在线免费为广大中小企业提供信息、技术、管理、指导、合作等各类咨询服务。为中小微企业搭建与专家面对面交流的平台，受到了广大中小企业的高度赞扬。

（郭松涛）

财政 税务

财政管理

【财政收支】 2013年，全市财政总收入完成1116亿元，同比增长14.5%；地方公共财政预算收入完成723.6亿元，同比增长19.3%，增收116.9亿元；地方公共财政预算支出完成816.2亿元，同比增长16.5%，增支115.6亿元，再创历史新高。不断壮大的财政收入和持续增长的财政支出，有力保障了全市重点项目、民生工程等资金需求，为郑州都市区建设和郑州经济社会跨越式发展提供了有力的财力支撑。

【收入征管】 土地交易环节印花税征管。地税、国土资源、财政部门坚持“环节控管，先税后证”的机制，配合协作，共同做好土地交易环节印花税源泉控管，全年共征收土地交易环节印花税2060万元，堵塞了征管漏洞，防止了税收流失。市级BT模式融资建设项目税收征管。财政部门协调税务部门、BT项目公司等，抓好郑财税源〔2012〕4号文件落实；税务机关研究制定具体管理办法，规范BT项目税务登记、项目登记、发票开具、税款缴纳、税款入库、税款抵扣等环节管理。通过加强BT项目税收征管，简化税收征管环节，实现税收源泉控管。全市24个BT项目缴纳税费合计1.2亿元。股权转让环节税收控管。财政部门加强与工商、税务等部门沟通，加大股权转让环节税收控管力度，协调工商部门向国税、地税部门提供了2012年6月至2013年6月股权变更信息10.7万条，共查补入库税款8810.6万元。开展打击虚开增值税专用发票违法犯罪专项行动。国税、地税、公安、财政等部门密切配合，在全市范围内开展了打击虚开增值税专用发票违法犯罪的专项行动，查补入库税款9007.9万元，控票30户，移交公安5户，与公安机关联合抓捕32人，其中8人被批捕，13人被提起公诉。

【资金筹措】 2013年，面对严峻的政府融资形势和新型城镇化建设资金需求，全市财政部门积极作为，不断加大资金筹措力度，有效确保了重点项目建设资金需求。积极争取上级资金支持。全年争取上级转移支付资金152.8亿元，增长10.1%，增加14亿元；争取政府债券转贷资金20.6亿元，增长47%，增加6.6亿元。全面深化投融资体制改革。通过股权重构和“四资”整合组建了8家市级投融资公司，总资产由改革前的545亿元增加到改革后的1174亿元，高层管理人员面向全国公开选聘，新的投融资体制框架基本确立。不断创新融资方式。郑州发展投资集团成功发行企业债券18亿元，实现在资本市场直接融资的突破；积极与中信集团、平安集团、中信产业基金等金融企业签署战略合作协议或合作框架协议，有效扩大了融资规模。

市委常委、常务副市长孙金献在市财政局局长刘睿的陪同下调研

【财政促进经济发展】 2013年，针对严峻的经济形势和制约产业结构升级的突出矛盾，全市财政部门充分发挥财政资金“四两拨千斤”的导向和激励作用，整合产业发展引导资金69.9亿元，重点支持现代产业发展，有力促进了产业转型升级和经济平稳发展。支持工业结构调整。拨付资金38.3亿元，积极实施“工业强市”战略，支持电子信息、汽车及装备制造等七大工业主导产业发展壮大，加快工业转型升级。支持服务业发展。拨付资金16.5亿元，突出发展航空现代物流、电子商务、现代金融、高技术服务业等新兴业态，支持现代服务业提质增速。支持对外开放。拨付资金5.7亿元，支持开放型经济发展主要领域的重要平台搭建、重点项目建设和重大活动开展，积极承接产业转移。支持中小微企业发展。拨付资金3.2亿元，建立小微企业贷款风险补偿基金，壮大市级中小企业担保平台，引导金融机构加大对中小微企业支持力度。支持都市型现代农业发展。拨付资金2亿元，实施农业产业项目贷款贴息，加快推进现代都市农业示范区“136”工程，积极发展观光休闲农业，支持农业龙头企业发展，不断提高农业产业化水平。

【新型城镇化建设财政保障】 2013年，围绕新型城镇化建设和城市功能提升，全市财政部门不断加大资金投入力度，统筹资金626.3亿元，有效确保了新型城镇化建设资金需求。支持基础设施建设。加大城建投入力度，投入资金269亿元，加快“畅通郑州”和城市基础设施建设。认真执行土地管理“六统一”制度，拨付土地出让金207.2亿元，支持四类社区建设，保护改造提升中心城区。拨付奖补资金1.6亿元，完善农村基础设施，加快推进“美丽乡村”建设。支持产业集聚区建设。拨付资金69.7亿元，加强产业集聚区基础设施建设，支持集聚区企业发展。支持航空港经济综合实验区建设。拨付资金50.7亿元，支持航空港区机场二期征地拆迁、基础设施建设及产业发展，巩固提升实验区交通枢纽地位和城区承载功能。

市委常委、常务副市长孙金献主持召开郑州市上半年财税工作运行分析研判会

【民生保障】 2013年，围绕惠民生、保稳定的基本要求，全市财政部门努力提高公共财政保障能力，积极落实各项惠民政策，在支持以改善民生为重点的社会建设方面迈出了坚实步伐。全市财政用于教育、医疗卫生、社会保障和就业、住房保障等与人民群众生活密切相关的支出达到617亿元，增长20.6%，占公共财政预算支出的75.6%。优先保障教育发展。拨付资金133.1亿元，全面落实农村、城市义务教育优惠政策及国家各项助学政策，继续实施农村薄弱学校改造计划，积极推进教育优质均衡发展，新建、改扩建中小学31所，幼儿园93所，新增优质学位3.5万个。完善社会保障和就业体系。拨付资金66.4亿元，加快健全覆盖城乡居民的社会保障体系，提高新农保缴费补助标准，全面落实城乡低保对象、五保供养对象、优抚对象等各类社会保障待遇，实现新增城镇就业15万人，农村劳动力转移就业10.5万人。促进医疗卫生事业发展。拨付资金58.2亿元，城镇居民医保和新农合人均财政补助标准从240元提高到280元，城镇居民医保住院报销比例进一步提高，农村居民大病保险试点顺利实施，基层医疗卫生机构和县级公立医院综合改革扎实推进，“郑州片医”社区卫生服务模式加快发展。加大惠农投入力度。拨付资金5.9亿元，积极落实粮食直补、农资综合直补等各项惠农补贴，促进农民增收。拨付资金2.8亿元，认真落实扶贫开发和后续扶持政策，加快推进扶贫开发。支持保障性住房建设。拨付资金19.1亿元，新开工各类保障性住房4.6万套，竣工4.5万套。促进公交发展。拨付资金23.3亿元，加大公交运营补贴，购置500辆混合动力公交车。

【财政管理】 2013年，全市财政部门坚持在改革中破解难题，在创新中谋求发展，积极拓展财政改革的广度和深度，财政管理的科学化、精细化水平有了新的提高。“营改增”试点改革工作扎实推进。全市纳入试点范围的8个行业总体减税4.5亿元，改革效果初步显现。国库集中支付改革稳步推进。县（市）区所有乡镇全部实行国库集中支付改革，改革覆盖率达到100%。公务卡结算制度改革全面开展，公务卡办卡量达到5.2万张，累计刷卡消费金额2.6亿元，增长39%。预算编制水平明显提升。统筹使用各类财政性资金，整合项目310个，涉及资金6.2亿元，集中财力保障重点。特别是在安排2014年教育专项时，按照生均标准编制教育机构经费，资金安排更加科学合理。预算执行动态监控初步建立。完善预算执行动态监控机制，市本级预警系统初步建立，自动拦截3257笔支付数据，涉及金额44.6亿元。预算绩效管理有序推行。逐步扩大绩效评价试点范围，对年初预算设置绩效目标，对项目支出进行绩效评价，财政资金使用效益进一步提高。专项资金管理逐步规范。在编制产业引导资金支出预算的基础上建立联席审批会议制度，集中审批资金使用和分配，产业引导资金作用逐步显现；重点专项资金分配实行周例会集中研究制度，科学规范的财政资金管理决策机制初步形成。厉行节约反对浪费长效机制逐步建立。实行按经济分类编制部门预算改革，合理界定项目支出，运转支出细化为办公费、公务用车运行维护费、交通费、因公出国（境）经费、公务接待费等10个项目，各项支出预算做到实、细、准，预算的准确性和约束性不断增强。从严控制“三公”经费及其他行政运转经费支出，市本级和县（市）区“三公”经费压缩11.6%。公共财政预决算、部门预决算及“三公”经费全部实现网上公开，财政预决算公开透明度不断增强。

召开全市财政暨税源建设会议，全面部署财政收支及税源相关工作

【财政监督】 2013年，全市财政部门在开展常规性内部监督检查的基础上，重点组织开展专项资金绩效、会计信息质量、会计账表一致性等监督检查，财政监督逐步向纵深拓展。政府采购更加高效。积极拓宽政府采购范围，在协议供货方面引入京东集团等电商，在采购方式上探索实施网上竞价，有效提高政府采购效率，节约政府采购成本。全年

完成政府采购141.9亿元，增长28.9%，节约资金19.3亿元，资金节约率12%。投资评审作用充分发挥。积极推行“招标控制价”和项目实施过程预算变更评审，建立健全三级质量复核体系，投资评审逐步从事后监督扩展为全过程管理。全年完成评审项目2897个，完成评审额339亿元，审减42.1亿元，平均审减率15.6%。

【一事一议财政奖补】 2013年，郑州市全面开展一事一议财政奖补工作。根据省财政厅《关于做好全面开展一事一议财政奖补工作的有关通知》（豫财农改〔2011〕1号），和《河南省村级公益事业建设一事一议财政奖补项目和资金管理暂行办法》的要求，2013年郑州市确定一事一议财政奖补项目98个，主要集中投向新型农村社区垃圾中转站等公益事业，涉及四县（市）六区，受益农村人口2102795人。项目总投资6100.70万元，投资比例为中央和省负担70%，市负担20%，县负担10%；其中，省级和中央投入4225.90万元，市级配套1217.80万，县级配套608.90万，弥补以前年度省级和中央资金缺口48.1万元。

【财政推动美丽乡村建设试点】 2013年中央一号文件提出要推进农村生态文明建设，努力建设美丽乡村。省财政厅印发《河南省财政厅关于发挥一事一议财政奖补作用推动美丽乡村建设试点的实施意见》（豫财农改〔2013〕27号），要求通过美丽乡村建设推进农村环境整治、基础设施和公共服务设施配套建设，促进城乡一体化和农村繁荣稳定。省财政厅拿出8亿元项目资金，按照专家评审、竞争立项的方式，在全省选择70个试点县区，每县区选择一个乡镇进行美丽乡村试点。郑州市4个县（市）申报，获得省级美丽乡村建设试点2个，争取项目资金2500万元。

（王五星）

国税管理

【概况】 郑州市国家税务局下辖5个县（市）局、7个市区局和市局稽查局、车购税分局共14个基层单位，61个税务分局（含2个税源管理科）。全市国税系统共登记各类纳税人21.5万户（郑州市局20.45万户，郑州新区局1万余户），一般纳税人3.34万户，小规模企业3万户，个体工商户13.38万户，其他6000余户（在国税缴纳所得税企业）。市级以上重点税源1004户，主要分布在烟草、商业、金融、电信、煤炭等11个行业。2013年，全市国税系统充分发挥税收职能作用，服务经济发展大局，圆满完成各项收入任务，年终以总分第一名的成绩被评为全省国税系统目标管理优秀单位。市局获“全国文明单位”“河南省五一劳动奖状”等荣誉称号；14个基层单位全部被命名为“省级文明单位”，实现省级文明创建“满堂红”。

【组织收入】 2013年，全年累计完成税收收入354.23亿元，占全省收入总量的22.65%，同比增长4.22%；完成地方级收入84.58亿元，同比增长8.41%，圆满完成收入目标任务。一是高度重视抓收入。市局党组按照“信心不减，目标不变”和“以月保季，以季保年”的要求，始终把组织收入作为全局中心工作抓紧抓好。一季度，在收入出现下滑的情况下，及时提出“以查促管、以管促收，加强征管、依法治税”的工作思路；7月，班子成员带队深入各基层局开展集中调研，上下联动、齐抓共管，解决收入工作中遇到的困难；9月，在组织收入的关键时期，下发《郑州市国家税务局关于进一步加强税收征管，确保完成全年收入目标的实施意见》，对组织收入工作进行再动员、再部署，最终完成全年收入目标任务。二是强化分析保收入。按照“分析所指、工作所向”的要求，强化税收分析工作。在分析定位上，改变原来就分析论分析的模式，使分析成为引领组织收入、服务发展大局、研判税收形势的重要指针；在分析方法上，改变以前“单兵作战”和“单项分析”的模式，转变为“团队协作”和“联动分析”；在分析深度上，密切关注发改委重点投资项目和“三区”建设等分析中的薄弱环节，主动掌握税源变化最新动态，注重从税收看经济、看社会、看发展，有效解决深度分析少、横向分析少等问题，提高分析针对性和实效性。三是强化风险管理促收入。按照“以查促管、以管促收、加强征管、依法治税”的工作思路，进一步优化两级风险管理队伍，加强一体化的税收风险分析，按照五个统一的要求积极开展各项风险应对。在开展日常稽查评估的基础上，10月，组成10个集中评估组，开展重点评估、集中评估，全年评估稽查入库税款6.67亿元，同比增长13.63%，占全省比重为15.8%。联合地税开展收入比对分析专项核查，入库所得税2.49亿元。

【深化改革】 2013年，郑州市国税系统以探索税源专业化管理为重点，统筹推进“办税服务厅标准化建设再规范，纳税服务再优化，征管方式再创新，纳税评估、税务稽查质效再提升，人力资源配置再优化”五项改革。一是统一思想，凝聚合力。对全系统干部职工进行解放思想、深化改革总动员，成立改革领导小组和五个项目组，出台“一个指导意见，一个总体方案，五个子项目试点方案”（简称“115改革方案”），组织召开16次改革推进会。9月，到先进地区和单位进行对标学习，汲取借鉴先进经验，推进改革。二是积极探索，稳妥推进。纳税服务方面，全面梳理259项业务流程，即办事项由原来的79项扩大至209项，占涉税事项总数的80.69%，限时办结事项一般在7个工作日内完成，报送资料由原来的138种精减至118种。对90%的涉税业务推行“免填单”服务，推广应用“办税服务智能管理系统”，提高办税效率，减轻纳税人负担。征管方面，将税管员职责从18类184项压缩至11类61项。风险管理方面，出台《纳税评估办法》《风险管理办法》和《税收事项后续管理办法》，明确3大类48项后续监管重点内容。三是先行先试，成效初显。荥阳市局落实“简并征期”，辖区内1058户小规模纳税人实行按季申报；新郑市局完成税源网格化管理平台开发，并试点运行；二七区局、管城区局等6个单位启

市委常委、常务副市长孙金献到市国税局调研

动新业务流程，运行状况良好；管城区局、中原区局、惠济区局建立全职能办税平台，初步实现“一窗通办”。截至年底，税源专业化整体框架初步搭建，逐步实现办税服务从“分类办税”到“一窗通办”，从“后台流转”到“即来即办”，税源管理从“一事统管”到“专业分工”，行政审批从“审核前置”到“事后监管”，风险管理从“普遍分析”到“重点分析”等一系列转变。

市国税局举办预防职务犯罪专题讲座

【税制改革】 2013年，市国税局抢抓税制改革机遇，实施目标管理、项目带动、绩效考核，扎实推进“营业税改征增值税”（以下简称“营改增”）工作。自5月份启动以来，市局成立“营改增”专项改革办公室，下设6个工作组，对“营改增”工作统一协调、部署和督导。制订实施方案，明确工作内容和时间节点，先后召开专题会议10余次，下发专项任务7期；组织内外部人员培训69场近万余人次，为“营改增”顺利实施奠定良好基础。8月1日凌晨，全系统准点开展“零点行动”，12个核算单位全部开票成功。9月，针对“营改增”纳税人首次申报，税务部门提出“责任到人、具体到户、划分时段、预约服务”十六字方针，保证“营改增”首月申报顺利运行。截至年底，郑州市“营改增”纳税人达22373户，占全省的46.14%，累计申报税款4.76亿元；“营改增”减税效应初现，尤其现代服务业及下游企业减税明显，3个月累计减税6.37亿元。

【依法治税】 2013年，市国税部门始终坚持依法征税的组织收入原则，做到应收尽收，坚决不收过头税；提出不落实税收优惠政策也是收过头税的理念，积极把各项优惠政策落实到位；成立打击涉税犯罪和预防职务犯罪工作领导小组，对外持续打击涉税犯罪，对内着力预防职务犯罪，将执法风险消化在萌芽状态。一年来，共查办涉嫌虚开发票案件31起、专用发票2147份，涉案金额3.1亿元。其中，公安机关立案5起，刑拘32人，检察机关批捕22人，审判机关判决8人，维护了良好的经济税收秩序。

【三个服务】 市国税部门积极更新观念，转变职能，不断提升服务质量和水平。一是服务大局。为政府谏言献策，实时关注全市新进招商项目，及时将新增项目转化为税收；主动向省局、市委、市政府建言献策，服务地方经济发展。参照平潭、南沙等地区现行做法，争取各项税收优惠政策6项次，大力支持航空港经济综合实验区发展。结合“营改增”试点运行情况，向市政府上报《紧抓税制改革机遇 助力构建郑州现代产业体系——“营改增”对郑州经济税收的影响分析及建议》，得到省、市领导批示肯定。落实税收优惠政策，全年共办理各项减免退税98亿元，支持地方经济发展。二是服务税户。落实各项服务制度，持续改进工作作风，不断提升纳税服务水平，荥阳市局、巩义市局连续3年实现零投诉；创新服务方式，在中原区局试点开发“网上审批系统”，实现税企“双减负”，在金水区局推行“一户式”影像采集管理系统，避免纳税人重复报送资料，实现信息共享；在5个县（市）推广使用车购税自助服务机，方便县（市）纳税人自助办税；到定点联系企业宇通公司开展“一对一”政策培训，帮助企业用足、用活税收政策。在总局开展的纳税人满意度调查中，取得全国省会城市排名第7的好成绩，满意率比上次前移6个位次。三是服务基层。按照先基层、后机关，先同志、后领导的原则，持续加大基层建设投入力度，改善基层办公生活条件，拨付772万元用于改善基层办公条件；到基层一线开展解难送暖活动，通过大病救助为12名干部解决医疗费用30余万元。

（许培娟）

市国税局举办国税大讲堂

地税管理

【概况】 2013年，全市地税系统努力克服“营改增”、结构性减税因素增多、房地产市场上下起伏以及相关产业政策的不利影响，坚持组织收入原则不动摇，把科学组织收入作为第一要旨，群策群力、统筹谋划、科学规划，采取扎实措施，着力提升收入运行质量，圆满完成组织收入任务。

2013年，全市共组织各项收入327亿元，同比增长18.4%，增收50.8亿元。其中，税收完成307.3亿元，同比增长20.2%，增收51.6亿元；地方级税收完成264.9亿元，同比增长21.2%，增收46.3亿元。

【依法行政】2013年，全市地税系统继续深化依法行政，完善依法行政责任目标考核指标体系，加强税务行政处罚案件预先法律审核和重大税务案件审理，约束和规范行政处罚裁量权，审核行政处罚50件，成功化解行政复议6起，减少了执法的随意性。积极开展税收法治文化建设，开展“我谈税收法治文化建设”征文活动，组织依法行政示范单位创建评比观摩，较好地落实了依法行政责任目标，有5个单位被评为河南省依法行政示范单位。建立服务型执法制度，开展服务型执法系列宣传，解答纳税人咨询5万多人次，发放宣传材料10万余份。

【税收征管】2013年，全市地税系统推行个体税收社会化管理，选择饮食业、旅店业、娱乐业等作为计算机定税试点行业，划定税负参数，核实定额标准，有效杜绝“人情税”“关系税”。探索个体税收管理新途径，委托工商部门代办个体税务登记，对个体户及其他临时经营纳税人实行委托代征。定期组织征管质量考评、税源清查和工商信息比对，提升征管质效。继续推行身份证件离线核查，验证信息1.2万条，纠正处理错误证件信息5321条，确保基础登记信息的准确性。将全市659个重点工程项目统一纳入重点税源监控范围，初步实现市区两级监控，入库税收4.8亿元。

建立健全省、市、县、所四级监控网络，对全市主体行业纳税大户进行重点监控，有针对性地加强对重点行业、重点企业的跟踪管理及预测分析，时刻关注税源变化，研判收入发展趋势，采取相应措施，取得明显效果。全年全市共监控市级以上重点税源857户，入库税收116亿元，占全市税收比重的37.79%，监控户数及重点税源税收比重均位居全省第一位。

【流转税管理】2013年，郑州市地税系统在管好住宅类存量房税收的同时，结合省地税局项目组、南京工业大学和估价师专家组的科学论证，在全省率先上线运行工商业类存量房评估系统，截至年底，评估交易178例，入库税收0.65亿元。认真执行房地产、建筑项目登记制度，密切关注投资规模较大的项目及重点工程项目的进展情况，进一步加强房地产企业所得税项目完工结算管理。全年组织房地产建筑业税收199.6亿元，共拉动税收增长19.7个百分点，税收增长贡献率达97.9%，较好地发挥了房地产行业主力军的作用。采取措施，科学应对“国五条”出台引发的二手房交易激增状况。组建风险应对和纳税评估专业化团队，聘请高校专家全程介入。专门下发建筑业、旅游业和教育劳务业纳税评估指南，对659个省市重点项目、664个民办教育机构开展税收风险指标验证，从中抽取143户作为重点评估对象，探索自上而下的风险任务推送机制，共评估税款9628.44万元。推行BT模式建设项目税收集中管理模式，全市共有23个BT项目纳入统一管理，完成税收5626万元。

【所得税管理】2013年，郑州市地税系统依托GIS定位技术和电子地图，在全省率先实施“以地控税”项目，研发了郑州市城镇土地使用税地理信息税收征管系统，首次利用无人机完成土地遥感信息采集，为土地使用税征收提供参数依据，实现对土地、房屋自身税收、衍生税收的精细化管理，构建“以地控税、以税节地”的管理新模式。受理个人年所得12万元以上自行申报1.71万人，邮寄完税证明34.22万份，各项评价指标均位居全省前列。扎实推进“营改增”工作，向国税部门移交纳税人15432户。对全市土地交易环节印花税实施源泉控管，建立“过程控管、先税后证”管理模式，共征收土地交易环节印花税1700万元。对利股红个人所得税实行核定征收，两个月入库税收4000万元，成效超过预期。做好2012年度企业所得税汇算清缴及后续管理工作，汇算清缴税款7.56亿元。完成土地增值税清算审核项目66个，清算补缴税款2.35亿元。

【纳税评估】2013年，郑州市地税系统采取纳税评估和重点稽查相结合的方式，加强城中村改造项目建设税收管理，评估改造项目20个，评估税款近4700万元。

【纳税服务】2013年，郑州市地税系统按照“转变职能、简政放权”的要求，优化办税流程，简化办税程序，推行问诊式服务，实施一窗受理、一站办结，232项涉税业务前移至办税服务厅办理，简化和取消涉税审批73项。扎实开展“与纳税人同行”和“优化纳税服务 我为地税添光彩”主题实践活动，推广“办税窗口一机双屏”，征集“新创意、金点子”，进一步丰富服务内涵，拉近征纳距离。12366郑州坐席全年接听量12.15万次，满意率98.5%。

在全省率先创办纳税人学校，建设纳税人学校视频录制工作间，采取在线税校、流动税校、送教上门、网络视频等形式，满足不同层次纳税人的个性化需求。纳税人学校创办以来，共培训纳税人6000多人次，网上点击量突破1万次。全省率先推行“午间不间断”服务，安排工作人员错峰上岗，将服务延伸至8小时以外。升级效能指挥中心，将监控功能延伸至33个具有征收职能的税务所。

【税收宣传】2013年，郑州市地税部门精心筹划第22个全国税收宣传月活动，联合《河南日报》开展“中国梦•税收情”看图作文大赛，有3个项目获得总局和省局税收宣传月优秀创新项目。制定《新闻发言人制度》，首次举办税收信息媒体沟通会，面向社会和新闻媒体宣传、解读税收焦点难点问题。在《中国税务报》《河南日报》等主流媒体专门就绩效管理、纳税人学校、移动办税、存量房评估等工作做宣传。进一步拓宽宣传渠道，通过“郑州地税”新浪微博发布动态信息305条，回复政策咨询144条。

【信息管税】2013年，郑州市地税系统在全省率先推行POS机打印发票、小额个体自助代开发票，实现纳税人利用POS机开具、红冲网络发票和实时回流信息等功能，开具卷式发票3663份，金额159.28万元。这种管理模式为全国首例。实施征管档案电子化管理，实现纸质档案的影像存储、一户式查询、征管流程优化和无纸化运转。大力优化“税务通”系统，构建完善的移动办公平台。

做好“金税三期”准备，优化计算机客户端配置检查，梳理代码信息5万余条，推广网上申报安全数字证书，确保硬件配置、软件设置、网络环境满足“金税三期”上线要求。升级改造效能指挥中心高清矩阵、会议系统等基础设备，在40余次活动中成功运用。

【发票管理】2013年，郑州市地税系统建立“分散受理、集中出票”的发票发售新模式，缓解审核程序多、窗口领票难的矛盾。全面启用发票发售环节密码验证功能，有效避免发票冒领、代领、骗购现象。举行第十次和第十一次发票摇奖活动，共摇出奖项228个，奖金总额176万元，有效提高消费者索票意识。

【税务稽查】2013年，郑州市地税系统按行业和税源特点，整合稽查机构职能，建立分级分类稽查体系，从源头解决稽查针对性不强、业务能力不专等瓶颈问题。聘请资深法学、税务、金融人士，组建专家顾问团，为稽查提供专业化、系统化的法律论证。全市共检查纳税人5676户，查补收入4.59亿元，同比增长99%。

【内部督察审计】2013年，郑州市地税系统基层单位66名副科级离任干部进行任期经济责任审计。1名科级干部进行离任经济责任审计，任职期限超过4年的3名区局一把手开展任中经济责任审计。同时开展“三公经费”专项审计，对全市6个项目开展基建工程项目审计。

（王全堂）

经济监督与管理

发展计划管理

【郑州市经济社会发展情况】 2013年，郑州市实施市十三届人大第六次会议批准的国民经济和社会发展年度计划，抢抓中原经济区和郑州航空港经济综合实验区建设的重大机遇，紧紧围绕"三大一中"战略定位，突出"三大主体"工作，积极落实"保增长、调结构、夯基础、促转型"各项政策措施，有效遏制经济下滑势头，经济社会总体保持平稳较快发展，郑州都市区建设三年行动计划推进顺利。

2013年全市地区生产总值完成6202亿元，增长10%，其中第一、第二、第三产业增速分别为3%、10.5%、10.2%，三次产业结构比由2012年年底2.6：56.4：41调整为2.4：56：41.6；公共财政预算收入完成723.6亿元，增长19.3%，其中税收占比75.2%，较2012年提高0.6个百分点；固定资产投资完成4400亿元，增长23.6 %；进出口总额（市属及以下企业）完成422亿美元，增长19.5%；城镇居民人均可支配收入、农民人均纯收入分别完成26615元、14009元，分别实际增长6.7%、9.2%。

（一）航空港经济综合实验区建设全面启动，引领带动作用日益显现。以航空港实验区规划上升为国家战略为标志，集全市之力加快推进，实验区建设实现良好开局。全年生产总值完成300亿元，固定资产投资完成209亿元，外贸进出口总值完成350亿美元，分别增长30%、54%和25%。体制机制不断完善。成立省、市实验区建设领导小组，确立"两级三层"管理体制，建立实验区与省直部门"直通车"制度，政策支撑体系不断完善。基础设施加快建设。机场二期征地拆迁全面完成，飞行区场道、T2航站楼和综合交通换乘中心开工建设。建成道路69公里。第一水厂、第一污水处理厂等建成投用，建成燃气门站1座，铺设燃气管道14.7公里。航空枢纽地位进一步提升。郑州机场新开通国内外货运航线14条，总数达到24条，其中国际货运航线19条，开通郑州市首条"全球飞"货运航线；新开通客运航线40条，总数达到120条，其中国际客运航线15条。航空货邮和旅客吞吐量分别达到25万吨和1300万人次。产业招商稳步推进。新开工项目17个，新签约项目45个，项目投资总额达1500亿元。啸鹰飞机组装与试飞基地开工奠基，"菜鸟科技"中国智能物流骨干网项目正式签约，友嘉精密机械产业园、波音交付中心等项目有序推进。规划编制与政策争取工作进展顺利。郑州航空港经济综合实验区概念性总体规划通过省政府研究审定，26项专项规划初步完成。新郑国际机场快件中心、国际快件出口总包直封权获国家批准。

（二）新型城镇化建设强力推进，城市综合承载力稳步提升。以"六个切入点"工程快速推进为标志，新型城镇化步入提质增速的新阶段。畅通郑州工程进展顺利。地铁1号线一期工程建成运营，2号线一期工程16个站点全面开工建设；三环快速化主线工程建成投用，陇海路快速通道、京广快速路二期等工程正加快推进；文化路与连霍高速等3座互通式立交建成通车；188条断头路、751个路口渠化等工程有序推进；新建、改建县域道路548公里。生态廊道建设有序开展。全市生态廊道完成绿化面积1520万平方米。全市新增公园、游园31个，新增公共绿地面积约928.8万平方米。四类社区建设稳步推进。建设社区项目449个，开工安置房项目427个，建设面积3824万平方米，回迁居民33.6万人，累计完成投资2077亿元。中心城区功能持续提升。"六旧九新"片区改造加快推进，三环以内完成78个整村拆迁。柿园水厂、白庙水厂改造工程已建成投用；马头岗等污水处理厂建设进展顺利；新建、改造配水管网83公里、供热管网62公里、供气管网94公里；13个变电站完成选址；居民生活用水"一户一表"改造完成4.8万户，为年度目标的120%。城市组团建设全面启动。全面启动县城十字景观大道建设，全市13个组团新区全年新增建成区面积27平方公里，为年度目标的112.5%。产业集聚区建设成效显著。顺利完成了各类组团和产业集聚区管理机构与行政区域管理套合制度改革，构建起"责任、有序、高效"的运行模式。全市产业集聚区实现主营业务收入8500亿元，增长22.5%。其中，15个省级产业集聚区实现主营业务收入5712亿元，增长19%。完成固定资产投资1900亿元，增长40.3%。其中，15个省级产业集聚区完成固定资产投资1258亿元，增

市发改委开展信息平台建设调研

组织离退休老干部参观东区建设

长44%。

（三）固定资产投资稳定增长，重点项目建设顺利推进。坚持以投促建、以投促转、以投促提、以投促超，充分发挥投资在稳定增长和转型升级中的关键性作用。投资结构趋向优化。第三产业投资完成2964亿元，增长36.5%，三次产业投资结构由2012年的2 ：38.3 ：59.7优化调整为1.2 ：31.4 ：67.4。省市重点项目建设进展顺利。全年共争取省重点项目643个，数量占全省的46.2%；总投资额2.12万亿元，占全省的50.2%。省、市重点项目完成年度投资3300.1亿元，为年度目标的108.8%。新开工项目273个，开工率111.4%；已竣工项目104个，竣工率121%。哈密南—郑州800千伏直流电工程、郑少高速至郑州市区航海路连接线和万洪公路等项目建成，总投资220亿元的比克新能源新材料产业园项目开工建设。政府投资计划顺利实施。加快资金拨付进度，提高项目审批效率，全年安排政府投资项目225个，下达投资计划517.2亿元。融资工作进展顺利。全年资本市场融资完成450亿元，同比增长12.5%。市级政府融资平台实际融资94.9亿元，其中郑发投等4支城投债成功发行，融资58亿元。争取上级项目资金支持成效明显。全年累计争取上级项目资金11.9亿元，其中中央资金9.1亿元，省级资金2.8亿元。

（四）工业经济平稳增长，转型升级扎实推进。2013年全市规模以上工业增加值完成2857.7亿元，增长11.3%。主导产业支撑作用进一步凸显。电子信息、汽车与装备制造等七大主导产业增加值1932亿元，增长13.6%，高于全市规模以上工业增速2.3个百分点，对规模以上工业增长贡献率达到78.7%，拉动全市工业增长9.1个百分点。创新驱动能力进一步增强。全市高技术产业增加值达到310亿元，增长32%。全市高技术企业总数达到346家，国家级创新型企业4家，省级创新型企业65家。全市研发中心总数达到1705家，其中国家级33家，省级517家。专利授权量突破1万件，增长14.4%。科技进步对经济增长贡献率达到58%。传统产业改造提升进一步深化。综合运用承接转移、延伸链条、技术改造、兼并重组等手段，加大对铝工业、纺织服装业等传统行业改造提升，淘汰电解铝、建材耐材等行业落后产能5.5万吨，万元生产总值能耗下降3.6%。产业集群和龙头企业培育成效显著。电子信息产业集群主营业务收入达到2121亿元，汽车及装备制造业产业集群达到2023亿元，铝及铝精深加工产业集群达到800亿元。全年营业收入超百亿的工业企业达到9家，其中富士康达到1700亿元以上。

（五）服务业发展逐步提速，业态水平不断提升。以服务业七大支柱产业和“十中心”建设为重点，以中心商务区、特色商业街区为载体，大力推进现代物流、电子商务、金融和高技术服务等现代服务业发展，不断提升服务业发展水平和业态。现代服务业加快发展。现代物流业：华南城一期1号交易广场、丰树物流一期等重点物流项目建成投用，郑欧班列成功开行13班次，实现每周一班常态化运行；全市5A级物流企业达到3家，4A级企业12家。金融业：金融机构存款余额12750亿元；贷款余额9327亿元；存贷比为73.2%，较2012年提高8.2个百分点；渣打银行开业运营，恒丰银行等项目完成选址，郑东新区金融集聚核心功能区金融机构总数达到187家。电子商务：电子商务交易额达到1400亿元以上，增长32%，全市规模以上企业电子商务应用普及率达到60%以上，电子商务产业发展规划正在加快编制。高技术服务业：技术合同成交额完成90.9亿元，增长39.6%；国家知识产权创意试点园区、国家专利导航产业发展实验区落户郑州，国家专利审协河南中心正式运行，国家技术转移郑州中心申建成功。传统服务业稳步提升。商贸业：千亿级商圈稳步推进，二七商圈年交易额达到800亿元；丹尼斯大卫城、华润万象城等重大商业项目加快建设。文化创意旅游业：国家动漫产业基地（河南基地）和郑州动漫产业基地基本建成，入驻企业101家；快乐星球创意产业园、新郑黄帝故里文化产业园、石佛艺术公社文化园等园区正加紧建设；全市旅游业总收入790亿元，增长13%。房地产业：全年商品房销售面积完成1621万平方米，增长12.5%。服务业载体建设有序推进。13个“两区”规划全部获批，同时谋划了5个市级专业园区。深入推进服务业综合改革试点工作，上街机场改扩建工程已取得通航机场使用许可证，郑州国际陆港总体规划、健康服务业发展规划基本完成。

（六）农业生产保持稳定，农业农村工作稳步推进。粮食生产再获丰收。全年粮食总产量达到169万吨，连续11年喜获丰收，肉类、禽蛋、水产等农产品供应保持稳定。农业基础设施建设不断加强。建成高标准农田1.33万公顷，新建蔬菜基地0.27万公顷，新增设施农业面积533.33公顷。农作物种子质量鉴定基地和农产品质量安全追溯体系等项目开工建设。农业产业化经营势头良好。市级以上农业龙头企业总数达到425家，加工型龙头企业销售收入突破500亿元；白象、雏鹰、好想你等11个农业产业化集群获得省级认定。农村生产生活条件进一步改善。升级改造农田灌溉机井7000眼，新建5000座小型水源工程；开工53座、竣工36座小Ⅱ型病险水库除险加固工程。全年解决27.4万农村居民和2.1万农村师生饮水安全问题；完成易地扶贫搬迁2.2万人和34个村整村推进任务，实现4.01万扶贫对象稳定脱贫。

（七）改革开放不断深化，发展动力活力不断增强。重点领域和关键环节改革取得突破。深化城乡规划土地建设管理城市 “六统一”制度改革，增强了政府资源配置效率。行政审批制度改革全面推进，审批事项由原来的363项削减至141项，削减64.2%，审批环节压缩61.2%，审批时限缩减79.5%。投融资体制改革深入开展，组建8大投融资公司，初步构建了现代融资体系。积极推进事业单位体制改革和“五险一金”制度创新，14家事业单位试点全部完成法人治理机构改革，郑汴实现金融和电信同城。各项试点工作稳步推进。国家创新型城市、国家“十城千辆”新能源汽车和“十城万盏”半导体照明工程等试点工作有序推进，顺利通过国家第二批“两化”融合实验区建设验收，成功创建国家下一代互联网示范城市，成

组织开展十八大精神和新党章知识竞赛

为国家级互联网骨干直联点城市、信息消费试点城市和新能源汽车推广应用城市。招商引资工作成效显著。强化“五职”招商，以长三角、珠三角、环渤海等区域为重点，利用第八届中博会、厦洽会和拜祖大典等平台，全年共签约主导产业项目286个，签约总额4227亿元。其中台湾友嘉、信威产业园、同洲电子等5亿元以上项目170个，签约额达到3653亿元。实际利用外资完成33.2亿美元，引进市外境内资金1390亿元，增长26%。开放平台建设深入推进。跨境贸易电子商务服务试点信息化平台累计参加测试企业100家，进出口包裹超过1万包。出口加工区B区建设启动，肉类进口指定口岸、药品进口口岸获批筹建，汽车口岸申报工作取得重大进展。铁路一类口岸建设稳步推进，联检大楼已封顶。河南电子口岸建设前期工作顺利推进。

（八）城乡居民生活持续改善，社会事业健康发展。始终坚持民生优先，积极推动公共财政向民生领域倾斜，民生支出达到617亿元，增长20.6%。民生十大实事进展顺利。年初确定的民生“十大实事”40项工作全面完成。确定并实施了规范养犬管理、变电站落地建设等12项专项治理，群众关心关切的热点难点问题得到有效解决。积极开展就业创业工作。2013年新增城镇就业再就业15万人，转移农村劳动力10.5万人，完成各类创业培训1.1万人、再就业培训3.7万人，发放创业小额担保贷款16亿元。优先发展教育事业。新建、改扩建市区中小学31所、幼儿园93所，新增市区中小学学位4.2万个、幼儿园学位3万个。优质教育资源促进计划顺利推进，新增市区中小学优质学位3.5万个。医疗卫生条件明显改善。组建郑州人民医疗集团，郑州人民医院颐和医院开诊服务；市中心医院区域医疗联合体试点进展顺利；医药卫生体制改革工作成效显著，县级公立医院综合改革试点顺利推进。片医服务覆盖城乡841万人。社会保障水平不断提高。养老保险制度实现全覆盖；城镇医疗保险参保315.1万人，参保率95%以上；失业保险参保133.1万人；新农合参合农民达到430.8万人，参合率98.8%，人均筹资标准提高到340元。保障房建设稳步推进。深化经适房、廉租房、公租房“三房合一”制度改革，加大棚户区改造力度，全市老旧小区改造提前完成，新开工建设保障性住房4.6万套，建成保障性住房4.5万套。公共文化服务水平进一步提升。成功创建国家公共文化服务体系示范区。市图书馆新馆建成投用。全市建成社区文化活动中心100个、公共电子阅览室200个，基层公共文化设施基本实现全覆盖。生态建设和环境保护持续推进。国家森林城市创建取得阶段性成效，都市区森林公园体系进一步完善。新增造林面积0.91万公顷，建设林业生态廊道710公里、绿化面积3300万平方米，建成22个森林公园、森林示范园和5个林业生态乡镇、95个林业生态村。水生态文明城市建设试点实施方案通过水利部审查。治理水土流失面积96平方公里，全市水域面积达到30平方公里。实施“蓝天”工程，强化PM2.5监测和防治，东明路和政七街热源厂完成“煤改气”改造，7家电力企业、6家水泥企业脱硝工程全部建成，拆改燃煤锅炉532台，淘汰黄标车5200辆。

（段广宇）

【地区经济工作】 2013年，地区经济工作按照市委、市政府的工作部署，贯彻落实国家区域经济发展政策，促进中部崛起、区域合作、重点流域水污染治理项目建设和对口支援新疆哈密等重点工作扎实开展，并取得较好成效。

促进中部地区崛起工作深入推进。贯彻落实《中原经济规划》和《郑州航空港经济综合实验区发展规划》，市发改委研究起草郑州航空港经济综合实验区争取国家政策支持报告。组织编写《周边城市经济社会发展快报》300多期。组织广泛收集《第一财经周刊》关于新的城市分级相关材料，对比分析郑州与武汉、长沙等地的差距，起草完成新的城市分级情况报告。

区域合作取得新进展。郑州市组织召开郑汴一体化联席会议，就进一步加强基础设施、产业发展、生态环境建设等各个方面合作与开发，携手加快推进郑州航空港实验区建设，促进两地深度融合发展等问题进行商谈和研究；郑汴金融同城顺利实施，10月26日郑汴实现电信同城。进一步推进中原经济区城市合作发展，9月，中原经济区首届市长联席会议在郑州召开。认真研究沿京广高铁沿线城市合作问题，通过与广州市衔接，积极探索郑州与广州等其他沿京广高铁沿线城市合作。积极推进郑州与连云港合作，组织召开两市相关部门座谈会，就推进物流合作向产业合作转型进行商谈。积极做好郑州与北京市合作交流，组织总结近年来郑州市与北京市合作交流工作进展情况和取得的合作成果，谋划下一步工作。12月，郑州市组织召开“丝绸之路经济带”中欧物流通道建设国际交流会。会议通过《丝绸之路经济带中欧物流通道建设国际交流会郑州倡议书》。沿线国家地区将共同致力于构建畅达快捷的“丝绸之路经济带”中欧物流通道，推动“丝绸之路经济带”中欧物流通道通关、铁路通行、口岸物流便利化和业务多元化发展，不断推动“丝绸之路经济带”区域间的交流合作。

重点流域水污染治理项目建设稳步推进。市发改委加强对2012年获得中央资金支持项目的监督和管理，坚持做好月报表填报工作，所有项目均完成中央下达的投资计划。积极组织申报中央资金。2013年，郑州市10个项目被列入中央预算内投资计划，共获得资金8890万元。其中，郑州市马头岗污水处理厂二期工程3680万元、郑州市南三环污水处理厂1300万元、郑州航空港区第二污水处理厂（一期）工程1020万元、郑州市上街区第二污水处理厂460万元、登封市新区污水处理及回用工程870万元、登封大冶镇污水处理厂工程260万元、荥阳市第二污水处理厂工程420万元、新密市平陌镇生活污水处理厂180万元、巩义市回郭镇污水处理厂建设工程380万元、巩义市永安污水处理工程320万元。

对口支援新疆哈密工作取得阶段性成果。圆满完成三年援疆工作任务。2011-2013年，哈密市共实施河南援疆项目28个，总投资34.1亿元，河南援疆资金4.9亿元，郑州市共支援资金2.4亿多元。积极开展产业对接活动。根据哈

郑州市发改委深入新密市产业集聚区调研座谈

密市的资源优势，结合郑州市优势企业，开展一系列产业对接活动。有20家河南籍企业落户哈密市，总投资160亿元，已投资近20亿元，实现利税1000万元，解决就业3000人。组织开展结对帮扶工作。制定对口帮扶工作方案，对郑州市支持的哈密市7个分包结对，建立郑州市县（市）区对口哈密市7个乡镇办事处的全覆盖、无缝隙对口帮扶机制。郑州市计划外支持资金800多万元。

（罗书森）

【服务业】 2013年，郑州市服务业发展逐步提速，业态水平不断提升，以服务业七大支柱产业和“十中心”建设为重点，以中心商务区、特色商业区为载体，大力推进现代物流、电子商务、金融和高技术服务等现代服务业发展，不断提升服务业发展水平和业态。服务业增加值完成2584.4亿元，同比增长9.6%，总量和增速分别居中部省会第三和第四。服务业增加值占生产总值的比重为41.7%，比上年提高0.7个百分点，占比居中部省会第三。服务业固定资产投资增长较快，全年完成投资2964亿元，同比增长36.5%，增速居中部省会第一。服务业完成税收410.5亿元，占税收总额的75.5%。社会消费品零售总额完成2586.4亿元，同比增长13%，总量和增速分别居中部省会第三和第四。

物流业。2013年，物流业完成增加值290亿元，增长6.9%。货物周转量685.3亿吨公里，增长8.6%；交通运输、仓储邮政业增加值365.5亿元，增长5.5%。郑州机场货邮吞吐量25.57万吨，增长69%。规划建设了国际物流园区、郑州华南城综合物流园、中牟汽车物流园等现代物流集聚区；华南城一期1号交易广场、丰树物流一期等重点物流项目建成投用，全市5A级物流企业达到3家，4A级企业12家；郑欧班列开行13班次，实现每周一班常态化运行。

商贸业。2013年，商贸业增加值完成651.8亿元，同比增长6.4%。千亿级商圈稳步推进，二七商圈年交易额达到800亿元。丹尼斯大卫城、华润万象城、德化大厦、金博大二期等重大商业项目加快建设，德化商业步行街作为国家知名特色商业街通过复验，业态更加丰富。商圈内大型企业规模进一步壮大，销售额逐年提升。编制《郑州市商贸业空间发展布局规划（2012-2020）》，对市商业中心、特色商业街、专业批发市场、四星级以上酒店、购物中心、百货商场、社区邻里中心等七大业态进行规划布局。《规划》通过国家级专家评审，并经市规委会评审通过。

金融业。2013年，全市金融业增加值完成487.41亿元，增长26.6%，较2012年提高14.2个百分点，金融业增速跃居全市17个行业增幅首位。金融机构存款余额12750亿元；贷款余额9327亿元；存贷比为73.2%，较2012年提高8.2个百分点；全年引进各类金融机构11家，渣打银行郑州分行开业，民生银行郑州交易中心落地运营、战略研发基地项目开工建设，银河证券等8家证券机构成功引入。截至12月31日，郑州市拥有各类金融机构240家，金融机构体系不断完善，金融资源集聚和辐射效应进一步增强。郑东新区金融集聚核心功能区金融机构总数达到187家，金融核心地位进一步增强。

文化创意旅游业。2013年，全市文化创意旅游业增加值完成592.6亿元，增长11.1%。全市共接待国内游客6975.8万人次，同比增长13.3%；旅游总收入800.99亿元人民币，同比增长14.41%。2013年郑州市游客满意度在全国60个样板城市中排名第20位。坚持品牌带动，提升文化产品的竞争力和影响力，《风中少林》《水月洛神》和《禅宗少林·音乐大典》成为演艺精品力作。坚持园区带动，促进文化产业规模化发展，高起点建设动漫产业基地，国家动漫产业基地（河南基地）和郑州动漫产业基地基本建成，入驻企业101家。快乐星球创意产业园、新郑黄帝故里文化产业园、石佛艺术公社文化园等园区加紧建设。郑州市旅游集散咨询服务中心项目建设稳步推进。

高技术服务业。2013年，高技术服务业增加值完成144.9亿元，同比增长11.3%。技术合同成交额完成90.9亿元，增长39.6%。电子商务交易额达到1400亿元以上，增长32%，全市规模以上企业电子商务应用普及率达到60%以上，成功创建全国唯一一家跨境E贸易试点城市，郑东新区中央商务区规划成功获批，并成功创建为国家电子商务示范基地，同时加快编制电子商务产业发展规划。国家知识产权创意试点园区、国家专利导航产业发展实验区落户郑州，国家专利审协河南中心正式运行，国家技术转移郑州中心申建成功。

房地产业。2013年，房地产业增加值完成281.8亿元，同比增长6.9%。全年商品房销售面积完成1621万平方米，增长12.5%。保障性住房建设稳步推进，印发《郑州市人民政府关于加强产业集聚区公共租赁住房建设工作的通知》（郑政文〔2013〕198号），明确加强产业集聚区公共租赁住房基本建设原则、保障原则、建设管理、后期管理和建设责任等。加强调控，稳定价格，促进郑州市房地产市场平稳健康发展。形成《关于落实郑州市稳定房价实施方案的会议纪要》（郑房会纪〔2013〕17号），做好相关政策措施的落实；启动全市房地产市场秩序大检查，加大对违法违规行为的查处力度，规范房地产市场秩序，促进房地产各项政策法规的贯彻落实。

【服务业集聚区建设】 郑州市在全省规划建设商务中心区和特色商业区（简称“两区”）的基础上，又谋划了市级专业园区5个，推动服务业集聚发展。截至2013年年底，13个“两区”和5个市级专业园区规划全部通过专家评审，服务业集聚区建设稳步推进。2013年，全市服务业集聚区累计共完成主营业务收入1194亿元，固定资产投资290亿元，主导产业固定资产投资完成95亿元。

【中心城区市场外迁】 郑州市对三环以内177个批发市场实施外迁，拓展中心城区服务业发展空间，盘活土地，提升产业层次。2013年，完成外迁市场53家，郑州华南城、中原家居CBD等承接地项目建设稳步推进。

【口岸建设】 郑州市实施大交通、大物流、大口岸、大通关战略，建设全国

市发改委群众工作队到驻村小学查看危房改造情况

最具竞争力的“国际货运枢纽中心”，以最强的辐射半径、最多的功能与业态组合、最优的政策，打造空、陆、铁、海“多式联运”的国际陆港城市。国际陆港规划编制进展顺利，陆港建设稳步推进。

【健康服务业发展规划编制】 根据国务院关于健康服务业的发展意见，结合郑州市健康产业发展实际，郑州市编制了健康服务业发展规划，并通过专家评审，形成规划定稿，同时启动5个专项规划的编制工作。

【服务业综合改革试点建设】 服务业综合改革试点工作先行先试，在产业联动和培育方面取得新突破：一是推进产业联动，增强服务业发展后劲，突出发展现代物流、科技、信息服务、商务服务、金融服务等生产性服务业，促进服务业和制造业有机融合。二是加快服务业支撑产业的培育。以现代物流服务为核心，以现代商贸、文化创意旅游、会展服务和电子商务服务为支撑，构建优势特色产业体系，扩大产业规模，壮大整体实力。

【快件物流中心建设】 郑州市依托中部地区率先投入使用的机场国际快件中心和已开通的海关快件监管中心，加快航空港顺丰快件转运中心、邮政速递航空快件转运中心等重点工程建设。加快推进全国性快递集散交换中心建设，引进宅急送、“四通一达”等快递企业，形成全国性快递集散交换枢纽、快递企业与电子商务业务无缝对接的典范园区。

（王礼光）

【固定资产投资】 2013年，郑州市完成固定资产投资4400.2亿元，增长23.6%，较上年增速高0.9个百分点；较全省投资增速高0.4个百分点，位居全省第六位。

（一）投资规模持续扩大。在建项目计划投资总规模持续扩大，全年在建项目3206个，计划投资总规模9823亿元，同比增长34.8%。新开工项目1957个，计划投资总规模4943.4亿元，同比增长70.3%；亿元以上项目1427个，同比增加364个，完成投资2322.5亿元，增长40.1%，占全市投资的比重为52.8%。

（二）投资增速稳中有降。总体上看，2013年全市固定资产投资维持2011年以来稳定增长态势，呈现前高后低、稳中有降的态势。从月度情况看，除1-2月增速达到26.1%外，其他月份累计投资增速基本稳定在23%-25%之间。

（三）投资结构进一步调整。一产投资急剧下滑，完成54.9亿元，下降25.7%；二产投资增长乏力，完成1380.9亿元，增长5%；三产投资增速迅猛，完成2964.4亿元，增长36.5%。第一和第二产业投资比重迅速下降，其中二产投资占比下降6.8个百分点。三次产业投资结构调整明显，由上年的2.1∶38.2∶59.7调整为1.2∶31.4∶67.4。

【固定资产投资运行特点】 （一）服务业投资高位运行。自2011年以来，全市服务业投资增速持续高位运行，2013年服务业投资占全市投资的比重迅速提升，成为支撑全市投资平稳增长的关键因素，全年完成投资2964.4亿元，累计增速仍达到36.5%，较2012年高10.3个百分点，较全省增速高8.5个百分点，占全市投资的比重进一步提高至67.4%。从行业看，租赁和商务服务业，信息传输、软件和信息技术服务业，批发和零售业，住宿餐饮业，水利、环境和公共设施管理业等5个行业均实现高速增长，增速分别达218.5%、102.1%、97%、63.6%和52.2%；交通运输、仓储和邮政业增长平稳，完成投资192.9亿元，增速为29.5%；房地产业完成投资1725.7亿元，增长37.9%。

（二）基础设施投资增速平稳。2013年，基础设施建设投资呈现出明显的前低后高态势。上半年基础设施投资增长相对缓慢，1-3月、1-6月分别增长16.3%、20.1%，均低于全市固定资产投资增速。从下半年开始，基础设施投资明显提速，前三季度全市基础设施投资671.1亿元，增长26.7%，较全市投资增速高2.9个百分点；全年完成投资973亿元，增长26%，高于全市投资2.4个百分点，其中，电信广播、城市基础设施增速分别达到76.4%、51.3%。

（三）开发区投资快速增长。航空港区、郑东新区、高新区、经开区固定资产投资继续保持高速增长态势，增速分别达到54.1%、46%、45.7%、41.9%。相比而言，六县（市）区投资增速相对较低。六区中，中原、上街、二七、惠济四区投资增速达到或超过全市平均增速，分别为25.1%、24%、23.7%、23.7%，管城、金水增速较低，分别仅为22.3%、20%。六县（市）中，除新郑市与全市平均水平持平外，其他五地投资均低于全市平均增速，登封、新密、荥阳、中牟、巩义分别为23.3%、23.2%、23.1%、23.1%、22.2%。

2008年以来郑州市服务业固定资产投资增速

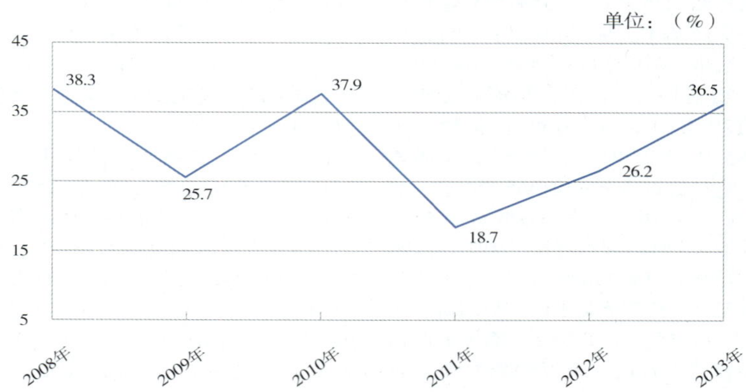

2013年亿元以上重大投资建设项目

单位：万元

	项目名称	建设规模和主要内容	总投资	2013年计划完成投资	项目所在地	项目建设情况
序号		815	11529673	12510500		
	一、现代物流	74	2	1790110		
1	郑州金马凯旋家居CBD项目	总建筑面积356万平方米（不包括房地产开发），主要建设家居采购组团、居家生活组团、全球家居旗舰组团、家居博览组团、特色家居展示组团、仓储物流和原辅材料组团	2680000	300000	中原区	续建
2	华南城一期工程建设项目	总建筑面积400万平方米	1500000	232824	新郑市	续建
3	河南万邦国际农产品物流园区二期工程建设项目	总建筑面积335万平方米，拟招拍挂土地246.67公顷，主要建设有干调、粮油、冷鲜肉、花卉、农资交易区、商务区、配套生活区、学校、医院等配套设施。建设农产品期货交易中心、电子交易中心、质量检测中心、科技研发中心、仓储调控中心	775000	75000	中牟县	续建
4	河南金地集团农产品现代粮食物流园区	主要建设低温成品库2栋、浅圆仓14栋、平房仓13栋、大米、面粉、馒头加工厂及配送中心、地下仓、服务中心、变配电间、药品库、服务中心、综合办公楼、展示厅、交易中心、铁路专用线等	232702	75000	中牟县	续建
5	河南阳光粮油饲料物流园区建设项目	总建筑面积25万平方米，建设散粮筒仓、房式粮仓、仓库、油罐及配送中心等	170000	22500	荥阳市	续建
6	嘉里大通物流（郑州）基地项目	用地面积约7公顷，建筑面积40000平方米，包括38000平方米双层库房以及2000平方米的办公场地。项目为高科技、汽车、航空等行业客户提供现代化的供应链物流服务	150000	106800	物流园区	续建
7	人民电器（郑州）现代物流园	规划用地37.93万平方米，合37.93公顷，规划地上总建筑面积43.15万平方米。（1）电气产业中原总部基地，占地面积11.8万平方米，合11.8公顷；规划地上总建筑面积25.07万平方米。（2）工业电气与家用电器物流区，占地面积26.2万平方米，合393亩；规划地上总建筑面积18.08万平方米	142200	21360	物流园区	续建
8	华丰钢铁物流园	建设仓储物流区、中心商务区、剪切中心区及配套服务区四大功能区，总建筑面积70万平方米	139991	10680	中牟县	续建
9	新郑油脂油料仓储物流加工基地项目	总占地面积37.13公顷，分为仓储、物流和加工三个部分	87286	52962	新郑市	续建
10	河南中原四季水产物流港股份有限公司四季水产物流港一期建设项目	总建筑面积18.1万平方米，主要建设冷库、加工车间、办公用房及配套设施	80000	45000	惠济区	续建
11	华润医药现代物流园建设项目	征地13.33公顷，总建筑面积50000平方米。建设医药现代化仓储中心、信息化中心及办公楼等	80000	10680	经开区	续建
12	河南省裕丰物流有限公司裕丰物流广场仓储项目	占地6.67公顷，建筑面积26万平方米，集物资、商贸、储运为一体的综合大型国际化的标准式大卖场	70000	2136	管城区	续建

13	安得物流现代综合物流园一期项目	项目总投资10亿元，分二期进行，其中一期投资5亿元，占地约20公顷，主要建设安得中部区域总部基地、现代物流示范中心、区域物流配送中心、郑州市城市配送中心等	50000	21360	物流园区	续建
14	格力电器仓储物流基地项目	建设仓储用房、办公及客户服务中心等配套用房，项目建成后，形成年储存150万台（套）格力各种型号电器，总建筑面积29.2万平方米	40000	5340	惠济区	续建
15	郑州新郑综合保税区海关基础验收设施项目	项目占地1.33公顷，总建筑面积约2.6万平方米口岸服务中心，2.34平方公里的综保区围网及巡防路	30657	12993		续建
16	招商局（郑州）综合物流产业园	在喜达路以北、故城南路以南、仁通街以西、前程以东。项目规划用地面积约12.2公顷，净地面积7.8公顷，主要建设现代化仓库、展示交易平台及其他配套设施	28000	10680	物流园区	续建
17	中南邮政物流集散中心	建设邮政物流、配送、运输、仓储分拣等设施，总建筑面积10万平方米	26000	15000	郑东新区	续建
18	河南鹰击搏宏物流公司物流建设项目	占地12公顷，建设大型冷库、办公楼、宾馆、住宿楼等	20000	8544	新郑市	续建
19	新加坡丰树综合物流园项目	丰树集团是一家总部设在新加坡的房地产和资本管理龙头企业，主要在新加坡、中国、日本、马来西亚等地投资办公楼、住宅、零售业、物流、工业和商业园地产	20000	10680	物流园区	续建
20	河南省郑州中央级救灾物资储备库建设项目	总建筑面积2.5万平方米	18832	7500	金水区	续建
21	冷链物流仓储项目	冷链物流仓储项目	15000	10013	新郑市	续建
22	白寨仓储物流中心建设项目	建设仓储能力11万平方米和日物流量达3000吨以上的大型仓储项目	14977	10795	新密市	续建
23	巩义市物流中心建设项目	建设仓储5万平方米、办公1万平方米，购置运输车辆120余辆	14500	6942	巩义市	续建
24	冷藏、仓储、物流项目	占地7.13公顷，建设总面积为8000平方米的大型低温冷库，建成后低温冷藏能力将达到14000吨	12000	4272	新郑市	续建
25	郑州东方商都大型现代综合性商贸物流中心（郑州市场外迁承接）	总建筑面积约450万平方米，建设商贸交易仓储物流设施	2400000	30000	新郑市	新开
26	海尔（郑州）创新产业园项目	年产500万套家用空调、海尔物流园区等	400000	33000	经开区	新开
27	俄罗斯空桥航空基地及物流园区项目	主要建设基地航空公司维修仓库及物流园相关设施，机场货运站，货代组装仓库及租赁办公大楼及物流园区配套设施等	350000	10000	综保区（港区）	新开
28	中国·中原国际不锈钢物流园	总建筑面积约29万平方米，主要建设仓储物流设施	300000	20000	新郑市	新开
29	河南省全国快递集散交换中心	总建筑面积为56.35万平方米，主要建设快件分拨转运站、仓储配货生产调度及其他配套设施	200600	20000	国际物流园区	新开

续表2

30	郑州众品冷链物流基地及社区生鲜便利店项目	占地面积约35.87公顷，主要建设冷链物流中心、冷链运输中心、冷链产品展示与电子商务中心、冷链服务支持中心及配套的社区生鲜便利店等。总建筑面积约36万平方米	190800	20000	国际物流园区	新开
31	郑州现代物流流通加工交易中心项目	总建筑面积55万平方米，建设物流信息数据中心、流通加工中心、仓储中心、公路集装箱运输中心、配送中心和交易中心	130000	30000	中牟县	新开
32	新密市万力实业发展有限公司万力仓储物流园项目	总建筑面积38万平方米，计划建成生产服务型现代化多功能物流中心，为新密市及周边地区产业聚集区提供物流仓储服务	100000	8000	新密市	新开
33	澳大利亚嘉民集团郑州物流园	总建设面积36.6万 平方米，主要建设仓储、办公和其他配套设施	90000	20000	国际物流园区	新开
34	普洛斯物流园项目	总占地面积66.67公顷，其中一期占地约500亩，建筑面积约32万平方米，投资约4亿元。该项目定位于现代服务产业，将由电子商务物流、区域性零售结算服务业、现代医药流通业、业务流程外包（BPO）产业	80000	3000	国际物流园区	新开
35	中外运郑州国际物流园新型国际物流网络枢纽示范项目	一期规划占地6.67公顷，建设集空运、陆路、铁路等运输模式为一体的郑州综合网络枢纽在中部地区的运营中心、结算中心。总土地需求约20公顷；分两期建设	80000	20000	国际物流园区	新开
36	郑州国美物流产业基地项目	以电器及消费电子类产品为主的现代化大型全品类物流仓储设施；一站式购物、仓储式销售的大型"假日货仓"；产业化的物流配送体系；具备销售及新品发布、功能展销的大型商品会展中心；为物流仓储基地配套的办公商务、信息处理、餐饮休闲及其他配套设施，以及河南国美电器总部基地（含办公、培训、住宿）等物流综合园区	70000	30000	惠济区	新开
37	河南藏金源仓储有限公司白寨仓储中心建设项目	总建筑面积20万平方米，主要建设低温仓库、保鲜库、肉制品分割车间和常温标准化立体库等	68823	20000	新密市	新开
38	河南邦仁实业投资有限公司中原国际医药物流创业园	总建筑面积20.12万平方米，主要建设仓储功能区、综合服务区、物流配送区、职工宿舍及相关辅助配套设施	67800	10000	综保区	新开
39	河南浩金元仓储有限公司现代仓储物流配送中心建设项目	总建筑面积 123910.39平方米，主要建设19栋仓储用房、物流配送中心、展厅、配套办公管理用房、客服中心等轻型钢骨架砖混结构的仓储物流中心	65000	12000	新密市	新开
40	中外运空运发展股份有限公司中部区域物流网络枢纽项目	总建筑面积约12万平方米，主要建设区域空港物流中心办公楼及物流培训基地、物流仓储设施、中国外运第五航空口岸货站保障设施、扩容国际快件监管及分拨中心、国际货物商检、海关查验中心	60000	10000	综保区	新开
41	邦一国际品牌服饰总部基地及（郑州）国际物流园	规划占地10公顷，建设现代化高架立体仓库及分拨配送中心、总部经济商务办公大厦，电子商务中心、分销结算等小总部经济运营模式及奥特莱斯品牌展示交易及配套设施	60000	20000	国际物流园区	新开
42	（郑州）中部两岸水产海鲜果蔬物流园	总建筑面积约12万平方米，主要建设市场、仓库、冷库	55000	3000	惠济区	新开

43	中原万通信息化汽车物流港	总建筑面积3.6万平方米，主要建设重型汽车4S店、办公楼、二手车交易市场及生活配套设施（不含房地产开发）	55000	15000	二七区	新开
44	河南国华医药物流建设项目	总建筑面积4万平方米，可存储药品30万件，日吞吐量5万件	50000	8040	登封市	新开
45	河南泰浦综合物流产业园	规划建设用地面积10万平方米（10公顷）、总建筑面积13.12万平方米主要用于建设现代化冷链仓储、第三方物流、配送中心、物流信息中心、物流教学基地等	50000	20000	国际物流园区	新开
46	郑州宏宝国际物流园	建筑面积24.5万平方米，主要建设宏宝物流集团综合办公楼、郑州地区物流信息中心、保税监管仓库、恒温恒湿仓库、高位智能化立体仓、集装箱堆场及其他公共配套服务设施	50000	10000	国际物流园区	新开
47	苏宁电器有限公司河南地区管理总部及配送中心	建成后成为苏宁电器在河南省的物流配送总部	44000	1500	二七区	新开
48	美国威龙机电贸易股份有限公司葡萄酒及橄榄油分装配送中心项目	总建筑面积约2.5万平方米，主要建设储藏室、综合检验楼、车间及仓库。	32000	18000	综保区	新开
49	郑州红日家具仓储物流中心	总建筑面积7.8万平方米，主要建设物流配送调度专用设备及车辆等	32000	3000	管城区	新开
50	天地华宇集团中原陆运中转枢纽项目	总建筑面积约6.5万平方米，主要建设仓库、办公楼、配套设施等	31000	6000	综保区	新开
51	郑州双汇食品工业园物流配送项目	建设各类冷库、冷藏库、常温库及分拣包装库2万吨	22000	8500	经开区	新开
52	河南出入境检验检疫局综合实验楼项目	总建筑面积4万平方米，包括业务实验用房、办公管理用房、附属用房	20375	5000	郑东新区	新开
53	巩义铁路物流中心一期项目	占地面积17.07公顷，计划设置4条铁路物流专线，其中：散堆货运线2条，货位100个，年货运能力250万吨；集装箱专用线2条，可容纳4500个标箱，年集装箱运量10万个	20000	10000	巩义市	新开
54	河南郑州中原国家粮食储备库成品粮应急低温储备项目	建设总仓容为3万吨的成品粮应急低温储备、低温机组、保粮设备及附属设备	16018	5360	新郑市	新开
55	益海嘉里郑州铁路物流项目	建设堆场、仓库、信息交流大厦及产区配套设施，总建筑面积12.6万平方米	16000	10000	经开区	新开
56	河南省新都化工物贸有限公司化工仓储物流建设项目	占地24666.8平方米，建筑面积20000平方米。主要建设各类化工储罐49座，其中：500立方米内浮顶立式储罐6座；300立方米内浮顶立式储罐31座；200立方米内浮顶立式储罐6座；100立方米内浮顶立式储罐6座	15000	8000	荥阳市	新开
57	鸿星尔克集团物流园	建设鸿星尔克物流园总部基地、区域物流配送中心、全国分公司物流配送中心、网络销售物流配总中心，可实现销售收入6亿元，税收7000万元	12000	2000	国际物流园区	新开

续表4

58	河南万客来实业有限公司河南万客来农产品物流信息港建设项目	主要建设农副产品交易区、仓储物流区、鲜活农产品市场、商务会展区、信息研发区、孵化培训区	1180000	5000	二七区	前期
59	河南天马大中原汽车物流产业园	主要建成汽车展示、汽车销售、汽车博览、汽车购物、汽车体验、汽车公园、新型二手车市场、商业金融、服务会所等	1000000	20000	中原区	前期
60	河南中原金属材料交易及加工物流园	主要建设钢铁物流园、现代工业品超市和物流中心、生活用品及快速消费品物流园（不含房地产开发）	500000	4500	国际物流园区	前期
61	正道冷链物流配送产业基地一期	主要建设生鲜加工及冷链配送中心、仓储物流中心、电子商务、农副产品分检认证中心、农副产品聚汇展销中心等	160000	7600	惠济区	前期
62	大河物流产业园	建筑面积42.89万平方米，主要建设全国报业电子商务物流配送联盟中西部基地、大河电子商务中心、河南省新闻耗材仓储配送中心、大河图书报刊发行配送中心等8个功能区	147000	30000	国际物流园区	前期
63	河南中烟原料仓储中心	主要建设350万担原料醇化仓储及附属设施	145000	3500	新郑市	前期
64	郑州无水港项目	建设口岸综合配套区等设施	200000	2300	经开区	前期
65	河南冷链物流中心	主要建设研发中心、作业信息平台、电子商务平台、分拣包装、城市冷链智能配送和冷链物品质检追溯中心（不含房地产开发）	111700	2500	中牟县	前期
66	新密正道物联物流产业园项目一期	总建筑面积20万平方米，建设物联网信息中心、电子商务配送中心、百货、标超、大卖场物流中心、商业交易中心和冷鲜加工基地	100000	3050	新密市	前期
67	郑州路港国际综合物流园	主要建设内陆公路口岸、海关监管仓库、保税仓库、国际集装箱堆场、三方物流公共运营平台、物流交易中心、物流配送中心、公共物流信息服务平台、物流行政服务中心、路港国际仓储中心（不含房地产开发）	100000	4500	国际物流园区	前期
68	河南省医药物流中心项目	总建筑面积6.2万平方米，主要建设药品半自动立体库、拆零库（货架区）、管理办公及会议展示中心、后勤服务中心及配套实施	58000	1500	惠济区	前期
69	郑州棉花交易市场物流配送中心	主要建设棉花交易中心、配送中心、库房、冷库等，总建筑面积26.4万平方米	57210	3200	管城区	前期
70	河南储备物资管理局七三七处国家战略成品油储备库（河南省应急物资储备油库）	一期资产置换油库规模为5万立方米，二期建设规模为48万立方米	50000	2000	白沙园区	前期
71	郑州汽车城服务业博览园	建设名车广场、标准4S店、二手车交易市场、汽车配件市场等	3000000	20000	中牟县	前期
72	河南卓商农业发展有限公司中国郑州国际农机交易中心建设项目	主要建设中国河南农机博览中心	260000	2000	新郑市	前期

73	E贸易平台及综合配套项目	包括外网企业服务门户、内网监管部门服务门户、E贸易进口服务系统、E贸易出口服务系统、用户管理系统、安全认证保障系统、外部数据接入系统、应用支撑系统、基础支撑系统	380000	50000	经开区	新开
74	金源百荣商业物流综合体	总建筑面积约390万平方米，主要建设现代物流及配套设施、商业物流综合体（不含房地产开发）	2600000	100000	二七区、管城区	新开
	二、商贸	63	11658995	1761529		
1	绿地中央广场	建设用地面积4.21公顷，总建筑面积82万平方米	800000	160200	郑东新区	续建
2	华润置地投资项目	包括万象城、华润大厦、五星级国际酒店以及高端配套华润悦府系列住宅等	700000	117480	二七区	续建
3	锦艺国际轻纺城	总建筑面积90万平方米（不含房地产开发），主要建设专业纺织品批发市场、综合商业、配套用房、现代仓储物流中心	500000	120000	中原区	续建
4	二七万达广场项目	占地11.33公顷，规划总建筑面积约61万平方米	400000	15000	二七区	续建
5	巩义万洋国际商城项目	建筑面积52万平方米，主要建设商业用房、展厅、办公楼、管理、道路基础设施等（不含房地产开发）	150000	90000	巩义市	续建
6	郑州百姓蔬菜水果批发市场	总建筑面积25万平方米，主要建设干调区、生鲜区、蔬菜区、粮油区等	150000	45000	管城区	续建
7	中国郑州国际农机交易中心项目	总建筑面积40万平方米	150000	127500	中牟县	续建
8	金水区郑州丹尼斯二七商业广场项目	总建筑面积约35万平方米	123221	60000	金水区	续建
9	东方国际广场	占地7.47公顷，拟建设总面积40万平方米，用于建设国际时装设计研发展示中心和创意创业中心，以江苏阳光集团纺织及服装品牌为龙头，带动、吸引相关纺织品、服装产业进驻郑东新区	105000	75000	郑东新区	续建
10	新大陆西部国际车城建设项目	总建筑面积22万平方米，建设汽车展厅、配件市场、装饰市场及配套设施	105000	37500	荥阳市	续建
11	中原（郑州）国际泵阀交易中心建设项目	总建筑面积20.4万平方米，主要建设交易中心、市场、仓库物流中心及配套设施	66000	30000	荥阳市	续建
12	河南巩义威佳汽车专业交易中心	总建筑面积11.3万平方米，建设10家汽车4S店（不含房地产开发）	65000	45000	巩义市	续建
13	商都电子商贸城	占地1.53公顷，主要建筑为两栋高层商务楼。总建筑面积151941.37平方米	60267	12816	二七区	续建
14	润翔京沙广场	规划用地面积约1.9万平方米，建筑面积约16万平方米	50000	12816	二七区	续建
15	金水区兰德国际中心项目	总建筑面积9.65万平方米	40000	25500	金水区	续建
16	庞大汽贸汽车4S店项目	主要建设汽车商业综合服务区、乘用车4S店市场区、重型车4S店市场区等	38000	16020	中牟县	续建
17	金水区希尔顿大酒店	五星级酒店，总建筑面积73624.68平方米	80000	13884	金水区	续建
18	金水区艾美大酒店	总建筑面积6万平方米，主体25层	72000	21068	金水区	续建

续表6

19	河南正商置业有限公司河南正商C地块酒店	总建筑面积约3.2万平方米，共22层，260个客房约2.6万平方米，大型宴会厅、多功能厅和中小会议室约6000平方米，解决就业人口500多人	58899	21360	管城区	续建
20	郑州上街新农贸市场	总建筑面积6.2万平方米，主要建设农贸市场营业用房、公共基础设施配套用房及后勤服务管理用房	30000	7500	上街区	续建
21	中牟鑫利达润滑油交易中心	建筑面积11.3万平方米，建设交易大厅、仓库、智能市场信息中心、综合办公用房及配套用房	20000	5340	中牟县	续建
22	河南省汽车贸易中心扩建项目	在原有建筑的基础上进行扩建，总建筑面积3.64万平方米	16400	7903	惠济区	续建
23	河南欧凯龙家居有限公司西三环家居销售店	西三环家居销售店	16000	4068	中原区	续建
24	河南北建材市场升级改造项目	占地14公顷，改建总建筑面积14万平方米	12000	5340	惠济区	续建
25	福都购物广场	建筑面积4万平方米。建成后将成为集休闲、娱乐、购物、餐饮、文化等于一体的综合型购物广场	10000	8544	管城区	续建
26	金水区曼哈顿净雅酒店	高档酒店，建筑面积1.4万平方米	10000	4272	金水区	续建
27	万乘时代广场	建设万乘时代商业广场	10000	1068	中原区	续建
28	新郑新区特色商业区	占地面积189公顷，建筑面积262万平方米，包括：华信新时代、香港铜锣湾文化旅游广场、成都新尚集团数码广场和商业综合体、港中旅河南力上维景旅游度假综合体、公用事业服务中心等	1265000	45000	新郑市	新开
29	郑州市二七城南批发市场集聚区（批发市场外迁承接地）	总建筑面积310万平方米，建设市场及商业、办公用房	1100000	50000	二七区	新开
30	登封市中天广场建设项目	总建筑面积160万平方米，建设商贸中心、高端写字楼、住宅及城市配套设施	860000	53600	登封市	新开
31	郑州金地商务中心项目	总建筑面积88万平方米，主要建设大型商场、餐饮、娱乐及企业总部设施	750000	50000	金水区	新开
32	曲梁服装批发市场	总建设面积200万平方米，主要建设大型商场及配套设施	600000	100000	新密市	新开
33	郑州新郑综合保税区（郑州航空港区）国际会展中心	项目拟占地133.33公顷，建筑面积45万平方米，主要包括会议中心、展览中心（航空）	400000	3000		新开
34	豫能国际商务中心酒店	占地20.2公顷，集酒店服务、高档娱乐、休闲服务、公寓、综合服务为一体的现代化五星级综合性涉外酒店	390000	16700	中原区	新开
35	锦荣国际服装交易中心	占地面积68423平方米，总建筑面积61万平方米，集购物、餐饮于一体的购物中心	445857	3000	管城区	新开
36	郑东商业中心	大型商业、商业街、办公楼、酒店、特色低层办公商业、办公、酒店，60万平方米	300000	30000	郑东新区	新开
37	陈砦花卉市场升级改造项目	总建筑面积26万平方米，主要建设花卉市场、鲜切花商场、商务中心、宠物、盆花、工艺品交易中心、物流中心及配套设施等	120000	15000	金水区	新开

38	郑州商贸联合中心（百年德化二期）	总建筑面积18.1万平方米	150000	4000	二七区	新开
39	郑州裕恒置业有限公司花园路综合开发项目	总建筑面积22万平方米，建设商务中心、高端写字楼、超大型综合商场等（不含房地产开发）	120000	10000	金水区	新开
40	金博大城扩建	总建筑面积15万平方米	100000	20000	二七区	新开
41	（郑州）旭鑫国际西湖购物广场项目	总建筑面积9.86万平方米（不含房地产开发），建设大型购物广场，地下停车场	68000	18000	高新区	新开
42	河南万通集团奔驰汽车文化广场	总建筑面积16.6万平方米，主要建设3座汽车销售展厅、售后服务中心、汽车现代立体仓储、汽车百货用品超市、现代化汽车商业文化基地和配套服务设施	68000	15000	中原区	新开
43	好想你智选假日酒店建设项目	该项目计划占地17.33公顷，建筑面积6万平方米，主要建设客房、餐饮、会议中心、建设中心、购物中心、枣文化博览中心等	60000	60000	综保区（港区）	新开
44	河南福国置业有限公司富国.御玺大厦项目	占地面积1.05万平方米，集文化、购物、休闲、餐饮、娱乐、办公于一体的商业中心，总建筑面积10万平方米	60000	8000	管城区	新开
45	德化大厦	占地1.12公顷，建筑面积75000平方米	60000	25000	二七区	新开
46	河南正唐置业有限公司燕凤路、青年路地下空间一期开发建设项目	总建筑面积5.93万平方米，地下共两层，分别是商业、停车场	55000	10000	金水区	新开
47	郑州丹尼斯百货有限公司丹尼斯航空港区购物中心项目	总建筑面积约14万平方米，主要建设商业楼（百货、电影院、餐饮中心）、地下室（地下1层为大卖场，地下二层为停车场）、广场、机动车停车场等配套设施	50000	12500	综保区（港区）	新开
48	荥阳现代商业综合开发示范区建设项目	建设现代服务业集散中心、企业总部、研发中心、高端商务区、生态休闲街区、特色美食商业街区和综合服务中心等七大功能区域，总建筑面积50万平方米（不含房地产开发）	50000	10000	荥阳市	新开
49	河南煤化机电设备交易中心建设项目	占地13.33公顷，总建筑面积20万平方米	50000	20000	惠济区	新开
50	郑州嘉盛电气发展有限公司机电产品交易中心建设项目	总建筑面积9.3万平方米，建设机电交易商场、展示大厅、交易大厅、仓储及配套设施	50000	10000	荥阳市	新开
51	德化街地下人防工程	规划地下部分以两层为主，局部三层，可容纳800户以上商户。项目建成后北部与地铁通道相互连通，协助地铁疏散人流，缓解地面交通压力	47240	22000	二七区	新开
52	嵩阳综合商贸中心	项目总占地面积16公顷，规划建设综合商贸中心	25000	6700	登封市	新开
53	正商向阳广场	占地面积0.53公顷，建筑面积2万平方米，将建成一座地上21、层地下2层的写字楼	20000	5000	管城区	新开
54	省体育彩票大厦建设项目	总建筑面积2.5万平方米，主要建设销售大厅、数据中心、业务推广中心、彩票开奖中心、网站报刊用房、彩票仓储配送中心等	18100	4000		新开

续表8

55	正兴商务大厦	总建设用地面积9238.01平方米，总建筑面积65784平方米，商业建筑面积9424平方米，办公建筑面积42378平方米	18000	4000	管城区	新开
56	河南省通凯商贸有限公司水暖洁具批发市场项目	建筑面积37000平方米，建批发市场、办公楼等	13690	2000	管城区	新开
57	巩义市三星级大酒店建设项目	建筑面积18172平方米	7000	2010	巩义市	新开
58	少林国际大酒店扩建项目	客房大楼，总建筑面积21657.6平方米	6850	1340	登封市	新开
59	郑州泓佳商贸有限公司水暖洁具市场项目	建筑面积58300平方米，建批发市场、办公用房等	22470	2000	管城区	新开
60	恒大中原经贸中心项目	总建筑面积29.44万平方米（不含房地产开发）	200000	6000	中原区	前期
61	中牟县特色商业街项目	总建筑面积13万平方米，以青年路和解放路为基础打造特色商业街	200000	10000	中牟县	前期
62	通讯大世界改造项目	总建筑面积为8.39万平方米	35000	1000	二七区	前期
63	郑州陈砦花卉市场双桥花卉基地	总建筑面积12万平方米，主要建设花卉种植温室、种苗组培中心、网上交易平台、展览区、交易区、科研区、物流区等花卉配套设施	36000	16500	惠济区	续建
	三、金融	5	4411900	92680		
1	河南雅宝中西部金融服务中心	占地6公顷，拟建设总面积26万平方米	290000	3000	郑东新区	续建
2	金水区建行河南省行综合楼建设项目	占地1.67公顷，总建筑面积8.5万平方米	50000	10680	金水区	续建
3	中原金融产业园	总建筑面积500万平方米，主要建设金融机构数据中心、容载备份中心、呼叫中心等金融后台服务及金融外包服务项目	4000000	50000	郑东新区	前期
4	郑州商品交易所技术中心	总建筑面积5万平方米，主要建设数据中心、备用交易厅、研发中心	51900	24000	郑东新区	续建
5	郑州新郑综合保税区（郑州航空港区）区域金融中心	拟占地3.33公顷，计划建设2万平方米，主要建设金融主体办公楼及其他配套设施	20000	5000	综保区（港区）	新开
	四、文化创意旅游	67	8858157	1475092		
1	新密轩辕圣境黄帝故里文化产业园项目	主要建设黄帝宫大殿、五百罗汉阁、中国古代圣贤故事园、中国古代十大书院、青少年应对自然灾害教育培训基地及综合配套服务设施等（不含房地产开发）	1200000	150000	新密市	续建
2	浮戏山旅游综合开发建设项目	主要建设旅游观光、生态农业、国学文化、养老养生、度假休闲古镇、体育运动公园、商业酒店服务等设施（不含房地产开发）	860000	75000	巩义市	续建
3	郑州华强文化科技产业基地一期项目	总建筑面积45万平方米（不含房地产开发），建设文化科技示范区、动漫体验区、旅游商业小镇、文化科技产业展示中心、演艺中心、旅游配套酒店等	500000	120000	白沙园区	续建

续表9

4	上街区五云山综合开发项目	打造以“度假休闲”“节能环保减排”“生态农业”“健康运动”“高效农业”为特色的郑州市西部山地休闲运动公园	400000	15000	上街区	续建
5	荥阳市河南南水北调穿黄旅游公园项目	规划总面积19.8平方公里。南水北调博物馆、休闲娱乐项目、旅游度假酒店、游客服务中心、售票口、停车场等旅游基础设施建设项目	250000	150000	荥阳市	续建
6	中牟·国家农业公园建设项目	主要建设种植示范园、水产养殖示范区、农业文化创意园、花卉高新科技示范园、精品果蔬示范园、综合管理服务区	245000	75000	中牟县	续建
7	新密古城旅游开发项目（一期）	中期建设的主要内容在核心历史区的外围场地，特别是东西街两端的非核心区部分，重点完成东西街整体风貌和东西城门等标志性建筑与景观的建设	118600	32040	新密市	续建
8	洞林湖生态旅游建设项目	项目规划：法国皮埃尔酒店温泉会所项目、新田大道、郑州一中实验初中教学楼、生态农业观光园	100000	64080	荥阳市	续建
9	荥阳市夕阳红影视艺术中心建设项目	总建筑面积5.8万平方米，建设数字电影后期制作中心、影视动漫制作中心、电影城等	55000	30000	荥阳市	续建
10	新郑市郑韩故城遗址公园	郑韩故城区规划面积为4501.9公顷，包括郑韩故城城墙、宫殿区及重要建筑遗址、城内外墓葬区、地下文物等的保护、展示	50000	13600	新郑市	续建
11	“江南春温泉”休闲旅游度假中心	90多个原生态温泉汤池洗浴区、室内休息大厅、特色餐饮、千亩水上游乐区。娱乐、理疗、健身、国际会议中心、山湖别院、山湖居公馆	45000	32040	荥阳市	续建
12	巩义市长寿山景区项目开发	长寿山景区项目开发	45000	16408	巩义市	续建
13	郑州绿源山水生态农业观光建设项目	总占地面积223.33公顷，其中陆域面积197.53公顷，水域面积25.8公顷	36000	6408	惠济区	续建
14	郑州海洋生物博物馆（二期）	建筑面积2.5万平方米	28000	5340	金水区	续建
15	新郑市双湖生态园·龙泉湿地公园	主要建设农事体验区、拓展培训基地、农家乐生态餐厅、接待服务中心、休闲垂钓、疗养温泉度假中心	26000	15000	新郑市	续建
16	嵩山少林武术博物院项目	总建筑面积3.9万平方米	21000	10500	登封市	续建
17	丰乐农庄黄河谷马拉湾景区升级改造项目	新建游客服务中心5500平方米，购置马拉湾游乐设备4台（套），对现有游乐、景观、道路停车场、标识导引、废水处理回用等设施进行升级，并进行低碳景区、数字化景区改造工程等	19676	9470	惠济区	续建
18	河南省旅游服务中心建设项目	总建筑面积2.9万平方米，主要建设国家中部旅游人才培训基地、河南旅游信息中心、旅游形象展示中心、旅游推介中心、旅游指挥中心	17570	7155	郑东新区	续建
19	新密市万宝园大世界二期工程	建设家具城、影视城及车展中心等，建筑面积6500余平方米	11000	6408	新密市	续建
20	常西湖城市生态公园（原名：西流湖生态园区、西流湖公园）	常西湖城市生态公园一期规划建设范围为中原路北、凯旋路东、湖东路西、郑上路南区域，占地面积约257.1公顷		29414		续建

续表10

21	南环公园（原名：青铜器公园）	选址为二七区南四环以北、大学南路以东区域范围内，占地面积约29.43公顷。主要包括绿化种植、土方、水体、铺装、管理用房等		7500	二七区	续建
22	大河村国家考古遗址公园一期	征地15.67公顷等	待定	4000		新开
23	登封文化创意园	总建筑面积100万平方米，建成后年可接待游客近50万人	500000	28040	登封市	新开
24	香港和谐中国投资集团有限公司“生命之光”防灾减灾科普培训基地项目	占地153.33公顷，主要建设地震场馆区、水灾场馆区、交通事故场馆区、火灾场馆区、海啸体验馆、生命极限挑战、生存极限挑战、灾害现场观摩指挥救援演练中心、灾难医学救援及教学体验馆等	400000	20000	荥阳市	新开
25	河南省万山地质文化产业园建设项目	建设地质文化交易市场、地质游乐园、新世界乐园、地热谷、地质拓展训练营等。建筑面积118.8万平方米	300000	30000	荥阳市	新开
26	郑州凤凰岛生态文化苑	总建设面积185万平方米，主要建设3栋景观楼、旅游文化接待服务中心、运动休闲中心、综合服务楼、会议中心、园林绿化景观楼及配套设施	200000	50000	二七区	新开
27	“天地之中”文化旅游产业园一期工程	主要建设游客服务中心、生态停车场、世界文化遗产论坛、中原民俗文化展示与体验、“天地之中”世界文化遗产博物馆等设施（不含房地产开发）	150000	30000	登封市	新开
28	郑州新郑综合保税区（郑州航空港区）文化中心	项目占地200亩，建筑面积10.3万平方米，包含文化馆、图书馆、科技馆、美术馆	138000	3000	综保区（港区）	新开
29	嵩山风景名胜区游客集散中心建设项目	总建筑面积21.6万平方米	135356	6700	登封市	新开
30	中原文化广场项目	总建筑面积28万平方米	120000	24000	中原区	新开
31	郑州新郑综合保税区（郑州航空港区）艺术中心	项目占地6.67公顷，建筑面积5万平方米，包含歌剧院、音乐厅、小剧场等综合性场馆	100000	3000	综保区（港区）	新开
32	中国禅武文化国际研修中心	建筑面积40万平方米，容纳3万名学员	100000	1340	登封市	新开
33	翰荣历史文化长廊建设项目	总建筑面积100万平方米，建设历史人物文化庭院、历史文化商业街、中原文化影视城及综合服务配套建筑	83075	33500	荥阳市	新开
34	郑州顺隆置业有限公司金星商业文化生活广场	总建设面积22万平方米，主要建设文化科技展示中心、艺术培训中心、职工继续教育中心、演艺中心、文化馆、图书馆等配套商业（为富士康配套服务）	80000	10000	综保区（港区）	新开
35	永泰寺游客服务中心	总建筑面积4万平方米，主要建设游客服务中心、艺术展示中心、文化交流中心、停车场、茶舍、素斋馆、净舍、农家休闲住宿、农家乐餐饮区等	57629	18000	登封市	新开
36	登封市三馆建设项目	总建筑面积71444.9平方米，其中博物馆22429平方米，图书馆12897平方米，文化馆10473平方米，配套服务用房等设施	53538	6700	登封市	新开
37	西里路影像文化产业特色街	建设西里路、杜岭街、张寨街影像文化产业特色街，影像艺术文化教育培训中心、影像艺术品交易中心、艺术品展览展示交流中心	53000	5000	金水区	新开

续表11

38	河南南水北调孤柏嘴穿黄文化综合开发建设项目	总建筑面积42万平方米，建设穿黄工程主题公园、蒙古风情主题公园、生态农业体验园和管理服务设施（不含房地产开发）	51425	25000	荥阳市	新开
39	新郑市白居易纪念馆	占地4公顷	50005	3350	新郑市	新开
40	“羲皇圣地美景”旅游开发建设项目	总建筑面积10.5万平方米，建设羲皇文化展览馆、生态农业观光休闲基地、森林氧吧、旅游休闲中心及配套设施	50000	15000	新密市	新开
41	金顶植物园项目	占地115.53公顷，打造集观光、餐饮娱乐、休闲度假、科普教育为一体的大型植物园	50000	13400	惠济区	新开
42	上街区方顶村明清文化旅游开发项目	占地77.93公顷，总建筑面积25万平方米，进一步做好明清古建筑群落保护的同时，加大对项目所属区域的开发利用，对外发展文化旅游休闲居住产业	50000	50000	上街区	新开
43	登封市功德林业有限公司功德林项目	该项目占地20公顷，主要建设景区广场、功德林国家形象工程等	30000	3000	登封市	新开
44	南水北调博物馆建设项目	建设展厅、文物储厅及配套设施	30000	10050	荥阳市	新开
45	新密市市民广场	占地6.6公顷	35000	35000	新密市	新开
46	少林寺博物馆	禅文化展示中心、非物质文化展示中心、习武大厅等共计21144平方米	12000	4020	登封市	新开
47	少林寺戒坛	山门、前佛殿、佛说法大殿、戒坛殿、藏经阁以及僧房等附属建筑共计26837平方米	10000	3350	登封市	新开
48	新郑市文化馆新馆建设项目		10000	2010	新郑市	新开
49	郑州市旅游集散咨询服务中心		待定	200		前期
50	嵩顶少林文化旅游基地项目	主要建设嵩山古村落、嵩山文化遗产体验中心、国际禅文化交流与会议中心、休闲游憩养生中心、其他基础设施等（不含房地产开发）	300000	4600	巩义市	前期
51	河南杜甫文化创意产业园（唐风古镇）	主要建设国际杜甫大厦、杜甫研究院、中原字画研究院、杜甫大剧院、杜甫文化广场等，总建筑面积36.4万平方米	200000	4000	巩义市	前期
52	中原国际珠宝玉石文化博览园项目	总建筑面积约70万平方米，主要建设地质博物馆、珠宝玉石交流中心、珠宝文化创意企业总部基地及配套设施等	200000	9500	白沙园区	前期
53	睿智田川能源终端服务创意产业园区	总建筑面积约56.1万平方米，主要建设多功能加工厂房和办公楼	150000	4900	综保区	前期
54	新郑市黄帝故里改扩建工程	规划面积27.73公顷，主要建设“一轴两翼、三心、三片区”，一轴：黄帝拜祖主轴；两翼：大型公共艺术、多媒体设施；三心三片区：回家、寻根、拜祖三大广场	120000	5500	新郑市	前期
55	中原国际演艺中心	主要建设大型演出中心、多媒体影院、购物中心等（不含房地产开发）	120000	8000	郑东新区	前期
56	河南伏羲山旅游开发有限公司新密市伏羲山大峡谷旅游区开发项目	建设旅游专用道路、游客服务中心、生态停车场、游步道、建湖围坝及旅游配套设施；安置区建设	28000	6000	新密市	新开
57	郑州大河村考古遗址公园建设项目	总建筑面积3.2万平方米，考古发掘6000平方米	57183	2600	郑东新区	前期

续表12

58	郑州百顺国际酒店有限公司中原渔谷乐园（一期）建设项目	总建筑面积2.5万平方米	35000	3700	二七区	前期
59	西海岸文化乐园	总建筑面积约13.9万平方米，主要建设国际文化交流中心、儿童娱乐中心、教育培训中心、婴幼儿早期智力开发园	24000	1500	白沙园区	前期
60	大河庄园旅游休闲度假区项目	总建筑面积96.6万平方米，拟把项目打造成集“总部经济、文化展示、会议接待、游憩休闲、慢享生活”为一体的综合性旅游生态度假区	20000	6000	惠济区	前期
61	登封市峻极阁、峻极寺、嵩山防火索道工程	峻极阁，总建筑面积751平方米；峻极寺总建筑面积2940平方米；索道位于太室山法王寺至峻极峰一段区域，全长1828米	19100	5730	登封市	前期
62	虎牢关生态文化园	占地53.33公顷，主要建设项目有休闲度假区、观光果园区、生态养殖区、文化旅游区等	20000	9360	荥阳市	续建
63	西区公共文化设施	现代传媒中心、文化艺术中心、文博展示中心（含地方志馆）等		10000		前期
64	国家动漫产业发展基地（河南基地）项目	建筑面积18万平方米。分为动漫企业孵化中心、动漫产业园、动漫公共技术服务平台	80000	10680	高新区	续建
65	河南文化产业大厦	建筑总面积约15万平方米	70000	30000	郑东新区	续建
66	河南出版产业基地三期工程商业文化综合体建设项目	主要建设商业文化综合体工程，包括文化发展中心、商城书城等，总建筑面积8.5万平方米（不含房地产开发）	42000	15000		续建
67	河南电台、电视台新台址及全媒体港建设项目	建设媒体集聚平台、河南省重大活动平台、全国文化产品交易平台	496000	30000	经开区	前期
	五、高技术	27	6540352	1515550		
1	河南联通智慧中原项目	宽带接入网：新增508万宽带能力；移动网络及无线城市：新建14241个3G基站，5407个2G基站，新建室内分布系统5200套。WLAN热点建设5960个热点	1281600	659400		续建
2	中国联通中原数据基地项目	总建筑面积26万平方米，建设数据通信设备用房、新技术研发用房、客服呼叫中心业务用房、新业务发展机房及配套设施	720000	75000	高新区	续建
3	河南移动数据中心及生产指挥调度中心项目	主要建设互联网中心、物联网中心、云计算中心、IT中心、生产调度中心，总建筑面积55万平方米	530000	60000	高新区、郑东新区	续建
4	河南科技创新孵化基地	总建设面积116万平方米（不包括房地产开发），建设信息技术研发中心、精密制造研究中心、软件开发中心等	350000	120000	金水区	续建
5	河南新科技市场（河南科技市场产业升级）项目	占地33.33公顷。一期占地7.73公顷，总建筑面积22万平方米，其中地上16万平方米，地下6万平方米。主要建设智能化集成研发中心、软件研发中心、科技创业孵化器、产品实验室及检测中心；地下主要建设人防工程及停车场	350000	9000	金水区	续建
6	郑州电子电器产业园	总建筑面积约120万平方米，建设格力配套企业标准化厂房、科研办公楼、公共服务用房及基础设施	300000	75000	高新区	续建

7	郑州华强电子高端服务业基地项目	总建筑面积约40万平方米（不含房地产开发），建设综合性多功能电子市场、电子商务、电子服务业、电子服务业集散中心及孵化器	300000	45000	高新区	续建
8	河南汉威电子股份有限公司河南物联网科技产业园	总建筑面积20万平方米，建设研发公用平台、产学研基地、产业孵化基地、引进合作基地、辐射全国营销平台、产学研合作示范基地等	200000	60000	高新区	续建
9	河南杨金科技外包产业园	总建筑面积47万平方米，主要建设外包服务产业研发中心、科研孵化器及技术转化中心	130000	45000	金水区	续建
10	瑞士ABB（中国）低压电器研发基地	总建筑面积36.8万平方米，建设产品研发中心、检测中心、办公及配套设施等	100000	45000	高新区	续建
11	河南省弘亿国际农业科技股份有限公司河南省弘亿国际农业高新产业园	主要建设日光温室80座、钢管大棚450个、连栋温室、五行温室、鸟巢温室、水立方温室、商务会议中心、农业教育科普馆、果园和花卉的基地、农产品深加工项目	80000	30000	中牟县	续建
12	河南信息广场	主楼建设通信综合楼，总建筑面积9.3万平方米	73000	26000	金水区	续建
13	河南省煤炭科学研究院有限公司煤炭研发中心建设项目	总建筑面积14.6万平方米，主要建设科研、商业等用房（不含房地产开发）	71000	12000	金水区	续建
14	比利时IBA（中国）粒子加速器研发基地	总建筑面积约29.2万平方米，建设粒子加速器技术研发中心、网上平台、自动化车间、检测中心及配套设施等	60000	30000	高新区	续建
15	国家质检中心郑州综合检测基地建设项目	总建筑面积15万平方米，主要建设标准馆、计量馆、食品、工业产品、计量检定测试实验室、特种设备安全检测实验室、组织机构代码中心、信息中心、12365中心、质量安全预警应急指挥中心、许可证审查中心等，	55000	24000	郑东新区	续建
16	河南有色地矿科研中心项目	总建筑面积18.36万平方米，主要建设科研楼、地矿标本测试及展示中心等	50000	7500	中牟产业园	续建
17	河南省农产品信息服务中心	总建筑面积91060平方米。主要建设农副产品展示展销中心、农副产品信息服务中心、新网工程培训中心、农副产品研发中心、农产品检测中心及配套设施等	45000	13000		续建
18	河南省信息中心迁建项目	总建筑面积6.6万平方米	42750	15000	郑东新区	续建
19	河南电力规划检测试验基地1号楼（河南电力科学研究院科研综合楼）	总建筑面积5.08万平方米	35000	7500	郑东新区	续建
20	河南省食品药品检测技术中心项目	总建筑面积5.2万平方米，主要建设省食品药品检验所、认证中心、评价中心、省医疗器械检验所、食品监督所等	21950	3000		续建
21	河南省社会科学研究基地建设项目	总建筑面积6.8万平方米，主要建设科研中心、图书情报中心等	18000	5250	中牟	续建
22	河南省空中云水资源开发二期及郑州气象科普苑项目	建筑面积10442平方米，主要建设省人工影响天气综合业务楼、信息共享和决策指挥平台、综合业务技术系统	10052	3000		续建
23	郑州市电信枢纽大厦	占地约2.33公顷，建筑规模约5.4万平方米	40000	5000	二七区	新开
24	郑州新郑综合保税区（郑州航空港区）生物医药基地建设项目	主要建设高端自主创新服务、现代生物农业、疫苗及诊断试剂、高端原料药及制剂开发、现代中药创新及特色中药、高端生物制造、生物物流贸易、生命健康等产业集群和高端优势品牌总部基地	1000000	5900	综保区	前期

续表14

25	郑州高新数码港	总建筑面积约300万平方米（不含房地产开发），建设产业孵化器、企业总部办公区、商业区及高新数码港IT园区，分两期建成	500000	120000	高新区	续建
26	国家知识产权局专利局专利审查协作中心及河南省创新与知识产权服务产业园建设项目	总建筑面积8万平方米	120000	5000	郑东新区	前期
27	中部国际设计中心（设计总部基地）项目	占地约1.7公顷，总建筑面积10.5万平方米，有建筑1栋，主要建设内容：创智办公平台、设计制作平台、公共服务平台。容积率为6.17	57000	10000	综保区（港区）	新开
	六、房地产	414	52960774	4186869		
1	王砦城市综合体项目	主要用于建设商业住宅、物流、酒店等项目	700000	128160	惠济区	续建
2	清华城市综合体建设项目	总建筑面积189万平方米（不含房地产），建设水上公园、温泉项目、大型商业城、影视城、会演中心等	560000	120000	荥阳市	续建
3	天地城市综合体项目	建筑面积52万平方米	520000	53400	惠济区	续建
4	上街·欧凯龙城市综合体项目	总用地面积42464.95平方米，总建筑面积96512.94平方米	120000	6000	上街区	续建
5	建业凯旋广场—五栋大楼	占地2.94公顷（29421.56平方米），绿地面积7353平方米，绿化率25%。建筑结构为框架结构，地上14层，地下2层。拟建设总面积161247.75平方米，其中地上建筑面积117600.86平方米；地下车库43646.89平方米；容积率为4.0	82000	47100	郑东新区	续建
6	安泰国际广场	商务写字楼及酒店，总建筑规模9.5万平方米	70000	12000	郑东新区	续建
7	东方港汇中心建设工程项目	大型商业、办公综合体，总征地面积34443.1平方米（3.45公顷），规划用地面积12437.46平方米，建筑结构为框架结构，总建筑面积34473.33平方米	23034	11784	综保区（港区）	续建
8	管城区正商国际广场写字楼项目	总建筑面积约7万平方米（2栋写字楼），建设主体22层及地下两层	20000	10680	管城区	续建
9	河南正弘实业有限公司正弘航空港商务中心项目	占地约100公顷，总建设面积150万平方米，主要建设特色商业街区、中央滨湖公园、住宅、写字楼等城市综合体	800000	100000	综保区（港区）	新开
10	中汇城市综合体项目	总建筑面积约100万平方米	550000	23450	登封市	新开
11	裕鸿商务公园项目	总建筑面积约68万平方米，主要建设：商务办公楼、商业综合体、商务酒店、地上停车场、地下停车库	315000	30000	综保区（港区）	新开
12	绿地滨河国际城（绿地滨湖总部经济园）	规划占地80公顷，总建筑规模约200万平方米	1300000	30000	二七区	新开
13	睿智田川能源终端服务创意产业园区	总建筑面积约56.1万平方米，主要建设多功能加工厂房和办公楼	150000	4900	综保区	前期
14	二七区荆胡社区改造开发	占地面积132公顷，规划建筑面积275.88万平方米	1350000	51912	二七区	续建
15	二七区路砦城中村改造	占地面积33.07公顷，建筑面积153.3万平方米	900000	29904	二七区	续建
16	王胡砦城中村改造	占地145.59公顷，建筑面积275.4万平方米	900000	36456	二七区	续建

续表15

17	白沙组团合村并城工程	建设白沙、刘集、绿博等7个安置小区，总建筑面积约395万平方米，安置43个自然村	844500	8971	中牟	续建
18	二七区齐礼阎改造升龙城	占地面积74.47公顷，规划建筑面积344万平方米	800000	44856	二七区	续建
19	二七区黄岗寺社区改造开发	占地面积104.8公顷，规划建筑面积271.4万平方米	800000	44856	二七区	续建
20	小李庄城中村改造（升龙国际中心）	占地面积39.42公顷，规划建筑面积186.3万平方米	700000	10466	二七区	续建
21	冯庄城中村改造（正商城）	占地77.4公顷，建筑面积222.2万平方米	650000	33600	二七区	续建
22	九龙镇安置区	项目选址分三个片区，总用地面积120.9公顷，规划总建筑面积182万平方米。其中西贾安置社区总建筑面积100万平方米，包括村民安置用房、商业、学校、幼儿园用房等	650000	21000	物流园区	续建
23	郑州新郑综合保税区（航空港区）新港办事处航南新城居民安置区项目	总建筑面积约161.4万平方米。计划安置13个行政村	623000	33600	综保区（港区）	续建
24	西史赵城中村改造	城中村改造总规模158万平方米	600000	16800	金水区	续建
25	金水区黑朱庄城中村改造	城中村改造总规模135.5万平方米	600000	21000	金水区	续建
26	中牟县合村并城和城中村改造工程	九龙西贾安置小区、白沙镇后潘庄村、郑庵镇刘圪垱村、青年路街道民主街一组	500000	23923	中牟县	续建
27	中牟县雁鸣湖镇太平庄社区三化建设综合体项目	总建筑面积约200万平方米，主要建设大型新型农村社区安置、生态企业文化创意园、生态养老社区	500000	2100	中牟县	续建
28	郑东新区龙翔嘉苑（原祭城北安置区）	总建筑面积98.2万平方米，安置区建设	442000	111300	郑东新区	续建
29	郑州新郑综合保税区（航空港区）郑港办事处安置区项目	总建筑面积105.51万平方米，共建设5个安置区：陡沟安置区、谷庄安置区、后宋安置区、山石王/胡岗/凌庄/寺东孙安置区、冢刘/湛庄安置区	418994	72240	综保区（港区）	续建
30	沈庄城中村改造	城中村改造总规模121.6万平方米	409768	33600	金水区	续建
31	王庄城中村改造	城中村改造总规模97.83万平方米	350000	14952	金水区	续建
32	新郑市郑老庄改造艺墅香堤安置住宅	（郑老庄改造艺墅香堤）安置住宅	350000	1495	新郑市	续建
33	燕庄城中村改造	城中村改造总规模129.5万平方米	340000	5084	金水区	续建
34	郑东新区龙兴嘉苑（原祭城南安置区）	总建筑面积72.4万平方米，安置区建设	333000	65520	郑东新区	续建
35	中牟县新型社区路网项目	共32条道路，总规模232.5公里	325500	33600	中牟县	续建
36	白庙村城中村改造	城中村改造总规模117.13万平方米	320000	2990	金水区	续建
37	凤凰台城中村改造	城中村改造总规模203.9万平方米	320000	21000	金水区	续建
38	佛岗城中村改造	占地面积60.02公顷，规划建筑面积136.5万平方米	315600	5592	二七区	续建

续表16

39	琉璃寺城中村改造	城中村改造总规模105.24万平方米	270000	8971	金水区	续建
40	郑州新郑综合保税区（航空港区）滨河办事处安置区项目	总建筑面积81.24万平方米，共有5个安置区：大寨、马庄、富康新城大马安置区、大老营、大河刘安置区	263525	30186	综保区（港区）	续建
41	新郑市和庄镇河赵新型社区建设项目	庆安路以东、政和路以西、油库以南、柯拉莫北围墙东头向南至沿河路以北。总用地面积600亩，总建筑面积105万平方米，其中回迁安置房面积为18万平方米	250000	1495	新郑市	续建
42	郑州新郑综合保税区（航空港区）银河办事处苑陵新城居民安置区项目	总建筑面积约66.8万平方米。计划安置牛村、苏村郑、枣岗、古城4个行政村	250000	21000	综保区（港区）	续建
43	郑东新区龙源嘉苑（原柳林安置区）	总建筑面积48.8万平方米，安置区建设	229000	52500	郑东新区	续建
44	新郑市龙湖镇沙窝李新型社区沙窝里村建设项目	新郑市龙湖镇镇区北侧，泰山路以东、轩辕路以西、纬二街以南、纬三街以北。总用地面积29.85公顷，总建筑面积870699.45平方米。其中安置房面积211213.76平方米	226941	4785	新郑市	续建
45	十二里屯城中村改造	城中村改造总规模86.33万平方米	220000	11962	金水区	续建
46	二七区南岗刘村合村并城项目	安置区规划用地13.73公顷，计划建设27万平方米的建筑量	219600	29400	二七区	续建
47	新密市盛和小区	主体及配套	210000	12600	经开区	续建
48	荥阳市新田生态城建设项目（不含房地产）	总建筑面积230万平方米，主要建设新型农村社区、医疗教育设施及其他配套设施	200000	29904	荥阳市	续建
49	升龙刘砦村城中村改造项目	规划总建筑面积达48万平方米，其中商品房开发面积约30万平方米，公共设施面积近1万平方米，村民安置面积约16.6万平方米	150000	8971	惠济区	续建
50	新郑市龙湖镇小乔村一、二、三组新型社区建设项目	新郑市龙湖镇学府路以南、梅山路以东、一商场街以西、人民路以北。总用地面积4.27公顷，总建筑面积95102.85平方米，其中回迁安置房面积25120平方米	150000	5981	新郑市	续建
51	上街区中国长城铝业公司棚户区改造项目	706003平方米	145996	13098	上街区	续建
52	新郑市孟庄镇双唐新型社区建设项目	孟庄镇西部，与龙湖镇交界处，双湖大道路南、新郑路东侧、南水北调南侧。总用地面积40公顷，总建筑面积583080平方米，其中回迁安置房面积为166560平方米	142000	5383	新郑市	续建
53	新密市超化镇区社区	8909户，建筑面积1158170平方米	133635	8400	新密市	续建
54	二七区侯寨滨河花园社区一期安置区	计划安置垃圾场污染区、煤炭采空区和“两环十七放射”沿线拆迁村庄及麦垛沟国宾馆项目的部分村民，项目占地20公顷，计划建设40万平方米的建筑量	120000	3360	二七区	续建
55	金水区新庄村搬迁安置房	村民的搬迁安置房，总规模33万平方米	120000	7266	金水区	续建
56	新郑市龙湖镇小乔村八组新型社区建设项目	总用地面积12.6公顷，总建筑面积378001平方米，其中回迁安置房面积为7万平方米	119887	4187	新郑市	续建

57	郑州航空港区合村并城大老营、大河刘安置区	24栋，1296套，302363.97平方米	113288	44557	港区	续建
58	中牟山水生态城	土地面积6.4万平方米，住宅面积12.5万平方米，非住宅面积0.4万平方米	109800	7476	中牟县	续建
59	金水区姚店堤社区（东南地、西北地、老庄）	总建筑面积约为25万平方米，安置区以小高层为主	109339	2296	金水区	续建
60	郑州新郑综合保税区（郑州航空港区）合村并城（南区）项目（13号公共租赁房）	总建设用地面积162947平方米，总建筑面积325326.7平方米，主要建设住房、配套服务用房等，同时设置停车位、绿化、配电等配套设施	103776	42840	综保区（港区）	续建
61	新郑市中心城区新区（陈庄社区）建设项目	总用地面积11.33公顷，总建筑面积 391269 平方米，其中回迁安置房面积为 52500 平方米	100000	5981	新郑市	续建
62	河南坤和鑫宇建设发展有限公司豫康新城—富鑫小区项目	豫康新城—富鑫小区总占地10.16公顷，总建筑面积346652.25平方米。主要建设员工公寓、配套服务用房等，同时设置停车位、绿化、配电等配套设施	100000	25200	综保区（港区）	续建
63	王村镇双龙湾新型农村社区建设项目	总建筑总面积100万平方米，建设多层安置房、文化广场及配套设施，安置农户4000户	90000	8971	荥阳	续建
64	新密市大隗社区	5908户建筑面积768040平方米	88620	12600	新密市	续建
65	新密市西大街马鞍河安置项目未来城一期	建设19幢高层	86000	5981	新密市	续建
66	河南光辉伟业房地产开发有限公司居易•五云山圣雷莫小镇	地使用权面积为237147平方米，其建筑面积为249004平方米，住宅总建筑面积，216004平方米，公共配套设施用房25000平方米，物业管理用房8000平方米，绿地率35%，建筑密度30%	85000	23100	上街区	续建
67	新密市岳村新区	5611户，建筑面积729430平方米	84165	12600	新密市	续建
68	郑州航空港区合村并城田王、柿吴、柿元吴安置区	占地面积为93309平方米，总建筑面积为273691平方米	82107	17243	港区	续建
69	新郑市第二社区	建筑面积28.2万平方米	82000	2990	新郑市	续建
70	任砦城中村改造	城中村改造总规模21.4万平方米	80000	1495	金水区	续建
71	上街区南峡窝小区建设安置项目（左照、郊段、寨沟）（暂定名）	704户，2000人，主要建设内容包括主干道、入户道路、下水道、供水系统、生产桥、五保大院、卫生室、文化广场、沼气池、超市、幼儿园、绿化亮化等	77000	27216	上街区	续建
72	上街区郊段寨沟左照安置区	占地27.27公顷，建筑面积约44.04万平方米	77000	8400	上街区	续建
73	二七区万达广场安置区项目	25.47万平方米	75000	12390	二七区	续建
74	新郑市第一社区	占地15.07公顷，建筑面积509558.8平方米	75000	7626	新郑市	续建
75	金富源经适房项目	4.2万平方米经济房廉租房	70000	29400	惠济区	续建
76	河南郑州出口加工区富士康昇阳花园	该项目规划建设6栋住宅楼，总建筑面积24万平方米，公寓面积18平方米	70000	8971	经开区	续建
77	郑州航空港区合村并城大寨（小老营、庙后张）安置区	占地面积56610平方米，总建筑面积78000平方米	68000	22260	港区	续建

续表18

78	荥阳市唐垌社区	1400户，建设配套设施	68000	10945	荥阳市	续建
79	郑州新郑综合保税区（郑州航空港区）寺东孙公共租赁房（锦绣枣园三期）建设项目	总建设用地面积98364平方米，总建筑面积193060平方米，主要建设住房、配套服务用房等，同时设置停车位、绿化、配电等配套设施	65242	26040	综保区（港区）	续建
80	新密市牛店金泽苑社区	4212户，建筑面积547560平方米	63180	8400	新密市	续建
81	新密市富士康晶诚花园	建设25万平方米公寓及配套设施，建筑面积16万平方米	63000	8400	经开区	续建
82	郑州海龙四村联建蒋寨社区建设项目	总建筑面积25.89万平方米，建设高层安置房、学校及配套设施	62140	8971	荥阳市	续建
83	登封市大冶镇中心镇区冶南社区项目	规划用地53.33公顷，建筑面积50万平方米，安置3600户，14500人	62000	147	登封市	续建
84	金水区小贺庄村搬迁安置房	村民的搬迁安置房，总规模16.8万平方米	61000	9608	金水区	续建
85	登封市卢店镇万人社区工程	建筑面积45万平方米	60000	3588	登封市	续建
86	金水区周庄村搬迁安置房	村民的搬迁安置房，总规模16.3万平方米	60000	9555	金水区	续建
87	岗杜城中村改造	城中村改造总规模29.75万平方米	60000	897	金水区	续建
88	新郑市阁老路新型社区（盛世嘉苑）建设项目	新郑市新建路街道办事处以西、楮庄路以东、郑韩帝都嘉苑以南。总用地面积9.59公顷，总建筑面积202783平方米，其中安置房面积65000平方米	60000	538	新郑市	续建
89	荥阳市索河办惠厂村新型农村社区建设项目	总建筑面积60万平方米，建设高层安置房及配套设施，安置农户750户	60000	9569	荥阳市	续建
90	金牛水岸国际花园	京广路以东、南三环以南，占地20公顷，建筑面积60万平方米	59500	2990	二七区	续建
91	金水区大贺庄村搬迁安置房	村民的搬迁安置房，总规模16.5万平方米	59000	504	金水区	续建
92	新郑市绰刘新型社区建设项目	占地38.73公顷，总建筑面积45万平方米	58520	4200	新郑市	续建
93	新郑市梨河镇绰刘社区建设项目	总建筑面积45万平方米	58520	4200	新郑市	续建
94	新密市悦阳山庄综合楼建设项目	建设综合楼8万平方米	58000	11064	新密市	续建
95	河南世悦置业有限公司悦阳山庄项目	城中村改造，建设8万平方米居民居住小区	58000	8400	新密市	续建
96	新郑市林锦店旧村改造项目安置住宅	林锦店旧村改造项目，安置住宅	58000	4486	新郑市	续建
97	新密市超化新区	3819户，建筑面积496470平方米	57285	6300	新密市	续建
98	金水区徐庄村搬迁安置房	徐庄村民的搬迁安置，总规模17万平方米	55706	3570	金水区	续建
99	河南光辉伟业房地产开发有限公司居易•五云山蒙塔西诺小镇	土地使用权面积为189121.5平方米，其建筑面积为198577平方米，住宅总建筑面积178577平方米，公共配套设施用房15000平方米，物业管理用房5000平方米，绿地率35%，建筑密度30%，	55000	12600	上街区	续建

续表19

100	新密市苟堂泽河湾社区	3367户，建筑面积437710平方米	50505	6300	新密市	续建
101	新郑市中心城区新区第一社区（能庄社区）建设项目	新郑市中心城区新区能庄行政村。总用地面积6.19公顷，总建筑面积220449平方米	50015	508	新郑市	续建
102	新郑市第三社区	占地12.8公顷，建筑面积 373051.25平方米	50000	5981	新郑市	续建
103	郑东新区东安嘉苑	项目总建筑面积约15.6万平方米，框架剪力墙结构，4栋29层，3栋33层，地下1层。附属物为3层幼儿园和2层物业用房，总计2000套租赁房，容积率3.41，建筑密度23.95%，绿地率31.2%，机动车停车位950辆	50000	10500	郑东新区	续建
104	郑州新郑综合保税区（郑州航空港区）合村并城（南区）项目（12号公共租赁房）	总建设用地面积72300平方米，总建筑面积165134.95平方米，主要建设住房、配套服务用房等，同时设置停车位、绿化、配电等配套设施	49671	18900	综保区（港区）	续建
105	新郑市凤台苑新型农村社区建设项目	总用地面积6.94公顷，总建筑面积194345平方米，其中回迁安置房面积20000平方米	49303	478	新郑市	续建
106	中牟星城国际东苑	建筑面积15.5万平方米	48600	5383	中牟县	续建
107	河南省华鸿置业有限公司豫康新城—华鸿小区公租房建设项目	建设公共租赁房，建筑面积148770.9平方米，配套服务用房建筑面积12358平方米。该项目主要建设公共租赁房、配套服务用房等，同时设置停车位、绿化、配电等配套设施	48478	2100	综保区（港区）	续建
108	登封市大冶镇老井社区项目	规划用地30公顷，安置10000人，建筑面积41万平方米	48000	3780	登封市	续建
109	郑州新郑综合保税区（郑州航空港区）合村并城（南区）项目（5号公共租赁房）	总建设用地面积76896.59平方米	47649	14009	港区	续建
110	米河镇镇区中心社区	4300户，13000人	47320	3203	巩义市	续建
111	上街区通航社区建设	占地20.96公顷。建筑面积约33万平方米	46095	12600	上街区	续建
112	河南合凯置业有限公司豫康新城（香樟湖畔）项目	富士康职工公寓楼及其配套商业；公寓楼建筑面积7.6万平方米，配套商业面积3.44万平方米，地下停车场3.44万平方米	46000	6300	综保区（港区）	续建
113	竹林镇镇东社区	4050户，16200人	45372	2988	巩义市	续建
114	巩义市里沟村社区	建筑面积420000平方米	45138	9030	巩义市	续建
115	王马庄城中村改造	城中村改造总规模16.46万平方米	45000	4200	金水区	续建
116	新郑市薛店镇岳庄新型社区建设项目	总用地面积7.07公顷，总建筑面积170000平方米，其中安置房面积30000平方米	45000	449	新郑市	续建
117	新郑市孟庄镇马东洼新型社区建设项目	总用地面积10.8公顷，总建筑面积219266.84平方米	45000	449	新郑市	续建
118	新密市平陌香山社区	2939户，建筑面积382070平方米	44085	14700	新密市	续建
119	上街区通航社区	整合自然村48个，整合人口10000人，建设户数3000户，新修道路6.4公里，配套建设绿化、亮化、美化、图书馆、卫生服务中心、大型综合超市、给排水等工程	43800	16491	上街区	续建

续表20

120	新郑市中心城区新区第二社区（高千庄社区）	总用地面积4.4公顷，总建筑面积179200平方米	43190	478	新郑市	续建
121	管城区尚庄村城中村改造周边配套基础设施建设项目	道路的拆迁安置，规划城市绿地拆迁，配套市政管网	42479	3360	管城区	续建
122	郑州航空港区合村并城寺东孙出租安置区、山石王安置区	29栋，1473套，18.4万平方米	42300	17766	综保区（港区）	续建
123	郑州航空港区合村并城田王、柿元吴安置区	占地面积为76923平方米，总建筑面积146600平方米	42275	14154	综保区（港区）	续建
124	金水区杨槐村搬迁安置房	杨槐村民的搬迁安置，总规模12.1万平方米	41651	10500	金水区	续建
125	新密市苟堂始祖山社区	2769户，建筑面积359970平方米	41535	4200	新密市	续建
126	郑州新郑综合保税区（郑州航空港区）合村并城（南区）项目（3号公共租赁房）	总建设用地面积73107.89平方米，总建筑面积145442.78平方米，主要建设住房、配套服务用房等，同时设置停车位、绿化、配电等配套设施	40668	16800	综保区（港区）	续建
127	郑州航空港区合村并城店张、北街、翟庄、炮李安置区	21栋，2071套，16.6万平方米	40225	16613	综保区（港区）	续建
128	中牟东岸曦城	土地面积5.6万平方米，住宅面积5.4万平方米，非住宅面积0.5万平方米	40000	2990	中牟县	续建
129	中牟春江花园	占地13.33公顷，建筑面积32万平方米，全部为商住	40000	5981	中牟县	续建
130	新密市大隗和合社区	2655户，建筑面积345150平方米	39825	6300	新密市	续建
131	郑州新郑综合保税区（郑州航空港区）合村并城（南区）项目（4号公共租赁房）	总建设用地面积60161.23平方米，总建筑面积127493.83平方米，主要建设住房、配套服务用房等，同时设置停车位、绿化、配电等配套设施	38163	14280	综保区（港区）	续建
132	巩义新城农村新型社区南官庄社区	3352户，13550人	36514	1323	巩义	续建
133	登封市唐庄乡张村社区工程	建筑面积40万平方米	36000	6300	登封市	续建
134	新密市城关甘寨新型社区	2349户，建筑面积305370平方米	35235	4200	新密市	续建
135	郑州新郑综合保税区（郑州航空港区）合村并城（南区）项目（11号公共租赁房）	总建设用地面积53400平方米，总建筑面积118325.38平方米，主要建设住房、配套服务用房等，同时设置停车位、绿化、配电等配套设施	35176	12600	综保区（港区）	续建
136	珠江荣景经适房	占地88895.67平方米，建筑面积230346.34平方米	35000	4486	惠济区	续建
137	河南荣亿置业有限公司豫康新城—鑫荣中央金地建设项目	该项目建设内容为富士康职工公寓楼及配套设施，用地42932.42平方米，其中宿舍面积69362.9平方米，商用41657.4平方米，物业及其他用房4634.7平方米，地下室和地下车库约3万平方米（含人防面积）	35000	4200	综保区（港区）	续建

138	登封市宣化镇岳窑社区项目	占地9.6公顷，建筑面积90880平方米，安置505户	34000	483	登封市	续建
139	郑州富港置业有限公司港城793建设项目	富士康职工公寓楼及其配套商业；公寓楼建筑面积79928.41平方米，配套商业面积28963.77平方米，地下停车场32628平方米	33000	7560	综保区（港区）	续建
140	新密市浮山雅居新型农村社区建设项目	新建农民住宅2500套，完善基础配套设施	32566	767	新密市	续建
141	巩义新城农村新型社区五里堡社区	2017户，8718人	32362	4159	巩义	续建
142	新密市岳村五星社区	2146户，建筑面积278980平方米	32190	10500	新密市	续建
143	新郑市华南城道路建设	13公里	32000	1495	新郑	续建
144	新密市来集浮山雅居社区	2132户，建筑面积277160平方米	31980	6300	新密市	续建
145	巩义市东区北控规D地块安置工程	建筑面积140000平方米	31500	3150	巩义市	续建
146	登封市东华镇中心社区一期项目	占地9.47公顷，建筑面积27.4万平方米，安置1632户居民	31400	4200	登封市	续建
147	夹津口镇镇区社区	55栋连体民用别墅	30160	1243	巩义市	续建
148	裕恒房地产公司裕园经适房项目	总建筑面积10万平方米	30000	7177	惠济区	续建
149	新庄社区	25栋住宅楼，5栋商住楼	30000	6878	金水区	续建
150	河南郑州出口加工区富士康冠达花园	规划建设3栋住宅楼，总建筑面积12万平方米，公寓面积6万平方米	30000	2093	经开区	续建
151	新郑市连庄村改造安置住宅	（连庄村改造）安置住宅	30000	987	新郑市	续建
152	新密市超化龙湖河西社区	1977户，建筑面积257010平方米	29655	8400	新密市	续建
153	郑州航空港区合村并城店张、北街、翟庄、炮李安置区	16栋，1464套，12万平方米	29475	11768	综保区（港区）	续建
154	上街区五云中心社区（冯沟、柏庙）	占地14.85公顷，893户，3453人	29000	3570	上街区	续建
155	郑州航空港区合村并城谷庄、凌庄安置区	13栋，1116套，96650平方米	28995	10834	综保区（港区）	续建
156	新密市来集祥和社区	1898户，建筑面积246740平方米	28470	6300	新密市	续建
157	荥王路升级改造工程	升级改造道路12.7公里	28000	8373	荥阳	续建
158	新密市来集镇区中心社区	1847户，建筑面积240110平方米	27705	6300	新密市	续建
159	郑州出口加工区富士康万和花园项目	总建筑面积26万平方米，主要建设职工公寓及配套设施	26000	6300	经开区	续建
160	新密市超化镇黄古寺中心社区建设项目	总容纳规模为4000户1.8万人	26000	6300	新密市	续建

续表22

161	新郑市阳光花园新型社区A区工程	66栋6层砖混结构，建筑面积25万平方米，可安置9000居民	26000	4200	新郑市	续建
162	新密市城关金河湾社区	1670户，建筑面积217100平方米	25050	4200	新密市	续建
163	河南郑州出口加工区富士康员工公寓宏光花园	主要建设蓝领公寓及商业用房，总建筑面积13万平方米	25000	2990	经开区	续建
164	郑州市正兴置业有限公司正兴翡翠华庭项目	使用权面积36076.06平方米，拟总建筑面积99300平方米	25000	4200	上街区	续建
165	上街区夏侯旧村改造（金华路西）安置区	安置区占地约2.8公顷。建设7栋18-20层的高层安置楼，建筑面积约9万平方米	25000	5460	上街区	续建
166	一五三医院经济适用住房项目	一五三医院经济适用住房	25000	7476	中原区	续建
167	登封市中岳区新店安置区项目	占地6.88公顷，安置2800人，住宅15万平方米	23000	6720	登封市	续建
168	登封市卢店镇西五司片区工程	建筑面积20万平方米	23000	2520	登封市	续建
169	河南上拓置业有限公司上拓•领地建设项目	土地使用权面积为41461.34平方米，土地性质为商业、住宅用地，拟建总面积为93494平方米	23000	8400	上街区	续建
170	登封市大冶镇石岭头新型农村社区项目	规划用地29.33公顷，建筑面积45万平方米，人口规模达到10600人	22000	1050	登封市	续建
171	郑州新郑综合保税区（郑州航空港区）合村并城（南区）项目（14号公共租赁房）	总建设用地面积35757平方米，总建筑面积70727.7平方米，主要建设住房、配套服务用房等，同时设置停车位、绿化、配电等配套设施	21653	8400	综保区（港区）	续建
172	新密市平陌海山社区	1382户，建筑面积179660平方米	20730	4200	新密市	续建
173	新密市大隗大观园社区	1375户，建筑面积178750平方米	20625	4200	新密市	续建
174	郑州新郑综合保税区（郑州航空港区）后宋公共租赁房（枣园公寓一）建设项目	总建设用地面积为33189.49平方米，总建筑面积为70321.93平方米，主要建设住房、配套服务用房等，同时设置停车位、绿化、配电等配套设施	20597	8651	综保区（港区）	续建
175	新密市岳村正兴社区	1362户，建筑面积177060平方米	20430	6300	新密市	续建
176	正商城福苑	建筑面积67361.25 平方米，住宅建筑面积：42589.26平方米，商业建筑面积：3588.92平方米	20000	2449	二七区	续建
177	河南志强置业有限公司理想名城C项目	使用权面积49267.62平方米，拟建设总面积121350平方米	20000	4200	上街区	续建
178	郑州新郑综合保税区（郑州航空港区）谷庄公共租赁房（华康公寓一）建设项目	总建设用地面积27172.34平方米，总建筑面积53830平方米，主要建设住房、配套服务用房等，同时设置停车位、绿化、配电等配套设施	19723	7140	综保区（港区）	续建
179	荥阳市崔庙镇古城社区	30栋多层，1栋高层	19478	2436	荥阳市	续建

续表23

180	上街区河南上拓置业有限公司中央名邸项目	土地使用权面积为6230平方米，拟建总面积为55447平方米	18000	5460	上街区	续建
181	上街森林半岛三期项目	用地面积49921平方米（合5公顷），拟建总面积为99830平方米，容积率为2。90平方米以下的房屋982套，面积70400平方米；90平方米以上251套，面积29430平方米，项目绿地面积14977平方米，绿地率30%	17400	3528	上街区	续建
182	郑州新郑综合保税区（郑州航空港区）凌庄公共租赁房（华康公寓二）建设项目	总建设用地面积22882.14平方米，总建筑面积50750平方米，主要建设住房、配套服务用房等，同时设置停车位、绿化、配电等配套设施	17157	6300	综保区（港区）	续建
183	登封市告成镇天中花园工程	15万平方米、1100套高品位精品现代化社区，拟建22栋楼房，每栋50套房子	16000	1932	登封市	续建
184	巩义市新中镇镇区社区项目	建10栋住宅楼，1栋服务中心	15848	2058	巩义市	续建
185	郑州航空港区合村并城牛村、苏村郑、平庄、郭村韩、古城（部分）安置区	10栋，752套，6.66万平方米	15300	6426	综保区（港区）	续建
186	巩义市煤矿棚户区改造	建设4个安置小区，总建筑面积84900平方米	15000	299	巩义市	续建
187	河南德宝置业有限公司德宝•城墅三期建设项目	使用权面积为12816平方米，拟建设总面积53523平方米	15000	2940	上街区	续建
188	新密市米村杨岗社区	992户建筑面积128960平方米	14880	3360	新密市	续建
189	管城区永恒中州花园	总建筑面积53200平方米，建造70套廉租房及622套经适房	13832	1146	管城区	续建
190	郑州新郑综合保税区（郑州航空港区）合村并城（南区）项目（9号公共租赁房）	总建设用地面积14000平方米，总建筑面积44490平方米，主要建设住房、配套服务用房等，同时设置停车位、绿化、配电等配套设施	13269	4200	综保区（港区）	续建
191	登封市告成镇冶上新居工程	占地100-120亩、建筑10万平方米、安置1000户，拟建20栋楼房，每栋50套房子	13000	1596	登封市	续建
192	管城区正商兰海港湾	34层公租房1栋	13000	598	管城区	续建
193	惠安家园保障房建设项目	总建筑面积112506.73平方米，10幢楼，	13000	1680	新密市	续建
194	管城区陇海村城中村改造周边配套	规划4条道路建设，改造公共绿地建设，道路、绿地拆迁及安置	12637	1260	管城区	续建
195	新密市大隗大路沟社区	810户，建筑面积105300平方米	12150	4200	新密市	续建
196	登封市告成镇石淙仙居工程	建设12万平方米，安置居民1000户，拟建20栋楼房，每栋50套房子	12000	1596	登封市	续建
197	登封市大冶镇弋湾新型农村社区项目	规划用地40公顷，建筑面积60万平方米，人口规模达到9000人	12000	420	登封市	续建
198	中基都市春天经适房	总建筑面积9万平方米	12000	2093	惠济区	续建

续表24

199	郑东新区惠民小区	总用地面积55912平方米，共20栋708套78500平方米	12000	1386	郑东新区	续建
200	中牟县富士康人才房建设项目	建设限价人才房172套	12000	30	中牟	续建
201	中牟郑东·中央御景	土地面积2.1万平方米，住宅面积5.8万平方米，非住宅面积0.8万平方米	12000	1495	中牟县	续建
202	新密市平陌虎岭社区	751户，建筑面积97630平方米	11265	4200	新密市	续建
203	郑州航空港山顶房地产开发有限公司豫康新城三期L地块开发建设项目	总规划建筑面积312734.94平方米，其中：富士康蓝领工人公寓建筑面积170944.66平方米；五栋小高层住宅，建筑面积64905.07平方米；多层商业广场，建筑面积23898.17平方米；地下商业、车库，建筑面积52986.83平方米	11000	8400	综保区（港区）	续建
204	荥阳市崔庙镇崔庙社区东花园小区	11栋多层	10997	1974	荥阳市	续建
205	上街区沙固上街小区（沙固村）	整合自然村18个，整合人口1.5万人，占地85公顷，建设户数3000户，建筑面积6万平方米，新修道路10公里，路灯、绿化、文化中心、卫生室、超市、给排水等配套设施	10754	1375	上街区	续建
206	郑州新郑综合保税区（郑州航空港区）合村并城（南区）项目（2号公共租赁房）	总建设用地面积16800平方米，总建筑面积37265.43平方米，主要建设住房、配套服务用房等，同时设置停车位、绿化、配电等配套设施	10495	4200	综保区（港区）	续建
207	河南光辉伟业房地产开发有限公司居易•五云山卢卡小镇C区	土地使用权面积为16546.79平方米，其建筑面积为16712平方米，住宅总建筑面积14912平方米，公共配套设施用房1000平方米，物业管理用房800平方米，绿地率35%，建筑密度30%	10000	1764	上街区	续建
208	高新区五龙口城中村改造项目	项目总建筑面积300万平方米，包括村民住宅安置、大型商业综合体、教育、公共配套设施	1200000	8442	高新区	新开
209	惠济区老鸦陈街道苏屯村城中村改造	用地面积约112.4公顷，总建筑规模约198万平方米	860000	28140	惠济区	新开
210	二七区刘砦城中村改造	占地面积118.91公顷，规划建筑面积170万平方米	800000	42000	二七区	新开
211	惠济区花园口镇合村并城项目	3816户，13356口人。规划占地总面积473.2公顷，其中，安置区约1156.2亩，建筑规模约118万平方米	580000	28140	惠济区	新开
212	惠济区毛庄村城中村改造项目	项目占地面积124公顷，设计建设单位工程151个，总建筑面积175万平方米	549271	14070	惠济区	新开
213	国际物流园区九龙安置区	总用地面积为120.89公顷，其中净用地面积77.89公顷。规划总建筑面积逾182万平方米	548328	56280	物流园区	新开
214	惠济区金洼村城中村改造项目	占地78.6公顷，建筑面积107万平方米	530000	14070	惠济区	新开
215	国际物流园区郑庵安置区	总用地面积为113.97公顷，其中净用地面积67.6公顷。规划总建筑面积逾170万平方米	511626	56280	物流园区	新开
216	郑州宜居健康城保障性住房建设项目	总建筑面积280万平方米，建设高层保障性住房、学校及配套设施，安置居民2.3万余户	504000	14070	荥阳市	新开
217	二七区高砦城中村改造	占地面积48.67公顷，规划建筑面积121万平方米，商业和住宅	500000	33600	二七区	新开
218	惠济区弓庄城中村改造项目	建设总面积预计147.6万平方米	500000	28140	惠济区	新开

续表25

219	国际物流园区白沙安置区	总用地面积为96.67公顷，其中净用地面积58.47公顷。规划总建筑面积逾161万平方米	484320	56280	物流园区	新开
220	新密市惠沟赵坡合村并城建设项目	惠沟、赵坡28个村民组合并建设新型社区，安置村民1636户，6420口人，项目总占地26公顷	480000	7879	新密市	新开
221	经开区瑞锦小区（一期）	总占地175074平方米，拟规划总面积69.42万平方米，包括王士明村、司赵村征地、拆迁安置	464682	29400	经开区	新开
222	郑州高新区高新·锦和苑合村并城项目	建设村民安置住宅、配套商业、教育及其他服务设施。总建筑面积约100万平方米	450000	12600	高新区	新开
223	郑州农工商华臻置业有限公司新型农村社区建设项目（不含房地产）	总建筑面积100万平方米，建设多层、高层安置房及配套设施	400000	16884	荥阳市	新开
224	高新区瓦屋李村城中村改造项目	建筑面积30万平方米，主要建设村民安置住宅、配套商业、教育及其他服务设施	340000	281	高新区	新开
225	高新区石佛村城中村改造项目	建筑面积30万平方米，主要建设村民安置住宅、配套商业、教育及其他服务设施	340000	281	高新区	新开
226	经开区瑞祥小区	主体及配套，131万平方米	330000	33600	经开区	新开
227	经开区瑞春小区	主体及配套，128.2万平方米	320000	27300	经开区	新开
228	登封市中岳文化苑	总建筑面积约200万平方米，可居住1万人	300000	2533	登封	新开
229	高新区秦庄村城中村改造项目	建筑面积20万平方米，主要建设村民安置住宅、配套商业、教育及其他服务设施	300000	281	高新区	新开
230	惠济区杨庄村城中村改造项目	总占地面积36.83公顷，建设住宅及商业开发，总建筑面积60万平方米	300000	11256	惠济区	新开
231	经开区瑞绣小区	主体及配套	300000	47040	经开区	新开
232	登封市北旨村社区建设项目	总建筑140.85万平方米，其中安置房面积35万平方米，安置群众1250户，5000人	278900	11256	登封	新开
233	二七区马寨产业集聚区合村并城项目	规划区域总面积约153.33公顷，其中安置房建设占地约40公顷，配套储备开发土地约113.33公顷	250000	9849	二七区	新开
234	经开区盛和小区	主体及配套，99.7万平方米	250000	21000	经开区	新开
235	高新区大里城中村改造项目	建筑面积100万平方米，主要建设商品住房及村民安置住宅、配套商业、教育及其他服务设施	240000	5628	高新区	新开
236	郑州宜居健康城乔楼镇新型农村社区建设项目	总建筑面积238万平方米，建设高层安置住房、学校、文化广场及配套设施，安置农户7180户	240000	14070	荥阳市	新开
237	惠济区东赵村合村并城改造安置区项目	占地36.67公顷，建筑面积6.5万平方米	223000	11256	惠济区	新开
238	郑东新区白佛、穆庄安置区	总建筑面积约48万平方米，安置区建设	216000	33600	郑东新区	新开
239	管城区苏庄合村并城项目	合并1个行政村，5个自然村，新建项目占地总面积约90公顷，新建项目建筑总面积约160万平方米	181800	5628	管城区	新开
240	金水区聂庄城中村改造	城中村改造安置区，建设总规模50万平方米	180000	19320	金水区	新开
241	金水区胜岗城中村改造	占地9.87公顷	177000	33600	金水区	新开
242	荥阳市广武镇后王社区建设项目	建设群众安置房及配套设施，总建筑面积133万平方米	160000	19698	荥阳市	新开

续表26

243	惠济区新庄花王合村并城项目	安置房256100平方米，学校14543.92平方米，道路45000平方米，绿化11053.16平方米	156264	11256	惠济区	新开
244	金水区岳砦城中村改造	占地27.87公顷	150000	420	金水区	新开
245	金水区寺坡城中村改造	占地11公顷	150000	4200	金水区	新开
246	金水区六里屯城中村改造	占地6.13公顷	150000	4200	金水区	新开
247	新郑市八千乡新港花园社区建设项目	建设新居3000户，同时配套完善各种基础设施建设和公共服务设施	144000	2100	新郑市	新开
248	管城区八郎寨合村并城项目	合并1个行政村，1个自然村，八郎寨村，新建项目占地总面积约45.33公顷，新建项目建筑总面积约90万平方米	140000	5628	管城区	新开
249	郑州宜居健康城豫龙镇新型农村社区建设项目	总建筑面积97万平方米，建设高层安置住房、学校、文化广场及配套设施，安置群众2700户	140000	22512	荥阳市	新开
250	中原区庙王城中村改造	须安置15万平方米	140000	16800	中原区	新开
251	金水区河村搬迁安置房	河村村民的搬迁安置，总规模38.5万平方米	139009	4200	金水区	新开
252	登封市大冶中心社区建设项目	建筑面积133.2万平方米，安置10003户，39449人	136000	8442	登封	新开
253	经开区世和小区	占地约71854平方米，拟规划面积29.66万平方米，包括曹古寺村征地、拆迁安置	128061	12600	经开区	新开
254	登封市徐庄中心社区建设项目	建筑面积128.054万平方米，安置6221户，23000人	120000	4221	登封	新开
255	二七区侯寨滨河花园社区项目一期	拟建设安置房约40万平方米以及相配套的基础设施和公共服务设施，用于安置垃圾场污染区、煤炭采空区和“两环十五放射”沿线拆迁村的部分村民	120000	8442	二七区	新开
256	金水区路砦、小路砦城中村改造	城中村改造，安置区总规模33万平方米	120000	19656	金水区	新开
257	中原区李江沟城中村改造	安置区占地面积约6.87公顷，总建筑面积约35万平方米	120000	16800	中原区	新开
258	管城区大王庄合村并城项目	合并2个行政村，2个自然村，新建项目占地总面积44公顷，新建项目建筑总面积约80万平方米	110000	2814	管城区	新开
259	郑州新郑综合保税区（郑州航空港区）合村并城建设项目山石王、凌庄、胡岗、寺东孙安置区	总建设用地面积107722.29平方米，总建筑面积333800.62平方米，主要建设住房、配套服务用房等，同时设置停车位、绿化、配电等配套设施	101621	1050	综保区（港区）	新开
260	金水区小孟砦城中村改造	占地11.8公顷	100000	5628	金水区	新开
261	国际物流园区九龙镇西贾安置小区	总用地面积约43.6公顷。规划总建筑面积逾100万平方米，分期建设，其中一期为村民安置，占地面积147亩，总建筑面积21.4万平方米，计划投资4亿元。与其配套的有商业、学校、幼儿园、会所及活动中心等，计划投资4亿元	100000	5459	物流园区	新开

262	荥阳市广武镇五村联建新型社区建设项目	总建筑面积30万平方米，建设多层安置房、居委会及配套设施，安置群众1786户	100000	10130	荥阳市	新开
263	中原区桐树王农村新型社区建设试点项目	将桐树王行政村的桐树王、小孟、大孟、耿庄、燕沟5个自然村拆迁合并，建成一个占地66.67公顷，建筑面积约200万平方米的集商贸、服务、住宅等功能为一体的新型城镇社区	90000	12600	中原区	新开
264	二七区中林国际	占地2.22公顷，规划建筑面积14.81万平方米	87000	4200	二七区	新开
265	惠济区木马村一期安置区工程	项目用地面积7.27公顷，总建筑面积270407平方米	83971	8817	惠济区	新开
266	荥阳市豫龙镇二十里铺村新型农村社区建设项目	建设群众安置房及配套设施，总建筑面积47万平方米	83700	14070	荥阳市	新开
267	登封市唐庄中心社区建设项目	占地73.33公顷，建筑面积80万平方米，安置8310户，31590人	80000	844	登封	新开
268	金水区胜岗城中村改造	城中村改造，安置区建设25.17万平方米	80000	14700	金水区	新开
269	新郑市大孟镇新型农村社区	大孟社区合并大孟、朱大汗2个行政村，4个自然村，涉及993户，4320人，原村庄占地78.18公顷，社区规划建设安置房、公共、公益等基础设施，建筑总面积35万平方米	80000	3377	新郑市	新开
270	新郑市吴庄社区	建筑面积60万平方米	80000	1680	新郑市	新开
271	金水区马林村搬迁安置房	马林村民的搬迁安置，总规模23万平方米	77064	4200	金水区	新开
272	中原区周新庄城中村改造	安置房及公共配套设施	75700	8400	中原区	新开
273	河南光辉伟业房地产开发有限公司居易•五云山皮恩扎小镇项目	土地使用权面积为179363.08平方米，其建筑面积为188331平方米，住宅总建筑面积170331平方米，公共配套设施用房15000平方米，物业管理用房3000平方米，绿地率35%，建筑密度30%，容积率大于1.0	75000	21000	上街区	新开
274	中原区卧龙岗城中村改造	占地面积约20.4公顷，总开发面积达67.3万平方米	75000	10500	中原区	新开
275	登封市嵩颍苑小区建设项目	总建筑面积34万平方米，主要安置守敬路、颍河路居委会及北旨村866户共3500人	70000	8442	登封	新开
276	二七区东方俊景（焦家门交通路段城中村改造）	占地面积1.78公顷，规划建筑面积14万平方米	63000	6300	二七区	新开
277	新郑市辛店镇阳光花园B区	占地59.4公顷，投资6.3亿元，总建筑面积75万平方米，可安置5865户，22055口人	63000	2814	新郑市	新开
278	登封市阳城区新型农村社区项目	占地3.33公顷，建筑面积24.5万平方米，入住居民7000人	60000	2100	登封市	新开
279	河南光辉伟业房地产开发有限公司居易•五云山科罗蒂小镇项目	土地使用权面积为163833.19平方米，其建筑面积为172025平方米，住宅总建筑面积157025平方米，公共配套设施用房10000平方米，物业管理用房5000平方米，绿地率35%，建筑密度30%，容积率大于1.0	60000	16800	上街区	新开
280	荥阳市惠厂城中村改造	面积60万平方米	60000	5628	荥阳市	新开
281	中原区三王庄农村新型社区建设试点项目	三王庄农村新型社区建设试点项目	60000	8400	中原区	新开

282	荥阳市乔楼镇陈砦社区建设项目	建设群众安置房及配套设施，总建筑面积38.9万平方米	58350	8442	荥阳市	新开
283	中牟县岗李社区	总建筑面积81万平方米，可容纳11513人	57500	844	中牟县	新开
284	二七区蜜蜂张村改造	占地面积4.84公顷，规划建筑面积15.8万平方米	57000	2100	二七区	新开
285	中牟县冯堂社区	总建筑面积80万平方米，可容纳11278人	56400	675	中牟县	新开
286	登封市世纪城	住宅楼、配套商业、物业等总面积10万平方米	55000	1407	登封	新开
287	登封市白坪小区建设项目	总建筑面积35万平方米，安置7500口人	55000	2814	登封	新开
288	郑东新区育翔公租房小区	总用地面积7.27公顷，建设2150套保障房	55000	10500	郑东新区	新开
289	巩义市北官庄村社区建设项目	安置房，建筑面积287000平方米	54000	3095	巩义市	新开
290	中牟县水沱寨社区	总建筑面积73万平方米，可容纳10499人	52500	844	中牟县	新开
291	中牟县树头村社区	总建筑面积72万平方米，可容纳10224人	51100	844	中牟县	新开
292	登封市告成中心社区建设项目	建筑面积34.684万平方米，安置4524户，20000人	50000	5628	登封	新开
293	巩义市产业集聚区镇西社区建设项目	产业集聚区镇西社区	50000	5628	巩义市	新开
294	荥阳市高山镇高山社区	300000平方米	50000	9286	荥阳市	新开
295	荥阳市槐树洼城中村改造	20万平方米安置房建设	50000	4221	荥阳市	新开
296	郑州新郑综合保税区（郑州航空港区）合村并城建设项目陡沟安置区	总建设用地43534.09平方米，总建筑面积约154620平方米，主要建设住房、配套服务用房等，同时设置停车位、绿化、配电等配套设施	49701	2100	综保区（港区）	新开
297	金水区周庄社区	总建筑面积70万平方米，可容纳9955人	49500	675	金水区	新开
298	新密市大隗洧东轩社区	3274户，建筑面积425620平方米	49110	6300	新密市	新开
299	郑州航空港区合村并城建设项目冢刘/湛庄安置区	占地面积53381平方米，总建筑面积160719.52平方米	48216	10125	港区	新开
300	新密市龙湖河西社区	总容纳规模1977户，8100人	48000	6300	新密市	新开
301	郑州新郑综合保税区（郑州航空港区）合村并城（南区）项目（5号公共租赁房）	总建设用地面积76896.59平方米，总建筑面积157412.11平方米	47649	20013	综保区（港区）	新开
302	巩义市常庄村社区	建筑面积269250平方米	47000	9660	巩义市	新开
303	新郑市郑堡安置点	郑堡安置点计划建设4栋楼5.53万平方米	47000	5807	新郑市	新开
304	新郑市畅馨苑经适房项目	总建筑面积28万平方米	46000	5347	新郑市	新开
305	豫康新城（香樟湖畔）项目	富士康职工公寓楼及其配套商业；公寓楼建筑面积75965.11平方米，配套商业面积34411.09平方米，地下停车场34421.03平方米	46000	4200	综保区（港区）	新开
306	登封市君召乡中心社区二期工程	占地面积约120公顷，总建筑面积160万平方米，安置4万人	45000	4200	登封市	新开
307	中牟县打车李社区	总建筑面积62万平方米，可容纳8827人	43500	563	中牟县	新开

308	中牟县张堂社区	总建筑面积60万平方米，可容纳8561人	42800	675	中牟县	新开
309	中牟县西徐庄社区	总建筑面积57万平方米，可容纳8053人	40800	675	中牟县	新开
310	金水区寺坡、六里屯城中村改造	城中村改造安置区，总规模30万平方米	40000	8820	金水区	新开
311	惠济区马庄西黄刘合村并城安置区项目	项目总占地5.31公顷，建筑面积99750平方米，建成后可安置居民203户	39929	4193	惠济区	新开
312	郑州新郑综合保税区（郑州航空港区）合村并城建设项目马庄安置区	总建设用地40111.75平方米，总建筑面积128252.63平方米，主要建设住房、配套服务用房等，同时设置停车位、绿化、配电等配套设施	38489	7309	综保区（港区）	新开
313	中牟县河田社区	总建筑面积52万平方米，可容纳7426人	37100	563	中牟县	新开
314	中牟县小胡社区	总建筑面积52万平方米，可容纳7454人	36800	563	中牟县	新开
315	中牟县李显吾社区	总建筑面积52万平方米，可容纳7983人	36800	563	中牟县	新开
316	中牟县毛庄社区	总建筑面积50万平方米，可容纳7205人	35800	563	中牟县	新开
317	中牟县袁家社区	总建筑面积49万平方米，可容纳7043人	35500	675	中牟县	新开
318	中牟县太平庄社区	总建筑面积50万平方米，可容纳7129人	34500	563	中牟县	新开
319	二七区中投·汇金城	占地1.58公顷，规划建筑面积15.54万平方米	34000	5040	二七区	新开
320	新密市平陌禹寨社区	2316户，建筑面积301080平方米	34000	8400	新密市	新开
321	荥阳市贾峪镇槐林社区	180000平方米	34000	5628	荥阳市	新开
322	新郑市西城花园社区	投资3.31亿元，续建1个社区，拆迁20.1万平方米，建设安置房19.63万平方米	33100	13902	新郑市	新开
323	上街区二十里铺改造项目	占地8公顷，计划安置496户	33000	7560	上街区	新开
324	中牟县马家社区	总建筑面积47万平方米，可容纳6715人	33000	563	中牟县	新开
325	郑州新郑综和保税区（郑州航空港区）合村并城建设项目马庄公共租赁房建设项目	总建设用地30971.68平方米，总建筑面积99136.85平方米，主要建设住房、配套服务用房等，同时设置停车位、绿化、配电等配套设施	32953	13840	综保区（港区）	新开
326	管城区五里堡社区西堡村城中村改造周边配套基础设施建设项目	拆迁工程、新建安置房工程、教育、文化健身、医疗卫生设施建设、道路及地下管线建设工程	32944	1680	管城区	新开
327	中牟县瓦灰郭社区	总建筑面积45万平方米，可容纳6479人	32700	563	中牟县	新开
328	中牟县大路张社区	总建筑面积44万平方米，可容纳6293人	31700	844	中牟县	新开
329	中牟县台前社区	总建筑面积43万平方米，可容纳6138人	31500	563	中牟县	新开
330	郑州新郑综合保税区（郑州航空港区）合村并城建设项目大马安置区	总建设用地30299.9平方米，总建筑面积102335.43平方米，主要建设住房、配套服务用房等，同时设置停车位、绿化、配电等配套设施	30628	5955	综保区（港区）	新开
331	中牟县李村社区	总建筑面积43万平方米，可容纳6164人	30500	563	中牟县	新开
332	新密市来集百合锦鸿社区	2021户，建筑面积262730平方米	30315	6300	新密市	新开
333	怡中苑南侧老城区改造	占地5.33公顷，建筑面积10万平方米，计划总投资3亿元，建成高档的商业住宅小院	30000	1407	登封	新开

续表30

334	新密市青峰路六组城中村改造项目	在溱水路东大桥北侧完成拆迁47户，占地面积7.33公顷	30000	2814	新密市	新开
335	新郑市薛店镇第四社区	总建筑面积20万平方米	30000	957	新郑市	新开
336	荥阳市贾峪镇贾峪社区建设项目	建设群众安置房及配套设施，总建筑面积20.3万平方米	30000	8442	荥阳市	新开
337	中牟县青谷堆社区	总建筑面积38万平方米，可容纳5908人	29500	563	中牟县	新开
338	中牟县店李口社区	总建筑面积42万平方米，可容纳6041人	29500	563	中牟县	新开
339	中牟县丁庄社区	总建筑面积40万平方米，可容纳5712人	28500	844	中牟县	新开
340	中牟县赵集社区	总建筑面积40万平方米，可容纳5702人	28500	675	中牟县	新开
341	中牟县春岗社区	总建筑面积39万平方米，可容纳5681人	28300	675	中牟县	新开
342	中牟县八李社区	总建筑面积40万平方米，可容纳5773人	28300	563	中牟县	新开
343	郑州新郑综和保税区（郑州航空港区）合村并城建设项目冢刘/湛庄公共租赁房建设项目	总建设用地27042.19平方米，总建筑面积83396.99平方米，主要建设住房、配套服务用房等，同时设置停车位、绿化、配电等配套设施	28117	11809	综保区（港区）	新开
344	巩义市高尚村社区	建筑面积140000平方米	28000	5040	巩义市	新开
345	新密市至尊门第建设项目	溱水路东大桥南侧拆迁62户，占地面积4.87公顷城中村改造	28000	2814	新密市	新开
346	荥阳市刘河镇任洼中心村建设项目	总建筑面积20.84万平方米，建设多层安置房、居委会及配套设施，安置群众1042户	28000	4502	荥阳市	新开
347	中牟县畠店社区	总建筑面积39万平方米，可容纳5551人	27700	563	中牟县	新开
348	中牟县付李庄社区	总建筑面积38万平方米，可容纳5511人	27000	675	中牟县	新开
349	新密市牛店李湾社区	1792户，建筑面积232960平方米	26880	8400	新密市	新开
350	新密市超化新庄社区	1766户，建筑面积229580平方米	26490	4200	新密市	新开
351	郑州新郑综合保税区（郑州航空港区）合村并城建设项目大马公共租赁房建设项目	总建设用地面积25531.72平方米，总建筑面积77324.9平方米，主要建设住房、配套服务用房等，同时设置停车位、绿化、配电等配套设施	26308	11049	综保区（港区）	新开
352	中牟县朱固社区	总建筑面积32万平方米，可容纳4686人	26300	675	中牟县	新开
353	新密市苟堂玉皇庙社区	1741户，建筑面积226330平方米	26115	8400	新密市	新开
354	荥阳市广武镇桃花源社区	311900平方米	26000	5065	荥阳市	新开
355	中牟县侯村寺社区	总建筑面积37万平方米，可容纳5211人	26000	3377	中牟县	新开
356	中牟县堤头社区	总建筑面积36万平方米，可容纳5045人	25600	844	中牟县	新开
357	中牟县宋家社区	总建筑面积35万平方米，可容纳5046人	25200	844	中牟县	新开
358	中牟县刘庄社区	总建筑面积35万平方米，可容纳4913人	24500	844	中牟县	新开
359	中牟县瓦坡社区	总建筑面积34万平方米，可容纳4898人	24300	563	中牟县	新开
360	中牟县杨庄社区	总建筑面积35万平方米，可容纳5102人	23400	563	中牟县	新开
361	郑州新郑综合保税区（郑州航空港区）合村并城建设项目小河刘安置区	总建设用地22205.19平方米，总建筑面积75629.39平方米，主要建设住房、配套服务用房等，同时设置停车位、绿化、配电等配套设施	23015	4191	综保区（港区）	新开

362	荥阳市京城办狼窝刘城中村改造工程	总建筑面积12万平方米，建设多层安置房、居委会及配套设施，安置群众400余户	23000	6472	荥阳市	新开
363	中牟县土山店社区	总建筑面积35万平方米，可容纳5107人	23000	675	中牟县	新开
364	中牟县潘店湖社区	总建筑面积32万平方米，可容纳4509人	23000	675	中牟县	新开
365	荥阳市金寨回族乡金寨社区建设项目	安置群众6500余人，住宅146250平方米	22000	840	荥阳市	新开
366	新密市大隗顺昌德社区	1448户，建筑面积188240平方米	21700	6300	新密市	新开
367	郑东新区龙湖出口闸工程	建设出水闸	21610	9076	郑东新区	新开
368	中牟县万庄社区	总建筑面积30万平方米，可容纳4302人	21300	563	中牟县	新开
369	中牟县杨桥社区	总建筑面积30万平方米，可容纳4367人	21300	563	中牟县	新开
370	登封市唐庄中心社区二期工程	建筑面积20万平方米	21000	5040	登封市	新开
371	荥阳市城关乡社区建设	郑上路、庙王路、高速引线社区建设	21000	8820	荥阳市	新开
372	惠济区黎阳花园	88940平方米	20255	1140	惠济区	新开
373	新密市米村柿树湾社区	1341户，建筑面积174330平方米	20115	6300	新密市	新开
374	新密市岳村云蒙社区	1337户，建筑面积173810平方米	20055	6300	新密市	新开
375	登封市西施中心社区建设项目	占地20公顷，建筑面积25.308万平方米，安置2110户，共8242人	20000	1407	登封	新开
376	尚城国际周边老城区改造	占地1.47公顷，建筑面积3万平方米，建成高档的商业住宅小区	20000	2814	登封市	新开
377	二七区西陈庄城中村改造	总建筑面积约7.4万平方米，建设4栋高层住宅，临街底层为部分商业	20000	2520	二七区	新开
378	河南盈盛置业有限公司 盈盛•龙栖湾	总用地面积54785.98平方米，使用权面积33994.43平方米，容积率2.36，绿地面积10538.3平方米，占总用地面积的31.0%，拟建设总面积84569.5平方米	20000	6300	上街区	新开
379	上街区棚户区改造	建筑面积7万平方米（820套）	20000	8400	上街区	新开
380	荥阳市城关村城中村改造	19万平方米安置房建设	20000	1407	荥阳市	新开
381	中原区农村新型社区赵仙垌建设试点项目	撤销1个行政村，合并3个村民小组共计179户、691人。占地36.67公顷，总建筑面积55万平方米	20000	2100	中原区	新开
382	新郑市公主湖社区	建筑面积12万平方米	18000	4200	新郑市	新开
383	荥阳市刘河镇刘河社区	占地11.27公顷，建筑面积15.6万平方米	18000	2814	荥阳市	新开
384	郑州新郑综合保税区（郑州航空港区）合村并城建设项目小河刘公共租赁房建设项目	总建设用地17971.71平方米，总建筑面积52934.19平方米，主要建设住房、配套服务用房等，同时设置停车位、绿化、配电等配套设施	17879	1260	综保区（港区）	新开
385	新密市平陌荟萃社区	1173户，建筑面积152490平方米	17595	6300	新密市	新开

386	郑州新郑综合保税区（郑州航空港区）合村并城建设项目陡沟公共租赁房建设项目	总建设用地19461.66平方米，总建筑面积约46493平方米，主要建设住房、配套服务用房等，同时设置停车位、绿化、配电等配套设施	17087	1050	综保区（港区）	新开
387	登封市东华镇王村社区一期工程	占地6.67公顷，建筑面积13万平方米，安置1025户居民	17000	2520	登封市	新开
388	新密市来集梦祥社区	1081户，建筑面积140530平方米	16000	6300	新密市	新开
389	登封市新店社区建设项目	总建筑面积14万平方米，主要安置新店村共548户2182人	15000	1407	登封	新开
390	新密市孟庄铭苑新型农村社区建设工程	总建筑面积34080平方米	15000	4221	新密市	新开
391	荥阳市城关乡新型农村社区建设项目	总建筑面积8.41万平方米，建设王庄、皋寨、西史村和南周村社区	15000	2814	荥阳市	新开
392	巩义市后泉沟村社区建设项目	建筑面积10248平方米	14033	433	巩义市	新开
393	新郑市居易新城社区	新建1个社区，投资1.33亿元，拆迁8.4万平方米，其中，投资1.03亿元，建设安置房7.9万平方米，投资0.3亿元，建设基础设施项目1个	13300	5586	新郑市	新开
394	巩义市康店社区项目	社区安置楼及配套设施	12000	5040	巩义市	新开
395	荥阳市王村镇新庄新型农村社区建设一期工程	总占地4公顷，主要建设安置房屋，总建筑面积68600平方米	12000	3377	荥阳市	新开
396	新密市刘寨同心社区	785户，建筑面积102050平方米	11775	4200	新密市	新开
397	郑州新郑综合保税区(郑州航空港区)合村并城(南区)项目(1号公共租赁房)	总建设用地面积22100平方米，总建筑面积39493.19平方米	11701	4914	综保区（港区）	新开
398	郑州新郑综合保税区（郑州航空港区）合村并城（南区）项目（10号公共租赁房）	总建设用地面积23200平方米，总建筑面积38671.8平方米	11561	4856	综保区（港区）	新开
399	城西区居民安置小区	占地面积3.73公顷，建筑面积6万平方米，14栋楼	10000	1407	登封市	新开
400	高新区锦和公园（暂定名）	绿化面积20万平方米	10000	840	高新区	新开
401	巩义市涉村镇镇区社区建设项目	建筑面积9.4万平方米	10000	619	巩义市	新开
402	河南省水利勘测有限责任公司旧房改造	占地面积4486平方米	10000	281	金水区	新开
403	金水区二十里铺城中村改造	城中村改造安置区建设48.25万平方米	500000		金水区	前期
404	常西湖新区湿地保护移民安置区	湿地拆迁安置房80万平方米，停车场2万平方米	500000		中原区	前期
405	金水区常砦城中村改造	城中村改造安置区建设30.41万平方米	250000		金水区	前期
406	金水区桑园城中村改造	城中村改造安置区建设24.66万平方米	210000		金水区	前期
407	上街区任庄村	占地42.27公顷，计划安置1664户	90000		上街区	前期
408	经开区司赵	整村拆迁1150户4400人	46000		经开区	前期

409	经开区营岗村	整村拆迁830户3500人	37000		经开区	前期
410	经开区曹古寺	整村拆迁428户2008人	30120		经开区	前期
411	金水区小孟砦城中村改造	城中村改造安置区建设4.935万平方米	30000		金水区	前期
412	上街区沙固新型社区建设项目	占地10公顷。计划安置528户	25000		上街区	前期
413	上街区任庄村改造项目	占地5公顷。计划安置310户	17000		上街区	前期
414	经开区西杨	整村拆迁292户1126人	12000		经开区	前期
	七、公共服务	163	9054083	1668670		
1	中国中原人力资源服务产业园区	总建筑面积计划约23.3万平方米，其中河南省人力资源和社会保障服务中心建筑面积8.3万平方米，人力资源服务产业基地、人力资源要素市场、人才开发服务平台各5万平方米	100000	27000	综保区（港区）	续建
2	新郑市创业服务中心	建筑面积10.1万平方米	39700	30000	新郑市	续建
3	登封市老年福利中心项目	总建筑面积52500平方米，床位2000张	20000	4500	登封市	续建
4	新建市老年公寓（郑州市养老中心）项目	总建筑面积5万平方米，拟建设老人休养床位1200张，设有养老住宅、医院、餐饮、洗浴、健身广场、阅览室、电脑室、老年大学等	18000	4500		续建
5	河南省社区老年服务中心二、三期建设项目	总建筑面积6.8万平方米	13000	4500	惠济区	续建
6	管城回族区市民文化服务中心项目	规划10平方公里，总建筑面积166万平方米，建设市民文化服务综合楼、公园、路网等基础设施，发展楼宇总部经济、高端住宅等现代服务业	400000	10000	管城区	新开
7	河南天地之中保健服务有限公司国际抗衰老养生苑	总建筑面积50.6万平方米，建成后年可为2万人提供抗衰老养生服务	300000	46900	登封市	新开
8	郑州新郑综合保税区（郑州航空港区）体育中心	项目占地面积33.33公顷，包含主体育场、体育馆、全民健身活动中心、体育场、游泳跳水馆、网球馆、乒羽馆等场馆	280000	33000	综保区（港区）	新开
9	河南留学人员创业园产业服务平台项目	主要建设标准厂房及附属配套设施；总建筑面积342700平方米	130000	20000	经开区	新开
10	郑州新郑综合保税区（郑州航空港区）休闲娱乐活动中心	项目占地10公顷，建筑面积7.8万平方米，包含妇女儿童活动中心、老干部活动中心等	120000	3000	综保区（港区）	新开
11	郑州太阳城老年公寓建设项目	总建筑面积13.85万平方米，主要建设家庭型养老公寓、老年单身公寓及介护中心、康复用房、老年活动中心等	29000	6000	金水区	新开
12	中部人口和计划生育信息中心及河南省人口信息中心项目	总建筑面积5.4万平方米，主要建设主楼、配楼及配套公用设施	21000	4000	郑东新区	新开

13	国家海外高层次人才创新创业（河南）基地一期工程	总建筑面积约500万平方米（不包括房地产开发），主要建设规划区、智慧广场、研发配套区	850000	80000	高新区	新开
14	郑州大学第一附属医院郑东院区医院	总建筑面积50万平方米，设置床位2000张。包括门急诊、病房、行政、后勤楼等	200000	75000	郑东新区	续建
15	河南阳城医院及阳城养生苑建设项目	总建筑面积43.87万平方米，可安置床位6000张	142700	15000	登封市	续建
16	河南理工大学万方科技学院新校区建设项目	总建筑面积83万平方米。其中，白沙园区校区65万平方米，荥阳校区18万平方米，主要建设教学楼、办公楼、学生宿舍楼、实验楼、体育中心、餐厅、图书馆等配套设施	140000	37500	白沙园区、荥阳市	续建
17	河南农业大学新校区建设项目	总建筑面积70.9万平方米，主要建设教室、图书馆、实验室及附属用房、风雨操场、学生宿舍、学生食堂及其他附属用房	124920	27000	郑东新区	续建
18	河南财经政法大学新校区建设项目	总建筑面积50.46万平方米，主要建设教学、实验、图书馆、学生宿舍、食堂、服务等建筑及体育运动基础设施建设	120000	30000	郑东新区	续建
19	河南中医学院新校区建设项目	总建筑面积44万平方米，主要建设教学实验楼、学生宿舍、食堂、图书馆等	107050	13650	中牟县	续建
20	河南警察学院新校区建设项目	总建筑面积36.7万平方米	106155	22500	郑东新区	续建
21	郑州市旅游职业学院新建新校区	占地面积69.11公顷，其中建设用地面积58.29公顷。设计规模18000人，设置10系2院	99679	42720	中牟县	续建
22	郑州颐和医院项目	用地面积242.32亩，建筑面积22.136万平方米	98000	16408	郑东新区	续建
23	郑州铁路职业技术学院新校区建设项目	总建筑面积30.5万平方米，主要建设教学实验楼、学生宿舍、食堂、图书馆等	76360	12000		续建
24	嵩山少林武术职业学院及国家汉语国际推广少林武术基地项目	总建筑面积26.87万平方米	71722	40000	登封市	续建
25	郑州轻工业学院新校区二期、三期建设项目	总建筑面积28.9万平方米，建设图书馆、400米标准体育场、专家公寓等	70000	7500	高新区	续建
26	郑州电子科技职业学院扩建项目	总建筑面积37万平方米，新建教学楼1栋、实训楼2栋、洗浴楼1栋、校园路面硬化与环境绿化	69000	21360	新郑市	续建
27	市儿童医院（东区）项目	占地面积19.73公顷，设计床位1000张，规划总面积18万平方米，一期建筑面积12.89万平方米	63645	30000	郑东新区	续建
28	郑州牧业工程高等专科学校新校区建设项目	总建筑面积36.17万平方米，建设教学、实验、办公、科研、宿舍、食堂等	60000	10500	郑东新区	续建
29	郑州师范学院建设项目	总建筑面积23.9万平方米，2013年主要建设综合训练馆、科研信息楼、大礼堂、K10宿舍楼	59155	19500		续建
30	中州大学二期工程综合实训基地	征地26.4公顷，在校生15175人，总建筑面积237537平方米	54848	21000	惠济区	续建
31	河南中医学院第一附属医院国家中医临床研究基地建设项目	总建筑面积6.9万平方米，主要建设艾滋病和慢性阻塞性肺病重点病重临床研究业务用房、门诊医技用房等	54800	12000	金水区	续建
32	郑州市本级农村饮水安全（村村通自来水）工程	村村通自来水规划总人数161.2万人，市本级计划解决101.2万人（含巩义市约15万人）	53400	16408	相关县市区	续建

33	郑州铁路技师学院新校区建设项目	总建筑面积20.4万平方米，主要建设学生宿舍楼、教学楼、学生食堂及附属设施	50278	15000	上街区	续建
34	河南司法警官职业学院新校区建设项目	总建筑面积18.4万平方米，主要建设教学楼、警官训练楼、图书馆、办公楼、实验楼、警体馆、射击馆等	49000	15000	郑东新区	续建
35	河南经贸职业学院新校区建设项目	总建筑面积19.97万平方米，主要建设教学楼、学生宿舍、食堂、办公楼、图书馆、风雨操场、实验楼、艺术楼、活动中心、附属用房、基础设施等	43000	10500	郑东新区	续建
36	河南财政税务高等专科学校新校区二期建设项目	总建筑面积13.5万平方米，主要建设阅览中心、学术交流中心、艺术中心、老干部活动中心、体育场看台及风雨操场、综合服务楼三、后勤服务组团	40000	20000	中牟县	续建
37	河南师范大学新联学院新校区建设项目	总建筑面积34万平方米，主要建设教学楼、宿舍楼、实训楼、图书馆等	40000	6000	白沙园区	续建
38	洛阳正骨医院郑州医院一期建设项目	总建筑面积6.8万平方米，主要建设门诊、医技、病房综合楼	38552	15000	郑东新区	续建
39	郑州新郑综合保税区（郑州航空港区）第二污水处理厂工程	日处理污水10×104立方米，主要建设初沉池、生物池、二沉池及其他附属物，以及铺设污水管网7.9公里	38462	22500	综保区	续建
40	省人民医院高级病房楼建设项目	总建筑面积8万平方米	38000	12000	金水区	续建
41	河南交通职业技术学院新校区建设项目（二期工程）	总建筑面积14.8万平方米	33900	12000	中牟县	续建
42	2010-2013郑州市农田灌溉机井升级改造工程	改造升级农田灌溉机井3.25万眼，主要建设内容为打井、维修、配套、安装IC卡等（含巩义市项目）	29000	6038	相关县市区	续建
43	金水区总医院迁建工程	66300平方米，内容包括住院大楼、门诊综合楼、公共卫生服务大楼及地下室	28700	24000	金水区	续建
44	第一五三中心医院东区医疗综合楼工程	第一五三中心医院东区医疗综合楼工程	28000	10904	中原区	续建
45	郑州大学第二附属医院内科病房综合楼建设项目	总建筑面积4.6万平方米	25146	18000		续建
46	郑州市第一中学龙湖校区		25000	5874	新郑市	续建
47	中牟县百所幼儿园建设项目	两年内在全县规划建设100所幼儿园	23000	12816	中牟县	续建
48	郑州市第二人民医院新建病房楼项目	建筑面积61748.15平方米，地上19层，地下2层，设计床位1000张	22664	3996	二七区	续建
49	第一五三中心医院西区外科病房楼工程	第一五三中心医院西区外科病房楼工程	21000	10428	中原区	续建
50	郑州市职业技能公共实训基地项目	总建筑面积9.21万平方米	19722	10050	荥阳市	续建
51	新密市生活垃圾无害化处理项目	日处理生活垃圾400吨	18000	8500	新密市	续建
52	郑州市一〇一中学新校区建设	60个教学班，在校生3000人，总建筑面积51205平方米	15265	9000	郑东新区	续建

53	河南省社会主义学院迁建工程	总建筑面积4.45万平方米，建设同舟大厦、同心楼、同力楼	14490	6735	郑东新区	续建
54	郑州市实验高级中学新建	60个教学班，在校生3000人，总建筑面积54082平方米	14020	7500	惠济区	续建
55	登封市17所幼儿园改建项目	17所学校262个班	13475	2544	登封市	续建
56	郑州市老干部活动中心综合活动楼一期	总建筑面积38860平方米	12898	3095	中原区	续建
57	郑州市九院老年关爱病房楼项目（含精神心理病房楼项目）	总建筑面积39037.07平方米。地上主楼17层（不包含设备层），裙楼5层。地下1层。设计床位数648床	12417	4259	金水区	续建
58	河南省轻工业学校新校区建设项目	总建筑面积9.3万平方米，建设教学楼、综合实训楼等	12192	2700	二七区	续建
59	新密市中医院异地新建工程	完成主楼、门诊楼土建、装修	12000	2136	新密市	续建
60	新郑市人民医院迁建项目	建筑面积1.5万平方米	12000	7476	新郑市	续建
61	郑州市社会福利院改扩建工程	位于中原区，建设老年养护楼、颐养楼、后勤服务楼等，建筑面积47223平方米	11430	4500	中原区	续建
62	河南机电职业学院续建工程	建设学生活动中心、洗浴中心、实训中心、教研中心22.7万平方米；学生宿舍2.8万平方米	11300	1324	新郑市	续建
63	惠济区人民医院迁建项目	占地5.39公顷，总建筑面积40000平方米，设计床位500张	11276	5164	惠济区	续建
64	河南省空中云水资源开发二期及郑州气象科普苑项目	建筑面积10442平方米，主要建设省人工影响天气综合业务楼、信息共享和决策指挥平台、综合业务技术系统	10052	3000		续建
65	郑州升达经贸管理学院学术交流中心等续建工程	学术交流中心等续建工程	10000	3204	新郑市	续建
66	郑州市消防指挥暨应急救援中心建设	项目占地5.27公顷，总建筑面积约29300平方米		15000		续建
67	郑州回民公墓		待定	1000		新开
68	郑州市残疾儿童康复中心	设计床位240张	待定	1000		新开
69	郑州市第十九中学高中部改造项目		待定	5000		新开
70	郑州市第一中学航空港区高中部	48个教学班，在校生2400人规模	待定	1000		新开
71	郑州市市民服务中心	位于西区公共文化服务区的市民公共服务区，建设郑州市集中行政审批中心	待定	10000		新开
72	郑州市中医院新建病房综合楼	设计床位300张	待定	2000		新开
73	中国中医药非物质文化遗产展示传承培训基地	计划占地238.93公顷，主要建设：1.中医非物质文化遗产展示与互动区；2.会议培训中心；3.中药植物园区；4.保健养生区；5.医疗区；6.现代运动健康养生区；7.中医药非物质文化遗产博物馆；8.现代医疗旅游健康养生区	600000	31340	登封市	新开

74	少林建业足球学校项目	总建筑面积68万平方米，主要建设教学楼、实验楼、科研楼、图书馆、交流中心、万人体育场、体育馆等	200000	35000	登封市	新开
75	郑州新郑综合保税区（郑州航空港区）科教中心	项目占地12公顷，建筑面积9.5万平方米，包含城市档案馆、博物馆、青少年宫、工人文化宫及景观广场	180000	13000	综保区（港区）	新开
76	郑州宜居职教园区职业教育倍增工程一期项目	主要建筑包括教学楼、办公用房、图书馆、实验室、实习车间、操场、学生宿舍、学生食堂等；同时建设道路、通信光缆、天然气管道、给排水管道等附属设施	170000	10000	上街区	新开
77	河南大学国际学院建设项目	总建筑面积60万平方米，主要建设教学实验图书及学生生活用房等	150000	8000	郑东新区	新开
78	河南省水利与环境职业学院新校区建设项目	主要建设教学用房、行政用房、生活保障及附属用房等，总建筑面积27万平方米	106000	31800	白沙园区	新开
79	巩义市人民医院东区三级医院	总建筑面积约14万平方米。主要建设内容：门诊楼、急诊中心、住院部、手术中心、教学培训中心等	91600	3350	巩义市	新开
80	郑州航空港区普通消防营站建设项目	计划建设约60个普通消防站，2013-2015年计划建设3-5个消防站。2013年在南部片区计划新增普通一级消防营站1座，服务于南区下阶段的开发建设。主要建设营房、车库等	90000	1500	综保区（港区）	新开
81	郑州市卫生学校迁建工程	建设教学楼、综合办公楼及配套设施，总建筑面积29.5万平方米	77556	13000	荥阳市	新开
82	郑州北大学园职业技术学院	教学实验用房20万平方米，办公用房13000平方米，学生生活用房14万平方米。在校生规模15000人	70000	4340	新郑市	新开
83	郑州市颈肩腰腿痛医院	建筑面积6.7万平方米，建设病房楼、医技楼、高干病房楼	70000	1340	郑东新区	新开
84	河南农业职业学院资源整合新校区建设项目	主要建设内容有教学办公设施、生活设施、体育设施、配套设施四部分，同时配备相应的教学实验仪器设备等	69487	5000	白沙园区	新开
85	中国烟草总公司郑州烟草研究院扩建项目	总建筑面积8.2万平方米，主要建设科研办公楼和研发基地	55000	15000	高新区	新开
86	新密市第三人民医院康复托养中心建设项目	总建筑面积11.9万平方米，扩建、新建康复托养中心综合楼等	52800	5000	新密市	新开
87	河南省职业教育公共实训中心建设项目	总建筑面积12.1万平方米，主要建设现代汽车服务技术、现代制造技术、电子信息技术、艺术设计与传媒、现代物流技术5个实训部	52500	10000	中牟县	新开
88	郑州市第一人民医院港区医院	床位1600张。建筑面积约16万平方米。其中一期按800张床位规模建设	51700	6000	航空港区	新开
89	郑州商贸职业学院	计划占地36公顷，建设规模近30万平方米。项目建成后，在校生规模将达1万余人	50000	10000	上街区	新开
90	郑州新郑综合保税区（郑州航空港区）行政服务中心	项目计划在南部片区建设行政服务中心，项目占地4公顷，规划建设面积约10万平方米，主要建设行政服务大楼、综合服务中心、招商服务中心等办公用房	50000	5000	综保区（港区）	新开
91	郑州财贸专修学院新校区建设	总建筑面积12万平方米，建成后可容纳10000名在校生	45000	3350	登封市	新开
92	高新区市民服务中心	总建筑面积15万平方米	40000	16200	高新区	新开

续表38

93	河南康复中心	养老公寓及配套设施	40000	3350	金水区	新开
94	郑州新郑综合保税区（郑州航空港区）政法综合服务中心建设项目	占地约3.33公顷，规划建设8万平方米，主要为公安、检察院、法院、司法局业务综合办公用房等	40000	5000	综保区（港区）	新开
95	郑州市第三人民医院迁建项目	设计床位1000张	38720	15000	惠济区	新开
96	河南省民政学校新校区建设工程	总建筑面积154755平方米，能容纳在校生7000人	37970	10000	白沙园区	新开
97	郑州通鼎汽车技术学校新校区	建设教学楼、实训楼、汽车配件研发中心、体育场馆等，总建筑面积9.87万平方米	37827	6700	中牟县	新开
98	郑州人民医院宜健医院（一期）建设项目	总建筑面积86530平方米	36852	10000	荥阳市	新开
99	省人社厅保障综合服务中心建设项目	总建筑面积8.3万平方米	36000	8000	综保区	新开
100	河南辅读中等职业学校新校区建设项目	总建筑面积3.2万平方米，在校生5000人	35000	3000	管城区	新开
101	新密市市民广场	占地6.6公顷	35000	35000	新密市	新开
102	郑东新区郑州东站地区综合调度研发指挥中心	拟在商鼎路南、中兴路西地块内（建设用地约0.95公顷，规划建设高度120米，规划容积率7）建设综合办公楼，作为郑州东站地区综合管理办公室、公安派出所以及交警中队等站区管理职能部门的办公场所	34000	7479	郑东新区	新开
103	郑州科技学院扩建工程二期	总建筑面积15.8万平方米，建设教学楼、宿舍楼、办公楼、后勤楼等	32381	8000		新开
104	中国河南生殖健康国际交流中心项目	总建筑面积3万平方米，主要建设生殖健康交流中心大楼	32000	12000	郑东新区	新开
105	郑州市骨科医院宜居健康城医院（一期）项目	总建筑面积70350平方米	30846	8000	荥阳市	新开
106	郑州市第十人民医院迁建项目	设计床位600张，建筑面积6.4万平方米	30720	10000	管城区	新开
107	郑州市殡仪馆迁建项目二期工程	总建筑面积4.2万平方米	30584	6500	二七区	新开
108	河南省公共卫生医疗中心及中美（河南）结核病防治研究院建设项目	总建筑面积10.4万平方米，床位1300张	30000	5000	综保区	新开
109	郑州军人服务中心二期工程（钱塘大厦）	总建筑面积7.5万平方米，集军事供应、军人运转住宿、商业、办公于一体的综合性建筑	30000	4000	二七区	新开
110	郑州市妇幼保健院宜居健康城医院（一期）项目	总建筑面积67001平方米	28237	5000	荥阳市	新开
111	大型社区卫生服务中心建设项目	按照398平方公里、200万人，规划建设不低于180所社区卫生服务中心，其中2013年开工建设18所社区卫生服务中心，每个中心建筑面积为800平方米，包含内外科室、注射室、处置室、康复室、B超室、急救室等科室，集预防、保健、医疗、康复、健康教育、计划生育服务等服务为一体	27000	6750		新开

112	中牟县中医院新院建设项目	主要建设住院部、门诊楼、医技楼、急诊楼、药剂楼、行管楼、生活服务楼等，总建筑面积4万平方米，设计床位800张	26000	5360	中牟县	新开
113	郑东新区郑东中学	占地14.2公顷，设计规模180个班	24900	10000	郑东新区	新开
114	中部人口和计划生育信息中心及河南省人口信息中心项目	总建筑面积5.4万平方米，主要建设主楼、配楼及配套公用设施	21000	4000	郑东新区	新开
115	河南省胸科医院心血管疾病综合病房楼建设项目	建筑面积4万平方米，建筑层数27层（地下2层、地面25层），新增病床1000张	20968	6700	金水区	新开
116	郑州航空港区第二中学（南区）	规划于南部片区，建设一座现代化高中，设有48个班	20000	3000	综保区（港区）	新开
117	郑州市第十八中学新校建设项目	总建筑面积4.91公顷，42个教学班	20000	500		新开
118	河南国家区域性公路交通应急装备物资储备与救援中心		19622	5000		新开
119	河南省环境监控中心建设项目	主要建设科研监测用房、监控业务用房等，总建筑面积4.2万平方米	18876	5000	郑东新区	新开
120	郑州市第八人民医院（市精神卫生中心）迁建	设计床位700张，总建筑面积49645平方米	18690	5000	荥阳市	新开
121	郑东新区郑州市第54中学	占地面积47160平方米（约合4.72公顷），设计规模48个班	18158	5447	郑东新区	新开
122	黄河科技学院附属医院	项目占地42329.8平方米，总建筑面积69011.62平方米	18080	6030	管城区	新开
123	新郑市中医院病房楼建设项目	总占地面积3.27公顷，建设综合病房大楼一栋，总建筑面积52192.27平方米	18041	9335	新郑市	新开
124	郑州市第六人民医院肝病防治中心项目	设置床位500张，建筑面积41962平方米	18000	3500	二七区	新开
125	河南省民主党派大楼	主要建设省民主党派大楼、河南省民主党派参政议政服务中心	17530	2100	郑东新区	新开
126	河南省档案馆新馆建设项目	总建筑面积3.5万平方米	16978	4000	郑东新区	新开
127	郑州市中心医院全科医生临床培养基地及门诊综合楼建设项目	总建筑面积39160平方米	16005	8000	中原区	新开
128	河南省中医院全科医生临床培养综合楼建设项目	总建筑面积3.9万平方米	15600	5000	金水区	新开
129	郑州市第二福利院项目	总建筑面积约2万平方米，拟设置床位500张，设立生活照料、医疗康复等用房，并设立劳动技能培训场地	15000	4500		新开
130	郑州市东区餐厨垃圾处理工程	日处理餐厨垃圾300吨	15000	5000	经开区	新开
131	郑州市财税学校扩建	征地6.2公顷，在校生8000人	14169	4000	管城区	新开

续表40

132	巩义市九年一贯制学校	总建筑面积约80000平方米。主要建设内容：教学楼、办公楼、实验楼、宿舍楼、餐厅及学生活动区等	13000	2010	巩义市	新开
133	郑州新郑综合保税区（郑州航空港区）城市规划展览馆	项目占地2.33公顷，建筑面积1800平方米，主要建设规划馆展馆及景观广场	13000	7000	综保区（港区）	新开
134	郑东新区老年人活动中心	用地面积2.87公顷，建筑面积约5万平方米	12000	3000	郑东新区	新开
135	郑州未来外国学校建设项目	占地60025.8平方米，建设教学用房、实验用房、办公楼、学生宿舍、食堂及其他辅助设施	11584	5000	新密市	新开
136	登封市中医院门诊综合楼项目	总建筑面积19000平方米，包括急诊部、门诊部、医技科室、药剂科室、保障系统和科研用房等	11000	4690	登封市	新开
137	河南省保密局技术检查中心建设项目	总建筑面积1.6万平方米，主要建设业务综合楼、室外测试场地专用测试楼、配套的仪器设配和总图工程	10429	5000	郑东新区	新开
138	新郑市文化馆新馆建设项目		10000	2010	新郑市	新开
139	郑州市第四中学北校区整体改造	占地5.87公顷，拟设置48个高中班	10000	5200	惠济区	新开
140	奥林匹克体育中心			5000		新开
141	数字郑州三维地理信息及应用服务系统项目	在建成区400平方公里有针对性地构建30%的三维精细模型；市内五区建成区外围800平方公里建设“粗模”；对政府部门已经建设的数据成果，整合集成完整覆盖市内五区的地面设施三维模型		3000		新开
142	消防支队队站及城区消防设施改造完善	蜜蜂张站、建设路站、金基路站及应急救灾能力模拟训练设施建设；消防栓安装维修、消防水鹤安装等		3000		新开
143	郑州城市气象灾害防御体系建设	在市区建设由2部风廓线雷达组成的风廓线雷达观测网、1个雷电监测站，增建40个大气电场仪，与已建的4个闪电定位仪和8个大气电场仪形成一套闪电观测系统。加密建设65套城市自动气象站，使自动气象站布设网格密度达到3×3千米。在人员密集区建立城区LED警示屏500个等		2800		新开
144	郑州市中心医院高新区医院	设计床位1000张		4000		新开
145	郑州市公共体育设施建设	钓鱼公园迁建等	待定	200		前期
146	郑州市公务员考试培训基地		待定	200		前期
147	郑州市青少年活动中心		待定	200		前期
148	郑州市综合救灾物资仓储中心		待定	1000		前期
149	智障及精神问题人员收容场所（第二社会福利院）		待定	200		前期

续表41

150	富士康南区生活服务配套区项目	总建筑面积255万平方米，主要建设富士康白领、蓝领公寓，幼儿园、医院、老年公寓及其他配套设施	200000	5000	新郑市	前期
151	郑州市学生综合实践基地建设项目	主要建设生命安全园、科技智慧园、华夏文明路、智勇闯关道、生活大舞台、国防军事区、动手新天地、农事生态园、法制大讲堂9个园区	150000	5600	新密市	前期
152	铁道警官高等专科学校新校区建设工程一期建设项目	总建筑面积8.8万平方米，主要建设教学楼、学生宿舍楼、行政办公楼、警务技能训练基地等	99000	6800	新郑市	前期
153	郑州职业技术学院新校区（一期）建设项目	总建筑面积45.17万平方米	98000	4700		前期
154	郑州市高技能人才公共实训基地项目	总建筑面积20万平方米	76000	4500		前期
155	郑州交通职业学院扩建建设项目	总建筑面积3.2万平方米，主要建设教学楼、实习中心、图书馆等	70300	2300	二七区	前期
156	河南省职工活动中心	总建筑面积26.2万平方米，主要建设综合楼、帮扶中心、运动场馆及其他配套设施	50000	1500	中牟县	前期
157	河南省工伤康复中心	总建筑面积为4.15万平方米，按每年6000-10000名工伤职工康复需求（省内约7000名工伤职工，接收周边省份3000名），设床位600张左右	24000	2000		前期
158	郑州市第四十七中学高中部东校区	总建筑面积约6万平方米，60个高中班	20000	2000		前期
159	中牟县殡仪馆搬迁项目	建设新的殡仪馆。年内完成规划选址、征地拆迁补偿、可研评估、初步设计、招投标等项目前期工作	12000	200	中牟县	前期
160	郑州财经技师学院扩建及改造工程	新校区扩建及老校区运动场建设		1000		前期
161	郑州市技师学院迁建			200		前期
162	郑州市学生创新实验中心、郑州市第9中学实验综合楼、郑州市第八中学地下体育馆等教育费附加项目			1000		前期
163	郑州市中小学生校外综合社会实践基地			200		前期
	八、其他	2	133000	20000		
1	高端航空器材物流产业园	总建筑面积约88000平方米。一期主要建设航空器展销6S店、航空器交易中心、航空航材供应中心；二期主要建设轻型运动飞机、滑翔机和动力三角翼延伸生产线、飞机FBO运营与服务中心、航空培训中心、航空俱乐部、公寓、动力控制中心、组建飞行表演队	120000	17000	综保区（港区）	新开
2	上街机场改扩建项目	一期工程约需征地26.67公顷。机场跑道盖被、导航设施、航站楼建设、停机坪及机库建设	13000	3000	上街区	前期

2008年以来郑州市固定资产投资增速

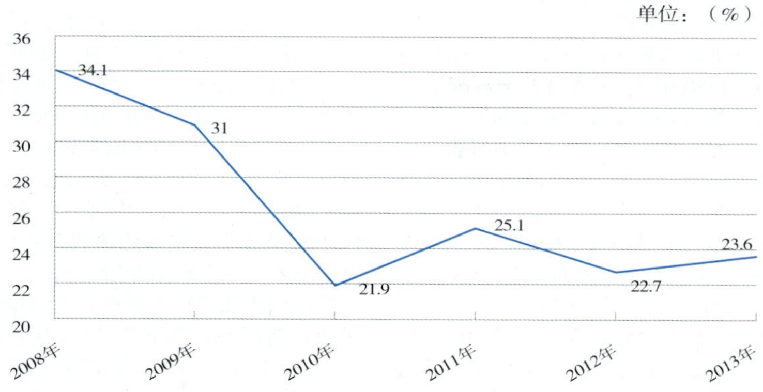

（四）重点项目超额完成目标。全年省、市重点项目共完成投资3300.1亿元，增长45.5%，占年度目标3031.8亿元的108.8%。其中省重点在郑项目完成投资2104.8亿元，增长47.1%，占年度目标2005.3亿元的105%；市重点项目完成投资1195.3亿元，增长42.8%，占年度目标1026.5亿元的116.4%。实际新开工项目273个，开工率为111.4%，创历年新高。实际竣工项目104个，竣工率为120.9%。

（王世洪）

【设计审批管理】 2013年，郑州市共批复项目初步设计63项、设计变更13项、修正概算1项、调整概算1项，共批复项目概算405.96亿元。（1）上报省发改委批复的初步设计5项。包括郑州市西三环北延线与连霍高速公路互通式立交工程初步设计、中州大学特殊教育教学实训中心项目初步设计、大运河通济渠荥阳故城段文化遗址保护设施建设项目初步设计、郑州市轨道交通2号线一期工程初步设计、郑州师范学院特殊教育学院教学楼康复实验楼项目初步设计等，上报总概算133.29亿元。（2）批复市本级投资项目初步设计63项，包括郑州外国语学校新建地下车库项目初步设计、郑州至登封快速通道改建工程初步设计、郑州经济技术开发区东风日产物流天桥工程初步设计、郑州市京广快速路（北三环—连霍高速）工程初步设计、郑州市中心医院全科医生临床培养基地及门诊综合楼项目初步设计、郑州市第六十三中学综合楼建设项目初步设计、郑州市公安局航空港区公安业务用房建设项目初步设计、登封市大冶镇污水处理厂项目初步设计、郑州市第102中学整体改造项目（二期）初步设计、登封市中医院门诊综合楼建设项目初步设计、荥阳市集中供热管网改扩建项目初步设计、郑州市京广快速路（渠南路—绕城高速）工程初步设计、郑州市三环路快速化工程北三环—中州大道立交南北延伸高架（丰产路—连霍高速）初步设计、郑州市大学南路南延（南四环至西南绕城高速）新建工程初步设计、郑州市江山路拓宽改造工程（连霍高速—黄河风景名胜区）初步设计、郑州新郑综合保税区（郑州航空港区）第二污水处理厂一期工程（厂外配套管网）初步设计、郑州市邙山输水干渠复线（提灌站至枯河段）初步设计、郑州市第六人民医院肝病医学中心项目初步设计、郑州航空港区第一水厂改扩建工程初步设计、郑州市妇幼保健院宜居健康城医院项目（一期）初步设计、郑州人民医院宜建医院项目（一期）初步设计、郑州市骨科医院宜居健康城医院项目（一期）初步设计、郑州市西三环北延工程（科学大道—四环路）初步设计、郑州市江山路等11条道路及明沟雨水排放工程（江山路雨水工程）初步设计、郑州市第十九中学（初中部）塑胶运动场及地下停车场建设项目初步设计、郑州市第三人民医院迁建项目初步设计、郑州市红专路下穿中州大道隧道工程初步设计、郑州市马寨工业园区供水工程初步设计、郑州市陇海西路西延（西南绕城高速至S232）快速通道新建工程初步设计、郑州市科学大道西延（西南绕城高速至上街区安阳路）快速通道新建工程初步设计、荥阳市广武镇污水处理工程初步设计、郑尧高速侯寨收费站连接线改扩建工程初步设计、G107辅道南延（南四环至西南绕城高速）新建工程初步设计、郑州市沈庄北路—商鼎路下穿中州大道隧道工程初步设计、郑州市纬四路下穿中州大道隧道工程初步设计、郑州职业技术学院学生宿舍楼建设项目初步设计、郑州新区污水处理厂工程初步设计、郑州市大学路南延西南绕城高速至S323段新建工程初步设计、郑州市马寨污水处理厂工程初步设计、郑州市陇海路快速通道（渠南路—西四环）初步设计、郑州师范高等专科学校（郑州文理学院）续建项目工程初步设计、郑州市消防指挥暨应急救援中心项目初步设计、郑州市第六十中学新建实验楼和地下停车场建设项目初步设计、炎黄广场百位历史名人雕塑项目初步设计、新郑市公安业务用房建设项目（刑侦和交警）初步设计、郑州市第四十四中学新建学生宿舍楼和地下停车场建设项目初步设计、郑州市石佛劳动教养管理所劳教学员教育矫治中心建设项目初步设计、郑州市动物疾病预防控制和优质畜禽良种繁育中心项目初步设计、郑州市陇海路快速通道（西三环—中州大道）初步设计、中原路西延上街镳把坡至巩义S237段快速通道新建工程初步设计、郑州市中医院新建病房综合楼项目初步设计、郑州新郑国际机场交通市政配套工程初步设计、郑州交通高级技工学校学生宿舍楼建设项目初步设计、郑州市郑开大道市政管理养护中心工程初步设计、郑州市第四十七中学初中部改扩建工程初步设计、郑州市金水路准快速化—下穿隧道工程初步设计、郑州市第三十四中学新建教学综合楼项目初步设计、郑州市第十二中学餐饮文体楼建设项目初步设计、郑州市第十九中学（高中部）改造项目初步设计、郑州市农业科技示范场建设项目初步设计、郑州市陇海路快速通道（中州大道—京港澳高速）初步设计、郑州市三环快速路北三环—中州大道立交南北延伸（连霍高速—北四环）工程初步设计、郑州市上街区水厂供水工程初步设计等，累计概算投资约405.96亿元。（3）审查批复项目重大设计变更13项，包括郑州市第二十三中学教学综合楼建设项目、郑州市实验高级中学建设项目供配电工程、郑州市军供站军供保障综合楼建设项目、郑州幼儿师范学校新校区建设项目图书行政综合楼及1#学生宿舍、郑州市老干部活动中心项目、郑州市三环快速化项目西三环金水河节点、郑州市儿童福利院二期工程、郑州市儿童医院（东区）建设项目、郑州市三环快速化项目南三环（南溪路—京广铁路）、郑州新区污水处理厂厂外管网工程、三环路快速化项目北三环（南阳路—中州大道）、三环快速化项目西三环（北三环—南三环）工程、郑州市刘湾水厂工程出厂干管等。（4）设计审批建议5个，包括关于市老干部活动中心工程增调费用、中共郑州市委党校新校区二期工程调整投资额问题、郑州市房产档案馆项目部分分项工程设计变更调整差价、郑州师范学院生活用房设计变更、郑州市第二人民医院新建病房楼项目增加投资额和第六人民医院肝病医学中心变更基坑支护方案，建议被市政府采纳，为项目进展争取了时间。

【设计招标投标管理】 2013年，市发展和改革委员会依据《中华人民共和国招标投标法》《中华人民共和国招标投标法实施条例》和《河南省实施〈中华人民共和国招标投标法〉办法》等法律法规，在政府投资建设项目招标投标监督管理工作中结合项目批复实际情况和项目单位的使用要求，建设项目基础设施条件、场地现状、规划条件、周边环境、布局特点、交通组织、景观绿化、节能减排、环境保护等要素，对建设项目勘察设计招标文件、评标办法以及相关的合同条款等提供指导，提出注意事项，对勘察设计招标投标全过程依法实施严格、规范的管理和监督，最大限度地维护各级政府和建设单位利益，保证市政府投资项目的勘察设计招标投标工作规范、健康、有序进行。全年共实施对政府投资建设项目勘察设计招标活动监督29次。

【设计变更和概算调整管理】 严格落实《郑州市政府投资项目管理条例》，进一步规范和加强市政府投资项目设计变更和概算调整的管理工作，郑州市颁布实施《郑州市政府投资项目设计变更和概算调整暂行管理办法》。

（王 利）

国土资源管理

【概况】 2013年，国土资源工作紧紧围绕郑州都市区建设，统筹城乡建设用地需求，坚持资源开发利用与生态文明建设相统一，严格规范守红线，科学调控保发展，节约集约促转型，和谐开发护生态，改革创新增活力，维护权益惠民生，持续提升国土资源保障水平。市国土资源局被监察部评为全国国土资源系统纪检监察先进集体、被国家测绘地理信息局评为国家版图意识宣传和地图市场监管工作先进集体等27项荣誉称号。

【改革创新】 2013年，国土资源管理部门贯彻落实《市委市政府关于加强城乡规划土地建设管理和投融资工作的意见》要求，充分发挥土委会统筹协调职能，改进国土资源管理体制，制定出台《全市用地统一供地机制工作程序》《事权下放工作程序》，建立统一征地、统一储备、统一出让制度。及时编制、更新不同区片内土地供应市场指导价格。建立中心城区（一主三区）统一的土地供应价格体系和交易平台。推进网上挂牌出让交易，编制完成网上信息发布、竞买申请、网挂报价及竞价、成交确认、成交结果公布等出让交易程序，健全完成“用地统一出让”制度。

【耕地保护】 严格执行耕地保护目标责任和基本农田保护“五不准”，保证基本农田数量不减少，质量不降低。新密市被评为河南省2012年度节约集约模范县（市）。结合新一轮土地利用总体规划修编，加快推进永久基本农田核查划定工作。通过“深度挖潜”与“易地补耕”并举，积极拓宽补充耕地思路。全市各类建设项目用地占用耕地3220公顷，补充耕地3220公顷，其中自行补充耕地2073.3公顷，易地补充耕地1146.7公顷，连续15年实现耕地占补平衡。积极推进土地开发整理，挖掘后备资源。全年共实施补充耕地项目23个，新增耕地面积1580公顷，其中通过省厅验收和报备的项目19个，新增耕地面积1513.3公顷，为全市2013年建设用地报批提供了有力保障。开展土地综合整治和人地挂钩试点。年度内，经市政府审批，完成立项18个试点项目，项目总建设规模32180公顷，农用地整理面积12793.3公顷，拆旧区复垦面积833.3公顷，为24个新型农村社区建设提供建设用地指标243.6公顷，复垦面积全部完成经验收后可节余建设用地指标596.7公顷。

【用地保障】 2013年，国土资源管理部门抓住郑州航空港经济综合实验区上升为国家战略这一机遇，争取省厅倾斜支持。大力开展深度挖潜，盘活存量，通过“合村并城”“合村并镇”“合村并点”、工矿废弃地复垦试点等多种举措，拓展用地空间，缓解用地矛盾。全年累计申报各项建设用地188个批次，面积7618.61公顷。批回建设用地190个批次，面积7212.06公顷，有效保障连霍高速改建工程、郑徐客运专线等国家、省、市重点项目用地。实施差别化土地供应政策，强化节约集约用地，严格用地预审。全年受理预审卷宗39宗，通过30宗，补正4宗，不符合规定退卷5宗。持续推进城乡建设用地增减挂钩，上报省厅128个批次，增减挂钩使用三项整治指标101批次。经省厅批准城乡建设用地增减挂钩123个批次，建新区面积3818.03公顷，拆旧区面积3942.56公顷。

【土地储备】 2013年，国土资源管理部门实行多元化土地储备模式，土地收储融资效益明显。通过“以地融资”协助各级政府筹措收储资金，构建一条支付预收储资金——完成征收提供办证土地——抵押融资筹措资金——支付收储资金的资金循环链条，搭建多渠道融资平台。全年取得13家金融机构授信。全年储备土地1583.1公顷，完成出让土地3081.1公顷。

【矿产资源管理】 2013年，国土资源管理部门修编完成《郑州市矿业权设置方案》，规范矿业权管理，及时清理过期矿业权。办理省厅网上会审探矿权和采矿权51件。全年实现储量动态检测率99.3%、统计率100%、年检率100%。按时办结建设项目压覆矿产资源审查申请11宗。全年投入勘查资金575.23万元，初步探明新增资源储量：玻璃用石英岩6450.63万吨，高岭土15.54万吨，耐火粘土207.72万吨。强化矿产资源补偿费征收管理，征收补偿费6792.58万元。

【执法监察】 2013年，国土资源管理部门推进国土资源执法监管网络平台建设工作，健全完善“全面覆盖、全程监管、科技支撑、执法督察、社会监督”的执法监管体系。荥阳、新密局完成平台建设任务。土地矿产卫片执法检查中，立案查处违法用地552宗，违法开采矿产8宗。经执法监察和上级交转办，全市立案查处违法用地369宗，矿产违法13宗。全年拆除违法建筑物67.06万平方米，没收违法建筑物122.15万平方米，追究党政纪处分11人。全市违法占用耕地面积占新增建设用地占用耕地总面积的比例下降至1.29%，较上年下降4.12个百分点，创历史新低。上街局被评为全省土地矿产卫片执法先进集体。落实《郑州市“小产权房”清理试点方案》，开展排查摸底和制止查处“小产权房”违法用地行为，稳妥推进清理处置工作。

【权益维护】 2013年，国土资源管理部门及时足额拨付征地补偿安置费，维护被征地农民的合法权益。推进农村集体土地所有权确权工作。市内五区完成农村集体土地使用权底图测绘工作，面积7714.43公顷。全年核发国有土地使用证635本、土地他项权利证书471本、注销抵押登记463件，受理法院查询1310件，查封、解封业务274件，受理业务办结率不低于98%。

【地质灾害预防和环境保护】 加强预警预报，有效预防地质灾害发生。落实地质灾害防治管理工作目标责任制，完善汛期地质灾害排查、灾情速报、险情巡查、汛期值班等制度和县、乡、村三级群测群防监测预警体系。全年发布3级以上地质灾害预警预报9次，发放地质灾害防灾避险明白卡6067份，未发生人员伤亡事故。实施监管矿山地质环境恢复治理项目，累计恢复耕地50.4公顷，恢复建设用地6公顷，恢复林地64.7公顷。深入抓好地质公园建设和地质遗迹保护。嵩山地质公园被授予全国首届中国最美地质公园和全国科普教育基地称号。

【信访稳定和平安建设】 2013年，国土资源管理部门接待来访群众300余起1200余人次，办理人民群众来信40件，受理京访交办件8件，受理省厅信访件35件，按期办结率100%。全市国土资源系统排查化解矛盾纠纷121起，化解率及回复率100%。登封、荥阳、新郑、中牟、高新、金水、惠济局被省厅评为信访积案化解和信访稳定工作先进单位。紧扣平安建设各项责任目标，狠抓社会矛盾纠纷排查调处化解、社会管理创新、决策事项稳定风险评估、单位内部治安和安全防范等项工作，全系统平安建设工作取得优异成绩。

（李前进）

工商行政管理

【概况】 2013年，全市工商系统以持续深化“五个工商”建设为总目标，以“规范管理提升”为总抓手，紧紧围绕全市“三大主体”工作和工商行政管理重点工作，服务经济社会发展，履职尽责持续加强市场监管执法，被国家人社部、工商总局表彰为“全国工商行政管理系统先进集体”。

服务市场主体发展实现新突破。2013年，郑州航空港经济综合实验区建设深入推进，省政府《关于实施商标战略的意见》出台，工商部门支持市场主体发展面临新的形势、新的任务、新的挑战。一是站位高、力度大，营造政策“洼地”。郑州市在全国中西部地区首家制定出台了具有创新性和前瞻性的《关于放宽工商登记条件促进郑州航空港经济综合实验区市场主体发展的意见》。该意见以郑州市政府文件批转各县（市）区政府、市直各部门执行，市政府专门召开新闻发布会向国内外发布。省委常委、市委书记吴天君批示：很好。请摘编发市直各单位学习借鉴。《意见》实施3个多月，航空港区市场主体数量大幅提升，新登记各类市场主体326户，同比增长283.5%；新增注册资本10.14亿元，是上年同期的17倍。二是转重心、措施实，优化服务“阵地”。市工商局下放审批权限，将注册资金3000万元以下（含3000万元）的13767家企业注册登记审批权限下放至县（市）分局；牵头推进全市企业登记并联审批工作，大力支持市场主体提质增量。全年全市新增各类市场主体196481户，总量突破50万户，注册资本总量达7083.53亿元。市工商局被市政府评为唯一一家行政审批优秀单位。三是标准高、质量优，打造服务“高地”。借势、借力于省政府《关于实施商标战略的意见》，把商标战略实施推向深入，争取市政府对郑州市获得驰名、著名商标企业奖励5210万元。截至年底，全市注册商标66715件，占全省注册商标总数的37.42%。围绕中原广告产业园发展，从政策、广告、商标、年检、招商引资、就业创业等方面入手，优质高效服务园区建设。

整顿规范市场秩序取得新成效。一是推进夯实中原红盾系列行动载体。以深入开展中原红盾消费维权、市场巡查等系列行动为抓手，强化各类市场监管，查处传销、无照经营、制假售假、商标侵权、违法广告、商业贿赂、食品非法添加和滥用食品添加剂、利用合同格式条款侵害消费者合法权益等各类违法案件11528件，上缴罚没收入5391.26万元；受理消费者申诉、投诉、举报4755件，为消费者挽回经济损失380.86万元。市工商局荣获全省工商系统中原

市工商局局长岳希忠深入基层调研工作

红盾消费维权行动综合考核第一名。二是推进市场监管措施务实。深入推进流通领域商品质量监管，积极推进从注重食品监管向注重商品监管转变，在强化流通领域食品安全监管的同时，深入开展家具、玩具、建材、洗化等流通领域商品质量检查；提升监测效能，实施快检、法检、经检“三检联动”，抽检各类样品839个批次。在荥阳垃圾发电厂集中销毁假冒伪劣商品80.8吨，货值464.5万元。积极推进网络商品交易监管，以被确定为国家电子商务诚信交易服务工作试点单位为契机，积极筹建网络商品交易监管机构，设立2个网络交易监管所，高标准开展数据信息甄别建库、经营性网站备案及加贴电子链接标识工作，甄别入库网络商品交易数据15412条，引导1011家经营性网站备案并加贴电子链接标识，查处了一批网络商品交易案件。三是推进网格化管理效果充实。完善“网格监管、条块融合、职责明确、联动负责、逐级问责”的基层工作推进机制，创造性地设立网格服务岗，延伸监管服务触角，提升监管执法效能，市工商局获全市网格化评比考核第一名，并在全市现场会上作典型发言。

法治工商建设迈上新台阶。一是强化执法责任抓重点，法制工作的“生命线”作用贯穿始终。二是强化执法监督攻难点，法制工作的“保障线”作用日益凸显。三是强化大要案件查办展亮点，法制工作的“支撑力”作用愈发重要。查办多起涉及电力、勘测监理、学校、医院、新闻媒体、文化传播等行业的大要案件。查处案值近3亿的GSK商业贿赂大案，受到国务院、公安部、国家工商总局的充分肯定，央视财经频道《经济半小时》栏目作专题报道。

【食品安全监管概况】 2013年，郑州市工商行政管理部门紧紧围绕消费者权益保护工作职能，以消保、12315和消协“三位一体”工作体系为依托，以维护消费者合法权益为立足点，依法履职。全年全市工商系统共查处不符合食品安全标准案件2213件（上年1779件，增加24.4%），结案2140件，案值326.50987万元（上年289.0630万元，增加13%），罚没金额730.3829万元（上年408.4480万元，增加78.8%），不合格食品数量33658.7903公斤，移送司法机关案件3件；查处商品消费类案件1478件，结案1419件，案值900.29523万元，罚没金额930.09499万元；查处服务类消费案件107件，结案105件，案值63.143万元，罚没金额92.2597万元；为消费者挽回经济损失647.299万元；发布消费警示和消费提示7条。在全省中原红盾消费维权行动考核中取得综合排名第一。

【食品安全监管机制】 一是周密部署，明确责任。从市局到各单位都成立一把手负总责的食品质量安全监管工作领导小组，市局与各单位签订商品质量和食品安全监管工作目标责任书，明确各县（市）工商局、分局和基层工商所一把手为食品质量安全监管工作第一责任人。二是依托网格，健全机制。全面推行食品安全网格化区域责任监管模式，确保监管责任落实到岗到位，实现条款无缝融合。三是加强督导，提升效能。2013年，市工商局进行3次食品安全监管工作督导，主要督导各辖区食品经营户依法落实进货查验制度和履行法定责任义务情况，以及是否存在无证照经营、超范围经营、销售过期、“三无”、假冒伪劣食品等违法违规经营行为。并根据督导实际情况进行排名，督促基层工商人员以“高标准、严要求”对待食品安全监管工作，实现工商行政监管效能最大化。四是建立信用档案，实行分类监管。根据省工商局《关于

工商执法人员检查流通领域商品情况

印发《河南省流通环节食品经营者信用分类监督管理实施办法（试行）》的通知》（豫工商文〔2012〕32号）的要求，基层工商所采用静态和动态相结合的方法，对食品经营者信用等级予以认定，根据食品经营者诚信守法经营情况，划分为A（守信经营者）、B（警示经营者）、C（失信经营者）、D（严重失信经营者）四个信用等级。根据食品经营者的信用等级、经营规模、经营方式、经营项目和经营地点等对其采取不同监督检查方式、监督检查重点和监督检查频次。五是加强诚信体系建设。根据市食安办《关于进一步加强道德诚信建设推进食品安全工作的意见》（食安办〔2012〕24号）的要求，以食品经营者“十项自律”制度为基础，加大道德失范、诚信缺失的治理力度，围绕监督食品经营者建立严把食品进货关、销货关、退市关为重点的自律机制，进一步推进诚信自律体系建设。六是建立健全流通环节食品安全隐患排查工作机制和制度，深入排查流通环节食品安全隐患。开展隐患排查工作以来共计出动执法人员34123人次，排查食品经营单位108857户次，排查存在食品安全隐患问题285个，查处不合格食品167.32公斤，取缔无证无照食品经营单位83户，吊销证照1户，责令整改222户，罚款59.5万元。

【食品安全重点监管】 一是深入开展专项整治行动，加大案件查办力度。共组织开展乳制品专项整治、食品安全“百日会战”专项行动、中原红盾消费维权行动、肉及肉制品专项治理行动、放心主食工程活动、食品行业道德领域突出问题专项教育和治理活动、打击非法添加和滥用食品添加剂专项执法行动、“四大放心”工程整治、春节、全国“两会”期间市场整治、农村食品市场整治、夏季高温期间食品市场整治、中秋、国庆期间食品市场整治、食用油专项整治、食品标签专项整治等流通环节食品安全专项整治20余次。在中原红盾消费维权行动期间，全市工商系统出动执法人员25808人次，检查经营主体190040户次，立案查处各类食品案件424件，结案271起，罚没金额73.29万元，查处无证无照经营者354家。二是加强行政指导，引导诚信经营。对经营不合格食品、被立案查处、被申诉举报和未参加年检的市场主体，通过形成建议、辅导、提醒、劝告、示范、公示、约谈等多种形式，积极开展行政指导。2013年以来，共开展行政指导85次，对市场主体重申其应承担的法定责任义务，警醒生产厂家和销售企业重视产品质量，切实履行诚信经营承诺，将诚信经营、合法经营和保障消费者合法权益放在工作首位，营造和谐、诚信经营的消费环境。

【食品安全应急机制】 一是时刻保持警惕，冷静处理，忙而不乱。在突发事件发生后，第一时间做出反应，紧急行动，缜密安排部署，迅速组织相关分局和单位进行调查、清查等相关后续处理工作，有效遏制突发事件事态发展，将影响、危害控制在最小范围、最低程度。2013年，成功处置美素丽儿、问题大米、散装粽子、年份酒、散装水饺汤圆等多起舆情。二是加强部门协作，实现监管无盲点。2013年，共收到协查函19件（其中外省地市7件，本省辖市地县12件），对通报中涉及的不合格食品及时通报给市食安办、质监局等相关部门。对流通环节食品抽样检验中发现的不合格食品信息，及时向相关部门和单位进行通报。2013年，累计邮递送达各种不合格食品信息通报函175件。

【食品安全知识宣传】 2013年共组织普法宣传活动116场次，组织科普教育活动54场次，开设专题、专栏、专版85个，印发科普读物、宣传册48839册（份），开展咨询1638次数，制作展板124个，出动执法人员4130人次。

6月17日，组织参加河南省和郑州市2013年食品安全宣传周暨放心主食工程活动启动仪式。

6月25日，举办食品安全宣传主题日活动，省市约30家媒体现场进行了采访，近千名群众参加了活动，辖属12个单位代表、市区12家大型企业代表在活动现场进行食品安全宣传。

8月13日，组织举办由60余家食品行业从业者、志愿者和部分从事食品安全监管工作的工商执法人员参与的流通环节食品安全道德讲堂，促进食品经营企业更严格地遵守食品安全法律法规，加强自律，诚信文明经营，承担市场主体应当承担的责任，履行法定义务，促进企业增进“天道酬勤、人道酬善、商道酬信、业道酬精”的经营理念，将中华民族传统文明和优秀精神传承发扬。

【食品安全案件移交】 2013年，郑州市工商局严格按照《食品安全法》《中华人民共和国行政处罚法》《行政执法机关移送涉嫌犯罪案件的规定》和《国务院办公厅关于严厉打击非法添加行为切实加强食品添加剂监管的通知》（国办发〔2011〕20号）第四条规定，依法向公安部门移交案件，强化行政执法与刑事司法的衔接。进一步增强案件移交的意识，一经发现非法添加和涉嫌犯罪线索，立即按规定、按程序向公安部门通报。2013年，共向公安机关移交案件3件，分别是二七分局“宋某某涉嫌销售侵权白酒案”、中原分局“王某某涉嫌销售侵权红酒案”和惠济分局“杨某某涉嫌经营有毒有害食品案”。

【中原红盾消费维权行动】 2013年，郑州市工商局在重点抓好省局部署“五个一”的基础上，突出自身特点做好“六件事”，即：发布2012年侵害消费者权益典型案例，发布2012年打击假冒伪劣商品十大典型案例，发布2013年“3•15”消费提示、消费警示，印发消费维权及辨别真假伪劣商品知识手册，开展“听民声、解民忧”12315五进活动，发布诚信经营倡议书，通过行政建议、辅导、提醒、劝告、示范、公示、约谈等多种形式，普遍开展行政指导工作。共立案查处各类案件1860件，受理消费者申诉、举报281件，为消费者挽回经济损失88.73万元。组建了一支2637人的消费维权志愿者队伍。组织签订《诚信经营承诺书》202865份、《食品安全承诺书》42393份。累计发放《流通环节食品安全知识宣传手册》4万册、《消费者权益保护法规汇编》1万余册、12315宣传彩页3000份。通过郑州工商外网和政务微博发布消费维权动态信息1542条，在省级以上新闻媒体发布宣传报道206篇。在全省中原红盾消费维权行动考核综合排名中获得总分第一。

【重点领域消费维权】 一是强化重点商品质量监测。以郑州市区和所属县（市）流通领域的商场、超市、集贸市场等大型市场以及专卖店、总代理、批发市场等为重点区域，以其销售的服装、鞋、床上用品、计算机及其配套设施、移动电话机及其电池、电饭煲、电磁炉、电热水壶等为重点品种，明确检验依据和判定原则，明确工作要求，对现场抽样过程中发现的其他违法违规情况依法进行调查处理。共抽取服装25个批次，鞋20个批次，床上用品20个批次，计算机及其配套设备15个批次，移动电话机及其电池20个批次，电饭煲、电磁炉、电热水壶等家电30个批次，共计130个批次。二是媒体全程参与监督，广泛报道扩大影响。中国网、腾讯网、光明网、河南省人民政府网、《郑州日报》《郑州晚报》、郑州广播电台和郑州电视台等多家媒体进行了相关报道，扩大了执法辐射范围，提高了执法效能。三是充分发挥12315申诉举报平台和消费维权义务监督员的作用。让消费维权义务监督员参与12315热线受理、参与消费者矛盾纠纷的调处，体验工商部门执法和抽检流程；要求12315申诉举报平台做到有报必接、有诉必应、有案必查，引导和督促经营者切实履行主体义务，促进消费纠纷解决在源头，切实维护消费者的合法权益及消费安全。

【消费维权业务培训】 2013年9月，市工商局组织由各单位消保工作主管局长、消保科长、12315中心主任、消协秘书长及部分工商所所长（副所长）等200余人参加的消费维权工作业务培训暨经验交流会，对食品安全监管工作和部门职能交叉领域的注意事项、提升12315“三率”等问题进行讲解，会议还安排了商品质量监测和处理消费纠纷调解技巧等具体工作业务的培训。

11月，组织全市工商系统消费者权益保护工作培训会，旨在积极贯彻落实国家工商总局新《中华人民共和国消费者权益保护法》电视电话会议精神，学习新修改的《消法》和新颁布的《家用汽车产品修理、更换、退货责任规定》，并帮助基层执法人员尽快掌握快速检测仪器的使用方法，不断提升执法人员的工作能力和工作水平。

【商品质量监测】 2013年，郑州市贯彻落实对流通领域商品和流通环节食品质量监测工作的新要求，市工商局通过下发文件，要求各单位全面执行快检、法检和经检“三检联动”经验做法，以发现和查处不合格案件为先导，增强质

工商执法人员查获假冒油漆

量监测工作的针对性，实现“三个转变”，切实把好商品和食品的入市关、质量关、入口关。一是认真履行职责，从规范监测行为向提升监测效能转变；二是注重举一反三，及时掌握其他辖区或地市监测信息，从普遍抽查向重点监测转变；三是以消费者对产品质量的口碑为关口，监测品种从简单地以上级安排为主相结合本辖区实际以消费者投诉举报的重点、热点品种转变。

2013年，全市工商系统共抽检各类样品839个批次，其中不合格278个批次，合格561个批次，合格率为67%，查办案件149起，罚没款62.61万元。其中，商品264个批次，不合格161个批次，合格103个批次，合格率39%，查办案件93起，罚没款36.12万元；食品575个批次，不合格117个批次，合格458个批次，合格率80%，查办案件56起，罚没款26.49万元。发布商品质量监测简报11期，公布商品质量监测信息800余条。

【消费者协会维权工作】 2013年，郑州市消费者协会履行《消法》赋予的七项职能，围绕中消协确定的“让消费者更有力量”年主题和全省消协工作会议精神，以服务中原经济区建设和郑州都市区建设为中心，以营造安全、和谐消费环境为主线，开展消费维权工作。一是参与年主题征集活动。确定“消费与节约”“消费与监督”两条年主题，并按时上报省消协。二是以纪念“3·15”消费者权益保护日为契机，进入社区、乡镇、农村，在全市广泛开展宣传、咨询活动。三是公布十大投诉典型案例，并与河南电视台、河南广播电台、郑州电视台、郑州广播电台联合对案例进行深入报道和点评分析，进行消费安全教育和警示教育。四是与省、市媒体互动，分析投诉热点、释义解决难点、宣讲消费知识、提醒消费安全、解答消费咨询。五是召开新闻发布会，公布消协受理消费者投诉情况分析，省、市25家新闻媒体参加新闻发布会。六是编印《消费者权益保护法规汇编》10000册，赠送给消费者，同时作为消协工作人员、消费维权志愿者的培训教材和工作用书。

2013年，全市消协组织共受理消费者投诉2033件，调解成功1993件，调解率为98.03%，为消费者挽回经济损失221.0584万元。投诉涉及质量问题的1538件，占投诉总量的75.65%；涉及安全问题的24件，占投诉总量的1.18%；涉及价格问题的16件，占投诉总量的0.79%；涉及计量问题的45件，占投诉总量的2.21%；涉及广告问题的10件，占投诉总量的0.49%；涉及假冒问题的3件，占投诉总量的0.15%；涉及虚假品质表示的6件，占投诉总量的0.3%；涉及营销合同问题的26件，占投诉总量的1.28%；其他类为365件，占投诉总量的17.95%。投诉中涉及百货类的743件，占投诉总量的36.55%；涉及服务类的724件，占投诉总量的35.61%；涉及家用电子电器类问题的375件，占投诉总量的18.45%；涉及房屋建材类问题的38件，占投诉总量的1.87%；涉及家用机械类问题的82件，占投诉总量的4.03%；涉及农用生产资料问题的14件，占投诉总量的0.67%；涉及其他商品类问题的57件，占投诉总量的2.8%。

【消费投诉网络建设】 2013年，市消协在消费投诉网络建设方面，一是依托基层工商所加强消协分会建设，全市共成立消费者协会分会47个。二是与12315消费者申诉举报中心一起，在全市范围内大力推进“两站”建设，全市共设立“两站”839个。

【企业注册登记】 截至2013年年底，全市实有企业459627户（含分支机构，

工商执法人员查处假冒伪劣商品

下同），比上年年底增加38820户，同比增长9.23%。内资企业17094户，同比减少272户；私营企业121645户，同比增加8531户；外商投资企业1571户，同比减少164户；个体工商户316560户，同比增加30179户；农民专业合作社2757户，同比增加546户。

从新登记情况看，全市新登记企业快速增长，2013年全市新登记企业108529户，同比增加7911户，增长7.86%。新登记内资企业1702户，同比增加113户，增长7.11%；外商投资企业113户，同比减少73户，下降39.25%；私营企业22974户，同比增加4454户，增长24.05%；个体工商户83087户，同比增加3162户，增长3.96%；农民专业合作社653户，同比增加255户，增长64.07%。

全市企业注册资本（金）持续增长。截至年底，全市实有注册资本（金）70452976.73万元，同比增加14072999.65万元，增长24.96%。内资企业22189426.33万元，同比增长31.81%；外商投资企业546765.85万美元，同比下降5.91%；私营企业46109801.95万元，同比增长21.70%；个体工商户1266943.98万元，同比增长26.44%；农民专业合作社886804.47万元，同比增长35.47%。

【注册企业行业分布】 截至2013年年底，三大产业的注册企业呈现“三二一”倒排列现象，第三产业所占比重较大。全市企业在第一产业实有5603户，占全市实有市场主体总户数的1.22%，同比增长30.51%；第二产业32592户，占比7.09%，同比增长4.13%；第三产业实有418633户，占比91.08%，同比增加9.30%。

从行业来看，农林牧渔、信息技术、建筑业、交通运输、租赁和商务服务业增长较快。全市企业实有户数在农、林、牧、渔业增长最快，实有4293户，同比增长23.15%；信息传输、软件和信息技术服务业实有7707户，同比增长17.81%；建筑业实有9803户，同比增长13.07%；交通运输、仓储和邮政业实有5489户，同比增长10.62%；租赁和商务服务业27866户，同比增长8.07%。

【内资企业】 截至2013年年底，全市内资企业实有17094户，同比减少1.57%，注册资本（金）22189426.33万元，同比增长31.81%。

公司制企业持续增长，实有12307户，同比保持平稳，占内资企业实有户数的72.00%。注册资本20854236.65万元，增长34.15%，实收资本20242945.73万元，增长30.22%。公司法人户均注册资本1694.36万元，增长31.19%。其中，股份有限公司实有2123户，降低0.66%，注册资本699251.75万元，增长10.50%；有限责任公司实有10185户，增长2.88%，注册资本20154984.90万元，增长35.15%。

国有企业实有1813户，同比下降8.02%，占内资企业实有户数的10.61%；注册资金853770.38万元，增长7.51%。国有企业法人户均注册资本470.92万元，增长16.88%。

集体企业2375户，同比下降14.10%，占内资企业实有户数的13.89%，注册资金243243.37万元，下降5.56%。

其他企业598户，同比增长34.99%，占内资企业实有户数的3.50%，注册资金238175.93万元，增长5.31%。

【私营企业】 截至2013年年底，全市实有私营企业121645户（含分支机构，下同），同比增长7.54%；私营企业注册资本46109801.95万元，同比增长21.70%。

私营股份有限公司实有528户，同比增长7.32%，注册资本1093267.30万元，同比增长25.75%。

私营有限责任公司118504户，同比增长7.96%，注册资本44554036.01万元，同比增长21.20%。

私营企业在第三产业实有102198户，增长7.97%，占全市私营企业总户数的83.68%，注册资本（金）34636844.86万元，增长21.67%。第一产业实有1639户，增长28.05%，占全市私营企业总户数的1.35%，注册资本（金）886445.55万元，增长51.46%；第二产业实有18000户，同比增长4.75%，占全市私营企业总户数的14.80%，注册资本（金）10686703.54万元，增长20.96%。

私营企业信息传输、计算机服务和软件业6916户，同比增长19.63%；交通运输、仓储和邮政业2454户，同比增长16.08%；科学研究、技术服务和地质勘查业5830户，同比增长14.13%；建筑业8229户，同比增长12.76%；文化、体育和娱乐业459户，同比增长11.41%。

【外商投资企业】 截至2013年年底，与上年相比，郑州市外商投资企业户数、投资总额、注册资本、外方认缴注册资本均略有下降。2013年外商投资企业1571户，同比下降17.32%；投资总额1089919.59万美元，同比下降3.87%；注册资本546765.85万美元，同比降低5.91%，其中外方认缴注册资本391741.05万美元，同比降低5.96%。

外商投资企业户数在第一产业、第二产业、第三产业略有下降。第一产业实有5户，同比下降28.57%；第二产业315户，同比下降15.09%；第三产业1251户，同比下降7.81%。

电力、燃气及水的生产和供应业稳定增长，增长11.11%。电力、燃气及水的生产和供应业实有户数达到43户，同比增长11.11%；住宿和餐饮业实有户数143户，同比增长5.93%；租赁和商务服务业实有户数166户，同比增长2.47%。

【个体工商户】 截至2013年年底，全市实有个体工商户316560户，同比增长10.54%，资金数额1266943.98万元，同比增长26.44%。

全市城镇实有个体工商户258840户，同比增加28905户，增长12.57%；资金数额1026738.35万元，增加216332.85万元，增长26.69%；农村个体工商户57720户，同比增加1274户，增长2.26%；资金数额240205.63万元，增加48572万元，增长25.35%。

全市个体工商户实有从业人员603251人，同比减少37864人，下降5.91%。个体工商户第三产业实有从业人员最多，为552905人，同比下降6.92%，占个体工商户实有就业人数的91.65%；第一产业从业人数10404人，同比增长23.47%，占个体工商户实有就业人数的1.72%；第二产业从业人员40356人，同比增长4.41%，占个体工商户实有就业人数的6.69%。

个体工商户在第一产业增长最快，实有3711户，增长34.15%，占个体工商户实有总户数的0.62%，资金数额79559.45万元，增长38.04%；第三产业301188户，增长10.45%，占个体工商户实有总户数的95.14%，资金数额1107655.93万元，增长26.88%；第二产业11792户，增长8.35%，占个体工商户实有总户数的3.73%，资金数额81063.5万元，增长13.50%。

【农民专业合作社】 截至2013年年底，全市实有农民专业合作社2757户（含分支机构），同比增长24.69%；出资总额886804.47万元，增长35.47%，其中，货币出资额615019.81万元，同比增长30.67%，占出资总额的90.62%，非货币出资额83141.27万元，增长109.92%，占出资总额的9.38%。

全市实有农民专业合作社户均出资总额321.66万元，同比增加25.58万元，增长8.64%。其中，出资总额100万元以下的农民专业合作社（不含分支机构，下同）最多，实有1731户，同比增长15.79%；出资总额在100万元以上的农民专业合作社实有1062户，同比增长48.32%，其中出资总额100-500万元的737户，增长57.82%，500-1000万元的有181户，增长35.07%，1000-10000万元的有134户，增长26.42%，1亿元以上的有10户，增长11.11%。

2013年新登记农民专业合作社规模不断扩大，户均出资总额为350.35万元。

全市农民专业合作社实有成员总数17007个，同比增长23.44%，其中农民成员16598个，同比增长23.24%，占全市农民专业合作社实有成员总数的97.60%；非农民成员313个，增长34.91%；企业单位成员63个，事业单位成员6个，社会团体成员27个。

农民专业合作社从事与农业生产经营有关的技术、信息等服务的1292户，同比增长31.84%，占实有总户数的46.86%，农业生产资料的购买业务1009户，同比增长41.51%，占实有总户数的36.60%。实有户数增长较快的是农产品运输，实有76户，增长68.89%；种植业，实有996户，增长32.98%。

【农资市场专项执法行动】 2013年，郑州市工商局按照省局《2013年中原红盾护农行动方案》的部署，开展了以农资打假为重点的“打假冒、保春耕”“打假冒、保夏种”和“秋季农资打假”专项执法行动。一是对农资市场进行全面排查，进一步规范农资经营主体资格；二是加大对农资市场检查执法力度，严厉查处销售假冒伪劣农资坑农害农违法行为；三是通过多渠道宣传农资相关法律法规、“双六项”制度和农资鉴别的有关知识，教育经营者守法经营，提高农民维权意识；四是对重要农资产品进行质量监测。郑州市局联合菏泽市产品质量监督检验所在郑州市范围内抽检化肥样品95个，化肥合格率为65%。2013年，全市工商系统共取缔无照经营47家，查处农资案件191起，案值达89.12余万元，罚没金额57.47万元，同比上升223.50%，受理群众投诉33件，为农民群众挽回经济损失约28万元。

【合同格式条款专项整治行动】 2013年，按照国家总局统一部署，郑州市工商局制定了《关于开展整治利用合同格式条款侵害消费者合法权益专项行动的实施方案》，下发了《关于进一步落实整治利用合同格式条款侵害消费者合法权益专项行动的通知》，提出了“一所一案”的办案目标，并对各单位工作任务进行了细分量化。郑州市工商局被评为“全国工商行政管理系统整治利用合同格式条款侵害消费者合法权益专项行动先进单位”。

2013年，全市工商系统共出动执法人员4320人次，执法车辆1308车次，检查经营主体5761家，检查合同2851份，收集整理不平等合同格式条款84条，发放限期整改通知书72份，查处案件98件，罚没款14.4万元，挽回经济损失10.9余万元。

【电子商务诚信交易试点】 根据《关于组织开展国家电子商务示范城市电子商务试点专项的通知》要求，国家工商总局确定郑州市工商局等5个单位为国家电子商务诚信交易试点局。国家发改委与郑州市财政分别拨付800万元工作资金。

2013年以来，围绕网络商品交易监管、网商备案及电子标识管理等开展了一系列工作：（1）多管齐下，高标准开展信息甄别建库工作。通过网络交易监管技术支撑平台主体搜索、IP地址段搜索功能、百度等多方面搜集信息，搜索管辖范围内具有独立域名的网站，通过人工甄别的办法逐个确定经营性网站标注入库。截至年底，通过搜索引擎搜索出本地网监信息153693条，经过筛选甄别入库近15412条（占全省数据库总量的1/2），导入本地工商注册的企业信息40万条。联系河南省通信管理局拟获取网络商品交易ICP备案数据和河南省IP地址分布情况，加以甄别后入库，为网监工作储备基础数据。（2）网商备案及工商电子标识发放。在全省率先开展网商备案电子标识发放工作。制作宣传海报200份张贴在各工商部门办事大厅，在工商企业年检期间鼓励网商自愿备案。2013年，已受理企业备案2300家/次，审核通过并发放电子标识1024家。（3）网络消费投诉受理。开通对外公众服务专用平台，受理网络商品消费投诉。2013年，重点开展网络违法医疗广告专项整治，对合众网商联盟公司及多个与其有合作联系的公司进行突击检查。发现网络交易市场违法案件线索30余件，办理案件13件，其中转办投诉案件16件。（4）网络市场案件办理。市工商局将初期建库时发现的涉嫌违法网络经营主体信息及网监人员日常网上巡查发现的信息、外地转办案件信息等及时收集整理，交由网监筹备处

郑州市工商局举行2013年度行政执法考试

专人查办落实，探索网络商品交易违法案件查处方法和经验。（5）拟定《郑州市工商局网络商品交易及有关服务行为信用分类办法及标准》《郑州市网络商品经营诚信自律承诺书》《郑州市工商局电子商务信用体系建设实施方案》《郑州市工商行政管理局经营性网站备案及加贴电子链接标识试行办法》等相关标准、办法，服务网络经济发展，规范网络市场秩序，提升监管执法效能。

【"守合同重信用"企业公示】 按照国务院《关于社会信用体系建设的若干意见》的要求，郑州市切实扩大对企业宣传的覆盖面，倡导企业守信经营，并严格按照从严掌握、好中选优的原则，筛选出15家企业作为郑州市申报"国家级2010-2011年度'守合同重信用'公示企业"的企业，并全部申报成功。

【H7N9禽流感防控】 2013年，郑州市扎实开展人感染H7N9禽流感防控工作：一是制定下发《郑州市工商行政管理局禽流感疫情防控工作实施方案》，成立由市工商局一把手担任组长的禽流感疫情防控工作领导小组，加强对控制工作的指挥领导。二是下发几个相关通知，要求全市各级工商部门迅速行动，加强市场监管，对上市禽类及其产品的进货渠道、品种、检疫情况、销货情况进行核查。严查经营者落实禽类产品的进货查验、索证索票制度情况，对未经检疫、无合法来源标识的禽类及其产品，一律不准进入市场交易。三是加强协作。根据市政府统一部署，配合相关职能部门对本市活禽批发市场和活禽零售店铺及各类花鸟市场暂时停止活禽、野生鸟类交易活动，并对所有活禽交易市场进行排查和封闭管理。

全市工商系统累计出动执法人员13527人次开展防控工作，检查各类农贸市场1417个次，关闭活禽经营场所128家。

【中原红盾市场巡查集中行动】 2013年，郑州市工商系统深入开展中原红盾市场巡查集中行动，一是制定下发《郑州市工商局中原红盾市场巡查集中行动实施方案》，成立由市局局长岳希忠为组长的领导小组，切实加强对集中行动的组织领导。二是要求全市各级工商系统按照省局印发的《河南省工商行政管理系统市场巡查工作规范（试行）》和《中原红盾市场巡查集中行动考核标准》的通知要求，将市场准入监管、商品和行为监管、受理投诉举报三方面作为主要工作任务，全面开展市场巡查工作。三是为扩大中原红盾市场巡查集中行动的社会影响力和覆盖面，积极开展市场巡查集中行动宣传工作。共制作宣传条幅56条，宣传展板21块，发放宣传资料12000余份，发布相关政务微博800余条，媒体宣传报道223篇。四是于11月召开郑州市工商局市场巡查软件应用培训视频会议，并特别邀请省局信息中心工程师做软件应用课程讲解，为市场巡查软件的顺利推行奠定基础。在集中行动中，全市工商系统共检查各类市场主体326825家，查处案件4177起，实现罚没款2735.78万元，其中万元以上案件929起，开展行政约谈2725次。

【重要商品市场专项整治】 一是开展肉品、豆制品市场清查，确保消费安全。严格落实生鲜猪肉"两证两章"制度，依法查处销售不合格猪肉的违法行为；在"3•15"消费者权益保护日期间，加大对市场上销售的"白条鸡"的检查力度，坚决制止存在注水问题的不合格"白条鸡"上市销售。在专项检查中，全市各级工商部门共出动执法人员1313人次，出动车辆345台次，共检查市场内"白条鸡"经营户833户次。二是共对全市85家品牌汽车经营企业进行备案审核。三是做好动产抵押登记。2013年，全市工商系统共办理动产抵押登记464份，为企业融资282784万元。四是结合市委、市政府的工作要求，配合郑州市市场外迁办做好郑州市场的外迁工作。五是督导管城分局查处郑州苏杭丝绸服装商品博览会涉嫌违法经营问题的行动。六是联合郑州市房管局开展房地产中介市场专项治理，执法人员采取现场勘察、查阅资料、座谈了解等方式，共检查中介机构（门店）378家。

【无证无照经营查处】 2013年，全市工商系统深入贯彻国务院《无照经营查处取缔办法》，严格执行《关于建立查处取缔无证无照经营工作长效机制的意见》（郑证照联〔2010〕1号）要求，开展无照经营综合治理工作。始终坚持查处取缔与规范教育相结合的原则，正确把握处罚幅度，既依法行政又宽严相济，不搞一刀切，不搞机械执法。对危害人体健康、存在重大安全隐患、威胁公共利益和公共安全、破坏环境资源的无证无照经营行为，坚决依法查处取缔，涉及违法犯罪的移交公安机关严肃处理；对下岗失业人员、残疾人等弱势群体从事个体经营、无严重社会危害的无证无照经营行为，以教育为主，督促、引导其依法办理相关手续，合法经营；对法律、法规未明确规定应当登记的经营活动，或按政策规定可以免于登记的经营活动，不作为无证无照经营行为查处。2013年，全市工商系统共立案查处无照经营案件1266件，案件总值1773.79万元，罚没收入938.43万元，累计引导办照1918户，受教育人员达29254人。全市没有发生因无证无照经营而造成的重大安全事故、重大环境污染事故或造成一定社会影响的群体性事件。

【无照经营查处取缔专项行动】 春节期间无照经营查处取缔专项行动。行动共出动执法人员5459人次，检查经营户25906户次，查处无证无照经营户197户，指导办理营业执照614个，检查已登记的网吧863户，查处取缔黑网吧5户，没收电脑22台。

餐饮场所无照经营专项治理行动。为配合做好全省范围内开展的餐饮场所燃气安全专项治理工作，4月至7月，工商部门对全市无证无照经营餐饮的商户进行集中排查整治。行动中，共出动执法人员2297人次，排查出无证无照餐饮经营场所384户（其中，查处取缔6户，向相关部门通报378户），排查出有证无照餐饮经营场所6户（其中，查处取缔2户，引导办照4户）。

餐饮具集中消毒单位专项治理行动。5月起，市工商局与市卫生局、市食品药品监管局配合，在全市范围内开展2次餐饮具集中消毒单位专项治理行动，累计出动执法人员1968人次，执法车辆906台次，排查商户1216户次，查处取缔餐饮具集中消毒"黑作坊"2个。

城区主次干道无照经营专项治理工作。6月初，在全市集中开展为期50天的城区主次干道无照经营专项治理工作，对城区主次干道（以开通公交线路为标准）两侧、封闭市场、商场、国道、省道两侧进行集中排查和治理。行动中，共出动执法人员4189人次，执法车辆1013台次，检查商户18000余户，查处取缔无照经营户314户，引导办照1511户，切实解决一大批老大难问题。

整治校园周边经营秩序和查处取缔黑网吧专项行动。6月底，在全市范围内部署开展为期4个月的整治校园周边经营秩序和查处取缔黑网吧专项行动，行动共出动执法人员236人次、车辆61车次，现场切断网络通讯光缆28家，查处取缔黑网吧1家。

【驰名著名商标申报】 2013年，市工商局组织开展河南省著名商标申报工作，并鼓励优势企业积极申报中国驰名商标。上报中国驰名商标申请5件，即"桑•贝斯兰德及英文""耕生+gengsheng+图形""康祺KANGQI及图"商标、"鸽瑞及图""德嘉丽及图"。上报河南省著名商标申请161件（其中，新申请108件，重新申请53件），140件商标被认定为2013年河南省著名商标（其中，新申请87件，重新申请53件）。在国家工商总局公布的新一批中国驰名商标名单中，郑州市长城机器制造有限公司"森焱及图"、河南中烟工业有限责任公司"黄金叶及图"、河南汉威电子股份有限公司"第3962763号图形"3件商标被认定，占此次全省新认定驰名商标总数的21.43%。

2013年，郑州市拥有河南省著名商标413件，占全省著名商标总数的18.43%，比上年增加72件，增幅21.11%；中国驰名商标33件（含司法认定7件），占全省驰名商标总数的27.73%，比上年增加3件，增幅13.04%；有效注册商标66715件，占全省注册商标总数的37.42%，比上年增加10486件，增幅18.65%。

【知识产权保护】 2013年，全市工商行政管理机关立案查处的各类商标违法案件数量显著增长，共查处各类商标违法案件1093件，同比增长189件，增幅20.91%；案值599.27万元，罚款433.29万元，没收、销毁侵权商标标志4059件。

【广告监测】 2013年，市工商局广告监测中心对郑州电视台6个频道、郑州人民广播电台7个频率以及郑州教育电视台、《郑州日报》《郑州晚报》等市属大众媒体实施24小时全覆盖式广告监测。监测中，一旦发现虚假违法广告，立即责令停止发布；问题严重的，限期立案查处。2013年，共监测各类广告156098条次，其中违法广告3021条次，编发违法广告监测通报5期，下发责令停止发布通知书5件，停发电视台、晚报等媒体发布的30余种产品与服务广告，有效遏制了违法违规广告的传播。

依托广告经营资格检查、固定形式印刷品延期初审等，对市属广告经营单位以及固定形式印刷品广告发布单位开展集中监测。累计监测各类报纸杂志50余种、固定形式印刷品广告近20种，发现并交办违法广告案件线索18件，延伸广告监测范围，提高广告监测数量。

注重对监测结果的综合运用，不断加大对严重违法广告的社会公告、社会警示频次，健全警示机制，提高消费者理性消费意识，切实维护消费者的合法权益。在《郑州日报》刊发典型违法广告公告，公告"全清舒冠丸""霍氏小药丸""云南绿药益阴消渴胶囊"等14个违法问题突出、发布频次较高的违法违规广告。在公告中，不仅公示商品名称，还介绍广告的违法形式和具体表现，提高广大消费者对虚假违法广告的鉴别能力。

【虚假违法广告专项整治】 2013年，郑州市工商管理部门继续深化虚假违法广告专项整治行动，以医疗、药品、保健食品、化妆品、美容服务等行业为重点，先后开展了"杨太秘丸""老苗汤""高老太降糖贴""祥康快车"养生栏目和祥康产品等广告的全面清理整治、固定形式印刷品广告集中整治，严厉打击报刊出版单位、广播电台、电视台利用医药资讯专版、节目以及购物短片等形式发布广告行为，开展虚假违法医药广告专项整治、户外广告集中清理整顿等多次专项行动，对重点领域的违法广告进行了全面清理，巩固了虚假违法广告专项整治成果。

畅通多渠道投诉举报途径，接受群众通过来电、来函、来访或者网站留言等多种方式对广告发布、广告管理等工作的监督。对虚假违法广告的投诉举报，及时反馈处理结果，做到事事有回音，件件有落实。

不断加大执法力度，及时查办上级交办、有关部门移送、群众投诉举报以及监测检查发现的广告违法案件，对负有责任的广告主、广告经营者、广告发布者从严从快依法处理。先后立案查处河南电视台发布的违法"丁三怪拔喘膏""平老太降压贴"医疗器械广告等一批违法违规广告。

2013年，全市共查处各类广告案件338件，罚没款346.27万元，市属主要媒体广告违法率明显下降，虚假违法广告的发布行为得到有效遏制。

【规范广告市场发布秩序】 一是建立与媒体的定期交流机制。不定期召开专题会议，组织市属主要媒体广告部负责人和分管领导开展座谈交流，讲解最新政策法规要求、当前广告监管重点、广告审查注意事项，分析典型违法广告案例、点评各媒体主要违法问题等，要求各媒体单位坚持正确的舆论导向，维护公平、公正的广告经营秩序，积极配合监管，主动接受群众监督。

二是组织媒体及主要广告经营单位签订《广告经营承诺书》，就经营、发布广告向社会作出郑重承诺：加强《广告法》等法律、法规的学习，切实把好医疗、药品广告发布前的审查关；不擅自发布未取得《医疗广告审查证明》的医疗广告；不发布未获得药品批准文号的药品广告；不发布虚假广告等。

三是实地走访《郑州晚报》、郑州电视台、郑州人民广播电台、郑州教育电视台等市属主要媒体，现场查看各媒体广告经营机构的设置、广告审查及档案管理等制度的建立和落实、广告监听监看设备的运行状况等。同时，抽查各单位广告档案，针对医疗、药品、保健食品、化妆品等与群众生活密切相关的重点广告类别，查验广告证明文件、广告审查程序、广告合同等内容，查找问题并提出整改意见，进一步提升各媒体单位的守法意识和责任意识。

【打击传销】 一是建立健全领导机制。郑州市多次召开全市打击传销工作领导小组工作会议，对打击传销工作进行安排部署、指导督促。市工商局指导全市各社区成立创建"无传销社区"工作领导小组，分层分级签订目标责任书，明确工作任务和责任，把创建无传销社区的各项任务落到实处。

二是加大打击传销宣传力度。建立"横向到边、纵向到底"的立体式宣传格局。依托网格化管理，构建立体宣传格局，准确把握宣传时机、内容和重点地区、重点人群，不断扩大宣传覆盖面，有针对性地做好宣传教育工作，确保宣传实效。及时印发《传销动态警示》1.5万份。在《河南日报》"工商之窗"栏目发表《大学生误入传销迷途害死亲姑姑悔恨终身》《传销活动屡禁不止的原因及对策》等文章。印制《致房屋出租业主的一封信》《致郑州市大学生的一封公开信》和《致社区居民的一封信》8万份，在社区、校园等人员密集区域集中开展打击传销宣传教育活动。联合联通公司发送打击传销公益短信550万余条，受教育群众、学生达300万余人。

三是严厉打击传销活动。开展"打传销 反欺诈 促和谐"专项执法行动。共出动执法人员5861人次，车辆1263台次，组织查处行动36余次，举办宣传活动32次，清查宾馆、酒店、写字楼等公共场所200个次，检查村庄256个次，居民户3589户次，捣毁传销窝点

郑州市工商局积极开展消费维权宣传活动

（课堂）17个，教育遣散传销人员682个，解救被骗人员32个，收缴传销物品和传销用具100件，移送司法机关处理传销分子25人，创建无传销社区（村、校园）135个。

四是加强外来人员和出租房屋的管理。建立辖区出租房、流动人口信息台账，要求社区与工商、公安部门建立联系制度，确定联系人，及时沟通信息，从源头上铲除传销滋生和蔓延的温床。全市打击传销工作形势持续好转，发现的传销窝点、遣散的传销人员、流出参与传销人员、外地查处的常住郑州地址传销人员数量均比上年大幅度下降。

五是深入开展“无传销社区”创建活动，营造城镇社区和谐的安居环境。制定下发《关于进一步做好“无传销社区（村）”创建工作的通知》，要求各单位围绕“五进”的要求，要求各单位围绕“五个一”（一张联系卡、一个信息台、一封公开信、一份责任书、一张监管网）的要求，认真开展创建活动。做到联系卡进居民家，打击传销宣传单进楼道，宣传版面条幅进小区，执法人员进社区开展普法教育，执法人员进校园。在社区举办形式多样的宣传教育活动，制定群防群控的工作机制，建立对传销活动“发现得早、化解得了、控制得住、处置得好”的防控局面。

【直销监管】 2013年，郑州市工商管理部门组织对辖区内安利、雅芳、无限极等直销和拟从事直销经营的企业进行检查，了解直销企业在经营过程中的困难和问题。召开直销企业座谈会，并根据情况要求直销企业加强对分支机构、店铺、服务网点、直销员进行管理，特别是加强对招募、培训、计酬、退换货等环节的有效控制。全年共对直销企业组织的200多场业务培训和产品知识讲座进行现场监督。加强对直销企业履行社会责任的行政指导，促进直销企业规范、有序、健康发展。

【反垄断反不正当竞争执法】 2013年，郑州市工商管理部门共查处各类不正当竞争案件831件，涉案金额882.97万元，罚没款459.47万元。其中假冒他人注册商标案件444件，仿冒知名商品特有的名称、包装、装潢案件234件，冒用他人名称案件16件，虚假表示案件41件，虚假宣传案件69件，不正当有奖销售案件3件，商业贿赂案件8件，其他案件16件。一是建立目标责任制。将查办假冒仿冒、虚假宣传、虚假表示、商业贿赂等不正当竞争案件纳入年度考核，调动执法人员查办案件的积极性。二是开展业务培训。定期组织对办案骨干就如何查办虚假宣传、商标侵权案件进行经验交流，开展业务培训，为执法工作助力。三是拓宽案件来源。突出“中秋”“十一”等商家促销旺季，围绕重点假冒仿冒对象，主动邀请厂家和专业打假机构联合行动，既增加了案源，又实践了“服务工商”的精神。四是强化督促检查。定期对涉案金额巨大、案情复杂、危害严重、影响恶劣的重大案件，强化指导和协调，确保查办案件工作取得实效。

【打击“傍名牌”专项执法】 2013年，郑州市工商管理部门共查处各类“傍名牌”案件694件，案值294.31万元，罚没款221.73万元。其中查处假冒驰名（著名）商标的案件444件，案值229.8万元，罚没款184.09万元；查处仿冒知名商品特有名称、包装、装潢的案件234件，案值38.81万元，罚没款23.95万元；冒用他人名称案件16件，案值25.7万元，罚没款14.18万元。涉及到家用电子电器、食品、建筑装修装饰材料、日用百货商品等多个行业，以及香奈儿、拜耳、沙宣、强生、汾酒等十几个品牌。

【商业贿赂专项治理】 2013年，郑州市工商管理部门拓宽办案领域，严厉查处大案要案。围绕中央确定的工程建设、土地出让、产权交易、医药购销、出版发行等重点领域和行业，继续查办商业贿赂案件，共办结商业贿赂案件8起，案值111.81万元，罚没款44.67万元。查处葛兰素史克涉嫌商业贿赂案件，得到各级领导的重视和肯定，此案件已移送公安部门。一是完善投诉举报制度，进一步扩大案件来源，对得到的商业贿赂线索进行排查。充分发挥“12315”行政执法网络体系的作用，加大对重点行业、重点单位、重点环节的检查力度，拓宽监管视野，畅通发现案件线索的渠道，进一步扩大案件来源。二是强化业务培训，进一步提高查处商业贿赂案件的能力和水平。健全大案指定管辖制，对涉案金额大、案情复杂、危害严重、影响大的商业贿赂案件，指定办案力量强、业务素质高、办案经验丰富的单位进行查处。三是明确奖惩制度。对在治理商业贿赂专项工作中表现突出的单位和个人进行表彰，调动执法人员查办商业贿赂案件的积极性。四是坚持标本兼治，建立长效机制。把发生严重商业贿赂行为的企业，在“黑名单”上予以公布，充分运用企业信用激励、预警、惩戒、淘汰机制，促进企业依法经营，加大对严重商业贿赂行为的打击力度。

【服务企业发展】 郑州市工商管理部门在打击垄断和不正当竞争行为、维护市场经济秩序的同时，坚持打假与扶优并举，执法思想实现由重处罚、轻教育向执法目的与社会效果的和谐统一转变。2013年以来，多次联合索尼、露露等企业，借助企业的专业知识，集中执法力量，有效遏制制假贩假违法行为。

【法制监督】 2013年，市工商局出台《郑州市工商行政管理局关于进一步加强法制工作的意见》。《意见》从加强法制工作建设的意义入手，明晰法制机构的职责定位，厘清法制机构与相关业务处室的职能分界，尤其对辅助行政决策、进行行政答复、规范各类行政执法行为等方面做进一步程序化的规定，使防范执法风险、根除乱执法行为、堵塞各种漏洞的执法监督体系得到进一步完善。创设制发《行政执法监督检查建议书》的监督方式，保证法制监督体系全面、高效运行，主要针对一些临时性的以及新、难、特的问题，灵活、高效地作出回应。针对非各处室共性问题，向未履职尽责处室或单位发放《行政执法监督检查建议书》，指出其存在的问题，建议其依法行政。2013年，制发4份《行政执法监督检查建议书》。

【规范行政处罚行为】 市工商行政管理部门对日常行政处罚案件核审以及对执法检查中发现的程序性问题，不管是共性问题，还是个性问题，都以通报或者个案反馈的形式向办案机关予以提醒、反馈和告知。首先，将案件核审或执法检查中发现的问题，定期通报，要求全系统执法办案人员对照整改，实现执法监督的结果在全系统内共享。其次，对反复通报、整改的问题，在执法检查中仍然出现相同问题的单位，进行通报批评。最后，经过通报批评的单位，仍有执法案卷出现相同问题的，对案件主办人进行通报批评。让各单位领导、各执法机构和每个执法人员对执法程序引起足够的重视，提高案件质量，提升行政执法效能。

【服务型行政执法建设】 按照省、市政府提升服务型行政执法水平的要求，市工商局制发《郑州市工商局2013年推进服务型行政执法建设工作实施方案》《郑州市工商局推进服务型行政执法建设宣传月活动方案》《郑州市工商局推进服务型行政执法建设学习培训方案》等配套文件，多措并举，在全系统大力推进服务型行政执法建设。为确保该项工作的社会认知度，制作、悬挂宣传展板和条幅，并于6月15日参加市政府组织的在绿城广场统一举行的“推进服务型行政执法建设宣传月”集中宣传活动。

【规范性文件管理】 2013年，市工商局对各处室制发的18份规范性文件进行审核，其中8件通过审核并按要求向市政府报备，10件退回补充修改，提出修改建议19条。回复市政府法制办《郑州市汽车租赁业管理规定》等法规规章征求意见19件次，提出修改意见34条。

【违法违纪案件查处】 2013年，市工商局共受理信访、来访、转办、交办各类举报、投诉39件，其中，群众来信19件、来访9件，市纪委转办3件，惠济区纪委转办1件，省局转办5件，市长电话转办2件，局长信箱4件，重复投诉4件。投诉涉及的单位有：金水8起、专业分局5起，市局3起，中原、管城、惠济、中牟、机场各2起，二七、新密、新郑、登封、高新、东区筹建办经检支队各1起。已办结37起，另2起处于调查、转办阶段。调查处理情况为行政开除1人，行政记过1人，行政警告2人，党内警告处分1人（惠济区纪委），通报批评25人（次），诫勉谈话15人（次），调整工作岗位2人。

（李振南）

审计监督

召开第五次审计项目组长竞标会

【概况】 2013年，全市完成审计和审计调查项目774个，查出违规金额26.2亿元，管理不规范金额311.3亿元，上缴财政资金1.3亿元，核减投资额4.2亿元，向纪检监察、司法机关和有关部门移送处理事项17起，提交的专题审计报告和信息被领导批示或媒体采用496篇。

【预算执行审计】 全市审计机关重点关注积极财政政策的贯彻落实和执行效果，加强对财政支出结构合理性和科学性的分析，预算执行审计的层次和水平进一步提升。市审计局重点对35个部门和单位、25个项目和专项资金进行审计和审计调查，查出违规金额9.1亿元，管理不规范金额28.8亿元，提出多条加强预算管理和完善制度等方面的建议。市政府对审计反映问题的整改高度重视，市长马懿、常务副市长孙金献作了重要批示。市政府办公厅专门下发通知，要求各级政府、各有关部门要认真对待审计整改工作，各单位主要负责人作为审计整改第一责任人，对于审计发现的问题逐条整改。

【政府性债务审计】 全市审计机关组织和参与全国政府性债务审计工作和在郑州市的审计协调工作，同时，按照省审计厅部署，在全市审计系统组织142人、13个审计组，按照国务院全国政府性债务审计的总体思路，以“见账、见人、见物，逐笔、逐项审核”为原则，历时两个月，对新乡市本级及所辖县（市）、区、乡（镇）所有地方政府性债务进行审计，涉及407个政府部门和机构、22家融资平台公司、5716笔债务。审计查证，截至2013年6月底，新乡市政府性债务余额192.18亿元，全面摸清了新乡市政府性债务的规模、结构及增减变化情况；发现了政府性债务举借、管理和使用中出现的新情况和新问题，揭示债务风险隐患；提出促进加强政府性债务管理，有效防范和化解潜在风险，保障经济持续健康发展的意见和建议。

【投资审计】 2013年，全市审计机关共完成工程竣工结算审计项目136个，核减投资额4.2亿元，为市、县两级政府节约大量资金。其中市审计局完成竣工决算审计项目15个，核减工程造价1.4亿元，综合审减率11.4%。同时，关口前移，重点对郑州轨道公司地铁项目、三环快速化项目、凤凰岛项目进行全过程跟踪审计，进行事前、事中控制。出台《郑州市审计局聘请中介机构和外部人员参与审计工作管理办法》，利用社会中介机构参与政府投资审计行为得到进一步规范。新郑市和登封市实现对重大投资项目的全程监控，审减工程造价过亿元，中牟县严格控制项目资金拨付进度，二七区完善投资评审机制，审减、节约大量财政资金。

【专项资金审计和调查】 2013年，全市审计机关对教育、文化、水利、环保、就业等15个涉及国计民生的项目开展专项审计和调查，促进公共资源配置更加科学合理。审计物业维修基金项目，揭示资金使用率低、增值收益分配方案不明等问题，省委常委、市委书记吴天君，副市长张建慧等领导分别作批示，要求市房管局、财政局、发改委等相关职能部门共同研究落实审计整改；审计调查农村饮用水安全工程建设情况，发现项目监理不作为事项被移送到省建设厅；市文化产业发展专项资金审计调查被市委常委、宣传部长王哲批示；市属11家政府投融资公司审计项目，根据审计发现问题，市政府研究出台《郑州市人民政府关于深化投融资体制改革的实施意见》。

【经济责任审计】 11月，在全市经济责任审计工作领导小组联席会议中，审议通过市审计局制定的6项制度，该制度对郑州市党政主要领导干部和国有企业领导人员经济责任审计的实施、审计对象的分类管理与评价、离任事项交接、成员单位联络和审计文书格式等进行了全面规范。2013年，全市共对204名领导干部进行经济责任审计，查出违规资金8.3亿元，管理不规范资金31亿元。市审计局对29名领导干部开展经济责任审计，向纪检监察等部门移送经济事项5项，市纪委监察局对3名相关责任人给予党内严重警告处分，其中2名向全市通报。荥阳市扩大经济责任审计延伸范围，管城区加大任中审计力度，二七区规范审计程序、完善评价体系，其他县（市）区经济责任审计工作也取得长足进步。

【临时性审计任务】 2013年，市审计局在计划审计项目之外，接到省厅及市委、市政府交办临时性审计工作9项，先后派出审计人员百余人次开展审计工作。其中，对新乡等6市的乡镇领导班子成员执行财经纪律情况专项检查，延伸检查21个基层站所、50个行政村，共检查资金21.9亿元，发现违规违纪资金1.4亿元，移送纪检监察部门事项4项，案件线索5起。在打击处置非法集资及规范整顿担保机构工作中，市审计局负责河南华大投资担保有限公司相关事宜，在挽回群众经济损失、维护社会稳定方面做出了贡献。

【审计内部管理】 2013年，市审计局出台《郑州市审计局项目计划组织实施管理暂行办法》，以“审计五权分

全市审计工作会议在嵩山饭店召开

离”为核心，在审计组织方式、审计项目管理、审计后勤服务等方面实行一系列改革创新，并在全省审计工作会上作典型发言。

一是在项目组织实施上，推行“审计五权分离”新模式。即将“审计计划安排权”“现场审计查证权”“审计处理处罚权”“问题定性审理权”“审计督察整改权”分别由不同部门或审计组、处理组独立行使，形成各司其职、相互制约、项目节点控制等审计改革新模式。

二是在项目计划安排上，实行问计于民新举措。改变以前各处室各扫门前雪、自行制定计划的模式。由项目计划办牵头，按照全面审计、突出重点的要求，紧密结合市委、市政府中心工作，结合财政资金的规模和分布情况，结合社会公众关注的热点、难点问题，统筹制定项目计划。采取网络、问卷、调查、征求意见函等多种渠道和方式，广泛征集社会公众对审计项目的意见和建议，切实做到密切联系群众，真正问计于民。其中，自主立项的产业资金审计项目，因视角独到，切合实际，促使市政府出台《郑州市产业资金管理办法》。此外，注重根据行业特点安排审计，将同类项目集中安排实施审计，便于对问题分析汇总，揭示行业管理存在的体制性、机制性等共性问题。

三是在审计项目管理上，打造全方位项目控制新机制。将审计项目按等级划分，打破处室界限，实行审计组长公开竞聘，组员双向选择，对口单位回避制。并在审计项目组织实施过程中，先后成立审计组和处理组，分别承担问题的审查和处理任务，从源头上加强对审计权力的制约和监督。此外，要求审计组定期汇报项目计划完成情况，变静态数据汇总为动态跟踪反映，对审计时效进行严格控制。2013年，市局共完结审计项目58个，完结率为76.5%，比上年度提高2.5%；查出违规资金10.1亿元，同比增长14.2%。管理不规范资金218.4亿元，同比增长277.7%。

四是在项目考核上，实行绩效考核多层次评判新办法。加强审计项目进度管理，实行节点控制，按段考核，实行审计项目质量检查和审计复核结果实名通报制，落实审计组长责任制和审计人员项目质量终身负责制，修订《郑州市审计机关目标考核办法》和《精品审计项目评选标准》，全面深化审计质量控制。与此同时，出台《督察工作暂行办法》，加大对省、市领导交办重大事项、重点审计项目实施情况、审计组遵守审计纪律等情况的督察并强化结果运用。2013年，市局向纪检监察等部门移送事项8起，金水区移送案件线索3起，中牟县移交的案件线索被当地纪委采用。

【审计科技建设】 在审计工作中提升计算机运用水平，丰富信息文化。完善网上办公系统，市审计局OA网上办公覆盖面以及OA和AO交互率均达到100%。审计系统联网审计得到突破，完成全市地税联网审计和区县财政联网审计荥阳市的试点建设。AO的应用技术水平得到提高。向省厅推荐的AO实例和计算机方法有11篇获优秀奖，29篇取得名次。市局分别被省审计厅评为AO应用实例征集活动和计算机审计方法优秀组织单位。

【审计信息工作】 全年共编发《审计工作信息》《审计情况反映》67期500余篇，充分发挥信息工作的交流、借鉴、参谋、服务作用。其中，审计署网站、《中国审计报》等采用28篇，省厅信息刊物及内外网采用201篇，编发量和采用量历年最多，被审计署中国审计报社评为全国审计宣传工作先进单位。

（杨小娜）

物价管理

【概况】 2013年，郑州市价格工作按照中央和省的要求，紧紧围绕市委、市政府中心工作，把保持价格总水平基本稳定作为首要任务，把保障改善民生作为出发点和落脚点，审慎稳妥地推进资源性产品价格改革，不断深化和落实“坚持依靠群众、推进工作落实”长效机制，大力推进平价商店建设，切实加强价格监管，为中原经济区郑州都市区建设营造良好的价格环境。

【价格总水平】 2013年1-12月份，郑州市居民消费价格总水平累计为102.8%，比河南省（102.9%）低0.1个百分点，比全国平均水平（102.6%）高0.2个百分点，比全国36个大中城市的平均水平（102.7%）高0.1个百分点，按由高到低的次序排列，在全国36个大中城市中居第16位。全面完成年初制定的3.5%左右的调控目标。

从月环比变动情况看，2013年各月郑州市居民消费价格总水平有涨有落。1、2月份受降雪天气和春节等因素影响，蔬菜价格上涨幅度较大，对食品类及消费价格总水平有一定影响，环比分别上涨1.0%和1.7%。3月份节日过后消费需求转淡，环比下降1.1%。第二至四季度，各类价格相对平稳，价格水平变动幅度均变化不大，4—12月各月环比涨跌幅度分别为-0.1%、-0.7%、-0.2%、0.1%、0.3%、0.7%、0.2%、0.3%、0.2%。

2013年，郑州市八大类价格累计六涨二降：食品价格累计上涨4.8%（其中，肉禽及其制品价格上涨5.5%，蛋类价格上涨4.9%，蔬菜类价格上涨8.5%），烟酒价格下降0.4%，衣着价格上涨1.9%，家庭设备用品及维修服务价格上涨1.8%，医疗保健和个人用品上涨0.8%，交通和通信价格下降0.3%，娱乐教育文化用品及服务价格上涨3.7%，居住价格上涨2.9%。

【价格管理】 2013年，郑州市价格管理以稳物价为目标，加强价格监管，维护价格总水平基本稳定。一是加大价格监测力度，提高分析预警能力。增加价格监测的频次和覆盖面，全面加强市场价格的监控。共监测品种664种，向国家价格监测中心和省发改委上报监测报表2412次，上传价格监测分析资料95篇，向市委、市政府报送《价格监测快报》69期，完成《郑州

2013年1-12月居民消费价格指数对比（同比）

月份	郑州	河南	全国	36大中城市	在36大中城市排序
1月	101.5	101.8	102	102.2	29
2月	103.8	103.7	103.2	103.5	16
3月	102.3	102.1	102.1	102.3	20
4月	102.5	102.5	102.4	102.6	20
5月	102.7	102.4	102.1	102.3	14
6月	103	103.2	102.7	102.8	18
7月	102.8	103.2	102.7	102.7	18
8月	102.5	103.1	102.6	102.5	19
9月	102.9	103.4	103.1	103	18
10月	103.4	103.5	103.2	103.2	18
11月	103.4	103.2	103	103	13
12月	102.5	102.4	102.5	102.5	18
平均	102.8	102.9	102.6	102.7	16

2013年1-12月郑州市居民消费价格总指数走势（同比）

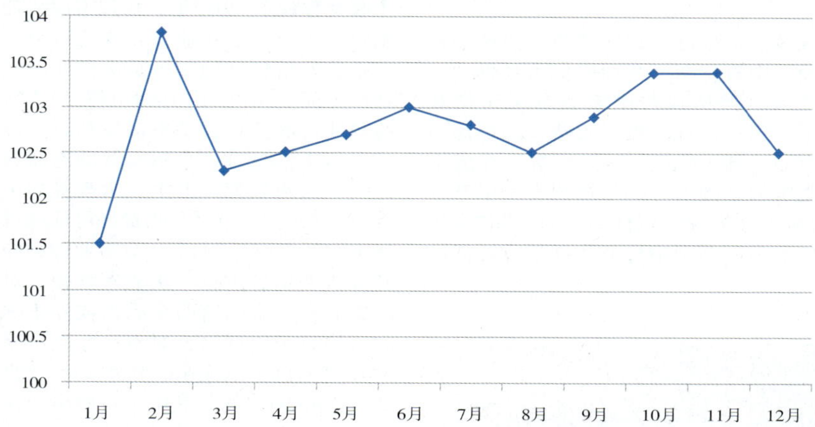

2013年1-12月郑州市居民消费价格总指数走势（环比）

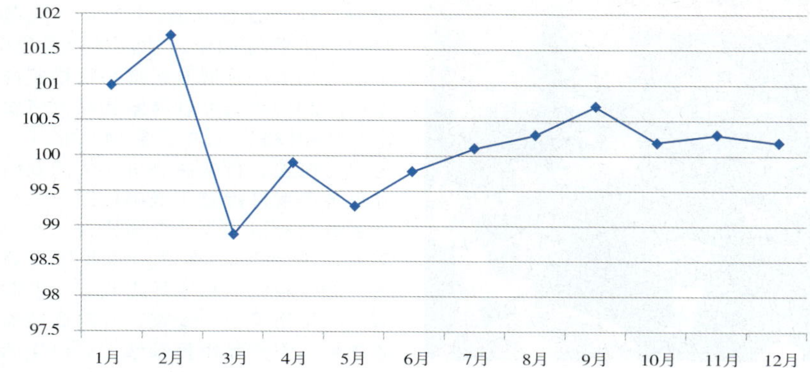

价格》12期，专项调查27次，为政府决策提供了重要依据。郑州价格信息网升级改版为郑州市物价局门户网站，全年上传更新各类信息36000条。在H7N9高发期还对有关的治疗药品价格实行日监测和日报告制度，每天向市政府上报治疗药品价格和库存变动情况。二是开展涉农产品生产情况调查和成本监测，做好定期和调、定价成本监审。2013年完成调、定价成本监审项目72项，其中，教育类项目47项，经济适用房项目6项，医疗类项目13项，公用事业类项目6项，涉及成本56.77亿元，核减不合理定价成本约20.45亿元。配合省成本队进行自来水价格成本监审，对郑州市5家供热企业供热成本进行监审。分别对大蒜生产成本、农户种植意向、生猪生产成本进行3次专项调查，准确掌握价格走向。三是加大价格调节基金征收力度，发挥扶持生产、平抑物价作用。2013年在开发区和电信、电力、烟草、装饰装修等4个行业开征价格调节基金，统一交由市地税部门代征，进一步加大了征收力度。全年全市共征收价格调节基金近4.3亿元（其中市本级2.8亿元）。会同财政、商务等部门，使用576万元，储备活体猪10.8万头，冻猪肉380吨。使用价格调节基金270万元支持平价蔬菜超市建设。使用价格调节基金79万元对9195户低保家庭用水进行补贴。使用价格调节基金500多万元，对9个大型种植、养殖企业进行补贴，根据成本监审情况对供暖企业进行价格补贴等。

【价格改革】 2013年，郑州市价格改革以惠民生为目的，审慎出台调、定价项目，减轻企业、群众负担。一是做好轨道交通1号线一期票价制定工作。在认真调研、专家论证、广泛征求群众意见的基础上，8月，召开地铁票价听证会，11月，出台起步2元、最高5元的轨道交通1号线一期票价政策。二是城市供水价格改革准备工作稳步推进。根据国家对资源性产品价格改革工作的要求，郑州市启动水价改革工作。完成企业成本公开、成本监审、改革方案的制定等前期工作。三是积极推进物业服务收费管理改革工作。郑州市《物业服务收费管理办法》是2004年制定的，随着社会经济的发展和人民生活水平的不断提高，许多新的热点、难点问题亟待解决，如停车收费问题、水电分摊问题、装饰装修收费问题、IC卡收费问题及服务质量问题等。拟修订的《郑州市物业服务收费管理办法》将单一的物业服务收费等级管理模式改革为菜单式物业服务收费管理模式，业主可自主选择物业服务等级标准和相对应的收费等级标准。新的《办法》已上报市政府审定。四是严格控制调、

2013年郑州与全国八大类价格对比（累计）

名　称	郑州	全国
居民消费价格总指数	102.8	102.6
一、食品	104.8	104.7
肉禽及其制品	105.5	104.3
蛋	104.9	104.9
菜	108.5	108.1
二、烟酒	99.6	100.3
三、衣着	101.9	102.3
四、家庭设备用品及维修服务	101.8	101.5
五、医疗保健和个人用品	100.8	101.3
六、交通和通信	99.7	99.6
七、娱乐教育文化用品及服务	103.7	101.8
八、居住	102.9	102.8

定价项目，减轻企业和群众负担。第一，积极落实产业集聚区电价政策。对县域内产业集聚区大工业企业进行调查，汇集数据12条上报省发改委，12家企业享受到每千瓦时优惠8分钱的省网直供电价政策。第二，贯彻落实国家发改委关于成品油价格政策，推进成品油价税费改革。2013年，对成品油价格进行12次调整，协调中石油、中石化两家公司确保市场供应，督促其严格执行国家成品油价格政策。第三，规范教育收费，降低郑州市31中等5所高中的择校费。在成本监审的基础上，降低郑州女子中学等3所民办学校学费标准；对郑州7中等11所公办高中中外合作办学收费标准进行核定。五是落实粮食最低保护价政策。落实国家、省有关粮食价格政策，将新粮上市每50公斤早籼稻最低收购价格提高到132元，比2012年提高12元；小麦每50公斤最低收购价格提高到112元，比2012年提高10元，较好地保护了农民的种粮积极性。六是加大房地产市场价格的调控力度。市政府办公厅印发《关于对新建商品住房销售价格实行备案管理的通知》，出台《郑州市新建商品住房销售价格备案管理办法》，要求开发企业在商品房销售前到价格主管部门进行价格备案，并接受价格主管部门的价格指导。按照政府年初制定的调控目标，从2013年7月至12月底，共对36个新建商品住房项目销售价格进行备案，备案面积975578.9平方米，备案平均价格9446.66元/平方米。严格经济适用住房销售价格审批。2013年，共审批经济适用住房项目8个，总面积35.82万平方米。其中，多层均价1903元/平方米；高层均价2777元/平方米。做好公共租赁住房政府回购价格管理工作。2013年，全市共建设公共租赁住房25000套，建筑面积合计约140万平方米，户型结构在60平方米以下，公共租赁住房政府回购价格16-25层为2700元/平方米，26层以上为3000元/平方米。

全市物价工作会议召开

【收费整顿】 2013年，郑州市以清理整顿为手段，强化业务、规范行为，营造良好价格环境。一是审核换发收费许可证。2013年，郑州市将357个行政事业性收费单位基本信息和收费许可证基本信息录入全国收费动态监管系统。共对教育、卫生、市政等39个部门（系统）的714个收费许可证进行年审，对全市近300个行政事业性和经营性收费项目进行一次清理整顿，对国家和省、市政府明令取消或停止的收费项目予以取消，对不在办证目录的收费项目予以注销。年审共涉及收费金额45.97亿元。其中，行政事业性收费13.26亿元，涉企收费金额5.25亿元。通过年审注销、收回收费许可证23个，取消3个部门2个收费项目，免征1个部门3个收费项目，暂停1个部门2个收费项目，降低1个部门2个收费项目，社团收费取消1个项目，规范收费公示单位12个，建议整改单位6个。二是依法开展涉案物品价格鉴证工作。2013年共办理涉案物品价格鉴定业务9012起，标的总额14.99亿元，为司法机关、行政执法机关依法及时办理各类案件提供了准确依据。三是开展各类价格和收费专项检查。2013年先后开展涉农收费、商业银行收费、涉企收费、秋季教育收费、资源型产品价格等专项检查，并对商贸流通领域、农产品销售领域、居民生活必需品领域市场价格秩序进行专项整

市长马懿深入商场调研物价工作

治。2013年，全市共查处337件价格违法案件，实施经济制裁201.37万元，其中，没收违法所得128.52万元，罚款51.72万元，退还用户21.13万元。“12358”价格举报电话共接听投诉、咨询12590次，接待群众来访389人/次，对电话、来人、来信等各类群众投诉共立案249件，办结237件，案件查处率100%，办结率95%，为消费者退款20余万元。

【价格服务】 2013年，郑州市价格管理部门全面加强办事大厅工作及网络舆情工作。办事大厅共收件489件，发件489件，办结率100%，接受价格咨询1400多人次，受理事项答复率达到100%，164项行政审批事项全部按期办结。

2013年，群众工作办公室共收到ZZIC、心通桥、市长信箱、局长信箱等网络舆情件1306件，做到件件有回信，回复率100%。

创新服务民生载体，开展“价格服务进万家”活动。郑州市物价局不断创新工作方式、拓展服务领域，在全市范围内大力开展“价格服务进万家”活动。一是开展“价格服务进企业”活动。2013年，物价部门走访郑州市130余家企业，征求意见45条，帮助企业解决实际困难6件。二是有效推进“价格服务进商场”活动。落实市委宣传部等八部门联合下发的《关于深入开展百城万店无假货活动的通知》，开展价格诚信建设，规范行业明码标价行为，严厉打击各种价格欺诈行为。并召开由丹尼斯、正道思达等8家超市和永乐等4家大型电器商场负责人参加的价格服务进商场工作座谈会，为企业送去价格政策。三是开展“价格服务进农户”活动。制定2013年“价格服务进农家”活动实施方案，开展“价格服务进农家”活动，编印《涉农价费标准》宣传册4000余本，在各县（市）区向广大农户发放。四是深入开展“价格服务进社区”活动。印制2万份价格宣传手册，在全市各大社区发放，对价格政策进行广泛宣传。五是积极开展“价格服务进学校”活动。对市属12家公办、10家民办学校上门服务，发放“稳物价、保民生、促和谐”和《郑州市物价局政风行风建设工作调查问卷》手册1000多份，为学校配备专兼职物价员几十名，进一步规范了学校收费行为，遏制了乱收费行为的发生。六是深入推进“价格服务进医院”，强化医疗服务收费的社会及监督工作。对市属14家公办医院逐一上门服务，倾听他们的建议和意见，并将问题归纳、整理。在各大医院设置公示牌352块，解答群众咨询2万余次，配备专兼职物价员96人。

【平价商店建设】 2013年，郑州市全面加快平价蔬菜超市的建设步伐，在大型社区建成105家平价蔬菜超市。郑州市平价蔬菜超市建设工作引起《人民日报》、中央电视台、《河南日报》、河南电视台等多家媒体关注，进行深入解读和宣传报道。2013年1月14日，《人民日报》第二版刊登《菜价涨了，平价菜店依然平价》的文章，报道郑州市平价蔬菜超市惠民稳价之成效。为加强对平价蔬菜超市的管理，制定了《郑州市平价商店考核办法》和《郑州市平价蔬菜超市日常巡查制度》，确保平价蔬菜超市每天有5个不高于1元的菜品，每天不少于15种蔬菜价格低于周边市场15%。2013年，全市105家平价蔬菜超市销售蔬菜品种共有90余种，共计销售蔬菜380万公斤，其中，每日市场监测的40种大众蔬菜，平价蔬菜超市销售价格平均低于市场均价20%，让利于民300余万元。

【价格网格化管理】 2013年，全市物价系统按照“深化、规范、提升”的总体要求，较好地完成全年长效机制相关工作。全年通过网格化管理工作共发现、排查、解决属于价格职能范围的各类问题1724起，医疗价格服务收费、物业服务收费、小区停车场收费、都市村庄超标准收取电费、商品房价外收费、机动车非机动车停车收费、涉农收费、明码标价问题等是群众反映强烈的热点问题。印制《郑州市物价局网格价格巡查手册》4800册，做到全市基层网格全部发放到位，将价格政策宣传到全市。

【依法行政】 开展行政审批事项清理。本着“合法合理、稳步推进”的原则，将原有的26项审批事项，整合为2项，分别是“行政事业性收费、

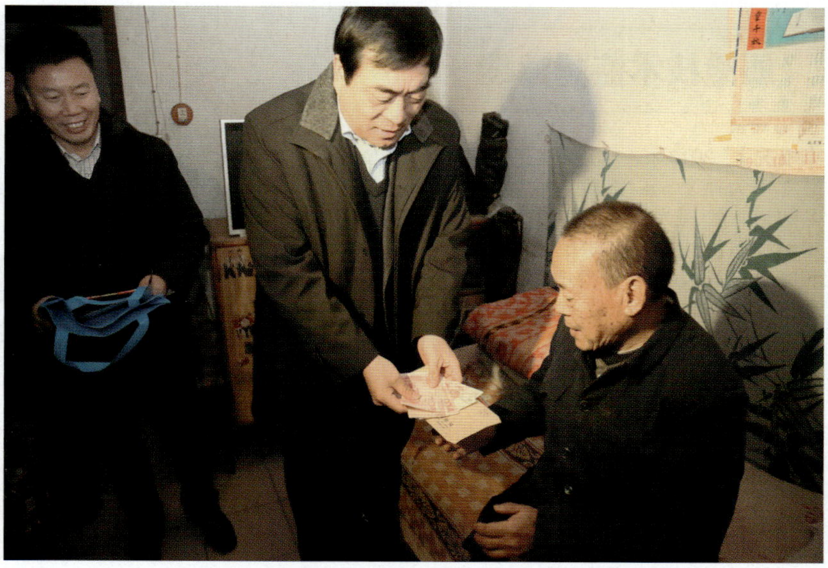

市物价局局长杨虎臣看望困难群众

郑州地铁票价发布会

经营服务性收费标准审核”和“重要商品和服务价格审核”。做好规范性文件清理工作，共废止280个规范性文件，所有规范性文件都在市物价局网站公开。应对行政复议和行政诉讼案件，提高行政复议和应诉工作水平，严格落实法定代表人出庭应诉制度。2013年共办理行政诉讼和复议案件22起，没有出现败诉案件。进一步修订完善各项规章制度，将全局39项规章制度汇编成书，编印《郑州市物价局制度汇编》500册。规范行政审批流程。制定《郑州市物价局办事大厅工作流程制度》，重新修订《限时办结制度》《服务承诺制度》，对行政审批事项工作流程进行细化。将普通行政审批事项审批环节控制在“受理、审核和办结”3个环节，特殊的审批项目增加“成本监审和组织听证”环节。并进一步压缩办结时限，原则上控制在7个工作日以内办结。

（汤其涛）

质量技术监督管理

【概况】 2013年，全市质监系统以质量立市为抓手，以提质增效为保障，以网格化管理为依托，不断加强班子建设、队伍建设、基层能力建设、党风廉政建设及精神文明建设，紧紧围绕市委、市政府中心工作，抓质量、保安全、促发展、强质监，全面贯彻市局党组“四十八字”工作思路，强力推进创建全国质量强市，超额完成年初确定的各项目标任务。郑州市以小组第一名通过国家质检总局组织的创建全国质量强市示范城市申述答辩。市质量技术监督局被省质量技术监督局授予目标管理优秀单位、党风廉政建设优秀单位、执法打假优秀单位，重新创建成省级文明单位，市代码办被国家质检总局授予全国代码系统文明服务窗口称号等。

【全国质量强市示范城市创建】 2013年，郑州市创建全国质量强市示范城市成效显著。举办《质量发展纲要（2011-2020年）》电视知识竞赛，决赛视频通过郑州电视台播出。公开征集、评审、确定“诚信立郑州，质量赢天下”为郑州市的城市质量精神口号。确立6家企业为质量教育社会实践基地、14所中小学校为质量教育示范学校。在全市范围内共组织开展14场质量社区行活动，累计参与群众6000余人次。成立中原质量诚信协会，编印《质量郑州》刊物，中原质量诚信网站开通上线。郑州市以小组第一名通过国家总局组织的创建全国质量强市示范城市申述答辩。连续两年被《中国质量报》评为年度地方质监亮点候选单位。

【企业质量主体责任落实】 2013年，市质监部门组织专家对机械、耐火材料等10个行业105家生产企业的检验室进行分级评定，对115家重点企业开展电线电缆等产品9个关键检验项目的比对试验，对25类394家获证企业进行监督检查、450家企业实施年度审查，全市重要工业产品抽检合格率93.1%，同比提高2.2个百分点，定检和市级监督抽查工作受到省局表扬。

【标准引领增强企业竞争实力】 2013年，二七区网格化管理与服务标准化等3个项目被国标委确定为国家级服务标准化试点。在建的黄帝故里景区等4个国家级服务标准化项目积极推进，4个省级服务标准化单位通过验收。2个国家级农业标准化示范区和1个省级农业标准化示范基地通过验收，省局推广郑州市局行政服务标准化工作经验。计量保障能力提高，夯实质量基础。市政府出台《关于印发郑州市道路交通技术监控设备计量监督管理规定的通知》《关于加强对全市热量表依法开展计量监督管理的通知》。全年完成各类强检计量器具检定10万余台（件），非强检计量器具检定6.5万台（件），办理换发计量器具制造许可证14个，“5•20世界计量日”系列宣传活动受到省质监局通报表彰，在全省计量发展规划电视知识竞赛中夺得质监系统代表队第一名。

【食品质量安全监管】 2013年，全市质监系统保障食品质量安全的监管力度不断加大。2013年发放食品生产许可证316张，全市获证食品企业达879家。以肉制品、调味面制食品、桶装饮用水等为重点，部署开展春节、“两会”期间食品安全专项整

质监局承办“5·20世界计量日”广场宣传咨询活动

治、食品安全百日会战等4次食品安全专项检查，办理5万元以上食品及食品相关产品质量违法案件15起。开展乳制品专项抽检，共检验生鲜乳、原料乳粉2322批（次）、乳制品成品752个批（次），没有检出三聚氰胺等违禁物质。

【特种设备安全监管】 2013年，全市新注册登记特种设备8682台（不含压力管道），培训特种设备作业人员8108人。深入开展安全大检查活动，全市质监系统共出动执法人员3138人（次），检查相关单位1792家、特种设备6238台，查出事故隐患1731条，下发安全监察指令书676份，上报省局撤销1家企业的检验资格。引入科技手段辅助监管，大力推进电梯卫士安装和车用燃气气瓶电子标签管理进程，提升监管科技含量。

市长马懿为郑州市市长质量奖获奖单位颁奖

【关系群众健康安全的重要消费品监管】 2013年，全市质监系统对关系人民群众健康安全的重要消费品的监管力度不断加大。全市质监系统以“质监利剑行动”为重点，部署开展农资、酒类、建材、化妆品等12个专项执法检查，共检查企业1673家，办理案件529起。扎实做好12365举报投诉及转办工作，全年共接收举报投诉案件线索95起，接受有关咨询2768起，处理省局转办、移送和协查案件82起，均做到件件有落实、有回音，处置率、回复率均达100%。

【信息化平台建设】 2013年，全市质监系统抓住建设“智慧郑州”的良好机遇，投资508万元（争取市政府支持300万元）筹建质量安全综合监管信息平台。《中国质量报》以《安上“顺风耳”和“千里眼”》为题，介绍了郑州市质监局推进信息化建设打造智慧质监的做法。

【服务中心工作】 一是在服务郑州市委市政府中心工作上求作为。市质监局在全市职能部门中率先出台并实施《关于服务郑州航空港经济综合实验区的意见》，筹建专门服务航空港经济综合实验区的检测站，选派人员进驻航空港经济综合实验区行政服务大厅。二是网格化管理工作稳处领先地位。全年通过三级网格发现属于质监职能范围的各类问题1962起。其中，解决问题1485起，在办477起，问题处置率达76%。积极帮助二七区政府、金水区政府和市食药局开展网格化管理标准体系试点，深化、规范、提升了全市网格化管理工作。二七区政府《网格化管理标准体系构建与实施》被国标委立项。

【服务项目建设】 郑州市质监部门积极筹建国家汽车及零部件监督检验中心（郑州），多次组织市工信委汽车产业局、有关企业、同济大学汽车学院和相关研究院的领导、专家召开项目论证会，确定具体建设项目和运营模式。跨境贸易电子商务产品质量监管项目获得省局批准，国家级家具质检中心项目也在调研论证之中。

【服务质量提升】 2013年，市政府出台《关于加快推进质量立市战略工作的意见》和《郑州市市长质量奖管理办法》。郑州煤矿机械集团股份有限公司参加首届中国质量奖的申报，2家企业入围省长质量奖，6家企业通过郑州市市长质量奖评审，全市评选拟表彰的县级政府质量奖41家，60家企业68个产品获得2013年河南省名牌产品和服务名牌称号。

（樊宏颜）

开展“质监邀你看企业，食品安全大家行”活动

安全生产监督管理

【概况】 2013年，郑州市安全生产监督管理以“安全郑州创建”工作为主线，以安全生产网格化管理为载体，把遏制较大以上事故作为首要任务，落实监管责任，创新监管机制，深化隐患治理，强化工作落实，全市安全生产形势持续稳定好转。全年全市共发生各类生产安全事故1240起，死亡91人，受伤356人，直接经济损失3139万元。与2012年相比，事故起数下降20.3%，死亡人数下降55.2%，受伤人数下降64.6%，直接经济损失下降6.5%，实现安全生产主要指标“四下降”。市安监局获全国安全生产月活动先进单位、河南省安全生产工作考核优秀单位等先进称号。

参加安全咨询日活动

【安全生产责任制落实】 2013年，全市上下学习贯彻习近平总书记和李克强总理关于安全生产工作的系列重要指示精神，贯彻落实安全生产“党政同责、一岗双责”制度，坚决守住安全生产这条红线、底线、生命线。市委、市政府主要领导多次召开高规格安全生产工作会议，多次对安全生产工作作出重要批示，多次第一时间赶赴安全生产事故抢险现场，亲自安排部署工作并督促落实。四大班子主要领导不定期对重点行业进行明查暗访，研究解决安全生产工作中存在的实际困难和突出问题。市政府与各县（市）区、开发区和35个市直部门签订安全生产目标责任书，层层落实安全生产责任；并拿出300万元对年度全市安全生产工作先进单位和先进个人进行表彰奖励。

【安全生产网格化管理】 各级各部门各单位在深化、规范、提升网格化管理工作的基础上，建立并完善安全生产“留痕管理”和双向考核打分机制，促进每一个基层网格管理人员安全检查的积极性、主动性，实现部门主动履职，条块有机融合，层层抓好落实的工作格局，做到安全生产领域每一个场所都有人监管、每一件事情都有人负责，形成“横到边、纵到底、全覆盖、无缝隙”的安全监管网络体系。同时，坚持重心下移、关口前移，构建安全生产网格化组织体系，建立安全生产排查梳理、发现反映、解决反馈问题机制，全市1013名安监部门下沉人员加强与乡（镇）办安监办工作人员的沟通联络，协同参加安全生产检查，确保在“条”上和“块”上实现无缝隙对接，基本实现各类安全生产问题“应发现、尽发现，应处置、尽处置”。2013年3月，《现代职业安全》杂志、易安网、中国安全生产商务网对郑州市安全生产网格化管理经验进行报道。针对网格化管理工作中基层网格人员安全法律法规知识不足、安全防范防护意识不强、问题排查解决能力不高等问题，印制各类安全生产宣传品发放给基层网格，分层次对各网格工作人员开展安全生产知识指导帮带活动，指导各县（市）区安监局编写三级网格长安全生产监管基本业务知识培训教材，并分批对各县（市）区三级网格长进行集中培训，共培训网格长及其他网格人员18300余人，发放安全生产扑克牌3600箱、宣传挂图2.7万张、安全创建读本1.2万本、职业健康读本3000本，提高安全监管人员工作能力，提升群众安全意识。

【安全郑州创建】 2013年，郑州市以《安全郑州创建2013年行动计划》和《安全郑州创建2013年行动计划实施方案》等一系列文件为指导，扎实开展安全和谐型村镇、安全和谐型社区、安全发展型企业、安全保障型城市等创建活动。为确保安全创建工作的各项措施落到实处，各级各部门分别结合自身实际对创建任务进行详细的分解、分工，明确创建责任、创建措施和时限，并把安全创建工作纳入年度目标考核，作为安全生产绩效考核内容之一，每月各县（市）区及安委会成员单位及时上报安全生产目标运行状况月报表。市安委办适时召开会议，推广安全创建先进典型经验。2013年，郑州市有15个社区达到省级安全和谐型社区标准、54个社区达到市级标准。特别是管城区航海东路和城东路2个街道办事处，被授予“全国安全社区”荣誉称号，成为河南省第一批以街道为单位的全国安全社区。

【安全专项整治】 2013年，郑州市立足于解决困扰安全生产的难点、盲点问题，进一步强化重点行业（领域）安全监管，重点在全市煤矿、非煤矿山、危化品、烟花爆竹、消防、道路交通、建筑施工、教育、旅游、特种设备、城市燃气等行业（领域）开展安全专项整治工作，杜绝重特大事故发生。全年全市共组织各类督察检查组18079个，参加检查人员81897人次，检查各类企业和单位129798家，排查出安全生产事故隐患153695处，按期整改151471处，整改率98.6%。责令改正、限期整改、停止违法行为50652起，责令停产停业停建1987家，暂扣或吊销有关许可证、职业资格32个，关闭非法违法企业610家，罚款543.15万元。在非煤矿山安全专项整治中，加大对尾矿库的隐患排查力度，依法对5家非法企业进行整顿关闭，并对中国铝业股份有限公司河南分公司第五赤泥库安全隐患下发预警告知通知书。做好汛期非煤矿山安全生产工作，组织专家对非煤矿山企业进行一次全面的汛期安全大检查，消除可能引发生产安全事故的隐患。在烟花爆竹安全专项整治中，全力做好烟花爆竹批发企业和零售网点的安全监管工作，春节期间全市13家批发企业、1690家销售网点均未发生安全事故。在液氨使用企业安全专项整治中，深刻汲取“6·3”吉林宝源丰禽业公司特别重大事故教训，排查使用液氨企业101家，其中构成重大危险源的11家。在石油天然气安全专项整治中，深刻汲取青岛经济技术开发区中石化东黄输油管道发生泄漏爆炸特别重大事故教训，组织开展为期1个月全市石油天然气安全生产专项检查，重点检查石油天然气长输管道、储配站、分输站、加气母站、城镇燃气的安全生产，督促整改管道占压5处，有效防范燃气储运、经营、使用和燃气管道及设施保护等环节存在的安全隐患。同时，深入开展燃气专项整治、特别是餐饮场所燃气专项整治工作，共检查1528家生产经营、使用燃气场所，排查出安全隐患1697处，打击取缔非法倒气换气点5家，查扣没收专业工具19件/套，查处违法运输液化气案件4起，行政拘留责任人4人，有效遏制了燃气事故的发生。在危化品安全专项整治中，一是深化危险化学品领域安全生产“打非治违”专项行动，全面清理危险化学品在建项目，查处6起非法生产经营行为，关闭5家非法经营加油站。二是巩固危险化学品重大危险源专项整治成果，对全市构成危险化学品重大危险源的48家企业进行辨识、分级，制定应急救援预案，完善重大危险源的安全评估、备案，并对罐区等设施进行监控、报警、连锁系统改造复查。三是加强非药品类易制毒化学品监管。清查邻氯苯基环戊酮等重点监管的非药品类易制毒化学品生产经营行为。全市66家非药品类易制毒品化学品生产经营单位，全部进行非药品类易制毒品化学品生产、经营备案，备案率达到100%。协调相关行业结合自身特点开展道路交通各项专项整治6次、水上交通专项整治1次、人员密集场所和消防专项整治5次、建筑施工各类专项整治8次、民爆器材专项整治1次、特种设备各类专项整治3次、校园安全专项整治2次、旅游安全专项整治1次。各行业通过集中开展各项专项整治，共排查消除各类事故隐患12000多起。

【安全隐患排查治理】 2013年，全市共排查企业27893家，排查隐患123195处，整改122233处，整改率99.2%。其中，工矿商贸排查隐患39693条，整改39570条，整改率99.6%；交通运输行业排查隐患83502条，整改82663条，整改率98.9%。被列为市委、市政府挂牌督办的12处重大事故隐患，全部整改销案。

【安全生产大检查活动】 安全生产大检查按照“全覆盖、零容忍、严执法、重实效”的总体要求，采取多项超常规措施，全面深入开展。一是及时部署。市政府专门召开全市安全生产电视电话会议，市长马懿出席会议，就全市深入集中开展安全生产大检查工作进行安排部署。二是健全组织。市政府成立市集中开展安全生产大检查领导小组，下设办公室，具体负责指导、协调、督促全市安全生产大检查工作。三是严格制度。实行定期例会制度、周报告制度、重大事故隐患挂牌督办制度、暗查暗访制度、分级约谈和“一票否决”制度，进一步完善安全生产工作机制，为全市安全生产创造良好的制度环境。四是加强督导。为确保工作实效，市政府成立5个综合督导组，对各县（市）区政府和行业主管部门开展大检查活动情况进行督察检查和暗访。每周召开工作例会，掌握督察情况，汇总督察中发现的问题和隐患，及时发出督察通报，督促隐患和问题单位加以解决。五是强化追究。对排查出的隐患和问题坚持“零容忍”，对非法违法生产经营单位，坚决予以取缔；对存在违法生产经营建设的单位，一律责令停产整顿；对不具备安全生产条件，且难以整改到位的，依法予以关闭；对隐患排查不认真、督导检查走形式、隐患整改不彻底的，依法查处，严肃追究责任。六是深入开展大检查“回头看”活动。按照国家、省有关要求，持续开展大检查“回头看”活动，并启动问责机制。自6月全市集中开展安全生产大检查及“回头看”活动以来，共检查各类企业和单位112454家，共排查出安全生产事故隐患132794处，按期整改120251处，整改率90.6%，责令改正、限期整改、停止

郑州市液氨泄漏应急救援演练

违法行为42901起，责令停产停业停建1799家，关闭非法违法企业546家，罚款534.65万元，下发通报6份，约谈10人次。

【安全生产“打非治违”】 市政府制定下发“打非”工作方案，明确“打非”工作目标任务和具体要求，并根据专项行动方案重点整治的11项内容，将“打非治违”融入网格化管理体系，采取自查自纠、全面排查、重点抽查、集中整治、联合执法等措施，全面清理危化企业在建项目，严肃查处未批先建、未经许可擅自从事生产经营活动及超范围经营等非法违法行为。2013年，全市共打击非法违法和纠正违法违章生产经营行为61250起，其中非煤矿山企业393起、危险化学品企业1099起、烟花爆竹企业223起、民爆物品企业11起、冶金企业670起。

【安全生产标准化建设】 2013年，郑州市有133家工贸企业通过安全生产标准化复评，达到一、二、三级标准，其中，一级标准化企业4家、二级47家、三级82家，在全省各地市中名列前茅。在危险化学品企业安全标准化工作中，推广区域联创的标准化创建模式，全面启动危险化学品经营企业安全生产标准化，共有115家危险化学品生产企业实现标准化三级达标、86家加油站达到三级标准化水平、12家加油站达到二级标准化水平。在非煤矿山企业安全生产标准化工作中，21家非煤矿山企业实现安全生产标准化。同时，督促、协调、指导交通、建筑等行业开展标准化达标建设工作。

【职业卫生监管】 2013年，郑州市贯彻落实国家职业病防治法律法规，切实保障劳动者健康及其相关权益，强化危害治理，落实职业病危害项目申报和建设项目职业卫生“三同时”制度。一是深化宣传培训，增强防范意识。采取“以会代训”的形式，对各县（市）区职业卫生负责人和管理人员1685人进行职业卫生法律、法规和职业病防治知识等内容培训。利用安全生产月和职业病防治法宣传周，广泛地宣传职业卫生安全知识，发放《职业卫生知识》《职业病防治知识》《职业卫生科普知识》宣传册26000余份。二是强化监管力度，全面推进申报。全市共累计完成申报企业数1571家（不含巩义市）。其中，2013年新增申报企业数667家，超额完成年初制定的360家目标任务。三是开展专项治理，突出防范重点。针对石英砂加工、石棉制品、木质家具制造业等行业职业病危害严重、涉及范围广的特点，开展职业病危害专项治理，重点治理职业病防治制度不落实、监管人员不到位等突出问题，最大限度保证劳动者的健康权益。四是落实好“三同时”，从源头上治理。按照国家安监总局和省安监局有关文件要求，宣传并督促用人单位开展建设项目职业卫生“三同时”工作，定期对各县（市）区职业卫生“三同时”工作开展情况进行检查、通报，并强力推动职业病危害现状评价工作。全市有10个新建、改扩建项目开展职业病危害预评价，50余家用人单位完成职业病危害现状评价。五是开展基础建设，奠定监管基石。制定《郑州市用人单位职业卫生基础建设活动方案》，按照“先试点、后示范、再全面”展开的原则，开展基础建设活动。有268家用人单位达到职业卫生基础建设要求，从源头上加强了职业病危害治理。六是加强督导检查，确保工作成效。6月至7月，组织督察组就职业卫生基础建设活动、建设项目职业卫生“三同时”及职业病危害现状评价、职业病危害项目申报和职业卫生教育培训等工作进行全面督导检查，并同时做好职业卫生省际交

郑州市液氨泄漏应急救援演练

叉互查工作，10月14-15日，国家安监总局职业卫生省际互查工作组对郑州市职业卫生工作进行检查指导，对郑州市给予充分肯定和表扬。

【安全生产宣传培训】 2013年，围绕“培训不到位就是重大隐患”的工作理念，多形式、多层次开展安全生产宣传教育培训活动。一是创新开展安全生产月活动。按照国家和省的统一部署，围绕“强化安全基础、推动安全发展”活动主题，以“四个活动周”为基础，以搞好“十项”活动为主线，突出抓好“安全生产月宣传咨询日”和“安全生产应急救援演练”两项全市性的大型活动。整个“安全生产月”期间，上百万群众直接受到安全教育。6月9日，省、市两级政府安委会在绿城广场开展形式多样的安全生产月宣传咨询日活动。副省长陈雪枫、省安监局局长刘宛康、市人大常委会副主任刘全心、副市长马健、市政协副主席崔凡等领导出席活动仪式。205家单位参与主会场活动。二是大力实施安全文化工程。创新安全文化宣传形式，在各类新闻媒体及各大商场、沿街门店、公交车、建筑工地、乡村社区开展安全生产宣传教育活动，在全市主次干道、背街小巷、居民楼院建设800余处安全文化宣传长廊。三是多层次开展安全生产教育培训。2013年，全市共培训各类人员61323人，其中，培训高危行业负责人及安全生产管理人员4571人，一般生产经营单位负责人及管理人员10575人，特种作业人员7640人，生产（经营）单位其他从业人员11454人，安监系统职工5528人，其他人员21555人。四是集中开展贯彻实施《国务院安委会关于进一步加强安全培训工作的决定》活动，共组织宣讲53场（次），覆盖企业数3282家、培训人员15290人。五是强化对培训机构的监督管理。严格按照培训工作程序开展培训工作，严把计划审批、教师教案、考核发证等关键环节。注重培训考核过程管理，派出专人跟班督导、服务，全员、全过程、全方位积极推进教育培训工作。同时，积极做好二、三级培训机构资质申报、复审以及迎接省安监局对培训机构二、三级资质认定、复审验收，全市11家专业培训机构全部达到相应级别标准和要求。

【安全生产应急救援】 2013年，全市的安全生产救援以安全生产应急管理“一案三制”建设为重点，以“确保人民群众生命财产安全”为工作中心，以提高应急能力为主线，扎实推进机构建设、应急平台建设和网格化管理。一是完善预案。2013年新增生产经营单位的生产安全应急预案备案158家。二是加强应急管理人员培训。10月，在河南理工大学应急管理学院举办全市安全生产应急管理培训，各县（市）区安监局分管领导和应急救援指挥中心主任、应急管理科室负责人及市应急指挥中心全体人员参加培训。三是加快应急平台建设。根据国家安监总局关于进一步加强安全生产应急平台体系建设的意见要求，加快推进市级安全生产应急平台项目建设，并督促县（市）区推进信息化平台建设，逐步实现市级应急平台与县（市）区级应急平台的互联互通。四是做好应急演练。全市共设置演练科目141项，动用演练车辆器材700余台（件、套），参加演练人数达3万余人。同时，加强重点行业领域应急演练。6月20日，举办郑州市液氨泄露应急演练，参演单位20余个，参演人员近200名，演练共出动应急指挥车、消防车、环保检测车、气象应急服务车等近20台。加强地铁应急救援。12月6日，在市体育中心站举行郑州地铁1号线应急救援演练。演练在事件发生后，各级应急机构按照应急预案立即分别启动应急响应，开展应急救援、伤员救治、信息发布等工作。还与新郑市联合举办石油天然气管道泄漏应急演练。

（申绍辉 陈辉锋）

国有资产监督管理

【概况】 2013年，郑州市国资监管不断深化改革，积极创新管理，完善国资监管体制，优化产业结构布局，确保国有资产增值保值。一是改制重组大力推进。在非竞争性领域实现国有资本的有序退出。二是与央企合作步伐不断加快。一年来，全市共与中国水电建设集团路桥工程有限公司等央企签约9个项目，签约总额621亿元。三是重大项目建设有条不紊。市国资委积极协调推进相关的10个省、市重点项目，项目总投资92.12亿元。截至2013年年底，完成投资12.72亿元，占全年目标的133%。四是投融资体系不断完善。进一步规范对8家市属政府投融资公司的运行监管，并按程序对高管进行委派或提名，在开展传统的银行贷款融资的同时，不断拓宽企业融资渠道。成功推动发行企业债券43亿元。五是监管体制不断强化。在企业经营责任、产权管理、收益分配等方面建立立体化的监管机制。

（文 锋）

【企业发展战略规划审核监管】 一是按照国家和省的要求，建立并不断完善市属企业发展规划滚动调整制度，进一步强化工作落实。制定《关于开展市属企业2013-2015年发展战略和规划编制工作的通知》（郑国资〔2012〕285号），布置2013-2015年发展战略和规划编制工作。二是组织对近20家重点市管企业报送的发展战略规划进行备案审核，并作为规划和投资审核的依据。

【重大投资事项审核监管】 一是审核企业年度投资计划，把握企业投资方向。制定《关于报送市管企业2012年投资完成情况和2013年投资计划的通知》（郑国资〔2013〕286号），要求企业在总结2012年投资完成情况的基础上，对2013年的投资情况进行规划。2013年计划投资项目66个，项目年度计划投资125.2亿元，涉及供水、交通、污水处理、轨道和水利等行业，计划完成投资额56.33亿元。二是加强对企业报送投资事项的审核，市国资委相关处室提出书面意见后，提交委主任办公会议研究，重大事项报请市政府。全年受理企业投资事项85个，累计投资41.26亿元。其中，市管企业出资39.38亿元，争取民营企业资金1.08亿元，中央企业资金0.8亿元。新批企业投资事项涉及精细化工、特种磨具、电子信息装备等，在现代服务业方面涉及交通运输、

市国资委召开春节廉政谈话会

公共交通、轨道交通、供热、供气、供水及污水处理、都市开发、地产置业、医疗、商贸、保险、酒店管理、食品、盐业等。2013年新批准公司8家，其中新批准组建市管企业7家，成立市管企业子公司4家。

【重点项目建设】 2013年，市国资系统被列入2013年度省、市重点建设项目共有10个，分别是：污水净化公司马头岗污水处理厂二期工程项目，南三环污水处理厂工程项目，双桥污水处理厂工程项目，郑州新区污水处理厂工程项目，交运集团郑州航空港区综合枢纽长途客运站项目，郑州公路主枢纽客运北站项目，郑州公路主枢纽客运西站项目，自来水公司刘湾水厂供水工程，郑州兰博尔科技有限公司搬迁技改项目和郑州金阳电气有限公司整体搬迁改造项目。累计总投资额92.21亿元，2013年计划完成投资9.6亿元，年内共完成投资12.72亿元，占全年目标的133%。

市国资委通过采取积极有效的措施，推进项目建设进度。一是组织5家企业10个投资项目申报2013年度省、市重点建设项目。二是建立、健全和落实全系统的目标责任制度、工作计划和工作方案，列为相关企业目标管理责任，与企业签订《年度目标责任书》，同时明确市国资委主管领导和责任处室。三是建立并不断完善工作机制，为重点建设项目的推进提供制度保障。针对市国资系统重点建设项目的实施，建立和实行重点建设项目月报制度、季度检查和项目建设重点阶段检查制度、发现和解决问题台账制度、半年小结、全年总结等相关工作制度。每周向市重点项目办公室报送重点项目开工情况周报，每月报送重点项目进展情况月报。四是市国资委领导加大重点建设项目协调推进力度。委主要领导和分管领导多次对重点项目推进工作批示和协调，深入施工现场了解工程进展和资金投入情况，协调帮助相关企业解决资金、进度、征地、建设等多方面的问题。

【与央企战略合作】 一是市领导带队在全国“两会”期间拜访央企和国家部委。市委书记吴天君、市长马懿、常务副市长胡荃、副市长薛云伟率市商务局、市发改委及登封市、惠济区、金水区和航空港区等部门负责人，赴北京走访中国航空器材集团有限公司、中国航空工业集团公司和中国机械工业集团有限公司。二是加强与中央企业的战略合作。拟定《2013年与中央企业合作工作计划》，在2013年国资监管工作会上对全市作具体安排部署；制订《2013年郑州市与中央企业合作专项工作方案》；下发《关于做好2013年全国“两会”期间拜访中央企业和项目对接有关工作的通知》。根据省联席办《关于做好2013年央企河南行集中活动前期工作的通知》，与各单位联系沟通落实签约项目工作。抓好制度建设，促进各单位进一步健全与央企合作联席会议制度，扎实做好与央企合作的基础性工作。抓好合作项目的跟踪协调、落实，对每个项目的签约、开工、建设、投产等全过程实施跟踪服务，促进项目早落地、早开工、早投产，提高合同履约率和项目开工率。对在建项目抓好项目施工中出现困难和问题的协调解决工作，促进项目的建设进度。同时，积极谋划和新签一批重点合作项目。三是与央企合作成效显著。各单位通过开展与辖区内央企的沟通、对接、走访等形式多样的互动方式加强联络，通过前期大量的工作，在11月5日举行的“2013年中央企业河南行集中签约活动”中推荐3个签约项目，投资总额220亿元，取得较好的成绩。2013年，郑州市共与央企签约9个项目，签约总额621亿元。

【参加中国中部贸易博览会】 5月18-20日，第八届中国中部贸易博览会在郑州举行，活动期间，市国资委按照市政府和省国资委关于组织招商工作的要求，以洽谈会为契机，组织企业开拓招商途径，落实对接项目，寻求合作商机；同时，充分利用洽谈会，以洽谈会为平台，开展与央企项目合作的工作交流。

（卢 伟）

【国有资产统计和企业财务预算】 2013年，市国资委在国有资产统计和企业财务预算方面，一是及时召开全市国有资产统计暨企业财务决算工作会议，印发相关报表，讲解报表编制要求。二是解答报表编报中的疑难问题，仔细审核汇总各有关单位和企业上报的数据。三是想方设法解决由于报表编制工作繁琐、编报人员业务素质参差不齐等原因造成的上报困难问题。四是开展市管企

“绿城公仆杯”公务员素能竞赛国资监管业务决赛

全市国有企业改革发展暨国资监管工作会议

业年度财务决算审计工作。五是根据最终审核通过的报表数字，完成《郑州市企业国有资产统计报表和分析报告》，并及时上报省国资委。报表结果显示，2012年末全市企业国有资产总额2616亿元，同比增长39.4%;净资产总额736亿元，同比增长49.3%。市管企业资产总额1864亿元，同比增长43.6%；净资产总额480亿元，同比增长78.4%；2013年，市管企业完成营业总收入152.9亿元，同比增长58.6%；实现利润总额34.1亿元，同比增长132%；实现净利润28.9亿元，同比增长160.4%；上缴税金12.1亿元，同比增长37.5%。

【市管企业目标管理】 2013年，市国资委与市委组织部组成5个考核组，分别对38家市管企业进行年度目标考核。市国资委领导、监事会和相关处室对各市管企业责任目标完成情况进行综合评议和计分。经过委主任办公会议研究决定，评出郑州市公共交通总公司等13家目标管理先进单位。4月17日，全市国企改革发展暨国资监管工作会议召开，表彰目标管理先进单位。同时，与38户市管企业签订2013年度目标管理责任书。

【市管企业负责人经营业绩考核】 2013年，市国资委依据经审计的年度财务决算数据，对上一年度市管企业经营业绩完成情况进行全面考核，考核结果显示，考核等级A级4户，B级10户，C级6户，D级5户，E级2户。对企业提出的预报目标值，进行整理、分类、汇总和审核，合理确定2013年度考核目标值。

【市管企业财务动态监测】 2013年，市国资委首次将各县（市）区国有企业纳入财务动态监测范围。通过规范快报编报口径，提高编报时效性，增强快报分析的透彻性，及时掌握和分析企业生产经营状况和财务状况，为领导决策提供数据支撑。全年，共编制市管企业财务快报分析12期，总编制期数102期。

【市属投融资平台公司建设】 2013年，市国资委推进“资本、资产、资金、资源”的整合优化，促进市属政府投融资公司向市场化经营实业集团转变。一是定章立制。拟订《关于深化投融资体制改革的实施意见》《关于市级政府投融资公司建立现代企业制度深化劳动人事分配制度改革的实施意见》等文件，进一步规范对市属政府投融资公司的运行监管。二是严格选人。建立和完善市属政府投融资公司法人治理结构，拟定《市属政府投融资公司建立董事会监事会的工作方案》，对委派或提名的8名监事会主席、14名董事、7名职工董事、13名监事、14名职工监事履行征求意见、民主推荐、组织考察等工作程序，并明确委派和提名人选。三是加强考核。完善责任人业绩考核，初步拟订《郑州市市属政府投融资公司负责人经营业绩考核暂行办法》，并完成意见征求工作。四是深化融资。推进市属政府投融资公司开展融资工作，在开展传统的银行贷款融资的同时，不断拓宽企业融资渠道，成功推动发行企业债券43亿元。此外，建设投资集团24亿元中期票据、城建集团40亿元非公开定向债务融资工具、交建投公司20亿元非公开定向债务融资工具、投资控股公司10亿元企业债券发行工作在积极推进。

（张　晟）

【国有资本经营预算】 2013年，市国资委组织市管企业上缴2012年度国有资本收益共计2589.25万元。编报2014年度国有资本经营预算，并完成2014年度国有资本经营预算建议草案的编制。

【国企工资分配管理】 2013年，市国资委指导企业按年度填报国企收入分配情况统计备案表，对36户市管企业2012年度工资总额、班子成员工资发放标准及职工工资分配情况等进行调查统计汇总。对各县（市）区国资监管部门、市政府有关部门所出资（监管）企业及市管企业负责人2012年度职务消费情况进行调查统计。

【国企负责人薪酬管理】 2013年，市国资委制定并印发《郑州市市属企业负责人薪酬管理办法》和《郑州市市属企业负责人薪酬管理实施细则》，完成对年薪制企业负责人2012年度年薪审算工作。

【职工福利保障调查统计】 2013年，市国资委完成市管企业及其所属工程项目的承建单位农民工用工及工资支付情况的调查统计。对2013年度市管企业招收高校毕业生情况、市属企业协解人员基本现状及参加社会保险等情况进行调查统计。

【政府专项工作】 一是完成对2013年度8个企业主管部门、44户市属国有困难企业的审核报批发放工作，8209名困难职工享受到政府财政“双节”补助金526.704万元。二是对2013年度市属部分国有、集体困难企业退休人员专项补贴的受理审核报批工作，市属国有、集体困难企业的89909名退休职工，享受到财政借款补贴5394.54万元。三是完成对2013年度市属国有破产（困难）企业退休人员基本医保统筹的联合审核工作，139户市属国有破产（困难）企业、8家经办机构共计44176名退休人员享受到财政借款补贴医保费共计13429.8万元。四是完成对2013年度市属困难企业离休干部医疗保障的审核工作，131户困难企业988名离休干部享受到财政补贴医保费共计1119.2万元。

【国企职教幼教退休教师补贴发放】 2013年，完成2011、2012年度国企职教幼教退休教师生活补贴发放工作，共发放补贴金额1734.33万元；完成2013年度国企职教幼教退休教师生活补贴审核测算、资金申报工作，涉及退休教师1236人、生活补贴430.06万元。

（郭军伟）

【事业资产监管】 2013年，市国资委对海南省河南商会购置市人民政府驻海口办事处原有办公用房提出国有资产处置意见。对市文广新局《关于中原影剧院拆迁还建的函》进行回复，同意对位于桐柏路西、中原路南的总面积6289.7平方米的国有划拨文体用地进行账务核销。提出对郑州广播电视大学资产征收划拨有关问题的建议方案。对郑州日报社、郑州市郑房汽车维修有限公司、黄河饭店等9宗资产进行处置，处置价值628.92万元。

【事业单位改制】 一是按照公安部《关于加快推进公安机关保安企业脱钩改制工作的通知》和省公安厅《河南省公安机关保安企业脱钩改制实施意见》精神，郑州市成立市保安公司脱钩改制领导小组，按照分工要求迅速开展资产清查、审计工作，并于11月完成市保安公司出资人变更，顺利完成脱钩改制。二是组建郑州人民医院医疗集团。以郑州人民医院为核心，整合宜居健康城医院、郑州人民医院颐和医院、市第九人民医院、市口腔医院和黄河东路社区卫生服务中心组成郑州市首个医疗集团。市国资委协助医疗集团成立董事会和监事会，建立现代法人治理结构，对所属医疗机构实行统一运营管理，资产纳入国资监管体系。

【郑州大酒店有限公司重组】 根据郑州大酒店有限公司重组需要，经市政府同意，市国资委协调市财政局、郑州投资控股有限公司以7100万元回购中国长城资产管理公司郑州办事处3.5亿元债务，彻底解决重组工作中的重大障碍。

（宗　杰）

【白鸽磨料磨具公司重组】 2013年，中国机械工业集团重组白鸽磨料磨具公司的战略重组协议签订，对白鸽磨料磨具公司的资产划转范围及职工安置、搬迁进度等事项形成原则性意见，并推进白鸽磨料磨具公司异地迁建。2亿元的前期搬迁资金已到位，将依据战略重组协议，做好股权划转的各项工作。同时为支持白鸽集团与白鸽磨料磨具公司同步搬迁，原则同意白鸽集团提出的整体搬迁方案，要求白鸽集团按照时间节点积极推进，保证白鸽老厂区土地整体移交，开发盘活。

【金阳电气重组搬迁】 中航工业集团重组郑州金阳电气项目被列入省、市重点建设项目，市政府与中航工业集团签署战略合作框架协议，双方经过多次沟通，最终确定中航机电系统有限公司以股权收购形式重组郑州金阳电气的工作方案。对郑州金阳电气的审计、资产评估工作已完成，将按程序挂牌交易。

【兰博尔公司与索凌电气合作】 郑州兰博尔科技有限公司以增资扩股的形式进入索凌电气，成为索凌电气的控股股东，并以新索凌公司取得郑州国际物流园区15公顷土地，双方充分利用各自优势，强强联合，提高企业竞争力。

（赵　雷）

【产权管理基础工作】 一是做好市属国有企业产权登记工作。2013年，市国资委严格按照省国资委《关于国家出资企业产权登记工作有关事宜的通知》（豫国资文〔2012〕7号）精神，完成下属国家出资企业重新占有产权登记工作，换发新版产权登记证（表），为实施网络版登记操作系统奠定基础。二是完善产权转让程序。按照相关法律法规的要求，进一步规范完善国有产权转让行为，确保国有产（股）权转让全部进场交易。

【国有企业融资担保审批】 为加快城市基础设施建设，2013年市国资委先后帮助国有企业办理贷款担保、抵押贷款、融资租赁筹集资金共30亿元以上，为国有企业的发展、城市基础设施建设、提升企业竞争力提供有力保障。

【国有企业改制】 一是完成郑州医药的国有股权退出工作。郑州医药50.91%国有股权转让公告在《河南日报》发布，并按照《拍卖法》的有关规定程序组织公开拍卖，最终，市国资委持有的50.91%国有股权权益1767.81万元以1.8亿元成交，增值率1018.21%。二是做好郑州百文集团改制工作。按照市改革办批复意见，完成郑州百文集团及所属6家法人企业资产审计评估以及资产评估结果的备案工作。三是做好郑州市药品公司分流改制工作。根据市长办公会郑会纪〔2010〕153号会议纪要、郑州市改革办郑改发会办〔2012〕4号会议纪要，郑州市药品公司实施全员分流，市国资委委托中介机构对郑州市药品公司截至基准日的职工安置费进行专项审计。

【郑州银行上市工作】 2013年上半年，市国资委按照证监会、银行监管部门的规定和要求，对郑州银行的股东进行规范，对不符合上市公司要求的18家市直机关、事业单位持股股东向市政府报告，拟请市政府协调做好劝退工作；对不符合上市公司要求的7家省直机关、事业单位持股股东向市政府报告，拟请市政府向省政府报告做好劝退工作；对历史遗留的停业、公司破产的股东拟请国有独资公司待持；对其他小股东进行规范整合。审计评估机构完成对郑州银行的资产审计评估，确定规范郑州银行股东股权转让的每股价格，待郑州市政府批准、股东大会通过后实施。

【规范行政审批流程】 10月，郑州市启动第十轮行政审批制度改革，根据市审改办要求，市国资委的国家出资企业产权登记及产权（股权）变动事项作为本轮行政审批制度改革的保留事项，需建立标准化机制，纳入郑州市网上行政审批系统。市国资委组织工作人员参加行政审批培训，拟定行政审批事项办事指南、工作流程，同时根据行政审批日清周结的要求建立相应的工作制度，日清周结制度正式运行。

【市盐业公司搬迁】 根据市政府2013年71号《关于市盐业局（公司）办公经营场所搬迁及郑州盐业物流港项目建设有关问题的会议纪要》要求，郑州市盐业公司需配合京广快速路北延和江山路扩宽工程进行搬迁，同时，在国际物流园兴建郑州盐业物流港项目。为解决搬迁补偿和物流港项目建设的资金缺口问题，市政府要求财政将缺口资金拨付市国资委，由市国资委以注册资金形式注入盐业公司，同时将盐业公司西陈庄的0.7公顷仓储土地收回，纳入政府储备。截至年底，完成郑州市盐业公司的增资工作、产权变更和工商变更。市国资委批复同意0.7公顷土地的收储和地上固定资产报废。

市国资委“一学三促”活动动员会

市国资委举办国资讲坛学习宣传十八届三中全会精神

【市新华书店资产划转】 根据郑州市人民政府纪要（2013〔14〕号）精神，市国资委组织中介机构对郑州市新华书店的整体资产进行审计评估，并根据审计评估结果与中原出版传媒集团达成协议，由郑州市将新华书店的人员、资产划转、移交给中原出版传媒集团，并协助中原出版传媒集团尽快办理有关房产、土地名称变更手续，中原出版传媒集团将协议约定的1.07亿元资金支付给郑州市国资委。截至年底，中原出版传媒集团已将一期3000万元资金支付给郑州市国资委。

（常艳莉）

【国有企业改革】 2013年，加快推进已进入程序的企业改制工作和妥善处理改制企业的遗留问题两项重点工作，国有企业改革工作整体上稳步进行。工业系统方面，白鸽磨料磨具有限公司与中国机械工业集团签订战略重组协议，企业搬迁工作在推进。郑州金阳电气有限公司与中航工业集团的战略重组已经市政府同意，确定由中航机电系统有限公司以股权收购形式重组郑州金阳电气有限公司。郑州市机械工业贸易总公司职工分流工作完成内部公示。商业系统方面，郑州百货大楼股份有限公司国有股权退出和职工安置等工作全面完成。郑州医药股份有限公司国有股权拍卖，实现国有资产保值增值。郑州百文集团有限公司改制重组的财务审计、资产评估和职工安置费专项审计已完成。城建系统方面，企业改制工作基本完成，河南省建材厂、郑州建材实业总公司、郑州市城乡建设物资设备公司改制中的热点难点问题基本解决，受让方已妥善安置原企业职工。公用事业方面，建立现代企业制度工作继续推进，郑州市公共交通总公司注册登记新公司的前期工作已完成，董事会、监事会干部配置到位后即可进行工商登记。郑州热力总公司的审计评估工作已完成，正在制定现代企业制度方案。

（苏平）

【监事会工作】 一是关注重点企业实施专项检查。为掌握郑州投资控股有限公司的子公司深圳市二砂深联有限公司面临的发展机遇和市场形势，摸清经营管理和资产负债状况，8月，市国资委派出检查组对其2011年以来的生产经营情况进行专项检查。二是日常监督工作有序开展。通过列席重要会议，走访所监督企业，定期分析企业财务报表，与企业领导人员、财务负责人进行座谈、询问，听取汇报、查看资料等方式，及时掌握企业年度经营方针和工作计划的制定、部署，重大经营决策、经营管理、收入分配、资本和产权变动，重要的人事变更，动态掌握重要项目变动及重大异常变化。三是对重大事项实施全程监督。坚持把涉及企业战略规划、重大投融资、产权转让、抵押担保等重大事项作为日常监督的重点予以持续关注，全程监督决策、审批和进展情况。四是积极督促企业整改，不断深化成果运用。通过多种方式及时和企业交换意见，巩固整改成果；采用查验会计凭证、现场核实等方式，对企业整改问题逐项检查验收。在要求对存在问题限期整改的同时，强调企业要通过建章立制堵塞管理漏洞，杜绝问题再次发生，为企业发展奠定良好的基础。

（王长旗）

【“六五”普法宣传和依法治理】 2013年，市国资委对市管企业2012年法制宣传教育和依法治理工作进行考核验收。制定下发《郑州市国资系统2013年普法依法治理工作要点》。对国资监管制度进行梳理，收集工作中常用的、实用的国资监管法律法规，编辑《国资监管政策法规选编》。研究制定《关于在国资系统开展“深化法律六进 推进法治郑州建设”法制宣传教育主题活动的实施方案》。

【国资系统法律事务工作】 2013年，市国资委依据《公司法》《企业国有资产法》，审核修订郑州交通建设投资有限公司、郑州交通运输集团有限责任公司等3家企业章程。审核《唐山轨道客车有限责任公司与郑州轨道交通有限公司投资合作协议书》等31份法律文本。接收白鸽集团、自来水公司等6家企业的涉讼案件备案。清理2009年9月30日至2013年9月30日期间市国资委出台的规范性文件。出具《关于郑汴物流通道新建工程项目法律意见书》等18份法律意见书。

（郭全红）

【企业党建】 2013年，市国资委以深入学习宣传贯彻党的十八大和十八届三中全会精神为主线，以提升国有企业基层党组织建设科学化水平为目标，以学

市国资委召开产权登记培训会

习型服务型创新型基层党组织建设为切入点，创新思路，提升站位，积极组织活动，扎实开展工作，推进企业健康发展。一是深入学习宣传贯彻党的十八大精神。二是积极探索，深入开展学习型服务型创新型基层党组织建设。三是坚持创新，深入实施国企党建“六大工程”。四是大张旗鼓，深入开展国企社会主义核心价值体系建设。五是策划督导，深入开展企业文化建设。六是齐抓共管，发挥群团组织作用。

2013年，各国有企业党组织集中培训党员495场次，发展新党员324人，组织党建大型活动129场次，帮扶困难党员职工3453人，办实事好事744件。巩固和创建区级文明单位25个、市级文明单位9个、省级文明单位13个。集中组织企业文化建设活动247场次，参加20569人次。集中组织行风活动168场次。市级新闻媒体报道2971篇，省级以上新闻媒体报道2823篇。获市级表彰先进单位75个、先进个人114人，获省部级以上表彰先进单位22个、先进个人10人。

（王金奎）

【信访稳定】 2013年，市国资系统贯彻落实国家、省、市信访稳定会议精神，坚持以群众工作为统揽，深入开展领导干部大接访活动，进一步畅通信访渠道；依法规范信访秩序，着力化解信访积案；关口前移，源头预防，积极开展社会稳定风险评估工作，最大限度地减少赴京到省、市集体上访和非正常上访。全年共接待来访群众93起2100多人次，接来访电话18个，并及时进行处理；收到省、市信访部门转办的信访案件8件，均按有关办理程序进行转办、督办和回复，按期办结率100%；协助有关部门到省委、省政府、省信访局、市委、市政府处理突发事件15次。

【安全生产】 2013年，市国资系统贯彻落实国家、省、市安全生产文件要求和电视电话会议精神，坚持“安全第一、预防为主、综合治理”的方针，严格落实责任，在国资系统营造良好的安全生产氛围。督促市管企业开展安全生产大检查和打非治违专项行动；建立安全生产大检查落实机制，确保隐患全部整改或防范措施到位。在安全生产月活动中突出“强化安全基础、推动安全发展”的宣传主题，充分利用宣传栏、文化橱窗等阵地，开展安全生产宣教活动。进一步推动企业安全文化建设，进一步提升干部职工的安全生产意识，在国资系统营造人人关注安全、关爱生命的浓厚氛围。

【平安建设】 2013年，市国资系统按照市平安建设“细胞工程”创建活动总体部署，结合国资监管实际，以“平安企业”创建为抓手，制定《市国资系统平安建设“细胞工程”创建实施方案》，修订完善《市国资系统平安建设考核细则》，成立创建机构，建立创建机制。指导市管企业以“平安工地”“平安项目”“平安车间”“平安班组”创建为切入点，将平安建设“细胞工程”创建活动不断引向深入。中原环保、轨道公司、国谊住宅3家市管企业被市委、市政府表彰为平安建设基层创建示范单位。

（邹　璟）

食品药品监督管理

【概况】 截至2013年年底，郑州市食品药品监督管理局管辖区内有餐饮服务单位22261家；药品生产企业49家，零售药店3200余家，药品批发企业76家，连锁总部41家；全市共有医疗器械生产单位264家，医疗器械经营单位2417家；保健食品生产企业43家，化妆品生产企业30家，保健食品经营企业4356家，化妆品经营企业12368家。

2013年，郑州市食品药品监督管理工作紧紧围绕保障公众饮食用药安全这个中心，全力推动网格化管理机制在实践中持续深化、规范、提升，重点抓好餐饮服务食品、保健食品、化妆品、药品和医疗器械市场监管。郑州市食品药品监督管理局被省局评为2013年度完成工作目标优秀单位，并在全省工作会上作经验介绍；办事大厅在全市暗访中并列第一名，网格化管理和行政审批制度改革工作在全市大会上作典型发言；市局先后荣获市委、市政府十大实事办理工作先进单位、平安建设先进单位等多项荣誉。市局及荥阳、巩义、新郑、登封市局和上街分局共6个单位创建为省级文明单位，新密市局、中牟县局创建为市级文明单位，省级文明单位占比达75%。2013年，《中国医药报》两次头版头条报道郑州市局工作成效。

【网格化管理提升监管效能】 2013年，郑州市食品药品监督管理局深化、规范、提升网格管理，系统监管效能得以提升。一是提高认识，加强组织领导。把网格化管理工作作为“一把手”工程，调整充实本系统“坚持依靠群众、推进工作落实”长效机制领导小组，出台《郑州市食品药品监督管理局“坚持依靠群众推进工作落实”长效机制2013年工作要点》，致力于把长效机制工作抓紧抓好，抓出成效。二是完善机制，规范网格管理。年初，结合组织机构和人员调整情况，该局重新梳理、构建、完善“横到边、纵到底、全覆盖、无缝隙”的食品药品监管网格。全市系统708名干部职工全部逐级下沉，融入到3217个一、二级网格，联系全市18089个三级网格。出台《长效机制考核奖惩办法》和《下沉网格人员管理考核办法》，开展对县（市）区局和市局网格下沉人员的考核工作。编制郑州市食品药品监管系统网格化管理标准体系表，构建网格化管理标准体系，确保网格化管理工作取得实效。三是多措并举，深化条块融合。充分利用报纸、电视、网络等新闻媒体广泛开展宣传活动。统一师资、统一培训内容、统一课程设置，分步骤、有针对性地开展网格长、基层网格人员培训工作，全年共培训基层网格人员800余人。推行食品药品网格化管理“四个一”工作方法，推动条块深度融合。截至年底，市食品药品监管局依托三级网格，开展集中打击行动，共排查出涉及“四品一械”的非法生产、非法经营等问题13729件，及时处理解决13541件。

【餐饮业监管】 2013年，餐饮环节食品监管扎实开展。严格行政审批，把好许可准入关，截至年底，共核发“餐饮

在规模以上餐饮服务单位安装油水分离器

2013年食品药品稽查执法大比武

服务许可证"7469家。针对重点时段、重点品种、重点区域先后开展了元旦春节期间、百日会战、打击假冒鱼翅、春季学校食堂食品安全、公共娱乐场所餐饮服务食品安全、牙签肉等32项专项整治和检查。完成第八届中博会等重大会议、重大活动餐饮服务食品安全保障工作68次。继续深入推进餐饮服务食品安全监督量化分级管理，全市共量化评定餐饮服务单位15382家。扎实开展"文明餐桌"活动，在市内各区创建"文明餐桌"示范街16条，持证餐饮单位"文明餐桌"行动参与率达到100%。创新举措，继续深入推进油水分离器安装。以中原区为试点，在全市全面推行餐饮服务食品安全信息化电子监管系统，完成平台软件建设工作，监管基础数据录入完毕；中原区在辖区310家餐饮企业后厨关键操作各环节安装远程动态监控设施；市食品药品监管局先后3次组织各县（市）区局进行培训学习，并为各县（市）区局配发部分执法终端（平板电脑）、蓝牙打印机，初步解决了一线的执法装备配置。开展餐饮服务食品安全"透明厨房"活动，全市共有1147家餐饮单位举办厨房开放日活动，组织开放日6431家次，邀请消费者参观评议42538人次，收集合理化建议4632条，整改2187条。扎实开展2013年郑州市食品安全宣传周暨放心主食工程活动宣传。完成省局、市食安办部署的餐饮服务环节食品抽验任务，其中市本级抽检500批次，县级抽验4571批次。

【保健食品、化妆品监管】 2013年，保健食品、化妆品监管持续推进。对43家保健食品生产企业、30家化妆品生产企业强化监督检查，建立完善监管档案。明确重点内容和时间阶段，相继开展一系列专项检查和整治活动，对严重违法发布广告的保健食品采取暂停销售限期整改措施的专项整治、全市"保化"生产企业追缴查处"伪劣脱氧剂"专项行动等。根据国家总局、省局工作部署，制定《郑州市"四非"专项行动实施方案》，召开郑州市打击保健食品"四非"专项行动部署会，下发《郑州市打击保健食品"四非"专项行动工作手册》，全面开展打击保健食品"四非"专项整治行动，共立案27起，案值金额1162.27万元，执行罚没款22.66万元，其中案值超过5万元的案件5起，涉嫌犯罪移送公安机关的案件8起，移送公安机关9人，国家总局挂牌督办案件1起。针对重点产品、重点时段发布"保化"安全消费警示52次，及时上报监测到的《大河报》等新闻媒体保健食品违法广告共11个批次，准确率100%。

【药品生产环节监管】 2013年，共对49家药品生产企业、18家医疗机构制剂室、68家特殊药品生产、经营单位监督检查197家次，监督检查覆盖率100%。相继开展药品生产企业专项检查、中药企业专项检查、药品"两打两建"专项行动等一系列专项检查和整治。扎实开展GMP跟踪，深入推进新版GMP实施。组织各县（市）区一线监管人员、药品生产企业生产负责人、质量负责人参加省局组织的新版GMP培训班，参加260余人次。加强基本药物生产环节质量监管，实现基本药物全品种电子监管。共完成基本药物生产环节抽验231批次，覆盖率100%，检验合格率100%。

【药品流通环节监管】 2013年，市食品药品监管局组织开展药品流通领域专项整治，对药品"两打两建"流通领域专项行动进行细化分解，开展网上非法售药专项整治行动，对全市76家药品批发企业检查476家次，对3100家药品零售企业检查6551家次，监督检查覆盖率100%。把全市具有疫苗经营权的11家企业作为重点企业，把含麻黄碱复方制剂经营作为重点环节，加大对高风险类药品的监管。继续加强对违法药品广告的监测力度，全年共上报违法药品广告信息2359条，全部移交工商部门处理。大力推进新版GSP宣传培训工作，共组织从业人员培训60次，培训2350人次。加强基本药物流通环节质量监管，强化基本药物流通环节电子监管，共完成基本药物流通环节抽样240批次，其中1批不合格。加强医疗机构药品质量监管，深入开展药房规范化建设，对全市89家二级以上医疗机构进行监督检查，查处违法违规行为13起。强化药品经营许可证监管。继续推进药品安全示范县试点创建活动。

【医疗器械监管】 2013年，市食品药品监管局突出监管重点，确定20家生产企业为重点监督检查单位。与241家医疗器械生产企业签订《质量承诺书》。

食品药品安全宣传

开展保健食品打“四非”专项行动

全年共检查生产企业399家次，经营企业2170家次，县级以上医疗机构49家次，覆盖率100%。先后开展“体验式营销”专项检查、一类静电理疗贴生产企业专项检查、定制式义齿产品生产及使用监督检查、体外诊断试剂经营企业专项检查、防控H7N9流感有关医疗器械专项检查等一系列专项检查和整治活动。严格执行第一类医疗器械产品注册审批程序，共办理产品注册25个。按照国家局、省局有关要求，对一类医疗器械产品注册进行清理整顿，共注销产品72个。严把许可入口关，共受理第二、三类医疗器械经营企业许可1134件，办结1089件，按时办结率100%。按照省局委托，郑州市局共完成生产许可检查验收48家次，生产企业的质量体系考核47家次，生产质量管理规范检查7家次，临床核查55个品种。加强违法医疗器械广告监测和管理，共向工商行政管理部门移交违法广告86件。

【药品不良反应监测】 2013年，市食品药品监管局狠抓药品不良反应监测。完善工作制度，制定并下发《郑州市药品群体（严重）不良事件调查处理工作程序》。加强各基层单位监测员ADR/MDR专业知识培训，共组织培训5次；对涉药涉械单位监测人员开展ADR/MDR和基本药物监测知识宣传。编印《郑州药械安全监测》6期，并对2012年收集的病例报告进行统计、分析、汇总，遴选重点监测品种，为日常监管和公众用药用械提供服务。全年共审核提交2457家监管单位上报的ADR报告10402份，其中新的严重报告89份，MDR报告1079份，药物滥用报告796份。

【打假治劣】 2013年，市食品药品监管局秉承“打假保真、治劣扶优”的理念，畅通投诉、举报渠道，深挖案件线索，形成打假治劣合力。开展声势浩大的打假治劣专项行动，共立案1687件，结案1590件，向公安部门移送涉嫌犯罪案件95起，移交犯罪嫌疑人101人，执行罚没款764.14万元，其中，药械411.3万元，餐饮319.46万元，“保化”33.38万元。打假治劣不仅规范了医药市场秩序，保障了群众用药用械安全，而且助推了全市医药经济持续稳定健康快速发展。2013年全市76家药品批发企业实现销售收入496亿元，比上年增加140亿元，增幅39%。

【依法行政】 完善依法行政相关制度，强化行政执法监督。加强对行政执法案卷的法制审核，共审核行政执法案卷86件，按时向省局和市政府报备规范性文件18件，向市依法治市办公室报备依法治市信息27条。承办市人大代表建议3件、政协委员提案14件，代表委员满意率100%。按程序做好行政复议及行政诉讼办理工作，共办理行政复议案件6件，行政诉讼案件2件。

【监管基础建设】 药检所检验能力不断提升，全年共完成基本药物全检386批次，针对性抽验检品及保健食品非法添加类1081批次，检验出百花定喘片、哮喘宁等假药、劣药39批次，检验报告准确率100%。

3月15日，郑州市食品药品监督管理局药品审评认证中心正式组建，制定《郑州市药品经营质量管理规范认证工作程序》及审核标准等相关流程和文件，正式受理药品零售企业GSP认证申请材料并组织认证。

7月26日，郑州市食品药品监督检验中心项目经省局、市政府联席工作会议决定，纳入河南省口岸食品药品医疗器械检验检测中心项目中，遵循省、市联建，以省为主的原则，由郑州市负责河南省口岸食品检测中心项目建设。11月中旬，编制完成《河南省口岸食品检验检测中心项目建议书》报市发改委。

（王 品）

统计工作

【概况】 2013年，全市统计系统不断夯实统计基层基础建设，拓宽延伸统计服务方式，有效提升统计服务效能，圆满完成各项统计工作任务。

服务重点领域更加扎实主动。2013年，按照加强郑州都市区建设以及“强投资、夯基础、调结构、求提升”的总体要求，市统计局围绕“七大支柱产业”和“三大高成长性产业”，更新完善覆盖全市工业、服务业行业和各类调查对象的统计调查制度；进一步做好全市“五职招商”项目、“三力”型项目和省级产业集聚区、市级专业园区、服务业两区的统计监测，创新性开展组

国家统计局局长马建堂莅郑调研

国家统计局副局长许宪春莅郑调研

团新区、特色商务园区等调查监测，定期反映经济转型期考核指标体系。对投资、房地产开发运行态势、“特、一级建筑业企业”实施重点监测，参与全市重大项目建设专项督察工作。

服务党委政府决策更加积极高效。在数据提供方面，全市统计部门及时报送各级党委政府领导关注的主要经济指标和区域城市经济发展的横向对比数据。在分析研究方面，针对全市经济运行变化情况和社会热点问题，深入开展统计分析、课题研究，有针对性地组织专项调查，全年全市统计系统共撰写统计信息、分析、调查报告、统计报告、课题研究、书记市长专报等共计2000余篇，大多数被新闻媒体采用。多篇统计科研课题在省统计局、郑州市社科联获奖。同时，全市统计系统积极为当地经济工作会、各级“两会”提供统计服务工作，参与《政府工作报告》等党委、政府重要文件起草和数据核实工作。

服务社会公众更加全面优质。全市统计部门切实做好统计公报、统计年鉴、郑州农村发展报告、服务业发展报告、经济动态、工业快报等资料书籍的编印工作，满足社会各界对统计数据和统计信息的需求。以郑州统计信息网为主渠道，通过中国统计开放日活动、统计官方微博、ZZIC等，不断规范、完善发布方式。2013年，郑州统计信息网共发布统计分析信息、工作动态2000余条。

【大型普查工作】 2013年是第三次全国经济普查年。郑州市政府下发关于开展和加强第三次全国经济普查的文件，各县（市）区、开发区均组建普查领导小组及普查办公室，完成普查机构建设和普查经费、人员等“四落实”，全市12个县（市）区均成立普查中心。全市抽调人员、制定方案、业务培训、单位对比、实地核查、地图绘制、宣传发动、工作督导等各项准备工作全面开展。单位核查工作成效显著，经济普查现场登记工作有序推进。

【常规调查与专项调查】 2013年，全市统计系统严格执行统计调查制度，圆满完成农业、工业、建筑业、服务业等国民经济各行业年度、季度、月度报表的上报联审和国民经济核算工作。顺利完成大城市月度劳动力调查、人口与城镇化抽样调查、文化产业统计、企业用工重点调查、民生福利监测、城市社区卫生服务调查、贫困村调查、妇女儿童监测等10余项专项调查工作。参与全市保障性安居工程、外商投资企业联合年审、旅游产业发展课题等部门联合调查工作。圆满完成第六次全国人口普查的市、县两级普查资料编辑印刷出版工作。郑州市投入产出调查工作三次审核通过率在全省名列前茅。

【统计监测评价】 2013年，全市统计系统在全面完成产业集聚区、专业园区等统计监测的基础上，开展了城市新区、组团新区、服务业两区、农业专业园区统计监测，全市共调查产业集聚区法人单位4000余家，形成全市年度产业集聚区统计数据。郑州市统计局在全省18个地市中首家开展科技创新统计监测工作，探讨测算全社会科技投入统计方法。首次牵头组织对2013年全市主要经济指标的预计和2014年预期目标的分析测算和制定工作，跟踪反映政策实施效果，为市领导科学决策起到重要的参谋作用。

【服务业统计】 按照省长谢伏瞻“建立服务业统计机构势在必行”的批示精神和省、市政府关于加强服务业统计工作的通知要求，郑州市多次召开专题会议研究部署服务业统计工作。各县（市）区均设立服务业统计机构，服务业基层统计力量得到加强。市统计局全面实施“七大支柱产业”服务业统计调查制度、监测方案和考核办法，建立健全服务业统计工作协调机制，强化对服务业部门统计的组织、协调和业务指导。新编《郑州市服务业发展报告》，填补全市服务业统计工作的空白；每月编印《全市构建现代产业体系统计资料》，对服务业七大支柱产业主要经济指标进行通报。成立全市服务业联网直报单位财务报表数据质量评估小组，把贸易、房地产和其他服务业财务统计数据质量管理作为核心工作来抓，进行专项研究、专项部署、专项督察，解决第三产业增加值偏低的问题。

【统计信息技术】 2013年，全市统计系统不断优化完善统计信息网络系统和安全环境，持续推进全市标准化和专业化机房建设、视频会议系统建设和桌面管理系统建设，新增高新技术开发区视频会议客户终端。做好全市3%人口变动抽样调查和“企业一套表”数据处理工作。完成经济普查PDA设备的接收、分发、登记、操作使用和培训等工作，保障了全市普查登记工作的顺利开展。

【统计“双基”建设】 2013年，全市统计系统在不断巩固统计基层基础三年发展规划成果的基础上，继续将“双基”建设向村级、特殊区域和“三区”延伸，郑州经济技术开发区成立统计局，开创特殊区域设置独立统计机构的先河。全市逐步建立村级专职统计人员，完善农村村组统计台账。全市“三区”统计机构、工作条件和设备逐步完备，为确保源头统计数据质量打下基础。

【统计法制工作】 全市统计部门积极运用法律手段维护经济普查的顺利进行，开展以服务业数据质量为主题的专项检查，工业、贸易、投资、劳动工资、能源、科技等专业数据核查稳步开展，全市给予警告、经济处罚等统计行政处罚单位40余家。丰富执法形式，对存在数据质量隐患的个别乡镇、办事处实施约谈，对接受统计行政处罚的单位采取整改回访，提升服务型执法建设水平，维护政府统计公信力。

【统计政风行风建设】 市统计局履行7项“向社会承诺、让人民满意”公开承诺。坚持文明执法，规范执法，杜绝“不作为、乱作为、懒作为、慢作为”情况的发生。市局领导参加市政府“政府统计在线访谈活动”，现场解答网友提出的问题，有效提高了社会公众对统计工作的认知水平。市统计局连续三次（5年）被评为全省统计系统政风行风建设先进单位。

全年统计从业资格和继续教育培训人数突破2000人。市信用办完成

《郑州市企业信用信息管理办法》的修订起草，创建国家诚信城市试点市工作顺利展开，全市社会信用体系建设工作取得新成效。

（郑　惠）

海关工作

【概况】 2013年，郑州海关深入践行“四好”总体要求，全面推进“五型”海关建设，关区各项业务取得新发展；坚持主动作为，积极促进河南开放型经济发展，研究制定《支持郑州航空港经济综合实验区建设的十项措施》，推进跨境贸易电子商务服务试点和海关特殊监管区域间保税货物结转试点，支持“郑欧”国际货运班列运营和郑州机场国际客货运业务发展；深入开展“三深入三服务”和“严纪律、抓规范、转作风、树形象”专项整顿活动，扎实做好第一批党的群众路线教育实践活动；坚持以人为本，队伍建设取得新成效；坚持正风肃纪，党风廉政建设呈现新气象。2013年，省政府专文对郑州海关通报表彰。

【海关监管】 2013年，郑州海关坚持简政放权，认真落实海关总署决定取消和下放的行政审批事项，汇总清理关区业务管理事项261项，形成《郑州海关简政放权，深化业务改革实施方案》。完善“四位一体”物流监控体系，统筹规划监管资源，强化实际监管，查验率和查获率实现双提高。深入推进通关作业无纸化改革和海关特殊监管区域“两单一审”通关改革试点。优化关区内转关运输货物监管模式，实现进出口货物在关区内“一点报关、多点验放”。理顺关区稽查工作机制，发挥后续管理的职能作用，实施差别化稽查作业模式，提高稽查和保税核查的查发率，追补税款2449万元。建立AA类企业协调员制度，积极深入企业调研，为企业协调解决通关业务问题。强化风险信息收集与分析，海关综合业务管理平台（HZ2011系统）上线运行。切实推进“绿篱”专项行动，查获固体废物走私违规案件3起。加强旅客行李物品监管，落实100%机检要求，查获21起违规携带货币现钞案，案值630万元。2013年，关区共监管进出口货物507.4亿美元，与2012年相比增长25.3%；监管进出境航班10467架次，人员69万人次，分别增长56.8%、49.8%。

【海关税收征管】 郑州海关健全完善综合治税工作机制，坚持税收“量质效”并举，注重通过高效优质的服务吸引税源，培植税源，全年实现税收入库134.18亿元。做好苹果手机内销征税业务，征收税款84.29亿元，占关区税收总量的62.8%。加强对苹果手机、葡萄酒、羊皮等重点商品的审价工作。加强和规范加工贸易边角料管理，全年边角料补税3639万元，增长171.3%。落实国家税收优惠政策，促进重点产业发展和重点项目建设，审批各类减免税货物4.79亿美元，减免税款3.89亿元人民币。

【海关缉私】 2013年，郑州海关落实国务院打击走私工作座谈会和全国海关打击走私工作会议精神，切实加强打击走私综合治理工作领导小组成员单位之间的联系配合，推进反走私综合治理。开展打击走私专项斗争和联合行动，重点打击“洋垃圾”、毒品、武器弹药、重点涉税商品、资源性商品、濒危物种走私和骗取出口退税、违法携带货币等8个重点领域的走私违法活动。成立跨部门情报工作组，建立专案组工作制度、缉私联络员制度和案件研讨组工作制度。发挥海关在知识产权边境保护、扫黄打非、反恐维稳等方面的作用，落实“宽严相济”刑事司法政策，努力实现打击走私政治效果、法律效果与社会效果的有机统一。全年立案侦办走私犯罪案件7起；破获走私重点涉税商品案件3起，总案值3.23亿元，涉嫌偷逃税款3504万元；缴获毒品、武器弹药及政治性非法出版物一批。刑事案件批捕率、公诉率、有罪判决均达到100%。行政执法质量进一步提升，全年共立案办理行政违法案件361起，案值1.56亿元。

【海关统计】 2013年，郑州海关对河南开放型经济发展情况开展专题调研，形成《河南省对外贸易发展情况的调研报告》，得到省委书记郭庚茂、省委常委、郑州市委书记吴天君和副省长赵建才的批示；加强对外贸总体形势及重点进出口商品的前瞻性、趋势性监测预警和分析研究，定期向省、市政府和相关部门报送海关统计分析报告，提供决策支持和服务。

【口岸大通关】 支持“郑欧”国际货运班列开通运营，加强与口岸海关的联系配合，通过海关总署外事部门协调有关国家海关为“郑欧”国际货运班列货物通关提供便利。全年班列运行13班，监管集装箱1128个；货运量9113.89吨；货值4821.11万美元。支持郑州机场国际货运业务发展，简化手续，优化通关流程，航空快件和保税航材、保税航油等业务运转顺畅。截至2013年年底，郑州机场开通直达亚欧美澳四大洲的国际客货运航线40条，南航、东航、俄罗斯空桥货运航空等国内外知名航空公司先后进驻郑州机场。全年海关共监管各类空运货物87957吨。分别与武警河南省边防总队、河南出入境检验检疫局签订合作备忘录，不断扩大合作范围、内涵和层次。支持郑州圃田铁路集装箱中心站、郑州机场二期工程、郑州国际陆港规划和中南物流集散中心建设，及时跟进工程建设进度。支持配合省、市政府筹办召开第八届中博会。配合海关总署和省政府召开“丝绸之路经济带”中欧物流通道建设国际交流会和“郑欧”国际货运班列海关监管研讨会。完成“海通网”建设，为进出口企业提供统一的服务平台。

【海关支持郑州航空港实验区建设】 8月14日，经海关总署核准，省政府新闻办召开新闻发布会对外发布《郑州海关支持郑州航空港经济综合实验区建设的十项措施》。为确保各项措施落到实处，多次召开企业宣讲会，并对各部门落实工作开展专项督办。

【跨境贸易电子商务监管】 郑州海关通过制度创新和科技创新，研究制定跨境贸易电子商务进出境物品保税模式监管方案和海关监管信息化方案，对进口集货模式、进口备货模式、出口集货模式的通关流程进行验证测试，较好地解决了通关难、退税难和结汇难问题，提高了海关对电子商务进出境物品监管的规范性和有效性。全年参与试点企业97家，监管进口入区商品74.82万美元，出区商品60.83万美元，征税34.6万元，征税订单比例为39%；监管出口商品19批，价值6.3万美元。

【海关特殊监管区建设】 郑州海关开展海关特殊监管区域间保税货物结转试点，完善企业内销产品返区维修业务监管模式，整合完善海关特殊监管区域监管辅助平台，建立关区“大保税”统一信息平台，海关特殊监管区域保税物流功能得到进一步拓展。支持地方政府做好出口加工区B区和综合保税区三期的规划建设。7月31日，国务院下发《国务院办公厅关于同意调整河南郑州出口加工区规划范围的复函》（国办函〔2013〕83号），出口加工区B区正式获批。

【孙毅彪视察郑州海关】 5月18日，海关总署副署长孙毅彪在郑州出席第八届中国中部投资贸易博览会，期间，到郑州海关视察，对郑州海关工作给予肯定，要求加强班子自身建设，充分发挥好表率带头作用；紧紧围绕地方开放型经济发展，继续做好支持和服务工作，加快推进郑州市跨境贸易电子商务服务试点工作；继续加大税收工作力度，努力完成全年税收任务；进一步加强作风建设，严守政治纪律，切实抓好队伍建设，防好三大风险。

2013年郑州海关主要业务统计指标

序号	业务指标	计量单位	2013年1-12月	2012年1-12月	同比增减±%
1	进出口货运量合计	万吨	1127.1	1268.8	-11.2
2	#1、进口	万吨	1090	1227	-11.2
3	2、出口	万吨	37.2	41.8	-10.9
4	进出口货值合计	亿美元	507.4	406	25.3
5	#1、进口	亿美元	231.6	209.4	11.1
6	2、出口	亿美元	275.8	196.6	40.3
7	海关税收（实际入库）	亿元	134.1	79	70.0
8	#1、关税	亿元	6.4	7.2	-11.0
9	2、代征税	亿元	127.7	71.8	78.0
10	审批减免税	亿元	3.9	8.7	-53.0
11	统计报关单	万份	40.3	18.1	122.7
12	监管集装箱	箱次	48857	54458	-10.3
13	集装箱载货量	万吨	66	73.3	-10.7
14	监管飞机	架次	10467	6676	56.8
15	监管进出境人员	万人次	69.0	46.1	49.8
16	备案加工贸易合同数	份	861	639	34.7
17	加工合同备案金额	万美元	86892	73317	18.5
18	缉私局立案走私罪案件数	件	7	2	250.0
19	缉私局立案走私罪案值	万元	32300	2470.3	120.75
20	缉私局结案走私罪案件数	件	4	2	100.0
21	缉私局结案走私罪案值	万元	9640	5697.9	69.2
22	缉私局立案违规案件数	件	352	536	-34.3
23	缉私局立案违规案值	万元	15600.0	18643	-16.3
24	缉私局结案违规案件数	件	403	441	-8.6
25	缉私局结案违规案值	万元	17346.9	9420.6	84.1
26	罚没收入	万元	337	456	-26.1
27	内销征税	万元	7068	11589	-39.0

注：报关单总数包括机场快件报关单16万张

（张 维）

部门亮点

54 郑州市城乡建设委员会
58 郑州市公安局
60 郑州市人民检察院
62 郑州市中级人民法院
63 郑州市司法局
64 郑州市城市管理局
66 郑州市地方税务局
68 郑州市人民政府国有资产监督管理委员会
70 郑州市人民防空办公室
72 郑州市地方史志办公室
74 郑州市南水北调工程建设管理领导小组办公室（郑州市移民局）
76 中共郑州市委党校
77 郑州市体育局
78 郑州市林业局
79 郑州市地震局
80 河南黄河河务局　郑州黄河河务局

郑州市城乡建设委员会

时任省长郭庚茂一行到南三环工程建设现场调研

市长马懿一行到西三环快速化工程建设工地调研

常务副市长孙金献观摩市建委行政审批制度改革贯彻落实情况

市人大常委会副主任、市总工会主席李元法到西三环施工现场进行慰问

市政协副主席党普选一行到西三环建设现场调研

市建委领导参加《政风行风热线》电台直播访谈活动

郑州市城乡建设委员会

参加“保护山川河流，共创美丽郑州”志愿服务活动

参加“慈善日”活动

参加郑州市第六届“百万妇女健身活动”秧歌大赛并获一等奖

参加义务植树活动

到西三环快速化工程建设工地开展慰问活动

赴登封市大金店乡慰问困难群众

京广快速路北延工程开始第一根桩基施工

京广路南三环互通式立交工程完成第一根桩浇筑

郑州市城乡建设委员会

举办第2期道德讲堂活动

举办文明有礼专题讲座

参加在绿城广场举办的“郑州市服务型行政执法集中宣传日”活动

召开2013年郑州市建筑业职业技能竞赛总结表彰大会

“全国市政金杯示范工程”复查组检查郑州市京广快速路工程、七里河南路桥梁工程

郑州市“质量月”活动暨工程质量安全标准化工地现场观摩会在京莎广场召开

郑州市蓝天行动建设工程扬尘污染综合整治现场观摩会在西三环建设现场召开

组织机关离退休党员集中学习习近平总书记系列讲话和十八届三中全会精神

召开春节领导干部廉政谈话会

召开混凝土企业运输安全整治暨质量专项检查工作推进会

召开郑州市城乡建设行业管理工作会议

正式启动建设工程施工现场“红色驿站”

三环快速化工程重要节点项目——西三环航海路立交工程郑少高速方向通车

郑 州 市 公 安 局

公安部部长郭声琨到郑州市公安局视察

新年伊始，时任省委书记卢展工慰问假期中坚守值班岗位的民警

市委书记吴天君到郑州市公安局桐柏路派出所视察

“110”宣传日活动中，110指挥中心的民警到地铁建设工地为建筑工人送温暖，送法律知识

市公安局郑东新区派出所打击侵财犯罪团伙，缴获的涉案财物和作案工具

郑州公安打击侵财犯罪团伙，将抓获的犯罪嫌疑人押解回郑

郑州市公安局

郑州市公安局组织民警开展我为党旗添光彩演讲比赛

市公安局特警支队民警在火车站、商场等人群聚集处加大巡逻防范力度

市公安局组织“夜鹰”行动，专项打击暴力侵财犯罪

在万警进社区活动中，公安民警为从业者普及法律法规，提高治安防范力度

在郑州市公安局开展的“纪律作风整顿”活动中，全体公安民警强警风，树形象，参加队列训练

在万警进社区活动中，公安民警为从业者普及法律法规，提高治安防范力度

郑州市人民检察院

市委书记吴天君到市检察院调研指导工作

高检院侦查监督厅厅长万春一行在省院副检察长贾世民等陪同下，到市检察院调研新刑诉法实施和侦查监督能力建设工作

省、市检察院与人大代表座谈会在市检察院召开，省检察院常务副检察长张国臣与部分驻郑省人大代表座谈交流

市检察院检察长杨祖伟带领市院副检察长赵光南以及市院部分中层干部到中牟县，深入企业开展“五进千家行”大走访活动

市检察院副检察长赵光南带领处室负责人深入企业，进行“五进千家行”大走访活动

在市检察院副检察长宋楠主持下，郑州市女检察官协会第二次会员代表大会召开

北京大学政府管理学院党委书记周志忍教授在郑州市检察院报告厅为干警深入解读宣讲十八届三中全会精神

西南政法大学诉讼法与司法改革研究中心常务副主任李昌林教授，分别围绕修改后刑诉法和未检工作举办讲座

市人大常委会组织部分常委会委员和全国、省、市三级人大代表到市检察院视察民事检察监督工作

北京大学博士生导师周旺生教授为检察官们作关于“中国制度与中国法治”的专题讲座

全市16名“十佳检察官”候选人与媒体集体见面

郑州市人民检察院

市检察机关举办“我无悔的检察人生”演讲比赛暨全省“人民满意的十佳检察官”候选人推选活动

在全国“举报预防周”活动期间，郑州航空港区检察处组织港区150名科级以上干部，到郑州高新区预防职务犯罪警示教育基地开展参观教育活动

新任检察职务的检察官手捧《宪法》，面向国徽进行庄严宣誓

郑州市第十五届“十佳检察官”评选活动现场评审会

市检察院反渎局与郑州电视台法制频道合作的“反渎进行时”系列节目开播

在市检察院召开全市检察长会议暨全市检察机关党风廉政建设工作会议

召开2012年度郑州市检察院反腐倡廉建设暨市管领导班子、领导干部和党组中心组学习考核工作会议

召开市检察院妇委会换届大会

郑州市检察院与北京大学法学院签署检校合作协议并组织第一期领导素能高端研修班培训

市检察院各部门和航空港经济综合实验区（郑州新郑综合保税区）检察处干警集中开展设点宣传活动

市检察院举行新闻发布会

郑州市检察院召开未成年人刑事检察处成立新闻发布会

郑州市中级人民法院

市委书记吴天君到郑州中院调研指导工作

最高人民法院纪检组长张建南、省法院纪检组长王宏昌一行到郑州中院视察指导工作

市委常委、市纪委书记郭锝昌到郑州中院视察指导工作

大力开展“法庭进校园”活动，增强在校师生的法律意识

举办全市法院廉政亲情寄语演讲会

宽严相济的刑事审判工作

合同纠纷案件论证会

实行诉讼引导和多功能诉讼服务活动

未成年人帮教活动

召开新任职干部集体谈话会

郑州中院提请任命法律职务任前考试

走进看守所维护当事人合法权益

郑州市司法局

开展“反拐宣传日”宣传活动

局长周顺杰检查狱所安全

到杜岭街道进行扶贫慰问

举办郑州市首席人民调解员培训班

国家司法考试考场指纹验证

在绿城广场开展法制宣传活动

召开司法行政工作会议

开展“调解进社区”活动

郑州市城市管理局

市委书记吴天君检查规范养犬管理工作

市委书记吴天君视察马头岗污水处理厂

市长马懿视察热源厂煤改气工程

市长马懿为郑州华润燃气股份有限公司颁发市长质量奖

市委副书记王璋到社区调研规范养犬管理工作

市委常委、副市长张建慧到社区检查城市管理工作

局长赵新民慰问一线环卫工人

局长赵新民参加民主评议政风行风热线活动

参加郑州市第十一届运动会

省住房和城乡建设厅副厅长郭风春视察政七街热源厂煤改气工程

市人大常委会副主任雷志到市热力总公司察看十大实事完成情况

市人大常委会副主任周长松视察供热准备情况

市政协副主席李玉辉和全国三级住郑政协委员视察热力工程建设

局长赵新民到市政工程建设工地进行调研

局长赵新民现场指挥市政处、自来水公司对正兴街福寿街交叉口路面大面积塌方进行抢险

执法人员现场劝阻违章占道经营商贩

机关中层干部竞争上岗

赴郑州市监狱进行节前廉政教育活动

重大节日举行升国旗仪式

成立城市管理应急协调处置中心

郑州市地方税务局

市人大常委会主任白红战、副主任王平询问12366纳税服务热线服务情况

常务副市长孙金献在市地税局调研

局长李新峰、市委宣传部副部长徐西平共同启动活动仪式

局长李新峰对二七区地税局廉政文化走廊建设、办公用房清理等工作进行调研

局长李新峰调研存量房交易情况

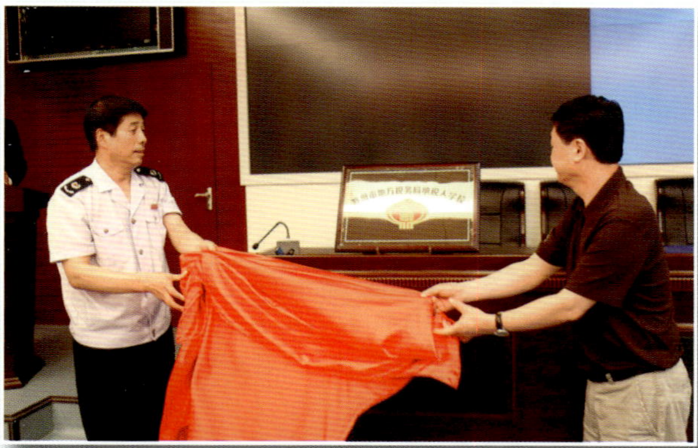

局长李新峰与省局纳税服务处负责人为纳税人学校揭牌

局长李新峰走进郑州经济广播电台与纳税人就涉税问题进行交流

省、市文明办到市地税局进行“全国文明单位”复检

中央人民广播电台河南省分站站长辛如记在市地税局参观题词

郑州市地税局绩效管理现场观摩暨扩大试点推进会议在新郑召开

郑州市地税系统《反腐倡廉法律法规选编》知识竞赛决赛现场

迎七一“光彩杯”乒乓球、羽毛球比赛

2013年首期税苑大讲坛会场

郑州市人民政府国有

全市国有企业改革发展暨国资监管工作会议召开

市国资委“一学三促”活动动员会召开

市国资委召开产权登记培训会

市国资委召开春节廉政谈话会

郑州市国资系统平安建设百日竞赛动员会召开

郑州银行安阳分行授信签约仪式

中国冶金科工有限公司河南分公司成立仪式

“中央企业参与中原经济区建设河南行”集中签约仪式

资产监督管理委员会

在绿城广场举办安全宣传活动

河南省现代化程度最高的制水企业——柿园水厂

新型公交场站

舒适快捷的快速公交

郑州国际会展中心

郑州市人民防空办公室

省人防办主任吕振海参加“5·12”广场宣传活动

为老干部送健康志愿服务活动

“5·12”广场宣传活动

迎“八一”歌咏比赛

防汛抢险演练现场

在北大举办人防办领导干部综合素养提升高级研修班

获全国人防训练比武竞赛计算机标图第二名

获全国人防训练比武竞赛优胜奖

人防军事拓展训练

市民在人防工程纳凉点休闲

郑州市地方史志办公室

省史志办主任霍宪章在第十届全国中心城市地方志工作交流会上作重要讲话

副市长刘东在全市地方史志工作会上讲话

召开郑州市地方史志工作会议

召开党的群众路线教育实践活动动员大会

承办第十届全国中心城市地方志工作交流会

第十届全国中心城市地方志工作交流会分组研讨会

郑州市地方史志学会会员代表大会召开

举办庆祝建党92周年三级网格座谈会

举办党课进网格专题讲座

召开《郑州市乡镇街道图志》样书研讨会

召开史志工作督察汇报会

召开史志工作年中推进会

郑州市地方史志办公室

在浙江大学举办郑州市史志干部综合素质提升研修班

积极主动开展全市部门志指导工作

召开史志系统庆“三八”国际劳动妇女节座谈会

重阳节慰问孤寡老人和空巢老人

举办“党章知识大会考”

积极参加市妇联庆“三八”系列活动

举办道德大讲堂

编印群众工作队工作手册和长效机制工作简报

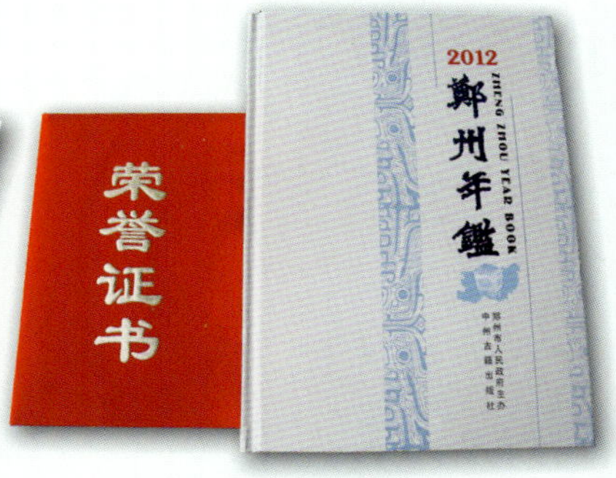

《郑州年鉴》获第七届全国年鉴编校质量检查评比特等奖

参加郑州市直机关健步走活动

国内首款地情类APP《郑州地情》正式发布

获第七届全国年鉴编校质量检查评比特等奖证书

郑州市南水北调工程建设管理

副省长刘满仓调研南水北调配套工程建设

副省长王铁调研南水北调跨区桥梁和工程建设

省委组织部副部长朱是西到中牟姚湾和新郑观沟移民村调研

副市长吴忠华察看南水北调市区段大李庄沟排水渡槽防汛安全隐患点

中牟县全店移民村蔬菜大棚

新郑观沟移民村

穿黄工程南岸进水口

施工中的郑州南水北调干渠2段4标

施工中的23号口门穿主干渠廊道工程

领导小组办公室(郑州市移民局)

市长马懿在新郑移民村调研

省南水北调办主任王小平调研配套工程施工6标和22号线密垌泵站建设情况

副市长杨福平在嵩山南路21号口门调研

市南水北调办主任薛永卿带领班子及中层干部到22、23号线现场观摩推进工程建设

施工中的配套工程19号口门穿主干渠廊道工程

配套工程最大泵站沉井

穿黄工程南岸竖井进入隧洞

新郑南段三标双洎河支线渡槽建设

中共郑州市委党校

中央党校任铁缨教授在党校作关于加强党风廉政建设专题报告

帮扶登封市唐庄乡范庄村计生困难家庭

市委中心组理论学习专题报告会

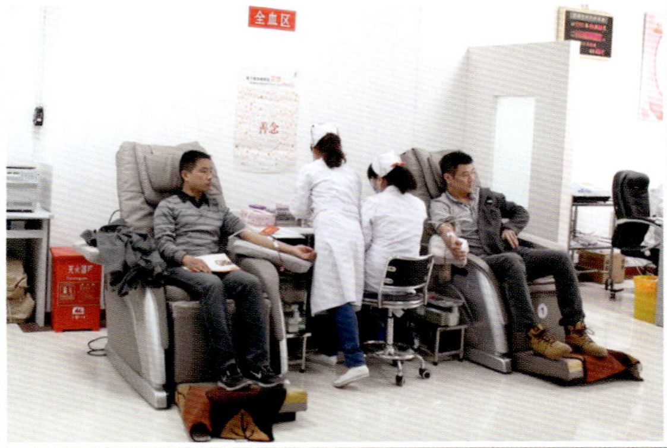

校志愿者心系雅安自发组织献血

研究生2013级入学考试考场

邀请八路军老战士到党校作“重温延安精神 弘扬革命传统”专题报告

召开“一学三促”活动动员大会

郑州市县处级领导干部学习贯彻十八大精神研讨班开班

郑州市体育局

市长马懿、副市长刘东等市领导带头参加健身活动

2013中国郑开国际马拉松赛开赛

健身服务进社区

“全民健身舞动中原”活动

群众性太极拳比赛

少林拳进课堂活动

武林英姿

武术表演

郑州市第十一届运动会参赛队伍

郑州市林业局

副省长王铁调研郑州市花卉产业

省林业厅厅长陈传进调研郑州林业工作

市领导王林贺带队督导全市造林绿化工作

四港联动大道生态廊道

郑州绿博园郁金香盛开

市民参加全民义务植树活动

湿地茂盛荻花开

郑州市地震局

省、市领导视察防震减灾科普教育基地展厅

开展春节走访帮扶慰问活动

开展各项防震减灾知识宣传活动

庆祝建党92周年“忆党恩，发扬传统，再创新佳绩”主题演讲活动

参加5·12防灾减灾日大型宣传活动

郑州市首座防震减灾科普教育基地启动仪式

“5·12防灾减灾日宣传进社区”活动

制定郑州市建设工程抗震设防要求管理

向市民展示地震应急救援设备

市地震局行政审批办事大厅

参加省级防震减灾科普示范学校验收

举办防震减灾业务培训及地震应急演练

河南黄河河务局　郑州黄河河务局

市委书记吴天君检查黄河防汛工作

市长马懿检查黄河防汛准备工作

市政协主席李秀奇率队检查黄河防汛工作

副市长吴忠华调研中牟韦滩黄河滩区应急防护工作

省军区首长检查黄河防汛军民联防工作

市人大组织检查黄河防汛工作

中牟黄河九堡控导工程险情抢护

郑州河务局学雷锋志愿者服务队在花园口开展宣传活动

全市黄河防汛“三位一体”军民联防会议召开

涉河安全宣传

文化

WEN HUA

◎文化事业

◎新闻出版与传媒

◎科技　教育

文化事业

社会文化

【概况】 2013年，在市委、市政府的正确领导下，郑州市文广新局紧紧围绕郑州都市区建设和“三大主体”工作总体布局，不断完善公共文化服务体系，持续推动文化事业繁荣发展，文化精品战略深入推进，文化市场健康有序，保持了平稳发展的良好态势，为全市经济社会的发展提供了良好文化条件。2013年郑州市成功创建国家公共文化服务体系示范区城市，舞剧《水月洛神》作为郑州市靓丽的文化名片，荣获第十届“中国艺术节”文华优秀剧目奖、2013年度“国家舞台艺术精品工程” 十大精品剧目奖，彰显了中原文化的影响和魅力。农家书屋工程建设等多项工作受到国家、省厅（局）的表彰，文化志愿者工作、动漫产业发展等方面取得骄人成绩，走在全省前列。

非物质文化遗产保护工作继续加强。在完善非遗保护制度基础上，积极做好省市级保护名录整理、评审工作，完成了第四批国家级非物质文化遗产代表性项目申报工作。郑州市拥有国家级非物质文化遗产名录项目5个，省级项目已达到40个，市级项目149个，编辑出版了《郑州非物质文化遗产》书籍和《郑州非物质文化遗产邮票典藏》邮册。

举办“情暖新春”专场文艺演出活动，共演出16场，包括豫剧专场、曲剧专场、舞剧专场以及名家名段综艺专场，分别在2月3日至6日、2月17日至24日期间，在郑州艺术宫、铁路文化宫和河南省人民会堂等场馆演出，惠及群众3万余人。

文化相关产业快速发展。郑州市印刷、发行、电影行业等各项经济指标继续位居全省前列。全市电影放映经营单位达到33家，票房收入2.6亿多元；电影发行单位达到1606家，注册资本近20亿元，销售数量31.5亿册（张、盘、份），销售总额42.5亿元；全市印刷复制企业达到659家，实现产值69亿元，实现利税1.4亿元，年利润总额4.7亿元；互联网上网服务单位达到1013家，歌舞娱乐场所达到255家，电子游艺场所达到234家。

文化市场监管机制进一步完善。实行分级管理，制定了分包联系责任制，实行执法人员“全员执法、全天备勤”，确保日常检查的长效性；充分发挥12318举报电话和网络监控平台的作用，全天24小时受理群众举报。依法行政工作成绩突出。市文化市场综合执法支队、巩义市、金水区、惠济区等单位积极推进依法行政工作，在全省、全市行政执法案卷评比中获奖。

【公共文化服务体系建设】 郑州市借助创建活动，完善公共文化服务体系建设，提升公共文化服务水平，并荣获首批示范区称号。11月6-8日，国家文化部、财政部在上海浦东召开国家公共文化服务体系示范区创建工作总结表彰大会，郑州市作为第一批示范区创建城市被命名为“国家公共文化服务体系示范区”，这标志着郑州市自2011开始的创建工作取得圆满成功，也标志着郑州市以文化惠民为核心内容的公共文化服务体系建设进入一个新阶段，为郑州市文化大繁荣大发展奠定了良好的基础。

【四级公共文化设施网络不断完善】 总投资约6.1亿元、设计藏书量240万册的郑州市图书馆新馆作为郑州市新的文化地标已经建成。部分场馆试运行近半年，效果良好。尤其是春节期间，克服困难坚持开放，并举办多项活动，受到了广大市民群众的欢迎。郑州美术馆、郑州市群艺馆均达到国家一级馆标准。荥阳市分别投资2亿元，建成了新“两馆”；金水区投资150万元，对两馆进行了重新装修；二七区投资200万元，租用和装修了新图书馆；登封市投资40余万元，对图书馆软硬件设施进行了改造升级。全市12个县（市）区的文化馆、图书馆全部达到国家三级馆以上标准；全市114个乡镇（街道）建成了综合文化站；全市建成社区文化活动中心560个、农家书屋2288个、公共电子阅览室787个、农村文化大院2100个，全市基层公共文化服务设施基本实现了全覆盖。

【文化惠民工程贴近基层、服务民生】 “舞台艺术进乡村、进社区”活动共完成演出1000场，群众反响强烈。全市1960个行政村平均每月放映一场公益电影的年度工作任务如期完成，观影群众达260多万人次。全市新

6月23日，国家话剧院在郑州演出

建公共电子阅览室200个，新建、改建新型社区文化活动中心100个；无线发射台站基础设施加快建设，农村广播电视“村村通”向“户户通”拓展。全年全市205家图书馆、群艺馆、美术馆、文化站共开展讲座、培训、展览等活动1200多场次，受益群众达110多万人次。

【群众性文化活动推陈出新】 围绕“三大主体”工作，市群艺馆推出了大型系列群众文化活动品牌“情韵郑州”四季风，举办文艺汇演、专家讲座等活动300多场，把思想宣传工作与百姓文化生活紧密结合，在党委、政府与人民群众之间架起“连心桥”。“群星讲堂”、2013河南国际民间艺术周、农民工艺术培训基地、“市群星奖”评选等群众文化活动项目共举办专题讲座、动漫展播、有奖征文300余场次，受益群众达40万余人。市直机关艺术培训活动计划周密，组织得力，好评如潮。“金水都市舞蹈节”，二七区“礼乐中国”管城区、惠济区、高新区民间文艺展演，荥阳市象棋艺术节，新郑市“周末大家乐”，中牟县西瓜文化艺术节等文化品牌，深受广大人民群众的喜爱。此外，第十届绿城读书节举办“十佳书香家庭评选”“绿城读书讲座”等18项活动，在全市营造了“尚学、好学、善学”的良好文化氛围。全市文化志愿者队伍不断发展壮大，文化志愿服务活动形式多样，内容丰富，被文化部评为“全国文化志愿服务优秀单位”，全国仅有19个城市获此殊荣。

【郑州图书馆新馆试运行】 郑州市图书馆新馆坐落于郑东新区，位于客文一街以北、客文二街以南、兴荣路以北、民生路以西，新馆占地5.09公顷，总建筑面积72450平方米，地下一层，地上五层，是老馆面积的7倍。设计馆藏图书240万册（件），阅览座位3000个，实现了无线网络覆盖，设计日均接待读者量6000人次。新馆总投资概算60989万元，是新中国成立以来郑州市投资规模最大的社会文化设施。8月8日，郑州图书馆新馆报刊阅览厅、图书借阅厅、多语种阅览室、无障碍阅览室等区域面向读者开放试运行。试运行后，各项工作稳步推进，对外服务和内部调整有序展开，取得了良好的社会效应，逐步形成较为稳定的读者群，逐渐掌握了新馆的接待运行能力，为正式开馆不断积累宝贵经验。试运行后，郑州图书馆新馆接受了创建国家公共文化服务体系示范区文化部专家组的检查验收，承办了中国图书馆学会第七届“全民阅读论坛”等大型活动。文化部党组副书记、副部长杨志今，文化部副部长、国家文物局局长励小捷，省委常委、郑州市委书记吴天君，副省长张广智，省文化厅厅长杨丽萍，省文化厅副厅长崔为工，郑州市委副书记、市长马懿，市委常委、宣传部部长王哲，副市长刘东等国家、省、市领导及市文广新局领导多次到馆调研指导工作。

【文艺精品创作】 精品剧目广受赞誉。郑州歌舞剧院排演的大型舞剧《水月洛神》继年初获得文化部优秀剧目资助奖之后，在10月由文化部主办的第十届“中国艺术节”上，又获文华优秀剧目奖以及编剧、编导、舞美、表演等多个单项奖；同时，郑州市群艺馆选送的舞蹈《手舞四季》、河洛大鼓《劝人要有好心态》获得全国群众文化政府最高奖“群星奖”。舞剧《水月洛神》不仅连获大奖，演出邀约更是全年不断，2013年先后在国家大剧院、长安大剧院及新疆、澳门演出40多场，引起轰动、广受赞誉，提高了郑州的美誉度和文化影响力；豫剧《斗笠县令》作为癸巳年黄帝故里拜祖大典专题文艺晚会成功演出，国家、省、市领导观看演出后给予高度评价。

文艺创作更加活跃。豫剧《都市阳光》创作已进入排练阶段，被省委宣传部列入2013年“中原人文精神精品工程”重点项目，并受到文化部主管领导的高度认可；大型动画连续剧《黄帝史诗》制作顺利推进。

【文化产业聚集发展粗具规模】 已规划建设国家级文化产业示范基地2个，国家级动漫产业基地1个，省级文化产业示范基地11个，郑州市文化产业示范基地30个，郑州市文化产业特色乡（村）15个。国家动漫产业基地（河南基地）和郑州动漫产业基地已经基本建成，入驻国家基地动漫企业87家，入驻郑州基地动漫企业14家，成为郑州市动漫产业发展的两大产业聚集区。快乐星球创意产业园、新郑黄帝故里文化产业园、石佛艺术公社文化园等园区正在加紧建设。

【文化品牌知名度持续提升】 郑州动漫“小樱桃”“快乐星球”等在国内已具有较强的知名度，带动了相关衍生产业的发展。《风中少林》《水月洛神》和《禅宗少林·音乐大典》成为演艺精品力作。节会品牌影响扩大，2013郑州图书交易会吸引了北京、天津、上海等10余个省市的200多家出版、发行单位参会，近3万名专业观众到会订购、观展，交易总额达到2亿多元，取得了良好的经济效益和社会效益。

【动漫创意产业】 郑州国家动漫创意产业中心牢固树立大招商、招大商的思路，通过深圳文博会、杭州动漫节、中博会等项目招商活动，引导撬动社会资金300多亿元投入到38个文化产业项目，为文化产业发展注入强劲动力。重点培育河南小樱桃动漫集团有限公司、河南漫画时代传媒有限公司、河南华豫兄弟动画影视有限公司、郑州索易动画有限公司等5家重点动漫企业。截止到11月，全市动漫产品有11部动画片经国家广电总局制作备案公示，总时长6870分钟。

【文化体制改革】 文化体制改革任务基本完成，遗留问题取得突破性进展。市歌舞剧院、市曲剧团、市豫剧团、市杂技团改制工作基本结束，激发了内部活力，提高了市场运作水平。通过与市委、市政府积极沟通、协调，凤凰电影院改制遗留了12年的问题取得突破，市政府印发了《郑州市人民政府关于解决郑州市文化体制改革遗留问题的会议纪要》等政策文件，明确了解决凤凰电影院遗留问题的职责分工、转移办法和时间节点等，推动了有关遗留问题的解决。

（张明华）

文物管理

【概况】 2013年，在全市文物系统广大干部职工的共同努力下，郑州市文物事业继续保持了良好的发展态势。联合国教科文组织世界遗产专家对大运河郑州段申遗工作进行了现场评估验收，为申遗的最终成功奠定了基础。“两园一中心”等重点项目积极推进，商城遗址保护成果初步显现。基础性工作更加牢固，郑州市拥有国家级文物保护单位总数达74处80项，位居全省第一、全国前列。积极为省市重点项目提供优质服务，服务经济社会发展的能力水平不断提高。圆满完成了2013年度文物安全责任目标。

积极开展国家考古遗址公园申报工作。根据国家文物局关于开展第二批国家考古遗址公园申报工作的部署，积极做好郑州商代遗址申报国家考古遗址公园的评定，大河村遗址、荥阳故城、郑韩故城和古城寨申报国家考古遗址公园的立项等工作。经过努力，郑州商城遗址初步入选国家考古遗址公园评定名单，郑韩故城初步入选国家考古遗址公园立项名单。

文物行政审批及社会服务工作严格按照相关法律、法规，简化办事程序，提高服务质量，推行网上审批，优化发展环境。出具建设项目选址和初步设计指导意见近30份，完成审批或向上级单位报批建设项目设计方案共20余项。

4月18日，国际古迹遗址日活动

【“登封‘天地之中’历史建筑群”保护管理】 开展世界文化遗产监测工作，是现阶段我国世界文化遗产管理工作的重点工作。郑州市作为全国的试点城市，积极推进该项工作，并取得了较大进展。同时，继续开展文物保护规划编制及文物保护维修工作，实现了对遗产的有效保护和管理。

全面推进世界文化遗产监测工作。进一步健全监测机制，扩大队伍，完善职能，正式运行郑州、登封两级遗产监测管理专门机构，实施网格化管理机制及信息资源共享机制。根据国家文物局监测预警体系建设工作部署，完成对8处11项历史建筑群现状和保护监测工作实施情况的排查工作，掌握了监测管理的第一手材料。

继续实施遗产基础数据库和现状信息数据库建设，开展遗产本体及附属文物、气象、水文、空气、噪声、水质、旅游活动、建设活动、规划执行情况等13类别的监测工作，在确保遗产安全的同时，完善了相关数据库。

继续推进“天地之中”历史建筑群总体保护规划及少林寺建筑群保护规划的修订及报批工作。根据国家文物局专家意见，协调登封市、少林寺相关部门及规划编制单位，组织召开专家座谈会，完成规划的修订，积极推进报批工作，力争早日获得国家文物局批准。严格遵循《文物保护工程管理办法》的相关规定，按照国家文物局批准的保护维修方案，稳步推进少林寺塔林保护维修工程。

【大运河郑州段申遗】 中国大运河是经国务院批准的2014年中国申报世界文化遗产项目。2013年，继续扎实推进机构完善、方案编制、河道保护、本体维修、环境整治、标识展示、社会宣传等方面工作。按照国务院工作安排，包括郑州在内的沿线运河遗产已于2013年7月接受国家文物局预检查，于2013年9月20日接受了联合国世界遗产专家现场验收，为申遗的最后成功奠定了坚实基础。

统一思想，落实责任，切实加强对申遗各项基础工作的组织与协调。筹备召开了郑州大运河申遗工作会，成立申遗迎检工作领导小组，制定迎检工作方案，细化具体工作任务，明确实施标准和完成时限，协调各相关单位全力以赴推进大运河申遗相关工作。

遵照文物保护原则，做好文物本体保护维修、整治及监测体系建设工作。开展惠济桥河段考古发掘工作，组织编制惠济桥保护维修及环境整治方案，实施保护整治工程；推进大运河郑州段档案的收集和档案中心建设，建立遗产点监测系统，安装视频监控等防护设施。

实施大运河节点展示和标识系统建设工程。对大运河沿线进行实地勘察，确立节点位置，制定展示计划，进行遗产保护范围界桩的标立和遗产展示系统标识的设置，并按照国家文物局下发的运河导视标识系统指导意见，委托专业机构制作并安放运河导视标识系统，全部安放到位，稳步推进大运河展示亭建设。

积极做好申遗宣传工作。制定了大运河申遗工作相关详细宣传方案，将大运河申遗宣传和五大示范园区建设、国际古迹遗址日、国际博物馆日和中国文化遗产日主题宣传结合起来，重点突出大运河申遗活动宣传，利用集束效应，通过“前期宣传”“活动预热”“活动烘托”“后续报道”等宣传方式，为大运河申遗活动造势、营造氛围。

【文物保护规划、方案编制及评审、报批】 完成了《古荥城隍庙展示及环境整治方案》《郑州纺织工业基地（国棉三厂）文物保护展示方案》《列子祠、列子墓保护规划及展示方案》《千尺塔文物保护规划及超化寺下院维修保护方案》等近20项文物保护单位规划方案的审核及报批工作；完成了《郑州大遗址片区保护利用战略规划》的编制工作，起草了《郑州市“传承创新华夏历史文明，打造世界历史文化名城”三年行动计划（2014-2016年）》，完成了《郑州航空港经济综合实验区文物保护专项规划》（415平方公里）的编制工作，基本完成了郑州都市区主城区（990平方公里）城市紫线的划定及审定。继续大力推进《郑州文庙、城隍庙保护展示方案》《郑州纪信庙及碑刻复原展示方案》等10多项文物保护规划或方案的编制及报批工作。经严格遴选，新确定了34项文物保护规划、方案编制清单，向市发改委进行了申请立项，正在开展招投标工作。

【文物保护和环境整治工程项目】 继续推进2011、2012和2013年度第一批市级文物保护专项资金项目的实施工作，组织开展郑韩故城城垣遗址保护等中央、省级财政资金项目的巡视及检查工作，认真组织开展开工审批及竣工验收工作，完善工作程序，确保工程质量。多项维修工程已完工且通过竣工验收，完成新密洪山庙护坡抢修、新密城隍庙戏楼维修、新郑水月寺保护维修、新郑陈氏三宰相墓保护维修、荥阳秦氏旧宅保护维修、中牟寿圣寺双塔保护维修、巩义刘振华庄园保护维修（住宅区上、下院、东西门楼）、巩义福昌寺本体保护维修等多项工程，并根据“修缮一处、开放一处”的原则，及时对外开放，有效改善了文物的保存状况及周边环境，成为宝贵的旅游资源和教育基地。新郑郑韩故城车马坑保护展示改造、巩义杜甫陵园环境整治、荥阳京城古城址本体维修、上街重阳观维修等多项工程正在积极施工中。上街区芦医庙本体维修、中原区纺织工业遗址大门维修及环境整治、二七区老奶奶庙文物保护、二七区老奶奶庙旧石器遗址保护中心建设等工程正在积极办理施工前期各项手续。

【文物知识培训】 8月12日至16日，举办了玉器和字画鉴定培训班，邀请北京大学知名教授及郑州市本领域专家授课，各区（县）、市的文物干部和局属二级机构的研究人员70余人接受了为期四天的专业知识培训，了解了玉器与字画专业领域的基本知识，初步掌握了玉器与字画鉴定的技能。

11月7日至9日，举办了郑州市2013年度文化遗产保护知识培训班。

邀请来自中国文化遗产研究院、陕西文化遗产研究院、金沙遗址国家考古遗址公园、河南省文物局、郑州市城市规划勘察设计研究院的省内外知名专家就中国大遗址保护研究、世界文化遗产的监测与管理、国家考古遗址公园的建设与运营、文物保护工程的监管与验收、城市规划与文化遗产保护的衔接、土遗址保护等与文化遗产保护日常工作密切相关的重要课题进行授课，郑州各县（市）、区文物部门主要领导、文物保护管理所所长以及局属有关单位同志参加了培训。

【文物资源基础工作】 2013年5月3日，国务院公布了全国第七批重点文物保护单位1943处，其中河南省169处，郑州市35处上榜。至此，郑州市"国保"总数已达74处（80项），位居全省第一、全国前列。完成了第七批河南省文物保护单位和第三批郑州市文物保护单位的名单推荐和专家讨论，并组织了实地查看，召开了局学术委员会第一次专家讨论会，10余名郑州市文物系统的专家共同讨论确定了郑州市第七批河南省文物保护单位申报名单和第三批郑州市文物保护单位推荐名单。7月3日，省政府仅就全省长城部分公布了第六批河南省文物保护单位，新密魏长城成为六批省保。

2013年5月，第一次全国可移动文物普查工作正式启动，组建普查机构和队伍，制定工作方案，加强人员培训，积极开展国有单位普查认定。加强与教育、财政、宗教等成员单位的联系沟通，建立协调机制，全面部署文物普查工作。基本完成了对所辖各县（市）区内国有单位文物收藏情况的统计调查工作，共普查5000余家单位，为下一步普查工作奠定了坚实的基础。

【文物勘探和考古发掘】 以服务重大项目为重点，完成或实施省市重点项目34项，其中，在机场二期文物勘探和考古发掘工作中，以"科学组织，交叉工作，能进即探，施工先探，发掘跟进，全面展开"为方针，用最短的时间完成文物勘探、考古发掘任务，省政府督察组对文物部门服务机场二期工程建设工作给予了充分肯定。还先后完成了其他省市重点项目，如河南省人民医院高级病房楼、河南大学国际学院、郑州市污水净化有限公司郑州市马寨污水处理厂、中国民生银行股份有限公司中国民生银行郑州战略服务基地等文物勘探和发掘工作。全年共完成项目378个，完成勘探面积2169万平方米、考古发掘面积67250平方米，发现各类遗迹1289处。

【汴河遗址西岸河堤考古发掘】 汴河遗址西岸河堤位于北四环路的北侧，老郑邙公路的南侧，南面是铁炉寨村，再往南即索须河通济渠河道与堤湾村，北面是惠济桥村。经发掘清理了解，河堤基本呈南北走向，宽约6米，经过人工简易夯筑。在河堤平面，可以看到古代的车辙及行人长年累月走路遗留下的踩踏面痕迹。河堤剖面堆积较厚，每层堆积又分为若干小层，根据堆积层内的包含物及河堤东侧发掘的元代灰坑判断，河堤的最底层堆积早于元代，该河堤作为道路使用一直延续到清代。发现的河堤验证了元末贾鲁治理黄河的同时，也对汴河进行了治理的史实。

【惠济桥考古发掘】 惠济桥是一座建在惠济河上的三孔石桥，惠济河在不同时期曾有通济渠、汴河、运粮河等叫法。由于黄河的多次泛滥，大运河故道大部分早已湮没在地下，地面多无存，部分河段因后期治理也变成了不同的名字。据乾隆《荥泽县志》记载，惠济石桥两端原有桥楼，后来在"文化大革命"期间被拆除，现残存桥面长约15米，宽5.08米，建于元末明初。

通过考古发掘，在惠济石桥两端沿河岸处砌有雁翅，保存状况较好。桥墩金钢墙叠压在元代堆积上，结合石桥建筑法式和构造特征，该桥建于元代末年，明代初期又予以了重修。石桥附近除雁翅外，还有河道防护性工程——护坡。护坡用抗冲的石礤、石板、蓝砖和画像砖石等材料直接铺护在河岸坡面上，采用错缝方法砌成，从河道横断面看，护坡形状基本呈倒梯形，布置为长距离连续式，以控制石桥附近河流横向变形，防止河水顺流或回流淘刷河岸，避免堤岸崩塌等。

根据石桥南北两侧河道发掘情况，位于惠济石桥之下的河道就是中国大运河通济渠郑州段汴河遗址，它在当时维护国家统一、促进地区经济发展、文化交流等方面均发挥了重要作用。

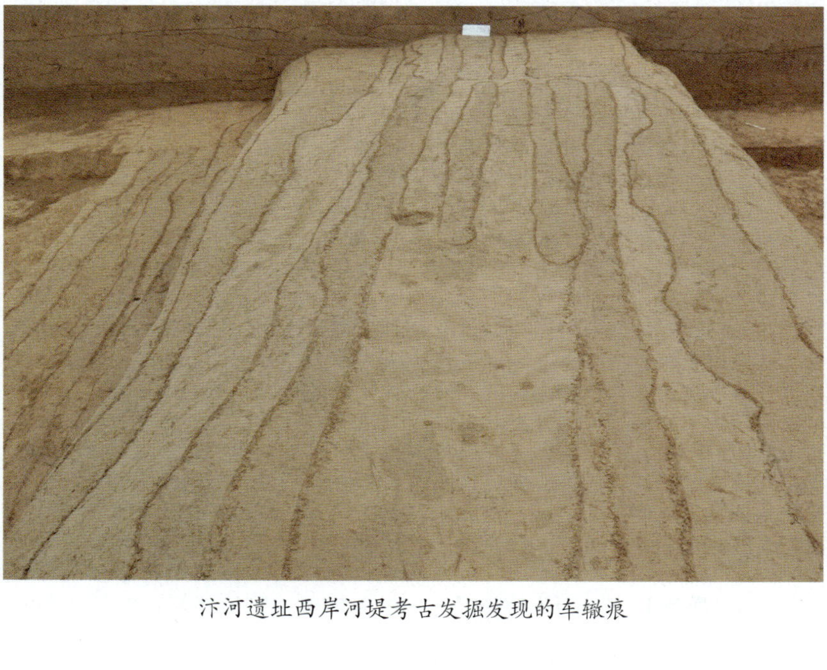

汴河遗址西岸河堤考古发掘发现的车辙痕

【新砦遗址勘探发掘】 新砦遗址位于新密市刘寨镇新砦村西部，是一处设有外壕、城壕、内壕共三重防御设施，中心区建有大型建筑的城址。

2013年，在新砦城址东侧的王嘴村发现一处疑为新砦时期的公共墓地，被王嘴村破坏了3/4。2013年9月，与中国社科院考古研究所联合对该墓地进行试掘，共发掘墓葬10座。其中9座为竖穴土坑墓，1座为洞室砖棺墓。7座墓葬有随葬品，器形有陶鬲、陶盂、陶豆、陶罐、铜带钩、铜璜、铁带钩等，其年代为东周时期。

在沟的西侧和新砦城墙之间是一处台地，面积约2万平方米，经钻探发现有灰坑、陶窑、墓葬等遗迹。为了解其年代和性质，在此台地的南部布10米×10米探方9个，进行发掘。截至目前，共发现西周时期的灰坑30个和灰沟2条；新砦时期灰坑140个、窖穴5座、陶窑3座、灰沟2条；龙山文化时期灰坑9个、灶1个，出土有石刀、石铲、石凿以及大量陶片等遗物。

本年度发掘面积约1000平方米。主要收获有：第一，发现了一处东周时期的墓地，面积约2万平方米；第二，发现了较多的西周时期遗存；第三，发现在新砦城之外，仍有人居住；第四，发现了疑为新砦期的制陶作坊区。

【郑州新郑国际机场二期工程勘探发掘】 位于郑州航空港区东部，银河办事处与郑港办事处辖区，包括胡岗村、平庄村、河北张村、苏村郑村、杨庄村、韩庄村等自然村。二期工程分为54.5公顷地块与441.53公顷地块两个项目。2013年4-11月对工程区域进行了考古发掘。54.5公顷地块项目发掘面积约1.1万平方米；441.53公顷地块项目发掘面积约2万平方米。

54.5公顷地块项目包括平庄南唐宋遗址、河北张西南唐宋遗址、胡岗东周遗址，以及平庄南汉代墓葬区、河北张西南唐宋墓葬区。发掘各类遗迹173处，包括灰坑142个、墓葬25座、水井5眼、壕沟1段。出土陶、瓷片100多包，各类文物40余件，包括铜釜、铜镜、铜车马饰、铜钱、釉陶壶、铁釜、石杵、陶罐、瓷壶、瓷马、瓷罐等。

441.53公顷地块项目共发掘遗址7处，分别为胡岗南唐宋遗址、胡岗西南东周遗址、平庄东北唐宋遗址、韩庄东周遗址、河北张Ⅰ区唐代遗址、河北张Ⅱ区唐代遗址、河北张Ⅲ区夏商遗址；墓葬区7处，分别为胡岗西南宋代墓葬区、胡岗西南汉代墓葬区、平庄东北汉代墓葬区、杨庄汉代墓葬区、韩庄汉代墓葬区、韩庄1号汉代封土墓、韩庄2号汉代封土墓。清理各类遗迹935处，出土陶、瓷片1000余包，各类文物近200件。

【中原西路西延项目（周古寺村北段）考古发掘】 位于荥阳市城关镇西南部，盆窑村以南，周古寺村以北，中原西路道路路基范围内。2013年1-3月，对中原西路西延项目工程（周古寺村北段）范围内古文化遗存进行抢救性考古发掘，发掘面积3500平方米；清理龙山时期灰坑104处、房基1处；商代灰坑7处、灰沟1条；西周墓葬1座；战国时期灰坑57处；汉代灰坑29处、灰沟1条、墓葬3座；唐代墓葬7座；宋代墓葬7座；清代墓葬7座。

龙山时期灰坑多见圆形、椭圆形，形制规整，呈袋状，平底，填土多灰褐色或红褐色，另有少量灰黑色，质地较硬，包含有大量的红烧土块、红烧颗粒、炭屑及草木灰。出土遗物主要为陶器、石器、骨器等。陶器以夹砂褐陶、夹砂灰陶为主，另有较多泥质灰陶，少量泥质红陶。器形主要有鼎、罐、钵、碗、器盖、尖底瓶、瓮、甑、盆等。纹饰以素面为主，部分饰蓝纹、弦纹、附加堆纹。石器有石锛、石铲等，均为磨光素面。骨器有骨针、骨角等，均为磨光素面。

龙山时期房址，布局较为清晰，有房间、灶台、门道等组成。

商代灰坑多为椭圆形、长方形，形制规整，坑壁较直且光滑，填土均为灰褐土，含草木灰及烧土粒，出有较多陶器残片。器形主要有大口尊、深腹罐、捏口罐、缸、尊、盆、瓮等，纹饰以绳纹为主，部分饰弦纹、附加堆纹。

西周时期墓葬，长方形竖穴土坑墓，直壁平底，随葬一陶罐，内置骨架一具，仰身直肢葬，头向西，保存状况较好。

战国时期灰坑，平面有圆形、椭圆形和长方形以及不规则形，形制规整，平底，填土为灰褐土或浅灰土，含草木灰及烧土粒，出有较多陶器残片。器形有陶罐、盆、豆、釜、瓮等。多素面，另有绳纹、弦纹。

汉代灰坑，平面有圆形、椭圆形、长方形以及不规则形，形制较规整，多斜壁，填土为灰黄土或浅灰土，含少量烧土粒，出有较多陶器残片。可辨器形有陶罐、盆、豆、鼎、钵、板瓦、筒瓦等。

汉代墓葬，两座为长方形洞室墓，均由墓道、墓室两部分组成；另一座为长方形竖穴土坑墓，均遭盗扰，出土有陶罐、陶井等残片。

灰沟分属商代和汉代，平面均呈长条状，口宽底小，呈V字状。

唐代墓葬形制分为两种，一种为砖室墓，由长方形斜坡墓道、封门、砖室墓三部分组成，墓室北部砌有棺床，个别有耳室。另一种为土洞墓，由长方形斜坡或台阶墓道、土洞墓室两部分组成。出土有铜镜、陶罐、瓷注、陶俑等。

宋代墓葬均为土洞墓，由长方形竖穴墓道和墓室两部分组成，出土有瓷碗、瓷瓶、铜钱等。

清代墓葬均为土洞墓，由长方形竖穴墓道和墓室两部分组成，遭扰严重。

此次发掘获得了一批新的考古学实物资料，对于研究郑州地区龙山至商周时期社会文化的发展与延续以及葬俗、葬制等有着重要的意义。

【文物重点项目建设】 “两园一中心”项目建设，在郑州商城国家考古遗址公园项目上，目前已完成南城墙和东城墙南段的城墙本体保护、南城墙西段的绿化工程，完成东城门、内城东南城角、内城西南城角“3个节点”的展示工程，完成南城墙紫荆山以东城墙的木栈道铺设和城墙外侧绿化工程防腐木围栏的安装，商都博物院片区已经启动拆迁工作。在大河村考古遗址公园项目上，国家文物局已批复《大河村遗址文物保护规划》，已完成《大河村遗址公园规划》的编制，《大河村考古遗址公园项目建议书》已经市发改委批复，并完成了规划选址的办理；作为核心内容的大河村遗址博物馆二期工程已开工。在郑州市文博展示中心项目上，已开展博物馆建设内容论证工作，待项目具体建设地点及用地面积确定后，将对项目建议书进行编制。

【文博公共服务】 深入开展博物馆、纪念馆免费开放工作，坚持精品理念，办好博物馆专题展览，不断满足人民群众日益增长的文化需求。全市博物馆2013年共举办了《何家安晋京作品汇报展》《君子四艺——琴棋书画艺术展》《赵霞艺术剪纸展》《金兰墨韵——崔涛书法作品展》《黄河湿地鸟类摄影展》等25个专题展览，共接待观众185万余人次，共开展巡展及主题活动40余场，受众达31万余人次。郑州博物馆“我们的生活展”、郑州二七纪念馆“千秋二七”陈列通过了专家组的严格评审，分别荣获2011年度、2012年度“河南省优秀陈列展览”奖。

高度重视馆藏文物征集、保护及规范管理工作。郑州博物馆共征集各类藏品38件套，清洗、分类整理古钱币1.3万余枚，装裱书法、字画作品37幅，完成了16件残损陶器和6件馆藏书画病害修复方案的编写及修复工作。巩义博物馆全年共接收出土文物1389套，派出所破案收缴文物12套。

组织做好民办博物馆对社会开放工作。指导民办博物馆规范建立总账，要求各民办博物馆设立专人保管库房，建立藏品总账、分类账，规范民办博物馆以征集、购买、交换等方式取得的藏品的入账时间；经省文物局批准，郑州市上街区长军古陶瓷博物馆、河南至为古代艺术博物馆成立，郑州市上街区长军古陶瓷博物馆于9月15日对社会开放。

【纪念京汉铁路工人运动90周年学术研讨会】 2013年6月27日，郑州二七纪念馆联合武汉二七纪念馆、北京长辛店二七纪念馆组织举办了“纪念京汉铁路工人运动90周年学术研讨会”，研讨会邀请了郑州、北京、武汉、福建4个京汉铁路工人运动重要城市的相关专家、学者44人，烈士后代高斌之女高玉霞、林祥谦之孙林耀武、林育南之孙林荣久与会。研讨会围绕“历史承续二七精神”这一主题对二七相关历史进行了全面透彻的分析与探讨，专家、学者纷纷发言，阐述观点，交流学术成果。会议收集论文57篇，结集出版了《纪念京汉铁路工人运动九十周年学术论文集》。

【文物依法行政和文物安全】 以查处涉及郑州商城遗址保护范围和建设控制地带内的违法建设行为、全市范围内的大型基本建设违反文物保护法律法规的行为为执法工作重点，积极开展文物稽查活动，坚决查处违法案件，共开展文物行政执法巡查280多次，查处案件24起，结案24起，罚款20万元。认真落实文物安全责任，层层签订文物安全目标责任保证书，完善文物安全考核细则和考核程序，积极排查、整治郑州市文博单位存

2013年博物馆、纪念馆免费开放情况

博物馆	总数	其中			
		市（区）	县（区）	国有	民办
	19个	13个	6个	11个	8个

观众人数	名称	单位	数量
	郑州博物馆	万人次	86
	郑州二七纪念馆	万人次	50.6
	郑州市大河村遗址博物馆	万人次	因基本陈列改造闭馆
	郑州市古荥汉代冶铁遗址博物馆	万人次	4.3
	巩义市博物馆	万人次	30
	新郑市博物馆	万人次	30.67
	新密市博物馆	万人次	
	登封历史博物馆	万人次	13
	登封市阳城遗址博物馆	万人次	5
	荥阳博物馆	万人次	已成立（正在布展，未开放）
	郑州自然博物馆	万人次	10.3
	郑州大象陶瓷博物馆	万人次	3.7
	河南炎黄明清家具博物馆	万人次	5.6
	郑州市黄淮艺术博物馆	万人次	2.2
	郑州市华夏文化艺术博物馆	万人次	20
	郑州市登封窑陶瓷博物馆	万人次	1.8
	郑州城外城陶瓷艺术博物馆	万人次	11
	郑州市上街区长军古陶瓷博物馆	万人次	0.8
	郑州至为古代艺术博物馆	万人次	已成立（尚在筹建期，未开放）

新砦遗址勘探发掘发现的西周时期陶器

在的安全隐患，开展检查23次，下达责令改正通知书14份，实现了文物安全年。

【文博研究】 郑州嵩山文明研究院课题研究成效显著，“中原岩画的保护与开发利用”课题通过市社科联立项，“以‘生态博物馆’为载体传承创新华夏历史文明”课题获得市社科联2012-2013年重点调研课题二等奖。积极参与嵩山文明研究会的“中文化研究论纲”重大课题研究，从历史、哲学、传承创新三个方面深入探讨中文化的渊源、内涵及在时代发展中的影响和作用。中华之源与嵩山文明研究顺利推进，2011年“嵩山文明与中国早期文明暨纪念登封‘天地之中’历史建筑群申遗成功一周年学术研讨会”的论文集作为《中华之源与嵩山文明研究（第一辑）》已于2013年10月出版。郑州古都学会与河南遥感与GIS重点实验室、河南省科学院地理研究所共同合作的“基于无人机低空遥感技术的登封‘天地之中’历史建筑群环境监测研究”课题2通过郑州市普通科技攻关计划项目。

【郑州市考古研究院对外研究合作项目】 与北京大学合作2011-2016年国家社科基金重大项目“中原地区晚更新世古人类发展研究项目”。对老奶奶庙旧石器遗址继续发掘，面积约15平方米，并向下发掘至底部，出土石制品和动物化石500多件。对东施旧石器遗址发掘，该遗址属旧石器时代晚期石叶工业技术，通过发掘，出土燧石石制品2300余件，石英石制品约24件。尤为重要的是，在石叶地层的下部发现一层时代与老奶奶庙旧石器遗址相当的文化层，该层出土遗物均为石英石制品。从意大利合作科研方获知，老奶奶庙遗址发现重要植物标本信息。

与北京大学合作的“中原地区早期国家形成与发展研究项目”，主要对东赵城址进行勘探和发掘，考古勘探累计面积50万平方米。经勘探，东赵城址存在大、中、小三个城址，均有城壕。在勘探的基础上对城址进行了初步解剖。经解剖，小城城墙始建于新砦期，二里头一期废弃。中城始建于二里头二晚段，废弃于二里头四期。大城尚未解剖，其年代尚未确认。经勘探、发掘，确认东赵城址是一处重要的夏代城址，遗址存有3000平方米的早商夯土建筑基址，无疑也是重要的商代遗址，对于中原地区早期国家形成与发展研究项目具有重要的价值。

与中国社会科学院考古研究所合作的中华腹心地区古代文明研究基地项目。新砦遗址2013年度的发掘面积约为1000平方米，取得的主要收获有：第一，发现了一处东周时期的墓地，面积约2万平方米；第二，在沟的西侧和新砦城墙之间的台地上，发出了较多西周、新砦时期遗存；第三，发现在新砦城之外，仍有人居住；第四，发现了疑为新砦时期的制陶作坊区。

与郑州大学合作荥阳官庄遗址勘探、发掘项目。2013年度对官庄遗址的勘探和发掘，确认了遗址的外壕，发现了位于外壕内的大城、小城，并对大城、小城的环壕进行了解剖，揭露了小城南门。在小城内发掘了大量两周时期的灰坑，并清理了一些墓葬、马坑等。出土了包括青铜器、玉石器、陶器、骨蚌制品等在内的大量遗物。获得河南省2012年度五大考古新发现。

（李喜明）

档案事业

【概况】 2013年，全市各级档案部门按照国家局、省局的总体要求和市委、市政府的工作部署，以加强基础建设为依托，以加快信息化建设为带动，以强化干部队伍素质为保障，大力实施“三大战略”，健全强化“三个体系”，加强“五位一体”相关领域的档案工作，档案管理和服务水平得到了全面提升，为郑州市全面建设小康社会作出了积极贡献。

围绕中心、创新措施，服务能力显著提高。全市各级档案部门围绕都市区建设、生态廊道建设等全市重点工作，规范建档内容，主动靠前指导，收集整理“网格化管理”产生的档案资料，积极建设“创新社会化管理”档案信息平台。市档案馆接收都市区建设专题档案5769卷，接收“两环十七放射”建设视频、照片数据61G。登封市档案局将14万件建筑物固化档案全部数字化处理，中牟县档案局指导整理建筑物固化档案18万件，为解决群众矛盾，推进拆迁进程发挥了重要作用。二七区档案局收集整理“两环十七放射”道路绿化工程中形成各种档案资料，从1万多张原始照片中精心挑选了600多张照片，筹备制作“生态廊道”建设成果展，反映建设过程的艰辛，展现生态建设的巨变。

服务经济发展作用突出。2013年，全市各级档案部门认真贯彻国家档案局10号令，推进《国有企业管理类文件材料归档范围和保管期限表》的编制审核工作。市档案局不断加强对全市重大建设项目的跟踪指导和专项验收工作，督导46个单位及时填报《重大建设项目档案管理登记表》，派员到市轨道交通工程、西三环快速路工程等重大建设项目，实地指导，现场讲解，督促参建各方做好项目档案的收集、整理和移交工作，确保重点建设项目档案的系统、完整。各县（市）、区积极探索档案服务民营企业发展的新途径，加大对产业聚集区、创业园区档案工作的扶持和引导力度，选择优秀民营企业开展建档试点工作。二七区的新大方重工科技、管城区的豫发置业、新郑市的鑫荣牧业等企业在当地档案部门的指导下，档案工作步入正轨，为企业快速发展奠定了基础。

服务民生需求成绩斐然。全市各级档案馆创造性地开展民生服务工作，积极探索档案工作服务民生的新途径、新方法，加强了对破产企业改制、养老保险、婚姻登记、拆迁安置等民生档案的收集力度。普通群众走进档案馆，查询利用政府公开信息和

《郑州记忆》展览在郑州市档案馆新馆开展

民生档案，档案利用工作开始呈现以人民群众为利用主体的可喜变化。2013年全市档案查询利用人次较2012年增长近一倍。尤其是2013年4月份，原民办教师查档呈现井喷状态时，新密、中牟等档案部门延长工作时间、放弃节假日，以镇（办）为单位，带着档案和复印设备上门服务，为1.3万余人提供身份和教师工龄原始凭证，解决了相关人员的身份认定问题。各级档案部门利用信息技术和网络优势，整合档案资源，实现档案信息的共享，把已开放档案和政府公开信息送到百姓身边，为市民、群众查找各种证明，享受相应待遇，提供了大量翔实的档案资料，有效解决了人民群众的生产、生活问题，为落实国家政策，维护社会稳定发挥了重要作用。

【郑州市数字档案馆建成】 郑州市数字档案馆项目作为引领郑州市档案信息化建设的排头兵和全市档案事业发展“十一五”规划的重点项目，历时一年半时间的论证、立项、规划和建设，于2013年4月建成投入使用，建设规模在我国中西部地区最大。数字档案馆的建成，实现了档案管理全过程的信息化，对档案资源利用效率的提高和档案管理规范化、标准化程度的提升，发挥着积极的促进作用。投入后，影响力与日俱增，濮阳、平顶山、焦作、三门峡、苏州等兄弟单位的同仁前来参观考察。在河南省工信委举办的信息化成果展览会上，郑州市数字档案馆作为档案专业的示范成果参展，受到了高度评价。随着“云计算”和“物联网”技术的革新和应用，以及郑州“智慧城市”建设的提出，市档案局经过协调，将智慧档案馆建设纳入智慧郑州建设体系的框架之内。派员调研国内城市智慧档案馆项目的建设情况，智慧档案馆建设思路已经成型。

【《郑州记忆》展览打造郑州城市名片】 经过积极完善和紧张筹备，《郑州记忆》展览于2013年“七一”正式开展，向党的92华诞献礼。展览从档案的视角，以馆藏文书、声像、实物等档案资料为载体，利用声光电现代多媒体技术手段，展现郑州10万年人类文明史、3600年商都遗韵、100年铁路发展史、30年改革开放辉煌成就，揭示了郑州的城市魅力和风土人情，打造了一张全新的城市名片，为社会各界、市民群众提供了一个熟悉郑州、热爱郑州的平台，为到郑考察的各地考察团提供了一个了解郑州、认识郑州的窗口。《郑州记忆》展览，对追溯郑州历史文化，揭示郑州发展轨迹，展现郑州建设成就，提升郑州城市形象发挥了重要作用。自开展以来，广受各大媒体和社会各界人士的好评。南昌、连云港、苏州等地市的业内同仁到郑参观学习；市领导、老干部、档案界同仁、市委党校学员、外国友人、广大市民等4000余人进行参观，收到了良好的社会反响。

【新型城镇化档案工作】 自新郑、新密成为省内头两家县级全国社会主义新农村建设档案工作示范市后，郑州市档案局要求两地不断巩固并发展创建成果，其他各县（市）区积极开展创建活动。平顶山、濮阳、永城等档案部门纷纷到新郑、新密学习参观。2013年3月，国家档案局安排新密市作为组长单位，会同安徽省南陵、黑龙江省宁安等档案部门承担国家农业农村档案资源建设课题研究工作。作为省内首次承担的国家级课题，市档案局高度重视，派出骨干力量帮助拟定课题研究方案，指导推动项目课题的有效实施。新密市档案局通过开展调研、发放问卷、统计分析、组织座谈等环节，编制并修改《农业农村档案资源建设工作分类大纲》和《文件归档范围及保管期限》。2013年10月，课题项目顺利通过了国家档案局验收。

【档案资源建设】 全市各级档案馆加大了对不同门类、不同载体档案的接收、征集和整合力度。市档案馆先后征集到原郑州新区管委会等撤并机关，市齿轮厂、金牛集团等破产、改制企业档案；市人大十三届六次会议、市政协十二届五次会议、拜祖大典等重大活动档案；海连池、陈素贞等名人档案；《郑州解放之歌》等音、视频档案；原郑州日本领事馆相关档案史料等等，合计约2.1万卷（件）。各县（市）、区的档案资源建设也取得了可喜成果。中原区征集到区政协摄影大赛照片3700余张，征集到《近九科同馆赋钞》等古文书籍。荥阳市局成立了档案征集科，收集整理反映路网工程、生态廊道、新型社区、产业集聚区建设的声像档案2000余件。

【档案信息化建设】 为规范进馆档案数据转换的标准要求，方便目录数据与全文数据的批量挂接，便于数据的管理、检索、统计和利用，市档案局组织召开了档案数字化数据标准细则研讨会，进一步明确了目录数据和全文数据的格式和数据库结构。组织检查了有关市直单位的数字化加工、软硬件建设和数字化安全保密工作，对技术上、安全上存在的问题进行纠正和指导。组织检查市审计局、水务局、卫生局等单位报送的电子档案，提出了具体整改意见。市数字档案馆2013年挂接档案数据121万条、原文108万页。各县（市）、区档案馆基本完成了全文数字化扫描不少于6万页的既定目标。新郑市档案局、市水务局成功创建河南省档案信息化建设示范单位。郑州档案信息网及时增设了《世界档案日》《数字档案馆》《光影之声》等栏目。登封、中原档案信息网相继改版，增加了功能，充实了信息，网站的宣教和查阅功能得到了进一步提升。

【档案文化建设】 全市各级档案部门在加强档案编研工作、爱国主义教育基地建设的同时，与当地人大、政协、教育、文化等部门合作，探索档案文化资源的共享共建。市档案局收集整理全市涉及大运河的所有纸质档案、图册、实物和音像制品，使大运河郑州段形成清晰、准确、完整的固化信息，积极服务大运河申遗工作。市档案馆在《郑州记忆》展览开展之后，继续征集郑州记忆相关资料，完成了《城市记忆——郑州历史发展档案图集》的编辑工作。上街区档案馆编印了《历史的印记——上街区寻访文物古迹掠影》。荥阳市档案馆编印了《千年沧桑话荥阳》和《千年古镇汜水溯源》。登封、管城、新郑等档案馆在继续推进档案馆爱国主义教育基地建设的同时，积极创建中小学生社会实践基地，进一步发挥了社会教育功能。

【加强宣传，依法治档】 加强督导、扩大宣传，档案管理日益规范。市档案局组织修订了《郑州市档案局依法行政责任目标考核方案》，完善了《郑州市档案局行政执法职责》，规范了执法行为，健全了执法机制。全市各级档案部门不断提高依法治档能力，不同形式地开展了执法检查活动，取得了良好效果。2013年5月，市档案局组织召开全市档案宣传培训暨研讨会，对2010年以来的工作进行了总结，对今后一个时期的宣传工作进行了部署。“国际档案日”期间，市档案局在《郑州日报》开辟专版，向广大读者介绍郑州市档案事业的发展情况，宣传档案法律基本常识；在绿城广场举办了广场宣传活动，设置宣传展板，发放《档案法》等宣传资料，现场解答群众咨询，并邀请《河南日报》、郑州电视台、郑州人民广播电台等多家媒体对活动现场进行了报道。金水区档案局坚持开展了“送法进社区”活动。各县（市）区开展了形成多样的“国际档案日”宣传活动。2013年，全市各级档案部门和广大档案工作者充分利用电子屏幕、档案网站、报纸杂志等宣传阵地宣传档案工作，有力提高了档案工作的社会认知度，为档案事业发展创造了良好的社会舆论环境。

2013年，市档案局紧跟经济社会发展形势，加强了对新情况、新问题的研究，联合市民政局对管城区民政局、中牟县民政局的低保档案工作进行了调研，拟写了《郑州市城乡低保档案管理办法》和《郑州市城乡低保业务档案整理规则》，草稿已基本完成，正在征求意见。针对城市化进程加快，社区建设已经成为经济社会发展重要承接点的新情况，为了有效保护和利用社区档案资源，更好地提供准确、快捷的档案服务，市档案局派员就社区档案的形成、管理和利用以及社区档案管理机制、社区档案工作中存在的问题进行调研、梳理，正在组织修订《郑州市城市社区档案管理暂行办法》；为规范社区服刑人员档案管理工作，与市司法局开展调研，并联合转发了《社区服刑人员档案管理暂行办法》。

为进一步规范农村五保供养档案管理，与市民政局到荥阳市调研，联合转发了《农村五保供养档案管理办法》。

【档案安全体系建设】 全市各级档案部门不断强化档案安全管理，完善收集、鉴定、保密、利用等各项工作制度，在保证档案保管环节安全的同时，强调利用环节的安全。全年争取国家重点档案的抢救和保护资金29万元，进一步改善了保管条件，提高了保护技术水平。市档案局印发了《关于加强汛期档案安全保管的通知》，邀请市消防支队到市档案馆开展消防知识讲座。建立保密台账，安排专人负责信息安全保密工作。2013年，市档案局、馆获得保密先进单位称号。按照《河南省各级档案馆档案安全风险评估标准》，市档案馆、巩义市档案馆制订计划，完善措施，查漏补缺，顺利通过了省档案局验收。全市各级档案馆积极健全档案安全管理制度，加强日常巡查，及时消除安全隐患，完成重要档案的异地异质备份，保证了档案安全。

（孙超峰）

地方史志

【概况】 2013年，郑州市史志工作在市委、市政府的正确领导下，在省史志办的有力指导、支持下，认真学习贯彻党的十八大、十八届三中全会精神，深入贯彻落实国务院《地方志工作条例》《河南省地方志工作规定》，注重发挥史志“存史、资政、教化”这一功能，着力贴近郑州都市区建设这个中心，拓宽工作领域，加大工作力度，提升工作水平，促进了史志工作深入发展，在全市经济社会发展中发挥了重要的服务作用。

自身建设不断强化。市史志办狠抓组织机构、制度机制建设，加强了党建和纪检监察工作，持续做好组织人事和妇联、工会工作，开展了一系列宣传活动。2月，荣获2012年度市“三八红旗集体”称号；通过扎实有效地全面开展创建市级文明单位工作，改善了环境，规范了行为，4月，荣获市级“文明单位”称号。

史志学会更名换届。市史志办认真做好史志协会更名换届工作，4月，将原“郑州史志协会”更名为“郑州市地方史志学会”。

成功举办浙江大学培训班。2013年9月9-13日，来自全市县（市）区、市直有关局委共35个单位、68名学员在浙江大学参加了郑州市史志干部综合素质提升研修班。此次研修班的师资层次高，授课老师都是在全国具有较高学术造诣的专家、学者和对本领域工作有深入研究的领导。通过培训，学员们受益匪浅。

【努力提升年鉴编纂水平】 市史志办坚持与时俱进，突出市委、市政府“三大主体工作”的重大部署，以“创新、获奖”为标准，优化《郑州年鉴（2012卷）》框架结构，调整栏目设置，增加时代内容，并全部彩色印刷，《郑州年鉴（2012卷）》编印质量全面提升。各县市（区）把年鉴工作作为经常性、基础性工作抓紧抓好，高质量完成了综合年鉴编纂工作，实现了年鉴工作全覆盖。2013年8月，在中国出版工作者协会年鉴工作委员会主办的第七届全国年鉴编校质量检查评比中，《郑州年鉴（2012卷）》荣获特等奖，组织参评的中原区、上街区年鉴获一等奖，管城区、新郑市、新密市、中牟县年鉴获二等奖。

【服务经济社会工作态势良好】《郑州都市区大事月报》是在宣传、总结、交流、借鉴层面，推动郑州

史志成果

都市区建设的有效载体，也是史志部门贴近中心、服务大局的重要途径。市史志办精心组织，科学编排，坚持把领导参阅与积累资料相结合，力求质量。截至年底，《郑州都市区大事月报》连续每月出版，总期数达到27期。《郑州都市区月报》汇集了决策部署精神，反映了工作推进状况，总结了好的做法，提供了借鉴经验，起到了推动工作的作用，受到领导和相关部门好评。各县市（区）史志办也积极作为，围绕中心工作开展服务，二七区、上街区、中原区、管城区、金水区、新郑市、新密市、登封市、荥阳市等9个县市（区）已出版大事月报。

立足开发志书资源，服务社会。市史志办坚持办好《郑州地情活页》，《新政解读》《经济关注》等栏目贴近中心，服务经济社会建设；《文明之根》《魅力地标》《文化视窗》等栏目传承历史文化，服务群众文明层次提升。每季度出版1期，总期数10期。各县市（区）史志办结合实际，推出相应的地情文献书刊，努力为当地经济社会发展和群众文化需求提供服务。

【修志工作向纵深发展】 2013年，市史志办继续重视和加强对县（市）区志书编修的督促指导，相关县（市）区史志办克服困难、集中力量、注重质量、加快进度，在继市本级和6个县（市）区志书出版基础上，《新郑市志》《二七区志》先后出版，《荥阳市志》《邙山区志》通过三级评审，具备尽快出版条件。通过市、县（市）区史志办不懈努力和扎实工作，市本级和有修志任务的10个县（市）区二轮志书编修工作基本完成。启动了郑州乡镇（街道办事处）图志系列丛书编纂工作，新密市、中原区2个试点地方乡镇（街道）图志样书继续修改，其他县（市）区这项工作正在有计划推进。2013年，又有新郑、新密、中原、惠济史志办分别荣获全省修志工作先进单位称号。

【史志工作领域拓宽】 2013年，郑州市两级史志办不断拓宽工作领域，扩大史志部门服务范围和影响力，为全市经济和社会建设发挥了更大作用。一是指导部门志工作卓有成效。2013年，市史志办对《郑州市国土资源志》《郑州市骨科医院院志》《郑州大学附属中心医院院志》等9部部门志进行指导，得到受指导部门的赞誉。二是《郑州名典》有序出版。《郑州名典》系列丛书前五册约50万字、4000张图片内容基本定稿，《名产》已经发行，《名镇》《名村》进厂印刷。三是全市地情资料书编辑出版工作形势良好。2013年，12个县（市）区共编辑各类地情书17部，包括新密市史志办《新密今典》《新密史话》《新密胜迹》，上街区史志办《山丘璞玉——方顶》，登封市史志办《世界文化遗产——中岳庙》等。

【基础设施建设得到加强】 地情信息化建设是今后方志事业发展的趋势，也是新形势下提高地情信息服务水平的必然选择。市史志办一手抓基础设施建设，一手抓信息技术应用，努力提升史志工作现代化水平。郑州市情网正式上线运行，网站栏目共有45个，文章数量1500余篇，约600万字，累计访问量突破20万人次。市情资料数据库建设完成一期工程，包括两轮《郑州市志》、28部《郑州年鉴》、7种旧志及70余部地情资料，共计6000余万字，成为快速获取郑州地情信息的主要渠道。依托“郑州市情网”，开发了郑州地情APP，以U盘作为载体开发了《郑州地情文献集成》电子出版物。市方志馆建设正在积极筹划和加快论证中，已被列入郑州市文教卫体重点项目。

《美丽郑州系列微型地情书》出版

【第十届全国地方史志工作交流会在郑举行】 10月28日-30日，受2012年第九届全国中心城市地方志工作交流会组委会的委托，郑州市史志办成功举办主题为“实施项目带动战略，推进方志工作现代化”的第十届全国中心城市地方志工作交流会。此次会议有来自全国24个城市（包括直辖市、副省级城市和省会城市）及郑州市两级史志机构的代表91人参加会议。会议共收到论文及交流材料30篇，汇编成《第十届全国中心城市地方志工作交流会论文集》。通过大会交流、分组研讨、提交论文等形式，共同探讨地方志现代化建设工作中的经验、成绩及存在问题等，推动方志事业健康持续发展。本届交流会组委会提出计划筹建中国地方志学会中心城市志专业委员会，在郑州市史志办与上海、广州史志办的共同努力下，前期准备工作基本完成。与会代表一致认为，本次会议为进一步促进全国中心城市交流地方志工作经验、开展方志理论研讨搭建了一个好的平台，对进一步推动方志事业的发展，提升方志现代化建设水平，均起到了积极的作用。

（李易柏）

图书发行

【概况】 2013年，郑州市新华书店以党的十八大精神为指导，以促进科学发展为主题，以加快经济发展方式转变为主线，以经营销售工作为中心，以全面加强基层党组织和党员队伍建设为保障，以进一步深化文化体制改革为动力，认真打造图书主业和多元化经营两种业态，全面拓宽卖场零售和大客户团购两个市场，积极推进人才队伍建设和新网点开发两大规划，整体销售达到2.82亿元，圆满地完成了各项工作任务。截至2013年年底，郑州市新华书店共有职工 686 人，其中在职 374 人，退休 312人，下设10个职能部门和9个销售部门，主营各类中外文图书、电子音像出版物，发行全市中小学生课本、大中专教材以及学生教辅读物。

【重点图书和教材发行】 市新华书店牢固树立高度的政治责任意识，坚持发行工作的宣传导向作用，及时组织并重点做好《政府工作报告》《中华人民共和国第十二届全国人民代表大会第一次会议文件汇编》《2013年全国“两会”文件学习读本》《习近平总书记重要讲话》、十八届三中全会文件等重点图书的征订发行工作。第一时间印制“两会”和三中全会文件征订单，号召全体干部职工深入机关团体、大中专院校、企事业单位开展征订，并提供送书上门服务，有效满足了各方学习需求。教材发行方面，市新华书店认真执行国家相关政策，按《通知》规定的内容订齐订足各科教材，确保教材“课前到书，人手一册”。在征订发行中，严格按照省教育厅评审、市教育局选定的版本开展征订，不随意更换版本。同时严格把握政策，分清教材、评议教辅和非评议教辅三个层次，确保合法、合规、合理开展评议教辅的征订工作。

【图书营销活动】 2013年，市新华书店结合自身实际，开展了形式多样、内容丰富的营销活动，通过营销活动扩大图书销售，弘扬读书求知风气。先后联合康桥地产、万达影城、郑州一中、索凌电器，积极探索“企业团购+发布会”的运作模式，有效地提高了书店的影响力和知名度。与省内各类主流媒体近20家建立稳定合作关系，在大型活动前，通过报纸、门户网站、广播电台等面向全省发布预告，有效提高参加活动的顾客数量，同时在各媒体加大活动图书曝光度，为后期持续热销打下基础，使广大市民逐步认同购书中心“文化休闲场所”的意义和作用。按照“自主策划、广泛宣传、本地营销”的思路，筛选有潜力的重点品种，在市场热销前，动员所有周边资源，先后在郑州重点宣传了柴静《看见》、大鹏《行色》、杨红樱《笑猫日记》《阿狸》等图书品种，创造单人签售9.1万元和单场签售7.4万元的纪录。开通运营书店官方微博和微信，和公众实现密切互动，创造了发出单条微博5天内被观看7.1万次的纪录。

【发行网点建设】 2013年，市新华书店积极谋划网点布局，采取多种形式，全面推进网点建设。（1）做好上街书店的网点建设规划。按照上街区24街坊旧城改造方案，市新华书店接到拆迁通知后，立即成立工作组与区政府进行协商，初步达成在原址自建的意见。同时，根据上街区委、区政府提出的“建设一个供上街区市民读书、看书、买知识的文化场所，打造上街区文化地标”的要求，市新华书店多次亲临上街区进行实地查看，拿出选址和建设初步意见。（2）对花园路商圈网点进行了系统论证，成立调研谈判工作小组，对商圈内地段进行反复考察，掌握有关数据和第一手资料，认真做好花园路商圈的网点建设规划。（3）最大限度发挥中原万达商业区商铺价值，加大对西区图书发行调研力度，努力探索中小型图书门市发展经营模式。

【文化综合体建设】 2013年，市新华书店丰富多元化经营项目，满足市民一站式文化消费需求。（1）完善商户管理机制，继续做好项目招商。一方面对原有商户实行末位淘汰制度，对一些经营效果不佳的商户进行了清退；一方面继续按照先前制定的招商标准，陆续引进了“滔博运动”“读书郎”“快易典”“骆驼青少年户外童装”等与文化相关的多元化项目。（2）丰富培训内容和方式，提升读者俱乐部服务水平。一方面依托读者俱乐部自身优势，通过为读者提供卖场新书、畅销书同步借阅，开展会员联谊会，增设周末影片欣赏活动和开通飞信服务平台等增值服务，满足会员不同需求，提高会员卡销售量。2013年，读者俱乐部在原有活动的基础上增设了亲子VIP绘本馆，将绘本故事、形体律动、亲子手工、经典古诗、国学启蒙等作为课程融入会员卡中，打造与读者相互交流平台，体现实体书店体验式书城的优势。

【管理体制变更】 4月25日，省委常委、宣传部长赵素萍到郑州市主持召开专题会议，要求市新华书店整体纳入中原大地传媒公司上市。会后，市新华书店积极落实赵素萍部长和省、市各级领导的指示精神，统一思想、提高认识，多次召开党委会学习相关文件和指示精神，认真梳理书店目前存在的问题，深入分析未来建设发展的方向。并分别召开中层干部座谈会和部门全体职工会，广泛深入地征求全店干部职工对整体上市工作的意见和建议，以最快速度抓紧抓好各项工作的落实和有关问题的解决。同时，市新华书店在上级部门大力支持下，组织召开第四届职工代表大会第一次会议。全体职工代表以无记名投票方式对“河南省郑州市新华书店有限公司变更管理体制，随中原出版传媒集团整体上市”工作进行了现场表决。

（李 菁）

新闻出版与传媒

新闻出版

【概况】 2013年，在市委、市政府的正确领导下，郑州市文广新局紧紧围绕郑州都市区建设和“三大主体”工作总体布局，舆论引导能力不断提升，广电、新闻出版等各项工作继续保持了平稳发展的良好态势，为全市经济社会的发展提供了坚强思想保证和有力舆论支持。版权保护工作、广播电视创新创优等多项工作受到国家、省厅（局）的表彰，新闻出版依法行政工作走在全省前列。

“三大主体”工作宣传效果突出。开办《瞩目郑州新区》《国家战略——加快中原经济区建设》《挑大梁走前头》《两环十五放射》《坚持依靠群众，推进工作落实》等180多个专题栏目，全面、深入、系统地宣传、报道市委市政府各项重点工作；圆满完成全国、省市“两会”等重要会议和历年黄帝故里拜祖大典、创建全国文明城市等重大活动的宣传报道任务。

媒体助政功能成绩显著。先后完成了煤矿安全、十字路口交通、城市卫生等42个方面问题调查暗访，为市委市政府的决策提供可靠的依据；先后推出了《九类违法车辆综合整治》等一系列有影响的民生报道。

外宣创优工作再创佳绩。外宣创优工作保持全省领先，郑州电台在中央广播电台发稿量连续十三年位列全国省会城市电台发稿第一名；郑州电视台在中央电视台播发稿件数量持续领跑中部六省省会城市。

实现安全播出无事故。始终把安全播出放在首位，坚持制度，加强管理，确保“双节”“两会”及重要会议等重要保障期的安全播出，连年实现全市广播电视安全播出无重大责任事故。

软件正版化工作顺利推进。统筹兼顾，强化督查，市直机关正版软件采购资金已到位，招标工作顺利推进，推动市级党政群机关基本完成软件正版化目标任务69个，推动郑州市12个县市区实现金山办公软件全覆盖。

【扫黄打非】 积极发挥网格化管理的优势，坚持横向到边，纵向到底，全面覆盖，不留死角。各级“扫黄打非”工作部门开展集中行动240多次，出动执法人员21680人次，取缔违法出版物市场、摊点95个，查办案件46余起，收缴各类非法出版物198155张（盘、册）；成功破获查处“9·08”销售违禁非法出版物案，收缴政治性非法出版物、淫秽色情非法出版物及盗版侵权非法出版物共计6.6万多册。

【依法行政】 多年来，市文广新局坚持依法行政目标管理制度、卷宗评查制度，修订完善依法行政规章制度，多次得到国家、河南省业务主管部门的表扬和肯定，荣获国家新闻出版广电总局2013年度“全国新闻出版广电系统依法行政先进集体”荣誉称号，这是新组建的国家新闻出版广电总局第一次在全国范围内表彰先进集体。

【绿城读书节】 第十届绿城读书节自2013年9月26日开幕以来，围绕“让阅读融入生活”的主题，开展了“2013郑州文化创意产品博览会”等18项全民阅读推广活动，得到了全市广大市民的积极参与和热情支持，参与活动的各界人士达十万之众。根据郑州市城市阅读状况调查报告显示，持续不断的全民阅读推广活动，为促进市民阅读发挥了积极的宣传和引导作用。郑州市城市居民人均阅读量已由2009年的12.4本增加到2013年的14.52本，成效显著。在2013年国家新闻出版总局组织的全国“书香之家”评选活动中，郑州有9家入选，占河南省入选名额的1/4。绿城读书节的持续举办得到了省新闻出版局的充分肯定，市文广新局也多次在省委宣传部、省新闻出版局共同组织的河南省全民阅读活动评选中荣获“全民阅读活动先进单位”称号，“绿城读书节”也被授予“河南省全民阅读活动优秀项目”。

（张明华）

8月21日，市长马懿到郑州图书馆新馆视察

中原报业传媒集团

【概况】 2013年，在市委和市委宣传部的正确领导下，中原报业集团认真学习贯彻省、市主要领导关于新闻宣传工作的指示精神，深入推进实施集团发展“四做”路径：做强党报、做大都市报、做活新媒体、做优多元化，新闻宣传、经营发展以及集团内部管理等方面均取得较大突破和提升。中原网“心通桥”获得中国新闻奖一等奖，成为2013

年唯一获此殊荣的地方网站，也是郑州报业多年来继《郑州晚报》三次获得中国新闻奖一等奖之后第四次获得中国新闻奖最高奖项。

围绕中心、服务大局，策划推出了一系列重点报道、重大报道。2013年，郑州报业集团以党报《郑州日报》为龙头，积极构建正舆论、全媒体宣传平台和载体，多举措、全方位唱响主旋律，打好主动仗。在集团党委的统一协调部署下，《郑州日报》《郑州晚报》、中原网、中原手机报等媒体一方面积极做好常规报道，一方面加强策划，强化报道效果。在重点报道、重大报道方面，先后推出了产业聚集区系列报道，并将报道结集成册，出版了《产业隆起 领跑中原——河南省产业集聚区探访》，受到省委主要领导肯定；推出了郑州航空港经济综合试验区系列报道，两报一网均策划推出特刊，取得了较好的宣传效果；推出了《三走进 三郑州》系列报道，积极宣传报道郑州生态廊道建设及城乡面貌的巨大变化；推出《学讲话、比先进、找差距、强责任、抓重点、求提升——认真学习贯彻全市领导干部会精神》系列报道；以增加公益广告数量、提升宣传效果为重点，加大文明城市迎检工作的宣传报道；重点做好中博会、郑州"两会"、黄帝故里拜祖大典等重大活动、重要会议报道；开设《中央主流媒体报道郑州》专栏，对《人民日报》《光明日报》、中央电视台等主流权威媒体关于郑州的报道在《郑州日报》《郑州晚报》、中原网进行转载，使中央媒体关于郑州的正面报道"连天线 接地气"，放大效应，受到省新闻阅评组的好评。

国内大事、要事宣传报道方面，重点做好年初的全国"两会"、11月召开的十八届三中全会和全省"两会"、省委经济工作会等报道，并按中央及省市要求，开设了《厉行勤俭节约 反对铺张浪费》系列报道。在全国"两会"期间，提前研究部署立体式宣传方案，从《郑州日报》《郑州晚报》中原网、中原手机报、郑州19楼网站、郑州晚报官博等媒体抽调17名主力记者，成立"全媒体新闻中心全国'两会'北京报道组"，以此为切入点推动媒体互动共融，发挥优势、形成合力，提升舆论引导能力，在宣传全媒体方面做出了积极探索。"两会"以后，集团"全媒体新闻中心"的组织机构和宣传报道形式仍在持续，凡有重点报道、重大报道，均以此为中枢，进行组织和推进，取得了较好的效果。

【承办、举办重要会议、重大活动】 提升品牌、扩大影响，2013年先后承办、举办了一系列重要会议、重大活动。8月10日-11日，承办了中国晚报新闻工作者协会2013年会长会议，《北京晚报》《新民晚报》《羊城晚报》《今晚报》《扬子晚报》等23位晚报总编辑出席会议。会议听取中国晚协工作报告，研究确定了5年一次的换届选举办法，定评中国晚协"赵超构"新闻奖名单，决定2013年中国晚协年会研讨主题。会上，河南省委常委、郑州市委书记吴天君与中国晚协会长、执行会长、副会长进行了交流。10月25-27日，在北京举办了首届"郑州新闻奖"评奖活动，检阅梳理了近两年在郑新闻媒体"走基层、转作风、改文风"活动，最终评出89篇获奖作品。这些获奖作品都是新闻战线"走转改"活动的典型成果，离实际更近、离生活更近、离群众更近。

【全媒体发展】 推进实施了"晚报改版""中原网改版""社区报创刊"等创新举措。2013年4月25日，《郑州晚报》第一张社区报《金水郑东金版》问世，这是河南省首份社区报，也是中部六省第一份社区报。5月底，《管城东区社区金版》《二七中原社区金版》相继出版，将郑州主城区的北区、东南区、西南区全部覆盖。另外《登封金版》作为另一种样式的社区报也同时推出，《郑州晚报》社区报覆盖郑州7个县（市）区，加上主报，《郑州晚报》发行总量近90万份。社区报的高密度、高覆盖和亲和力赢得了市民和网友的欢迎，也引来了省内外同行的关注与考察，得到了新闻界、学术界、企业界的赞赏。郑州市委常委、宣传部部长王哲，美国社区报研究权威Jock教授等领导及专家学者也给予肯定和鼓励。5月21日，新版中原网与广大用户正式见面，从页面风格、内容选择和用户体验上进行了全面优化，简化了版面，提升了用户体验，增强了用户黏度，提升了影响力。

继7月与《南方都市报》签订战略合作协议后，8月6日《郑州晚报》全新改版，并在嵩山饭店举行了"风华郑茂"《郑州晚报》新版新闻发布会。南方报业传媒集团及省、市宣传系统有关领导及专家、知名人士参加会议。《郑州晚报》和《南方都市报》牵手，对国际新闻、财经新闻、体育新闻、娱乐新闻进行高度整合，集中精力做最"中"的新闻，为读者奉献河南最好的报纸。新闻发布会还对《郑州晚报》的全媒体集群进行了重点推介，以主报为龙头的拥有社区报、中原手机报、郑州19楼网站、官方微博、微信、二维码等多种媒体形式的全媒体集群，将为读者提供更加全面和多样化的服务。

【多元化经营】 调整结构、提升效益，谋划推进了一批经营性项目。2013年9月，集团在郑州航空港的房地产项目正式启动，面向职工的房屋预发售工作也取得较好成果，为集团的多元化经营再拓新空间。10月25日，在北京梅地亚中心，中原报业传媒集团与国内知名影视制作企业——欢瑞世纪影视传媒股份有限公司正式签约，成为欢瑞世纪在全国报业合作中唯一的战略投资者，标志着郑州报业集团跨区域跨领域的多元化战略又迈出重要一步，也使郑州报业集团成为河南地区首家进军影视行业的报业集团。

（李 萌　苏春霞）

郑州人民广播电台

【概况】 2013年，郑州人民广播电台认真贯彻落实党的十八大、十八届三中全会，全国、全省和全市宣传思想工作会议精神，牢牢把握正确的舆论导向，坚持"三贴近"、践行"走转改"，自觉承担起主流媒体的责任和使命，以改革创新的精神推动电台各项事业建设不断迈上新的台阶，圆满完成了年初制定的各项目标任务。坚持新闻立台，凸显主流媒体社会公信力。郑州电台始终坚持新闻立台的发展理念，坚持团结稳定鼓劲和正面宣传为主的方针，不断增强干部职工政治意识、大局意识和责任意识，自觉承担起主流媒体的责任使命，积极为郑州经济社会的改革、发展、稳定营造良好的舆论氛围，全年新闻累计发稿2万多条，圆满完成了年度宣传报道任务。

围绕中心，突出重点，服务大局。电台围绕市委、市政府中心工作和百姓关心关注的热点话题，注重新闻策划和创新，不断提升宣传报道的影响力和公信力。策划推出了《航空港区：中原梦，从郑州起飞》《郑州航空港 托起中原梦》等多组系列报道，对郑州航空港经济综合实验区的发展规划、机场二期建设、航空物流、招商引资以及未来蓝图进行了全方位解读，稿件在中国国际广播电台《经济纵贯线》节目中播出。电台组织策划的《黄帝故里拜祖大典国际大联播》已经成为拜祖大典活动中的一项重要内容，2013年在拜祖大典国际大联播宣传报道活动中，又推出了《拜祖大典走进台湾——文化参访台湾行》《中国之窗研讨会暨拜祖大典·中原行》等系列活动，收到了非常好的效果。抽调精干力量，组成实力强大的报道策划团队，按照时间节点全方位搞好宣传报道，圆满完成"三走进、三郑州"主题活动的宣传任务。针对即将开通的地铁1号线和三环快速路，在11月底就陆续策划推出了4个系列共30篇重点报道，为地铁开通造势。12月28日，地铁开通第一天，电台首次采用全媒体直播的形式报道这一重大事件，卫星传输、4G手机、微信、微博，各种手段同时使用，内外宣结合扩大影响，全天多频率以口播、连线、现场报道、直播等形式为市民奉献上了丰富的地铁通车首日新闻“大餐”，与广大市民一起见证、体验郑州进入地铁时代的历史性一刻。2013年，郑州电台先后策划推出了《郑州市三大主体工作》《新型城镇化建设》《深入学习党的十八大精神，努力开创郑州都市区建设新局面》《畅通郑州工程》《最美基层党员干部》《文明郑州》等60多个专栏节目，保证了市委、市政府每一项中心工作、重点工作都得到了全面深入系统的宣传报道。

【关注民生、服务群众】 郑州电台立足本土、关注民生、服务群众，充分发挥城市广播媒体“热线”服务特色，以新闻广播《百姓热线》，经济广播《711快递》，都市广播《交通热线》等节目为依托，构筑起一个全天候的、集“新闻发布、舆论监督、互动交流、应急指挥”为一体的信息服务平台。先后邀请40多个政府职能部门和公用事业单位的负责人走进直播室，为群众讲解政策，答疑释惑。电台与市政管理局联合推出“城市管理工作日”节目，每周邀请市政管理局负责人走进直播室，与听众互动交流。2013年，电台热线接听量达到20多万个。同时，还充分发掘电台在城市交通应急指挥疏导、防灾应急指挥等方面的特殊作用，打造郑州市广播应急指挥系统。先后在交巡警、110、高速公路、客运管理处等交通指挥中心设立直播室，在第一时间向广大市民提供交通路况信息，为管理部门提供应急交通指挥。电台还投资100多万元，在市区主要道路上设置“郑州都市广播交通信息提示牌”，郑州广播应急指挥系统粗具规模。

【构建全媒体传播格局】 强化媒体联动，构建全媒体传播格局。郑州电台在全国城市广播电台中是较早接触互联网的电台之一，1999年就建立了郑州广播在线网站。2013年，郑州电台网站已经实现了音频和视频播出。郑州广播在线网站充分发挥自身特色，运用多元化的传播方式扩大宣传的深度和广度。为了适应打造全媒体的发展格局，2013年，郑州电台将网络中心正式更名为新媒体中心，负责新媒体业务的开发。在宣传报道中，注重利用好新媒体，全台各套频率都开通有微博，主持人和记者也开通有微博，通过利用新的传播手段，扩大了宣传效果。截至2013年年底，郑州电台官方微博粉丝数量超百万，全台各套频率微博、微信粉丝总数也超过百万。郑州电台还不断加强与中央台、省台、市属新闻媒体以及中原网、新浪网等媒体的合作，形成合力，扩大主流媒体的舆论引导力。

【发挥媒体舆论监督作用】 郑州电台围绕市委、市政府中心工作开展舆论监督和舆论引导。对在采访中发现的热点、难点问题，以《民生摘报》的形式上报给市委、市政府相关领导和部门。截至2013年年底，已报送《市民反映黑车泛滥 记者暗访调查实情》《关于畅通郑州工程施工时缓解交通压力的十条建议》《假医生假门诊坑害患者 相关部门监管失责》《五证不全开发房产 祝福红城违规售楼》等十几篇民生摘报，并引起了相关领导及部门的重视，推动了问题的解决，促进了政府工作的开展。

【加强策划、打造精品】 郑州电台加强策划，在强化节目质量建设，打造精品节目方面做了大量工作，收到显著成效。2013年，郑州电台有1件作品获中国新闻奖，这也是该台连续第三年获得全国新闻最高奖。央视索福瑞的调查数据显示，郑州电台7套节目的综合市场占有率已经达到47%，在全国省会城市电台中位居前列。

建立常态化、科学化的节目建设体系。电台结合自身实际，在节目质量建设方面，逐步建立起了依靠市场调查数据分析，节目听评，节目研讨，品牌节目带动等措施为一体的，科学、实用的节目建设体系。同时，电台还把强化节目建设和“坚持依靠群众、推进工作落实长效机制”活动有机结合，集全台职工的智慧和力量，为电台节目建设积极建言献策，各频率积极吸收大家提出的合理化意见和建议对节目进行科学调整，有效推动了电台整体节目质量的不断提升，收到了非常显著的成效。2013年，郑州电台综合市场占有率稳步提升，最高达到50.31%，占据郑州广播市场的半壁江山。

以听众需求为导向，积极调整节目结构成效显著。在认真分析研究我国城市广播市场发展趋势和听众对广播节目收听需求的基础上，对电台各频率进行科学定位，打造特色频率。电台经济广播调整为轮盘播出新闻资讯节目；原故事广播改版为经典老歌频率，文娱广播也根据广播市场发展趋势，主要为移动人群服务，都收到了显著成效。

树立精品意识，推动创优工作再创佳绩。把创优工作融入到日常节目建设之中，在编辑、记者、主持人中牢固树立精品意识，实现节目质量建设和创优工作相互促进，共同提高。2013年，电台先后有100多件作品在国家和省、市新闻奖的评比中获奖。有29件作品荣获河南省广播电视政府奖，连续6年在全省18个市级电台中名列第一。有69件作品获郑州市广播电视政府奖，6件作品获“首届郑州新闻奖”，郑州电台制作的广播连续剧《杜甫》获省政府一等奖。

强化活动建设，树立电台品牌形象。郑州电台先后打造了《河南戏剧演员排行榜》《校园歌手大赛》《黄帝故里拜祖大典》《十佳主持人评选》等一批在省会郑州具有较高影响力的品牌活动。2013年，以这些品牌活动为依托，各频率组织开展了“诗歌朗诵会”“送温暖”“自驾游”“歌友会”等内容丰富、形式多样的社会公益活动共计200多场（次）。郑州电台还充分发挥人才优势，组织开展了《金蛇狂舞迎春诗会》《美丽中国·世界华生——2013嵩山中秋诗会》等一系列深受群众欢迎的经典诵读活动。在第三届“夏青杯”全国朗诵大赛总决赛中，郑州电台承办了郑州赛区的比赛，选送的选手夺得了4项单项奖中的3项，成为全国63个分赛区中获得一等奖最多的三大赛区之一。

【对外宣传】 强化外宣工作，塑造郑州务实发展形象。自2000年以来，郑州电台在中央台发稿量已经连续13年位居全国省会城市电台第一。2013年，在确保中央台发稿总量优势地位的同时，郑州电台提出了在中央台多发反映郑州正能量的稿件，多在重点栏目发稿，多发高质量的稿件的工作目标。全年发稿超过600篇，比上年在中央台发稿总量增长50%，实现了全国省会城市电台在中央台发稿总分连续14年位居第一的好成绩。《郑州“全城吃面”帮助骨癌患者》《郑州出台新政为农民工讨薪》《厉行节约，风清气正》《河南三板斧破解移民村稳定发展难题》《“郑州新型农村社区”样板调查——关于新型城镇化建设的思考》等近百篇弘扬正气、倡导文明的稿件在《新闻和报纸摘要》《全国新闻联播》《新闻纵横》等重点栏目播出。

进一步强化与中国国际广播电台的合作，在办好《今日郑州》栏目的同时，2013年，国际台又在郑州电台设立了“中国国际广播电台郑州节目制作室”。节目制作室的建立，使郑州电台与国际台的合作又迈上了一个新台阶。与中国国际广播电台联合策划推出了“音画全景大运河”大型异地采访活动。在国际台华语环球广播中心的《经济纵贯线》节目重磅推出大型专题报道《振翅而飞——郑州要建航空港》，专题对郑州航空港的建设规划和进展情况进行全方位解读。11月，《全景中国——今日郑州》再次播出航空港专题，并翻译成英文在中国国际广播电台官方网站英文版刊发。与国际台合作推出的《全景中国——郑州周》特别节目，已经完成了前期采访工作，正在进行节目制作，2014年1月中下旬该节目将在国际台播出。通过这组报道，向全世界华人宣传介绍郑州的人文地理、旅游文化以及社会经济建设方面取得的辉煌成就，树立郑州在国内外听众中的良好形象。

【完善经营模式】 不断完善经营模式，增强郑州电台的综合实力。2013

年来，郑州电台坚守主流媒体的责任意识，主动调整广告结构，大幅压缩医疗专题节目时间，提出打造“绿色广播”的发展理念，采取多种有效措施，提高广告收入水平，收到显著成效。大力发展产业经营，2013年新设立了文化产业办公室，负责郑州电台文化产业的经营和管理，并积极探索产业化经营的新途径和新模式。

强化监管，主动调整广告结构。郑州电台以国家八部委联合开展打击虚假违法医疗广告活动为契机，进一步强化对广告经营的监管力度，建立起了完善的客服、审听、上单、监听等管理制度，对播出的每一条广告都进行严格审查，层层把关。2013年，审核专题音频广告500多件，下发整改、停播通知40多条次，从源头上避免违规广告的播出。在加强监管的同时，主动调整广告结构，大幅压缩医疗专题节目时间，电台有四套频率已经成为全天无医疗专题广告的绿色频率。广告结构的调整，为电台经营的健康持续发展奠定了坚实基础。

建立风险防范体系，完善广告代理制。2009年，郑州电台开始逐步推行广告代理经营，把电台的广告业务交给专业广告公司经营，使电台的新闻专业人员从广告经营业务中彻底解脱出来，专心致志办节目。在与广告代理公司的合作中，提出了公平竞争、透明运作，在代理公司的选择、谈判、签约等整个过程，都制定了严格的程序，增加透明度，接受职工的监督。代理经营制的推行，实现了节目质量与广告创收相互促进、共同提高的良好发展态势，广告收入总量也逐年快速增长。初步统计，2013年郑州电台广告总收入达到7350万元，比上年增长11%。

【安全播出管理】 郑州电台高度重视安全播出管理，按照国家广电总局“突出重点，狠抓落实，消除隐患，抓出实效”的安全播出原则，认真抓好落实，使台内停播率小于5秒/百小时，连续多年实现了播出工作安全无事故，技术工作无事故。（1）实现了电台都市广播上省福塔发射和音乐广播入河南省有线电视网络终端播出。（2）顺利完成随行广播直播车和卫星直播车生产改装工作，使电台大型技术装备水平又迈上了一个新台阶。（3）解决电台发展瓶颈问题的广播电视发射塔项目正式启动，电台专门成立了发射塔项目建设办公室，并做了大量的前期准备工作，取得了一些进展；同时，围绕西区现代传媒中心——广播中心建设项目，也做了细致的前期准备工作。（4）技术创优硕果累累，在2013年度全省广播节目技术质量奖评比中，郑州电台作品分别荣获播出技术质量奖一等奖和录制技术质量奖一等奖。

（赵岩军）

郑州电视台

【概况】 郑州电视台是由原郑州电视台和原郑州有线电视台于2005年2月2日合并重组而成。其中，原郑州电视台成立于1985年9月10日，原郑州有线电视台成立于1993年8月6日。经过郑州电视人20多年的辛勤努力，改革创新，伴随着“中部崛起”和“中原城市群”发展战略的实施，郑州电视台不断发展，已成为在中原地区具有一定影响的电视传媒。截至2013年年底，郑州电视台拥有职工1000多名，开办电视节目六套，下属单位郑州广电报社。

郑州电视台内设总编室、办公室、计划财务部、人力资源部、新闻部、新闻评论部、专题部、外宣部、综合部、广告部、技术部、网络部、录制部、播出部、商都频道、文体频道、四套、法制频道、影视频道等20多个部室。

郑州电视台现有六套节目：时政频道（一套）、商都频道（二套）、文体频道（三套）、影视戏曲（四套）、妇女儿童频道（五套）和都市生活频道（六套），每天播出时间都在19个小时左右。其中，一套、二套节目通过、无线、有线双重传输，覆盖半径为150公里左右，有效覆盖人口2000万人，其他四套节目主要通过有线传输覆盖。

郑州电视台新大楼位于郑东新区CBD商务内环与商务东二街，新大楼建筑面积近3万平方米，由B座和C座两部分组成。设有6个80平方米演播室，1个160平方米演播室，1个340平方米演播室，1个600平方米开放演播室，播出总控机房总面积500平方米，是中原地区面积最大、技术最先进的播出机房。新大楼规划了9个演播室（6个高清），一张200个站点的高清全台网，一辆14讯道大型高清转播车和一辆5+1讯道高清卫星车，摄录编采用了大批IT化存储卡和蓝光盘高清设备，9个频道的播总控系统将9个演播室和全台网连为一体，其中两个频道按总局要求实现了高标清同播，是继全国9个卫星台之后第一个具备高标清同播条件的省会城市电视台。2010年4月，郑州电视台三套、四套、五套、六套开始迁往新办公楼，6月1日凌晨，这四个频道节目正式从新大楼播出，并于当年8月完成主体搬迁工作，全台六套节目都在有序高效运转中。

2013年4月9日，郑州电视台设立《午间播报》栏目，首档午间新闻栏目《午间播报》播出。这是一档集本市重大和突发新闻、六县市主要新闻、民生新闻、外埠新闻为一体的综合城市新闻栏目。

在省会城市台面对新媒体激烈竞争的严峻形势下，郑州电视台顺应行业发展趋势，积极探索电视节目的制播分离，在给观众提供更多、更好看的电视节目的同时，节约成本，挖掘新的经济增长点。7月10日，郑州电视台影视制作基地暨郑州电视台实习采风基地揭牌仪式在五云山文化旅游度假区举行。郑州电视台将与居易国际合作共建基地，该基地将充分满足本土影视节目拍摄的需求，同时具有休闲观光、文化旅游等多种功能。

面对新媒体崛起的激烈竞争，郑州电视台创新思维，突破困境，着重在节目研发上下工夫，2013年年初，成立了节目研发中心，以开发内容丰富、形式多样、接地气、本土化的节目寻求新的发展空间。经过广泛深入的调查、分析、论证，《幸运百分百》《童言视界》《小小无冕王》等栏目已落地播出，并实现了经济效益和社会效益的双丰收。

【重大活动、重大主题宣传报道】 2013年，郑州电视台精心组织，提前策划，圆满完成了人大、政协“两会”、市委十届四次（扩大）会议、郑州都市区新型城镇化建设推进大会、黄帝故里拜祖大典、中博会、郑州航空港经济综合实验区建设推进大会、郑交会、嵩山论坛、2013世界大力士中国争霸赛、郑州国际街舞大赛等重大会议、重大活动的宣传报道。尤其是在航空港经济综合实验区的批复建设报道中，及时派出多路记者赴北京参加新闻发布会，并和中央电视台河南记者站联合制作了大型新闻系列述评《梦想起航》，对航空港经济综合实验区的内涵和意义进行了深入解读。

此外，针对重大主题宣传，及时制作了“回眸2012”“三大主体工作巡礼”“十年东区 光耀中原”“寻找最美劳动者”“交通曝光台”“文明郑州”“争创人民满意公务员”“关注H7N9”“聚集产业集聚区”“三走进 三郑州”“一学三促”“十二项民生工程专项治理”“大招商”“温暖郑州”等40多个专栏，紧紧围绕市委市政府当前中心工作，服务大局，搞好宣传，为推进新型城镇化、推进产业集聚区建设、大招商、十二项民生工程专项治理等阶段性中心工作营造了良好舆论氛围。

【民生新闻首次登上央视《新闻联播》头条】 2013年2月1日，由郑州电视台选送并配合央视采制的《河南郑州：一碗面温暖一座城》，在央视《新闻联播》头条播出，时长4分钟，对郑州市“全城吃面”帮助李刚夫妇渡难关的爱心救助活动事件进行了报

郑州网络电视台正式上线

道，并配发评论，这篇报道是郑州市2013年在《新闻联播》刊播的首个头条新闻。2月6日，央视《焦点访谈》又以《一碗面温暖一座城》为题对郑州“全城吃面”的爱心救助事件进行深度报道，节目时长7分钟。央视《新闻直播间》《东方时空》《朝闻天下》《第一时间》栏目也对“郑州全城吃面”进行了关注和报道。

【加大直播力度】 加大直播力度，实现“新闻现场时”。2013年，郑州电视台先后完成了京广高铁全线贯通全国性大型电视直播、癸巳年黄帝故里拜祖大典、郑开国际马拉松小马拉松赛、哈密至郑州特高压跨黄工程、郑州市人大、政协 “两会”、2013年郑州市春节联欢晚会等一系列大型活动的现场直播。其中，京广高铁全线贯通直播，郑州电视台作为央视在河南区域的唯一合作媒体，协助央视完成郑州黄河铁路大桥和郑州东站两个段位的直播工作。在此基础上，郑州电视台还在北京、石家庄、安阳等几个重要城市设立直播点，实时连线，现场直播高铁开通运行情况。

【创优争先、成绩斐然】 创优争先，苦练内功，郑州电视台获奖总数位居全省地市首位。在2012年度河南省政府新闻奖（广播电视部分）评选中，郑州电视台在新闻类、文艺电视剧类、主持类、论文类都收获了奖项：《全国健康卡在郑州首发》等9件作品获一等奖，《一场迟到的婚礼》等7件作品获二等奖，《网络长胡家昱的一天》等11件作品获三等奖，获奖作品总数和一等奖作品数量均位居全省首位。在河南省（政府）新闻奖评选中，纪录片《迷失》被选送上报“中国广播影视大奖”——星光奖。此外，在省广电协会组织的首届全省城市台新闻评奖中，郑州电视台还分别有4件作品获一等奖，3件作品获二等奖，3件作品获三等奖。郑州电视台独立拍摄制作的微电影《郑东爱情》获得2012年度河南省电视剧“大河奖”二等奖，微电影《三块大洋》荣获了中广学会第八届评优年会金麒麟奖二等奖。

7月9日，在贵阳举办的“全国城市台生态文明公益广告电视大赛”中，郑州电视台包装组创作的作品《生态文明系列之森林保护篇》，在200多件参评作品中脱颖而出，荣获大赛最高奖金奖，获奖作品数量排名第一。

【创新机制、锐意改革】 2012年年底，郑州电视台以二套、五套作为先行试点频道，2013年2月初先后完成频道总监、副总监、制片人的竞争上岗工作，频道与员工间的择优聘用和双向选择工作。制定了《频道日常管理规定》《关于重播处理规定》《关于私自收费处理规定》《主持人管理规定》《关于收视奖励规定》以及改革过渡期的《频道暂行绩效管理政策》等规章规定。改革已初见成效，试点改革频道从3月16日起陆续改版，两个频道均对原有的特色栏目进行了重新包装，在内容上进行了重新规划，同时创办和引进了多档符合频道定位的新栏目。

【配合央视录制“2013世界大力士中国争霸赛”】 2013世界大力士中国争霸赛是一项国际性顶级赛事，共有来自31个国家的32位大力士选手参赛，是历届赛事中人数最多、规模最大的一次。这次活动吸引了包括中央电视台新闻频道、中新社、《中国日报》《河南日报》河南电视台、河南人民广播电台、《郑州日报》、郑州人民广播电台、郑州电视台、《郑州晚报》、新浪网、腾讯网、凤凰网等20多家知名媒体的关注，比赛期间刊发各类稿件90多篇。2013世界大力士中国争霸赛共录制了五期节目，8月4日起在央视一套18点档播出，每期60分钟。

【ZZTV手机客户端和“睛彩郑州”同时上线】 积极寻求与新媒体融合，9月10日，郑州网络电视台、ZZTV手机电视、ZZTV快拍手机客户端和“睛彩郑州”频道正式上线播出，郑州电视台开始全面新媒体化。“ZZTV快拍”手机客户端为每位受众提供了新闻报道的平台，用户只要下载注册这个客户端，就可以成为郑州电视台的网络记者，用手机拍摄视频后传送到郑州电视台的新闻资源库，由郑州电视台对内容进行编播，真正实现了“随时随地人人参与”的重大改变。“睛彩郑州”主要面对手机、车载电视等移动用户群，将郑州电视台六套节目中的精品节目整合到一个频道播出，还专门制作了适合移动人群收看的特色节目。

（刘先林　张静娜）

科技 教育

科　技

【概况】 2013年，全市科技工作紧紧围绕市委、市政府中心工作和“三大一中”战略定位，全面贯彻全国、全省科技创新大会精神，深入实施创新驱动发展战略，集聚创新要素，强化人才支撑，优化创新环境，壮大创新主体，构建自主创新体系，提升自主创新能力，加速科技成果转化及产业化，促进产业结构调整和优化升级，强力推动以郑州航空港经济综合实验区为统揽的郑州都市区建设，取得了明显成效。

科技创新实力稳步增长。2013年，全市实现高新技术产业产值5008.5亿元，同比增长33.4%；实现高新技术产业增加值1317.8亿元，同比增长21.3%。高新技术产业产值和增加值在中部6个省会城市中位于武汉、长沙之后排在第3位，在27个省会城市中排名第7位，在全国35个大中城市中排名第15位。全市专利申请量为20259件，同比增长24.4%，完成全年目标的125.5%；专利授权量为10372件，同比增长14.4%，完成全年目标的109%。全市技术合同成交额达到90.85亿元，同比增长38.7%，完成全年目标的101%，占全省的65%以上。争取省级以上科技项目359项，支持经费30964.5万元。圆满完成了全国科技进步考核工作，郑州市及所辖11个县（市）区全部通过2011-2012年度全国科技进步考核，其中金水区、二七区、管城区获得“2011-2012年度全国科技进步考核先进县（市）”荣誉称号。科技创新呈现出良好的发展趋势和发展态势，为郑州市保增长、调结构、促转型提供了有力的科技支撑，科技进步对经济增长的贡献率达到58%。

科技创新成果大量涌现。全市共评选科技进步奖100项，其中郑州机械研究所完成的“面向超硬工具的绿色钎料及应用”等5个项目获特等奖，郑州日产汽车有限公司完成的“汽车发动机悬置下支架及其安装方法”等15个项目获一等奖，二等奖80项；专利奖18项，其中一等奖5项、二等奖13项；获奖项目达到国际先进水平以上的16项、国内领先水平的70项，取得专利391项，获得中国专利金奖2项。郑州市196项科技成果获得省科技进步奖，11个项目获得一等奖，占全省的2/3，取得历史性突破。

科技创新体系不断完善。2013年，全社会R&D投入占GDP的比重达到2.1%。新增市级研发中心（重点实验室）335家、省级研发中心66家，全市市级以上研发中心达到1705家，其中省级517家、国家级33家。新建院士工作站10家，全市市级院士工作站达到51家，省级58家。新建孵化器3家，郑州高新区大学科技园发展有限公司晋升为国家级科技企业孵化器，全市科技企业孵化器达到36家，其中省级孵化器9家、国家级6家，在孵企业达到3000家，总孵化面积达到115万平方米。国家技术转移郑州中心申建成功，将大幅提高技术转移效率和整体服务能力。国家技术转移郑州中心成功落地郑州。组建了中原经济区大型科学仪器共享协作网，新乡、开封、安阳等11个地市已入网。新增大型科学仪器设备359台（套），总数达到2312台（套），仪器价值达到17亿元，入网会员达到302家。成立了中国技术交易所郑州工作站，促进企业技术创新和科技成果转化。加快中国创新驿站郑州站点建设，为科技型企业提供技术需求和成果转化360多项。积极探索科技与金融结合新模式，成立了两家科技特色银行，三年内将为郑州市科技型企业授信250亿元。目前，郑州华强文化科技公司、宇通重工等一批科技型企业已获得科技银行授信10.9亿元。

加强人才队伍建设，打造科技创新人才高地。实施科技人才队伍建设行动计划，以实施重大科技专项和重大科技工程为抓手，以科技创新平台建设为载体，重点培育和引进战略支撑产业和战略性新兴产业发展急需的高端、复合型、创新型人才。2013年，培育科技创新团队54个、科技创新领军人才50名，夯实促进科技创新的人才基础。

郑州市国际合作和引智成果培训会召开

【确立科技计划总体布局】 深化科技管理创新，调整确立科技计划总体布局。2013年，结合全市加快经济发展的重大科技需求，广泛征集，按照科技支撑计划、科技创新体系建设计划和科技引导计划三大框架体系设置，全市共筛选提请评审论证的项目2284项，所有项目均采用异地评审、网络评审的方式进行。进一步加强科技计划项目过程管理，由郑州市科技局领导带队，科技专家、财务专家组成8个评估小组，严格按照项目合同书内容和评估指标体系要求，对郑州市2010-2012年跨年度支持的2754个项目进行了中期评估。通过实地查看、专家质询、综合评价等环节，掌握项目进展情况，发现存在问题，深入了解企业技术需求，形成了项目评估报告和调研报告15篇，为促进项目实施和科技计划合理布局提供了有力依据。按照加强顶层设计、服务产业发展的原则，研究确立了2014年以创新引领计划、产业支撑计划、科技惠民计划“三大计划”为主线的科技计划框架体系。

【大力扶持科技型企业发展】 大力扶持科技型企业发展，加速创新主体培育。针对郑州市科技型中小微企业发展现状，制定出台了《郑州市支持科技型企业发展若干政策》，对郑州市遴选认定的科技型重点企业，在项目申报、研发中心建设、科技创新人才队伍培养等方面给予重点支持，促进科技型企业快速成长。2013年，新建市级研发中心335家，升格为省级66家。新建院士工作站10家，组织开展院士、专家企业行活动，帮助企业解决50项技术难题。新认定高新技术企业58家，目前全市高新技术企业共346家；新增省级创新型企业5家、市级80家，目前国家级创新型企业4家、省级65家、市级318家。帮助企业申报国家科技型中小企业技术创新基金项目，获科技部立项64项，争取资金4060万元；获省科技厅立项158项，争取资金1640万元。郑州市165家科技型企业的1010个项目，获得研发费用税前加计扣除免税额达到13.82亿元。郑州高新区智能仪器仪表创新型产业集群入选国家级试点创新型产业集群。郑州市正星科技等5家企业获河南省创新方法试点培育企业。

【实施重大科技专项】 实施重大科技专项，提升企业核心竞争力。2013年，郑州市在城市建设、高端装备制造、新能源汽车、新材料、新一代信息技术、生物工程与制药、农业新品种选育及主食产业等领域实施7个重大科技专项；在LED照明、现代农业、科技惠民、高技术服务业等领域实施5个重大科技工程。通过重大科技专项（工程）的实施，带动项目承担单位直接投入60亿元，申报专利1700项，获得授权专利1000项，完成新产品、新技术开发1200项，实现新增销售收入210亿元。郑州市河南汉威电子股份有限公司等7个企业，承担省7个重大科技专项，获省科技经费支持3500万元，带动企业投入资金2.5亿元，新增销售收入18亿元。

【大力发展战略性新兴产业】 突出抓好国家科技示范工程建设，大力发展战略性新兴产业。抢抓战略性新兴产业发展的历史性机遇，突出抓好新能源汽车科技示范工程，争取到国家节能与新能源汽车示范推广补助资金1.95亿元。截至2013年年底，郑州市累计争取国家“十城千辆”节能与新能源汽车示范推广补助资金6.42亿元，已推广节能与新能源汽车1663辆。组织编制了《郑州市新能源汽车推广应用实施方案（2013-2015）》，明确郑州市推广应用新能源汽车推广目标、任务、计划和措施，郑州市获批国家新能源汽车示范推广示范城市。

招商银行郑州分行科技特色支行授牌仪式举行

【加强现代农业和民生领域科技创新】 加强现代农业和民生领域科技创新，着力保障和改善民生。围绕现代种业、生态农业、数字农业、特色农业等领域，组织实施郑州市现代农业科技创新示范工程，培育农业科技示范园15家，新建农民科技培训基地11家，完善农民科技培训基地、科技示范村35家。组织实施国家科技富民强县专项行动计划，登封市承担的“嵩山无公害杂粮和芥菜标准化种植及产业开发”项目获得国家立项支持。积极推进荥阳市国家科技富民强县试点县和新密市省级科技富民强县试点县建设工作，推动区域经济发展。积极创建河南省农业科技园区，新郑市大枣产业园区被命名为“河南省农业科技园区”。启动实施科技惠民计划，出台了《郑州市科技惠民计划管理办法》。围绕城市建设、交通、医疗、饮水安全、污水处理等领域，推广节能环保先进适用新技术、新产品32项，突破生物工程与制药关键技术13项。郑州安图生物工程股份有限公司承担的“高血压五项检测试剂开发及产业化”项目，已取得5项高血压检测试剂注册证，各项试剂性能指标达到国际先进水平，其中肾素检测试剂盒实现重大技术突破，是国内首家直接肾素检测试剂盒。实施公民科学素质提升工程，新建35个科技成果体验中心。成功举办主题为“科技让城市更美丽、科技让生活更美好”的郑州市科技活动周。活动周期间，邀请北京天文馆、中国消防博物馆、北京青少年科技文化交流服务中心等国内一流的科普资源来郑州市巡展，6000多名科技工作者参与组织开展科普活动，制作发放宣传资料20万份（册），展出各类展板3300余块（幅），全市10多万人直接参与活动并从中受益。

【深化科技开放与合作】 深化科技开放与合作，强力推进协同创新。成功举办了“2013中国郑州科技成果交易暨高科技人才交流会”。邀请107家国家级科研院所、国内著名高校参会，郑州市有1500家科技型企业、3000人参会。征集、发布科技成果2000项、技术需求3050余项，各类高科技人才岗位需求4500个，总交易额达402亿元。积极推进郑州市与中科院过程所共建郑州分所，市领导、局领导带队先后赴重庆、深圳、杭州、宁波等地调研中科院系统研究所建设情况，邀请中科院过程所领导及19名各领域的专家到郑州调研郑州市战略性新兴产业布局情况，研究确定郑州分所的产业定位及科研发展方向，目前已经形成了中科院过程所郑州分所建设实施方案。由机械科学研究总院、郑州机械研究所、西班牙Tecnalia研究院、郑州大学等单位联合建设的河南省首家郑州高端装备产业技术创新研究院已经揭牌运营。

【完善知识产权体系】 完善知识产权体系，深入实施知识产权战略。紧紧围绕国家知识产权示范市建设，以完善知识产权体系为抓手，以推进专利审协河南中心、国家知识产权创意（试点）园区建设为载体，制定了《2013年实施郑州市知识产权战略纲要推进计划》，与各县（市）区层层签订了目标责任书，强力推进知识产权工作。大力发展优势企业，培育市级知识产权优势企业30家，目前市级以上优势企业达到70家。郑州市获批建设国家专利导航产业发展实验区和知识产权服务业集聚发展试验区。国家专利审协河南中心及国家知识产权创意（试点）园区进展顺利。2013年，高新区获得国家知识产权试点园区，巩义和新郑两个市获得国家知识产权示范市，金水区获得全国知识产权百强县区。

2013年度郑州市科技进步奖获奖项目名单

特等奖

序号	项目名称	主要完成单位	主要完成人
1	面向超硬工具的绿色钎料及应用	郑州机械研究所 哈尔滨工业大学 河南省亚龙金刚石制品有限公司 中煤科工集团西安研究院 郑州大学	裴夤崟、朱　坤、何　鹏、钟素娟、王　恒、李锁智、马　佳、程亚芳、陈　永、黄成志、于新泉、丁天然、李　涛、薛行雁、鲍　丽
2	鄂尔多斯盆地大牛地致密低渗气田勘探开发示范工程	中国石油化工股份有限公司华北分公司	周荔青、郝蜀民、陈路原、陈召佑、郑锋辉、李　良、李文玉、秦玉英、刘忠群、侯瑞云、张文洪、刘宝国、马　强、郭耀华、屈玉凤
3	耐冲击弧形金刚石复合片及其在煤田地质勘探中的应用	河南省亚龙金刚石制品有限公司 中国矿业大学（北京）	邓福铭、王　恒、李富玲、陈　强、花波波、方艳娜、许晨阳、李　珍、王　见、史振兴、王　莹、李　梅、李书英
4	城市交通节段拼装架桥机关键技术、产品开发及工程应用	郑州新大方重工科技有限公司	张志华、周治国、贾力锋、代　宇、宫占斌、张红军、吴国梅、王　琪、高建华、张艳丽、陈德利、韩权立、贺　瑞、丹　晨、国彦芳
5	基于身份的可信Web服务器智能监控与防御系统	中国人民解放军信息工程大学	顾纯祥、费金龙、刘　楠、郑永辉、黄　莉、赵　涛、万欣娣、康　绯、陈　熹、光　焱

一等奖

序号	项目名称	主要完成单位	主要完成人
1	DFD-V型智能化仿生馒头生产线	河南兴泰科技实业有限公司 河南交通职业技术学院	刘晓真、杨业栋、张春霞、闫金城、邓仁辉、胡冬泉、常　乐、闫元峰、金超然、苏　平、赵永平、石幼华、刘志豪
2	三相智能电能表自动化柔性检定系统	郑州三晖电气股份有限公司 河南省电力公司计量中心 中国电力科学研究院	何志强、李去病、王　雍、侯慧娟、刘　忠、余义宙、武宏波、邵淮岭、丁　涛、郑安刚、卢永华、张力阵、李善生、张毅斌、李献锋
3	2000MPa级悬架簧钢丝的开发	中钢集团郑州金属制品研究院有限公司	张峰山、丁培聚、刘世焜、姜　玲、张永波、常序华、郝许峰、孙文玲、霍小四、李　慧
4	NA1100DPSF6气体在线微水密度监测仪	河南省日立信股份有限公司	汪献忠、薛　冰、胡　涛、袁子茹、何　涛、张建利、赫树开、宋培录、宁帅官、侯新梅、杨　波
5	VSI5X立轴冲击式破碎机	河南黎明重工科技股份有限公司	白英辉、孔金山、苗晓娟、王茂欣、吉宏志、王赞斌、张志鸿、张卫东、郝身峙
6	扶正解毒散超微粉和芪参超微粉的研究	河南省康星药业股份有限公司	马仲彬、马　霞、于　瑞、孔维丽、张国祖、刘永录、李荣誉、郭振环、刘瑞丽、董从刚、陈献忠、王　林、曹凌杰、马长宇、常利君
7	水泥窑烧成带用无铬耐火材料方镁石-复合尖晶石砖的研制与应用	巩义通达中原耐火技术有限公司 武汉科技大学 通达耐火技术股份有限公司	鄢　文、韩忠毅、韩兵强、高长贺、李　楠、周新功、马　飞、王治峰、马淑龙、夏文斌、王金元、周　伟、王浩杰、孙艳粉、付武斌

续表1

8	头面颈部严重烧伤创面个性化修复技术的临床研究	郑州市第一人民医院	夏成德、赵耀华、牛希华、狄海萍、景福琴、张俊峰、薛继东、李晓亮、李　强
9	支持终端一体化管理的跨平台密码卡	郑州信大捷安信息技术股份有限公司	何　骏、董建强、刘熙胖、梁松涛、左　军、苏庆会、张鲁国、刘长河、王凯霖、彭怀建、刘武忠、李顶占、张重磊、孟　珂、赵晓龙
10	基于智能电气控制系统的节能CDV车型产品开发	郑州日产汽车有限公司	王冬成、孙延伟、黄爱武、王现武、乔　敏、苏秀荣、李昆鹏、田　磊、路向前、周玉森、李付军、李要刚、王桂群、李庆成、马　俊
11	热风炉陶瓷燃烧器用高荷软、高抗热震砖的研制与应用	郑州安耐克实业有限公司 郑州大学	李富朝、李建涛、孙庚辰、叶方保、李素平、陈泉峰、闫举欣、周国禄、高世见、裴国营、陈卫平、铁　锐、李　彬
12	大果多抗高产茄子新品种郑茄2号的选育	郑州市蔬菜研究所	申爱民、郭　竞、赵香梅、陈　晓、李永辉、崔杏春、冯迎娥、张建国、李建欣、赵英凯、王　琳、刘文兵、王　勇
13	大型硬质合金镶嵌强化高锰钢颚板关键技术的研究与开发	郑州鼎盛工程技术有限公司 郑州大学	卢洪波、李杏瑞、廖清泉、赵靖宇、王玉柱、杨景凤、黄先波、李　睿、马　峰、陈长江、秦景祥、章晓阳
14	单种植体固位覆盖义齿的基础及临床研究	郑州市口腔医院 武汉大学	程　涛、王贻宁、孙贵峰、刘党利、霍静煜、周朝宇、韩　峰、花琳琳、贺小吉
15	开路激光甲烷气体探测器	河南汉威电子股份有限公司	王书潜、贾林涛、鲁志远、尚中锋、金贵新、李志刚、沙蓓裔、杨清永、赵云祥、郭东歌、刘鲜华、连金锋、祁泽刚、冯山虎、张延军

二等奖

序号	项目名称	主要完成单位	主要完成人
1	“三软”煤层悬移支架机采工艺技术研究	国投煤炭郑州能源开发有限公司 河南工程学院	路聚堂、孙光中、崔子强、荆永滨、王　彬、韩红强、都世锋、徐　星、桑培淼、郭军杰
2	BCSG-1、ETS-1、S100A4、VEGF、MVD在乳腺肿瘤组织的表达及其意义	郑州大学第五附属医院	申培红、李新华、申培新、李彦伟、郑瑞锋、曹予文、杨　凯、张　威、马　梅、赵耀东
3	蔬菜无土栽培技术在中原地区观光农业中的应用	郑州市蔬菜研究所	卢钦灿、刘慧超、龚　攀、梁　峥、楚晓真、田朝辉、陈　曼、刘宗立、兰金旭、赵　彬
4	固体分散技术在黄连解毒散中的应用研究	河南亚卫动物药业有限公司	刘钊锋、张遂平、李明魁、周红霞、郭芳茹、吴胜耀、郭　菊、邵艳华、苑青艳、綦永甫
5	郑州地区几种主要蔬菜病虫害综合防治技术研究与示范	郑州市蔬菜研究所 河南农业大学园艺学院 河南省农业对外经济合作中心 郑州市植保植检站 郑州职业技术学院	应芳卿、黄　文、李武高、王兰菊、高玉红、曾维银、郝军虹、吴小波、许　刚、胡京昂
6	枯草芽孢杆菌BS501a抗稻瘟病技术研究	河南工业大学	李瑞芳、鲁玉杰、陈士华、伊艳杰、黄　亮、张长付、李桂玲、李翠香、田　青、尹艳丽

续表2

7	苹果品种筛选及乔砧芽苗高效栽培技术	郑州市农林科学研究所	马庆州、王　俊、沈祥侠、王国杰、张新仓、林芳立、郑丰声、段罗顺、张东辉、朱桢桢
8	高产稳产广适多抗转基因抗虫棉郑棉18选育及应用	郑州英华种业有限公司	朱　伟、许喜兰、李圣华、刘卫民、黄水成、聂灵菊、铁　锐、郭　际、张庆春、潘　娟
9	不同类型甘薯品种的筛选、脱毒及高产栽培技术研究与应用	郑州市农林科学研究所	张晓申、王慧瑜、李晓青、赵海红、钱　蕾、王　峰、刘　鹏、杨录军、曹　辉、杨　仙
10	畜禽饲料生产中的药物交叉污染防控关键技术研究与示范	河南广安生物科技股份有限公司 河南工业大学	王卫国、高天增、林慧仙、张天勇、王金荣、高鹏飞、任时成、赵全成、韩　杰、梁忠志
11	磺酰脲类除草剂农药残留高效生物降解菌剂的研究与开发	联保作物科技有限公司	王　洲、邱德文、谢存明、陈福良、刘　雅、宋金仓、蒋占民、李清泉、卢桂鲜、陈　红
12	磺胺关键中间体2、6-二氯吡嗪合成新工艺的研究	郑州福源动物药业有限公司 河南卡特尔生物医药有限公司	袁宝青、王树槐、王建芳、张　勇、李红娇、袁　录、刘延磊、牛建利、邱瑾丽、史玲玲
13	市花月季盆景艺术和制作技法集成	郑州市城市园林科学研究所 郑州市西流湖管理处 郑州市人民公园	王　升、郭凤民、宋惠民、孙　飞、上官芳、冯慧渊、王晓萍、张顺舟、孙桂琴、安靖靖
14	汽车国V关键技术研究及产业化	郑州日产汽车有限公司	李广府、刘松伟、白俊伟、朱成辉、高　嘉、李永亮、王玉恒、贺　岚、周玉森、高小辉
15	智能集中润滑系统	郑州奥特科技有限公司	赵大平、赵冬章、赵民章、訾伟旗、师新进、路向阳、李建华、马利峰、王　进
16	加强型橡套电缆	郑州电缆有限公司	黄文才、樊　华、安乐民、代占勇、张亚南、李喜荣、马玉英、刘豪杰、孙齐冠、冯蒙蒙
17	YTA620锚杆钻机	郑州宇通重工有限公司	冯　钦、史秀云、刘振坤、殷松强、程　伟、谢英奋、堵利宾、余　杰、吕绍昌、王顺利
18	XG系列超低功耗感应加热设备	郑州科创电子有限公司	吴水江、段小强、洪　涛、翁全璞、李进轩、张学武
19	75t/h中温中压链条炉排生物质锅炉	郑州锅炉股份有限公司	贾金岭、张　兰、王少静、张修冰、焦德宏、张海田、黄素英
20	光电综合数字通信线缆设计与研制	河南省通信电缆有限公司	王　旭、李建辉、张险峰、李馨春、王崇林、周建功、宋广平、刘云峰、黄　鹏、马娜娜
21	4LZ-5型自走式大豆水稻联合收获机	河南三中通用机械有限公司 郑州三中收获实业有限公司 河南省农业机械试验鉴定站	李鲁予、弓永红、王　勇、弓金川、刘朝旭、弓胜军、宋明亮、王鲲鹏、陈金环、张新军
22	激光全息文字显示带电警示装置	郑州金源特变电气有限公司 新密市供电公司	贾杰栋、贾鹏飞、李新有、魏国强、王国忠、郑海欣、郭　皓、郭子辉、解利敏、程松峰
23	WT-F08电力负荷管理终端培训装置	郑州万特电气有限公司	康　健、赵　骞、袁洪岭、支长义、张军照、柴书峰、范忠义、贺东升、王占清、周军峰

续表3

24	无线路由集中抄表系统	郑州华力信息技术有限公司	吕建民、张　栋、刘伯宇、耿　芳、张海鹏、曾新顺、于仲华、董海波、赵高建、宁占彬
25	M-BUS直读阀控气表	河南新天科技股份有限公司	费战波、刘胜利、袁金龙、董意德、潘明辉、刘　畅、晋龙龙、丁海龙、王海港、穆振波
26	集装箱超偏载检测称重系统装置	郑州恒科实业有限公司	张　鹏、许世俊、张宏亮、范文兵
27	摄像式整纬器检测装置的研究	中原工学院	丁淑敏、刘洲峰、董　燕、李春雷、张爱华、朱永胜、王　雅、刘　琴、吕云鹏、廖　亮
28	KJ169煤矿安全监控系统	郑州创威煤安科技有限公司	赵金领、肖延岭、董维平、任春红、高伟峰、李晓辉、高清华、张军垒、钱　静、聂山权
29	城乡信息一体化平台	中国人民解放军信息工程大学 郑州月太软件有限公司	沈建京、刘亚非、姚世军、尹祖伟、周振宇、玉培华、魏　鑫、翟社景、梅　峰、吴善明
30	开放环境下软件中间件系统稳定开发	郑州轻工业学院	吴青娥、孙　冬、王　宏、张志艳、安小宇
31	煤炭销售信息系统协同化研究与开发	郑州煤电股份有限公司运销公司 河南浪潮通软系统集成有限公司	张金辉、张秋云、秦广传、常巧霞、孙子玉、李汪洋、丁丽丽、徐连军、职满军、贾军磊
32	网格化社会公共管理信息平台	河南金鹏实业有限公司 中国人民解放军信息工程大学	赵长升、张　丽、刘玉华、李要强、石　磊、陈楚湘、丁振勇、常　杰、王艳飞、周永贞
33	迭代开发平台系统	河南航天金穗电子有限公司	陆振华、廖顺秋、胡志强、崔金良、周朝阳、喻　昆、段亚峰、王朝辉、鲁思聪、郭　凯
34	TX-2型石油压裂支撑剂的研制	巩义市天祥耐材有限公司	张天成、刘少刚、常春丽、张继伟、孟祥睿、王东霞、王胜利、张建峰、刘现伟、梁淑宁
35	PSU-211型液体聚硫氨酯橡胶	河南永丽化工有限公司	杨宏生、张献萍、宋秋灵、黄正强、张宪利、许书珍、赵　磊、刘　畅、李方超、万　云
36	精密高效双端面磨削用超硬材料磨盘关键技术的开发	郑州磨料磨具磨削研究所	闫　宁、李克华、鲁　涛、赵延军、李学文、史冬丽、郭凤英、刘权威、田书跃、丁玉龙
37	纳米金刚石聚氨酯抛光材料的制备研究	河南工业大学	夏绍灵、张琳琪、邹文俊、张书森、程文喜、宋　诚、王　治、彭　进、樊雪琴、尹学敏
38	光学镜架用钎料的开发	郑州机械研究所	刘文明、孙华为、潘世师、樊江磊、于新泉、程亚芳、马　力、鲍　丽、马　佳、张青科
39	三软煤层综采面承压水上开采底板扰动研究及采空区突水防治	河南省新郑煤电有限责任 河南理工大学	邹山旺、高建良、王红新、李振峰、郑付亮、刘新生、张要展、袁　会、牛新团、王　允
40	全玻璃真空管太阳能集热系统设计及产业化	河南水木太阳能科技有限公司 黄河科技学院	王　波、马新平、王海滨、闫　志、田建立、王冠轩、张进忠、牛建立、尤　伟、罗振宇

41	再生混凝土纤维增强及结构加固技术	华北水利水电学院	陈爱玖、解　伟、刘　章、盖占方、王　静、丁立杰、王　辉、石　元、宋连公、霍惠君
42	矿井瓦斯地质条件及对煤与瓦斯突出的控制	郑州煤炭工业（集团）杨河煤业有限公司	杨治国、周海洋、邵　强、高　岩、殷秋朝、闫海丰、李　振、张建甫、周继辉、曾庆宽
43	厕浴间防水设计与施工新技术研究	河南阳光防水科技有限公司 河南建筑材料研究设计院有限责任公司	陈宝贵、王文立、陈　忠、王惠新、李　哲、元施平、任春艳、李周荣、秦振河
44	平房仓屋盖研究与开发	河南工业大学 河南创达建设工程管理有限公司	刘海燕、刘起霞、王振清、赵　晴、王惠芬、赵　阳、周志新、郭一斌、王小勇、段永辉
45	郑州市城市创新体系评价研究	河南省科学院地理研究所 中央财经大学商学院	崔新健、郭子枫、刘铁芳、李云峰、袁国强、张云起、李大勇、陈雨松、张振兴、方 刚
46	高浓度发酵制备2–酮基–D–葡萄糖酸工艺研究	郑州拓洋生物工程有限公司	黄惠英、史小利、闫世梁、秦天苍、史立军、肖　媛、朱腾跃、刘银霞、张生克、王敬臣
47	生物反馈治疗仪	郑州优德实业股份有限公司	牛留栓、贾永艳、赵小磊、冯星辉、陈洪生、贾　森、侯丽娜、邵明义、汪　洋、牛栓柱
48	肝移植免疫排斥和感染机制及防治研究	郑州人民医院	陈国勇、魏思东、周玉东、孙建军、陈小兵、蒋进发、陈建斌、汤高枫、谢占涛、赵会博
49	新型高分子纳米仿生骨组织工程支架材料的制备及相关研究	郑州市骨科医院	段智霞、梅　伟、白　玉、李　静、魏　岚、魏　晓、王　俊
50	用于治疗骨坏死、股骨头缺血性坏死的药物——补骨丸	郑州中医骨伤病医院	郭永昌、裴晓华、郭华璋
51	CD34+造血干细胞阳性富集方法的建立与临床应用	郑州市第三人民医院 郑州大学第二附属医院	赵晓武、董秀娟、熊灵军、吴书一、韩利杰、马洪霞、刘文刚、陈　蕾、朱趁红
52	人颈动脉粥样斑块的B激肽受体研究	郑州大学第五附属医院	刘恒方、胡惠华、刘田田、张　敏、崔　明、郭亚培、吴世陶
53	基于智能算法P42.3分子调控网络的确证	郑州市中心医院 郑州大学电气工程学院 郑州晟诺生物科技有限公司	郝义彬、范天黎、张建华、郭恩宇、刘　敏、李学民、秦雪丽、刘寒松、易善永、谢林森
54	三种非典型抗精神病药对脂代谢影响的研究	郑州市第八人民医院	孔德荣、张小明、张岩滨、李　峥、王体宾、赵青霞、宋春联、赵星梅、张丽霞、付慧鹏
55	紫杉醇、顺铂、氟脲嘧啶对CIK细胞杀伤食管癌敏感性的影响	郑州人民医院	梅家转、刘桂举、李晓华、雷林瑜、张晓娟、赵继智、肖　鹏、冯睿婷、许志伟
56	结膜下环线固定植入折叠型人工晶状体临床应用	郑州市第二人民医院	袁　军、杨潇远、陈　鹏、王　骞、王　博、戴　涛、刘建军、朱俊英

续表5

57	基于BFGS算法肿瘤精确模型的建立	郑州人民医院 郑州晟诺生物科技有限公司	单国用、袁家英、黑玲巧、王　琳、张大勇、张　松、李怀玉、余　辉、王明霞
58	病灶性癫痫致痫灶定位及其成因的临床研究	郑州大学	王新军、单　峤、武跃辉、李培栋、王　振、李　洁、吴建珩、谢井伟、许自强、寿记新
59	护士实习心电图教程	郑州大学第二附属医院	李中健、李世锋、李　军、杨曙艳、井　艳
60	一种新的脊髓损害诊断法——经颅皮层电刺激运动诱发电位研究	郑州市中心医院	徐国卫、王晓南、刘　欣、张　斌、张红霞、贾新州、宋新光
61	河南省经血感染艾滋病人机会感染疾病谱分布状况研究	郑州市第六人民医院	孙　燕、赵清霞、杨　萱、崔　帏、陈昭云、何　云、刘春礼、徐丽霞、陈媛媛、时艳丽
62	严重后足损伤后足重建的临床研究	郑州市骨科医院	李兴华、王天旭、汤金城、刘传慧、石福新、申子龙
63	膝骨性关节炎发病机制及降钙素治疗作用的实验研究	郑州人民医院 河南卫生职工学院	尤笑迎、杨红梅、尹万乐、姜　岩、张　陆、刘志昂、高军胜
64	初诊2型糖尿病患者血糖控制和胰岛素抵抗与血小板参数的相关性研究	郑州市中心医院	李清楚、唐建东、康志强、罗　方、雷龙涛、孟宏音、楚英娜、何　丽
65	中原地区女性宫颈病变感染HPVDNA亚型的分布调查及相应治疗	郑州市中心医院	王雅莉、李红娟、谢林森、张　颖、张国梅、荆　琳、崔晓黎、杨小风、王　凯
66	CT血管成像技术在电烧伤血管损害诊疗中的应用	郑州市第一人民医院	黄红军、田社民、魏　莹、王淑珍、李　允、刁道金、查新建、肖宏涛、李晓亮、王韶华
67	椎弓根钉-弹性棒动态稳定系统治疗腰椎退变性疾病的临床应用研究	郑州市骨科医院	母心灵、郭小伟、张　华、潘玉林、刘纪恩、孟庆勇、张秀珍、李宝田、张　猛
68	面瘫扶正丸治疗周围性面神经麻痹的临床研究	郑州市中医院	楚海波、胡　勋、梁芳林、董华丽、张利平、朱　瑄、付俊丽
69	脑干听觉诱发电位和耳声发射在中枢性协调障碍中的应用	郑州市妇幼保健院	徐淑玲、尹　昊、郭华峰、王家勤、赵学勇、胡玉莲、冯秀梅、付杰娜、宫宏宇、冯光荣
70	儿童临床常见病原菌的分布及耐药性研究	郑州市儿童医院	陈海燕、裴保方、曹松山、李　燕、杨俊文、郭振欣、段彦彦、黄　伟、马瑞娟
71	颈椎动态稳定器植入治疗单节段颈椎病的早期临床疗效研究	郑州市骨科医院 河南省人民医院 河南省职工医学院	王爱国、高延征、司文腾、张华果、陈彦霞
72	多层螺旋CT后重建技术在颞部疾病诊断中的应用研究	郑州市第二人民医院	周裕晓、张孟荣、董军强、刘正磊、耿晓峰、张晓利、侯素敏、牛冬菊、赵春梅、周宏建

73	补气活血法内服与熏洗联用治疗糖尿病足的临床研究	郑州市中医院	郑仲华、曾庆明、刘莉萍、张珂炜、王树凡、郭玉琴、郑金艳
74	精氨酸与肌张力低下型脑瘫的运动能力关系研究	郑州市儿童医院	尚　清、马彩云、庞海江、耿香菊、李靖婕、高　超、吴值荣、张继华
75	活络骨康丸联合髓芯减压治疗股骨头坏死的临床研究	郑州市骨科医院	王春丽、杨　楠、朱　瑄、张景义、朱艳丽
76	黄葵胶囊联合替米沙坦治疗早中期糖尿病肾病的临床研究	郑州市中医院	胡江平、申　平、张国胜、侯小静、何　波、徐雪峰
77	婴幼儿雾化吸入口含嘴改良及临床应用	郑州市妇幼保健院	刘伟平、孙新宇、王香枝、贾玉敏、姜　凯、赵　辉
78	护理干预对中年高血压患者自我管理的影响	郑州大学护理学院 郑州大学第二附属医院	张振香、郑　蔚、李俊玲、杨　展、陈　颖、徐燕茹、李艳红、张秋实、林蓓蕾
79	门急诊输液序号牌的改良应用	郑州市妇幼保健院	刘继萍、禹继敏、程瑞莲、杨筱青、李建英、晋澍华
80	腰腹联合手法治疗腰椎间盘突出症的临床研究	郑州市骨科医院	赵明宇、马雪梅、郭侨阁、张遂连、郑　伟、王　凯、陈振明、高　宇、闫　冬

2013年度郑州市专利奖获奖项目名单

一等奖

序号	专利名称	申报单位	主要发明人
1	汽车发动机悬置下支架及其安装方法	郑州日产汽车有限公司	王桂群、宋　珍、龚晓龙、高　嘉、高立杰
2	一种可微波加热的冷冻熟面	河南云鹤食品有限公司	牛镇平
3	一种铜锌镍钴铟合金及其制造方法	郑州机械研究所	龙伟民、裴夤崟、钟素娟、于新泉、刘文明、张　强
4	用高挥发烟煤生产煤气发生炉用型煤及方法	河南中美铝业有限公司	谢述新、陈　辉、黄绍胜、马名杰、刘全润、张传祥
5	乳核内消颗粒及其制备方法	天津药业集团新郑股份有限公司	陈智锋

续表1

二等奖

序号	专利名称	申报单位	主要发明人
1	马铃薯喷雾栽培营养液及其制备方法	郑州市蔬菜研究所	庞淑敏、方贯娜、李建欣、周建华、赵建设、李红记
2	一种速溶茶及其制备方法	河南茗轩食品科技有限公司	刘全喜
3	一种禽用促蛋饲料添加剂及其制备方法	郑州后羿制药有限公司	吴红云、李建正、卜昌超
4	采用环形气流上喷预混燃烧回流加热的顶燃式热风炉	郑州豫兴耐火材料有限公司	刘世聚、刘力铭、范剑超
5	淹没膜片式空气炮	郑州欧亚空气炮有限公司	陈焕倬、周根生、虎青安、张银生、周士强、陈光辉
6	一种电力电缆的耐热铝合金导线的制造方法	郑州电缆有限公司 上海中科英华科技发展有限公司	陈　铭、朱爱荣、陈亿宁
7	一种植酸酶及其制备方法	河南联合英伟饲料有限公司	吴红云、袁宏辉、李小平、张曲波
8	增塑剂生产中废水的回收利用方法	河南庆安化工高科技股份有限公司	司俊杰、刘　冰、宋广勋、杨　振
9	有机垃圾干法发酵处理工艺	郑州市蓝德环保科技有限公司	乔如林、施军营、薛方亮、平义超、丁　玲
10	镁铁-铁铝复合尖晶石砖及其制备方法	河南瑞泰耐火材料科技有限公司	袁　林、刘锡俊、叶亚红
11	用于竖炉导风墙的浇注料及其预制件	河南省耕生耐火材料有限公司	徐德亭、张光普、石　凯
12	中药丸剂的打光方法	河南康祺药业股份有限公司	郭建功、冯金河、杨栓柱、王万顺、杜学彬
13	用于治疗腰椎间盘突出证的骨康健生丸	郑州中医骨伤病医院	郭永昌、裴晓华、郭华璋

（肖　建）

教 育

综 述

【概况】 2013年，郑州市（含中牟、巩义）中初等教育统计年报结果显示，全市有各级各类中初等教育学校1497所，在校生140.81万人。其中，普通高（完）中103所，在校生170508人；普通初中268所，在校生290379人；中等职业学校（含省属中专学校）134所，在校生240756人（其中全日制在校生226247人）；小学980所，在校生705194人；特殊教育学校11所，在校生1082人；工读学校1所，在校生151人。

全市各类中、初等教育学校教职工总数90162人，其中专任教师77995人。（1）普通中学教职工38521人，普通高中专任教师10931人，普通初中专任教师20998人。（2）小学教职工36768人，专任教师35191人。（3）中等职业学校教职工14469人，专任教师10525人。（4）特殊教育学校教职工372人，专任教师329人。（5）工读学校教职工32人，专任教师21人。另有幼儿教育教职工36768人，专任教师19798人。

专任教师学历达标情况：普通高中98.96%，普通初中99.73%，小学100%，幼儿园（含学前班）98.04%，中等职业学校88%。普通初中专任教师本科以上的比率为88.2%，小学专任教师专科以上比率为94.17%。

校舍建筑面积：全市中、初等教育校舍建筑面积1684.81万平方米。其中，普通中学校舍建筑面积674.79万平方米，中等职业学校校舍建筑面积345.50万平方米，小学校舍建筑面积441.01万平方米，幼儿教育校舍建筑面积218.80万平方米，特殊教育学校校舍建筑面积4.71万平方米。生均校舍建筑面积：普通中学14.64平方米，中等职业学校14.35平方米，小学6.25平方米，幼儿园6.57平方米，特殊教育学校42.82平方米。

图书资料：全市中、初等学校藏书3516.16万册。其中，普通高中497.48万册，生均29.18册；普通初中740.28万册，生均25.49册；中等职业学校860.54万册，生均31.67册；普通小学1417.86万册，生均20.10册。

【经费投入】 2013年，全市教育经费总投入为1639674万元。其中，国家财政性教育经费1361140万元（公共财政预算教育经费1211236万元，各级政府征收用于教育的税费149407万元，企业办学中的企业拨款468万元），民办学校中举办者投入37511万元，社会捐赠经费448万元，事业收入234219万元，其他收入6357万元。

7月22日，第一届亚太青年学生领袖大会在郑州九中开幕

全市教育经费总投入1639674万元，比上年1531460万元增长7.06%。国家财政性教育经费1361140万元，比上年1304831增长4.32%。其中，公共财政预算教育经费1211236万元，比上年1166567万元增长3.83%；各级政府征收用于教育的税费149407万元，比上年137526万元增长8.64%。

全市教育部门公共财政预算教育经费951730万元，比上年842867万元，增长12.92%。全市经常性财政收入比上年增长18.6%，公共财政教育事业费增长比经常性财政收入减少5.68个百分点。

全市教育部门生均公共财政教育事业费为6278.82元，比上年减少3.93%。全市教育部门生均公共财政公用经费为2670.82元，比上年减少了7.81%。全市国家财政性教育经费支出136.11亿元，占GDP6202亿元的比例为2.19%。2012年全市财政性教育经费支出占GDP的比例为2.35%。2013年财政性教育经费支出占国内生产总值（GDP）比例比上年减少了0.16个百分点。

全市公共财政教育经费支出121.12亿元，占全市财政支出815.67亿元的比例为14.85%。全市公共财政教育经费支出占全市财政支出的比例为16.27%。2013年公共财政教育经费支出比上年减少了1.42个百分点。

【学校基本建设】 2013年，全市中小学、幼儿园建设工作取得新进展。市区30所中小学校开工建设的任务完成31所，超额完成建设任务；全市86所幼儿园建设任务，有93所幼儿园开工建设，超额完成建设任务。31所中小学总投资15.3亿元，项目全部投入使用后，将增加931个教学班，增加4.4万个学位，其中小学636个教学班、增加2.9万个学位，初中295个教学班，增加1.5万个学位；93所幼儿园总投资8.2亿元，项目全部投入使用后，增加366个班，增加1.1万个学位，六县（市）及上街区61所，增加612个班，增加1.8万个学位。

基础教育

【概况】 （一）学前教育。全市共有独立设置的幼儿园1354所，比上年增加157所。离园（班）幼儿98154人，比上年增加9798人；入园（班）幼儿153308人，比上年增加17387人；在园（班）幼儿332966人，比上年增加22845人。

（二）义务教育。（1）小学：全市共有小学980所，比上年减少30所；毕业生99360人，比上年增加1945人，增长2%；招生137465人，比上年增加8263人，增长6.4%；在校生705194人，比上年增加32232人，增长4.79%；小学平均规模719.59人，平均班额48.93人。（2）全市共有普通初中268所，比上年增加1所；毕业生86920人，比上年增加781人，增长0.91%；招生102035人，比上年增加2097人，增长2.1%；在校生290379人，比上年增加6853人，增长2.42%；普通初中平均规模1083.5人，平均班额54.35人。

（三）普通高中教育。全市共有普通高（完）中103所，比上一年增加2所；毕业生54742人，比上一年减少1900人，下降3.35%；招生59557人，比上一年增加777人，增长1.32%；在校生170508人，比上年增加1079人，增加0.64%；普通高中平均规模1655.42人，平均班额59.62人。

（四）特殊教育和工读学校。全

市共有特殊教育学校11所，招生193人，在校生1082人；工读学校1所，在校生151人。

实施达标升级工程，全市16个县（市、区）有271所幼儿园在原有等级上实现达标升级，其中升级至省级示范园的幼儿园7所，升级至市级示范园的22所，超额完成年初计划目标。此外，通过过程督导和等级评定验收，上等级幼儿园占全市注册园比例达到73.3%，一级以上优质学前教育资源比例达到38.6%。通过达标升级，郑州市学前教育品牌效应初步显现。

加强校园文化建设，启动实施10所试点学校的校园文化规划建设，邀请专家对郑州九中、一中、四十七中、四十八中和外语学校等5所试点学校的校园文化规划建设方案进行了评审。根据专家意见，各学校对方案进行了调整，确定了可建项目。十一中、实验高中、106中、外语学校、九中、四十七中项目建设已顺利完成。

【中小学心理健康教育】 开展全市中小学心理咨询室功能发挥及心理健康教育情况调研，出台《郑州市中小学心理健康教育实施方案》。明确了中小学心理健康教育的目标、任务，并据不同实际和学段学生的身心发展特点，设置了分阶段的具体教育内容，设定了课程、师资、课时、评价等初始目标，细化了实施路径和保障机制。在全省心理健康教育工作会上，郑州市作经验介绍，管城区作经验交流，并考察了一中、回中等6所学校心理健康教育开展情况，观看了南十里铺等5所学校的心理剧，省厅领导和与会各地市人员给予了高度评价。

【“百园扶百园”工程】 全市范围内，以县区为单位，采取辖区内省市示范园一对一帮扶郊区幼儿园、农村幼儿园、民办幼儿园的方式开展指导帮扶工作。全市共有109所省市级示范园与121所二级以下结成帮扶对子，组织被帮扶园园长和骨干教师到省、市级示范园观摩交流、参加培训，并向被帮扶园赠送160.8万元的玩教具和图书。通过一年的帮扶工作，全市被帮扶的121所薄弱园在教育管理、保教质量、教师成长、游戏环境等方面有明显提升，其中有50所通过区级达标升级评审。

【义务教育内涵提升工程】 投入1.17亿元，实施436个项目，以促进70个局直属学校、二级机构和八中基地内涵提升。项目内容主要包括：导学案编写、印刷，教科研活动，学生社团建设，道德课堂、校园文化建设等。内涵提升项目的实施，有力地保障了以教育教学为中心的学校的全面发展。初中学区制改革继续深化。（1）学区教研共同体建设顺利推进，以学区为单元组织实施了集体阅卷等综合性活动。（2）学区长队伍建设不断加强，制定《学区干部管理办法》，对14名副校级学区干部进行了教育管理培训，组织27名学区干部加入校长工作室，并正式启动相关科研课题研究。（3）进一步加强学区制建设的指导意见初步拟定，意见拟从加强学区制工作的领导、加强学区组织建设、建立健全管理制度、完善运行机制等9个方面推动学区工作开展。义务教育均衡县创建工作顺利完成。督促中牟县、新郑市、新密市、荥阳市、二七区政府共投资9020.2万元用于455所义务教育阶段学校改善办学条件。中牟县、新郑市、新密市、荥阳市、二七区通过省义务教育发展基本均衡县评估验收。

10月22日，郑州市第十届18岁成人宣誓仪式在郑州市第二中学举行

【高中特色多样化发展】 出台《郑州市普通高中多样化特色化建设实施方案（试行）》，明确高中特色多样化建设的工作目标、具体项目和实施步骤。根据方案规划，2013年郑州市高中特色多样化建设工作正式启动，计划通过审核学校申报方案，确立试验学校，在试点的基础上，通过“特色高中培育项目”“综合高中项目”“创新人才培养项目”“中外合作办学项目”“高中和大学衔接项目”五大类具体项目的实施，至2015年，重点建设和命名一批高中学校为具有鲜明特色的普通高中，至2018年，推广项目实施经验，整体推进，全市所有高中都设立特色项目，形成学校办学特色鲜明、课程丰富多样、体制机制健全、充分满足学生的自主选择和差异需求的普通高中多样化特色化办学新格局。

【特色课程体系建设】 印发《郑州市教育局关于加强课程建设工作的意见》，明确了加强学校课程建设的原则、目标、任务和保障措施，并且针对学校课程建设的两大核心任务“国家课程校本化”“校本课程开发”分别举行了市级培训。全市学校共上报课程规划83份，征集了校本课程纲要320份。《意见》的出台，为课程建设的推进建立了规范，有利于学校明确认识和任务。启动“校本课程建设奖”评选工作，印发《郑州市首届校本课程建设奖评比方案》，旨在以评促建。经过县区和市直学校初评，市评委会共收到学校申报的《校本课程规划方案》86份、教师申报的《校本课程设计方案》320份。经评审，共评出优秀《校本课程规划方案》26个，校本课程设计奖79个（其中一等奖30个，二等奖49个），校本课程建设先进学校15个，同时授予二七区等5个单位郑州市校本课程建设工作先进单位称号。校本课程建设奖的启动，唤醒了许多学校的课程意识，尤其是一些学校的课程整体建构的意识，认识到学校特色的形成必须以丰富、多元的课程为载体。

【教学方式改革】 继续在全市学校组织开展内容丰富、人员层次全面的道德课堂诊断交流活动，诊断内容包括“学校班级文化建设中的小组合作学习文化建设”“学校家长会课程的研究和开发”“课堂学习目标”等，组织学科教师、教研组长、班主任、教务主任、政教主任、教科室主任、教学校长和校长等不同层次人员，就道德课堂建设相关情况进行展示交流。此外，还组织了全国课改专家深入到54所新道德教育实验校进行课堂诊断评估，对学校课改提出建议和反馈报告。道德课堂诊断交流活动的持续开展，强化了研究过程，以科研促课改，有效推进了理论推广与实践效果转化的衔接，道德课堂建设水平进一步提升。开展指向课堂教学方式问题解决的实证研究，主要有三类：一是基于标准的教学设计研究，如语文、数学学科对教—学—评一致性的研究；二是基于标准的评价研究，如生物学科、小学数学对学业质量标准构建的研究、化学学科对作业设计的研究；三是对师生学科素养的研究，如政治学科对学生独立思考能力的研究、心理健康学科对教师专业素养的研究等。论证研究已产生研究案例、调研报告、评价量表的设计、理论或方法模型的初步构建等56项成果。指向课堂教学方式问题解决的实证研究活动的开展，为建立与每所学校学生发展相适应的高效课堂模式提供了理论基础。

9月17日，郑州市经典诵读决赛在郑州教育电视台演播厅举行

【学业评价体系构建】 探索学业质量绿色指标评价体系，进行了“基于标准的教学”高级研修，开发了学科《课程纲要》《基于标准的教案》样例，部分学科的《学业评价标准》已经编制完毕。实施“建立中小学生学业质量指导与分析”项目。召开全市“建立中小学生学业质量指导与分析”项目测试工作会议，测试工作已顺利完成。进行“建立高中学业水平增值评价体系”实验。对市区2015届高中毕业生进行了2次增值评价测试，并向学校反馈评价报告。实验的开展，有效转变了过去“不看起点只比结果”的评价观。

【体育教育】 将“阳光体育”和“体育艺术2+1”长效工作机制研究定题为“郑州市阳光体育每天锻炼一小时长效工作机制研究”，课题已经结题，根据研究成果，相关的政策方案将陆续出台。举办第五届郑州市中小学生体育节，体育节开展了篮球、游泳、羽毛球、田径、跳绳、集体项目竞赛、校园青春健身操等11项比赛，共有8757名运动员参加。体育节的成功举办，丰富了校园文化生活，培养了青少年体育锻炼习惯，为提升中小学生体质健康水平起到了积极的推动作用。在中小学校开展巡回体检，市直及区属中小学及中职学校学生共有7.45万人受检，体检覆盖率达到100%，根据体检结果，进一步完善了中小学体质健康档案。为加强对体检结果的运用，制定了“运动处方”方案，旨在向参加体检的学生出具体质健康状况监测报告和运动处方，针对学生个人情况，给予锻炼项目建议。“运动处方”已下发至荥阳市，并选定小学、初中、高中各2所学校进行试点。目前，学生体质健康基础数据的测定结合《国家体质健康标准测试数据》已经进行完毕，点校“运动处方”具体教案已完成。

【艺术教育】 组织参加了由教育部与厦门市政府主办的全国第四届中小学生艺术展演活动。郑州四中、郑州回民中学、郑州十四中、郑州十九中、郑州外国语学校等5所学校参加了现场比赛，分别获二等奖2个，一等奖2个，优秀创作奖1个，郑州市获得了优秀组织奖。郑州市第二届中小学生合唱节比赛，共有72支中小学、职业学校合唱队参与比赛，参与活动的师生人数达3500余人，展现了学生热爱祖国、热爱生活、朝气蓬勃、昂扬向上的精神风貌。组织郑州市金水区纬五路一小、郑州市金水区文化路一小、郑州市102中学、郑州市四十七中学等7所学校参加省教育厅举办的第二届中小学合唱节现场展演，均获一等奖，彰显了郑州市中小学艺术教育的水平和成绩。依据教育部《关于加强和改进中小学艺术教育活动的意见精神，组织中小学音乐、美术骨干教师参加合唱指挥、管乐团建设、美术骨干教师设计应用及综合素质提高培训班，提高音乐、美术教师的专业技能和水平。举办郑州市“笔墨飘香，源远流长”中小学生书法比赛，共评出优秀书法作品300余幅，优秀辅导教师300余名。

高等教育

【概况】 郑州地方学历高校有本科5所，专科15所，共计20所。2013年，郑州地方高校学历教育招生63457人，高等学历教育在校生达到169654人，拥有教职工12744人；教学科研仪器设备价值110996.74万元，比上年增长48%；拥有一般图书1560.02万册，比上年增长43.73%。

加强大学生思想政治教育，继续在地方高校中开展了学生管理示范性建设活动，促进地方高校学生管理工作不断迈上新台阶。同时，还组织学校加大对学生的救助，通过捐款、补助等方式资助学习、生活上有困难的学生。切实维护校园稳定和落实社会综合治理工作，加强检查督导，督促各地方高校全面履行综治职责，做好秋季安全大检查工作，重点做好“9·18”期间和十八大召开期间高校安全稳定工作。做好郑州地方高校宗教、反邪教工作和统战、宗教、公安、安全、外侨办等六部门宗教协调机制办公室工作。完善各项工作制度，做好协调沟通组织工作。会同统战、宗教、公安、安全、外侨办等相关部门负责人，深入中牟、金水等县（市）区，对政府开展的宗教工作进行了全面细致的检查、调研。协助市反邪教协会组织全省反邪教工作经验交流郑州现场会。会上推广了郑州地方高校反邪教协会工作的成功经验和做法，郑州市工作成绩得到了国家反邪教协会和省反邪教协会的充分肯定和高度赞扬。

出台《郑州市教育局关于全面提高高等教育质量的实施意见》，对示范专业、重点实验室建设项目和精品课程培育项目进行中期监测；对教育教学改革工程项目进行评审，结项39项，立项120项。根据评审结果，精品课程培育达到8门，超额完成计划。

加强省高等职业教育品牌示范院校创建，对郑州旅游职业学院争创工作推进情况进行分析，支持学校加强相关专业建设、实训基地建设和校企合作，连续举行两届教改课程比赛。学校先后获得省级教学工程项目5项，科研立项、结项省部级课题8项，地厅级课题75项，发表论文

省委常委、市委书记吴天君为获奖教师颁奖

384篇。

【教育教学质量建设】（1）开展市级重点（示范）专业、重点实验室评审工作。聘请专家组对各院校申报的市级示范专业、市级重点专业、市级重点实验室进行实地评审，按照“公平、公正、择优”的原则，遴选评出立项建设的市级示范专业5个、重点专业10个、重点实验室5个。同时，遴选出培育建设的市级示范专业3个、重点专业3个、重点实验室8个。（2）开展市级精品课程建设项目。启动了郑州地方高校精品课程（市级）建设工作，成立省属驻郑高校专家组，通过网上评课、书面评审、现场答辩等环节，在各院校申报的基础上，9月成功评选出10门市级精品课程、4门市级培育精品课程。（3）顺利完成了郑州地方高校第四批特聘高层次人才届满考核工作和第五批特聘高层次人才评聘工作。各高校根据设定的岗位申请特聘高层次人才候选人共计36人，评出郑州师范学院朱艳玲等22名专职特聘高层次人才，甘勇等4名兼职特聘高层次人才。（4）完成了第二届郑州地方高校优秀中青年骨干教师培养对象的考核工作和第三届培养对象的认定工作。（5）组织召开了郑州地方高校教育教学工作会和研讨会。（6）做好驻郑高校的服务工作。走访了郑州商专等省管高校，征求对郑州市政府的建议和意见。同时，还联系郑州大学等高校，询求各省驻郑高校需要郑州市政府帮助解决的问题。（7）大力支持高职高专院校实施校企合作办学和申办本科院校。多措并举，大力支持中州大学、郑州澍青医学高等专科学校、郑州交通职业学院、郑州电子信息职业技术学院、嵩山少林武术职业学院5所高职院校的升本工作。（8）做好函授站评估工作。组成专家组，并集中讨论学习评估指标体系，再开展现场评估，最终顺利完成了省外高校郑州函授站和省内高校郑州函授站的全面评估工作。

【高校升本与合作办学】2013年，进一步加强市属高校升本工作，参与郑州地方高校升本领导小组的筹建，并召开局属高校升本工作研讨会，提出升本推进意见。郑州澍青医学高等专科学校、郑州嵩山少林武术职业学院、郑州电子信息职业技术学院3所升本高校已经省政府同意正式上报教育部，迎评工作顺利进行。中州大学已递交《关于中州大学升本工作的报告》，完成了《设置郑州理工学院的可行性研究报告》。

2013年，合作办学水平不断提高。召开郑州地方高校中外合作办学研讨会，了解郑州市各地方高校中外合作办学的主要做法和存在的困难，并给予指导。举办“郑州地方高校中外合作办学培训班”，组织21所郑州地方高校负责合作办学的副校长、教务处长等30余人参加培训，以学习研究中外合作办学有效途径，创新中外合作办学路子。郑州师范学院、中州大学、黄河科技学院3所院校与国外高校的合作办学19个项目顺利开展。

民办教育

【概况】2013年，下发了《规范郑州市民办学校审批工作的通知》，在审批对象、审批权限、审批程序等方面进行了新的规定。按照7月12日全市行政审批制度改革的会议精神，对原有的审批制度进行了再次修订，全年办理有关民办学校的行政审批和有关变更26件、民办学校广告备案20件。

完善扶持奖励机制，以扶持促规范，以扶持促品牌的目标初步实现。出台了《郑州市教育局关于进一步规范民办学校办学行为 扶持民办学校健康发展的通知》，提出“六个规范”的具体要求，即规范招生宣传、规范办学地址、规范招生秩序、规范学校收费、规范年审工作、规范投诉信访。年终，各校评先评优均遵照“六个规范”要求进行了表彰扶持。

统筹全市民办学校年审工作，重新规范年检制度，成立了局领导挂帅、各业务处室共同参与的年检工作领导小组，规范了年检工作的范围、原则和方法及时间、内容安排。

建立了“例会与紧急会议相结合”的会议制度。每年春季召开一次民办教育工作会议，总结过去一年的工作，安排部署新的一年工作，表彰奖励先进单位（个人）；每年秋季开学召开一次民办学校校长会议，注重部署新学期以“四查四看”为主题的开学检查。

加强信访投诉工作，2013年共受理涉及民办学校的信访、投诉186件次。通过建立民办学校信访、投诉台账，及时通报受理情况和受理结果。

进一步加强名优民校建设，按照《郑州市优质教育资源名优民校工程2013年工作方案》，开展争创郑州市优质教育资源名优民校活动，实现了民办中小学办学质量的跃升。市区38所民办中小学进行了申报，通过评估，对27所首批郑州市优质教育资源名优民校进行了命名，并对每所学校给予6万元的现金奖励。

【管理体系】2013年，采取民办学校日常管理与信访投诉相结合、民办学校日常管理与评先表优相结合、民办学校日常管理与年检相结合、民办学校年检与公告公示相结合等“四结合”的办法，建立了民办学校管理长效机制。结合年检情况，创建民办教育网；印发《郑州市教育局关于建立民办学校管理长效机制推动民办教育健康持续发展的通知》，明确了完善民办教育管理机制推动民办教育健康持续发展的“五个坚持”和“八项制度”。

【师资培训】依托郑州市师院、郑州幼师，先后出资54万元，完成了300名民办学校校长和300名民办幼儿园园长的任职资格培训。截至2013年年底，全市民办学校校长在岗持证率已达到94.5%，民办幼儿园园长在岗持证率已达到89%。校长（园长）的素质得到了提高，郑州民办教育的声誉得到了提升。组织20名民办中小学校长，按时参加省教育厅安排的校长培训。出资539.6万元，依托中国教师研修网，以“高效课堂”为主题，采取任务驱动、活动引领的方式，对全市3827名民办中小学教师进行了远程网络培训，项目圆满结束，培训目标圆满达成。

师资队伍建设

【人事制度改革】 出台并实施非义务教育教师绩效考核工资分配方案，市属高校、中等职业学校、幼儿园、单设高中、二级机构全部实行绩效工资，为39所义务教育学校、9所单设高中、11个二级机构、2个幼儿园的7000多名在职教职工发放奖励性绩效工资近1亿元。中小学教师职称制度改革顺利完成，组织了市属高校259人和中专167人的中级职称评审工作。此外，郑州市10名教师获得河南省首批中小学正高级教师专业技术职务。稳步推进市直单位岗位聘用工作，市属高校、局直各中小学、幼儿园、中等职业学校共74所学校聘用1.1万多名工作人员到专业技术岗位、管理岗位、工勤技能岗位。规范教师招聘程序，完善机构编制制度，把代课教师入编问题定为2013年教师招聘工作的重点之一。为加强市属高校教师队伍建设，凡高校按规定补充的博士、具有高级职称的人才、海外归来的优秀人才，办理手续时随到随办。2013年，共引进博士14名，教授5名，优秀留学生3 名。完成了局属事业单位机构编制清理规范工作。积极和编办沟通，在较短的时间内，完成了成立郑州龙湖一中、郑州市实验高中机构编制工作。

【完善教师成长机制】 不断健全教师层级攀升机制，继续开展郑州市名师和杰出教师评选活动，评选出100名第四届名师和10名第二届杰出教师。搭建高端、先进的培训平台，启动分类别、分层次菜单式教师培训自选课程实验，全年共投入资金1169万元，对25025名中小学教师进行了基于师德素养、施教能力、专业发展、心理健康教育能力提升为主要内容的培训。给了教师更大的自由空间和选择权利，让教师立足个人的特点自主地制订发展规划，选择专业学习的内容与方式，从而实现专业的持续发展。此外，制定《进一步加强师德建设工作管理方案》，在全市教育系统启动开展了专项师德征文和师德演讲比赛等一系列活动，并出台《郑州市中小学、幼儿园教师师德管理办法（试行）》，“铸师魂，进万家”师德师风建设工作长效机制初步建立。

【专家型团队建设】 （1）名师工作室建设管理机制日趋完善。制定了《郑州市2013年名师工作室管理工作要点》，建立了学校督促支持、绩效考核、经费管理、团队骨干培养机制等四项工作运行机制，并明确了主持人年度工作具体任务。（2）50个名师工作室建设工作顺利推进，在加强工作室成员业务研讨、校本课程开发、区域辐射引领等方面取得阶段性成果。下发《校长工作室考核评估细则》，完成了校长工作室工作考核，进一步督促了校长工作室开展工作。（3）组织40位名班主任工作室主持人进行专业研修，进一步明确名班主任工作室建设目标、内容和方式。出台了名班主任工作室发展与评价机制，为名班主任工作室下一步的建设指明了方向。（4）开展名校长培训选拔工作，组织114名副校级后备干部参加青年干部培训班，组织122名副校级干部参加“郑州市教育局副校级干部教育管理研讨班”，共推荐9名中小学校长（园长）作为河南省首批培养对象候选人。校级干部的培养培训选拔办法进一步完善，校长成长内动力不断被激发。五是就打造教育局长、校长、教研年级组、班主任、学科教师等郑州教育专家型团队工作，已确定了方案，建立了每月召开例会制度，各项工作稳步推进。

10月27日，郑州社区大学揭牌

中等职业教育和成人教育

【中等职业教育】 全市共有中等职业学校134所（包含省属中等专业学校），比上年增加4所；毕业生96436人，比上年减少2078人，下降2.11%；招生93819人，比上年减少10929人，下降10.43%；在校生240756人，比上年减少35987人，下降13%。

制订《郑州市中等职业学校德育工作实施方案》，探索学生道德培养的新方法、新途径，并开展郑州市中等职业教育德育工作优秀经验材料征集活动，将优秀经验汇集成册——《书写教育生命的传奇》，在全市中职学校进行推广。制订《郑州市中等职业教育整体提升方案》，以局属中等职业学校整合改造为契机，带动全市中职学校逐步提升。组织18所中职学校深入开展“学分制”实验，试验学校初步构建了弹性、灵活的学分制教学管理体制，呈现出课程的转变、教师的转变、学生的转变、课堂的转变。实施“5+1”职业教育综合素质计划，坚持综合素质和职业技能并重，形成了“校校有活动，人人都参与，层层有选拔”的良好局面。郑州市代表团参加全国职业院校技能大赛，获得1个一等奖，5个二等奖，10个三等奖。

【职业教育资源拓展】 2013年，中等职业学校有2所被列入省建品牌示范院校建设项目，8所被列入省建品牌特色院校建设项目，为郑州市职业教育特色办学起到引领作用。评选出10所校企合作办学示范单位和6个校外实训基地，进一步树立了校企合作工作先进典型，发挥激励表率作用。制订《郑州市中职学校技能名师工作室建设实施方案》，明确了建设目标、任务、届期、效果，首批6个技能名师工作室已正式挂牌运行，各类教育科研活动正在陆续开展。

【成人社区教育】 以市政府名义出台《关于大力发展社区教育 加快推进学习型城市建设的意见》，《意见》的出台实施，初步建立起全市社区教育领导管理、办学体系、经费保障以及队伍建设的体制机制，为郑州市社区教育深入持续开展提供政策保障。构建社区教育社区大学、社区学院、社区学校、社区学习点的“四级”网络。以郑州电大为依托筹建的郑州市社区大学挂牌运行。通过评估认定，评选出20所郑州市规范性乡镇成人学校和示范性办事处社区学校。巩固了成人继续教育阵地，切实促进了成人教育服务郑州市经济社会发展能力的提升。承办“2013年河南省暨郑州市全民终身学习活动周”开幕式，开展了一系列活动，评选出“百姓学习之星”35人，其中马均海荣获全国“百姓学习之星”；郑州纺织机械厂、中铝公司等荣获“全国学习型组织先进单位”；郑州市被命名为“全国创建学习型家庭示范城市”。

教育管理

【人才工作】 评选河南省首批名校长培养工程候选人，报省教厅确定，郑州四中闫培新等6人入选河南省首批名校长培养工程。配合河南省教育干部培训中心，做好相关干部培训的人员选派工作，2013年共组织60人次参加任职、提高和研修培训。协助市人才办，发放梁志杰等20名局属学校（单位）郑州市第十一批拔尖人才相关材料，办理完善手续；配合市人才办做好第十一批技术拔尖人才的培训和相关服务工作。市领导直接联系高端人才工作。配合市人才办做好市领导直接联系高端人才的评选上报工作，毛杰、朱丹等9人被确定为市领导直接联系高端人才；配合市人才办做好对高端人才的理论培训工作（中山大学）。

【优质化工程】 2013年，教育部校长培训中心专家组定期到优质化工程学校开展调研和指导工作，通过校情调查，专家讲座，召开不同形式的座谈会，指导编制学校及教师个人发展规划，听评课，举行“同课异构”大型公开课教研活动，外出考察等多种活动方式，促进优质化工程学校工作全面提升，取得了显著的办学成果。一定程度上解决了学校发展中遇到的一些困难和问题，学校管理严格有序，生源结构持续优化，教育教学成绩稳步回升，整体上提升了学校的办学水平。

【治理教育乱收费】 下发了《郑州市教育局关于开展2013年春季全市教育收费检查工作的通知》，要求县（市、区）教育局会同有关部门成立专项检查组，对所辖中小学校、幼儿园春季教育收费进行全面检查。同时，要求局属学校针对检查内容认真开展自查自纠。市政府纠风办、市教育局、市物价局、市财政局、市审计局等部门组成检查组，自4月17日至4月25日，对郑州十六中、郑州十九中、郑州四十七中、郑州五十七中、惠济区东风路西小学、惠济区七十九中、金水区纬一路小学、金水区经三路小学、管城区东关小学、管城区商城幼儿园共10所中小学幼儿园2013年春季收费情况进行了检查。对存在的问题已要求有关学校整改。市纠风办联合教育部门下发《关于开展2013年秋季教育收费专项检查工作的通知》，并组织开展了秋季教育收费检查。

向社会公布教育乱收费举报电话，郑州教育信息网上开辟在线教育咨询投诉窗口、市教育局纪委电子邮箱等，通过多条途径接受群众的咨询、投诉、举报，做到件件有着落，事事有回音。截至2013年年底，市教育局纪委共受理群众来信来访88件、咨询电话3717个、电话投诉46个。上述来信来电来访记录中，有实质举报内容的举报线索共48件，调查核实48件，案件办结率达100%。通过核查，共查处违规乱收费案件2件，清退违规收费34.6648万元。

【督导与评估】 开展局属学校三年发展规划督导评估。组建由20名外聘知名专家、教授、校长组成的评估组，对局属30所学校（14所省级示范性高中，16所初中）三年发展规划实施情况进行了督导评估。借专家之脑发力，促学校发展，外聘专家对被评估学校听课情况进行多维度分析与评价，通过透视学校教育教学工作，对各学校的教育改革、发展、创新中出现的问题进行理性分析，提出应对的策略，受到学校的欢迎和肯定。本着试点先行、总结经验、全面推开的工作原则，对中牟县、新郑市、新密市、荥阳市、二七区政府义务教育发展基本均衡县创建工作开展督导评估。督促新密市、新郑市、二七区、中牟县、荥阳市政府共投资9020.2万元用于455所义务教育阶段学校改善办学条件。其中，新密市筹集资金1600万元，按标准采购体音美器材，使110所义务教育学校都能达到省定标准；新郑市投入资金1069万元，为102所义务教育学校配齐教学仪器、体音美器材和图书；二七区投入444万元，为46所农村薄弱学校改善办学条件，按标准配置体音美器材和图书；中牟县、荥阳市分别投资3407.2万元、2500万元用于改善办学条件。以督学责任区为载体，优化教育网格化管理。明确责任区督学全年随访督导工作任务，123名责任区督学每月对59所局属学校和事业办学校开展了随访督导。

【校园安全】 2013年年初，分别与各县（市、区）教育局及市属各学校、幼儿园负责人签订了《2013年度学校

12月6日，河南省中小学校责任督学挂牌督导推进会议在郑州召开

（单位）安全工作目标责任书》。进一步完善了《郑州市教育局学校安全标准化考核实施办法》及《考核细则》，采取学期评估、年度考核评定、复核验收的方式进行，实行“创评结合，以评促创，创中完善，评中提高”的工作方针。按照“成熟一个，挂牌一个，出现问题，随时摘牌”的原则开展“平安校园”创建工作。市直学校全年共评出55所平安校园建设工作示范单位、达标单位，占市直学校总数的86%，顺利完成了年初制定的平安校园达标率不低于70%的工作目标。积极开展疏散演练活动，全市各级各类学校全年开展演练活动410余次。3月25日，在郑州市三十一中，市直学校代表和三十一中师生共1000余人现场观摩了消防暨地震逃生应急演练；9月2日，联合郑州市消防支队在郑州市二中开展了“消防进课堂”的开学第一课现场会。为进一步规范郑州市校车安全管理工作，切实保障乘坐校车学生的人身安全，成立了由市公安局、市财政局、市交运委等11部门组成的联席会议制度。全年组织中小学生77万人次参加各类安全教育活动；对县（市）区及市直单位的安全管理人员开展有针对性的大型安全培训5次，共计1500人次；安全督导检查实现常态化、制度化，全年组织不同规模的检查60余次，基本覆盖校园安全管理的各个方面，仅春、秋季开学安全大检查组织的检查组就达54个（不含高校、民办学校），下发整改通知书13份，实现安全事故的事后处理向事前预防的转变。通过积极工作，为教育局争取了平安建设先进单位、安全生产宣传月先进单位等荣誉称号；同时，郑州二中等10家基层单位获得郑州市平安建设基层示范单位，郑州四中等10家获得市级平安建设细胞工程创建先进单位。通过安全标准化考核，命名郑州三中等55所学校为郑州市平安校园建设工作示范单位、达标单位，占市直学校（含市属高校）的86%，完成了年初制定的70%以上学校“平安校园”达标的工作目标。

【对外交流与合作】 新增招收外籍留学生资质学校4个，使具备招收外籍留学生资质学校达到9个，中等以下学校外籍学生达182人，主要涉及美国、德国、韩国、意大利、澳大利亚、丹麦、加拿大、巴西、乌兹别克斯坦等12个国家和港澳台地区。新增聘请外籍教师资质学校（机构）16个，使郑州具备聘请外籍教师资质的中等以下学校或者培训机构达到91个（其中培训机构28个），数量占全省半数以上。中等以下学校聘请外籍教师191名，在岗外籍教师168名。成功组织第七届“郑州新加坡校长圆桌会议”，承办“汉语桥——美国中小学校长访华之旅”中美教育郑州座谈会。组织了140名学生赴台湾交流，100名学生赴澳大利亚参加“拓展地平线”交流演出，90名学生赴韩国交流等活动。2013年选拔派出汉语教师5人。通过这一系列的国际间双向交流活动，推进了郑州教育国际化进程，也增进了与境外教育界的友谊，同时展现了郑州教育的良好风貌，更为郑州市教育系统师生海外交流奠定了更加坚实的基础。

【课外校外教育】 制定《郑州市中小学校外教育工作规程》和《郑州市中小学生校外教育考核办法》，为促进郑州市校外教育工作的全面提升奠定了制度基础。开展中学社团星级评定和中学生志愿服务活动品牌年活动，评选出首批共100个四星社团，其中文化类16个、科技类6个、实践类16个、公益类15个、体育类9个、艺术类25个、技能类13个，以评促建，各学校社团管理日趋科学规范，社团内容更加丰富多彩，社团活动与课程建设结合更加紧密，有效促进了学生的自主性、个性化发展，社团建设年工作初见成效。中学生志愿服务活动品牌年活动以“郑州市中学与社区结对志愿服务”和“感恩我最尊敬的老教师”两个主题志愿服务项目为载体，开展系列活动，其中，“郑州市中学与社区结对志愿服务”项目共开展关爱他人、关爱社会、关爱自然三类志愿服务活动82次，参加志愿者6800余人次，被服务3000余人次；“感恩我最尊敬的老教师”项目共组织服务生活类、扶危济困类、服务爱好类、服务其他类活动53次，参加志愿者2300余人次，被服务300余人次。志愿服务活动品牌年活动培养了学生的责任意识和动手能力，丰富了学生生活，开阔了学生视野。

（王永刚）

社会

SHE HUI

◎卫生　体育

◎人民生活

◎民政与民族宗教事务

卫生 体育

卫 生

【概况】 截至2013年年底，全市拥有各级各类医疗卫生机构4026家，其中医院216家，基层医疗机构3642家，专业公共卫生机构140家（含计生83家），其他医疗卫生机构28家。全市医疗机构拥有床位68764张，卫生技术人员75907人，执业（助理）医师26787人，注册护士35532人。全市千人口床位数、千人口执业医师数、千人口注册护士数分别为7.61张、2.96人和3.93人。

大力引进高精尖专业技术人才，探索团队引进等多种形式。2013年共引进博士和副高以上职称高层次人才118名，其中博士34 名，高级职称专业技术人员84名；选拔153名医学高等院校毕业生到基层医疗卫生机构工作。

新型农村社区卫生服务中心建设稳步推进，16家新型农村社区示范卫生服务中心已全部开工建设，960万元奖补资金全部到位，基层医疗机构服务能力将进一步提升。登封市村医郭光俊被国家卫计委评为“全国最美乡村医生”。

加强卫生健康服务工作，持续开展郑州卫生健康大讲堂。2013年开展讲座4009场，受益群众达33.2万人，发放宣传资料96.4万份，累计投入资金230万元。

积极开展卫生应急工作，市级卫生应急指挥决策系统实现试运行。登封市、惠济区被评为省级卫生应急示范区。完成了郑开国际马拉松赛、拜祖大典、春运等129次重大活动应急保障任务，应对5人以上重大事故367次，有效救治941人。

加强卫生执法监督工作，开展“卫监行动”和“亮剑”四季严打活动，建立信息通报、联席会议、联动执法、暗访督导通报等机制，打击非法行医，规范医疗秩序。2013年，全市共开展联合执法行动144次，检查医疗机构5492家次，取缔无证诊所270家，向公安机关移送涉嫌非法行医犯罪65人，发布监督监测信息12期共726条。

大力实施卫生信息化建设，投资1200万元，建立了郑州市居民健康卡管理应用平台。完成了282.1万居民健康卡的制卡数据收集和107万张居民健康卡的发放工作，实现居民健康卡在市属五家医院持卡就医和全省即时结报定点机构的应用。

【疾病防控】 2013年，法定传染病报告63286例，比上年下降5.96%；开展麻疹疫苗查漏补种，全市共对8月龄至6岁儿童补种17468人，接种率96.92%；实施脊灰强化免疫，共接种44486人，接种率98.21%；新增免疫规划儿童12.26万名，国家免疫规划一类疫苗预防接种308.9万针次，接种率99.89%。加大艾滋病预防宣传监测力度，全年干预各类人群近6.6万人次，有效减缓了艾滋病疫情在高危人群中的蔓延和扩散；微电影《生死问答》、漫画图书《携手你我，关爱健康》获得2013年河南省科普成果一等奖，市疾控中心艾防科刘征入选2013“河南好人榜”。

积极开展结核病等传染病防控工作，完成结核筛查5386人次，全年共督导在治结核病患者4235例。金水区、中牟县成功创建省慢性病防治示范区，郑州市在省疾控岗位练兵比武活动中被授予“河南省疾控先锋号”。2013年“两癌”筛查累计完成30余万人次，超额完成目标任务，被评为“全国两癌筛查工作先进单位”；推广“一站式”免费婚检，婚检69256对新婚夫妇，同比提高30%；农村孕产妇住院分娩补助40445人，增补叶酸预防神经管缺陷32635人；管理0至6岁儿童64万人、孕产妇19.1万人、老年人83.2万人、高血压患者38.3万人、Ⅱ型糖尿病患者14.4万人、重性精神病人13885人；为郑州户籍新生儿免费筛查苯丙酮尿症、先天性甲状腺功能低下症47282人，听力障碍45325人。

【新农合实施情况】 2013年，新农合人均筹资标准提高到340元，财政补助增加到280元，参合率达到98.81%。全年共有1537.1万人次享受了新农合补偿，补偿医疗费用14.8亿元。重大疾病的保障范围持续扩展，将乳腺癌、宫颈癌、小儿苯丙酮尿症等病种纳入大病保障范围，重大疾病医疗保障病种增加到35种。全年救治重大疾病参合患者1427人次，补偿医疗费用1826.4万元。在全省率先开展农村居民大病保险，以不增加农民个人缴费负担为前提，按照每人每年15元的筹资标准，由市、县两级财政和新农合基金承担，共筹集资金6462万元，全年享受大病保险10142人次，使用大病保险资金3081.3万元。深化新农合经办机制和支付制度改革，新农合“管办分离”新机制健康发展，基金安全和使用效益得到提升。

【城市社区卫生服务】 2013年持续打造“郑州片医”服务模式，刘寨等5

“送知识、送健康到基层”活动护士代表在宣誓

国家卫生计生委宣传司副司长邓海华为2012年度“十大医改新闻人物”——郑州市卫生局局长顾建钦颁奖

家新增片医负责制单位已全部建成并开诊，片医服务覆盖城乡人口达841万人；“十进机关”活动成效明显，120家省级机关单位享受到社区片医服务；农村片医“进千村”督导帮扶活动扎实有效，全年共帮扶乡镇卫生院、村卫生室6081次，培训乡村医生1780人次。启动智慧片医工程，为60家社区卫生服务中心配备数据终端1158部；筹措资金645万元，为全市82家社区卫生服务中心和96家乡镇卫生院配备健康一体机。成功举办郑州市第二届社区卫生服务发展论坛，开展市级社区卫生服务能力建设培训6000人次；与清华大学等单位联合开展郑州片医负责制社区卫生服务体系及其推广价值研究。郑州片医服务模式被新华社推荐为全国卫生系统首家特色做法，并在北京王府井大街举行大型图片展，得到一致好评。陇海马路、城东路被评为全国示范社区卫生服务中心，汝河路、新城和老鸦陈被评为省级示范中心，郑州市创建工作居全省第一、国内领先，被国家卫计委授予“全国创建示范中心活动优秀集体”；建中街社区卫生服务中心胡佩兰医生入选2013“感动中国”十大人物。在全省率先建立社区卫生服务机构管理经营权退出机制，通过全面、客观、绩效考核，注销社区卫生服务机构62家，有力促进了服务效能的提升。

【医药卫生体制改革】 稳步推进县级公立医院改革，8家试点医院实施药品零差率销售，共让利患者约6197万元，优化了医院收入结构，减轻了群众看病就医负担。持续推行基本药物制度，正式施行新版《国家基本药物目录》，政府举办的基层医疗机构销售基本药物2.72亿元，为患者减轻药费负担约4082万元。组建以郑州人民医院、市第九人民医院、郑州颐和医院等4家医院为成员的郑州人民医院医疗集团，积极探索民办公助、管办分离的社会办医运行新机制。承办2012年度“十大医改新闻人物”颁奖仪式暨全国基层医改实践与创新座谈会，郑州市获全国医改奖项3项。

“健康大讲堂”进学校、进社区、进农村活动

【医疗服务管理】 在全省率先组建以市中心医院为牵头医院、42家医疗机构为成员的“区域医疗联合体”，成立医联体综合服务中心，开通远程心电诊断、急诊、危重症转诊绿色通道，初步建立双向转诊、分级诊疗服务模式。2013年医联体开展双向转诊10082人次，其中上转6106人次、下转3976人次，疑难危重症会诊130余次。《郑州市社会急救医疗条例》成功立法，为郑州市社会急救体系建设提供了有力的法律保障。持续加强医疗服务监管，开展“三好一满意”活动，监测评估“十大指标”，持续开展医疗质量大会诊，强化医疗质量，保障医疗安全。郑州人民医院、市七院、市儿童医院顺利通过三级甲等医院等级评审。积极引导社会资本办医，全面落实《鼓励和引导社会资本举办医疗机构实施意见》，放宽准入范围，改善执业环境，引导支持社会资本举办医疗机构。2013年共审批医疗机构34家，筹建医院14家，规划床位6384张，总投资56亿元。

【中医药工作】 持续推进中医中药进农村、进社区活动，筹资3300万元，为1500家标准化村卫生所和150家社区卫生服务站配备中医药设备19800台（件），培训基层中医药技术人员1650名，有力提升了基层中医药服务水平。中牟、新密、新郑、登封、巩义、管城、二七、中原、惠济顺利通过国家中医药管理局试评审，为全市创建全国基层中医药工作先进单位奠定了坚实基础。探索构建新型中医药服务体系，成立了以市中医院为理事长单位的中医区域医疗联合体，建立以市中医院为核心，上联北京、下通社区的远程会诊平台。27家中医医联体成员单位共开放床位6994张，拥有医务人员6699人；市骨科医院顺利通过三级甲等医院复审，全市共有市中医院等3家中医（中西医结合）医院跻身“三甲”医院，中医药服务水平进一步提升。

【科技兴医】 2013年获批科技攻关项目232项，其中国家基金项目2项，省（市）级项目226项，郑州市民生科技进步工程项目4项；获省市科技成果奖54项，其中，省科技进步奖4项，市（厅）科技进步奖50项，国家发明专利奖16项；获评郑州市科技创新团队4个、科技领军人才奖5人，争取政府科技支持资金近千万元。市政府与省卫生厅成功签订《卫生科技创新项目合作协议》，为郑州市卫生科技创新提供了更高的发展平台。全年举办学术交流278场次，其中国际会议10次，国家级会议32次；在国家级以上期刊发表医学研究文章2651篇，其中被SCI、EI收录44篇。实施《郑州市医学重点学科建设考核办法》等措施，对全市16个重点和培育学科进行考核评估，有力促进了学科建设水平的提升；组织51名业务骨干到北京大学进行科技管理培训，有效提升了创新能力和管理水平。

【卫生重大项目建设】 2013年新增开工项目6个，市政府下达年度投资计划约3.8亿元，实际完成投资约4.1亿元，投资完成率达106%。市儿童医院、市二院、市九院等项目已基本竣工；市三院、市中心医院、市六院、市十院、市妇幼保健院、市骨科医院6个项目正有序推进，都已进入实质性开工阶段，分别完成总投资的10%到20%；市一院、郑州人民医院、市中医院、市颈肩腰腿痛医院、市卫校5个项目处在项目建设前期阶段，相关手续正在快速有序办理中，完成总投资的10%左右。一批县（区）级医院和公共卫生项目相继投入使用。

【卫生文化和行风建设】 加强领导班子和干部队伍建设，组织开展中层干部竞争上岗，11家单位通过“四推荐、两考试、六公开”方法选聘中层干部892名；累计举办核心管理团队集中学习42期；组织64名领导干部、组工干部赴上海交通大学、延安、井冈山等干部学院研修学习；选派300名医疗卫生技术人员到社区帮扶支持，“双百”干部下基层成效显著，被市委评为优秀工作队。落实党风廉政建设责任制，明确领导班子党风廉政建设责任目标，严格执行中央八项规定，坚决反对“四风”，查处“吃空饷”，清理违规办公用房。加强政风行风建设，持续开展万名医护送健康——“卫生局长与群众面对面”活动。大胆创新行政审批制度改革，卫生行政审批事项从12项削减为4项。在全市卫生系统开展以“走进卫生公益，体验健康生活”为主题的医疗卫生服务市民体验活动，组织广大城乡居民到医疗卫生机构开展中医、康复、医疗、公共卫生等健康体验活动1100多场次，参与群众11万人次，发放健康宣传资料近10万份，投入资金80余万元，受到群众欢迎。稳步推进党务政务公开工作，完善公开平台，规范公开内容，明确公开程序，接受各方监督。市卫生局被评为郑州市党务政务公开“优秀单位”。加强新闻宣传工作，对H7N9禽流感防控、郑州片医、新农合跨区域直补、医联体等重要工作进行宣传报道。新华社、《人民日报》、中央电视台、《健康报》等多家媒体对郑州市卫生工作进行专题报道，平乐医院还拍摄电影《正骨》，有效提升了卫生系统整体形象。探索建立卫生系统安保联动机制，深入开展信访安全稳定隐患排查，“平安医院”创建活动扎实有效；全市22家市属医疗卫生单位通过省级档案规范化管理认证。

（姚永成）

体育

【概况】 2013年，全市体育事业持续发展，竞技体育、大众体育、学校体育蓬勃开展。郑州市运动员参加第十二届全运会取得了突出成绩。全民健身运动高潮不断，成功举办了郑州市第十一届运动会暨首届全民健身大会。群众体育组织与队伍建设得到加强和完善。郑州市体育局被评为“全国群众体育先进单位”，局长李庆山作为“全国群众体育先进个人”，出席了全国群众体育先进单位和个人表彰大会，受到了习近平总书记等党和国家领导人的亲切接见。

8月31日至9月12日，第十二届全运会在辽宁举行，河南省代表团共获14.5枚金牌，其中郑州市运动员获得8枚金牌，并打破1项亚洲纪录和1项全国纪录。分别是：郭耘菲获跆拳道女子67公斤级金牌；敬亚莉、赵宝芳和另外一名选手获自行车女子场地团体追逐赛金牌，并打破全国纪录；宁泽涛获男子100米自由泳和50米自由泳2枚金牌，并打破100米自由泳亚洲纪录；李新杰获武术散打男子60公斤级金牌；雷佳慧、董佳宝、李田、夏芦育、李亚婷、王玉、刘旭等7人参加的女子足球队获银牌，计2枚金牌；李雪英伦敦奥运会获女子举重58公斤级金牌，直接带入1枚。

积极开展申办第九届城运会前期准备工作。与国家体育总局、省体育局联系，基本掌握了申办条件和程序，并了解了其他城市的申办动态。积极开展体育设施规划，为建设城运会所需比赛场馆提供科学依据。2014年，争取省政府向国家体育总局提交申办报告。

【市十一届运动会暨首届全民健身大会】 2013年，郑州市体育局把办好郑州市十一届运动会暨首届全民健身大会作为全年中心工作任务，扎实做好各项筹备和组织工作，确保运动会取得圆满成功。本届运动会从项目设置、组别划分、比赛方式和奖励办法上，都鲜明地彰显了重在参与、重在交流、重在健身、重在快乐的全新理念和勇于改革、敢于创新的精神。比赛分市区部、县（市）部、市直部3个部，设有田径、游泳、篮球、排球、足球、乒乓球、网球、短式网球、武术（套路）等23个项目，参赛运动员总计1.5万人，创造了新的历史记录。

11月2日，郑州市十一届运动会暨首届全民健身大会开幕式在郑州十一中举行，省体育局局长彭德胜，市委副书记王璋，市人大常委会主任白红战，市政协主席李秀奇，市委常委、宣传部部长王哲，副市长刘东，市政协副主席何建生等出席开幕式。王璋宣布运动会开幕，王哲致开幕词。11月12日，郑州市十一届运动会暨首届全民健身大会闭幕式在郑州市体育局举行，副市长刘东出席并作重要讲话。本届运动会，创造了佳绩，积累了经验，锻炼了队伍，为全民健身活动的深入开展搭建了平台，为竞技体育再创辉煌储备了力量，同时展现了郑州体育事业蓬勃发展的良好势头，展现了郑州都市区建设的美好前景。

【各类群众体育活动】 2013年，先后举办了5月全民健身活动月相关活动、8月8日全民健身日活动、中国郑开国际马拉松赛、第24届“黄河杯”全国门球赛、郑州市第六届“百万妇女健身活动”展示大赛、第十八届国际奥委会主席杯全国百城自行车赛、“银鑫杯”国际男篮邀请赛、首届中国（郑州）国际街舞大赛、CBSA世界斯诺克巡回赛

郑州市第十一届运动会开幕式上的方阵

郑州公开赛、世界大力士中国争霸赛、羽林争霸2013年城市羽毛球赛河南赛区比赛、全国业余网球公开赛郑州站比赛、中国高中女子篮球联赛河南赛区比赛、“体彩杯”全国武术少林拳比赛等大型群众体育活动。据统计，全年共举办市级群众性健身活动160余项次。遵循“因地制宜、业余自愿、小型多样、就近就便”的原则，支持和引导各县（市）区举办具有地域特点和项目特色的体育节会活动，逐步形成了一市一品牌、一县（市、区）一特色、一乡（镇、街道）一亮点的全民健身活动格局。

【群众体育组织与队伍建设】 加强健身站点管理，相继出台了《郑州市健身站点管理办法》和《郑州市优秀健身站点评选办法》。2013年，郑州市拥有登记在册的健身晨（晚）练点704个，充分发挥了在群众体育中的组织、带动和指导作用。强化社会体育指导员服务与管理作用，完善网络化管理系统。全市新增社会体育指导员3807人，超额完成省体育局下达的任务人数。截至2013年年底，郑州市社会体育指导员总人数达14553人。社会体育指导员协会成立了郑州市全民健身志愿服务总队，并被郑州市文明办评为优秀志愿服务组织。

【国民体质监测】 2013年，积极推进和完成国民体质监测工作任务。市级国民体质测定与运动健身指导站与市体校体科所合署办公，资源共享，互相促进。11个县（市）区全部建立了国民体质测定与健身指导站，覆盖率达100%。测试队伍走入机关、厂矿企业、社区和幼儿园，为市民开出适宜自身体质的免费“运动处方”。2013年，郑州市国民体质监测合格样本量达7358人，超出省体育局下达的任务数，圆满完成了国民体质监测任务。

【青少年业余训练】 确立以奥运会为最高目标，推进“2311”和“3311”两个发展战略。其一为后备人才培养项目带动的“2311”发展战略，即逐步布设与国家和省相衔接的竞技体育训练项目20个以上，建立各级各类体校（训练基地、点）30个以上，发展体育传统项目学校100所以上，各类型青少年体育俱乐部100个以上。其二为后备人才培养规模效应的“3311”发展战略，即全市在训运动员常训规模保持在3000人以上，文化学校体育特长生达到3000人以上，向国家和省优秀运动队输送高水平运动员100人以上，在全国以上大赛中产生10人以上顶尖级运动员。

构建了层层衔接的体育后备人才培训网络。建有国家级综合基地2个（市体校、市少年体校），国家级单项基地4个（市体校篮球、举重，惠济一中田径，金水一中田径），省级单项基地 4个（市少年儿童体校乒乓球、体操，塔沟散打、网球中心），均达到评估相应要求，较好地起到了培养人才的龙头作用。市体校、少儿体校被国家体育总局命名为2013-2016年周期“国家高水平体育后备人才基地”。建立完善后备人才库，体校和传统校均有在训运动员名单、苗子运动员基本情况的统计表。完成了2013年度河南省青少年体育竞赛运动员注册工作，在河南省注册人数达2758人。

切实加强培训工作，继2011、2012年连续两年举办千名教师百名教练培训班之后，为提高体育传统项目学校教练员的知识水平，举办了运动医学讲座，各级体育传统项目学校全体教练员、郑州市体育传统项目学校特长生招生长效机制研究课题组成员和体育教师参加培训。为提高青少年足球运动开展的组织水平及体育教师、青少年教练员执教水平，举办了足球项目校长及管理干部、中级指导员、D级教练员培训班，市内9区教体局业务管理干部、46所中小学的校长、体育教师共119人参加培训。

【县（市）区业余训练】 2013年，有5个县（市）建立或恢复建立了业余体校。 各业余体校多数设有4-7个项目，运动员注册人数普遍在3515人以上；市区均建有业余训练网点；各业余体校、训练点的教练员队伍都达到了每项2人以上，其中业余体校专职教练员每校都达到了一半以上。创新机制，积极引导县（市）区开展多种形式的业余训练，采取市区联办（如金水一中、新密一初中）、市队区办（如惠济）、市区队校办（如二中、长江东路小学、伊河路小学）、独立办校（如荥阳、新郑）、特色办校（如登封武校）、利用中心校创办业余体校（如中牟）、一项多点（如田径、网球）等措施，逐级、越级向上级或高校输送后备人才。市属训练机构有9个项目在15所中小学设立了训练点，形成了一项多点、一项多队和体育学校与文化学校相结合的训练格局，为人才培养创造了更广阔的发展空间。制定县（市）区后备人才培养考评办法，实行年度综合考评，促进基层业余训练更快发展。

【公共体育设施规划和建设】 加强全民健身工程建设。为保证全民健身工程建设的实施，使这项民生工程更好地为开展全民健身活动服务，结合郑州市新型农村社区建设、整体搬迁扶贫小区建设等，下发了《2013年郑州市全民健身工程建设实施方案的通知》。全年共建成乡镇体育健身工程15个、农民体育健身工程380个（其中类型一180个，类型二200个）、健身路径68条，全民健身工程建设工作取得明显成效。加大维护力度，投入经费150万元，配置健身路径50条，用于新建、更新市区超年限健身器材，为广大市民提供了良好的健身环境。

做好体育设施专项规划工作。郑州市体育局委托郑州市规划设计勘测研究院进行规划，在该院提交初步设计方案的基础上，多次提出修改意见，规划方案最终通过专家评审，已经上报市规划局，待批复后上报市政府。

积极推动学校体育设施向社会开放工作。经过调研、试点和推广，这项工作已取得实质性进展。根据市教育局提供的数据，郑州市属23所公办中学的体育设施实行了对外开放试点工作，占所有市教育局直属学校（42所中学，1所小学，11所中等职业学校）的42.6%，得到了广大群众的好评。

（徐晨苹）

全民健身活动（柔力球）

人民生活

人口和计划生育管理

【概况】 2013年，全市人口计生工作按照“围绕一个中心（稳定低生育水平），推进两项建设（出生缺陷干预能力建设和利益导向机制建设），打牢五个基础（宣传教育、长效机制、依法行政、队伍建设、群众自治五个基础），实现五个提升（在信息化建设、计划生育优质服务、流动人口管理、性别比综合治理、部门联动五个方面实现新提升）”的总体思路，加强分类指导，完善政策措施，探索建立促进人口长期均衡发展的政策服务体系，确保了人口和计划生育各项重点工作有序运行、整体推进。全市人口出生率为13.1‰，低于省定目标0.3个千分点，其他各项工作指标完成良好，低生育水平继续稳定，整体工作水平继续保持全省先进位次。郑州市先后被国家卫计委确定为全国人口均衡型社会综合配套改革示范市、全国流动人口均等化服务试点城市，分别被评为全国新闻宣传先进单位、河南省人口和计划生育工作先进集体、河南省“创建幸福家庭活动”先进单位、河南省计生协宣传工作先进单位、郑州市长效机制工作先进单位。在国家组织的流动人口动态监测工作专项评估中，位居全国第三名。全国政协常委、副秘书长、农工党中央副主席何维，中国人口福利基金会会长王忠禹，国家卫生计生委副主任王国强、王培安等先后到郑州市考察调研，都对郑州市的人口计生整体工作给予了充分肯定和高度评价。

【加强组织领导】 市委、市政府始终坚持把人口计生工作纳入郑州都市区建设总体规划，加强宏观调控，实施科学决策。领导重视，推动到位。先后召开了全市人口计生领导小组会、市委常委会和全市人口计生工作会，专题研究部署人口计生工作。省委常委、市委书记吴天君在常委会上提出了“要持续强化基层基础工作、持续坚持计划生育‘一票否决’、落实好独生子女政策和对失独家庭的关爱、关心爱护计生干部队伍”的具体要求；出台了《中共郑州市委 郑州市人民政府关于落实人口和计划生育工作职责形成齐抓共管局面的意见》《郑州市计划生育家庭特殊困难对象扶助办法》和《郑州市培育十类典型促进流动人口社会融合实施方案》等一系列指导性文件，对2012年度生育严重失控、未完成人口出生工作目标的2个乡（镇、街道）实行了“一票否决”，有力地推动了全市人口计生事业的不断发展。

【坚持宣传倡导】 坚持把提高群众对人口计生政策及法律法规知识的知晓率、引导群众转变婚育观念作为人口计生工作的重要基础，充分发挥《郑州人口》报和郑州电台、电视台、《郑州日报》专题栏目的主渠道作用，加强社会宣传。广泛利用“双节”宣传月、“7·11”世界人口日、“9·25”公开信发表纪念日等重大节日，共组织大型宣传活动54次，发放计生宣传品197.89万份，慰问计生困难户7237户，更新户外宣传景观1879条，表彰人口计生示范户3050户，开展计生宣传赶年集（三下乡）活动188次。深入开展婚育文明城市“四级联创”、人口文化大院“星级创建”和幸福家庭创建活动，已创建星级文化大院2097个。依托基层文化大院组织开展经常性的“教育培训、文化交流、健康服务、健身娱乐、科技传授”等宣传教育活动2000余次。文明、和谐的婚育新风逐步深入人心。郑州市在全省创建幸福家庭行动工作会上介绍了经验。

【强化服务关怀】 大力加强服务机构、服务能力建设。按照《郑州市示范化乡级服务中心标准》《郑州市村级人口和计划生育基础工作管理规范》的要求，组织开展了服务机构示范化创建活动，已新（改）建乡所13个、村室205个。积极推进药具“四进三服务”工作，药具发放覆盖率流动人口达90%，常住人口达95%。在全市扎实开展以澄清已婚育龄妇女底数、落实避孕措施为重点的“生殖健康进家庭服务活动”，突出“2012年以来生育对象、未参加康检对象、未按时寄回康检证明的流动人口”等3类重点人群，抓好“宣传发动、澄清底数、健康检查、落实四术”4个关键环节，确保服务活动取得实效。2013年共落实健康检查141万余

开展关爱贫困母亲活动

人次，妇女病普查52.8万人次，避孕措施落实率达95%以上；同时，按照本人申请、单位审核、乡（镇、街道）核实、县级初审鉴定、市级复核的程序，精心组织2013年病残儿鉴定工作，对符合鉴定标准的病残儿名单进行张榜公布，接受社会监督，确保了鉴定工作的公平公正。

【提高人口素质】 全面实施优生促进工程，大力加强出生缺陷干预能力建设。召开郑州市免费孕前优生健康检查新闻发布会，对《国家免费孕前优生健康检查项目试点工作技术服务规范》进行详细解读，数十家媒体进行了报道，进一步提升了人口计生政策的知晓率。举办全市出生缺陷一级预防工作培训班，在服务内容、工作流程、技术规范、宣传培训、统计报表、建立数据库等方面实行“六统一”，为全市符合生育政策的待孕夫妇每孩次提供1次免费出生缺陷一级预防服务。聘请省内知名专家组建市级专家指导组，深入各县（市）区进行巡回指导，对全市所有开展免费孕前优生健康检查的计生指导站和医院进行室间质评，并通报质评结果，进一步提高了优生健康检查服务质量。2013年，全市各级共投入经费2742万元（市本级投入经费635万元），为54618对计划怀孕夫妇提供孕前优生健康检查，免费增补含叶酸营养素254359人次，有效降低了出生缺陷发生风险，提高了出生人口素质。

【注重利益引导】 坚持把完善利益导向政策作为事关计生家庭利益的重大民生问题，让计生家庭优先分享改革发展成果。在充分调研论证的基础上，与市财政局、民政局和卫生局联合出台了《郑州市计划生育家庭特殊困难对象扶助办法》（郑人口〔2013〕36号），鼓励有生育意愿的计生家庭特殊困难对象再生育或收养子女、优先安置入住敬老院，对独生子女死亡对象每人每月比照郑州市上年度城市最低生活保障标准发放特别扶助金，对独生子女伤残对象每人每月比照郑州市上年度城市最低生活保障标准的一半发放特别扶助金，形成了集奖、优、抚、免、保、助“六位一体”的17项利益导向政策。同时，在部分县（市）区开展计生家庭居家养老服务试点工作，力所能及地帮助计生家庭解除后顾之忧，引导群众自觉实行计划生育。2013年，全市各级共筹措“双节”慰问资金190.18万元，慰问计生困难家庭5058户，为42.26万名独生子女父母发放奖励费9506.76万元。全年利益导向政策资金投入达2.5亿元，惠及90.9万户计生家庭。

【加强流动人口服务管理】 流动人口是计划生育服务管理工作的重点和难点。针对外来流动人口数量逐年增多和城市内部整村拆迁、居民回迁等流动人口计划生育服务管理工作中的新矛盾和新问题，以市政府名义印发了《郑州市培育十类典型促进流动人口社会融合实施方案》，积极整合社会资源，培育先进典型，创新流动人口服务管理模式和考核评估办法，积极开展流动人口宣传服务活动。2013年，免费进行健康检查20.8万人次，开展妇科病普查和乳腺癌、宫颈癌筛查5.6万人次，流动人口已婚待孕夫妇出生缺陷知识培训覆盖率、叶酸营养素增补率都达到了82%以上，有力地促进了流动人口社会融合。先后与省内外签订流动人口双向管理协议825份，向外省提交协查信息4966条，通报重点对象避孕节育信息7166条，对重点服务对象信息反馈6941条，建立了流动人口聚集地与周边地互通协作机制。郑州市在2010年被原国家人口计生委确定为全国首批流动人口均等化服务试点城市的基础上，于2013年10月再次被中央综治委、国家卫计委等四部委确定为河南省唯一的全国流动人口卫生计生公共服务均等化试点城市。

“双节”宣传现场发放计划生育知识宣传品

【综合治理出生人口性别比偏高问题】 深入开展关爱女孩行动，广泛宣传性别比长期偏高的严重危害性，引导群众树立科学文明的婚育观念，自觉抵制“两非”行为。认真落实二胎孕情全程跟踪服务机制，将全市持二胎生育证已婚育龄妇女全部纳入微机管理，并组织对各县（市）区的二胎服务责任制落实情况进行了随访调研，包保责任制落实率达到95%以上。全力推进出生实名登记制，严格落实《郑州市出生实名登记管理工作规范与考评办法》，做到计卫联合、登记造册、逐级上报、双向反馈，努力实现出生实名登记信息化管理。不断加强社会管理，由市政府牵头，先后抽调人口计生、卫生、药监等部门相关工作人员2200余人次，共清理取缔无证诊所、药店 784家，没收非法器具216台（个）、终止妊娠药品907 盒、计划生育用品及非法药品844箱（盒），拆除非法灯箱广告513处，当场下发整改通知书223份。积极开展区域协作，联合安徽省桐城市、浙江省东阳市严厉查处了涉及郑州市金水区、二七区的共6起非法进行胎儿性别鉴定案件，进一步净化了性别比治理工作环境。

【坚持依法行政】 以提高人口计生工作的公信力为重点，在全市大力推进服务型行政执法建设，深入开展服务型行政执法宣传月活动，进一步完善行政执法巡查、行政审批、行政执法信息公开等制度，积极推广“一个窗口受理、一站式审批、一条龙服务”运行模式。深化行政审批制度改革，经市政府常务会议研究审议、市委常委会讨论通过，将“计划生育技术服务机构执业许可、计划生育技术服务人员合格证核发”两项行政审批项目同时下放至县级人口计生行政部门。大力开展人口和计生依法行政示范单位市、县、乡三级联创活动，已创建成5个国家级、7个省级、15个市级依法行政示范乡镇（街道）；着力规范社会抚养费征收管理，推动人口计生行政处罚裁量权规范运行，全市社会抚养费征收案件立案查处率达到85%以上。扎实开展信访矛盾纠纷排查和重点人员稳控工作，落实领导接访处访制度，全市共立案65件，到期应结案件65

件，已结65件，结案率为100%，网上信访回复率达到100%，重信重访率控制在20%以下，确保了人口计生信访安全稳定。

【推进基层群众自治】 充分发挥基层群众的主导作用，深入开展“百村（居）示范、千村（居）合格”活动，全市1855个村达到基层群众自治合格村标准，其中809个村达到示范村标准，诚信协议书签订率达到100%。已有1995个村重新修订规范了计划生育《村规民约》，占全市行政村总数的98.9%。全市663个城市社区，有343个社区开展了计划生育居民自治试点工作。积极推动计生协会建设向流动人口聚集地、商业集聚区、大型市场延伸，流动人口计生协会工作覆盖面进一步扩大，已建立企业流动人口协会105个。充分发挥计生协会的推动作用，探索建立了“一公约五服务，一建议四参与，一监督三评议”基层群众自治工作模式。积极参与创建幸福家庭活动，得到省计生委、计生协的肯定。全省基层群众自治暨诚信计生观摩会现场参观了郑州市4个工作点，郑州市计生协会被评为全省创建幸福家庭活动先进单位。

【政风行风建设】 严格落实党风廉政建设责任制，研究制定了《郑州市人口计生委2013年反腐倡廉工作要点》《郑州市人口计生系统2013年度反腐倡廉建设责任目标记分办法》，认真贯彻中央和省、市纪委全会精神和省人口计生委党风廉政建设工作会议精神。加强反腐倡廉教育和制度建设，扎实开展反腐倡廉制度建设年活动，建立完善了信息上报制度、案件查办制度、重大决策失误责任追究制度等，进一步规范了“阳光计生行动”、政务公开、民主评议政风行风、创建群众满意的基层站所、“12356阳光计生热线”等工作细则，组织进行了“下评上”“请农民兄弟姐妹评计生”等活动，在各县（市）区开通了网上便民服务平台。严厉查处违法违纪案件，2013年共受理并查处各类案件27件，处理11人，结案率达到100%。

【长效机制建设】 制定出台了《郑州市人口计生委下沉人员管理实施办法》《郑州市人口计生委下沉网格在线人员考评办法》《郑州市人口计生委“坚持依靠群众推进工作落实”长效机制责任追究办法》等一系列文件，召开全市人口计生系统长效机制工作推进暨培训会议，各级下沉人员共1243人参加了培训。建立市、县、乡三级与基层农村（社区）长期、对口、分片联系帮扶机制，委领导及处室分包县（市）区、县（市）区计生委领导分包乡镇（街道）、县（市）区科室分包村（社区），并作为第一责任人，及时就地解决分包区域内人口计生工作中的问题，做到“定人、定岗、定责、定奖惩”，及时解决基层逐级上报的各类问题。积极研制开发人口数据基础模块，获取了人口信息模块初期的基础数据。注重加强驻村工作队建设，深入高新区沟赵街道赵村，广泛征求村民对工作队的意见和建议，制定了2013年赵村发展计划和群众工作队年度工作方案，帮助村两委协调筹集资金近130万元，建成了村人口文化广场、文化活动中心、生育关怀养殖培训基地；修整村出口道路1.5公里，建设垃圾中转站1座；加强村计划生育示范化村室和流动人口管理服务中心建设，并取得了明显成效。

（信启余）

民生工程

【2013年民生实事目标及完成情况】 2013年郑州市民生“十大实事”共40项任务，涵盖就业、教育、卫生服务、交通、保障性住房建设等10个方面，分别由26个主办单位和16个县（市）区、开发区承办落实。

（1）实事目标：营造生态林10万亩，市区新增绿地500万平方米以上、新植乔木50万株以上。

完成情况：超额完成。截至4月30日，已完成生态造林9466.67公顷，是目标任务的142%。截至11月底，市区（市内五区、郑州航空港实验区、郑东新区、郑州高新区、郑州经济开发区、上街区）共完成新增绿地815.3万平方米，为目标任务的163%；新植乔木58.85万株，为目标任务的118%。

（2）实事目标：持续实施优质医疗资源倍增工程，郑州人民医院颐和医院年内开诊服务，新增优质床位1000张。

完成情况：超额完成。颐和医院10月29日正式开诊服务，新增优质床位1500张，

（3）实事目标：新建、改造燃气管网60公里，新增燃气用户8万户。

完成情况：超额完成。截至11月27日，郑州华润燃气新建管网94公里，新发展民用户9.34万户。

（4）实事目标：开展创业培训5800人、再就业培训3万人、农村劳动力职业技能培训6万人。

完成情况：超额完成。截至11月30日，全市完成创业培训1.05万人，占全年任务的181.03%；再就业培训36951人，占全年任务的123.17%；农村劳动力职业技能培训6.8万人，占全年任务的113.3%。

（5）实事目标：开工建设保障性住房和完成棚户区改造45848套，基本建成45672套。

完成情况：截至11月底，超额完成。

开工项目：列入2013年新开工台账的保障房项目中，已开工建设保障房45889套，占年度目标任务的100.11%。其中，公租房25444套，经适房3786套，棚户区改造16655套。

基本建成项目：列入《郑州市2013年保障性安居工程项目基本建成台账》项目45672套住房，均已达到基本建成条件，占年度目标任务的100%。

（6）实事目标：推动200所民办幼儿园完成达标升级。

完成情况：超额完成。截至11月底，共有7所幼儿园被评估认定为省级示范园，21所幼儿园被评估认定为市级示范园，另有228所幼儿园完成不同等级的评估认定，其中一级园87所、二级园75所、合格园66所。全市达标升级幼儿园总数达到256所。

（7）实事目标：全市新建、改扩建86所公办幼儿园，新增学位2万个。

完成情况：超额完成。截至11月底，已开工93所，实际完成年度任务108%，总投资8.1亿元，增加978个班、2.93万个学位。其中，市内五区及4个开发区32所，增加366个班、1.1万个学位，六县（市）及上街区61所，增加612个班、1.83万个学位。

（8）实事目标：实现新增城镇就业再就业13万人、农村劳动力转移就业10万人。

完成情况：超额完成。截至11月30日，全市共新增城镇就业再就业14.86万人，占全年任务的114.34%；农村劳动力转移就业10.5万人，占全年任务的100.5%。

（9）实事目标：为4万户城区自来水居民用户实施“一户一表”改造。

完成情况：超额完成。截至11月底，完工241项工程、48259户，累计完成投资12983.7万元。

（10）实事目标：市区新建、改扩建中小学校30所，新增学位3万个。

完成情况：超额完成。市区建设中小学校30所，已全部开工。总投资15.5亿元，增加967个教学班、4.47万个学位。其中，小学720个班、3.24万个学位，初中247个班、1.23万个学位。

（11）实事目标：新增农村自来水用户6.5万户，解决安全饮水27万人。

完成情况：超额完成。全年已完成任务指标29.5925万人（含2.1109万名农村师生），总投资1.4523亿元。工程涉及巩义市、登封市、新密市、荥阳市、新郑市、中牟县、惠济区7县（市）区。

国家项目：市发改委对项目实施方案已经批复并已转发投资计划，中央资金、省、市两级配套资金已下达。国家项目81处工程，其中，单村工程36处，联村工程5处，管网延伸工程40处。截至11月底，完成投资8473万元，占总投资的100%。

市级项目：市发改委对项目实施方案已经批复并下达投资计划，市级配套资金已下达。市级项目55处工程，其中，单村工程23处，联村工程12处，管网延伸工程19处，万人以上供水工程1处。截至11月底，完成投资6048.52万元，占总投资的100%。

（12）实事目标：新建供热主管网10公里，启动"煤改气"工程，新增供热能力100万平方米。

完成情况：超额完成。截至11月底，已完成新建供热管网61.6公里，"煤改气"工程已完成，新增供热能力600万平方米。

（13）实事目标：新改建新型城镇化县域道路500公里。

完成情况：超额完成。按照市政府年度工作部署和新型城镇化建设三年行动计划，在各县（市）区的积极努力下，截至11月底，完成新改建新型城镇化县域道路548公里，为年度目标的109.6%。

（14）实事目标：发放居民健康卡100万张，推动居民健康档案、病历和诊疗信息共享，减少重复检查费用，方便群众就医。

完成情况：超额完成。居民健康卡信息管理平台已经招标、采购、实施完毕，系统上线试运行，按照合同要求将资金支付到位，实现了居民健康卡在新郑市、新密市、管城区、金水区、中原区、惠济区的批量发放，累计采集居民健康卡制卡信息280余万条，交给卡商的制卡信息为130余万条，制作发行卡数100余万张。此项工作已完成任务目标。

（15）实事目标：新开通公交线路20条，优化中心城区公交线路30条。

完成情况：超额完成。截至11月底，已新开公交线路22条，优化中心城区公交线路30条，分别为年度目标的110%、100%。

（16）实事目标：巩固提高100个社区科普大学示范点，培训社区居民10万人次。

完成情况：超额完成。2013年，郑州市科协在107个社区科普大学示范点开展了巩固提高工作。截至11月29日，培训社区居民108929人次，占全年任务的108%，圆满完成全年任务。

（17）实事目标：强化药品快速检测能力建设，加大打假治劣力度，药品抽检合格率达到98%以上。

完成情况：截至11月底，超额完成。一是受理群众投诉举报。受理群众投诉举报281件，回复率100%；收到省局交办件193件，回复率100%；收到协查件367件，回复率100%；一般立案537件，结案519件，当期结案率96.6%；累计罚没款352.44万元。二是加大对涉药单位的监督检查。对药品生产单位监督检查205家次；对全市76家药品批发企业检查378家次，对2946家药品零售企业检查5892家次，对二级以上医疗机构药品使用单位监督检查202家次，监督检查覆盖率达100%，所有药品生产、销售及使用单位的检查覆盖达到两次以上，全部完成任务。三是加大药品抽验。完成药品抽验300批，完成全年任务的100%。被检样品一批不合格，合格率达99.67%，达到要求98%以上。四是增加药品检验设备使用率。药品快速筛查检测2276批次，完成总任务的151.7%。快检车对每个县（市）区巡回检查已完成3次；全市共完成药品日常监督抽验1089批，完成总任务的108.9%，超额完成任务。

（18）实事目标：新购清洁能源公交车500台。

完成情况：已完成。按照《郑州市人民政府关于加快"十城千辆"节能与新能源汽车示范推广等有关问题的会议纪要》（〔2012〕227号）文件中"会议研究决定占用2013年指标紧急采购500辆混合动力公交车"的要求，于2012年12月采购了500台宇通气电混合动力公交车，已投入运营，2013年计划新购清洁能源公交车500台民生实事任务已经完成。

（19）实事目标：为具有郑州户籍的新生儿免费进行苯丙酮尿症、先天性甲状腺功能低下症和听力障碍筛查。

完成情况：已完成。此项工作于5月29日启动，6月1日开始实施。筛查工作正在正常开展。截至10月底，免费筛查苯丙酮尿症、先天性甲状腺功能低下症35569人、听力障碍25526人。

（20）实事目标：免费为农村居民按每人15元的标准购买大病保险，大病保险补偿、新农合政策补偿合并最高额从15万元提高到35万元，20种大病实际补偿平均达到90%以上。

完成情况：已完成。市政府第105次常务会议已通过，并下发了政府文件，印制发放宣传材料，组织实施大病保险工作。截至10月底，全市共有1294.86万人次享受新农合补偿，累计补偿医疗费用11.73亿元。其中，住院补偿41.3万人次，补偿医疗费用9.33亿元，享受到1万元以上补偿的有15499人次，享受到3万元以上补偿的有2387人次，享受到6万元以上补偿的有419人次，享受到10万元以上补偿的有101人次，享受到15万元封顶线补偿的有21人次。截至11月底，非即时结报8531件、金额2210.69万元，即时结报352件、金额229.67万元，上门申请受理126件。农村居民大病保险累计受益8883人次，受益人累计使用大病保险资金2440万元。

（21）实事目标：鼓励引导餐饮服务企业安装餐厨垃圾油水分离器，从源头上减少地沟油排放。

完成情况：已完成。截至10月底，市区内已安装餐厨垃圾油水分离器5402台，完成总任务5402台的100%，全部按照要求安装完毕。

（22）实事目标：完成830个老旧小区物业基础设施改造。

完成情况：已完成。截至11月18日，全市共计完成817个老旧小区改造。其中，中原区计划改造330个，实际完成改造331个；二七区计划改造323个，实际完成309个，其中拆迁拆除14个；管城区计划改造168个，实际完成168个；惠济区计划改造9个，实际完成9个。

（23）实事目标：为基层免费演出优秀戏曲（剧目）1000场，为每个行政村每月免费放映一场公益电影。

完成情况：已完成。截至11月底，为基层免费演出优秀戏曲（剧目）1000场；为每个行政村每月免费放映一场公益电影，全年放映总量23520场，已完成全年任务。

（24）实事目标：持续推进中医中药进农村、进社区，为农村标准化村卫生所和150家社区卫生服务站配备中医药设备。

完成情况：已完成。制定印发了《郑州市卫生局 郑州市财政局关于印发郑州市持续开展中医中药进农村、进社区工作方案》的通知，为全市150家社区卫生服务站、1500家村卫生室配备中医药诊疗设备，共配备设备19800台（件），完成8期共1650名人员的培训任务。

（25）实事目标：新建公共电子阅览室200个，新建、改建新型社区文化活动中心100个。

完成情况：已完成。全市建设任务由市财政资金投入，同时进行建设、招标、采购、配送和验收。已完成配送工作。

（26）实事目标：开展PM2.5污染

源治理，严厉查处道路行驶的冒蓝、黑烟超标车辆，治理率达到90%；完成3家电厂和2家水泥厂的脱硝治理工作。

完成情况：已完成。1—11月，累计查处556台，治理536台，治理率达到96%。

3家电厂脱硝治理工作：华润电力登封有限公司治理工程已通过省环保厅验收；国电荥阳煤电一体化有限公司治理工程已通过省环保厅验收；郑州裕中发电有限责任公司完成建设，正在申请监测验收。

2家水泥厂脱硝治理工作：天瑞集团荥阳水泥有限公司完成建设，正在进行监测；登封市嵩基水泥有限公司完成建设，正在进行监测。

（27）实事目标：建设来源可追溯、去向可查证、责任可追究的肉菜流通追溯体系。

完成情况：已完成。城市管理平台建设已完成，各流通追溯节点单位的数据实现联通联试和数据初步上传，年底前，将实现肉菜流通追溯体系试运行。截至11月底，郑州市各节点子系统安装调试工作已经完成，开始进入各企业部署阶段。郑荣屠宰厂和郑荣肉类批发市场实现数据上传；东海屠宰厂、东海肉类批发市场和外埠肉换证点已经开通网络线路；双汇屠宰厂完成基础环境改造。万邦蔬菜批发市场数据上传功能已开通。1家农贸市场实现数据上传，其余9家农贸市场的肉菜流通追溯线路安装到位。2家超市实现数据上传，2家肉菜专卖店、1家超市和2家产销对接超市正在进行系统对接。1家团体消费单位实现数据上传。

（28）实事目标：新增城市支路25条。

完成情况：已完成。截至11月底，留园路、宏达路、金岱路、王寨路、神驰路、天元路、木马东街、纬二路、水科路、丰庆路、碧云路、电厂西路等25条路已具备通车条件，圆满完成建设任务。

（29）实事目标：持续实施优质教育资源促进计划，增加优质学位3.5万个。

完成情况：已完成。截至7月底，15个基建项目全部竣工投入使用，共投资5.2亿元，改扩建面积7万平方米；2013年确定的6个基建项目全部开工，建筑面积3.7万平方米，预计2014年全部竣工投入使用。3.5万个优质学位增量任务顺利完成，其中，小学1.9万个、初中1.2万个、高中3600个。在这当中，龙湖一中200个优质高中学位是2013年的新增内容，受到广大学生及家长普遍欢迎。

（30）实事目标：支持16所新型农村社区卫生服务中心建设，为96家乡镇卫生院和82家社区卫生服务中心各配备1台健康一体机。

完成情况：已完成。已争取财政局补助资金120万元/所，各县（市）工程进度稳步推进。登封市、荥阳市部分中心已分别完成主体二至三层建设。荥阳市崔庙镇古城社区卫生服务中心已封顶；荥阳市、登封市、新密市各中心分别完成主体一至三层建设；登封市资金已落实。截至11月底，全市16所中心均已开工建设，完成工作量100%。制定印发一体机方案，完成技术参数制定、招标、采购、配发等工作，已完成供货、验货工作。

（31）实事目标：在蔬菜、水果、食用菌、水产品、肉类等农产品实施质量安全市场准入的基础上，新增原（杂）粮、干菜（果）、茶叶市场准入检测监管工作。

完成情况：已完成。市政府已批准同意市农委新增聘用农产品质量安全检测员150名，用于开展原（杂）粮、干菜果、茶叶市场准入监测工作；大型超市标准检测室建设招标方案已准备好，等待资金落实，开展招标工作；大型超市、粮油、干调、茶叶批发市场检测室仪器设备招标前准备工作正在进行；原（杂）粮、干菜（果）、茶叶市场准入检测试剂招标工作已完成。自11月1日开始实施检测至12月3日，对市区内所有的117家批发、农贸市场，61家大型超市进行农产品市场准入检测，共抽检原（杂）粮2468批次，合格率为100%；抽检干菜（果）6387批次，合格率为99.02%；抽检茶叶3769批次，合格率为100%。销毁不合格干菜（果）1070.6公斤，主要是银耳、黄花菜、百合、枸杞等产品。

肉类检测查验点已换发检疫证13157个，消毒运输车辆13157辆次，查验白条肉336835头、鲜肉6241633公斤、冷冻肉13002947公斤，进行“瘦肉精”抽查车辆650辆。

（32）实事目标：新建、改造标准化菜市场5家，新建社区便利店50家；新建平价蔬菜店50家。

完成情况：截至12月底前，超额完成。市商务局负责的标准化菜市场建设：完成新建、改建标准化菜市场5家，社区便利店55个，圆满完成任务。

市物价局负责的平价蔬菜店建设：截至12月5日，正式营业80家，分别由郑州毛庄绿园实业有限公司、河南菜哥商贸有限公司、郑州爱订单蔬菜公司3家企业经营。另有25家门店处于装修和人员培训阶段，年底前开业，超额完成2013年十大实事工作任务。平价蔬菜超市建设取得预期的社会效益和效果。参与经营的企业积极组织货源，坚持微利经营，每天销售价格在2元/公斤以下的蔬菜5个品种，15个品种的蔬菜价格低于周边市场价格的15%。3家经营平价蔬菜超市的企业，销售蔬菜品种90余种、共425万公斤。其中，每日市场监测的40种大众蔬菜，平价蔬菜超市销售价格平均低于市场均价20%，让利于民340余万元。

（33）实事目标：继续实施“菜篮子”工程，开发新菜田4万亩（其中水产1万亩），建设设施农业8000亩。

完成情况：年底前完成。

设施农业建设任务分配：中牟县3000亩、新郑市1000亩、新密市1000亩、登封市1000亩、巩义市300亩、荥阳市1000亩、金水区100亩、管城区100亩、二七区50亩、高新区100亩、上街区50亩、惠济区1000亩、郑东新区100亩、航空港区200亩、经开区200亩。截至12月2日，全市设施农业开工面积8119.7亩，已建成面积8078.5亩，分别占8000亩任务的101.5%和101%，已完成任务。

新菜田开发：2013年3万亩新菜田开发基础设施建设全部安排在荥阳市王村镇，1万亩水产项目建设任务主要安排在荥阳市，部分安排在金水区、惠济区和郑东新区的沿黄水产基地。其中，荥阳市6000亩（王村镇3300亩、广武镇2700亩）、金水区1000亩（龙子湖办事处）、惠济区1500亩（花园口镇）、郑东新区1500亩（刘集镇）。

12月2日，3万亩新菜田基础设施建设项目招标工作顺利结束，项目建设全面开工，年底前完工；新菜田基础设施建设（1万亩水产）项目已经实施8500亩，剩余的1500亩建设项目已获得市发改委批复，按照招标程序进行招标，12月底前完工。

（34）实事目标：地铁1号线年底前开通试运营。

完成情况：12月底前完成。郑州轨道交通1号线一期工程车站、隧道区间主体工程已完工；双线轨通达到交验条件。车站已装修施工，机电安装施工平稳推进。截至11月22日，1号线一期工程本年累计完成投资265599万元，占全年计划目标的106%，累计完成投资1276061万元，12月26日通车运营。

（35）实事目标：在留守流动儿童集中的乡村、学校和城市社区建立“儿童之家”100所。

完成情况：12月底前完成。100所“儿童之家”建设资金由市、县（市）区两级财政按1∶1配套拨付，其中市级500万元、县级500万元，共计1000万元。每所“儿童之家”根据孩子的身心特点和实际需求，配备电脑、投影仪、电视机、空调、沙盘、图书、亲情电话、桌椅等价值10万元物品设备。

7–8月，完成市财政和县（市）区财政资金的配套和拨付。9至10月，100所“儿童之家”进入物品购置阶段。10月中旬，市妇联联合市财政局组成“儿童之家”督察组，对全市100所“儿童之家”建设情况进行实地抽查。截至12月初，各县（市）区物品设备全部购置完毕。

（36）实事目标：以创业带动就业，发放小额担保贷款16亿元。

完成情况：12月底前完成。截至11月30日，全市小额担保贷款完成发放14.71亿元，占全年16亿元目标任务的91.94%。小额担保贷款还有1.29亿元的任务缺口，其中，0.51亿元在12月5日前放款发放，1.2亿元在办理房产抵押过程当中，经办银行在12月20日前放款发放，完成全年目标任务。

（37）实事目标：抽检米、面、油、肉、奶、蛋、豆制品、水产品、酒及饮料等9大类大宗食品1.8万批次，每季度公布抽检结果，确保大宗食品质量安全。

完成情况：12月底前完成。4月22日，市政府食品安全办启动大宗食品抽检工作，抽检任务分解为14期。按照既定计划，分13期完成16366批次的大宗食品抽检任务，占全部计划的90.9%。第14期计划于12月4日下发，1.8万批次的抽检任务于12月20日全部完成。

（38）实事目标：持续加大扶贫开发，完成易地扶贫搬迁5633户20852人，完成20个贫困村整村推进工作。

完成情况：截至12月底前，超额完成。

整村推进工作：截至11月底，全市有33个村完成整村推进任务，占目标任务的165%。到年底，完成34个村。

易地扶贫搬迁工作：截至11月底，全市已建成易地扶贫搬迁住宅5085套，可搬迁5085户19116人，分别占目标任务的90.3%、91.7%。到年底，建成易地扶贫搬迁住宅5645套，搬迁5645户21232人，全面完成目标任务。

（39）实事目标：为200所中小学校和幼儿园、300个路口、100个公交站点、45个卡口及新建新型农村社区、滨河公园等场所安装视频监控设施，实现与已建视频设施的互联互通。

完成情况：12月底前完成。200所中小学校和幼儿园、滨河公园等场所的监控设施安装任务已完成，12月底完成测试验收工作；个别项目如100个公交站点的监控设施安装工作比原计划略有推迟，市综治办在12月底完成施工任务。

（40）实事目标：6个县（市）各建设一个集养护、康复、托管于一体，为孤儿、孤老、精神病人、生活无着落流浪乞讨人员、优抚安置对象等特殊群体提供服务的综合性、多功能社会福利中心。

完成情况：荥阳市社会福利中心改扩建项目已基本完成；新郑市社会福利中心改扩建项目12月底前完成并投入使用。4所新建社会福利中心项目中，登封市已开工建设；巩义市已完成各类建设手续、征地等工作，12月中旬开工；新密市已完成立项、选址、环评、规划、征地、设计和施工、监理招投标等工作，建设用地已经圈好围墙，12月10日开工；中牟县完成项目选址，土地补偿款已支付，12月26日开工。

情况说明：中牟县因旧城改造等原因，重新进行选址，所选地块中只有不到6亩土地符合土地利用总体规划，其余土地需要通过增减挂钩解决建设用地指标，建设用地指标已上报省国土资源厅，正待审批。对项目建设估计不足，规划、选址、办理相关手续时间太长，导致项目不能正常开工。

【2014年民生实事目标】 （一）强化路网建设，缓解交通拥堵。

（1）加快郑州立体交通建设。全力打造“井”加“环”快速路系统，4月底前，三环路快速化工程实现全线通车；年底前，京广快速路二期工程（南延至南三环、北延至连霍高速）主体工程基本完工，陇海快速路工程的大学路以西路段主线桥梁具备通车条件，纬四路、红专路下穿中州大道工程具备通车条件。

（2）加快地铁建设。年底前，2号线一期工程主体车站完成；开工建设郑州市南四环至郑州南站城郊铁路工程、5号线和1号线二期工程。

（3）在市区环城高速公路出入市口建成5个互通式立交，缓解出入市口交通拥堵；新开通公交线路10条以上。

（二）加强雾霾治理，改善空气质量。

（4）推进新密裕中电厂热源入郑工作，提升1100万平方米供热能力，减少中心城区用煤269万吨、烟尘排放约3769吨、二氧化碳排放约29万吨、二氧化硫排放约3645吨、氮氧化物排放约2459吨。

（5）强力推进“煤改气”工程，减少城市用煤28.8万吨、烟尘排放288吨、二氧化硫排放1152吨、氮氧化物排放1728吨，努力改善市区及周边区域空气质量。市区和周边县（市）区各完成80台和47台燃煤锅炉拆改任务。

（6）严格黄标车限行规定，加大治理处罚力度；鼓励社会黄标车主动淘汰；淘汰营运黄标车1000辆；新购清洁能源公交车500台。

（7）强化大型建筑工地施工管理，全面推进施工场地环境监督管理和施工场地扬尘综合治理，降低施工过程起尘量；控制道路、交通扬尘污染，加大渣土车运输治理力度，对现有渣土运输车辆实行密闭运输。

（8）提高城市绿化水平，新增10座城市公园。

（三）加大教育投入，缓解入学难。

（9）市区新建、改扩建30所中小学，新增学位3万个以上；全市新建幼儿园60所。

（四）加强医疗卫生防治，扩大救治范围。

（10）为具有郑州户籍的新生儿免费进行苯丙酮尿症、先天性甲状腺功能低下症和听力障碍初筛；加强出生缺陷的预防和控制，对全市新生儿进行免费耳聋基因筛查。

（11）进一步推进郑州市防盲治盲工作，免费为全市白内障患者实施复明手术。

（五）加大扶持力度，促进就业再就业。

（12）大力支持小微企业发展，促进就业再就业。力争小微企业贷款增速、贷款余额在全省占比实现“两个不低于35%”的目标，发放贷款累计达到1700亿元左右，惠及全市13万户小微企业（含个体经营户）。

（13）开展创业培训9000人、再就业培训2.5万人、农村劳动力职业技能培训5万人，实现新增城镇就业再就业12万人、农村劳动力转移就业7万人。

（六）加快保障性住房建设，改善群众居住条件。

（14）推进“三房合一”住房保障新机制，加大保障性安居工程建设，开工建设公共租赁住房1.5万套和完成棚户区改造19万户。

（七）关爱特殊群体，扩大救助范围。

（15）为中心城区持二代残疾人证的社区居民购买乘坐市内公共交通工具人身意外伤害险。

（16）扩大郑州市城镇居民医保慢性病门诊补偿范围。

（17）保障低收入家庭的基本生活不因物价的上涨而下降，为低保家庭每月减免3立方米水费、补贴10度电费、享受30立方米低价气。

（18）在留守流动儿童集中的乡村、学校和城市社区建立“儿童之家”100所。

（19）在全市建设90所示范性农村养老服务中心。

（20）完成20个贫困村整村推进，搬迁贫困人口0.73万户2.67万人。

（八）坚持文艺下乡，丰富居民文化生活。

（21）开展舞台艺术进乡村、进社区活动，在全市各社区、广场、校园及广大农村进行演出1000场。

（九）完善生活设施建设，改善居民生活质量。

（22）在大中型社区新建平价蔬菜超市50家。

（23）对全市600条健身路径的健身器材进行更新维护。

（24）新建改造燃气管网80公里，新增燃气用户8万户；为4万户城区居民实施自来水"一户一表"改造。

（十）加强监督监管，保障食品安全。

（25）开展大宗食品抽检工作。抽检米、面、油、肉、奶、蛋、豆制品、水产品、酒及饮料等11大类大宗食品2万批次，每季度公布抽检结果，确保食品安全。

（李林晓　李 波）

城乡居民生活

【城镇居民收入】 2013年，全市城镇居民人均可支配收入达到26615元，比上年增加2369元，增长9.8%，比全省平均水平22398元高出4217元。增长速度比全国高出0.1个百分点，比全省高出0.2个百分点。从收入构成看，主要有以下特点：

（一）工资性收入占主导地位。2013年，郑州市城镇居民人均工资性收入17132元，比上年增长20.1%，占家庭总收入比重的60.6%。增长的主要原因：一是就业人数增加。2013年，郑州市进一步加大民生投入，增加就业岗位，积极引导城镇居民就业，就业人数稳定增加。二是工资水平提高。全市提高了最低工资标准，从2013年1月1日起，全市开始执行新的最低工资标准，月最低工资标准从1080元涨到1240元，增长14.8%，企业从业人员工资水平普遍提高。

（二）财产性收入快速增长。2013年，郑州市城镇居民人均财产性收入714元，比上年增长23.3%。随着郑州市城市建设步伐的加快、城区的不断扩大、城镇化水平的提高，城中村改造、地铁的修建以及"三环快速化建设"等工程使郑州的商铺和住房租金有了较快增长，带动城镇居民出租房屋收入快速增长。2013年，郑州市城镇居民人均出租房屋收入467元，比上年增长32.5%；另外，随着居民理财意识的增强和理财产品的日益增多，理财方式从简单的储蓄和买国债逐步转变为储蓄、买国债、买保险、炒股票、买基金等多项投资。

（三）经营净收入、转移性收入略有下降。2013年，郑州市城镇居民人均经营净收入为3382元，比上年下降8.8%；人均转移性收入为7026元，比上年下降8.1%。经营净收入和转移性收入下降的原因，是2013年有经营行为的家庭人员数量和离退休人员数量在全市家庭人口总数中占比降低。

【城镇居民消费】 2013年，郑州市委、市政府进一步加大对民生工程的扶持力度，出台一系列改善民生的政策，政策效应逐步显现，城镇居民收入平稳增长，消费水平明显提高。2013年，全市城镇居民人均消费性支出18672元，比上年增加2062元，增长12.4%。主要特点是：

（一）食品消费支出增加，恩格尔系数下降。2013年，全市城镇居民人均食品类消费支出6057元，比上年增长5.0%。全市城镇居民恩格尔系数（食品支出总额占消费支出总额的比重）为32.4%，比2012年下降2.3个百分点。

（二）衣着支出增长1.1%。随着人们生活水平的不断提高，时尚、个性、魅力已成为越来越多市民的追求。如今居民购买服装讲究品种多样化，款式个性化，面料高档化。2013年，全市城镇居民人均用于衣着支出2614元，比上年增长1.1%。

（三）居住支出增幅最高。近几年，郑州实施都市区建设和新型城镇化建设，大力推进城中村的改造，提升村组经济可持续发展潜力，改善村民及商户居住、经商环境，提升城市品位；再加上郑州市的住宅限购、刚毕业大学生、外来务工人员留郑、物价上涨以及地铁和三环快速路修建等因素，城镇居民居住支出大幅增加。2013年，全市城镇居民人均居住支出1769元，比上年增长58.0%。

（四）家庭设备支出增长较快。随着家庭耐用品更新换代步伐不断加快，城镇居民购置家庭设备消费支出增长较快。2013年，全市城镇居民人均家庭设备用品及服务支出1596元，比上年增长15.3%。

（五）医疗保健支出与上年持平。2013年，全市城镇居民人均医疗保健支出1174元，比上年增长0.2%。医药体制的改革成果已经显现，百姓从中得到实惠。2013年，郑州市城镇居民人均药品费支出414元，比上年下降29.5%。

近年来，郑州市城镇居民对身体健康关注程度越来越高，养生保健意识增强，用于医疗保健方面的支出不断增加，尤其加大了对保健器具方面的花费。2013年，全市城镇居民人均购买保健器具支出38元，比上年增长13.9%。

（六）交通和通信支出稳步增长。近年来，郑州市交通网络和通讯工具发展日新月异，快节奏的生活让城市居民对交通通信的需求越来越高。2013年，郑州市城镇居民人均用于交通通信支出2193元，比上年增长12.1%。

随着居民收入的提高，以及消费理念的转变，智能手机已成为普通的通讯工具。2013年，郑州市城镇居民人均通信支出比上年增长33.3%。其中，人均购买通信工具支出346元，比上年增长55.9%。手机的智能作用也带动了上网费用的快速增长。2013年，人均上网费支出149元，比上年增长48.8%。

（七）文化娱乐生活日益充实。

2月25日，郑州市构建和谐劳动关系工作会议召开

随着人们对教育文化的重视、文化体育设施的开发以及社区文化娱乐市场的发展，居民业余时间文体娱乐活动内容多样，带动了居民教育文化娱乐服务支出大幅增长。2013年，郑州市城镇居民人均教育文化娱乐服务支出2234元，比上年增长24.3%。其中，文化娱乐用品支出529元，比上年增长26.3%。春节、五一、国庆等假日为居民提供了更多休闲时间，富裕起来的居民掀起了旅游热潮。2013年，郑州市城镇居民人均团体旅游支出531元，比上年增长20.1%。

（八）金银珠宝带动其他商品和服务支出快速增长。2013年，郑州市城镇居民人均其他商品和服务支出1034元，比上年增长25.0%。随着生活水平的提高，金银珠宝成为居民的消费新宠。2013年，郑州市城镇居民人均金银珠宝饰品消费支出453元，比上年增长72.2%。

【农村居民收入】 2013年，郑州市委、市政府认真贯彻落实各项惠农政策，进一步提高农民生产积极性，促进农村经济全面发展，农民收入继续保持快速增长的态势。抽样调查资料显示，2013年全市农民人均纯收入达14009元，比上年增加1478元，增长11.8%，扣除物价因素实际增长9.5%。

从收入构成看，工资性收入8070元，比上年增长21.0%，占农民人均纯收入的比重为57.6%；家庭经营纯收入4433元，比上年下降4.3%，占31.6%；财产性收入839元，占6.0%；转移性收入667元，比上年增长12.9%，占4.8%。

工资性收入的快速增长，成为农民收入增长的主要因素，对农民人均纯收入增长的贡献率达到94.8%。工资性收入高速增长的原因来自两个方面：一是农村经济发展加快，农村富余劳动力转移增多，促进了农民充分就业；二是企业用工报酬增加，无论是企业的管理人员还是一般工人，平均工资水平均比上年增长15%以上。

【农村居民消费】 2013年，郑州市认真贯彻落实中央农村工作会议精神，围绕“三农”问题，出台了一系列惠农政策，农村经济快速发展，农民收入持续增长，生活环境不断改善，生活消费水平明显提升。2013年全市农村居民人均生活消费支出10242元，比上年增加1275元，增长14.2%。

（一）农村居民生活消费支出全面增长。2013年，郑州市农村居民生活消费支出全面增长，其中衣着、交通与通讯消费支出增幅最高，分别达到35.1%和35.2%。食品、居住、家庭设备及用品、文化教育及娱乐、医疗保健、其他商品和服务消费支出分别增长11.4%、5.4%、1.6%、18.6%、9.7%和25.7%。（详见下表）

2013年郑州市农村居民人均生活消费支出对比

单位：元

指标名称	数值	比上年±%
生活消费支出	10242	14.2
食品	2455	11.4
衣着	873	35.1
居住	2944	5.4
家庭设备及用品	691	1.6
交通和通讯	1502	35.2
文化教育及娱乐	742	18.6
医疗保健	719	9.7
其他商品和服务	316	25.7

（二）农村居民生活消费支出结构优化。随着收入的不断增加，郑州市农村居民的消费热情不断升温，消费水平逐步提高，消费结构日益优化。

基本生存性消费比重下降。2013年，郑州市农村居民生活消费结构中，基本生存的吃、穿、住占生活消费支出的比重为61.2%，比上年（62.9%）下降1.7个百分点。家庭设备及用品、交通通讯、文教娱乐、医疗保健消费支出占生活消费支出的比重为35.7%，上升1.4个百分点。这些变化，反映出农民在生活水平提高的同时，对精神文化生活和身心娱乐方面提出更高要求。

其他商品与服务支出成消费新亮点。随着农村居民家庭财富的增加，农民个性消费特征日益明显，高档的金银珠宝、化妆品等消费品备受爱美女士青睐。部分农村居民家庭选择购买黄金进行保值增值，金银等饰品消费增多。2013年，郑州市农村居民人均其他商品与服务支出316元，比上年增长25.7%，增幅居八大类消费支出第三位。其中，购买珠宝首饰和化妆品消费支出增长34.8%。

以教育、休闲娱乐和旅游为代表的新消费热点正在形成。（1）随着社会平均受教育程度的提高和竞争的加剧，农村居民对子女的教育培养和自身学习的投资不断提高。2013年，郑州市农村居民人均教育服务消费支出374元，比上年增长18.8%。（2）农村居民对健康保健的需求更加旺盛，对旅游休闲的需求也迅速增长。2013年，全市农村居民人均旅游和休闲娱乐花费186元，比上年增长87.5%。

（黄　飞）

社会保障

【概况】 2013年，郑州市城镇企业职工基本养老保险参保人数263.42万人，城镇基本医疗保险参保人数315.1万人，失业保险参保人数132.38万人，工伤保险参保职工147.3万人，生育保险参保人数84.78万人；机关事业单位养老保险参保人数27.26万人。全市城乡居民养老保险累计参保达到258.98万人，享受养老待遇64.8万人。全市认定工伤案件3761件，没有出现因行政复议、行政诉讼造成责任追究的案件。受理劳动能力鉴定申请1949人，全部在法定时效内作出鉴定结论。

【五险合一】 郑州市社会保险制度改革始于1986年，先后建立了养老、失业、工伤、医疗、生育五项保险制度。随着参保覆盖面的不断扩大和参保人数的逐渐增多，社会保险经办机构分设的弊端逐渐显现。2013年11月22日，经市委、市政府批准，郑州市社会保险局正式挂牌成立。这标志着全市养老、医疗、失业、工伤、生育等5项社保业务形成统一、完善的社保经办体系。该局由原市社保事业管理局、市医保中心、市失业保险中心3个机构合并组建而成，启用了统一的信息系统。12月，中原区、二七区、管城区、金水区、惠济区、郑东新区、高新技术开发区、航空港区和经济技术开发区等9个社会保险分局完成了整合成立和上划工作。

【社保待遇】 2013年，全市企业退休人员月人均基本养老金达到1992元；失业保险待遇增加到992元。市政府将城镇居民医保支付比例各提高5个百分点；财政补助标准由2012年的240元提高到280元；统筹基金最高支付限额由4.3万元提高到6万元，商业补充医疗保险最高支付限额由6万元提高到8万元，参保居民每人每年医保可以报销支付总额将达14万元。被征地农民保障工作取得新成效，33.2万名被征地农民中有10.9万人已被纳入保障范围，市区内被征地农民每人每月养老金达505元，县（市）每人每月435元。淅川县南水北调工程移民养老保险关系转移基本到位，60周岁以上人员已按时发放养老金。

【基金监督】 2013年，制订了《郑州市社会保险基金社会监督试点工作实施方案》，加强社会保险基金社会监督和非现场监督；开展城乡居民社会养老保险基金检查，发现问题，及时督促整改。把基金监督、社保稽查与社会保险参保缴费实际工作融为一体，确保社会保险基金安全。加大社会保险检查稽查力度，补缴及追缴各险种欠费8685.7万元；查处违规定点医疗机构、定点零售药店106家，追回违规金额191.56万元。

（王汝立　邢江辉　高国纲）

爱国卫生运动

【概况】 2013年，郑州市爱国卫生工作围绕全市工作大局，立足巩固创卫成果，着力民生改善，积极创新，奋发作为，有效提升了全市市容环境卫生水平，为促进人民身心健康，加快推进中原经济区郑州都市区建设作出了贡献。

爱国卫生组织管理进一步加强。坚持把加强爱国卫生组织领导作为推动各项工作的重要保障，健全机制、强化管理，促进了各项工作的落实。（1）加强组织领导。市委、市政府把爱国卫生工作纳入议事日程，列入社会经济发展规划，年度《政府工作报告》进一步要求“巩固国家卫生城市成果”。市政府适时召开专题会议研究爱国卫生工作，解决工作中存在的热点难点问题；印发《关于加强病媒生物防治工作的通知》等文件，对全市爱国卫生工作及时给予指导，作出部署，并与县（市）政府重点成员单位签订目标责任书，强化政府责任。市委、市政府领导经常深入基层单位明察暗访爱国卫生工作任务落实情况，主管副市长刘东多次赴基层调研，现场办公解决实际问题。（2）加大经费投入。爱国卫生工作经费列入市财政年度预算，2013年安排专项资金539万元、运转经费238万元，用于卫生督察、评比奖励、开展爱国卫生活动、健康教育、病媒生物防治等工作。各级爱国卫生组织机构、人员、经费落实到位，办公环境和条件逐年改善。（3）健全制度机制。进一步规范完善了组织网络、接访投诉、评比奖惩、督导检查、卫生创建、曝光举报、信息通报、机关办公等八大类管理制度，并将政务公开，接受监督。（4）促进爱国卫生法制化建设。严格贯彻执行国家、省有关法律法规，宣传落实《郑州市除“四害”管理办法》《郑州市公共场所禁烟条例》《郑州市实施〈河南省爱国卫生条例〉细则》。加强执法队伍建设，开展爱国卫生执法活动，促使爱国卫生工作由过去一般性的号召变成全社会共同遵守的准则和规范，开创依法行政、依法管理、依法解决社会卫生问题的良好局面。

【城区卫生】 坚持环境卫生日常督导检查与综合治理相结合，促进城区卫生工作上水平，改善城市环境。

优化完善督导检查办法。突出重点难点，狠抓日常监管，积极创新举措，开展全方位、多形式卫生督导检查。在范围上，除市区、街道外，督察扩大延伸至社区、村，覆盖全市，不留盲点。在内容上，重点加强城郊（中）村、三类居民区、农贸市场、出入市口、铁路沿线等卫生薄弱环节的监管力度，不断提高城区卫生内在质量。在方法上，采取领导带队检查、市内各区联合巡查、交叉检查等措施，日常检查不间断，每月开展专项检查，每季度对重点难点、社会热点投诉问题进行专查等措施，对各项工作落实情况进行动态监管，维护大市容长期向好。同时，实施评比激励机制，综合全年四个季度工作任务落实情况、检查评比情况，对全市城区10个区（管委会）爱卫办、81个街道（乡、镇）和市直委员单位进行排名评比，全年评出“爱国卫生杯”流动红旗130面（其中社区、村30面），促进了城区卫生工作整体水平的提升。

做好节日和全市重大活动期间卫生管理工作。在元旦、春节和国庆节等节日期间，组织各区（管委会）及相关部门，分组到街道和社区进行卫生督察，取得了较好成效。在黄帝拜祖大典、2013中博会、文明城市测评等重大活动期间，加大督察力度，协调有关部门做好环境卫生和氛围创建工作，为全市营造了整洁美观、有序友好的城市环境。

积极培育卫生亮点。严格选择一批硬件设施、组织制度、卫生水平等基础条件好的单位，争创省、市级卫生先进单位和卫生居民小区。全年新创市级卫生先进单位45个、市级卫生居民小区30个，届满复审市级卫生先进单位23个。新创省级卫生先进单位58个、卫生居民区11个，届满复审省级卫生先进单位38个，1个省级卫生居民小区待命名。

开展专项整治。分阶段、分重点对城区卫生差点实施专项治理。（1）城郊（中）村专项整治。治理占道经营、小广告、积存垃圾，改造环卫设施，建立监管制度，消除脏乱差。（2）农贸市场专项治理。市区联手对全市农贸市场进行整治，为期4个月。市爱卫办成立3个督导检查组，督导检查农贸市场300多个。（3）“五小”门店、“农家乐”、夜市专项整治。制订具体整治方案，明确卫生标准，突出门店布局、基础设施、证件办理等重点，整改“五小”门店等460家。（4）社区楼院卫生专项整治。对市区社区楼院按照一、二、三类划分，实行分类管理，提升一、二类社区楼院卫生和管理水平，打造亮点；加强三类居民区即旧、小、散、杂、无主管楼院的整治，改变旧貌。通过整治，共督察整改社区楼院1015个。

【农村卫生】 坚持把农村卫生工作作为重中之重，建立健全保障和管理措施，推动农村卫生工作发展。广泛开展创建活动，全面实施《河南省创建国家卫生城市工作考评细则》《河南省创建国家卫生县城工作考评细则》《河南省

第26个世界无烟日活动

创建卫生城镇工作暗访考评细则》等文件精神，按照实事求是、分类指导的原则，积极鼓励、帮助有条件的城、镇、村及社区单位争创卫生先进，推动卫生创建活动遍地开花。切实加强创建工作的组织领导，政府在政策、资金上予以保障，各级、各部门认真实施、协调共建，媒体深化宣传引导，选树典型，达到了以创建促改变、促提高的目的。2013年，新命名国家卫生镇3个，通过省级卫生镇复审4个，新创省级卫生单位41个、省级卫生居民小区6个、省级卫生村43个、市级卫生单位27个、市级居民小区19个、市级卫生村77个。

加强卫生城镇监管。立足巩固和提高，建立健全长效机制，规范各级卫生城镇管理。每月对各县（市）集中检查通报一次，每季度对所有卫生镇集中检查通报一次，对申报和开展创建工作的县（市）、镇（乡），对照有关标准，定期考核和督导。建立农村流动红旗评比制度，提高县（市）基层单位开展卫生创建争先创优的积极性。实施问责机制，对行动迟缓、措施不力、工作下滑的责任单位责任人予以追究。

探索建立农村卫生管理新机制。按照《郑州市人民政府关于对积存垃圾实行有偿清运的通知》要求，积极开展垃圾有偿清运工作，推动垃圾管理长效机制的建立和完善。全年下发督察督办通知书164期，清除积存垃圾681处共12531立方米，上报财政扣罚金额871.81万元。持续开展城乡环境卫生整洁行动。广泛发动群众，以基层乡村为重点，平整道路、清理垃圾、清除卫生死角，消灭“四害”孳生地，改造环卫基础设施，做到长效管理与突击治理相结合。通过治理，城市生活垃圾无害化处理率达92%，生活污水集中处理率达86.65%；农村生活垃圾无害化处理率达70%，生活污水集中处理率达50%，农村生活饮用水水质卫生合格率达100%；新建和规范农村垃圾处理填埋场795个，新建农村生活污水处理厂8处，新建农村连片综合整治污水处理设施69个；城市农贸市场全部达到标准规范管理，城区范围内全面取缔公用、户用旱厕，标准水冲式公厕覆盖率100%，农村改厕也取得显著效果。

【病媒生物防治】 坚持把卫生除害作为预防和控制疾病、保障人民健康的重要措施常抓不懈，病媒生物防治工作有了长足进步。（1）加强组织管理。市政府制定下发了《关于加强病媒生物防治工作的通知》，明确工作重点和任务，对各级政府和部门的机构建设、工作职责和经费投入提出具体要求。建立完善市、区（县）、镇（街道）、社区（单位）四级病媒生物防治组织管理网络。全市共有专、兼职病媒生物防治人员1200多人，全年组织业务培训和考核20次，培训业务骨干2000多人。加强督导检查，综合运用限期整改、媒体曝光、停业整顿等手段，采用集中检查、随时抽查等方法，深入部门、单位、宾馆、饭店、门店等进行督促检查，确保病媒生物防治各项工作取得实效。（2）根据季节进行集中防治。根据病媒生物季节消长的规律，在“四害”孳生高峰期，组织开展了越冬蚊蝇防治、春冬季灭鼠、夏秋季蚊蝇及蟑螂防治等4次全市性专项防治活动，投放各类防治药品45吨，“四害”密度控制在国家标准内。（3）加强防治设施建设。结合全市防治工作实际，逐步统一“四害”防治设施建设标准。全年共组织修补和增设防灭鼠设施5万多处，喷涂警示标志3万多处，全市“四害”孳生重点场所防灭设施覆盖率达98%以上。（4）推进病媒生物防治市场化。病媒生物防治市场化服务区域逐步扩大并向城区重点行业和县（市）城乡延伸。截至年底，全市城区公共环境病媒生物防治工作全部实行市场化服务，面积达到123平方公里，占建成区面积的36%，包括695条道路、184个公（游）园广场、24条河渠、1498个无主管居民区；“五小”行业市场化服务率达到20%、机关企事业单位达到10%、大型宾馆酒店及洗浴场所达50%以上；荥阳、登封、中牟也开展了市场化服务工作。全年投入市场化服务资金830万元，取得了良好的经济效益和社会效益。（5）推进防治工作科学化。积极推广物理防治、生物防治、文化防治等综合防治手段，增强防治效果。定期开展“四害”密度监测，提高防治工作的针对性。积极开展防治技术的开发和研究，初步完成了鼠密度自动化监测工具的研制与测试，并已申报国家专利。

【健康教育】 坚持把开展健康教育作为爱国卫生工作的先导和提高市民健康卫生素质的重要工作，有计划、有组织地抓好、落实好。（1）加强宣传引导。利用各种载体，突出世界卫生日、世界无烟日、全球洗手日、爱国卫生月等节点，全市城乡同步开展爱国卫生集中宣传和不文明行为劝阻活动，倡导健康文明生活方式，提高市民文明卫生素质。各种活动中制作宣传版面近千块，发放《中国公民健康素养》等宣传材料10万多份，劝阻不文明行为2000余人次。（2）拓展健康教育渠道。在机场、车站、港口、广场等大型公共场所设立电子屏幕和公益广告，滚动播出健康教育内容。全市设置健康教育宣传栏3548个，按要求每两个月更新一次内容，成为爱国卫生工作最直接、最前沿的宣传阵地和窗口。（3）加强控烟工作。每季度对城区控烟情况进行专项检查。城市建成区无烟草广告，公共场所设吸烟劝阻员9.6万名，公共场所全面禁烟，已创建无烟单位966个，全市90%以上单位建立了控烟组织和制度，80%以上单位能经常性地开展控烟工作和活动。（4）加强重点人群健康教育。全市中小学健康教育开课率100%。中专、中等职业学校及高等院校开展了多种形式的健康教育活动。（5）开展行政执法工作。修订完善了《郑州市公共场所禁烟条例》，依法实施爱国卫生行政执法48起。（6）加强基层部门工作。各县（市）区、委员单位按照责任分工，在市爱卫会的统一组织协调下，积极主动开展富有成效的爱国卫生工作。市爱卫办每半年组织集中检查一次，督促工作落实。

（张 媛）

住房保障和房地产管理

【概况】 2013年，省政府下达郑州市的保障性住房开工建设目标任务是45848套，基本建成45672套。截至2013年年底，按照“河南省2013年保障性安居工程项目台账”要求，全市新开工建设保障房46298套，其中经适房3786套、公租房24342套、棚户区改造安置住房18170套，完成省定任务的100.98%。基本建成保障房45733套，其中廉租房2394套、公租房19499套、经适房22171套、棚户区改造安置住房1669套，完成省定任务的100.13%。

全市商品房投放2209.62万平方米，同比增长17.24%。其中，商品住房投放1530.47万平方米，同比增长14.39%。市区商品房投放1457.16万平方米，同比增长8.89%。其中，商品住房投放926.91万平方米，同比增长5.38%。

全市商品房销售再创历史新高，达到1737.51万平方米，同比增长27.29%。其中，商品住房销售1440.48万平方米，同比增长18.33%。商品房销售均价为7247元/平方米，其中，商品住房销售均价为6334元/平方米。市区商品房销售1135.86万平方米，同比增长15.07%。其中，商品住房销售884.68万平方米，同比增长4.07%。商品房销售均价为8497元/平方米，商品住房销售均价为7406元/平方米。

截至12月底，市区商品房累计可售面积为1333.74万平方米，同比增长

保障房三房合一新闻发布会召开

31.73%。其中，商品住房累计可售面积为459.09万平方米，同比增长10.88%。

全市二手房交易567.11万平方米，同比增长90.73%。其中，二手住房交易552.60万平方米，同比增长93.30%。二手房交易均价为5447元/平方米，其中，二手住房交易均价为5364元/平方米。市区二手房交易437.72万平方米，同比增长87.12%。其中，二手住房交易425.62万平方米，同比增长87.32%。二手房交易均价为6379元/平方米。其中，二手住房交易均价为6285元/平方米。

市区完成各类房屋受理业务89780件，同比增长10%；累计核发房屋所有权证12.16万本，同比增长19.23%。

全市完成抵押登记面积3591.1万平方米，同比增长36.7%；完成抵押登记金额1685.57亿元，同比增长60.6%。其中，市区完成各类房地产抵押登记1695.2万平方米，同比增长24.1 %；完成抵押登记金额930.38亿元，同比增长48.5%。

市区新增非住宅租赁管理面积98.6万平方米，累计达到797.7万平方米；新增住宅登记备案3871户，累计达到74251户。

【保障性住房建设】 创新保障机制，强化规范管理，超额完成保障性住房建设任务。（1）推行“三房合一”，完善保障制度。自2013年1月1日起，郑州市全面推行廉租房、经适房、公租房“三房合一”住房保障新机制。（2）简化认定程序，扩大保障范围。报请市政府印发了《关于进一步完善住房保障制度的通知》（郑政文〔2013〕113号），突破收入、户籍限制，有效扩大了住房保障覆盖面。（3）转变建设模式，加强项目管理。自2013年起，全市保障性住房以县（市）区为主进行建设，强化了县（市）区的住房保障责任。（4）强化公平分配，确保规范管理。全面推行申请住房保障“双承诺制”，积极推进住房保障信息公开，尝试实施住房保障卡管理制度，切实加强并创新后期管理。（5）强力推进棚户区改造，提高改造实效。全年全市棚户区改造完成拆迁户数13475户，拆迁面积达402.21万平方米，开工建设安置住房项目33个、27244套、304.68万平方米，完成投资91.75亿元。

【稳定住房价格】 加强宏观调控，稳定住房价格，保持房地产市场平稳较快发展。（1）完善调控政策。报请市政府出台了《关于继续做好房地产市场调控工作的通知》（郑政办〔2013〕19号），遏制了房价过快上涨势头。（2）稳控住房价格。会同市物价局严格执行商品房销售明码标价、一房一价规定；新入市项目按照环比“零增长”的要求申报销售价格，控制合理利润；（3）促进市场投放。出台鼓励政策，引导中小套型普通商品住房项目的开发力度，并纳入行政审批快速通道，加快推进城中村改造项目入市，有效改善供求关系。（4）强化市场监管。提高非普通商品住房的预售门槛，稳步推进商品房预售制度改革；加强房地产中介服务机构管理，推行使用《郑州市存量房（二手房）买卖居间合同》示范文本和《房地产经纪服务委托合同》示范文本；开展了房地产中介市场和“住改商”专项整治。（5）加大查处力度。建立日常巡查与集中巡查相结合的巡查制度，全年共巡查房地产开发项目、物业服务项目、中介公司566个，立案查处房地产违法违规行为54起。

【物业管理】 强化制度建设，规范物业管理，全面完成老旧小区改造任务。全市新增物业服务企业112家，累计达到976家；新增物业管理面积1303.37万平方米，累计达到1.6亿平方米；新成立业委会48个，累计达到374个；归集维修资金6.5亿元，累计达到52.8亿元。（1）完成830个老旧小区物业基础设施改造任务。截至2013年年底，郑州市原计划5年内完成的1968个老旧小区改造任务在不到3年的时间内全面完成，总投资近4亿元，改造面积近1700万平方米，惠及居民近30万户。（2）进一步加强物业行业制度建设。先后出台了《郑州市物业服务企业信用分级评定管理办法》《关于推进物业管理网格化管理工作的通知》《郑州市住宅小区物业管理星级评定方案》等规范性文件，为物业行业整体发展提供了制度保障。（3）不断加大行业监管力度。全年共对78家物业服务企业的从业资质予以注销，同时通过信用等级评定、从业资质行政审批备案、物业管理招投标等举措，进一步强化行业建设，规范市场秩序，促进行业服务水平整体提高。（4）积极开展新型农村社区物业管理调研。起草了《郑州市新型农村社区物业管理工作调研报告》《郑州市新型农村社区物业管理指导意见》，为下一步全面开展新型农村社区物业管理工作奠定了基础。（5）组建了房屋专项维修资金指导监督管理委员会，确保维修资金管理、使用的科学性和安全性；进一步简化维修资金使用审批程序，健全房屋维修保障机制，全年共审批划转维修资金560笔、1724万元。（6）切实加强房屋安全管理。制定了《郑州市房屋安全普查工作方案》，全面开展房屋安全普查工作，全年共完成7840幢房屋、4567万平方米的普查任务。

【房屋登记】 开展业务调研，提高登记水平，大力推动房屋登记工作再上新台阶。（1）紧紧围绕郑州市新型城镇化进程，重点开展拆迁安置房屋登记工作，指导各县（市）对具备办证条件的房屋加大办证力度，共办理494户。（2）完成了全市新型城镇化项目安置房小区调查统计，开展安置房屋建设情况调研，并向市政府提出了有针对性的建议。（3）积极争创“全国房地产交易与权属登记管理规范化先进单位”，大力开展房屋登记工作人员业务培训。（4）房产档案馆建设按计划有序推进；管理机构已经成立，工作人员基本到位，预计2014年6月底前可投入使用。（5）按照市政府要求，对列入投融资体制改革的市直单位房产开展了清查和登记工作。同时，制订了直管公房划转实施方案，并已上报市政府，前期各项准备工作基本就绪。

【规范房地产开发企业经营行为】 注重企业服务，强化监管手段，不断规范房地产开发企业经营行为。（1）进一步加强对房地产企业服务工作，采取灵活多样的服务方式，有效解决企业反映的问题。（2）认真落实《郑州市房地产开发企业信用分级评定管理办法》。依据信息记录，全年共升级企业信用32家，降级20家。（3）认真落实《郑州市房地产开发项目交付使用管理办法》，督促开发企业提高交付使用管理认识，加强自身信用建设。（4）加大问题楼盘整治和纠纷处理力度。协调相关单位完成卧龙花园3号楼、商阜城综合楼、蓝堡湾等问题楼盘的部分遗留问题处理工作，同时重点解决了“黄金海岸”强行交房、正商名钻、“军旅凯旋门”等项目产生的信访和纠纷（526起、1500余人），及时化解了社会矛盾，维护了群众利益。

【网格化管理】 依托网格体系，创新管理方式，全力拓宽郑州市房地产业管理途径。（1）认真完善制度，扎实推进融合。制定并完善了《房地产网格化管理暂行办法》和《房地产网格化管理考核奖惩暂行办法》，有效提升下沉人员发现和解决问题的能力。（2）严密组织培训，加强经验推广。全年共组织下沉人员培训31期，培训人数1139人；在全系统推广管城区、金水区、新密市将物业管理、“住改商”、工作机制创新等工作与长效机制工作相结合的经验。（3）延伸工作触角，创新监管机制。将物业管理纳入网格化管理体系中，不断提高物业管理行业服务水平，有效解决物业管理区域内存在的矛盾与问题。（4）注重解决问题，提升工作水平。依托全市房管网格体系，共巡查发现房地产问题24800余件，有效解决问题24020件，有效处置率达96.8%。

【政风行风建设】 提升行政效能，提高服务水平，有效树立政风行风良好形象。（1）积极开展便民服务活动，努力打造便民服务平台。全年共开展便民服务进社区90余次，深入企业现场办公320余次，提供各类上门服务、延时服务等520余次，累计帮扶企业610多家，解决群众和企业实际问题500余个。（2）完善办事大厅硬件建设和服务环境，有效提升服务品质，受到办事群众的广泛好评。办事大厅被市政府表彰为行政机关优秀办事大厅，被省住建厅授予“高效、便民、清廉”先进典型。（3）强化电子监察系统监管工作。全年共受理行政审批事项257838件，办结255216件；时限内提前办结226456件，占办结总量的88.73%。（4）深入开展行政审批制度改革工作。成立了局行政审批办公室，将原16项行政审批事项精简为7项，办结时限分别压缩到7、3、1个工作日。（5）深入开展反腐倡廉制度建设年活动，切实加强党风廉政建设。共收集反腐倡廉意见建议45条，剖析腐败案件6件，梳理各类制度115项。（6）加强法制建设，规范依法行政。完成了《郑州市房地产抵押管理办法》修订工作，积极推进《郑州市个人住房置业贷款担保管理办法》制定工作，启动了《郑州市保障住房管理办法》前期调研工作；进一步规范行政诉讼复议案件管理，2013年共收到行政诉讼案件107起、行政复议案件4起，均已按程序协调办理。

（文保成）

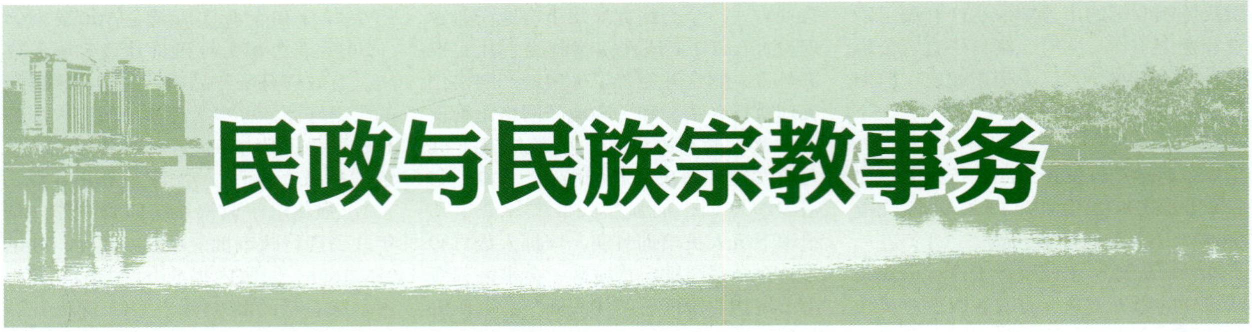

民政与民族宗教事务

民政

综述

【概况】 2013年，全市民政系统紧紧围绕中心，服务大局，强化措施，狠抓落实，各项工作均取得新的成绩，民政事业呈现良好的发展态势。同时，民政信访稳定、复退军人稳定、福利企业改制等各项工作扎实开展，取得了新的成绩。民政综合能力建设进一步加强，民政项目建设积极推进。2013年，共谋划民政项目12个，计划投资2.2亿元，已完成投资1.4亿元。市儿童福利院二期工程、郑州烈士陵园改扩建工程和市社会福利院改扩建项目已基本完工；市军人服务中心二期（钱塘大厦）实质性开工；市军事供应站军供保障综合楼项目已具备开工条件；市第八人民医院西区新院建设、市救灾物资仓储中心、市残疾儿童康复中心等7个项目已做好开工前准备工作。

民政系统党风廉政建设进一步加强。严格落实“一岗双责”制度，与局机关支部和直属事业单位签订了党风廉政和反腐败工作责任书，建立健全党风廉政建设责任制。“春节”“五一”和“中秋”等节日期间，深入各局属单位检查党风廉政建设落实情况、封存公车情况及领导干部收受礼品现金情况。积极开展反腐倡廉制度建设年活动，将反腐倡廉制度建设工作纳入局岗位目标管理统一管理，与其他各项工作一并考核。

探索建立了民政工作通报制度。制订《关于建立民政工作通报制度的实施方案》，召开2013年度民政工作讲评会，初步建立了民政工作联系县区制度。

【民政法制建设】 印发了《郑州市民政局关于印发行政执法投诉举报制度的通知》《郑州市民政局关于印发重大行政处罚备案制度的通知》和《郑州市民政局关于印发重大行政执法案件集体研究制度的通知》等多个制度性文件，依法行政的制度体系不断完善。举办2013年度民政行政执法人员专业法律知识培训班，提升了依法行政的能力和水平。开展服务型行政执法建设宣传教育系列活动，营造了良好氛围，推动了服务型行政执法建设工作深入开展。及时对规范性文件进行审查报备，并对2013年9月30日以前印发的现行有效民政规范性文件进行了全面清理。

【机关自身建设】 机关自身建设成效显著。积极做好省级文明单位复检，圆满完成续创工作。深入开展“一学三促”活动，将落实八项规定、反对四风与业务工作紧密结合，互相促进，全系统干部职工作风进一步转变，综合服务能力持续提升。各类会议活动规模和时间严格控制，召开会议数量与往年相比减少了42.6%，活动数量减少61.4%。机关发文比上年减少56件，民政信息减少10期，简报减少59期。严格执行公车管理制度和公务接待制度，坚持厉行节约原则，压缩办公经费，降低会议成本，最大限度节约预算开支。

民政新闻宣传工作全面加强。理顺了新闻宣传和信息发布工作规程，组建了网络信息宣传员队伍和宣传员QQ群，部分局属单位设立了新闻发言人。协调新闻媒体分别对全市民政工作会议、“十大实事”、社区帮扶、社会救助、社会福利、养老服务、双拥优抚、绿色殡葬、慈善救助等工作进行了广泛宣传报道。积极推荐社会福利院郝秋娟等4名基层先进典型参加郑州市“寻找最美劳动者”系列宣传活动。拍摄、制作了反映郑州市双拥工作的专题片《军民融合谱新篇》。向国家、省、市上报民政信息300余篇，被《中国社会报社》授予“全国民政宣传基地”和“2013年全国民政宣传工作先进单位”荣誉称号。

（王中华）

社会管理

【概况】 稳步推进社会组织管理制度改革。简化社区社会组织登记备案程序，降低登记门槛，实现社会组织直接登记管理，备案登记社区社会组织1184家，受理直接登记社会组织16家。出台《郑州市异地商会登记管理暂行办法》，登记异地商会17家。配合民政部圆满完成《新形势下城市社区社会组织的培育机制研究》理论课题。

切实加强社会组织管理服务。在全省率先开展了社会组织评估工作，研究制定了4大类95项评估指标。市属581家社会组织提交参评材料，参评率达100%。创新实施了预防执法、约谈执法、回访执法和跟踪执法的联动工作机制。受理举报（投诉）案件4起，限期整改96家，督导社会团体换届128家，撤销问题社会组织14家，执法回访96次，群众满意率100%。建立向社会组织购买服务和资助、奖励制度。投入250万元，对社区社会组织进行扶持；使用福彩公益金50万元，对4家社会组织试点单位进行帮扶。举办8期社会组织税务知识培训班，近1000家社会组织参加培训。制订全市社会组织自律与诚信活动方案，开展了系列公益活动。

【社会组织监管】 建立社会组织督导员制度，对全市社会组织实施四级网格管理。选派300名社会组织代表，定期为郑州市社会组织管理工作量化评分，并提出建议与意见。仅2013年年检期间，就为社会组织解决各类问题516件次。

社会工作有创新性发展。提高专业社工人员工作能力，全年共891人参加社会工作者职业水平考试。下发了《关于在军休管理服务机构开展社会工作的通知》，首次在军休所开展了社会工作服务。举办军休社会工作业务知识培训，军休社会工作专业服务有序开展。开展关爱留守流动儿童慈善项目，尝试项目化运作开展社会工作服务。

【城乡社区建设】 （一）农村基层政权建设。召开全市村务公开工作电视电话会议，印发了《关于贯彻落实全省电视电话会议精神推进全市村务公开民主管理工作的指导意见》，调整了市级村务公开民主管理工作领导机构。起草了《关于坚持依靠群众进一步推进村务公开民主管理工作的实施意见》，指导各县（市）区进一步提升村务公开民主管理工作质量和水平。

（二）城乡社区建设。调整了郑州市和谐社区建设工作领导小组，进一步明确成员单位职责。出台郑州市城乡社区分类管理办法，按照“分类管理、升级达标、年度考核、动态管理”的原则，将郑州市城乡社区划分为三类社区进行管理，并与“星级社区”创建工作紧密结合，带动了社区创建评比向标准化管理的转变。举办社区干部培训班，全市社区党支部书记、居委会主任、监委会主任共1600人参加培训，有效提升了社区干部的社会管理能力、工作理念和服务水平。加快推进城乡社区服务设施建设工作，已验收 “星级社区”70个，社区服务中心69个，农村社区示范点65个，农村社区服务中心71个，城市社区综合服务设施覆盖率达到43.4%，下拨社区建设和社区社会组织扶持资金1900万元。

【专项社会事务】 （一）区划调整和地名管理工作。行政区划工作有突破性进展。完成了郑州市撤县（市）设市辖区调整方案的调研、方案起草、方案论证、征求意见、风险评估等工作，并上报市政府。完成了郑州市航空港经济综合实验区代管区域方案的订定及相关移交工作。编印了《郑州市政区图》和《郑州市行政区划手册》。

地名管理工作稳步开展。已完成第一批63条道路命名和第二批59条道路命名更名方案的专家论证工作。完成居民小区命名148个。举办了地名数据库培训班，巩义市地名网站建成并投入使用。

深入开展界线管理工作。开展郑州平顶山行政区域界线43.7公里的联合检查工作。补设新密巩义登封三交点界桩、二七新郑1号界桩、新郑新密6号界桩、管城新郑1号界桩。开展二七管城线、二七新郑线、金水中牟线、上街巩义线、惠济荥阳线、荥阳新密线、新郑新密线、登封巩义线的联合检查工作。拟定中心城区边界争议的调解和解决方案。完成全市6条地市级行政区域界线和24条县级行政区域界线的平安边界建设实施方案制定和睦邻友好协议签订工作。

（二）婚姻登记服务工作。实现了全市婚姻登记专线联网，并与省厅数据库完成对接。积极开展婚姻登记机关等级评定工作，指导新郑、新密两市民政局婚姻登记处申报国家3A级婚姻登记处。全年办理婚姻登记117862对。其中结婚91185对，离婚26677对，办理涉港、澳、台婚姻登记45对，出具（无）婚姻登记记录证明129500余份。

（三）流浪乞讨人员救助管理工作。市政府制定出台《关于进一步强化城市流浪乞讨人员等特殊群体救助管理的实施意见》，建立了“政府管牵头、民政管救助、部门管巡查、社区管地块、公安管应急、市政管场所、人社管零工、卫生管急救”的“八位一体”长效工作机制，并被民政部在全国推广。实施《郑州市冬季专项救助工作方案》，市有关部门组成5个督察组，市民政局机关、局属单位组成5个巡查组，各区巡查小组对重点区域开展日夜巡查，主动救助，并建立冬季救助服务长效机制。截至12月底，全市共出动车辆23308台次、人员191598人次，救助流浪乞讨人员及临时遇到困难等特殊人员16502人次。

积极开展流浪未成年人需求评估，继续做好家庭贫困、无人照料的服刑人员未成年子女救助服务工作。协助民政部完成了《流浪未成年人类家庭服务》行业标准征求意见稿的撰写和修订任务。开展“流浪孩子回校园”专项行动，接送流浪孩子回校园352人。截至12月底，共救助流浪儿童836人、服刑人员未成年子女70人；转院救治流浪乞讨急（危）重症病人、有明显特征的精神病人和传染病人996人。

（四）殡葬服务工作。开展 “文明祭扫、生态殡葬”主题服务月和行风建设月活动，进一步增强了为民服务意识和能力。加强宣传，深入推进绿色殡葬，组织开展了第6次骨灰植树活动。清明节期间，“中原殡葬网”点击率达4.5万余人次，树葬点击率3万余人次，比上年同期增长45%。对郑州市6家殡仪馆进行群众满意度测评，新密市、新郑市、郑州市殡仪馆被推荐为群众满意的基层窗口服务单位。经营性公墓管理服务水平进一步提高，群众投诉率逐年下降；公益性骨灰堂、公墓使用和入驻率有一定提高。

惠民生态殡葬建设取得新成绩。《惠民殡葬管理系统》软件开始试运行，对惠民殡葬资金实施网上监控。全市共计投入惠民资金2376.04万元，惠及33686人；共火化遗体37100具，火化率92.81%；为少数民族及县（市）群众办理遗体自运手续196件，合格率、满意率100%。

（王中华）

社会服务

【概况】 困难群众基本生活保障水平稳步提升，城乡救助标准持续提高，医疗救助范围进一步扩大，社会救助机制不断完善。低收入家庭经济状况核对机制有序推进。成立了“低收入家庭经济状况核对中心”，市区6个区公租房申请家庭经济状况核对工作已全面展开，并以中原区、管城区为试点，对低保申请对象的家庭经济状况进行了核对，已累计核查9000余人。

救助制度有效衔接。与市卫生局、市财政局、市住房保障局等单位联合出台了《郑州市提高农村居民重大疾病医疗保障水平工作实施方案》《关于进一步加强公共租赁住房租赁资格认定工作有关问题的通知》《关于做好重度残疾人生活救助工作的通知》等一系列文件。其中，《关于做好重度残疾人生活救助工作的通知》首次将由父母或兄弟姐妹抚养（扶养）的重度残疾人全部纳入低保救助范围，使生活困难的重度残疾人在生活、医疗、住房、教育等方面得到了基本保障。

社会救助服务水平明显提高。低保专项检查深入开展。成立了由民政、财政、监察、审计四部门组成的最低生活保障专项检查工作领导小组，对全市低保对象进行调查排查，清理“拆户保”1户，取消低保资格528人。下发《最低生活保障经办人员近亲属登记备案管理办法》，从源头上减少了“关系保”“人情保”。

【社会救助】 城乡救助标准持续提高。从2013年1月1日起，郑州市城市低保标准市区由每人每月380元提高到430元，六县（市）由每人每月310元提高到360元；农村低保标准六县（市）由每人每月200元提高到240元。市区农村五保集中供养标准每人每年不低于7224元，分散供养标准每人每年不低于4334元；六县（市）农村五保集中供养标准每人每年不低于5760元，分散供养标准每人每年不低于3456元。截至12月底，全市保障城乡低保对象92111户150602人，累计发放低保资金3.7亿元；保障农村五保对象11420户11785人，累计发放五保供养资金5669.92万元。

进一步扩大医疗救助范围。全额资助城市低保对象参加城镇居民基本医疗保险、农村低保和五保对象参加新型农村合作医疗，六县（市）全部实行“一站式”即时结算服务。截至第四季度末，全市救助大病患者 94300人，累计发放救助资金3770万元。

持续增加临时救助资金投入。为全市城乡困难群众发放节日生活补助3663.62万元，发放取暖费3327.78万元；为市区城市低保对象发放水费价格补贴81.03万元；为市区城乡低保家庭、农村分散供养五保户发放优惠用电补贴91.95万元。

不断规范五保供养机构管理。制定印发了《郑州市农村五保供养服务机构建设和管理规范》和《农村五保供养档案管理办法》。举办全市农村敬老院院长培训班和敬老院工作人员社工知识培训班。扎实开展“霞光计划”和“温暖工程”，筹集600万元，为全市19家敬老院改善了供暖设备和居住条件。

【减灾救灾】 （一）应急救灾工作。2013年，部分县（市）发生了洪涝、风雹、干旱三类自然灾害。为切实解决受灾群众基本生活，市本级下拨自然灾害补助资金120万元，解决受灾群众口粮、取暖、倒塌房屋恢复重建等临时困难；市本级安排资金130万元，制作棉被6400床、棉大衣3650件、军用棉被290床、军用毛毯310床、救灾应急包60个，保障了困难群众的基本生活。向四川芦山地震灾区运送价值119.66万元的救灾物资，转赠社会各界善款792.76万元。

（二）自然灾害救助。修订出台《郑州市自然灾害救助应急预案》，深入村组入户调查救灾资金发放、使用情况，确保将救灾资金发放到受灾群众手中。开展自然灾害应急救助信息员培训，组织35名信息员参加了职业技能培训和职业技能鉴定，协助各县（市）区培训灾害信息员1160多名，提高了灾害信息员的报灾工作水平。

（三）防灾减灾体系建设。广泛宣传普及防灾减灾知识，将创建全国综合减灾示范社区纳入民政工作年终考核目标体系，并纳入郑州市"星级"社区评比内容。推荐上报"全国综合减灾示范社区"13个，并对已命名的15个"全国综合减灾示范社区"实施动态管理。开展"5·12防灾减灾日"和"国际减灾日"主题宣传活动，制作宣传展板167块、横幅标语109条，张贴宣传画500余张，发放科普宣传单15000余张，接受群众咨询约7800余人次。

【老龄工作】（一）持续完善社会养老扶持政策。出台了《关于编制养老服务机构设施规划的通知》，指导县（市）区成立工作领导小组。修改完善《郑州市资助民办养老机构实施办法》，提高了养老机构建设补贴和运营补贴。其中，市区养老机构建设补贴自建和改建房屋新增床位数，每张床位分别补贴3000元和2000元；每人每月按照不低于200元的标准发放运营补贴。

（二）社会养老服务全面开展。截至12月底，全市拥有养老机构共计160家、养老床位21163张，每千名老人拥有床位19.6张。积极推进社区老年人日间照料中心和社区托老站建设，已建成农村社区托老站28家，城市社区日间照料中心72家（含"银龄之家"），改（扩）建老年活动室220余家。投入资金500余万元，有效推动了"安老工程"等7个慈善助老项目的开展，惠及特殊困难老年人1.6万余名。同时，多数县（市）区为孤寡、空巢、高龄、"三无"等居家养老的老年人提供了每天1–3小时不等的无偿服务。

（三）有效提升养老机构管理信息化建设。开发"郑州市养老机构信息化管理系统"，全面实现了市、县（市）区、民办养老机构三级联网管理。

【社会福利】 加强儿童福利服务工作，孤儿养育标准进一步提高。城区、六县（市）城镇户籍、农村户籍社会散居孤儿养育标准每人每月分别提高到980元、835元、710元，比上年平均增长5.2%，居全省首位。截至12月底，全市共有各类孤儿2424人，发放孤儿救助资金1113.52万元，发放各类助学金38.75万元，发放孤儿"爱心保险卡"2898份。

全面开展城市弃婴、"三无人员"安置收养和艾滋病患者救助工作。城市"三无人员"集中供养标准进一步提高，每人每月提高到1060元。建立供养标准自然增长机制，艾滋病患者生活定量补助由每人每月20元增长至200元；艾滋病病毒感染儿童全部纳入孤儿保障范畴，享受孤儿基本生活保障金。2013年郑州市共接收安置弃婴407名、"三无"人员243人；收治流浪乞讨精神病人656人次；发放艾滋病患者专项救助资金435.38万元。

县（市）社会福利中心建设快速推进。积极争取市级奖补资金5000万元，对六县（市）社会福利中心建设进行奖补，有效推动了项目进展。荥阳市社会福利中心改扩建项目和新郑市社会福利中心改扩建项目已完工并投入使用；登封市、新密市、巩义市3所新建福利中心项目均已开工建设；中牟县已完成项目选址。

创新慈善宣传方式，在郑州电视台开设慈善公益栏目《爱满绿城》；突破传统宣传模式，拍摄河南省第二部慈善微电影《志愿者》。举行各类募捐、救助活动近百余次，接收善款8373.02万元，支出善款8890.41万元，救助困难群众百余万人次。实施助老、助残、精神扶贫等慈善项目38个，投入资金2000万元，救助困难群众30余万人次。郑州市荣获"中国慈善政府推动奖""中华慈善奖"和"中国慈善透明榜样"称号，并被国家民政部和中民慈善捐助信息中心定为慈善透明行动试点的第一站。

福利彩票发行工作有新突破。2013年，全市共发行福利彩票14.71亿元，销量创历史新高，占全省总销量的23.2%，位居全省18个地市销量第一。组织开展福彩公益金资助困难群众系列活动，发放资金75万元，资助特困家庭200户、困难群众700余人。举行"祈福雅安，福彩与你同行"福彩刮刮乐义卖活动，有力地支援了灾区重建工作。

【双拥优抚安置】（一）双拥优抚工作。发放优抚对象、参战参试人员、农村籍退役士兵、部分烈士子女抚恤金和生活补助金8149万元，优抚对象医疗补助资金412万元。圆满完成了全市769座零散烈士墓的迁移和原地保护工作，全面加强了35座零散烈士纪念设施保护工作。在新郑市和管城区建立"1211"网络机制，开展优抚对象三级服务网络试点工作，有效促进了优抚对象群体大局稳定和社会和谐。开展优抚对象"大走访，大帮扶"活动，切实解决优抚对象实际困难，促进优抚政策全面落实。积极做好"中原英烈纪念馆"陈展布展工作，圆满完成清明节省会各界悼念革命先烈活动，接待参观人员10万多人次，讲解80余场次。

双拥工作扎实推进。全年走访慰问驻军100多次，举办联谊会、联欢会502场，慰问驻军伤病员、优抚对象1万多人次，赠送和发放慰问品慰问金1000余万元。悬挂军属光荣牌4566块、烈属牌53块。召开双拥表彰暨争创全国双拥模范城"七连冠"动员大会，加快推进双拥模范城建设。郑州市双拥工作成功荣膺河南省双拥模范城"八连冠"。积极支持"郑州舰"通道文化建设，年底前"郑州舰"正式入列。

（二）退役士兵安置工作。2013年，全市共接收退役士兵档案3792份，市本级办理接收报到手续2718人，办理自谋职业申请手续1713人，安置分配918人，安置率96.8%。发放待安置期间生活补助456余万元，发放城镇自谋职业退役士兵一次性经济补助6000余万元，发放2011年冬季和2012年冬季自主就业退役士兵地方一次性经济补助3138余万元，申请退役士兵职业技能培训费560余万元。出台了《郑州市自主就业退役士兵一次性经济补助金发放管理办法》，将自谋职业退役士兵一次性经济补助费纳入市财政绩效管理预算项目，成为郑州市首次纳入市财政预算绩效管理的3个重点项目之一。建立退役士兵教育培训基地10个，举办管理教育培训班7期，共2166人参加了职业教育和技能培训，培训率92%，培训政策知晓率、参训率、双证获证率和就业率"四率"居全省前列。

（三）军休服务管理工作。全年接收军队离休退休干部172人，无军籍职工429人。下发了《郑州市无军籍退休退职职工移交安置实施办法》（试行），举办了无军籍退休退职职工接收安置业务培训班。为154名军休干部拨付房改资金1188万元，为新接收的军休人员和无军籍职工及时办理了医保卡，为新接收的师职干部办理了厅级干部"优诊卡"，在郑州市27家市级以上医院为师职军休干部开通了绿色通道。在全省率先解决师职以上退休干部医疗待遇保障问题。下发了《关于落实军队无军籍退休退职职工地方性津贴补贴发放的通知》，理顺县（市）区无军籍职工地方性津、补贴发放渠道，确保无军籍职工各项生活待遇的落实。开展"三先"评比和"双和谐"创建活动，有效推动了军休所规范化和信息化建设。

（四）军供军转工作。全年完成军供保障任务24210人次，接待转运新老兵67381人次。市军供站圆满完成了"应急投送2013"综合保障演练、"确山决胜–2013A"演习部队保障等多项军供任务，被誉为"铁军后盾 拥军楷模"，被民政部、总后勤部命名为"全国重点军供站"。

（王中华）

民族与宗教

【概况】 郑州是一个典型的少数民族散杂居城市，全市有54个少数民族成分，人口15.6万人，约占全市总人口的1.7%。少数民族以回、满、蒙古、壮族为主，其中回族人口最多，约13.4万人。设有1个民族区和1个民族乡，即管城回族区和荥阳市金寨回族乡，少数民族人口在万人以上的县（市）区有5个，千人以上的乡镇（街道）50个，少数民族村（社区）85个，民族中、小学校16所。

2013年，郑州市民族宗教工作在市委、市政府正确领导下和省民委关心指导下，紧紧围绕全市中心工作，以民族宗教工作网格化管理体系为载体，以加强和创新民族宗教事务管理为主线，全面贯彻党的民族政策和宗教工作基本方针，深入开展民族团结进步示范单位创建活动，大力推进少数民族和民族聚居地区发展，充分发挥宗教界人士和信教群众在促进经济社会发展中的积极作用，切实维护郑州市民族宗教领域的平安稳定，为中原经济区和郑州都市区建设做出了积极贡献。

市委、市政府对民族宗教工作的重视和支持力度持续增强。2013年，市政府常务会议、市委常委会议先后专题研究民族宗教工作，省委常委、市委书记吴天君，市委副书记、市长马懿对民族宗教工作作出重要指示，进行安排部署，强力推动民族宗教工作发展。市委、市政府相继出台了《中共郑州市委郑州市人民政府关于进一步加强民族团结进步创建工作的意见》《关于印发郑州市民族团结进步模范评选表彰办法的通知》等一系列文件，提出加强民族宗教工作的一系列重要举措。召开全市民族团结进步创建工作推进会，对创建工作进行具体安排部署，提出了争创全国民族团结进步模范集体的倡议和要求。同时，市委、市政府为市民委增设了工作机构，划拨了清真食品管理专项工作经费41.6万元，为做好全市民族宗教工作提供了坚实保障。

各县（市）区党委、政府积极落实市委、市政府部署，大力推动民族宗教工作发展，二七区、管城回族区、登封市、新郑市等县（市）区先后召开党委常委会或政府常务会，专题听取民族宗教工作汇报，研究民族宗教工作中的具体问题，出台加强民族宗教工作的意见措施，制定开展民族宗教创建活动的方案和规划，并召开推进会议进行再动员和再部署，迅速在全市掀起了落实民族宗教政策、推进民族宗教工作的新高潮。

在市委、市政府和省民委关心、支持下，郑州市民族宗教工作持续求进，2013年争取省发展资金215万元，用于扶持民族聚居地区发展。大力推进民族团结进步示范单位创建活动，初步打造了民族团结进步的一系列亮点。创新清真食品管理举措，推进清真食品管理的社会化、数字化、规范化建设。城市民族工作突出了少数民族流动人口三级服务管理体系等，这些工作得到了上级部门的充分肯定，国家民委、国家宗教局及省政府网站刊载信息40多篇，对郑州市民族工作进行了介绍和展示，全市民族宗教工作日益呈现出创新发展、不断跨越的良好态势。

【民族宗教政策法规宣传教育】 依托民族团结进步创建和“民族政策宣传月”等活动，坚持以共同团结奋斗、共同繁荣发展为主题，以党的民族宗教理论、方针政策、法律法规为重点，推动民族宗教政策法规“进机关、进村组、进学校、进企业、进场所”，充分发挥各种媒体的重要作用，深入开展民族团结宣传教育活动。深入开展“宗教政策法规学习月”活动，组织各县（市）区、各宗教团体、各宗教活动场所充分利用宣传横幅、宣传栏、板报、报刊等多种形式，采取专题讲座、集中学习、交流讨论、培训考试、知识竞赛等多种方式，开展宗教政策法规学习活动。根据全省统一部署，组织开展了宗教政策法规知识答题竞赛活动，收到答题卷2000余份，被省宗教局评为全省宗教界学习宗教政策法规知识答题竞赛活动优秀组织奖。组织开展全国“民族法律法规有奖知识竞赛”活动，和市依法治市办联合下文，积极发动组织社会各界干部群众以及少数民族聚居的乡镇（街道）、村、各类学校开展网上答题竞赛活动，提高了民族宗教工作干部和民族宗教界人士的工作能力和思想素质。

举办民族宗教工作干部、网格化下沉人员培训班，培训民族宗教系统工作人员、下沉人员、乡镇民族宗教工作干部200人次，提高了民族宗教工作干部业务能力。举办宗教界人士政策法规培训班及学习十八届三中全会专题报告会，对宗教界人士进行宗教政策法规、宗教和谐理念、国际国内形势、场所安全管理等各方面知识的教育培训。举办清真食品监督员培训班2期，有效提升了240名义务监督员的工作能力和监督水平。

【民族团结进步创建活动】 市委、市政府高度重视民族团结进步创建工作，市委常委会、政府常务会先后专题研究此项工作，出台了进一步加强民族团结进步创建工作的意见，召开高规格的推进会议进行全面部署和全力推进。在全市联合开展争创“民族团结进步示范单位”活动，以管城回族区、郑东新区、二七区、金水区、登封市为试点，推进民族团结进步宣传教育进社区、进乡村、进学校，打造了一批民族团结进步创建示范点、示范带。

管城回族区创建了民族和谐社区、民族团结文化广场、民族团结小游园，建立少数民族流动人口服务体系。郑东新区八里庙社区创建了集社区民族纠纷调解、民族文体活动、少数民族流动人口服务、少数民族大学生社会实践基地、民族书画创作基地等为一体的“少数民族文化活动中心”。二七区亚星社区与黄河科技大学民族学院结对，开展社区民族团结、民族文化艺术交流活动等，受到了社区各族群众的欢迎。黄河科技大学、市回民中学等学校以丰富多彩、各具特色的创建活动，吸引了各族学生的广泛参与，营造了民族团结和谐的良好氛围。

【民族聚居地区经济社会快速发展】 加强协调，努力争取省级各类发展资金。对各县（市）区上报的少数民族经济发展扶持项目进行研究筛选，并会

郑州市少数民族流动人口培训中心揭牌

同市财政局对申报项目逐项进行实地查看，向省民委、省财政厅上报项目9个，争取发展资金165万元，投入民族聚居地区经济社会和基础设施建设。帮助少数民族用品定点生产企业争取技改资金50万元，用于改进生产工艺，提高了定点企业生产水平和发展能力。

积极指导县（市）区民族宗教工作部门对少数民族群众开展职业技术培训。举办实用技术培训班15期，培训人员达1000多人，进一步提高了少数民族自我发展能力。加强对少数民族流动人口的就业指导和培训，与回族、撒拉族流动人口重要输出地青海省海东市联合，举办青海循化撒拉族来郑经商人员创业知识培训班共14期，培训420人，提高了撒拉族拉面馆的经营管理水平，帮助外来少数民族更好地融入城市。

市民委积极下拨市本级少数民族补助费，帮助少数民族群众改善生产生活条件。以登封市、新密市、新郑市、中牟县为试点，实施少数民族困难群众“安居工程”，帮助35户住房困难家庭改造危房、险房，改善了少数民族群众住房条件。

【清真食品管理】 认真开展清真食品检查活动，全年组织6次清真食品大检查，对全市清真食品市场重点领域、重点部位进行整顿，累计检查清真食品生产经营单位2000多家，对328家不规范单位予以限期整改，取缔60家违法违规生产经营者，有效净化了全市清真食品市场。重新建立和完善清真食品监督员制度，制定了《郑州市清真食品监督员管理办法》，指导各县（市）区选拔240人成立监督员队伍，对全市清真食品市场划分责任区域，实行网格化监督。对监督员进行了2期政策法规和能力提升专题培训，配发了工作专用自行车，为监督员开展工作提供保障。

对清真食品市场实施常态化督察。市民委抽调专门人员成立了清真食品管理督察组，深入全市清真食品市场开展日常督察工作。在《郑州日报》《郑州晚报》等媒体公布清真食品监督举报电话，便于社会公众对清真食品管理进行监督。组织专人编印《郑州市清真食品管理服务手册》1万册，发放到全市清真食品生产经营商户。召开清真食品重点连锁店、加盟店有关人员座谈会，制定规范管理的办法措施，与企业负责人签订规范经营承诺书，有效规范了全市清真食品市场秩序。积极研发清真食品管理系统，制作郑州市清真食品网，全面推动清真食品管理工作向信息化、科学化、规范化发展。

【创新少数民族流动人口服务管理体系】 组织人员专程赴青海省海东市、循化撒拉族自治县等少数民族流动人口重要输出地，建立了与少数民族重点输出地的沟通对接机制。召开加强流动人口服务管理座谈会，与流动人口中的代表人士、市内各区民族宗教局长共同研究加强少数民族流动人口服务管理的思路和举措。建立少数民族流动人口服务与管理的组织体系，以金水区、管城回族区、二七区为试点，在区一级成立少数民族流动人口服务中心，街道成立少数民族流动人口服务站，社区成立少数民族流动人口服务点，在清真寺、民族企业、民族餐饮饭店、民族宾馆等外来少数民族较为集中的地方设立少数民族流动人口联系点，设置了宣传栏。设计9种少数民族流动人口服务指南卡，印制9万册，在各服务中心（站、点）进行发放。成立郑州市少数民族流动人口培训中心，加强对外来少数民族群众在法律法规、劳动就业、城市管理、依法经营等方面的教育培训，引导他们依法合规从事经商、务工活动。加强民族团结、民族政策、民族风俗的宣传，使各族群众相互了解彼此的风俗习惯，促进来郑少数民族人员尽快适应城市、融入城市。

【宗教事务管理】 着力加强宗教活动场所安全管理，联合消防部门开展场所安全大检查，指导宗教活动场所提高安全意识，健全安全制度，完善安全设施。认真做好伊斯兰教“斋月”“开斋节”和基督教“圣诞节”期间安全稳定工作，全方位防范各类安全事故，确保了宗教活动的安全稳定。加强对宗教重点问题的解决力度，对佛教寺庙和道教宫观管理问题开展了专项治理。有序规范地开展有组织有计划朝觐工作，圆满完成2013年穆斯林群众赴沙特朝觐工作各项任务。认真贯彻落实天主教独立自主自办教会原则，圆满完成郑州教区教区长换届工作。

【“和谐寺观教堂”创建工作】 深入开展以“教风年”为主题的“和谐寺观教堂”创建活动，制订详细的工作方案，积极深入团体和场所进行督察指导，宗教活动场所和宗教团体的教风有所改观，宗教教职人员回归本真、内强素质、外树形象、学持教义教规的氛围逐渐浓厚，取得了良好的效果。结合创建工作，连续两年开展了以“慈爱人间，五教同行”为主题的“宗教慈善周”活动，募集各项款物合计150多万元，主要用于助学、济困、扶贫、养老等方面，进一步发挥了宗教界人士和信教群众在促进经济社会发展中的积极作用。

全市五大宗教团体及办公地点分布情况

宗教团体名称	办公地点分布
郑州市佛教协会	郑州市花园路新闻大厦B座10楼
郑州市道教协会	登封市中岳庙院内
郑州市伊斯兰教协会	郑州市管城回族区北大清真寺院内
郑州市天主教爱国会 郑州市天主教教务委员会	郑州市惠济区清华园路天主教堂院内
郑州市基督教三自爱国运动委员会 郑州市基督教协会	郑州市中原区桐柏路朱屯基督教堂院内

（薛　强）

区域发展

QU YU FA ZHAN

◎开发区

◎县（市）区概况

开发区

郑州航空港经济综合实验区（郑州新郑综合保税区）

【概况】 2013年3月7日，郑州航空港经济综合实验区正式获得国务院批复，并确立了“一三四四五”的工作思路，即紧紧围绕“建设大枢纽、培育大产业、塑造大都市”这一主线；打好“大招商、大建设、大提升”三大战役，实现“枢纽建设、产业培育、城市建设、政策创新”四大突破和“营商环境、资金保障、项目承载、社会管理”四大提升，努力实现“空港枢纽化、经济临空化、产业高端化、城市国际化、社会和谐化”五化战略。

2013年，全区生产总值完成325.6亿元，同比增长25.4%；财政总收入35.2亿元，可比口径增长116%；公共财政预算收入完成15.1亿元，同比增长104.5%；电子信息工业产值1722亿元，占全省的70.2%；固定资产投资完成209亿元，同比增长54.1%；外贸进出口总值完成348.8亿美元，同比增长24.7%，占全省进出口的58.2%；实际利用外资4.2亿美元，同比增长58.2%。

2013年5月14日《河南省机构编制委员会关于印发〈郑州航空港经济综合实验区管理体制和机构设置方案〉的通知》（豫编〔2013〕16号）明确，郑州航空港经济综合实验区党工委、管委会与郑州新郑综合保税区党工委、管委会套合设置，实行一个机构、两块牌子。不再保留郑州新郑综合保税区管委会所挂的郑州航空港区管委会牌子。

【郑州航空港经济综合实验区规划】 2013年3月7日，郑州航空港经济综合实验区正式获批，规划面积415平方公里，位于郑州市主城区东南25公里处，定位为：国际航空物流中心、以航空经济为引领的现代产业基地、内陆地区对外开放重要门户、现代航空都市、中原经济区核心增长极。规划了“一核领三区、两廊系三心、两轴连三环”的空间布局。“一核领三心”即以郑州新郑国际机场为核心，规划了北部城市综合服务区、东部临港型商展交易区、南部高端制造区；“两廊系三心”即在穿越实验区的南水北调干渠与小清河生态廊道间规划了公共文化航空金融中心、生产性服务中心和航空会展交易中心3个中心；“两轴连三环”即以穿越实验区东西南北的两条主干道为发展轴，将3条以机场为中心的环道连接起来。将重点发展：航空核心产业，主要包括航空运输、航空物流、航材制造与分拨、飞机维修与租赁、航空培训、冷链食品等；高端制造业，主要包括智能终端（手机）、电子信息、生物医药、精密机械等；现代服务业，主要包括商贸会展、金融服务、总部经济、服务外包、设计咨询、文化教育、休闲娱乐等。科学的规划与高端产业集聚决定了实验区未来的生态、宜居、智慧、科技的特性。

【新型城镇化建设】 道路桥梁方面。建成道路总里程累计约69公里，在建道路总里程约79公里；18座跨南水北调干渠桥梁中4座变更桥梁已建成通车，14座新增桥梁主体已完工。基础设施方面。供水能力10万吨/天的第一水厂一期工程已建成投用，第一水厂改扩建工程正在加快建设；13公里长的南区调水工程及其配套的10万吨/天的供水泵站正在施工。处理能力5万吨/天的第一污水处理厂、处理能力10万吨/天的第二污水处理厂一期已建成投用，第三污水处理厂前期筹备工作已启动。已建成2座220千伏变电站，3座110千伏变电站；在建1座110千伏变电站。15万立方米/小时的燃气门站已建成，铺设燃气管道14.7公里。生态绿化方面。总长度约28.5公里的南水北调运河生态防护绿廊项目规划方案已完成。南水北调干渠以西区域道路两侧生态廊道项目，正按时间节点随道路建设一并推进。郑港三路综合廊道项目提前16天完成任务。兰河（河刘沟）河道生态预计2014年“五一”前建成通水。梅河河道生态治理工程正在进行景观规划、前期立项和跨河桥梁设计工作。核心功能区方面。北区3平方公里核心区已全部动工，主要包括大型城市综合体、总部经济、金融会展、星级酒店、休闲娱乐、教育医疗、商业住宅等，计划2015年全部建成投入使用。已完成415平方公里全域合村并城建设工作谋划。开工建设南水北调干渠以西区域合村并城项目451万平方米，占区域总量的72.5%。

【招商引资】 2013年，航空港实验区成功参与和举办了“中原之夜”“中博会”“厦洽会”“走进台湾”“拜祖大典”等一系列招商引资活动。新签约落地菜鸟骨干网、友嘉精密机械产业园、普洛斯三菱商事物流产业园等项目48个，总投资1516亿元；正在洽谈的项目

富士康厂区

79个；正在谋划与跟踪的项目46个；新开工朝虹电子、中外运中部区域物流网络枢纽、中原国际医药物流创业园等产业项目11个，总投资171亿元。

【富士康项目建设】 截至2013年底，郑州市累计完成富士康科技园区厂房、宿舍项目投资290亿元；富士康累计完成投资13.6亿美元。建成厂房200万平方米，宿舍527.6万平方米。布局手机生产线115条，其中维修线15条。员工总数超过30万人。2013年手机出货量9645万部，其中内销手机1652万部。富士康“三个五五”产业发展规划正在有序推进，研发服务集聚区、手机后端模组、航空物流产业园等项目建设方案已初步完成。

【网格化管理】 2013年，航空港实验区以网格化管理为载体，以社会公共管理七大领域问题排查整治为对象，不断深化“坚持依靠群众、推进工作落实”长效机制建设，为经济社会发展提供了坚强保障。初步建立了以网格划分、信息采集、人员下沉和平台建设为标志的网格化管理体系。完善了由8个一级、104个二级、484个三级网格组成的网格化管理体系。共下派领导干部和工作人员477人次。在实行网格化管理的过程中，延伸网格管理链条，将三级网格，扩展为办事处—村—组—联户—家庭五级网格，使基层政权建设和社会管理的触角延伸到最基本的社会单元—家庭，形成了无缝隙联动和无断层管理体制，创新了基层社会管理的新形式。坚持“五位一体”的问题排查机制，实行区、办、村、组、联户代表“五级联动负责”，多次组织安全生产、信访稳定、网吧市场。等专项集中整治行动，成功处置40余起安全隐患案件。重点整治违法建设，各一级网格积极组织联合执法行动，共组织联合执法行动30余次，出动5000余人次，大型机械200余台次，拆除违法建设50多处，拆除面积约4万平方米。

【航空枢纽建设】 2013年，郑州机场完成旅客吞吐1314万人次，同比增长12.6%；货邮吞吐25.6万吨，同比增长69.1%，连续3年增速位居中国大型机场第一位。截至2013年底，郑州机场已有全货运国际航线20条，位居中国内陆地区第一，航线总数达到144条，已基本形成覆盖中国内陆主要城市与欧、美、亚和大洋洲的航线网络。卢森堡航空公司、UPS、南方航空、国泰航空、东方航空等20多家航空公司先后入驻郑州机场。其中，卢森堡航空公司将郑州机场作为其全球第二个枢纽机场。为进一步提升郑州机场承载能力，郑州机场二期工程于2012年12月开工建设，计划2015年底投入使用。项目完成后，郑州机场将有一条3000×45米的4E级跑道，一条3600×60米的4F级跑道，拥有两座航站楼与121个停机位，实现飞机与高速铁路、地铁、城际铁路、高速公路、快速路的无缝对接。

机场货运繁忙景象——UPS全货机

【对外开放】 2013年，郑州新郑综合保税区对外开放高地建设取得新进展。二期围网已建成并投入使用，围网面积2.343平方公里。跨境贸易电子商务试点2013年7月启动试运营，全年进出口测试量达到14726包。郑州机场已经拥有海关快件监管中心，开通郑州至天津、上海、苏州、西安等地“卡车航班”，获批保税货物结转试点，获得通往13个国际城市的航空快件总包直封权，获批肉类进口口岸。这些项目在中国中部地区都是第一个或第一次。药品口岸、汽车口岸等特种商品指定口岸申报工作都在有序推进中。为进一步提高通关效率，河南电子口岸服务中心项目正在加紧建设中。项目完成后将实现各口岸监管单位、物流货代企业与异地申报的“一个门户入网、一次认证登陆、一站式服务”。截至2013年底，郑州新郑综合保税区完成进出口总额357亿美元，位居中国综合保税区第二位。

【城市管理】 2013年，郑州航空港经济综合实验区以“城市环境综合整治提升活动”为突破口，初步形成常态长效的城市管理机制，全区城市管理工作水平得到全面提升。成立12个专项工作指挥部，全力推动“城市环境综合整治提升活动”“违法建设查处专项治理”“政企共建”“四严一创”四大活动。对私搭乱建、乱摆摊点、乱倒垃圾、黑出租、施工围挡不规范等影响城市形象的顽疾恶疾进行了集中整治。先后查处违法建设164处10余万平方米，强制拆除违法建设9万余平方米，其余违法建设由村民进行了自拆，有效遏制了全区违法建设势头；拆除燃煤锅炉44台，共计141蒸吨，有效控制城区大气煤烟型污染。强化综合治理，建立健全突发事件、恶劣天气、重大案件、信访稳定等一系列应急处置预案，严厉打击了各类违法犯罪活动。建立了与富士康的“三级联动”机制，加大对涉及富士康生产安全案件的查处力度，确保良好的生产秩序。启动富士康员工大巴车“两点一线”封闭运行，有效解决了富士康员工上下班期间的城市管理难题。

【市容环境卫生管理】 郑州航空港经济综合实验区以实现“管理水平大提高、环卫管理大格局、环卫形象大提升、环卫水平大改观”为目标，逐步推进管理规范化、队伍专业化、作业精细化、机制长效化。成立“1+10”环卫专职队伍，制定出台《环境卫生考核办法》，建立两级环卫考核机制，加大对辖区的道路清扫保洁和设施管理及督察力度，提高道路清扫保洁质量。

加大环卫设施建设。根据2013年航空港区环卫专项规划，对环卫设施进行优化配置，全年共新建垃圾收集点103个，垃圾二次中转站（含公厕）2座，环卫管养中心（含环卫之家及公厕）2座，垃圾收集站（含公厕）9座，安装垃圾压缩设备7套，增配小型垃圾收集转运车15台、高压清洗机5台、小型垃圾钩臂车3台、配套钩臂垃圾箱30个、轮式果皮箱300个。

加大经费投入。结合全区道路建设情况，增加各办事处环卫作业经费，年度环卫经费由以往的1000余万元增加至2200余万元。

加大环卫保洁力度。平均日清运量达160余吨，洗扫日用水量300吨，周转运垃圾150箱，周吸尘3-5车。区内环卫保洁清扫面积约73.9万平方米，比上年扩大19.96%。

【市政设施管养精细化】 按照“细、

严、勤”的三字原则，深化市政管养精细化管理，完善联合巡查制度，加强区域巡查，加大对破坏市政设施的打击力度，建立“勤小修、免大修、不断行”的养护维修工作机制，着力解决设施损坏严重、养护质量不高等问题。全年共铺设修补道路路面14201.8平方米，铺设人行道砖11494块，更换窨井110套、井盖179个，铺设污水管道300余米，砌收水井2个，新建污水暗井2座，疏通雨污水井56处，清运污水40余万吨，受理各类道路掘动审批手续27份。

组织开展路灯综合整治活动。共巡查路灯2581基、灯头3558个，维修路灯401基、箱式变压器9座，校正灯杆49基，检查维修电缆40处，更换路灯电缆3673米、路灯手井盖20个，区内路灯亮灯率达到98%。

切实抓好排水管网管护工作。针对建设项目多，对排水管道严重干扰的实际情况，对各类施工工地现场排水设施损害现状和薄弱环节进行拉网式排查。建立提前预警机制，凡遇降雨，要求所有人员提前上岗到位，开展防汛抢险工作。坚持24小时值班和领导带班制度，对病害环卫设施及时进行抢险排险。

【园林绿化养护管理】 严格按照《航空港实验区（综保区）绿化养护管理制度》《航空港实验区（综保区）绿化养护管理细则》等管理制度，围绕“强管理、精技术、细养护、抓全面”的思路，科学划分区域，实行网格化管理。2013年，先后完成23条道路绿化任务，四港联动大道中分带、空港三路、空港四路、空港五路、豫港路、迎宾路6条道路约11万平方米的整治提升任务，启动了四港联动大道中分带提升改造工程、迎宾路提升改造工程等一大批绿化亮点工程。全年累计投资2.2亿元，新植乔木13余万株、灌木240余万株，新建绿地60万平方米，新增绿化面积61万平方米。

【民生建设】 2013年，郑州航空港经济综合实验区以改善民生为根本，最大限度地将发展成果惠及辖区群众。进一步提高被征地农民补贴标准，近2万名被征地农民享受了征迁补贴；有24.9万多人参加了新农合，参保率接近100%；累计发放各种民生保障资金1300多万元；全区城乡居民养老保险及医疗保险做到了应参尽参、应保尽保。全年城镇新增就业再就业361人，再就业培训129人，转移农村劳动力3106人，创业培训420人。现有幼儿园32所、中小学79所。2013年投入资金2.3亿元，新建与改扩建学校49所，增加教学设备，实现了信息化教学全覆盖。已初步建成全区15分钟紧急救援医疗圈。建立了初生缺陷预防体系，实施了新生儿生理缺陷免费筛查。农村居民健康档案电子建档率达到98%，新生儿乙肝、卡介苗接种率达100%。省公共卫生医疗中心、市第一人民医院港区医院项目已动工建设。11月，沃金文化广场正式开业，包括一个可供1000多人同时观影的4D电影院以及多个电玩、歌厅等设施。全区网吧总数达到60多家、书店7家。已启动工人文化宫、奥体中心与文化体育设施的规划设计工作。成立农民盘鼓队18个、秧歌队21个、乐器演奏队2个、农民演出队1个，共有9支队伍参加了市级汇演。共组织送戏、送电影下乡500多场，观影人数突破20万人次。

【政务服务】 2013年5月，郑州航空港经济综合实验区党工委、管委会正式获批，7月10日实验区党工委、管委会正式揭牌。实验区12个内设机构、6个派驻机构已组建到位；已完成郑州区域384平方公里的代管移交工作，区域人口超过70万人，新设8个办事处，筹委会工作已有序开展。市政府法制办与郑州航空港经济综合实验区建立了区办共建机制。通过委托形式，已解决行政处罚执法权9大类，行政审批与许可执法权8大类。省、市政府相继出台了《关于支持郑州航空港经济综合实验区发展的意见》和《关于加快郑州航空港经济综合实验区建设的意见》；“省区直通车”制度已正式运行；河南省、郑州市近20个部门出台了支持实验区的政策意见。65项拟向国家争取的支持政策，已逐项落实了牵头部门和责任单位。

（王 丹）

郑东新区

【概况】 2013年，郑东新区固定资产投资完成445.95亿元，同比增长46%，规模居全市第一。公共财政预算收入完成57.9亿元，同比增长32.1%。三产增加值完成184.96亿元，同比增长16.7%，增速居全市第一。其中，金融业增加值完成94.6亿元，同比增长27.6%。实际利用外资3.6亿美元，同比增长19.5%。外贸出口7.1亿美元，同比增长11.4%。引进省外资金104.4亿元，同比增长55.68%。截至2013年底，郑东新区建成区面积近100平方公里，入住人口突破100万。

【城市建设】 （1）基础设施建设全面加快。以构建区域内交通主干网络为目标，推进以“五纵五横”为重点的道路建设，全年新开工道路50条（段），续建道路37条（段），完成投资77亿元，新增通车里程55公里，累计通车里程达到391公里。（2）生态建设成效显著。重点推进商都路、金水东路绿化提升等生态廊道建设，新开工绿化项目24个，开工绿化面积300万平方米，新增绿地113万平方米。积极构建全域一体的生态水系，龙湖蓄水1000万立方米，南北运河、龙湖1、3号出水河道和象湖一期、龙子湖完成开挖，龙城渠建设完毕，象湖公园建设加快推进。（3）合村并城工作稳步推进。把推进安置区建设作为合村并城的首要任务，开工龙兴嘉苑、白沙安置区等6个安置区，在建面积近200万平方米，主体建成近100万平方米，完成投资26.9亿元。围绕实现全域城镇化，研究推进新代管区域的城镇化建设，制订了3个市定重点片区、3个区定重点片区、3个合村并点（镇），共48个行政村62个自然村2682万平方米的全域拆迁计划。其中，水寨片区等3个市定重点片区约1100万平方米的拆迁全面启动，基础设施、生态绿化等涉及拆迁有序开展，全年完成各类拆迁450万平方米。

【产业发展】 2013年，郑东新区金融集聚核心功能区建设扎实推进。新引进渣打银行等金融机构40家，累计入驻金融机构达到191家。重点招商项目以“郑东速度”创造了“郑东效益”。渣打银行从签约到开业用时6个月时间，创造了外资银行在华当年签约、当年开业的新速度；民生银行郑州交易中心从选址、装修到运营仅用时8天，年内资金交易规模达到600亿元；民生银行郑州战略研发服务基地从清场到开工用时12天，建成后将提供就业岗位1.8万个。金融项目建设加快推进，龙湖金融中心百瑞信托等6个项目开工，平安银行等5个项目完成土地出让。

总部经济加快发展。新引进河南航投、中阀科技等总部项目8家，河南有色地质科研中心等9个项目开工，宏力集团等7个项目开始选址，入区世界500强和国内500强企业分别达47家、57家。各类税收超亿元楼宇达20栋，超千万元楼宇达38栋。

高端商贸业加快发展。塔博曼购物中心等5个项目相继开工，威斯汀、费尔蒙等5家国际一线品牌酒店先后入驻，和谐汽车控股集团有限公司在香港成功上市，商都路商圈、CBD商圈日趋成熟，郑东新区国家电子商务示范基地呈现加快聚集态势。

科研创意等产业发展态势良好。国家专利审查协作河南中心正式入驻运行，国家技术转移郑州中心正式落户，会展、旅游、现代都市农业等产业均呈现快速发展态势。

【城市管理】 （1）不断健全城市精细化管理机制。完善城市精细化管理标准和考核奖惩办法，建立每周六观摩和日巡查、周点评工作机制，有效解决了一大批城市管理突出问题。积极推进数字城管系统和城市精细化管理队伍融合，提高处理问题的快速反应能力，全年受理案件24311件，办结率达98%。（2）

大美郑东

积极推进城市精细化管理规划提升。加快推进商都路两侧、东站、高铁沿线等区域规划提升，编制完成黄河南路等5条精品街和阿卡迪亚社区等10个精品社区整治方案，保证了城市管理的档次和品位。（3）强力推进重点区域和重点领域治理。对CBD停车难，金水东路、商都路两侧、高铁沿线等区域建筑外立面，突出门店经营，户外广告等13项问题进行集中治理，取得明显成效，城市面貌焕然一新。完成华丰广告市场等6个市场约41万平方米的外迁任务，超额完成全年目标任务。

【民生建设】 教文体事业加快发展。不断加大教育投入，新开工建校项目8个，力促普惠路小学等5所学校建成投用，新增优质学位3350个。建成社区文化活动中心4个、电子阅览室4个、文化活动室2个，成功举办轩辕龙舟赛等大型赛事，群众文体生活丰富多彩。

医疗卫生体系加快构建。围绕构建区域性医疗中心，积极吸引大型知名医疗机构进驻，阜外华中心血管病医院、中美（河南）荷美尔肿瘤研究院已确定入驻，郑大一附院等4家医院加快建设，颐和医院和视光眼科医院顺利开诊，全区医疗卫生机构达到147个，有医务人员2658人、医疗床位2383张，初步实现了“小病在社区、大病不出区”的目标。

社会保障水平不断提高。加快推进“人”的城镇化，16万居民纳入医疗、养老等基本保障范围，新增城镇就业2300余人。扩大保障房建设规模，新开工保障房项目3030套，竣工198套，使更多群众得到住房保障。

社会治理水平持续提升。全域844个三级网格实现融合。开展干部下基层活动，推行“日交办、周研判、月联办”机制，有效推进了工作落实。狠抓社区创建，13个社区达到一类标准，占全市达标总数的1/5以上。安全生产、食品安全、信访工作不断加强，没有发生重大不稳定事件，社会大局和谐稳定。

（李晓东）

郑州经济技术开发区

【概况】 2013年，在市委、市政府的正确领导下，郑州经开区坚持以党的十八大精神为指导，以“三大主体”工作为抓手，强力推进四大平台和三大主导产业建设，实现了产业结构调整重大转变和主要经济指标较快增长，为打造3个千亿级产业集群、建设以汽车产业为主导的现代制造业新城奠定了坚实基础。2013年，郑州经开区生产总值完成248亿元，增长11%；固定资产投资完成270亿元，增长41%；主营业务收入完成1350亿元，增长35%；财政总收入完成56亿元，增长15%；公共财政预算收入完成17.9亿元，增长27%；规模以上工业增加值完成160亿元，增长16%；社会消费品零售额完成90亿元，增长18%；出口总额8.9亿美元，增长29%；利用域外资金53.4亿元，增长42%。

【郑州国际陆港建设】 国际陆港建设是落实转变经济发展方式，加快通关效率，提高全市对外开放水平的重大战略举措，是支撑内陆地区国际贸易跨越发展和承接国际产业转移的重要载体。截至2013年底，陆港整体规划编制即将进入最终评审；规划范围内的征地拆迁工作全部完成；供海关、口岸、检验检疫、铁路使用的联检大楼主体已经完工；查验设施基本建成，信息化平台即将投用；以经北四路、十八大街、陆港大道为代表的基础设施建设全面启动；与陆港建设配套的集货物中转、分拨、集疏为一体的菜鸟科技中国智能骨干网项目正式签约。

【郑欧国际货运班列开通】 2013年，郑州经开区积极探索，开行了郑欧国际货运班列，打通了中欧国际货物运输通道，架起了丝绸之路经济带上一条亮丽的风景线。为打通这条黄金通道，郑州经开区从项目启动筹备，到组建陆港公司，经过近百日的昼夜奋战，先后破解了货源、通关、运输、换轨等多项难题，协调境内外9国海关、铁路等有关部门，排除了万余公里铁路运输线上的各种障碍，于7月18日开行了首趟班列，并于11月实现了每周1班的常态化运行。全年共开行14班，总货量近万吨，总货值约3亿元，货源覆盖珠三角、长三角、环渤海等地区近20个省市。

【跨境贸易电子商务服务】 2013年，郑州经开区会同河南保税物流中心强力推进跨境贸易电子商务试点工作，使郑州成为国内第一个获批、第一个测试、第一个上线的试点城市。自实施方案获批后，郑州经开区仅用45天就实现了标准化测试，4家企业、近百个进口包裹成功上线交易。截至2013年底，以京东、敦豪货运（DHL）为代表的100余家电商、网商、物流商、仓储商上线交易，参与测试的企业与业务交易量呈快速上升态势，累计进出口包裹1.5万余包。为实现海关、国检、税务、企业四方协同高效统一运转，郑州经开区在组织开发信息化服务系统1.0、2.0版的基础上，着力开发3.0和4.0版本，其中3.0版已交付使用，4.0版有望2014年上半年上线运行。邮政直封权获批开通，结束了郑州市国际邮件需经北京转邮的历史。为保证跨境贸易电子商务试点顺利运行，郑州经开区按上级要求对河南保税物流中心进行了股权重组，郑州经开区持股51%，占据了控股地位。跨境贸易电子商务的成功测试和运行，标志着郑州作为全国跨境贸易电子商务试点城市进入了一个新时代，郑州经开区的试点工作在全国同类试点城市中处于相对领先位置。

【主导产业】 2013年，郑州经开区提出了打造3个千亿级产业集群的奋斗目标，扭住三大主导产业发展不放松，牢牢把握项目落地开工、建成投产等关键环节，建成并投产了一大批具有带动力的主导产业项目。全年130个重点项目完成投资290亿元，增长63%，其中主导产业项目完成投资占全部产业项目投资的80%以上。全区主导产业呈现规模化、体系化、集群化的发展势头。

汽车产业发展体系日趋完善。面对国内外汽车行业产品结构调整、市场竞争激烈、消费需求多元化等复杂局面，郑州经开区及时引导和协调区内企业调整生产布局和产品类型，有力推动

4月10日，市委书记吴天君出席海马汽车M3量产仪式

了整车生产的较快增长。东风日产、宇通和海马整车生产突破30万辆，增长53%。实现产值350亿元，增长40%以上。其中，东风日产实现总产值超200亿元。宇通精益达、西工机电等10个零部件项目开工建设，日立化成、优尼冲压、红忠宝、恒发橡塑等项目建成投产。全区零部件企业累计达到60家，全年实现产值60亿元，增速实现同比翻番。这些企业的开工和建成投产，进一步扩大了汽车产业发展规模，夯实了汽车产业发展基础。

装备制造业规模不断壮大。2013年，在确保以郑煤机、中铁盾构等已投产项目总体保持增长势头的基础上，郑州经开区推动了宇通重工项目的建成投产，实现了宇通重工集团整体入驻。以海尔产业园一期600万台空调、恒天重工一期重型机械项目为代表的一批装备制造业项目主体完工，正在进行设备安装调试，预计2014年上半年正式投产。

现代服务业发展势头强劲。2013年，郑州经开区现代服务业实现主营业务收入400亿元。其中，国药、九州通、华润等医药物流企业完成主营业务收入200亿元，占全市医药物流总收入的60%，占全省的1/3以上；富士康全年实现产值50亿元，增长24%。作为承载全省现代物流产业发展的重要基地，国际物流园区加快建设，初步实现了物流产业的集聚发展，全年新开工项目32个，总投资290亿元，当年完成投资60亿元；完成固定资产投资95亿元，增长130%。

【招商引资】 2013年，郑州经开区以“大招商”活动为契机，围绕主导产业以商招商、配套招商，坚持三大区域和六大主攻方向，积极承接高端产业转移，吸引主导产业项目入驻。全区招商工作呈现出主导产业多、域外投资多、投资规模大、科技含量高、产业特性强的良好态势。全年实际利用外资4.3亿美元；引进省外资金53亿元。新签约项目65个，签约额达520亿元，包括联东U谷、宇通校车、弗雷森高新装备、菜鸟网络等13个投资额超10亿元的“三力型”项目。不断加强签约项目落地服务，全年实现签约落地项目44个，合同项目落地率达95%以上。特别是宇通校车、东风日产30万辆整车、诺优房车等三大整车项目的签约落地，为郑州经开区打造百万辆汽车城提供了新的支撑。

【新型城镇化建设】 2013年，郑州经开区坚持走产城融合新型城镇化建设的路子，在扩大城市覆盖率方面实现了重大突破。全年投入资金20.4亿元，完成征迁面积605万平方米。完成安置房建设投资近25亿元，完成主体工程96.6万平方米，开工数量和面积均超市定目标30%以上。西杨、螺蛭湖、鲍湖3个攻坚村拆迁工作有效推进，涉及的安置区建设已经先期启动。滨河国际新城完成投资21.5亿元，“一环两纵四横”和“两湖一馆一中心”项目有序推进；河南省首个综合管廊开工建设；规划展览馆、创业大厦等引领项目已全面启动。“两环十七放射”生态廊道建设全面完成。全年完成基础设施建设投资超55亿元，新建、续建道路50余条达130余公里；国际物流园区输水管道工程全线贯通。尚岗杨遗址公园已开工建设，滨河体育休闲公园和汽车主题公园正按规划设计加快实施。

【民生事业】 2013年，围绕发展成果惠及民众的目标，结合区域划转、人口增多的需要，郑州经开区持续加大向教育文化、公共医疗、就业、住房和社会保障等民生方面的财政投入，全年民生支出近10亿元，占公共财政支出的一半以上。认真落实各项强农惠农补贴政策，落实直补资金374.42万元；在建1762套公共租赁住房项目主体已封顶，建筑面积8.36万平方米，2014年将交付使用；进一步健全城乡就业服务网络，全年城镇新增和农村劳动力转移就业2100余人；为区内2万名务工人员办理了“五险一金”；签约引进了郑州大学第二附属医院、北师大基础教育实验学校等一批优质民生项目；区图书馆通过了国家县（区）级一级馆的考核验收；新建成公共交通场站近30个。社会及民生事业的大投入，为建设幸福和谐经开区打下了坚实基础。

【出口加工区概况】 2013年，河南郑州出口加工区党委、管委会坚持以十八大精神为指导，紧紧围绕全市“强投资、夯基础、调结构、求提升”的工作要求，牢牢把握转中求进总基调，努力破解发展瓶颈，积极探寻发展机遇，砥砺奋进，务实进取，B区开发建设全面启动，综合保税区申报工作全面展开，省、市重点项目建设顺利推进，主要工作均实现了重大突破。全年，园区完成固定资产投资23.8亿元，投资强度在中部六省出口加工区中排名第一；完成工业总产值58亿元，同比增长23%；完成工业增加值14.5亿元，同比增长22%；完成工业产品销售收入56亿元，同比增长26%；实现进出口10.58亿美元（含结转），其中，出口7.71亿美元，同比增长7%；全区经济保持了平稳较快发展。

2013年，出口加工区经济发展特点突出。高端产业发展势头迅猛，全年高新技术产品出口额6.27亿美元，在全区产品出口总额中的比例高达81%，同比增长67%，高端产业主导的特色鲜明；保税物流业务发展成效明显，保税物流业务完成进出口额3.4亿美元，占全区进出口总额的37%，物流业务规模进一步扩大，发展优势更加突出；工业税收效应初步显现，共完成税收3.4亿元，同比增长69.1%，超出了中部其他六个出口加工区税收的总和，园区“造血”功能不断增强。

【出口加工区重点项目建设】 落实项目跟踪联系制、服务责任制、领导分包制和项目建设督察通报制，完善重点项目例会制度，优化重点项目窗口对接机制，整合各方力量，加大投入力度，稳步推进重点项目建设。富士康二期厂房和职工公寓建设项目顺利推进。2013年，富士康厂房全部投入使用，完成投资3亿元；公寓建设全面提速，新建成公寓入住员工近万名，4个在建公寓项目全年完成投资8亿元。全力推进B区开发建设。7月，出口加工区B区获得国务院正式批复，出口加工区迅速启动开发建设工作，及时完成了B区控规、产业发展等规划的编制工作，同时招商及项目储备工作稳步跟进，为B区开发建设的顺利推进奠定了良好基础。积极推进经开综合保税区申报工作。确定了综保区选址方案，完成了申报基础材料的准备工作，为申报综保区做了充分的准备。

【出口加工区招商引资】 2013年，围绕园区产业发展目标，努力克服各种不利因素影响，加大招商力度，努力拓宽招商渠道，有针对性地开展大招商活动，招商成效明显。积极开展主题招商活动，全年共开展大型主题招商活动12次。深入开展系列驻地招商活动，先后赴长三角、珠三角和环渤海地区多次开展驻地招商活动，走访企业300多家，与50多家企业建立了密切联系。加强招商网络建设，开辟了杭州河南商会、昆山台商协会等一些品质高、信息灵通的招商渠道，并先后邀请世界500强和中国500强企业以及商协会等共10多个团组来出口加工区考察，建立了良好的招商平台。

（王倩倩）

郑州高新技术产业开发区

【概况】 2013年，郑州高新区以党的十八大和十八届三中全会精神为指引，在市委、市政府的领导下，按照“三大一中”战略部署，确立了“建设科技城、打造千亿GDP高新区”的目标，坚定不移地推进郑州科技城建设。圆满完成了“双千双百”任务，为实现3年行动计划和“十二五”目标打下坚实基础。新型城镇化建设推进健康有力，村庄改造突破1000万平方米，为“全域城镇化”打下坚实基础。现代主导产业体系构建取得重大突破，基本构建成八大集群，以京东、阿里巴巴等为代表的电子商务产业迅速集聚，格力公司成为高新区首家销售收入超百亿企业，新三板挂牌企业达到12家。自主创新能力明显提升，机械研究所国家重点实验室通过科技部验收。民生实事建设扎实推进，打造教育强区成效显著。2013年，郑州高新区GDP完成145亿元，增长12%；地方财政预算收入完成20亿元，增长33%；固定资产投资完成228亿元，增长50%；全区企业总收入完成1000亿元，增长30%；规模以上工业增加值完成75亿元，增长12%；引进域外资金90亿元，增长33%；实际利用外资2.9亿美元，增长10%。

【新型城镇化建设】 2013年，郑州高新区村庄改造工作完成了北里、郭村、牛砦、贾庄、孙庄、大里、老俩河、朱砦、庄王、八面神、辛庄自然村等21个村庄约1060万平方米的村庄改造工程。安置房建设方面。全年完成投资73.7亿元，新建、续建安置房项目19个，在建面积604万平方米。截至2013年底，工程主体已封顶项目面积105万平方米。其中，7个项目一期约32万平方米安置房已交付使用，回迁群众约6700人。基础设施建设明显加快，城市功能和生态环境进一步提升。全年实施交通道路、园林绿化、水、电、热力以及学校、医院等项目163个，完成投资42.4亿元。新建道路桥梁项目56项，全长46.1公里。新增绿化面积约260万平方米。新增雨、污水管道11公里。新增供水管网60公里。新增热力管网76公里，新增供暖面积185万平方米。新增供电管网55公里。须水河生态水系工程，于8月底开始蓄水。高新梧桐水务有限公司水厂二期建设工程目前已完成80%，进入土建施工收尾阶段。

【构建现代产业体系】 2013年，郑州高新区现代产业体系构建工作取得初步成效。电子商务、电子电器、软件和网络、智能仪器仪表、信息枢纽、文化创意、电子物流、科技创新等“八大产业集群”初具规模。全区聚集了格力电器、中国联通、华强电子、微软、腾讯、京东、阿里巴巴、百度、甲骨文、同洲电子、盛大传奇等一批国内外知名企业。集聚了全省70%以上的骨干软件企业、85%以上的动漫企业、90%以上的网络企业、95%以上的电子商务企业。全年实现营业收入1000亿元，完成产业项目投资110亿元。

项目引进成效明显。开展“百日大招商”活动，组织两次项目集中签约活动，先后引进同洲电子三网融合产业基地、深圳神州智能卡、郑州高新企业加速器、南方报业传媒智能信息科技创新中心等12个主导产业项目，总投资160亿。

省、市重点项目圆满完成。37个省、市重点项目计划总投资569.8亿元，全年完成投资76亿元，完成市定目标任务的100%。市定9个2013年需开工的重点项目，已全部开工。其中，总投资72亿元的中国联通中原数据基地建设项目，完成投资6亿元，一期工程基本具备入驻条件；总投资30亿元的郑州华强电子高端服务业基地项目，全年完成投资10亿元，一期10万平方米建筑接近封顶，总投资20亿元的河南省电子商务产业园，全年建成面积近10万平方米，完成投资10亿元，园区基础设施、平台建设、政策支持等已全面配套，成为省市，电子商务产业集聚区。

现代服务业“短腿”拉长。2013年，郑州高新区实施了16个重大服务业项目，计划总投资395.5亿元，全年完成投资35亿元。其中，郑州高新数码港项目，已完成桩基工程；郑州高新信息港市民服务云中心项目已封顶；郑州新开普电子股份有限公司基于物联网应用的系列智能终端与信息系统建设项目正在装修；国家烟草研究院项目完成投资6600万元；计量检测与认证公共服务平台项目一期设备正在安装；轩逸国际五星级酒店项目与石佛艺术公社项目，均开工建设。

“新三板”挂牌工作实现突破。高新区有13家企业“新三板”挂牌企业材料已上报证监会及全国中小企业股份转让系统，12家企业将在“新三板”挂牌，全区挂牌企业数量占全省挂牌企业总数的90%。全年列入市重点上市后备企业资源库的企业有38家，占全年市定目标的100%。其中完成股改企业6家，占全年市定目标的120%；新增与券商签订上市辅导协议企业11家，占全年市定目标的100%。

【科技创新】 2013年，郑州高新区国家重点实验室创建工作取得新突破。郑州机械所“新型钎焊材料与技术国家重点实验室”、中棉所“棉花生物学国家重点实验室”通过科技部验收，获批国家重点实验室，郑州市国家重点实验室

12月20日，郑州高新区与京东集团合作签约仪式

总数达到3家。积极开展三磨所等企业申报国家重点实验室工作，申报材料已上报科技部。

产学研合作取得新的成绩。郑州机械研究所与韩国浦项工业大学、洛阳轴研科技股份有限公司、郑州航空工业管理学院等学校和企业开展合作，共同组建郑州高端装备与信息产业技术研究院，填补了郑州市产业技术研究院空白。郑州高新区组织召开第五届科技创新暨产学研合作大会。期间与高新区管委会签署科技合作协议的大学、科研院所达到8家；征集产学研合作项目54项，合作金额近28亿元。公共技术平台更加完善，“创新服务平台中心”和中原广告产业园公共服务平台基本建成，即将投入试运行。

加快推进知识产权保护工作。2013年，郑州高新区获批国家知识产权试点园区。5家企业获批国家首批知识产权优势企业，占河南省的14%，占郑州市的71%。2013年高新区共申请专利2040件，累计申报专利12500件。

加强科技团队和创新人才的引进及培育。2013年，郑州高新区共组织申报省、市级团队、人才计划20余家（人）。其中，有2人获批成为河南省科技创新人才；郑州联睿电子高级工程师李冀、河南省躬行信息科技有限公司副教授顾纯祥入选科技部国家科技创新创业人才计划；郑州机械所所长单忠德入选省科技厅“中原学者”计划。

各类科技计划项目申报成效显著。2013年，郑州高新区共组织申报市级以上各类科技计划项目520项，其中申报省高新技术产业化项目14项、省级技术创新平台4项、省级战略联盟项目8项、省级科技攻关项目97项，申报市级科技计划项目145项、科技成果转化项目17项、创新基金项目235项。

【民生建设】 加强学校建设，使居民学有所教。2013年，省实验小学、郑州八中等知名中小学先后入驻郑州高新区。列入建设计划的8所中小学、幼儿园全部开工。其中枫杨外国语学校新校区已建成并投入使用；五龙口小学、丁楼小学、丁楼幼儿园和锦和苑第二幼儿园4个项目正在进行场地土方开挖；大谢幼儿园、洼刘第一幼儿园和洼刘第三幼儿园等3个项目正在进行基础施工；洼刘第二幼儿园工程主体已完成封顶。全年新增优质学位 1875个。促进城乡就业，使居民劳有所得。实施“三基金三免费”政策，转移村民到高新企业就业2300多人。通过举办高新技术企业专场招聘会、组织企业参加民营企业专场招聘会、高校毕业生招聘月等活动，多渠道促进辖区居民和高校毕业生就业，全年完成城乡劳动力就业8000余人，完成各类培训累计3000余人。办理就业失业登记证1000余人。强力推进保障房建设，使居民住有所居。全年开工建设2581套保障性住房，基本建成8161套，为全区外来务工人员及低收入人群提供住房保障，使其住有所居。

【网格化管理】 2013年，郑州高新区网格化管理工作成效显著。一是整合发现问题信息渠道。实行心通桥、ZZIC、信息平台、数字城管、网络媒体等群众反映问题渠道联合办公，实现了一个渠道发现问题，一个渠道反映问题。二是建立“日交办、周研判，月联动”制度，全年通过周研判解决各类问题70多项。三是积极开展联合执法行动，全年开展联动执法、集中执法60余次，对2012年7个重点领域排查出来尚未解决的矛盾问题进行逐项解决。四是坚持周督察、月排名、季考核、半年奖惩的督察、考核、问责制度，对于不能履职尽责的网格人员和职能部门下沉人员，按照高新区网格化管理问责办法，严肃处理。五是积极打造亮点，在7个社区建设“智慧政信云”，提高了网格化管理发现问题的效率和主动性，提升了网格化办件效率。全年网格化管理共发现各类问题78622项，整改78588项，整改率99%。其中七大领域台账问题3850项，整改3849项，整改率99%。

【基层组织建设】 2013年，郑州高新区基层组织建设进一步加强。一是不断加强农村基层组织建设。继续开展晋位升级活动，对于农村拆迁改造等重大事宜认真执行“四议两公开”制度。起草《关于进一步加强村两委干部管理的八项措施》，注重发挥农村党组织在新型城镇化建设中的战斗堡垒作用。二是深入开展非公企业和社区党建工作。新组建非公企业党支部37家。认真落实社区党建“三有一化”，高标准建成社区活动场所2个。三是强化党风廉政建设责任制落实。按照中央“八项规定”和省委省政府20条意见、市委市政府20条规定，召开专题会议，全面部署反腐倡廉工作。按照“谁主管谁负责”和“一岗双责”的原则，签订目标承诺书，落实党风廉政建设责任制。围绕农村重点，加强农村党员干部廉洁自律教育。以《村情民意》小报为载体，全面加强农村基层党风廉政建设。

（李 冉）

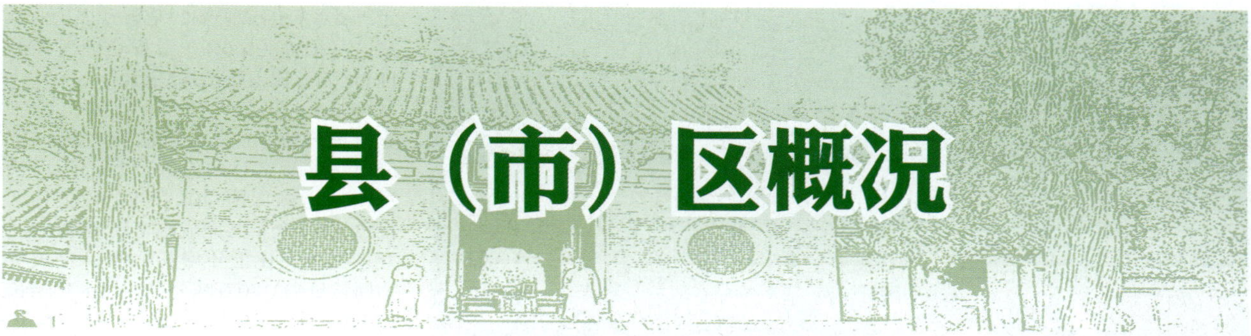

县（市）区概况

巩义市

【概况】 2013年，巩义市总面积1041平方公里。辖15个镇、5个街道、2个园区管委会，26个居民委员会，289个村民委员会。总人口816310人。人口出生率为9.91‰，死亡率为5.84‰，自然增长率为4.07‰。

2013年，巩义市生产总值完成581.2亿元，比上年增长10.1%。其中第一产业增加值完成11.1亿元，增长3.9%；第二产业增加值完成407.8亿元，增长11.0%；第三产业增加值完成162.3亿元，增长7.4%。人均生产总值71335元，比上年增长9.7%。三次产业结构比重为1.9∶70.2∶27.9。全年地方一般预算收入30亿元，比上年增长15.2%。一般预算支出43.2亿元，比上年增长10.5%。年末金融机构各项存款余额288.4亿元，比年初增长7.2%；各项贷款余额156.6亿元，比年初增长6.0%；城乡居民储蓄存款188.1亿元，比年初增长11.1%。全市建筑业完成增加值19.6亿元，比上年增长11.3%。全社会固定资产投资完成384.1亿元，比上年增长21.5%。社会消费品零售总额完成194.3亿元，比上年增长13.5%。

【机构与领导】 中共巩义市市委：书记舒庆；副书记张春阳、李国强（1月离）、马志峰（1月任）；市委常委：舒庆、张春阳、李国强（1月离）、马志峰（1月任）、杨彦峰、武拥军（1月离）、樊惠林（1月任）、冯献峰、朱军、谈得胜、扈明华、李刚、景雪萍（女）。

市委工作部门：市委办公室主任朱军；组织部部长冯献峰；宣传部部长景雪萍（女）；统战部部长李刚；政法委书记谈得胜；群工部部长王向阳；市直工委书记张坤霞（女）；党史办主任刘翠霞（女）；老干部局局长徐彦龙；新闻宣传中心主任范谡进；党校常务副校长田本学；档案局局长李县令；目标考评办主任赵雨。

市五届人大常委会：主任李明桢；副主任申新中、闫红涛、范志武、钟西军、崔俊理。

市人大常委会工作部门：市人大常委会办公室主任韩利敏；教科文卫工委主任吴喜玲（女）；财经工委主任马克霞（女）；选工委主任冯晓慈（女）；农工委主任祖振坤；法工委主任曹会婷（女，5月任）；来信来访办公室主任刘文勇（11月离）。

市人民政府：市长张春阳；副市长武拥军（1月离）、樊惠林（1月任）、梁险峰、贺传伟、李凤芝（女）、袁斌、赵培丰、孙现升、史建伟。

市政府工作部门：市政府办公室主任王向阳（3月离）、王继锋（3月任）；发改委主任崔志强（3月离）、王向党（3月任）；统计局局长周占龙；人力资源和社会保障局局长吴建禄；财政局局长王政（2月离）、袁海昌（2月任）；审计局局长张全忠（2月离）、张庆福（2月任）；国税局局长曹永桢；地税局局长李明珠；工商局局长张红旗；质监局局长祖世泉；监察局局长郑占国；审批中心主任王建设；农委主任祖振坤（3月离）、赵现才（3月任）；林业局局长张清海；水务局局长张世欣（3月离）、李立新（4月任）；烟草局局长曹占岭；气象局局长杜光伟；住建局局长李太平（3月离）、王元洪（3月任）；国土局局长马振杰；执法局局长张丰海；交通局局长乔万章（3月离）、崔志强（3月任）；环保局局长赵寿涛；电业局局长张建波；园林绿化中心主任贺芳清（女）；教育体育局局长常成军（3月离）、李易（女，3月任）；人口计生委主任李钦周（3月离）、崔国强（3月任）；卫生局局长韩石曾（2月离）、段志斌（2月任）；药监局局长马占福；史志办主任郅笃威；爱卫办主任梁广旭；科工信委主任王向党（3月离）、杨文彪（3月任）；城集联社主任杨武宪；安监局局长白利亚（3月离）、肖现军（3月任）；煤炭局局长崔俊理（4月离）、李建锋（4月任）；文化广电新闻局局长逯熙鹏；商务局局长王保康（3月离）、刘建伟（3月任）；供销社主任魏建中；盐业局局长张鹏飞；文物旅游局局长赵新海；公安局局长刘耀增；司法局局长贾孟杰；民政局局长张亚晓；信访局局长王向阳；机关事务局局长段志斌（3月离）、白利亚（3月任）；邮政局局长梅建宏。

政协市五届委员会：主席王双圈；副主席焦天伟、王红生、焦振福、曹克强。

市政协工作部门：市政协办公室主任马学红；财贸经济委主任任幸福（3月离）、王保康（3月任）；提案委主任王同欣（3月离）、常成军（3月任）；社会和法制委主任夏文英（女）；科教文卫委主任张相忠；学习文史委主任曲复振（3月离）、乔万章（3月任）。

中共市纪律检查委员会书记：杨彦峰。

市人民武装部部长：黄柏源；政委：扈明华。

市人民法院院长：王季。

市人民检察院检察长：陈宏钧。

市群团组织：工会主席孙国世（6月去世）；妇联主席张文红（女）；团市委书记李明刚；科协主席杨秀芬（女）；文联主席邵玉龙；工商联会长王少辉；残联理事长孙占国。

街道、镇：新华街道党工委书记李立新（3月离）、康新伟（3月任），办事处主任马海山（2月离）、校现伟（11月任）；孝义街道党工委书记张东杰（2月任），办事处主任王震平（2月离）、韩润峰（2月任）；永安街道党工委书记马录克（10月离）、符维（10月任），办事处主任许学辉（3月离）、李曙光（11月任）；杜甫街道党工委书记庞国栋（2月离）、杨晓贤（3月任），办事处主任曹明勋（2月离）、孟玉杰（11月任）；紫荆街道党工委书记魏文红（3月离）、杨红伟（3月任），办事处主任贾国庆（3月离）、杜鹏懿（3月任）；米河镇党委书记陈晓辉（3月离）、王震平（3月任），镇长杨晓贤（3月离）、王耀伟（3月任）；新中镇党委书记景秀香（女，10月离）、许元浩（10月任），镇长康新伟（2月离）、杨少华（2月任）；小关镇党委书记袁海昌（2月离）、白东升（2月任），镇长白东升（2月离）、张文锋（11月任）；竹林镇党委书记赵明恩，镇长李书转（女）；大峪沟镇党委书记刘冠勋（3月离）、庞国栋（3月任），镇长刘冠

巩登旅游路申沟北至公川段9.4公里升级改造工程完工

勋（3月离）、王国栋（3月任）；河洛镇党委书记赵现才（3月离）、逯雨林（3月任），镇长逯雨林（3月离）、李继锋（3月任）；站街镇党委书记王继锋（3月离）、庞冠峰（3月任），镇长闫龙涛（3月离）、曹明勋（3月任）；康店镇党委书记王延涛（3月离）、马海山（3月任），镇长赵静波（3月离）、路少辉（3月任）；北山口镇党委书记陈冠彬，镇长张东杰（3月离）、刘怀威（3月任）；西村镇党委书记肖现军（2月离）、席新渠（2月任，10月离）、王国锋（10月任），镇长席新渠（2月离）、侯松强（11月任）；芝田镇党委书记范钦伟，镇长王耀伟（11月离）、王跃举（11月任）；回郭镇党委书记张会录（3月离）、马志峰（3月任），镇长庞冠峰（3月离）、赵静波（3月任）；鲁庄镇党委书记姜占元（2月离）、王乾玺（2月任），镇长王乾玺（2月离）、王东（11月任）；夹津口镇党委书记李易（女，2月离）、王国锋（2月任），镇长王国锋（2月离）、李争妍（2月任）；涉村镇党委书记杨红伟（3月离）、闫龙涛（3月任），镇长李继锋（3月离）、许学辉（3月任）。

【农业与农村经济】 2013年，全市粮食总产量 15.3万吨，比上年下降2.6%。其中，夏粮产量7.7万吨，比上年下降3.5%；秋粮产量7.6万吨，比上年下降1.8%。水果产量27816吨，比上年增长4.6%；蔬菜总产量51992吨，比上年增长4.7%；油料产量5427吨，比上年增长4.6%；棉花产量269吨，比上年下降2.5%。认真落实强农惠农政策，加强农业基础设施建设，大力推进农业产业化经营。2013年底全市农业龙头企业发展到100家，其中，郑州市级16家，2家农业企业进入省级农业龙头企业行列；新申报认定省级示范合作社1个、郑州市级4个，农民专业合作社达到2012个，新发展农民专业合作组织57个。

造林绿化有序进行。全年成片造林面积达1500公顷，比上年增长33%；成林抚育面积 4950公顷，比上年增长0.6%；幼林抚育作业面积4820公顷；当年新育苗面积106公顷，四旁植树112万株。

畜牧业平稳发展。全年肉类产量25161吨，比上年增长3.5%，其中猪牛羊禽肉类总产量24564吨，比上年增长3.6 %；禽蛋产量9960吨，与上年基本持平；奶类总产量5152吨，比上年下降1.0%；水产品产量4394吨，比上年增长22.8%。

农业生产条件进一步改善。年末全市农业机械总动力58.3万千瓦，比上年增长1.2%；农用拖拉机达到15584台，比上年增长53台；农用运输车达到5467辆，与上年持平。全年农村用电量14亿千瓦小时，比上年增长0.5%。

【工业经济】 2013年全市完成工业增加值388.2亿元，比上年增长11.0%。规模以上工业企业完成工业增加值344.6亿元，比上年增长12.1%。其中，轻工业完成11.6亿元，比上年下降4.3%；重工业完成333亿元，比上年增长12.8%，轻、重工业比例为3.4：96.6。

规模工业增加值分行业看，非金属矿物制品业完成156.4亿元，比上年增长11.2%；有色金属冶炼及压延加工业完成72.1亿元，比上年增长14.8%；金属制品业完成14.2亿元，比上年下降23.3%；专用设备制造业完成17亿元，比上年增长13.7%；电气机械及器材制造业完成14亿元，比上年增长0.2%。

全市规模以上工业企业实现产品销售收入1624.6亿元，实现利税总额157.7亿元，工业产品产销率达97.6%。全市规模工业企业应收账款净额65.5亿元，受各种因素影响，全市亏损企业24家，亏损面为5.6%，亏损企业亏损额11.2亿元，比上年增加5亿元。

【第三产业】 交通运输业。2013年全市运输旅客1861万人，比上年增长7.9%；运输货物3402万吨，比上年增长12.1%。全年共完成旅客周转量89345万人公里，比上年增长9.3%；完成货物周转量633180万吨公里，比上年增长13.3%。

邮电通信业。全年共完成邮电业务总量54328万元，按2010年部门可比价计算，比上年增长8.1%。其中，邮政业务总量5580万元，比上年增长14%；电信业务总量48748万元，比上年增长10.1%；本地电话用户期末数149485户，比上年增长4.6%；移动电话用户达到70.37万户，比上年增长7.1%；互联网用户达到114524户，比上年增长6.6%。全市电话普及率为104.7部/百人。

旅游业。加快以文化创意旅游业为重点的现代服务业发展，全国旅游标准化试点县市创建工作有序推进，浮戏山旅游综合开发、青龙山旅游综合保护开发等重大项目进展顺利，6家A级景区、4家三星级酒店顺利通过质量等级复核，旅游基础设施不断完善，接待能力进一步提升。2013年全市共有旅游景点16个，风景名胜区1个。景区景点共接待游客620万人次，比上年增长20.8%；旅游收入7.4亿元，比上年增长21.3%。

【项目建设与对外开放】 全市加大项目建设力度，全年实施500万元以上项目477项，其中超亿元项目146项，完成投资202.8亿元，比上年增长31.6%，争取省重点单选址项目23个。投资9亿元的锦隆葡业铝板带箔二期、投资5亿元的中州铝业阳极氧化铝板、投资2亿元的正程科技超大型铸件生产线、投资2亿元的康百万机械新型资源再生设备等项目建成投产；投资45亿元的中孚实业高性能铝合金铝材、投资20亿元的华西新能源锂离子动力电池、投资5亿元的明泰铝业汽车用铝合金等项目顺利推进，成为推动产业转型升级的重要力量。

2013年，随着万洋国际商城一期、瑞达物流园建成投入运营，旭安隆物流园二期等项目顺利推进，服务业发展水平进一步提高。

对外开放步伐加快。大力实施开放带动主战略，积极围绕主导产业开展大招商，先后与中国铝业、南车集团、远东电缆、清华大学、上海交大、东北大学、中国汽车工程研究院、建业集团等企业和科研院校实施战略合作，成功引进招商项目76个。全市引进域外资金119.1亿元，实际利用外资2.18亿美元，比上年增长13.3%；全年实现进出口总值2.09亿美元，比上年下降33.0%。其

丰收的喜悦

中，出口总值1.87亿美元，比上年增长23.7%。

【社会事业】 2013年，全市国有企事业单位共有各类专业技术人员27344人，全年科学技术费用支出8458万元，比上年增长8.9%。全市科技人员积极开展科技活动，2013年荣获河南省工业和信息化科技成果奖3项，其中一等奖2项、二等奖 1项；荣获郑州市科技进步奖2项，其中一等奖1项、二等奖1项；荣获郑州市专利奖1项。全年共实施科技攻关计划项目31项，其中省级7项，郑州市级24项。2013年年末，全市拥有国家级高新技术企业22家。全年申请专利技术593项，其中发明专利44项，实用新型专利265项，外观设计专利284项。

2013年底，全市共有质量检验机构1个、计量检测机构1个，全年共监督抽查各类产品1095批次。

加大对教育事业的投入，总投资1.25亿元的中小学校舍安全工程扎实推进，已完成投资1.19亿元，竣工项目174个。教学质量进一步提高，2013年全市普通高招本科上线人数达到2893人，被重点大学录取574人，其中清华大学2人。2013年全市共有高中（含职专）10所，在校学生18040人；初中28所，在校学生22909人；小学80所，在校学生50301人。小学和初中入学率均达99.5%；中小学教职工人数达到6799人，其中专任教师6417人。幼儿园在园幼儿 26752人。职业技能培训发展迅速，全市共有镇（街道）级农村劳动力实用技术培训基地16个，农村劳动力定点培训机构289个，2013年共有 47240人参加农村劳动力实用技术培训。

文化基础设施不断加强。继续实施达标文化站、文化大院创建工程，全市达标文化站达到20个，达标文化大院达到277个。2013年全市共有艺术表演团体2个，博物馆1个，文化馆1个，公共图书馆1个。共有广播电台1座，电视台1座，有线电视台1座，有线电视用户达到8.4万户。群众文艺活动更加活跃，全年文艺广场共举办活动145场次，观众达22万人次。4月17日至20日，电视纪录片《解密康百万庄园》在CCTV9纪录频道播出。该纪录片共分四集，全面生动诠释了康百万家族的经商历程及长达400年的商业传奇。2013年，撤县建市后首部志书——《巩义市志》（1986-2005）出版发行。档案事业进一步发展，市档案馆年末存放各类档案资料达23.5万卷（册、件、盒、张）。

2013年，全市共有医疗卫生机构650个（包含社区服务站、诊所、村卫生室及计划生育技术服务机构）。其中，二级医院2个、卫生院17个、社区卫生服务中心3个、疾病预防控制机构1个、妇幼保健院1个。全市拥有卫生监督机构1个、急救指挥中心1个、医学在职培训机构1个。卫生机构拥有床位2530张、卫生技术人员4142人。继续深化医药卫生体制改革，强化公共卫生服务体系建设。截至2013年年底，12项公共卫生服务项目全面实施，全市建立规范化居民健康档案78.9万份，全年改造镇卫生院2所。

2013年，全市共组织群体性竞赛活动12次。其中，大型比赛3次。全民健身活动蓬勃开展，学校体育更加活跃，有90.5%以上的在校学生达到了国家体质健康标准。

【城市建设】 全面加快中心城区建设，商务中心区空间发展规划、城市公共交通专项规划等编制完成，巩义新区、商务中心区、十字景观大道建设有序推进。全年启动城市基础设施项目117个，东周路、洛书路等19条市政道路顺利完成，累计完成投资35.2亿元。城中村改造（合村并城）实现突破性进展，高尚村、北官庄村完成整村拆迁，朗曼新城、孝南社区等8个项目开工建设，五里堡东片区、三彩社区顺利竣工回迁，累计拆迁169.3万平方米，建成安置房27.9万平方米，完成投资45.2亿元。

年末，全市共有环境监测站1个，环境监察大队1个，危险废物和辐射管理中心1个，机动车污染检查大队1个。全市共完成限期治理污染企业988家，有1230家企业实现达标排放。全市建成烟控区1个，面积19.3平方公里，噪声达标区15.7平方公里。

【人民生活】 2013年年末，全市总户数241512户，常住总人口816310人，其中男417951人、女398359人，城镇人口400482人，城镇化率达到49.06%。全市人口出生率9.91‰，死亡率5.84‰，自然增长率4.07‰。

城乡居民生活水平继续提高。2013年全市城镇居民人均可支配收入22516元，比上年增长 10.1%；人均消费支出15308元，比上年增长18.6%；城镇居民恩格尔系数达到26.1%。全市农村居民人均纯收入13951元，比上年增长12.7%；农村居民人均生活消费支出7497元，比上年增长9.9%；农村居民恩格尔系数达到26%。

2013年，城镇居民人均住房建筑面积38.16平方米，比上年增加0.25平方米；农村居民人均住房使用面积49平方米，比上年增加0.83平方米。

【社会保障】 2013年，全市共有福利院1个，床位80张，收养人数33人；敬老院18所，床位1080张，收养人数345人。全市各种救济对象得到国家救济30.87万人次，进入城镇低保达到1373户、总计3094人，农村低保达到9714户、总计21291人。

社会保障体系不断完善。城镇居民基本医疗保险和城乡居民基本养老保险覆盖面不断扩大。2013年，全市城乡居民基本养老保险总人数达到39万人，企业职工养老保险人数达到6.37万人，机关事业单位养老保险人数达到18215人；离退休人员社会统筹人数中，企业离退休人员17049人，机关事业离退休人员6491人；全市失业保险人数中，企业单位人员达到44330人，机关事业单位人员15678人。职工医疗保险人数达到75291人，城镇居民基本医疗保险制度全面启动，参保人数36780人，参保率达到90%；新型农村合作医疗门诊补偿比例和住院补偿比例继续提高，全年补偿金额19731.2万元，农民参保率达到98.8%，比上年提高0.1个百分点。

（魏小艳）

新密市

【概况】 2013年，新密市总面积1001平方公里，其中耕地面积46434.4公顷。辖4个街道、12个镇、1个乡、1个风景区和1个产业集聚区，303个行政村，47个居委会。总人口80万人。人口出生率为9.69‰，死亡率为5.26‰，自然增长率为4.43‰。

2013年，全市实现生产总值559.8亿元，比上年增长9.5%。其中，第一产业增加值16.8亿元，比上年增长4.1%；第二产业增加值373.3亿元，比上年增长9.7%；第三产业增加值169.7亿元，比上年增长9.4%。三次产业结构由上年的3：70.7：26.3调整为3：66.7：30.3。全市工业增加值353.4亿元，比上年增长9.6%。人均生产总值69983元，比上年增长9.5%。财政一般预算收入28.4亿元，财政一般预算支出41.2亿元。全社会固定资产投资完成345.2亿元。投资结构趋于优化。二、三产业固定资产投资328.5亿元，同比增长24.9%。主导产业投资162.6亿元，同比增长25.1%。现代服务业投资增速30.1%，高于二产7.2个百分点。社会消费品零售总额175.8亿元。商品出口总额13791万美元，实际利用外资17268万美元。城镇居民人均可支配收入22617元，人均消费性支出20543元（增长率6.43%）；农村居民人均纯收入13310元，人均生活费支出9198元（增长率-6.39%）。年末城乡居民储蓄存款余额224.4亿元（增长率12.02%）。

2013年，全市交通干线建设有所突破。郑登快速通道新密段完成工程量的65%，省道323线全面开工建设，大学路南延进展顺利，投资1.5亿元的密杞路集聚区段升级改建工程半幅通车，郑州南四环至省道323连接线、港区迎宾大道西延分别纳入省、郑州市路网规划，新修改造县、乡、村道55公里。

2013年，全市新建乡镇公办幼儿园7所，投资1.5亿元的金凤路中小学、市直三幼建成招生。投入1981.5万元，实施中小学校舍建设项目，总建筑面积1.6万平方米。高招一本上线588人，本科上线2527人，居郑州县（市）第二位。全年向大中专院校输送学生5795人。2013年，新密市荣获全国首批先进县（市）、全国群众体育工作先进单位称号。

在全国县（市）级城市中，新密市率先同时建成餐厨和生活垃圾无害化综合处理厂。2013年1月4日，新密市餐厨垃圾无害化综合处理厂建成运行，总投资3000万元，日处理餐厨垃圾50吨。10月，投资3.5亿元的新密市生活垃圾无害化综合处理厂建成投用，日处理生活垃圾600吨。新密市实现了垃圾的资源化利用，荣获郑州市爱国卫生工作金杯奖。

2013年河南省社科院《河南县域经济发展质量评价报告》显示，新密“经济发展质量”和“民生幸福指数”均居全省县（市）第二位。

【机构与领导】 中共新密市委：书记王铁良；副书记蔄铁群、张红伟；市委常委：王铁良、蔄铁群、张红伟、薛晓军、刘超峰、付建峰、刘月楼（女）、翟国防、连书平、姚志伟、程雨笋。

市委工作部门：市委办公室主任刘月楼（女）；组织部部长翟国防；宣传部部长付建峰；统战部部长刘超峰；政法委书记姚志伟；市委群工部部长马建松；监察局局长苏松杰；党校常务副校长王宗福；编办主任宋照；督察室主任梁书灿；史志办主任王西林；外宣办主任李绍光（3月免）、王炎军（3月任）；老干部局局长杨彦秋；档案局局长周建军；优化局局长张超峰；保密局局长赵清江；机要局局长李三妹（女）。

市三届人大常委会：主任王玉枝；副主任梁建忠、许东凡、郭占鳌、徐培林、王敬梅（女）。

市人大常委会工作部门：市人大常委会办公室主任陈国敏；代表工委主任秦红霞（女）；法工委主任范超峰；教工委主任侯丽君（女）；农工委主任蔡璐（女）；财工委主任马爱荣（女）；城工委主任刘群岭；信访室主任靳福生。

市人民政府：市长蔄铁群；常务副市长连书平；副市长徐操志、秦耀堂、王建峰、王彦国、张元明、史启新、蒋剑茹（女）、虎荣鑫。

市政府工作部门：市政府办公室主任闫长松（7月免）、李宏伟（7月任）；发展和改革委主任王钊铭（6月免）、张超峰（6月任）；科技和工信局局长刘大军；创建办主任赵明晓；爱卫办主任钱瑞芳；接待办主任王议唯（女）；工农办主任杨春杰（3月免），工农办撤合为矿区管理服务中心，主任孙宏伟（女，3月任）；机关事务局局长梁宏彬；人防办主任朱青见；文化广电旅游局局长张银灿；农业农村工委主任祖君；行政服务中心主任王建华；教育体育局局长李霞（女，6月免）、卢长水（6月任）；民政局局长冯伟东；财政局局长徐桂林；人力资源和社保局局长苏建忠（6月免）、虎伟东（6月任）；社会保险管理局局长王彬（9月免）、王钊铭（9月任）；国土局局长张志强（6月免）、马卫东（7月任）；煤炭局局长杨建敏（6月免）、王旭康（6月任）；安全生产监管局局长李晓锋（6月免）、樊瑞辉（6月任）；住房和城建局局长陈铁建；房地产管理中心主任梁松辰；园林局局长张海俊；城乡规划局局长宋卫敏；拆迁办主任牛新灿（6月免）、程柏松（6月任）；交通运输局局长郑二卿；环保局局长王冰；林业局局长魏颖阳；水务局局长徐绍敏；畜牧局局长张孟丽（女）；气象局局长郭世民；卫生局局长寇海荣；审计局局长刘建军；人口和计生委主任冯嵩懿；统计局局长田建勋；行政执法局局长谷宝山；商务局局长张超峰（6月免）、张艳艳（女，6月任）；盐业局局长张春旺；物价局局长耿爱萍；农机局局长郑路明；粮食局局长吴新甫；国资办主任崔皓哲；食品安全办主任刘根旺；供销社主任郭彦卿；民族宗教局局长郭福珍（女）；台办主任理建中；质监局局长李宗显；食品药品监管局局长左献荣（女，4月免）、侯德林（4月任）；烟草专卖局（分公司）局长（经理）刘志伟；国税局局长李宏德；地税局局长任彦山；工商局局长任丙坤；电业局局长李新有；邮政局局长刘剑峰。

政协市三届委员会：主席桑萌莉（女）；副主席刘保立、刘春喜、高永森、岳慧玲（女）、李松涛、宋林祥。

市政协工作部门：市政协办公室主任王伟峰；提案联络委主任王浩洲；社会法制委主任吴俊武（3月免）；教科文卫委主任孟晓红（女）；经济委主任李现民；学习文史委主任于祥萍；农村工作委主任樊建松；委员联络委主任李毅敏。

中共市纪律检查委员会书记：薛晓军。

市人民武装部部长：吴明勇；政委：程雨笋。

市人民法院院长：刘文斌。

市人民检察院检察长：张东。

市群团组织：总工会主席申慧萍（女）；团市委书记张丽祥（女，6月免）、王幸（9月任）；妇联主席张艳艳（女，6月免）、尚书亚（女，9月任）；科协主席刘广军；工商联主席宋林祥；文联主席王镜镔；残联理事长许天祥（4月免）、尚文法（4月任）。

街道、乡镇、管委会：西大街街道党工委书记刘彦伟，办事处主任程华民；青屏街道党工委书记邓献村，办事处主任刘军；新华路街道党工委书记卢长水（6月免）、李春阳（6月任），办事处主任李春阳（6月免）、张丽祥（女，6月任）；矿区街道党工委书记孙宏伟（女，3月免）、朱丽华（女，3月任），办事处主任樊建伟；米村镇党委书记虎伟东（6月免）、袁金伟（6月任），镇长陈永建；牛店镇党委书记王旭康（6月免）、陈钊利（6月任），镇长王健；平陌镇党委书记马卫东（6月免）、李晓峰（6月任），镇长裴晨翔；超化镇党委书记屈国强（2月免）、虎荣鑫（2月任，副市长兼），镇长袁金伟（2月免）、屈国强（2月任）；大隗镇党委书记周建凯（2月免）、史启新（2月任，副市长兼），镇长朱丽华（女，2月免）、周建凯（2月任）；苟堂镇党委书记李宏伟（6月免）、李雅（女，6月任），镇长李雅（女，6月免）、谢明勋（6月任）；刘寨镇党委书记张成斌（3月免）、宋光洲（3月任），镇长宋光洲（3月免）、高淑峰（女，3月任）；白寨镇党委书记李天星（10月免）、桑勇（10月任），镇长桑勇（10月免）、张占令（10月任）；曲梁镇党委书记杨书军（2月免）、张红伟（2月任，市委副书记兼），镇长王英朝（2月免）、杨书军（2月任，12月免）；岳村镇党委书记杜怀峰，镇长杨志强；来集镇党委书记陈晓伟，镇长王淑慧；城关镇党委书记冯玉玺，镇长冯俊亚；袁庄乡党委书记刘振敏（10月免）、赵凯（10月任），乡长周建伟；尖山风景区管委会书记陈钊利（6月免）、李忠敏（6月任），主任李忠敏（6月免）、刘宏建（6月任）。

【工业经济】 2013年，工业生产稳定增长。全年全部工业增加值完成3533924万元，比上年增长9.6%。其中，规模以上工业增加值完成3104871万元，比上年增长10.7%。

分轻重工业看，轻工业完成619485万元，比上年增长12.8%；重工业完成2485386万元，比上年增长10.2%。规模以上工业产品销售率99%。规模以下工业企业及个体增加值完成429053万元，比上年增长3.6%。

强力推进项目建设和招商引资，以项目促转型，以引资助发展。全市开工建设重点项目114个，完成投资167亿元。68个省、郑州市重点项目投资94亿元，占年计划的133%。康宁特、六冶重工、瑞万佳等15个项目建成投产，中原石油天然气总部、浦发造纸、科来华建材城等顺利推进，项目建设工作受到省政府通报表彰。招商引资成效明显。面向长三角、珠三角、环渤海等重点区域，深入推进“大招商”活动，波司登、香港迅捷、宝湾物流等27个超亿元项目签约落地。组织开展“百名专家新密行”、新材料研讨会等活动，集中签约18个项目，投资总额24.8亿元。引进郑州市外境内资金125.2亿元，实际利用外资1.7亿美元，荣获省对外开放先进县（市）称号。

做好产业发展规划。耐火材料产业发展规划、曲梁新材料示范区和岳村耐材工业园控规编制完成，企业总部经济中心建设进展顺利。与武汉科技大学合作开设耐材专业本科班，首批50名委培生入校就读。44个重点耐材项目完成投资36.6亿元，振东新材料3条生产线、瑞泰科技一期等竣工投产，豫顺合成炉料、振中熔铸高铝砖等正在调试。华威耐材与上市公司濮耐股份并购重组，远东、正泰分别与证券公司签订上市合作协议，企业资本运作能力和水平明显提升。全市耐材制品产量1177万吨，实现销售收入635.9亿元，对工业经济贡献率达到54.2%。

要素保障不断加强。坚持向上争取和内部挖潜并举，增加土地有效供给，批回土地521公顷，正组卷上报5496公顷，基本保障了用地需求，荣获省国土资源节约集约模范县（市）称号。推进政银企合作，加强对金融机构的考核奖励，组织召开对接会、培训会，全市新增贷款41.6亿元，比上年增长320%，增速居郑州各县（市）第一位。

【农业与农村经济】 2013年，实现农林牧渔业增加值167746万元，比上年增长4.1%。粮食总产量207300吨，比上年增长0.1%。其中，夏粮总产量106086吨，比上年增长1.1%；秋粮总产量101214吨，比上年减产0.9%。全年油料总产量10919吨，比上年下降0.6%；蔬菜总产量258174吨，比上年增长5%；水果总产量19673吨，比上年下降0.1%。全年粮食种植面积5.57万公顷，比上年增加24公顷。油料种植面积3645公顷，比上年下降5.5%；蔬菜种植面积5632公顷，比上年增长8%；水果种植面积1379公顷，比上年下降4.8%。全年肉类总产量21686吨，比上年增长5.7%；禽蛋产量27846吨，比上年增长2.3%；牛奶产量32420吨，比上年增长15.1%。全年水产品产量850吨，水产品养殖面积460公顷。当年造林面积1430公顷，木材产量14594立方米。全年有效灌溉面积14090公顷。节水灌溉面积2870公顷。其中，2013年新增有效灌溉面积1010公顷、节水灌溉面积870公顷。全市拥有农业机械总动力98.8万千瓦，比上年增长3.9%。拥有农用拖拉机9167台、农用运输车12534辆，耕种收综合机械化水平79.1%。全年农村用电量42686万千瓦时，化肥使用量27395吨。

2013年，全市流转土地1400公顷，创建粮食高产万亩示范田3个、千亩示范田5个，被评为省农业综合开发建设先进县（市）。全年新发展专业合作社30个、规模养殖企业10家。

【第三产业】 2013年，全市第三产业增加值169.7亿元，比上年增长9.4%。全年交通运输、仓储和邮政业增加值558422万元，比上年增长8.3%。公路运输完成货物运输量2377万吨，比上年增长8.6%；公路货运周转量458268万吨公里，比上年增长13.3%。公路运输完成旅客运输量3676万人，比上年增长0.2%；旅客周转量191794万人公里，比上年增长0.5%。年末全市民用机动车拥有量193608辆，比上年新增6316辆。其中，轿车87838辆，摩托车87723辆，货车及农用车18047辆。年末实有公交汽车798辆，其中城市拥有公交374台，城市公交客运量0.26亿人次。年末实有出租汽车437台。

全年完成邮电业务总量63374万元，比上年增长11.1%。其中，邮政业务总量6978.8万元，比上年增长13%；电信业务总量56395.2万元，比上年增长5.4%。全市拥有邮政局（所）22个，邮路总长度290公里。全年累计订销报纸1257.2万份、杂志27.5万本，年末邮政储蓄余额41.8亿元。年末本地电话用户850314户。其中，固定电话用户120463户，移动电话用户729851户。年末3G移动电话用户134512户，比上年增长33.5%。年末互联网用户166773户，比上年增长15.2%。其中，手机上网人数109612人。全年新增光缆线路长度5529.3千米。

全年共接待国内外旅游者140万人次，比上年增长2.1%；旅游总收入达24200万元，比上年增长4.3%。年末共有旅游景区景点11家，其中AAA级旅游景区2处；拥有星级酒店3家，星际饭店客房总数725间；拥有国内旅行社14家。

【新型城镇化建设】 新密市按照新“三化”协调发展空间布局规划，将全市303个行政村中的71个并入14个城市社区、83个并入19个镇区社区、149个合村并点成56个农村社区，共建成89个新型社区。新型社区建设坚持“市规划、镇主导、村建设”的理念，选准六项切入点，按照煤矿搬陷区、城区产业集聚区周边三公里、交通道路和生态廊道拆迁安置、偏远山区移民搬迁和旅游开发、项目带动以及没有任何补偿村庄的拆迁安置等六类模式，分类推进。新型社区建设坚持规划引领，落实“一承诺三监督”机制，提升建设质量品位。按照社区建设“1+25”的要求，完善新型社区基础设施和公共服务设施配套建设，让农民既享受到同城市一样的基础设施和公共服务，又享受到美丽的乡村田园风光。至2013年年底，全市建成和在建新型社区64个，累计投资167亿元，建成住宅597万平方米，入住群众2.6万户10万人。初步形成城乡一体化发展格局，全市城镇化率达到49.41%。投资规模、社区数量、入住人数均居省、郑州市前列，走出了一条具有新密特色的新型城镇化发展路子，中央电视台等主流媒体先后多次进行了报道。

【生态建设】 新密市把生态文明理念贯穿于城乡发展的全过程。在生态廊道建设上，突出“高密度、大绿量、多节点、多功能、三季花、四季青、既造林、又造景”和“乔灌花、高中低、点线面、红黄绿”的建设理念，坚持路林相随、林随路走，突出境内主干道和连接新型社区道路，高标准设计，精细化施工，提升廊道绿化品位。在2012年实施廊道绿化20条158.1公里828.6万平方米的基础上，2013年又投资13.6亿元，

生态廊道（石坡口段）

实施生态廊道绿化21条165公里，绿化栽植920万平方米，基本实现主干路网绿化全覆盖。

全面开展PM2.5监测，严禁采石场私挖滥采，128家耐材企业改用清洁能源，城区燃煤锅炉拆改到位，秸秆禁烧成效明显。持续深化环境卫生综合整治，健全完善常态化保洁机制和垃圾收运处理体系，全市配备环卫工人7600余名。环境空气质量综合指数继续居郑州县（市）第一位。“干净整洁”成为新密的靓丽名片。

【产业集聚（园）区建设】 新密有省级产业集聚区1家——新密（曲梁）产业集聚区，郑州市级专业园区3家——新密市耐火材料产业园区、新密市清洁生产循环经济产业园和新密市节能环保产业园。2013年，全市产业集聚区（含专业园区）规模以上工业增加值完成146.3亿元，比上年增长16.3%，占全市总量的47.1%。实现主营业务收入580.2亿元，比上年增长19.6%。其中，主导产业主营业务收入396.9亿元，比上年增长18.7%。

新密（曲梁）产业集聚区，成立于2003年4月，2012年升级为河南省级产业集聚区，规划面积13.35平方公里，主导产业为品牌服装和装备制造，属郑州都市区建设“六城十组团”优先发展区域之一。

2013年，新密（曲梁）产业集聚区在全省180个省级产业集聚区中综合排名第53位，在郑州市15个省级产业集聚区中综合排名第三。全年新开工亿元以上项目17个，累计入驻企业67家，实现工业增加值48亿元，主营业务收入193亿元，增速26%；完成固定资产投资84亿元，增速52%。

新密新区，位于郑尧高速曲梁轩辕丘站以东2公里，与新密（曲梁）产业集聚区叠加融合发展。

新密（曲梁）产业集聚区按照“四集一转”（企业集中布局、产业集群发展、资源集约利用、功能集合构建、农民向城镇转移）产城融合的要求和“一年打基础、两年出形象、三年成规模、五年大跨越、十年建新城”的建设目标，全面推进基础设施、招商引资、项目建设、社区建设等各项工作。一个“先进制造基地、品牌服装之都、生态宜居新城”已现雏形。

先进制造基地建设。产业园规划建设10平方公里。2012-2013年，浙大环保科技创业园、康宁特环保装备、信达环保科技、众英环保、工信华鑫环保科技、六冶科技重工、酷派电子、新科电控等一批亿元项目相继入驻，形成了以大气、水、电子垃圾治理为重点的比较完整的产业体系，“以产兴城”快速推进。

2013年10月29-30日，中国环保机械行业协会大气污染防治装备专业委员会工作会议在新密市召开，国内外环保专家齐聚新密，助力新密环保装备产业发展。

品牌服装之都建设。从2012年开始，建设集研发、生产、展示、销售“四位一体”的服装集散地，积极承接产业转移，重点推进品牌服装工业园建设，打造品牌服装之都。加大招商引资力度，一批大型纺织服装企业和国内外名牌服装企业入驻。投资80亿元的波司登服装工业园、投资5亿美元的香港迅捷环球制衣、投资38亿元的锦荣服装创意产业园、投资16亿元的同赢服装园、投资13亿元的中金汇仁服装产业孵化园等相继签约开工，有力承接了郑州市服装批发市场外迁转移，为打造国际化的“品牌服装之都”提供了强大动力。

2013年，全市服装行业集群化发展水平得到全面提升，实现产量5851万件，销售收入67.4亿元，实现增加值16.7亿元，比上年增长19.4%，高于全市规模工业增速8.7个百分点。

生态宜居新城建设。园区硬件建设完备。2012年以来，加快推进集聚区路网和市政配套设施建设，至2013年，新密（曲梁）产业集聚区累计投资10亿多元，建设工业大道、劳动街等“八纵六横”14条道路，环线和骨干道路全部通车；园区污水处理厂二期加快建设，建设标准化厂房13万平方米，安置房25万平方米，铺设雨污管网30多公里；110千伏变电站项目前期已完成，架设路灯1000多盏。

以拆迁安置和新型社区建设为抓手，按拥有一套住房、一个岗位、一份社保、一份租金、一块菜地“五个一”的要求，推动规划区内2万多农民向“新市民”转变。容纳2万人的安置社区已开工建设。围绕“让每一名劳动力都能就业”的目标，排查企业用工需求，为群众提供就业指导、技能培训

平陌香山社区天鹅湖公园一角

2000多人次。

【中心城区功能提升】 截至2013年年底，全市城区面积78.22平方公里，其中建成区面积达到23.3平方公里。建成区绿化覆盖面积8.15平方公里，人均公共绿地面积13.30平方米，绿化覆盖率34.98%。园林绿地面积6.67平方公里，绿地率28.63%。拥有供水管道248公里，供水总量1215万立方米，用水普及率90.85%。拥有供气管道177公里，供气总量3650万立方米，燃气普及率91.89%。拥有公园2个，公园面积110公顷。拥有城市道路95.6公里，人均道路面积16.46平方米。城市生活垃圾无害化处理率100%，城镇生活污水处理率84.98%，全市城镇化率达49.41%。

中心城区功能逐步完善。新华路中段、金凤路北段建成通车，长乐路南延、新华路西延建设进度超过七成，袁井路完成工程量60%以上，密州大道南延、溱水路东延加快推进，城市框架进一步拓展。实施城中村、旧城改造项目15个，东城半岛、青屏苑等开发项目完成投资10.6亿元，片区改造实现了新的突破。公安信息技术指挥中心、燃气大厦等主体基本完工，邮政综合楼开工建设。铺设改造供水管网5.5公里、供气管网30公里、供热管网3公里，建设游园绿地41万平方米，中心城区集聚力、承载力进一步增强。

【社会管理】 2013年，全市修订完善了《三级网格建设标准》，对1.5万余名网格人员进行业务培训。深入排查治理七个领域矛盾问题，组织开展食品、锅炉、电梯和活动板房专项整治，累计排查化解矛盾问题5.3万件。2013年，郑州市网格化管理现场观摩会在新密市召开。

健全完善安全生产隐患排查治理挂牌督办、周例会、日报告等工作机制，深化煤矿"一矿一站"监管模式，深入开展重型货车、建筑施工、消防等专项治理，有效防控H7N9禽流感，安全生产形势持续平稳。完善社会治安综合防控体系，继续开展"四严一创"等专项行动，认真落实领导"接访、下访"等制度，努力预防和化解社会矛盾，社会大局总体和谐稳定，荣获省信访工作优秀县（市）称号。民主法治建设得到加强，政府自觉接受人大法律监督和政协民主监督。全年办理人大代表议案、建议92件，政协委员提案208件，办结率100%。加强政府自身建设，推进政务信息公开，行政效能和公务员素质不断提高。

【民生建设】 2013年，新密市民生实事工程圆满完成。树立"民生靠投入"的理念，办好离群众最近的实事好事。新建乡镇公办幼儿园7所，投资1.5亿元的金凤路中小学、市直三幼建成招生。2013年，高招一本上线588人，居郑州县（市）第二位。荣获全国首批教育均衡先进县（市）、全国群众体育工作先进单位称号。卫生监督所、救援中心、青屏卫生服务中心开工建设，城区医疗资源分布更趋合理。农村数字电视工程进展顺利，免费放映电影3636场、送戏下乡230场。2013年，全市征缴社会保险费7.5亿元，发放低保、五保、医疗救助、孤儿养育金6800万元，小额担保贷款1.2亿元。新增城镇就业再就业1万人、农村劳动力转移就业2万人。荣获省就业工作先进单位、全民技能振兴工程先进县（市）称号。社会福利中心、就业服务中心等工程有序推进，建成保障性住房458套，建设扶贫搬迁住宅楼41幢，入住群众1250户4600余人。

（王国昌　王东阳）

登封市

【概况】2012年，登封市总面积1217平方公里，其中耕地面积46462公顷。辖4个乡、8个镇、3个街道、1个工业区和1个矿区管委会，303个行政村，20个居民委员会，2532个村民小组。总人口68.0万人。人口自然增长率为5.98‰。

2012年登封市生产总值完成45.1亿元，比上年增长9.1%。地方财政收入完成37.9亿元，比上年增长28.7%。全社会固定资产投资310.1亿元，比上年增长22.2%。社会消费品零售总额136.6亿元，比上年增长14.1%。城镇居民人均可支配收入21723元，比上年增长10.2%。农民人均纯收入12121元，比上年增长12.8%。

【机构与领导】 中共登封市市委：书记郑福林；副书记乔耸、杨昆峰；市委常委：郑福林、乔耸、杨昆峰、董焕德、孟永瑞、魏诗礼、彭立、赵华敏、李诺民、杨戌超、王升建、杨洁、马素华。

市委工作部门：市委办公室主任彭立；宣传部部长马素华；统战部部长杨洁；政法委书记杨戌超；群工部部长刘爱芳；信访局局长崔东飞；机关事务局局长郑凤鸣；党校常务副校长郭年凯；市直工委书记杨军辉；老干部局局长王玉存；档案局局长范涛。

市二届人大常委会：主任董焕德；副主任谢奇、王书军、阎新生、曼国永、杨建勋、董喜年。

市人大常委会工作部门：市人大常委会办公室主任张克彬；财经工委主任王学杰；农工委主任岳继红；人事任免工委主任杨意华；代表联络信访工委主任王红伟；法工委主任郑永红；城建工委主任郑建伟；信访室主任高泉平；科教文卫工委主任孙红伟。

市人民政府：市长乔耸；副市长赵华敏、李诺民、杨洁、李伟光、朱耀辉、黄卫东、马宏伟、张治怀、陈治龙。

市政府工作部门：市政府办公室主任曹红宾；嵩管委主任乔耸；监察局局长李云敬；人防办主任赵大杰；法制局局长席遂兴；市志办主任吕宏军；外侨办主任孙书峰；扶贫办主任袁松乾；发展计划委主任闫文定；物价局局长刘效克；粮食局局长徐臣义；科工信委主任任永立；安监局局长梁跃飞；计生委主任马炎治；财政局局长王建永；公安局局长张遂旺；民政局局长范新杰；人事劳动与社保局局长荣二平；住建局局长尚春和；环保局局长郭更森；农工委主任马宗仁；林业局局长李云峰；水务局局长刘超杰；国土局局长韩志刚；煤炭局局长胡彦敏；交通局局长甄少杰；教体局局长李成林；文物局局长吕伟；卫生局局长冯巧云；爱卫办主任李劲飞；统计局局长张健；审计局局长冯迎灿；司法局局长王劳康；文广新局局长王彩虹；宗教局局长白金永；旅游局局长王绍锋；林管分局局长王亚飞；农机局局长吴英敏；商务局局长毛鹏展；供销社主任吴建洪；医药公司经理冉永套。

政协市二届委员会：主席孟永瑞；副主席张书凯、常兴文、刘白雪、孟占江、王丽、释永信。

市政协工作部门：市政协办公室主任赵彦铮；提案委主任刘春萍；经济科技委主任张颖钊；文教卫体委主任刘元京；台港澳侨联络委主任吕富岳；农业委主任刘丹颖；学习文史委主任常松木。

中共市纪律检查委员会书记：魏诗礼。

市人民武装部部长：严书伟；政委：杜文功。

市人民法院院长：李新。

市人民检察院检察长：马玉东（9月离）、刘文胜（代）。

市群团组织：总工会主席张书凯；团委书记王磊；妇联主席屈超敏；侨联主席李庆林；文联主席孙晓玲；工商联主席杨志伟；科协主席张松波。

乡镇、街道、区工委：颍阳镇党委书记吴建伟，镇长雷新亚；君召乡党委书记段世民，乡长张晓峰；石道乡党委书记杨飞剑，乡长王志鸿；大金店镇党委书记郭建刚，镇长景晓明；东华镇党委书记申卫保，镇长吴燕；白坪乡党委书记刘洋，乡长李俊峰；卢店镇党委书记周华芳，镇长孔玉峰；唐庄乡党委书记李剑玮，乡长高少雷；告成镇党委书记何聪道，镇长杨伟平；徐庄镇党委书记宋剑，镇长董剑飞；大冶镇党委书记郑振武，镇长王志斌；宣化镇党委书记薛少龙，镇长（空缺）；嵩阳街道党工委书记孙玉生，办事处主任刘现伟；少林街道党工委书记何延木，办事处主任周莉；中岳街道党工委书记赵春营，

2013年建成开园的棋盘山公园

办事处主任朱振信；阳城工业区党委书记孙卫杰，管委会主任孙利锋；送表矿区管委会党委书记李金成，管委会主任岳小争。

【工业经济】 工业结构持续优化。23个亿元以上重点项目全部开工建设，全年完成投资30.4亿元，同比增长11%。高新技术产业增加值完成31.4亿元，同比增长32.5%。主导产业和新兴产业规模不断壮大。慧宝源生物医药产业园一期厂房主体完工，河南国华医药物流一期等7个项目竣工投产。生物医药、新材料、装备及汽车零部件制造产业实现产值215亿元，同比增长77.7%，占工业比重达到16%。积极开展家居产业招商，与中国家居品牌联盟签订战略合作协议，成功引进亚力山卓、香港康升等行业龙头企业。传统产业加快升级。煤矿“163”工程扎实推进，地方主体煤矿基本实现综采综掘。登电集团销售收入首次突破200亿元。郑州荣铝年产5万吨铝箔生产线等6个项目竣工投产。嵩山特材堆积磨料砂带生产技术填补国内空白。中联登电水泥、德盛耐材等6个企业完成节能技改。科技创新成果丰硕。建立企业院士工作站1个，培育知识产权优势企业2家，新增国家级高新技术企业、创新型试点企业8家，创建省、郑州市级工程技术中心、企业技术中心16家。

【现代农业】 农业产业化步伐加快。全年实现农业总产值21亿元，同比增长3.6%。新发展核桃、芥菜、金银花等特色种植3133.33公顷；新上三木养殖、全生农牧等规模化养殖项目15个，畜牧业实现产值9.2亿元；新增农产品加工项目5个，完成销售收入3.5亿元；新建休闲观光农业项目18个，完成投资3.9亿元。培育郑州市级农业龙头企业6家，成立农民专业合作社35个，带动农户7.8万户。农业发展条件持续改善，落实各项支农惠农资金4.5亿元。完成易地扶贫搬迁1814户6730人，发放小粮仓1万套。改造农村电网91.3公里，新增农村土地流转面积866.67公顷，改造中低产田2000公顷。除险加固水库15座，治理河道23.2公里，时隔22年再次获得全省农田水利基本建设“红旗渠精神杯”。

【文化旅游产业】 强力推进文化旅游产业发展。白沙湖文化休闲健康产业园等25个项目成功签约，引资额占三次产业引资总规模的63%。登封文化创意园、嵩山少林武术博物院等重点项目进展顺利。天地之中文化旅游专业园区完成固定资产投资13.9亿元。遗产保护利用不断加强。新增国家级文物保护单位5处，塔林、少室阙等保护工程加快推进。第二届“嵩山论坛”成功举办。景区服务水平持续提升。省级旅游标准化示范县（市）创建工作通过终期评估。嵩山被评为“中国最美地质公园”。全年接待中外游客958万人次，同比增长10.1%；实现门票收入3.6亿元，增长13.1%。现代服务业发展迅速。登封农村商业银行挂牌成立，交通银行成功入驻，实现新增贷款和资本市场融资34.5亿元；国际商贸城、中大家居建材城等项目顺利推进；礓槽•弘园、御景东方、创佳•紫薇城等房地产项目竣工开售。服务业完成固定资产投资116亿元，实现增加值122亿元，同比增长9.4%。

【新型城镇化建设】 路网廊道建设成效明显。全年完工道路22条166公里，绿化廊道29条209公里，初步形成“两纵三横日字形”路网框架。新型社区建设步伐加快。累计开工新型社区36个，建成安置房369万平方米，安置群众6万余人，安置率达到73.2%。中心城区功能持续提升。特色商业区、专业市场、水电气暖等专项规划正式实施；天地之中•嵩山广场、中天广场等项目有序推进，登封大道升级改造工程基本竣工，菜园路、谷路街、书院河南路3条断头路实现贯通，棋盘山公园建成开放。新区起步区公共设施基本完善。水电管网配套到位，政通路、天中路等5条道路竣工通车，阳城医院、中强学校等项目主体完工。园区承载力进一步增强。产业集聚区、专业园区和乡镇特色产业园完成投资145.4亿元，建成道路16公里、管网21.5公里、标准化厂房17.6万平方米，吸纳就业5.4万人。城乡管理不断加强。扎实开展环境卫生综合整治，顺利通过全国爱卫办暗访检查。宣化镇、告成镇被命名为国家卫生乡镇，大冶镇南庙村等15个行政村被评为省级卫生村。

【社会事业】 社会事业不断进步。2013年，民生投入40亿元，占财政支出的77.5%。安全饮水工程、保障房建设等民生实事全部完成。发放创业小额担保贷款1亿元，新增就业再就业6059人，农村劳动力转移就业1.4万人，实现脱贫4750人。投资1.4亿元，新建、改建幼儿园8所、中小学13所。市公共卫生综合管理服务中心主体完工；80个村级标准化卫生室规范药房建成投用；登封市被评为河南省卫生应急综合示范县（市）。国家计划生育优质服务县（市）创建工作通过省级验收。食品安

国家卫生和计划生育委员会副主任王国强到登封市中医院调研

全监管不断加强，大宗食品抽检合格率达到92.7%。城乡社保覆盖面不断扩大，新型社区居民逐步纳入社保范围，“五大保险”参保人数达23.2万人次。市区有线电视数字化整体转换工程全面完成；行政村文化大院和农家书屋实现全覆盖；公共文化服务体系示范区创建工作通过国家验收。成功举办全国武术少林拳比赛；登封市被评为全国群众体育先进单位。残疾人保障、妇女儿童工作不断加强，被评为妇女儿童发展国家级示范县（市）。

生态环境持续改善。投资3.1亿元，全面开展电力、水泥企业烟气治理，华润电力、嵩基水泥等6家企业脱硝工程建成运行。拆改市区燃煤锅炉54台，企业料场及周边道路扬尘治理成效明显，空气质量优良天数保持在90%以上。颍河、双洎河等河道治理工程进展顺利。登封新区等3座污水处理厂和石道乡、大金店镇等5处人工湿地建成运行。扎实开展少林水库、纸坊水库等饮用水源地综合整治，水质达标率100%。林业生态建设不断加强，新增绿地面积4316万平方米，造林2733.33公顷，林木绿化率达到40%。徐庄镇被评为国家级生态乡镇。

【嵩山论坛】 2013年9月5日-13日，由中国国际文化交流中心、河南省华夏历史文明传承创新基金会、北京大学高等人文研究院联合主办的“嵩山论坛”在登封举行。

河南省副省长、组委会主任张广智，北京大学高等人文研究院院长杜维明，全国政协常委、中国国际文化交流中心顾问、中央党校原副校长李君如，中国工程院院士、副院长、中国科协副主席、美国国家工程院外籍院士谢克昌等专家学者、文化名人400余人出席开幕式。

论坛围绕“人文精神与生态意识”这一主题进行了深入交流，国内外知名专家学者、省部委领导、企业界人士430余人参加会议，举行主题报告6场，专题演讲20余次，收到论文120余篇，成功推介了一批华夏历史文明传承创新示范工程项目。

与会专家一致认为：在世界文明中，五千年华夏文明是唯一没有中断的文明，华夏文明根在中原、源在河洛。核心是中，精髓是和。在中华文明发展过程中，中原文化始终引领着华夏文明的发展方向和脉动潮流。中原文化还是一种开放性的文化，曾长期通过陆上、海上丝绸之路，与世界其他文明交流碰撞、融合发展。

【禅武医理论与实践研讨会】 2013年5月31日-6月1日，第三届禅武医理论与实践研讨会在登封召开。此次研讨会由河南省对外友好协会、河南省旅游发展促进会、登封市人民政府、香港中文大学联合主办，登封市人民政府和嵩山禅武医研究院承办。

河南省副省长张广智、省政协副主席靳绥东、《光明日报》副总编刘伟、省人大常委会内司委主任桑金笠、省人大常委会环资委主任王群、嵩山禅武医研究院名誉院长、省政府参事赵国成、河南省旅游发展促进会常务副会长苏福功等出席会议。大会由登封市副市长裴松宪和清华大学人文学院教授李伯重主持。河南省人民政府副省长张广智和登封市人民政府市长乔耸先后致欢迎词。会议期间，德建法师讲解了嵩山禅武医的丰富内涵，介绍了禅武医内养功及其他几种套路，并由他的几位优秀弟子在现场演示练习方法、实际功效。

（吕宏军）

新郑市

【概况】 2013年，新郑市总面积873平方公里，其中耕地面积48793.3公顷。辖9个镇、3个乡、3个街道，293个行政村，34个居民委员会。总人口66.6万人，其中乡村人口52.2万人。人口自然增长率为5.65‰。

2013年，全市完成地区生产总值525.3亿元，比上年增长9.8%。地方公共财政预算收入38.03亿元，比上年增长41.1%。其中，税收27.6亿元，比上年增长56%，占地方公共财政预算收入72.6%，比上年提高 6.9个百分点。全社会固定资产投资360.8亿元，比上年增长26%。社会消费品零售总额165.6亿元，比上年增长14.3%。农民人均纯收入、城镇居民人均可支配收入分别达到14510元和22916元，比上年分别增长12.5%和12%。县域经济发展质量总体评价位居全省108个县（市）首位，全国中小城市综合实力百强县（市）和县域经济基本竞争力百强县（市）排名分别升至第49位和61位，首次跻身全国财政收入百强县（市）。镇域经济实力明显增强，龙湖镇财政收入突破10亿元，财政收入超亿元乡镇达到6个。

【机构与领导】 中共新郑市市委：书记王广国；副书记张国宏（8月免）、刘建武（1月任）、刘仲利（6月免）；市委常委：王广国、张国宏（8月免）、刘建武（1月任）、刘仲利（6月免）、王俊杰、孙淑芳（女）、李占龙、付桂荣（女）、刘德金、李志强、汤晓义、苗瑞光。

市委工作部门：市委办公室主任汤晓义；组织部部长刘德金；宣传部部长付桂荣（女）；统战部部长李志强；政法委书记李占龙；老干部局局长刘德铭（9月免）、荆勇杰（9月任）；信访局局长赵志健（9月免）、尚忠（9月任）；档案局局长秦成伟；党校常务副校长王向阳。

市四届人大常委会：主任李书良；副主任王军生、冯西乾（7月退休）、孙阔、彭德成、郭明熙、王金灿、左建新、杨流（3月任）。

市人大常委会工作部门：市人大常委会办公室主任白春芳；法工委主任周宏伟；农工委主任谷宏发（2月任）；代表工委主任歹华民（2月免）、张新志（2月任）；老干部科长冯丽娜（女，2月免）、孔会成（2月任）；教科文工委主任刘宏战（2月免）、歹银花（女，2月任）；人事任免科科长张新志（2月免）、刘占有（2月任）；信访室主任歹银花（女，2月免）、董建红（2月任）；财经工委主任贺立军。

市人民政府：市长张国宏（7月免）；副市长孙淑芳（女）、李志强（1月免）、刘五一、李颖军、王保军、赵建武、关民安、缑云峰、康红阳、秦彩霞（女）。

市政府工作部门：市政府办公室主任李俊鹏；监察局局长杨献珍；机关事务局局长鲁鹏程（9月免）、丁利民（9月任）；市志办主任马红军；法制办主任张建鸿；技术监督局局长宋雪峰；住房和城乡建设局局长齐光辉；交通运输局局长贾桂芬（女）；农业农村工委主任李俊岭；林业局局长戴金平；水务局局长赵富贵（10月免）、王国良（10月任）；商贸公司总经理赵锋申（9月免）、安永强（9月任）；粮食局局长鲁生伟；财政局局长貊海森；工商局局长郭建军（3月免）、郑皓（3月任）；审计局局长周宏超；供销社主任李新保；人口和计生委主任唐宏伟；文化广电新闻出版局局长刘学敏；环保局局长苗松发（10月免）、贾有怀（10月任）；卫生局局长李长法；旅游文物局局长张向东；发展和改革委主任刘红军；商务局局长韩东伟（10月免）、刘松岭（10月任）；统计局局长刘德智；国土局局长赵海峰；人力资源和社保局局长贾俊峰（10月免）、韩东伟（10月任）；社会保险局局长赵明；公安局局长赵建武（6月免）、朱海新（6月任）；司法局局长朱秋国；民政局局长赵子剑（10月免）、李炎宏（10月任）；科技和工信委主任付建峰；气象局局长闫伟杰；邮政局局长张海燕；烟草局局长王保军；安全生产监管局局长王国良（10月免）、马冠亚（10月任）；轻工公司经理毛红军（9月免）、耿扬（9月任）；供电公司经理滑道衡（10月免）、王相杰（10月任）；食品药品监管局局长王晓莉；物资公司经理石贵现；城乡规划和城管局局长王忠贺；黄帝故里景区管委会主任秦洪源；具茨山国家级森林公园管委会主任李新成；中心城区新区建设管委会主任关民安。

政协市四届委员会：主席陈莉

（女）；副主席戴宇林、苏铁林、李中俊、王海民、李建国、张全民。

市政协工作部门：市政协办公室主任安义刚（9月免）、李炎武（9月任）；教科文体卫委主任李富湛（1月免）、张瑜（9月任）；经济委主任白宵偲（女，1月免）、史新军（1月任）；文史资料委主任马林清（1月免）、陈新红（1月任）；老干部科科长史新军（1月免）、高烨（9月任）；社会法制委主任苏留欣（1月免）、赵明旭（1月任）；港澳台侨委主任王艳；农委主任贾连卿（1月免）、刘新轩（1月任）；提案委主任吕宪宝（1月免）、白宵偲（女，1月任）。

中共市纪律检查委员会书记：王俊杰。

市人民武装部部长：王海亮（3月免）、胡其宝（3月任）；政委：苗瑞光。

市人民法院院长：王栋。

市人民检察院检察长：李广建。

市群团组织：妇联主席郑彩霞；团市委书记张磊；工商联会长王海民（1月免）、王付军（1月任）。

街道、乡镇：新华路街道党工委书记连合群（9月免）、李宗元（12月任），办事处主任李宗元；新建路街道党工委书记闫建军（2月免）、秦洪源（2月任），办事处主任赵敏祥；新烟街道党工委书记胡凯军（12月免）、敬伟民（12月任），办事处主任敬伟民；城关乡党委书记周建超（12月任），乡长马东亮；辛店镇党委书记周书明（2月免）、戴茂松（12月任），镇长戴茂松（12月免）、师俊杰（12月任）；观音寺镇党委书记田延辉（12月免）、陈定（12月任），镇长周伟杰（12月免）、贾伟斌（12月任）；梨河镇党委书记贾晓建（9月免）、刘奎志（12月任），镇长刘奎志（12月免）、陈同周（12月任）；和庄镇党委书记乔建伟（2月免）、王俊杰（2月任），镇长冯军辉；八千乡党委书记周树军（12月免）、曾海林（12月任），乡长曾海林（12月免）、米海涛（12月任）；龙王乡党委书记吴顺祥，乡长左超伟；薛店镇党委书记郭伟斌，镇长赵东伟（12月免）、安广涛（12月任）；孟庄镇党委书记马书强（12月免）、赵东伟（12月任），镇长唐永刚；龙湖镇党委书记杨春峰（2月免）、马国亮（2月任），镇长李炎宏（9月免）、马绍敏（12月任）；郭店镇党委书记沈宝峰（12月免）、高红伟（12月任），镇长高红伟（12月免）、马聪峰（12月任）；新村镇党委书记荆新发（2月免）、刘建武（2月任），镇长赵淑梅（女，9月免）、周伟杰（12月任）。

【工业经济】 围绕以食品烟草、生物医药、商贸物流为主，以富士康配套产业、高端制造业和传统制造业提升为辅的产业体系，加速项目建设，新开工项目115个，建成项目63个。工业主导日益突出，规模以上工业企业达299家，年销售收入超10亿元企业达16家。招商引资卓有成效，全年新招项目98个，到位资金105亿元，比上年增长28.4%。食品烟草、生物医药等产业加速扩张，雏鹰农牧冷鲜肉及饲料加工、卓峰制药水针剂等一批项目竣工投产，雪花啤酒、光明乳业等一批项目快速推进，两大产业完成增加值153.3亿元。产业集聚区建设步伐加快，新港产业集聚区、中原食品工业园、辛店循环经济产业园功能不断完善、企业更加集聚。

【农业与农村经济】 持续加大农业投入，加强农田水利基本建设，新打配机井1680眼，实施农业综合开发5333.33公顷，建成高标准农田2666.67公顷。粮食生产经受住严重干旱考验，总产达28.9万吨。畜禽养殖总量超过4000万头（只），畜牧业增加值占第一产业比重达42.8%。现代农业蓬勃发展，新增农民专业合作社58家、郑州市级农业龙头企业10家、无公害农产品生产基地437.72公顷，白象食品小麦种植产业园获得国家绿色食品认证。都市型现代农业示范区通过规划评审并启动建设，入驻企业9家，全市新增流转土地3200公顷。2013年，新郑市荣获全国最具农业投资价值县（市）和全国品牌农业示范县（市）称号。

【第三产业】 旅游产业持续升温，成功承办癸巳年黄帝故里拜祖大典和黄帝文化国际论坛，车马坑景区改造完成，郑韩故城遗址公园被列入国家考古遗址公园名录。全市共接待游客421.7万人次，实现旅游收入11亿元，比上年增长14.6%。商贸物流业规模壮大，华南城一期220万平方米交易广场主体封顶，签约商户2万多家；华商汇、郑州国际农机交易中心、乾龙物流园全面启动。房地产业健康发展，新开工商品房156万平方米，完成交易额113.3亿元，比上年增长114%。

【城乡建设和管理】 新区建设突飞猛进，文化路黄水河桥、弘远路等5项建设工程竣工，“四纵四横”路网框架基本形成；卫生服务中心、幼儿园建成投用，轩辕湖湿地文化园、植物园向市民开放。老城区改造加快实施，黄帝故里扩建二期拆迁全面完成，新改造背街小巷32条、老旧小区10个、街头游园8处，便民服务中心、公共停车场主体完工，被确定为全国首批智慧城市创建试点市。龙湖宜居教育城建设提速，鸿鹄路南延等10条道路建设完成，郑州绕城高速轩辕故里站开放通行，铺设水电气暖各类管线175.2公里，龙湖实验小学、郑州一中龙湖校区建成招生。全年完成各类拆迁316.9万平方米；新开工郭店镇铜佛赵、孟庄镇双唐等社区6个，新建安置房293.4万平方米，梨河镇绰刘、孟庄镇鸡王等8个社区实现回迁，2.37万名群众入住新居。启动大学路南延等66条道路建设工程，中兴路至神州路东延、庆安路南段拓宽等工程完工，新建改造各级道路236.6公里、城乡电网108公里。大力实施造林绿化，建成G107、新村大道等生态廊道10条87.2公里，完成各类造林642.73公顷。加强“两河两区”综合治理，除险加固水库11座，疏浚清淤河道4.2公里，双洎河、十七里河水质全面达标出境。扎实开展城乡环境卫生整治，新创郑州市级以上卫生村（社区）14个、卫生单位17个。集中开展“蓝天行动”，拆除改造燃煤锅炉52台，淘汰落后产能企业6家，城区空气质量达到或优于国家二级标准天数达322天，环境综合整治定量考核再次位居全省前列。

郑新快速通道

美丽的黄水河畔

【社会管理】 深化行政审批制度改革，精简行政审批事项38项，取消和降低行政事业性收费项目13个。认真落实项目并联审批和“首席服务官”制度，探索推行“三色旗”评定、AB角工作机制，行政效能大幅提升。相对集中行政处罚权改革全面到位，行政执法能力逐步提高。集中开展环境综合整治月活动，经济发展环境不断优化。坚持领导轮流接访，干部定期下访，化解了一批信访难题，荣获全省信访工作先进县（市）称号。坚持以网格化管理为载体，深化依靠群众推进工作落实长效机制建设，排查两大类20项工作突出矛盾33455起，调处33393起，调处率达99.8%。严厉打击各类违法犯罪行为，公众安全感指数位居全省前列，再次被评为全国平安建设先进县（市）。

【社会事业】 2013年，投入民生资金32.7亿元，比上年增长23%，向全市人民承诺的十件实事较好完成。大力推进创业就业，发放小额担保贷款1.06亿元，新增城镇就业再就业9607人，农村劳动力转移就业18601人。社会保障扩面提质，新建村级幸福院和社区老年人服务站17个；城乡居民社会养老保险参保居民36.28万人，60周岁以上居民参保率达100%；新型农村合作医疗参保人员50.3万人，参合率达99.8%；大病保险最高报补标准由10万元提高至35万元，城乡居民最低生活保障标准分别由310元、200元提高至360元和240元，全年发放低保金5694.8万元。安居工程顺利推进，建成保障性住房636套，为653户住房困难家庭发放住房补贴179万元，住房保障覆盖率达100%。教育事业蓬勃发展，扎实推进学前教育“三年行动计划”，新建、改扩建城乡中小学、幼儿园25所，高考成绩连续22年位居郑州六县（市）前列，荣获全国义务教育发展基本均衡县（市）等荣誉称号。医疗服务能力持续提升，市级公立医院建设、第二人民医院迁建等工程全面启动，人民医院新院区主体工程完工，新建、改扩建和庄等乡镇卫生院5个；为全市60周岁以上老人和中小学生进行免费体检；被评为全国基层中医药工作先进县（市）。改造提升村级文化大院30个，免费为3万户群众配置有线电视数字机顶盒，顺利通过国家公共文化服务体系示范区验收。深入开展“六个一”文化惠民工程，举办各类文艺巡演活动366场，“百姓大舞台”被评为郑州市最受群众喜爱的文化活动。坚持计划生育基本国策，连续十年保持全国计划生育优质服务先进县（市）称号。

【成为全国最具农业投资价值县（市）】 近年来，新郑市高度重视“三化协调”“四化同步”发展，大力推进都市型现代农业示范区建设，促进现代都市农业发展，加快农业现代化进程。规划了南北两大区域，北部为都市型现代农业示范区，主要涉及新村、郭店、薛店、孟庄、龙湖等5个乡镇，规划面积1.67万公顷；南部为都市型高标准粮田优种示范区，主要涉及梨河、观音寺、城关等3个乡镇，规划面积1.33万公顷。截至2013年年底，已投资3亿多元，对示范区的水、电、路、渠、桥涵、通讯、燃气等基础设施进行全面建设；吸引好想你枣业公司、河南高发农业公司、河南大地果商贸公司、河南日新农业公司等一批知名农业企业入驻，现代都市农业发展如火如荼。2013年11月28日，在中国县域现代农业发展高层会议上，新郑市荣获“全国最具农业投资价值县（市）”称号。

【成为全国品牌农业示范县（市）】 近年来，新郑市高度重视品牌农业发展，大力推动农业农村经济品牌化、产业化和现代化，形成了大枣、畜牧、粮油三大主导产业，蔬菜、特色果品、花卉苗木三大特色产业，构建了以特色农业为主导、涉农企业为龙头、城乡互动的现代都市农业发展新格局。截至2013年年底，全市发展各级农业产业化龙头企业68家，其中省级以上11家、国家级3家，农业龙头企业年销售收入达168亿元。正龙、好想你、雏鹰农牧3家公司获得全国农业产业化“十强龙头企业”称号。好想你枣业、雏鹰农牧已成为上市农业企业的领导品牌。好想你枣制品、雏鹰生猪、白象食品被河南省政府认定为省农业产业化集群。“豫君源”牌蔬菜在省内首家通过欧盟有机食品认证。龙湖镇泰山村的休闲农业被列为国家“一村一品”示范村镇。2013年11月28日，在中国县域现代农业发展高层会议上，新郑市荣获全国“品牌农业示范县（市）”称号。

【成为全国法治县（市、区）创建活动先进单位】 近年来，新郑市持续组织开展了“民主法治村（社区）”“诚信守法企业”“学法、用法、守法示范户”等一系列法治创建活动，充分把法治建设工作统一到市委、市政府的决策部署上来。该市先后有42个村（社区）荣获省、郑州市级“民主法治村（社区）”称号，3个乡镇荣获省级“民主法治村（社区）”创建工作先进单位称号，新郑市法治创建工作始终走在全省乃至全国前列。2013年3月，新郑市被全国普法办评为“全国法治城市、法治县（市、区）创建活动先进单位”。这是自2012年新郑市被全国普法办确定为全国“六五”普法依法治理工作联系点以来获得的又一殊荣。

【成为全国义务教育发展基本均衡县（市）】 近年来，新郑市坚持把教育工作放在优先发展的战略地位，以“统筹城乡教育资源一体化，办好每所学校”为工作核心，不断加大教育投入，通过深化“均分生源”招生制度改革、加大“三倾斜”师资配置改革、推进“导学法”课堂教学改革、启动财务“直通车”、落实管控“全覆盖”等措施，全面推进义务教育均衡发展，区域内城乡之间、乡镇之间、学校之间逐步呈现出均衡发展的局面，让更多的学生公平享受到优质的教育资源，在全省率先实现了十二年免费教育。11月26日，全国义务教育发展基本均衡县督导评估组莅临新郑，对新郑市义务教育均衡发展工作进行督导评估。11月28日，在国家教育督导检查组对河南省的反馈会上，国家教育督导检查组认为，新郑市等18个县（市、区）达到了国家规定的义务教育发展基本均衡县评估认定标准，并把此次督导检查结果向教育部和国务院教育督导委员会报告。

【成为全国基层中医药工作先进县（市）】 近年来，新郑市逐步加大对发展中医药事业的扶持力度，在深化医药卫生体制改革、城乡居民医保等政策中突出发挥中医药特色优势。2011年、2012年、2013年分别拨付100万元、144.5万元、233.1万元，用于新郑市12家乡镇卫生院和4家社区卫生服务中心中医综合服务区达标建设以及村卫生所中医达标建设工作。为乡镇卫生院、社区卫生服务中心的片医统一配备电动车、手提电脑、手机等设备，市、乡、村三级中医医疗和预防保健体系不断完善，有力促进了新郑中医药事业的发展。2013年12月19日，国家中医药管理局评审组按照实地查看、档案资料查阅、相关局委负责人访谈等方法，对新郑市进行了评审验收，经过实地评估，新郑市以优良的成绩顺利通过验收。

【新郑市政府网站获殊荣】 近年来，“黄帝故里•中国新郑”政府网站始终围绕市委市政府中心工作，结合本地实际，突出本地特色，坚持每年改版一次，不断充实完善，提升创新。始终坚持以群众需求为导向，以服务基层为重点，以创新栏目为载体，注重吸收先进理念，学习借鉴优秀经验。2013年，政府网站改版重点围绕栏目设置科学化、特色展示鲜明化、功能嵌入系统化、在线服务高效化，全面提升政府网站建设，逐步探索形成了“贴近群众、特色突出、公开透明、服务快捷”的县市级特色政府网站发展之路。2013年12月6日，在“2013年中国政府网站绩效评估暨第八届中国特色政府网站评选”会议上，新郑市政府网站荣获全国第八届特色政府网站管理创新奖。12月26日，中央政府门户网站发布《2013中国优秀政务平台推荐及综合影响力评估揭晓》结果，新郑市“黄帝故里•中国新郑”政府网站荣登榜单，分别获2013年度“中国政务网站领先奖”和2013年度“快速发展型政务网站”两项殊荣。

（王　昱）

荥阳市

【概况】 2013年荥阳市总面积908平方公里，其中耕地面积4.11万公顷。辖9个镇、3个乡、2个街道、1个风景名胜区，288个村民委员会，2265个村民组。总人口614986人，其中农业人口481706人。人口出生率为9.74‰，死亡率为5.41‰，自然增长率为4.33‰。

2013年，全市生产总值完成520.1亿元，比上年增长9.2%。其中，第一产业增加值25.8亿元，比上年增长4.0%；第二产业增加值363.9亿元，比上年增长9.6%；第三产业增加值130.4亿元，比上年增长8.9%。财政收入完成28亿元，比上年增长15.6%；财政支出28.6亿元，比上年增长11.1%。全社会固定资产投资完成357.2亿元，比上年增长22.4%。年末全市金融机构各项存款余额206.3亿元，比年初增长22.2%；金融机构各项贷款余额113.9亿元，比年初增长13.7%。城乡居民储蓄存款余额146.7亿元，比年初增长20.5%。社会消费品零售总额156.5亿元，比上年增长14.0%。城镇居民人均可支配收入22582元，比上年增长10.5%。农民人均纯收入13323元，比上年增长13.1%。

【机构与领导】 中共荥阳市市委：书记马锁文；副书记袁三军（6月免）、王新亭、王新（6月任）；市委常委：马锁文、袁三军（6月免）、王新亭、王新（6月任）、车建伟、马炳林、腾飞、康宁、王素梅（女）、刘建峰、饶泽寿（6月免）、程洋（1月任）、董中扬（6月任）。

市委工作部门：市委办公室主任刘建峰；组织部部长马炳林（1月免）、程洋（1月任）；宣传部部长康宁；文明办主任马柳琴（女）；统战部部长王素梅（女）；政法委书记车建伟；群众工作部部长何国玺；老干部局局长楚天遂（11月免）、李占胜（11月任）；市直机关工委书记朱玉霞（女）；党校常务副校长苌松华；档案局局长杨柳（女）；党史研究室主任何醒民；信访局局长田军（8月免）、王超峰（8月任）。

市四届人大常委会：主任张淑霞（女）；副主任张志安、马建克、王海林、宋金贵、许其明、李伟、赵炎利。

市人大常委会工作部门：市人大常委会办公室主任王建周（9月免）、史明杰（9月任）；法工委主任黑东亮（5月免）、赵春洪（5月任）；代表联络人事工委主任苏晖（5月免）、孙晓丽（女，5月任）；教科文工委主任史明杰（9月免）、孙振中（11月任）；农工委主任刘仪；财工委主任赵爱敏（女）；城建环保工委主任张长山；信访室主任李凯（女，9月免）、鲁晓炜（女，9月兼）。

市人民政府：市长袁三军（6月免）；副市长王新亭（6月任）、腾飞、王素梅（女，3月免）、王和祥、孙建功、马军（6月免）、王伟、王智明、方本选、王殿玉（1月任）。

市政府工作部门：市政府办公室主任耿元奇；农开中心主任安保兴；发展改革委主任陈新力；科技和工信委主任吴仲信；中小企业服务中心主任马绍斌；统计局局长李贵希（8月免）、李冠顺（8月任）；交通运输局局长张骅（8月免）、孙魁（8月任）；电业局局长苏合明；轻工联社主任丁铁柱；安全生产监督和煤炭管理局局长李建业（8月免）、许新建（8月任）；财政局局长王友伦（8月免）、李贵希（8月任）；国税局局长任世军（1月免）、周永胜（1月任）；地税局局长李栋；工商局局长李珉（3月免）、韩虎（3月任）；市场发展服务中心主任李怀根；供销社主任张卫山（8月免）、乔延民（8月任）；商贸总公司经理李冠顺（8月免）、蔡进宝（8月任）；物资总公司经理戴广强（11月任）；外贸总公司经理（空缺）；粮食局局长李彦军；审计局局长陈金洲；国资中心主任刘胜勇（10月任）；人力资源和社保局局长王文铎；编办主任王文铎（1月免）、范喜昌（1月任）；住房和城建局局长孙德林（8月免）、杜文杰（8月任）；国土局局长李本栋；城乡规划局局长张保中；城市管理局局长车永生；住房保障和房地产中心主任王惠玲（女，4月任）；环保局局长宋秋忠；荥阳建筑总公司董事长张家庭；民族宗教事务局（归统战部管理）局长杨凤英（女）；民政局局长杨赵莉（女，8月免）、田军（8月任）；商务局局长王向东；旅游和文物局局长常维华（女）；农业农村工委主任王长青（4月免）、苌廷

拓宽改造后的荥广公路

选（8月任）；林业局局长张宗文（4月免）、郭明举（4月任）；水务局局长张振海；畜牧局局长王雨（4月免）、周文生（4月任）；农机站站长王永钦；移民局局长张舒春；气象局局长王玉岗；烟草局局长武延华；河务局局长杨建增；科技服务中心主任王志强；质监局局长赵树人（12月免）、刘长青（12月任）；教体局局长张双利；文化广电新闻出版局局长王志中；卫生局局长王玉荣（女）；爱卫办主任李向阳；创建办主任李向阳；人口计生委主任周红武；新闻中心主任付春明；食品药品监管局局长赵卫华（女）；盐业局局长靳延钦；行政审批服务中心主任魏惠英（女）；公安局局长夏日红；司法局局长马新民；监察局局长赵卫华（女）；银监局局长荆志松；住房公积金中心主任秦向阳；郑氏联谊中心主任郑朝阳；文物管理中心（4月成立）主任陈万卿（4月任）；园林绿化管理中心（4月成立）主任杜文杰（4月任，8月免）、李向阳（8月任）；新区管委会主任范胜利；荥阳健康园区管委会主任袁三军（6月免）、王新亭（6月任）；五龙产业集聚区管委会主任吴潜；荥阳产业集聚区管委会主任袁三军（6月免）、王新亭（6月任）；郑州市新材料产业园区管委会（3月成立）主任王新亭（3月任、6月免）、王新（6月任）；郑州宜居健康城索河整治项目指挥部副指挥长时永奇。

政协市四届委员会：主席付东菊（女）；副主席阎红举、邓宝山、范胜利、张国增、刘阳、靳西峰。

市政协工作部门：市政协办公室主任吴敏生（4月任）；民主法制委主任马立新；提案委主任石永强；文教卫生委主任陈万卿（4月免）、陈秀珍（女，4月任）；经济科技委主任王港铃；信息文史委主任杨俊岭（8月免）、祖森林（8月任）；农工委主任王红梅（女）。

中共市纪律检查委员会书记：马炳林（1月任）。

市人民武装部部长：吕庆星；政委：饶泽寿（4月免）、董中扬（4月任）。

市人民法院院长：余剑锋。

市人民检察院检察长：李国强。

市群团组织：总工会主席王海林；团委书记朱桓霈（女，4月免）、白栋（4月任）；妇联主席郭玉霞（女）；文联主席韩露（女，5月任）；科协主席陈天祥；工商联主席周聚民；侨联主席刘阳；残联主席马黎明（4月免）、王雨（4月任）。

街道、乡镇：索河街道党工委书记李麦玲（女），办事处主任王星；京城路街道党工委书记陈晓瑞，办事处主任张荣耀；城关乡党委书记付书敏（1月免）、黄凯歌（1月任），乡长郭俊杰；乔楼镇党委书记范喜昌（1月免）、王锡周（1月任，2月免）、程洋（2月任），镇长李继锋；豫龙镇党委书记李慧芳（女，1月免）、付书敏（1月任，2月免）、王智明（2月任），镇长郭明举（4月免）、孙魁（4月任，8月免）、方亚平（9月任）；广武镇党委书记马朝阳，镇长周培山；高村乡党委书记王锡周（1月免）、李占国（1月任），乡长李占国（4月免）、朱桓霈（女，4月任）；王村镇党委书记黄凯歌（1月免）、许元甲（1月任），镇长许元甲（4月免）、张光明（4月任）；汜水镇党委书记王凤琴（女），镇长吴长勇（4月免）、张佳涛（4月任）；高山镇党委书记苌廷选（8月免）、周世军（8月任），镇长周世军；刘河镇党委书记赵国君（9月免）、李新军（10月任），镇长方亚平（4月免）、王军伟（4月任）；环翠峪风景名胜区管委会党委书记金振邦，管委会主任车玉峰；崔庙镇党委书记任延华（9月免）、赵国君（9月任），镇长陈志刚；贾峪镇党委书记李旭东，镇长孙魁（4月免）、吉喆（4月任）；金寨回族乡党委书记王新亭（3月任，6月免）、王新（6月任），乡长马占鳌（10月免）、古隽（10月代）。

【工业经济】 以超硬材料为主的新材料产业和装备制造业持续壮大，完成增加值150亿元，占工业经济比重达49%；广泛开展“企业服务活动”，帮助326家企业解决各类问题654个，28家停产半停产企业恢复生产，新增规模以上企业34家。产业发展载体加快建设。各园区管委会与所在乡镇全面套合，完成规模以上工业主营业务收入320亿元、固定资产投资135亿元。新材料产业园区跻身全国首批8个专利导航产业发展实验区；白鸽公司、河南弘元等17个项目开工建设；标准化厂房、园区道路及配套设施有序推进；院士工作站成功落户；四维集团、郑州宏基等14个项目签约入驻，总投资51.1亿元。荥阳产业集聚区创成省“两化融合”试验区，三华科技、恒益重工等15个项目开工建设；工程机械产业园加速推进，通冠重工项目基本建成；商隐北路、飞龙路等6条区内道路建成通车；引进五洲国际工业博览城、上海世邦等项目12个，总投资101.7亿元。五龙产业集聚区获评郑州市“五强”产业集聚区，德胜祥电机、世博机械等4个项目建成投产，省建筑机械产品质量检验中心入驻投用。

【现代农业】 2013年，农林牧业增加值完成25.8亿元，比上年增长4.0%。粮食总产量33.6万吨，比上年增长0.9%；油料产量1.3万吨，比上年下降0.7%；蔬菜产量40.8万吨，比上年增长5.0%；水果产量4.2万吨，比上年增长0.8%；肉类产量4.8万吨，比上年增长3.1%；蛋类产量7.4万吨，比上年增长2.0%；奶类产量10.9万吨，比上年下降17.3%。“一带五区”发展规划加快实施，沿黄现代渔业示范区核心区一期工程完工，河阴石榴产业标准化示范区创成国家级农业标准化示范区。2400公顷新菜田基础设施基本建成，新增水产养殖100公顷，新增设施农业67.8公顷，建设高标准农田3333.33公顷。2013年，完成流转土地2600公顷。新增郑州市级以上农业产业化龙头企业6家、农民专业合作社示范社7家，新建改造标准化规模养殖场9个，新培育现代农业精品园2家，完成“三品一标”认证19个。枯河、索河、汜水河防洪除涝一期工程完工，荣获郑州市农田水利基本建设“中州杯”。

【现代服务业】 旅游业实现新提升。江南春温泉酒店成为市首家“四星级旅游饭店”，龙湖生态园获评郑州市“三星级农家乐”；孤柏渡飞黄景区一期建成运营，楚河汉界文化旅游度假区开工建设。全市接待游客660万人次，旅游总收入1.5亿元。商贸流通业繁荣活跃。新增限额以上批零住餐企业18家，升级改造乡村超市36个，新建配送中心、社区超市5个。房地产业健康发展。完成商品房销售99.7万平方米，销售总额49.8亿元，分别是上年的1.4倍、2.1倍。

【项目建设与对外开放】 持续开展重大项目攻坚，谋划重点项目123个，其中95个项目实现开复工，完成投资158.1亿元，兴事发、郑州锅炉等45个项目竣工投产；列入郑州市级以上重点项目60个，争取上级项目61个、资金2.9亿元。全市完成外贸出口总额9743万美元，实际利用外资11141万美元。积极开展增减挂钩、人地挂钩、“三项整治”、囤地圈地违规用地专项治理，储备土地162公顷，补充耕地540.87公顷，荣获省级国土资源节约集约模范县（市）称号。资本市场融资取得重大进展，辉龙铝业在天津股权交易所挂牌上市，少林汽车等25家企业被纳入上市后备名单；加快投融资体制改革，新组建的4家投融资公司正式运营，完成城投公司资产重组，城投债券发行工作顺利推进。大力实施审批流程优化再造，削减审批事项46项，压缩环节128个，办结申请事项1.5万余件。

【城乡建设】 深入推进六大切入点工作，再次荣获郑州市新型城镇化建设先进单位称号。全域路网框架基本形成，中原路西延S232至上街段、18条镇区通往社区道路建成通车，8条市区通往镇区道路基本建成，安装风光互补节能路灯1000余盏，新建公路里程达163公里，完成生态廊道绿化1410万平方米。新型社区建设有序推进，累计开工建设新型社区49个，建成安置房142万平方

8月28日，郑州市长效机制工作观摩交流会在荥阳召开

米，回迁群众1.6万余人。特色商业区发展规划得到批准，修建性详规及城市设计编制完成，综合服务区基础工程启动，5家企业签订合作意向。健康园区建设步伐加快，索河整治新增投资2亿元，健康大道、高铁南一路等6条区内道路建设全面启动，郑州市骨科医院、郑州市妇幼保健院加快建设，郑西高铁站房主体工程基本完工。铺设供暖管网13.9公里，新建12座交换站，完成新增供热面积40万平方米。生态宜居优势更加突出，完成林业生态建设工程2266.67公顷，创成省级生态乡镇4个、郑州市级以上生态村13个；第一污水处理厂升级改造完成，第二污水处理厂、广武污水处理厂建成投用；新建城区垃圾中转站1座、公厕36座，改造农村垃圾中转站102座；拆改市区10蒸吨以下燃煤锅炉144台，淘汰公务黄标车156辆，建成PM2.5监测子站3个，完成国电、天瑞水泥脱硝治理工程。

【社会管理】 深化规范提升"坚持依靠群众、推进工作落实"长效机制，全面推广"四融合"工作法，探索实施"星级评定""网格明白人"等制度，网格化管理录入平台信息10.5万条，办结率达99.3%。郑州市长效机制现场观摩交流会在荥阳市召开，该市2名三级网格长受到表彰。坚持领导干部接访下访，深化矛盾纠纷排查调处，着力推动信访积案化解，办结群众来信、来访、来电和网络留言1057件。加强技防设施和巡防队伍建设，扎实推进"四严一创"，深入开展社会治安突出问题、重点地区排查整治和"雷霆行动"，创成平安村（社区）243个，刑事案件发案数下降8.7%。严格落实安全生产"一岗双责""党政同责"，认真开展安全生产大检查，狠抓重点行业专项治理，持续开展治超治限集中整治，全年未发生重大生产安全事故。整顿规范市场秩序，初步理顺食品安全监管机制，大宗食品抽验合格率达97%。

【社会事业】 持续加大教育投入，为全市一线教师配备笔记本电脑，为农村学校和幼儿园购置校车56辆，高村二中等7所农村学校建设项目完工，通过国家义务教育发展基本均衡县（市）评估认定。高招一本上线率达11%，考入重点大学459人，创近年来最好水平。开展送文化下乡活动，免费送戏下乡300场、放映公益电影3420场；市图书馆迈进国家县（市）级一级图书馆行列。荥获郑州市创建国家公共文化服务体系示范区工作先进集体称号。青台遗址等7处文物点被列入国家重点文物保护单位；《苌家拳全集》出版发行；中央电视台《走遍中国》栏目拍摄播出《荥阳——超级石榴》专题片；"中国象棋文化之乡""中国嫘祖文化之乡""中国嫘祖文化传承基地"申报成功。加强自主创新体系建设，知识产权局挂牌成立；培育省知识产权优势企业1家，新增郑州市级以上企业研发中心7家，完成专利申请720件；新增驰名商标1件、省级著名商标6件、名牌产品6个；继续保持全国科技进步县（市）称号。开展"感动荥阳"十大人物评选活动，通过了省级文明城市复验，荣获省级双拥模范城称号。持续提升医疗保障能力，市中医院急诊综合楼、贾峪卫生院医技病房楼、高山卫生院预防保健楼建成投用。

【民生建设】 努力为民办好实事，完成老旧小区整治改造等15项实事工程，省和郑州市下达实事任务落实到位。社会保障实现扩面提标，五项社会保险新增参保人数2.2万人；职工医疗保险报销上限提高至24.5万元，报销比例平均提高4%；新农合补偿封顶线提高至15万元；城乡"低保"、农村"五保"供养和孤残儿童保障标准稳居全省前列。建成流浪乞讨人员救助站，全年救助281人。积极开展慈善活动，募集善款584万元，发放救助金543万元。强化住房保障，新开工保障性住房3073套，发放廉租住房租赁补贴58.8万元。加强就业扶持和引导，发放小额担保贷款1.1亿元，扶持650名劳动者创业，新增城镇就业5810人，农村劳动力转移就业1.5万人。兑现计生家庭优惠政策资金1578万元，人口出生率控制在13.6‰以下。大力开展扶贫攻坚，环翠峪800户扶贫搬迁社区加快建设，完成贫困村整村推进项目6个、科技产业化扶贫项目10个，实现脱贫人口5045人，解决了4.9万人饮水安全问题。科学组织抗旱救灾，有效缓解2.7万人饮水困难，8000公顷因旱未播小麦及时补播到位。

【成为中国象棋文化之乡、中国嫘祖文化之乡】 5月17日，中国民间文艺家协会发文，正式命名荥阳市为"中国象棋文化之乡""中国嫘祖文化之乡"，并建立"中国嫘祖文化传承基地"。

5月14日-15日，中国民间文艺家协会专家组一行到荥阳，实地考察论证中国象棋文化和中国嫘祖文化。在为期两天的考察中，专家组先后到象棋文化广场、织机洞遗址、环翠峪桑梓峪、圣母祠、青台遗址、汉霸二王城等地，实地考察了象棋文化、嫘祖文化的渊源、遗迹和发展情况。专家们认为，荥阳历史悠久，文化深厚，尤其是象棋、嫘祖文化资源，不仅是荥阳文化品牌建设的重要组成部分，也是中华民族灿烂辉煌文化中的一个重要组成部分。

荥阳市是河南炎黄文化圈和远古神话密集之地，中国象棋盘上的"楚河汉界"就在荥阳广武山上，是中国上古棋艺六博戏与楚汉战争相结合形成中国象棋文化的始源地。近年来，荥阳市委、市政府高度重视对中国象棋文化的传承保护，建立领导机构和专门的学术研究团队，对历史遗存遗迹进行修缮保护，通过举办规模空前的中国象棋文化节、中国象棋文化论坛，建成全国最大的中国象棋文化公园和象棋馆，将象棋文化知识编入学校的技能教材进行教育普及，在全市形成了独具特色的象棋文化氛围。中国民间文艺家协会经考察论证，决定命名荥阳市为"中国象棋文化之乡"。

同时，荥阳市还是黄帝正妃嫘祖神话传说最为集中之地。这里至今流传着大量有关嫘祖植桑养蚕、缫丝制衣的故事传说，有关荥阳青台村出土世界最早丝绸及嫘祖教民养蚕缫丝的故事被收入中学历史教材中。近年来，荥阳市十分重视对嫘祖文化的保护与弘扬工作，多次组织民间文化工作者进行田野调查，召开研讨会、论证会，取得了显著成效。经中国民间文艺家协会考察论证，决定命名荥阳市为“中国嫘祖文化之乡”，并建立“中国嫘祖文化传承基地”。

（李建民）

中牟县

【概况】 2013年，中牟县5个镇分别由郑东新区、郑州经济技术开发区和郑州航空港区托管。托管后，全县总面积960.66平方公里，其中耕地面积6.95万公顷。辖3个街道、10个镇、1个乡，273个行政村。总人口474361人，其中乡村人口420035人，城镇人口54326人。人口出生率为10.65‰，死亡率为4.9‰，自然增长率为5.8‰。

2013年，全县地区生产总值完成228.9亿元，比上年增长9%。其中，第一产业增加值25.3亿元，比上年增长4.1%；第二产业增加值125.9亿元，比上年增长9.5%；第三产业增加值77.7亿元，比上年增长10.1%。三次结构由上一年的14.2∶58.8∶27调整到11.1∶55∶33.9。全社会固定资产投资完成247.3亿元，比上年增长21.8%。社会消费品零售总额完成107.7亿元，比上年增长12%。实际利用域外境内资金68.6亿元，同比增长119%。实际利用外商直接投资4650万美元。全年出口总额20758万美元，比上年增长12%。

2013年，县地方财政总收入达到39.3亿元，比上年增长41.1%。其中，地方财政预算收入完成29.9亿元，比上年增长49.2%，税收占公共财政预算收入的比重达66.6%。财政一般预算支出达43.5亿元，比上年增长7.4%。年末金融机构各项存款余额达到232亿元，比年初增长28.9%。其中城乡居民储蓄余额148亿元，比年初增长30.3%。年末金融机构各项贷款余额达到122亿元，比年初增长27%。城镇居民人均可支配收入达到2.09万元，比上年增长12%，人均消费性支出13560元。农村居民人均纯收入达到1.3万元，比上年增长12%，人均消费性支出7103元。

2013年，中牟县被评为全国绿化模范示范单位、2013年度郑州市林业生态建设工作先进单位、2013年度企业服务先进单位、2013年度郑州市社会保险工作先进集体、2013年度郑州市安全郑州创建工作先进单位等，荣获2013年度河南省农田水利基本建设红旗渠精神杯和2013年度郑州市月季花杯竞赛活动银杯。中牟县还被评为2013年度郑州市对外开放工作先进县、郑州市2013年度服务业发展先进单位等，并荣获郑州市“爱国卫生杯”铜杯。

【机构与领导】 中共中牟县县委：书记杨福平；副书记路红卫（1月任）、楚惠东（1月任）；县委常委：杨福平、路红卫、楚惠东、张永宪、李文岭、张书勤、王兴林、程伟刚、李芳（女）、李晓亮、王朝杰（1月任）

县委工作部门：县委办公室主任张书勤；政法委书记李晓亮；组织部部长王朝杰；宣传部部长李芳（女）；统战部部长王兴林；群工部部长安红山（10月免）、马国昌（10月任）；信访局局长马国昌（9月免）、姬会杰（9月任）；机要局局长王广清（12月免）、冉宁（12月任）；县直机关工委书记王成立（9月免）、李韶敏（女，9月任）；文明办主任吕建平（女，9月免）、贺敏（女，9月任）；台办主任曹书杰；老干部局局长吴晓莉（女，9月免）、刘欣（9月任）；档案局局长谢悦（女）；党校常务副校长李虎群；党史研究室主任霍银群。

县十三届人大常委会：主任刘玉玲（女）；副主任冯政忠、郭礼印、段长兴、李鸿欣（6月任）、李五群（6月任）、李长宝。

县人大常委会工作部门：县人大常委会办公室主任王平（女）；财工委主任张兆祺（11月免）、李鑫（11月任）；法工委主任王兆坤（11月免）、刘岚（11月任）；农工委主任邵广欣（1月免）、李森林（1月任）；教工委主任王体军；选工委主任袁瑞霞（女）；信访室主任刘岚（女，11月免）、周国富（11月任）

县人民政府：县长徐相锋（6月免）、路红卫（6月任）；常务副县长李文岭；副县长王洪波（女）、任程伟、张建锋、杨书立、牛健、张胜利、朱清伟、杨勇、吕少先。

县政府工作部门：县政府办公室主任仇向阳；人防办主任单纪谦；法制办主任马振民；监察局局长白由祥；发改委主任冉章献；教体局局长田金锁（1月免）、陈赞枝（1月任）；科技和工信局局长任文利（5月免）、张胜利（5月任，9月免）、乔松伟（9月任）；公安局局长牛健；民政局局长尚德祥（5月免）、李晓莉（5月任）；司法局局长张书增（10月免）、李绍然（10月任）；财政局局长张玉国；人力资源和社保局局长耿鲜明；城建管理局局长黄德鑫（10月免）、孙彦宾（10月任）；交通运输局局长李季扬（12月免）、罗振华（12月任）；环保和安全生产管理局局长兰伟；农业农村工委主任樊守峰；水务局局长黄刘建（10月免）、衡志学（10月任）；林业局局长姚保林；粮食局局长於红太；文广电和旅游局局长王玉忠；卫生局局长刘卫国（10月免）、王进兴（10月任）；人口和计生委主任李海（7月免）、刘须峰（7月任）；审计局局长马建民；统计局局长李振（10月免）、李广柱（10月任）；民族宗教局局长丹明琴（回族，女）；机关事务管理局局长张海献（9月免）、张胜勇（9月任）；商务局局长魏定奇（10月免）、段文周（10月任）；城乡规划局局长张伍发（12月免）、魏定奇（12月任）；供销社主任郝红斌；畜牧局局长尚会军；农机局局长王丰斌；接待办主任陈鹏（5月免）、王进兴（5月任，10月免）、贺学勤（女，10月任）；农场场长陈德振；林场场长钱晓林（回族，10月免）、王鸿宾（10月任）；市场中心主任苟建军；爱卫办主任段文周（10月免）、张中锋（10月任）；综合执法局局长蒋新岭；行政审批中心主任王建智；外贸总公司总经理宋君建（10月免）、陶立旺（10月任）；雁鸣湖景区管委会主任韩发旺；民兵训练基地主任王百泉；汽车产业园管委会主任任卫东（3月免）、路红卫（3月任）；绿博文化产业园管委会主任路红卫（3月任）；气象局局长李敏（女）；电业局局长魏国强；邮政局局长金霞（女，2月免）、魏静（女，2月任）；国税局局长牛鲁珉；地税局局长王大卫；工商局局长孟文建；质监局局长李义柱；烟草局局长阎文瀑；药监局局长张海峰；河务局局长张福明；国土局局长吴文鑫。

政协县九届委员会：主席李延中；副主席刘海燕、石小书、朱怀召（6月任）、王连宇、申宏尧（6月任）、梁凌达。

县政协工作部门：县政协办公室主任吴杰；提案委主任宋羊群；经济科技委主任马振坤；文教卫体委主任杨凯（女）；社会法制委主任王瑞芳（女）；台港澳侨联络委主任李玲玲（女，6月免）、孙海霞（12月任）；学习文史委主任杨红莉（女）。

中共县纪律检查委员会书记：张永宪。

县人民武装部部长：付东杰；政委：程伟刚（12月免）、李长松（12月任）。

县人民法院院长:王炅。

县人民检察院检察长：张捍卫。

县群团组织：总工会主席孙玉霞（女）；团县委书记马素萍；妇联主席姬素萍（女，10月免）、李玲玲（女，10月任）；科协主席李春增（3月免）、秦建国（3月任）；残联理事长李记勤；工商联主席霍新全。

街道、乡镇：青年路街道党工委书记王国恩，办事处主任宋健（10月免）、申永强（10月任）；东风路街道党工委书记张明科（10月免）、陈国岭（10月任），办事处主任陈国岭（10月免）、李军强（10月任）；广惠街街道党工委书记闫志强（10月免）、张明科（10月任），办事处主任王林祥；韩寺镇党委书记刘永强，镇长孙书杰（11月免）、张振中（11月任）；官渡镇党委书记乔进京，镇长李有忠（10月免）、张海献（10月任）；狼城岗镇党委书记马爱国，镇长张振中（10月免）、路彦伟（10月任）；雁鸣湖镇党委书记刘聚宝，镇长刘海玲；大孟镇党委书记孔新柳，镇长周国富；万滩镇党委书记段连增（10月免）、张照强（10月任），镇长张照强（10月免）、孙书杰（10月任）；刘集镇党委书记卢志刚（10月免）、李有忠（10月任），镇长马国彦（10月免）、李恒（10月任）；郑庵镇党委书记梁辉（9月免）、蔡跃彬（9月任），镇长蔡跃彬（9月免）、曹西峰（9月任）；刁家乡党委书记谷金福（9月免）、钱晓坤（回族，9月任），乡长钱晓坤（回族，9月免）、刘星（9月任）；黄店镇党委书记孙彦斌（10月免）、谷金福（10月任），镇长苏营周（10月免）、胡光程（10月任）；姚家镇党委书记骆照顺，镇长冉建军。

【新型城镇化建设】 2013年，中牟县围绕市委“县城组团带动、产业集聚区支撑、统筹社区建设”的工作思路，大力推进新型城镇化建设。

路网体系建设。投资26.8亿元，建成雁鸣大道、中刁路等11条道路，总里程86.5公里。全县路网密度提升到每百平方公里200公里，跃居郑州市前列，基本形成了内外衔接、城乡互通、方便快捷的城乡路网体系。

生态体系建设。生态廊道建设进展顺利。投资53亿元，建成万洪公路、建设路南延等48条生态廊道，实现了“主道在中间、辅道在两边、行人在林间、公交进港湾”的廊道建设目标，新增绿化面积1200公顷。投资8.7亿元，三刘寨引黄调蓄工程（中央湖）全面启动，贾鲁河治理工程完成河道疏挖和微地形填筑，农业公园水系全部建成，鹭鸣湖实现通水，新增水域面积533.33公顷。

城镇体系建设。四类社区建设有序推进。投资75亿元，新建续建四类社区49个，开工户数累计达到22900户，启动建设安置房372万平方米，竣工111万平方米，回迁群众745户3380人。其中，新开工建设统规自建社区16个7102户，开工500户以上社区3个。按照“六通十有两集中”标准，启动社区基础设施和公共服务设施64个，建成10所社区幼儿园和1所小学，雁鸣湖镇镇区社区、刁家乡付李庄社区在全省率先实现新型农村社区通天然气。中心城区功能提升、新组团起步区建设步伐加快。持续开展县城基础设施完善改造提升工程，开工建设54个市政项目，累计完成投资29亿元。投资1420.5亿元，完成潘园提升改造工程，建成郑州周边县（市）面积最大、设施最完善的城市公园四牟园；解放路特色商业街区改造顺利推进，一期拆迁1980户、39万平方米，安置房建设和二期拆迁全面启动；新建改造城区道路12条，县城西区“四横”“九纵”骨干路网结构基本形成，连接新老城区的主干道全部贯通。

【现代产业体系构建】 中牟县以打造千亿元产值的汽车产业、千万人次的时尚文化旅游产业、国家级都市型现代农业为目标，大力发展汽车、时尚文化旅游、都市型现代农业“三大主导产业”。

（一）汽车产业。汽车产业集聚区新建道路20条，建成标准化厂房78万平方米，开工项目51个，生产整车15万辆，完成固定资产投资70亿元，实现总产值340亿元，成为郑州市首批创新型产业集聚区。其中，重点引进的比克新能源新材料产业园项目，计划入驻26家动力电池配套企业，总投资将达到220亿元，这将极大提高中牟在全国新能源汽车行业的地位。官渡工业园新建道路5条，开工项目10个，完成固定资产投资13.5亿元，实现总产值12亿元。2013年，全县规模以上工业企业由区划调整后的109家发展到126家，规模以上工业增加值完成90.7亿元。

（二）时尚文化旅游产业。与中水投、中建一局两家央企合作，采取BT模式，融资200亿元，绿博文化园区基础设施建设全面启动。绿博文化产业园新建道路10条，总里程40公里，完成投资15亿元。方特水上世界、泸州老窖集团中部总部基地等8个项目开工建设，完成投资36.6亿元。郑州华强、雁鸣湖、绿博园吸引游客能力不断提升。仅方特欢乐世界全年游客量就达到160万人，实现门票收入3.2亿元，直接带动了旅游业的迅速发展。全县全年接待游客520万人次，实现旅游总收入48亿元。同时，房地产、物流和商贸等其他服务业健康发展。全县第三产业增加值完成80亿元，社会消费品零售总额完成105亿元。

（三）都市型现代农业。中牟·国家农业公园基础设施基本建成，14家企业完成投资19亿元，部分项目实现了开园，万邦农产品物流城二期海鲜、淡水鱼、冻品交易区实现开业，日交易量增至4万吨，年交易额达到350亿元，已成为全国农副产品交易领域“巨无霸”。农业产业化经营水平不断提升，新发展市级龙头企业10家、农民专业合作社122家，培育市级示范合作社8家，新增畜牧业合作组织5个，被评为河南省无公害畜产品基地示范县和畜牧技术推广先进县。新认证“三品”36个、认定无公害农产品生产基地280公顷，新建农业标准化生产示范基地240公顷。农业生产条件持续改善，农业机械化水平达到78%。新增设施农业200公顷，新增有效灌溉面积1133.33公顷，发展节水灌溉面积5533.33公顷，连续23年获得省农田水利基本红旗渠精神杯。

【改革开放】 2013年，中牟县围绕破解深层次矛盾，努力消除体制机制障碍，经济社会发展内生动力持续增强。

各项改革持续深化。加快推行行政审批制度改革，取消审批事项42项，精简89项，行政审批事项削减53.3%，审批时间缩减72%。实施项目审批倒逼机制，对41个单位行政印章实行集中管理。推进产业园区与乡镇套合管理制度改革，极大提高了园区在项目引进、落地、协调、建设等方面的效率。建立行政机关合同审核备案机制，有效预防了行政合同缔约风险。深入推行公务卡制度，公务支出得到进一步规范。严格执行部门预算编制及预算追加管理，加快推进政府采购和招投标制度改革，财政资金使用效益明显提高。积极拓宽融资渠道，全年完成融资61.8亿元。金融业稳健运行，金融机构各项存贷款余额分别达到232亿元、122亿元，比年初分别增长26%、27%。

对外开放成效显著。新引进超亿元项目66个，其中，引进泸州老窖集团中部总部基地等超10亿元项目15个，实际到位资金75亿元，签约项目落地率达到90 %。方特水上世界等42个项目实现了集中开工。全年引进域外境内资金68.6亿元，同比增长119%。进出口贸易总额达到3.4亿美元，实现外贸出口2.1亿美元。

项目建设成果丰硕。坚持重点项目周例会和月观摩推进制度，项目建设速度明显加快。中牟·国家农业公园、贾鲁河生态治理等26个农林水重点项目完成投资30.6亿元，占年度投资计划的101%；辅仁药业产业园、汽车后市场产业园等34个工业重点项目完成投资64.6亿元，占年度投资计划的117%；方特梦幻王国、金融大厦等18个服务业类项目完成投资68.9亿元，占年度投资计划的119%。

【社会事业】 2013年，中牟县坚持经济发展与民生改善相统一，全县财政用于改善民生的支出达到22.4亿元，占公共财政预算支出的64%，为民办实事项目全部完成，社会事业繁荣发展。

加强就业和社会保障工作。完成就业再就业培训1180人，农村劳动力职业技能培训9000人。新增城镇就业再就业3000人，完成农村劳动力转移就业1.5万人，发放创业小额担保贷款2600万元，城镇登记失业率控制在4%以内。城乡“低保”、农村“五保”等各类优抚救助标准显著提高，全年发放各类优抚救助金6000万元。启动“慈善中牟”创建活动，开工建设县社会福利中心，建成“儿童之家”8所，建成保障性住房1582套。

全面发展社会事业。大力实施科教兴县战略，顺利通过国家科技进步考核，建成市级工程技术研究中心3个，专利授权量增长112%。全面实行普通高中平行招生和高中阶段免费教育，新建改建中小学9所、幼儿园13所，新增学位12500个。广泛开展群众文化体育活动，免费送电影下乡5136场、送戏下乡146场，开展周末广场文化活动30场；在全市第十一届运动会上荣获总分、金牌总数双第一，被评为全国群众体育先进县。不断提高医疗卫生和计生服务水平，县人民医院新区医院、第二人民医院新门诊病房楼投入使用，为242家农村标准化村级卫生所和5家卫生服务站配备中医药设备，顺利通过全国慢性病综合防控示范区省级创建验收和全国基层中医药工作先进单位国家级验收；为6365对育龄夫妇进行免费孕前优生健康检查，人口自然增长率控制在8‰以内。

群众生活条件明显改善。深入开展大气污染防治，拆改燃煤锅炉49台，淘汰全县行政事业单位所有黄标车。积极发挥政府对农副产品市场价格的调控作用，建成10家农副产品平价超市。继续实施农村饮用水安全工程，2013年解决了农村4.5万人饮水安全问题。努力改善农村人居环境，建成12座农村生活污水处理站。组建热能公司，启动城区居民供热工程，实现供热面积50万平方米，结束了中牟县无集中供热的历史。实施扶贫开发项目24个，完成易地扶贫搬迁821户3242人，共有4300人实现脱贫。

郑州日产生产车间

【政府职能转变】 2013年，加强政府自身建设，开展财政供养人员“吃空饷”、党政机关停建楼堂馆所和清理办公用房等专项治理，严格控制“三公”经费，政府职能和工作作风持续转变，行政效能明显提高。全年办理人大代表议案、建议99件，办理政协委员提案95件。以网格化管理为载体，深入实施“坚持依靠群众、推进工作落实”长效机制。全县共建立三级网格1809个，下沉人员5404人，受理公共服务类信息41749条，办结39798条，群众满意率达99.8%。创新“两级抓村”工作机制，全面推行村级党组织书记职业化管理和村组干部“5+1”绩效考核机制。截至年底，享受职业化一级管理的村干部36人，二级管理的村干部11人。依托政府网、阳光村务网，深入推进政务村务公开工作。持续开展城乡环境卫生大整治、大提升活动，92%的行政村、乡镇达到省市卫生村（镇）标准，村容村貌、镇容镇貌得到明显提升。扎实开展城乡违法建设专项整治，查处违法建设案件426起，有效遏制了非法建设行为。严厉打击强揽工程、干扰施工等不法行为，发展环境得到进一步优化。集中开展食品药品安全专项整治，人民群众饮食、用药安全得到有效保障。扎实推进平安中牟建设，信访形势总体平稳，社会治安和安全生产形势持续稳定。

【民生实事】 2013年，中牟县承诺的36项民生实事全部得到落实，并按照要求完成了年度建设任务。（1）营造生态林645.33公顷。（2）实施新菜田基础设施建设项目666.67公顷。（3）建设设施农业200公顷。（4）拆改县城主城区内36家单位燃煤锅炉。（5）开展扬尘污染治理工作。（6）实行普通高中平行招生和高中阶段免费教育。（7）在城区建设10家农副产品平价超市。（8）增加城区交通安全设施，建设监控中心平台。（9）发放居民健康卡。（10）为242家农村标准化村卫生所和5家卫生服务站配备中医药设备。（11）免费为农村居民按每人15元的标准购买大病保险，大病保险补偿、新农合政策补偿合并最高额从15万元提高到35万元，20种大病实际平均达到90%以上。（12）免费开展中牟籍新生儿苯丙酮尿症、先天性甲状腺功能低下症和听力障碍筛查。（13）建设“儿童之家”8所。（14）免费开展育龄夫妇孕前优生健康检查。（15）新建或改扩建幼儿园11所，新增学位3570个。实际开工建设13所幼儿园。（16）新建或改扩建城区中小学5所，新增学位5600个。（17）新建或改扩建农村小学4所，新增学位2970个。（18）改造危桥15座。（19）新建或改造市政道路12条、20公里。（20）开展送戏下乡、周末广场文化活动130场，为每个行政村每月送1场公益电影。（21）建设公共电子阅览室10个，建设新型社区文化活动中心5个。（22）实现新增城镇就业再就业3000人，完成农村劳动力转移就业14600人，城镇登记失业率控制在4%以内。（23）启动城区居民供热工程，实现供热面积50万平方米。（24）发放小额担保贷款2600万元。（25）完成创业培训480人，再就业培训700人，农村劳动力职业技能培训9000人。（26）淘汰全县党政机关、事业单位及国有企业黄标车。全县应淘汰11家单位黄标车20辆。（27）新建或改造农村道路15条、96公里。（28）完成易地扶贫搬迁821户3242人，完成6个贫困村整村推进工作。（29）新解决农村6万人饮水安全问题。（30）支持11家新型农村社区卫生服务中心建设，为11家乡镇卫生院和2家社区卫生服务中心各配备1台健康一体机。（31）开工建设保障性住房1637套，基本建成1582套。（32）为部分中小学、幼儿园、公共场所和新建新型农村社区等重点场所安装视频监控设施。

汽车产业集聚区鸟瞰图

中牟新区鸟瞰图

（33）新打机井298眼，安装各类水泵4454台（套），新建护井工程4960座。（34）新建公安消防站1个，改造完善城区消防设施。（35）开工建设中医院（新址）。（36）建设综合性、多功能社会福利中心1个。

【成为全省唯一连续23年获“红旗渠精神杯”的先进县】 1990年，河南省委、省政府决定在全省开展农田水利基本建设“红旗渠精神杯”竞赛活动。中牟县是传统的农业大县，大部分土地属于沙荒地、盐碱地，旱涝灾害频繁，历届县委、县政府都非常重视水利工作，不断完善丰水兴利治水思路，实现了农田水利可持续发展。2011年7月26日，原河南省省长郭庚茂视察中牟县堤里小清河下游段治理工程时，提出了“命脉水利、资源水利、生态水利”的水利发展3个阶段，并要求中牟县发挥现有的水资源优势，打造生态水系。中牟县自2011年编制《中牟都市区现代水城水系总体规划》以来，计划投资55亿元，利用5年时间，重点围绕中牟•国家农业公园生态水系、鹭鸣湖生态水系、贾鲁河生态水系、中小河流生态水系、雁鸣湖滨湖生态水系、绿博组团生态水系、城区生态水系和滨黄河生态水系等8大水系工程，进一步形成“两核、两带、八脉、十湖”的水系结构布局，力争实现“吃水优、河湖通、流水清、两岸美”的发展目标。2013年，中牟县成为全省唯一一个连续23年夺得红旗渠精神杯的先进县。

【成为全国绿化示范县】 近年来，中牟县相继实施了防沙治沙、生态廊道、村镇绿化等工程，全面增加造林绿化总量，有效促进生态文明建设。截至2013年年底，全县林地面积达到3.75万公顷，森林覆盖率达到26.97%，林木覆盖率达到33.4%，林网控制率达到98%；四旁树达到1365万株，活立木蓄积达到343万立方米；干鲜果年产量7万吨，林业年产值达4亿元。因造林绿化成绩突出，2005年被省政府评为“河南省平原绿化高级标准先进县”；2008年，成功创建“河南省林业生态县”；2009年，成功创建“河南省绿化模范县”。为进一步加快生态中牟建设步伐，走生产发展、生活富裕、生态良好的文明发展道路，中牟县先后出台了《关于创建全国绿化模范县（市）的决定》《创建全国绿化模范县（市）实施方案》等文件，不断强化工作目标，明确工作任务，并按照全国绿化模范单位评选标准进行自查，全部达到了评选标准。2013年4月，中牟县首次被全国绿化委员会授予“全国绿化模范单位”荣誉称号，县委书记路红卫作为全国绿化模范县的唯一代表到北京，受到了汪洋副总理的接见。

（张恒献）

金水区

【概况】 2013年，金水区总面积136.66平方公里。辖17个街道，158个社区居民委员会，40个村民委员会。总人口141.5万人。人口自然增长率为6.57‰。

2013年，全区实现地区生产总值781.5亿元，比上年增长8.2%。财政一般预算收入50.1亿元。全社会固定资产投资完成353亿元。社会消费品零售总额629.2亿元。城镇居民人均可支配收入达到31561元，农村居民人均纯收入达到16947元。实际利用外资2.3亿美元。

2013年，全区共获得市级以上荣誉120 项，其中省级以上荣誉77项。在民生保障方面，全年完成各类培训14862人，新增就业再就业30077人。新开工保障房7964套，基本建成6016套。17个农产品质量安全监管站投入运营，30个农产品批发（农贸）市场全部纳入监管范围。率先在全省推行政府购买“岗位+项目”为主的社会工作发展模式，投资150万元，针对特殊群体和社区服务等购买服务项目3个。率先在全市启动流动人口优生优育促进工程，进行免费孕前优生健康检查4120对，人口出生率为9.75‰。

【机构与领导】 中共金水区区委：书记郑灏东；副书记陈宏伟、王克勤（1月免）、苏建设（1月任）；区委常委：郑灏东、陈宏伟、苏建设、牛晓萌、丁胜全、李建国、李建超、王爱辉（女）、李继东。

区委工作部门：区委办公室主任丁胜全；机要局局长王建锋；群众工作部（信访局）部长曹可艳，常务副部长、信访局局长张红梅（女，10月免）、李学谦（10月任）；监察局局长刘建伟；组织部部长李建国；机关工委书记段佳荣（女，满族）；宣传部部长李红乐（2月免）；文明办主任杜海营；统战部部长王克勤（2月免）；台办主任王忠；工商联主席李江波；宗教局局长巴姝靖（女，回族）；政法委书记翟政（10月免）；老干部局局长张敏（女）；编办主任宋陆岩（女）；党校校长王克勤（2月免）、苏建设（2月任）；档案局局长胡景帅；绩效办主任郑迎波。

区十二届人大常委会：主任薛燕（女）；副主任李贻忠、常新河、许贵舟、燕建华（1月任）、刘营敏（1月任）、冯景义（1月任）、王静（女）、张涛（1月任）。

区人大常委会工作部门：区人大常委会办公室主任花磊（11月免）、李慧敏（女，11月任）；联络工委主任李慧敏（女，11月免）；法制工委主任林宇峰；财经工委主任杨遂辛；城建工委主任彭英（女，1月免）、陶宏智（1月任）；教科文卫工委主任单敬坤；信访办主任王丽（女）；老干部办主任邱媛（女）。

区人民政府：区长陈宏伟；常务副区长许广佑（1月免）、李建超（1月任）；副区长王爱辉（女）、赵高翔、姚方海、张华、樊安民、徐雄、张士先、赵德武、张东辉。

区政府工作部门：区政府办公室主任竟新宇；外侨办主任陶建莉（女，回族）；法制办主任段亚丽（女）；人防办主任崔兴周；工信局局长王延军；科技局局长库晓（女）；审计局局长司金涛；城乡建设局局长李敏（女）；人口计生委主任张沛（女）；交通局局长王丽（女，11月免）、郭峰（11月任）；民政局局长刘健；卫生局局长屈燕鸣（女，8月免）、张遂喜（8月任）；司法局局长刘耀东；房管局局长孙华民（11月免）、许银欣（11月任）；商务局局长刘军；环保局局长薛文平（11月免）、孙华民（11月任）；文化旅游局局长吴兆强；安监局局长李怒潮；教体局局长王珂；国土局局长梁新生；财政局局长袁先锋；人力资源和社保局局长鞠卫；城管执法局局长高学峰；城市管理局局长王国安；农委主任许银欣（11月免）、赵竞生（11月任）；发改局局长崔文修；物价局局长陈玉清；城改办主任何守华；爱卫办主

7月2日，金水区刘庄、杓袁村改造项目签约仪式举行

任吕志献；征收办主任周玉梅（女）；投资公司经理黄涛；楼宇办主任连卿；事管局局长张岚（女）；数字化中心主任陈亚文（女）；开发公司经理徐工；科技园区管委会主任张双喜；接待办主任赵蔚（女，10月免）、刘继峰（10月任）；采购中心主任刘琴（女）；投资评审中心主任周保民；粮食管理中心主任李俊勇；综合交通办主任冯新杰；滨水产业带管委会主任郑长林；科教园区管委会主任陈宏伟（2月任）。

政协金水区第八届委员会：主席刘建峰（1月免）、武建民（1月任）；副主席王克勤（1月任）、王庆豪、孙鲜龙、王居良、赵海叶（女，1月任）、宋红霞（女，1月任）、张建民（1月任）、杜艳洁（女）。

区政协工作部门：区政协办公室主任张书林；老干部管理办主任连艳丽（女）；经济科技委主任徐工；学习文史提案委主任王彩虹（女）；文教卫生委主任张竹萍（女）；民主法制委主任刘雷立；港澳台侨委主任邢惠娟（女）；委员管理联络委主任王建伟（女，12月任）；城建环保委主任张福敏（12月任）。

中共区纪律检查委员会书记：牛晓萌。

区人民武装部部长：杨旗；政委：李继东。

区人民法院院长：杨发群。

区人民检察院检察长：梁平。

区群团组织：工会主席李劲松（女，满族）；团区委书记吴昊；妇联主席马晓宇（女）；红十字会会长张士先；科协主席贺秀斌；残联理事长陈玉新（女）。

街道：丰庆路街道党工委书记毛国安（12月免）、王金城（12月任），办事处主任王金城（12月免）、赵蔚（女，12月任）；杨金路街道党工委书记郝俊昌（2月免）、樊安民（2月兼任），办事处主任齐建立；国基路街道党工委书记李正（12月免）、沈建忠（12月任），办事处主任沈建忠（12月免）、孔之见（12月任）；丰产路街道党工委书记杨金泉（12月免）、刘运泽（12月任），办事处主任马爱玲（女，12月免）、彭涛（12月任）；南阳路街道党工委书记江涛（12月免）、李力（女，12月任），办事处主任李国梁；南阳新村街道党工委书记刘运泽（12月免）、姚霞（女，12月任），办事处主任姚霞（女，12月免）、白平坤（回，12月任）；花园路街道党工委书记李婷（女，回族），办事处主任李东；人民路街道党工委书记齐智慧（12月免）、杨振茂（12月任），办事处主任董青丽（女，回族）；经八路街道党工委书记叶齐科，办事处主任周纪斌；文化路街道党工委书记李长虹，办事处主任赵竞生（回族，12月免）、王麟乐（12月任）；杜岭街道党工委书记郭文博（12月免）、秦历源（女，12月任），办事处主任秦历源（女，12月免）、花磊（12月任）；大石桥街道党工委书记郭峰（12月免）、张向奥（12月任），办事处主任李迪；东风路街道党工委书记史战胜（2月免）、张双喜（2月兼任），办事处主任梁振国；未来路街道党工委书记杨振玉，办事处主任聂思军；北林路街道党工委书记杨宇峰，办事处主任牛易；兴达路街道党工委书记刘楠，办事处主任李国强；凤凰台街道党工委书记许忠（12月免）、赵伟峰（12月任），办事处主任赵伟峰（12月免）、翟俊杰（12月任）。

【现代产业体系构建】 2013年完成服务业增加值686亿元，比上年增长8.1%。其中，金融商贸、高技术服务等主导产业分别完成298.8亿元、105亿元，占服务业的比重分别达到43.6%、15.3%。成功培育年纳税额超亿元（全口径）楼宇4幢，区级税收千万元以上楼宇6幢、百万元以上楼宇100幢，实现区级税收16亿元；顺利引进永大电梯河南分公司等知名企业总部10家；特色街区实现营业收入26.38亿元、区级税收1.15亿元；辖区营业收入超亿元大型商场（市场）达到25家，其中关虎屯等五大商圈实现营业收入186亿元。市级以上农业产业化龙头企业达到41家，年销售收入突破110亿元。持续转变发展方式，成功引进中国（郑州）国际酒店用品博览中心等重大项目53个，总投资890亿元。203个省、市、区重点项目完成投资285.2亿元，金水万达中心等8个超10亿元重大招商项目开工建设，形成了梯次推进、良性循环的可持续发展格局。中小企业综合服务等六大科技创新平台初步建成，新增院士工作站3家、孵化基地26万平方米，创新型试点企业达到35家、工程技术中心达到96家，成功创建国家知识产权强县工程试点区，连续14年被评为全国科技进步先进区。金水科教园区累计引进上海交大中原研究院等高技术项目57个，其中建成投产30个，实现营业收入26亿元；国家知识产权创意产业试点园正式开园，成立全国首个工业设计协会专家工作委员会省级工作站，建成包含彩色3D打印、FDM快速成型等世界前沿科技的技术服务平台；河南科技园区创新活跃的中小企业突破3000家，技工贸交易额超过98亿元。

【城市建设与管理】 按照“率先在全市实现全域城市化”的目标，举全区之力强力推进拆迁改造，先后启动常砦等8个城中村改造项目、河村等6个合村并城项目、聂庄片区等3个旧城改造项目，完成郑州皮革鞋料市场等18个市场外迁工作，启动胜岗等10个项目安置房建设，拆迁量突破1000万平方米，腾出土地907.2公顷，完成投资189亿元，新开工安置房391万平方米，建成安置房365万平方米，回迁群众19036人，拆迁面积、投资总量、安置房建设数量和群众回迁人数再创历史新高。积极完善城市功能，纬二路等10条道路建成通车，园田路等16条道路正在建设，丰乐路等9条道路完成复浇，建成道路10.35公里，新增停车泊位15627个。切实保障国家和省市重点工程建设，圆满完成郑徐客专、陇海路高架、轨道交通2号线、热源厂煤改气等工程涉及的征迁任务，拆迁面积32万平方米。继续开展城市管理整治提升活动，切实加大城市管理考评力度，积极推进铁路沿线和立交桥下空间综合整治，依法拆除违法建筑14.3万平方米；全面规范养犬行为，办理相关证照2.2万个。《金水生态区建设规划》颁布实施，拆改燃煤锅炉35台，建成街头游园5处，新增绿地50.2万平方米。

【社会事业】 黄河路第二小学等5所学

校顺利竣工，经三路小学等16个新（改扩）建项目正在建设，新增优质学位4970个；在郑州市第十一届运动会暨首届全民健身大会中，金水区荣获金牌总数、奖牌总数、团体总分三项第一。金水区总医院主体结顶，全科医师培训中心顺利建成；全省慢性病综合防控示范区通过验收；组建片医小组206个，建立居民健康档案106.5万份，公共卫生服务能力持续提升。新（改）建街道综合文化站1个、公共电子阅览室29个、青少年图书阅览室43个、社区文化活动中心70个，公共文化服务更加全面。新建标准化菜市场2家、社区便民生活服务站15个、社区便利店36家，街道便民服务中心10个、社区服务中心19个、社区便民服务站90个，老年活动中心5个、社区托老站8个、社区残疾人康复站29个，社区服务更加完善。

【社会管理】 深入探索以网格为载体的"坚持依靠群众、推进工作落实"长效机制，下沉人员1716名，整合使用各类协管员3318人，排查整治非法生产、非法建设、非法经营等各类问题12.3万起。深入开展安全隐患排查整治，累计检查各类单位1.2万家，消除事故隐患7437起。坚持领导接访、矛盾排查化解等制度，有效化解投资担保、城市拆迁改造等领域涉及的信访问题。强化立体化治安防控体系，积极预防和妥善处置各类群体事件，依法防范和严厉打击各类违法犯罪活动，社会环境保持和谐稳定。

【政府自身建设】民主法治建设取得新进步。全年办理人大代表建议和政协委员提案160件，办结率100%。强化电子政务平台建设，主动公开非涉密信息，政府工作更加透明。行政效能建设得到新提升。深入推进新一轮行政审批制度改革，审批事项由191项减至103项，审批环节由666个减少为420个，审批时限缩减为原来的62.7%。积极推进投融资体制改革，成功组建两大投融资体系，初步明晰了各平台公司的职能定位，基本搭建了投融资体制框架。全面推行目标管理责任制，量化分解政府工作，明确责任人员、承办单位和完成时限，强化督察考核和责任追究，执行速度更快、效果更好。政府廉政建设得到加强。认真贯彻中央"八项规定"，严格控制评比、表彰和公费出国等经费支出，不断改进文风会风，大力整治"庸懒散奢"等不良作风，形成了风清气正的良好氛围。全面强化对"人、财、物"等关键环节的监管，有效防止了权力失控、决策失误和行为失范。深入推进领导干部经济责任审计，切实加大对重点资金、重点项目的监督力度。规范财政资金管理，评审政府投资项目178个、审减资金7591.13万元。

（窦 凯 何金星）

二七区

【概况】2013年，二七区总面积156.2平方公里，其中耕地面积21.4平方公里，建成区面积36.25平方公里。辖13个街道、1个乡、1个镇，103个城市社区，39个农村社区，14个行政村。总人口742789人，其中非农业人口496813人。人口出生率为6.73‰，死亡率为1.6‰，自然增长率为5.14‰。

2013年，全区地区生产总值完成403.2亿元，比上年增长8.4%。其中，第一产业增加值6526万元，比上年增长1.5%；第二产业增加值847708万元，比上年增长11.7%；第三产业增加值3178244万元，比上年增长7.3%。工业增加值502748万元，比上年增长12.2%。公共财政一般预算收入完成24.9亿元，比上年增长14.3%；公共财政一般预算支出21.72亿元。全社会固定资产投资完成292.6亿元，比上年增长23.7%。规模以上工业增加值完成47.4亿元，比上年增长12.7%。社会消费品零售总额完成301.3亿元，比上年增长13.3%。城镇居民人均可支配收入和农民人均纯收入分别达到26036元和16971元。

【机构与领导】 中共二七区区委：书记：蔡红（女）；副书记：王鹏（6月免）、陈红民（6月任）、张杰峰（1月免）、王鸿勋（1月任，6月免）、潘开名（6月任）；区委常委：蔡红（女）、王鹏（6月免）、陈红民（6月任）、张杰峰（1月免）、王鸿勋（1月任，6月免）、潘开名（6月任）、张全金、牛瑞华（1月免）、王玉红（女）、王鲁明、卢书选、李峰（1月任）、丁文霞（女）、赵吉平、周国堂（6月免）、孙兴伟（6月任）。

区委工作部门：区委办公室主任赵吉平；组织部部长丁文霞（女）；宣传部部长王鲁明；统战部部长王玉红（女）；政法委书记卢书选；群工部部长兼信访局局长曹宪武；机关党工委书记杨芳（女）；编办主任董跃武；党校常务副校长冯晶丽（女）；老干部局局长徐建宇（女）；档案局局长张艳玲（女）。

区十五届人大常委会：主任李章坤；副主任张丽英（女）、李刚、周国建、郭穆顺、柳建华、武志亮、靳凤英（女）、兰海、杨明军（1月选）。

区人大常委会工作部门：区人大常委会办公室主任冯保强（1月免）、陈庆（1月任）；城建工委主任王云；财经工委主任赵建堂；代表联络工委主任刘德斌；法工委主任李玲（女）；科教文卫工委主任马郑武（10月免）、杨录生（10月任）；信访室主任杨录生（10月免）、杨志华（10月任）。

区人民政府：区长王鹏（6月免）、陈红民（12月任）；副区长牛瑞华（1月免）、李峰（1月任）、王玉红（女）、姚实、于珊（女）、辛绍河、刘利、董治会。

区政府工作部门：区政府办公室主任马世锋；地志办主任刘琴（女，3月任）；法制办主任吕锋卫；接待办主任刘长海；食安办主任张晓慧（女）；畅通办主任王志平；人防办主任杨杰；民族宗教局局长法建军；监察局局长张军；行政服务中心主任闫东明；商务局局长王晓东；工信局局长张建中；人口和计生委主任任书庆；人力资源和社保局局长潘丽霞（女，1月免）、陈卫东（1月任）；社保管理局局长薛燕（女）；财政局局长张建森；发改和统计局局长王永利；教体局局长刘子科；民政局局长苏连成；农业农村工委主任杨东起（10月免）、王国华（10月任）；粮食局局长陈庆（1月

城中村改造后的小李庄安置小区

免）、蔡建峰（1月任）；卫生局局长王章正；审计局局长李新亮；城市管理执法局局长牛军领；科技局局长田培红（女）；建设局局长秦玉凤（女）；环保局局长徐笑康（1月免）、邵建勇（1月任）；司法局局长王淑真（女）；交通局局长阴小强；爱卫办主任张新波；建设投资公司总经理崔宗晓；数字化城管指挥中心主任王琳（女）；投资促进服务中心主任王晓琳（女）；文化旅游局局长牛志宏（女）；安监局局长刘少卿；机关事务管理局局长高武汉；物价局局长王笑梅（1月免）、冯保强（1月任）；住房保障中心主任刘钰（女）；房屋征收补偿办主任徐力夫；南水北调办主任闫宗汉（1月免）、田喜增（1月任）；煤炭监管办主任牛学峰；土地储备中心主任张超；新型城镇化建设办公室主任靳发宏；城市管理执法局局长朱继光；马寨工业园区管委会副主任赵国玺（2月免）、谭请录（10月任）；樱桃沟景区管委会主任南中洋（兼）。

垂直管理部门：国土局局长禹秉臻；工商分局局长王建修（3月免）、李珉（3月任）；技监分局局长潘亚力（2月免）、樊长兴（2月任）；国税局局长陈鸿俊（1月免）、赵宇宇（1月任）；地税局局长刘伟红；规划分局局长葛咏；市场管理处主任房广明（10月免）；食品药品监管分局局长卢高义（2月免）、朱明忠（2月任）。

政协区八届委员会：主席于广志；副主席陈爱萍、李琳、吴书文、陈旭儒、李东亮、王同超、袁新生、曾平。

区政协工作部门：区政协办公室主任杜双晶（女，10月免）、李锦勇（10月任）；老干部科科长翟伟锋；提案委主任田留锁；联络委主任刘来群；农业委主任鲁香敏（女）；经济科技委主任张福兑（1月免）、闫宗汉（1月任）；社会和法制委主任牧秋君（女）；城建环保委主任黄晓江；宣教文卫体委主任付阳光；文史资料办主任郭磊；港澳台侨委主任魏兵。

中共区纪律检查委员会书记：张全金。

区人民武装部部长：杨振河；政委：周国堂（3月免）、孙兴伟（3月任）。

区人民法院院长：王焰斌。

区人民检察院检察长：丁铁梅（女）。

区群团组织：总工会主席张新云（女）；团区委书记李青青（女，10月免）；妇联主席李素佩（女）；残联主席荆淑增（女，12月免）；科协主席任随意；红十字会常务副会长井燕（女）；工商联主席卢学俊。

二七新城管委会：主任王鹏（兼，6月免）、陈红民（6月任）；常务副主任潘开明（6月任）；副主任赵阳（10月免）、李国立（10月任）；办公室主任张学志；国土规划局局长李先红；市政建设环保局局长郭映泉；招商引资局局长王晓琳（女，10月免）、张学权（10月任）。

乡镇、街道：侯寨乡党委书记崔工作（2月免）、丁文霞（兼，2月任），乡长南中洋；马寨镇党委书记赵国玺（2月免）、王玉红（兼，2月任），镇长刘丽红（女，10月免）、谢金旺（10月任）；大学路街道党工委书记海鸥，办事处主任周彪；五里堡街道党工委书记陈卫东（1月免）、鲁林林（女，1月任），办事处主任张祎（10月免）、魏锋（10月任）；福华街街道党工委书记黄新宏（10月免）、岳伟（10月任），办事处主任张振威；建中街街道党工委书记胡爱民（10月免）、李景光（10月任），办事处主任贾新建（1月免）、李景光（1月任）；蜜蜂张街道党工委书记张振国，办事处主任杨志华（10月免）、李青青（女，10月任）；铭功路街道党工委书记张伟新，办事处主任王峰；一马路街道党工委书记马建，办事处主任徐建；解放路街道党工委书记朱松山，办事处主任李景光（1月免）、尚可（1月任）；德化街街道党工委书记马遂鑫（2月免）、卢书选（兼，2月任），办事处主任汪艳玲（女，10月免）、赵伟（10月任）；淮河路街道党工委书记李华民（1月免）、赵红林（1月任），办事处主任赵红林（1月免）、秦召玉（1月任）；嵩山路街道党工委书记胡仲泰，办事处主任张勋；长江路街道党工委书记张文奇（10月免）、黄新宏（10月任），办事处主任路军（1月任）；京广路街道党工委书记谭清录（10月免）、张祎（10月任），办事处主任鲁林林（女，1月免）、余莉（女，1月任）。

【项目投资与招商】 实行重点项目区领导分包责任制、项目推进周例会等制度，有效推动了项目建设，加快了项目投资。2013年，全区重点管理的200个项目完成投资345亿元。其中，天方食品集团设备改造等40个项目已竣工，绿地滨湖国际城一期等39个项目已开工。

在选商引资方面，积极开展大招商活动，成功签约项目42个，总投资达1071亿元。严格实施项目准入与退出管理制度，有效保证了项目引进质量。2013年引进域外境内资金162.2亿元，比上年增长36.3%；实际利用外资完成20495万美元，比上年增长11.7%。

【土地保障与资金运作】 大力破解土地瓶颈，完成土地报批1145公顷、土地征收668.4公顷、土地储备871.33公顷、土地供应267.53公顷，四项指标均居市内五区第一；争取建设用地年度指标220公顷，市内五区排名第二。

在资金运作方面，充分发挥城乡更新建设开发有限公司等融资平台作用，创新实施“政府主导、企业担保、项目融资”模式，全年筹措各类发展资金81.2亿元。探索新型融资模式，二七区作为全国首家发行城投债的城区，申报材料已报国家发改委审批。

【现代产业体系构建】 二七新区建设加速推进。运作重大项目25个，全年完成固定资产投资125亿元。绿地滨湖国际城一期写字楼已开盘、二期项目即将开工，270米双塔建筑设计方案完成国际邀标并通过专家评审；泰宏建业国际城已开盘，鑫苑鑫都汇、红星美凯龙国际家居博览中心等项目正在有序推进；河南网商园项目实现当年引进、当年建成、当年运营，被省商务厅授予河南省电子商务示范基地。积极推进生态文化产业发展，在全市率先开展旅游标准化建设，成功举办第七届郑州樱桃节，重点培育绿兴生态园等特色园区15家。新区综合服务中心建成并投入使用，南环公园一期工程完工，道路、水、电、气、暖等基础设施不断完善，二七新区承载力和影响力持续提升。

马寨产业集聚区提质增效。成功引进苏宁易购（食品）电商园、马寨新镇区合村并城等重大项目及二次招商项目18个；花花牛乳制品一期即将投产，顶新扩大再投资一期主体工程基本完工，苏宁河南地区管理总部及物流配送中心等项目已开工。加快基础设施建设步伐，标准化厂房全年开建面积达15万平方米，马寨污水处理厂、自来水加压泵站、110千伏魏河变电站等项目已开工，新建水电管网21.5公里，集聚区发展基础不断夯实。

特色商业区转型升级步伐加快。成功签约欧洲时尚中心、银河中心等高端商贸业项目及二次招商项目9个；华润购物中心建成，华润大厦、正弘凯宾城项目主体工程完工，德化大厦、钱塘大厦等新建项目已开工。新增楼宇企业263家，实现区级税收1.9亿元。完成市场外迁11家，为全区商贸业提档升级拓展了空间。

【新型城镇化建设】 围绕新型城镇化六个切入点工作，重点突破，强力攻坚，城乡环境得到明显改善。

坚持以规划引领发展。顺利实现了二七新区和马寨产业集聚区城市总体规划、土地利用总体规划、产业发展规划“三规合一”；作为郑州市“六城”建设之一的商贸城规划编制已初步完成，特色商业区交通专项研究、空间发展规划和控制性详细规划已报市政府审批。

征收拆迁工作亮点突出。坚持以拆盘活土地存量，以拆换取要素资源，以拆改善城乡形象，全力推动四类社区、交通道路、生态廊道等重点领域拆迁工作。全年完成各类征收拆迁1041万平方米，其中陇海路高架、京广快速路

以二七万达广场为标志的孙八砦城中村改造极富现代气息

二期等市下达任务圆满完成。

交通道路和生态廊道建设扎实推进。开工建设杏梁路、五彩路等城乡道路42条，其中郑航南路、龙祥路等16条道路已完工。“两环十七放射”已完成嵩山南路等5条道路共317万平方米的绿化任务；大学路南延等3条道路建设及绿化设计正稳步推进；铁路沿线综合整治完成拆迁203万平方米，绿化基础工作已完成；叠彩园等3个综合性公园已拆迁完毕，正在进行施工单位招投标工作。

四类社区建设成效显著。全年城中村和旧城改造项目开工商品房、安置房464万平方米，实现投资141亿元，安置房建设、土地出让、固定资产投资等工作位居市内五区第一；齐礼阎、中林国际等项目多年遗留问题得到解决，为全市探索了经验，二七区被省住建厅评为先进单位。6个攻坚片区项目已完成附属物普查、规划方案编制报批等工作。其中，中央商务区项目安置区拆迁任务基本完成，孙八砦、王立砦项目合作协议已签订，兑周、贾砦、雅居乐商业中心项目正按照既定目标积极推进。合村并城工作全面铺开，铁三官庙、郭家咀等6个项目控规获批，滨河花园等3个安置区开工建设，刘胡垌、张寨等4个安置区手续办理工作进展顺利。

城乡功能日趋完善。不断强化城乡建设与管理，在全市年度综合整治考核评比中排名第一。新建改建公厕38座、垃圾中转站1座，新建游园2个，新增绿地408.5万平方米，新植乔木9.2万株。着力美化农村环境，侯寨乡成功入选农业部首批“美丽乡村”创建试点。认真落实郑州市生态水系建设规划，金水河、贾鲁河河源水土保持综合治理项目进展顺利。积极推动节能减排工作，拆改燃煤锅炉110台。筹措资金1200万元支持停车场建设，全年建成停车泊位12228个，超年度目标74.5%。

【民生建设】 2013年，为民承诺的十件实事全面完成，有效解决了就业帮扶、交通出行、就学就医等一批事关人民群众切身利益的现实问题。新增城镇就业再就业23878人、农村劳动力转移就业798人；城镇职工基本养老保险和城乡居民养老保险分别增加6852人和1152人，基本实现了辖区居民养老保险全覆盖。拨付8057万元，为全区村级卫生所和社区服务中心（站）购买公共服务，并使9万多名农村参保居民免费享受大病保险。加大对弱势群体帮扶救助力度，全年发放低保金及各类临时性补贴2338万元，累计救助11757人次。筹集资金4200多万元，完成309个老旧小区改造任务。投入资金4158万元，新建、改扩建学校20所，新增优质教育学位4050个，在全市率先完成了市下达的中小学幼儿园建设任务；顺利通过全国义务教育发展基本均衡县（区）验收。扎实开展“十二项”专项整治，在全市率先完成4个变电站和地铁1号线涉及辖区的3个公交场站征地拆迁工作；依法对违规养犬进行治理；新开工建设保障性住房7944套，基本建成5847套，发放廉租房补贴821万元，二七区被评为河南省保障性安居工程工作先进单位。

各项社会事业取得新进展。建立河南省首个文明使者服务站，形成了二七特色志愿服务模式，二七区连续两年荣获市未成年人思想道德教育建设工作先进区称号。实施科技型企业成长助推计划，不断完善科技创新服务体系，科技服务水平持续提升。三级公共文化服务网络实现全覆盖。启动省级慢性病综合防控示范区创建工作，通过了全国基层中医药工作先进单位和省公共场所卫生监督示范区验收。扎实做好新形势下人口和计划生育工作，持续巩固“国优”成果，稳定低生育水平。

社会大局和谐稳定。紧紧围绕“深化、规范、提升”的总要求和长效机制工作20项举措，不断深化条块融合，完善运行机制，强化督察考核，提升平台效率，全年接收各类社情信息近14万条，处置率99.8%。认真落实安全生产责任制，狠抓安全生产隐患排查治理，全区未发生重特大安全生产事故。强化领导接访、下访、处访机制，落实领导包案和社会稳定风险评估制度，一批信访突出问题得到有效化解。平安法治建设稳步推进，社会治安防控网络初步建成，社会矛盾纠纷排查调处机制日趋完善，人民群众的安全感和对社会治安的满意度不断提高。

【政府自身建设】 全年办理人大代表建议和政协委员提案147件，答复满意率100%。坚持重大决策、重点工作征求人大代表、政协委员及各民主党派、工商联、无党派人士意见，政府决策更加民主科学，依法治区水平不断提升。深入推进政务公开和政府信息公开，政府工作更加透明。进一步优化规范审批流程，二七区被确定为全市唯一的行政审批制度改革暨“两集中、两到位”试点单位。以政府投资项目为重点，不断加强审计工作，全年审计资金29.8亿元，节约财政资金1.3亿元。扎实开展“除四病、刹四风”作风建设集中整治活动，政府机关工作作风持续好转。

（席俏俏　赵慧敏）

管城回族区

【概况】 2013年，管城回族区总面积112.67平方公里，其中城区面积32.88平方公里。辖9个街道，76个社区居委会；1个镇、1个乡，26个行政村，1个农村社区。总人口392631人（含圃田乡）。其中，回族人口21931人，占全区人口的5.58%。全区人口出生率为16‰，死亡率为4.61‰，自然增长率为11.4‰。

2013年，全区实现地区生产总值299.8亿元，比上年增长7.1%。公共财政预算收入完成20.87亿元，比上年增长10.48%。全社会固定资产投资完成213.4亿元，比上年增长22.3%。社会消费品零售总额完成245.5亿元，比上年增长9.2%。规模以上工业增加值完成97.8亿元，比上年增长8.8%。城镇居民人均可支配收入达到24826元，比上年增长12%。农民人均纯收入达到18042元，比上年增长12%。

【机构与领导】 中共管城回族区区委：书记法建强（回族，6月免）；副书记高建军（12月免）、李喜安（1月任，6月免）、袁三军（6月任）、徐西平（2月免）、武拥军（1月任）；区委常委：法建强（回族，6月免）、高建军（12月免）、李喜安（1月任，

6月免）、袁三军（6月任）、徐西平（2月免）、武拥军（1月任）、杜敏生（回族）、王彬彬、张平安、李峰（回族，1月免）、王晓军、马欢、柴丹（女）、虎强（1月任）。

区委工作部门：区委办公室主任马欢；组织部部长王彬彬；宣传部部长柴丹（女）；统战部部长张平安；政法委书记王晓军；群众工作部部长郭剑锋；机关党工委书记李青（女，3月免）；党校常务副校长郭宝生；老干部局局长巴丽霞（女，回族，5月免）、马晓红（女，回族，5月任）；档案局局长朱红亚；编办主任李鑫（女）。

区十四届人大常委会：主任牛延平；副主任姚文学、王宏武、李蝴蝶（女）、刘三修、郑水泉（6月任）、刘同杰（6月任）。

区人大常委会工作部门：区人大常委会办公室主任陈瑞兰（女，3月免）、魏峰（3月任）；教科文卫工委主任朱占通（2月免）、赵秋霞（女，10月任）；财经工委主任李香梅（女）；城建农村工委主任李建伟（3月免）、徐长发（3月任）；法工委主任巴忠义（回族）；代表民族工委主任孙雪琴（女）；民族宗教工委主任陈瑞兰（女，3月任）；信访工作室主任姚琳（女，3月免）、曹洪明（3月任）；老干部管理办公室主任毛松峰（9月任）。

区人民政府：区长高建军（12月免）、虎强（回族，12月任）；副区长李峰（回族，1月免）、郭万全、安惠萍（女）、刘守斌、高和平、罗国君、孙梅（女）、史伟、耿国志、李喜安（1月任，6月免）。

区政府工作部门：区政府办公室主任闫凯；人力资源和社保局局长杨国华；财政局局长朱宣合；工业和信息化局局长乔希望；农业农村工委主任马万锋（回族）；人口和计生委主任邢惠君（女）；发展改革和统计局局长冯麟（女）；教育文化体育局局长穆培华；信访局局长单书欣（9月免）、海彦玲（女，回族，9月任）；民政局局长徐长发（5月免）、周满堂（5月任）；民族宗教局局长巴晓娟（女，回族）；国土局局长张有锋；城建和交通运输局局长赵栓来；环保局局长张红（女）；卫生局局长赵秋霞（女，10月免）、张彦军（10月任）；司法局局长周满堂（5月免）；审计局局长贾宝蕴（女）；城管执法局局长赵晨阳；科技局局长吴俊斐（女）；粮食局局长陈宏安；机关事务局局长毛松峰（9月免）；住房保障服务中心主任李行义；商务局局长李金平（女）；安全生产监管局局长魏良平；文化旅游新闻出版局局长李静（女）；文物局局长陈瑞勇；人防办主任李惠萍（女，回族）；爱卫办主任陈俊杰；房屋征收与补偿办主任张献忠；南水北调办主任郝碧锋；建设综合开发总公司总经理周红卫（9月免）、王志华（9月任）；物资总公司经理李中方；国资局局长孔艳玲；投资评审中心主任王芳；社区建设服务局局长高山岭；工商局局长李建伟；国税局局长史越；地税局局长李志生；质监局局长杨泽；规划分局局长韩杰；食药监督分局局长屈新义。

政协区七届委员会：主席刘霞（女）；副主席韩宏伟、陈彦军（回族）、陈兵、李雪宁（女）、杨爱荣（女，回族）、邹鹏飞、雷金亮。

区政协工作部门：区政协办公室主任陈孝明；民族宗教港澳台侨委主任郭海涛（女）；科教文卫委主任张红军；提案委主任冯雅莉（女）；经济委主任庄红梅（女）；城市建设社会法制委主任翟建平；学习宣传文史资料委主任陶丽丽；农业人口环境资源委主任刘子明；联络委主任张志远；老干部管理办公室主任刘坤。

中共区纪律检查委员会书记：杜敏生（回族）。

区人民武装部部长：谢晓东（3月免）、郭兴军（3月任）；政委：胡俊伟。

区人民法院院长：谢凯歌。

区人民检察院检察长：王耀世。

区群团组织：总工会主席盛伟；团区委书记张川（女，回族）；妇联主席海彦玲（女，回族，9月免）；科协主席郑银铃（女）；残联理事长游东梅（女）。

街道、乡镇：北下街街道党工委书记巴姝芳（女，回族），办事处主任滕方炜；南关街道党工委书记高建峰，办事处主任沙建武（回族）；陇海马路街道党工委书记白刘军（9月免）、刘本勇（9月任），办事处主任孟沛（女，3月任，9月免）、单书欣（9月任）；二里岗街道党工委书记虎金治（回族），办事处主任刘本勇（9月免）、刘斌（10月任）；城东路街道党工委书记邵会文（2月免）、柴丹（女，2月兼），办事处主任刘斌（10月免）、郭磊（10月任）；东大街街道党工委书记谷合群（2月免）、马欢（2月兼），办事处主任曹广凤（女，10月免）、李颖辉（10月任）；西大街街道党工委处书记张平（10月免）、李伟民（10月任），办事处主任张海军；紫荆山南路街道党工委书记王遂其，办事处主任王立磊；航海东路街道党工委书记王永善，办事处主任王传胜；南曹乡党委书记周福利（2月免）、武拥军（2月兼），乡长崔永祯；十八里河镇党委书记李阳东，镇长侯春雷。

【新型城镇化建设】 按照全域城镇化总体目标，深入探索片区改造、组团开发的运作模式，将市政重点工程与村庄改造捆绑运作，力求实现整体平衡。2013年，全区新型城镇化建设完成投资196亿元，累计征迁各类建筑1380万平方米，被评为“郑州市新型城镇化建设先进单位”。圆满完成陇海路快速通道、G107辅道等11项市政工程的征迁任务，累计征迁350万平方米；市定30条断头路全部征迁到位，五里堡北街等8条区管道路开工建设；规划建设“六纵六横”路网体系，投入资金4亿元，累计征迁2290户、123.7万平方米，紫辰路、豫一路等6条道路路基已基本形成。以10平方公里的十八里河片区和4平方公里的商都新区起步区为引领，一次性启动15个村庄改造项目，全域城镇化建设全面提速。城中村改造成效显著，先后启动十八里河、站马屯等6个城中村改造项目，整理土地733.33公顷，辖区7个已批准的城中村改造项目全部启动。合村并城工作稳妥推进，涉及的20个行政村已统一编制控规，苏庄、八郎寨实现整体征迁，柴郭、小刘等9个村庄完成部分征迁。安置房建设有序推进，

国家卫生和计划生育委员会副主任孙志刚到管城回族区卫生所调研

志愿者在社区进行植树活动

全年新建、续建苏庄、八郎寨等19个安置项目，在建287万平方米，竣工106万平方米，回迁群众1万人。具备绿化条件的南四环、郑新快速路等3条道路，累计完成绿化61.2万平方米，建成多功能公交港湾4个；郑西高铁等4条铁路沿线共完成征迁55万平方米。郑新快速路与西南绕城高速互通立交等3个高速路出入口，完成征迁13.7万平方米，绿化16.7万平方米。郑新公园、西吴河公园等2座区级综合性公园完成设计方案，商都公园开工建设。十里铺村外围市场基本征迁到位，中博集团城中村改造项目完成摸底调查，民乐里棚户区改造工作已启动。

【园区建设】 金岱产业集聚区全面扩园提质，中原黄金珠宝文化创意产业园、电商产业园顺利启动，新开工河南威明达等17个项目，全年完成固定资产投资29.8亿元，同比增长59%。商都文化特色商业区倾力打造中原地区最大的黄金珠宝交易中心，年交易额达150亿元；赫优仕广场等6个项目正在编制规划，中部大观国际商贸中心等3个项目完成征迁，郑汴路商业中心等4个项目开工建设；全年主导产业完成固定资产投资13.69亿元。商都新区成功引入建业、中储等一批行业领军企业，郑州CSD国际时尚商贸中心顺利开工，全年完成固定资产投资46.8亿元。紫航服务业园区正式获批，国香茶城被评为全省唯一一家“中国特色商业街”。都市农业统筹发展。扶持培育金阳光农业园等4个特色精品园，新增设施农业面积7.67公顷，新发展管道灌溉面积66.67公顷。招商引资成效显著。组织开展“大招商”“五职招商”活动，先后拜访国内外知名企业52家，累计签约中原黄金珠宝文化创意产业园、电商产业园等12个项目，签约金额达761.4亿元。其中，“三力”型项目8个，签约金额315亿元。全年实际利用外资1.17亿美元，出口总值5.78亿美元，引进境内域外资金90.18亿元，被评为“郑州市招商引资工作先进单位”。

【网格化管理】 探索完善“5+3”解决问题长效机制，共发现社情和台账信息36.5万件，办结率达99.5%。积极组织开展“经济发展大提升活动”，排查出闲置或低效利用土地178.67公顷、楼宇10万平方米，为内部挖潜奠定了基础。城市管理提升活动扎实开展。完成凤凰路、南关街2条道路升级改造任务，开工建设区级公园1座、游园2座、十字路口及街头绿地22处，新增绿地65.7万平方米；建成垃圾中转站3座，新改建公厕17座；新增停车泊位8372个；完成南三环家具市场等11家市场外迁任务。十二项专项整治全面推进。改造老旧小区168个；商城变电站、二里岗变电站落地建设；完成西冷路公交场站征迁任务；查处违法占地120宗；拆除违法建设66万平方米；规范养犬管理，累计办证8555件，办证率达100%，在年终考核中位列市内五区第一。平安建设卓有成效。持续开展重点行业领域安全生产专项整治，深化消防安全网格化管理，城东路街道、航海东路街道被评为全省首批“全国安全社区”。扎实开展“质量立区”工作，严厉打击非法生产、非法经营食品药品行为。大力实施“蓝天工程”，拆改燃煤锅炉21台，圆满完成各项环境保护目标任务。坚持领导分包重点信访案件制度，一批重大疑难信访问题得到有效化解，被评为“河南省党委政府信访工作责任制考核先进区”。开展重点地区排查整治和“保平安•创和谐”雷霆行动，严厉打击各类违法犯罪行为，社会大局和谐稳定。

【政府自身建设】 认真贯彻中央关于改进工作作风、密切联系群众的八项规定，深入开展“一学三促”和治理“庸懒散软”等机关作风整顿活动，狠刹“四风”问题。加强项目资金监管，2013年完成审计项目111个，政府投资基建项目审减1546万元，评审政府投资项目88个，节约资金8600万元。严格落实领导干部办公用房使用标准，全面推行“公务灶”接待、“公务卡”支付制度，政府工作更加务实清廉。认真办理人大代表建议86件、政协委员提案132件，办结率达100%。坚持依法行政，加快依法治区进程，被评为“河南省司法行政系统先进单位”。深入推进重点领域和关键环节改革，全面落实城乡规划土地建设管理“六统一”制度改革，高标准组建规委会、土委会，全年共征收土地482.27公顷，实现供地143.47公顷，资源配置更加高效。推进各产业园区与行政区域管理套合制度改革，金岱产业集聚区、商都新区、商都文化特色商业区已成套合并顺利运转。不断规范机构设置，调整成立15个重点工作议事协调机构、13个重点提升工作指挥部和4个保障小组，机构设置更加合理。全面推进行政审批制度改革，审批事项由原来的117项削减至51项。深化财政国库集中收付制度改革，建立地方预算执行动态监控机制，保障财政资金安全、规范和高效运转。推进投融资体制改革，充分发挥融资平台的作用，共融通资金32.6亿元，“融资、使用、管理、偿还”的融资管理体制得到进一步完善。

【十大实事】 （1）累计发放养老、失业、医疗、工伤四大保险及城市低保资金1.7亿元，居民养老保险和医疗保险参保人数分别增加1883人和5122人。（2）新建保障房6585套，发放廉租住房补贴471万元；新增农村劳动力转移就业1226人、城镇就业再就业13567人，城镇登记失业率控制在4%以内。（3）实施优质教育资源促进计划，新扩建管城实验中学、外国语小学东校区、阳光实验幼儿园等10所中小学、幼儿园，新增优质学位3295个；免除城乡义务教育阶段学生“两免一补”资金2206万元。（4）卫生事业全面进步，郑州市第十人民医院主体封顶，航海东路、陇海马路和城东路3家社区卫生服务中心被评为“全国示范社区卫生服务中心”；新农合筹资标准提高到402元，参合率达99.9%。（5）夯实基层基础，新建区级社区服务中心1个、星级社区11个。（6）做好国家公共文化服务示范区创建工作，新建电子阅览室20个、社区文化活动中心15个。（7）建成市级科技成果体验基地10家、节能减排示范社区10家，连续十年获得“全国科技进步考核先进区”荣誉称号。（8）深入开展民族团结进步创建工作，民族关系得到进一步巩固和发展。（9）高度重视文物保护工作，城隍庙-文庙、北大清真寺被列入全国重点文物保护单位。（10）认真执行计划生育基本国策，全区人口出生率控制在8.1‰以下，连续六年保持国优水平。

（王　忠）

中原区

【概况】 2013年，中原区总面积97.1平方公里。辖12个街道，46个行政村，243个村民小组，110个社区。总人口73.24万人。人口自然增长率为6.1‰。

2013年，全区完成生产总值275.7亿元，比上年增长8%。其中，第一产业增加值1.2亿元，同比基本持平；第二产业增加值97.9亿元，同比增长5.9%；第三产业增加值176.6亿元，同比增长9.6%。三次产业结构比为0.4∶35.5∶64.1。粮食总产量14688吨，比上年下降1.6%。公共财政预算收入完成26.06亿元，同比增长15.5%。全社会固定资产投资完成191.9亿元，同比增长25.1%。社会消费品零售总额完成161.4亿元，同比增长13.6%。商品出口总额3.49亿美元。实际利用外资31541万美元。城镇居民人均可支配收入24654元，同比增长10%；农村居民人均纯收入15129元，同比增长11.8%。

【机构与领导】 中共中原区区委:书记赵书贤；副书记王东亮（6月免）、李幸福（2月免）、陈红民（2月任，6月免）、王鸿勋（6月任）、苏西刚（6月任）；区委常委：赵书贤、王东亮（6月免）、李幸福（2月免）、陈红民（2月任，6月免）、王鸿勋（6月任）、苏西刚（6月任）、高天翼、王正轩、李长义、袁聚平（10月免）、吴铁路、苏进平、杨洁（女）、陈春梅（女）。

区委工作部门：区委办公室主任陈春梅（女）；组织部部长李长义；宣传部部长吴铁路；统战部部长杨洁（女）；政法委书记王正轩；群众工作部部长李卫林；信访局局长冯铁生；文明办主任雷海超；老干部局局长张玲（女，8月任）；党校常务副校长杨文毅；机要局局长陈琳（女）；档案局局长曹永祥；编办主任谢辉。

区十五届人大常委会：主任贾成义；副主任何进平、张永国、李喜安、庄华（女）、郭明立、靳爱菊（女）、王建业、姚金玉、刘花明（女）、余泽军（1月任）。

区人大常委会工作部门：区人大常委会办公室主任黄涛（8月免）、徐君伟（8月任）；法工委主任王卫红（女）；城建工委主任任德福；财经工委主任李海亮；代表联络工委主任张学勤；教科文卫工委主任韩宝亮（12月免）；老干部科科长马艳红（女）；信访室主任勒红伟（8月任）。

区人民政府：区长王东亮（6月免）；副区长王鸿勋（6月任，主持工作）；常务副区长袁聚平（10月免）；副区长成小波、王宏军、王泰峰、徐卫东、陈耀宗、杨洋（女）、邵春雨。

郑州中原新区（郑州纺织产业园区）管理委员会主任：王东亮（2月任，6月免）、王鸿勋（6月任）。

郑州中原常西湖新区管理委员会主任：高天翼。

区政府工作部门：区政府办公室主任赵启恒；区政府法制办主任樊文立；教育体育局局长张云峰（8月免）、吴晓昊（8月任）；民族宗教局局长景明；区直机关管理局局长罗云；人力资源和社保局局长宋文广；科技局局长梅琳；发展改革和统计局局长苏宝民；商务局局长侯慧芳（女，8月免）、韩中亮（8月任）；工信局局长王德隆（2月免）、王明党（8月任）；卫生局局长马德岭；农业农村工委主任刘季科；人防办主任王新权；司法局局长李文智；民政局局长刘专民；城管执法局局长杨盘山；行政执法局局长苏保富；人口和计生委主任邢辉（女）；财政局局长孟金池；审计局局长刘岚（女，8月免）、李平涛（8月任）；爱卫办（创建办）主任毛国友；粮食局局长宋鹏飞（10月免）；监察局局长秦云鹏；优化经济发展环境局局长秦文清；国土局局长魏瑞民；安全生产监管局局长刘志伟；文化旅游局局长徐君伟（8月免）、陈烈（8月任）；城乡建设局局长张海林；环保局局长牛振军；交通运输局局长杜虎城（1月免）、海宪岭（1月任）；房管局局长朱永建；物价局局长高琪（女）；房屋征收与补偿办主任苏海涛；南水北调中线工程建设管理局局长闫超群；史志办主任王冬梅（女）。

政协区八届委员会：主席姚朝社；副主席韩根有、张遂亮、韩世昉（女）、苏振文、钟文明、黄乃林、张冠军。

区政协工作部门：区政协办公室主任徐斌；社会法制委主任杨百祥；经济科技委主任胡青；宣教文卫体委主任张红军；提案委主任张丽娜（女，8月免）；港澳台侨民族宗教委主任牛淑君（女）；委员联络委主任魏彦娣（女）。

中共区纪律检查委员会书记：高天翼。

区人民武装部部长：吕文（3月免）、吴明勇（3月任）；政委：苏进平。

区人民法院院长：徐薇（女）。

区人民检察院检察长：王青（女）。

区群团组织：工会主席李艳玲（女）；团区委书记李嵘（女）；妇联主席李建华（女，8月免）、李娜（女，8月任）；科协主席楚菊芬（女）；残联理事长任莉（女）。

街道：须水街道党工委常务副书记乔宏伟，办事处主任孙涵；西流湖街道党工委书记郭宏力，办事处主任乔富霖；航海西路街道党工委书记程浩，办事处主任师河龙（8月任）；中原西路街道党工委书记王伟宏（8月免）、崔晓（8月任），办事处主任崔晓（8月免）、黄涛（8月任）；林山寨街道党工委书记齐永先（8月免）、王东甫（8月任），办事处主任王东甫（8月免）、侯慧芳（女，8月任）；桐柏路街道党工委书记王海滨（8月免）、李红超（8月任），办事处主任韩中亮（8月免）、刘学桢（8月任）；绿东村街道党工委书记李平涛（8月免）、赵青（女，8月任），办事处主任赵青（女，8月免）、胡志军（8月任）；棉纺路街道党工委书记周岭，办事处主任霍小庆；三官庙街道党工委书记常建明，办事处主任樊志峰；建设路街道党工委书记焦健（8月免）、李红信（8月任），办事处主任李红信（8月免）、李建华（女，8月任）；秦岭路街道党工委书记王政英（女），办事处主任吴孝刚；汝河路街道党工委书记刘淑霞（女），办事处主任宋盼峰。

【中原新区建设】 2013年年初，中原区提出中原新区的概念，范围东起西四环，西到荥阳，南到二七区，北到高新区。根据郑州市都市区规划，在3-5年内，中原新区将建成未来郑州城市的核心区，按照现代新型化城市建设，宜居宜业生态环保，主要发展生产性服务业和生活服务业。

2月，中原新区和须水街道实现了行政套合。按照“三规合一”，中原新区城市总体规划和土地利用规划已获批，委托郑州市规划勘测设计研究院编制的产业发展规划编制完成，邀请法国思构等顶尖设计公司编制的起步区城市设计方案已形成。投资10亿元的恒天重工新纺机主体厂房基本建成，投资268亿元的中国家居CBD郑州产业园、投资50亿元的锦艺国际轻纺城、投资22.3亿元的中国中部纺强服装品牌中心等一批重大项目建设顺利推进。基础设施和配套服务设施建设加速。新建的紫竹变电站完成主体建设，正在进行设备调试；完成了8.8公里自来水供水管网和6.5公里配套电网建设；总投资3350万元、总长2.9公里的玉轩路等4条道路和总投资10亿元的须水河以南片区25条道路正在抓紧施工；国家级棉花质检中心和华中纺织信息中心投入使用。同时，着力推进要素平台建设，中原新区开发建设投资公司实现融资18亿元，恒天重工新纺机技术中心等12个国家、省、市级技术研发中心已建成。

【常西湖新区建设】 常西湖新区位于西

三环以西，西四环以东，北至化工路以南与高新区接壤，南到常庄水库与二七区为邻，规划面积约39平方公里，规划人口约30万人。辖区涉及西流湖和航海西路2个街道，有18个行政村，54个自然村，人口10.23万人（常住人口4.9万人，流动人口5.33万人）。辖区有市委党校、郑州一中、郑煤集团总部、解放军第153医院等多家企事业单位，是规划中的郑州市新行政文化中心所在地；有南水北调运河、常庄水库、常西湖城市生态公园、郑州市植物园等特色景观，环境优美；陇海铁路、郑西高铁、石武客运专线穿境而过，郑上路、中原西路贯穿东西，西三环、西四环纵贯南北，交通、区位优势明显。

（一）拆迁工作。2013年，常西湖新区总拆迁体量完成600多万平方米，完成了“两环十七放射”道路拆迁，孙庄城中村改造拆迁，东陈伍寨拆迁，柿园村、宋庄拆迁，大李村拆迁，小京水村拆迁，西岗一、二组及大厨房项目拆迁，陇海西路西延拆迁，湖西路打通及地铁下穿工程拆迁，凯旋路拆迁，西流湖生态公园南区拆迁。

（二）道路设施建设。开工建设西四环至凯旋路之间、市民公共文化服务中心核心区站前大道至雪松路之间的9条道路，总长约20公里；核心区规划地下交通环廊和地下管廊，总长约2.6公里；规划9处立体过街设施。

（三）重点项目建设。啟福尚都项目完成建筑面积98.3万平方米，盛世天地城项目完成总体规划。

【项目投资】 2013年，中原区开创了以项目为载体的“强投资”发展局面。（1）积极谋划政府投资项目，加强对项目运行情况进行督导并及时调整。全年谋划政府投资项目59个，完成投资2.6亿元。其中，农林水项目3个，社会事业项目23个，公共设施项目6个，城市建设项目9个，交通项目17个，生态保护项目1个。（2）持续推进项目建设，梳理制约项目落地建设的因素和环节，加大协调力度，加快项目进度，提高投资强度。2013年，全区固定资产投资完成191.9亿元，同比增长25.1%。（3）积极争取省、市重点项目。全区列入省、市重点建设项目62个，列入考核项目31个，总投资615.3亿元，年度计划投资45.4亿元，全年完成投资67.5亿元。（4）创新服务方式，加快项目审批效率。坚持完善重大项目周例会等制度，创新审批方法和手段，强化部门责任，实行交叉受理、并联审批、限时办结，确保项目立项审批全面提速。（5）着力破解瓶颈，实现项目融资和土地报批新突破。以成立区投融资工作委员会为契机，加大投融资工作力度，出台了《中原区鼓励和吸引社会资金参与城市改造项目土地整理、综合开发暂行办法》。加强政府、银行、企事业单位的对接，利用已建成的三大融资平台，多渠道筹措建设资金，全年实现融资50亿元。强化项目建设用地保障，全年报批土地7932公顷。

【现代产业体系构建】 加快现代产业体系构建，着力提升产业发展的质量和效益。（1）注重规划引领。按照中原区未来发展的总体规划，积极协调，对主导产业定位进行调整，明确重点发展以商贸物流、公共服务为主的现代服务业和服装制造业。同时，委托国家发改委经济研究所编制全区产业发展战略规划，中原特色商业区规划已获省发改委批复，力争用3-5年时间，打造成郑州市高端现代服务业集聚区。（2）积极开展招商引资。组织参加中博会等各类洽谈活动，严格落实五职领导责任制，谋划和引进了一批投资规模大、带动能力强的项目，全区发展后劲不断增强。全区新签约招商引资项目15个，计划总投资1427.6亿元。包括投资500亿元的郑州·中国公园商贸文化服务区项目、投资300亿元的须水商贸文化中心项目、投资170亿元的郑州国棉三、四、五厂棚户区改造项目、投资60亿元的郑州电缆集团公司生活区改造项目等9个超10亿元项目。实际利用外资3.15亿美元，比上年增长71%；引进域外境内资金142亿元，比上年增长35.8%。（3）加快推进三环内传统工业企业和市场外迁，优化产业发展布局。郑州光明山盟乳业完成拆迁工作，郑州宇通重工基本搬迁完毕，大厨房农副产品物流港完成拆迁前基础工作，文化宫路小商品城计划进行全面升级改造。（4）加快现代服务业发展。谋划一批现代服务业项目，中原万达广场、锦艺购物中心（王府井百货）、西元国际广场等新兴商圈不断发展壮大；大商永辉购物广场正式运营；大商新玛特购物休闲广场项目主体完工；升龙天汇商业广场、盛润锦绣广场、中晟银泰国际中心、梧桐新语等城市综合体项目正在抓紧建设；恒大中原经贸中心项目稳步推进。（5）质量立区工作取得新突破。宇通重工等7家企业的14种产品获得河南省名牌产品称号，华润燃气公司获得省长质量奖。

【全域城市化建设】 全域城市化建设全面推进。（1）加快推进交通道路建设。陇海路高架中原区段西三环以东拆迁完毕，开始进场施工；承担的金水路西延和三环快速化拆迁工作在全市率先完成。分别与中建七局、郑州路桥集团签订战略合作协议，进行道路、安置房等基础设施建设。其中，投资26亿元的常西湖新区中原路以北区域22条道路全部开工建设，中原新区须水河以南片区25条道路正在分批进场施工。25条断头路打通工程全部拆迁完毕，伊河路、汝河路等道路整修工作顺利完成。（2）“两环十七放射”生态廊道建设富有成效。建成游园广场7.6万平方米、自行车道50公里、人行步道58公里、公交港湾18个，“公交进港湾，行走在中间，辅道在两边，休闲在林间”的景观效果显现。同时，创建国家森林城市、国家园林城市涉及中原区的工作圆满完成，全区新增绿地237.6万平方米，新植乔木16.7万余株。（3）产城融合，全面推进常西湖新区开发。全力实施西区市民公共文化服务区拆迁建设，核心区孙庄完成拆迁、大李村基本完成拆迁，与中建七局签订了200亿元项目投资合作协议。（4）四类社区改造取得新成效。以棉纺路片区、金水路西延片区和二砂、电缆厂片区为引领，成片改造、组团开发，列入2013年市新型城镇化建设任务的13个城中村改造项目中，已完成整村拆迁或部分拆迁8个，进入招拍挂7个，开工3个。投入资金4732万元，完成了331个老旧小区物业及基础设施改造，极大地改善了群众居住环境。

金马凯旋家具CBD粗具规模

轻纺城

【新型城镇化建设】 坚持把拆迁工作作为新型城镇化建设的重要突破口和基础性工程，全区动员，合力攻坚。全年累计完成22个村（组）拆迁，拆迁面积1655万平方米，拆出净地约1000公顷，是中原区有史以来拆迁力度最大、成效最为显著的一年。在全市新型城镇化建设年度考核中，位居市内五区第一。规划面积6.1平方公里的市民公共文化服务区，已完成拆迁近3/4；近10平方公里的中原新区须水河以南片区，拆迁已接近尾声；市定3个攻坚村拆迁任务实现大头落地。同时，中原区承担的陇海路高架快速通道、金水路西延工程、三环快速化工程拆迁工作在全市率先完成；拆迁面积达22万平方米的陇海路西延拆迁任务圆满完成；桐柏南路打通、桐柏路216号院等遗留多年的拆迁难点，得到了彻底解决。

【社会事业】 2013年，出台了《关于进一步加快教育事业发展的意见》等文件，与郑州市教育局签订了《战略性教育合作框架协议》，将在中原区新建郑州一中教育集团明新校区、郑州市常西湖外国语学校、郑州外国语小学、郑州市实验小学等优质品牌学校。伊河路小学北校区、经纬花园幼儿园等5所中小学（幼儿园）开工建设。加强师资队伍建设，面向社会招聘教师200名。

加快完善文化基础设施，积极开展各类文化活动，形成别具特色的公共文化服务模式。8月，通过了国家组验收，成为国家公共文化服务体系示范区。

加快构建区域科技创新体系，加强知识产权运用和保护。2013年，全区申请专利1530件，建成科技成果体验基地10个。落实资金2547万元，支持企业自主创新，完善科技发展和成果转化。辖区郑州三华科技实业有限公司、机械工业第六设计研究院有限公司被评为河南省创新型试点企业，郑州磨料磨具磨削研究所被评为河南省科技创新型企业，郑州煤矿机械集团股份有限公司被评为国家科技创新型企业。亚龙金刚石制品有限公司、中石化华北分公司的3个项目获得河南省科技进步特等奖；8个企业的15个项目获得河南省科技进步二等奖。由机械工业第六设计研究院有限公司院士工作站承担的“绿色建筑信息模型化河南省工程实验室”，被河南省发展和改革委员会批准为省级工程实验室。

就业再就业和社会保障工作不断加强。全区新增城镇居民就业再就业25827人，城镇“零就业家庭”保持动态为零；农村劳动力实现转移就业1208人。加大困难群众救助力度，救助城乡低保对象1741户3039人，发放保障资金1155.5万元；为402名符合条件的贫困残疾人发放居家托养补助；“五保”对象全部实现集中供养。被征地农民社会保障工作有序推进。加强保障性住房管理，进行实物配租487户，发放租赁补贴2469户。

医疗卫生和人口计划生育工作扎实推进。对全区入托入园适龄儿童免费体检，体检儿童突破1万名；建成省级示范预防接种门诊16家，有力保护了辖区适龄儿童健康。认真落实计划生育利益导向机制，全面提升出生人口素质，全年人口出生率8.9‰。加强食品餐饮服务安全监管，对全区310家大中型餐饮单位（含学校食堂、托幼机构）实行数字化科学监管，保障了群众饮食安全。

【城市建设与管理】 2013年，社会治理工作不断加强。（1）长效机制建设逐步完善。认真落实“深化、规范、提升”的总要求，推动条块深度融合，网格化管理长效机制保障性作用得到了充分发挥。全区共排查各类问题约8.6万起，整改解决8.57万余起，办结率达99.6%。（2）深入开展城市管理整治提升活动。新建公厕3座、垃圾中转站3座，对48条区管道路损坏路面进行及时维修养护，对伊河路等12条（段）道路进行改造，已有7条道路完工。加大对占道经营等现象的执法力度，大力开展规范养犬工作，全区养犬办证年检率达95%。持续整治中心城区道路两侧及集体土地违法建设，强化巡查督察，严格责任追究，始终保持对违法建设的高压态势。全区共拆除违法建设420余起、28万平方米。（3）以“蓝天工程”为抓手，认真做好大气污染防治工作。拆改燃煤锅炉23台，超额完成市定目标。（4）社会治安综合治理进一步强化。深入开展平安中原创建活动，依法防范、严厉打击各类违法犯罪活动，群众安全感进一步提升。（5）认真落实领导干部接访下

中原西路生态廊道

访制度，大力推行“五位一体”工作机制，深化矛盾排查化解，信访形势总体平稳。（6）健全党政同责、一岗双责、齐抓共管工作机制，持续开展安全隐患排查整改活动，严肃问责追究，全年未发生较大以上安全生产事故和火灾事故。

【重点项目建设】 2013年，中原区有省、市重点项目31个，总投资675287万元。

（一）已竣工项目6个。郑纺机新纺机项目，全年投资3.2亿元。郑少高速至郑州市区航海路连接线，全年投资4500万元，已通车。五龙口污水处理厂至新力电力有限公司中水管线工程，全年投资2500万元，管道全线连通，已试通水。郑州市技师学院学生宿舍楼项目，全年投资200万元。郑州市第五十一中学综合教学楼项目，全年投资377万元。郑州财经技师学院教学实训综合楼，全年投资1331万元。

（二）在建设项目7个。郑州金马凯旋家居CBD项目，全年投资413346万元。锦艺国际轻纺城，全年投资137557万元。郑州市老干部活动中心综合活动楼建设项目，全年投资7707.4万元。郑州市社会福利院改扩建工程，全年投资5716万元。郑州市中心医院全科医生临床培养基地及门诊综合楼项目，全年投资8145万元。中共郑州市委党校新校区二期工程，全年投资3649万元。陇海西路西延（西四环至西南绕城高速）工程，全年投资2776万元。

（三）新开工项目9个。郑州金阳电气有限公司整体搬迁改造项目，全年投资2535万元，3月举行开工仪式。河南万通集团奔驰汽车文化广场，全年投资8000万元，5月举行开工奠基仪式。焦作隆丰皮草企业有限公司瑞驰有限公司毛皮深加工项目，全年投资7428万元，6月举行开工奠基仪式。河南大中原物流港，全年投资23877万元，7月开工。豫能郑州洲际华邑商务大厦，全年投资1030万元。盛润•锦绣城商业广场项目，全年投资500万元。中原文化广场项目，全年投资1523万元。恒大中原经贸中心项目，全年投资10275万元。郑州市第十六中学新建宿舍楼工程，全年投资15万元。

（四）前期项目9个。包括郑州纺织产业园无纺布项目，机械工业第六设计研究院高科技信息园，常西湖新区湿地保护移民安置区，220千伏桐柏输变电工程，郑州公路主枢纽客运西站，郑州市第十九中学（初中部）塑胶运动场及地下停车场建设项目，郑州市国防科技学校综合大楼项目，郑州市国防科技学校实训大楼项目，郑州市监狱警示教育综合楼项目。

（赵志平）

惠济区

【概况】 2013年，惠济区总面积232.75平方公里。辖6个街道、2个镇，11个社区，54个行政村。总人口27.8万人，其中乡村人口8.8万人。人口自然增长率为6.31‰。

2013年，全区实现地区生产总值92.8亿元，比上年增长7.0%。其中，第一产业增加值5.8亿元，比上年增长3.0%；第二产业增加值45.3亿元，比上年增长8.4%；第三产业增加值41.7亿元，比上年增长5.8%。三次产业结构比重为6.2∶48.8∶45。规模以上工业增加值完成23.4亿元，比上年增长7.0%。粮食总产量2.71万吨，与上年同期持平。地方公共财政预算收入完成11.1亿元，比上年增长10.2%。社会消费品零售总额完成87.0亿元，比上年增长14%。全社会固定资产投资完成115.4亿元，比上年增长23.7%。社会消费品零售总额87.0亿元。商品出口总额8426万美元。实际利用外资10855万美元。城镇居民人均可支配收入20766元，人均消费性支出13698元；农村居民人均纯收入16464元，人均生活费支出15284元。

【机构与领导】 中共惠济区区委：书记王东亮（9月任）、常继红（女，9月免）；副书记黄钫、杨金军（1月任）、陈红民（1月免）；区委常委：王东亮（6月任）、常继红（女，9月免）、黄钫、杨金军（1月任）、陈红民（1月免）、赵惠玲（女）、万永生、王雅伟、张卫民、崔平、杨林、王春晓、袁加军（6月免）、刘宏伟（6月任）。

区委工作部门：区委办公室主任崔平；机要局局长弓海军；组织部部长王雅伟；机关工委书记王浩瞻；宣传部部长张卫民；文明办主任丁建国；统战部部长王春晓；台办主任高歌（女）；宗教局局长侯永革；政法委书记杨林；综治办主任陈学民（8月免）；编办主任赵会勇；事业局局长张留红（女）；党校常务副校长刘培军；群工部部长贺政华（女）；老干部局局长张惠（女）；档案局局长李彦涛；档案馆馆长崔慧清（女）。

区一届人大常委会：主任禹舜；副主任陈建峰、刘宝庆、梁国强、刘满仓、宋国彦、李清海、高春声、华新定、袁加军（12月任）。

区人大常委会工作部门：区人大常委会办公室主任刘勇；老干部科科长贾兴起；教科文卫工委主任孙正伟；财经工委主任刘季召（4月去世）；代表联络工委主任师挺；法制工委主任陈英伟（3月免）。

区人民政府：区长黄钫；副区长万永生、赵风军、杨勇、李文建、郑方燕（女）、张艳敏（女）、李献武、戴玉振。

区政府工作部门：区政府办公室主任黄国彦；法制办主任宋梅英（女）；人防办主任肖新；发改和统计局局长肖丰逸（女）；科技局局长李保国；工信局局长弓永光；人口和计生委主任耿建伟（10月免）、李喜云（10月任）；教体局局长青华山（10月免）、屈连武（10月任）；民政局局长赵成群；财政局局长张红（女）；人力资源和社保局局长李睿彬；司法局局长宋保平；审计局局长王永忠；城建局局长王维翔；国土局局长唐岩（女）；交通运输局局长何景强；卫生局局长刘博；农业农村工委主任李瑞；城管执法局局长赵鸿年（10月免）、耿建伟（10月任，12月免）、陈增林（12月任）；文化旅游局局长胡俊丽（女）；商务局局长段祥生；林业局局长王锋；安监局局长弓继军；环保局局长雷秀霞（女）；机关事务局局长徐麦成（8月免）、马兆华（10月任）；住房保障服务中心主任吴俊杰；行政审批中心主任张克文；接待办主任李喜云（女，10月免）；社保局局长赵钰锋（女）；新型城镇化建设办主任张艳敏（女，11月任）。

政协区一届委员会：主席梁守海；副主席赵景春（女）、李新安、姜玲（女）、宋金堂、谢和平、闫学林、李建国。

区政协工作部门：区政协办公室主任孙平安；经济委主任禹金丽（女，3月免）；提案委主任魏涛；教文体委主任陈百胜；社会和法制委主任李巧平（女）；老干部科科长张新芝（女，8月免）。

中共区纪律检查委员会书记：赵惠玲（女）。

区人民武装部部长：唐爱民；政委：袁加军（3月免）、刘宏伟（3月任）。

区人民法院院长：蔡理亮。

区人民检察院检察长：贾佳（女）。

区群团组织：总工会主席劳建新；团区委书记王凯；妇联主席弓育红（女）；科协主席姜玲（女）；工商联主席宋国彦；残联理事长王润香（女）；红十字会常务副会长王爱菊（女，8月免）。

街道、镇、开发区：刘寨街道党工委书记牛鸿飞（9月免）、朱光明（9月任），办事处主任李向阳；长兴路街道党工委书记王东亮（12月免）、耿建伟（12月任），办事处主任陈增林（12月免）、陈晓丽（女，12月任）；老鸦陈街道党工委书记申慧（女，9月免）、程嵩峰（9月任），办事处主任付广喜；新城街道党工委书记孙学文（2月免）、杨金军（2月任），办事处主任朱光明（8月免）、胡斌（8月任）；迎宾路街道党工委书记杨军（2

月免）、王春晓（2月任），办事处主任陈晓丽（女，12月免）；桥南新区党委书记杨军，管委会主任陈晓丽（女，12月免）；大河路街道党工委书记王国周，办事处主任陈伟森；古荥镇党委书记李振江，镇长张小海；花园口镇党委书记郭相洲（8月免）、赵登义（8月任），镇长胡斌（8月免）、朱光明（8月任，9月免）、张志宏（9月任）；高新农业试验区管委会主任常继红（女，9月免）；河南惠济经开区管委会主任申仁玉（2月任）；郑州惠济新区主任黄钫（2月任）。

【四类社区建设】 2013年，惠济区把四类社区建设放在突出位置，扎实开展“五比五看五加快”活动，狠抓征迁、建设两个关键环节，全面加快新型城镇化进程。征迁工作全面突破。20天时间，完成苏屯村的整村征迁，开启全年的征迁大幕；15天时间，完成花园口合村并城项目11个自然村的征迁，创造郑州市征迁单体面积最大、人口最多、效率最高、无一例安全事故的记录。全年实施旧村征迁16个，其中14个全部征迁完毕。手续办理加快推进。注重发挥规委会、土委会和新型城镇化建设办公室的作用，14个项目控规获批，2个项目修规获批，4个项目修规通过初审，2个项目实现土地出让，4个项目即将实现土地出让。项目建设快速实施。先后召开项目推介会3次，苏屯等7个项目成功确定投资合作主体。开工四类社区项目9个，建设面积达到222万平方米。重点抓好群众安置，建成群众安置房107.1万平方米、临时过渡房1500余套，被征迁群众的生产生活得到有力保障。

【区域功能品位持续提升】 秉承打基础、管长远理念，全面加强辖区基础设施建设。生态环境建设成效明显。2013年，完成林业生态建设任务353.33公顷，新增绿地66万平方米，3个森林公园相继建成；北四环、中州大道北段景观绿化续建工程先后完工，天河北路东侧景观绿化、邙山中小学水土保持教育社会实践基地提升项目加快实施，国家森林城市创建工作有序推进。高标准疏挖治理沟渠15公里，堵截、治理排污口51个，建成小型污水处理设施11个，生态水系整治效果显著。燃煤锅炉年度拆改任务顺利完成，新建无燃煤区1.8平方公里，2个农村环境连片综合整治项目通过验收，省级生态区创建取得阶段性成果。交通路网体系趋于完善。北三环下穿铁路编组站竣工通车，京广快速路北延、江山路拓宽改造、沿黄快速通道（S314）、西三环北延工程有序推进；畅通郑州21条道路、51万平方米的附属物征迁完毕，长兴北路、嵩山北路等6条道路开工建设，木马东街、天元路等8条道路基本竣工通车；建成农村公路9.4公里，辖区路网持续优化。中心城区功能不断提升。提前完成市场外迁年度工作。为期三年的城市综合整治提升任务顺利完成。学前街、金桥路完成升级改造，中州大道、文化路、花园路道路沿线立面整治完毕，区公安消防大队项目主体完工，北郊热源厂、马头岗污水处理厂二期、双桥污水处理厂、桥南水厂、天河路公交场站以及2个变电站、5个自来水抢修基地建设有序推进，新建垃圾中转站4座、公厕2座，新增停车场（位）5513个。始终保持对违法建设的高压态势，查处违法建设361起，拆除23万平方米。

【三次产业结构逐步优化】 2013年，惠济区围绕主导产业定位，积极推进三次产业相互融合、竞相发展。都市农业不断壮大。河南惠济花卉产业集群规划、惠济区休闲观光农业综合示范区规划编制完成；2个农业产业化集群获省级批复，4个农业园、8个农业项目纳入全市都市农业“136”工程，市级以上农业龙头企业达40家，农民专业合作社达222家，新增“三品一标”农产品认证33个。现代服务业快速发展。文化创意产业的集聚效应初步显现。省规划建设集团1号研发中心大楼主体完工，招商中心大楼建成投入使用，河南惠济经开区连续3年被评为郑州市“五强”产业集聚区。普兰斯熏衣草庄园、绿源山水、纳帕葡萄酒庄园一期、丰乐农庄第二会议中心项目建成投入使用。全区年接待游客814.2万人次，同比增长16.6%，实现旅游收入2.8亿元，同比增长16.7%。商贸物流产业体系更加健全。博金商贸城、大商集团千盛生活广场相继开业，格力电器仓储基地投入运营，四季水产物流港一期、陈砦花卉市场双桥基地二期建成，裕华富邦广场、国美郑州假日货仓、中部两岸水产海鲜果蔬物流园等项目顺利推进。房地产业持续健康发展，民安北郡、正商玉兰谷、昌建•誉峰、升龙汇金广场实现开盘销售。生态型工业稳步发展。重点工业项目完成投资6亿元，思念食品新工业园一期完工，河南非洲机电产品出口工业园、河南恩耐基电气产业园、郑州中玻玻璃深加工等项目有序推进；搭建银企合作平台，帮助企业融资2亿元。惠济区被市委、市政府评为“工业经济‘三年倍增五年超越’工作先进单位”“服务民营企业先进单位”。

【改革开放】 把握关键环节抓改革，立足招商引资促开放，紧盯制约因素求突破，发展内生动力持续增强。重点领域改革和整治力度不断加大。调整镇（街道）财政管理体制，完成国库集中收付制度改革，财政资金管理进一步规范。全面深化行政审批制度改革，简化审批环节15个，提速行政许可和服务项目20多个，行政服务中心通过省级服务业标准化试点验收。城市新区（专业园区）与行政区域管理套合改革完成，惠济新区、特色商业区迸发新的活力。出台“重点工作考核办法”，建立新型城镇化建设季观摩制度，组建新型城镇化建设办公室，有效调动各部门、镇（街道）的工作积极性。推行编制动态管理，打破单位编制“终身制”。办公用房清理和财政供养“吃空饷”人员治理有序推进。对外开放战略深入实施。紧盯国内外500强和行业20强企业，落实“五职”招商责任制，深入开展大招商活动。红星美凯龙国际广场等15个超亿元“三力型”项目先后签约入驻，计划总投资400亿元。坚持发展产业与村庄改造同谋划、同引进、同实施，规划引进锦艺四季城等20多个产业项目。制约瓶颈得到有效破解。古荥镇、毛庄镇总规（2012-2030年）获批，S314以南区域基本实现城镇规划覆盖。完成土

12月3日，省委常委、市委书记吴天君视察木马安置房建设及金洼城中村改造项目

地开发整理212.17公顷，报批储备土地449.26公顷，征收土地175.96公顷，出让土地56.2公顷；通过吸纳社会资金、争取信贷支持、开展土地融资等方式，实现融资28亿元，为全区新型城镇化建设提供了强力保障。

【社会管理服务体系日臻完善】 依托网格化管理，不断健全服务体系，社会管理服务水平全面提升。网格化管理持续推进。新成立社会管理办公室，管理机构不断健全。进一步深化条块融合，调整建立网格609个、群众工作队63支362人，下沉人员562名。推行“4+1工作法”、例会研判、问题督办、联合执法等制度，七大领域20项重点工作有序推进，排查问题14028起，办结13657起，办结率达97.4%。社区服务管理持续强化。新成立长兴、彩虹2个社区，居民小区实现无缝管理。清理社区办公用房3026平方米，建成郑州市“星级社区”2个、街道级社区服务中心1个、农村社区服务中心3个。社会大局和谐稳定。平安建设推向深入，开展“雷霆行动”，增配技防设施，案件高发部位发案率同比下降12.8%。安全生产形势平稳，安全生产大检查、打非治违专项整治和安全惠济创建活动扎实推进，创建安全达标社区（村）30个、安全生产标准化达标企业4家、平安校园10个，和谐型村（镇）创建达标率达45%以上。食品药品安全得到有效保障，全年未发生安全事故。规范养犬工作有序推进，一批群众关心的热点问题得到有效解决。推行人民调解、行政调解和司法调解联动机制，有效化解矛盾纠纷。信访工作成效突出，连续5年被省委、省政府评为信访工作先进单位，连续8年被市委、市政府评为信访工作红旗单位。文明创建扎实推进，再次荣获“河南省文明城区”称号。

【社会事业】 2013年，惠济区坚持经济与社会协调发展，推动各项社会事业不断进步。民主法制建设持续加强。全年办复区人大代表建议119件、政协委员提案113件，满意率均达96.6%以上。党务政务公开示范点创建活动扎实开展，依托惠济区实践编制的《县委县政府权力公开透明运行工作标准》在全省推广。农村基层民主法制建设深入推进，创建省级民主法治社区1个，“六五”普法工作顺利通过市级中期督导，社区矫正工作更加规范有序。坚持依法行政，连续8年荣获“郑州市依法行政先进单位”称号。科教文体事业有了长足进步。科技工作成效显著，荣获“全国科技进步先进县（区）”称号。筹措资金1.24亿元，新建、改扩建中小学及幼儿园12所，建设塑胶操场5个；新增优质学位3450个，公开招聘优秀教师70名，继续推进“三名工程”、落实“三百培训”，师资力量进一步优化提

惠济区信息产业园

升；郑州市实验高中实现招生，郑州四中成功入驻，5所中学纳入省级示范性学校托管，区实验幼儿园通过省级示范园验收，优质教育资源持续增加。体育工作成绩显著，获得郑州市运动会金牌总数第三、市中小学体育节团体总分第二、群众体育工作考核全市第一。完成国家公共文化服务体系示范区创建任务，大运河申遗顺利通过初审。卫生计生资源更加丰富。与郑州人民医院成功组建区域医疗联合体，群众在家门口就能享受到更为优质的医疗资源。新建社区卫生服务中心2个，区公共卫生服务中心新建项目确定选址，市三院迁建项目开工建设，惠仁医院等4个项目加快推进，荣获河南省“卫生应急综合示范区”称号。人口计生工作扎实推进，全省首家青春健康项目正式启动；落实利益导向资金1021万元，惠及群众5.7万余人。社会保障能力不断提升。城市低保、农村五保对象实现动态管理下的应保尽保；企业离退休人员社会化管理率达100%，扩大社保覆盖面、社保基金征缴任务全面完成。开工保障性住房项目4个、3047套，完成老旧小区物业改造9个。农村富余劳动力转移就业、职业技能培训、城镇就业再就业均超额完成目标；发放粮食补贴、“两免一补”等资金7433万元，辖区群众得到更多实惠。

（张路燕）

上街区

【概况】 2013年，上街区总面积61.73平方公里，其中耕地面积2694公顷。辖1个镇、5个街道，31个社区，28个行政村。总人口13.5万人，其中乡村人口1.3万人。人口自然增长率为3.02‰。

2013年，全区实现生产总值107.6亿元，比上年增长7%。其中，第一产业增加值0.5亿元，比上年下降5.5%；第二产业增加值80.7亿元，比上年增长6.6%；第三产业增加值26.4亿元，比上年增长9.0%。规模以上工业增加值完成71.3亿元，比上年增长6.2%。粮食总产量1.3万吨，比上年下降2.2%。地方财政一般预算收入完成10.1亿元，地方财政一般预算支出完成11.3亿元。全社会固定资产投资完成101.1亿元，社会消费品零售总额完成37.5亿元。商品出口总额9894万美元，实际引进外资7788万美元。城镇居民人均可支配收入达到30953元，人均消费性支出20979元；农民人均纯收入达到14632元，人均生活费支出10704元。城乡居民年末储蓄存款余额67.1亿元。

【机构与领导】 中共上街区区委：书记黄卿（9月免）、樊福太（9月任）；副书记宋洁（女）、李建伟（1月免）、李红乐（1月任）；区委常委：黄卿（9月免）、樊福太（9月任）、宋洁（女）、李建伟（1月免）、李红乐（1月任）、钱世哲、魏建民、崔世英、宋双兴、杨金军（1月免）、徐勇、马少军、赵立。

区委工作部门：区委办公室主任徐勇；组织部部长魏建民；宣传部部长宋双兴；统战部部长崔世英；政法委书记马少军；机要局局长马风威；保密局局长王宁；督检室主任、网格办主任冯惠强；政研室主任王文豪；档案局局长时永莲（女）；直属机关工委书记李广久；党史办主任樊向阳；人才办主任李显发；目标绩效考核办主任郝斌；文明办主任部锋；外宣办主任蔡旭晓（女）；台办主任胡爱敏（女）；民族宗教局局长虎新伟（回族）；综治办主任张霞（女）；维稳办主任李怀超；群工部部长（空缺）；信访局局长王振宇；编办主任

张富强；事业登记局局长蔡文勇；老干部局局长张伟；关工委主任张虎平；党校校长李建伟（1月免）。

区十二届人大常委会：主任周为国；副主任张振威、张旭华（2月任）、李华道、陈炜、马丽（女）。

区人大常委会工作部门：区人大常委会办公室主任张光斌；法工委主任魏志强；财工委主任张威；城建工委主任陈广宇；教科文卫工委主任马丽平（女）；代表信访联络工委主任张松茂；人事任免科科长张玉红（女）。

区人民政府：区长宋洁（女）；常务副区长杨金军（1月免）、徐勇（1月任）；副区长崔世英（1月免）、赵敏、袁春明、杜惠斌、王继正、弓永超、王振慧、朱志刚、杨水军（9月任，挂职）。

区政府工作部门：区政府办公室主任周伟杰；法制办主任张海涛；督察室主任秦永娜（女，12月免）；金融办主任刘一江；目标办主任马玉兰（女，回族）；史志办主任朱昌伟；食安办主任胡小珂；事务局局长陈亚萌；外侨办主任张华雯（女）；接待办主任祁亚；人防办主任曹铁信；发改委主任林虎；教体局局长刘玉贞（女）；科技局局长韩中秋；工信局局长张华君；公安局局长杜惠斌；民政局局长姚德欣（12月免）、张俊超（12月任）；司法局局长张富贵；财政局局长牛志甫；人社局局长宋继宾；国土局局长刘铁强（回族）；安监局局长赵振乾；住建局局长张振；交通局局长王胜利；城管局局长王兢；环保局局长张海涛；商务局局长张魁伟；文广新局局长冯立新；卫生局局长石卫军；审计局局长史瑞娟（女）；计生委主任何乃玲（女，12月免）、韩洪涛（12月任）；房管中心主任吕保良；统计局局长王玉洁（女）；农业开发和扶贫办主任路继峰；投促中心主任姚民（女）；疾控中心主任马景芳（女）；地震局局长丁志强；新型城镇化及城乡一元化办公室主任朱书民；郑州通用航空试验区管委会主任李红乐；郑州上街职教园区管委会副主任李春发、平相乾；行政服务中心主任许发成；土地储备中心主任王利霞（女）；爱卫办主任吴建伟；工商局局长成江北（3月免）、陈三建（3月任）；国税局局长焦豫安（1月免）、宋俊民（1月任）；地税局局长王建忠；郑州供电公司上街客户服务分中心主任李群才；质监局局长陈红伟；药监局局长刘晓辉；烟草局局长邓子阳；邮政局局长刘海洋。

政协区八届委员会：主席邓书安；副主席武家寅、李新廷、梁红松、吕现州、岳斌、赵文瑛（女）。

区政协工作部门：区政协办公室主任阎光甫；专门委主任杨保军；提案委主任何奇志（女）；经济委主任闫荡西；社会和法制委主任陈俊杰；教科文卫体委主任（空缺）；学习文史委主任路坦坦（女）；港澳台侨和民族宗教委主任张松国。

中共区纪律检查委员会书记：钱世哲。

区人民武装部部长：李向阳；政委：赵立。

区人民法院院长：彭连城。

区人民检察院检察长：汪新亚（2月任）。

区群团组织：总工会主席袁家伟；妇联主席苏建华（女）；团区委书记赵鹏；科协主席王淑勤（女）；侨联主席李长新（俄罗斯族）；工商联会长薛景霞（女）；残联理事长王敬群（女）。

镇、街道：峡窝镇党委书记赵永军（3月免）、徐勇（3月任），镇长田军宝（10月免）、刘宁（10月任，挂职）；济源路街道党工委书记李立，办事处主任房玉雯（女）；新安路街道党工委书记乔文轩，办事处主任李超；中心路街道党工委书记李金保，办事处主任秦清宇；工业路街道党工委书记张广舟（1月免）、李红乐（3月任），办事处主任张俊超（12月免）；矿山街道党工委书记杨满坡，办事处主任李智俊（10月免）、杨剑秋（10月任，挂职）。

【新型城镇化建设】 四类社区建设初见成效，2013年累计拆迁面积205万平方米，建成安置房138万平方米。全区28个行政村中，8个村的安置区已实现群众回迁。交通道路建设步伐加快，新（改）建道路16条，其中峨嵋路等9条道路建成通车，中原西路西延上街段开通。生态环境建设全面展开，着力推进“一河五湖”生态水系建设，完成汜水河上街段综合治理工程，太溪湖、东虢湖、五云湖、上湖、方顶湖“五湖”共开挖土方150万立方米。第二污水处理厂投入运营，城区污水集中处理率达90%以上。全区饮用水质达标率在100%。全年新增绿化面积67万平方米。拆改燃煤锅炉34台，建成运行PM2.5监测系统，环境监测站成为全省首家通过标准化验收的区级站。中心城区功能不断提升，汽车客运北站项目开工，全区集中供暖工程全面开工，欧凯龙、和昌•都汇广场2个城市综合体即将竣工。

【现代产业体系构建】 主导产业逐步增强。2013年，规模以上工业主营业务收入完成201亿元，同比增长10%；规模以上工业增加值完成44.5亿元，同比增长10%；固定资产投资完成49.9亿元，同比增长41.4%。通航试验区完成投资4.4亿元，上街机场取得2B运营许可证。产业集聚区发展水平持续提升。郑煤机高端铸锻生产研发基地和郑州万古机械有限公司落户上街，河南开启电力等一批新上项目开工建设，恒亿电气、博大盛顺等一批续建项目投产见效，国家级水泵测试中心开工建设。三产服务业更具活力。泓嘉国际酒店正式营业，五云山通航俱乐部正式成立并开通全省首条私人飞机航线。现代农业平稳发展。全区新增花卉苗木种植面积9.4公顷，新成立农业合作社2家、市级农业产业化龙头企业7家，其中众基红薯专业合作社被评为郑州市百强合作社。科技研发创新发展。13个企业科研项目被列入市级以上科技计划，3家企业与高等院校实现产学研合作，新增5家市级工程技术研究中心、5家市级企业技术中心，全年申请专利284件。新增省级名牌产品4个，省级以上著名商标达到17个。

【项目建设】 2013年，全区新开工、续扩建项目160个，完成投资100亿元。其中，省市重点项目13个，完成投资17.98亿元。新建、续建工业项目27个，总投资96.16亿元。其中，超5亿元项目4个，超亿元项目14个。全年完成工业投资38亿元。政府投资项目48项，总投资876657.7万元。其中，农林水利项目11项，总投资30103万元；社会事业项目7项，总投资49303.1万元；公共设施项目2项，总投资8000万元；城市建设项目14项，总投资68093.6万元；交通项目 3 项，总投资18205万元；四类社区建设项目11项，总投资702953万元。河南华泰特种电缆有限公司扩建项目，总投资5.6亿元，全年完成投资0.666亿元；郑州市裕丰耐火材料有限公司利用赤泥年产10万吨精炼渣和铁水预处理剂项目，总投资5.5亿元，全年完成投资2.9亿元；中国中部输配电材料产业园项目，总投资60亿元，全年完成投资1.38亿元；郑州轻金属研究院铝电解用惰性电极材料科技研发建设项目，总投资20亿元，全年完成投资1.06亿元；河南863科技创业园项目，总投资10亿元，全年完成投资3亿元；郑州上街新农贸市场项目，总投资3亿元，全年完成投资0.5亿元；郑州铁路技师学院新校区建设项目，总投资5.03亿元，全年完成投资1.01亿元。

【社会事业】 省、市、区民生实事全面完成。2013年，民生事业支出达到7.7亿元，占地方公共财政预算支出的68%。全年拨付“两免一补”等各类补助资金947万元。上街实验幼儿园正式开园，安阳路幼儿园、通航社区幼儿园主体封顶。学前教育三年行动计划圆满完成，九年义务教育巩固率达到98.9%。整合区域医疗资源，完成长铝医院和区人民医院的合并，成立郑州市第十五人民医院，开设了儿科病房。免费为60岁以上老人接种流感疫苗、为65岁以上老人进行体检。新农合人均筹资标准提高到372元，参合农民大病保

帮扶就业创业大型招聘会举行

险最高报销限额增加至35万元。全年完成职业培训3845人，发放小额担保贷款2430万元，新增城镇就业再就业2735人，农村劳动力转移就业235人。开工建设残疾人康复教育托养中心，率先在全市对城市“三无”老人实行集中供养，及时向被征地农民发放就业生活补贴和养老补贴，城市低保、农村五保标准进一步提高。开工建设保障性住房980套。创新建立“红色网络教育家园”50家。中心路街道创建了“一刻钟社区服务圈”微信公众平台。河南省全民健身示范基地、河南省山地运动示范基地、河南省老年健身活动示范中心“两个基地、一个中心”落户上街区。

【郑州通航试验区建设初见成效】 2013年，郑州通航试验区积极开展招商引资，紧盯重大项目落地。试验区内有河南大宇通用航空公司、河南永翔通航公司、郑州啸鹰航空公司等18家通航企业，与华彬集团、天津天宇航空租赁公司等签订了合作协议。其中，总投资10亿元的郑州啸鹰航空公司飞机组装与试飞基地项目开工建设，总投资6亿元的河南中鹏通用航空公司航空俱乐部项目开工建设。4月26日，上街机场正式取得2B机场使用许可证。编制完成了机场改扩建可研报告，初步确定了建设方案。截至2013年年底，通航试验区累计投入20多亿元用于核心区内的路网、生态廊道、生态水系、合村并城以及水电气暖设施等的建设，改造安阳路、航空路、工业路、昆仑路4条道路，建设莲花街等“九路一湖”工程，形成核心区“七纵三横”的路网格局。

【啸鹰航空有限公司飞机组装试飞项目落户上街】 2013年10月28日，郑州市啸鹰航空有限公司飞机组装试飞项目开工典礼在上街区举行。啸鹰公司隶属河南美景集团有限公司，飞机组装试飞项目总投资10亿元，引进世界知名通航飞机制造企业——美国穆尼航空公司品牌系列通用飞机组装试飞核心技术。该项目预计2014年年底建成投产，并实现第一架组装飞机试飞。项目投产后，年生产通用飞机200架，年利税将达4亿元人民币，并将带动1万人实现就业。啸鹰公司是入驻通航试验区的首个飞机制造企业。该项目将建设一个拥有企业办公、总装工厂、通用飞机运营服务和维修机库、通用品牌4S店集群、航校培训基地、货运中心、紧急救援和医疗中心、公共事务监控指挥中心、符合通航赛事标准的运动场地、商业服务中心、酒店、生态型飞行社区及公园、综合配套设施的通用航空服务中枢。

【开通“一刻钟社区服务圈”微信平台】 为进一步完善社会公共服务体系建设，让市民更多更好地享受社会建设带来的实惠和便利，中心路街道以网格化管理为载体，大力整合社区服务资源，倾力打造社区“一刻钟社区服务圈”。发放《居民需求调查表》和《服务资源调查表》，对居民的需求和服务资源的调查进行认真梳理，依据每个社区的实际情况规划服务圈。在将信息汇总之后，街道将服务内容、地址、联系方式以及政务、教育、住宿、餐饮、医疗卫生、购物、便民商业网点等诸多信息，按照统一尺寸、统一纸张印刷、统一设计要求、统一标识的要求，制作了“一刻钟社区服务圈”服务指南8000余份，免费发放给居民。在此基础上，为了更好地服务社区居民，2013年8月，中心路街道又结合“坚持依靠群众，推进工作落实”长效机制，利用现代科技平台，开通了“一刻钟社区服务圈”微信公众平台，让所有辖区群众都成为网格化管理工作的参与者和情报员，变每个群众的手机为网格化管理手机，实现了同群众的零距离接触和无时差联系。群众通过手机可以随时向平台反映社区生活中的各种问题。平台对群众的每一个咨询件件有答复、有结果，对群众反映的每一个问题件件有落实、有回音。

（朱昌伟　周昱宏）

附录

FU　LU

◎荣誉榜

◎法规

◎专文

◎统计资料

◎重要文件目录

◎索引

荣誉榜

2013年全国“五一劳动奖章”获得者

马春新 男，汉族，河北唐山人，1972年4月出生，1997年7月参加工作，本科学历，郑州宇通客车股份有限公司总布置组组长。

1997年，马春新毕业于西安公路学院，同年被招聘到宇通公司，先后在产品开发处、产品项目办、总布置室、车身室、产品管理部等部门工作，一直从事新产品开发工作。2013年，马春新获得全国“五一劳动奖章”。

马春新先后参与开发了ZK6120H等多款宇通主打车型。其中，“逍遥剑”客车ZK6127HA首批50台落户北京首汽集团，标志着宇通“逍遥剑”开始批量进入市场。2008年，设计开发了ZK6127HS、ZK6147H、ZK6146HS等客车，填补了公司一层半以及双层车辆的空白。2009年，设计开发了ZK6122H/HW、ZK6126H等客车，当年就取得了良好的市场表现。2010年以来，设计开发了ZK6116HS、ZK6126HG等客车。作为ZK6116HS客车的项目经理，马春新与团队成员一起全身心地投入工作，最终此款客车凭借复古的外观、人性化的设计和优异的性能得到马其顿交通部部长的高度赞扬，同时也成为宇通公司首批批量出口欧洲国家并让用户满意的项目，在欧洲引起了不小震动。马春新主持开发的ZK6860H客车造型典雅，2012年被中华人民共和国国家知识产权局和世界知识产权组织评为中国外观设计金奖。

在管理方面，马春新坚持强调质量文化与质量意识，牢固树立产品细节的处理决定公司发展的观念，提高设计人员对质量的敏感度；通过对新人进行传帮带和经验交流，提高员工技能，使每个人在工作中都有所提高，建立了稳定和谐的设计团队。

在公司企业标准编制方面，马春新参与完成了《安全门设计手册》《驾驶员门设计手册》《外摆式乘客门设计手册》《车身主模型CATIA设计流程》《车身总布置CATIA评审流程》《车身总布置CATIA并行设计流程》《车身造型实现方法》《车身总布置评审分析实现方法》等手册，组织编写了产品说明书模板。在国家标准编制方面，马春新参与编写了GB/T 16887-2008《卧铺客车结构要求》、GB/T 13053-2008《客车车内尺寸》和GB 24407-2012《专用校车安全技术条件》。

王升建 男，汉族，河南民权人，1970年9月出生，1992年7月参加工作，中共党员，硕士学历，中共登封市委组织部部长。

王升建长期在党的组织部门工作，以“党性最强、作风最正、工作出色”为要求，以自己的实际行动践行了入党誓言。2012年8月，他作为全国组织系统先进集体代表，受到了习近平同志的亲切接见。2013年，王升建获得全国“五一劳动奖章”。

近年来，他先后在《中国组织人事报》《组织人事报》《河南组工通讯》《郑州日报》等刊物发表文章40余篇。在工作中，他注重理论与实践相结合，针对调研中发现的村级党组织发挥作用难的问题，提出了村干部“服务能力强，发展能力强”的新标准，实施村级组织带头人队伍三年建设计划，全面推行“周二集中服务日、周五书记接访、村干部轮值服务”等服务群众制度，把大量社会矛盾化解在基层一线和萌芽状态，营造了和谐稳定的发展环境。《河南日报》《郑州日报》在头版对此进行了报道。

针对登封农村党员多、流动性强、教育管理难度大等问题，他创造性地提出了利用手机报加强党员教育管理的做法。经过不懈努力，一份以彩信形式、免费发送到全市近3万名党员和村组干部手机的《登封党务通手机报》面世，开创了河南省党员教育上手机的先河。中组部原部长张全景专门为手机报题写了报名，中共河南省委、郑州市委组织部领导分别给予肯定，登封市还被确定为中央党务公开工作联系点。

在基层党建工作中，他注重发挥典型的示范带动作用，开展了“六大先锋行动”、评选“我身边的时代先锋”活动，举办了“天地之中先锋行”事迹报告会等，得到上级有关领导的充分肯定。近年来，登封市培树了80多个在全省、全国叫得响的典型和品牌。少林街道耿庄村被评为全国创先争优先进基层党组织。

在干部工作中，他探索建立的以干部业绩考核为基础、以优先条件为重要依据的干部考核评价机制，受到了干部群众的欢迎和社会各界的关注。中组部《领导参阅》《中国组织人事报》分别予以刊发推广。登封市开展的“干部德的量化评价”工作，受到了中组部深化干部人事制度改革调研组和省委巡视组领导的高度评价；老干部“四就近”工作，得到中组部老干部局领导的高度评价，被中组部确定为全国基层老干部工作联系点。

在人才工作中，他结合登封实际，提出并实施了“1235”人才行动计划，有力推动了传统产业转型升级和新兴产业做大做强。2011年，登封市专利授权量与申请量分别排名全省第一、第二位，该市被郑州市授予人才工作创新单位称号，成为郑州市第一个入选全省科技富民强县计划试点的县（市）。

王保军 男，汉族，河南郑州人，1967年7月出生，1990年9月参加工作，中共党员，本科学历，郑州市第七中学校长。

王保军任郑州七中校长以来，团结带领全校教职工转变观念，开拓创新，科学定位，积极践行课改精神，着力探索内涵式发展道路，实现了郑州七中办学理念、办学规模、办学成绩、社会影响力的跨越式发展。

在王保军领导下，学校确立了以“五个一”管理思想为指导、以“五条线”为抓手的创新管理机制，并积极整合社会资源，扩大学校优质办学资源，实现了“一校八部”的办学格局。2009年起承办的新疆内地高中班，管理规范，成绩突出，得到了教育部部长袁贵仁及省市领导的充分肯定。学校连年被评为郑州市初、高中教育教学先进单位、郑州市教科研先进单位、郑州市学科竞赛先进单位、郑州市德育先进单位，先后获得“全国中小学德育先进单位”“全国青少年科普创新示范学校”“全国优秀家长学校”“中国校园文化建设百佳示范学校”等荣誉称号。

王保军致力于校本课程建设和教师教育理念的更新，定期组织教师到全国知名中学学习，邀请全国知名院士、专家到学校讲学，培养了一批省市级名师、骨干教师、教学新秀。多名青年教师在省级、国家级教学技能比赛中取得了优异成绩。学校实现了素质教育和应试教育的有机结合。校内设有植物园、驾校、游泳馆、星空实验室、通用技术与综合实践活动中心等，为学生综合能力的提升搭建了平台。该校学生在机器人、演讲、美术、音乐等比赛中脱颖而出，获得全国和省市一等奖。2011年、2012年该校学生中考成绩升至全市第二位，高考一本率连年持续上升10%以上，学科竞赛成绩突出。

2012年，郑州七中首届学科节成为推动学生探究式学习和教师教育理念转变的有力抓手，被评为2012年助推郑州教育发展的十件大事之一，成为各大媒体和教育界同行关注的热点。

王保军先后获得郑州市优秀共产党员、全国科教先进校长、郑州市优秀教育工作者等荣誉称号。2010年7月，他被教育部“生态体验”教育总课题组聘为全国教育科学“十一五”规划教育部重点课题“生态体验式教育的案例与问题研究”子课题“学校诊断”理论模式与实践对策研究课题组组长、定点实验基地实验项目组组长。2011年10月，参加了教育部中学校长培训中心第42期全国高中校长研修班。2012年10月，被河南省教育学会聘为综合实践活动教学专业委员会常务理事。2012年获得河南省“五一劳动奖章”，2013年获得全国“五一劳动奖章”。

李书转 女，汉族，河南巩义人，1953年10月出生，1973年10月参加工作，中共党员，本科学历，巩义市竹林镇党委副书记、镇长。

竹林过去是个穷山村，有400多户2000多口人，山高石多，土地贫瘠，严重缺水，自然条件极其恶劣，年人均收入不足80元。1983年，李书转当选为竹林村第一任村长，经过11年努力，群众收入增加了30多倍，竹林村成为文明富裕的先进村。1994年竹林建镇，她又成为第一任镇长。李书转团结和带领竹林人民搞经济建设、谋科学发展，坚持实施“工业强镇、旅游兴镇、文明塑镇”的战略方针，竹林发生了翻天覆地的变化。全镇共拥有82家企业，产品涉及十多个行业，太龙药业在河南省医药行业中第一个实现股票上市。2012年，全镇人口发展到近2万人，人均收入达到1.92万元，比1982年增长240倍。2001年至今，在河南省综合经济实力百强镇评比中竹林镇每年均名列前茅。

30年来，李书转无论是任村长、村委会主任，还是任镇长，都扎根基层，始终把人民群众的利益放在首位。她创造性地提出以“企业高度集中、居民高度集中，带动第三产业发展”为核心的“两高一带”发展战略，加快新型城镇化发展步伐。先后投资6亿元，建起了北山公园、碑苑、竹林会堂、电视台、卫生院、中小学校等城镇基础设施和公益设施，修筑了80多公里的镇区道路，基本实现了户户通硬化路。投资上亿元，完成了工程浩大的“引黄入竹”工程，彻底解决了竹林群众吃水难问题；建立和完善居民最低生活保障制度，承担孤寡老人的一切赡养费用；改革土地管理制度，进行整建制户籍改革，全部转为非农业户口，成为河南省第一个“全居民镇”。积极调整产业结构，大力发展第三产业，竹林景区被确定为国家AAA级旅游景区、全国农业旅游示范点。与此同时，她大力弘扬“竹林精神”，坚持五个文明一起抓，倡树了文明新风。建立群众评党员、党员评支部、支部评党委的“三评”制度、“十好”评定制度、每月逢九的党员学习制度等，提高了党组织的凝聚力和号召力。竹林镇先后获得全国文明镇、全国先进基层党组织、国家卫生镇、国家环境优美小城镇、中国小康建设十佳红旗镇、中国新农村建设明星镇、河南十大名镇等荣誉称号，还获得全国首届人居环境范例奖、联合国改善人居环境最佳范例奖等，并进入国家可持续发展实验区、联合国可持续发展试点行列。胡锦涛、江泽民、李克强、刘云山、李长春等近30位党和国家领导人曾亲临竹林视察。2013年，李书转获得全国“五一劳动奖章”。

范卫华 男，汉族，河南巩义人，1964年4月出生，1982年10月参加工作，中共党员，本科学历，郑州市金水区地方税务局局长。

参加税务工作30多年来，范卫华在每个工作岗位上都兢兢业业，无私奉献。尤其是自2009年到河南省郑州市金水区地方税务局工作以来，带领全局职工以“当第一理所当然，得第二就是落后”为基本工作理念，以组织收入为工作中心，克服了房产限购、个税政策调整等情况对经济发展带来的不良影响，带领全局干部职工，开拓创新，不断提高收入组织质量与纳税服务水平，圆满完成了上级交办的各项工作任务，以占全市1/6的队伍，管理占全市1/4的纳税户，创造了全市1/5的效益。金水区地方税务局共有干部职工330人，辖区管户7万户，人均266户纳税人，是河南省地税系统人数最多、人均管户与工作量最大的城区局。2010年、2011年、2012年分别组织各项收入29.46亿元、41亿元、45.66亿元，在中部六省城区局中财政收入排名第一。金水区地方税务局先后获得“全国税务系统先进单位”“全国巾帼文明岗”“省级文明单位”“河南省五一劳动奖状”“河南省维权先进集体”“河南省依法行政先进单位”“河南省文明服务示范窗口”“郑州市职业道德建设十佳单位”“郑州市五一劳动奖状”等荣誉近百项，受到了各级领导、社会各界与广大纳税人的普遍赞誉，树立了税务部门的良好形象。2013年，范卫华获得全国“五一劳动奖章”。

三年来，他带领金水区地方税务局开创了依法行政新局面，成立税法援助工作委员会，建立税法援助提前介入机制，建立相应的受理、备案机制，并由专人负责。强化以票控税，进一步拓展网络发票使用范围，推行实施24小时发票快速反应机制，上下联动严厉打击发票违法犯罪行为，着力构建“奖惩并举”的发票综合管理模式。科学规范，精细管理，进一步提升税政建设能力。以地籍台账管理为抓手，以三维图像等科技手段为支撑，建立城镇土地使用税分级电子台账，促进了等级范围调整后土地使用税的稳步增长。强力推进所得税管理工作，圆满完成了股权转让调查征收工作。稽查体制改革后，为切实加强税收监控力度，降低税收风险，减少税款流失，提高纳税申报质量，成立了纳税评估机构。组织开展税源清查工作，并针对担保行业和非学历教育培训机构两个行业开展专项纳税评估，在规范税收管理的广度、深度以及征补税款方面均取得新突破。建立《涉税服务受理和反馈工作台账》，当月受理、办结的工作事项集中反馈和通报。对购买定额发票金额在50万元以上的纳税户，采取预约和大额购票窗口办理。发挥“涉税争议会晤室”作用，快速响应纳税人反映的问题，有效地化解了征纳矛盾。该局共拥有24小时自助办税设备12台、财税库银POS刷卡机37台，成为郑州市拥有自助设备最多的区局。

2013年全国“工人先锋号”获得集体

新郑市地方税务局城关税务分局 该局有干部职工7人，政府援用8人，平均年龄37岁，主要负责新郑市市直以上企事业单位、涉外税收及新郑中心城区新区范围内的税收管理工作；在管纳税户包括内资企业及单位328户，三资企业42户，个体户68户。全年组织各项收入66218万元，其中税收收入完成46353万元，同比增收10877万元，增长30.66%，超计划12.63%；地方级税收完成41998万元，同比增收10993万元，增长35.46%，超计划16.67%。政府口径完成57063万元，同比增收16932万元，增长42.20%，超计划22.56%。

保持好状态，持续提升职工干事创业活力。坚持以人为本的原则，不断提升干部队伍的凝聚力和战斗力。除了坚持全局性的周二、五业务政治学习日制度外，多次举办国学大师学习讲堂，组织专题讨论，引导职工树立敬业精神和大局意识。开展基层规范化建设，分局办公环境大大改善，配备了活动室、图书阅览室等，节假日组织开展丰富多彩的联谊活动。作为青年文明号集体，通过“结对帮扶”为薛店镇草庙马乡留守儿童送爱心，多次向贫困地区、受灾地区捐款捐物。

高标准抓细节，税收征管卓有成效。强化税收分析、纳税评估等方面管理，全面落实税收管理员制度，不断提升税收征管质量。二手房税收管理方面，抓好内部学习培训和政策落实，规范减免审批手续，注重外部宣传服务和协调排查，从源头进行控管。大力开展清欠工作，强化组织领导，分类制订方案，摸清欠税底子，查找欠税原因，多措并举抓清欠，取得了显著成效。集中开展2010年、2011年房产税、城镇土地使用税、车船税清查工作。通过企业自查、税管员对各自辖区逐户清查，以及外部房管、交通等部门的沟通协作，共对220户企业、行政事业单位进行了评估核查，查补税款25万元。同时，以清查工作为契机，澄清税源，堵塞漏洞，提升了税源管理水平。

抓优化，促和谐，全面推进纳税服务水平。通过召开涉外税收政策培训、税务干部走访企业等活动，提高执行政策的水平，全面掌握纳税人的需求。强化税收政策宣传，举办“学习例会开放日”活动，邀请供电公司、新郑卷烟厂等26户重点企业的财务负责人进行座谈，增进了税企和谐。深入企业开展“千名税官大走访”活动，全面了解企业经营形势和经营中存在的困难和问题，征求他们对地税部门的意见和建议。共走访企业80户，征集到纳税服务、政策培训、办税效能、廉政建设等方面的意见、合理化建议共计32条。拓展税收宣传新途径，用短信平台和互联网QQ群等，开展以即时消息为特征的纳税服务，即时将新发布的税收政策、催报催缴通知、涉税事项告知等迅速传达到纳税人。

郑州日产汽车有限公司焊接车间X11M工段 焊接车间X11M工段主要承担X11M新车的调试及SOP量产工作。几年来，工段所有成员持续提升分析能力、判断能力和问题解决能力，成功攻克了“降低X11M工段DSTR”等课题，在提高生产效率、品质保证等方面取得了突出成绩。

通过工段内开展全数品质保证、自检互检抽查、标准作业提升等活动，S-VES由年初的0.45件/台递减到0.1件/台，下降幅度77.7%，焊接OK-VES件数由年初的0.3件/台降低到0件/台，超额完成了公司设定的各项指标。开展《降低X11M车系DSTR》V-FAST活动（包括修整工时递减、无DST作业递减、设备自动化投入、作业编程优化、人员递减、工艺布局优化分析等9项课题），X11M工段DSTR由年初的5.81降低至3.97，降幅达31.6%，有效地支撑了车间DSTR指标的达成。2012年，X11M工段改善件数达306件，比上年同期增加36.8%，改善效益达264.8万元。

通过对焊接、分装、侧围、装调班组进行课题挖掘，共有6个瓶颈工序显现化，同时对显现化的课题进行改善推进，通过部品良品率的提升及一些自动化改善的投入，工段JPH由6.5提升至8，效率提升幅度25%。

2012年，开展GK培训，进行现场实践活动共12项，培训课时24小时，工段内班组与班组间互诊次数8次。通过理论与实践的结合，PDCA管理循环在现场得到有效运行。2012年11月，工段内GK平均得分3.4，与车间其他工段相比位列前列。

郑州银行股份有限公司营业部 营业部积极参加总行举办的各种专项培训，提升业务技能；定期组织员工学习，研究市场，找准定位，积极营销，创新发展，建设了一支业务水平高、政治素质过硬的干部职工队伍。其中，四星及以上综合柜员占比达到70%，三星及以上客户经理占比达到75%。2012年，营业部被郑州市国资委授予2012年度“十星优秀基层党组织”称号，有2名综合柜员获得郑州市金融系统技能大赛单张点钞项目一等奖，1名市场部经理被郑州银行评为年度十佳市场部经理，2名客户经理被郑州银行评为年度十佳客户经理。

依托总行相关制度，结合自身实际情况，建立健全了各条线的相关规程，组织员工进行深入学习，使优质高效的服务理念深入人心。同时，成立督查小组，严把纪律、服务关，实现了内部检查、外部暗访、客户评价等方面“零差评、零投诉”。这一管理模式受到了总行的好评。

通过组织员工参观郑州女子监狱等活动，对员工定期开展警示教育，营造出了“人人合规、事事合规、处处合规”的集体氛围，杜绝了金融案件的发生，并被郑州市公安局授予“金融安全保护工作先进集体”荣誉称号。

2010-2012年，营业部各项存款余额分别为22.43亿元、40.96亿元和68.52亿元；各项贷款余额分别为27.91亿元、32.18亿元和33.68亿元；实现了利润环比高速增长，走在了各分支机构的前列，业务拓展和创新能力得到了总行的高度肯定，并连年获得总行授予的各项经营指标“卓越贡献奖”“分支机构超目标奖”等。

与郑州市人社局合作，发放中小企业及个人创业小额担保贷款业务已有十余载，为郑州市中小企业的发展做出了突出贡献，并多次获得郑州市创业小额贷款先进集体、先进个人等奖项。截至2012年年底，累计发放贷款2837笔，金额22.6亿元。其中，2012年共计发放392笔，金额7.5亿元。

数十年如一日地清收郑州市公共交通总公司零币，每天清点量不低于200万元，年累计清点7亿余元，保障了公交公司零币的及时入账。

市民残损币兑换有求必应，最大限度地为客户挽回损失。2012年，累计为客户兑换残损币178万元，共计200余笔，相关事迹多次被新闻媒体进行报道。

大商集团（郑州）商贸有限公司大商新玛特郑州总店男士服装业种

2008年9月，男士服装业种成立。按照集团打造“高品质、高能力”团队的要求组建，拥有管理人员10人，管理人员均为大专以上学历。团队领导本着“责任、发展、共享”的部门文化，制定了适合部门发展的规划和执行文件，在消防安全、店堂环境、服务质量、完美售后等各方面有统一标准，特色突出，间接展现了集团的实力和品牌形象。团队的基层管理人员具有良好的业务素质和职业道德，业务精良，工作富有激情，团队合作和协调能力强。自组建以来，在总店高层领导的带领下，经过不断的探索和努力，积累了丰富的销售管理经验，坚持销售管理创新，不断找寻提升销售业绩的新方法、新思路，从鲜为人知到家喻户晓，赢得顾客的一致好评。男士服装业种的销售业绩从1126万元增长到3215万元，增长率达185.6%。自2008年以来，该团队先后获得冠军团队奖、最佳创利奖、最佳销售奖等荣誉。2012年，男士服装业种被河南省总工会授予“河南省工人先锋号”荣誉称号，团队负责人孙健入选大商郑州地区集团十大感动人物。

郑州市公共交通总公司104线路

1988年5月1日，104路开通。104路有职工28名，从调度员到车长全都是清一色的“娘子军”，先后被总公司、市环保局、市总工会、团省委、建设部、全国总工会等授予“精品线路”“绿色公交线路”“五一文明示范岗”“省级青年文明号”“全国用户满意服务明星班组”“全国文明线路”“全国工人先锋号”“全国巾帼文明号”等称号。

在线路上推广“出车行动军事化、迎送乘客礼仪化、行车服务规范化、工作程序标准化、服务用语文明化”的工作标准，不断创新服务，营造出比业务知识、比服务技能、比乘客满意率的氛围，打造了一支思想过硬、作风过硬、技术过硬的队伍。

“公交线路有终点，为人民服务永远没有终点”“宁肯自己麻烦千遍，不让乘客一时为难”，这些历代104路职工的座右铭，在创建“工人先锋号”活动中，又有了创新和发展。104路职工队伍年轻，思想活跃，在继承发扬优良传统的基础上，不断开发新的服务项目，拓宽新的服务领域。“方便箱”“方便袋”“乘车指南”这些集全线人员智慧的创新服务项目，于细微之处缩短了与乘客之间的距离，把“服务乘客，奉献社会”的宗旨演绎得更加丰富多彩。“你无我有、你有我优”“内比高低、外找差距”，104路职工总是用自己的弱项比别人的强项。节假日，104路职工身披绶带，在站点设置投票箱，在乘客中发放征求意见表，让乘客评选“文明车长”。这种公开、公正的评选，推动了创建活动的透明度和全线服务水平的提高。104路职工组织“服务艺术小组”和“语言艺术小组”，走上社会聘请教师，邀请乘客代表，探讨服务规律，研究乘客心理。办起“车厢画廊”，大到国际新闻，小到“天气预报”，每天更换新内容。“车厢画廊”“报筒”“一次性水杯”“代买IC卡”等服务，拉近了与乘客的距离，营造了“真情伴你行”的暖人氛围。

2013年河南省“五一劳动奖章”获得者名单

丰兴运	郑州三兴汽车贸易有限公司
卢志捷	河南浙鑫实业集团有限公司
牛中宏	河南省电力公司郑州供电公司
董金泉	郑州市市郊农村信用联社
张　林	大商集团郑州地区集团
王华耀	郑州经济技术开发区工会联合会
王建忠	郑州市上街区地方税务局
任亚齐	河南第一火电建设公司
唐　军（女）	大沧海律师事务所郑州分所
罗俊霞（女）	郑州市农产品质量检测流通中心
常　沛（女）	郑州市中级人民法院
葛红平	广厦建设集团有限责任公司
王继恒	郑州市地方税务局稽查局
徐　晓（女）	郑州海龙实业集团
叶齐科	郑州市金水区经八路街道办事处
任令飞	河南省人民医院
曹瑞娟（女）	郑州市公共交通总公司
郑彩霞（女）	郑州市公共交通总公司
姚　震（女）	郑州市公共交通总公司

2013年河南省“五一劳动奖状”获得单位名单

郑州振东科技有限公司
中国有色金属工业第六冶金建设有限公司工业安装分公司
河南省天伦投资控股有限公司
国投河南新能开发有限公司
郑州威科姆科技股份有限公司
河南金星啤酒厂
郑州市第二人民医院

2013年河南省“工人先锋号”获得集体名单

河南核净洁净技术有限公司生产部
郑州市嵩山饭店财务部
河南中烟工业有限责任公司郑州卷烟厂制丝车间维修班
河南省润达国贸投资有限公司郑州通美汽车出租有限公司“周和房车队”
宇明阀门集团有限公司金工三公司

郑州市金水区行政审批服务中心
河南奇骏实业有限公司维修车间
巩义市子美外国语小学语文教研组
河南郑州中原国家粮食储备库保管三科
河南省电力公司郑州供电公司95598远程工作站
郑州市污水净化有限公司马头岗污水处理厂泥区车间

2008—2013年郑州市劳动模范（先进工作者）名单（459名）

企业劳模（270名）

王海洋　郑州神牛铸造有限公司
周荣宽　巩义市公交公司
张红标　巩义市锦程环卫服务有限公司
谢春梅　中国联合网络通信有限公司巩义市分公司
陈文博　巩义市供电公司
马书克　巩义市盐业公司
宋秀敏　巩义市宋陵大厦有限公司
李景周　郑州中博新能源有限公司
崔　孬　巩义瑶岭煤业有限公司
赵海峰　河南中美铝业有限公司
韩丙合　国投新登郑州水泥有限公司
张大得　国投煤炭郑州能源开发有限公司
任利峰　登封市农村信用合作联社
王俊伟　河南省嵩山风景名胜区管理委员会
曹丽敏　郑市荣奇热电能源有限公司
王帅宾　河南登封铁路有限责任公司
焦彩霞　河南中烟工业有限责任公司新郑卷烟厂
孙　杰　河南润弘制药股份有限公司
赵会超　雏鹰农牧集团股份有限公司技术部
申　冰　新郑市供电公司
李丰伟　新郑市韩春化工有限公司
王　伟　天津药业集团新郑股份有限公司
许慧涛　河南瑞泰耐火材料科技有限公司
田小明　郑州新光色耐火材料有限公司
王万顺　河南康祺药业股份有限公司
牛红军　郑宏恒泰（新密）煤业有限公司
周海军　郑州瑞泰耐火科技有限公司
张大卫　河南省荣腾机械有限公司
韩化卫　郑州汇特耐火材料有限公司
靳新民　郑州金鑫机械制造有限公司
冯喜军　郑州鸿发电力器材有限公司
薛永建　荥阳市公交有限公司
谢高武　郑州龙祥铝业有限公司
王红斌　中国联合网络通信有限公司荥阳市分公司
王松周　河南少林客车股份有限公司
李俊山　荥阳市环境卫生管理处
张永健　中国工商银行股份有限公司荥阳支行
潘书广　郑州日产汽车有限公司
朱保增　中牟县农村信用合作联社城区信用社
孙拴乐　郑州泰新汽车内饰件有限公司
郭　胜　河南省中基建筑安装工程有限公司
车春红　中牟县汽车站
王建欧　河南中州电气设备有限公司
李军伟　郑州市金水区社区巡防工作管理办公室
荆振平　郑州市金水区环卫机动车辆维修公司
杜新林　河南建科百合管桩有限公司
张大焕　郑州大桥医院
周忠义　河南国基建设集团有限公司
崔军娜　郑州丰乐园置业有限公司丰乐园大酒店
于四喜　河南省瑞光印务股份有限公司
周治国　郑州新大方重工科技有限公司
李杰伟　郑州顶津食品有限公司
刘相军　河南省晨罡实业有限公司
李雪伟　郑州信达耐磨制品有限公司
陈书军　郑州金泰制罐有限公司
解国宾　金星啤酒集团有限公司
尹兰彬　河南豫发置业有限公司
郭　凯　郑州家园美物业管理有限公司
郭玉君　郑州市下坡杨暖气片厂
王　凯　郑州亮鑫实业有限公司
陈保良　河南黎明西芝重工有限公司
赵国梁　河南金芒果印刷有限公司
崔保国　河南企峰建筑工程有限公司
张广军　郑州统一企业有限公司管理部
李志建　中国铝业股份有限公司河南分公司
何　沛　中国铝业股份有限公司河南分公司
支榜坤　中国铝业股份有限公司河南分公司
连金定　中国铝业股份有限公司河南分公司
刘传友　郑州煤炭工业（集团）有限责任公司大平煤矿
李　跃　郑煤集团（河南）白坪煤业有限公司
杨朝维　郑州煤炭工业（集团）有限责任公司裴沟煤矿
赵小木　郑州煤电股份有限公司芦沟煤矿
张红坡　河南省新郑煤电有限责任公司
苏　猛　郑煤集团（登封）教学二矿有限公司
刘海军　郑州煤电股份有限公司告成煤矿
孟志学　郑州宇通客车股份有限公司
赵军奎　郑州宇通客车股份有限公司
陈英军　郑州宇通客车股份有限公司
李会东　恒天重工股份有限公司
郭燕云　郑州交通运输集团有限责任公司
张　鹏　郑州交通运输集团有限责任公司
李玉霞　郑州交通运输集团有限责任公司
刘凯燕　郑州市公共交通总公司
黄　新　郑州市公共交通总公司
刘跃宇　河南中烟工业有限责任公司郑州卷烟厂
潘永建　河南中烟工业有限责任公司郑州卷烟厂
王华建　河南中烟工业有限责任公司郑州卷烟厂
司文辉　河南中烟工业有限责任公司新郑卷烟厂
申河州　河南中烟工业有限责任公司新郑卷烟厂
张明轩　郑州日产汽车有限公司
沈志伟　富士康科技集团郑州科技园
史存收　富士康科技集团郑州科技园
王海炳　富士康科技集团郑州科技园
王　惠　郑州自来水投资控股有限公司
李爱民　郑州华润燃气股份有限公司
李朝辉　郑州自来水投资控股有限公司
卢　宁　中国移动通信集团河南有限公司郑州分公司
陆　涌　郑州市邮政局
丁　凯　郑州市污水净化有限公司马头岗污水处理厂
卫国祥　中国通信建设第四工程局有限公司
牛照辉　中国电信集团郑州分公司未来营业部
朱厚全　河南中原汽贸集团汽车出租租赁有限公司
郭连山　中国机械工业第四建设工程有限公司
金利国　河南航天建筑工程有限公司
汪　洋　河南第一火电建设公司
杨宇方　河南省电力公司信息通信公司
陈德俊　河南省电力公司技术技能培训中心
周玉军　河南电力物资公司
周　琳　河南电力医院
尹辉君　中国石油天然气管道局第三工程分公司
杜宝锋　郑州双塔涂料有限公司
贾和平　河南为群餐饮服务有限公司

许东升　河南省电力公司检修公司
赵根保　河南送变电工程公司
徐建枫　郑州四棉纺织有限公司
王占玉　郑州领秀服饰有限公司
杨　丽　郑州市商都资产投资管理有限责任公司
王世玲　郑州红星美凯龙国际家居有限公司
卢炎武　中国农业银行股份有限公司河南分行营业部郑东支行
牟宏强　河南宏诚园林绿化工程有限公司
王建设　郑州市饮食有限责任公司
王伟鸽　河南省红珊瑚酒店有限公司
徐俊喜　河南省天伦投资控股有限公司
赵贯乐　郑州市盐业公司
张建新　建业住宅集团（中国）有限公司
孙　静　白鸽磨料磨具有限公司固结磨具分公司
李海峰　中信中原实业有限公司
程军强　河南易事特智能化工程有限公司
张婉红　河南中医学院第一附属医院
焦　炜　河南郑州中原国家粮食储备库
王彦伟　河南省机场集团有限公司
郑志明　郑州铁路局郑州车站
郝玉琴　郑州铁路局郑州车站
常红星　郑州市第一建筑工程集团有限公司
刘改文　河南五建建设集团有限公司
耿建伟　郑州第二市政建设集团有限公司
司学志　中国移动通信集团河南有限公司郑州市巩义分公司
张伯成　郑州永通特钢有限公司
胡贤海　河南恒星科技股份有限公司
陆建林　郑州恒润科技有限公司
王英磊　登封电厂集团有限公司
袁少辉　郑州磴槽企业集团登封市宏昌水泥有限公司
杨少山　中国石油化工股份有限公司河南郑州登封石油分公司
石　勇　好想你枣业股份有限公司
武正伟　河南新郑农村商业银行股份有限公司
柴铁锤　国投河南新能开发有限公司
董　华　河南白象小麦种植有限公司
王国忠　新密市电业局
李丙灿　郑州华威耐火材料股份有限公司
邵红洲　郑州东方科技耐火材料有限公司
马建勇　郑州振东科技有限公司
胡广军　河南华宸工程建设有限公司
谢保成　河南少林客车股份有限公司
蒲强军　郑州市长城机器制造有限公司
杨全庆　河南省高山阀门有限公司
贾慧娟　荥阳市电业局
周可新　郑州东工实业有限公司
朱智勇　中国联合网络通信有限公司中牟县分公司
王建国　河南红宇企业集团有限责任公司
丁　香　河南省鑫山实业发展有限公司
李庆阳　郑州市金桥建筑机械租赁有限公司
丁根生　郑州市娅丽达服饰有限公司
汤平花　河南圆方物业管理有限公司
许　勇　格力电器（郑州）有限公司
李富玲　河南省亚龙金刚石制品有限公司
王　锋　郑州新亚复合超硬材料有限公司
张英辉　绿地控股集团中原房地产事业部
张伟斌　郑州航空港区航程置业有限公司
郎东玲　中国铝业股份有限公司河南分公司
张鸿亮　郑煤集团（河南）白坪煤业有限公司
郑跃进　郑州宇通客车股份有限公司
杨祥盈　郑州宇通客车股份有限公司
常　青　郑州宇通客车股份有限公司
吴满菊　恒天重工股份有限公司
赵　轩　郑州市公共交通总公司

宋　霖　郑州市公共交通总公司
王鑫健　中国铝业郑州研究院设备与自动化研究所
曹　东　大商集团郑州地区集团
张　杰　大商集团郑州新玛特购物广场有限公司
左智勇　郑州日产汽车有限公司
张卫华　中国联合网络通信有限公司郑州市分公司
冉国彦　中国机械工业机械工程有限公司
尤海瑛　郑州市邮政局
段跃东　中国移动通信集团河南有限公司郑州分公司
江学成　郑州市第一建筑工程集团有限公司
崔　强　郑州华润燃气股份有限公司
王建亭　河南省第一建筑工程集团有限责任公司
李　强　中国联合网络通信有限公司郑州市分公司郊区营业部
杨瑞峰　河南省邮电学校
丁向东　乾元浩生物股份有限公司郑州生物药厂
尚立刚　河南送变电工程公司
王冠轩　中国石油化工股份有限公司河南郑州石油分公司
付　刚　郑州电力机械厂
邱武斌　河南省电力公司电力科学研究院
万小强　河南省煤田地质局一队煤炭地质研究所
王国恩　河南省电力勘测设计院
乔亚萍　郑州燃气发电有限公司
苗子伟　河南省煤田地质局物探测量队地震二院
陈仲健　香港锦艺集团有限公司纺织事业部
景　山　中国建设银行股份有限公司郑州金水支行
赵丽娟　郑州银行
楚风华　郑州煤建有限公司
刘宝琴　中国银行股份有限公司河南省分行
刘景云　河南友谊旅业股份有限公司
薛　娜　郑州市神阳科技有限公司
王宏伟　河南和谐拍卖有限公司
孙存亚　郑州煤机综机设备有限公司
王金良　郑州锅炉股份有限公司
白建平　郑州国际会展有限责任公司
郭　磊　核工业第五研究设计院第四设计所
王世启　中国电子科技集团公司第二十七研究所
张水军　郑州大学第一附属医院
赵明杰　郑州海嘉食品有限公司
张建成　河南五建建设集团有限公司
赵东华　中铁十一局集团有限公司郑州轨道交通1号线一期土建工程01合同段项目经理部
王同民　中铁大桥局集团第一工程有限公司
杨和明　中国水利水电第十一工程局有限公司
赵永安　巩义市第五耐火材料总厂
贺怀钦　河南中孚实业股份有限公司
赵庆森　郑州竹林盛隆铁路科技有限公司
刘军阳　巩义市农村信用合作联社
蔡仲秋　国投新登郑州煤业有限公司
李天义　登封市嵩基（集团）有限公司
杜冠军　登封市电业局
路　义　河南鸽瑞复合材料有限公司
常文杰　新郑市万佳商业连锁有限公司
刘军杰　新郑市乐谷中州商务酒店管理有限公司
李发亮　河南润田农业开发有限公司
王宏彬　郑州国华食品有限公司
谷喜中　郑兴永祥（新密）煤业有限公司
任健均　河南省新密正泰耐材有限公司
卞发顺　河南隆基建设有限公司
陈治业　河南万业房地产开发有限公司
高海清　中牟县燃气有限公司
魏国强　中牟县供电公司
赵长升　河南金鹏实业有限公司
董金泉　郑州市市郊农村信用合作联社

姜克生　河南元通纺织城有限公司
王卫佳　河南启元教育有限公司
马鸿军　河南鸿马实业有限公司
张士轩　中铁大桥（郑州）缆索有限公司
宋建国　郑州鸿雁通讯开发有限公司
张希亮　河南国控宇飞电子玻璃有限公司
李建斌　中铁隧道装备制造有限公司
吴长海　中国长城铝业公司水泥厂
邓文朴　郑州煤炭工业（集团）工程有限公司
郝照森　郑州煤炭工业（集团）老君堂煤矿有限公司
牛　波　郑州宇通客车股份有限公司
王振宾　郑州交通运输集团有限责任公司
张　舒　郑州市热力总公司
刘定国　河南省第一建筑工程集团有限责任公司
李建平　中原环保股份有限公司
贾群生　中国邮政储蓄银行股份有限公司郑州市分行
胡香凯　郑州市路通公路建设有限公司
琚中原　河南四建股份有限公司第五分公司
王清和　华电郑州机械设计研究院有限公司
仝全利　河南省电力公司高级管理培训中心
王海波　河南第二火电建设公司
孟连军　郑州兰博尔科技有限公司
徐　涛　郑州祥和电力设计有限公司
王俊明　郑州旭飞光电科技有限公司
申学清　郑州银行
马　磊　百瑞信托有限责任公司
林　杰　郑州锦怡实业投资有限公司
张跃如　河南省金厦置业有限公司
夏宗福　中国工商银行股份有限公司河南省分行营业部
陈　斌　郑州飞机装备有限责任公司
常正卿　郑州一方电气有限公司
王中胜　郑州华力电缆有限公司
王　凯　河南郑州兴隆国家粮食储备库

农民劳模（73名）

雷占军　巩义市凯鑫农业科技有限公司
王泽坤　巩义市鑫地生态园有限公司
徐慎高　巩义市鲁庄镇花木种植合作社
吴建立　巩义市青龙山养殖生态园
李安伦　巩义市春兴生猪农民专业合作社
杨小周　巩义市涉村镇北庄村
费全军　巩义市西村镇西村村
王会贤　巩义市汇鑫农业开发有限公司
叶顺利　巩义市康店镇叶岭村
尚贯通　巩义市贯通高绿产品研究开发中心
王万周　荥阳市崔庙镇郑庄村
王润沛　荥阳市广武山林果专业合作社
张希道　荥阳市刘河镇分水岭村
李长江　荥阳市王村镇后白杨村
吴海科　荥阳市高山镇余顶村
杜进才　荥阳市高村乡吴村
徐春平　河南省荥阳广发种业有限公司
刘中皋　荥阳市高村乡刘沟村
王建成　荥阳市王村镇房罗村
平国建　荥阳市贾峪镇楼李小麦玉米生产合作社
钱国伟　新密市超化镇河西村
马伟敏　新密市岳村镇马沟村
闫宣廷　新密市牛店镇张湾村
陈建涛　新密市袁庄乡陈堝村
王福聚　新密市来集镇王堂村
陈书杰　新密市白寨镇翟沟村
马建国　新密市刘寨镇宋寨村西头组
孟冠亭　新密市大隗镇大隗村
胡进财　新密市城关镇甘寨村
常德功　新密市尖山田种湾村
张俊敏　河南建华农业开发有限公司
孟文超　新郑市梨河镇黄甫蔡村
王新立　新郑市观音寺英李村
张景超　新郑市黄河饲料有限公司
刘遂军　新郑市和庄镇老庄刘村
李建民　新郑市城关乡张庄村
王俊友　新郑市新村镇二十里铺
司西庆　新郑市郭店镇司洼村
王利军　新郑市君源生态农业科技有限公司
史红立　新郑市辛店镇史庄村
刘庭杰　登封市大冶镇老井村
马水芬　登封市唐庄乡郭庄村
魏　玲　郑州市宝融养殖有限公司
岳占州　登封市宣化镇岳窑村
郑俊杰　登封市东华镇券门村
冯文县　登封市颖阳镇于爻村
胡双舟　登封市告成镇茶亭沟村
张双战　登封市嵩阳办事处北旨村
王松珍　登封市送表矿区梁庄村
毛小立　中牟县大孟镇毛拐村
张玉新　中牟县万滩镇小朱庄村
马雪亮　中牟县青年路办事处民主街村
张长聚　郑州绿明食品有限公司
李兰真　中牟县广惠街刘申庄村
刘少臣　中牟县青年路自由街村
王金盈　中牟县三官庙镇大辛庄村
彭双雁　中牟县万滩镇杨岗村
梁福泉　中牟县官渡镇官渡桥村
冉云鹏　中牟县刘集镇冉老庄村
申伟祥　二七区马寨镇王庄村
王国昌　二七区侯寨乡樱桃沟社区
冯福旺　中原区航西办事处小岗刘村
王聚保　中原区须水办事处庙王村
尹长松　金水区杨金路办事处马林村
姚庆全　金水区兴达路办事处黄岗庙村
刘章来　管城区南曹乡姚庄村二组
王岭杰　惠济区大河九龙专业合作社
王淼玉　郑州绿金园农业科技有限公司
杨福奇　郑州市上街区聂寨村委会
阎金箱　郑州高新技术产业开发区枫杨办事处关庄村
张铁秀　郑州市经济技术开发区王士明村
黄彦喜　综保区（航空港区）银河办事处牛村
周云祥　郑东新区商都路办事处五洲汇富社区居委会

机关事业单位先进工作者（82名）

孙福增　郑州市第七十三中学
井　勇　二七区一马路街道办事处陇海大院社区
刘京雷　二七区人民检察院反贪污贿赂局
徐　丽　金水区经三路小学
张　波　金水区司法局凤凰台司法所
张彦军　管城回族区人民医院
徐建梅　管城区外国语小学
司军鹏　惠济区人社局劳动保障所
马彩霞　惠济区刘寨办事处民政所
张选民　郑州市第二外国语学校
秦艳萍　郑州市上街区峡窝镇人民政府
祝　魁　中牟县质监站
刘复生　中牟县畜牧局
王素梅　中牟县农业农村工作委员会

李青义 中牟县水利施工总队
李杰轩 新郑市人力资源和社会保障局监察大队
赵旭升 新郑市红枣科学研究院
林继红 新郑市教育体育局
吴旭光 新郑市建设工程监理公司
杨海现 新密市教育体育局职教中心
陈海洋 新密市刘寨镇财政所
徐安民 新密市中医院
郭志伟 新密市计划生育服务站
马柳琴 荥阳市宣传部文明办
卢军委 荥阳市公安局刑侦大队
陈玉琴 荥阳市中医院
陈建敏 登封市农业技术推广中心
郭桂珍 登封市人民医院
安瑞玲 登封市第一高级中学
范鸿斌 登封市实验高级中学
李露江 巩义市人民医院
赵俊文 巩义市西村镇第四初级中学
马延军 巩义市公安局刑侦大队
马春风 巩义市米河镇人民政府农业服务中心
张国际 郑州经济技术开发区明湖办事处
赵 毅 郑州高新区梧桐办事处
丁言兆 郑州市政协文史资料委员会
孔祥海 中共郑州市委市直机关工作委员会
冉朝霞 中共郑州市委党校
田荣新 郑州市中级人民法院
刘文田 郑州市人民检察院
宋 慧 郑州市总工会
王凤玲 郑州市发展和改革委员会
淡海彬 郑州市第一中学
柴珍珠 郑州市第五十七中学
穆 禾 郑州外国语学校
姚艳萍 郑州外国语中学
李玉林 郑州市工业和信息化委员会
谢 华 郑州市公安局洁云路派出所
杨明昊 郑州市公安局交通巡逻警察支队
郝秋霞 郑州市社会福利院
赵培勇 郑州市财税学校
许洪涛 郑州市人力资源和社会保障数据管理中心
曲当忍 郑州市安全生产教育中心
刘季康 郑州市城乡建设委员会
高 琳 郑州市住房保障和房地产管理局
岳明杰 中原区环境卫生管理队
王子强 管城区垃圾清运公司
裴丽娟 郑州市环境保护监测中心站
吴焕章 郑州市蔬菜研究所
王慧瑜 郑州市农林科学研究所
张明磊 郑州人民广播电台
马英杰 郑州人民医院
赵清霞 郑州市第六人民医院
金志鹏 郑州市儿童医院
李 玲 郑州市第九人民医院
魏金聚 郑州市第七人民医院
万 春 郑州市体育运动学校
朱卫华 郑州市信访局
吴 倩 郑州市文物考古研究院
张顺舟 郑州市人民公园
李彦章 郑州住房公积金管理中心新密管理部
任 杰 郑州市军粮供应管理中心
张 晟 郑州市人民政府国有资产监督管理委员会
程兆国 郑州市水务局河道工程管理处
李章群 郑州市畜牧局
马元青 荥阳市国税局
任彦山 新密市地税局
孟文建 中牟县工商局
阮 祥 郑州国家基本气象站
殷冬梅 河南省农业大学
卢秀波 郑州大学第一附属医院

外来务工人员（农民工）劳模（19名）

辛体珍 郑州市二七区恒爱老年公寓
孙军辉 郑州新世纪物业服务有限公司
刘 渊 郑州一加一广告有限公司
赵远波 河南省雅宝家具有限公司
胥冠花 郑州市裕丰耐火材料有限公司
张俊峰 郑州光力科技股份有限公司
张会文 海马轿车有限公司
贾志军 郑州新郑综合保税区（郑州航空港区）综合行政执法局
李老发 中牟县徐庄村老发花卉苗圃厂
卜现坤 郑州市第一建筑工程集团有限公司
王春霞 郑州煤矿机械集团股份有限公司
朱高峰 郑州市政维护工程有限公司
张春生 郑州八方人才资源开发有限公司
吴清奕 郑州市名度服饰有限公司
康建军 河南金天建筑安装工程有限公司
李战伟 郑州君益企业管理咨询有限公司
陈传军 郑州市中原保安服务公司
赵琳芬 中国人民解放军第一五三中心医院
尹娟娟 河南汉威电子股份有限公司

新社会阶层人士劳模（15名）

王群英 河南金辉物流有限公司
曹建凯 郑州大方软件股份有限公司
赵孙立 郑州市娅丽达服饰有限公司
赵明举 河南石磨坊食品有限公司
屈晓飞 河南嵩基房地产有限公司
张本立 新密市恒丰纸业有限公司
徐 晓 郑州海龙集团
高水林 郑州市孚亨养殖有限公司
朱肖云 中牟县裕康酱菜厂
焦晗韶 河南北辰机电工程有限公司
陈德利 郑州新大方重工科技有限公司
黄国伟 河南升环劳务派遣有限公司
韩跃军 河南省特味村企业管理咨询有限公司
何 昕 河南蜜乐源养蜂专业合作社
宋鹏伟 郑州市华中建机有限公司

（华 颖）

郑州市社会急救医疗条例

（2013年8月30日郑州市第十三届人民代表大会常务委员会第三十八次会议通过 2013年11月29日河南省第十二届人民代表大会常务委员会第五次会议批准）

第一章 总 则

第一条 为规范社会急救医疗秩序，及时有效地抢救急、危、重伤病员，救死扶伤，保障公民生命安全，促进社会急救医疗事业发展，根据有关法律、法规，结合本市实际，制定本条例。

第二条 本条例所称社会急救医疗，是指对急、危、重伤病员及灾害性、突发性事件伤病员，在事发现场及转送医疗机构接诊的院前紧急医疗救护。

第三条 本条例适用于本市行政区域内的社会急救医疗活动。

第四条 社会急救医疗遵循统一指挥调度，就近、就急、合理施救的原则。

第五条 社会急救医疗事业是公共卫生服务体系的重要组成部分，应当与本地区经济社会协调发展。

市、县（市、区）人民政府应当建立稳定的社会急救医疗财政投入和增长机制。

第六条 市、县（市、区）卫生行政部门是本行政区域内社会急救医疗工作的主管部门，负责组织实施本条例。

市紧急医疗救援机构具体负责本市市区范围内的社会急救医疗工作；县（市）、上街区紧急医疗救援机构在市紧急医疗救援机构的指导下，负责本行政区域内的社会急救医疗工作。

财政、公安、民政、旅游、交通、食品药品监督、人力资源和社会保障、消防、通信、电力等部门和单位，在各自职责范围内协同做好社会急救医疗工作。

第七条 鼓励医护人员从事社会急救医疗工作。

鼓励公民、法人和其他组织对社会急救医疗事业进行捐助和捐赠。

市、县（市、区）人民政府或者有关部门对在社会急救医疗工作中做出突出贡献的单位和个人，给予表彰和奖励。

第二章 社会急救医疗体系建设

第八条 本市社会急救医疗体系包括：

（一）市、县（市）、上街区紧急医疗救援机构；

（二）急救医疗中心（站）；

（三）符合接诊条件的医疗机构；

（四）专业性救护组织、社会性救护组织。

第九条 紧急医疗救援机构应当履行下列职责：

（一）社会急救医疗的组织、指挥、调度；

（二）建立健全社会急救医疗制度，对急救医疗中心（站）进行业务指导、考核和监督；

（三）接受同级人民政府或者卫生行政部门指派参与大型群众性活动的急救医疗保障及突发公共事件紧急医疗救援工作；

（四）实行二十四小时值班制度，随时接受急救医疗呼救，按照规定登记、保存和报告急救信息；

（五）定期组织急救医疗业务培训和应急演练，开展急救医学科研活动；

（六）宣传社会急救医疗知识，对各类专业性救护组织和社会性救护组织进行业务指导；

（七）保障通讯指挥调度平台、网络设备、通讯信息集成设备的运行；

（八）法律、法规规定的其他职责。

第十条 急救医疗中心（站）应当履行下列职责：

（一）实行二十四小时应诊制度；

（二）服从紧急医疗救援机构的统一指挥、调度；

（三）负责急、危、重伤病员及灾害性、突发性事件伤病员的现场救护和转运工作，与接诊医疗机构办理交接手续；

（四）及时反馈急救医疗信息；

（五）开展急救技能培训、急救知识宣传工作；

（六）按照规定配备急救人员，配置并及时维护更新急救设备、器械；

（七）法律、法规规定的其他职责。

第十一条 设置急救医疗中心（站）应当符合医疗机构设置规划和建设标准，按照有关规定报卫生行政部门审批。

第十二条 急救人员应当具备相应的专业知识和急救技能。

从事社会急救医疗的医师应当具备执业医师资格，并具有三年以上的临床经验；从事社会急救医疗的护士应当具备执业护士资格，并具有两年以上的临床经验。

第十三条 机场、车站、地铁、大型商场、风景名胜区等人员密集场所和矿山、建筑施工企业及其他大型工业企业应当建立救护组织，配置必要的急救药品和器械，并组织相关人员进行急救技能培训。

第十四条 卫生行政部门负责组织

开展急救医疗基本知识的宣传教育。

公安、教育、民政、旅游、交通、消防等部门和单位应当在各自职责范围内做好急救医疗知识宣传工作。

报刊、广播、电视、网络等媒体应当向公众进行急救医疗知识公益性宣传，增强公众急救意识，提高自救互救能力。

居民委员会（社区）、村民委员会和物业服务企业应当定期组织开展急救医疗知识宣传教育活动。

第十五条 市、县（市、区）卫生行政部门应当制定突发公共事件紧急医疗救援应急预案，经同级人民政府批准后纳入突发公共事件应急预案。

第三章 社会急救医疗服务管理

第十六条 “120”为本市唯一的社会急救医疗特服电话号码。任何单位和个人不得将其他号码设置为社会急救医疗应急呼救电话。

“120”紧急医疗救援纳入本市应急联动系统，实现与“110”“119”等应急信息共享。

第十七条 紧急医疗救援机构应当设置相应数量的“120”呼救线路，配备指挥调度人员，满足公众的急救需求。

凡发现急、危、重伤病员的，均可以及时拨打“120”呼救。

第十八条 任何单位和个人不得擅自动用“120”急救车辆执行非“120”急救任务。

第十九条 紧急医疗救援机构受理呼救信息后，应当在一分钟内发出调度指令；急救医疗中心（站）应当在接到紧急医疗救援机构调度指令后四分钟内派出急救医疗车辆和急救人员。

紧急医疗救援机构应当保存受理的急救信息资料，保存时间不少于两年。有关单位和个人有权依法查询、复制。

第二十条 急救人员在执行任务时应当统一着装，佩戴急救标志，按照工作规范实施救护。

急救伤病员需要转送医疗机构救治的，急救人员应当向伤病员或者其亲属说明情况并征求意见；伤病员不能表达意愿且无亲属在场的，急救人员应当根据情况就近送往医疗机构；需要对伤病员采取隔离治疗措施的，急救人员有权选择符合条件的救治医疗机构。

急救伤病员可能存在生命危险的，急救人员应当提前通知接诊的医疗机构做好抢救准备。

第二十一条 接诊医疗机构应当按照规定接收急救伤病员，办理书面交接手续，不得以任何理由推诿、拖延和拒绝。

第二十二条 身份不明人员、身份明确但无力支付急救费用人员发生急、危、重伤病需要救治的，接诊的急救医疗中心（站）应当给予救治。

对于身份不明人员，接诊的急救医疗中心（站）应当同时通知公安、民政部门及时甄别其身份。民政部门应当协助有关单位，共同做好急救伤病员有无负担能力的鉴别工作。

本条第一款所列人员符合救助条件的，其急救费用由疾病应急救助基金支付。

第二十三条 社会举办大型群众性活动需要急救医疗服务的，举办单位应当提前三日将活动时间、地点、规模、参加人数等有关事项书面告知当地紧急医疗救援机构。

第二十四条 社会急救医疗服务应当按照价格主管部门核定的项目和标准收取费用。收费标准应当向社会公示。

社会急救医疗费用应当纳入城镇职工基本医疗保险、城镇居民基本医疗保险或者新型农村合作医疗保险，支付标准按照国家相关规定执行。

第二十五条 禁止下列扰乱社会急救医疗秩序的行为：

（一）冒用急救医疗中心（站）的名称或者“120”急救标志；

（二）擅自喷涂、安装、使用急救医疗车辆专用的或者与其相类似的标志图案、警报器或者标志灯具；

（三）恶意拨打“120”社会急救医疗特服电话；

（四）阻碍执行急救医疗任务的急救医疗车辆通行；

（五）非法扣留、损毁急救医疗车辆及急救医疗设备；

（六）阻碍急救人员施救；

（七）侮辱殴打急救人员；

（八）其他扰乱社会急救医疗秩序的行为。

第二十六条 卫生行政部门应当公布社会急救医疗服务监督投诉电话，接受社会监督。

第四章 社会急救医疗保障

第二十七条 市、县（市、区）人民政府应当设立社会急救医疗专项资金，纳入财政预算，足额保障。

社会急救医疗专项资金用于下列事项：

（一）政府举办大型群众性活动的急救医疗服务；

（二）突发公共事件的急救医疗救援；

（三）急救医疗车辆、设备、器械的配备、维护、更新和通讯指挥调度平台信息化建设；

（四）应急药品和其他急救物资储备；

（五）急救人员培训和演练；

（六）社会性自救互救知识宣传教育；

（七）同级人民政府规定的其他用途。

社会急救医疗专项资金应当专款专用，依法接受财政、审计等部门的监督。

第二十八条 市、县（市、区）人民政府应当设立疾病应急救助基金。

疾病应急救助基金的主要来源：政府专项财政拨款；公民、法人和其他组织的捐助、捐赠等。

疾病应急救助基金用于支付发生急、危、重伤病需要急救但身份不明，或者身份明确但无力支付相应费用人员的急救费用。

疾病应急救助基金管理办法，由市人民政府另行制定。

第二十九条 急救医疗车辆的配备应当符合国家标准，并按照规定安装卫星定位、无线通讯、车载视频监控和急救信息传输等系统。

第三十条 急救医疗车辆在执行紧急任务时，应当按照规定使用警报器、标志灯具；在确保安全的前提下，不受行驶路线、行驶方向、行驶速度和信号灯的限制；免缴路、桥、隧道通行费用。

行人和车辆遇到执行紧急任务的急救医疗车辆应当主动让行。因避让急救医疗车辆产生的压线、占道行驶等道路交通违章行为，公安机关交通管理部门不予处罚。

第三十一条 急救人员在执行急救医疗任务时，如遇到障碍，为挽救生命，可依法采取应急措施。

第三十二条 紧急医疗救援机构可依法设立公益性岗位，优先聘用有社会急救医疗工作经历的人员。

急救人员享有国家规定的补助、津贴和福利待遇，在晋升职称、评优评先时，享受国家和本市规定的优惠政策。

第三十三条 相关部门和单位应当按照下列规定，为社会急救医疗工作提供保障：

（一）公安机关应当保障执行急救医疗任务车辆优先通行，维护急救现场秩序；

（二）民政、公安等部门应当按照有关规定协同做好无法查明身份伤病员、身份明确但无力支付急救费用伤病员的救助工作；

（三）通信企业应当保障社会急救医疗通信网络畅通，提供配套的技术服务；

（四）电力企业应当向紧急医疗救援机构和急救医疗中心（站）提供安全、可靠的供电服务；

（五）发生突发公共事件时，相关部门和单位应当按照突发事件应急预案，协同实施社会紧急医疗救援。

第五章 法律责任

第三十四条 冒用急救医疗中心（站）名称或者"120"急救标志的，由市、县（市）、上街区卫生行政部门责令改正，处以三万元以上五万元以下罚款；构成犯罪的，依法追究刑事责任。

第三十五条 紧急医疗救援机构及其工作人员有下列行为之一的，由市、县（市）、上街区卫生行政部门责令改正；造成严重后果的，对直接负责的主管人员和其他直接责任人员依法给予处分：

（一）未执行二十四小时值班制度的；

（二）未在规定时间内发出调度指令的；

（三）未按照规定登记、保存和上报急救医疗信息的；

（四）其他违反本条例规定的行为。

第三十六条 急救医疗中心（站）有下列行为之一的，由市、县（市、区）卫生行政部门给予警告；造成严重后果的，处以五千元以上三万元以下罚款，对直接负责的主管人员和其他直接责任人员依法给予处分：

（一）未执行二十四小时应诊制度的；

（二）配备的急救人员不符合规定的；

（三）不服从指挥调度或者拒绝、推诿、拖延救治急、危、重伤病员的；

（四）未在规定时间内派出急救医疗车辆和急救人员的；

（五）未按照规定办理交接手续的；

（六）擅自动用"120"急救车辆执行非"120"急救任务的；

（七）其他违反本条例规定的行为。

第三十七条 急救人员有下列情形之一的，由卫生行政部门或者有关部门依照《中华人民共和国执业医师法》、国务院《护士条例》和《突发公共卫生事件应急条例》等法律、法规规定予以处罚：

（一）未采取紧急救护措施，延误抢救时机造成严重后果的；

（二）未按照医疗技术操作规范和护理技术操作规范实施救治，造成伤病员身体损害或者其他严重后果的；

（三）在突发公共事件等紧急情况下，不服从紧急医疗救援机构统一调度指挥的；

（四）其他违反本条例规定的情形。

第三十八条 有下列行为之一的，由公安机关依照《中华人民共和国治安管理处罚法》《中华人民共和国道路交通安全法》等法律、法规规定予以处罚；造成损失的，依法予以赔偿；构成犯罪的，依法追究刑事责任：

（一）擅自喷涂、安装、使用急救医疗车辆专用的或者与其相类似的标志图案、警报器或者标志灯具的；

（二）恶意拨打"120"社会急救医疗特服电话的；

（三）阻碍执行急救医疗任务的急救医疗车辆通行的；

（四）非法扣留、损毁急救医疗车辆及急救医疗设备的；

（五）阻碍急救人员施救的；

（六）侮辱殴打急救人员的；

（七）其他扰乱或者阻碍社会急救医疗秩序的情形。

第三十九条 卫生、公安、民政、交通、通信、电力等部门和单位及其工作人员在社会急救医疗工作中，玩忽职守、滥用职权、徇私舞弊的，依法给予处分；构成犯罪的，依法追究刑事责任。

第六章 附 则

第四十条 本条例自2014年1月1日起施行。

加快郑州航空都市区产业发展的思考与建议

产业是区域发展的引擎。加快郑州航空港经济综合实验区建设步伐，力争早日实现全国重要的航空港经济集聚区和中原经济区的核心增长极的目标，当务之急是要进一步强化郑州航空都市区的产业支撑。根据郑州航空港经济综合实验区产业发展战略定位，按照国内外航空都市区产业发展规律，结合郑州都市区产业发展现状，加快郑州航空都市区产业发展，关键要抓住以下几个中心环节。

一、把握航空都市区产业发展的时序点

根据国际上航空都市区产业发展规律，当机场年吞吐量在1000万人次以下时，航空经济发展处于萌芽期，产业发展以低端制造和为航空运输提供直接服务为主；当机场旅客吞吐量吞达到1000万人次后，航空经济处于数量上快速增长时期，产业规模迅速扩大，以航空产业链和航空运输服务产业链为主；当机场旅客吞吐量达到3000万人次后，航空经济处于数量和质量同步提升时期，开始出现航空产业集群；当机场旅客吞吐量达到5000万人次后，航空经济进入成熟期，以创新能力和现代服务业为核心驱动力，发展特征以航空企业质量提升为主。2012年，郑州航空港经济综合实验区旅客吞吐量1167.3万人次，货邮吞吐量15万吨，增速分别是15%和47%。目前，实验区经济进入数量上快速增长时期，航空都市区企业、产业规模迅速扩大。本阶段航空经济发展主要以双核驱动为主，即“航空产业链关联驱动”和“航空运输服务关联驱动”。基于此，郑州航空港经济综合实验区要紧紧围绕产业发展战略定位，在近期产业发展时序上，重点布局运输服务链上和航空产业链上的各类企业，大力引进航空公司基地、专业飞机维修企业、航油航材的区域性总部等，着重发展航空物流、航空设备制造及维修、电子信息、生物医药、现代服务业、航空运输服务保障等产业。

二、明确航空都市区产业发展的突破点

航空物流是一个国家或地区市场开放程度、经济发达程度和物质交换便利程度的重要标准，能有效降低企业的综合成本，从而加快航空都市区产业结构的调整升级。郑州航空都市区产业发展要实现质的飞跃，航空物流是突破点。美国的沃斯堡联合机场就是通过建立多式联运体系，大力发展现代物流，现已成为美国仅次于“硅谷”的第二大高科技行业发达的地区。要发展航空物流，需在进行产业细分基础上，一是依托机场口岸、以航空货运为主线，大力发展航空货运监管配送、保税仓储、物流加工、邮政快件分拨、卡车航班等增值服务；加快建设陆空联运、路运仓储、配送等综合物流业务货物集散和分拨中心，重点发展高新技术产业产品的分拨与配送，高端消费品、应急物资、航空器材等产业。二是开设国际直达航线，加密国内航线，引进国内外大型快递企业，建立区域分拨中心，建设空港国际物流园区，完善相关配套基础设施，建设保税仓库，保税物流中心，并积极争取设立空港型综合保税区。三是逐步完善货物集输转运体系建设，以空港国际物流园区、综保区为平台，全面推进与铁路、公路联动综合物流网络的建立，打造覆盖我国中部、面向西部的全国领先的空港国际物流园区。

三、找准航空都市区产业发展的切入点

航空经济主要集聚附加值高、科技含量高、外向度高的高端制造业。要以高端制造业为切入点，带动工业转型升级，建设具有核心竞争力的产业高地，增强各类要素的集聚功能，辐射带动周边区域联动发展，进而加速航空都市区产业发展。要加快发展郑州航空都市区高端制造业发展，须着力从以下几个方面切入：一是积极吸引航空设备制造及维修、电子信息、汽车高端零部件制造、生物医药等龙头企业入驻实验区，加快重大项目建设步伐，实施优势企业培育行动计划，扶持一批行业单位领先、规模优势明显、产品机构合理、经济效益突出的骨干企业。二是加快建设航空维修及飞机零部件制造基地、国家电子信息产业基地等，利用郑州产业结构调整契机，把实验区打造成为科技资源的集成区、高层次人才的聚集区、高科技成果的孵化扩散区、高科技产业的辐射带动区。三是加大对重点项目和企业的支持力度，将重大项目纳入省市重点项目联动推进机制，积极争取产业发展专项资金，支持重点企业加快发展，构筑高端制造业产业集群。四是制定人才培养与引进政策，有重点地培养和引进重要领域、关键环节的急需人才，引导企业树立人才全球化观念，建立对高端人才的奖励制度，鼓励各类智力要素、技术要素以各种合法形式自由参与利益分配和股权分配，构筑产业发展人才高地。

四、抓住航空都市区产业发展的关键点

现代服务业是经济社会发展到一定阶段而产生的高级产业形态。随着工业化的高度发展出现的产业结构的软化现象，现代服务业正逐渐成为国家经济发展的主要推动力，更是加快航空都市区产业发展的关键。加快航空都市区现代服务业发展，主要应从以下几个方面着手：一是制定优惠政策，引进国内外一流商业地产开发商，全面提升实验区现代服务业的整体规模、档次品位、特色和管理水平。二是引进国内外知名零售业运营商，吸引国内外高端品牌进驻，提升郑州零售业的辐射力。三是树立航空金融、专业会展、商娱、商旅一体化开发理念，建成大型复合商业体，为旅客和周边居民提供商吃购游玩一站式消费体验。

五、打造航空都市区与郑州都市区产业互动发展的结合点

打造宜居、宜业、生态、智慧的现代航空大都市，离不开中心城区的强大经济支撑。就郑州而言，要通过建设郑州大型航空枢纽，以机场带物流，以物流促产业，加速人流、物流、资金流、信息流在郑州都市区集散，积极打造航空都市区与郑州都市区产业互动发展的结合点，形成空港经济与区域经济相互促进、相得益彰的良性循环。一是郑州都市区经济发展是推动航空经济形成的经济基础。郑州都市区经济发展水平一定程度上影响着机场能否形成“有效的航空制造和运输活动”，并直接对航空经济内的各产业形态进行支撑和互动，推动航空经济的发展。航空经济内各产业的发展需要从都市区经济中获得必要的物质、信息和技术支撑，都市区经济庞大的需求也为航空经济发展创造了充裕的市场空间。二是航空经济的发展对都市区经济的发展具有反向作用，即在航空经济增长极作用下，通过示范和带动效应，加速都市区经济发展和产业结构的调整。通过航空产业的聚集和产业集群的形成，在市场化的配置体系下，都市区各种资源因为航空产业生产率的提高而逐步向航空港经济综合实验区聚集，这将进一步强化航空经济在都市区经济中的导向和示范作用，促进产业规模的增加，引导产业逐步“航空化”，带动产业结构的升级和优化。航空都市区与郑州都市区产业互动发展情况，具体见下图：

六、强化航空都市区产业发展的支撑点

完善的产业政策环境将大大缩短航空经济的演化周期，实现航空经济的跨越式发展。因此，必须强化航空都市区产业发展的政策支持与引导这个支撑点。郑州航空港经济综合实验区产业政策引导主要是产业优化政策的引导与产业布局政策的引导。产业优化政策引导主要指通过政策来促进产业结构优化与升级，抓住产业优化的核心，鼓励分工协作、促进有效竞争，推动技术升级、鼓励技术创新等，从而提高航空产业的竞争力。产业布局政策的引导指根据航空产业的经济技术特性和航空经济所在地区的综合条件，对航空产业布局的集聚进

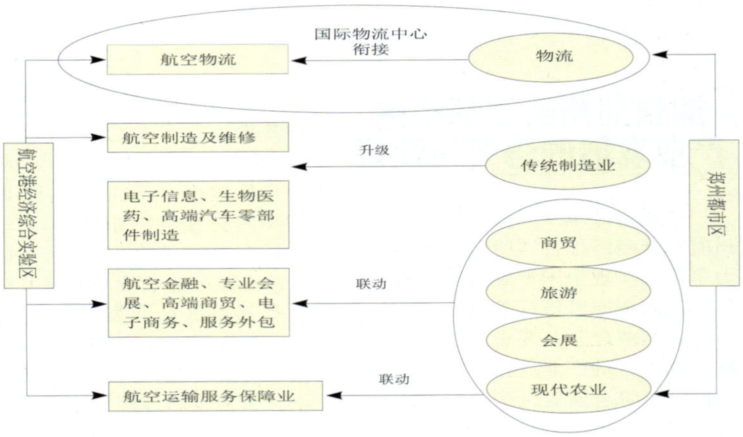

郑州航空港经济综合实验区与郑州都市区产业互融互动

郑州航空经济综合实验区产业政策建议

产业	政策建议
航空物流产业	一、统筹规划物流设施建设，重点加强物流节点规划；在用地、物流园区一定年限资金返还、资金扶持、城市交通管制等方面协调配合； 二、优先发展物流信息化，支持物流信息平台建设，强调数据标准化、企业信息化和电子商务等发展； 三、重视物流标准化工作。
航空运输服保障业	一、引进航空公司，开通航线给予补贴； 二、对于引进的航空运营类人才给予购房补贴和其他生活便利条件； 三、航空配餐类企业进驻实验区，提供土地优惠政策。
航空维修业	一、降低进口航材关税，减轻企业税负； 二、对引进的重点维修企业三年内给予地税政策优惠； 三、建立航空维修产业发展基金，应用于扶持本地区航空维修业的发展； 四、对承揽国外飞机维修业务企业享受一定出口免抵退税政策。
电子信息产业	一、切实落实国家关于提高电子信息产品出口退税的政策； 二、争取国家专项资金和运用省专项资金，加大对电子信息产品研发制造重大项目支持力度，推动产业结构升级； 三、加大对重点电子信息企业融资的支持力度。
生物医药	一、制定生物医药产业的专项规划，加大生物医药集群发展的规划引导； 二、引进生物医药专业科技人员，建立创新能力强的人才团队； 三、加快构筑生物医药产业链，推进科研成果产业化； 四、积极发展生物医药信息市场和网上交易平台，建立自主营销网络。
现代服务业	一、重点扶持发展航空金融、专业会展、电子商务、商贸旅游等产业； 二、为商业地产开发商提供土地、税收和财政补贴等优惠政策； 三、为零售业运营商提供税收等优惠政策； 四、建立特色产业发展专项补贴基金。
航空零部件制造业	一、政府提供航空产品市场支持与保护； 二、加快航空科研成果的产业化和商品化； 三、建立有效的航空产业科技投入机制。

行科学引导，对航空经济区域的分工进行合理调整，明确鼓励发展、限制发展和禁止发展的产业，建立合理的航空经济地区分工体系。

国内主要“大通关”协作模式分析及借鉴

“大通关”是指口岸各部门单位、企业等，采取有效的手段，使口岸物流、单证流、资金流、信息流高效、顺畅地运转，同时实现口岸管理部门有效监管和高效服务的有机结合，使口岸通关效率大幅度提高，真正实现“快进快出”。“大通关”建设是涉及海关、外经贸主管部门、运输、仓储、海事、银行、保险等多个国家执法机关和商业机构的一项系统工程，需要在政府的统一领导下，实行全社会的整体规划和总体推动。

一、国内主要“大通关”经验及分析

2004年，在全国提高口岸工作效率现场会上，国务院指示各地、各部门积极推进“大通关”工作，提高口岸工作效率。国内许多地方对此进行了积极实践和探索，积累了不少好的做法和经验。

（一）天津成立口岸领导小组，为“大通关”提供组织保障。

天津十分重视口岸工作，连续数年将口岸“大通关”写进《政府工作报告》，2005年还纳入了市委工作意见，市政府为此推出了一系列抓“大通关”的措施。成立了由常务副市长挂帅的“大通关”领导小组，成立了由市政府副秘书长任组长的“大通关”特别协调小组；先后召开天津口岸工作会议和口岸工作领导小组会议部署推动大通关工作；组织制定了《天津口岸“大通关”建设实施细则》，作为天津口岸组织推动“大通关”的指导性文件下发执行，在全市工作中确立了口岸“大通关”的地位、作用。随着天津对外开放力度的加大，口岸“大通关”对经济的服务作用日益突出，已经由过去的部门工作上升为全市的一项重点工作。这种有力的组织领导体系和有效的工作制度，保证了天津口岸“大通关”不断推向前进。

（二）上海实行跨区快速通关，打造区域通关一体化。

上海跨区快速通关是以口岸快速通过、内地快速验放为突破口，实现通关作业“一次申报、一次查验、一次放行”的新模式。进口货物作业方式，实行进口转关货物的收货人或代理人向内地海关办理“提前报关”手续，口岸海关凭内地海关传输的提前报关电子数据直接办理口岸转关手续。同时，也可采取“直接转关”的办法，即进口转关货物的收货人或代理人直接在口岸办理转关手续，内地海关凭口岸海关传输的转关数据办理货物的进口手续；对出口货物的转关，出口货物发货人向内地海关报关时，已订舱的，发货人在启运地海关办妥出口报关手续后，可直接在口岸海关办理货物的出境和结关手续。对尚未订舱的出口货物，发货人可在转关货物运抵口岸后补录入出口转关数据，再在口岸海关办理出口货物的结关和核销手续。目前上海、南京、杭州、宁波等长三角四大关区已实现“通关一体化”，打破了长三角现有的关区限制，使跨关区通关作业程序从“两次申报、两次放行”方式转变为“一次申报、一次放行”，消除了因关区设置而造成的物流障碍，极大地提高了通关效率。

（三）武汉打造“区港联动”通关体系，提高通关效率。

武汉东西湖保税物流中心于2008年获得批复，是中国第四个物流保税中心，2009年正式封关运行，距离武汉天河国际机场24公里。2012年东西湖保税物流中心与武汉天河机场签订“区港联动”协议。根据协议，天河机场空港的港口功能延伸至东西湖保税物流中心，可以利用该中心所提供的24小时通关服务。同时，东西湖保税物流中心功能延伸至天河机场，机场成为保税物流中心的“作业区”。空运进出口货物进入保税物流中心，视同进入机场，报关、报检、查验、征税、放行等通关手续实行“一次申报、一次查验、一次放行”的直通式作业流程，避免中转时“二次报关、二次查验”的麻烦。这使得保税物流中心在税收、海关监管等方面的政策优势与天河机场的航运交通优势相结合，实现区港联动、无缝对接，既是优势互补，也是优势组合，缩短了企业通关时间，便利了武汉及周边企业。

（四）广州建立电子口岸，打造“大通关”信息平台。

广州电子口岸是广州市政府为了落实国务院关于“大通关”建设“政府牵头协调、统一信息平台、手续前推后移、加快实货验放”的指示精神，提高口岸工作效率，联合中央驻粤、驻穗的海关、检验检疫、边检、海事等口岸相关部门共同建设的、广州地区统一的“大通关”物流信息平台。本着“政府主导、市场运作”的原则，由广州市政府、广州海关、黄埔海关和广州港集团，共同筹建成立的广州电子口岸管理有限公司负责运营。它整合原来分散在各个口岸单位、政府机关和企业的信息系统，并以统一信息平台形象为广州外贸企业、相关物流单位和广州口岸“大通关”提供“一站式”服务，通过安全、高效、公正、经济的通关物流信息交换基础架构支撑，提高口岸工作效率，降低通关时间，改善投资环境，提高区域经济竞争力。

二、打造郑州“大通关”的对策及建议

郑州航空港区围绕提高通关效率，构建“大通关”体系，做了富有成效的工作：驻区海关、国检实行的7×24小时预约通关服务；为富士康开设郑州综保区至上海口岸的绿色申报窗口等。但是离实现真正意义上的“大通关”还有一定的距离，特别是与国内一些城市“大通关”好的做法相比，还存在不少需要改进完善的地方。建议下一步结合港区实际，学习借鉴外地先进经验，不断形成和完善口岸工作协调机制，提高口岸发展的科技含量，优化通关流程和通关环境，加强通关的跨区域战略合作和互动，提升通关工作的整体水平，扩大航空港区的吸纳力和辐射力，打造中原经济区核心增长极和对外开放平台。

（一）成立口岸业务领导小组。鉴于郑州航空口岸和综合保税区在郑州航空港经济综合实验区内，铁路一类口岸、保税物流中心、出口加工区均毗邻实验区。为了打造对外开放高地，综合协调各口岸和海关特殊监管区联动发展，高效服务实验区建设，建议学习天津经验，市政府成立口岸业务领导小组，由市主要领导任组长，口岸、发改、交通、商务、财政、公安、海关、国检、边检、民航等为成员单位，充分整合各部门的资源，协调推进口岸建设工作。

（二）建设“大通关”信息平台。目前我省尚未建设电子口岸实体信息平台，无法实现口岸监管部门及相关企业的互联互通和“一站式”业务操作，尚未实现一单多报、无纸化通关等。建议学习广州经验，按照“政府主导、联合共建、企业经营”的指导原则，以航空港区为主体，尽快组建河南电子口岸平台建设运营实体机构，加快河南省电子口岸建设。实现监管部门的信息共享和互联互通，在综保区、机场与其他监管区和场所之间实施“一单多报”，推动报关、转关业务的电子化、无纸化，并推进多部门联检，提高通关效率。

（三）全力推进“区港联动”。航空港区内的两个独立关区综保区和机场关区之间还未完全实现“一次申报、一次检验、一次放行”，进出口货物在两个关区之间的周转还要通过转关方式实现，影响通关效率。建议航空港区学习武汉经验，使两个口岸的功能相互延伸，同时加快机场货站改扩建、综保区货站和区港联动公共信息平台等配套项目建设，全力推动综合保税区与郑州机场之间的“区港联动”，实现两个关区之间的“一次申报、一次检验、一次放行”，最大限度地提高物流时效和通关效率。

（四）建立区域通关协作机制。目前我市和沿海口岸、国内主要城市之间的“大通关”协作机制尚未建立起来。互联互通、信息共享度低，与省外关区之间的进出口货物周转，还要通过转关方式实现，离跨关区、跨检区口岸直通还有一定距离。建议学习上海经验，由省、市政府出面，海关、国检配合，建立我省与沿海口岸省份、重要城市间的通关协作机制，推进区域通关模式创新，形成联网申报、核查和作业的通关协作机制，规范和简化区域转关运输监管，实现两地口岸直通放行。

（五）加快专业口岸申报工作。河南现在已是外贸进出口大省，但是河南目前还没有汽车进口等专业口岸，无法直接开展此类进口业务，这些货物进口到航空港区关区，还要由其他地方的关区通过转关方式实现。建议由省、市政府牵头，海关、国检等相关部门配合，加大汽车进口口岸、药品进口口岸、进口肉类指定口岸等的申报工作，完善综保区的口岸功能，拓展业务发展空间，提升服务区域经济的能力。

（六）加强相关部门人员配备。部分监管单位编制计划人员没有全部到位，在岗人员缺口较大，依靠大量协管员承担监管单位的一些辅助性管理工作，造成地方政府协管配备压力大，并面临着协管执法身份和执法效果制约问题。建议市委、市政府协调郑州海关、国检等相关部门按编制计划将人员配备到岗，使在编人员在工作中充分发挥主导作用，确保航空港区通关业务开展需要。

（七）积极争取相关政策支持。争取区域通关政策适用范围进一步扩大：积极争取海关总署、国家质检总局等部门的政策支持，进一步完善进出口风险管理机制，扩大海关“区域通关”和检验检疫“直通放行”适用企业范围，试行异地海关、商检及企业注册互认，使更多诚信守法企业能够选择在郑州口岸通关；落实口岸便捷通关服务措施：协调海关、国检等部门，落实便捷通关服务措施，设置专用窗口，建立更多的绿色通道，继续完善实施24小时通关服务，对符合条件的，确保当日受理、一次办结。同时，协调国家有关部门，在区域通关改革、电子口岸延伸、铁路运输保障等方面争取相关政策支持。

提升郑州国际化营商环境的对策建议

实践证明，经济发展环境好的地区经济发展水平也较高，而经济发展水平较高的地区也更加重视环境的优化，郑州也应该形成这样一个良性循环。我们应进一步发挥自己的优势，逐步解决存在的问题，特别是要重点加快解决矛盾比较突出的问题，不断优化郑州营商环境，促进郑州经济的健康发展。

一、郑州提升国际化营商环境需要处理好的几个关系

（一）处理好“软”与“硬”的关系。

营商环境主要衡量一个地区投资创业便利性程度，是城市发展的软环境。近年来，尤其是近两年，郑州基础设施建设硬件建设不断提速，城市风貌实现质的改观，相比之下，营商环境建设还有些“软”，软件的改善更为迫切。在区域发展过程中，当硬件建设达到一定的临界水平后，软件的优劣将对硬环境的进一步改善和区域经济发展的进程将产生至关重要重要的影响，从一定意义上说，硬件建设是以软件建设为前提的。比如重大基础设施建设所需资金，仅仅依靠政府财政投入远远不够，还需要银行贷款、利用外资和鼓励企业投资等多渠道筹集，而这个筹集资金过程中，靠行政手段又是行不通的，起决定作用的是软件建设。良好的营商环境在吸引开发项目、优秀人才、国内外资金和充分发挥本地区各种资源的作用显而易见。因此，必须充分认识有形建设和无形建设的相辅相成的关系，提高对营商环境建设的认识，把营商环境软件建设当中硬任务来抓，在营商环境建设上下真功夫。

（二）处理好政府与市场的关系。

国内外经验表明，营商环境的实质是政府如何监管市场，因此处理好政府与市场之间的关系对于优化营商环境至关重要。各地区建设营商环境的经验分析表明，政府的角色有三种，即无为、扶持和“掠夺”（指政府的权力过大并没有受到制约），在改善和提升营商环境的进程中，应充分实现政府无为、扶持的功能定位，并竭尽所能限制政府的“掠夺”，实现聪明的监管。一是界定好政府与市场的边界，是市场机制能解决的，政府就不要干预，当市场失灵时，或市场解决不了的问题，如公共产品的提供，外部性等，就需要政府来解决。是市场的归市场，是政府的归政府。二是在资源配置方面，发挥市场在配置资源的基础性作用，政府只起辅助性作用。政府的重心转移到宏观管理、市场规则的制定、市场秩序的规范、社会诚信的建立上来。三是政府该退出的领域应该坚决退出，该让出的领域也要坚决让出，精简机构，建立服务型政府，转“无限政府”为“有限政府”。营商环境建设的核心问题是处理好政府和市场的关系，必须更加尊重市场规律，更好发挥政府作用。

（三）处理好改善营商环境与对外开放的关系。

国际化营商环境是一个地区有效开展国际交流与合作、参与国际竞争的重要依托，是区域竞争力的重要体现。建设与全球市场接轨的国际化营商环境，提高政府行政效能和服务质量，有助于营造公平竞争的市场环境，降低企业生产经营成本，增强本地区对于国内外投资者的吸引力。郑州航空港实验区的建设，使得郑州积极置身于内陆地区对外开放的最前沿，直接面对国际竞争，直接参与国际分工与合作。依托大型航空枢纽建设和航空港经济集聚发展，郑州将搭建起立足中原、服务中西部、连接世界的对外开放新平台，实现内陆地区与国际市场的直接对接。借鉴国际经验，打造国际化营商环境，成为郑州在新的机遇期积极参与国际交流与合作的客观需求，对增强郑州城市竞争力、提升郑州国际形象具有举足轻重的作用。

（四）处理好营商环境建设与城市文化建设相结合的关系。

城市文化是营商环境的重要方面。现代城市之间的竞争，不仅仅局限于资源、能源、项目、资本、技术的竞争，更是文化、生态、科技、形象等软实力的竞争。城市文化关系到城市的整体形象，城市文化的发展是一个城市文明程度的重要标志。郑州作为区域性中心城市，在中原地区是较具经济实力和发展潜力的政治、经济和文化中心，其城市文化的发展不仅对其所在地区的政治、经济有着举足轻重的影响，而且对周边一定区域也具有较强的辐射和控制力。相对于经济上的快速发展，郑州在文化竞争力方面和周边省会城市相比还有差距，和文化资源大市的地位不相符合，已成为郑州在中原经济区建设、中部崛起中更好地发挥龙头带动作用的软肋，更是营商环境的短板。因此，在营商环境建设中，必须高度重视城市文化建设，积极构建有郑州特色的城市文化，把郑州乃至中原地区丰厚的文化资源发扬光大，拉长郑州的城市文化短腿，提升郑州作为区域性中心城市的文化品位，以更开放的姿态走向世界，融入国际社会，参与国内、外经济文化的交流。

（五）处理好重点突破与整体推进的关系。

营商环境建设是一项长期艰苦的任务，内容广泛，需要解决的问题也十分庞杂，是一项必须经常抓，反复抓的工作，有些问题是深层次的，解决起来不可能一蹴而就，有些问题即使当时解决了，也很容易出现反复，

因此必须从众多的工作任务中分清主次，区别轻重缓急，紧紧抓住影响全局的重点难点问题，抓住主要矛盾和矛盾的主要方面，既要克服面面俱到，又要防止以点带面。当前，改善郑州营商环境的重点，就是进一步加强法制建设、转变政府职能、简化办事程序、提高服务效率等，为企业经营者提供更多的机会，确保企业的财产安全，并有较高的期望回报，让他们有更多利益空间和发展机遇。

二、提升郑州国际化营商环境的对策建议

郑州的营商环境相对于东部地区以及中西部发达地区还有差距，要在短时间内取得营商环境的竞争优势，必须以超出这些地区的力度，锐意改革、敢为人先、破旧立新，在结合郑州市情的基础上，大胆实行"拿来主义"，及时借鉴和引进外地的政策措施，迅速缩小与先进地区营商环境的差距。同时，也应看到，营商环境的提升是一个复杂而长期过程，更需要我们把握关键，优先解决那些企业关心、社会关注的难点热点问题，集中有限的人力、物力、财力和精力，在重点问题上加以突破。就现阶段来说，可从以下工作入手，扎实推进郑州国际化营商环境的建设，最大限度激发市场主体的创造活力和内生活力，为我市加快航空港经济综合实验区建设，以及加快推进"大枢纽、大产业、大都市和建设中心城市"的"三大一中"战略实施做出新的更大贡献。

（一）打造高效便捷的口岸通关环境。

一是加快构建以保税物流中心为核心的新型保税物流体系。争取国家有关部委批准开展跨境贸易电子商务服务，抓好国家重点通讯检测实验室，食品、药品、医疗器械检验中心，金融结算中心，展示展销试点争取工作。推动河南保税物流中心成为国际网购集散地，促进航空物流、进出口贸易和加工制造业加快发展。二是完善提升口岸通关服务功能。加快推进郑州航空口岸国内大型航空枢纽和全球重要的国际航空货运集散中心建设。完善口岸查验服务规范，优化通关监管流程，采用先进技术手段提高通关验放能力，为拓展、加密国际地区航线提供可靠的监管服务。积极创造条件，争取国家批准开展外国人落地签证业务。加强郑州铁路口岸连通境内外通道建设， 积极推进公路（铁路）"无水港"建设，加强与沿海港口口岸联动合作，促进多式联运无缝衔接，建设具有进出口货物口岸报关、报检、检查检验及物流集疏功能的平台，提高疏港和货运效率，提升口岸辐射能力。三是加快推进电子口岸和"一站式"大通关建设。加强"区港联动"信息化系统建设，统筹大通关信息平台、大监管信息平台、海关特殊监管区域信息平台、监控指挥中心和河南国际物流信息平台"四平台一中心"建设，最终实现我市口岸、"无水港"、海关特殊监管区域及保税物流中心之间"一次申报、一次查验、一次放行"的便捷通关，为企业高效办理通关手续。

（二）打造优质高效的政府服务环境。

一是深入推进行政审批制度改革。围绕转变政府职能，进一步精简行政审批事项。按照"放权、简政、服务"的原则导向，取消一批、下放一批、向社会转移一批行政审批事项，减少并规范行政自由裁量权，在放开投资领域、推进项目落地等方面尽可能提速提效。推行商事登记制度改革试点工作，实施"宽进严管"的企业登记管理新体系，简化行政许可事项，破除市场主体准入壁垒，降低创业门槛。二是切实提高政府服务效能。加强政府绩效管理，进一步规范和健全首问责任制、限时办结制、联审联批等常规性规章制度，建立健全急事急办、特事特办等制度。逐步拓宽网上政务服务覆盖范围，推广应用网上审批系统，有效提升行政效能。加强行政服务中心建设，积极推行网上审批，完善重大项目审批服务"绿色通道"制度，进一步健全部门联动机制，压缩中间环节，提高审批效率。三是加强廉洁政府建设。加强行政审批监督制约，创新监督手段、强化行政问责，切实提高行政审批行为的透明度和公信力。健全政府部门"责任白皮书"制度，以各种形式向社会公布政府部门具体责任，及时公开工作进度，强化社会群众对政府工作的监督。积极完善新闻发布制度，有效运用报纸、广播、电视、网络、手机等多种传媒手段，提高政府信息发布的及时性、准确性和权威性，主动引导舆论，树立政府开放、务实、高效、廉洁的良好形象。

（三）打造宽松有序的市场运行环境。

一是加强社会信用体系建设。逐步建立起符合现代市场经济要求的社会信用体系，建设信用信息中心，完善我市企业和个人征信系统，重点加强对非银行信用信息的整合与应用，探索构建统一信用信息平台，并向社会提供信息查询服务。建立健全信用信息披露制度与信用奖惩政策体系，对于信用记录良好、信誉高的市场主体，在行政监管、金融信贷、政府项目上给予倾斜。充分发挥行业协会的自律、咨询、评议和监督作用，引导企业诚信经营。二是切实提高知识产权保护水平。加大知识产权保护宣传力度，支持中介服务机构拓展专利申请、商标注册、版权保护及知识产权咨询等业务。深化维权援助和涉外维权工作，进一步畅通知识产权案件举报途径，营造全社会尊重与保护知识产权的良好氛围。推进国家知识产权示范城市建设，支持企业开展海外知识产权注册登记，建立企业海外知识产权维权援助工作机制。三是有效建立市场监管体系。进一步推动市场准入体系、产品质量监管体系、市场竞争秩序监管体系、行业自律体系、消费维权社会监督体系和金融市场监管体系等体系建设。进一步落实监管主体和监管责任，加强部门之间对企业违规行为的互联互通，加大企业违规信息的政务公开，提高企业违法成本，维护市场秩序。按照分类监管原则，探索开展生产企业质量信用等级评价工作，强化企业的质量主体责任。四是加强社会组织建设。进一步完善培育扶持行业协会、商会等社会组织的政策，大力培育社会组织。建立健全社会组织参与制定政府重大决策的工作机制，形成社会组织参与社会管理的固定渠道，发挥好社会组织对政府决策的参谋作用。推动社会组织去行政化，形成行政单位与社会组织"功能对接，能力互补"的工作体制机制。加强与港澳及国外社会组织的联系与沟通，搭建合作平台，推动我市社会组织以国际通行的行业规范、办事准则提供服务。

（四）打造公正严明的营商法制环境。

一是加强和完善经济立法工作。以国家、省相关法律法规为基础，对郑州营商环境中存在的突出问题及时进行立项论证，开展相关立法工作。采用地方性法规及政府规章制度相结合的方式，重点开展知识产权保护、市场秩序建设、社会诚信体系建立及行政效率提升等方面的立法，完善涉及营商环境的法规规章体系。二是构建与国际接轨的营商法治体系。借鉴亚洲地区尤其是港澳在建设国际化法律体系方面的成功经验，尝试引入部分与营商环境直接有关的、属于操作层面的商事、民事法律操作规范。加强仲裁机构人员建设，建立一支高素质的仲裁员队伍，推动商务仲裁与国际惯例接轨。引进高层次司法、仲裁及法律教育人才，尝试开展司法、仲裁人员交流计划。依托高校资源，培养精通国际法律的专业人才。三是加大法律的执行力度。建立健全涉及经济发展特别是涉企业案件的办理、报告、沟通协调及诉讼监督机制。加强律师、公证员等法律服务行业从业人员职业道德建设，推动律师协会、公证员协会及相关行业组织的自律建设，建立依法有序、公平竞争的法律服务市场秩序。

（五）打造充满活力的人才发展

环境。

一是完善人才市场体系，提高人才市场的社会化水平。进一步完善公益性及民营性人力资源服务机构职能，逐步破除地域、行业限制，推动建设统一开放、竞争有序的一体化人才市场体系，构建畅通的人才交流渠道。推动人才"一站式"服务系统建设，加强人才信息化管理，提高人才服务综合效能。积极培育人才评价、培训、中介等专业化服务机构，加强人才服务从业人员素质能力建设。加强对人才服务业的有效监管和宏观调控，出台人才服务行业标准体系和行业规范，为人才提供高水平的市场化服务。二是大力引进海外高层次人才，优化人才创新创业环境。依托各类留学生服务平台和机构网络，加大对海外高层次人才引进力度。加大对引进的高新技术留学创业人员企业资金扶持力度，大力发展创新型经济，不断优化创业融资、创业资助、创业登记、创业税收、创业服务环境等方面的政策和服务，加快建设产业研究集聚区，大力发展创业投资基金，形成有利于创新创业的投融资环境，全力支持战略性新兴产业发展和创新成果转化，促进创新创业环境的根本性优化。完善人才的住房、社保、户籍、科研、奖励、医疗等方面配套政策，实施人才安居工程，优化人才创业环境。

（六）打造彰显特色的城市文化环境。

一是繁荣城市文化建设。对郑州文化进行梳理，总结出符合郑州特色的城市文化内涵，围绕其定位进行整个城市的文化建设，使郑州在保持自己独特个性魅力的同时形成一股向心力。文化软实力的构建不是在短期内就能达到立竿见影的效果，需要制定完整的发展战略规划，根据城市发展阶段推进文化体制改革，加快文化立法进程。进一步完善城城市交通网络、加快城城市景观建设，绿化、美化城区。同时，抓好相应的城城市配套设施建设，完善城城市功能，提高城城市品位。二是加强国际交流与合作。规划建设领事馆区，争取外国领事机构落户郑州。加强与有关国际组织的合作，争取在郑州设立办事机构。继续与更多城市，特别是中等以上发达国家城市建立友好城市关系。大力开展对外经济技术合作与交流，加快建立与国际经济接轨的现代市场经济体制，提高灵活运用国际贸易准则参与国际经济事务的能力。建立国际人才流动机制，吸引更多国际性人才来郑就业。三是营造文明规范的社会环境。广泛开展公民道德教育，使基本道德规范成为全体公民的自觉遵循。围绕加强诚信建设，集中治理群众反映强烈的突出问题，大力营造恪守诚信的社会环境。要围绕发挥重点人群的示范作用和基础作用，引导广大党员干部努力做全社会的表率，引导广大青少年树立正确的道德观念，推动形成我为人人、人人为我的良好氛围。要围绕树立正确的道德取向，加强社会评议和舆论引导，为推进道德建设创造良好社会文化环境。四是加强城市名片的宣传推介。在城市文化建设中，宣传舆论工作肩负着重要使命，完善强化措施，努力营造浓厚的舆论氛围。突出宣传重点，挖掘郑州的悠久历史文化，融合到"博大、开放、创新、和谐"的郑州当代城市精神中。有效宣传郑州形象，启动建设郑州政务网站的外文版，扩大影响力，提升形象。通过全面提升城市形象的塑造与宣传水平，提升人文环境营建良好投资环境，进而拉动城市经济社会更加健康和谐发展。

（七）建立科学的营商环境建设工作推进体制。

一是加强组织领导，建立协调机制。打造国际化营商环境需各地各部门通力协作，建议成立由政府主要领导任召集人、政府有关部门为成员单位的建设国际化营商环境工作联席会议，将建设国际化营商环境作为我市建设实验区中的战略任务之一统筹推进。各地各部门制定分步实施方案，确定长期目标和中短期工作节点，细化工作任务，落实责任。二是加强指标体系研究，建立评价考核机制。借鉴世界银行等国际机构的研究成果和先进经验，结合郑州的实际情况，编制与国际接轨，具有可比性、可操作性、主观与客观相结合的营商环境评价指标体系，并委托第三方开展评估并定期发布全市各地营商环境评价报告，促进各地各部门改进工作，持续改善营商环境。探索成立由国内外专家学者和社科研究机构、行业协会、国内外商会负责人组成的方便营商咨询委员会，为郑州营商环境的建设提供咨询；定期对营商环境规则进行检讨，及时修正营商规则。三是加强公职人员培训，提高服务意识和水平。持续开展公职人员培训，采取初任培训、任职培训、对口培训等多种形式，学习先进营商理念，开拓工作视野。提升公职人员整体素质。着重加强对网上行政服务中心和网上办事大厅办事人员的培训，提升专业服务水平。四是加强宣传推介，形成共建营商环境浓厚氛围。通过开辟宣传专栏、举办专家访谈等形式，加强宣传引导，形成全社会共同建设国际化营商环境的浓厚氛围。积极鼓励高校、社会科学研究机构和理论工作者建言献策。通过多种宣传方式，向海内外投资者整体宣传推介郑州营商环境，增强国际社会对郑州发展前景的认可度和投资积极性。

大交通：郑州与武汉上演中部"双城记"

——郑州武汉交通枢纽建设情况比较分析

郑州与武汉作为中部省会城市，多年来围绕着建设中部地区全国性综合交通枢纽，一直进行着激烈的竞争。目前武汉已经形成水陆空多种运输方式互为衔接的"大交通"体系，正在向中部地区国际综合交通枢纽迈进。通过比较郑州与武汉的交通枢纽建设现状，研究武汉打造"大交通"的经验，对进一步提升郑州国家综合交通枢纽地位具有十分重要意义。

一、郑州与武汉交通枢纽建设情况比较

郑州与武汉枢纽地位情况整体比较

城市	发展目标	铁路枢纽	航空枢纽	公路枢纽	水运枢纽
武汉	中部地区国际性综合交通枢纽	全国四大铁路客货运中心之一	区域性枢纽机场	国家公路运输枢纽	长江中游航运中心
郑州	全国性综合交通枢纽	国家综合交通枢纽之一	区域性枢纽机场	国家公路运输枢纽	——

（一）武汉枢纽地位不断强化。

1、武汉由"九省通衢"向"九州通衢"升级。作为明清以来重要的水运中心，随着公路、铁路等新型交通方式的兴起，武汉的枢纽作用不断强化。建国后特别是改革开放以来，武汉交通快速发展，已初步形成铁路、公路、航空、水运互为一体的立体化交通体系。2004年，武汉天河国际机场二期开工，机场级别从4E级提高到4F级，空运条件得到极大提高；2005年，武汉铁路局成立，铁路迎来快速发展时期；2009年，三峡工程全部完工，万吨级船队可直达重庆，武

2012年郑州与武汉航空运输情况比较

城市	旅客吞吐量/万人	增长率	货物吞吐量/万吨	增长率	航班起降架次/万次	增长率
武汉	1398	12.2%	12.8	4.4%	13.2	13.2%
郑州	1167	15%	15.1	47.1%	10.9	17.5%
差值	-231	+2.8%	+2.3	+42.7%	-2.3	+4.3%

汉长江中游航运中心地位得到进一步巩固。2012年，武汉提出“打牢发展大底盘、建设祖国立交桥”，积极打造中国中部国际交通枢纽，实现从“九省通衢”到“九州通衢”跨越。目前，武汉铁路已跻身全国四大铁路枢纽和六大客运中心之一，航空旅客吞吐量全国排名第14位，货邮吞吐量排名第19位，成为由铁路、公路、水路、航空组成的华中地区最大的综合交通枢纽。

2、郑州综合交通枢纽建设迎来新机遇。正是在火车的牵引下，郑州才开始了百年来的跳跃式前进。从上世纪初，郑州就成了两条干线的十字交叉，奠定了全国铁路网中心的地位。从1983年开始，郑州铁路局曾一度统领湖北、陕西等四省6个铁路分局，铁路交通成为郑州与武汉竞争的最大资本。2005年郑州铁路局被拆分，郑州铁路枢纽优势开始弱化。近两年来，随着中原经济区上升为国家战略、郑州航空港经济综合实验区获得国务院批复，及以郑州为中心的“米”字形客运专线网络的建设，郑州基本形成铁路、航空和公路“三位一体”的交通格局，郑州综合交通枢纽地位不断提升。

（二）郑州航空发展迅猛。

旅客吞吐量方面，郑州增长率高于武汉。2012年武汉机场旅客吞吐量为1398万人，郑州为1167万人；但在增长率方面，武汉为12%，郑州为15%。货邮吞吐量方面，郑州大幅度超越武汉。2012年郑州机场货邮吞吐量达到15.1万吨，增长47.1%，增速为全国第一；武汉为12.8万吨，增长4.4%。航班起降架次方面，郑州与武汉相比仍有差距。2012年，武汉航班起降架次为13.2万次，增长13.2%；郑州10.9万次，增长17.5%。目前，郑州航空运输仍保持着快速增长态势，多项指标增长速度均高于武汉，航空运输步入快速发展周期。

郑州与武汉近年部分重大交通项目及投资情况

	武汉	郑州
铁路项目	武汉火车站及其配套工程，140亿元 新港江北铁路工程，39亿元 武汉北铁路编组站，23亿元 城际铁路项目，435亿元	郑州东站，94.7亿元 火车站西广场项目，16.7亿元 城际铁路项目，212.2亿元
航空项目	机场三期扩建工程，159.59亿元 第二机场高速，28亿元	机场二期扩建工程，136.38亿元
公路项目	武汉三环线，203亿元 长江大道，189亿元 武汉四环线，408亿元	公路客运中心，5.34亿元 三环快速路工程，91.6亿元 京沙一期工程，27.8亿元
水路项目	三年累计开工项目82个， 投资212亿元	——

郑州与武汉交通基础设施比较

		武汉	郑州
机场设施	机场级别	4F	4E
	跑道	1条4E级	1条4E级
	航站楼	T1、T2/18万平方米	T1/12.8万平方米
	机位	78个	43个
	扩建工程	第二跑道 2条平行滑行道 37万平方米的第三航站楼等	飞行区等级为4F 第二跑道和滑行道系统 31万平方米的第二航站楼等
高铁站设施	站台	11座	16座
	股道	20条	32条
	建筑面积	370860平方米	411841平方米
	级别	特等级	特等级
地铁建设	投入运营	1号线、2号线	——
	在建里程	102.8公里	44.47公里

（三）郑州交通建设理念新、气魄大、力度快。

近两年，郑州加快生态廊道建设和快速路建设，克服拆迁任务重等困难，坚持快速推进，交通基础设施得到极大改善。从2012年开始启动“两环十七放射”生态廊道建设，目前完成生态廊道建设1698.1公里，绿化面积7466万平方米，基本形成生态交通体系网络，引领了一种“公交进港湾、行走在中间、辅道在两边、休闲在林间”的绿色生活方式。快速通道加快推进，郑汴物流通道、南三环东延、四港联动大道、国道107线、郑新快速通道新郑段建成通车，郑登快速通道、科学大道西延快速通道等加快推进。京广高铁全线通车，郑州东站建成投用，京广快速路一期建成通车；郑州轨道交通1号线一期、2号线一期快速推进；郑焦、郑汴城际铁路、三环快速化工程、陇海路高架、高速路出入市口等重大工程进展顺利。

（四）郑州交通建设投入低于武汉。

“十一五”期间，武汉交通投资1136.84亿元，交通运输能力和服务水平得到大幅提高。2012年，武汉交通建设投资380亿元，郑州投资为263亿元，郑州与武汉相差117亿元。“十二五”期间，武汉将投资2412亿元用于交通，涵盖铁路、公路和物流等领域，而郑州“十二五”期间交通运输发展总投资预计为600亿元，交通基础设施投资力度远远低于武汉。

（五）郑州交通基础设施规模落后于武汉。

从铁路方面看，2005年以来，武汉新建了武汉北和武汉站，并对汉口、武昌两大客运站进行了改造扩能，铁路设施条件得到极大改善。郑州也在加大铁路基础设施的建设力度，随着国家高速铁路枢纽站郑州东站的投入使用，郑州高铁枢纽的地位也进一步提升。从公路方面看，武汉公路通车里程13337.01公里，高速公路617.40公里，目前在建12个快速路网工程，到2015年全面建成全长353公里的快速路系统。郑州2012年末公路通车里程12210.5公里，高速公路通车里程450公里。从轨道交通看，武汉已投入运营1号线及2号线，在建轨道交通线路有5条，在建里程达到102.8公里。郑州地铁还处于起步阶段，在建只有1号线及2号线，在建里程44.47公里。其他几条线处于前期规划阶段。从航空方面看，武汉天河机场为4F级机场，是中部地区唯一的能够起降空客A380大型飞机的机场，现有T1、T2两座航站楼，面积达18万平方米，停机位78个。郑州机场为4E级机场，航站楼面积为12.8万平方米，机位43个。郑州机场设施的规模不如武汉。

郑州与武汉交通辐射能力比较

		武汉	郑州
铁路	铁路干线	京广、汉渝、武九	京广、陇海
	高铁	京广、沪蓉	京广、郑西
	2小时覆盖省会城市范围	郑州、长沙、合肥、南昌	石家庄、西安、武汉
	5小时对接三大城市圈	京津唐、长三角、珠三角	京津唐
航空	开通国内航线	184条	85条
	开通国际航线	19条	22条
	通航城市	85个	71个
	入驻航空公司	29个	33个

武汉与郑州交通运输能力比较

年份	城市	铁路		公路		航空	
		旅客周转量/亿人公里	货运周转量/亿吨公里	旅客周转量/亿人公里	货运周转量/亿吨公里	旅客吞吐量/万人	货邮吞吐量/万吨
2010年	武汉	528.9	1144.6	119.49	307.61	1164.6	11
	郑州	113.9	199.4	137.7	279.8	870.7	8.57
2011年	武汉	646.3	1226.6	124.58	343.26	1246	12.27
	郑州	111.2	210.2	161.1	353.3	1015	10.28
2012年	武汉	663.6	1194.1	127.38	410	1398	12.81
	郑州	119.4	216.2	174.1	414.2	1167	15.1

（六）郑州交通辐射能力弱于武汉。

铁路方面，随着京广高铁和合武客运专线的开通，武汉形成2小时内辐射全省经济圈，5小时内辐射长三角、珠三角、京津唐三大城市圈的快速通达能力。目前，郑州除对京津唐的交通优势外，对接其他两大城市圈的区位优势不如武汉。航空方面，武汉天河机场是华中地区唯一可办理落地签证的出入境口岸，截至2012年底武汉共开通航线203条，通航城市85个，其中国内航线184条。目前郑州开通航线107条，通航城市71个，航线开通量远低于武汉。但是郑州开通国际地区货运航线13条，货运航线和航班量已走在中部地区前列。水运方面，武汉地处长江、汉江交汇处，港口建设和通航范围正在不断拓展，已逐步成为以长江为纽带、辐射长江流域的“水上门户”。预计“十二五”中期，武汉有望在3000公里范围内与东京、大阪、首尔、新加坡等国际港口实现万吨轮常年直达。

（七）郑州与武汉交通运输能力差距明显。

2012年，武汉交通运输业各种运输方式完成货物周转量2910.22亿吨公里、旅客周转量897.34亿人公里，郑州完成货运周转量630.9亿吨公里、旅客周转量348.2亿人公里，郑州与武汉的差距明显。从铁路方面看，武汉的铁路运输能力已经全面超越郑州。2012年，武汉铁路完成旅客周转量663.6亿人公里，郑州仅为119.4亿人公里；武汉铁路完成货物周转量1194.1

亿吨公里，郑州为216.2亿吨公里。从公路方面看，郑州公路运输比武汉有着更强的运输能力。2012年，郑州实现旅客周转量174.1亿人公里、货物周转量414.2亿吨公里，武汉分别为127.38亿人公里、410亿吨公里。

二、武汉“大交通”建设的主要做法

近年来，武汉坚持以航空枢纽为龙头，铁路枢纽和港口为主体，城际铁路和高速公路为支撑，加快推进重大交通基础设施建设，努力打造“内外畅通、布局合理、功能完善、衔接高效”的中部地区国际性综合交通枢纽。

（一）坚持规划为先导。武汉为推进中部国际综合交通枢纽建设，编制出台《武汉天河国际机场总体规划》《武汉交通“十二五”规划》，并于2013年完成国内首个城市综合交通枢纽规划，对武汉综合交通枢纽构建进行整体布局，大力推进铁、公、水、空项目建设。湖北省加强对武汉航空枢纽建设的支持力度，出台了《关于加快全省民航业发展意见》，并与民航局签署了《关于加快湖北民航发展的会谈纪要》。“十二五”期间，湖北省计划投资5700-6000亿元，以武汉为中心，建成通达京津冀、长三角、珠三角等经济区的综合运输网络。

（二）构筑全方位立体交通体系。推进铁路路网建设，建成武广高铁、合武客运专线，开通汉宜铁路，新建汉口站北站房等。推进航空港建设，扩展航运运输能力。规划武汉第二机场，启动武汉航空城，开建第二机场高速和机场三期工程，依托机场构建综合交通体。推进武汉新港建设，打造长江中游航运中心。建设江北铁路，构筑东部公路“六纵三横六联”，五条沿江铁路通道和西部公路“三纵三横六联”，两条垂江铁路通道，一条沿江铁路通道，多层次互补的武汉新港综合交通体系。推进高速公路建设，提升干线路网功能，初步建成由绕城公路和“1+8”城市圈放射性道路为主体的高速公路网络。

（三）提高域外通达便捷性。按照《武汉都市发展区“1+6”空间发展战略实施规划》，在武汉主城与6个新城组群间构筑由14条轨道交通、18条快速路组成的“多快多轨”复合交通走廊，新城轨道交通线路达177.5公里，进一步促进和支撑城市“1+6”轴向跨越式发展。规划建设武汉至黄石、武汉至咸宁、武汉至孝感、武汉至黄冈、天河机场至黄陂、武汉至仙桃（潜江）、武汉至天门等7条城际铁路，打造总里程为1048公里的1小时城际路网。加快城市快速路网和轨道交通网建设，打通城市环线、过江通道等瓶颈，形成“三环十二射”的主城区快速路体系和覆盖武汉三镇的轨道交通骨架网络。

（四）实现交通方式无缝对接。武汉按照建设国家级综合交通枢纽城市的要求，采取“零距离换乘”理念，突出强调铁、水、公、空等多种运输方式的高效衔接以及各个客、货运站场之间的无缝对接。打造以对外交通设施和轨道交通站点为核心的客运公交枢纽，以及水陆空多式联运的货运枢纽。加强机场枢纽、火车站枢纽、武汉新港枢纽的衔接，同时通过轨道线形成与中心站之间的连接。到2020年，武汉将布局各类公共交通枢纽站50座，一级公交枢纽8座，包括汉口火车站、武昌火车站、武汉火车站等；二级枢纽17座，三级枢纽25座。

三、关于加快我市“大枢纽”发展的建议

按照郑州“三大一中”战略定位的要求，充分结合郑州区位条件和现有基础，以航空枢纽建设为引领，以便捷化路网体系为支撑，围绕“低成本、快速度”，突出空港、海港、铁路港、公路港“四港一体”“铁公机海”多式联运，加快构建联动运输、功能强大、集疏高效的现代综合交通枢纽格局。

（一）紧紧抓住郑州航空港经济综合实验区上升为国家战略这个最大机遇，全面推进郑州“大枢纽”建设。郑州航空港经济综合实验区是第一个国家级航空港经济综合实验区，这是郑州与武汉相比建设综合交通枢纽的最大优势。实验区发展增速很快，潜力很大，要紧紧抓住机遇，大力推进航空枢纽建设。加快基地航空公司发展，引进航空公司新建基地。加快航线网络建设，对新开航线航班和加密航班予以适当奖励，对重点扶持培育的航线在开航初期采取减免起降费、停场费、服务费等措施，支持航空企业做大做强。加快临空产业园区建设，完善与航空物流发展相匹配的物流功能平台、信息平台等，为航空运输与物流企业提供信息交换、金融、清关等一站式服务。

（二）紧紧抓住国务院2013年8月19日出台《关于改革铁路投融资体制加快推进铁路建设的意见》的机遇，快速推进铁路枢纽建设。向地方政府和社会资本放开城际铁路、市域（郊）铁路、资源开发性铁路和支线铁路的所有权、经营权，鼓励和支持社会资本参与铁路项目建设和日常运作管理。加快市内铁路基础设施升级改造，进一步完善现有的货场站功能，提升客货运输服务保障能力。加大对郑州北站设施升级改造力度，进一步巩固郑州北站亚洲最大铁路编组站地位。

（三）推进郑欧班列常态化开行。以郑欧国际货运列车开通为契机，加强沟通衔接，创新工作理念，科学组织货源，为推进郑欧班列常态化开行营造环境，逐步形成“客内货外”的铁路运输格局。以铁路旅客集散能力提升为重点，加快客运专线、城际铁路、干线铁路和枢纽场站建设，形成“双十字”铁路客运枢纽和“米”字型客运专线网络，构建3小时铁路客运交通圈，强化高铁枢纽地位和旅客集散能力。

（四）快速推进城际铁路建设。加快推进郑州至焦作、郑州至开封、郑州至新郑机场至许昌、郑州至新乡、新郑机场至登封至洛阳城际铁路，形成城际铁路半小时通勤网络，构建以郑州为中心、辐射周边、服务中原经济区的轨道交通网，形成互动发展的枢纽格局。以地铁建设为重点，围绕“加快建设”这一主题，创新资金运作模式，加强协调督促力度，合理科学地增加机具设备和人员投入，加快打造绿色交通体系。

（五）加快打造便捷公路路网。加快完善郑州市域内高速公路路网，建设郑民高速、焦桐高速、新郑机场至少林寺、武西桃花峪大桥段，打通连接各组团及重点镇的高速公路连接线，打造“四纵三横”高速公路骨干网，实现所有县（市）均有2条以上高速公路过境。加大国省道路密度，升级改造国省干线和重要旅游干线公路，加快与中原城市群各城市间的快速通道建设，重点实施G310、G107、G207、G220线改建及境内省道的改造升级工程。完善主城区道路网络，打通断头路，优化路网微循环系统，提高主城区交通的快速聚散能力。

郑州文化建设如何“突围”

——郑州武汉文化建设对比分析

文化是城市的灵魂，文化决定城市的品位，文化支撑城市的发展。郑州与武汉同为我国重要的区域性中心城市、国家级历史文化名城，都拥有厚重的历史文化积淀、丰富的文化资源。近年来，武汉充分发挥自身优势，通过塑造“大文化”带动“大复兴”，取得了显著成效。通过对比分

武汉与郑州文化资源情况对比

指标＼城市	世界文化遗产	国家级文物保护单位	市级文物保护单位	文物古迹	博物馆	图书馆	艺术院团
武汉	0	29	281	——	54	16	8
郑州	1	74	438	10315	18	14	18

武汉与郑州文化建设投入情况对比

指标＼城市	“十一五”政府文化财政投入	“十二五”规划文化建设投入	“十二五”规划重大文化项目
武汉	51亿元	2628.67亿元	91个
郑州	32.3亿元	145亿元	9个

析郑州与武汉的文化建设发展情况，为进一步做大做强郑州文化，提升郑州国内国际影响力，建设内陆地区对外开放的重要门户提供借鉴。

一、郑州与武汉“大文化”建设情况对比分析

1、郑州文化资源相比武汉更为丰富厚重。武汉是国家历史文化名城，起源于3500年前商代的盘龙城，拥有盘龙文化、荆楚文化、黄鹤文化、知音文化、木兰文化、首义文化。现有市级以上文物保护单位281处，其中国家级29处。郑州是黄河文明的摇篮，中国八大古都之一、国家历史文化名城、中原文化核心代表、世界历史都市联盟成员城市。是3600年前的商代重要都邑之一，拥有距今8000年的裴李岗文化、6000年的大河村文化、5000年的黄帝文化，以及商都文化、黄河文化、嵩山文化和少林文化。现有市级以上文物保护单位438处，国家级74处，其中世界文化遗产1处（“天地之中”历史建筑群），各类文物古迹10315处。无论是全国重点文化遗产保护单位的数量，还是文物古迹的总量，郑州都位于全国地级市的三甲之列，文化资源丰富厚重程度远远超过武汉。

2、郑州文化品牌建设与武汉相比各有特色。武汉影响力较大的文化品牌有辛亥首义、黄鹤楼、黄陂木兰文化等历史文化遗产，传承楚汉文化精髓的编钟，全球三大国际杂技节之一的中国武汉国际杂技艺术节，中国杂志十大品牌以及全国报刊转载和影视改编率最高的期刊之一、多年稳居国内期刊发行量第一、世界第五位置的《知音》杂志，入选全国“百刊工程”、连续四届蝉联全国百种重点期刊《今古传奇》等。郑州影响力较大的文化品牌有传承炎黄文化被评为全球最具影响力的十大根亲文化盛事的新郑黄帝故里拜祖大典，中国五大剧种之一的河南豫剧，集武术、旅游、文化交流于一体的大型综合性节会中国郑州国际少林武术节，发行量过亿位居全国文学类期刊之首、入选“中国期刊方阵双百期刊”、荣获第三届国家期刊奖百种重点期刊奖的《小小说选刊》，演艺与旅游共生共赢、协同发展的嵩山实景演出《禅宗少林·音乐大典》，填补了我国大型科幻少儿电视剧空白的《快乐星球》，获圣地亚哥国际儿童电影节“最佳艺术片”大奖的《幸福的白天鹅》等。

2012年武汉与郑州外籍人士数量统计情况对比

指标＼城市	外籍常住人口（人）	接待外籍人口（万人）	永久居住外籍人口（持中国绿卡人）
武汉	12000	114.17	58
郑州	5000	42.2	6

3、郑州文化建设投入不如武汉。从“十一五”期间武汉和郑州的政府文化财政投入看，武汉投入51亿元，而郑州仅为32.3亿元。按照武汉的“十二五”规划及《武汉市文化产业振兴计划（2012-2016）》，武汉规划筹建91个文化产业振兴项目，预计投资达2628.67亿。按照“十二五”规划，郑州预计投资145亿元建设9个重点项目。武汉市财政自2013年起每年安排不少于2亿元文化产业发展专项资金，郑州市财政自2010年起设立了文化产业发展专项资金、动漫产业发展专项资金和文化体制改革专项资金等5个专项资金，其中宣传文化发展专项资金每年2000万元，文化产业发展专项资金每年3000万元，动漫产

武汉与郑州文化产业增加值和旅游收入情况对比

指标＼城市	文化产业增加值（2011年）	GDP占比	旅游收入（2012年）	旅游增长
武汉	378.2亿元	5.8%	1396亿元	32.4%
郑州	200.6亿元	4%	700.5亿元	18.8%

2008-2012年武汉与郑州国家级动漫企业和产品对比

指标 / 城市	国家级动漫企业	国家级重点动漫企业	进口动漫开发生产用品免税企业	国家级重点动漫产品
武汉	19	3	1	3
郑州	15	1	1	2

业发展专项资金每年5000万元。总体上看，郑州在文化建设上的投入与武汉相比，差距比较突出。

4、郑州文化产业重点项目建设规模不如武汉。近年来武汉市上百亿规模文化产业重点项目层出不穷。如投资500亿元的武汉中央文化区项目，打造"中国第一，世界一流，业内朝拜之地"的世界级文化旅游品牌；投资400亿元的世茂嘉年华项目，建设辐射华中区域一流的、生态型、地标性、国内最大的室内主题乐园；投资300亿元的武汉江城大道城市综合体项目，建设中部地区规模最大、功能最齐的城市综合体；投资150亿元的武汉客厅项目，建设新型超大城市文化地标；投资100亿元的中国知音城项目，打造绿色智能创业区等。郑州市也规划建设了一些文化重大项目，如投资500亿元的 "中华文化圣山•世界功夫之都" 嵩山文化产业园区、投资71亿元的郑州信息创意产业园区、投资8亿元的国家动漫基地等文化产业重点项目，投资8.36亿元的世界上最高全钢结构塔中原福塔、投资15.39亿元的郑州国际会展中心等地标性建筑项目等等。但与武汉相比，无论是规模上还是影响力上都有差距。

5、郑州文化对外开放度不如武汉。武汉深度挖掘其文化资源，从"首义精神"中升华提炼出"敢为人先，追求卓越"的武汉城市精神，并将其细化落实到各项工作和干部作风的转变之中，如在全国率先实行工商注册登记"零收费"、强力推进"治庸问责"风暴等，努力打造全国最优投资环境、全国一流城市环境。截至2012年底，武汉累计引进世界500强企业101家。武汉不断扩大对外开放，在全球竞争发展中抢占制高点、增创新优势。在武汉的演艺厅、酒吧、剧院，经常看到外国演员活跃在舞台上，琴台大剧院平均每两日上演一台外国音乐会、歌舞剧，经常引进外国音乐会，如中英合唱经典作品音乐会等。郑州在引进国外文艺演出的规模、场次上，与武汉相比还有不小差距。两个城市对外国文化的开放和包容程度有差距，武汉每年接待外籍人口数量也远远高于郑州。

6、郑州文化产业发展水平不如武汉。2011年，武汉文化产业增加值达到378.2亿元，占GDP的5.8%；郑州为200.6亿元，占GDP的4%，郑州文化产业增加值和占GDP的比重均比武汉低。2012年，武汉实现旅游总收入1396亿元，增长32.4%，郑州旅游总收入700.5亿元，同比增长18.8%。报业发展方面，武汉2003年就成立了长江日报报业集团，2009年年度纯利润突破1亿元大关，荣获"2009-2010年度影响中国十大传媒集团"称号，拥有长江日报、武汉晚报、武汉晨报、武汉宣传杂志和综合性新闻网站汉网等"十报一刊一网"媒体方阵。郑州2011年成立了中原报业传媒集团，下辖郑州日报、郑州晚报、中原手机报、"中原网"、小樱桃杂志等"三报一网一杂志社"。动漫产业的发展上，从企业及产品数量看，郑州与武汉有差距。2012年武汉市动漫产值已攀至40亿元，年增速达30%。其中，动漫影视原创播出时长居国内城市之首。

二、武汉"大文化"建设的主要特点

1、城市文化地标建筑建设"大气魄"。武汉在文化设施建设上高位规划，敢于建设区域、全国乃至全世界具有影响力的地标性文化建筑。琴台大剧院、武汉客厅、世茂嘉年华、中央文化区等一批影响力大的地标性文化建筑拔地而起。如投资23.9亿的琴台大剧院、音乐厅，建筑面积分别为65650平方米、36858 平方米，是华东地区乃至全国规模最大、功能最全、建筑设计标准最高的特大型文化设施。大批高标准、高品位文化地标建筑，提升了城市形象，提高了城市知名度美誉度，推动武汉大文化从湖北走向中西部、走向全国、走向全世界。

2、文化产业重点项目投资"大手笔"。武汉文化产业重点发展八大行业：创意设计业、传媒出版业、文化旅游业、网络文化业、动漫游戏业、艺术品业、演艺娱乐业、现代会展业。围绕这些行业，武汉计划推出91个文化产业振兴重大项目，预计总投资达到2628.67亿元。其中，投资过百亿的项目有7个：东湖文化产业示范区（200亿元）、世茂生态嘉年华（400亿元）、国家级文化和科技融合示范基地花山核心示范园区（200亿元）、武汉客厅（150亿元）、国家数字教育资源公共服务平台建设工程（105.3亿元）、江城大道城市综合体（300亿元）、中国知音城（100亿元）。

3、文化产业发展布局规划"大蓝图"。武汉大力挖掘文化资源，丰富文化建设载体，让文化融入城市发展和市民生活，提升城市品位，提出建设"读书之城、博物馆之城、艺术之城、设计创意之城、大学之城"，着力打造国家级文化产业发展基地、现代化区域性国际文化交流中心、在全国有重要影响力的"中部文化之都"。以"沿江、环湖"为文化产业发展地标，形成"三城一环"的总体格局。"三城"是文化产业核心区，包括汉口、武昌、汉阳所在的7个中心城区以及东湖风景区、东湖新技术开发区、武汉经济技术开发区等区域，着力打造汉口文化商贸城、武昌文化创意城、汉阳文化旅游城。"一环"为文化产业拓展区，由6个新城区形成的环状区域，重点发展文化休闲旅游、文化产品制造、文化物流等产业。

4、文化科技示范体系建设"大融合"。武汉加快推进文化资源与现代科技等多种创意元素的融合，全力打造文化和科技融合示范体系。主要包括，一个示范基地核心区——东湖国家自主创新示范区；中国光谷创意产业园、黄埔文化科技园、江北新媒体科技产业园、英赛工业设计产业园等十大文化和科技融合试点园区；数字图书馆建设示范工程、数字出版产业发展示范工程、文化演艺产业发展示范工程、"工程设计之都"、动漫游戏产业发展示范工程、"教育云"示范工程等十大示范工程。武汉借鉴北京798艺术区、广州红砖厂创意园经验，建设武汉开发区文化艺术创意园，建成后将是国内最大的文化创意产业园，总建筑面积达12万平方米，产值达1000亿元。

5、文化产业发展支持"大力度"。 近年来，武汉先后出台了《武汉市文化产业振兴计划（2012-

2016）》《武汉国家级文化与科技融合示范基地建设实施方案（2012-2015年）》《武汉市关于加快文化产业发展的若干政策》等一系列指导和助推文化产业发展的纲领性文件，包括财税、投融资、自主创新与成果转化等8个方面的优惠政策，促进文化产业发展。武汉市委宣传部与汉口银行签署全面战略合作协议，自2011年起五年内汉口银行提供100亿元贷款支持文化产业发展。以"超倍增"发展为主题，实施文化产业"八大工程"，即企业培育、产业升级、品牌建设、市场拓展、文化科技创新、项目推进、"走出去"、人才支撑等，培育和提升文化产业发展。

三、几点建议

郑州地处华夏历史文明传承核心区，应积极借鉴武汉"大文化"建设经验，将丰富的文化资源优势转化为产业优势和市场优势，进一步提升郑州文化的创造力凝聚力影响力。

1、实施项目带动，促进文化领域的投资和建设。谋划一批既能彰显中原文化又能体现郑州特色的文化项目，规划建设一批具有全国性乃至世界性影响力的文化地标建筑，提升城市品位和整体形象。以文化产业项目为依托，着力构建现代文化产业体系。通过国家动漫产业发展基地、郑州华强文化科技产业基地、中国郑州信息创意产业园、郑州龙西湖文博森林公园等一批文化产业重点项目建设的带动，促进传媒出版、演艺娱乐、文化旅游、文博会展、文化体育等文化产业的发展，大力推动创意设计、网络文化、动漫游戏等新兴文化产业发展。

2、坚持品牌带动，提升文化产品的竞争力和影响力。打好少林武术牌，办好郑州国际少林武术节品牌，推动武术在全世界的推广和普及，加强对外交流与合作。打好黄帝文化牌，高质量办好黄帝故里拜祖大典，弘扬中华民族传统根亲文化，凝聚海内外华人力量。打好小小说牌，做大做强《小小说选刊》《百花园》等小小说期刊品牌，在宣传策划、编辑发行、培养作家、培育市场等方面给予政策支持，将郑州打造成为"中国小小说之都"。打好原创舞剧牌，扩大《风中少林》《水月洛神》、少儿科幻剧《快乐星球》等优秀舞剧的国内外影响力。打好文化旅游牌，挖掘黄河文化、黄帝文化、嵩山文化、商都文化等文化资源，大力发展文化旅游业。打好动漫牌，开发具有郑州文化特色的网络动漫文化产品，培育打造快乐星球、小樱桃等一批卡通动漫品牌，延伸产业链，扩大影响力。

3、坚持园区带动，促进文化产业规模化发展。高起点规划建设一批文化产业园区和产业基地，引导文化企业向园区集中，形成规模效应。加快推进商都文化功能区建设，保护和开发郑州商城遗址，彰显郑州商代文化特色。加快黄帝文化功能区建设，依托新郑人文始祖黄帝故里，对黄帝文化进行系统的产业开发。加快沿黄文化旅游产业区建设，整体规划沿黄河南岸一线的文化资源、自然资源、现代农业资源，打造集文化、生态、农业、休闲于一体的文化旅游产业带。加快郑州嵩山文化产业园区建设，重点开发少林禅武文化、儒学文化、道教文化和古代天文文化，打造"中华文化圣山""世界功夫之都"。加快《快乐星球》文化产业园区、河南汽车公园文化创意产业园等其他园区建设，支持创建国家级文化产业园区。

4、坚持政策带动，支持文化产业发展。加大政策扶持力度，制定系列配套政策，通过贴息、补助、奖励等方式引导扶持文化产业发展。在制定土地征用、费用减免、税收优惠政策时，要鼓励和推动各类经济成分投资文化产业，促进其做大做强做优。加大投入力度，采用直接拨款、划拨配套资金等多种形式，扶持文化龙头企业。支持引导社会资本以股份制、民营等形式，参与或兴办国家政策许可的影视制作、演艺、娱乐、书报刊印刷、发行、会展、中介服务等文化企业。重视文化人才的培养和使用，探索建立完善"签约制""年薪制""特聘专家制"等制度，引进一批文化领军人才和复合型人才。

5、坚持服务带动，促进公共文化事业发展。加大对我市优秀历史传统文化的保护、利用、开发，建好华夏文明传承创新区。加大公共文化设施建设投入力度，建设覆盖广泛、功能完备的基础设施网络，努力打造城区"15分钟文化圈"和农村社区"30分钟文化圈"。建立健全市、县、乡直至村的各级文化场馆，形成布局合理、城乡协调、功能齐全的文化网络。重点建设和完善公共图书馆体系、出版物发行网络、大众娱乐健身体系、文化广场体系、社区文化游园体系等，使人民群众能够分享经济发展带来的文化成果，提升城市幸福指数。

（市委政策研究室）

统计资料

国民经济和社会发展总量及速度指标

指　标	单位	1990	1995	2000	2005	2010	2011	2012	2013	2013 比上年±%
人口与面积										
人口	万人	557.8	600.3	665.9	716.0	866.1	885.7	903.1	919.1	1.8
建成区面积	平方公里	112.0	108.3	133.2	262.0	316.1	328.1	346.4	356.1	2.8
宏观经济										
国民经济核算										
地区生产总值	亿元	116.4	386.4	728.4	1660.6	4040.9	4979.8	5549.8	6201.8	10.0
第一产业	亿元	14.4	28.5	42.4	72.4	124.6	131.7	142.4	147.0	3.2
第二产业	亿元	62.5	203.5	343.3	872.8	2269.9	2874.2	3132.9	3470.5	10.4
第三产业	亿元	39.5	154.3	342.7	715.4	1646.4	1974	2274.5	2584.3	9.6
固定资产投资										
全社会固定资产投资额	亿元	26.9	165.6	258.4	820.0	2757.0	3002.5	3669.8	4509.3	22.9
固定资产投资	亿元	20.0	132.4	159.4	610.2	2432.5	2900.0	3561.2	4400.2	23.6
财政										
地方公共财政预算收入	亿元	10.5	17.1	43.6	136.1	386.8	502.3	606.7	723.6	19.3
地方公共财政预算支出	亿元	6.5	17.8	49.0	136.7	426.8	566.6	700.6	815.7	16.4
价格总指数										
商品零售价格指数	以上年为100	100.8	110.4	99.1	101.2	102.7	104.9	102.4	101.4	1.4
居民消费价格指数	以上年为100	101.8	114.5	99.0	102.4	103.0	104.9	102.7	102.8	2.8
外商投资										
利用外资										
合同利用外资额	万美元	1132	21086	12860	63766	191632	238133	202058	183710	-9.1
实际利用外资额	万美元	768	15020	9211	33549	190015	310000	342898	332178	-3.1
产业										
农业										
农林牧渔业总产值	亿元	24.6	51.5	73.2	126.2	221.4	235.5	254.6	263.3	3.3
粮食总产量	万吨	154.2	140.1	158.7	153.0	166.7	166.7	169.5	168.3	-0.7

续表 1

指　标	单位	1990	1995	2000	2005	2010	2011	2012	2013	2013 比上年±%
工业										
工业总产值	亿元	174.4	647.9	1005.3	2411.5	7958.3	8459.7	10632.4	12153.5	13.2
工业增加值	亿元	39.8	87.1	187.5	569.7	1996.0	2316.0	2541.5	2857.7	11.3
规模以上工业										
资产总计	亿元	142.3	470.3	749.8	1473.6	3898.8	5173.0	7036.7	8528.6	23.9
负债合计	亿元	89.6	328.6	477.5	946.3	2134.9	2762.8	3915.4	4597.2	17.8
主营业务收入	亿元	104.6	307.8	530.9	1673.0	5942.3	8144.4	9603.4	11016.3	15.1
利税总额	亿元	18.0	37.9	67.2	230.2	1058.1	1351.7	1415.1	1529.2	6.2
建筑业										
建筑业总产值	亿元	12.7	45.5	106.0	299.4	1352.3	1547.6	1816.6	2265.3	24.7
施工房屋面积	万平方米	325	805	1217	2937	8876.9	10505.5	12001.6	14247.2	18.7
竣工房屋面积	万平方米	148	306	440	765	2601.7	3403.6	3667.8	4095.8	11.7
交通运输										
旅客周转量	亿人公里	69.3	92.0	125.1	189.6	301.4	325.6	348.2	372.7	7.0
#铁路	亿人公里	46.0	53.0	60.0	80.0	113.9	111.2	119.4	128.0	7.2
公路	亿人公里	23.3	32.1	56.3	82.7	137.7	161.1	174.1	188.1	8.0
航空	亿人公里	1.0	6.8	8.8	26.9	49.8	53.3	54.7	56.6	3.4
货物周转量	亿吨公里	196.2	212.9	226.5	287.7	479.8	564.1	630.9	685.3	8.6
#铁路	亿吨公里	181.6	181.9	156.2	187.9	199.4	210.2	216.2	217.2	0.5
公路	亿吨公里	14.7	30.9	70.1	99.4	279.8	353.3	414.2	467.5	12.9
航空	万吨公里	150.0	574	1281	3385	5641	5744	5477	5849	6.8
邮电通信										
邮电业务总量	万元	1.2	8.5	42	108.2	296.3	116.8	131.3	136.1	3.7
国内商业										
社会消费品零售总额	亿元	47.4	164.1	381.8	706.7	1702.1	2015.6	2322.7	2623.5	13.0
批零贸易企业销售额	亿元	44.9	401.0	437.4	1274.3	2339.1	2943.9	3247.5	3516.0	8.3
对外贸易和旅游										

续表 2

指　标	单位	1990	1995	2000	2005	2010	2011	2012	2013	2013 比上年±%
直接进出口总值	万美元		16129	19216	110193	452442	1535929	3528949	4217749	19.5
#直接出口总值	万美元	1119	13072	12313	75659	331272	941400	2022563	2506438	23.6
旅游外汇收入	万美元			4653	7769	13384	14760	15800	16500	4.4
金融										
金融机构各项存款	亿元	86.3	464.4	1215.4	3116.1	7990.9	8964.9	10448.3	12450.5	18.0
金融机构各项贷款	亿元	87.0	373.7	881.9	2428.1	5717.5	6112.8	6794.1	9342.3	11.5
教育										
在校学生数	万人	84.4	114.9	139.7	191.3	222.3	227.4	231.6	241.0	4.1
专任教师数	万人	6.2	5.9	7.1	9.4	12.5	12.9	13.6	13.9	2.0
人民生活										
城镇居民人均可支配收入	元	1496	4535	5935	10640	18897	21612	24246	26615	9.8
农村居民人均纯收入	元	692	1555	2912	4774	9225	11050	12531	14009	11.8
城市居民人均居住建筑面积	平方米			19.8	23.0	28.2	29.5	–	–	–
农村居民人均居住面积	平方米	21.5	23.8	35.4	43.7	52.0	54.9	55.7	52.6	-5.6
城乡居民储蓄余额	亿元	56.1	254.2	565.8	1436.1	2911.0	3252.1	3845.5	4475.3	16.4
工资										
在岗职工年平均工资	元	2126	5226	9017	16694	32779	35541	41480	44622	7.6
卫生										
医疗机构数	个	935	879	688	1637	1347	4044	3810	4026	5.7
卫生技术人员	个	28410	30590	31137	33568	49519	56891	65403	76282	16.6
医疗床位数	张	20937	22122	24472	29295	47094	52750	59664	68764	15.3
市政建设										
自来水供水量	万吨	23037	32506	28783	30448	37724	35785	35825	35413	-1.2
城市集中供热面积	万平方米		851	1383	1777	2261	2285	3349	3815	13.9
用气人口	万人	59.5	107.9	149.2	230	439	457	533	528	-0.9
城市道路长度	公里	428	563	684	1131	1338	1390	1446	1520	5.1
公共汽(电)车总数	辆	404	728	1342	3077	4788	5271	5548	5745	3.6

注:1. 1990 年城市居民人均可支配收入以人均生活费收入代替;2. 直接进出口总值、直接出口总值统计范围不包括国家部委及省属进出口公司,1995 年、1990 年为业务统计数,2000 年以来为海关数;3. 2013 年邮电业务总量按 2010 年可比价格计算,2001-2010 年按 2000 年可比价格计算,2000 年以前按 1990 年可比价格计算;4. 固定资产投资 2010 年以前为城镇投资;5. 2010 年以后,工业总产值和增加值包含河南中烟工业公司和河南电力公司。

年末人口基本情况

（2013 年底）

县（市）区	总户数（户）	总人口（人）				
		合　计	#女　性	#非农业人口	城镇人口	城镇化率（%）
全市	2731446	9191238	4452655	3668044	6165482	67.08
中原区	242454	732368	357426	585894	656055	89.58
二七区	256781	752369	368808	462556	665771	88.49
管城区	174301	526390	256563	267775	443062	84.17
金水区	488807	1415301	683643	863353	1281272	90.53
上街区	45220	135338	68980	85200	122508	90.52
惠济区	91587	278423	141511	66543	190330	68.36
中牟县	115284	466902	229529	76105	179290	38.40
巩义市	241512	816310	398359	155344	400482	49.06
荥阳市	174668	614986	277220	133280	295316	48.02
新密市	213672	799994	389917	225347	395277	49.41
新郑市	156219	638840	327711	153432	309646	48.47
登封市	177332	683405	332153	201372	327966	47.99
经济开发区	65495	184697	86623	60950	151525	82.04
高新开发区	79985	234852	108042	117062	190324	81.04
郑东新区	102280	402984	194876	130370	242193	60.10
航空港实验区	105849	508079	231294	83461	319074	62.80

人口自然变动情况

（2013 年底）

县(市)区	年平均人口（人）	出生人口（人）	死亡人口（人）	出生率（‰）	死亡率（‰）	自然增长率（‰）
全市	9111164	90266	39271	9.91	4.31	5.60
中原区	727369	6622	2336	9.10	3.21	5.89
二七区	745499	7023	2632	9.42	3.53	5.89
管城区	524668	4766	1863	9.08	3.55	5.53
金水区	1408689	12572	3310	8.92	2.35	6.57
上街区	134943	1101	693	8.16	5.14	3.02
惠济区	276480	2984	1239	10.79	4.48	6.31
中牟县	588735	6479	3955	11.00	6.72	4.28
巩义市	814777	8078	4759	9.91	5.84	4.07
荥阳市	614766	5990	3324	9.74	5.41	4.33
新密市	799952	7755	4208	9.69	5.26	4.43
新郑市	663123	6621	3921	9.98	5.91	4.07
登封市	680504	7536	3464	11.07	5.09	5.98
经济开发区	153885	1450	462	9.42	3.00	6.42
高新开发区	229535	1998	464	8.70	2.02	6.68
郑东新区	347185	4601	216	13.25	0.62	12.63
航空港实验区	401057	4690	2425	11.69	6.05	5.64

农林牧

（2013年）

指　　标	全市	中原区	二七区	管城区	金水区	上街区	惠济区	中牟县
农林牧渔业总产值	**2633497**	**20155**	**13033**	**12777**	**19512**	**8823**	**112295**	**461492**
农业	**1316730**	**14725**	**6059**	**7911**	**3745**	**4307**	**47506**	**262190**
谷物及其他作物	525495	4378	700	2638	3127	3306	7251	86927
谷物	342263	3184	506	1749	2859	2952	5908	42768
#小麦	178610	1751	288	1090	1509	1499	3252	18583
稻谷	1267						222	589
玉米	161343	1433	218	659	1350	1453	2434	23596
薯类	28352	9	3	37		3		4637
油料	106596	954	128	732	58	182	743	32067
#花生	97549	708	100	674	33	103	705	30961
油菜籽	6771	246	24	58	25	8	9	1106
豆类	11532	28	30		44		71	1561
棉花	5750						163	2793
烟草	8570							
其他农作物	22432	203	33	120	166	169	366	3101
蔬菜园艺作物	598248	9861	173	4089	386	569	38910	137574
蔬菜（含菜用瓜）	583485	9861	172	4047	386	498	38877	137384
花卉	3600			32			33	
水果、坚果、饮料和香料作物	191617	486	5186	1184	232	432	1319	37689
水果（含果用瓜）	155136	486	5186	1184	232	432	1319	37689
#苹果	15367	18	36	17	21	66	69	2092
梨	6051		155	44	50	271	184	973
坚果	36161							
香料作物	320							
中草药材	1370						26	
林业	**41313**	**822**	**372**	**276**	**1170**	**439**	**4568**	**4925**
林木的培育和种植	29114	787	214	152	1170	421	4077	3949
竹木采运	8091	35	158	124		18	491	976
牧业	**1076310**	**3964**	**5850**	**4272**	**7664**	**4077**	**32896**	**150823**
牲畜饲养	392369	1252	435	1050	6284	347	17928	90020
牛的饲养	141176	278	70	480	867	70	3442	38172
羊的饲养	53256	40	15	163	126	12	270	18721
其他牲畜饲养	4110							62
奶产品	193827	934	350	407	5291	265	14216	33065
猪的饲养	367401	2193	1149	2612	1306	554	6663	43087
家禽饲养	253076	519	4266	610	74	3176	8298	17716
肉禽	71063	103	438	343	40	124	3203	6676
禽蛋	177013	416	3828	267	34	3052	5095	11040
狩猎和捕捉动物	10108							
其他畜牧业	53356						7	
渔业	**165217**	**131**	**172**	**163**	**6933**		**26875**	**38909**
鱼类	163734	131	172	163	6933		26875	38285
虾蟹类	196							120
其他	1282							504
农林牧渔服务业	**33927**	**513**	**580**	**155**			**450**	**4645**

渔业总产值

单位:万元

巩义市	荥阳市	新密市	新郑市	登封市	经济开发区	高新开发区	郑东新区	航空港实验区
191297	**483504**	**312125**	**332975**	**218040**	**95301**	**8203**	**121905**	**221732**
78411	**252698**	**130778**	**174099**	**125666**	**28422**	**6970**	**36212**	**120550**
43448	91440	62194	78711	50210	14292	6575	14385	56471
32220	70022	43148	46867	30175	7563	5996	10439	23915
17146	37986	23551	24802	16285	3505	2879	5456	12030
					130		261	
14744	31568	19568	22001	13866	3928	3117	3944	
1304	4081	1977	2609	7460	1251		360	6276
3541	8010	6671	24666	2683	4735	243	1011	24394
2730	5856	5028	23491	1825	4231	228	1005	24304
301	1381	1182	953	673	413	15	3	90
1036	1232	1630	1299	2954	99		924	
758	192	96	56	609	121		939	
				4285				
4589	7903	8672	3214	2009	523	336	712	1886
13342	94209	40010	55049	44939	4395	395	17896	58477
9427	90718	35719	54939	17415	4395	14	17896	58477
706	541	1398		25427				
20872	36444	18605	40339	30517	9735		3931	5602
10402	10203	9165	39842	7748	9735		3931	5602
3945	1690	1537	2005	2254	388		23	
538	873	563	470	605	93		179	
10232	5765	9254	497	19810				
238	20476	186		2959				
749	30605	9969						
9387	**3293**	**26152**	**5277**	**17033**	**20008**		**17820**	**19460**
5033	3140	23060	4519	16908	20008			
946	153	2103	758	125				
92672	**210502**	**138454**	**149436**	**60964**	**26640**	**1233**	**29133**	**70321**
14246	71484	43858	30966	13564	15376	403	19592	37967
5999	24854	11363	6729	9571	4714	23	4385	13588
2311	5104	3609	5104	2139	2188	9	1841	9529
83	47	7637	93					
1953	41479	12287	19040	1854	8474	371	13366	14850
43798	68824	42320	60788	25432	8936	663	7598	24826
10810	69225	32701	57631	21867	2328	167	1943	7472
3116	13351	11212	23061	3650	859	134	949	3664
7693	55874	21489	34570	18217	1469	33	994	3808
		8167						
23819	969	11408	51	101				56
2971	**12655**	**1872**	**770**	**4562**	**5106**		**33540**	
2899	12463	1214	770	2813	5106		33540	
				1000				
72	192	658		749				
7856	**4356**	**14869**	**3393**	**9815**	**15125**		**5200**	**11401**

农村基本情况及从业人员

（2013 年）

指　　标	单位	总计	中原区	二七区	管城区	金水区	上街区	惠济区	中牟县
农村基层组织情况									
乡镇个数	个	86		2	2		1	2	13
#镇个数	个	71		1	1		1	2	12
村民委员会个数	个	2175	32	14	26	16	27	54	312
乡村人口从业人员									
乡村户数	万户	102.82	2.23	0.64	1.62	0.84	1.34	4.30	10.55
乡村人口数	万人	403.51	7.40	2.98	6.27	3.23	4.52	15.59	44.41
乡村从业人员数	万人	232.81	3.31	1.97	3.16	1.39	2.12	8.43	27.80
按性别分									
#男劳动力	万人	125.94	1.65	1.06	1.68	0.75	1.19	4.58	14.87
女劳动力	万人	106.87	1.67	0.91	1.48	0.64	0.93	3.85	12.93
按行业分									
农业从业人员	万人	94.27	0.27	0.63	1.40	0.76	0.56	4.37	17.78

注：乡镇数不包括县（市）所在地的城关镇。

续表

指　　标	单位	巩义市	荥阳市	新密市	新郑市	登封市	经济开发区	高新开发区	郑东新区	航空港实验区
农村基层组织情况										
乡镇个数	个	15	12	12	12	13			2	
#镇个数	个	15	9	11	9	9			1	
村民委员会个数	个	288	288	303	294	303	41	39	50	88
乡村人口从业人员										
乡村户数	万户	15.40	13.46	15.79	12.39	14.26	2.03	2.15	2.19	3.65
乡村人口数	万人	62.35	50.31	60.05	46.82	57.70	7.78	8.62	9.60	15.88
乡村从业人员数	万人	32.70	32.06	33.51	29.47	33.84	4.10	3.66	5.71	9.57
按性别分										
#男劳动力	万人	18.31	17.01	18.25	15.51	18.28	2.34	1.90	3.25	5.33
女劳动力	万人	14.39	15.06	15.26	13.96	15.56	1.76	1.77	2.47	4.24
按行业分										
农业从业人员	万人	8.50	11.57	8.36	14.54	14.35	2.03	1.72	2.59	4.84

注：乡镇数不包括县（市）所在地的城关镇。

牧业主要产品产量

（2013 年）

指　　标	单位	合计	中原区	二七区	管城区	金水区	上街区	惠济区	中牟县
猪当年出栏头数	万头	233.78	2.21	1.36	1.71	0.81	0.64	4.52	39.58
牛当年出栏头数	万头	13.68	0.05	0.05	0.06	0.06	0.02	0.35	4.01
羊当年出栏只数	万只	53.85	0.10	0.08	0.26	0.14	0.02	0.28	22.45
禽当年出栏只数	万只	4322.52	38.00	42.00	20.68	2.01	9.41	281.56	495.85
肉类总产量	吨	262314	2058	1770	1609	799	602	7111	51044
#猪肉产量	吨	177000	1600	1130	1258	629	450	3210	32746
牛肉产量	吨	20665	65	60	70	127	27	484	6614
羊肉产量	吨	6941	13	11	30	16	4	34	3014
禽肉产量	吨	52435	380	569	251	27	121	3348	6545
兔肉产量	吨	1476						5	42
奶类总产量	吨	499464	5100	1429	1075	13961	700	37508	144681
#生牛奶产量	吨	487150	5100	1205	1075	13961	700	37402	144681
山羊毛产量	公斤	80254		167					
绵羊毛产量	公斤	234891							
蜂蜜产量	公斤	341136							
禽蛋产量	吨	225300	720	5600	349	41	4379	6204	23123

续表

指　　标	单位	巩义市	荥阳市	新密市	新郑市	登封市	经济开发区	高新开发区	郑东新区	航空港实验区
猪当年出栏头数	万头	26.80	42.29	19.85	52.15	21.58	4.00	0.70	3.77	11.83
牛当年出栏头数	万头	0.63	2.58	0.94	0.69	2.46	0.48	0.01	0.19	1.10
羊当年出栏只数	万只	2.22	4.59	2.51	5.64	5.83	1.89	0.03	2.28	5.53
禽当年出栏只数	万只	184.33	851.90	480.92	1399.13	274.00	43.53	10.80	40.66	147.74
肉类总产量	吨	25161	47728	21686	52793	25758	5908	689	5232	12366
#猪肉产量	吨	21100	33157	13602	34154	17503	4305	536	3660	7960
牛肉产量	吨	878	3638	1100	985	3687	690	9	642	1589
羊肉产量	吨	301	665	270	665	697	285	4	240	692
禽肉产量	吨	2285	9782	5322	16856	3405	628	140	690	2086
兔肉产量	吨	145	109	904	92	140				39
奶类总产量	吨	5152	109444	32420	50237	4800	22358	1150	35266	34183
#生牛奶产量	吨	5152	101530	28350	50237	4800	22358	1150	35266	34183
山羊毛产量	公斤	8647	160	49702	763	20815				
绵羊毛产量	公斤	2885	160	168560	7780	55506				
蜂蜜产量	公斤	51819	200	284550	2034	2533				
禽蛋产量	吨	9960	73730	27846	43408	21480	1920	62	2400	4078

林业生产情况

（2013 年）

单位：公顷

县(市)区	当年造林面积	用材林	经济林	四旁植树(万株)	育苗面积	幼林抚育实际面积
总计	**7868**	**1029**	**3487**	**4955**	**889**	**38865**
中原区	27					
二七区	59		59			
管城区	71					
上街区	21		21		3	
惠济区	102		102		53	40
中牟县	1522		722		370	35846
巩义市	831	21	620		87	400
荥阳市	1405	560	845	633	75	338
新密市	1764		438	1300	171	1467
新郑市	539	448		340	130	
登封市	1392		680	2682		774
经济开发区	135					

邮电通信行业基本情况

（2013 年）

指　　标	计量单位	本年实际	指　　标	计量单位	本年实际
邮政业网点及邮递线路			#期刊数	万份	846
营业网点	处	238	固定本地电话通话时长	万分钟	66952
#邮政局所	处	238	固定长途电话通话时长	万分钟	43445
邮政信筒信箱	个	604	移动电话通话时长合计	万分钟	5571297
邮路条数	条	118	#去话通话时长	万分钟	791827
邮路总长度	公里	7238	非漫游	万分钟	1225429
#汽车邮路	公里	50925	国内漫游	万分钟	145081
铁路邮路	公里	7621	国际及港澳台漫游	万分钟	89
航空邮路	公里	53000	移动短信业务量	亿条	62
农村投递线路总长度	公里	169990	移动电话年末用户	户	12490871
城市投递线路总长度	公里	4993	#3G 移动电话用户	户	5397837
通信业务量			本年移动电话新增用户	户	4619930
邮电业务总量(2010 年不变价)	万元	1361253	固定本地电话年末用户	户	2428097
邮政业务总量	万元	68653	#公用电话用户	户	249549
电信业务总量	万元	1292600	城市电话用户	户	1921466
函件	万件	5863	#住宅电话用户	户	745788
包裹	万件	84	农村电话用户	户	506631
汇票	万笔	122	#住宅电话用户	户	384966
快递	万件	112	互联网接入用户数	户	2039441
#国内同城快递	万件	18	#互联网宽带接入用户	户	1934044
国内异地快递	万件	94	**电信主要通信能力**		
国际及港澳台快递	万件	1	光缆线路长度	公里	76883
快递业务收入	万元	738	固定长途电话交换机容量	万门	15
订销报刊期发数	万份	121	局用电话交换机容量	万门	127
#期刊数	万份	49	移动电话交换机容量	万门	1586
订销报刊累计数	万份	17606	移动电话基站	万个	2

规模以上工业总产值、增加值及销售产值

（2013 年）　　　　单位：万元

项　　目	工业总产值	工业增加值	工业销售产值
总　　计	**121535229**	**28577205**	**119774955**
按轻重工业分			
轻工业	19064857	7028541	18982238
重工业	102470372	21548665	100792717
按登记注册类型分			
国有控股企业	26241630	7932541	26125478
国有企业	20931239	6742593	20824862
集体企业	1217081	309905	1196817
股份合作企业	262513	66000	261157
股份制企业	53451642	12493557	52364102
外商和港澳台商投资企业	26494333	4473542	26385114
其他	19178421	4491607	18742903
按所有制类型分			
公有制	28220238	8426568	28074260
非公有制	93314991	20150638	91700695
按企业规模分			
大型企业	49046220	9123076	48507524
中型企业	32610462	10103699	32057353
小型企业	39432731	9281726	38778023
微型企业	445816	68704	432055

注：本表工业增加值、总产值、销售产值包含河南中烟工业公司和河南电力公司的全口径统计数据。

全社会固定资产投资

（2013 年）

单位：万元、万平方米

指　　标	全社会投资	固定资产投资	房地产开发	农户投资
总　　计	**45092941**	**44002102**	**14453279**	**1090839**
住宅投资	10142948	9488928	9104558	654020
按经济类型分				
内资	**42198899**	**42198899**	**13734941**	
国有经济	7648969	7648969	269811	
集体经济	1777446	1777446		
股份合作	732285	732285		
国有联营	80639	80639		
集体联营	568	568		
国有与集体联营	9480	9480		
其他联营	90836	90836		
国有独资	1225112	1225112	706542	
其他有限责任公司	14618430	14618430	8564735	
股份有限公司	2776479	2776479	570273	
私营	8910467	8910467	3290727	
其他内资	4306866	4306866	332853	
港澳台商投资	**979589**	**979589**	**432837**	
合资经营	304887	304887	179146	
合作经营	7022	7022	7022	
独　资	634900	634900	246669	
其　他	32780	32780		
外商投资	**780863**	**780863**	**285501**	
合资经营	244808	244808	30078	
独　资	412894	412894	252109	
股份有限	9092	9092	3314	
其　他	114069	114069		
个体经营	**1133590**	**42751**		**1090839**
本年新增固定资产	**20374254**	**19313215**	**3552127**	**1061039**
本年施工房屋面积	**15107**	**14285**	**9721**	**822**
#住宅	7640	6916	6349	724
本年竣工房屋面积	**2337**	**1549**	**1137**	**788**
#住宅	1535	824	761	711
本年竣工房屋价值	**4126392**	**3488494**	**2723825**	**637898**
#住宅	2434377	1844619	1744034	589758

城市建设用地情况

指　　标	单位	2012 年	2013 年
城市市区面积	平方公里	1010.3	1010.3
建成区面积	平方公里	373.0	382.7
#城市建设用地面积	平方公里	335.4	343.8
#工业	平方公里	30.3	31.7
物流仓储	平方公里	13.7	13.8
交通设施	平方公里	59.5	61.7
居住	平方公里	86.5	88.0
公共设施	平方公里	50.4	51.1
市政公共设施	平方公里	13.6	13.8
绿地	平方公里	69.2	71.0
商业服务业设施	平方公里	12.2	12.7
本年征用土地面积	平方公里	9.5	7.8

市政设施及公共交通

指　　标	单位	2012 年	2013 年
实有铺装道路长度	公里	1446	1520
实有铺装道路面积	万平方米	3564	3836
人行道面积	万平方米	764	816
实有桥梁数	座	194	195
#立交桥	座	48	48
路灯盏数	盏	71455	75251
排水管道长度	公里	3204	3377
污水年排放量	万立方米	32120	31877
污水处理厂	座	4	4
处理能力	万立方米/日	96	99
污水年处理量	万立方米	30776	41480
防洪堤长度	公里	58	58
公共汽、电车运营车数	辆	5548	5745
标准运营车数	标台	7195	7495
运营线路网长度	公里	1043	1206
全年客运总量	万人次	98474	103233
实有出租汽车数	辆	10607	10608

城市供水、供电情况

指　　标	单位	2012 年	2013 年
供　水			
水厂数	个	5	4
自来水综合生产能力	万立方米/日	109	109
#地下水	万立方米/日	42	42
供水管道长度	公里	2838	2902
全年供水总量	万立方米	35825	35413
#生产用水	万立方米	9717	9378
生活用水	万立方米	22498	22440
#家庭用量	万立方米	12414	12411
用水人口	万人	592	586
节约用水			
取水量	万立方米	11403	11802
生产用水重复利用量	万立方米	126139	123699
节约用水量	万立方米	4500	4825
供　电			
公用配电线路长度	公里	32170	33321
全年销售总量	亿千瓦时	395	400
#生活用电	亿千瓦时	44	45
售给居民每千度电售价	元	520.5	559.4

城市燃气及供热

指　　标	单位	2012 年	2013 年
液化石油气			
储气能力	吨	970	970
外购气量	吨	67200	63024
供气总量	吨	67200	62400
#家庭用量	吨	48410	45513
用气家庭户数	户	361500	334200
用气人口数	万人	110	101
天然气			
储气能力	万立方米	240	240
供气总量	万立方米	75742	86524
#家庭用量	万立方米	21190	30580
用气家庭户数	户	1249385	1392692
用气人口数	万人	423	427
输送管道长度	公里	4540	4844
供热能力			
蒸汽	吨/小时	868	550
热水	兆瓦	1296	1907
供热总量			
蒸汽	万吉焦	173	180
热水	万吉焦	1043	1133
管道长度			
蒸汽	公里	199	199
热水	公里	1045	1125
集中供热面积	万平方米	3349	3815
#住宅	万平方米	2717	3156

社会消费品零售总额

（2013 年）

单位:万元

指 标	合 计	批发零售住宿餐饮企业	批发零售住宿餐饮个体	其 他
社会消费品零售总额	**26235109**	**17237214**	**8626941**	**370954**
按销售单位所在地分				
城镇	24020989	16978918	6671117	370954
乡村	2214120	258296	1955824	
按行业分				
批发业	2727001	2247974	479027	
零售业	19102462	13973768	5128694	
住宿业	217834	174223	43611	
餐饮业	3816858	841249	2975609	
其他	370954			370954

注:2013 年社会消费品零售总额定报数据为 25864155 万元。

对外经济贸易

单位:万美元

项 目	2012 年	2013 年	2013 年比 2012 年±%
全市直接进出口总值(含省直公司)	**3583193**	**4274948**	**19.3**
#全市直接进口总值(含省直公司)	1556733	1768328	13.6
全市直接出口总值(含省直公司)	2026460	2506620	23.7
市属及以下直接进出口总值	**3528949**	**4217749**	**19.5**
#直接进口总值	1506386	1711311	13.6
直接出口总值	2022563	2506438	23.6
#国内企业	385869	438284	13.6
外资企业	1636694	2068154	26.4
新批外资企业	72	60	-16.7
合同外资额	202058	183710	-9.1
实际利用外商直接投资	342898	332178	-3.1
国外经济合作合同金额	137633	113000	-18.1
国外经济合作营业额	145589	164143	12.7
派出人员(人次)	15139	21000	40.1

（2013 年）

指　　标	郑州市	市本级	中原区	二七区	管城区	金水区	上街区	惠济区
公共财政收入	**7236091**	**4068842**	**260590**	**248780**	**208676**	**501474**	**100616**	**110943**
税收收入	**5437983**	**3043461**	**250482**	**224837**	**176302**	**480372**	**77829**	**86427**
增值税	457036	195660	23090	12564	23562	32816	10849	5735
国内增值税	408424	168445	19868	9827	22098	23563	10401	5096
国有企业增值税	38821	16595	7191	201	313	1772	158	168
集体企业增值税	3758	963	17	185	357	200	131	77
股份制企业增值税	264663	101934	9315	5390	13799	14302	6584	2303
联营企业增值税	19	3			1	2		
港澳台和外商投资企业增值税	56312	26149	2063	2452	1331	4244	759	1410
私营企业增值税	7050	1341	12	77	59	41	920	49
其他增值税	41795	21655	1022	1645	2329	4692	1515	1100
增值税税款滞纳金、罚款收入	556	215	12	14	21	78	10	1
福利企业增值税退税	-8126	-1826	-189	-207	-37	-1353	-211	-40
软件集成电路增值税退税	-4559	-4461	-2	-1	-5	-80		
宣传文化单位增值税退税	-1509	-1143		-27		-339		
资源综合利用增值税退税	-3587	-256				-11		
其他增值税退税	-1376	-303	-7	-5	-6	-90		
免抵调增增值税	14617	7589	434	103	3936	105	535	28
成品油价格和税费改革增值税划出	-10	-10						
改征增值税（项）	48612	27215	3222	2737	1464	9253	448	639
改征增值税（目）	48611	27214	3222	2737	1464	9253	448	639
改征增值税税款滞纳金、罚款收入	1	1						
营业税	2041613	1284776	98284	84208	44901	162876	22351	26948
金融保险业营业税（地方）	461066	435966	10	54	2	861	955	1
一般营业税	1578697	848094	98188	84095	44870	161934	21392	26922
营业税税款滞纳金、罚款收入	1850	716	86	59	29	81	4	25
企业所得税	785941	511369	29231	23703	25381	66292	8168	9910
个人所得税（款）	202620	135009	10617	7441	6740	15984	1440	1770
个人所得税（项）	202504	134973	10614	7440	6739	15979	1427	1768
储蓄存款利息所得税	66	53					1	
其他个人所得税	202438	134920	10614	7440	6739	15979	1426	1768
个人所得税税款滞纳金、罚款收入	116	36	3	1	1	5	13	2
资源税	42948			121		1	759	
城市维护建设税	300842	118218	24090	17299	18496	38226	4882	6789
房产税	135916	43081	11049	17623	13143	29444	2932	2993
印花税	102382	43095	7266	6286	4402	15994	2121	2075
城镇土地使用税	167740	37416	8889	10411	11727	14630	5990	5747
土地增值税	409387	143710	36693	36629	20940	101328	4566	15914
车船税（款）	56497	36513	10	17			1306	
耕地占用税（款）	127233	24524	1263	8535	7010	2781	4966	8546
契税（款）	607130	470090					7499	
烟叶税（款）	698							
非税收入	**1798108**	**1025381**	**10108**	**23943**	**32374**	**21102**	**22787**	**24516**
专项收入	173694	114171		34			2523	
排污费收入（项）	11361	2917					302	
水资源费收入	5059	1932					34	
教育费附加收入（项）	136296	96026					2157	
矿产资源专项收入	5735	16		34				

收 入

单位:万元

	经济开发区	高新开发区	郑东新区	航空港实验区	中牟县	巩义市	荥阳市	新密市	新郑市	登封市
	179422	**202274**	**579173**	**150728**	**299143**	**300105**	**201450**	**284149**	**380299**	**271024**
	141931	**171082**	**557045**	**115180**	**199296**	**196980**	**144041**	**149459**	**276250**	**132247**
	18883	18352	5951	3063	14426	33447	16879	36937	21860	29211
	17672	16788	4944	1896	13668	32610	16423	36529	21341	28555
	2858	392	20		872	2528	2211	3915	1454	1443
	20	40	4		20	537	582	251	386	52
	8723	14404	3112	458	6806	21869	11559	31847	17742	21213
							8			5
	1835	2441	781	1152	4914	3964	1052	876	753	6345
	8	34	508	1	128	3958	119	200	30	116
	4050	350	769	216	419	1989	1039	716	1652	2022
	4	26	12	2	1	106	12	52	21	13
					−138	−1743	−155	−1021	−819	−387
	−36	−2077	−73		−10					
			−123							
					−144	−51	−443	−294		−2388
		−31	−66			−780		−13	−150	−22
	210	1214		67	800	233	439		272	143
		−5								
	1211	1564	1007	1167	758	837	456	408	519	656
	1211	1564	1007	1167	758	837	456	408	519	656
	22237	34531	176776	26352	70615	43510	47849	38642	86628	30025
	7		58348		2885	4819	3063	5203	4119	3128
	22229	34530	118414	26350	67581	38446	44759	33164	82362	26890
	1	1	14	2	149	245	27	275	147	7
	17437	19264	52578	20965	14758	12834	16616	13867	29093	24719
	3437	5836	13154	2281	3676	3353	2051	3350	6640	4549
	3437	5835	13153	2281	3655	3343	2051	3340	6632	4543
					1	1	1	4	2	3
	3437	5835	13153	2281	3654	3342	2050	3336	6630	4540
		1	1		21	10		10	8	6
						17805	2674	7762	1821	12005
	22473	15796	20540	4957	7255	11439	6633	8070	32105	7340
	5239	6952	10674	8773	2480	5562	2117	1804	2837	851
	5293	3932	7448	12365	2020	11091	1806	1688	3342	1196
	11465	9492	9768	4558	12111	30780	7985	10596	8695	2763
	10558	16993	110945	3677	10266	6572	8116	4981	18301	1371
					2103	7866	943	5886	743	1110
	3779	4386	8366	7993	23609	6763	9406	4650	16636	8544
	21130	35548	140845	20196	35977	5958	20966	11226	47549	7865
										698
	37491	**31192**	**22128**	**35548**	**99847**	**103125**	**57409**	**134690**	**104049**	**138777**
	9483	6585	8126	2123	5329	8678	6055	10956	16702	9246
					528	1510	1995	1681	536	1892
					461	555	348	483	606	640
	9483	6585	8126	2123	4340	5523	3354	5483	14853	4560
						1090	358	2044	707	1486

续表 1 （2013 年）

指　　标	郑州市	市本级	中原区	二七区	管城区	金水区	上街区	惠济区
其他专项收入(项)	15243	13280					30	
行政事业性收费收入	418913	162621	9182	7765	5352	7015	3437	4004
公安行政事业性收费收入	26085	25161						
法院行政事业性收费收入	23230	11573		1894	1180	4262	80	594
司法行政事业性收费收入	3195	1236	1307		59			315
外交行政事业性收费收入	6	6						
工商行政事业性收费收入	157							
财政行政事业性收费收入	1600	1329	28	14	2		7	8
人口和计划生育行政事业性收费收入	14010	4529	220	354	728	724	24	1051
安全生产行政事业性收费收入	2548							
档案行政事业性收费收入	84	52		4				10
人防办行政事业性收费收入	23508	14468					300	
文化行政事业性收费收入	41	6						
教育行政事业性收费收入	81221	56591	6507	231	345			61
发展与改革(物价)行政事业性收费收入	14595	10968						
统计行政事业性收费收入	59	41						
国土资源行政事业性收费收入	118394	622		2188			2587	62
建设行政事业性收费收入	53741	25260		11	36	1245	296	39
环保行政事业性收费收入	1501	523					30	
交通运输行政事业性收费收入	558	220	12					
农业行政事业性收费收入	857	163	2		2			2
林业行政事业性收费收入	1359	869	1		60			31
水利行政事业性收费收入	638							
卫生行政事业性收费收入	35327	919	277	2406	2328	784	113	1802
民政行政事业性收费收入	949	148	12	12	5			5
人力资源和社会保障行政事业性收费收入	6943	6313	20	75	6			24
仲裁委行政事业性收费收入	1416	1416						
党校行政事业性收费收入	294	176		12	5			
其他行政事业性收费收入	6576	23	796	564	596			
罚没收入	121842	73956	641	2443	599	1601	602	1183
一般罚没收入	121842	73956	641	2443	599	1601	602	1183
公安罚没收入	66393	47182					484	
检察院罚没收入	4129	64	21	164	2			480
法院罚没收入	5284	323	73	371	246	798	26	42
新闻出版罚没收入	130					112		
海关罚没收入	115	115						
食品药品监督罚没收入	207	47		38	17			19
卫生罚没收入	189	25	26	5	20			5
检验检疫罚没收入	53							
交通罚没收入	4951	868		8	2		63	38
审计罚没收入	1516	275						
物价罚没收入	230	43	97					1
其他一般罚没收入	38645	25014	424	1857	312	691	29	598
国有资本经营收入	558264	457543		876		1551		11116
利润收入	24069							
其他企业利润收入	24069							
股利、股息收入	63	63						
其他股利、股息收入	63	63						

单位:万元

经济开发区	高新开发区	郑东新区	航空港实验区	中牟县	巩义市	荥阳市	新密市	新郑市	登封市
							1265		668
2855	7449	4350	5732	87797	11653	35975	15429	46054	22629
				59	185	95	102	127	356
841	1783			396	516	640	921	589	585
				60	52	60	2	77	27
				157					
	1			58	29	3	39	54	29
1200	234	2018	1077	3377	483	512	634	840	534
				40	57	1298	1103	50	
	52				15	2		1	
515	940		3028	1947	907	831	813	3777	465
						4	31		
	4239	246		1513	2262	5122	3925	3016	1648
				3005		622			
								3	15
				64764	4857	16397	1494	7880	17543
298	174	1690	1615	824	1215	1754	1007	21386	668
				23	211	64	331	30	289
				37	14	137	30	24	84
			11	206	82	105	87	137	71
				65	32	90	153	48	10
				64	49	169	290		66
		395		10835	120	7750		7819	174
1	3		1	93	371	128	53	114	8
		1		30	196	139	18	65	57
						41	43	17	
	23			244			4353		
249	362	581	465	4802	5968	4118	6479	13220	6230
249	362	581	465	4802	5968	4118	6479	13220	6230
				2122	2703	1421	2038	8008	2435
			64		86	24		3000	288
	116			178	278	147	2416	252	134
					18				
			4						
13	15	17			18	16	37	15	
	1			18	32	24	6	14	14
						31	18		4
				172	1007	506	367	779	1141
			275	276	20	769	142		34
				56			28	4	1
236	230	564	122	1980	1806	1180	1427	1148	2179
16443		1020			16769	8098	30742	7500	24069
									24069
									24069

续表 2　　（2013 年）

指　　标	郑州市	市本级	中原区	二七区	管城区	金水区	上街区	惠济区
产权转让收入	507356	453949						
其他产权转让收入	507356	453949						
其他国有资本经营收入	26776	3531		876		1551		11116
国有资源（资产）有偿使用收入	286287	130034	285	10941	11268	8429	15672	7490
利息收入	17133	10421	285	298	323	934	72	56
国库存款利息收入	3605	2734	98	62	47	122	28	32
财政专户存款利息收入	4922	885	32	236	276	468	44	1
其他利息收入	8606	6802	155			344		23
非经营性国有资产收入	113855	72209		10643	6526	7495	1373	236
行政单位国有资产出租、出借收入	1072	50		102		358	138	236
行政单位国有资产处置收入	2190	341		1500	152		34	
事业单位国有资产处置收入	24043	10609			6374			
其他非经营性国有资产收入	86550	61209		9041		7137	1201	
出租车经营权有偿出让和转让收入	2724	2428						
其他国有资源（资产）有偿使用收入	152434	44976			4419		14227	7198
其他收入（款）	239108	87056		1884	15155	2506	553	723
捐赠收入	18683	2658		1634	154	2506		251
国内捐赠收入	18683	2658		1634	154	2506		251
其他收入（项）	173904	84398		250	15001		553	423
政府性基金收入	**4713328**	**3072713**	**388**	**273**	**261**	**1808**	**100353**	**75**
地方教育附加收入	45754	32416					708	
文化事业建设费收入	4069	986	388	246	261	1808	24	27
残疾人就业保障金收入	13011	9555					315	
政府住房基金收入	48750	45954		5				
上缴管理费用	4014	3986						
计提廉租住房资金	24799	24799						
廉租住房租金收入	7	1		5				
公共租赁住房租金收入	17168	17168						
其他政府住房基金收入	2762							
国有土地使用权出让收入	4120337	2584599					98902	
土地出让价款收入	3648229	2249729					102543	
补缴的土地价款	407322	319719						
划拨土地收入	107859	54207						
教育资金收入	62692	56010					440	
农田水利建设资金收入	56006	47731					440	
缴纳新增建设用地土地有偿使用费	-217111	-157854					-4521	
其他土地出让收入	55340	15057						
城市公用事业附加收入	23096	17274						
国有土地收益基金收入	89324	60548						
农业土地开发资金收入	34960	20291						
城市基础设施配套费收入	318656	298389						
育林基金收入	801	67		22				48
森林植被恢复费	1051	77						
散装水泥专项资金收入	1852	524					35	
新型墙体材料专项基金收入	9487	1510					369	
其他政府性基金收入	1248	141						

单位:万元

经济开发区	高新开发区	郑东新区	航空港实验区	中牟县	巩义市	荥阳市	新密市	新郑市	登封市
16443					15567	7098	30742		
16443					15567	7098	30742		
		1020			1202	1000		7500	
8459	16796	7931	27228	1708	50857	2812	7909	16218	22664
37	55	6980	629	744	2022	78	405	1222	273
37	55	1036	307	74	141	38	91	93	45
			322	670	954		286	1062	8
		5944			927	40	28	67	220
8422	16741	951	7679		25		7208	7925	215
		50			7			10	171
		281			5			122	36
1		620	22		13		7009	30	8
8421	16741		7657				199	7763	
							296		
			18920	964	48810	2734		7071	22035
2		120		211	9200	351	63175	4355	53939
2		56		61	89		323	796	10211
2		56		61	89		323	796	10211
		64		150	9111	351	52275	3559	7833
19249	**2737**	**52813**	**49334**	**533985**	**102601**	**207131**	**92134**	**492728**	**108878**
				1438	1819	1106	1814	4945	1508
133	87	175		74	59	28	42	60	66
				315	511	409	654	742	510
1		95	17073		30		2761		
					28				
1					1				
		95	17073						
					1		2761		
			1948	520654	85633	191311	76019	463795	99424
				466720	11756	194019	76527	473550	73385
				6556	70648	4299	618	787	4695
				29156	4429	801			19266
					1230	1500	790		2722
					984	4000	673		2178
			-7360	-21095	-3414	-13587	-3268	-10542	-2830
			9308	39317		279	679		8
					3742	1230		50	800
				6473	645	4548	3256	12393	1461
				1862	597	2226	2363	6766	855
19115	2650	52404	29931	537	7678	4321	4446		3285
				283	85	45	126	79	46
				902		31	41		
		11		96	119	296	92	604	86
		128		1350	694	1580	488	3289	207
				1	989		32	5	80

财　政

（2013 年）

指　　标	郑州市	市本级	中原区	二七区	管城区	金水区	上街区	惠济区
公共财政支出	**8161571**	**4457744**	**230204**	**217190**	**192853**	**400143**	**113033**	**126196**
一般公共服务	819660	230092	48496	44395	50751	76726	20632	27440
人大事务	11715	3149	945	638	796	1176	498	647
政协事务	10412	3353	780	883	696	712	412	445
政府办公厅(室)及相关机构事务	322629	85844	17815	27407	30430	33631	9514	12078
发展与改革事务	16644	8685	609	263	435	271	323	184
统计信息事务	11007	3118	1009	708	950	764	51	757
财政事务	37175	8618	1725	1561	3242	1868	805	994
税收事务	5364	2326					1259	7
审计事务	9889	3656	198	683	240	476	181	345
人力资源事务	12609	4678	1056	830	292	1450	88	285
纪检监察事务	12957	4652	646	796	818	902	206	662
人口与计划生育事务	56022	7889	4980	3172	2631	5360	955	2957
商贸事务	42688	31839	1422	954	1682	634	1274	1433
知识产权事务	635	565	9				4	
工商行政管理事务	917	105					5	
质量技术监督与检验检疫事务	1014	774					9	65
民族事务	1072	565	74	20	126		26	68
宗教事务	1095	76	17	104	237	190	10	51
港澳台侨事务	194	104					25	
档案事务	5531	3515	130	158	254	185	80	131
民主党派及工商联事务	1560	677	12	90	103	102	44	62
群众团体事务	17063	10493	423	589	430	1290	277	410
党委办公厅(室)及相关机构事务	35807	8129	1649	818	1136	4406	653	4673
组织事务	11453	2085	828	887	1088	2138	324	504
宣传事务	10325	3769	528	1121	520	269	601	392
统战事务	2424	193	210	268	287	317	89	252
其他共产党事务支出(款)	18151	2989	3399	1667	4358	3886	705	23
其他一般公共服务支出(款)	163308	28246	10032	778		16699	2214	15
国防	8677	3384	427	13	568	27	8	340
预备役部队(款)	1570	795	45					162
民兵(款)	1327		318					145
国防动员	4019	1814	64	13	79	27	8	33
其他国防支出(款)	1761	775			489			
公共安全	364068	209271	6416	6758	8837	10394	6824	5137
武装警察	15409	11248	380			780	160	214
公安	224137	147698				1168	4975	227
国家安全	1866	1866						
检察	40342	12375	1980	2294	3260	2836	549	1493
法院	53476	21834	2601	3798	4365	4035	722	2060

支 出

单位：万元

经济开发区	高新开发区	郑东新区	航空港实验区	中牟县	巩义市	荥阳市	新密市	新郑市	登封市
195882	**195029**	**400373**	**380345**	**435218**	**431692**	**291202**	**412209**	**450566**	**403321**
25195	25855	33190	22558	40362	68478	38113	59969	56038	58168
48	28	36		582	583	514	886	799	502
				505	467	580	594	467	518
17702	11718	21115	8281	23178	15359	14080	16598	18448	18247
1712	461		1393	714	623	883	794	2074	786
540	181	247		336	780	730	561	774	469
885	709	598	938	2734	2427	3850	4423	3038	1890
		1082	562	72	64		1636		
	114	800	15	765	395	966	607	965	412
145	611	403	325	444	1868	132	194	1134	158
195	554	685	166	665	524	532	591	1349	614
801	1143	2264	1054	6028	4459	3953	4338	5106	4194
596	6741	2480	1524	304	888	591	717	537	413
4					57				
		100	5	169		187			451
		224				1	70		95
		7	4	16	10	143		9	15
1	10	34		69	8		69	88	176
						47	18		
				135	152	182	163	286	160
				7	82	77	26	231	47
90	166	671	36	632	354	267	529	673	696
11	474	1579	95	1272	3247	2189	959	3122	3554
				1139	122	571	704	483	580
				369	108	676	465	819	688
				90	86	114	86	233	199
129			210	108			1005	11	
2336	2945	865	7950	29	35815	6848	23936	15392	23304
125		30		250	1225	492	621	951	371
125				57	75		113	199	124
						210	435		219
		30		183	949	222	73	534	20
				10	201	60		218	8
6563	3906	4344	2645	19406	18744	18416	17241	20389	16235
2201		996	632	68	416	383	613	721	426
1557		2998	1936	14329	10440	11450	10646	12630	10574
1200	1458	100		2543	4065	2828	2236	2360	1523
1520	2448	200		1545	2460	2540	2523	2816	2177

续表 1　　（2013 年）

指　　标	郑州市	市本级	中原区	二七区	管城区	金水区	上街区	惠济区
监狱	3351	3351						
劳教	5635	5635						
其他公共安全支出（款）	566							
教育	1330655	631060	39783	36761	32676	69261	22969	23872
教育管理事务	15799	7063	211	88	1400	155	492	749
普通教育	802393	258957	34086	28615	25577	60640	10257	19881
职业教育	110668	85480		95	684		4103	415
成人教育	1719	1148	5	10		10		196
广播电视教育	3038	2652						
特殊教育	4100	1669		194	104	212		
教师进修及干部继续教育	15445	7121	343	83	261	184	88	622
教育费附加安排的支出	136406	80088	2981	3676	1834	5038	2154	1472
其他教育支出（款）	241087	186882	2157	4000	2816	3022	5875	537
科学技术	172649	121170	3197	4597	4753	8609	2379	450
科学技术管理事务	5738	2074	178	196	433	195	139	102
基础研究	2340	2340						
应用研究	510	372						
技术研究与开发	108664	65762	2901	4210	4231	7609	2164	250
科技条件与服务	54	45						
社会科学	131	130						
科学技术普及	4463	2529	118	191	89	230	75	98
科技交流与合作	36							
其他科学技术支出（款）	50713	47918				575	1	
文化体育与传媒	148816	88432	705	773	1002	1556	945	824
文化	55279	34357	239	668	533	1187	395	525
行政运行	1985	72		38	477	29		251
一般行政管理事务	170	62		2			16	53
机关服务	849			328				
图书馆	6647	6020	8	13	14	189	52	20
文化展示及纪念机构	1830	1830						
艺术表演场所	668	491						
艺术表演团体	4141	3450						
文化活动	1535	1363			2			73
群众文化	2565	839	187	165	16		197	100
文化交流与合作	440	30						
文化创作与保护	559	517						
文化市场管理	1378	559	1	107			118	
其他文化支出	32512	19124	43	15	24	969	12	28
文物	40039	14123	12	20	378		208	30
行政运行	1113	608			312			
一般行政管理事务	603	55			1		3	

单位:万元

经济开发区	高新开发区	郑东新区	航空港实验区	中牟县	巩义市	荥阳市	新密市	新郑市	登封市
				70	326	70			100
17017	22850	49992	26864	89182	90683	64634	76683	78186	74905
418	1125	122	532	1001	406	718	755	1325	1436
7106	13407	38806	24174	77265	79339	52944	61856	45815	47161
10			25	3443	3462	5355	3320	2216	2095
			10	20	191	15	60	54	10
						386			
				138	934	209	223	240	177
	2			2834	661	1000	1200	586	462
9483	6504	9409	2123	4481	5541	2847	7081	14853	4360
	1812	1655			149	1160	2188	13097	19204
7472	23771	8657	2389	3393	8548	3459	3692	5512	2890
784	145		64	117	217	93	364	1630	
	800								
						138			
3295	6862	8657	2095	3101	6288	2799	3144	3831	2374
						9			
				1					
10			5	174	149	290	173	51	296
					6	30			
3383	15964		225		1888	100	11		220
533	437	1633	137	1918	13665	3321	4861	8318	22496
451	232	1577	24	757	9135	1098	2653	1638	2094
11	61			131	78	125	141	383	260
2	60					4	1	3	29
						498	23		
323				41	58	11	25	136	60
		1500							
								177	
				30	83	40	129	300	109
			3		8	34			55
48	42	11	11	130	426	105	58	179	163
					10				400
						22			20
			3		155	2		283	153
67	69	66	7	425	8317	257	2276	177	845
1	5		50	139	1987	230	726	3618	18568
					54				139
	5		50		30	10	3		501

续表 2 （2013 年）

指　　标	郑州市	市本级	中原区	二七区	管城区	金水区	上街区	惠济区
文物保护	21623	10636	12	20	65		163	30
博物馆	2904	2413						
历史名城与古迹	13460	171						
其他文物支出	336	240					42	
体育	3764	1948		40		20	44	115
行政运行	542	326						
一般行政管理事务	269	220				20		
机关服务	116	116						
运动项目管理	342	54						
体育竞赛	211	28						115
体育训练	10	10						
体育场馆	1406	656						
群众体育	612	523					24	
体育交流与合作	4	4						
其他体育支出	252	11		40			20	
广播影视	20326	13581				178	257	1
行政运行	443						94	
一般行政管理事务	10037	10000						
机关服务	353	215						
广播	3283	912						
电视	4102	2380					3	
电影	62	9						1
广播电视监控	65	65						
其他广播影视支出	1981					178	160	
新闻出版	697	183	385	1	2	41		1
其他文化体育与传媒支出(款)	28711	24240	69	44	89	130	41	152
社会保障和就业	663696	346143	18104	22298	15235	28627	9402	9184
人力资源和社会保障管理事务	47991	32465	577	906	1468	1014	1668	1350
行政运行	6304	3068		3	414		160	949
一般行政管理事务	3436	3006					38	250
机关服务	1378							
综合业务管理	80	66		14				
劳动保障监察	2970	2005		240	375		49	40
就业管理事务	2399	2281		12			60	
社会保险业务管理事务	1416	990	4			6		1
信息化建设	2525	2486		30			7	
社会保险经办机构	8902	3615	538	590	655	611	242	110
劳动关系和维权	429	391					38	
公共就业服务和职业技能鉴定机构	492	446					18	
劳动人事争议调解仲裁	6	6						
其他人力资源和社会保障管理事务支出	17654	14105	35	17	24	397	1056	

单位:万元

经济开发区	高新开发区	郑东新区	航空港实验区	中牟县	巩义市	荥阳市	新密市	新郑市	登封市
1				139	1652	150	220	3401	5135
					251	20	3	217	
							496		12793
						50	4		
35	66			43	175	939	109	187	144
								134	82
				25				3	1
						288			
				18			50		
					79	651	20		
35	55				65				
	11				31		39	50	61
9				402	1243	486	924	2401	853
				169	71	89		20	
							37		
						119	19		
					207	130	45	1941	48
				233	707	138			641
9					52				
					206	10	823	440	164
	2		4	7	14	33	20	5	5
37	132	56	59	570	1111	535	429	469	832
1550	5139	7852	4071	30362	34954	33329	44492	36345	35221
414	92	1324	427	896	746	2060	2091	1331	1419
	52		1			344	173	387	806
33	1		395				86		56
						1314	64		
			21						
354		190	10	109		23	129		
27				23					23
				191		120		28	76
									2
				573	733	15	800	25	395
					5	23			
	5								
	34	1134			8	221	839	891	61

续表 3　　　　（2013 年）

指　　标	郑州市	市本级	中原区	二七区	管城区	金水区	上街区	惠济区
民政管理事务	31035	7985	3907	4369	2973	3944	808	955
行政运行	5908	1972	383	115	1511	192	132	417
一般行政管理事务	855	306					162	317
机关服务	1161			552				
拥军优属	2399	1208	93	111		175	175	127
老龄事务	342	35		38		33	46	6
民间组织管理	390	373				15	2	
行政区划和地名管理	61		2	10				5
基层政权和社区建设	12413	2243	3185	3437	455	2394	20	42
部队供应	1224	1224						
其他民政管理事务支出	6282	624	244	106	1007	1135	271	41
财政对社会保险基金的补助	159747	54686	2773	3116		12849	949	2171
财政对基本养老保险基金的补助	49869	40073		1006		1111	307	
财政对失业保险基金的补助	425							14
财政对基本医疗保险基金的补助	13300	8117	844			40	76	146
财政对工伤保险基金的补助	752	2						10
财政对生育保险基金的补助	435							45
财政对新型农村社会养老保险基金的补助	34139			113			286	
财政对城镇居民养老保险基金的补助	44725	6298	1611	1292		2683	280	1956
财政对其他社会保险基金的补助	16102	196	318	705		9015		
行政事业单位离退休	113599	62358	4796	6880	2129		4723	2128
企业改革补助	86171	85605						
就业补助	37537	24494	210	210		1832	414	86
扶持公共就业服务	2868	2660						4
职业培训补贴	1978	1593	60	210				
职业介绍补贴	10							
社会保险补贴	215							
公益性岗位补贴	1109							
小额担保贷款贴息	7423	2918					69	
补充小额贷款担保基金	562							
其他就业补助支出	22217	16195	150			1832	345	82
抚恤	37613	5940	2455	2702	1523	4117	289	1197
退役安置	54989	44400	229	776	312	1850	56	158
社会福利	18728	13389	112	216	11	34	67	11
残疾人事业	2882	736	176	254	260	331	40	129
城市居民最低生活保障	12080	257	1345	2005	1155	1227	341	518
其他城市生活救助	3122	2135	21	244	30	292	16	42
自然灾害生活救助	863	173	17	4	12		9	16
红十字事业	2968	2113		118	129	95		52
农村最低生活保障	26388	1091						61
其他农村生活救助	8993	393	42	158	124	54	19	274

单位:万元

经济开发区	高新开发区	郑东新区	航空港实验区	中牟县	巩义市	荥阳市	新密市	新郑市	登封市
199	13	2545	45	881	405	1108	813	2105	782
		295		327	95	189	95	200	280
166			5	42	9	15	2	2	
						609			
			32	67	97	116		123	107
		1		81	12	25		48	18
				12				25	7
30	13	2018		162	4	70	83	170	148
3		231	8	190	188	84	633	1537	222
130	260	115	1656	12785	18826	17007	17345	8703	8537
	58		797	77		7295			
				100		251		40	20
			740		2800		1277		
			2	89	247	64	107	133	100
						127	183	50	30
				12330	9929	4268		7213	
	202	49	117	179		5002	15770	1267	8387
130		66		10	5850		8		
32			72	4069	237	771	11408	7898	6202
	201						364		202
74		1817	75	1379	2211	1351	791	2386	2173
				204					
				100			15		
							10		
				200			15		
				499	600		10		
				361	848	347	431	976	1473
				15	47			500	
74		1817	75		689	1004	310	910	700
291	337	1259	478	2845	3537	2663	3692	3508	3145
43	50	27	31	794	1284	1012	1190	1990	938
10	8	3	39	883	791	595	882	816	921
18	11	80	1	150	311	131	170	131	63
8	32	130	35	925	978	445	207	1198	1479
17	70	39	41	33	54	82	31	38	104
2			11	8	152	126	44	187	115
28		2		21	14	36	46	186	158
215		8	663	2705	3990	4043	3136	4894	6468
63		8	310	1569	1066	1181	1636	842	1635

续表 4 （2013 年）

指　　标	郑州市	市本级	中原区	二七区	管城区	金水区	上街区	惠济区
其他社会保障和就业支出（款）	18990	7923	1444	340	5109	988	3	36
医疗卫生	581832	207101	14217	16194	13486	35798	10969	11468
医疗卫生管理事务	15048	2683	1004	679	1808	797	267	480
公立医院	104240	46205	15		20	15193	5800	190
基层医疗卫生机构	77937	2213	1961	2228	3053	3172	536	2341
公共卫生	63725	13586	3177	3983	2486	8870	1075	1458
疾病预防控制机构	15158	5095	444	747	277	999	355	256
卫生监督机构	3441	567	428	519	384	458		76
妇幼保健机构	5167	533	159	163	566	384	108	57
精神卫生机构	110	110						
应急救治机构	259							
采供血机构	228							
其他专业公共卫生机构	136							
基本公共卫生服务	28410	2627	1712	2236	1029	6589	356	872
重大公共卫生专项	6866	2220	379	223	230	252	107	197
突发公共卫生事件应急处理	459	152	17	60		110		
其他公共卫生支出	3491	2282	38	35		78	149	
医疗保障	257906	85608	7649	9146	5669	7280	2986	6884
行政单位医疗	19998	6194	935	974	824	1580	861	1836
事业单位医疗	23210	7115	1194	2338	756	2948	571	399
公务员医疗补助	8793	5837	1457	1499				
优抚对象医疗补助	770	29	36		3	101	9	28
城市医疗救助	490	63	39	89	25	75	13	13
新型农村合作医疗	127740	11476	2484	2960	2247	1817	1380	4445
农村医疗救助	2377	255	1	1	1		1	1
城镇居民基本医疗保险	44154	30239	571	574	1			100
其他医疗保障支出	30374	24400	932	711	1812	759	151	62
中医药	2996	1455	33	51	44	33	5	44
食品和药品监督管理事务	7003	3438	224	67	406	339	19	61
其他医疗卫生支出（款）	52977	51913	154	40		114	281	10
节能环保	256667	198741	437	2252	677	1152	1152	637
环境保护管理事务	14903	5672	343	434	449	777	355	262
环境监测与监察	878	135						8
污染防治	32362	13233		710	32	144	781	33
自然生态保护	7422		84	292	3	30		301
退耕还林	3710						16	33
能源节约利用（款）	169398	163518		764	193			
污染减排	13938	9898	10	52		110		
可再生能源（款）	7320	4755						
资源综合利用（款）	5590	1500						
其他节能环保支出（款）	1146	30				91		

单位:万元

经济开发区	高新开发区	郑东新区	航空港实验区	中牟县	巩义市	荥阳市	新密市	新郑市	登封市
6	4065	495	187	419	352	718	646	132	880
2126	4863	5577	4053	52094	69414	36485	41969	42099	30538
3	377	36	16	492	354	840	236	4949	459
				3378	26870	3347	2556		666
367	360	753	301	19612	12335	7656	7765	12467	2598
287	496	1123	1074	4484	8131	3160	6493	2735	4087
		49		303	2446	645	3149	152	290
		2		545	135	84		99	146
				1010	1747	9	78	70	283
					47		63		149
							228		
							136		
263	256	927	929	1805	2858	2156	2273	1981	1916
24	190	64	103	454	836	222	488	345	913
			22	35	10	35	40		
	50	81	20	332	52	9	38	88	390
1436	3296	2672	2473	23165	21283	20484	24620	20912	22220
			73	1504	1193	1021	598	590	1888
					60	1955	2799	2713	362
			29	76	67	117	192	112	
	33	30		31	43	33	4	62	
1432	3184	2604	2102	19439	18446	15600	18867	12427	16152
4			251	147	252	350	331	424	613
				1112	1054	1408	1789	4107	3199
	79	38	18	856	168		40	477	6
3		22	22	412	266	368	7	240	38
30	260	206	167	290	140	604	275	763	377
	74	765		261	35	26	17	33	93
128	942		5191	4029	13311	6858	11883	6151	9387
89	141		313	145	910	1911	1457	1006	1182
				314	381	37	3		
	29		3242	646	5574	2724	3453	2291	2741
					1511	597	1415	1296	1893
				449	708	247	659	565	1033
19			70		2567	90	1486	381	399
20	650		1566		505	462	200	612	2089
	122			2475			90		
					480	790	2820		
					675		300		50

续表5 （2013年）

指　　标	郑州市	市本级	中原区	二七区	管城区	金水区	上街区	惠济区
城乡社区事务	1424478	892065	76139	52074	20989	132461	21524	20014
城乡社区管理事务	155183	77343	4095	9728	11808	13922	4842	5634
城乡社区规划与管理(款)	64696	55228	59		782	8	1765	925
城乡社区公共设施	941328	694884	1882	18007	542	89038	978	10454
城乡社区环境卫生(款)	130802	41366	10640	11543	7271	26044	3183	2961
建设市场管理与监督(款)	172	2		11				
其他城乡社区事务支出(款)	132297	23242	59463	12785	586	3449	10756	40
农林水事务	606130	206298	3501	9031	6830	5917	4671	12179
农业	236428	52452	1624	3223	3010	2521	2703	7257
行政运行	9035	2215	533	148	1686	627	343	592
机关服务	1718							
事业运行	12010	1957		316		128		408
农垦运行	105	55						
技术推广与培训	6424	2255	3	111		113	27	819
病虫害控制	2440	935	6	22	19	22	18	142
农产品质量安全	5936	4365	37	22	12	301	50	88
执法监管	421	152					12	10
统计监测与信息服务	120	111						
农业行业业务管理	115	110						5
对外交流与合作	10	10						
灾害救助	1156	71	13	5		14	11	19
农业结构调整补贴	7705	347		150	347	24	103	678
农业生产资料与技术补贴	19899	1589	85	18	65	41	104	262
农业生产保险补贴	1864							1
农业组织化与产业化经营	3427	165	10	30	120	55	10	1320
农产品加工与促销	1739	664			25			40
农村公益事业	1843	14						10
农业资源保护与利用	2459	96				10		200
农村道路建设	24696	30	211	626	141			
农资综合补贴	38453	2775	425	604	336	224	145	892
石油价格改革对渔业的补贴	48					5		
对高校毕业生到基层任职补助	2514	120	19		34	44		260
其他农业支出	88296	33859	282	1151	225	875	445	273
林业	95137	48306	18	535	214	2333	149	2581
行政运行	2973	896			58			665
一般行政管理事务	1138	340			2	7		221
机关服务	414							
林业事业机构	5080	3148		35				
森林培育	7435	203	6	37	6	27	12	647
林业技术推广	75	20				10		30
森林资源管理	844	820					24	

单位:万元

经济开发区	高新开发区	郑东新区	航空港实验区	中牟县	巩义市	荥阳市	新密市	新郑市	登封市
56736	24174	260749	111807	29605	26303	12357	50188	58689	32070
1348	6537	14738	2389	2557	2315	4593	1746	11920	4680
95	1034		51967	2218	896	1435	860	70	450
42657	9056	236997	52644	16511	15205	4540	28741	39287	21259
4626	2692	8554	4777	5689	6870	1719	9896	995	2625
	2				159				
8010	4853	460	30	2630	858	70	8945	6417	3056
4149	3556	6510	2734	73558	47951	43708	64835	75047	52604
727	2664	1899	1115	38439	22644	18192	42583	21341	20439
8				600	256	284	176	631	944
						22	1696		
		104		1840	1956	1539	1987	1879	
				45		5			
4	48			420	337	710	472	590	567
92	5	47	50	333	252	215	114	167	195
		18		170	18	241	129	158	345
				213			18		16
					2	2	2		3
9	25	17	20	205	170	234		239	175
				4148		127	292	1126	363
152	426	95	203	3149	2155	2828	2754	4393	2456
				209	293	435	364	340	222
	125			270	13	491	173	550	220
45				435		20	300	15	240
				430	203	297	554	236	99
				1216	2	80	527	30	298
	30			20	10145	339	11167		2017
303	1130	651	691	9237	3780	5258	5083	5487	4207
				33		10			
			120		517	498	141	338	543
99	875	967	2	15312	2504	4477	16634	4957	7302
2961		4337	1074	2828	4564	2448	4851	20501	5809
				131	91	205	150	141	636
268			45	100	31	49		26	362
							414		
		1843		230	471	458	232	456	50
				230	2174	138	769	57	3129
					7	2			6

续表6 （2013年）

指　　标	郑州市	市本级	中原区	二七区	管城区	金水区	上街区	惠济区
森林资源监测	53	18				6		1
森林生态效益补偿	1233	40						24
林业自然保护区	40	37						
动植物保护	68	20					4	
湿地保护	394	343						
林业执法与监督	640	374						
森林防火	1139	15		13	2		13	35
林业有害生物防治	473	157				15		10
林业工程与项目管理	26901	23735			102	1700		301
林业产业化	327	237						
林业贷款贴息	16147	16034				113		
石油价格改革对林业的补贴	333	112						
其他林业支出	29385	1757	12	450	44	455	96	647
水利	109994	41572	717	164	413	540	480	1268
行政运行	4160	2123						384
一般行政管理事务	6154	5331				13		250
机关服务	1125							
水利行业业务管理	886	183		23				
水利工程建设	31030	2696					11	
水利工程运行与维护	4134	3619		20				
水利前期工作	484	130						27
水利执法监督	121							
水土保持	1276	106		30			6	20
水资源节约管理与保护	1096	757						
水质监测	16	16						
防汛	2472	1724	5	52	21	15	68	135
抗旱	1210	270				10	5	
农田水利	8186	348	207		365	368	106	274
水利技术推广和培训	174	7						
水资源费安排的支出	7865	1794	8		8	3	48	17
农村人畜饮水	8211	706	457				42	161
其他水利支出	30313	21762	40	39	19	131	191	
南水北调	80326	58943	483	3874	184			
扶贫	27848	2980		8			1124	82
农业综合开发	8272	275		196	181	36	89	440
农村综合改革	38411	1361	658	671	3	487	126	551
其他农林水事务支出(款)	6431	409	1	360	2825			
交通运输	351349	278578	583	914	450	1407	2019	831
公路水路运输	112459	63237	483	854	450	1153	1324	831
行政运行	4490	1293	258	137	206	117	117	359
一般行政管理事务	1105	115	40				797	101

单位:万元

经济开发区	高新开发区	郑东新区	航空港实验区	中牟县	巩义市	荥阳市	新密市	新郑市	登封市
10				3	13	3	4	2	3
				24	314	147	61	39	584
					3				
						24	6		14
						51			
				70	122	41		14	19
				5	602	107	41	6	300
				49	54	35	17	21	115
1938		2298	1029	1063					
						60			30
				75	28	4	5		109
745		196		818	644	1124	3152	19739	447
146	25	184	174	17204	11074	6121	6663	12429	11349
				417	103	231	97	122	683
21								179	381
						834	291		
					6		674		
				11572	7886	30	579	5253	3003
					127	30	328		10
				264		10	2	31	20
							119		2
				10	80	63	312	427	222
3							339		
		10	6						
		130	28	40	167	115	63		67
5			140	247	64	166	149	104	195
30				809	189	586	726	1450	2758
					87				80
	5	9		472	730	361	2613	606	1205
79				1486	824	1649		941	1945
8	20	35		1792	769	1423	274	3144	729
			18	1364		3785		11693	
				5104	1494	5232	1598	1498	8728
				968	976	2338	1247	1274	252
315	467	90	353	5097	5454	5332	7891	5026	5754
	400			2554			2	280	
5988	32			11589	11203	8629	12273	15726	7147
68	23			8958	6602	4262	7264	12351	4690
				147	132	139	68	215	1302
								30	22

续表 7　　　　(2013 年)

指　　标	郑州市	市本级	中原区	二七区	管城区	金水区	上街区	惠济区
机关服务	298			128				
公路新建	2330			68			218	
公路改建	31189	24194				354		
公路养护	17051	8848	1	280	157	316	151	308
公路路政管理	1121	25						
公路运输管理	4283		138	241		186		53
其他公路水路运输支出	39900	19687	46		87	72	36	
石油价格改革对交通运输的补贴	78217	64662					695	
对城市公交的补贴	44457	42288					417	
对农村道路客运的补贴	5151	76					45	
对出租车的补贴	25562	22286					233	
石油价格改革补贴其他支出	3047	12						
车辆购置税支出	55003	47183	60	60				
车辆购置税用于公路等基础设施建设支出	46113	45277						
车辆购置税用于农村公路建设支出	6944		60	60				
车辆购置税用于老旧汽车报废更新补贴支出	1127	1127						
车辆购置税其他支出	819	779						
其他交通运输支出(款)	99717	97576	40			254		
资源勘探电力信息等事务	281029	188385	4342	3920	2561	6911	3886	7934
资源勘探开发和服务支出	10463	4						
制造业支出	10505	8189	1355	50	92	700		
建筑业支出	205	205						
电力监管支出	90	10						
工业和信息产业监管支出	48758	40894	675	631	1366	1553	472	287
安全生产监管支出	14304	4599	870	758	773	832	168	681
国有资产监管支出	34477	32261						
支持中小企业发展和管理支出	110218	80130	1009	2043	330	3457	2903	6461
其他资源勘探电力信息等事务支出(款)	52009	22093	433	438		369	343	505
商业服务业等事务	128264	106566	140	1052	2024	1321	27	1448
商业流通事务	29332	19197	108	879	1893	1051	15	743
其他商业流通事务支出	27358	18365	108	879	1893	1051	13	743
旅游业管理与服务支出	11540	3562	12	163	1	90	12	705
涉外发展服务支出	37140	34048	20	10	30	30		
其他商业服务业等事务支出(款)	50252	49759			100	150		
金融监管等事务支出	13116	12328	60		197		40	
国土资源气象等事务	57045	11269	896	1060	1265	10807	611	1259
国土资源事务	55629	10338	896	1060	1265	10807	581	1254
住房保障支出	191237	112346	6655	6338	2387	7756	3238	1866
保障性安居工程支出	119394	86738	169	2040		4000	13	474
住房改革支出	66426	25608	3260	4298	2387	3756	1797	1392

单位:万元

经济开发区	高新开发区	郑东新区	航空港实验区	中牟县	巩义市	荥阳市	新密市	新郑市	登封市
						170			
				12	624	402		256	750
				2183	1614	254	1979	361	250
68	23			3451	432	1227	350	1091	439
				241	490		70		295
				2764		670	35		196
				160	3270	1343	4412	10341	446
				1575	2035	1644	3913	2042	1651
				359	483	382	213	53	262
				588	745	660	637	1524	876
				618	801	442	228	457	497
				10	6	160	2835	8	16
				49	2146	2663	1096	1333	413
					836				
				49	1310	2623	1096	1333	413
						40			
	9			1007	420	60			360
59474	15896	17922	17574	3898	7006	6257	13624	3231	29074
					1014	1231	6974		1240
	2722							119	
				78		2			
658	2684	289	14917	311	12	1689	220	23	625
72	179	647		365	900	750	613	1044	1951
25						245	1692	100	179
55217	2479	16916	1563	2812	3882	1088	3966	1382	755
3502	7832	70	1094	332	1198	1252	159	563	24324
4697	4100	3	1754	1393	5546	1341	755	4494	2157
1449	3500	3	24	1110	1502	474	701	1238	421
1449	3500	3	24	934	1270	204	606	1058	234
3				97	1231	861	44	3066	1696
			30	169	2813		10	10	
3245	600		1700	17		6		180	40
	622	290		58	62	84	187	100	
745	1075	525	1186	8592	3943	1357	1439	11586	2961
745	1075	525	1186	8544	3879	1271	1316	11528	2890
	1281	1527	1049	1555	8836	3089	6396	6759	24016
		36		25	3415	73	528	1149	20770
	1281	1491	1049	1530	5082	2805	5868	5610	3033

续表 8　　(2013 年)

指　标	郑州市	市本级	中原区	二七区	管城区	金水区	上街区	惠济区
城乡社区住宅	5417		3226				1428	
粮油物资储备事务	17134	7627	792	760	1539	759	329	48
粮油事务	6495	1141	213	171	932	759	75	48
物资事务	391	214			59			
粮油储备	9538	5562	579	589	548		254	
国债还本付息支出	442647	418493						1040
国内债务付息	60522	37387						1039
国外债务付息	336	335						1
补充还贷准备金	372548	372548						
地方政府债券付息	9241	8223						
其他支出(类)	301457	188058	5314	8000	26626	654	1251	
其他支出(款)	301457	188058	5314	8000	26626	654	1251	
政府性基金支出	**4225118**	**1886369**	**87188**	**316956**	**155906**	**71221**	**100145**	**51762**
教育	13934	4355	280	705	26	509	1141	113
地方教育附加安排的支出	13934	4355	280	705	26	509	1141	113
文化体育与传媒	3646	963	138	202		1924	5	28
文化事业建设费安排的支出	3479	796	138	202		1924	5	28
社会保障和就业	24278	11896	138	114	93	261	293	155
大中型水库移民后期扶持基金支出	8218	534	12	2			8	
残疾人就业保障金支出	15199	11329	126	112	93	261	271	155
城乡社区事务	4139812	1852823	86444	315456	155509	68117	98486	50325
政府住房基金支出	23163	23162						
国有土地使用权出让收入安排的支出	3705901	1498379	86444	315421	155509	68117	98186	50185
城市公用事业附加安排的支出	7550	1362						
国有土地收益基金支出	55597	25572						
农业土地开发资金支出	19695	2937		35			300	140
新增建设用地土地有偿使用费安排的支出	2163	30						
城市基础设施配套费安排的支出	325743	301381						
农林水事务	11353	717		124	98	153	97	890
育林基金支出	843							48
森林植被恢复费安排的支出	6277	520		124	98	153	97	842
中央水利建设基金支出	486	100						
地方水利建设基金支出	3027	30						
资源勘探电力信息等事务	4896	1446					17	
散装水泥专项资金支出	880	297						
新型墙体材料专项基金支出	4016	1149					17	
其他支出	27049	14169	188	355	180	257	106	251
彩票公益金安排的支出	16135	10151	188	355	180	257	106	251
其他政府性基金支出	10914	4018						

单位:万元

经济开发区	高新开发区	郑东新区	航空港实验区	中牟县	巩义市	荥阳市	新密市	新郑市	登封市
					339	211			213
	254			837	778	642	931	917	1175
				569	225	321	931	519	591
	214							118	
	40			268	553	321		280	584
	56073			289	565	2580	27	19648	5
	13525					2529		19567	
	42548								
				289	565	51	27	81	5
3384	203	1235	176333	62602	477	6051	143	380	1901
3384	203	1235	176333	62602	477	6051	143	380	1901
190372	**373406**	**449567**	**299346**	**508112**	**120778**	**214852**	**96492**	**497207**	**118130**
	28	22	11	935	492	488		4517	373
	28	22	11	935	492	488		4517	373
85					102	44	94	83	63
85					102	44	94	83	63
6	10	16	3	848	987	2040	1041	2201	4211
		14		607	524	1586	520	1194	3231
6	10	2	3	241	311	390	521	802	587
190266	373324	449442	298916	501231	109834	210811	93875	487481	109420
			17073		1				
167153	364220	388630	242105	485905	88094	198784	88738	471362	100777
					3798	1254		330	806
1520	4245	7000	9807	8000	706	4548	2637	12393	1741
	2210			5195	2133	1558	1879	3176	2342
				38	594	220	621	220	440
21593	2649	53812	29931	2093	14508	4447			3314
		67	354	4320	1192	786	586	628	1762
				326	95		139	79	156
			354	3298	109	178	56	228	574
				65		40	181		100
				631	928	237	210	251	740
				320	2163	10	353	233	354
				75	357		79	20	52
				245	1806	10	274	213	302
15	44	20	62	458	6008	673	543	2064	1797
15	44	20	62	457	424	428	541	1003	1794
				1	5584	245	2	1061	3

金融机构信贷收支

（2013 年底）

单位：万元

项　　目	合计	2013 年比年初	2013年比年初±%	市　区	中牟县	巩义市	荥阳市	新密市	新郑市	登封市	上街区
各项存款	**124504572**	**18990033**	**18.00**	**109071128**	**2316090**	**2884246**	**2063108**	**2871057**	**2934218**	**2364725**	**995534**
单位存款	71585082	9984673	16.21	67051342	790566	959486	539113	531181	1141919	571475	309988
#活期存款	31393660	4535712	16.89	28447223	516667	364096	406775	388994	951781	318123	212653
定期存款	18527078	4420472	31.34	17732629	125925	230894	87702	87775	99396	162757	69788
通知存款	1956715	465362	31.20	1910702	17600	17620		6193	300	4300	800
保证金存款	11726172	-335924	-2.78	11220937	50731	267695	42690	37046	28949	78124	22109
个人存款	46842433	7277843	18.39	36280004	1479713	1893883	1479906	2271310	1701301	1736318	680510
储蓄存款	44753233	6300508	16.39	34272708	1476458	1880821	1467496	2244292	1696203	1715254	671527
保证金存款	27271	3212	13.35	24609		2633	2	11	15	1	224
结构性存款	2061930	974122	89.55	1982687	3254	10429	12407	27007	5083	21063	8759
财政性存款	1650338	241393	17.13	1534440	13990	20144	27156	16280	25154	13174	3640
临时性存款	634062	249045	64.68	562038	21821	4700	4932	2270	35843	2458	233
委托存款	1112754	819947	280.03	1111421		1032	1			300	
其他存款	2679903	417131	18.43	2531883	10001	5001	12001	50016	30000	41000	1163
各项贷款	**93423138**	**9657698**	**11.53**	**85354497**	**1217735**	**1566067**	**1138711**	**1478432**	**1677066**	**990629**	**347042**
境内贷款	93418541	9675717	11.55	85349922	1217723	1566057	1138711	1478432	1677066	990629	347042
短期贷款	33857491	5168118	18.01	28690084	845248	1003152	673449	841061	1138435	666062	140718
个人贷款及透支	6879060	1728926	33.57	5737501	323450	101130	163941	209232	266959	76848	14302
#个人消费贷款	1785245	488279	37.65	1713008	6726	8441	7472	9134	18157	22306	2946
单位贷款及透支	25509643	3283288	14.77	21631699	519799	870095	507518	622041	861077	497414	126416
#经营贷款	24756525	3195492	14.82	20981662	519799	855715	477718	584141	841077	496414	122237
固定资产贷款	685217	53390	8.45	582137		14380	29800	37900	20000	1000	4179
银团贷款	143988	113400	370.73	124000		4000		7988	8000		
贸易融资	1324800	42504	3.31	1196884	2000	27927	1990	1800	2400	91800	
中长期贷款	58029345	5195442	9.83	55144732	372474	557097	463263	632663	538631	320485	206324
个人贷款	15158938	2697890	21.65	14029147	224603	163971	218306	123372	299253	100285	130154
#个人消费贷款	13057926	2278169	21.13	12109589	196065	117432	187894	109940	272907	64098	124082
单位贷款	35532453	1511315	4.44	34043771	132083	318637	236168	386791	226590	188412	76170
#经营贷款	7403603	-520502	-6.57	7162480	41425	40857	3220	67663	18890	69068	200
固定资产贷款	28128849	2031817	7.79	26881291	90658	277780	232948	319128	207700	119344	75970
普通并购贷款	98470	5308	5.70	58270		16200				24000	
银团贷款	7166695	923497	14.79	6940755	15788	58288	8788	122500	12788	7788	
贸易融资	72788	57432	374.00	72788							
融资租赁	2300	-7000	-75.27	2300							
票据融资	1450770	-709968	-32.86	1434171		5809	2000	4707		4082	
#贴现	1445770	-714968	-33.09	1429171		5809	2000	4707		4082	
各项垫款	78635	29125	58.83	78635							
境外贷款	4597	-18019	-79.67	4575	13	9					

中资全国性四家行信贷收支

（2013年底）

单位:万元

项　目	合　计	市　区	中牟县	巩义市	荥阳市	新密市	新郑市	登封市	上街区
各项存款	**41097659**	**34187885**	**763791**	**1506252**	**870402**	**1423606**	**1153610**	**1192113**	**595539**
单位存款	18921908	16794993	333746	536004	221172	262148	492729	281116	168603
#活期存款	9737238	8414765	216245	196485	182844	193918	372643	160338	122132
定期存款	5110301	4698819	73866	148957	24212	38558	48957	76933	27818
通知存款	390968	347160	17600	16000		5608	300	4300	800
保证金存款	883201	658370	11392	145381	12843	13008	10835	31372	13216
个人存款	20505055	15915254	418272	964905	632361	1110776	595075	868411	425703
储蓄存款	20015192	15477794	415018	955484	626493	1098050	591040	851313	421316
保证金存款	1439	1421		1	1		15	1	223
结构性存款	488424	436040	3254	9420	5867	12726	4020	17098	4163
临时性存款	467917	422877	1771	343	4868	666	35805	1586	233
其他存款	1202780	1054760	10001	5001	12001	50016	30000	41000	1000
各项贷款	**26833871**	**23838302**	**292797**	**739470**	**386624**	**660768**	**570201**	**345709**	**209119**
境内贷款	26832572	23837025	292784	739461	386624	660768	570201	345709	209119
短期贷款	4543138	3702191	61810	325393	73926	102401	153102	124315	74744
个人贷款及透支	1067172	955935	18437	16440	13850	21643	21064	19803	3588
#个人消费贷款	634751	591976	3250	7386	6896	6974	12207	6061	2228
单位普通贷款及透支	2715435	2045142	41373	281026	58086	79958	129638	80212	71156
#经营贷款	2715331	2045037	41373	281026	58086	79958	129638	80212	71156
银团贷款	120000	120000							
贸易融资	640531	581114	2000	27927	1990	800	2400	24300	
中长期贷款	21591780	19449072	230974	408309	312698	556316	417099	217312	134375
个人贷款	7043576	6318407	158116	111989	132750	73848	199899	48568	78405
#个人消费贷款	6731737	6030448	155726	105373	130935	73274	187879	48102	76375
单位普通贷款	12732330	11529992	72858	227620	179948	359968	217200	144744	55970
#经营贷款	1880059	1735019	30000	2200		47840	15000	50000	
固定资产贷款	10852272	9794973	42858	225420	179948	312128	202200	94744	55970
普通并购贷款	72220	32020		16200				24000	
银团贷款	1722867	1547867		52500		122500			
贸易融资	20785	20785							
票据融资	681863	669971		5759		2050		4082	
#贴现	681863	669971		5759		2050		4082	
各项垫款	15791	15791							
境外贷款	1299	1277	13	9					

教育事业主要综合指标

（2013 年）

单位：所、人

指　　标	数　值	指　　标	数　值
平均每万人拥有各类学校数（个）	**1.74**	**小学五年巩固率（%）**	**98.94**
高等学校	0.07	**小学学生辍学率（%）**	**0.08**
中等职业学校	0.15	**初中学生毛入学率（%）**	**115.31**
技工学校	0.03	**初中三年巩固率（%）**	**94.32**
普通中学	0.41	**初中学生辍学率（%）**	**2.91**
普通小学	1.08	**初中毕业生升学率（%）**	**143.85**
平均每万人各类学校在校生数（人）	**2645.07**	**平均每万人各类学校教职工数（人）**	**203.25**
高等学校	1018.65	#专任教师	152.15
中等职业学校	264.24	#高等学校	60.41
技工学校	81.00	中等职业学校	15.88
普通中学	505.85	技工学校	3.53
普通小学	773.99	普通中学	42.28
小学适龄儿童净入学率（%）	**100.00**	普通小学	40.35

卫生事业基本情况

（2013 年）

指　标	机构数（个）	实有床位数（个）	人员数（人）	卫生技术人员							其他技术人员	管理人员	工勤人员
					执业（助理）医师	执业医师	注册护士	药师（士）	技师（士）	其他			
总　计	**4026**	**68764**	**97967**	**76282**	**26787**	**23138**	**35532**	**3265**	**4072**	**6626**	**4460**	**4541**	**6979**
市区	1274	51856	69327	56969	19552	18101	28079	2335	2940	4063	3454	3348	4947
六县（市）	2752	16908	28640	19313	7235	5037	7453	930	1132	2563	1006	1193	2032
中牟县	571	3180	4006	2451	1036	676	848	142	154	271	196	91	395
巩义市	650	2530	5544	4162	1606	1096	1730	187	210	429	100	150	333
荥阳市	387	2156	4209	2782	909	594	982	125	128	638	118	233	421
新密市	392	3723	5522	3701	1357	998	1443	218	256	427	189	313	261
新郑市	337	2287	4422	2904	1081	800	1111	105	155	449	160	187	377
登封市	415	3032	4937	3313	1246	873	1339	153	229	323	243	219	245
医　院	**216**	**59020**	**69075**	**57418**	**18692**	**17370**	**29079**	**2521**	**2968**	**4158**	**3180**	**3483**	**4994**
综合医院	111	38014	42771	36063	11620	10862	18582	1504	1922	2435	1877	2045	2786
中医医院	46	9406	11995	10032	3692	3397	4404	604	452	880	411	576	976
中西医结合医院	2	285	304	254	187	132	50	10	7		9	12	29
专科医院	57	11315	14005	11069	3193	2979	6043	403	587	843	883	850	1203
口腔医院	3	40	292	217	124	119	70	3	2	18	17	32	26
眼科医院	6	532	505	286	134	127	103	17	17	15	122	33	64
耳鼻喉科医院	2	180	216	163	57	53	92	5	6	3	35	10	8
肿瘤医院	2	2973	2560	2273	616	615	1410	56	102	89	103	73	111
心血管病医院	3	1080	1557	1315	381	368	720	39	71	104	57	128	57
胸科医院	1	823	1070	930	269	258	561	38	33	29	62	33	45
妇产（科）医院	3	121	569	294	101	87	165	9	15	4	5	47	223
儿童医院	1	1379	2425	2075	403	395	1208	71	128	265	46	142	162
精神病医院	3	638	543	425	105	98	228	20	23	49	30	38	50
传染病医院	2	1059	975	836	218	205	411	30	41	136	26	71	42
皮肤病医院	3	125	158	126	41	31	68	10	7		7	5	20
骨科医院	8	1105	1509	987	376	324	438	45	62	66	234	103	185
康复医院	4	727	634	466	150	124	213	25	38	40	56	29	83
整形外科医院	1	25	86	42	11	11	25	2	2	2	14	12	18
美容医院	4	100	255	129	44	38	70	6	9		38	36	52
其他专科医院	11	408	651	505	163	126	261	27	31	23	31	58	57
基层医疗卫生机构	**3642**	**6404**	**19554**	**12426**	**6036**	**3953**	**4120**	**567**	**517**	**1186**	**407**	**228**	**788**
社区卫生服务中心（站）	211	1300	3712	3255	1354	1125	1273	174	172	282	131	122	204
卫生院	101	4924	5313	4529	1779	873	1403	275	261	811	276	106	402
村卫生室	2519		7097	1392	1042	332	350						
门诊部	38	180	758	640	324	262	209	34	56	17			118
诊所、卫生所、医务室	773		2674	2610	1537	1361	885	84	28	76			64
专业公共卫生机构	**140**	**3340**	**8325**	**6160**	**1973**	**1759**	**2302**	**168**	**506**	**1211**	**697**	**624**	**844**
疾病预防控制中心	16		1696	1085	537	474	95	24	128	301	170	222	219
专科疾病防治院（所、站）	3	70	256	197	74	72	29	4	39	51	21	12	26
健康教育所（站、中心）	3		31	9	3	2	2	1	1	2	4	11	7
妇幼保健院（所、站）	14	3270	4262	3648	1127	1046	1906	127	273	215	194	156	264
急救中心（站）	3		93	56	11	10	36			9	10	16	11
采供血机构	1		401	206	34	34	118	1	44	9	68	15	112
卫生监督所（中心）	17		693	577						577	37	52	27
计划生育技术服务机构	83		893	382	187	121	116	11	21	47	193	140	178
其他卫生机构	**28**		**1013**	**278**	**86**	**56**	**31**	**9**	**81**	**71**	**176**	**206**	**353**

注：卫生事业基本情况包含村卫生室。

全市及县（市）城镇居民家庭基本情况

（2013 年）

项目	单位	全市	中牟县	巩义市	荥阳市	新密市	新郑市	登封市
调查户数	户	520	33	28	25	32	30	30
现住房总建筑面积	平方米/人	36.73	57.37	38.16	39.20	56.50	52.54	58.61
家庭人口数	**人**	**1487.83**	**103.25**	**95.00**	**76.25**	**122.25**	**102.50**	**95.00**
有收入者人数	人	1037.04	59.50	67.25	58.50	83.75	69.00	60.00
就业人口数	人	837.92	58.50	59.25	49.00	68.50	53.50	60.00
国有经济单位职工人数	人	282.08	33.00	27.00	14.00	33.25	14.25	11.00
城镇个体或私营企业主人数	人	140.50	4.75	9.75	6.25	13.75	12.50	9.00
离退休再就业人数	人	31.08	2.00		4.75			
其它就业人数	人	384.25	18.75	22.50	24.00	21.50	26.75	40.00
离退休人数	人	150.92		6.00	8.00	13.00	15.00	
其它有收入者人数	人	48.21	1.00	2.00	1.50	2.25	0.50	
无收入者人数	人	450.79	43.75	27.75	17.75	38.50	33.50	35.00
在外就学人数	人	10.73			3.25		1.00	5.00
家庭总收入	**元**	**28255**	**22451**	**24148**	**23837**	**24426**	**23178**	**22026**
#可支配收入	元	26615	20602	22516	22582	22617	22630	21795
家庭总支出	**元**	**21690**	**16933**	**18809**	**23118**	**24311**	**23102**	**20486**
消费支出	**元**	**18672**	**13560**	**15308**	**16430**	**20543**	**20864**	**18999**
通过互联网购买商品或服务支出	元	169.36	78.26	42.43	96.23	47.93	21.88	45.01
恩格尔系数	**%**	**32.4**	**29.0**	**26.1**	**27.4**	**25.4**	**24.3**	**21.7**

重要文件目录

中共郑州市委文件

中共郑州市委关于深入学习贯彻党的十八大和省委九届五次全会精神　加快推进郑州都市区建设的决议

郑发〔2013〕2号
（2013年1月5日）

中共郑州市委　郑州市人民政府关于进一步加快工业项目投资的意见

郑发〔2013〕4号
（2013年1月30日）

中共郑州市委　郑州市人民政府关于做好2013年经济工作的实施意见

郑发〔2013〕5号
（2013年2月20日）

中共郑州市委　郑州市人民政府关于印发《郑州市"坚持依靠群众推进工作落实"长效机制2013年工作要点》的通知

郑发〔2013〕6号
（2013年2月23日）

中共郑州市委关于印发《卢展工同志在参加省十二届人大第一次会议郑州代表团讨论审议时讲话》的通知

郑发〔2013〕7号
（2013年2月27日）

中共郑州市委　郑州市人民政府关于进一步规范和促进组团新区产业集聚区发展的意见

郑发〔2013〕8号
（2013年2月27日）

中共郑州市委　郑州市人民政府关于印发郑州市2013年民生"十大实事"的通知

郑发〔2013〕9号
（2013年2月27日）

中共郑州市委　郑州市人民政府关于深入学习贯彻李克强同志、卢展工同志重要批示精神　加快推进以郑东新区为样本以新型城镇化为引领的"三化"协调科学发展的意见

郑发〔2013〕10号
（2013年3月11日）

中共郑州市委　郑州市人民政府关于加快发展都市型现代农业　进一步增强农村发展活力的实施意见

郑发〔2013〕11号
（2013年5月22日）

中共郑州市委　郑州市人民政府关于落实人口和计划生育工作职责形成齐抓共管局面的意见

郑发〔2013〕12号
（2013年5月22日）

中共郑州市委关于贯彻落实中央和省委党的群众路线教育实践活动工作会议精神　在全市深入开展"一学三促"活动的意见

郑发〔2013〕13号
（2013年7月8日）

中共郑州市委关于印发省委书记郭庚茂在郑州调研结束时的讲话的通知

郑发〔2013〕14号
（2013年7月21日）

中共郑州市委　郑州市人民政府关于加快郑州航空港经济综合实验区建设的意见

郑发〔2013〕16号
（2013年8月9日）

中共郑州市委关于深入学习宣传贯彻习近平总书记系列重要讲话精神的实施意见

郑发〔2013〕17号
（2013年10月17日）

中共郑州市委关于认真学习贯彻党的十八届三中全会精神的通知

郑发〔2013〕18号
（2013年11月27日）

（刘跃亭　司现仓　郭　防　冯晓凯）

郑州市人大常委会文件

郑州市第十三届人民代表大会常务委员会关于接受许福亮、岳德常辞去郑州市第十三届人民代表大会常务委员会委员职务的决定

郑人常〔2013〕2号
（2013年2月4日）

郑州市人民代表大会常务委员会关于批准郑州市2013年政府投资项目计划的决议

郑人常〔2013〕3号
（2013年2月17日）

市十三届人大常委会第三十五次会议对《市政府关于2012年度市人大常委会有关决议、决定和审议意见落实情况的报告》的审议意见

郑人常〔2013〕8号
（2013年5月6日）

郑州市十三届人大常委会第三十五次会议关于对市政府农产品质量安全工作情况的报告的审议意见

郑人常〔2013〕9号
（2013年5月6日）

郑州市人民代表大会常务委员会关于接受胡荃辞去郑州市人民政府副市长职务的决定

郑人常〔2013〕10号
（2013年6月6日）

郑州市人民代表大会常务委员会关于接受李公乐辞去郑州市人民政府副市长职务的决定

郑人常〔2013〕11号
（2013年6月6日）

郑州市十三届人大常委会第三十七次会议对市政府《关于〈郑州市城市园林绿化条例〉实施情况的报告》的审议意见

郑人常〔2013〕12号
（2013年7月1日）

郑州市十三届人大常委会第三十八次会议对市政府《关于郑州市2013年上半年国民经济和社会发展计划执行情况的报告》的审议意见

郑人常〔2013〕18号
（2013年9月4日）

郑州市十三届人大常委会第三十八次会议对市中级人民法院《关于诉讼调解化解社会矛盾工作情况的报告》的审议意见

郑人常〔2013〕19号
（2013年9月4日）

郑州市人大常委会关于批准2012年市级财政决算的决议

郑人常〔2013〕20号
（2013年9月3日）

市十三届人大常委会第三十八次会议对市政府《关于郑州市2012年财政决算和2013年1-6月份财政预算执行情况的报告》的审议意见

郑人常〔2013〕21号
（2013年9月3日）

市十三届人大常委会第三十八次会议对市政府《关于2012年度市级预算执行及其他财政收支的审计工作报告》的审议意见

郑人常〔2013〕22号
（2013年9月3日）

郑州市十三届人大常委会第三十八次会议对市政府《关于新型城镇化建设工作进展情况的报告》的审议意见
郑人常〔2013〕23号
（2013年9月3日）

郑州市十三届人大常委会第三十八次会议对市政府《关于贯彻落实〈食品安全法〉情况的报告》的审议意见
郑人常〔2013〕24号
（2013年9月4日）

郑州市十三届人大常委会第三十八次会议对市政府《关于〈郑州市城市中小学校幼儿园规划建设管理条例〉和〈郑州市市区中小学布局规划〉贯彻落实情况的报告》的审议意见
郑人常〔2013〕25号
（2013年9月4日）

郑州市十三届人大常委会第三十九次会议对市政府《关于都市型现代农业示范区建设工作情况的报告》的审议意见
郑人常〔2013〕28号
（2013年11月4日）

郑州市十三届人大常委会第三十九次会议对市检察院《关于民事检察监督工作情况的报告》的审议意见
郑人常〔2013〕29号
（2013年11月6日）

郑州市十三届人大常委会第三十九次会议对市政府《关于促进全市产业集聚区发展情况的报告》的审议意见
郑人常〔2013〕30号
（2013年11月11日）

郑州市十三届人大常委会第四十次会议对郑州市人民政府《关于“畅通郑州”工程建设情况的报告》的审议意见
郑人常〔2013〕34号
（2013年12月25日）

郑州市十三届人大常委会第四十次会议对市人民政府《关于2012年度市本级预算执行审计工作报告中反映问题整改落实情况的报告》的审议意见
郑人常〔2013〕35号
（2013年12月26日）

郑州市十三届人大常委会第四十次会议对市人民政府《关于郑州市2013年财政收入预计完成情况及市本级超收安排意见的报告》的审议意见
郑人常〔2013〕36号
（2013年12月26日）

（胡凯林）

郑州市人民政府文件

郑州市人民政府关于下达2013年度郑州市第一批重点建设项目的通知
郑政〔2013〕1号
（2013年1月11日）

郑州市人民政府关于开展社会保险五险合一市级统筹工作的意见
郑政〔2013〕2号
（2013年2月8日）

郑州市人民政府关于分解下达2013年保障性住房建设任务的通知
郑政〔2013〕3号
（2013年1月29日）

郑州市人民政府关于进一步促进小型微型企业健康发展的若干意见
郑政〔2013〕4号
（2013年1月7日）

郑州市人民政府关于支持郑州市汽车产业发展的若干意见
郑政〔2013〕5号
（2013年1月7日）

郑州市人民政府关于进一步加强禁毒工作的意见
郑政〔2013〕6号
（2013年1月24日）

郑州市人民政府关于加快三环内工业企业外迁的指导意见
郑政〔2013〕7号
（2013年1月30日）

郑州市人民政府关于印发郑州市新能源汽车示范带动和产业发展行动计划（2013年-2015年）的通知
郑政〔2013〕8号
（2013年1月30日）

郑州市人民政府关于印发2013年郑州市林业生态建设工作实施方案的通知
郑政〔2013〕9号
（2013年2月7日）

郑州市人民政府关于印发2013年度新型城镇化建设目标任务分解方案的通知
郑政〔2013〕10号
（2013年2月21日）

郑州市人民政府关于印发2013年中心城区市场外迁工作方案的通知
郑政〔2013〕11号
（2013年2月27日）

郑州市人民政府关于印发郑州市2013年对外开放工作实施方案的通知
郑政〔2013〕12号
（2013年2月23日）

郑州市人民政府关于印发郑州市2013年服务业发展工作实施方案的通知
郑政〔2013〕13号
（2013年2月28日）

郑州市人民政府关于印发郑州市易地扶贫搬迁三年行动计划的通知
郑政〔2013〕14号
（2013年3月13日）

郑州市人民政府关于认真做好第三次全国经济普查工作的通知
郑政〔2013〕15号
（2013年3月19日）

郑州市人民政府关于印发郑州市2013年主要污染物总量减排计划实施方案的通知
郑政〔2013〕16号
（2013年3月25日）

郑州市人民政府关于印发郑州市支持科技型企业发展若干政策的通知
郑政〔2013〕17号
（2013年4月2日）

郑州市人民政府关于印发郑州市控制扬尘污染工作方案的通知
郑政〔2013〕18号
（2013年4月17日）

郑州市人民政府关于表彰2008-2013年度郑州市劳动模范（先进工作者）的决定
郑政〔2013〕19号
（2013年4月26日）

郑州市人民政府关于加快军民产业结合发展的意见
郑政〔2013〕20号
（2013年4月28日）

郑州市人民政府关于印发郑州市2013年国民经济和社会发展计划的通知
郑政〔2013〕21号
（2013年5月10日）

郑州市人民政府关于印发郑州市空气重污染日预警应急工作方案（试行）的通知
郑政〔2013〕22号
（2013年5月13日）

郑州市人民政府关于印发郑州市“十二五”控制温室气体排放工作实施方案的通知
郑政〔2013〕23号
（2013年5月15日）

郑州市人民政府关于进一步加快产业集聚区功能集合构建的指导意见
郑政〔2013〕24号
（2013年6月18日）

郑州市人民政府 郑州警备区关于做好2012年冬季退役士兵接收安置工作的通知
郑政〔2013〕25号
（2013年6月24日）

郑州市人民政府关于转发河南省基本公共服务体系“十二五”规划的通知
郑政〔2013〕26号
（2013年7月1日）

郑州市人民政府关于修订《郑州市电子商务发展规划纲要》的通知
郑政〔2013〕27号
（2013年7月3日）

郑州市人民政府关于印发郑州市电力设施和电能保护办法的通知
郑政〔2013〕28号
（2013年9月29日）

郑州市人民政府关于第十轮行政审批制度改革全面简政放权的决定
郑政〔2013〕29号
（2013年10月19日）

（李林晓 李 波）

索 引

说明：

本索引为分类索引，包括主题词索引、表格和示意图索引、彩图插页索引。

主题词索引标目按汉语拼音音序排列，标目后数字为页码，页码后a、b、c分别表示为该页的左、中、右栏。

表格和示意图索引、彩图插页索引按页码顺序编排。

主题词索引

A

爱国卫生运动　440a
安全保卫工作　123b
安全播出管理　408a
安全供气　192b
安全管理　167b、273c、289b
安全生产　20c、193c、196b、291a、305c、307a、307b、387a
安全生产“打非治违”　381b
安全生产标准化建设　381b
安全生产大检查活动　381a
安全生产工作会议　112c
安全生产监督管理　379c
安全生产网格化管理　380a
安全生产宣传培训　382a
安全生产应急救援　382b
安全生产责任制落实　380a
安全饮水工程　225b
安全隐患排查治理　381a
安全郑州创建　380b
安全质量标准化建设　241a
安全专项整治　380b
案件查办　91b
案件督办　185c
案件派遣　185c

B

白鸽磨料磨具公司重组　385a
“百全”农产品形象店开业　273b
“百园扶百园”工程　421a
拜祖大典　72a
《拜祖文》　73a
班组建设　286c、307c
办公厅领导的事业单位　25c
办公用房清理腾退　123a
保护性耕作　221b
保健食品监管　388a
保税油销售　308c
保险　19c
保险机构　31b
保障民生工作　161a
保障性住房建设　442a
保障演练部队顺利过境　167c
报废车回收专项整治　244c
备灾、救灾工作　149c
本地展会做大做强　254c
毕业生就业工作　116b
编制管理　99b
编制管理规范化　100b
编组站综合自动化改造　288b
汴河遗址西岸河堤考古发掘　397b
标准定额管理　174c
标准化菜市场建设　248c
标准引领　378c
兵员征集　166c
病虫草害　210c
病虫草害防治　210c
病媒生物防治　441a
部队正规化建设　168c
部门管理机构　25c

C

财务融资　71b
财政　19c、311
财政补贴贷款　310a
财政促进经济发展　311c
财政管理　311a、312b
财政监督　312c
财政奖补　313a
财政收支　311a
财政推动美丽乡村建设　313a
采掘机械化　241a
参加“春城洋溢华夏情”旅游展　258b
参加“黄河千里风情线相约在西宁”活动　259c
参加东北旅游推广活动　260a
参加哈洽会　249b
参加海峡两岸台北旅展　260c
参加京交会　249a
参加农洽会　249c
参加省产业转移活动　250a
参加省五大产业链产销对接大会　281c
参加食博会　250a
参加物流产业博览会　253c
参加中博会　383c
参加中博会旅游活动　259b
参加中国北方旅游交易会　260b
参加中国-东盟博览会　249c
参加中国国际旅交会　261a
参加中国国内旅交会　259a
参加中国进出口商品交易会　250a
参加中南大学产学研活动　310c
参加中小企业博览会　310b
餐车食品安全　289c
餐饮业监管　387c
残疾儿童康复工程　151a
残疾人“两个体系”建设　150c
残疾人彩票公益金康复项目　151a
残疾人扶贫帮困　151b
残疾人康复工作　151a
残疾人联合会　150c
残疾人培训就业　151b
残疾人特殊教育　151a
残疾人维权信访　151c
残疾人文化体育　151b

残疾人组织建设　152a
测土配方施肥　212a
禅武医理论与实践研讨会　465a
产城互动融合发展　63b
产权管理基础工作　385a
产业发展　452c
产业和科技扶贫　209a
产业集聚（园）区建设　462a
产业集聚区概况　61c
产业集聚区机构套合　99b
产业集聚区主要经济指标　62a
产业集群发展　62a
产业转移活动　250a
长效机制工作理论研讨成果
　　评审会　65a
长效机制工作推进大会　64b
长效机制工作座谈会　64b
长效机制建设　77a、162c、434a
长效机制提升工作会议　64c
常规调查　390b
常西湖新区建设　481c
场站建设　294a
“畅通郑州”工程建设　292b
超限超载治理　301a
车用乙醇汽油推广使用　246b
成品油市场整治　245c
成人教育　424c
成人社区教育　425a
城建档案工作　179c
城郊铁路工程规划　177b
城郊铁路工程建设　67c
城区河道管理　183a
城区美化　190b
城区卫生　440b
城市道路大修改造　182a
城市雕塑创作　196c
城市公共交通　296b
城市公交　296b
城市供水　191a
城市共同配送试点工作　246b
城市管理　451b、452c
城市管理网格化　180b
城市管理整治提升　181a
城市环境雕塑　196b
城市建设　20c、58b、452b、459b
城市建设与管理　475c、483c
城市旅游联盟　258b
城市燃气　191c
城市软实力建设　77c
城市设计规划　178b
城市社区卫生服务　428c
城市照明设施　182c
城乡管理综合考评　181c
城乡规划编制　175a
城乡规划管理　179a
《城乡规划管理技术规定》
　　出台　179a
城乡规划土地建设管理制度　100a
城乡规划与管理　175
城乡环境保护　197
城乡建设　171、469c
城乡建设和管理　466c
城乡居民生活　438a
城乡社区建设　444c
城镇居民收入　438a
城镇居民消费　438b
驰名著名商标申报　370c
出国（境）管理　117b
出口加工区概况　454c
出口加工区招商引资　455a
出口加工区重点项目建设　454c
出生人口性别比偏高治理　433c
出租汽车　297a
传销　371c
创汇农业　207c
创建国家森林城市　214a
创新发展　251b
“春城洋溢华夏情”旅游展　258b
春节黄金周旅游　257a
春节消费品市场　247b
春运工作　296b
春运组织　285c
慈善大奖评选　149b
慈善氛围营造　149b
慈善救助　148c
慈善培训活动　149b
慈善劝募　148b
慈善项目　149a
慈善志愿者队伍建设　149a
慈善总会　148b
从业人员教育培训　241b
村镇建设　172c
存款情况　261c

D

打击“傍名牌”执法　372b
打击传销　371c
打击违法犯罪活动　156c
打假治劣　389a
大典《拜祖文》　73a
大典仪程　72b
大交通：郑州与武汉上演中部
　　“双城记”——郑州武汉交通
　　枢纽建设情况比较分析　506c
大企业大集团培育　234a
大气污染防治　197a
大商新玛特郑州总店男士
　　服装业种　493a
大事记　32
大运河郑州段申遗　396a
大招商活动　247a
代表议案和建议办理　104a
贷款情况　262a
单位及居住区绿化建设　189a
担保机构规范整顿工作　159b
担保行业监管　310a
党的建设　78a
党建和宣传工作　307a
党派工作创新　130a
党史工作　102a
党史工作宣传教育　102c
党史资料征编研　102b
党务工作重要会议　82a
党校分校管理　104a
党校工作　103a
党政机构　76
档案安全体系建设　402a
档案事业　400c
档案文化建设　401c
档案信息化建设　401c
档案资源建设　401c
“道德讲堂”活动　23a
道德模范评选与学习宣传　22c
道路大修改造　182a
道路绿化建设　188c
道路运输生产　295c
道路运输市场监管　296a、300a
登封“天地之中”历史建筑群
　　保护　396a
登封市　463b
登封市工业经济　464a
登封市机构与领导　463b
登封市社会事业　464c
登封市文化旅游产业　464b
登封市现代农业　464a
登封市新型城镇化建设　464c
邓永俭在郑调研　250c
地方立法工作　153a
地方史志　402b
地方性法规制定　153b
地区经济工作　318b
地税管理　314c
地下空间开发　169c
地震监测　202b
地震应急救援　204c
地质地貌　14a
地质灾害预防　364c
第三产业　458c、461b、466b
典当行业发展调研　245c
典当业非法集资排查　245c
典型案例　163c
电力安全生产　239a
电力工业　238a
电力供需完成情况　238b
电力规范管控　239a
电力科技创新　239a
电力依法治企　239a
电力营销和优质服务　238c
电商小包业务　272a
电网建设与改造　238a
电信通信　276c
电子商务产业园　58a
电子商务产业园授牌　245b
电子商务诚信交易试点　369b
电子商务化物流连锁配送　273a
电子商务监管　391c
电子商务示范企业　244b
电子信息产业　237b
电子信息产业园　57c
雕塑协会成立　196c
雕塑艺术开放月活动　196c
调查研究　264c
调图组织　280c
调研工作　65b、94b
调研及视察活动　108c
东亚飞蝗综合治理　211b
动漫创意产业　395b
动物管养与繁育　191a
动物疫病防控　213c
督导与评估　425c
队伍建设　242c

对公业务　266b
对台服务　120b
对台工作　119b
对台宣传教育　120a
对外交流与合作　426b
对外经济　19b
对外开放　451b、458c、469c
对外开放暨服务业发展大会　112b
对外宣传　93c、407c
多党合作和政治协商　128b
多党合作事业发展　98a
多元化经营　406b

E

2号线一期工程建设　67c
二七广场管理　183c
二七区　476b
二七区机构与领导　476b
二七区民生建设　478b
二七区土地保障与资金运作　477b
二七区现代产业体系构建　477c
二七区项目投资与招商　477b
二七区新型城镇化建设　477c
二七区政府自身建设　478c

F

发票管理　315c
发行网点建设　404b
发展计划管理　316a
发展综述　17a
法规　498
法律服务　162b
法律援助　162c
法院　30b
法院工作　160b
法院自身建设　161b
法制　153
法制监督　372c
法治郑州建设　162a
反垄断反不正当竞争执法　372a
反洗钱　264a
范卫华　491c
防卫作战集成课目演练　167c
防汛　182a、227a
防汛工程建设与管理　227b
防汛抗旱　225a
防震减灾宣传教育　203c
房地产和基建管理　123b
房地产企业经营行为规范　443a
房屋登记　442c
房屋征迁　172c
非法集资规范整顿工作　159b
风险防范　270c
风险管理　268b
扶残助残活动　151c
扶贫　209a
扶贫开发　209a
服务“三大主体”工作　142a
服务保障中心工作　91a
服务关怀　432c
服务经济社会发展大局　159a
服务企业发展　372b
服务市委中心工作　103b
服务项目建设　379c
服务新感知　275b
服务形象塑造　266a
服务型行政执法建设　372c
服务业　243、319a
服务业发展规划　320a
服务业集聚区建设　319c
服务业统计　390b
服务业综合改革　320a
服务质量管理　305c、306b
服务质量提升　379c
服务中心工作　379b
服装制造业　237c
妇联基层组织建设　145a
妇女儿童两规划推动实施　144a
妇女儿童实事办理　144c
妇女建功立业　143c
妇女教育培训　143c
妇女就业创业　144a
妇女联合会　143b
《妇女权益保障条例》立法调研　144b
妇女维权和平安综治　144c
附录　489
富士康项目建设　451a

G

改革创新　271a、364a
改革开放　77b、472b、485c
干部教育培训　103a
干部教育培养　92a
干部人才队伍建设　96b
干部人事制度改革　92a
干部依法行政培训　154a
干线公路建设　293c
干线公路养护　295a
岗位练兵　193b
港澳台海外统战工作　99a
高等教育　422b
高端人才和智力引进　145a
高端制造业发展　57a
高速公路建设　293b
高速交通干线网络优化　275c
高铁旅游宣传促销　258c
高铁运营管理　285c
高校升本与合作办学　423b
高新区　455a
高新区构建现代产业体系　455b
高新区基层组织建设　456c
高新区科技创新　455c
高新区民生建设　456b
高新区网格化管理　456b
高新区新型城镇化建设　455b
高中特色多样化发展　421c
个体工商户　368c
个险业务　271b
耕地保护　364a
工程建设　194c、196a
工程质量管理　294b
工程质量监管　173b
工会　140a
工会基层建设　140b
工会建设　141b
“工人先锋号”获得集体　492b
“工人先锋号”获得集体名单　493b
工商联　30a、128a、138a
工商联参政议政　138c
工商联服务会员企业　138c
工商联经济服务工作　139a
工商联思想政治工作　138a
工商联组织建设　139c
工商行政管理　365a
工商银行　265a
工业和建筑业　18b
工业结构调整　234c
工业经济　228、458b、461a、464a、466a、469b
工业经济运行特点　232c
工业项目投资　234b
工业用电　233c
工业增速态势　232
工业综述　228a
公安队伍建设　158c
公安工作　156a
公共服务平台建设　63a
公共机构节能管理　123c
公共交通　296b
公共交通总公司104线路　493b
公共体育设施规划和建设　431c
公共文化服务体系建设　394b
公共文化设施网络　394c
公路养护　295a
公路运输业　290a
公民思想道德建设　22a
公铁合作项目建立　279c
公务用车管理　123a
公益广告宣传　22b
公用事业　188
公园绿地建设　188a
公园游园绿地建设　188b
供气服务　192c
供热　193b
供热保障　194a
供热调度　194a
供热服务　195b
供水安全　191a
供水服务　191c
供水工程建设　191b
供销合作　250c
供用水市场规范秩序　191b
巩义市　457a
巩义市城市建设　459b
巩义市第三产业　458c
巩义市对外开放　458c
巩义市工业经济　458b
巩义市机构与领导　457a
巩义市农业与农村经济　458a
巩义市人民生活　459c
巩义市社会保障　459c
巩义市社会事业　459a
巩义市项目建设　458c
共青团　141c
共青团品牌提升　143a
孤独症儿童关爱救助　151a
固定资产投资　18c、320a
固定资产投资运行特点　320c

关注民生　407a
管城回族区　478c
管城区机构与领导　478c
管城区十大实事　480c
管城区网格化管理　480b
管城区新型城镇化建设　479c
管城区园区建设　480a
管城区政府自身建设　480c
管理品质提升　265c
管理体系　423c
管理体制变更　404c
光彩事业　139b
广告监测　371a
广告市场规范发布秩序　371b
规范经营　242c
规范行政处罚　372c
规范性文件备案审查　153c
规范性文件管理　372c
规范性文件监督管理　154c
规划编制　175a
规划管理　179a
规划批后管理　179b
规划审批和新体制运行　179a
规划信息化建设　179c
规划与管理　175
规划执法　179b
轨道交通　66a、298c
轨道交通建设　67b
轨道交通线网规划　66a
轨道交通线网规划修编　67a
轨道交通运营筹备　70a
轨道交通站点交通规划　177c
癸巳年黄帝故里拜祖大典　72a
郭庚茂到郑州北站视察　287c
郭庚茂到郑州调研　88c
郭庚茂到郑州铁路局调研　279b
国道310郑州段改线规划　177c
国防动员　166c
国际民航组织考察航空港实验区　114b
国家森林城市创建　214a
国库工作　264b
国民体质监测　431a
国内“大通关”协作模式分析及借鉴　503a
国内贸易　19a
国内友好城市交流　253b
国企负责人薪酬管理　384c
国企工资分配管理　384c
国企退休教师补贴发放　384c
国税管理　313a
国土资源管理　364a
国有企业改革　386a
国有企业改制　385b
国有企业融资担保审批　385b
国有资本经营预算　384b
国有资产监督管理　382c
国有资产统计　383c
国资系统法律事务工作　386c

H

H7N9禽流感防控　370a
哈洽会　249b
海关工作　391a
海关缉私　391b
海关监管　391a
海关税收征管　391a
海关特殊监管区建设　391c
海关统计　391b
海关支持航空港区建设　391c
海事管理　302a
海外华侨华人交往　118c
海外统战工作　99a
旱作农业　212a
航班保障　306b
航空港实验区　50、450a
航空港实验区城市管理　451b
航空港实验区对外开放　451b
航空港实验区发展优势　53b
航空港实验区发展政策保障　55b
航空港实验区概况　52b
航空港实验区管理体制建立　99b
航空港实验区规划　54a、450a
航空港实验区规划编制　53c
航空港实验区获批建立　52b
航空港实验区机构设置　53a
航空港实验区建设　111a
航空港实验区建设会议　85b
航空港实验区建设领导小组会议　113b
航空港实验区历史沿革　50a
航空港实验区民生建设　452a
航空港实验区市容环境卫生　451c
航空港实验区市政设施养护　451c
航空港实验区网格化管理　451a
航空港实验区新型城镇化建设　450b
航空港实验区园林绿化养护　452a
航空港实验区招商引资　450c
航空港实验区政务服务　452b
航空港实验区专业园区　57b
航空港实验区综述　55b
航空货运　305b
航空客运　305b
航空枢纽建设　451a
航空物流产业发展　56b
航空物流产业园　57c
航空运输业　305b
航空制造维修产业园　57c
航延处置与保障　306b
行业管理　196a
行业监管　255c
行业建设　253a
合村并城建设规划　59a
合村并城征迁建设　59b
合理化建议活动　308c
合同格式条款专项整治　369b
“和谐寺观教堂”创建　448c
和谐稳定　251a
河道管理　183a
河流综合治理　225c
河南机场集团化改制　305c
河南省“工人先锋号”获得集体名单　493b
河南省“五一劳动奖章”获得者名单　493a
河南省“五一劳动奖状”获得单位名单　493b
河南省电子商务产业园授牌　245b
河南省机场集团有限公司　305b
贺卡业务转型　272b
红旗渠精神杯先进县　474a
红色集邮巡展　272b
红十字会　149c
红十字精神传播　150c
后勤保障　167a
湖北省考察团到郑考察　89a
互联网信息化云平台开发　276c
花卉生产　210b
花生生产　209c
华南城签约泉州商会　244c
华南蓝天航油河南分公司　307a
华侨华人交往　118c
化妆品监管　388a
环保长效机制　199b
环保法制建设　198c
环保科研　198c
环保行政审批制度改革　199a
环保宣传　199a
环城快速公路管理　183b
环境安全保障　198a
环境保护　20c、171、197a、364c
环境监测　198b
环境监察　198b
环境卫生管理　181a、184b
环境影响评价制度　198a
环卫职工待遇改善　184b
黄标车提前淘汰补助服务　246b
黄帝故里拜祖大典　72a
黄帝文化国际论坛　73a
黄河鲤种质资源保护　212c
“黄河千里风情线相约在西宁”活动　259c
黄河湿地保护　214c
黄河治理　227a
黄金周旅游　257a
黄金周消费市场　247c
回收报废车专项整治　244c
会议、活动举办　406a
会展协调服务　254c
会展业　254a
会展业特点　255a
会展专项资金管理　255a
惠济桥考古发掘　397b
惠济区　484b
惠济区改革开放　485c
《惠济区古荥镇总体规划》　177a
惠济区机构与领导　484b
惠济区区域功能品位提升　485a
惠济区三次产业结构优化　485b
惠济区社会事业　486a
惠济区四类社区建设　485
惠济区完善社会管理服务体系　486a
火车站地区管理　186
货币信贷管理　262b
货运体制改革　288a
货运组织改革　280b、284b、286a

J

机场二期工程建设规划　59b
机场二期工程建设项目　59c

机场二期项目征迁　59c
机构编制管理创新　100b
机构与领导　457a、460b、463b、465b、468b、471a、474c、476b、478c、481a、484b、486c
机关服务保障　123c
机关事务工作　123a
机关自身建设　444b
机制建设　266c
基层基础建设　160a
基层建设　167a
基层群众自治　434a
基层组织建设　92b
基础管理　267a、274c
基础建设与合规服务　267c
基础教育
基础能力建设　273c
基础设施建设　58a、62c、277c、306c
基金监督　440a
吉炳轩到郑州调研　88a
疾病防控　428b
集体林权制度改革　214b
集邮巡展　272b
集中供热　193b
纪检监察　91a
纪律检查委员会　25a
纪念京汉铁路工人运动学术研讨会　398c
技术比武　193b
技术创新　193a
技术服务　145b
技术设备　283b、285b、287b、289a
加快郑州航空都市区产业发展的思考与建议　501a
家居和品牌服装制造业　237c
价格服务　377a
价格改革　375c
价格管理　374c
价格网格化管理　377c
价格总水平　374c
假日旅游　257a
假日旅游工作电视电话会议　256c
假日运输　281b
监督工作　108b
监督检查　252c
监管基础建设　389c
监事会工作　386b
减灾救灾　445c
检察队伍建设　160a
检察工作　158c
检察院　30b
建设安全监管　173c
建设行业管理　172
建设银行　267a
建设运营管理　196b
建言献策　145a
建置沿革　14c
建筑材料“三位一体”模式　174b
建筑节能　174a
建筑市场规范管理　173a
建筑业　18b
建筑业管理　173a
健康教育　441b
交通　19b
交通安全管理　157c
交通基础设施建设　292b
交通企业　302c
交通通信机构　30c
交通信息化建设　291c
交通行业管理　299b
交通运输业　278
交通战备工作　292a
交通政策重点项目　177a
教材发行　403c
教师成长机制完善　424b
教学方式改革　421c
教育　20a、420a
教育管理　425a
教育教学质量建设　423a
教育乱收费治理　425b
教育预防　91c
秸秆综合利用及禁烧　219a
节能减排　195b
节约集约用地工作会议　114a
结构优化　64a
金融创新　269c
金融改革　269a
金融机构　31a
金融统计　263c
金融网点转型　272c
金融稳定　263b
金融运行状况　261b
金融证券　19c
金水区　474b
金水区城市建设与管理　475c
金水区机构与领导　474c
金水区社会管理　476a
金水区社会事业　475c
金水区现代产业体系构建　475b
金水区政府自身建设　476a
金阳电气重组搬迁　385a
金属物流园启用　282c
禁烧　219a
京交会　249a
经费投入　420b
经济　206
经济发展　110b
经济技术开发区　453b
经济监督与管理　316
经济社会发展情况　316a
经济责任审计　373c
经济总量及结构　17a
经开区民生事业　454b
经开区新型城镇化建设　454b
经开区招商引资　454a
经开区主导产业　453c
经营管理　268a、269c、271b、308a
经营结构优化　265b
经营模式完善　407c
经营效率　265c
经营效益　270c
“晴彩郑州”上线　409c
精密机械产业园　58a
精神病患者医疗救助　151a
精神文明创建　23b
精神文明创建管理　123c
精神文明建设　21c、227c
精益管理　193a
警备区　31c、166a
纠正“四风”　91b
九三学社参政议政　136c
九三学社社会服务工作　137b
九三学社思想建设　136b
九三学社郑州市委　136b
九三学社组织建设　136b
酒类流通领域整治　246b
救灾物资专列开行　281a
就业帮扶　116a
举办国家级流动展会　254b
军粮供应　252c
军事斗争准备　166b
军事训练　168b
军转安置工作　117a

K

开发区　450
开放创新双驱动　64a
开放带动战略实施　243c
勘察设计　71a
勘察设计业管理　174c
考古发掘　397b
科技　410a
科技创新　195a、196a、227c
科技工作者宣传表彰　146a
科技计划总体布局　410c
科技开放与合作　411c
科技人员包万村行动　208a
科技兴医　429c
科技型企业发展　411a
科技专项实施　411a
科普大学建设　145c
科普行动计划　145c
科普资源开发　146a
科协组织建设　146a
科学技术　20a
科学技术协会　145a
科研创新　71c
科研工作　103b
客户、产品与项目　267b
客户服务　274c、277c
客运乘务　289a
客运服务　284b
客运收入　289a
课外校外教育　426c
口岸大通关　391b
口岸建设　319c
跨境贸易电子商务服务　453c
跨境贸易电子商务监管　391c
快件物流中心建设　320a
快速公路管理　183b
快速通道沿线城市设计规划　178c
宽带业务　275a
矿产资源　14a
矿产资源管理　364b

L

垃圾收集处理　184b
来访接待　118a
兰博尔公司索凌电气合作　385a

劳动模范（先进工作者）名单　494a
老干部工作　100c
老干部工作网格化管理　102a
老干部文化生活　101c
老干部政策落实　101b
老干部作用发挥　101a
老龄工作　446a
李书转　491b
理财业务　269a、269c
理论学习与研究　92c
理赔业务　271c
利益引导　433a
联通通信　275a
联席会议制度落实　122a
廉政工作电视电话会议　113a
粮食安全保障　251c
粮食购销　252a
粮油购销　251c
列车调图　284a
林权制度改革　214b
林业　214a
林业产业　214c
零售业务　266b
领导接访下访　122a
流动人口服务管理　433b
流动展会　254b
流转税管理　315a
“六五”普法宣传　386c
卢展工参加人大郑州代表团活动　104a
路风建设　284c、289b
路政管理　300b
旅交会　259a、261a
旅游　19b
旅游标准化工作会议　256b
《旅游法》培训讲座　256c
《旅游法》专题研修班　256b
旅游工作电视电话会议　256c
旅游管理与服务　256b
旅游惠民　256a
旅游交易会　260b
旅游市场大检查　256c
旅游市场开发　255b
旅游推介　260a
旅游微营销活动　260a
旅游项目建设　255b
旅游业　255b
铝及铝精深加工产业　237c
绿博园管理经营　214b
绿城读书节　405c

M

马春新　490a
马凯到郑州北站调研　287c
马凯到郑州铁路局调研　279a
马懿拜访科研院所和知名企业　114c
马懿陪同美国客人参观郑东新区　114b
马懿视察市场供应　250b
矛盾纠纷排查化解　122b
媒体舆论监督　407a
煤矿安全监管　240c
煤矿事故　241a
煤炭工业　240b
煤炭企业打非治违　241b
煤炭行业行政审批改革　241b
煤炭运销管理　241c
“美好郑铁家园三年规划”　280c
美丽郑州建设　77c
民办教育　423b
民兵应急队伍紧急拉动演练　167c
民革参政议政　130c
民革促进祖国和平统一　131b
民革社会服务　131a
民革思想建设　130b
民革郑州市委　130b
民革组织建设　130c
民建参政议政和民主监督　133a
民建社会服务工作　133b
民建思想建设　132b
民建郑州市委　132b
民建组织建设　132c
民进参政议政　134a
民进社会服务　134b
民进思想建设　133c
民进郑州市委　133c
民进组织建设　133c
民盟履行参政党职能　132a
民盟社会服务活动　132a
民盟思想建设　131b
民盟郑州市委　131b
民盟组织建设　131c
民生保障　312a
民生保障和改善　111b
民生工程　434
民生工作推进会　114a
民生建设　285a、286c、288b、290a、452a、453a、463a、470b、478b
民生领域科技创新　411b
民生实事　473b
民生实事目标　437b
民生实事目标及完成情况　434a
民生新闻首登央视　408c
民营经济　309
民营经济表彰会　114a
民营经济存在问题　309b
民营经济管理　309c
民营经济集群化发展　309a
民政　444a
民政法制建设　444a
民政与民族宗教事务　444
民主党派　30a、128a
民主党派自身建设　128c
民主法治建设　77b
民族聚居地区经济社会发展　447c
民族团结进步创建　447c
民族与宗教　447a
民族宗教工作　98c
民族宗教政策法规宣传　447b
沐浴企业座谈会　245a

N

内部督查审计　315c
内部管理　306c
内控管理　268b
内控建设　271c
内贸流通业　243a
内资企业　368b
纳税服务　315b
纳税评估　315b
南水北调　226a、226b
南水北调干线工程　226b
南水北调配套工程建设　226c
年鉴编纂水平提升　402c
农产品网上购销对接会　244b
农产品网上购销对接会　249c
农村“清洁家园行动”　24a
农村安全饮水工程　225b
农村财务管理　206c
农村公路建设　293c
农村公路养护　295b
农村合作经济组织　251a
农村环境保护　198a
农村经济　207
农村精神文明建设　24a
农村居民收入　439a
农村居民消费　439a
农村劳动力培训　208a
农村劳动力转移　116b
农村能源环保　212a
农村土地承包与流转　207a
农村卫生　440c
农村信用社改革　263b
农电工作　239a
农工党参政议政　135b
农工党社会服务工作　135c
农工党思想建设　134b
农工党郑州市委　134b
农工党组织建设　134b
农机安全监理　222b
农机购置补贴　218b
农机合作社建设　220c
农机教育培训　221c
农机科技创新　221b
农机科普宣传　221b
农机新机具新技术推广　222a
农机宣传　220b
农民收入　207
农民专业合作社　369a
农洽会　249c
农网创星　270b
农业对外开放　207c
农业和农村工作　206
农业机械化　215a
农业技术推广中心站建设　208a
农业科研成果　208b
农业信息化建设　208b
农业银行　266a
农业与农村经济　17a、458a、461b、466b
农资市场专项执法　369a
农作物病虫草害　210c
农作物病虫草害防治　210c

P

排水管网改造　182b
培肥地力　211c
品牌服装制造业　237c

平安建设　187c、364c、387a
平安农机　221c
平安郑州建设　161c、163c
平价商店建设　377c
普查工作　390a

Q

七大主导产业　237a
企业财务预算　383c
企业党建　386c
企业发展战略规划监管　382c
企业扶持　268a
企业改革　251a
企业管理　242b
企业文化建设　306a
企业质量主体责任落实　378c
企业注册登记　367c
气候气象　14b
气候影响评价　201c
气象服务　199b
气象灾害　201a
气源保障　192a
汽车报废补贴结束发放　244c
汽车及装备制造业　237a
墙体材料革新　174b
禽流感防控　245a
青年民生服务工程　142c
青少年合法权益维护　142c
青少年科普活动　145c
青少年思想引领　141c
青少年业余训练　431b
“清洁家园行动”　24a
清真食品管理　448a
秋粮生产　209b
区划调整　15a
区划现状　15a
区域发展　449
区域功能品位提升　485a
渠道建设　265c
全国“工人先锋号”获得集体　492b
全国“五一劳动奖章”获得者　490
全国法治县（市、区）创建活动先进单位　467c
全国基层中医药工作先进县（市）　467c
全国绿化示范县　474a
全国品牌农业示范县（市）　467b
全国史志工作交流会　403c
全国文明城市创建　23b、95a
全国义务教育发展基本均衡县（市）　467c
全国最具农业投资价值县（市）　467b
全媒体传播格局构建　407a
全媒体发展　406b
全民健身大会　430c
全民科学素质工作　145b
全社会用电量情况　238b
全市安全生产工作会议　112c
全市对外开放暨服务业发展大会　112b
全市节约集约用地工作会议　114a
全市廉政工作电视电话会议　113a
全市领导干部会议　81a
全市民生工作推进会　114a
全市民营经济表彰会　114a
全市人口和计划生育工作会议　113a
全市深化投融资体制改革动员会　113c
全市深化行政审批制度改革动员会　113b
全市生态建设工作动员大会　112a
全市食品安全工作会议　112c
全市新型工业化推进大会　112a
全域城市化建设　482c
权益维护　364c
群众工作队工作会议　65b
群众路线教育实践活动　282a
群众体育活动　430c
群众体育组织建设　431a
群众团体组织　30b
群众文化活动　95a
群众性建功立业活动　140a
群众性文化活动　395a

R

燃气　191c
燃气输配系统建设　192a
燃气选线规划　178a
热网维护　194b
热源厂燃气选线规划　178a
人才工作　425a
人才培养和引进　116b
人大常委会　25c
人大常委会工作机构　25c
人大常委会会议　105b
人大常委会主任会议　107a
人大代表培训　104c
人大工作会议　108a
人大会议　105a
人大全会　105a
人道救助工作　150a
人防比武竞赛　170c
人防工程管理　170a
人防工程建设　169c
人防行政执法　170a
人防宣传教育　170b
人防指挥通信　169c
人防组织指挥建设　169c
人感染H7N9禽流感防控　245a
人居环境改善工作　21c
人口　20c
人口构成　16b
人口和计划生育工作会议　113a
人口和计划生育管理　432a
人口素质提高　433a
人口性别比偏高治理　433c
人口状况　16a
人力资源管理　116a
人民币管理　264a
人民代表大会　104a
人民调解　162a
人民防空　169b
人民检察院　30b
人民生活　20c、432、459c
人民团体　140
人民武装　166
人民银行　261b
人民政府　110a
人民政协　124a
人事人才服务　116c
人事制度改革　117a
人事制度改革　424a
荣誉榜　490
融资渠道建设　309c
融资性担保行业监管　310a

S

三次产业结构优化　485b
三大主导产业综述　55c
“三大主体”工作　60
三个服务　314b
“三关爱”志愿服务活动　23c
三环快速路沿线规划　178c
三环线快速公交规划　177c
“三农”业务　266c
“三秋”农机战役　217b
“三下乡”活动　24b
“三夏”机收会战　216b
“三献”工作　150a
“三型”工会建设　141b
“三走进三郑州”游客启程　261a
扫黄打非　405b
森林城市创建　214a
森林资源保护　214b
山脉水系　14a
商标申报　370c
商场超市禽流感防控　245a
商贸课题研讨会　246b
商贸流通　243a
商品质量监测　367a
商务部公共服务平台建设培训班　246a
商务部小微商户座谈会　246a
商务部在郑举办研修班　245a
商业贿赂治理　372b
商业贸易　243a
商业预付卡专项检查　244c
商展贸易产业园　58a
上街区　486b
上街区机构与领导　486c
上街区社会事业　487c
上街区现代产业体系构建　487b
上街区项目建设　487c
上街区新型城镇化建设　487b
上行驼峰设备故障应急组织　288a
少年宫建设　24c
少数民族流动人口服务管理体系　448b
设计变更和概算调整　364a
设计审批管理　363a
设计招标投标管理　363c
设施农业　210b
设施农业建设　221a
社保待遇　439c
社会　427
社会保障　20c、439c、459c
社会服务　445b
社会福利　446a

社会管理　444b、463a、467a、470a、476a
社会管理创新　155c
社会管理服务体系　486a
社会化扶贫　209b
社会化科普活动　145c
社会救助　445c
社会科学界联合会　146b
社会科学学术年会　147a
社会矛盾纠纷化解　159c
社会事业　459a、464c、467a、470b、472c、475c、483a、486a、487c
社会团体　140
社会文化　394a
社会政治稳定维护　156b
社会治安防控　157a
社会治安管控　155c
社会主义核心价值体系建设　94b
社会组织监管　444c
社科成果转化　146c
社科课题调研　146b
社科学术活动　147a
社科优秀成果评奖　146c
社科知识普及活动　147a
社区便利店建设　248c
社区科普大学建设　145c
社区卫生服务　428c
涉外管理　117c
涉外活动　119a
申遗　396a
深化改革　313c
审计监督　373a
审计科技建设　374b
审计内部管理　373c
审计任务　373c
审计信息　374b
审批制度改革　174a
生产运行　194b
生态建设　461c
生态建设工作动员大会　112a
生态文明建设　58c
生物及医药产业　237c
生物医药产业园　58a
生物资源　14b
省“工人先锋号”获得集体名单　493b
省“五一劳动奖章”获得者名单　493a
省“五一劳动奖状”获得单位名单　493b
省电子商务产业园授牌　245b
省电子商务示范企业　244b
省沐浴企业座谈会　245a
省市领导会见深圳企业家代表团　89b
省市双重管理机构　29a
省厅商务领域市场监管培训班　246a
省委书记卢展工参加人大郑州代表团活动　104a
师资队伍建设　424a
师资培训　423c
十大实事　480c
“十一”黄金周消费市场　247c
“十一”假日旅游　257c
石家庄市考察团到郑考察　89a
食博会　250a
食品安全案件移交　366c
食品安全工作会议　112c
食品安全监管　365b
食品安全监管机制　365c
食品安全应急机制　366b
食品安全知识宣传　366b
食品安全重点监管　366a
食品诚信体系建设　240a
食品工业　239b
食品行业运行特点　239b
食品药品监督管理　387b
食品质量安全监管　378c
史志服务经济社会　402c
史志工作领域拓宽　403b
史志基础设施建设　403b
史志学会更名换届　402c
世界大力士中国争霸赛　409c
世界无烟日活动　245b
市场开拓　274a
市场拓展　192c
市场营销　306b
市雕塑协会成立　196c
市管企业财务动态监测　384a
市管企业负责人业绩考核　384a
市管企业目标管理　384a
市劳动模范(先进工作者)名单　494a
市情概要　14
市区养犬管理　184c
市区养犬管理规范　181b
市人大常委会　25c
市人大常委会工作机构　25c
市人民政府　26a
市容管理　184a
市容环境卫生　184a
市容环境卫生管理　451c
市委　25a
市委常委会议　79b
市委工作部门　25a
市委十届六次全体（扩大）会议讲话　2
市委十届四次全体（扩大）会议　78b
市委十届五次全体（扩大）会议　78c
市委书记吴天君市委会议讲话　2
市委直属事业单位　25b
市委重要会议　78b
市委重要活动　87c
市新华书店资产划转　386a
市盐业公司搬迁　385c
市运会暨全民健身大会　430c
市政府工作部门　26b
市政府派出机构　28b
市政府直属事业单位　28a
市政府重要会议　112a
市政府重要活动　114b
市政府驻外办事机构　29a
市政建设　180c
市政建设与管理
市政排水管网改造　182b
市政设施防汛　182a
市政设施管理　180c
市政设施建设　187a
市政设施养护　181c、451c
市政协工作机构　29c
市政重点工程建设　172a
市属媒体建设和管理　94a
市属投融资平台公司建设　384b
“示范方+合作社+村邮站”　273a
事业单位改制　385a
事业单位和行业体制改革　100a
事业资产监管　384c
视察活动　108c
收费整顿　376c
收入征管　311a
“守合同重信用”企业公示　370a
蔬菜生产　210a
暑期文化市场治理　24c
数据库监测企业培训　245a
数据中心建设　277c
数字档案馆建成　401a
数字化城市管理　181b、185b
“数字企业”建设　277a
双拥共建　167b
双拥优抚安置　446b
水产技术推广　212c
水产良种繁育　212b
水产品质量安全　212b
水产业　212b
水果生产　210b
水库除险加固工程　225c
水利建设　225a
水生态文明建设　225b
水土保持　225c
水污染防治　197b
水政水资源管理　227b
水资源管理　226b
税收宣传　315c
税收征管　315a
税务　311
税务稽查　315c
税制改革　314a
“丝绸之路经济带”国际交流会　247a
司法服务工作　160b
司法行政工作　161c
私人业务　269b
私营企业　368b
思想政治建设　166a、168a
4号线工程建设　70a
“四好班子”建设　308b
四类社区建设　485
嵩山论坛　465a
嵩山论坛　96c
苏州市考察团到郑考察　89a
诉讼监督　159b
孙毅彪视察郑州海关　391c
所得税管理　315b
索引　564

T

台胞台属联谊　120c
台北旅展　260c
台资企业协会　120c

泰康人寿保险　271a
特色课程体系建设　421c
特色郑州　49
特载　1
特种设备安全监管　379a
提升郑州国际化营商环境的对策建议　504a
体育　20b、430b
体育教育　422a
体制机制完善　64a
"天地之中"历史建筑群保护　396a
天天邮戏活动　272b
铁路　278a
铁路局机关亮点工作　282b
铁路军事运输综合保障基地建成　288b
铁路投融资调研座谈会　279b
通信线路保障　276a
"同心"实践行动　130a
统计"双基"建设　390c
统计法制工作　390c
统计工作　389c
统计工作会议　247a
统计监测评价　390b
统计信息技术　390c
统计政风行风建设　390c
统计资料　513
统战工作　97a
统战工作助推经济社会发展　97a
统战网格化管理深化　99a
投融资体制改革动员会　113c
投资促进　253b
投资审计　373b
图书发行　403
图书营销活动　404a
屠宰企业安全生产大检查　245b
土地保障与资金运作　477b
土地储备　364b
团的基层组织建设　142b
推动工商联工作　98c
推进多党合作事业发展　98a
驼峰设备故障应急组织　288a

W

"挖潜增效"竞赛　195b
瓦斯和水害治理　241a
外汇管理　264c
外商投资企业　368c
外事侨务工作　117a
万达文化旅游项目考察　249a
万钢到郑州调研　88a
王保军　491a
王升建　490b
网点建设　268c
网格管理机制完善　187b
网格化城市管理　180b
网格化管理　240c、387c、443a、451a、480b
网格化社会管理体系　159c
网络保障能力提升　275b
网络建设　274b、277b
网络文明传播　21c
网络宣传与管理　93b
为侨服务　118c
违法犯罪打击　156c
违法建设查处　174a
违法违纪案件查处　372c
卫生　20b、428a
卫生文化和行风建设　430a
卫生重大项目建设　430a
未成年人思想道德建设　24b
未成年人思想道德建设　94c
未成年人心理健康教育　24c
文博公共服务　398b
文博广场地下空间规划　177c
文博研究　400a
文化　20b、394
文化产业发展　95c
文化产业聚集发展　395b
文化服务体系建设　95a
文化环境整治　96b
文化惠民工程　394c
文化旅游产业　464b
文化品牌　395b
文化事业　394
文化体制改革　395c
文化体制改革　95b
文化遗产保护　96a
文化志愿服务　95b
文化综合体建设　404b
文明城市（城区）创建　23b
文明创建　187a
文明单位、社区和景区创建　23b
文明单位结对帮扶农村精神文明创建　24a
文明家庭创建　144a
文明交通行动　22a
文明施工管理　173c
"文明使者"志愿服务站建设　23c
文物安全　398c
文物保护规划　396b
文物保护和环境整治工程　396c
文物管理　395c
文物勘探　397b
文物依法行政　398c
文物知识培训　396c
文物重点项目建设　398b
文物资源基础工作　397a
文学艺术界联合会　147b
文艺创作生产　95a
文艺活动　147b
文艺家协会活动　148c
文艺精品创作　395b
稳定住房价格　442b
"我们的节日"活动　23a
卧具洗涤　289c
污染物减排　197c
污水处理　195c
无烟日活动　245b
无照经营查处取缔　370b
无证无照经营查处　370b
吴天君出访法国、比利时　89b
吴天君到山东考察　89c
吴天君会见重要来客　89c
吴天君市委会议讲话　2
5号线、1号线二期工程建设　70a
五险合一　439c
"五一劳动奖章"获得者　490
"五一劳动奖章"获得者名单　493a
"五一劳动奖状"获得单位名单　493b
武警党委班子建设　169b
武警后勤建设　168c
武警基层建设　169a
武警郑州市支队　31c、167c
物价管理　374c
物流产业博览会　253c
物流分销管理　273a
物流通道建设国际交流会　253c
物业管理　123c、442c

X

夏粮生产　209b
县（市）区概况　457
县（市）区工业　234c
县（市）区业余训练　431c
县（市）园林绿化建设　189b
现代产业体系构建　76c、472b、475b、477c、482b、487b
现代产业体系构建会议　84a
现代服务业　469c
现代服务业发展　57a
现代工业体系构建　63c
现代农业　464a、469b
现代农业和民生领域科技创新　411b
现代农业科技创新　411b
项目建设　252b、458c、469c、487c
项目投资　64a、482a
项目投资与招商　477b
消防安全管理　158a
消费品监管　379a
消费投诉网络建设　367c
消费维权　367a
消费维权业务培训　367a
消费者协会维权工作　367b
小额贷款公司发展　310a
校企共建　281c
校园安全　425c
啸鹰航空项目落户上街　488b
谢伏瞻到郑州调研　88b
谢伏瞻到郑州考察　88c
心理健康教育　421a
新材料产业　237b
新华书店资产划转　386a
新密市　460a
新密市产业集聚（园）区建设　462a
新密市第三产业　461b
新密市工业经济　461a
新密市机构与领导　460b
新密市民生建设　463a
新密市农业与农村经济　461b
新密市社会管理　463a
新密市生态建设　461c
新密市新型城镇化建设　461c
新密市中心城区功能提升　463a
新农合实施情况　428c
新网工程　250c
新闻出版　405a
新闻出版与传媒　405
新闻宣传　93a、162c

新兴业务　265a
新型城镇化档案工作　401b
新型城镇化建设　58a、60a、76b、111a、450b、461c、464c、472a、477c、479c、483a、487b
新型城镇化建设财政保障　311c
新型城镇化建设会议　82c
新型工业化推进大会　112a
新邮发行　272c
新砦遗址勘探发掘　397c
新郑港区综述　51b
新郑市　465b
新郑市成为全国法治县（市、区）创建活动先进单位　467c
新郑市成为全国基层中医药工作先进县（市）　467c
新郑市成为全国品牌农业示范县（市）　467b
新郑市成为全国义务教育发展基本均衡县（市）467c
新郑市成为全国最具农业投资价值县（市）467b
新郑市城乡建设和管理　466c
新郑市地方税务局城关税务分局　492b
新郑市第三产业　466b
新郑市工业经济　466a
新郑市机构与领导　465b
新郑市农业与农村经济　466b
新郑市社会管理　467a
新郑市社会事业　467a
新郑市政府网站获殊荣　468a
新郑综合保税区　50
信贷投放　268a
信访部门建设　122c
信访工作　121a
信访积案专项治理　122b
信访渠道畅通　122c
信访稳定　364c、387a
信息编发和上报　111c
信息管税　315c
信息化发展　274b
信息化建设　158a、179c
信息化平台建设　379a
信息化云平台开发　276c
信息技术支撑　274a
信息科技　270a
信息宣传　22a
信用体系建设　264b
“星级文明户”评选活动　24a
刑事检察工作　159a
荥阳市　468a
荥阳市成为中国嫘祖文化之乡　470c
荥阳市成为中国象棋文化之乡　470c
荥阳市城乡建设　469c
荥阳市对外开放　469c
荥阳市工业经济　469b
荥阳市机构与领导　468b
荥阳市民生建设　470b
荥阳市社会管理　470a
荥阳市社会事业　470b
荥阳市现代服务业　469c
荥阳市现代农业　469b
荥阳市项目建设　469c
行政复议　154c
行政区划　14c
行政审批法规专项清理　153c
行政审批流程规范　385c
行政审批制度改革　99c
行政审批制度改革动员会　113b
行政执法监督　154b
修配市场管理　301b
修志工作纵深发展　403a
虚假违法广告整治　371a
徐宪平到郑州北站视察　287c
畜产品质量监管　213b
畜牧技术推广　213c
畜牧生产　213a
畜牧业　212c
宣传报道　408c
宣传倡导　432b
宣传工作　92c、239c、308c
宣传营销　258b
学雷锋志愿服务活动　94c
学术交流活动　145b
学校管理与建设　103c
学校基本建设　420c
学校少年宫建设　24c
学业评价体系构建　422a

Y

烟草工业　242a
严隽琪到郑州调研　87c
盐业公司搬迁　385c
央企战略合作　383b
“阳光工程”培训　208a
养犬管理　181b、184c、185a
养犬管理顶层设计　184d
养犬管理督查督导　185b
药品不良反应监测　389a
药品流通环节监管　388c
药品生产环节监管　388b
业务发展　270b
业务经营　267a
107辅道快速路工程规划　177b
1号线试运营　70c
1号线一期工程建设　67b
“一刻钟社区服务圈”微信平台　488c
“一学三促”活动　92a
医疗服务管理　429c
医疗器械监管　388c
医药产业　237c
医药卫生体制改革　429b
依法行政　154c、299b、315a、377c、389b、405c、433c
依法治档宣传　402a
依法治税　314a
移动通信　274a
移动通信业务　275a
移民搬迁安置　226c
移民扶持工作　226a
乙醇汽油推广使用　246b
义务教育内涵提升工程　421b
艺术创作　147b
艺术教育　422b
议案和建议办理　104a
易地搬迁扶贫　209a
翼支付　277b
因公出国（境）管理　117b
银保产品开发　272c
银行保险业　261b
引黄灌溉　226a
饮水工程　225b
应急处置体制机制建设　155b
应急救护工作　149c
应急救援体系建设　241c
营销管理　286b
用地保障　364b
用电量情况　238b
优化人才发展环境　92c
优质化工程　425a
邮电　19b
邮电通信业　272a
邮速联动　272c
邮政　272a
友好城市交流　118a
渔政监督管理　212b
舆情信息工作　94b
“雨露计划”培训　209a
玉米机械化收获　218b
预算执行审计　373a
员工关爱工程　308b
园林科研　190c
园林绿化　188
园林绿化管理　189c
园林绿化规划设计与监理　190b
园林绿化建设与管理　188a
园林绿化养护　452a
园林绿化依法行政　190a
园区建设　480a
云平台开发　276c
运输安全　283c、286a、287b
运输生产任务　284a、287b

Z

早餐示范店复检　246a
展馆建设　254a
战略发展　267b
战略性新兴产业发展　411b
站网调节　194a
张平到郑州调研　88a
招标投标监管　173a
招标与造价管理　71b
招商活动　247a
招商引资　57b、62b、77b、234a、450c
照明设施　182c
侦破盗窃保险柜案　165a
侦破公安部督办打拐专案　165b
震害防御基础建设　203b
震情跟踪和监测预报　203a
整村推进扶贫　209a
郑东新区　452b
郑东新区产业发展　452c
郑东新区城市管理　452c
郑东新区城市建设　452b
郑东新区民生建设　453a
郑交会　254c
郑焦城际铁路黄河大桥贯通　281c

郑开大道市政管理　183c
郑欧班列开行　279c
郑欧国际货运班列开通　453c
郑台交流交往　119c
郑台经贸合作　119b
郑州北站　287a
郑州车站　283a
郑州大酒店重组　385a
郑州电视台　408b
郑州雕塑艺术开放月活动　196c
郑州东站　285a
《郑州都市区总体规划》　175a
郑州高新技术产业开发区　455a
郑州高新区构建现代产业体系　455b
郑州高新区基层组织建设　456c
郑州高新区科技创新　455c
郑州高新区民生建设　456b
郑州高新区网格化管理　456b
郑州高新区新型城镇化建设　455b
郑州国际陆港建设　453b
郑州航空港区综述　51c
郑州航空港实验区　50、450a
郑州航空港实验区管理体制建立　99b
郑州航空港实验区规划　450a
郑州航空港实验区获批建立　52b
郑州航空港实验区建设　111a
郑州航空港实验区建设会议　85b
郑州航空港实验区建设领导小组会议　113b
郑州航空旅游产品推介　259c
郑州航空展会项目筹备　254a
郑州华南城签约泉州商会　244c
《郑州记忆》展览　401b
郑州交通建设投资有限公司　303c
郑州交通运输集团有限责任公司　303b
郑州经济技术开发区　453b
郑州经开区民生事业　454b
郑州经开区新型城镇化建设　454b
郑州经开区招商引资　454a
郑州经开区主导产业　453c
郑州警备区　31c、166a
郑州客运段　288c
郑州旅游走进重庆　260c
郑州人民广播电台　406c
郑州日产汽车有限公司焊接车间X11M工段　492c
郑州三环快速路沿线规划　178c
郑州市107辅道快速路工程规划　177b
郑州市城郊铁路工程规划　177b
郑州市城市设计规划　178b
《郑州市城乡规划管理技术规定》出台　179a
郑州市大事记　32a
郑州市雕塑协会成立　196c
《郑州市妇女权益保障条例》立法调研　144b
郑州市公共交通总公司104线路　493b
郑州市公园游园绿地建设　188b
郑州市轨道交通站点交通规划　177c
郑州市交通规划勘察设计研究院　304b
郑州市交通政策重点项目　177a
郑州市经济社会发展情况　316a
郑州市考察团赴西安重庆昆明考察　89b
郑州市考古研究院对外合作　400a
郑州市快速通道沿线规划　178c
郑州市劳动模范（先进工作者）名单　494a
郑州市旅游标准化工作会议　256b
郑州市全社会用电量情况　238b
郑州市群众团体组织　30b
郑州市人大常委会　25c
郑州市人大常委会文件　559b
郑州市人民检察院　30b
郑州市人民政府　26a
郑州市人民政府文件　560a
郑州市三环线快速公交规划　177c
郑州市社会急救医疗条例　498
郑州市数字档案馆建成　401a
郑州市委　25a
郑州市现代农业科技创新　411b
郑州市中级人民法院　30b
郑州市中州大道快速路工程规划　177b
郑州铁路局技能大师工作室建立　282a
郑州铁路局省旅游局合作　279c
郑州铁路军事运输综合保障基地建成　288b
郑州通航试验区建设　488a
郑州图书馆新馆试运行　395a
郑州文化建设如何“突围”——郑州武汉文化建设对比分析　509c
郑州新区机构编制调整　99c
郑州新郑国际机场　50c
郑州新郑机场工程勘探发掘　397c
郑州新郑综保区综述　51c
郑州新郑综合保税区　450a
郑州银行　268c
郑州银行股份有限公司营业部　492c
郑州银行上市工作　385b
郑州宇通客车股份有限公司　302c
政法大事　163c
政法队伍建设　156a
政法工作　155a
政风行风建设　292b、434a、443b
政府法制工作　154a
政府工作报告　7
政府立法　154b
政府信息编发和上报　111c
政府行政安全　154b
政府性债务审计　373a
政府职能转变　473a
政府专项工作　384c
政府自身建设　476a、478c、480c
政务服务　452b
政协　124a
政协常委会议　126c、127a、127b、127c
政协促进团结联谊　125a
政协履行职能　124a
政协全会　126a
政协十二届五次会议　126a
政协郑州市委　29b
政协自身建设　125b
政治　75
支付清算　263c
知识产权保护　371a
知识产权体系完善　411c
执法规范化建设　158b
执法监察　364c
执法检查　108b
执勤处突　168b
直播力度加大　409a
直销监管　372a
职工帮扶服务　140c
职工队伍整体素质提升　141a
职工福利保障调查统计　384c
职工合法权益维护　140c
职工教育培训　284c
职工培训　288b、289c
职务犯罪查办和预防　159b
职业教育资源拓展　424c
职业卫生监管　381b
植物病虫害防治　190c
植物检疫　211b
志愿服务活动　23c
志愿服务体制机制建设　23c
志愿者服务工作　150b
质量安全管理　70c
质量技术监督管理　378a
质量强市示范城市创建　378b
智慧城市建设　276a
“智慧校园”建设　277a
智力引进　145a
智能终端产业园　57c
中博会　383c
中博会在郑举办　248a
中博会招商活动　248b
中部金属物流园启用　282c
中等职业教育　424c
中共郑州市委　25a
中共郑州市委文件　559a
中国（郑州）国际街舞大赛　96c
中国–东盟博览会　249c
中国共产党　76a
中国进出口商品交易会　250a
中国嫘祖文化之乡　470c
中国南方航空河南分公司　306a
中国人寿保险　270a
中国象棋文化之乡　470c
中国银行　267c
中国郑州科技成果交易暨高科技人才交流会　73c
中级人民法院　30b
中牟县　471a
中牟县成为红旗渠精神杯先进县　474a
中牟县成为全国绿化示范县　474a
中牟县改革开放　472b
中牟县机构与领导　471a
中牟县民生实事　473b
中牟县社会事业　472c
中牟县现代产业体系构建　472b
中牟县新型城镇化建设　472a
中牟县政府职能转变　473a
中欧物流通道建设国际交流会　253c

中欧物流通道建设国际交流会 280a
中小河流综合治理 225c
中小企业贷款 269a
中小企业国际市场开拓培训会 247a
中小企业专家服务工作 310c
中小学心理健康教育 421a
中心城区功能提升 463a
中心城区市场外迁 319c
中医药工作 429c
中原报业传媒集团 405
中原福塔空中邮局开业 273c
中原红盾市场巡查 370a
中原红盾消费维权行动 366c
中原经济区城市旅游联盟 258b
中原区 481a
中原区城市化建设 482c
中原区城市建设与管理 483c
中原区机构与领导 481a
中原区社会事业 483a
中原区现代产业体系构建 482b
中原区项目投资 482a
中原区新型城镇化建设 483a
中原区重点项目建设 484a
《中原铁道报》 282c
中原文化活动周 74c
中原西路西延项目考古发掘 398a
中原新区建设 481c
中州大道快速路工程规划 177b
《中州纵横》杂志 147a
"种文化到基层"活动 147
种植业 209b
"种子基金"贷款 310a
仲裁办案质量提升 163a
仲裁调解 163b
仲裁队伍建设 163c
仲裁工作 163a
仲裁宣传推行 163a
重大投资事项监管 382c
重大项目建设 62b
重点领域和关键环节改革 111b
重点图书 403c
重点项目建设 123a、240a、383a、484a
重要签约仪式 90a
重要商品市场整治 370b
重要文件目录 559
周末蔬菜直销市场 248c
主导产业 237a
主任接待代表日活动 104b
主食产业化 252b
主业发展 193c
住房保障和房地产管理 441c
注册企业行业分布 368a
驻郑部属及省属单位 30c
驻郑单位联络服务 253b
专家型团队建设 424b
专卖管理 242a
专题文艺晚会 74c
专文 501
专项调查 390b
专项社会事务 445a
专项整治 91c
专项资金审计和调查 373b
装备制造业 237a
资金筹措 311b
资源整合 270c
自然环境 14a
自身建设 306a
自邮一族业务 273b
宗教事务管理 448b
综保区综述 51c
综合保税区 50
综合平台建设 273c
总述 1
组织工作 91c
组织机构 25a
组织领导 432a
组织收入 313b
"做一个有道德的人"主题教育活动 24b
ZZTV手机客户端上线 409c

表格和示意图索引

郑州市行政区划情况（表） 15
郑州市人口基本情况（表） 16
郑州市人口自然变动情况（表） 17
郑州市生产总值及增速（图） 17
郑州市三次产业比例（图） 17
郑州市规模以上工业增加值及增速（图） 18
郑州市固定资产投资及增速（图） 18
郑州市社会消费品零售总额及增速（图） 19
郑州市进出口总值及增速（图） 19
郑州市财政预算收入及增速（图） 20
郑州市城镇居民消费价格指数（图） 21
郑州市城镇居民人均可支配收入及增速（图） 21
郑州市农村居民人均纯收入及增速（图） 21
郑州市城市轨道交通线网规划修编（图） 68
市委书记吴天君调研考察活动（表） 90
市长马懿调研考察活动（表） 115
农业机械年末拥有量（表） 223
农业机械年末作业量（表） 224
全省省辖市规模以上工业增速情况（表） 228
全省省辖市工业增速（图） 229
省会城市规模以上工业增加值情况 229
省会城市规模以上工业增加值总量（图） 229
省会城市规模以上工业增加值增速（图） 230
大中城市规模以上工业增加值情况（表） 230
省会城市规模以上工业增加值情况（表） 231
工业占GDP比重（图） 232
规模以上工业单月增加值及增速（图） 232
规模以上工业累计增加值增速对比（图） 232
工业用电量增幅（图） 233
工业用电量累计增幅（图） 233
企业销售收入情况（表） 234
县（市）区规模以上工业增加值情况（表） 235
县（市）区规模以上工业增加值总量（图） 235
六区规模以上工业增加值情况（表） 236
六县（市）规模以上工业增加值情况（表） 236
开发区规模以上工业增加值情况（表） 236
县（市）区工业增速目标完成情况（表） 236
七大主导产业增加值比重（图） 237
主导产业增加值比重（图） 237
七大主导产业增加值比重（图） 237
汽车企业产量比重（图） 237
汽车企业工业产值比重（图） 237
工业七大主导产业主要指标（表） 238
郑州市全社会用电情况（表） 238
重大投资建设项目（表） 321
居民消费价格指数对比（表） 375
居民消费价格总指数走势同比（图） 375
居民消费价格总指数走势环比（图） 375
消费价格指数对比（表） 375
消费价格总指数走势同比（图） 375
消费价格总指数走势环比（图） 375
郑州与全国八大类价格对比（表） 376
郑州海关主要业务统计指标（表） 392
博物馆免费开放统计（表） 399
纪念馆免费开放统计（表） 399
郑州农村居民人均生活消费支出对比（表） 439b
宗教团体及办公地点分布情况（表） 448c
国民经济和社会发展总量及速度指标（表） 513
年末人口基本情况（表） 516
人口自然变动情况（表） 517
农林牧渔业总产值（表） 518
农村基本情况及从业人员（表） 520
牧业主要产品产量（表） 521
林业生产情况（表） 522
邮电通信行业基本情况（表） 523
规模以上工业总产值、增加值及销售产值（表） 524
全社会固定资产投资（表） 525
城市建设用地情况（表） 526

市政设施及公共交通（表） 526
城市供水、供电情况（表） 527
城市燃气及供热（表） 528
社会消费品零售总额（表） 529
对外经济贸易（表） 529
财政收入（表） 530
财政支出（表） 536
金融机构信贷收支（表） 554
中资全国性四家行信贷收支（表） 556
教育事业主要综合指标（表） 556
卫生事业基本情况（表） 557
全市及县（市）城镇居民家庭基本情况（表） 558

彩图插页索引

为民活动 美丽郑州

美丽郑州 一插2
国家及部委局办领导人为民活动 一插10
省领导人为民活动 一插14
市领导人为民活动 一插16
美丽郑州 一插20

区域新貌

郑州经济技术开发区管理委员会 二插22
郑州高新技术产业开发区管理委员会 二插24
河南郑州出口加工区管委会 二插26
中共巩义市委巩义市人民政府 二插28
中共新密市委新密市人民政府 二插30
登封市人民政府 二插32
新郑市人民政府 二插34
荥阳市人民政府 二插36
中牟县人民政府 二插38
郑州市金水区人民政府 二插40
郑州市二七区人民政府 二插42
郑州市管城回族区人民政府 二插44
郑州市中原区人民政府 二插46
郑州市惠济区人民政府 二插48
郑州市上街区人民政府 二插50
郑州市白沙园区管理委员会 二插52

部门亮点

郑州市城乡建设委员会 三插54
郑州市公安局 三插58
郑州市人民检察院 三插60
郑州市中级人民法院 三插62
郑州市司法局 三插63
郑州市城市管理局 三插64
郑州市地方税务局 三插66
郑州市人民政府国有资产监督管理委员会 三插68
郑州市人民防空办公室 三插70
郑州市地方史志办公室 三插72
郑州市南水北调工程建设管理领导小组办公室（郑州市移民局） 三插74
中共郑州市委党校 三插76
郑州市体育局 三插77
郑州市林业局 三插78
郑州市地震局 三插79
河南黄河河务局郑州黄河河务局 三插80

企业新姿 基层风采

郑州市轨道交通有限公司 四插82
中国人寿财产保险股份有限公司郑州市中心支公司 四插84
中国电力技术装备有限公司郑州电力设计院 四插86
中国移动通信集团河南有限公司郑州分公司 四插88
新郑市薛店镇人民政府 四插90
新郑市孟庄镇人民政府 四插92
新郑市龙湖镇人民政府 四插94
郑东新区圃田乡人民政府 四插96
郑州经济技术开发区明湖办事处 四插98
郑州经济技术开发区九龙办事处 四插100
郑州高新技术产业开发区石佛办事处 四插102
郑州高新技术产业开发区梧桐办事处 四插104
郑州市管城回族区十八里河镇人民政府 四插106
郑州市二七区马寨镇人民政府 四插108
郑州航空港区管理委员会滨河办事处 四插110
郑州经济技术开发区潮河办事处 四插111
郑州市惠济区大河路街道办事处 四插112
郑州市上街区中心路街道办事处 四插113
郑州市上街区济源路街道办事处 四插114
河南省电力公司郑州供电公司 四插115
中国联合网络通信有限公司郑州市分公司 四插116
中国电信集团公司河南省郑州市电信分公司 四插117
郑州银行股份有限公司 四插118
郑州颐和医院 四插119
郑州澍青医学高等专科学校 四插120
郑州市第四十八中学 四插121
郑州市二七区黄岗寺小学 四插122

企业新姿 基层风采

82 郑州市轨道交通有限公司
84 中国人寿财产保险股份有限公司郑州市中心支公司
86 中国电力技术装备有限公司郑州电力设计院
88 中国移动通信集团河南有限公司郑州分公司
90 新郑市薛店镇人民政府
92 新郑市孟庄镇人民政府
94 新郑市龙湖镇人民政府
96 郑东新区圃田乡人民政府
98 郑州经济技术开发区明湖办事处
100 郑州经济技术开发区九龙办事处
102 郑州高新技术产业开发区石佛办事处
104 郑州高新技术产业开发区梧桐办事处
106 郑州市管城回族区十八里河镇人民政府
108 郑州市二七区马寨镇人民政府
110 郑州航空港区管理委员会滨河办事处
111 郑州经济技术开发区潮河办事处
112 郑州市惠济区大河路街道办事处
113 郑州市上街区中心路街道办事处
114 郑州市上街区济源路街道办事处
115 河南省电力公司郑州供电公司
116 中国联合网络通信有限公司郑州市分公司
117 中国电信集团公司河南省郑州市电信分公司
118 郑州银行股份有限公司
119 郑州颐和医院
120 郑州澍青医学高等专科学校
121 郑州市第四十八中学
122 郑州市二七区黄岗寺小学

郑州市轨道交通有限公司

市委书记吴天君在郑州轨道交通1号线试运营当天为优秀员工授绶带

副省长赵建才带领省直相关部门负责人，对“畅通郑州”工程项目实地调研

省政协秘书长郭俊民带领各省辖市政协参会人员体验轨道交通运行情况

地铁eLTE宽带移动通信平台在郑州首发

驻豫全国人大代表试乘郑州地铁

郑州轨道交通1号线一期工程试运营基本条件评估会召开

12月28日，郑州轨道交通1号线开通试运营

7月，郑州轨道交通1号线实现车通全线

9月16日，郑州轨道交通1号线一期试运行仪式举行

在省人民会堂举行窦铁成同志先进事迹报告会

郑州轨道交通1号线通泰地铁变电站建成受电

公司员工参加“义务劳动+助力1号线一期工程试运营”活动

公司与郑州市第一人民医院联合举行“保护环境保卫母亲河”活动

举办“我眼中的郑州地铁”摄影比赛

到登封市君召乡进行扶贫慰问

中国人寿财产保险股份有限

爱心送考队伍

查勘队伍

到贫困小学看望小学生

组织学习红旗渠精神

公司郑州市中心支公司

郑州中支新人军训

营业大厅

中国人寿客户节

保险公众宣传日“保险进社区”活动

2013-2017年

青年文明号

共青团河南省委

获共青团河南省委2013年度“青年文明号”称号

中国人寿财产保险股份有限公司郑州市中心支公司

2013年度中原保险业理赔服务创新奖

2013年12月

获2013年度中原保险业理赔服务创新奖

中国人寿财产保险股份有限公司郑州市中心支公司

2013年度中原最具影响力保险机构

2013年12月

获2013年度中原最具影响力保险机构称号

中层干部参观学习焦裕禄精神

中国电力技术装备有限

院长　王广

设计人员与埃塞俄比亚当地儿童合影

设计人员在埃塞俄比亚收集当地变电站资料

参与设计的浙江舟山柔性直流输电总承包工程换流站

参与设计的浙江舟山柔性直流输电总承包工程基础施工

参与设计的浙江舟山柔性直流输电总承包工程基坑开挖

郑州电力设计院总承包项目——中国联通中原数据基地配套110千伏变电站机房

郑州电力设计院总承包项目——中国联通中原数据基地配套110千伏变电站全景

公司郑州电力设计院

参与设计的浙江舟山柔性直流输电总承包工程建筑框架施工

参与设计的浙江舟山柔性直流输电总承包工程建筑主体及户外电气设备

郑州电力设计院工程总承包项目——甘肃电工产品综合检测实验研究基地效果图

参与设计的浙江舟山柔性直流输电总承包工程墙体施工

郑州电力设计院总承包项目——中国联通中原数据基地配套110千伏变电站户内GIS

中国移动通信集团

公司党委书记殷勇杰在"两会"上接受采访

为地铁添上4G的翅膀

高速便捷的4G业务走进市民生活

河南有限公司郑州分公司

无论严寒酷暑，网络建设的脚步从不停止

精彩纷呈的4G业务展示

琳琅满目的手机卖场

地铁开通前紧张的4G网络调测现场

为社会大型活动提供通信保障

新郑市薛店镇人民政府

中央统战部副部长全哲洙到雏鹰集团调研

国家农开办主任王光坤在雏鹰集团调研

省委组织部部长夏杰在薛店镇调研新型城镇化建设

郑州市委书记吴天君陪同湖北省党政考察团考察常刘中心社区

新郑市委书记王广国、市长张国宏陪同驻马店市市长武国定在雪花啤酒公司参观考察

湖北恩施州党政考察团到雏鹰集团、常刘中心社区考察，新郑市委书记王广国陪同考察

驻河南全国人大代表视察常刘中心社区

郑州市薛店镇人民政府

薛店镇2012年综合考评会召开

“廉政文化进社区”活动走进常刘中心社区

新郑市四大班子观摩好想你枣业公司

郑州旅游局组织考察常刘中心社区

薛店镇召开“两会”

中国国际红枣综合产业园工业园项目奠基仪式举行

薛店镇“三夏”秸秆禁烧和综合利用工作动员会召开

薛店镇“一学三促”活动动员会召开

中原食品工业园集中签约仪式举行

新郑市孟庄镇人民政府

郑州市委书记吴天君、郑州市市长马懿带队调研孟庄镇新型城镇化建设

新郑市市长刘建武调研孟庄镇新型城镇化建设

新郑市委副书记王效光带领退职老干部调研孟庄镇新型社区建设

新郑市委组织部部长刘德金参加孟庄镇小石庄村民主生活会

孟庄镇党委书记赵东伟、副书记冯举涛在小石庄村指导社区拆迁工作

城后马社区奠基仪式

社区广场舞培训

社区盘鼓培训

社区卫生服务站

社区远程教育播放区

潮河新城便民服务大厅

文化惠民工程培训

新郑市龙湖镇人民政府

全国人大常委会副委员长吉炳轩到龙湖调研

省长谢伏瞻到龙湖调研

郑州市委书记吴天君到龙湖调研

郑州市市长马懿到龙湖调研

中国红十字会副会长王海京到泰山村调研

新郑市委书记王广国到龙湖调研

群众文化广场

龙泊圣地

新郑市龙湖镇人民政府

郑州新郑教育园区党工委副书记、管委会常务副主任、龙湖镇党委书记马国亮检查指导社区建设

龙湖镇党委常务副书记马书强检查指导东苑社区建设

镇长马绍敏检查指导群众路线教育实践活动

成熟的商住社区

便捷的交通

龙湖湿地公园

新型社区

丰富的群众文化生活

志愿服务活动

郑州华南城1号交易广场

高等院校

河南鸽瑞复合材料有限公司

高效农业示范基地

郑东新区圃田乡人民政府

郑东新区管委会常务副主任吴福民到圃田乡调研

郑东新区管委会副主任周军营到圃田乡调研市场外迁工作

班子成员召开民主生活会

圃田乡第十一届人民代表大会二次会议补选张利刚为圃田乡人民政府乡长

郑东新区在圃田乡组织调研合村并城工作

郑东新区圃田乡市场外迁工作会召开

长效机制工作培训会召开

市群众工作队到圃田乡与乡领导班子进行座谈

郑东新区圃田乡人民政府

长效机制工作"下基层、转作风、进网格、解难题"活动对接会召开

召开今冬明春火灾防控专题会

举办"迎五一、促和谐"诗歌朗诵比赛

投资550余万元新建的圃田乡中心小学四层教学综合楼

举办消防演练活动

举办庆"七一"喜迎十八大文艺汇演

购置5辆二转垃圾车及50个配套的钩臂式垃圾箱

荣誉证书

郑东新区圃田乡：

在2013年度精神文明创建活动中，成绩显著，经验收合格，被命名为市级文明村（镇）。

特发此证

中共郑州市委　郑州市人民政府

2014年5月

二〇一三年度消防工作

先进单位

郑州市郑东新区防火安全委员会

二〇一四年二月

2013年度安全生产大检查工作

先进单位

郑州市人民政府安全生产委员会

二〇一四年二月

获得的荣誉

郑州经济技术开发区明湖办事处

省、市督导组到办事处调研“学教活动”

办事处在“学教活动”中购置爱心蔬菜

党工委召开民主生活会

基层社区支部召开民主评议会

召开党员情况通报会

召开群众评价会

社区党员进行集中学习

组织到焦裕禄纪念馆参观学习

赵庄社区鲍湖村组拆迁后同时进行建筑垃圾无害化处理和现场防尘

毛庄社区建设的拆迁过渡房

西杨社区拆迁后进行防尘处理

明湖居民生活休闲区一角

郑州经济技术开发区九龙办事处

省委书记郭庚茂到九龙办事处辖区宇通客车调研

市委书记吴天君到九龙办事处辖区宇通重工调研

市委常委、副市长薛云伟到九龙敬老院慰问

办事处党工委书记席俊杰在党的群众路线教育实践活动中讲党课

办事处党工委书记席俊杰、主任齐志强到八里湾群众家中征求意见

办事处党工委书记席俊杰、主任齐志强进村调研

河南恒发橡塑制品有限公司向九龙办事处赠送锦旗

办事处党工委书记席俊杰慰问老党员

修补辖区破损路面

启动龙渠开挖工程

启动凤河开挖工程

辖区昇兴集团项目投入生产

可挺底盘项目投入生产

东风日产配套道路已建成

宽阔的龙飞街

锦龙安置区进行基础施工

锦凤安置区

宇通和谐家园

前程大街宽阔畅通

物流大道路畅景美

普洛斯物流园建成投入使用

宇通客车车间

郑州高新技术产业

党工委书记　杨海洋

主　任　田宏鹏

石佛办事处全貌

建业集团董事局主席胡葆森参加五龙口城中村改造安置房建设开工仪式

石佛敬老院

郑州中学第二附属小学

郑州高新区第一幼儿园

西湖春天社区花园

开发区石佛办事处

高新区管委会主任赵书贤到石佛办事处调研

高新区管委会常务副主任翟晓宾等到石佛办事处参加新型城镇化工作会议

西流湖公园

红河社区

华强城市广场

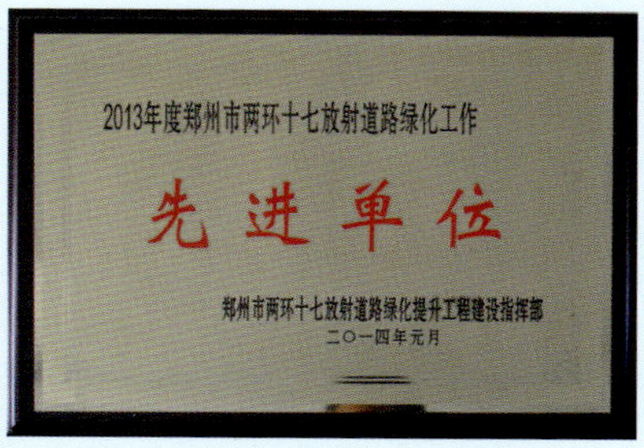

2013年度郑州市两环十七放射道路绿化工作

先进单位

郑州市两环十七放射道路绿化提升工程建设指挥部

二〇一四年元月

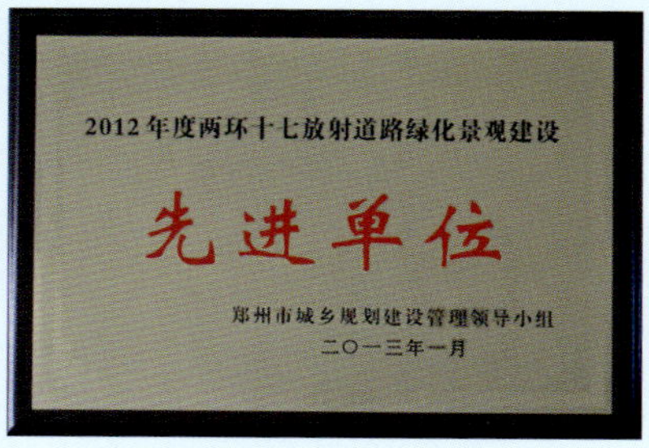

2012年度两环十七放射道路绿化景观建设

先进单位

郑州市城乡规划建设管理领导小组

二〇一三年一月

获得的荣誉

郑州高新技术产业开发区梧桐办事处

党工委书记 赵 毅

主 任 徐鸿科

佛光发电设备有限公司

河南省电子商务产业园

河南省大学科技园

中铁隧道

华晶产业园

黎明重工

美景菩提

中铁隧道

企业公园

中原广告产业园

祝福红城

正弘数码港

升龙又一城

郑州中学

郑州美术馆

睿智禧园

郑州宇通集团有限公司

郑 州 市 管 城 回 族 区

党委书记 李阳东

镇 长 侯春雷

副市长吴忠华到十八里河镇调研南水北调工程建设

区委书记袁三军、区长虎强带领区四大班子领导到十八里河镇调研新型城镇化建设

市地税局局长李新峰到十八里河镇调研

市民政局到十八里河镇检查幸福院基础设施建设

周口市沈丘县考察团到十八里河镇考察学习新型城镇化建设

集中观看党风廉政宣传片

十八里河镇人民政府

荣誉奖牌

郑州蓝天计划拆除锅炉启动仪式

入党积极分子培训班开课

民兵集中点验

十八里河镇第九次妇女代表大会召开

十八里河镇第四届党代会二次会议召开

苏庄、八郎寨合村并城项目安置区奠基仪式

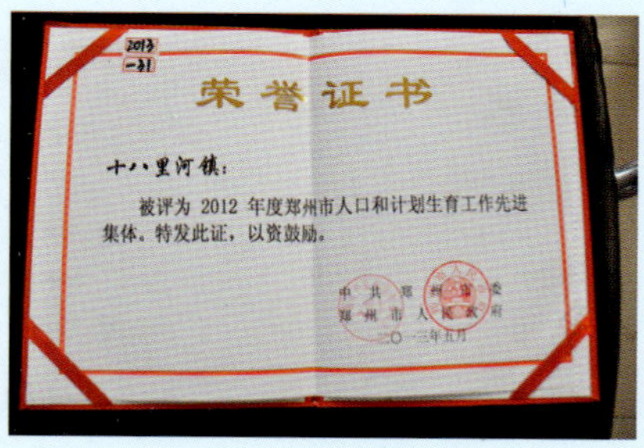

荣誉奖牌

郑州市二七区马寨镇人民政府

市委书记吴天君观摩马寨镇合村并城项目刘胡垌安置区建设

区委书记蔡红到马寨镇调研座谈

区长陈红民到马寨调研合村并城工作

马寨镇党委召开“除四病、刹四风”专题民主生活会

马寨镇东方路干净整洁的环境

开展计划生育优质服务宣传互动活动

镇武装部组织民兵进行日常训练

组织开展爱耳日义诊宣传活动

马寨镇合村并城项目刘胡垌村建筑物动工拆除

高铁沿线马寨段附着物拆除完毕

马寨污水处理厂二次沉淀池竣工

马寨镇合村并城项目程炉、张河安置区建设工程（一期）建设

郑州航空港区管理委员会
滨河办事处

省、市、港区领导等参加滨河大道开工仪式

党工委书记、主任袁文周主持召开专题会议

滨河大道等市政工程项目签字仪式

滨河办事处开展“我是谁，为了谁，依靠谁”大讨论活动

滨河办事处

郑州航空港区中心学校

中国海关进出口

中国（郑州）国际大宗商品交易中心

商业街

郑州经济技术开发区潮河办事处

市委书记吴天君、市长马懿在营岗社区听取新型城镇化建设汇报

经开区党工委书记、管委会主任崔绍营在弓马庄村指导网格化管理工作

经开区党工委书记、管委会主任崔绍营现场指导村庄拆迁工作

经开区党工委书记、管委会主任崔绍营进行项目调研

组织慰问建国前老党员

获得的荣誉

植树造林

在建的瑞锦安置小区

辖区一角

郑州市惠济区大河路街道办事处

市委书记吴天君带队观摩产业集聚区、重点项目建设等工作

市政协副主席吴晓君到大河路街道调研“委员之家”建设情况

惠济区四大班子领导视察新型城镇化建设工作

副区长张艳敏视察新型城镇化建设工作

街道党工委书记王国周作党的群众路线教育实践活动专题辅导报告

街道党工委书记王国周慰问辖区困难群众

办事处主任陈伟森到辖区敬老院进行慰问

办事处主任陈伟森作党的群众路线教育实践活动学习辅导专题报告

绿源山水景区入口

郑州市上街区中心路街道办事处

区委书记樊福太调研江南小镇

街道党工委书记李金保和办事处主任李智俊查看为民办实事项目

街道党工委书记李金保和办事处主任李智俊在辖区检查工作

组织看望慰问孤寡老人

盛世社区召开“母亲节”联谊会

聂寨社区组织村民学习消防安全知识

鸿盛社区开展公共卫生清理活动

如意社区组织举办中老年运动会

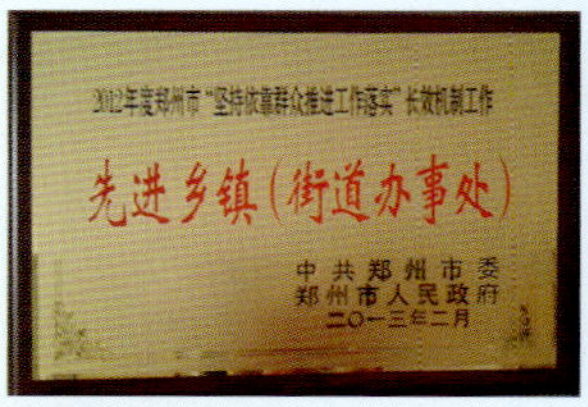

获得的荣誉

郑州市上街区济源路街道办事处

省委组织部副部长朱是西到济办东方社区红色网络教育家园调研指导工作

市人大常委会主任白红战视察中央商务区

省、市政法委联合视察办事处网格化管理监控指挥中心

夏侯（金华路西）安置区

和昌·都汇广场商业街

欧凯龙商业家具广场

河南省电力公司郑州供电公司

市委书记吴天君到公司进行慰问指导

市长马懿现场督导变电站建设

全力服务郑州轨道交通1号线建设

全力保障中国中部投资贸易博览会用电安全

大力推进光伏等清洁能源并网，为“蓝天工程”贡献力量

雪后巡视变电站设备运行情况，保障电网安全运行

加强对输电线路巡视，保障运行安全

迎峰度夏期间，国网郑州供电公司员工进行夜间巡视，保障线路运行安全

郑州110千伏牛寨变电站智能巡检机器人投入使用，用科技推动电网安全可靠运行

中国联合网络通信有限公司郑州市分公司

省委常委、政法委书记刘满仓到河南联通调研平安城市建设

科技部副部长张来武到第二长途枢纽大楼视察

省工会主席刘新民为“河南省五一巾帼标兵岗”颁奖

中国联通集团公司董事长常小兵到郑州公司视察

中国联通集团公司总经理陆益民率督导组到郑州公司调研党的群众路线教育实践活动

总经理孙颖在10010值班日值班

郑州联通与海马轿车有限公司签订战略合作协议

郑汴电信同城启动仪式在郑州举行

郑州联通消防安全培训演练

郑州联通2013年“WO健步，我快乐”员工健步走活动颁奖仪式

中国电信集团公司
河南省郑州市电信分公司

开展春节慰问武警官兵活动

2013年，郑州与开封实现电信同城

郑州电信公司天翼志愿者服务队参加省会文明交通志愿服务活动启动仪式

组织全体员工向雅安地震灾区捐款

组织到荥阳市帮扶村慰问困难群众

举办“庆三八妇女节拔河比赛”

郑州电信2012年度风采人物暨先进集体个人颁奖典礼

郑州银行股份有限公司

常务副市长孙金献在银行决算夜到郑州银行进行慰问

董事长王天宇在引进战略投资者推介会上发言

行领导在银行决算夜深入各部门进行慰问

新任中层干部接受行史教育

参展中博会

11月，洛阳分行开业

中小微企业对话郑州银行

媒体记者采访郑州银行最美基层员工

国际业务启动仪式

郑州颐和医院

德中卫生组织副主席菲木与郑州人民医院医疗集团董事长、郑州人民医院颐和医院院长周玉东参加中德分子病理中心签约仪式

郑州人民医院颐和医院举行开诊仪式

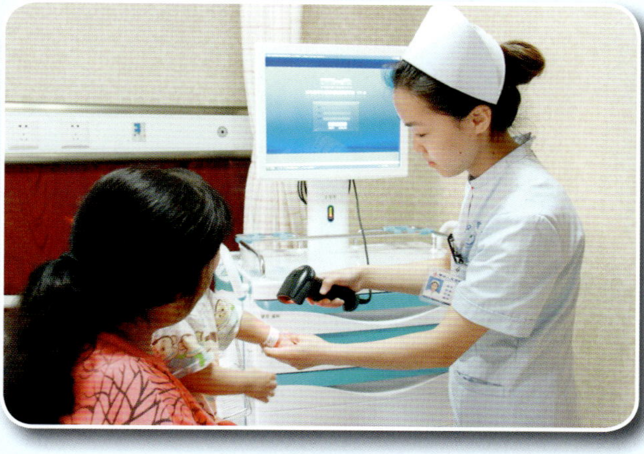

先进的移动查房系统

郑州人民医院颐和医院外景

贝克曼全自动生化免疫流水线

独具特色的医疗街

温馨舒适的病房

郑州澍青医学高等专科学校

董事长 王左生教授

郑州澍青医学高等专科学校创建于1984年，2002年经国家教育部审批设置为普通高等专科学校。学校开设有临床医学、护理学、康复治疗技术、中医学、助产、药学、医学影像技术、医学检验技术、口腔医学技术、医疗美容技术、药品经营与管理、会计、医疗保险实务、社区管理与服务、计算机应用技术15个专业。学校占地39公顷，在校生近万人，图书馆藏书近百万册，教学设施与设备总值5000多万元。学校有校内实验实训基地20个，实验实训室186个，科研实验中心4个，数码互动显微镜室、内基实训室、康复实训室、急救实训室等在国内同类院校中具有较高水平。学校始终秉承“以德为首、医德为魂、德术双馨”的教育理念，坚持专家治校、名师任教，建校以来为社会培养毕业生5万余人。多年来，学校获得河南省优秀民办学校、河南省五四红旗团委、郑州市职业教育十佳民办学校、五一劳动奖状等省、市各级荣誉称号百余项。

校长徐玉芳为优秀毕业生颁奖

建校三十周年文艺汇演

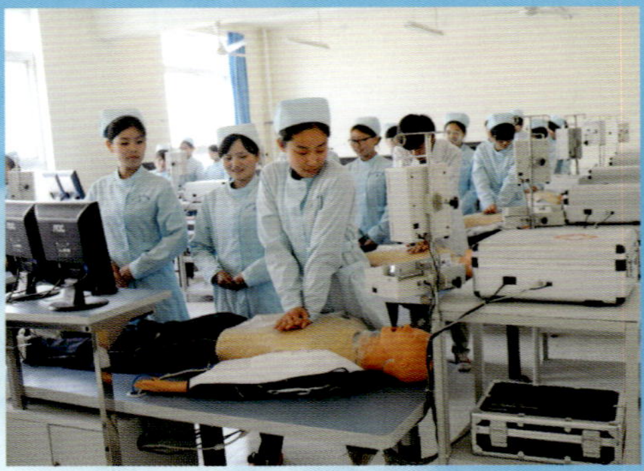

网络急救室——心肺复苏练习

多媒体数码互动显微镜——骨髓象观察

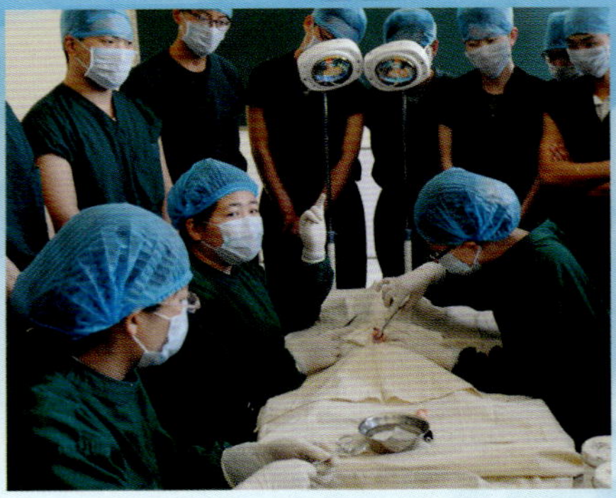

外科手术教学

郑州市第四十八中学

市人大常委会副主任赵武安、副市长刘东、二七区副区长于珊视察四十八中学

校　长　彭广谦

上海第三女子中学校长何亚男与四十八中教师进行交流

首届文化艺术节汇演

外国语中学教师李书娜与四十八中学教师进行同课异构

校“花蕾”合唱团演出

全体教职工合影

学校鸟瞰图

郑州市二七区黄岗寺小学

多彩作业展评

爱国主义教育润心田

校园英语剧演出

“我爱朗诵”社团参加郑州市“咏商都”比赛荣获一等奖

一年级学生的亲子作业——美丽的名字

环保小制作展览

绿色校园

学生在观察培育的豆角苗

“紫风车”鼓号队参加二七区“庆六一”活动

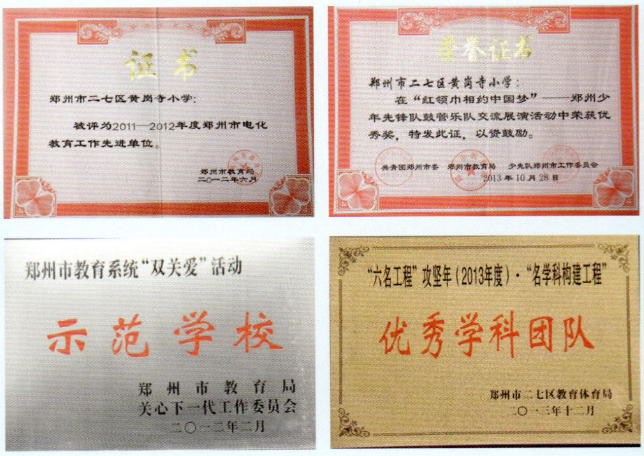

获得的荣誉

郑州年鉴各县（市）区编辑组

巩义市

组　长　贺传伟（副市长）
副组长　郅笃威（市史志办主任）
组　员　魏小艳

新密市

组　长　翟国防（市委常委、市委组织部部长）
副组长　蒋剑茹（副市长）
组　员　王西林　程淑青　王国昌　王东阳

登封市

组　长　赵华敏（市委常委、常务副市长）
副组长　吕宏军（市史志办主任）
组　员　闫新松　郜悟棋

新郑市

组　长　彭　立（市委常委、常务副市长）
副组长　李俊鹏（市政府办主任）
组　员　王　昱　寇黎晓

荥阳市

组　长　王和祥（副市长）
副组长　杨瑞敏（市政府办副主任、市史志办主任）
组　员　李建民　刘朝阳　袁　磊

中牟县

组　长　王洪波（副县长）
副组长　仇向阳（县政府办主任）
组　员　张振庆　雍　超　张恒献　赵学礼

金水区

组　长　李建超（区委常委、常务副区长）
副组长　竟新宇（区政府办主任）
组　员　窦　凯　向天燕　王　红　何金星

二七区

组　长　刘　利（副区长）
副组长　刘　琴（区史志办主任）
组　员　席俏俏　赵慧敏

管城回族区

组　长　罗国君（副区长）
副组长　周遂枝（区史志办主任）
组　员　崔　涛　王　忠　何　蕾

中原区

组　长　王晓伍（区政府党组成员）
副组长　王冬梅（区政府办副主任、区史志办主任）
组　员　赵志平　尹园园　赵文煜

惠济区

组　长　张东辉（区委常委、常务副区长）
副组长　黄国彦（区政府办主任）
组　员　张路燕　徐玲玲　李霁轩　史丹丹

上街区

组　长　徐　勇（区委常委、常务副区长）
副组长　周伟杰（区政府办主任）
组　员　朱昌伟　周昱宏

图书在版编目(CIP)数据

郑州年鉴. 2014 / 郑州市人民政府主办 ；郑州市地方史志办公室编. — 郑州:
中州古籍出版社, 2014.11
ISBN 978 – 7 – 5348 – 5043 – 1

Ⅰ. ①郑… Ⅱ. ①郑… ②郑…Ⅲ. ①郑州市－2014－年鉴 Ⅳ. ①Z526.11

中国版本图书馆CIP数据核字(2014)第255785号

责任编辑：王小方
责任校对：米　敏
出 版 社：中州古籍出版社
（地址：郑州市经五路66号　邮编：450002）
承印单位：河南省瑞光印务股份有限公司
开　　本：889 mm × 1194mm　1/16
印　　张：39
字　　数：160千字
印　　数：1—2 000册
版　　次：2014年11月第1版
印　　次：2014年11月第1次印刷
定　　价：320.00元
